MEYERS
GROSSES
TASCHEN
LEXIKON

Band 16

MEYERS GROSSES TASCHEN LEXIKON

in 24 Bänden

Herausgegeben und bearbeitet
von Meyers Lexikonredaktion
3., aktualisierte Auflage

Band 16:
Now – Pers

B.I.-Taschenbuchverlag
Mannheim/Wien/Zürich

Chefredaktion:
Werner Digel und Gerhard Kwiatkowski

Redaktionelle Leitung der 3. Auflage:
Dr. Gerd Grill M.A.

Redaktion:
Eberhard Anger M.A., Dipl.-Geogr. Ellen Astor,
Dipl.-Math. Hermann Engesser, Reinhard Fresow, Ines Groh,
Bernd Hartmann, Jutta Hassemer-Jersch, Waltrud Heinemann,
Heinrich Kordecki M.A., Ellen Kromphardt, Wolf Kugler,
Klaus M. Lange, Dipl.-Biol. Franziska Liebisch, Mathias Münter,
Dr. Rudolf Ohlig, Heike Pfersdorff M.A., Ingo Platz,
Joachim Pöhls, Dr. Erika Retzlaff,
Hans-Peter-Scherer, Ulrike Schollmeier, Elmar Schreck,
Kurt Dieter Solf, Klaus Thome, Jutta Wedemeyer, Dr. Hans Wißmann,
Dr. Hans-Werner Wittenberg

CIP-Titelaufnahme der Deutschen Bibliothek
Meyers Großes Taschenlexikon: in 24 Bänden/hrsg. u. bearb.
von Meyers Lexikonred. [Chefred.: Werner Digel
u. Gerhard Kwiatkowski].
Mannheim; Wien; Zürich: BI-Taschenbuch-Verl.
Früher im Bibliograph. Inst., Mannheim, Wien, Zürich.
ISBN 3-411-11003-1 kart. in Kassette
ISBN 3-411-02900-5 (2., neu bearb. Aufl.)
ISBN 3-411-02100-4 (Aktualisierte Neuausg.)
ISBN 3-411-01920-4 (Ausg. 1981)
NE: Digel, Werner [Red.]
Bd. 16. Now – Pers. – 3., aktualisierte Aufl. – 1990
ISBN 3-411-11163-1

Als Warenzeichen geschützte Namen
sind durch das Zeichen Ⓦ kenntlich gemacht
Etwaiges Fehlen dieses Zeichens bietet keine Gewähr dafür,
daß es sich um einen nicht geschützten Namen handelt,
der von jedermann benutzt werden darf

Das Wort MEYER ist für
Bücher aller Art für den Verlag
Bibliographisches Institut & F.A. Brockhaus AG
als Warenzeichen geschützt

Lizenzausgabe mit Genehmigung
von Meyers Lexikonverlag, Mannheim

Alle Rechte vorbehalten
Nachdruck, auch auszugsweise, verboten
© Bibliographisches Institut & F.A. Brockhaus AG, Mannheim 1990
Druck: Klambt-Druck GmbH, Speyer
Einband: Wilhelm Röck GmbH, Weinsberg
Printed in Germany
Gesamtwerk: ISBN 3-411-11003-1
Band 16: ISBN 3-411-11163-1

Now

Nowaja Semlja, sowjet. Inselgruppe im Nordpolarmeer, zw. Barents- und Karasee, besteht aus den beiden Hauptinseln *Nordinsel* (48 904 km², bis 1 547 m hoch, z. T. von Inlandeis bedeckt) und *Südinsel* (33 275 km², bis 150 m hoch, kleine Gletscher), sowie mehreren kleinen Inseln (insgesamt etwa 1 000 km²). Auf N. S., das nur von wenigen Nenzen bewohnt ist, gibt es mehrere wiss. Stationen.

Nowakowski, Anton, * Langenau bei Danzig 10. Febr. 1897, † Stuttgart 3. Jan. 1969, dt. Dirigent. - 1927–34 Lehrer an der Folkwangschule in Essen und Leiter des dortigen Sinfonieorchesters, seit 1948 Prof. an der Stuttgarter Musikhochschule; unternahm als bed. Organist weite Konzertreisen; auch Komponist (u. a. Orgelmusik).

N., Tadeusz, * Allenstein 8. Nov. 1920, poln. Schriftsteller. - Im 2. Weltkrieg in mehreren Konzentrationslagern; seit 1947 in London, den USA und ab 1956 in der BR Deutschland, Mgl. der „Gruppe 47"; schrieb in poln., niederl., engl. und dt. Sprache neben Essays v. a. realist. Romane und Erzählungen mit gelegentl. satir.-iron. Zügen, oft über das Schicksal poln. Emigranten, u. a. „Picknick der Freiheit" (E., 1959), „Die Radziwills. Die Geschichte einer großen europ. Familie" (1964). Schrieb auch „Ich fürchte mich nicht. Die Reisen des Papstes." (1980).

Nowgorod ['nɔfgorɔt, russ. 'nɔvgʊrɐt], sowjet. Geb.hauptstadt in der RSFSR, unmittelbar nördl. des Ilmensees, 215 000 E. Pädagog., polytechn. Hochschule, Museen; Theater; elektron., chem., holzverarbeitende u. a. Ind.; Anlegeplatz, Ausgangspunkt von 3 Eisenbahnlinien.

Geschichte: Eine der ältesten Städte Rußlands (9. Jh.); als **Holmgard** Residenz des Warägers Rurik. Bereits Ende des 10. Jh. bedeutendstes kulturelles Zentrum nach Kiew und größte Gewerbe- und Handelsstadt Rußlands. Beherrschte im 12. Jh. ein großes Territorium, das sich bis zum Ural erstreckte. 1136 löste ein Aufstand das regierende Fürstenhaus ab, es bildete sich eine Republik der Oberschicht (Kaufleute und Handwerker), die N. durch den Rat („wetsche") regierte. Im 13. und 14. Jh. stetig wachsende Handelsbeziehungen mit Schweden und der Hanse († Peterhof). Mußte 1471 die Oberherrschaft des Großfürsten von Moskau anerkennen. 1727 Hauptstadt eines Gouvernements.

Stadtanlagen und Bauten: N. besteht aus zwei Teilen, Westteil (auch Sophienseite gen.) am linken Ufer des Wolchow mit dem Kreml, der 1045 mit einer Holzpalisade umgeben wurde (heutige Mauern mit 13 Türmen v. a. von 1484–99), und Ostteil (sog. Handelsseite) mit dem Fürstensitz (sog. Jaroslawhof) und Markt. Mit dem Bau der Sophienkathedrale (1045–52 anstelle einer Holzkathedrale von 989; 1948 wiederaufgebaut) entstand in N. ein von der byzantin. Tradition ausgehender eigener Baustil mit einfachen, geschlossenen kub. Baukörpern, großzügiger Lisenen- und Bogengliederung und Betonung der Vertikalität. Die Sophienkirche ist eine Kreuzkuppelkirche mit fünf Schiffen über griech. Kreuz und fünf Kuppeln; am W-Portal bed. roman. Bronzetür, das Werk des Magdeburger Meister Riquinus und Waismuth (1152–54). Im Kreml des weiteren u. a. der „Facettenpalast" (1433) und die Glockenwand (15.–17. Jh.). Auf dem rechten Ufer (Handelsseite) zahlr. Kirchen, u. a. Fjodor-Stratilat-Kirche (1360/61) und Erlöserkirche auf der Iljastraße (1374), typ. die sich kreuzenden zwei Satteldächer mit kleeblattförmigem Abschluß der dreiteiligen Fassaden. In der Erlöserkirche Fresken von Feofan Grek (1378). Außerhalb der Mauern des alten N. sind die Kirche der Geburt Mariä im ehem. Antoniuskloster (1117–19) sowie als bedeutendster Bau von N. die Georgskirche im ehem. Jurjewkloster zu nennen (1119–30; von Meister Pjotr; restauriert 1933–36; mit drei Kuppeln und Treppenturm). Die Erlöserkirche an der Nerediza (1198; 1941 zerstört, als Bau wiederhergestellt) besaß die wertvollsten Fresken der russ. Kunst des 12. Jahrhunderts.

🕮 *Onasch, K.: Groß-N. Aufstieg u. Niedergang einer russ. Stadtrepublik. Wien u. Mchn. 1969.*

Nowokusnezk [russ. nəvɐkuz'njetsk], sowjet. Stadt im Kusbass, RSFSR, 572 000 E. Hochschule für Metallurgie, PH, mehrere Museen; Theater; Steinkohlenbergbau. Bed. Zentrum der sowjet. Hüttenind., Aluminiumwerk, Maschinenbau, chem. Ind. - 1617 gegr.; entwickelte sich erst ab 1930 zur Ind.stadt.

Nowomoskowsk [russ. nəvɐmɐs'kɔfsk], sowjet. Stadt im Bereich des Moskauer Kohlenbeckens, RSFSR, 147 000 E. Zweigstelle der Moskauer chem.-technolog. Hochschule; Theater; bed. Zentrum der chem. Ind. - 1929 gegr., seit 1930 Stadt.

Noworossisk

Noworossisk [russ. nʌvʌra'sijsk], sowjet. Hafenstadt an der NO-Küste des Schwarzen Meeres, RSFSR, 174 000 E. Fakultät der polytechn. Hochschule von Krasnodar; Theater; Planetarium; Zementind., Schiffsreparatur, Landmaschinenbau, Nahrungsmittel- u. a. Ind.; Erdölexporthafen. - Gegr. 1838.

Nowossibirsk [russ. nʌvʌsi'birsk], sowjet. Geb.hauptstadt am Ob, RSFSR, 139 m ü. d. M., 1,384 Mill. E (größte Stadt Sibiriens). Univ. (gegr. 1959), zahlr. Hochschulen, Sibir. Abt. der Akad. der Wiss. der UdSSR; Bodenempfangsstation für Fernmeldesatelliten; Gemäldegalerie, Museum; 8 Theater. Am **Nowossibirsker Stausee** (200 km lang, bis 17 km breit) liegt der ausschließl. als Arbeits- und Wohnort der Wissenschaftler 1957–66 erbaute Stadtteil **Akademgorodok** mit der Univ. und 16 Inst. der Akad. der Wiss.; Hüttenwerke, Werkzeug-, Landmaschinen- und Instrumentenbau, elektron., chem., Leder-, Nahrungsmittel- u. a. Ind.; Flußhafen, Bahnknotenpunkt an der Transsib, auf die hier die Turksib trifft; ⚓. - 1893 beim Bau der Transsib gegr., seit 1904 Stadt.

Nowosti [russ. 'nɔvʌsti „Neuigkeiten"] ↑ Nachrichtenagenturen (Übersicht).

Nowotscherkassk [russ. nʌvʌtʃɪr-'kassk], sowjet. Stadt am Don, RSFSR, 188 000 E. Polytechn., landw. Hochschule, Forschungsinstitute; Donkosakenmuseum; Theater; Bau von elektr. Lokomotiven, Maschinen für die Erdölindustrie, Grubenausrüstungen; Weinkellerei. - 1805 als Garnison und Verwaltungszentrum der Donkosaken gegr. - In der Nähe von N. wurde 1864 aus Gräbern der mittelsarmat. Periode der sog. „Schatz von N." (1. Jh. v. Chr.) entdeckt: Goldobjekte, u. a. bes. prächtige Diademe.

Nowottny, Friedrich, * Hindenburg O. S. 16. Mai 1929, dt. Journalist. - Seit 1985 Intendant des Westdt. Rundfunks in Köln.

Nowy Mir [russ. „Neue Welt"], monatl. erscheinende sowjetruss. Literaturzeitschrift, Organ des Schriftstellerverbandes der UdSSR; erscheint seit Jan. 1925.

Nowy Sącz [poln. 'nɔvi 'sɔntʃ] (dt. Neusandez), poln. Stadt in den Beskiden, 290 m ü. d. M., 68 300 E. Hauptstadt des Verw.-Geb. N. S.; kultureller und wirtsch. Mittelpunkt des poln. Teils der Beskiden. - 1292 gegr.; seit dem 19. Jh. Entwicklung zum Handels- und Ind.zentrum. - 1945 stark zerstört; Sankt-Margarets-Pfarrkirche (15. Jh.; im 18. Jh. umgebaut), Jesuitenkirche (Anfang des 15. Jh.; mehrfach umgebaut).

Noxe [zu lat. noxa „Schaden"], svw. Schädlichkeit; Stoff oder Umstand, der eine schädigende, pathogene Wirkung auf den Organismus ausübt.

Noyon [frz. nwa'jõ], frz. Stadt 20 km nö. von Compiègne, Dep. Oise, 14 000 E. Nahrungsmittel-, Holz-, Metallind. - Das röm. Noviomagus Veromanduorum war seit etwa 530 Bischofssitz (bis 1801). 768 wurde hier Karl d. Gr. zum fränk. König gekrönt; im 9. Jh. in normann. Besitz; 987 Krönungsort Hugo Capets. 1108 Stadtrecht. - Frühgot. Kathedrale (1150–1290 und 14. Jh.); „Ancienne Librairie" (16. Jh., mit der alten Kapitelsbibliothek), ehem. Bischofspalast (16. Jh.), Rathaus (15. Jh.).

Np, chem. Symbol für ↑ Neptunium.

NPD, Abk. für: ↑ Nationaldemokratische Partei Deutschlands.

NRT, Abk. für: Nettoregistertonne (↑ Registertonne).

NRZ, Abk. für: Nettoraumzahl (↑ Bruttoraumzahl).

NS, Abk. für: nationalsozialistisch (z. B. NSDAP, NS-Staat), Nationalsozialismus.

NSDAP, Abk. für: ↑ Nationalsozialistische Deutsche Arbeiterpartei.

NS-Prozesse, Gerichtsverfahren, in denen nat.-soz. Gewaltverbrechen zur Anklage gebracht werden. Die unmittelbar nach dem 2. Weltkrieg in einem erhebl. Teil der dt. Bev. vorhandene Bereitschaft, mit dem NS und seinen Anhängern abzurechnen, verkehrte sich zunehmend (auch als Folge der Nürnberger Prozesse und der Entnazifizierung) in Ablehnung gegen jede gerichtl. Beurteilung der mit der NS-Vergangenheit zusammenhängenden Vorgänge. - In den 3 westl. Besatzungszonen hatten Militärgerichte in 806 Fällen Todesurteile verhängt, von denen 486 vollstreckt wurden. Die Zahl der von dt. Strafverfolgungsbehörden wegen NS-Verbrechen geführten Prozesse hatte in den Jahren 1948/49 einen Höchststand (1 523), Anfang der 1950er Jahre ging sie zunehmend zurück. Wegen des bevorstehenden Verjährungstermins für NS-Morde beschloß der Bundestag 1965 das Gesetz über die Berechnung strafrechtl. Verjährungsfristen, den Beginn der Verjährungsfrist für NS-Morde auf den 1. Jan. 1950 festsetzte und den Eintritt ihrer Verjährung zunächst bis 31. Dez. 1969 hinausschob; 1969 wurde die bisher 20jährige Verjährungsfrist für Mord generell auf 30 Jahre erweitert; im Juli 1979 faßte der Bundestag schließl. den Beschluß, die Verjährung für Mord generell aufzuheben.

Bis zum 1. Jan. 1978 wurden von den Strafverfolgungsorganen in der BR Deutschland gegen insgesamt 84 403 Personen strafrechtl. Ermittlungen durchgeführt. Verfahren gegen 74 263 Personen wurden ohne Bestrafung abgeschlossen, zum größten Teil durch Einstellung, z. T. durch Tod der Angeklagten oder durch Freispruch. 1979 waren noch gegen 3 708 Personen Strafverfahren anhängig, bei der Zentralen Stelle in Ludwigsburg liefen noch 172 Ermittlungsverfahren mit einer nicht unerhebl. Zahl von Verdächtigten.

Die Problematik der NS-P. liegt v. a. im zeitl. Abstand zum Tatgeschehen, nachdem die bundesdt. Justiz erst 1958 intensiv mit der Verfolgung von NS-Verbrechen begann und erst ab 1964 Material zur Aufklärung dieser Verbrechen aus osteurop. Ländern verwertet wurde. Der Wert einer Zeugenaussage wird zunehmend beeinträchtigt (z. T. geraten die Zeugen zum Nachweis der Glaubwürdigkeit ihrer Aussagen in die Rolle eines Angeklagten), es wird für die Richter eine immer schwerer lösbare Aufgabe, ein objektives Tatgeschehen zu rekonstruieren und die individuelle Schuld der Tatbeteiligten festzustellen. Die durchschnittl. Verfahrensdauer bei NS-P. von den Vorermittlungen bis zum Urteil 1. Instanz stieg von 3,6 Jahren 1962 auf 16,8 Jahre 1977. - Diese Schwierigkeiten haben zu vorsichtigen, im Zweifelsfalle für den Angeklagten oder für Nichtbeweisbarkeit einer Schuld plädierenden Urteilen geführt, was v. a. im Ausland auf Kritik stieß.

📖 *Steinbach, P.: Nat.-soz. Gewaltverbrechen. Bln. 1981. - Kruse, F.: Zweierlei Maß f. NS-Täter? Über die Tendenz schichtenspezif. Privilegierungen in Urteilen gegen nat.-soz. Gewaltverbrechen. In: Krit. Justiz 11 (1978), H. 3. - Nat.-soz. Vernichtungslager im Spiegel dt. Strafprozesse. Mchn. 1977. - Opitz, U.-D.: Strafverfahren u. Strafvollstreckung bei NS-Gewaltverbrechen. Ulm 1976. - Henkys, R.: Die nat.-soz. Gewaltverbrechen. Gesch. u. Gericht. Bln. 1964. - Kempner, R. M.: SS im Kreuzverhör. Mchn. 1964.*

NSU Motorenwerke AG, ehem. dt. Automobilunternehmen; gegr. 1873; 1892 Schaffung der Marke NSU (aus: Neckarsulm); seit 1900 Motorrad-, seit 1906 Pkw-Produktion; 1969 aufgegangen in der Audi NSU Auto Union AG (jetzt Audi AG).

N. T., Abk. für: Neues Testament († Bibel).

NTC-Widerstand [engl. 'ɛnti:'si:; Kurzbez. für engl. negative temperature coefficient], Halbleiterwiderstand; bei Erwärmung nimmt die Leitfähigkeit zu bzw. der elektr. Widerstand ab († Heißleiter).

NTSC [engl. 'ɛnti:ɛs'si:], Abk. für: National Television System Committee, 1951 gegr. amerikan. Fernsehnormenausschuß († Fernsehen).

Nu, U, birman. Politiker, † U Nu.

Nuance [ny'ã:s, ny'ã:sə; frz., vermutl. zu nuer „bewölken, abschattieren" (von nue „Wolke")], Abstufung, feiner Übergang; [Ab]tönung; Spur, Kleinigkeit; **nuancieren,** etwas mit all seinen Feinheiten erfassen.

Nuba, Volk der Sudaniden im S der Republik Sudan, eine Mischung aus Angehörigen verschiedener Stämme, die sich vor arab. Sklavenjägern u. a. in die Nubaberge zurückgezogen hatten. Die N. treiben Feldbau sowie Viehzucht.

Nubien [...i-ɛn], von Tafelbergen überragtes und von Trockentälern zerschnittenes Savannen- und Wüstengebiet beiderseits des Nil im N der Republik Sudan.

Nueva Esparta

Geschichte: Bis etwa 3000 hatte N. eine weitgehend gemeinsame vorgeschichtl. Kultur mit Ägypten. Etwa 2000 wurde in der Nähe des 3. Kataraktes die Hauptstadt des Reiches **Kusch** gegr., das vorübergehend bis Assuan reichte, jedoch zu Beginn der 18. ägypt. Dyn. zerstört wurde (Kusch blieb eine vage Bez. südl. von Ägypten gelegener Länder; so in die Bibel eingegangen). 920 v. Chr. bildete sich das Reich von Napata, das 722/721 Ägypten eroberte und dort die sog. Äthiop. (25.) Dyn. gründete. Etwa 530 v. Chr. wurde die Hauptstadt des Reiches nach Meroe verlegt, das bis ins 4. Jh. n. Chr. existierte. Etwa seit dem 4./5. Jh. bestanden die christl. nub. Reiche **Nobatia** (Hauptstadt Pachoras), **Makuria** (Makarra; Hauptstadt Dongola; im 7. Jh. mit Nobatia vereinigt) und **Alwah** (Alodia; Hauptstadt Soba südl. von Khartum). Seit dem 12. Jh. wurde N. islamisiert.

Nubier [...i-ɛr], zusammenfassende Bez. für die Bev. des oberen Niltales zw. Assuan und Khartum (Ägypten und Republik Sudan); urspr. äthiopoid, heute mit Sudannegern vermischt, kulturell stark arabisiert.

Nubische Falbkatze † Falbkatze.

Nubischer Steinbock † Steinbock.

Nubischer Wildesel † Esel.

nubische Sprachen (Nuba), im Niltal an der ägypt.-sudanes. Grenze, in den nö. Nubabergen und weiter östl. in Dafur gesprochene Sprachen; gehören zu den Schari-Nil-Sprachen der Nilosaharanischen.

Nubische Wüste, Wüste im NO der Republik Sudan, zw. dem großen Nilbogen und den nördl. Red Sea Hills; im zentralen W vom 1 240 m hohen *Gabal Kurur* überragt.

Nucellus (Nuzellus) [zu lat. nucella „kleine Nuß"], fester, diploider Gewebekern der † Samenanlage der höheren Pflanzen; selten nackt, meist von ein bis drei † Integumenten umschlossen; enthält den Embryosack.

Nuceria Alfaterna † Nocera Inferiore.

Nuclear Energy Agency [engl. 'nju:klɪə 'ɛnədʒɪ 'ɛɪdʒənsɪ], Abk. NEA, Kernenergie-Agentur, Nachfolgeorganisation der Europ. Kernenergie-Agentur (ENEA), Organ der OECD, gegr. 1957 als Organ der OEEC; Mgl. sind die Staaten der OECD außer Neuseeland. Aufgabe ist die Entwicklung und Förderung der Erzeugung und Verwendung der Kernenergie für friedl. Zwecke.

Nudeln † Teigwaren.

Nudibranchia [lat./griech.], svw. † Nacktkiemer.

Nudismus [zu lat. nudus „nackt"], svw. Nacktkultur († Freikörperkultur).

Nudität [lat.-frz.], Nacktheit; Darstellung eines nackten Körpers (zum sexuellen Anreiz).

Nueva Esparta, nordvenezolan. Staat, bestehend aus drei großen und mehreren kleinen Inseln der Kleinen Antillen vor der östl. N-Küste des venezolan. Festlandes (Peninsula de Paraguaná), 1 150 km², 197 200 E (1981), Hauptstadt La Asunción.

Nuevo Laredo [span. 'nu̯eβo laˈreðo], mex. Stadt am Rio Grande, gegenüber von Laredo (Texas), 170 m ü. d. M., 203 300 E. Zentrum eines Bewässerungsfeldbaugebiets; Endpunkt der Carretera Panamericana und einer Bahnlinie; ✈. - Gegr. 1767; bis 1848 Teil von Laredo.

Nuevo León [span. 'nu̯eβo leˈɔn], Staat in NO-Mexiko, am Rio Grande, 64 555 km², 2,66 Mill. E (1982), Hauptstadt Monterrey. N. L. erstreckt sich von der Golfküstenebene bis in die Sierra Madre Oriental, im äußersten S auch bis auf das nördl. Hochland. - Seit Ende des 16. Jh. von den Spaniern besiedelt (in der Kolonialzeit: Nuevo *Reino de León*); seit 1824 mex. Staat.

Nufenenpaß ↑ Alpenpässe (Übersicht).

Nugat, svw. ↑ Nougat.

Nugget [ˈnagɪt; engl.], natürl. Metall-, insbes. Goldklumpen.

Nujoma, Sam [engl. nuːˈdʒoʊmaː], * Ongandjera 12. Mai 1929, namib. Politiker. - Gründete 1959 die South West African People's Organization (SWAPO) und wurde deren Präs.; im Dez. 1959 verhaftet, ging er 1960 ins Exil; bei seiner Rückkehr 1966 erneut verhaftet und ausgewiesen; lehnte den von Südafrika einseitig eingeschlagenen Weg zur staatl. Unabhängigkeit Namibias ab (Boykott der Wahlen vom Dez. 1978 durch die SWAPO) und führte den Guerillakrieg gegen die südafrikan. Präsenz in Namibia weiter. Kehrte 1989 zurück und wurde 1990 erster Staatspräs. Namibias.

nuklear [zu lat. nucleus „Fruchtkern, Kern"], den Atomkern betreffend, auf Vorgängen im Atomkern bzw. auf seinen Eigenschaften beruhend.

nukleare Brennstoffe, svw. ↑ Kernbrennstoffe.

nuklearer elektromagnetischer Puls ↑ NEMP.

nuklearer Winter, Bez. für die extreme Klimaveränderung (Abkühlung der erdnahen Atmosphäre, v. a. im Bereich der Kontinente der N-Halbkugel, um 20–25 Celsiusgrade für 6–20 Wochen), die nach einem größeren Kernwaffen-Schlagabtausch der Supermächte infolge massiver Rauch- und Rußentwicklung durch Großbrände zu erwarten wäre.

nukleare Strategie (Nuklearstrategie), Zusammenwirken von Kunst der Kriegführung und Kunst der Kriegsvermeidung nach dem 2. Weltkrieg angesichts der Möglichkeit atomarer Kriegführung, mit dem Ziel, einen globalen Krieg zu verhindern. Die USA verfolgten gegenüber der UdSSR zunächst die Strategie der **massiven Vergeltung** (engl. **massive retaliation**) im Rahmen der außenpolit. Konzeption des Roll back (mit dem Ziel, die kommunist. Machtübernahme in verschiedenen Staaten M- und O-Europas zumindest teilweise rückgängig zu machen). Massive Vergeltung bedeutete die Beantwortung eines - gleichgültig mit welchen Waffen vorgetragenen - feindl. Angriffs mit einem vernichtenden atomaren Gegenschlag. Nachdem die Sowjetunion Atom- und Raketenmacht geworden war, entwickelten die USA die Strategie des 2. Schlags, die auf der Fähigkeit beruht, auch einen nuklearen Angriff des Gegners mit einem vernichtenden Gegenschlag zu beantworten. Damit soll der Gegner vom Erstschlag abgeschreckt werden. Dieser strateg. Grundsatz gilt für beide Seiten. Die Strategie der massiven Vergeltung wurde in den 1960er Jahren durch die der **flexiblen Reaktion** (engl. **flexible response**) ersetzt, die eine angemessene Antwort auf jede Art einer Aggression vorsieht. Die NATO bewertet die sowjet. Rüstung als Hinweis auf eine offensive Strategie, die darauf zielt, M- und W-Europa mit konventionellen Verbänden zu überrollen. Um davon abzuschrecken und um gegebenenfalls einen Angriff abwehren zu können, ist in der NATO im Rahmen der Strategie der flexiblen Reaktion die **Triaden-Strategie** entwickelt worden, deren 3 Komponenten (konventionelle, nuklear-takt. und nuklear-strateg. Mittel) jeweils einzeln einsetzbar sind, aber auch so miteinander verbunden werden können, daß dem Gegner Eskalationsbereitschaft bis zum totalen *Atomkrieg* signalisiert wird.
📖 *Geiling, W.:* Außenpolitik u. Nuklearstrategie. Köln 1975.

Nuklearmedizin, medizin. Fachrichtung, die sich in Forschung, Lehre, Diagnose und Therapie mit der Anwendung radioaktiver Stoffe befaßt. Zu N. gehören bes. die Funktions-, Stoffwechsel- und Lokalisationsdiagnostik mit radioaktiven Markierungsstoffen, z. B. Radiojodtest, Isotopennephrographie, Nierenszintigraphie, Tumordiagnostik. Die therapeut. Maßnahmen der N. gelten v. a. der Krebsbehandlung (↑ Krebs).

Nuklearstrategie, svw. ↑ nukleare Strategie.

Nuklearwaffen, svw. Kernwaffen, Atomwaffen (↑ ABC-Waffen).

Nukleasen [zu lat. nucleus „Fruchtkern, Kern"] (Nucleasen, nukleolyt. Enzyme), Sammelbez. für die zu den Hydrolasen zählenden, Nukleinsäuren spaltenden Enzyme (Phosphodiesterasen), die v. a. bei Tieren in der Bauchspeicheldrüse vorkommen. Je nach Substrat unterscheidet man zw. den die DNS spaltenden *Desoxyribonukleasen* (↑ DNasen) und den die RNS abbauenden *Ribonukleasen* (↑ RNasen). Weiterhin unterscheidet man zw. den von den Enden her angreifenden *Exo-N.* und den auf der ganzen Länge der Nukleinsäuremoleküle (mit Ausnahme der Enden) einwirkenden *Endonukleasen*.

Nukleinsäurebasen (Nucleinsäurebasen) [lat./dt./griech.], als Bestandteile der Nukleinsäuren vorkommende stickstoffhaltige

Nukleus

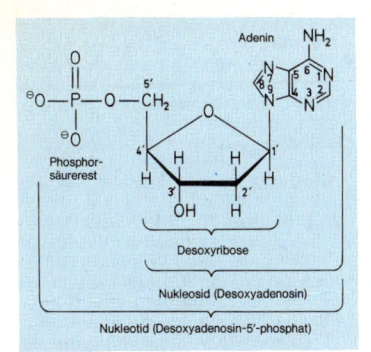

Nukleinsäuren. Ausschnitt aus der Strukturformel eines DNS-Moleküls

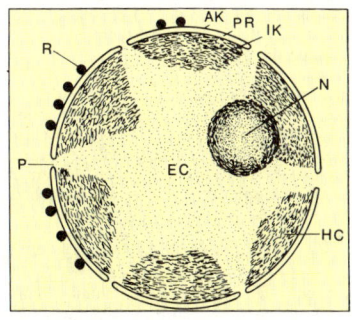

Nukleus. Schematische Darstellung
(AK äußere Kernmembran,
EC nichtkondensiertes Euchromatin,
HC kondensiertes Heterochromatin,
IK innere Kernmembran, N Nukleolus,
P Pore, PR perinukleärer Raum,
R Ribosomen)

Basen; vom Pyrimidin leiten sich ↑Zytosin und ↑Thymin sowie das nur in der RNS enthaltene ↑Uracil *(Pyrimidinbasen)*, vom Purin ↑Adenin und ↑Guanin ab *(Purinbasen)*.

Nukleinsäuren [lat./dt.] (Nucleinsäuren, Kernsäuren), in den Zellen aller Lebewesen (v. a. im Zellkern und den Ribosomen, in geringen Mengen auch in den Mitochondrien) vorkommende hochpolymere Substanzen; man unterscheidet ↑DNS (Desoxyribo-N.) und ↑RNS (Ribo-N.). Beide bestehen aus Ketten (die DNS aus Doppelketten) von ↑Nukleotiden, die jeweils aus einer Nukleinsäurebase, einem Monosaccharid (Pentose) und einem Phosphorsäurerest zusammengesetzt sind. Die Verknüpfung der Nukleotide geschieht über den Phosphorsäurerest, der mit dem Kohlenstoffatom in 3'- oder 5'-Stellung der Pentose des folgenden Nukleotids verbunden ist. Auf der bes. Reihenfolge der Basen im N.molekül beruht die ↑genetische Information.

Nukleolus [lat. „kleiner Kern"] (Kernkörperchen, Nebenkern, Nucleolus, Nukleolarsubstanz), lichtbrechendes, membranloses, meist von Vakuolen durchsetztes, zellspezifisch in Ein- oder Mehrzahl ausgebildetes Körperchen (Chromosomenprodukt) im lebenden Zellkern (↑Nukleus), ausgenommen bei Spermatozoen und frühembryonalen Zellen, das im wesentl. aus RNS, mit anderen Stoffen (bes. Histonen, Lipiden, Mineralsubstanzen) verbundenen Ribonukleoproteiden und zahlr. Enzymen (v. a. Adenosintriphosphatase) besteht. Über die physiolog. Bedeutung des N. weiß man, daß er bei der ↑Interphase an die Kernmembran rückt, um durch sie Stoffe ins Zytoplasma abzugeben. Man nimmt an, daß es sich um Transfer-RNS, Messenger-RNS und Ribosomen-RNS handelt, die wichtige Informationen für die artspezif. Proteinsynthese liefern.

Nukleonen [zu lat. nucleus „Fruchtkern, Kern"], zusammenfassende Bez. für die Elementarteilchen Proton und Neutron, die in unterschiedl. Anzahl die verschiedenen Atomkerne bilden. Sie können als zwei verschiedene Zustände eines Teilchens, des sog. **Nukleons** (Zeichen N) betrachtet werden.

Nukleonenzahl, svw. ↑Massenzahl.

Nukleoside [lat./griech.], Verbindungen aus einer Nukleinsäurebase und einer Pentose (Ribose oder Desoxyribose), die Bestandteile der ↑Nukleotide sind. Sie werden nach den zugrundeliegenden Nukleinsäurebasen benannt, indem im Wortstamm der Pyrimidinbasen die Endung -idin, dem der Purinbasen die Endung -osin angehängt wird (Strukturformel ↑Nukleinsäuren).

Nukleosom [lat.: griech.], Untereinheit des Chromatins; besteht aus einem DNS-Stück mit 140-200 Basenpaaren.

Nukleotide [lat./griech.], i. e. S. die Phosphorsäuremonoester der ↑Nukleoside, i. w. S. auch die Phosphordi- und -trisäureester. N. sind die Bausteine der Nukleinsäuren, kommen aber auch frei in der Zelle vor. Einige zu Dinukleotiden verbundene N. spielen als Koenzyme im Zellstoffwechsel eine wichtige Rolle, z. B. ↑NAD (Nikotinsäureamidadenindinukleotid) und FAD (Flavinadenindinukleotid). Die höherphosphorylierten freien N., bes. das ATP (Adenosintriphosphat, ↑Adenosinphosphat), sind wichtige Energieüberträger und -speicher in den Zellen (Strukturformel ↑Nukleinsäuren).

Nukleus [...kle-os; lat.] (Nucleus, Zellkern, Kern, Karyon, Karyoplast), 1830 von R. Brown unter dem Lichtmikroskop entdecktes, etwa 5-25 µm großes, meist kugeliges, auch gelappt oder verästelt ausgebildetes Organell in den Zellen der Eukaryonten (Nukleobionten), das im ↑Zytoplasma eingebettet ist und oft in einem bestimmten Ver-

Nuklide

hältnis zur Zellgröße steht (Kern-Plasma-Relation; ↑Zellteilung); in mehrkernigen Zellen (z. B. bestimmte Leber- und Knochenmarkszellen, verschiedene Einzeller) sind zwei oder mehrere derartige Organellen vorhanden. In den Zellkernen ist fast das gesamte genet. Material eines Lebewesens in Form der chromosomalen ↑DNS (Hauptanteil des Kernplasmas) eingeschlossen. Von den Zellkernen aus werden die Erbmerkmale weitergegeben. Sie sind auch vermutl. ausschließlicher Ort der RNS-Synthese. Neben den ↑Chromosomen enthält der N. im allg. noch ein Kernkörperchen (↑Nukleolus), selten mehrere. Er ist von einer feinen, nur elektronenmikroskop. erkennbaren, oft außen Ribosomen bzw. Ribosomengruppen (Polysomen) tragenden Kernmembran aus Lipoproteiden umhüllt. Die Vermehrung des N. erfolgt im allg. durch ↑Mitose (↑aber auch Amitose). Man unterscheidet Mitosekern und Arbeitskern (Interphasekern). Bei der Kernteilung erfolgt am Ende der Prophase ein zweistufiger Abbau der Kernmembran: 1. Fragmentation (= Teilung in unregelmäßige Stückchen); 2. Dispersion (= Auflösung der Fragmente). Ihr Wiederaufbau geht vom ↑endoplasmatischen Retikulum aus. Der vom N. beeinflußte Zytoplasmabereich wird als ↑Energide bezeichnet.

Nuklide [lat./griech.], Gesamtheit aller bekannten Atomarten. Ein Nuklid wird u. a. durch das chem. Elementsymbol und die Massenzahl (Nukleonenzahl) beschrieben. In der übl. Schreibweise wird die Massenzahl links oben neben das Elementsymbol gesetzt, z. B. ^{12}C oder ^{81}Br. Eine andere Schreibweise ist C 12 bzw. Br 81.

Nukualofa, Hauptstadt des Kgr. Tonga, an der N-Küste der Insel Tongatapu, 20 600 E. Lehrerbildungsanstalt, Hafen; internat. ✈.

Nukus, Hauptstadt der Karakalpak. ASSR innerhalb der Usbek. SSR, UdSSR, am Amudarja, 66 m ü. d. M., 131 000 E. Univ.; Nahrungsmittel-, Bekleidungs-, Möbelindustrie; Weinkellerei.

Null [zu italien. nulla figura „nichts" (von lat. nullus „keiner")], diejenige Zahl (Zahlzeichen 0), die, zu einer beliebigen Zahl α addiert, diese Zahl unverändert läßt, d. h., es gilt stets $\alpha + 0 = \alpha$. Die N. stellt also das neutrale Element bezügl. der Addition dar. Für beliebige Zahlen α gilt ferner $\alpha \cdot 0 = 0$ *und* $\alpha^0 = 1$. Die Division durch N. ist nicht definiert, d. h. durch N. darf nicht dividiert werden. Als Ziffer wird die N. in Stellenwertsystemen zur Kennzeichnung eines nicht besetzten Stellenwertes verwendet (↑Dezimalsystem, ↑Dualsystem).

nulla poena sine lege ['pø:na; lat. „keine Strafe ohne Gesetz"] ↑nullum crimen sine lege.

Nullarborebene [engl. nʌ'lɑːbə „kein Baum"], wasserlose, verkarstete, fast ebene, zur Küste schwach abfallende Kalktafel in Südaustralien mit spärl. Vegetation.

Nulldiät, Verzicht auf Nahrung, z. B. als (wirksamstes) Mittel zur Gewichtsreduzierung (unter Zuführung von Flüssigkeit, Mineralstoffen, Spurenelementen und Vitaminen); medizin. umstritten.

Nulleiter, geerdeter [Mittelpunkts]leiter eines elektr. Übertragungssystems.

Nullfolge, eine Zahlenfolge, die den Grenzwert Null hat.

Nullifikation [lat.], Aufhebung, Ungültigkeitserklärung; Rechtsakt der Bundesstaaten der USA, der Gesetze der Bundesreg. innerhalb einzelstaatl. Grenzen für ungültig erklärt. Die N.*theorie* beruht auf der Theorie der Souveränität der Bundesstaaten, die von J. C. Calhoun 1829 formuliert wurde und 1832/33 in der Frage der Schutzzollpolitik zur Anwendung kam. Die N.theorie wurde von Präs. A. Jackson scharf bekämpft; im S der USA bes. verfochten.

Nullmenge, svw. ↑leere Menge.

Nullmeridian, der Ortsmeridian von Greenwich, auf den seit 1911 nach internat. Vereinbarung die geograph. Länge bezogen wird.

Nullösung, in der internat. Abrüstungsdebatte verwendeter Begriff, insbes. die von den USA vertretene Position bei den Genfer Verhandlungen mit der Sowjetunion über die nuklearen Mittelstreckenraketen in Europa: Verzicht auf die Aufstellung landgestützter amerikan. Mittelstreckenraketen (Pershing-II, Cruise Missiles) in Westeuropa, wenn die Sowjetunion ihre bereits aufgestellten SS-20-Raketen vollständig abbaut.

Nullouvert [nol'u'vɛːr; zu ↑Null und frz. ouvert „offen"], im ↑Skat bes. Form des Nullspiels.

Nullpunkt, der Anfangspunkt einer Skala (z. B. ↑absoluter Nullpunkt), der Teilungspunkt zw. positiven und negativen Werten einer Skala (z. B. der Celsius-Skala).

Nullpunktsenergie, die Energie des Grundzustandes eines mikrophysikal. Systems (z. B. eines Moleküls) am ↑absoluten Nullpunkt. Bei gebundenen Zuständen endlich vieler Teilchen (Atome, Moleküle, Festkörper) läßt sich die N. aus der Bindungsenergie bestimmen. Können die Teilchen Schwingungen um ihre Gleichgewichtslage ausführen (z. B. Gitterschwingungen im Festkörper), so sind diese Schwingungen auch am absoluten Nullpunkt als sog. *Nullpunktsschwingungen* angeregt, da atomare Teilchen gemäß der Heisenbergschen Unschärferelation nicht zur Ruhe kommen können.

Nulltarif, Schlagwort für die unentgeltl. Abgabe einer (öffentl.) Dienstleistung; der N. soll die Attraktivität einer bestimmten Dienstleistung erhöhen und damit Alternativen relativ verteuern, z. B. der N. für die Benutzung öffentl. Verkehrsmittel, der den Individualverkehr in Ballungsräumen einschränken soll.

nullum crimen sine lege [lat. „kein Verbrechen ohne Gesetz"] (nulla poena sine lege), rechtsstaatl. Grundsatz des Strafrechts im Verfassungsrang (in der BR Deutschland: Art. 103 Abs. 2 GG), wonach eine Tat nur bestraft werden kann, wenn die Strafbarkeit gesetzl. bestimmt war, bevor die Tat begangen wurde. Dieser Grundsatz, der auch in §1 StGB niedergelegt ist, dient dem Schutz des einzelnen vor staatl. Willkür. Er hat folgende dreifache Bed.: Rückwirkungsverbot, Ausschluß von strafgründendem oder strafverschärfendem Gewohnheitsrecht, Ausschluß der analogen Anwendung eines Gesetzes zu Lasten des Täters. Tatbestand und Strafdrohung müssen so bestimmt sein, daß die Festsetzung der Strafe nicht dem freien Ermessen des Richters überlassen bleibt. Aus dem Grundsatz folgt auch, daß die Strafe und ihre Nebenfolgen sich nach dem Gesetz bestimmen, das z. Z. der Tat gilt. Spätere Änderungen sind nur zu berücksichtigen, wenn sie milder sind.

Numairi, An, Dschafar Muhammad [anuˈmaɪri] (An Numeiri), *Omdurman 1. Jan. 1930, sudanes. General und Politiker. - Nahm am Putsch von 1964 teil; wurde nach dem Staatsstreich vom 25. Mai 1969 Vors. des Revolutionären Kommandorates, 1969–76 und seit 1977 Min.präs. (hatte zeitweilig zugleich verschiedene Min.posten inne); 1969–73 Oberbefehlshaber der Streitkräfte; 1971–85 Präs. des Sudan (abgesetzt).

Numantia, im Altertum Stadt der keltiber. Arevaker am Oberlauf des Duero, nö. von Soria, Spanien. 154 v. Chr. Zentrum des Widerstandes gegen Rom, 133 v. Chr. erobert und zerstört.

Numa Pompilius, nach der Sage der 2. röm. König (715–672). - Soll dem krieger. Volk des Romulus Recht, Sitte, Kult- und Marktordnungen, das Kalenderwesen und die wichtigsten Priesterschaften gegeben haben.

Numen [lat., eigtl. „Wink"], der durch [Kopf]nicken angedeutete Wille, bes. einer Gottheit, dann auch für ein göttl. Wesen selbst gebräuchl. und in dieser Bed. in der modernen Religionswiss. allg. verwendet. - Davon abgeleitet bezeichnet **numinos** allg. svw. schaurervoll und anziehend zugleich.

Numerale [lat.] (Zahlwort), Wort, das eine [zahlenmäßig erfaßbare] Anzahl, Reihenfolge, Vervielfachung usw. ausdrückt. Die Numeralia werden eingeteilt in: *Kardinalzahlen* (Grundzahlen): eins, zwei, drei ...; *Ordinalzahlen* (Ordnungszahlen): (der) erste, zweite, dritte ...; *Bruchzahlen*, z. B. (ein) halb, drittel, viertel ...; *Vervielfältigungswörter*, z. B. einfach, zweifach, dreifach ...; *Gattungszahlwörter*, z. B. einerlei, zweierlei, dreierlei ...

Numeri [lat. „Zahlen"], lat. Name des 4. Buches Mose, so ben., weil es mit einer Volkszählung beginnt; inhaltl. Schwerpunkte sind die Lagerung Israels am Sinai, Wüstenaufenthalt und Beginn der Landnahme.

Numerikmaschinen [lat./dt.] (NC-Maschinen), Bez. für Maschinen (v. a. Werkzeugmaschinen), die automat. nach Computerprogrammen ihre Arbeitsoperationen ausführen. Die Programmträger (z. B. Magnetbänder, Festwertspeicher) enthalten in maschinell lesbarer Form Informationen (u. a. Angaben über Abmessungen, Oberflächenbeschaffenheit) und speichern außerdem die Kommandos für die auszuführenden Arbeitsoperationen; diese werden dann über eine Steueranlage (**Numeriksteuerung, NC-Steuerung**) als Befehle eingegeben.

numerisch [zu lat. numerus „Zahl"], zahlenmäßig; unter Verwendung von [bestimmten] Zahlen erfolgend.

numerische Mathematik, Teilgebiet der Mathematik, dessen Aufgabe die zahlenmäßige Behandlung mathemat. Probleme (z. B. Lösung von Gleichungen) ist. Dabei spielen bes. Näherungsverfahren eine große Rolle, da die meisten in der Technik auftretenden, mathematisch durch Gleichungen, Gleichungssysteme oder Differentialgleichungen beschriebenen Probleme nicht exakt, d. h. in formelmäßig gelöst werden können. Wichtige allg. Verfahren der n. M. sind die *Algorithmen* (↑ Algorithmus) sowie die *Iterationsverfahren,* die sich als wiederholte Algorithmen charakterisieren lassen, bei denen das Ergebnis eines Rechengangs zur Erzielung eines verbesserten Näherungswertes wieder als Eingabe genommen wird. Spezielle Aufgaben der n. M. sind u. a. die angenäherte Berechnung von Funktionswerten nur mit Hilfe der 4 Grundrechnungsarten und die angenäherte Berechnung bestimmter Integrale *(numer. Integration).*

Numerus [lat. „Zahl"], (Antilogarithmus) die Zahl x, deren ↑ Logarithmus bestimmt werden soll.

♦ grammat. Kategorie beim Nomen und Verb, die durch Flexionsformen die Anzahl der bezeichneten Gegenstände oder Personen bzw. die der Handelnden angibt; zum Ausdruck der Einzahl bzw. Mehrzahl dienen Singular und Plural; manche Sprachen kennen auch einen Dual, seltener existieren auch ein Trial oder Quadral zur Bez. der Drei- bzw. Vierzahl.

♦ in der antiken Rhetorik und Poetik die geregelte Abfolge langer und kurzer Silben.

Numerus clausus [lat. „geschlossene Zahl"], die anzahlmäßig beschränkte Zulassung von Bewerbern zum Hochschulstudium in der BR Deutschland. 1972–77 wurden sämtl. Studienplätze, und zwar in der Höhe, wie sie von den einzelnen Hochschulen selbst gemeldet worden waren, von der „Zentralstelle für die Vergabe von Studienplätzen" (ZVS) vergeben, und zwar zu etwa 60 % an Erstbewerber, ausgewählt nach ihrem Notendurchschnitt (dabei war Fachhochschulabsolventen ein bestimmter Prozentsatz zugebilligt), die übrigen Plätze wurden an Bewerber aufgeteilt, denen auf Grund schlechterer Noten Wartezeiten auferlegt waren (bis zu 6 Jahren). Die Praxis, die Noten der Abiturienten aus bestimmten Bundesländern durch einen Punkteabschlag (Malus) herab- bzw. durch einen Zuschlag (Bonus) heraufzusetzen, wurde endgültig vom Bundesverfassungsgericht 1977 als verfassungswidrig abgelehnt. Eine Neuregelung fand im Staatsvertrag vom 23. Juni 1978 statt, verbunden mit begleitenden Notenzuschlags- und Überlastungsprogrammen zum Ausgleich und zur Erweiterung der Hochschulkapazität. Die Studienplatzvergabe obliegt jetzt in vielen Fächern den Hochschulen selbst, ein zentrales Vergabeverfahren besteht z. Z. einerseits für 11 Studiengänge, in denen alle Bewerber (ggf. mit kurzfristiger Bereitstellung zusätzl. Studienplätze) untergebracht werden konnten, andererseits für 5 sog. „harte" N.-c.-Fächer (Human-, Zahn- und Tiermedizin, Pharmazie und Psychologie), in denen auch Auswahlverfahren durchgeführt werden müssen (ab Wintersemester 1980/81 zusätzl. Einführung von Tests für die ersten 3 genannten harten N.-c.-Fächer für die nächsten 3 Jahre; kommen neben den Abiturnoten zur Geltung).

Numidien [...i-ɛn] (lat. Numidia), histor. Gebiet im östl. Algerien, bewohnt von nomadisierenden Berbern. Nach Einigung der Stämme durch Masinissa und wechselnder Loyalität seiner Dyn. gegenüber Rom wurde der größte Teil des Landes 46 v. Chr. röm. Prov. (Africa nova; seit Septimius Severus Prov. Numidia). Nach der Vandalenherrschaft (5./6. Jh.) löste die nomad. Einwanderung die röm. Zivilisation auf. N. war Lieferant von Naturprodukten (Getreide, Holz, Öl; auch Pferde- und Rinderzucht); Inschriften und Ausgrabungen bezeugen ein reiches städt. Leben u. a. in Cirta (= Constantine), Theveste (= Tébessa), Hippo Regius (= Annaba).

numidische Schrift ↑ libysche Schriften.

numinos [lat.] ↑ Numen.

Numismatik [zu griech.-lat. numisma „Münze", eigtl. „allg. gültige Einrichtung" (von griech. nómos „Gesetz, Sitte")] (Münzkunde), die wiss. Münzkunde und Geldgeschichte; erfaßt („bestimmt") und ordnet Münzen und andere Geldformen nach Münzherren bzw. Auftraggebern, Münzstätten bzw. Entstehungsorten, Nominalen (Nennwerten), Prägetypen, Entstehungszeit und einstmaliger Verbreitung, deutet ihre Bilder, Symbole und Inschriften, bemüht sich um Erschließung der jeweils zugehörigen Bestimmungen u. a. über Münzfuß, Währung, Systemaufbau (Münzsystem, Stückelung), Umlaufsdauer, Valvation (Festlegung des Kurswertes), um die Erforschung der Entwicklung der Münztechnik und sonstiger Gegebenheiten, die mit Herstellung, Verbreitung und Umlauf des Geldes zusammenhängen, um die Klärung der einstigen Kaufkraft und der histor. Geldtheorien. In Museen werden der N. vielfach auch z. B. Medaillen und Gemmen zur Mitbearbeitung zugewiesen, die an sich jedoch Sondergebiete mit jeweils eigenen Gesetzlichkeiten bilden. Quellen der N. sind v. a. Münzfunde, Münzsammlungen, Geschäftspapiere, Archivalien. Die N. entwickelte sich seit dem 14. Jh. allmähl. aus der Liebhaberbeschäftigung des Münzsammelns („Münzbelustigungen"), zunächst für antike röm. Münzen, blieb im 19. und frühen 20. Jh. vielfach noch bloße histor. Hilfswiss., wächst neuerdings jedoch zu einer eigenständigen Kulturwiss. im Grenzgebiet v. a. zw. Geschichte, Rechts- und Wirtschaftswiss., Kunstgeschichte, Völkerkunde heran.

Nummernkonten, Konten, die nicht auf den Namen des Kontoinhabers lauten, sondern nur durch eine Nummer bezeichnet werden; dadurch bleibt der Kunde dem Bankangestellten gegenüber anonym. Bei Einrichtung des Kontos werden jedoch die Personalien schriftl. festgehalten und die Legitimation geprüft. N. können v. a. in der Schweiz eingerichtet werden; in der BR Deutschland ist die Führung von N. untersagt.

Nummuliten (Nummulitidae) [zu lat. nummulus „kleine Münze" (als Bez. für das scheibenförmige Gehäuse)], Fam. der ↑ Foraminiferen; seit der Oberkreide bekannt, Blütezeit im Tertiär (v. a. im Eozän), heute bis auf wenige Arten ausgestorben; Einzeller in Küstengewässern, mit linsen- bis scheibenförmigem, im Durchmesser bis maximal über 10 cm messenden Gehäuse, dessen zahlr., spiralig angeordnete Kammern ein (extrazelluläres) Innenskelett bilden. Die überlieferten Gehäuse der N. sind wichtige Leitfossilien; v. a. im Mittelmeerraum entstand aus ihren Ablagerungen Kalkstein (**Nummulitenkalk**).

Nummus (Mrz. Nummi) [griech.-lat.], 1. antike griech. Münzeinheit in Sizilien und Unteritalien; 2. allg. lat. Bez. für Münze, bes. aber Bez. für den röm. Sesterz; 3. die griech. Bez. Nummos entsprach in Byzanz seit Anastasios I. (491–518) dem Follis (= 40 Nummi).

Núñez de Balboa, Vasco [span. ˈnuɲeð ðe βalˈβoa] ↑ Balboa, Vasco Núñez de.

Nunkiang (Nunjiang) [chin. nuəndzjaŋ], linker und größter Nebenfluß des Sungari, in der Mandschurei, mündet 150 km wsw. von Harbin, 1 170 km lang.

Nuntius [lat. „Verkünder, Bote"] (Apostol. N.), päpstl. Gesandter, der neben dem kirchl. Auftrag mit der diplomat. Vertretung des Papstes beim diplomat. Vertreter. Er ist Doyen des Diplomat. Korps; ist ihm diese Rechtstellung nicht eingeräumt, führt der päpstl. Legat den Titel **Pronuntius.** Sein Amtssitz und sein Amt werden als **Nuntiatur** bezeichnet. Der Schriftverkehr zw. den N. und dem Papst bzw. dem päpstl. Staatssekretär, die **Nuntiaturberichte,** werden im Vatikan. Archiv aufbewahrt und stellen insbes. für das 16. und 17. Jh. eine hervorragende Geschichtsquelle dar.

Nuoro, italien. Stadt auf Sardinien, 553 m ü. d. M., 37 100 E. Verwaltungssitz der Prov. N.; kath. Bischofssitz; Fremdenverkehr. - Dom (18./19. Jh.); in der Umgebung Nuraghen.

Nupe, ehem. Reich östl. des unteren Niger, um 1350 erstmals gen.; N. war bekannt durch sein auf hoher Stufe stehendes Handwerk sowie durch seinen lebhaften Handel (auch Nigerschiffahrt); geriet im 19. Jh. unter brit. Herrschaft.

Nuraghen (Nuragen) [italien.], turmartige, aus großen Steinblöcken ohne Mörtel aufgesetzte Rundbauten auf Sardinien (Mitte 2. Jt.–6. Jh.; mit Nachläufern bis ins 3. Jh. v. Chr.). Die meisten der etwa 7 000 N. haben im Innern nur einen Raum mit hohem Kraggewölbe (teils auch bis zu 3 Räume übereinander, durch in den Außenmauern liegende umlaufende Treppengänge verbunden). Die Deutung der N. ist umstritten: befestigte Zufluchtsstätten, Kultbauten oder feste Wohnsitze der Familienverbände. - Abb. S. 14.

Nürburgring, Auto- und Motorradrennstrecke in der Eifel (nach Umbau seit 1984: 4,542 km lang), bei Adenau, Rhld.-Pfalz.

Nurejew, Rudolf Gametowitsch, * in Sibirien (zw. Baikalsee und Irkutsk) 17. März 1938, russ. Tänzer und Choreograph. - 1958–61 Mgl. des Kirow-Balletts, das er bei einem Pariser Gastspiel verließ, dann zunächst im Ballett des Marquis de Cuevas, seit 1962 beim Royal Ballet in London; als Choreograph seit 1963 v. a. in London, Wien, Zürich, seit 1983 in Paris tätig; virtuose Technik, künstler. Ausdrucksfähigkeit und persönl. Ausstrahlung sind Merkmale seines Tanzstils.

Nurflügelflugzeug, ein Flugzeug, das nur aus einem großen Tragflügel besteht, der auch die Nutzlast aufnimmt (keine gesonderte Rumpfkonstruktion); wegen ungenügender Flugstabilität wurden nur wenige N. (zu Versuchszwecken) gebaut.

Nuristan, bewaldetes Hochgebirgsland auf der S-Seite des Hindukusch, nö. von Kabul, Afghanistan; Beryll- und Glimmervorkommen.

Nurmi, Paavo, * Turku 13. Juni 1897, † Helsinki 2. Okt. 1973, finn. Mittel- und Langstreckenläufer. - Einer der erfolgreichsten Leichtathleten; gewann 9 Gold- (5 in Paris, 1924) und 3 Silbermedaillen bei Olymp. Spielen; stellte insges. 22 anerkannte Weltrekorde von 1 500 m bis 20 000 m auf.

Nürnberg, Stadt an der Pegnitz, Bay., 289–390 m ü. d. M., 466 100 E. Univ. Erlangen-N., Fachhochschule, Ev. Stiftungsfachhochschule (für Erziehung), Akad. der bildenden Künste, Fachakad. für Musik; Sitz der Bundesanstalt für Arbeit; Bundesfinanzdirektion; Museen, u. a. German. Nationalmuseum, Spielzeugmuseum, Verkehrsmuseum, Albrecht-Dürer-Haus, Kaiserburg; Zoo; internat. Spielwarenmesse; Jagd- und Sportwaffenmesse. - Wichtige Ind.zweige sind Elektroind., Maschinenbau, Spielwarenind., Bleistiftherstellung, Lebkuchenfabrikation sowie Metallverarbeitung, chem. Ind., Photoind., Kunststoffverarbeitung, Schmuckwarenherstellung, Brauereien, Nahrungsmittelind., Verkehrsknotenpunkt, Binnenhafen am Rhein-Main-Donau-Großschiffahrtsweg, ✈.

Geschichte: Das 1050 erstmals gen. N. („Felsberg") wurde durch Kaiser Heinrich III. als Mittelpunkt eines Reichsgutbezirks gegr.; N. war vor 1062 Sitz einer Reichsmünzstätte und vor 1112 Zollstätte, besaß 1173/74 einen Schultheißen, seit 1200 Stadtrecht. Seit dem 13. Jh. Mittelpunkt der Reichsgutverwaltung; 1219 Großer Freiheitsbrief, in den 1250er Jahren Anfänge eines städt. Rats, seit König Rudolf I. Aufstieg zur Reichsstadt. Auf Grund der Option des patriz. Rats für Karl IV. trotz des Handwerkeraufstands 1348/49 verpflichtete ein Kaiser 1356 (Goldene Bulle) jeden Röm. König, in N. den 1. Reichstag abzuhalten. 1424–1796 (sowie 1938–45) Aufbewahrungsort der Reichsinsignien; wuchs zur gebietsmächtigsten dt. Reichsstadt und erlangte bes. während der Reformation (1525 in N. eingeführt) polit. Bed. und wirtsch. Blüte durch Handwerk (u. a. Waffen- und Goldschmiede, Zinn- und Geschützgießer, Kunsthandwerker, bes. Uhrmacher), Fernhandel und Beteiligung an Finanzierungen von Wirtschaftszweigen in anderen Ländern. Im 15./16. Jh. auch kulturelle Blüte: Maler und Graphiker (M. Wolgemut, A. Dürer), Bildhauer (A. Krafft, V. Stoß), Erzgießer (Familie Vischer), Gelehrte (W. Pirckheimer, Regiomontanus, M. Behaim), Meistersinger (Hans Sachs). Im Dreißigjährigen Krieg (1632 schwed. Besetzung) stark geschwächt, erneuter Aufschwung nach dem Erwerb durch Bayern (1806): Industrialisierung, Eröffnung der 1. dt. Eisenbahn N.–Fürth (1835), Bau des Donau-Main-Kanals (1843–45). 1933 erklärte A. Hitler N. zur „Stadt der Reichsparteitage" (N. war 1927, 1929 und 1933–38 Ort der Reichsparteitage der NSDAP, sog. **Nürnberger Parteitage**). 1945–49 war es Schauplatz der Nürnberger Prozesse.

Bauten: Beim Wiederaufbau wurde der histor. Grundriß bewahrt, die Bauten wurden stilrein wiederhergestellt: Stadtkirche Sankt Sebald ist eine got. Doppelchoranlage (Westchor 13. Jh., Ostchor 1361–79), im Innern u. a. das Sebaldusgrab von P. Vischer d. Ä. und seinen Söhnen (1507–19); Sankt Lorenz ist eine got. Basilika (hpts. 14. Jh.) mit spätgot. Hallenchor

Nürnberger Bilderbogen

Nuraghen bei Sassari

(1439–77), spätgot. Sakramentshäuschen von A. Krafft (1493–96) und dem Englischen Gruß von V. Stoß (1517/18); die Frauenkirche (14. Jh.) am Hauptmarkt hat ein Uhrwerk mit „Männleinlaufen" (1509), auf dem Markt „Schöner Brunnen" (got. Turmpyramide, 1385–96); in beherrschender Lage die Burg (11.–16. Jh.); das urspr. got. Rathaus wurde 1616–22 von J. Wolff umgebaut; Albrecht-Dürer-Haus (Fachwerkbau aus der Mitte des 15. Jh.), spätgot. Mauthalle (1498–1502), Fembohaus (Renaissancebau des 16. Jh.), Stadtmauer (14./15. Jh., 16. Jh.).

📖 *Industriekultur in N.* Hg. v. H. Glaser u. a. Mchn. 1980. - Mulzer, E.: *Kurzinformation N. Nürnberg* ⁴1980. - Pfistermeister, U.: *N. Nürnberg* ²1979. - Mulzer, E.: *Die Nürnberger Altstadt:* Nürnberg 1976. - *N., Geschichte einer europäischen Stadt.* Hg. v. G. Pfeiffer u. a. Mchn. 1971.

Nürnberger Bilderbogen, Einblattdrucke, die vom 15. bis 19. Jh. in Nürnberg bei verschiedenen Druckern und Verlegern zur Erbauung, Belustigung und Verbreitung von Nachrichten erschienen sind.

Nürnberger Dichterkreis, 1644 von G. P. Harsdörffer und J. Klaj gegr. Nürnberger literar. Gesellschaft; urspr. Name „Löbl. Hirten- und Blumen-Orden an der Pegnitz", auch „Pegnes. Blumenorden", „Pegnitzer Hirtengesellschaft", „Gesellschaft der Blumenschäfer", „Gekrönter Blumenorden". Im Mittelpunkt standen eine den Prinzipien der Malerei verpflichtete Sprachästhetik und eine für das vornehme Bürgertum bestimmte gesellig-virtuose Dichtung (Natur- und Liebesgedichte, Schäferspiele und allegor. Festspiele).

Nürnberger Ei, Bez. für eine bes. im 17. Jh. sehr beliebte Taschenuhr aus Nürnberg. Zahlr. Erfindungen ermöglichten damals die Herstellung kleiner und bes. flacher Uhren. Die Eiform geht jedoch nicht auf P. Henlein zurück.

Nürnberger Gesetze, Sammelbez. für das „Reichsbürgergesetz" und das „Gesetz zum Schutze des dt. Blutes und der dt. Ehre", auf Anordnung Hitlers kurzfristig ausgearbeitet und vom Reichstag anläßl. des Nürnberger Parteitags der NSDAP am 15. Sept. 1935 einstimmig verabschiedet. Danach sollten die „vollen polit. Rechte" zukünftig nur den Inhabern des „Reichsbürgerrechts" zustehen, das neben die „Reichs- und Staatsangehörigkeit" treten und nur an „Staatsangehörige dt. oder artverwandten Blutes" verliehen werden sollte. Das „Blutschutzgesetz" verbot bei Gefängnis- oder Zuchthausstrafe u. a. die Eheschließung zw. Juden und „Staatsangehörigen dt. oder artverwandten Blutes" (Tatbestand der sog. „Rassenschande"). Der Ministerialbürokratie gelang es in den Ausführungsverordnungen zu den Gesetzen zwar zunächst, gegen die Parteiforderungen eine noch relativ enge Definition des Begriffs „Jude" durchzusetzen, doch verbreiterten die N. G. die jurist. Basis für die Diskriminierung und Verfolgung der Juden in Deutschland außerordentl.; sie gelten deshalb als Inbegriff der Pervertierung des Rechtsstaatsgedankens durch das Dritte Reich.

Nürnberger Land, Landkr. in Bayern.

Nürnberger Prozesse, Gerichtsverfahren, die 1945–49 von einem Internat. Militärgerichtshof bzw. von amerikan. Militärgerichten in Nürnberg zur Ahndung von NS-Straftaten durchgeführt wurden. Auf der Grundlage der Moskauer Dreimächteerklärung vom 30. Okt. 1943 und des Londoner Abkommens vom 8. Aug. 1945 bildeten Frankr., Großbrit., die USA und die UdSSR einen Internat. Militärgerichtshof, vor dem am 18. Okt. 1945 Anklage gegen 22 „Hauptkriegsverbrecher" erhoben wurde. Dieser Hauptprozeß (14. Nov. 1945–1. Okt. 1946) endete mit 12 Todesurteilen gegen M. Bormann (in Abwesenheit), H. Frank, W. Frick, H. Göring, A. Jodl, E. Kaltenbrunner, W. Keitel, J. von Ribbentrop, A. Rosenberg, F. Sauckel, A. Seyß-Inquart, J. Streicher. Göring beging Selbstmord, die übrigen wurden am 15. Okt. 1946 gehängt. K. Dönitz, W. Funk, R. Heß, K. Freiherr von Neurath, E. Raeder, B. von Schirach, A. Speer erhielten Haftstrafen zw. 10 Jahren und lebenslängl.; H. Fritzsche, F. von Papen und H. Schacht wurden freigesprochen. Als verbrecher. Organisationen und Gruppen wurden SS, SD, Gestapo und Führerkorps der NSDAP verurteilt. 1946–49 fanden 12

Nachfolgeprozesse vor amerikan. Militärgerichten statt, bei denen mit 177 Einzelpersonen jeweils bestimmte polit., militär. oder wirtsch. Führungsgruppen im Mittelpunkt der Anklage standen. Gegenstand der Verhandlungen waren u. a. medizin. Versuche an KZ-Häftlingen und Kriegsgefangenen, rechtswidrige Verfolgung von Juden und NS-Gegnern durch hohe Justizbeamte, die Verwaltung von KZ, Beschäftigung ausländ. Zwangsarbeiter und KZ-Häftlinge in der Ind., Geiselmorde, Mordtaten von SS-Einsatzgruppen. Von 24 Todesurteilen wurden 12 vollstreckt, 35 Angeklagte wurden freigesprochen, alle verhängten Haftstrafen wurden bis 1956 aufgehoben. - Von den 3 Verbrechenskomplexen, die in den N. P. verhandelt wurden, waren die Kriegsverbrechen (wie Mord und Mißhandlung von Kriegsgefangenen und Zivilpersonen, Deportation der Zivilbev., Plünderung) vom geltenden Völkerrecht definiert, die Zulässigkeit ihrer Ahndung durch die Sieger stand außer Frage. Auch bei den Verbrechen gegen die Menschlichkeit, die nun als völkerrechtl. Verbrechen definiert wurden, handelte es sich um grundsätzl. schon immer strafbare Taten. Zweifelhaft war allerdings, ob nach dem bis 1945 geltenden Völkerrecht die dt. Angriffskriege als „Verbrechen gegen den Frieden" strafbar waren. Obwohl die N. P. ein beträchtl. Element an „polit. Justiz" enthielten (Nichtbeteiligung dt. Richter, Verurteilung ausschließl. dt. Kriegsverbrechen) und daher im Rahmen der Entnazifizierung nur begrenzt positiv wirkten, stellen sie einen bedeutsamen Markstein in der Entwicklung des Völkerrechts dar.

📖 *Borkin, J.: Die unheilige Allianz der IG-Farben. Ffm.* ³*1981. - Medizin ohne Menschlichkeit. Dokumente des N. Ärzteprozesses. Hg. v. A. Mitscherlich u. F. Mielke. Ffm. 96–100. Tsd. 1981. - Haensel, C.: Das Gericht vertagt sich. Mchn. 1980. - Kemper, R. M. W.: Das Dritte Reich im Kreuzverhör. Königstein im Taunus; Düss. 1980.*

Nürnberger Religionsfriede (Nürnberger Anstand), am 23. Juli 1532 zw. Kaiser Karl V. und dem Schmalkald. Bund geschlossener Vertrag, der den luth. Reichsständen gegen „Türkenhilfe" bis zum nächsten Konzil bzw. Reichstag freie Religionsausübung gewährte.

Nürnberger Trichter, scherzhaft für ein auf das rein Gedächtnismäßige gerichtetes Lehrverfahren, mit dem man dem Dümmsten Wissen vermitteln können soll (nach G. P. Harsdörffers Werk „Poetischer Trichter, die Teutsche Dicht- und Reimkunst, ohne Behuf der lat. Sprache, in 6 Stunden einzugießen").

Nurse [nə:rs; engl. nə:s; zu lat. nutricius „säugend, pflegend"], Amme, Kinderpflegerin; Kinderschwester.

Nürtingen, Stadt am oberen Neckar, Bad.-Württ., 288–345 m ü. d. M., 35 500 E. Fachhochschule (Landbau, Landespflege u. a.); Maschinenbau und Textilind. - 1046 erstmals erwähnt; 1359 als Stadt bezeugt; im 15. Jh. (neben Stuttgart) Residenz der Grafen von Württemberg. - Spätgot. ev. Stadtkirche (16. Jh. und 1895 ff.), Fachwerkbauten.

Nus (Nous) [griech.], Geist, Vernunft; in der antiken Metaphysik Bez. sowohl für den „höchsten" Teil der menschl. Seele („denkende Seele") als auch für ein den Kosmos ordnendes Prinzip und die (reine) Seinsweise Gottes.

Nusairier [...i-ɛr] (Nosseirier), islam. Religionspartei und Sekte mit rd. 500 000 Mgl., die sich selbst **Alawiten** nennen; die N. haben sich früh von den Ismailiten abgespalten und werden wie diese zu den extremen Schiiten († Ghulat) gerechnet. Ali, Muhammed und der Perser Salman werden als Inkarnationen Gottes verehrt; durch wiederholte Wiederverkörperungen können sich die Seelen reinigen. Die in die Geheimlehren Eingeweihten bilden eine eigene Kaste, die bes. Speisegebote und Riten zu beachten hat. Unter dem frz. Mandat (ab 1920) wurde das Siedlungsgebiet der N. in Syrien als eigener Staat verselbständigt, 1936 jedoch unter dem Drängen der syr. Nationalisten wieder mit Syrien vereinigt.

Nuschke, Otto, * Frohburg 23. Febr. 1883, † Nieder Neuendorf (= Hennigsdorf b. Berlin) 27. Dez. 1957, dt. Journalist und Politiker. - Für die DDP (linker Flügel) 1919 Mgl. der Nat.versammlung, 1921–33 MdL in Preußen; nach 1933 Berufsverbot und mehrfach verhaftet; 1945 Mitbegr. der CDU in der SBZ, deren Vors. ab 1948; einer der Vors. des Dt. Volksrats 1948/49; 1949–57 stellv. Min.präs. der DDR, Leiter des Amtes für Kirchenfragen und der Volkskammer.

Nušić, Branislav [serbokroat. 'nuʃitɕ], Pseud. Ben Akiba, * Belgrad 8. Okt. 1864, † ebd. 19. Jan. 1938, serb. Schriftsteller. - Journalist, Dramaturg und Theaterleiter; durch seine humorist. Feuilletons, (sozialkrit.) Romane und bühnenwirksamen Gesellschaftskomödien einer der beliebtesten serb. Schriftsteller seiner Zeit.

Nuß, (Nußfrucht) einsamige, als Ganzes abfallende Schließfrucht († Fruchtformen), deren Fruchtwand bei der Reife ein trockenes, ledriges oder holziges Gehäuse aus Sklerenchym- bzw. Steinzellen bildet (z. B. Eichel, Buchecker, Edelkastanie, Erdnuß, Haselnuß).
♦ Teil der Keule mancher Schlachttiere (z. B. Kalbsnuß); wird kugelförmig geschnitten und kurz gebraten.

Nußapfel (Steinapfel), Sammelfrucht einiger Apfelgewächse (z. B. Dornmispel). Die Fruchtwand wird dick und steinartig hart. Die Einzelfrüchte stellen kleine Nüsse dar.

Nußbaum, als Pflanze † Walnuß.
♦ feinfaseriges, mittelhartes und dauerhaftes Holz mit großen Poren und kaum sichtbaren Markstrahlen. - † Hölzer (Übersicht).

Nußbohrer

Nußbohrer (Curculio, Balaninus), v. a. in Eurasien und Amerika verbreitete Gatt. der Rüsselkäfer mit elf 1,5–9 mm langen Arten in Deutschland; Käfer fressen an verschiedenen Laubbäumen. Zur Eiablage bohren die ♀♀ mit ihrem dünnen, sehr langen und gebogenen Rüssel in der Entwicklung befindl. Früchte (bes. Nüsse, Eicheln, Kirschen, Kastanien) an. Zur Verpuppung verlassen die Larven im Herbst die meist vorzeitig abgefallenen Früchte durch ein kreisrundes Loch. Zu den N. gehören u. a. **Eichelbohrer** (Curculio glandium, Balaninus glandium, 5–8 mm groß, braun) und **Haselnußbohrer** (Curculio nucum, Balaninus nucum, 6–9 mm groß, mit dicht gelbgrauer, fleckiger Behaarung).

Nußgelenk ↑Gelenk.

Nußhäher ↑Tannenhäher.

Nußkiefer ↑Kiefer.

Nußkohle ↑Kohle.

Nußöl, durch Auspressen von Wal- oder Haselnüssen gewonnenes Öl. Kalt gepreßtes N. dient als Speiseöl, warm gepreßtes N. wird für Ölfarben, Seifen u. a. verwendet.

Nüstern [niederdt.], die Nasenöffnungen (Nasenlöcher) beim Pferd und bei anderen Unpaarhufern.

Nut, ägypt. Himmelsgöttin, die ihrem Brudergemahl Geb die vier Gottheiten Osiris und Isis, Seth und Nephthys gebiert. Sie wird als Frau dargestellt, die sich über den liegenden Erdgott beugt.

Nut (Nute) [zu althochdt. nuoen „genau zusammenfügen"], rechteckige Vertiefung an Wellen und Zapfen (Keilnut), Brettern (z. B. bei Nut- und Federbrettern) und dgl. zur Führung oder Befestigung weiterer Konstruktionsteile durch mit der N. korrespondierende Gegenstücke (Keile, [Paß]federn u. a.).

Nutation [zu lat. nutatio „das Schwanken"], die bei der ↑Präzession auftretenden Schwankungen der Achse eines Kreisels gegenüber einer raumfesten Achse; in der Astronomie Bez. für kurzperiod. Schwankungen der Erdachse, die v. a. auf der Gravitationswirkung des Mondes beruhen.

Nutationsbewegungen (Nutationen), lageverändernde Bewegungen von Organen festgewachsener Pflanzen, die durch z. T. zeitl. wechselndes, unterschiedl. starkes Wachstum verschiedener Organseiten zustande kommen, z. B. bei Ranken- und Windepflanzen oder die *Entfaltungsbewegungen* (Krümmungen) bei Blättern und Blütenteilen.

Nute, svw. ↑Nut.

Nutria [lat.-span.], svw. ↑Biberratte.

Nutsche, im chem. Laboratorium verwendeter Filter, bei dem der Filtratdurchsatz durch Erzeugung eines Unterdrucks auf der Seite des Filtratabflusses oder eines Überdrucks auf der Seite des Zuflusses gesteigert werden kann.

Nutzen, in den *Wirtschaftswiss.* die auf der subjektiven Werteinschätzung (↑auch Wert) beruhende Eigenschaft eines Gutes, zur Bedürfnisbefriedigung eines Wirtschaftssubjektes beizutragen; mit N. wird sowohl diese Eigenschaft selbst als auch das Ausmaß der Bedürfnisbefriedigung bezeichnet.

Nutzen-Kosten-Analyse (Kosten-Nutzen-Analyse, Cost-benefit-Analyse), Analyse zur Bewertung von Investitionsvorhaben bzw. zur rationalen Auswahl eines Projekts unter mehreren alternativen Projekten. Ziel der N.-K.-A. ist die Rationalisierung polit. Entscheidungen durch einen Vergleich von Erfolgen und Belastungen, die diese nach sich ziehen. Da solche Entscheidungen eine unübersehbare Anzahl von Neben- und Sekundärwirkungen haben können, muß eine Auswahl der als wesentl. anzusehenden Folgen getroffen werden. Innerhalb des so gesteckten Rahmens sind alle Auswirkungen zu bewerten, um sie vergleichbar zu machen. Problemat. ist in erster Linie die Bewertung des nichtmonetären gesellschaftl. Nutzens (z. B. bei Bildungsinvestitionen).

Nutzholz, in der Forstwirtschaft alles techn. verwertbare Holz im Gegensatz zu Brennholz. - ↑auch Hölzer (Übersicht).

Nutzlast, die Last, die ein Fahrzeug bei einer durch die Konstruktion bedingten Lastverteilung tragen kann, ohne daß bestimmte Grenzwerte (zulässige Achslast, zulässiges Gesamtgewicht u. a.) überschritten werden.

Nutzleistung, von einer Kraftmaschine nach außen abgegebene nutzbare Leistung.

Nützlichkeitsprinzip ↑Utilitarismus.

Nutznießung, im *Recht* ↑Nießbrauch.

Nutzungen, die ↑Früchte einer Sache oder eines Rechts sowie die Vorteile, die der Gebrauch der Sache oder des Rechts gewährt (*Gebrauchsvorteile*).

Nutzungspfand (Antichrese, Antichresis), Pfand an einer Sache, das so bestellt wird, daß dem Pfandberechtigten die Nutzungen dieser Sache gebühren. Das N.recht kann so gestaltet werden, daß die Nutzungen als Zinsen der dem Pfandrecht zugrundeliegenden Schuld gelten sollen.

Nutzungsrecht, eines der beschränkten dingl. Rechte, näml. die Befugnis, die Nutzungen aus einer fremden Sache zu ziehen, insbes. aus dem Urheberrecht, einer Lizenz oder einem Nießbrauchsrecht.

Nuuk, amtl. Name der grönländ. Hauptstadt ↑Godthåb.

NVA, Abk. für: ↑Nationale Volksarmee.

Ny [griech.], 14. Buchstabe des urspr., 13. des klass. griech. Alphabets: N, ν.

Nyakyussa [nja'kjusa], Bantustamm in SW-Tansania; leben am N-Ende des Njassasees; treiben Ackerbau und Rinderzucht.

Nyala ['nja:la; afrikan.] ↑Drehhornantilopen.

Nyamwezi [njam've:zi], Bantustamm in Tansania, südl. des Victoriasees; treiben Feldbau in der Savanne.

Nyborg [dän. 'nybɔr], dän. Hafenstadt an der O-Küste der Insel Fünen, 18 500 E. Brauerei, Eisengießerei, Werft, chem. Ind.; Bahn- und Autofähre über den Großen Belt. - Entstand bei der um 1170 erbauten Burg Danehof; erhielt im 13. Jh. Stadtrecht.

Nydam, Moor auf der Halbinsel Sundewitt, Dänemark; in ihm wurden 1863/64 bzw. 1880 2 Opferfunde geborgen. 1. Fund (2.– 5. Jh. n. Chr.): u. a. 2 seegängige Ruderboote aus Eichen- und Kiefernholz; eines davon 22,84 m lang, 3,26 m breit; ferner Waffen, Pferdezaumzeug, Holz- und Tongefäße, Schmuck u. a., röm. Münzen; 2. Fund (um 450 n. Chr.): v. a. silberne Beschläge von Schwertscheiden.

Nyerere, Julius Kambarage [nje're:re], * Butiama (Distrikt Musoma) im März 1922, tansan. Politiker. - Lehrer; 1954 Mitbegr. und Vors. der Tanganyika African National Union (TANU); 1953, 1957 und 1958–60 Mgl. des Gesetzgebenden Rates von Tanganjika; 1960/61 erster Chefmin., 1961/62 Min.präs., ab 1962 Staatspräs. Tanganjikas; seit dem Zusammenschluß Tanganjikas und Sansibars (1964) bis 1985 Präs. Tansanias; betrieb eine sozialist. Politik mit umfassendem Verstaatlichungsprogramm. N. gilt als militanter Vertreter des Antikolonialismus und war in diesem Rahmen führend im Kreis der sogenannten (schwarzafrikan.) Frontstaaten gegen die weißen Minderheitsregime in Rhodesien (und Südafrika).

Nygaardsvold, Johan [norweg. 'ny:-go:rsvɔl], * Hommelvik bei Drontheim 6. Sept. 1879, † Drontheim 13. März 1952, norweg. Politiker (Arbeiterpartei). - 1916–49 Mgl. des Storting, 1928 und 1934/35 dessen Präs.; ab 1923 im Parteivorstand; 1928 Landw.min., 1935–45 Min.präs. (ab 1940 im Londoner Exil).

Nygren, Anders [schwed. 'ny:gre:n], * Göteborg 15. Nov. 1890, † Lund 20. Okt. 1978, schwed. luth. Theologe. - 1924–48 Prof. für systemat. Theologie in Lund, 1949–58 ebd. Bischof; 1948 Mgl. des Zentralrats der konstituierenden Versammlung des Ökumen. Rates in Amsterdam, 1947–52 Präsident des Luth. Weltbundes. Seine Arbeit befaßt sich v. a. mit dem Problem der religiösen Erfahrung.

Nyíregyháza [ungar. 'nji:rεtjha:zɔ], Bez.-hauptstadt in NO-Ungarn, 113 000 E. Zentrum des Nyírség; Tabak-, Nahrungsmittel-, Maschinenind., Reifenfabrik. - Gegr. im 18. Jh.

Nyírség [ungar. 'nji:rʃεg], Geb. in Ungarn, zw. Theiß, Szamos und rumän. Grenze, bis 182 m hoch; wichtigstes Anbaugebiet Ungarns für Kartoffeln, Roggen, Sonnenblumen, Tabak, Äpfel und Birnen.

Nyköbing [dän. 'nykø:'bεn], dän. Stadt an der W-Küste der Insel Falster, 25 300 E. Zuckerfabrik, Metallind.; Hafen, Straßen- und Eisenbahnbrücke über den Guldborgsund. - Entstand um eine Burg des 12. Jh. - Graubrüderkirche (15. Jh.); Fachwerkhäuser.

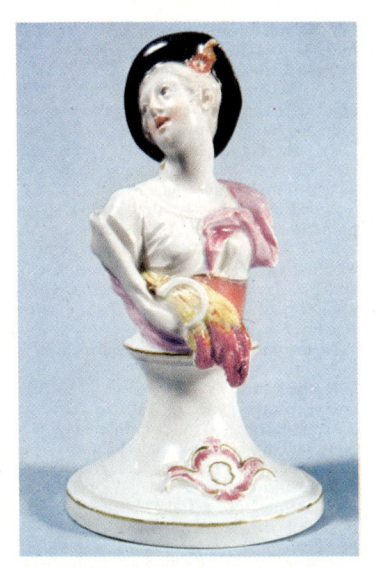

Nymphenburger Porzellan.
Franz Anton Bustelli,
Allegorie des Sommers (um 1760).
Mannheim, Städtisches Reißmuseum

Nyköping [schwed. 'ny:tçø:piŋ], schwed. Stadt an der Ostseeküste, 64 700 E. Hauptstadt des Verw.-Geb. Södermanland, kulturhistor. Museum, Dokumentationsbibliothek für Atomenergie; Garnison; Herstellung von Autos, Flugzeugteilen, Elektrogeräten, Waschmitteln, Textilien, Holz- und Metallwaren; Bahnknotenpunkt, ⚓. - Bei dem im 12. Jh. als Hafen- und Marktort gebildeten N. entstand 1253 die Burg **Nyköpinghus** (ab 1266 in Besitz der Herzöge von Södermanland); 1719 von den Russen völlig zerstört. - Sankt-Nikolai-Kirche, Allerheiligenkirche (13. und 16. Jh.); im Stadtgebiet ma. Landkirchen, u. a. Löstringe, Runtuna, Vrena.

nykt..., **Nykt...** ↑ nykto..., Nykto...

nykti..., **Nykti...** ↑ nykto..., Nykto...

Nyktinastie [griech.] (nyktinast. Bewegung), mit dem Tag-Nacht-Rhythmus zusammenfallende, autonome, meist durch Licht- und Temperaturreize hervorgerufene Lageveränderung pflanzl. Organe.

nykto..., **Nykto...**, **nykti...**, **Nykti...**, **nykt...**, **Nykt...** [zu griech. nýx „Nacht"], Bestimmungswort von Zusammensetzungen mit der Bed. „nächtlich, Nacht...".

Nylanders Reagenz [schwed. ny-'landər; nach dem schwed. Chemiker C. W. G. Nylander, * 1835, † 1907], eine aus Natronlauge, Seignettesalz und Wismutnitrat hergestellte Lösung, die sich zum Nachweis von

Glucose (Traubenzucker) in Lösungen, z. B. im Harn von Zuckerkranken, eignet.

Nylon ® ['naılɔn; amerikan. Kw.], Handelsbez. für die erste vollsynthet. Faser (1938), eine aus Hexamethylendiamin und Adipinsäure hergestellte Polyamidfaser (Nylon 6,6); i. w. S. Bez. für lineare, aliphat. Polyamidfasern, die sich alle durch hohe Reiß- und Scheuerfestigkeit auszeichnen.

Nymburk [tschech. 'nimburk] (dt. Nimburg), Stadt an der Elbe, ČSSR, 186 m ü. d. M., 15 500 E. Likörfabrik; Eisenbahnreparaturwerkstätten, Schwer- und Transportmaschinenbau. - Im 13. Jh. als Königsstadt belegt. - Ma. Stadtbefestigung (14. Jh.); got. Sankt-Ägydius-Kirche (1280–1380).

Nymphae [griech.], die kleinen Schamlippen.

Nymphaea [nym'fɛ:a; griech.] ↑Seerose.

Nymphalis [griech.], Gatt. der Edelfalter (Gruppe Eckflügler) mit zahlr. Arten auf der Nordhalbkugel, davon in M-Europa v. a. Großer und Kleiner Fuchs, Trauermantel.

Nymphäum [griech.-lat. „Quellgebäude"], architekton. gestaltete Brunnenanlage röm. Zeit, in Villen, Gärten oder auf öffentl. Plätzen (2./3. Jh.); auch natürl. oder künstl. angelegte Grotten (u. a. in Pompeji und Herculaneum).

Nymphe [griech., eigtl. „Braut, jungvermählte Frau"], letztes Entwicklungsstadium bestimmter Insekten.

Nymphen, in der griech.-röm. Mythologie und Dichtung meist in Gruppen auftretende, anmutige weibl. Naturgeister. Man unterscheidet: *Okeaniden* und *Nereiden* (N. des Meeres), *Najaden* (N. der Landgewässer), *Oreaden* (Berg-N.), *Alseiden* (Wald-N.), *Dryaden* und *Hamadryaden* (Baumnymphen). Obwohl „Töchter des Zeus", gehören sie doch als dämon. Zwischenwesen in die Welt des Volksglaubens und -märchens, weshalb auch ihr Kult (an Quellen, in Hainen und Grotten) von den lokalen Gegebenheiten geprägt erscheint.

Nymphenburger Porzellan, Erzeugnis der 1747 gegr., 1761 nach Schloß Nymphenburg bei München verlegten Porzellanmanufaktur; ihre Marke ist das bayr. Rautenwappen. Seit 1753, als der in Wien ausgebildete J. J. Ringler brauchbare Brennöfen errichtet hatte, stellte man gutes Porzellan her. Die bedeutendsten Erzeugnisse der Manufaktur sind die Porzellanplastiken der Modelleure F. A. Bustelli sowie D. Auliczek und J. P. Melchior; 1798 erhielt die Manufaktur einige Modelle der Frankenthaler Manufaktur. - Abb. S. 17.

Nymphensittich (Nymphicus hollandicus), bis 32 cm langer, vorwiegend bräunlichgrauer Papagei (Familie Kakadus oder Sittiche), v. a. in Galeriewäldern und Savannen Australiens; beliebter Käfigvogel.

Nymphomanie [griech.] (Hysteromanie), gesteigertes sexuelles Verlangen der Frau (sog. **Mannstollheit**). Infolge der weitgehenden sexuellen Gleichberechtigung wird die Bez. N. nur noch mit Vorsicht und - wenn überhaupt - nur dann verwendet, wenn als Ursache des sexuellen Verlangens schwere psych. Störungen nachzuweisen sind.

Nynäshamn [schwed. ny:nɛ:s'hamn], schwed. Hafenstadt an der Ostseeküste, 12 000 E. Fährverkehr nach Helsinki, Danzig, Lübeck-Travemünde und Visby. - Entstand im 19. Jh. als Außenhafen für Stockholm.

Nynniaw [engl. 'nınıaʊ], walis. Geschichtsschreiber, ↑Nennius.

Nyon [frz. njõ], Bez.hauptort im schweizer. Kt. Waadt, am Genfer See, 401 m ü. d. M., 13 500 E. Genferseemuseum; Nahrungs- und Arzneimittelind., Streichholzfabrik, Metallverarbeitung; Fremdenverkehr. - Entstand an der Stelle einer röm. Veteranenkolonie; im 13. Jh. vom Erzbischof von Besançon zur Stadt erhoben; unter den Grafen von Savoyen zeitweilig Hauptstadt der Waadt. 1781–1813 bestand in N. eine bed. Porzellanfabrik. - In der Kirche Notre-Dame (12.–15. Jh.) sind eine röm. Inschrift, röm. Wandmalereien und Freskenreste (nach 1336) erhalten; Schloß (v. a. 14. Jh.; 1574 Umbauten; heute z. T. histor. Museum).

Nysa [poln. 'nisa] ↑Neisse.

Nyslott [schwed. ny:'slɔt], schwed. Name der finn. Stadt ↑Savonlinna.

Nystad, Friede von [schwed. 'ny:stɑ:d], am 10. Sept. 1721 in Nystad (finn. Uusikaupunki, Verw.-Geb. Turku-Pori) zw. Schweden und Rußland abgeschlossener Vertrag, der den 2. Nord. Krieg beendete.

Nystagmus [griech.] ↑Augenzittern.

Nyx, bei den Griechen Begriff und Personifikation der „Nacht". Nach Hesiods „Kosmogonie" aus Chaos mit Erebos entstanden, zeugt sie mit diesem Aither („Himmelsglanz") und Hemera („Tag") sowie aus sich selbst die Mächte der Finsternis.

O

O, 15. Buchstabe des dt. Alphabets (im lat. der 14.), im Griech. o (↑Omikron), im NW-Semit. (Phönik.) O (Ajin; diese Bez. ist jedoch erst aus dem Hebr. überliefert). Im Griech., Lat. und Dt. hat O den Lautwert [o, ɔ]. Das semit. und das griech. Zeichen haben den Zahlwert 70.

O, chem. Symbol für ↑Sauerstoff (Oxygenium).

O', Bestandteil ir. Familiennamen mit der Bedeutung „Abkömmling, Sohn", z. B. O'Connor, eigtl. „Sohn des Connor".

o-, in der *Chemie* Abk. für: ↑ortho-.

Oahu ↑Hawaii.

ÖAK, Abk. für: Österreichischer Alpenklub (↑Alpenvereine).

Oakland [engl. 'ooklənd], Stadt in Kalifornien, im Bereich der Metropolitan Area von San Francisco, 339 300 E. Kath. Bischofssitz; Colleges; Observatorium; Seehafen; Schiff- und Automobilbau, Sägewerke, Glas- und chem. Ind., Brauereien, Weinkellereien, Erdölraffinerien; Verkehrsknotenpunkt, 2 ✈. - Gegr. um 1850; 1852 Town, 1954 City.

Oak Ridge [engl. 'oʊk 'rɪdʒ], Stadt im nö. Tennessee, 27 700 E. Inst. und Anlagen zur Kernenergieforschung und -gewinnung, landw. Versuchsstation; Atommuseum. - Erbaut seit 1942 auf einem hermet. von der Außenwelt abgeschlossenen Areal als eines der Zentren der militär. Kernforschung.

OAPEC [engl. oʊ'ɛɪpɛk], Abk. für engl.: Organization of the Arab Petroleum Exporting Countries, ↑OPEC.

OAS [frz. oa'ɛs], Abk. für frz.: Organisation de l'Armée Secrète, im Zusammenhang mit dem gescheiterten Generalsputsch von Algier im April 1961 von nationalist. Algerienfranzosen und Mgl. der frz. Algerienarmee gegr. Geheimorganisation unter Führung der Generale R. Salan und E. Jouhaud; widersetzte sich gewaltsam der Entkolonisation Algeriens und suchte durch Terror im Mutterland sowie mehrfache Attentate auf de Gaulle das frz.-alger. Abkommen von Évian-les-Bains (1962) zu verhindern; zerfiel nach der Verhaftung ihrer militär. Führer.

OAS [engl. oʊ-ɛɪ'ɛs], Abk. für: ↑Organization of American States.

Oase [ägypt.-griech.], in oder am Rande von Wüsten und Wüstensteppen gelegene Wasserstelle mit reichem Pflanzenwuchs, der ermöglicht wird durch Quell- oder Grundwasser, durch einen Fremdlingsfluß (**Flußoase**) oder durch künstl. Bewässerung. In besiedelten O. intensive und differenzierte Nutzpflanzenkulturen. - Abb. S. 20.

Oasis magna ↑Charga, Al.

Oates, Joyce Carol [engl. oʊts], * Lockport (N. Y.) 16. Juni 1938, amerikan. Schriftstellerin. - Seit 1967 Prof. für Englisch in Ontario, Kanada; verfaßte insbes. sozialkrit., oft krass-naturalist. Romane und Erzählungen, v. a. aus dem Milieu amerikan. Klein- und Vorstädte, u. a. „Ein Garten ird. Freuden" (R., 1967), „Jene" (R., 1969), „Grenzüberschreitungen" (En., dt Auswahl 1978), „Bellefleur" (1980), „Last Days" (1984).

Oatesküste [engl. oʊts], Küstengebiet des Victorialandes der Ostantarktis.

OAU [engl. oʊ-ɛɪ'juː], Abk. für: ↑Organization of African Unity.

ÖAV, Abk. für: Österreichischer Alpenverein (↑Alpenvereine).

Oaxaca [span. oa'xaka], Staat in S-Mexiko, am Pazifik, 95 364 km², 2,67 Mill. E (1982), Hauptstadt Oaxaca de Juárez. Hinter der meist schmalen Küstenebene Anstieg zur Sierra Madre del Sur; höchste Erhebung ist der Cerro Zempoatepec (3 395 m). Im O umfaßt der Staat außerdem die südl. Hälfte des Isthmus von Tehuantepec. Das Klima ist trop. - Das noch heute v. a. von Mixteken und Zapoteken besiedelte Staatsgebiet wurde 1522 von den Spaniern erobert und z. T. als Privatbesitz an H. Cortés verliehen; erhielt 1824 den Status eines Staates.

Oaxaca de Juárez [span. oa'xaka ðe 'xuares], Hauptstadt des mex. Staates Oaxaca, in den zentralen Senke der Sierra Madre del Sur, 1 550 m ü. d. M., 157 300 E. Kath. Erzbischofssitz; Univ. (gegr. 1827); archäolog. Museum. Marktort eines Landw.gebiets, wenig Ind.; Fremdenverkehr, ✈. - Nahe einem von den Azteken 1486 angelegten militär. Außenposten von den Spaniern unter dem Namen **Segura de la Frontera** 1521 gegr., 1528 in **Antequera**, 1872 zu Ehren des Präs. B. Juárez García in O. de J. umbenannt. - O. de J. hat das kolonialzeitl. Bild weitgehend bewahrt. Am Zócalo stehen der Palacio de Gobierno (19. Jh.), die Kathedrale (1535 ff.) und die barocke Jesuitenkirche (17. Jh.).

Ob [russ. ɔpj], Strom in W-Sibirien, entsteht im nördl. Vorland des Altai (2 Quellflüsse aus dem Altai), nimmt 15 km nw. von Chanty-Mansisk von links seinen Hauptnebenfluß, den Irtysch, auf; teilt sich 300 km nw. von Chanty-Mansisk in zwei Hauptarme: den 446 km langen Großen O. und den 456 km langen Kleinen O., die sich 60 km sw. von Salechard wieder vereinigen; mündet in den Obbusen, 3650 km, mit Irtysch 5410 km lang; wichtiger Schiffahrtsweg.

OB, Abk. für: Oberbürgermeister, Oberbefehlshaber.

ob., Abk. für lat. obiit („ist verstorben"); auf Inschriften von Grabmälern.

o. B., in der Medizin Abk. für: ohne (krankhaften) Befund (nach erfolgter Untersuchung des Gesamtorganismus oder einzelner Organe).

Obadja (lat. Abdias), alttestamentl. Prophet und Name des kleinsten Buches (nur 21 Verse) des Zwölfprophetenbuches im A. T., nach 587 entstanden.

Obaldia, René de [frz. ɔbal'dja], * Hongkong 22. Okt. 1918, frz. Schriftsteller. - Verfaßte zunächst Prosagedichte, dann Erzählungen (u. a. „Flucht nach Waterloo", 1956), in denen er realist. und surrealist. visionäre Szenen konfrontiert. - *Weitere Werke:* Tamerlan des Herzens (R., 1955), Wind in den Zweigen des Sassafras (Dr., 1967), Le phântome de Zouave (Fernsehspiel, 1981).

Obasanjo, Olusegun [engl. oʊbaːˈsaːndʒoʊ], * Abeokuta (Westnigeria) 5. März 1937, nigerian. General und Politiker. - Seit 1975 Mgl. des Obersten Militärrates; wurde im Febr. 1976 als Chef der Militärreg. Staatsoberhaupt und Oberbefehlshaber der Streitkräfte; übergab nach den Wahlen im Juli und Aug. 1979 die Macht an eine zivile Reg. (1. Okt.).

Obduktion [zu lat. obductio „das Verhüllen, Bedecken" (nach dem abschließenden Verhüllen der Leiche)] ↑ Leichenöffnung.

Flußoase am Oberlauf des Barada in Syrien

Obedienz (Obödienz) [lat.], im kath. Kirchenrecht bzw. in der Kirchengeschichte: 1. Gehorsamspflicht des Klerikers gegen den geistl. Oberen (Papst, Bischof, Ordensoberer u. a.); 2. Gehorsamsgelübde von Ordensangehörigen.

Obeid, Al [alˈoːbaɪt], Hauptstadt der Prov. Kordofan im Z der Republik Sudan, 568 m ü. d. M., 140 000 E; kath. Bischofssitz. Von einem 8 km breiten Forstschutzgebiet umgeben; Handelszentrum (v. a. Vieh, Gummiarabikum, Erdnüsse) für Kordofan; Straßenknotenpunkt, Eisenbahnendpunkt, ✈. - Etwa 1750-72 Hauptstadt von Kordofan.

O-Beine (Säbelbeine, Reiterbeine, Genua vara), bogenförmige Verbiegung der Beine nach außen durch Formveränderung von Ober- und Unterschenkelknochen bzw. der Kniegelenke. Ursachen sind eine krankhafte Weichheit der Knochen (z. B. bei Rachitis oder Osteomalazie), Knochenfehlbildungen oder altersbedingte Abnutzungsvorgänge der Kniegelenke; eine operative Korrektur ist mögl., im jüngeren Alter neben der Behandlung der Grunderkrankung Schienung und Dehnlagerung.

Obelisk [griech., zu obelós „Bratspieß, Spitzsäule"], geometr. Körper, dessen Grund- und Deckfläche zwei in parallelen Ebenen liegende *n*-Ecke mit parallelen Seiten und dessen Seitenflächen *n* Trapeze sind.
◆ in der *Kunstgeschichte* ein hoher, schmaler, sich nach oben verjüngender Granitpfeiler meist quadrat. Grundrisses mit pyramidenförmiger Spitze. Er wurde im 3. Jt. v. Chr. in Ägypten als Zeichen des Sonnengottes entwickelt und meist paarweise am Tempeleingang aufgestellt. Alle vier Seiten sind mit hieroglyph. Inschriften bedeckt. Der älteste O. ist aus der 6. Dyn. bekannt, die meisten stammen aus dem Neuen Reich. Die röm. Kaiser holten viele O. nach Rom, die Päpste ließen sie, soweit sie gestürzt waren, aus und richteten sie neu auf, andere wurden im 19. Jh. als Geschenk der ägypt. Regierung nach Paris, London und New York verbracht.

Ober, gemeinsprachl. svw. ↑ [Ober]kellner.
◆ Spielkarte im dt. Blatt; entspricht der Dame in frz. Karten.

Oberacht ↑ Acht.

Oberägypten, Bez. für die Flußoase des Nil zw. Assuan und Kairo.

Oberallgäu, Landkr. in Bayern.

Oberalppaß ↑ Alpenpässe (Übersicht).

Oberammergau, Luftkurort in den Bayer. Voralpen, Bay., 840 m ü. d. M., 4700 E. Berufsfachschule für Holzschnitzerei; Fremdenverkehr. - Erhielt 1322 Stapelrecht; Holzschnitzerei als Erwerbszweig seit dem 12. Jh. - Kath. Pfarrkirche im Rokokostil (1736-42), Wohnhäuser mit Lüftelmalerei. Bekannt wurde der Ort v. a. durch das **Oberammergauer Passionsspiel,** ein seit 1634 nach einem im Pestjahr 1633 abgelegten Gelübde

Oberfläche

alle 10 Jahre von den Bewohnern von O. aufgeführtes Passionsspiel. Der ältesten erhaltenen Fassung von 1662 liegen Augsburger Passionsspiele zugrunde, Abänderungen v. a. 1680, 1750 (Erweiterung zum allegor. Barockdrama), 1810, 1860. 1970 wurden alle antisemit. Passagen gestrichen. Die heute für das O. Passionsspiel charakterist. Chorgesänge und alttestamentl. Rückblenden gehen auf die Fassung von 1750 zurück.

Oberappellationsgericht, ein für die sog. weitere Appellation oder Oberappellation zuständiges Gericht, im Hl. Röm. Reich seit 1495 das Reichskammergericht.

Oberarmknochen (Oberarmbein, Humerus), Röhrenknochen des Oberarms (↑Arm). Der *Oberarmkopf (Caput humeri)* ist Teil des Schultergelenks. Unten ist der O. über eine Gelenkrolle *(Trochlea humeri)* mit der Elle und über ein danebenliegendes Gelenkköpfchen *(Oberarmköpfchen; Capitulum humeri)* mit der Speiche gelenkig verbunden.

Oberbau, im Straßenbau Bez. für den gesamten Straßenkörper (Fahrbahndecke und ihre Tragschichten), im *Gleisbau* für die Schienen, die Schwellen und die Bettung.

Oberbayern, Reg.-Bez. in Bayern.

Oberbefehlshaber, Bez. für den Inhaber der höchsten militär. Kommandogewalt über die gesamte bewaffnete Macht oder über Teilstreitkräfte eines Staates bzw. einer Militärkoalition. O. nat. Streitkräfte ist i. d. R. das Staatsoberhaupt. - Im Dt. Reich bis 1918: der Kaiser, nach der Weimarer Reichsverfassung von 1919 der Reichspräs. (unter ihm übte der Reichswehrmin. die Befehlsgewalt über die Streitkräfte aus); 1934–45 hatte Hitler als „Führer und Reichskanzler" den Oberbefehl inne (bis 1938 hatte unter ihm der Reichskriegsmin. die Befehlsgewalt). In der BR Deutschland liegen nach dem GG die repräsentativen Funktionen des O. beim Bundespräs., die Befehls- und Kommandogewalt beim Bundesverteidigungsmin. (geht mit der Verkündigung des Verteidigungsfalles auf den Bundeskanzler über). - Die Führer militär. Großverbände oberhalb der Armee (früher auch der Führer einer Armee) werden meist als O. bezeichnet; in der NATO z. T. die den Obersten Alliierten Befehlshabern (Supreme Allied Commander) nachgeordneten militär. Führer (Commander-in-Chief); in den Staaten des Warschauer Pakts die Führer von Fronten.

Oberbergischer Kreis, Kr. in NRW.

Oberblatt ↑Laubblatt.

Oberboden, Bez. für den oberen, humushaltigen Teil eines Bodens, in der ↑Bodenkunde versteht man unter O. den A-Horizont.

Oberbootsmann ↑Dienstgradbezeichnungen (Übersicht).

Oberbundesanwalt ↑Bundesanwaltschaft.

Oberbürgermeister ↑Gemeindeverfassungsrecht.

oberdeutsche Mundarten ↑deutsche Mundarten.

Oberdorf, Bad ↑Hindelang.

Oberdrautal ↑Drau.

Oberek [poln.] (Obertas), schneller poln. Wirbeltanz im $^3/_8$-Takt, im Rhythmus ähnl. der Mazurka; der ältere *Obertas* ist mit Text verbunden und durch Refrains gegliedert, der jüngere *Oberek* dagegen ein reiner Instrumentaltanz.

Oberengadin ↑Engadin.

Oberer See (engl. Lake Superior), westlichster und größter der Großen Seen N-Amerikas (USA und Kanada), 563 km lang, 257 km breit, 183 m ü. d. M., bis 405 m tief. Zufluß durch etwa 200 Flüsse, Abfluß am O-Ende durch den Saint Mary's River zum Huronsee; mehrere Inseln. Der Schiffsverkehr ist durch winterl. Vereisung der Uferpartien und Nebelbildung auf 6–7 Monate beschränkt. Wichtigste Häfen: Thunder Bay, Duluth und Superior. - Seit Mitte des 17. Jh. von Franzosen erforscht, seit 1763 britisch.

Obere Tunguska ↑Angara.

Oberfähnrich, Dienstgrad für Offizieranwärter nach abgeschlossener Offiziersausbildung; bei der Marine: O. zur See.

Oberfeldwebel ↑Dienstgradbezeichnungen (Übersicht).

Oberfläche, allg. die Begrenzungsfläche, die einen materiellen Körper bzw. ein geschlossenes Raumstück vom übrigen Raum oder (als Grenzfläche) von einem anderen Me-

Obelisken des Königs Thutmosis I. (links) und der Königin Hatschepsut in Karnak (um 1500 und um 1470 v. Chr.)

Oberflächenanästhesie

dium abgrenzt. In der *Geometrie* die Menge der Randpunkte eines Körpers; oft auch als Bez. für den Flächeninhalt dieser Punktmenge verwendet.
Oberflächenanästhesie ↑ Anästhesie.
Oberflächenbehandlung, Sammelbez. für alle Verfahren, mit denen Werkstoffoberflächen mit gewünschten Oberflächeneigenschaften versehen werden. Von bes. Bedeutung ist die O. von Metallen (v. a. durch Überzüge und Anstriche). Voraussetzung für eine gute Haftfestigkeit der Überzüge ist eine reine, fettfreie Metalloberfläche. Die Werkstücke werden einer Behandlung durch mechan., chem. und/oder elektrolyt. Verfahren unterzogen. Bei den **Strahl-** und **Blasverfahren** werden Sand oder Stahlgranalien mit Preßluft auf die zu reinigende Oberfläche aufgeschleudert. Das **Schleifen** erfolgt mit rotierenden Scheiben aus Baumwolle, Leder, Leinwand, Filz, Papier, Kunststoffgeweben u. a., auf die ein Schleifmittel aufgebracht ist. Das **Polieren** geschieht mit Polierpasten, die ein geeignetes Poliermittel enthalten. Das Entfernen von Gußhaut oder Zunderschichten erfolgt durch Beizen mittels Säuren bzw. Alkalien in wäßriger Lösung. Beim **Glänzen** erfolgt eine Auflösung an der Oberfläche mit chem. Lösungen oder elektrolyt. mit Säurelösungen. Die **Entfettung** der Oberflächen erfolgt mit Tri- oder Perchloräthylen, bei der **Emulsionsentfettung** mit Emulsionen aus Benetzungsmittel, Wasser und Fettlösungsmittel. Ein neues Verfahren ist die **Ultraschallentfettung.**
Metallische Überzüge: Die eigentl. Metall-O. besteht im Aufbringen von **Metallüberzügen,** wobei z. B. durch Diffusionsvorgänge Legierungen aus Grund- und Deckmetall entstehen. **Plattieren:** Auf die Oberfläche eines Grundmetalls wird ein Deckmetall aufgebracht und durch Pressen oder Walzen fest mit dem Grundmetall verbunden. Bei der **Preßschweißplattierung** wird auf die glatte Oberfläche eines Unedelmetalls ein meist dünneres Blech eines Edelmetalls oder einer Legierung gelegt, im Vakuum oder unter Schutzgas erhitzt und heiß zusammengedrückt. Beim **Walzplattieren** erfolgt die Verbindung der Metalle während des Walzvorgangs. **Tauchverfahren:** Die Aufbringung metall. Überzüge durch Tauchen in metall. Schmelzen oder in Salzschmelzen ist nur möglich, wenn das schmelzflüssige Metall das Grundmetall benetzt; Anwendung v. a. beim Verzinken. *Tauchverzinnung* wird für Eisen, Kupfer und deren Legierungen angewandt. **Aufdampfverfahren:** Durch Verdampfen von Metallen im Vakuum und Kondensation der Dämpfe auf Metall, Kunststoff, Glas, Papier, Keramik u. a. Materialien lassen sich sehr feine, porenfreie Oberflächenschichten herstellen. **Elektrolyt. Metallabscheidung:** Die galvan. Verfahren ermöglichte die Herstellung von Metallüberzügen durch Abscheidung aus einer wäßrigen Metallsalzlösung mit Hilfe elektr. Stroms. Das Werkstück wird als Kathode geschaltet, als Anode wird im allg. eine Platte aus dem abzuscheidenden Metall verwendet, die sich während des Elektrolysevorganges langsam auflöst. Die wichtigsten galvan. Überzüge sind solche aus Kupfer, Nickel, Chrom, Messing, Cadmium, Zinn, Zink, Blei, Silber und Gold. **Stromlose Metallabscheidung:** Die Herstellung von Überzügen aus Metallsalzlösungen erfolgt durch Ionenaustausch oder durch chem. Reduktion des abzuscheidenden Metalls. Das elektrochem. unedlere Metall geht in Lösung, das edlere wird daraus verdrängt, so daß es mögl. ist, einen dünnen Überzug eines edleren Metalls auf ein unedleres aufzubringen.
Durch Reaktionen mit Chemikalien können gut haftende Überzüge hergestellt werden, v. a. zur Erhöhung des Korrosionsschutzes, zur Erzeugung von Haftgrund für weitere Überzüge oder zur Färbung der Metalloberfläche. *Chromatschichten* werden aus sauren, wäßrigen Lösungen von Chromaten ausgeschieden.
F a r b - u n d L a c k a n s t r i c h e : Für den Korrosionsschutz bzw. Rostschutz von Stahl und Gußeisen spielen Farb- und Lackanstriche die wichtigste Rolle. Die Anstriche werden im allg. in mehreren Schichten (Grund- und Deckanstrich) durch Streichen oder Spritzen aufgebracht. Die Anstrichmittel bestehen aus festen oder flüssigen Filmbildnern, Lösungs- und Verdünnungsmitteln und, soweit es sich um Farben handelt, Pigmenten und Füllstoffen. Manche Pigmente, insbes. Oxide, Verbindungen oder Stäube von Blei und Zink bewirken einen Rostschutz auf Grund der elektrochem. Verhältnisse zw. Grundmetall, Anstrich, Luftsauerstoff, Wasser u. a. von außen einwirkenden Stoffen (kathod. Korrosionsschutz).
Bei Holz wird durch eine O. sowohl eine Schutzwirkung als auch eine stärkere Betonung des Maserbildes erzielt. Üblich sind folgende Verfahren: **Brennen:** Die Oberfläche von Weichhölzern wird [stark] erhitzt; die sich ergebende dunklere Färbung des Spätholzes hebt die Maserung deutl. hervor. **Sandeln:** Die Oberfläche von Weichhölzern wird mit Sandstrahlen behandelt; Reliefwirkung, ohne Änderung der Farbtöne des Holzes. **Bleichen:** Zur Aufhellung und Vereinheitlichung der Holzfarbe wird das Holz u. a. mit Wasserstoffperoxid gebleicht. **Beizen:** Beim Farbbeizen werden bestimmte lichtechte Farbstoffe bzw. Pigmente auf das Holz aufgetragen und anschließend mit einer ammoniakhaltigen Räucherbeize nachbehandelt. **Wachsen und Mattieren:** Das Wachsen mit Wachssalben, Hart- und anderen Bohnerwachsen gehört zu den einfachsten transparenten O. Für Mattierungen (hier bleiben die Poren des Holzes offen) werden v. a. Nitrozel-

luloseester oder -äther zusammen mit Kunstharzen verwendet. **Polieren:** Hoch- oder mattglänzende, geschlossenporige Oberflächen ergeben sich, wenn man sie nach dem Abschleifen mit Politur (meist Nitrozellulose- oder andere Kunstharzlacke) grundiert, die Holzporen mit Porenfüllpulver (eingefärbter Schwerspat, Ton, Gips u. a.) ausfüllt und anschließend erneut Politur aufträgt, bis ein glänzender Film entsteht. **Lackieren:** Durch mehrfaches Auftragen bzw. Aufspritzen von Lacken wird ein relativ dicker, transparenter Film erzeugt, der anschließend geglättet wird. Transparente oder pigmentierte Polyesterlackierungen erhält man durch Polymerisation und Aushärtung von ungesättigten Polyesterharzen auf der Oberfläche.
📖 *Fußeder, H., u. a.:* Holz-O. Beizen, Mattieren, Polieren. Augsburg ⁶1986. - *Simon, H./Thoma, M.:* Angewandte Oberflächentechnik für metall. Werkstoffe. Mchn. 1985. - *Horowitz, I.:* O. mittels Strahlmitteln. Bd. 1 Essen ²1982. - Oberflächentechnik. Hg. v. *C. Rohrbach.* Düss. 1981. - *Müller, Walter;* Oberflächenschutzschichten u. Oberflächenvorbehandlung. Braunschweig 1972.

Oberflächendiffusion ↑Diffusion.
Oberflächenenergie, derjenige Anteil an der Gesamtenergie eines festen oder flüssigen Körpers, der auf dem Vorhandensein einer Oberfläche bzw. auf der Ausbildung von Grenzflächen *(Grenzflächenenergie)* gegen andere Aggregatzustände, Stoffe oder Phasen beruht. Die O. ist gleich der Arbeit, die gegen die Kohäsionskräfte verrichtet werden muß, um die Teilchen aus dem Inneren des Körpers an die Oberfläche (Grenzfläche) zu bringen (beim Zerschneiden eines festen Körpers).
Oberflächenspannung, an Grenzflächen (Grenzflächenspannung), insbes. an der Oberfläche von Flüssigkeiten (Grenzfläche Flüssigkeit-Luft) auftretende physikal. Erscheinung, die auf Grund der Molekularkräfte bewirkt, daß die betreffende Grenzfläche möglichst klein ist. Die Grenzfläche verhält sich dabei wie eine gespannte, dünne, elast. Haut. So gelingt es beispielsweise, eine Nähnadel oder eine Rasierklinge auf einer Wasseroberfläche „schwimmend" zu halten, trotz ihrer gegenüber dem Wasser größeren Dichte. Ursache der O. sind die zw. den Molekülen der Flüssigkeit wirkenden (anziehenden) Kohäsionskräfte. Da diese nach allen Richtungen hin gleich stark sind, heben sie sich zwar innerhalb der Flüssigkeit gegenseitig auf, nicht aber an der Flüssigkeitsoberfläche. Hier wirken sie nur in Richtung des Flüssigkeitsinneren. Das hat zur Folge, daß auf jedes Molekül an der Oberfläche eine ins Innere der Flüssigkeit gerichtete Kraft wirkt, so daß die Flüssigkeit bestrebt ist, eine möglichst kleine Oberfläche zu bilden. Aus diesem Grunde nimmt beispielsweise eine Seifenblase bzw. ein schwebender Wassertropfen Kugelgestalt

an. Als physikal. Größe ist die O. (auch *Koeffizient der O.* oder *Kapillarkonstante* gen.), Formelzeichen σ, definiert als der Quotient aus der Arbeit W, die bei konstantem Druck und konstanter Temperatur zur Vergrößerung der Flüssigkeitsoberfläche um den Betrag A erforderl. ist und der Fläche A selbst: $\sigma = W/A$. Die O. ist eine Materialkonstante, die mit zunehmender Temperatur abnimmt. Ihre Größe kann durch Verunreinigungen und Zugabe von *Netzmitteln* beeinflußt werden.

Oberflächenströmungen ↑Meeresströmungen.

Oberflächenstruktur, in der generativen Grammatik die syntakt. Strukturebene eines Satzes, die Grundlage seiner lautl. Realisierung und die durch Transformationen mit seiner ↑*Tiefenstruktur* verbunden bzw. aus ihr abgeleitet ist. O. können mehrdeutig sein, dann sind ihnen unterschiedl. Tiefenstrukturen zugeordnet (z. B. *Dann wurde der Brief von Klaus verlesen* geht entweder auf dieselbe Tiefenstruktur zurück wie *Dann verlas jemand den Brief von Klaus* oder wie *Dann verlas Klaus den Brief*). Unterschiedl. O. (z. B. Aktiv-Passiv, Aussagesatz–Fragesatz) können andererseits aus einer ident. Tiefenstruktur abgeleitet sein.

Oberflächenwasser, das Wasser, das auf der Oberfläche der Erde verfügbar ist. - Ggs. ↑Grundwasser.

Oberflächenwellen, Wellen, die sich bei einer Störung des Gleichgewichtszustandes an der Grenzfläche zweier Medien mit unterschiedl. Dichten (i. e. S. an der Oberfläche von Flüssigkeiten) unter dem Einfluß der Schwerkraft und der Oberflächenspannung herausbilden, und die sich in Form von Transversalwellen entlang der Grenz- bzw. Oberfläche ausbreiten.
♦ elektromagnet. Wellen, die sich entlang der Erdoberfläche ausbreiten.

Oberfranken, Reg.-Bez. in Bayern.
Obergaden ↑Lichtgaden.
obergärige Hefen, svw. ↑Oberhefen.
Obergefreiter ↑Dienstgradbezeichnungen (Übersicht).

Oberflächenwellen. Entstehung einer Oberflächenwelle durch Orbitalbewegungen der Flüssigkeitsteilchen (λ Wellenlänge)

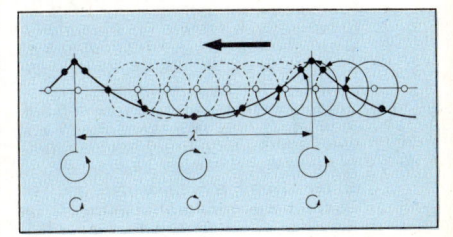

Obergespan

Obergespan ↑ Gespan.

Obergräser, landw. Bez. für hoch- und massenwüchsige, meist horstbildende Gräser, v. a. der Nutzwiesen (z. B. Glatthafer).

Obergurgl [...gəl] ↑ Sölden.

Obergurt ↑ Gurt.

Oberhaar, svw. ↑ Deckhaar.

Oberhalbstein, Tal der Julia im schweizer. Kt. Graubünden, erstreckt sich vom Julierpaß aus 23 km nach N bis zum Crap Sés.

Oberhaus, allg. Bez. für die 1. Kammer eines Zweikammerparlaments, v. a. in den ehem. zum British Empire gehörenden Staaten.
Im dt. Sprachgebrauch übl. Bez. für das *House of Lords* („The Lords"), die 1. Kammer des brit. Parlaments (Houses of Parliament). Älteste und zahlenmäßig größte gesetzgebende Kammer der Welt; hervorgegangen aus der Curia Regis und dem Great Council der ma. engl. Könige, mit dem König beratenden und rechtsprechenden Versammlungen der Kronvasallen. Die (ersten) Repräsentativparlamente von 1265 und 1295 umfaßten auch die Commons. Im 14. Jh. trennten sich die Lords (seit dem 16. Jh. House of Lords gen.) von den Commons; beide gewannen im 15. Jh. die Kontrolle über die rudimentäre Gesetzgebung, das Unterhaus den Vorrang über die Finanzgesetzgebung. Mit der Auflösung der Klöster unter Heinrich VIII. (1536–39) gewannen die Angehörigen des Hochadels (Peers) gegenüber der Geistlichkeit die Oberhand im O. Durch Cromwell 1649 abgeschafft, bei der Restauration der Stuarts 1660 jedoch wiederhergestellt. Die Reform Bill von 1832 nahm dem O. seinen Einfluß auf die Zusammensetzung des Unterhauses; der Parliament Act von 1911 schließl. beschnitt der Beteiligung des O. an der Gesetzgebung radikal: Finanzgesetze (Money Bills) erlangten jetzt ungeachtet des Einspruchs der Lords 1 Monat nach Verabschiedung durch das Unterhaus Gesetzeskraft; bei allen anderen Gesetzesvorlagen wurde die aufschiebende Wirkung des Vetos auf 2 Jahre, 1949 auf 1 Jahr beschränkt. - Die Mgl. des O. sind keine gewählten Abg., sondern Adlige (Peers), die durch Geburt oder Erhebung in den höheren Adelsstand (Nobility) ein Anrecht auf einen Sitz im O. haben.
Zur Funktion des O. ↑ Großbritannien und Nordirland (polit. System).
📖 *Jennings, I. W./Ritter, G. A.: Das brit. Reg.system.* Köln u. Opladen ²1970. - *Bromhead, P. A.: The House of Lords and contemporary politics, 1911–1957.* London 1958.

Oberhausen, Stadt an der Ruhr, NRW, 30 m ü. d. M., 222 100 E. Verwaltungs- und Wirtschaftsakad., Theater, Städt. Galerie Schloß O., eisenschaffende und -verarbeitende, chem. sowie Schwerind. - 1862 mit verschiedenen umliegenden Ortschaften zu einer Gemeinde zusammengeschlossen; 1874 Stadterhebung, ab 1901 kreisfrei. Die Städte **Osterfeld** (seit 1921; 1758 wurde hier eine Hütte gegr.) und **Sterkrade** (seit 1913) wurden 1929 eingemeindet.

Oberhaut, svw. ↑ Epidermis.

Oberhefen (obergärige Hefen), Bierhefen zur Bereitung obergäriger Biere; die O. gären im Ggs. zu den Unterhefen bei 12 bis 25 °C und steigen dabei zur Oberfläche auf.

Oberholz, im Mittelwald für die Nutzholzerzeugung bestimmte Bäume, die nach ihrer Altersstufe als **Laßreiser** (nach dem zweiten Abholzen des Unterholzes [= Umtrieb]), **Oberständer** (nach dem dritten Umtrieb), **angehende Bäume** (nach dem vierten Umtrieb) und **Haupträume** (nach dem fünften Umtrieb) bezeichnet werden.

Oberitalien, Bez. für N-Italien mit dem italien. Alpenanteil und der Poebene.

Oberjoch ↑ Alpenpässe (Übersicht).

Oberkanada (engl. Upper Canada), histor. Prov. in Brit.-Nordamerika, aus der die heutige kanad. Prov. ↑ Ontario hervorging.

Oberkiefer ↑ Kiefer.

Oberkirch, Stadt an der Rench, Bad.-Württ., 194–875 m ü. d. M., 16 600 E. Erdbeermarkt; Textilfabrik, Maschinenfabriken, holzverarbeitende Ind. - Erhielt 1326 Stadtrecht. - Ruine der Burg Schauenburg.

Oberkirchenrat, 1. in einigen ev. Landeskirchen Titel des als hauptamtl. Mgl. des ständigen Leitungsorgans berufenen ordinierten Theologen oder Juristen bzw. des für einen Sprengel zuständigen Amtsträgers mit Sitz und Stimme im landeskirchl. Leitungsorgan. 2. Bez. für das ständige kirchenleitende Organ der Landeskirchen von Mecklenburg und Oldenburg. 3. Bez. für das landeskirchl. Verwaltungsorgan in Württemberg und Baden.

Oberkochen, Stadt auf der Schwäb. Alb, Bad.-Württ., 496–600 m ü. d. M., 7900 E. Optikmuseum; Werkzeug-, Maschinen- und opt. Ind. - Seit 1968 Stadt.

Oberkommando, früher Bez. für einen höheren militär. Führungsstab, z. B. **Armeeoberkommando, Oberkommando der Kriegsmarine** (↑ Admiralität), **Oberkommando der Wehrmacht** (Abk. OKW, ↑ Wehrmacht).

Oberkrain ↑ Krain.

Oberländer, Adolf, * Regensburg 1. Okt. 1845, † München 29. Mai 1923, dt. Karikaturist. - War ständiger Mitarbeiter der „Fliegenden Blätter" und ab 1869 auch der „Münchner Bilderbogen"; am bekanntesten sind seine anthropomorphen Tierzeichnungen.

O., Gerhard, * Berlin 12. Sept. 1907, dt. Graphiker. - Illustriert in feiner Strichführung Erzählwerke und Märchen („Märchen der Brüder Grimm", 1958–61); auch eigene Kinderbücher („Die Welt der Bienen", 1973; „Die Welt der Ameisen", 1976).

Oberlandesgericht, Abk. OLG, oberes Gericht der Länder im Bereich der ordentl.

Oberösterreich

Gerichtsbarkeit (in Berlin [West] ↑ Kammergericht). Die normalerweise mit drei Berufsrichtern besetzten Senate der O. entscheiden u. a. in Zivilsachen über Berufungen gegen Urteile der ↑ Landgerichte, in Strafsachen über Revisionen gegen die mit der Berufung nicht anfechtbaren Urteile der ↑ Amtsgerichte und gegen die Berufungsurteile der Strafkammern der Landgerichte. Als 1. Instanz sind die O. (Senatsbesetzung mit fünf Richtern) zuständig für wichtige Staatsschutzstrafverfahren, bei denen der Generalbundesanwalt die Anklage vertritt. Die O. entscheiden auch über Rechtsbeschwerden gegen amtsrichterl. Entscheidungen in Bußgeldsachen, über weitere Beschwerden in Angelegenheiten der freiwilligen Gerichtsbarkeit sowie über die Rechtmäßigkeit von Justizverwaltungsakten auf den Gebieten des Zivil- und Strafrechts (u. a. Strafvollzugsmaßnahmen). Daneben bestehen eine Reihe von Sonderzuständigkeiten (z. B. bei Berufungen in Kindschafts- und Familiensachen). Gegen die Berufungs- und erstinstanzl. Urteile der O. ist das Rechtsmittel der Revision zum Bundesgerichtshof gegeben. In *Österreich* entscheidet das O. (**Gerichtshof zweiter Instanz**) als Strafgericht über Beschwerden gegen Beschlüsse der Ratskammern, über Einsprüche gegen die Versetzung in den Anklagestand und über Berufungen gegen die Urteile der Geschworenengerichte und der Schöffengerichte sowie der Einzelrichter im vereinfachten Verfahren. Sie führen ferner die Aufsicht über die Wirksamkeit der Strafgerichte ihres Sprengels. Als Zivilgerichte entscheiden die O. über Berufungen und Rekurse. Die O. sind auch Disziplinargerichte für alle bei den Gerichtshöfen 1. Instanz und den Bezirksgerichten ihrer Sprengel tätigen richterl. Beamten. In der *Schweiz* entspricht dem O. das ↑ Kantonsgericht.

Oberländisch (Obwaldisch, Sursilvan) ↑ rätoromanische Sprache.

Oberlausitz, Landschaft beiderseits der oberen Spree und der Lausitzer Neiße (DDR und Polen▼), erstreckt sich vom Breslau-Magdeburger Urstromtal im N bis zum Lausitzer Gebirge im SO und Lausitzer Bergland im S. Die größten Städte sind Zittau, Görlitz und Bautzen.

Geschichte: Ging aus dem westslaw. Milzenern bewohnten Gebiet um Bautzen (Wohngau Milsca) hervor, das seit Ende des 10. Jh. meist zur sächs. Ostmark gehörte. Nachdem im 14. Jh. die spätere Niederlausitz sowie das Land Bautzen und Görlitz auf Dauer unter böhm. Hoheit gekommen waren, bürgerte sich für Bautzen und Görlitz der Name O. ein. Wichtigste polit. Kraft der Lausitz im Spät-MA wurde der 1346 geschlossene **Sechsstädtebund** (Bautzen, Görlitz, Zittau, Lauban, Kamenz, Löbau), der unter habsburg. Herrschaft (seit 1526) durch die Niederlage im Schmalkald. Krieg (1547) seine Macht verlor. 1623/35 fiel die O. an Kursachsen. 1815 wurde die N-Hälfte Preußen zugeteilt (Prov. Schlesien), der sächs. gebliebene Rest 1835 dem Kgr. Sachsen eingegliedert.

Oberleitung (Fahrleitung), Stromzuführungsleitung für elektr. Triebfahrzeuge; meist aus Elektrolyt- oder Cadmiumkupfer, isoliert über der Fahrbahn bzw. den Gleisen angebracht.

Oberleitungsomnibus (Obus, Fahrleitungsomnibus, Trolleybus), elektr. angetriebener Omnibus, der elektr. Energie mit Hilfe zweier [Stangen]stromabnehmer einer zweipoligen Fahrleitung (meist Gleichstrom, 600 V) entnimmt.

Oberleutnant ↑ Dienstgradbezeichnungen (Übersicht).

Oberlin, Johann Friedrich, * Straßburg 31. Aug. 1740, † Waldersbach im Steintal 1. Juni 1826, elsäss. ev. Theologe und Sozialpädagoge. - Seit 1767 Pfarrer im verarmten Steintal, Philanthrop, gründete er einen landw. Verein zur Beratung der Bauern sowie eine Spar- und Darlehenskasse und sorgte für bessere Ausbildung von Bauern und Handwerkern. Seit 1770 richtete er für die verwahrlosten Kinder Strickschulen ein (erste Kinderbewahranstalten).

Obermaat ↑ Dienstgradbezeichnungen (Übersicht).

Obermarsberg ↑ Marsberg.

Obermenge ↑ Mengenlehre.

Obernburg a. Main, Stadt am linken Mainufer oberhalb der Mümlingmündung, Bay., 7 200 E. Museum „Römerhaus"; Maschinenbau, Textilind. - Wohl bereits unter Domitian (81–96) Anlage eines Erdkastells am obergerman. Limes, spätestens unter Mark Aurel eines Steinkastells (Bauinschrift von 162 n. Chr.); 1313/17 Stadterhebung.

Oberndorf am Neckar, Stadt im Nekkartal und auf der Fläche des Oberen Gäus, Bad.-Württ., 463 m (Unterstadt) bzw. 506 m ü. d. M. (Oberstadt), 13 700 E. Maschinen- und Apparatebau, Herstellung von Waffen, Kosmetika u. a. - 782 erstmals erwähnt; Stadtgründung vor 1250. - Ehem. Augustinerkloster und -kirche (1772–77).

Oberon ['o:bərɔn] (altfrz. Auberon, Alberon; entspricht dem Zwerg Alberich), König der Elfen, Gemahl der Feenkönigin Titania.

Oberon ['o:bərɔn; frz.], einer der fünf Uranusmonde; mittlere Entfernung vom Planeten 586 000 km, Umlaufszeit 13,463 Tage, Durchmesser 1 630 km.

Oberösterreich, nördl. Bundesland von Österreich, im N von der ČSSR, im W von der BR Deutschland begrenzt, 11 980 km², 1,29 Mill. E (1985), Hauptstadt Linz.

Landesnatur: O. hat im N, im Mühlviertel, Anteil an der Böhm. Masse, die im Sauwald und im Kürnberger Wald auch über die Donau, die O. von NW nach O durchfließt, hinausgreift, südl. der Donau am Alpenvor-

Oberpfalz

land, das vom Hausruck überragt wird, und an Teilen der Nördl. Kalkalpen mit dem Salzkammergut. Große Alpenrandseen sind Mond-, Atter- und Traunsee. Klimat. sind die flacheren Geb. gegenüber den Mittel- und Hochgebirgen begünstigt. Die Niederschläge nehmen zum Böhmerwald und Alpenrand zu.

Bevölkerung: Sie ist im oberöstr. Zentralraum, dem unteren Trauntal, der Hauptachse des Städtedreiecks Linz–Wels–Steyr stärker konzentriert als in den anderen Landesteilen.

Wirtschaft: Rd. 36 % von O. sind bewaldet, 27 % von Wiesen und Weiden und 24 % von Ackerland eingenommen. Angebaut werden Brotgetreide, Hafer, Futterpflanzen, Zuckerrüben, Gemüse, Tabak und Flachs. Im Hausruck und in den Alpen, z. T. auch im Mühlviertel, ist die Grünlandnutzung führend. Die Rinderzucht ist überwiegend auf Milchwirtschaft abgestellt. Im Geb. um Kremsmünster Erdölförderung, im Hausruck und im Innviertel Braunkohleabbau; Salz wird im Salzkammergut gewonnen. Elektr. Energie liefern neben Wärmekraftwerken v. a. die Laufkraftwerke an Donau, Inn und Enns. Moderne Ind.betriebe sind u. a. Eisen- und Stahl- und Chemiewerke in Linz, die Aluminiumhütte in Ranshofen und die Zellwollfabrik in Lenzing. Fremdenverkehr v. a. im Salzkammergut.

Verkehr: Die Hauptachse des Straßenverkehrs ist die Autobahn Salzburg–Linz–Wien; parallel dazu Eisenbahn (Wien–Salzburg). Linz ist der größte Hafen an der oberen Donau.

Geschichte: Das Gebiet des heutigen O. südl. der Donau gehörte seit 15 n. Chr. zur röm. Prov. Noricum ripense, die gegen Ende des 5. Jh. aufgegeben wurde. Im 6. Jh. drangen Bayern, im 8. Jh. im SO Slawen ein. Die in dieser Zeit entstandenen und mit großem Landbesitz ausgestatteten Klöster Mondsee, Mattsee und Kremsmünster prägten die innere Entwicklung des Landes. Das nach 905 zum Grenzland gegen die Magyaren gewordene O. wurde von bayr. Adelsgeschlechtern in Besitz genommen. Die Babenberger dehnten bis 1246 als Herzöge ihre im heutigen Niederösterreich errichtete Landesherrschaft nach O. aus. Seit 1408 bildete sich eine eigene „Landschaft" mit Landtag aus. Aber erst mit der Unterwerfung der Schaunberger Grafen unter habsburg. Landesherrschaft 1554/59 hatte sich Land und Ft. „ob der Enns" gegen Österreich „unter der Enns" († Niederösterreich) durchgesetzt. Die Macht der Stände steigerte sich in O. durch den Anschluß ihrer überwiegenden Mehrheit an die Reformation und den Böhm. Aufstand (1618/19), bis sie, durch die Truppen der Liga unterworfen, 1621–28 in bayr. Pfandschaft gerieten. 1779 wurde das Innviertel mit O. vereinigt. O. verblieb bis 1782 in der Verwaltungseinheit mit Niederösterreich, war ab 1804/15 Erz-Hzgt., 1849–1918 selbständiges Kronland, wurde 1920 östr. Bundesland. –

📖 Pömer, K.: *O. Gesch. - Kultur - Menschen.* Dt./engl. Linz ³1982. - Wimmer, K.: *Liberalismus in O.* Linz 1980. - Grabherr, N.: *Burgen u. Schlösser in O.* Linz ³1976. - Winkler, G.: *Die Römer in O.* Linz 1975.

Oberpfalz, Reg.-Bez. in Bayern.

O., histor. Gebiet in Bayern, etwa ident. mit dem gleichnamigen heutigen Reg.bezirk. Hervorgegangen aus dem durch die Wittelsbacher 1268 erworbenen stauf. Hausbesitz im bayr. Nordgau. Ab 1777 gehörte die gesamte O. zum vereinigten Pfalz-Bayern und wurde 1838 zur bayr. Prov. O. erweitert.

Oberpfälzer Hügelland, sw. Vorland des Oberpfälzer Waldes, etwa 450–750 m hoch.

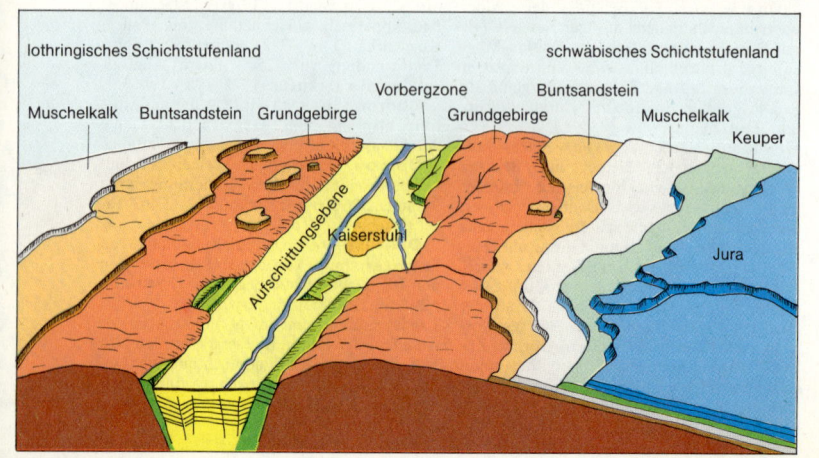

Oberrheinisches Tiefland.
Geologisches Blockbild des Oberrheingrabens
(stark überhöht)

lothringisches Schichtstufenland · schwäbisches Schichtstufenland

Muschelkalk · Buntsandstein · Grundgebirge · Vorbergzone · Grundgebirge · Buntsandstein · Muschelkalk · Keuper

Aufschüttungsebene · Kaiserstuhl · Jura

Oberpfälzer Wald, nördl. Teil der ostbayr. Gebirge, zw. der Cham-Further Senke im S und der Wondrebsenke im N. Im östl. *Hinteren O. W.* liegt die europ. Wasserscheide, hier wird im Entenbühl (901 m) die größte Höhe erreicht. Der westl. *Vordere O. W.* ist weitgehend flächenhaft ausgebildet. Das Klima des O. W. ist rauh, für die Winter sind kalte, trockene Ostwinde charakterist.; der im wesentl. aus Buchen, Tannen und Fichten bestehende Wald wird in höheren Lagen von reinem Fichtenwald abgelöst. In geringem Umfang Anbau von Roggen, Hafer und Kartoffeln; bed. Kaolinvorkommen.

Oberpräsident, in Preußen der oberste Beamte einer Prov.; 1934–45 Vertreter der Reichsreg. in den Prov. und auf Parteiebene meist zugleich Gauleiter.

Oberprima [zu lat. prima (classis) „erste (Klasse)"], Bez. für die Abschlußklasse des Gymnasiums (Klasse 13).

Oberrealschule, in Preußen seit 1882 lateinlose höhere Lehranstalt, 1900 gleichberechtigt neben das humanist. Gymnasium und das Realgymnasium gestellt.

Oberrhein, Flußabschnitt des Rheins zw. Basel und Bingen.

Oberrheingraben, in der Geologie Bez. für das Oberrhein. Tiefland.

Oberrheinischer Reichskreis ↑Reichskreise.

Oberrheinisches Tiefland (Oberrheinebene, Oberrhein. Tiefebene), durchschnittl. 35 km breiter, sich auf rd. 300 km zw. Jura und Rhein. Schiefergebirge erstreckender, tekton. aktiver Grabenbruch, Teil der Mittelmeer-Mjösen-Zone (BR Deutschland und Frankr.). Das O. T. ist zu beiden Seiten von den bis zu mehreren 100 Metern hohen Bruchstufen des Schwarzwaldes und der Vogesen im S sowie von denen des Odenwaldes und der Haardt im N flankiert. Die tiefe, nur nach S über den Sundgau zum Rhonegraben hin geöffnete Lage des O. T. bestimmt dessen günstiges Klima. Mit Ausnahme der grundwasserbeeinflußten Niederungsböden und der zentralen Dünengebiete sind fruchtbare Böden weit verbreitet. Die durch die Rheinkorrektion (1817–76) ausgelöste Tiefenerosion des um 82 km verkürzten Oberrheins, die Anlage des Rheinseitenkanals (1929–70) sowie vermehrte Nutz- und Brauchwasserentnahme haben im gesamten Geb. zu starken Grundwassersenkungen und ökolog. Schäden geführt. Die landw. Nutzung reicht vom Weinbau in der Vorberg- und Randhügelzone sowie im †Kaiserstuhl über den Getreide-Hackfrucht-Anbau und den großflächigen Anbau von Handelsgewächsen (Tabak, Hopfen) mit den Niederterrassen bis zum hochspezialisierten Obst-, Gemüse- und Gartenbau. An Bodenschätzen finden sich Kalisalz, Erdöl und Erdgas; zahlr. Thermalquellen. Das O. T. ist eine europ. Verkehrsachse ersten Ranges (Rheinschiffahrt, Schienen- und Straßenverkehr).

Obers, östr. Bez. für Sahne oder Rahm; **Schlagobers,** svw. Schlagsahne.

Obersächsischer Reichskreis ↑Reichskreise.

Oberschenkel ↑Bein.

oberschlächtig, durch Wasser von oben getrieben (z. B. bei einem Mühlrad).

Oberschlesien (poln. Górny Śląsk), Geb. im SO Schlesiens, das Anteil hat an der Schles. Bucht und dem Sudetenvorland und an der nördl. Teil der Krakau-Tschenstochauer Höhe, die ihr vorgelagerte Oberschles. Platte sowie einen großen Teil des Beskidenvorlandes umfaßt. Der W ist überwiegend landw. orientiert, im Bereich der Oberschles. Platte entwickelte sich auf Grund der Steinkohlenvorkommen, neben denen auch Blei- und Zinkerze Bed. haben, das oberschles. Ind.revier.

Geschichte: Gehörte polit. seit dem Hoch-MA zu Schlesien, war aber 1919–38 eigene preuß. Prov. Der Versailler Vertrag sah zunächst die Abtretung O. an Polen vor; 1919 jedoch zum Abstimmungsgebiet erklärt und von alliierten Truppen besetzt. Vor und nach der Volksabstimmung vom 20. März 1921, bei der sich 59,6 % für den Verbleib im Dt. Reich entschieden, kam es zu blutigen poln.-dt. Auseinandersetzungen. Auf Grund einer Empfehlung des Völkerbundsrates beschloß die Pariser Botschafterkonferenz am 20. Okt. 1921 die Teilung von O., wodurch der größte Teil des oberschles. Ind.gebiets an Polen fiel. Das dt.-poln. O.-Abkommen vom 15. Mai 1922 diente der Durchführung dieser Entscheidung einschl. der Regelung des Minderheitenproblems.

Oberschlesischer Höhenrücken ↑Chelm.

Oberschlundganglion (Supraösophagealganglion, Zerebralganglion), bei Weichtieren, Ringelwürmern und Gliederfüßern das über dem Schlund gelegene, urspr. paarige Kopfganglion als vorderster und meist übergeordneter Teil des Nervensystems. Während bei den Ringelwürmern das O. nicht wesentl. nach Ausmaß und Funktion vom übrigen [Strickleiter]nervensystem (↑Bauchmark) unterschieden ist, tritt bei den Gliederfüßern im Zuge der Kopfbildung aus den vorderen Segmenten eine Konzentration der Ganglienmassen zu einem übergeordneten O. oder letztl. einem ↑Gehirn auf.

Oberschule, 1938–45 Bez. für die höheren Lehranstalten in Deutschland außer dem humanist. Gymnasium; im ↑Hamburger Abkommen wurde die Bez. O. durch Gymnasium ersetzt.

Oberschwaben, westl. Teil des nördl. Alpenvorlandes (Bad.-Württ.), zählt zu den frühentwickelten Kulturlandschaften Süddeutschlands. Im S und SO Grünlandnutzung

und Milchwirtschaft, im N und W Getreide-Hackfrucht-Anbau; im Bodenseeraum Sonderkulturen (Obst-, Wein-, Hopfen- und Feldgemüsebau). Ein wirtsch. Schwerpunkt ist der Ind.bezirk von Ulm, der auch das untere Illertal umfaßt. Bed. Fremdenverkehr im Bodenseeraum.
Geschichte: Der polit. Begriff O. entstand mit der Bildung der Reichslandvogtei O. durch König Rudolf I. Die Bildung einer polit. Einheit gelang nicht. Mit der Errichtung der Oberen Landvogtei Schwaben (beiderseits der Schussen und der unteren Argen) und der Unteren Landvogtei Schwaben (an der Riß und an der Donau um Ehingen) als Teilen von Vorderösterreich knüpfte die Habsburger zwar an die Institution der Reichslandvogtei an, doch bestanden in O. daneben die Territorien zahl. Reichsstände. Durch die polit. Zersplitterung zw. dem Breisgau, der Eidgenossenschaft, Tirol, den Hzgt. Bayern und Württemberg sowie durch seine Siedlungsformen und seinen wirtsch. Charakter, durch die fortdauernde tragende Rolle des Katholizismus und bes. zahlr. barocke Klöster und Kirchen erhielt O. ein eigenes Gepräge. 1803–10 wurde O. unter Bayern, Württemberg und Baden aufgeteilt.

Oberschwingungen, die bei einem schwingendem Gebilde (Saite, Luftsäule, Membran) neben der Grundschwingung, also neben der Schwingung mit der niedrigsten Frequenz (Grundfrequenz) auftretende Teilschwingungen höherer Frequenzen. Sind die Frequenzen der Teilschwingungen ganzzahlige Vielfache der Grundfrequenz, dann spricht man von **harmon. O.,** andernfalls von **unharmon. Oberschwingungen.**

Obersee ↑Bodensee.

Obersekunda [zu lat. secunda (classis) „zweite (Klasse)"], Bez. für die 7. Klasse eines Gymnasiums (11. Klasse).

Obersproß ↑Geweih.

Oberst, bis ins 16. Jh. (Ober)befehlshaber einer Waffengattung, dann Regimentsinhaber; zur Bundeswehr: ↑Dienstgradbezeichnungen (Übersicht).

Oberstabsbootsmann ↑Dienstgradbezeichnungen (Übersicht).

Oberstabsfeldwebel ↑Dienstgradbezeichnungen (Übersicht).

Oberstadtdirektor ↑Gemeindeverfassungsrecht.

Obert<u>au</u>fen, Marktgem., heilklimat. Kurort im Allgäu, Bay., 792 m ü. d. M., 6500 E. Schroth-Kuren.

Oberstdorf, Marktgem., heilklimat. Kurort am W-Fuß des Nebelhorns, Bay., 843 m ü. d. M., 11000 E. Kneippkuren, Wintersport; Skiflugschanze. - Wurde 1495 Marktstätte. Der große Brand von 1865 vernichtete nahezu die ganze Ortschaft. - Erhalten u. a. die spätgot. Seelenkapelle (15. Jh.) und Bauernhäuser aus dem 17. und 18. Jh.

oberste Bundesbehörden ↑Bundesverwaltung.

oberste Führung, höchste Ebene der militär. und zugleich polit. Führung der Streitkräfte († auch Bundeswehr, ↑NATO).

oberste Gerichtshöfe, in der BR Deutschland die höchsten Gerichte der fünf Gerichtszweige, näml. Bundesarbeitsgericht (BAG), Bundesfinanzhof (BFH), Bundesgerichtshof (BGH), Bundessozialgericht (BSG), Bundesverwaltungsgericht (BVG) (Art. 95 GG). Urspr. obere Bundesgerichte gen., erhielten sie ihre jetzige Bez. mit der Ersetzung des nie errichteten Obersten Bundesgerichts durch den ↑Gemeinsamen Senat der obersten Gerichtshöfe des Bundes (Grundgesetzänderung vom 18. 6. 1968, Gesetz vom 19. 6. 1968). Die o. G. sind Bundesgerichte, obwohl sie meist nach Entscheidungen der Gerichte der Länder angerufen werden. Wichtigste Funktion der o. G. ist die Entscheidung über (Grundsatz-, Divergenz- und Streitwert-)Revisionen; Maßstab für die Nachprüfung ist ausschließl. Bundes- und supranationales Recht. Die Entscheidungen erlangen mit Erlaß Rechtskraft und sind nur noch mit außerordentl. Rechtsbehelfen (Verfassungsbeschwerde, Menschenrechtsbeschwerde) angreifbar.
In *Österreich* ist der Oberste Gerichtshof nach Art. 92 B-VG das in oberster Instanz in Zivil- und Strafrechtssachen erkennende Gericht; seine Entscheidungen unterliegen keiner weiteren Überprüfung, auch nicht durch den Verfassungsgerichtshof. Der Oberste Gerichtshof ist fast ausschließl. Rechtsmittelinstanz, und zwar in Zivilsachen gegenüber den Gerichtshöfen 1. und 2. Instanz, sofern diese Gerichte selbst als Rechtsmittelinstanz tätig waren; in Strafsachen als Rechtsmittelinstanz gegenüber den Gerichtshöfen 1. Instanz als Schöffen- oder Geschwornengericht. In der *Schweiz* ist das Bundesgericht in Lausanne oberster Gerichtshof (↑Bundesgerichte).

Oberste Heeresleitung, Abk. OHL, im 1. Weltkrieg die oberste militär. dt. Kommandobehörde mit dem Chef des Generalstabs des Feldheeres an der Spitze (1914 H. von Moltke, 1914–16 E. von Falkenhayn, 1916–18 P. von Hindenburg).

Oberste Landesbehörden ↑Landesverwaltung.

Oberster Sowjet (russ. Werchowny Sowet), höchstes Organ der Staatsgewalt und höchstes Legislativorgan in der Sowjetunion. - ↑auch Sowjetunion (politisches System).

Oberstes Gericht der Deutschen Demokratischen Republ<u>ik</u>, Abk. OG, höchstes Gericht der DDR mit Sitz in Berlin (Ost). Zuständigkeiten: In Strafsachen erste und letzte Instanz, wenn der Generalstaatsanwalt Anklage vor dem OG erhebt; in 2. Instanz entscheidet das Gericht über Rechtsmittel gegen Entscheidungen der Bez.- und Militärobergerichte; im Kassationsverfahren entscheidet das Präsidium des OG über Anträge seines Präs. oder des Generalstaatsanwaltes, die rechtskräftige Entscheidungen der Senate des OG oder anderer Gerichte betreffen.

Oberstimme (erste Stimme), die höchste Stimme eines mehrstimmigen musikal. Satzes; in der älteren Musik auch Cantus genannt.

Oberstleutnant, seit dem 16. Jh. Stellvertreter des Obersten (damit häufig Regimentsführer); zur Bundeswehr: ↑ Dienstgradbezeichnungen (Übersicht).

Obertertia ['tɛrtsia; zu lat. tertia (classis) „dritte (Klasse)"], Bez. für die 5. Klasse des Gymnasiums (9. Klasse).

Oberth, Hermann, * Hermannstadt (Siebenbürgen) 25. Juni 1894, dt. Physiker östr.-ungar. Herkunft. - Prof. in Wien und Dresden. Ab 1941 an der Heeresversuchsanstalt in Peenemünde, hatte er wesentl. Anteil an der Entwicklung der V2-Rakete. Seine Forschungen trugen entscheidend zur Entwicklung der Raketentechnik und Raumfahrt bei. - †28. Dez. 1989.

Obertöne, die zugleich mit dem Grundton, d. h. mit dem tiefsten Ton eines Tongemischs (z. B. eines ↑ Klangs) auftretenden Töne höherer Frequenzen. Sind die Frequenzen der O. ganzzahlige Vielfache der Frequenz des Grundtones, dann spricht man von *harmonischen O.,* anderenfalls von *unharmonischen O.* Physikal. Ursache der O. sind ↑ Oberschwingungen der Schallquelle. Anzahl, Art und Stärke der O. bestimmen die Klangfarbe.

Oberursel (Taunus), hess. Stadt am SO-Hang des Taunus, 198 m ü. d. M., 38 700 E. Luth.-Theolog. Hochschule, Bundesjugendschule der DGB, Inst. für Bienenkunde der Univ. Frankfurt am Main, Reformhaus-Fach-Akad.; Metallverarbeitung, chem. Ind., Leder-, Textil-, Glas- und Schmuckwarenherstellung. - 791 als **Ursella** erstmals erwähnt; Stadtrechtsverleihung 1444. - Die Pfarrkirche ist eine im 17. Jh. wiederhergestellte asymmetr. spätgot. Hallenkirche; Altes Rathaus (Fachwerkobergeschoß 1658).

Oberverwaltungsgericht ↑ Verwaltungsgerichtsbarkeit.

Obervolta, bis Aug. 1984 Name von ↑ Burkina Faso.

Oberwesel, Stadt am linken Ufer des Mittelrheins, Rhld-Pf., 80 m ü. d. M., 4 500 E. Fremdenverkehr; Weinbau. - Seit 1216 als Stadt bezeichnet. - Unterhalb der im 14. Jh. zur großen Schildmaueranlage ausgebauten, 1689 zerstörten Schönburg die got. Stiftskirche Unserer Lieben Frau (1308–31) mit bed. Hochaltar, Chorgestühl und Lettner; kath. Pfarrkirche Sankt Martin (14.–16. Jh.); fast vollständig erhaltene Stadtbefestigung.

Obhutspflicht, die Pflicht, eine andere Person unmittelbar körperl. zu beaufsichtigen. Die O. kann auf Gesetz (z. B. Eltern), Vertrag (z. B. Kindermädchen), behördl. Auftrag oder auf tatsächl. Übernahme beruhen und ist i. d. R. auf eine gewisse Dauer gerichtet. Die Verletzung der O. wird in bestimmten Fällen (§ 223 b StGB) strafrechtl. sanktioniert (↑ auch Aufsichtspflicht).

Obi [jap.], Gürtel, der in vielfältigen Formen und Ausführungen zum Kimono getragen wird. - Den Leistungsstufen in Judosportarten sind verschiedene Gürtelfarben zugeordnet.

Obiinseln, Inselgruppe der N-Molukken, Indonesiens, umfaßt außer der Hauptinsel *Obi* zahlr. kleine Inseln; Sago- und Harzgewinnung, Fischerei. - Niederl. ab 1682.

Objekt [zu lat. obiectum „das (dem Prädikat) Entgegengeworfene"], allg. Gegenstand [des Interesses], insbes. einer Beobachtung, Untersuchung, Messung (in der Optik auch einer Abbildung).

♦ in der *Logik* dient der Begriff O. (Gegenstand) als der allgemeinste und deshalb nicht zur Unterscheidung geeignete Prädikator: $x \in P \Rightarrow x \in Objekt$ (alles was P ist, ist auch O.). - In der traditionellen *Philosophie* entspricht dem Wort O. der Ausdruck „Seiendes" (griech. tà ónta; daher: ↑ Ontologie).

♦ in der *Grammatik* nominale Satzergänzung zum Verb, die von diesem gefordert wird und den Bezugpunkt des Verbalgeschehens angibt. Man unterscheidet: 1. das *direkte* oder *Akkusativ-O.,* das unmittelbar von der Verbalhandlung betroffen ist („ich lese *den Brief*"); 2. das *indirekte O.* im Dativ („ich lese *ihm* den Brief vor") oder im Genitiv („man gedenkt *der Staatsgründung*"), das davon nur mittelbar betroffen ist. Als „inneres O." bezeichnet man den in der ↑ Figura etymologica verwendeten Akkusativ des Inhalts bei intransitiven Verben (lat. *vitam vivere* „das Leben leben").

♦ in der modernen *Kunst* ↑ Objektkunst.

Objektbesetzung (Objektlibido), nach S. Freud die Verlagerung der Libido auf Objekte (Personen und Gegenstände), im Ggs. zur libidinösen Besetzung des eigenen Körpers oder des eigenen Ichs. Beispiel für eine frühe O. ist die innerste Bindung des Kindes an die Mutter. Die O. gilt als Resultat eines Lernprozesses, der durch die von dem Objekt erfahrenen Befriedigungen vermittelt wird.

Objekterotik, Bez. für eine (insbes. infantilen) autoerot. Zügen völlig freie erot. Objektbeziehung (Objektliebe) zum gegengeschlechtl. Partner, die sich nach psychoanalyt. Auffassung (v. a. S. Freud) in der späten genitalen Phase (Adoleszenz) aus der bis dahin überwiegenden narzißt. ↑ Objektbesetzung entwickelt.

objektiv [lat.], gegenständl., sachl.; tatsächlich, unvoreingenommen, von der Sache bestimmt; das den Tatsachen Entsprechende. Eine Aussage, die den Anspruch auf Allgemeingültigkeit erhebt.

Objektiv [lat.], das abbildende, dem Objekt zugewandte opt. System eines opt. Gerätes (Fernrohr, Mikroskop, Kamera, Projektor). Es besteht zur Behebung der verschiedenen ↑Abbildungsfehler meist aus mehreren Linsen und/oder aus Spiegel[systeme]n und erzeugt ein reelles Bild in einer Auffangebene (z. B. Film, Mattscheibe, Filmleinwand). - ↑auch photographische Objektive.

objektiver Geist, von Hegel geprägter Begriff zur Bez. für die sich in den Formen Recht, Moralität, Sittlichkeit, Staat, „Volksgeist", „Weltgeist" konkretisierende, überindividuelle Vernunft oder Idee, mit und in denen sich das Reich der Freiheit entfaltet; Grundbegriff der Staatsphilosophie Hegels.

objektives Verfahren, bes. Strafverfahren, das nicht auf die Verurteilung einer bestimmten Person abzielt (z. B. die ↑Einziehung, das ↑Sicherungsverfahren). Das o. V. kommt zur Anwendung, wenn wegen einer Straftat aus tatsächl. Gründen keine bestimmte Person verfolgt oder verurteilt werden kann.

Objektivierbarkeit [lat./dt.], von N. Bohr bei der Begründung der Quantenmechanik in die theoret. Physik eingeführter Begriff, der das Vorhandensein eines physikal. Gebildes als vom Betrachter unabhängiges Objekt beinhaltet und zum Ausdruck bringt, daß die Eigenschaften eines Objekts diesem objektiv, d. h. unabhängig von der speziellen Meßmethode und vom beobachtenden Subjekt, zukommen.

Objektivierung [lat.], die Darstellung eines physikal. Vorganges oder des physikal. Zustandes eines Objekts (physikal. Systems) durch genaue Festlegung seiner sämtl. Bestimmungsgrößen, unabhängig vom Beobachtungsgerät bzw. Beobachter.

Objektivismus [lat.], die Anerkennung der ↑Objektivität von Wahrheiten in der Erkenntnistheorie (im Ggs. zu Subjektivismus) bzw. von Werten und Normen in der Ethik unabhängig von den erkennenden und wertenden Subjekten, evtl. sogar vom Erkennen und Werten überhaupt.

Objektivität [lat.], eine Ereignissen, Aussagen oder Haltungen (Einstellungen) zuschreibbare Eigenschaft, die v. a. ihre Unabhängigkeit von individuellen Umständen, histor. Zufälligkeiten, beteiligten Personen u. a. ausdrücken soll. O. kann daher häufig als Übereinstimmung mit der Sache unter Ausschaltung aller subjektiven Einflüsse, als Sachgemäßheit oder Gegenstandsorientiertheit bestimmt werden. Das „objektive Urteil" im Sinn einer sachl. und wertfreien Aussage gilt traditionell als Musterbeispiel einer wiss. Aussage.

Objektkunst, Begriff für eine Ausdrucksform der Moderne, die anstelle der Abbildung eines Gegenstandes (Objekt) diesen selber, meist in neuem Zusammenhang oder in anderen Materialien als Kunstwerk präsentiert. Anfänge sind die Papiers collés (Collagen) des Kubismus, die in den Materialmontagen des Kubismus, Dadaismus und Surrealismus weitergeführt werden, bei denen das „Objet trouvé" (zufällig gefundenes Abfallprodukt) die Grundlage bildet. M. Duchamp erklärt mit seinen Ready-mades vereinzelte Gebrauchsgegenstände (industrielle Serienprodukte) zum Kunstobjekt. Neubelebung der O. seit Ende der 50er Jahre durch den Nouveau réalisme, weiter differenziert durch Environment, Happening und Pop-art. - Abb. S. 32.

Objektsatz (Ergänzungssatz), Nebensatz, der ein Objekt vertritt, z. B.: Er beobachtete, *wie die Maschine abstürzte;* statt: Er beobachtete *den Absturz* der Maschine.

Objektsprache, die natürl. oder künstl. Sprache als Gegenstand einer Metasprache (Sprache über Sprache); z. B. ist „Die Katze ist ein Tier" eine Äußerung in der O., „ ‚Katze' hat fünf Buchstaben" eine der Metasprache.

Objektsteuern ↑Steuern.

Objekttisch ↑Mikroskop.

Objektwahl, Begriff der Psychoanalyse: Nach S. Freud beginnt das Kind gegen Ende des ersten Lebensjahres sich den Objekten seiner Umwelt gefühlsbetont zuzuwenden *(infantile O.).* Es sucht Objekte, von denen es angenehme Gefühle zu erwarten hat, und meidet Objekte, die Furcht oder Unlust hervorrufen. Die spätere Fähigkeit, Freundschaften oder Liebesbeziehungen einzugehen, und die Wahl unter den mögl. [Geschlechts]partnern *(pubertäre O.)* wird nach Freud maßgebl. von den früheren Bindungen an Objekte (Mutter, Vater, Schwester oder Bruder) bestimmt.

Objet trouvé [frz. ɔbʒɛtru've „gefundener Gegenstand"] ↑Objektkunst.

Oblast [russ. 'ɔblʌstj], in der Sowjetunion Bez. für ein großes, unmittelbar der Zentralgewalt unterstelltes Verw.-Geb. der Unionsrepublik.

Oblate [zu lat. oblata (hostia) „dargebrachtes (Abendmahlsbrot)"], papierdünnes Gebäck oder Gebäckunterlage (z. B. für Lebkuchen, Makronen usw.) aus Weizen- oder Maismehlteig. O. werden in fast allen christl. Kirchen als Hostien verwendet.

Oblate [zu lat. oblatus „der Dargebrachte"], 1. in der alten und ma. Kirche Bez. für Kinder, die von ihren Eltern für das Leben im Kloster bestimmt wurden. 2. Bez. für Erwachsene, die sich einem Orden oder Kloster anschließen, ohne Vollmitglied der betreffenden Gemeinschaft zu sein. O. nennen sich auch die Mgl. neuerer kath. Ordensgemeinschaften, z. B. O. des hl. Franz von Sales.

Obliegenheit, das innerhalb eines beiderseitigen Rechtsverhältnisses bestehende Gebot einer Partei, im eigenen Interesse bestimmte Handlungen vorzunehmen (z. B. Anzeige von Mängeln). Bei Nichtbeachtung des

Gebotes drohen der Partei Rechtsverluste oder rechtl. Nachteile.

obligates Akkompagnement [akɔmpaɲɔˈmã; lat./frz.], Bez. für eine Art der ↑ Begleitung, bei der im Ggs. zum ↑ Generalbaß die Begleitstimmen als selbständige Stimmen geführt sind und z. B. auch Melodieträger sein können.

Obligation [zu lat. obligatio „das Binden, die Verpflichtung"], Schuldverschreibung von Unternehmen der gewerbl. Wirtschaft *(Industrie-O.)* oder von Gemeinden *(Kommunal-O.)*. Der Unterschied zw. Ind.-O. und Aktie besteht darin, daß erstere nur ein Forderungsrecht, die Aktie dagegen ein Anteilsrecht verbrieft.

Obligationenrecht, 1. schweizer. Bez. für das ↑ Schuldrecht; 2. Kurzbez. für das BG betreffend die Ergänzung des Schweizer. Zivilgesetzbuches (Fünfter Teil: O.) vom 30. 3. 1911 (Abk. OR).

obligato [lat.-italien. „verbindlich"], im Gegensatz zu ↑ ad libitum Bez. für eine selbständig geführte Instrumental- oder Vokalstimme, die bei der Wiedergabe nicht weggelassen werden darf.

obligatorisch [lat.], verpflichtend, verbindlich; unerläßlich, zwangsweise.

obligatorische Rechte, persönl. Rechte des Gläubigers auf die ihm aus einem Schuldverhältnis zustehende Leistung, die in einem Tun oder Unterlassen des Schuldners bestehen können.

Obligo [italien., zu lat. obligare „verbinden, verpflichten"], 1. Verpflichtung, Verbindlichkeit, insbes. in wechselrechtl. Form. Bei den Banken werden zur Kreditkontrolle für die einzelnen Kunden sog. *O.bücher* geführt; 2. svw. Gewähr: für etwas das O. übernehmen; durch die sog. *Freizeichnungsklausel* „ohne Obligo" (Abk. o. O.) Ausschluß jeder Haftung; die sog. *Angstklausel* „o. O." im Wechselrecht bedeutet, daß der Indossant (nicht der Aussteller) des Wechsels seine Haftung ausschließt.

obliquer Kasus [lat.] ↑ Casus obliquus.
oblong [lat.], länglich, rechteckig.
Obmann, in Österreich Vors. einer gesellschaftl. (z. B. Verein) oder polit. Vereinigung (z. B. Parteiobmann).
◆ zum *Arbeitsrecht* ↑ Betriebsobmann.
◆ (Kampfleiter) alleiniger Schiedsrichter beim Florett- und Degenfechten mit Elektromelder, Chef des fünfköpfigen Kampfgerichts beim Säbelfechten.

Obödienz, svw. ↑ Obedienz.

Oboe [zu frz. hautbois, eigtl. „hohes (lautes) Holz"], in der heutigen Form im 17. Jh. in Frankr. entstandenes Holzblasinstrument mit Doppelrohrblatt, dreiteiliger, kon. Röhre aus Hartholz, kleiner Stürze und obertonreichem, leicht nasalem Klang. Die Tonhöhe wird durch 14 Lochklappen mit Mechanik verändert; der Tonumfang reicht von b bis a^3 (c^4). Die O., seit Lully im Orchester, wird oft dem Pastoralen zugeordnet. Vorläufer der O. sind die aus der ma. Schalmei um 1400 entwickelten Bomharte (Diskant) und die Melodiepfeife der Musette. Zur O.familie gehören (meist mit ↑ Liebesfuß) O. d'amore, O. da caccia, dann Englischhorn (Alt), Fagott (Baß), Heckelphon (Bariton). - In der Orgel eine Zungenstimme, meist im 8-Fuß.

Obolus (griech. Obolos; Obol; Mrz. Obolusse, Obolen) [griech.-lat., eigtl. „Bratspieß, Metallstab"], antike Münzeinheit in Gold, Silber ($^1/_6$, nur in Korinth $^1/_4$ Drachme) und - seltener - Bronze.

OBO-Schiff (Ore-Bulk-Oil Carrier), Massengutschiff mit Einrichtungen abwechselnd Erze (engl. ore), andere Massengutladungen (engl. bulk) und Erdöl (engl. oil) zu fahren.

Obote, Apollo Milton, * Akokoro (Uganda) 1925, ugand. Politiker. - 1955 Mitbegr. des Uganda National Congress (UNC); Mgl. des gesetzgebenden Rates von Uganda 1957; Vors. des von ihm mitgegr. Uganda People's Congress (UPC) seit 1960; Oppositionsführer 1961/62, Premiermin. 1962–66; übernahm 1966 auch das Amt des Staatspräs.; 1971 durch einen Militärputsch unter Führung von Idi Amin Dada gestürzt; lebte bis zu dessen Sturz in Tansania; vom Nachbarland unterstützt, wurde O. im Dez. 1980 nach dem von der Opposition bestrittenen Wahlsieg seiner Partei zum Präs. Ugandas gewählt. 1985 durch Putsch gestürzt.

Obotriten (Abodriten, Abotriten), elbslaw. Stammesverband, der sich im 7. Jh. in W-Mecklenburg und O-Holstein ansiedelte. Er umfaßte neben den O. die Stämme der *Wagrier, Polaben* und *Warnower.* 983 und 1066 nahmen die O. an den großen Slawenaufständen gegen die dt. Oberherrschaft teil. Seit dem 12.Jh. gingen die O. in der zuwandernden dt. Bevölkerung auf.

Oboussier, Robert [frz. ɔbuˈsje], * Antwerpen 9. Juli 1900, † Zürich 9. Juni 1957 (ermordet), schweizer. Komponist. - Kompositionen von moderner, oft polyphoner, auf Formklarheit bedachter Schreibweise, u. a. Oper „Amphitryon" (1951, nach Kleist), Orchester- und Kammermusik, Chorwerke.

Obradović, Dositej [serbokroat. ɔˌbraːdɔvitɕ], eigtl. Dimitrije O., * Ciacova (Banat) um 1739 (?), † Belgrad 28. März 1811, serb. Schriftsteller. - Hauptvertreter der serb. Aufklärung; ursprüngl. Mönch; erster Kultusminister des neuen Serbien. Gilt als Begründer der modernen serb. Literatur; verwandte u. a. in seinem Hauptwerk, der Autobiographie „Leben und Schicksale" (1783–88), als erster die serb. Volkssprache anstelle des Kirchenslawischen.

Obraszow, Sergei Wladimirowitsch [russ. abrasˈtsɔf], * Moskau 5. Juli 1901, sowjet. Puppenspieler. - Urspr. Schauspieler;

Obrecht

Objektkunst. Kurt Schwitters, Merzbild 15 A - Das Sternbild (1920). Düsseldorf, Kunstsammlung Nordrhein-Westfalen

Weidenblättriges Ochsenauge

gründete 1931 das Zentrale Staatl. Puppentheater; phantasievolle Experimente (z. B. Kombination von Puppen, Schauspielern und Schattenspieleffekten).

Obrecht, Jacob (Hohrecht, Hobertus), *Bergen op Zoom (?) 22. Nov. 1450 oder 1451, † Ferrara 1505, fläm. Komponist. - O. ist neben Josquin Desprez einer der führenden Meister der niederl. Musik. Bei seinen Kompositionen (26 Messen, 31 Motetten, etwa 25 Chansons) liegt das Hauptgewicht auf den zykl. Meßvertonungen.

Obrenović [serbokroat. ɔ,brɛːnɔvitɕ], serb. Dyn., begr. von Miloš Obrenović. Die O. regierten - in unversöhnl. Rivalität zu den Karađorđević - als Fürsten 1815/17–42 und von 1858 bis zu ihrer Auslöschung 1903, seit 1882 als Könige von Serbien.

O'Brien, Edna [engl. oʊˈbraɪən], *Galway 15. Dez. 1932, ir. Schriftstellerin. - Verf. von Liebesromanen und Erzählungen, die mit oft schonungsloser Offenheit, teils auch witzig-sarkast., Gefühlswelt und Situationen sich emanzipierender Frauen darstellen; u. a. „Das Mädchen mit den grünen Augen" (R., 1962), „Plötzlich im schönsten Frieden" (R., 1966), „Ich kannte ihn kaum" (R., 1977), „A fanatic heart" (En., 1985).

Obrigkeit, in der ständ. Welt- und Gesellschaftsordnung des MA und der absoluten und konstitutionellen Monarchie die mit legitimen Mitteln nicht absetzbaren Träger der weltl. und geistl. Reg.gewalt. Im christl. gebundenen Staatsdenken noch nach dem Übergang zur demokrat. Republik gebräuchlich.

Obrigkeitsstaat, gegen Ende des 19. Jh. aufgekommene, polem. Bez. für die monarch.-autoritäre dt. Staatsordnung mit ihren starken bürokrat. Strukturen (Beamtenstaat) und der sie charakterisierenden Allianz von Thron und Altar.

Obrist, Hermann, *Kilchberg (ZH) 23. Mai 1863, † München 26. Febr. 1927, schweizer. Kunstgewerbler und Bildhauer. - Stark abstrahierte und bewegte organ. Jugendstilformen kennzeichnen seine dekorative Ornamentik; schuf Keramiken, Schmiedekunst, Brunnen, Grabmäler, Stickerei- und Textilentwürfe, Innenausstattungen.

Obschtschina [russ.], in der vorrevolutionären zentralruss. Agrarverfassung die Umteilungsgemeinschaft des Dorfes; verhinderte infolge period. Umverteilung der bäuerl. Landes und Beschränkung des Landzukaufs eine rationale und ertragreiche Wirtschaftsweise.

obsequenter Fluß [lat./dt.], Fluß, der entgegengesetzt zur [urspr.] Abdachungsrichtung fließt.

Observable [zu lat. observabilis „beobachtbar"], Bez. für eine meßbare physikal. Größe.

Observanten [zu lat. observare „beobachten, (Bräuche) befolgen"], Abk. OFMObs, Anhänger einer im 14. Jh. entstandenen strengen Reformbewegung innerhalb der Franziskaner; 1517 als eigenständiger Ordenszweig von den Konventualen getrennt.

Observanz [lat. († Observanten)], in der

Obstbau

kath. Kirche Befolgung der strengeren Regel eines Mönchsordens.
♦ (Herkommen) Gewohnheitsrecht, das nur für einen begrenzten örtl. Bereich gilt. Im Verwaltungsrecht bestehen O. v. a. auf gemeindl. Ebene bei der Aufteilung öffentl. Lasten (z. B. Bau- und Unterhaltungspflichten im Wege- und Wasserrecht); O. können durch Rechtsvorschriften aufgehoben werden.

Observation [zu lat. observatio „Wahrnehmung, Beobachtung"], planmäßige Beobachtung einer Person, eines Vorganges oder Gegenstandes; **observieren**, genau beobachten (z. B. verdächtige Personen).

Observatorium [zu lat. observare „beobachten"], eine astronom., meteorolog. oder geophysikal. Beobachtungsstation.

Observer, The [engl. ɔɪ əbˈzəːvə „der Beobachter"], (älteste noch heute erscheinende) gemäßigt konservative brit. Sonntagszeitung, gegr. 1791.

Obsession [zu lat. obsessio „das Besetztsein"] (Obsessionsneurose, Zwangsneurose) ↑ Neurosen.

Obsidian [lat., angebl. nach einem gewissen Obsius, der ihn in Äthiopien gefunden haben soll], dunkles, unterschiedl. gefärbtes vulkan., kieselsäurereiches Gesteinsglas; Mohshärte 5,0–5,5; Dichte 2,5–2,6 g/cm³. Der O. wurde schon in der älteren Steinzeit für Werkzeuge verwendet und wird heute noch zu Schmuck und Ziergegenständen verarbeitet. Wichtige Fundorte befinden sich auf der Insel Lipari, in Mexiko und im Kaukasus.

obskur [zu lat. obscurus, eigtl. „bedeckt"], dunkel; undeutlich; unbekannt, fragwürdig, zweifelhaft[er Herkunft].

obsolet [lat.], ungebräuchlich, veraltet.

Obst [zu althochdt. obas, eigtl. „Zukost"], Bez. für die eßbaren, meist saftreichen, fleischigen Früchte bzw. die Samenkerne von Kultursorten v. a. mehrjähriger O.gehölze. Im O.bau und O.handel unterscheidet man: ↑ Kernobst (z. B. Apfel, Birne), ↑ Steinobst (z. B. Kirsche, Aprikose), Schalen-O. (z. B. Hasel- und Walnuß) und Beeren-O. (↑ Beere; z. B. Heidelbeere, Johannisbeere, Weinbeere). Nach Güte und Verwendungszweck werden *Tafel-O. (Edel-O.)* und *Wirtschafts-O.* unterschieden; nach dem Reife- und Verwendungszeitpunkt: das zum sofortigen oder baldigen Verzehr bestimmte *Sommer-O.*, das sich nicht lange aufbewahren läßt (z. B. Beeren-O. und bis zur Genußreife [Vollreife] spätestens Ende Sept. am Baum bleibendes Kern- und Steinobst) und das *Herbst-O.* (bis Mitte Nov. reifendes Kern-O.) sowie das bei physiolog. Pflückreife gepflückte *Winter-O.*, das zur Nachreife eingelagert wird. Die meist erst bei zunehmender Fruchtreife in Erscheinung tretende art- und sortenspezif. Farbe der Früchte kommt durch im Zellsaft gelöste Farbstoffe zustande. O. zählt wegen seines Gehalts an Vitaminen, Spurenelementen, Fruchtsäuren, Frucht-, Trauben- und Rohrzucker sowie Aromastoffen (↑ Fruchtäther) zu den wertvollsten Lebensmitteln. - ↑ auch Äpfel (Übersicht), ↑ Birnen (Übersicht). - Durch ihren hohen Wassergehalt von über 80 % sind die meisten O.arten leicht verderblich. Der überwiegende Genuß in rohem Zustand macht eine hygien. Überwachung des Vertriebs erforderlich. Der *Handel mit O.* unterliegt v. a. der „VO über gesetzl. Handelsklassen für frisches O. und Gemüse" sowie der „VO über Qualitätsnormen für O. und Gemüse", beide vom 9. 10. 1971.

Obstbanane ↑ Banane.

Obstbau, der als Zweig der Landw. und des Gartenbaus *(Erwerbs-O.)* sowie (in der BR Deutschland mit 65 % aller Obstbäume) in Privatgärten und im Bauernbetrieb *(Selbst-*

INHALTSSTOFFE EINIGER FRISCHOBSTARTEN
(Mittelwerte, modifiziert nach S. W. Souci und Mitarbeitern)

Obstart	Wasser	Eiweiß	Fett	Kohlenhydrate	Mineralstoffe	Vitamin C
	in %, bezogen auf den eßbaren Anteil					in mg je 100 g
Apfel	86,0	0,30	0,30	12,10	0,40	12
Birne	83,5	0,50	0,40	13,30	0,38	5
Süßkirsche	83,6	0,80	0,50	14,00	0,60	10,5
Sauerkirsche	84,8	0,90	0,50	13,00	0,50	12
Pfirsich	87,5	0,72	0,10	10,50	0,54	11
Pflaume	85,7	0,70	0,10	12,30	0,50	6
Erdbeere	88,7	0,90	0,40	8,00	0,60	59
Heidelbeere	84,9	0,60	0,60	13,60	0,30	22
Johannisbeere						
rot	85,4	1,10	0,15	7,92	0,63	32
schwarz	82,2	1,00	0,10	10,40	0,60	136
Stachelbeere	87,3	0,80	0,15	8,77	0,45	35
Preiselbeere	87,4	0,28	0,53	9,90	0,26	12
Aprikose	85,3	0,90	0,10	12,40	0,63	7

Obstbaumformen

versorger-O.) betriebene Anbau obsttragender Dauerkulturen. Im *Intensiv-Erwerbs-O.* überwiegt der Niederstamm, der als Buschbaum und als Spindelbaum mit Streuverzweigung (Spalierobst) in geschlossenen Teilstücken (Quartieren) mit Baumreihen (bzw. Hekken) und Arbeitsgassen für Pflege- und Erntearbeiten angepflanzt wird. Hochstämme finden sich v. a. beim Selbstversorger sowie an Straßen und Wegen.

Die wichtigsten Erwerbsobstbaugebiete der BR Deutschland sind das Unterelbegebiet (Altes Land), das Bodenseegebiet, Nordwürttemberg, die Niederrhein. Bucht und einige Geb. in Oldenburg und Holstein. Das Gebiet um Werder/Havel ist das älteste geschlossene, natürl. O.gebiet Deutschlands und neben einigen Kirschen- und Pflaumenanbaugebieten in Sachsen-Anhalt, Sachsen und Thüringen das bedeutendste der DDR.

Obsternte in der BR Deutschland (ausschl. Berlin West) im Mittel der Jahre 1982–87 (in Klammern die Zahl für 1988) in 1 000 t: Äpfel 629 (766); Birnen 31 (33); Süß- und Sauerkirschen 75 (59); Pflaumen aller Art 34 (30); Aprikosen und Pfirsiche 1 (0,6); Walnüsse 0,12 (0,18); Erdbeeren 46 (54). Der Verzehr je Kopf der Bev. betrug im jährl. Mittel 1987/88 in der BR Deutschland 74,3 bzw. 81,3 kg Frischobst, 33,3 kg Zitrusfrüchte, 3,5 kg Schalenfrüchte.

Geschichte: In prähistor. Zeit kamen in Mitteleuropa einige Obstarten (z. B. Apfel, Birne, Himbeere, Brombeere) als natürl. Bestandteil des Eichenmischwaldes wild vor. Die ersten archäolog. Nachweise für ihre Nutzung als Nahrungsmittel der Menschen stammen aus dem Ende des Neolithikums, zuerst in der Schweiz (Funde in Pfahlbauten) und im Donaubecken, später auch in Nordeuropa. Mindestens Äpfel, wahrscheinl. auch Pflaumen wurden zu dieser Zeit bereits kultiviert. Die Obstarten der Römer stammen vorwiegend aus Kleinasien. Ihre Kultur wurde von den Römern ins westl. Mittelmeergebiet gebracht. Zur röm. Kaiserzeit wurden Sauerkirsche, Zwetschge, Aprikose, Pfirsich und Edelkastanie neu eingeführt.

📖 Keipert, K./Rüdiger, H.: *O. im landw. Betrieb.* Bonn 1985. - Stangl, M.: *Obstanbau im eigenen Garten.* Mchn. ²1985. - Schmid, Heiner: *Handgriffe im Obstgarten.* Stg. ⁶1984. - Bachmann, C.: *Obst- u. Beerengarten.* Bern 1983. - Zech, J.: *Der ertragreiche Obstgarten.* Niedernhausen 1983.

Obstbaumformen, beim Kern- und Steinobst unterscheidet man nach der Stammlänge zw. **Hochstamm** (1,80–2 m), **Dreiviertelstamm** (1,60–1,80 m), **Halbstamm** (1,20–1,50 m), **Viertel-** oder **Meterstamm** (0,80–1 m; v. a. für industriell zu verwertendes Schüttelobst) und **Niederstamm** (0,40–0,60 m; als Buschbaum, Spindelbusch und Spindel mit Streuverzweigung; [Spalierobst]). Die von Natur her strauchartigen Stachel- und Johannisbeeren werden auch als *Halbstämmchen* (30–50 cm) und *Hochstämmchen* (1–1,50 m) gezogen.

Obstbaumgespinstmotte (Pflaumengespinstmotte, Yponomeuta padellus), etwa 20–22 mm spannende, an den Vorderflügeln weiße, schwarz gepunktete ↑ Gespinstmotte in Eurasien und N-Amerika; Raupen gesellig in Gespinstnestern, können sehr schädl. werden durch Fraß an Knospen (und später an Blättern) von verschiedenen Obstbäumen (bes. Pflaumenbaum).

Obstbaumkrebs ↑ Pflanzenkrebs.

Obstbaumschädlinge, pflanzl. und tier. Organismen, die Obstbäume und ihre Früchte schädigen; vorwiegend Insektenarten und deren Larven, v. a. Frostspanner, Gespinstmotten, Ringelspinner, mehrere Wickler- und Blattlausarten, Obstbaumspinnmilben, Schildläuse, Blütenstecher, Sägewespen und Fruchtfliegen, aber auch Wühlmäuse, Engerlinge, Vögel und Wild. Niedere Pilze verursachen z. B. Schorf, Mehltau, Moniliakrankheit und Obstbaumkrebs. Der Bekämpfung dienen in erster Linie vorbeugende Maßnahmen, z. B. Wahl des Standorts, gute Humus- und Nährstoffversorgung, vorbeugende Obstbaumspritzungen, Ausschaltung von Sorten, die gegen bestimmte Schädlinge bes. anfällig sind.

Obstbaumschnitt, das Stutzen der Zweige und Triebe der Obstgehölze. Der O. dient zur Festlegung von Form und Wachstum der Obstgehölze (v. a. der kleinen Baumformen) und durch immer wieder neu hergestellten Gleichgewichtszustand zw. vegetativem und generativem Wachstum der Erhaltung, Steigerung und Egalisierung der Fruchtbarkeit sowie der Qualitätsverbesserung der Früchte. Die Grundlage bilden der zur Erziehung eines bestimmten Astgerüstes dienende *Pflanzschnitt* und der *Erziehungsschnitt*. Der *Überwachungsschnitt (Instandhaltungs-, Auslichtungsschnitt)* dient der Erhaltung bzw. Wiederherstellung der Krone im Laufe der Jahre. Der *Fruchtholzschnitt* (Winterschnitt), v. a. im Liebhaberobstbau mit vorhergehendem *Grünschnitt* (Sommerschnitt), soll der Kronen- und Fruchtholzbildung fördern, die Fruchtgüte verbessern und die „Vergreisung" der Tragäste verhindern. Der *Verjüngungsschnitt* wird bei Nachlassen des Triebwachstums vorgenommen und soll eine kräftige Jungtriebbildung anregen.

Obstbaumspinnmilbe (Paratetranychus pilosus), bis 0,4 mm lange, im ♀ Geschlecht rot gefärbte, oberseits weiß beborstete ↑ Spinnmilbe (♂ gelb bis gelbgrün), die sehr schädl. werden kann durch Saugen an Blättern von Obstgehölzen (bes. Pflaumen-, Apfel- und Birnbäume, auch Stachel- und Johannisbeersträucher); Blätter überziehen sich mit bräunl. Flecken und vertrocknen.

Obstbaumsplintkäfer, Bez. für zwei etwa 2–5 mm lange Borkenkäfer in weiten Teilen Eurasiens, die durch Anlegen eines senkrechten Muttergangs zw. Rinde und Holz an Kernobstgehölzen schädl. werden: **Großer Obstbaumsplintkäfer** (Scolytus mali; nach Amerika eingeschleppt; schwärzl., mit braunen Flügeldecken; Larven bohren bis zu 80 Seitengänge); **Kleiner Obstbaumsplintkäfer** (Runzeliger O., Scolytus rugulosus; schwarzbraun, kleiner als vorige Art). - Bekämpfung der O. durch Fällen und Verbrennen der befallenen Bäume oder durch Winterspritzung.

Obstbranntwein, aus vergorenem Obst oder Obstsäften ohne Zusatz von Zucker hergestellte Branntweine mit einem Alkoholgehalt von mindestens 40 Vol.-%; ein **Obstwasser** ist ein unverschnittener Obstbranntwein aus nur einer Obstsorte; **Obstgeist** ist ein aus unvergorenem Obst unter Zusatz von Alkohol destillierter Branntwein.

Obstfäule, die ↑Fruchtfäule des Obstes am Baum und auf dem Lager *(Lagerfäule).* - ↑auch Bitterfäule, ↑Schwarzfäule.

Obstfliegen, zusammenfassende Bez. für am Obst schädlich werdende Fliegen, bes. ↑Taufliegen, z. T. ↑Fruchtfliegen.

obstinat [lat.], starrsinnig, unbelehrbar.

Obstipanzien [lat.] (Obstipantia, Antidiarrhoika), zur Stuhlverstopfung (Obstipation)führende, i. e. S. zur symptomat. Behandlung von Durchfällen angewandte Arzneimittel; z. B. Adsorbenzien (bes. Aktivkohle) und Adstringenzien (u. a. gerbstoffhaltige Präparate).

Obstipation [lat.], svw. ↑Verstopfung.

Obstkraut, Bez. für eingedickte Obstsäfte (z. B. Apfelkraut), z. T. mit Zusätzen von Rübensaft oder Stärkesirup.

Obstmade ↑Apfelwickler.

Obstruktion [zu lat. obstructio „das Verbauen, Verschließen"], planvolle Beeinträchtigung der Funktions- und Beschlußfähigkeit des Parlaments v. a. durch exzessive Ausnutzung von Geschäftsordnungsbestimmungen (z. B. Dauerreden, Auszug aus der Sitzung, Stellen von zahllosen Anträgen), womit eine Minderheit im Parlament versucht, bestimmte Entscheidungen zu verhindern (d. h. zu obstruieren).

Obstsüßmost, seit 1977 lautet die Handelsbez. Fruchtnektar (↑Fruchtsaft).

Obstwasser ↑Obstbranntwein.

Obstwein (Fruchtwein), weinähnl. Getränk aus vergorenem Beeren-, Kern- oder Steinobst u. a.; bei Apfel- und Birnenwein wird die Maische gekeltert und dann erst vergoren (wie beim Wein), bei Beerenobst wird sie direkt vergoren. Verschiedene Zusätze sind erlaubt, es gelten die Bestimmungen des Weingesetzes.

obszön [lat.], unanständig, das Schamgefühl verletzend; **Obszönität,** obszöne Äußerung, Darstellung.

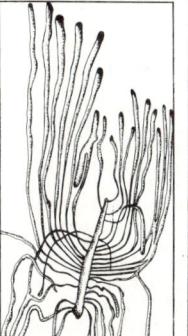

Großer Obstbaumsplintkäfer. Links Muttergang mit davon ausgehenden Larvengängen

obugrische Sprachen, die am Ob gesprochenen, zu den finnisch-ugrischen Sprachen gehörenden Sprachen Ostjakisch (Sprache der Chanten) und Wogulisch (Sprache der Mansen); bilden zusammen mit dem Ungar. die ugrischen Sprachen.

Obwalden, schweizer. Halbkanton, ↑Unterwalden ob dem Walde.

Oca [indian.-span.], Bez. für die Knollen des Sauerkleegewächses Oxalis tuberosa; angebaut in den Anden von Peru, Bolivien und Chile. Die sehr stärkehaltigen Rhizomknollen sind ein wichtiges Nahrungsmittel v. a. der indian. Bevölkerung; auch in Europa (v. a. Frankr.) als Gemüse verwendet.

OCAM, Abk. für frz.: **O**rganisation **C**ommune **A**fricaine et **M**auricienne („Gemeinsame Afrikan.-Maurit. Organisation"), seit 1973 Name der Gemeinschaft afrikan. Staaten, 1965 als Organisation Commune Africaine et Malgache (Abk. OCAM, „Gemeinsame Afrikan.-Madagass. Organisation") gegr., 1970 nach dem Beitritt der Inselrepublik Mauritius in Organisation Commune Africaine, Malgache et Mauricienne (Abk. OCAMM, „Gemeinsame Afrikan.-Madagass.-Maurit. Organisation") umbenannt, aus der 1973 Madagaskar austrat. Ziel der OCAM ist die verstärkte Zusammenarbeit der Mgl.staaten und die Förderung ihrer wirtsch., sozialen und kulturellen Entwicklung; Mgl. sind gegenwärtig: Benin, Elfenbeinküste, Mauritius, Niger, Obervolta, Rwanda, Senegal, Seychellen, Togo, Zentralafrikan. Republik.

OCart, Abk. für: **O**rdo **Cart**usiensis, ↑Kartäuser.

OCAS [engl. ˈoʊsiːɛs, ˈoʊkæs], Abk. für engl.: **O**rganization of **C**entral **A**merican **S**tates, ↑Organización de Estados Centroamericanos (ODECA).

O'Casey, Sean [engl. oʊˈkeɪsɪ], eigtl. John Casey, * Dublin 31. März 1880, † Tor-

Occam

quay 18. Sept. 1964, ir. Dramatiker. - Ungelernter Arbeiter; bildete sich autodidaktisch. 1916 Beteiligung an ir. Osteraufstand. Gilt als einer der bedeutendsten ir. Dramatiker des 20. Jh. Seine frühen sozialkrit.-revolutionären Dramen, die das Leben der untersten Schichten in den Slums von Dublin schildern, variieren zeitlos gültige Themen, die über alle nat. Probleme hinausgehen; nach dem Bruch mit W. B. Yeats, herbeigeführt durch die pazifist. Weltkriegs-Tragikomödie „Der Preispokal" (1929), ging er nach London und schrieb expressionist.-symbolist. Dramen, die von Strindberg und O'Neill beeinflußt sind, u.a. „Stern der Verheißung" (1940), „Rote Rosen für mich" (1942), „Eichenblätter und Lavendel" (1942). Verfaßte auch eine 6bändige Romanautobiographie.
Weitere Werke: Der Rebell, der keiner war (Dr., 1925), Juno und der Pfau (Dr., 1925), Der Pflug und die Sterne (Dr., 1926), Süßes Erwachen (Dr., dt. 1953).

Occam ↑ Ockham, Wilhelm von.

Occhispitze ['ɔki; italien./dt.], svw. ↑ Schiffchenspitze.

Occleve, Thomas [engl. 'ɔkli:v] (T. Hoccleve), * London (?) wahrscheinl. 1368 oder 1369, † 1450 (?), engl. Dichter. - Beamter im Geheimsiegelamt; Anhänger Chaucers; schrieb zahlr. kürzere Dichtungen mit vielen autobiograph. Bezügen; sein Hauptwerk, „The regiment of princes" (1411/12), ist ein an den Prinzen von Wales, den späteren Heinrich V., gerichteter Fürstenspiegel

OCD, Abk. für: Ordo Fratrum Carmelitarum Discalceatorum, Orden der Unbeschuhten ↑ Karmeliten.

Ocean Island [engl. 'ouʃən 'ailənd], Koralleninsel im Pazifik, 390 km westl. der Gilbertinseln, zu Kiribati, 5,2 km², bis 81 m ü. d. M.; bed. Guanoabbau. - 1801 entdeckt, seit 1900 britisch.

Oceanus Procellarum [lat. „Meer der Stürme"], größtes Mondmare; 5 Mill. km².

Ochab, Edward, * Krakau 16. Aug. 1906, poln. Politiker. - Wirtschaftswissenschaftler; seit 1929 Mgl. der poln. KP; im 2. Weltkrieg Chefpolitoffizier der 1. poln. Armee; seit 1944 Mgl. des ZK der Poln. Arbeiterpartei (PPR), seit 1954 Mgl. des Politbüros der Vereinigten Poln. Arbeiterpartei (PZPR); 1949 zum General ernannt, als Vizeverteidigungsmin. für den Umbau der poln. Armee mitverantwortl.; März-Okt. 1956 1. Sekretär des ZK der PZPR, steuerte einen vorsichtigen Liberalisierungskurs; 1956-59 Landw.min., ab 1961 stellv. Vors., ab Aug. 1964 Vors. des Staatsrates (Staatsoberhaupt); ließ sich aus Protest gegen die antizionist. Politik im April 1968 ablösen, mußte im Nov. 1968 auch aus dem Politbüro ausscheiden. - † 1. Mai 1989.

Ochlokratie [ɔx...; zu griech. óchlos „Pöbel"], Bez. für die zur Herrschaft der Massen entartete Demokratie.

Ochlopkow, Nikolai Pawlowitsch [russ. ax'lɔpkɐf], * Irkutsk 15. Mai 1900, † Moskau 8. Jan. 1967, sowjet. Regisseur. - 1930-36 übernahm O. die Leitung des Moskauer Realist. Theaters, 1943 wurde er Leiter des späteren (ab 1945) Majakowski-Theaters. Seine Experimente mit verschiedenen Bühnenformen, um die Trennung von Publikum und Theater zu überwinden, gaben dem internat. modernen Theater wichtige Anregungen.

Ochoa, Severo [engl. oʊ'tʃoʊa; span. o'tʃoa], * Luarca (Prov. Oviedo) 24. Sept. 1905, amerikan. Biochemiker span. Herkunft. - Seit 1954 Prof. an der University School of Medicine in New York; arbeitet v. a. über den Kohlenhydrat- und Fettstoffwechsel, die Photosynthese und die Rolle der Nukleinsäuren bei der Proteinsynthese, wofür er 1959 gemeinsam mit A. Kornberg den Nobelpreis für Medizin oder Physiologie erhielt. 1961 gelang ihm unabhängig von J. Matthaei und M. Nirenberg die Entzifferung des genet. Codes.

Ochotskisches Meer, durch die Halbinsel Kamtschatka und den Inselbogen der Kurilen vom Pazifik getrenntes Randmeer vor der O-Küste der UdSSR, im SW von den Inseln Sachalin (UdSSR) und Hokkaido (Japan) begrenzt, 1,39 Mill. km², größte Tiefe 3 372 m, von Okt.-April mit Ausnahme seines zentralen Teils mit Eis oder Treibeis bedeckt.

Ochrana [ɔx...; russ. „Bewachung, Schutz"], die mit umfassenden Vollmachten ausgestattete (z. B. Recht der Verhaftung ohne Angabe von Gründen) polit. Geheimpolizei des kaiserl. Rußland.

Ochrid ['ɔxrɪt] ↑ Ohrid.

Ochs, Peter, * Nantes 20. Aug. 1752, † Basel 19. Juni 1821, schweizer. Politiker und Historiker. - 1780 Ratsschreiber, später Obristzunftoffizier in Basel, mehrfach Gesandter in Paris. Neben Frédéric César de la Harpe (* 1754, † 1838) führender Verfechter der Ideen der Frz. Revolution in der Schweiz, erarbeitete 1797/98 im Auftrag Napoléon Bonapartes den Verfassungsentwurf für die Helvet. Republik.

O., Siegfried, * Frankfurt am Main 19. April 1858, † Berlin 6. Febr. 1929, dt. Dirigent und Komponist. - Gründete 1882 in Berlin den Philharmon. Chor (Name seit 1888). Komponierte Lieder, Duette und Klavierstücke.

Ochse [zu althochdt. ohso, eigtl. „Samenspritzer" (d. h. Zuchtstier)], kastriertes ♂ Hausrind; mit ruhigem Temperament; als Zugtier und zur Mast verwendet.

Ochsenauge, (Rindsauge, Buphthalmum) Gatt. der Korbblütler mit zwei nur in Europa vorkommenden Arten; verschieden gestaltete Stauden mit großen, einzeln stehenden, gelben oder orangefarbenen Blüten und wechselständigen Blättern. In Deutschland kommt nur das **Weidenblättrige Ochsenauge** (Gemeines O., Buphthalmum sa-

licifolium) mit unverzweigtem Stengel und einem gelben Blütenköpfchen vor. - Abb. S. 32.
◆ (Kuhauge, Großes O., Maniola jurtina) etwa 4–5 cm spannender ↑ Augenfalter in fast allen Biotopen weiter Teile Eurasiens und N-Afrikas; fliegt von Juni bis Aug., legt Eier einzeln an verschiedenen Grasarten (bes. Rispengras) ab.

Ochsenauge (frz. œil-de-bœuf), rundes oder ovales Fenster, v. a. in der Baukunst des Barock vorkommend.

Ochsenbein, Ulrich, * Schwarzenegg (Kt. Bern) 24. Nov. 1811, † Nidau 3. Nov. 1890, schweizer. Politiker und frz. General. - 1846–48 maßgebl. an der Umwandlung der Schweiz in einen Bundesstaat beteiligt; 1847 Reg.präs. und Präs. der Eidgenöss. Tagsatzung; 1848–51 Präs. des Nat.rats, 1848–54 Bundesrat, 1855/56 und 1870/71 General im frz. Heer.

Ochsenfrosch, Bez. für drei etwa 8–20 cm lange ↑ Froschlurche, deren ♂♂ (zur Paarungszeit) durch eine unpaare Schallblase ihre Stimmen tief und laut brüllend erschallen lassen: *Amerikan. O.* (↑ Frösche), *Ind. O.* (Kaloula pulchra): etwa 8 cm großer, überwiegend landbewohnender Engmaulfrosch Südostasiens (einschließl. der Großen Sundainseln); Körper bräunl., auffallend gelb gezeichnet, *Südamerikan. O.* (↑ Pfeiffrösche).

Ochsenfurt, Stadt am mittleren Main, Bay., 192 m ü.d.M., 11 300 E. Photo- und Röntgengerätebau, Planen- und Sackfabrik, Nahrungsmittelind.; in der Umgebung Weinbau. - Geht in seiner Entstehung auf das zw. 740/750 gegr. Theklakloster (1 km nördl. am Main) zurück; Stadtgründung 2. Hälfte des 12. Jh. - Ma. Stadtbild mit got. kath. Pfarrkirche (14./15. Jh.), spätgot. Alten Rathaus (15. Jh.) und spätgot. Neuen Rathaus (16. Jh.).

Ochsenhausen, Stadt im Rottumtal, Bad.-Württ., 613 m ü.d.M., 6 600 E. Kunststoffind., Herstellung von Kühlschränken und Polstermöbeln. - Erstmals 1137 erwähnt, entstand um das 1093 (?) gestiftete Benediktinerpriorat (1391 zur Abtei erhoben, ab 1397 reichsunmittelbar, 1802/03 säkularisiert und als Entschädigung dem Fürsten Metternich zugewiesen [„Ft. Winneburg"]), seit 1950 Stadt. - Spätgot. Kirche der ehem. Benediktinerabtei (1725–32 barockisiert) mit Gablerorgel (1729–33); spätgot. Kreuzgang.

Ochsenkopf, mit 1 024 m ü.d.M. zweithöchster Berg des Fichtelgebirges.

Ochsenkopf, svw. ↑ Deltoid.

Ochsenziemer, das verdrillte und getrocknete männl. Glied des Rindes (Eichel bis Wurzel), das als Schlagstock oder Peitschenstiel verwendet wird.

Ochsenzunge (Anchusa), Gatt. der Rauhblattgewächse mit rd. 40 Arten in Europa, N- und S-Afrika und W-Asien; rauhhaarige oder zottige Kräuter mit längl., wechselständigen Blättern und meist blauen, violetten oder weißen Blüten mit Deckblättern; einfach zu kultivierende Sommerblumen.

Öchslegrad [nach dem dt. Mechaniker Ferdinand Öchsle (Oechsle), * 1774, † 1852] ↑ Mostwaage.

Ochtrup, Stadt im westl. Münsterland, NRW, 55 m ü.d.M., 16 600 E. Textil-, Bekleidungs-, Metallwaren- u.a. Ind. - 1134 erstmals erwähnt, seit 1949 Stadt. - Roman. Stiftskirche (bis um 1230); Wasserburg Haus Welbergen (16. und 18. Jh.).

Ockeghem, Johannes [niederl. ˈoːkəxəm] (Okeghem, Ockenheim), * in Flandern um 1425, † Tours um 1495, fläm. Komponist. - 1446–48 Mgl. der Kapelle Karls I. von Bourbon in Moulins, danach (spätestens seit 1452) in der Kapelle der frz. Könige (seit 1465 Kapellmeister). O. komponierte 13 Messen (drei- bis fünfstimmig), ein Requiem, ein Kredo, etwa 10 Motetten und 21 Chansons. Prägte entscheidend den Stil der niederl. Polyphonie um 1460.

Ocker [griech.-lat.-roman.], Gemische aus Brauneisenstein (v. a. α-FeOOH) mit Ton, Quarz und Kalk. Verwendung findet O. in großen Mengen als Pigment; große Lager befinden sich in Bayern, Sachsen und in Frankr. (Roussillon). - Als *Malerfarbe* wurde O. schon im Paläolithikum verwendet (↑ Felsbilder); v. a. in der Antike und im MA war O. eine bevorzugte Farbe für Wandgemälde.

Ockergrabkultur, nach dem Brauch, v. a. die Toten mit Ocker zu bestreuen (Deutung des Ockers als Farbe des Lebens) ben. endneolith. (Ende des 3. Jt. v. Chr.) Kulturgruppe Osteuropas, zw. Karpaten und Ural verbreitet; Kennzeichen sind v. a. Grabhügel (Kurgane), in die zunächst Grabgruben, später Nischengräber, zuletzt Holzkammergräber eingebaut sind.

Ockham, Wilhelm von [engl. ˈɔkəm] (Occam), * Ockham (Surrey) um 1285, † München nach 1347, engl. Theologe und Philosoph. - Ab 1309 Student in Oxford, später Magister theologiae (1321). Vom Oxforder Kanzler Lutterell der Häresie angeklagt, wurde O. nach Avignon vor Papst Johannes XXII. zitiert und festgesetzt; er floh 1328 zu Ludwig IV., dem Bayern, nach Pisa, ging mit dem Kaiser nach München und wurde dessen Beistand im Kampf mit den Päpsten; in München entstanden die Schriften über Kirche und Staat. - O. war Haupt der „via moderna", die Glauben und Wissen zu trennen suchte, und die Fähigkeit der Vernunft, Übersinnliches zu erkennen, leugnete. Der Glaube kann deshalb nur mit der Autorität der Kirche begründet werden, deren Entscheidungen als willkürl. angesehen werden müssen. Im ↑ Universalienstreit wandte sich O. gegen jeden Realismus: die Allgemeinbegriffe sind Zeichen („termini") in der Seele und haben außerhalb der Seele keine Realität (↑ Nominalismus). Durch die Trennung von Theologie und Phi-

losophie wurde die „via moderna" Ausgangsort der modernen Philosophie.
📖 *Miethke, J.: Ockhams Weg zur Sozialphilosophie.* Bln. 1969. - *Junghans, H.: O. im Lichte der neuen Schrift.* Bln. u. Hamb. 1968.

```
ABCDEFGHIJKLMNOPQRSTUVW
XYZ 0123456789 .,-+-*|{}
:;/='%"?&$

ABCDEFGHIJKLMNOPQRSTUV
WXYZ 0123456789
abcdefghijklmnopqrstuv
wxyz *+-=/.,:;"'_?!()<>
[]%#&@^¤£$¡¡\"´`^~ ‚ÄßÆ
IJÑÖØÜ {}mªæijøßŞ¥ ■ ——
```

OCR. OCR-A-Schrift (oben) und OCR-B-Schrift

Ockhamismus [ɔka...], an Wilhelm von Ockham orientierte philosoph. Richtung des Nominalismus des MA.

Ocko I. tom Brok ↑Brok, tom.

Ocko II. tom Brok ↑Brok, tom.

O'Connell, Daniel [engl. oʊˈkɔnəl], *Cahirciveen (Kerry) 6. Aug. 1775, †Genua 15. Mai 1847, ir. Politiker. - Gründete 1823 die „Catholic Association", die nat. und soziale Ziele verfolgte, und erreichte mit seiner Wahl ins Unterhaus 1829 die Katholikenemanzipation; arbeitete als Führer der ir. Parlamentarier auf die Auflösung („repeal") der parlamentar. Union zw. Irland und Großbrit. von 1800 hin; agitierte in seiner 1840 gegr. „Repeal Association" nach dem Sturz der Whigs (1841) die Massen, bis die Versammlungen 1843 durch Truppeneinsatz aufgelöst wurden; erster kath. Lord Mayor von Dublin.

O'Connor [engl. oʊˈkɔnə], Flannery, *Savannah (Ga.) 25. März 1925, †Milledgeville (Ga.) 3. Aug. 1964, amerikan. Schriftstellerin. - Verfaßte Romane aus der Welt der Südstaaten der USA, z. B. „Die berstende Sonne" (1952) über religiösen Fanatismus; auch trag.-groteske Erzählungen mit schwarzem Humor.

O'C., Frank, eigtl. Michael O'Donovan, *Cork 17. Sept. 1903, †Dublin 10. März 1966, ir. Schriftsteller. - Bibliothekar; leitete ab 1935 zeitweilig das Abbey Theatre. Gilt als der bedeutendste moderne Kurzgeschichtenautor Irlands; Dt. erschienen u. a. „Er hat die Hosen an" (1957), „Und freitags Fisch" (1958), „Die lange Straße nach Ummera" (1959), „Bitterer Whisky" (1962). Verfaßte auch Romane („Die Reise nach Dublin", 1932) und Autobiographien („Meines Vaters Sohn", hg. 1968).

OCR, Abk. für: Ordo Cisterciensium Reformatorum seu Strictioris Observantiae, ↑Trappisten.

OCR [engl. 'oʊsi:'ɑ:; Abk. für engl.: optical character recognition = opt. Zeichenerkennung], Kurzbez. für alle Arten maschineller Zeichenerkennung, insbes. einer Schrift. Um eine eindeutige Identifizierung, ein „Lesen" der Schrift, durch eine im Rahmen der Datenverarbeitung verwendete Lesemaschine zu ermöglichen, wurden bes. *OCR-Schriften* internat. genormt. Die *OCR-A-Schrift* (in der BR Deutschland genormt nach DIN 66608) enthält neben einer Anzahl spezieller Zeichen und den Ziffern nur Großbuchstaben, die *OCR-B-Schrift* auch Kleinbuchstaben, ergibt also ein für fortlaufende Texte gewohntes Schriftbild. Für jede Schriftart ist ein bes. *OCR-Leser* erforderlich, der die einzelnen Zeichen optoelektronisch abtastet und in entsprechende elektr. Signale umwandelt.

Octane [griech.], gesättigte aliphat. Kohlenwasserstoffe mit der Summenformel C_8H_{18}; farblose, in Wasser unlösl. Flüssigkeiten, die im Erdöl und in Destillations- und Krackbenzinen vorkommen, wobei bes. die hochverzweigten Strukturisomeren für die Güte der Kraftstoffe bed. sind. Das 2,2,4-Trimethylpentan (Isooctan) dient als Grundlage für die Bestimmung der ↑Oktanzahl.

Octanole [griech./arab.] (Octylalkohole, Caprylalkohole), gesättigte, einwertige, aliphat. Alkohole, die sich von den Octanen ableiten; Summenformel $C_8H_{18}O$. Es existieren zahlr. Strukturisomere. O. werden in der Ind. als Lösungsmittel für Lacke, Öle und Harze sowie für Weichmacher für Kunststoffe verwendet.

Octans [lat.] ↑Sternbilder (Übersicht).

Octansäure, svw. ↑Caprylsäure.

Octanzahl ↑Oktanzahl.

Octavia (Oktavia), Name vornehmer Römerinnen:

O., *um 70, †11 v. Chr., Schwester des Kaisers Augustus. - In 2. Ehe (40–32) ∞ mit dem Triumvir Marcus ↑Antonius; suchte zw. ihrem Mann und ihrem Bruder diplomat. zu vermitteln, bis Antonius ihr nach seiner Eheschließung mit Kleopatra VII. den Scheidungsbrief schickte.

O., *um 40, †auf Pandateria (= Ventotene, eine der Pontin. Inseln) 9. Juli 62, Tochter des Kaisers Claudius und der Messalina. - 53 ∞ mit Nero, der sich 62 von ihr scheiden ließ, um Poppäa Sabina heiraten zu können. O. wurde zuerst nach Kampanien, dann auf die Insel Pandateria verbannt und kurz darauf getötet.

Octavianus, Beiname des späteren Kaisers ↑Augustus.

Octopoda [griech.], svw. ↑Kraken.

Octopodacea [griech.], svw. ↑Kraken.

Octopus [griech. „Achtfüßler"], Gatt. etwa 10–50 cm langer (einschl. der Arme bis

3 m messender) ↑Kraken mit mehreren Arten in allen Meeren. Am bekanntesten ist der hell- bis dunkelbraune, marmoriert gefleckte **Gemeine Krake** (Octopus vulgaris, Oktopus); v. a. im Mittelmeer und in wärmeren Regionen des W- und O-Atlantiks; ernährt sich vorwiegend von Muscheln, Krebsen und Fischen.

Oculus [lat.], in der Anatomie svw. ↑Auge.

Oda, Ort im zentralen S-Ghana, 41 000 E. Zentrum der Diamantengewinnung am unteren Birim.

O'Dálaigh, Cearbhall [engl. oʊˈdɛɪlɪ], * Bray 12. Febr. 1911, † Sneem (Kerry) 21. März 1978, ir. Politiker. - Ab 1953 Richter am Obersten Gerichtshof in Dublin, 1961–73 dessen Präs.; 1974–76 Staatspräs. der Republik Irland.

Odawara, jap. Stadt auf Hondo, an der N-Küste der Sagamibucht, 177 500 E. Chem., Textil- und Nahrungsmittelind.; Thermalquellen. - Buddhist. Tempel (gegr. 1411).

O'Day, Anita [engl. oʊˈdeɪ], * Chicago 18. Dez. 1919, amerikan. Jazzsängerin. - Trat in den 40er Jahren in den Big Bands von G. Krupa und S. Kenton hervor und wirkte seither v. a. als Solistin mit kleineren Ensembles. Stilist. von S. Vaughan beeinflußt, gehört sie zu den ausdrucksstärksten weißen Sängerinnen des Modern Jazz.

Odd Fellows [engl. ˈɔd ˈfɛloʊz; eigtl. „seltsame Menschen"], internat. humanitäre Bruderschaft, die die Pflege und Förderung der geistigen und sittl. Kräfte im Menschen (durch Krankenbesuch, Unterstützung der Bedrängten u. a.) zum Ziel hat. Entstand in England wohl Anfang des 18. Jh., 1819 Ordensgründung in Amerika, verbreitete sich von hier aus im 20. Jh. in Europa. Die Arbeit erfolgt wie in der Freimaurerei und an diese angelehnt in Graden.

Odds [engl.], Vorgabe in sportl. Wettkämpfen, v. a. bei Pferderennen.
♦ das vom Buchmacher festgelegte Verhältnis des Einsatzes zum Gewinn.

Ode [griech.-lat.; zu griech. aeídein „singen"], lyr. Strophengedicht; als Chorgesang der griech. Tragödie mit strengem Strophenbau in gehobenem, feierl. Ton (Einschränkung des Individuellen); die selbständige Dichtung bei Sappho, Alkaios (Vorbild für die O. des Horaz); großartig feierl., der Hymne verwandt, die O. Pindars. Wiederbelebung in der Renaissance. M. Opitz führte sie in die dt. Literatur ein; weitere Vertreter: G. R. Weckherlin, P. Fleming, A. Gryphius; durch F. Klopstock erreichte sie eine neue Höhe der Gestaltung. F. Hölderlin versuchte in ihr die Veranschaulichung der zeitgenöss. Widersprüche zw. Ideal und Wirklichkeit. Im 19. Jh. gestalteten der Münchner Dichterkreis und v. a. Platen die Horazischen O.formen nach, ohne den gespannt hohen Ton Klopstocks und Hölderlins zu erreichen. Für das 20. Jh. stehen R. A. Schröder, R. Borchardt. Die wichtigsten **Odenmaße** sind: die 4zeilige *alkäische Strophe,* die aus 2 alkäischen Elfsilblern, 1 Neunsilbler und 1 Zehnsilbler besteht, die 4zeilige *asklepiadeische Strophe,* die in der häufigsten ihrer 5 Varianten aus 3 Asklepiadeen und 1 Glykoneus gebaut ist; die 4zeilige *sapphische Strophe* aus 3 sapphischen Elfsilblern und 1 Adoneus.

📖 *Engler, B.:* Die amerikan. O. Paderborn 1985. - *Jump, J. D.:* The ode. New York; London 1974. - *Schlüter, K.:* Die engl. O. Bonn 1964. - *Vietor, C.:* Gesch. der dt. O. Mchn. 1923. Nachdr. Hildesheim 1961.

ODECA [span. oˈðeka], Abk. für: ↑Organización de Estados Centroamericanos.

Odelsting [norweg. ˈuːdɔlstiŋ], das norweg. Unterhaus (↑Norwegen, politisches System).

Ödem [zu griech. oídēma „Geschwulst"] (Wassersucht, Gewebswassersucht), örtl. umschriebene oder allg. ausgebreitete Ansammlung von aus den Kapillaren ausgetretener Plasmaflüssigkeit mit entsprechender Vermehrung der Zwischenzellflüssigkeit; i. w. S. auch die Ansammlung von Flüssigkeit in den großen Körperhöhlen (Hydrops, Erguß). Ursächl. lassen sich alle Ö.formen auf das Überwiegen der Auswärtsfiltration im betroffenen Kapillarbereich über den Rückstrom der filtrierten Plasmaflüssigkeit zurückführen. Die Auswärtsfiltration ist die Folge des (im Vergleich zum Gewebsdruck) höheren hydrostat. Drucks im Inneren der Kapillaren. Diesem Druckgradienten steht der zum venösen Schenkel der Kapillare hin zunehmende osmot. Druck der Plasmaeiweiße entgegen, für die die Kapillarwand im allg. schlecht durchlässig ist.

Das *mechan. Ö.* entsteht durch örtl. Behinderung (Stauung) des Blut- oder Lymphabflusses (↑auch Lymphödem, ↑Elefantiasis). Das entzündl., *angioneurot.-allerg. Ö.* ist im wesentl. Folge einer örtl. Gefäßerweiterung (z. B. durch Histamin) mit Anstieg des Kapillardrucks, eventuell auch mit erhöhter Kapillarpermeabilität. Das *Eiweißmangel-Ö.* entsteht durch den Verlust oder eine mangelhafte Synthese von Plasmaalbumin (z. B. Hungerödem [↑Hungerkrankheiten]). Das *kardiale Ö.* läßt sich auf die Insuffizienz des Herzmuskels und darauf beruhende verminderte Salzausscheidung mit entsprechender Flüssigkeitsretention, Anstieg des Venen- und Kapillardrucks zurückführen, wodurch es schließl. zu einem Überwiegen der Flüssigkeitsfiltration kommt.

Ödenburg, Stadt in Ungarn, ↑Sopron.

Odenmaße ↑Ode.

Odense, dän. Stadt auf Fünen, 170 600 E, Verwaltungssitz der Amtskommune Fünen; luth. Bischofssitz; Univ. (seit 1966); Konservatorium, Lehrerseminar, Handelshochschule, Landesarchiv, Museen, u. a. Freilichtmu-

Odensefjord

seum „Fünensche Dorf", Eisenbahnmuseum und Geburtshaus von H. C. Andersen; Theater mit Oper; Zoo. Nahrungsmittelind., Werft, Metall- und Maschinenind., Textil-, Bekleidungs-, Gummi- und Papierind.; Hafen, durch den 8,2 km langen O.kanal mit dem Odensefjord verbunden, ⚓. - 987 als **Othensve** („Odins Heiligtum") erstmals erwähnt; 1020–1536 kath., seit 1537 luth. Bischofssitz; Stadtrecht 1409 bestätigt; 1654–58 Hauptstadt Dänemarks, 1815–47 Residenz des Kronprinzen. - Die Kirche Sankt Knud (13. Jh.) ist eine der bedeutendsten got. Kirchen Dänemarks.

Odensefjord, Bodden an der NO-Küste der Insel Fünen.

Odenwald, waldreiches dt. Mittelgebirge östl. des nördl. Oberrhein. Tieflandes, im Katzenbuckel 626 m hoch. Das im W mit einem z. T. über 400 m hohen Steilanstieg über das Oberrhein. Tiefland aufragende Gebirge dacht sich nach S, SO und O hin ab und wird im N durch die Gersprenz und ihre Nebenbäche stärker aufgelöst. Der westl. Teil (Vorderer oder Bergsträßer O.) zeichnet sich durch dichte Zertalung und Kleinkuppigkeit aus, der östl. anschließende Hintere O. ist nur durch tiefe, meist tekton. vorgezeichnete Taleinschnitte gegliedert. Nördl. von Heidelberg Porphyrsteinbrüche. Die jährl. Niederschlagsmengen schwanken zw. 700 und 1100 mm. Im sog. *Kleinen O.* südl. des Neckars sowie im Geb. der östl. Ausläufer bestimmen Lößdecken die Bodenfruchtbarkeit (Getreide-Hackfrucht-Bau). Städt. Siedlungen nur an den wenigen Durchgangslinien (z. B. Neckartal) und an den Gebirgsrändern (Bergstraße, Baulandrand); Fremdenverkehr. Der größte Teil des O. und sein östl. Vorland bilden den Naturpark Bergstraße–Odenwald.

Odenwaldkreis, Landkr. in Hessen.

Odenwaldschule, staatl. anerkannte private Heimschule in Oberhambach (= Heppenheim a. d. Bergstraße). 1910 von P.↑Geheeb als Landerziehungsheim gegr. und bis zur Auflösung (1934) von ihm geleitet. Nach 1945 wurde die O. zu einer differenzierten Gesamtschule mit Hauptschul-, Realschul- und gymnasialen Kursen ausgebaut; 1950 wurde eine „Werkstudienschule" angeschlossen. Bed. Reformschule.

Odeon [griech.-lat.-frz.], Name für ein größeres Gebäude, in dem Theater-, Musik-, Film- und/oder Tanzaufführungen stattfinden.

Oder, rechter Nebenfluß der Rhume, Nds., entspringt im W der Brockennordfläche, mündet im Harzvorland bei Katlenburg-Duhm, 54 km lang, im Oberlauf gestaut.
O. (poln., tschech. Odra), Strom in Mitteleuropa (ČSSR, DDR, Polen*); entspringt im O.gebirge der Ostsudeten, durchfließt die Mähr. Pforte bis zur poln.-tschechoslowak. Grenze, von wo aus sie bis zur Mündung der Lausitzer Neiße nach NW fließt, sich anschließend nach N wendet und, im Unterlauf in West-O. und Ost-O. geteilt, in das Stettiner Haff (Ostsee) mündet, 866 km lang. Der Regulierung des Wasserstandes dienen zahlr. Stauwerke in den Nebenflüssen. Endpunkt für größere Schiffe ist Cosel, Schiffe bis 170 t Tragfähigkeit können bis Ratibor fahren. Die O. ist durch Kanäle verbunden mit dem Oberschles. Ind.geb., mit Elbe und Weichsel.

Oderbruch, 12–15 km breite, von vielen Altwässern durchzogene Niederung westl. der unteren Oder zw. Küstrin und Oderberg (DDR). Anbau von Zuckerrüben und Weizen sowie von Feld- und Frühgemüse, v. a. zur Versorgung von Berlin (Ost).

Oder-Havel-Kanal (früher Hohenzollernkanal), 83 km lange Wasserstraße in der DDR nördl. von Berlin, zweigt bei Lehnitz von der Havel ab, überwindet den 36 m hohen Abstieg zur Alten Oder über das Schiffshebewerk Niederfinow, trifft bei Hohensaaten auf die Oder.

Oderint, dum metuant [lat. „mögen sie (mich) hassen, wenn sie (mich) nur fürchten"], erstmals in einer Tragödie von Accius erwähnter Ausspruch, der nach Sueton ein Lieblingswort Kaiser Caligulas war.

Odermennig (Agrimonia) [entstellt aus griech.-lat. agrimonia], Gatt. der Rosengewächse mit rd. 20 Arten in der nördl. gemäßigten Zone, vereinzelt auch in den Tropen und Anden; ausdauernde Kräuter mit gefiederten Blättern; die gelben, seltener weißen, in aufrechter, ährenförmiger Traube stehenden Blüten haben einen mehrreihigen Kranz von Weichstacheln. Eine einheim. Art ist der **Gewöhnl. Odermennig** (Ackermennig, Agrimonia eupatoria), häufig an Wegrändern und auf Wiesen, bis 1 m hoch, mit gelben Blüten in langen Trauben.

Oder-Neiße-Linie, Staatsgrenze zw. der DDR und Polen. Ihr Verlauf („von der Ostsee unmittelbar westl. von Swinemünde und von dort die Oder entlang bis zur Einmündung der westl. bis die westl. Neiße entlang bis zur tschechoslowak. Grenze") wurde (als vorläufige Grenze) festgelegt durch das Potsdamer Abkommen 1945 zw. Großbrit., der UdSSR und den USA, von der DDR 1949/50 ausdrückl. anerkannt im Görlitzer Abkommen und von der BR Deutschland durch den Dt.-Sowjet. Vertrag, den Dt.-Poln. Vertrag 1970 und die Schlußakte der KSZE 1975 als unverletzl. Staatsgrenze Polens bestätigt. Nachdem Hitler 1939 im Zuge der Absicherung der stufenweisen militär. Expansion des Großdt. Reiches mit der UdSSR die Teilung Polens und die Curzon-Linie als zukünftige sowjet.-poln. Grenze vereinbart hatte, koppelte Stalin auf der alliierten Gipfelkonferenz in Teheran 1943 und auf der Jalta-Konferenz 1945 die Nachkriegsregelung der O-Grenze Polens mit der Festlegung seiner W-Grenze.

Die USA und Großbrit. stimmten dabei prinzipiell einer Westverschiebung Polens in den Raum zw. Curzon-Linie und Oder zu.
Die O.-N.-L. wurde von dt. Seite - auch durch die SED (W. Pieck, Okt. 1946) - zunächst abgelehnt. Eine Wende zeichnete sich in der damaligen SBZ 1947 ab, während der amtl. Politik der BR Deutschland bis Ende der 1960er Jahre an der Ablehnung der Endgültigkeit der O.-N.-L. ohne Friedensvertrag festhielt.

Lehmann, H. G.: Der Oder-Neiße-Konflikt. Mchn. 1979. - Brancion, Y.: Die O.-N.-L. Dt. Übers. Stg. ²1970.

Oder-Spree-Kanal, Wasserstraße in der DDR sö. von Berlin, kürzeste Verbindung von Berlin über die Spree an die mittlere Oder; 84 km lang.

Odertalsperre ↑Stauseen (Übersicht).

Odessa [russ. a'djɛsв], sowjet. Geb.-hauptstadt an der NW-Küste des Schwarzen Meeres, Ukrain. SSR, 1,113 Mill. E. Sitz des russ.-orth. Metropoliten und Erzbischofs von O. und Cherson. Univ. (gegr. 1865), 14 Hochschulen, mehrere Museen, Theater. Führender Ind.zweig ist der Maschinenbau, daneben chem., Leder- und Nahrungsmittelind., Teefabrik, Werk für Filmaufnahme- und -vorführgeräte, Fremdenverkehr. Größter Hafen der UdSSR am Schwarzen Meer, Heimathafen der sowjet. Antarktis-Walfangflotte; ⌘.
Geschichte: Archäolog. Funde weisen auf eine frühe Siedlung hin, im 11.Jh. durch Polowzer zerstört. Im 13.Jh. entstand eine neue slaw. Siedlung und ein Hafen (**Chadschibei**); 1540 von den Osmanen erobert, die 1764 auf den Ruinen die Festung **Jeni-Dunja** („Neue Welt") gründeten; 1789 durch Russen und Kosaken erobert; 1792/93 Bau einer russ. Festung, 1794 des Kriegs- und Handelshafens O.; seit 1805 Gouvernementshauptstadt. Im Juni 1905 brach im Gefolge der Arbeiterunruhen in Petersburg in O. ein Generalstreik aus, dem sich meuternde Matrosen des Panzerkreuzers „Potemkin" anschlossen; im Nov./Dez. von zarist. Truppen blutig unterdrückt; 1918 östr. besetzt; dann Operationsbasis einer Armee der Weißen; 1920 von der Roten Armee erobert; im 2. Weltkrieg Okt. 1941 bis April 1944 in dt. Hand.
Bauten: O. wurde 1794-1814 planmäßig angelegt. 1837-41 wurde an der neugeschaffenen Nikolai-Strandpromenade die berühmte Potemkin-Treppe mit 192 Stufen gebaut, die die Stadt mit dem Hafen verbindet.

O. [engl. ouˈdɛsə], Stadt in W-Texas, 880 m ü. d. M., 90 000 E. Zentrum eines Erdöl- und Erdgasgebiets. - 1881 gegr., seit 1927 City. - Südl. von O. ein großer Meteoritenkrater.

Odets, Clifford [engl. ouˈdɛts], * Philadelphia 18. Juli 1906, † Los Angeles 15. Aug. 1963, amerikan. Dramatiker. - 1931 Mitbegr. des Group Theatre, einer der führenden Theatertruppen New Yorks; verfaßte, bes. von Tschechow beeinflußt, anklagende „proletar. Dramen" in der Art des polit. engagierten Theaters des dt. Expressionismus, u.a. „Goldene Hände" (1937), „Ein Mädchen vom Lande" (1950).

Odeur [oˈdøːr; lat.-frz.], wohlriechender Stoff, Duft.

Odilia (Ottilia, Otilia), hl., * um 660, † um 720, elsäss. Äbtissin. - Lebte auf dem ↑Odilienberg und gründete die beiden Klöster Odilienberg und Niedermünster. Als Augenpatronin (weil angebl. blind geboren und bei der Taufe wunderbar geheilt) im Elsaß und in Süddeutschland verehrt. - Fest: 13. Dez.

Odilienberg (frz. Mont Sainte-Odile, 763 m hoher Berg am O-Rand der Vogesen, sw. von Straßburg, Frankr. - Mit einer aus Sandsteinquadern errichteten Trockenmauer (*„Heidenmauer"*) von über 10 km Länge befestigt (Alter ungeklärt, vielleicht kelt. oder späthröm.). - In Spornlage das von der hl. Odilia gegr. Kloster (im MA „Hohenburg" gen.); 1546 verlassen, 1661 bis zur Frz. Revolution von Prämonstratensern besetzt, seit 1853 wieder besiedelt (seit 1888 von Kreuzschwestern). Wallfahrtsort mit Kreuzkapelle (nach Mitte des 12.Jh.) und Klosterkirche (1684-92 über alten Fundamenten).

Odilo von Cluny, hl., * Clermont (Oise) um 962, † Souvigny (Allier) 31. Dez. 1048, frz. Benediktiner. - Seit 993/994 fünfter Abt von Cluny; in der langen Regierungszeit gelang ihm der Ausbau des straffen kluniazens. Klosterverbandes. Die Einführung des Tages

Ödipus mit Begleitern vor der Sphinx. Vasenmalerei von Hermonax (um 465 v. Chr.). Wien, Kunsthistorisches Museum

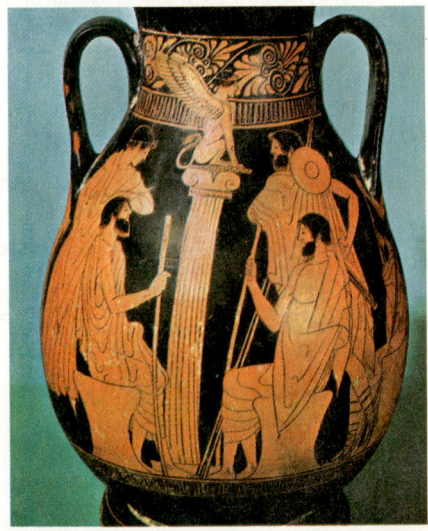

Odin

Allerseelen (2. Nov.) im kath. Kirchenkalender geht auf ihn zurück.

Odin (Wodan, Wotan), in der german. Religion der Herr und König (aus dem Geschlecht der Asen) der Götter und Menschen, Künder der höchsten Weisheit, sieghafter Kämpfer und Gott der Schlachten, Lenker von Kriegsgeschick und Todesschicksal. Seine Gattin ist *Frigg*, seine Botinnen sind die ↑Walküren. Seine beiden Raben **Hugin** und **Munin** (Gedanke und Gedächtnis) fliegen jeden Morgen aus, um die Welt zu durchforschen, hocken dann auf seinen Schultern und raunen ihm ins Ohr, was sie gesehen und gehört haben. Seine Söhne sind Baldr, Höd und Vidar.

Odinga, Ajuma Oginga, * Sakwa (Kenia) 1911, kenian. Politiker. - Seit 1957 Mgl. des gesetzgebenden Rates Kenias; Mitbegr. des „Kenya Independence Movement" 1959, Vizepräs. der „Kenya African National Union" (KANU) 1960–66; verfolgte eine sozialist. Politik; nach Kenias Unabhängigkeit Innenmin. 1963/64, Vizepräs. 1964–66; gründete 1966 die sozialist. „Kenya People's Union" (KPU); nach deren Verbot 1969–71 in Haft; trat 1971 wieder der KANU bei, aus der er Anfang 1982 ausgeschlossen wurde; seit Nov. 1979 Präs. der Baumwollorganisation Kenias.

odios [lat.], widerwärtig, verhaßt.

ödipale Phase [nach Ödipus], Bez. für die der ↑Latenz vorausgehende kindl. Entwicklungsphase, in der nach psychoanalyt. Auffassung (v. a. S. Freud) inzestuöse, aus der libidinösen Bindung an den jeweils gegengeschlechtl. Elternteil herzuleitende Triebregungen vorherrschen, die häufig als Ursache später auftretender Neurosen, Perversionen oder der sexuellen Inversion (↑Homosexualität) betrachtet werden.

Ödipus, Gestalt der griech. Mythologie. Sohn des Laios, des Königs von Theben, und der Iokaste. Gleich nach der Geburt wird der Knabe mit durchbohrten Knöcheln - was zu seinem Namen führt (Ö. „Schwellfuß") - ausgesetzt, da das Delph. Orakel Laios prophezeit hatte, er werde durch die Hand des eigenen Sohnes fallen. Korinth. Hirten finden das Kind und bringen es an den Hof ihrer Heimatstadt. Als der zum Jüngling Herangewachsene Andeutungen über die Zweifelhaftigkeit seiner Herkunft hört, begibt er sich ratsuchend nach Delphi, erhält jedoch den grausigen Bescheid, er werde seinen Vater ermorden und die eigene Mutter heiraten. Als ihm unterwegs nach Theben das Gespann des Laios begegnet, kommt es zum Streit, in dessen Verlauf er seinen (unerkannten) Vater erschlägt. Vor Theben löst Ö. das Rätsel der ↑Sphinx, befreit dadurch die Stadt und erhält Herrschaft und Hand der verwitweten Königin, seiner Mutter Iokaste. Aus dieser Verbindung gehen Eteokles, Polyneikes, Antigone und Ismene hervor. Nach Jahren des Glücks wird Theben plötzl. von Seuche und Mißwuchs heimgesucht. Um Abhilfe befragt, fordert das Delph. Orakel die Bestrafung von Laios' Mörder. Als die von Ö. vorgenommene Untersuchung die Wahrheit aufdeckt, erhängt sich Iokaste, Ö. beraubt sich des Augenlichts und wird von seinen Söhnen aus dem Land gewiesen. Nach Jahren unsteten Bettlerlebens, nur begleitet von der treuen Antigone, findet er einen friedvollen Tod im Erinnyenhain auf dem nahe Athen gelegenen Hügel Kolonos.

Antike *Dramatisierungen* stammen von Sophokles, Aischylos, Euripides und Seneca d. J. Selbständige Neugestaltungen entstanden seit dem 17. Jh. u. a. von Corneille und Voltaire. Das Interesse an psycholog. Problemen und die psychoanalyt. Interpretation der Sage durch S. Freud (Ödipuskomplex) kennzeichnen die Ö.-Dichtungen im 20. Jh., u. a. J. Cocteaus „Die Höllenmaschine" (1934) und T. S. Eliots Drama „Ein verdienter Staatsmann" (1959).

📖 *Dirlmeier, F.: Der Mythos v. König Oedipus. Mainz u. Bln.* ²*1964.*

Ödipuskomplex [nach der griech. Sagengestalt], in die Psychoanalyse von S. Freud 1910 eingeführte Bez. für die bei Kindern v. a. in der phall. Phase sich entwickelnde libidinöse Beziehung zu ihren Eltern, speziell die des Knaben von der Mutter, wobei der gleichgeschlechtl. Elternteil als übermächtiger Rivale erscheint, der solche frühkindl. sexuellen Regungen mit Kastration (↑ und Kastrationskomplex) zu bestrafen droht. Daher sind Kinder zur ↑Verdrängung ihrer inzestuösen Neigungen gezwungen und identifizieren sich schließl. mit ihren Eltern; insbes. introjizieren sie deren Moral- und Wertvorstellungen und formieren auf diese Weise zugleich ihr ↑Über-Ich. Mit der Verdrängung ist die ↑ödipale Phase abgeschlossen. Es schließt sich die Phase der ↑Latenz an. - Die Vorstellungen Freuds zur ödipalen Entwicklung werden von manchen Tiefenpsychologen nicht uneingeschränkt geteilt. Vielfach wird darauf verwiesen, daß Freuds Beobachtungen spezif. für seine Zeit gewesen sein, in der eine starke Tabuisierung des Sexuellen und mangelnde bzw. verspätete geschlechtl. Aufklärung derartige kindl. Phantasien begünstigt hätten.

📖 *Wege des Anti-Ödipus. Hg. v. J. Chassesquet-Smirgel. Dt. Übers. Ffm. 1986. - Malinowski, B.: Geschlecht und Verdrängung in primitiven Gesellschaften. Ffm.* ⁶*1984.*

Odium [lat.], Haß; übler Beigeschmack, Makel.

Ödland, Bez. für Gelände, das nicht landoder forstwirtsch. genutzt wird, aber kultiviert werden könnte (z. B. Heide- und Moorflächen) oder sonst genutzt wird (z. B. als Sand- und Kiesgrube oder für Torfgewinnung).

Odo, hl., * bei Le Mans um 878, † Tours 942, frz. Benediktiner. - Ab 927 zweiter Abt von Cluny, das er zu einem eigenständigen Reformzentrum von überregionaler Ausstrahlungskraft machte und so den Grund für den späteren Klosterverband von Cluny legte.

Odoaker (Odowakar), * um 430, † Ravenna 15. März 493 (ermordet), german. König in Italien (seit 476). - Sohn eines Skirenfürsten am Hof Attilas; seit 469/470 in röm. Dienst, Führer german. Söldner. O. setzte 476 den letzten weström. Kaiser Romulus Augustulus ab; wurde vom Heer zum König ausgerufen. 476/477 gewann O. Sizilien von den Vandalen; 489 vom Ostgotenkönig Theoderich d. Gr. bei Verona besiegt; nach dem Kampf um Ravenna (493) von Theoderich erschlagen.

Odonata [griech.], svw. ↑Libellen.

O'Donnell, Peadar [engl. oʊˈdɒnl], * Tirconnaill (Donegal) 22. Febr. 1893, ir. Erzähler. - Mgl. der republikan. Bewegung Irlands (deshalb während des Bürgerkriegs inhaftiert); Hg. der literar. und sozialkrit. Zeitschrift „The Bell" in Dublin; stellt in realist., humorvollen Romanen, z. T. mit sozialist. Tendenz, das Leben ir. Bauern und Fischer dar; u. a. „Die Inselleute von Inniscara" (1927), „Die großen Fenster" (1955).

Odontoblasten [griech.], Zellen, die im Verlauf der Zahnentwicklung das *Prädentin* (Knochengrundsubstanz mit Kollagenfasern) bilden. Das Prädentin verkalkt später zum Dentin (↑Zahnbein).

odontogen [griech.], von den Zähnen ausgehend; von Krankheiten, Entzündungen und Tumoren gesagt.

Odontoglossum [griech.], Gatt. epiphyt. Orchideen mit rd. 90 Arten, v. a. in den höheren, kühlen Gebirgsgegenden des trop. Amerika; mit meist birnen- bis eiförmigen, seitl. abgeflachten Pseudobulben, die ihrer Spitze meist ein Blatt, am Grunde vier bis sechs Blätter tragen; z. T. Zierpflanzen (oft Hybriden).

Odor [lat.], bes. in der Medizin svw. Geruch, Duft.

Odoriermittel [lat./dt.], geruchlosen oder schwach riechenden explosiven oder giftigen Gasen aus Sicherheitsgründen zugesetzte stark riechende Gase (v. a. Mercaptane).

Odowakar ↑Odoaker.

Odra [tschech., poln. 'ɔdra] ↑Oder.

Odría, Manuel Arturo [span. o'ðria], * Tarma 26. Nov. 1897, † Lima 18. Febr. 1974, peruan. General und Politiker. - 1946/47 Generalstabschef der Armee, 1947 Innenmin.; putschte 1948 gegen Präs. Bustamante y Rivero und übernahm mit einer Militärjunta die Reg.gewalt; 1950–56 Staatspräsident.

Odyssee, unter dem Namen ↑Homers überliefertes Epos, das die zehn Jahre während der Heimfahrt des Odysseus aus dem Trojan. Krieg nach Ithaka und seine Abenteuer schildert. - Sprichwörtl. für eine Art Irrfahrt, ein langes, mit Schwierigkeiten verbundenes Unternehmen.

Odysseus (lat. Ulixes), Held der griech. Mythologie. Sohn des Laertes und der Antikleia, Gemahl der Penelope, Vater des Telemachos, König der Insel Ithaka. Als ehem. Freier der Helena zur Teilnahme am Trojan. Krieg verpflichtet, zieht O. nach anfängl. Sträuben mit zwölf Schiffen gegen Troja, wo er nicht nur durch Tapferkeit, sondern v. a. durch Klugheit und List, mitunter auch Skrupellosigkeit und Tücke hervorragt. Seine Ratschläge führen schließl. zur Einnahme der Stadt. - Im Verlauf der zehn Jahre während Heimfahrt - Gegenstand von Homers „Odyssee" - wird O. über das ganze Mittelmeer verschlagen und muß mit seiner Flotte die gefährlichsten Abenteuer bestehen. Nach verlustreichem Kampf mit den thrak. Kikonen und dem Aufenthalt im Gebiet der ↑Lotophagen gerät er im Kyklopenland in die Gewalt des Polyphem, den er schließl. trunken machen kann und blendet, wodurch er den unversöhnl. Groll von Polyphems Vater Poseidon auf sich zieht. Bei der zweiten Landung auf der Insel des Äolus verliert O. alle Schiffe bis auf sein eigenes. Die Zauberin Circe rät ihm, über den Okeanos zu setzen, um am Eingang zur Unterwelt den Schatten des Sehers Teiresias über sein weiteres Schicksal zu befragen. Die letzten Gefährten, mit denen er sicher an den Sirenen und unter Verlusten an Skylla und Charybdis vorbeisteuert, vernichtet ein Blitzstrahl des Zeus, da sie sich an den Rindern des Helios vergriffen haben. Nach siebenjährigem Aufenthalt bei der Nymphe Kalypso tritt O. die Heimfahrt an,

Odysseus auf einer Wangenklappe eines Helms (um 420–400 v. Chr.). Berlin-Dahlem

Poseidon jedoch läßt das Floß in Trümmer gehen, und nur mit Hilfe der Göttin Ino-Leukothea gelingt es dem Helden, sich schwimmend an das Ufer der Phäakeninsel Scheria zu retten († Nausikaa), von wo er in die Heimat gebracht wird. Hier unterrichtet ihn Athena über das zudringl. Werben der Freier Penelopes, die, als sie die Fruchtlosigkeit ihres Sträubens erkennt, ihre Hand demjenigen verspricht, der den Bogen des O. zu spannen vermöge. In Gestalt eines Bettlers wird O. Zeuge der vergebl. Versuche, bis die Waffe in seine Hand kommt und er gemeinsam mit Telemachos die Freier tötet.

⌑ *Andreae, B.: O. Ffm. 1983. - Brommer, F.: O. Darmst. 1983. - Paetz, B.: Kirke u. O. Überlieferung u. Deutung v. Homer bis Calderón. Bln. 1970.*

Oea [ˈoːaː] † Tripolis (Libyen).

OEA [span. oeˈa], Abk. für span.: Organización de los Estados Americanos, † Organization of American States.

OECD, Abk. für engl.: Organization for Economic Cooperation and Development, Organisation für wirtsch. Zusammenarbeit und Entwicklung, am 1. Okt. 1961 entstandene Nachfolgeorganisation der † OEEC, die die Koordinierung der Wirtschaftspolitik der Mitgliedsstaaten übernahm und insbes. auf dem Gebiet der Entwicklungshilfe tätig ist. Die Mitglieder der OEEC sind Mitglieder der OECD geworden; Kanada und die USA wurden Vollmitglieder, Japan, Finnland, Australien, Neuseeland und Spanien sind als Vollmitglieder beigetreten.

oeco..., Oeco... † öko..., Öko...

OEEC, Abk. für engl.: Organization for European Economic Cooperation, Organisation für europ. wirtsch. Zusammenarbeit, am 16. April 1948 gegründete europ. Wirtschaftsorganisation mit Sitz in Paris. Gründungsmitglieder: Belgien, die drei westl. Besatzungszonen Deutschlands, Dänemark, Frankreich, Griechenland, Irland, Island, Italien, Luxemburg, die Niederlande, Norwegen, Österreich, Portugal, Schweden, die Schweiz, die Türkei und Großbritannien und Nordirland. Auf einer vom 12. Juli bis 22. Sept. 1947 tagenden Konferenz wurde beschlossen, den Ausschuß für europ. wirtsch. Zusammenarbeit, den Vorläufer der OEEC, zu gründen. Am 16. April 1948 wurde dann die Konvention für europ. wirtsch. Zusammenarbeit unterschrieben. Neben der Erstellung von Wiederaufbauplänen im Rahmen des Marshallplanes wurde der Abbau von Handelshemmnissen wie Kontingentierung und Devisenbewirtschaftung beschlossen. - **Sonderorganisationen** der OEEC: Am 19. Mai 1950 wurde das Abkommen über die EZU († Europäische Zahlungsunion) ratifiziert. Auf dem Gebiet der Kernenergie wurde das Europ. Kernenergieamt am 1. Febr. 1958 gegründet. Dem techn. Erfahrungsaustausch dient die EPZ (Europäische Produktivitätszentrale). Der durch die Gründung der EWG und EFTA innerhalb der OEEC entstandene Dualismus führte 1961 zur Gründung einer Nachfolgeorganisation, der † OECD. - **Organe:** 1. der Rat (mit Vertretern aller Mitgliedsstaaten): bestimmt die Richtlinien der Politik; 2. ein vom Rat berufener Exekutivausschuß; 3. Fachausschüsse; 4. ein Sekretariat.

Oehlenschläger, Adam Gottlob [ˈøːlənʃlɛːgər; dän. ˈøːlənslɛːˈyɐr], * Vesterbro (= Kopenhagen) 14. Nov. 1779, † Kopenhagen 20. Jan. 1850, dän. Dichter dt. Herkunft. - Ab 1809 Prof. für Ästhetik in Kopenhagen; Hauptvertreter der dän. Romantik; lernte auf Reisen nach Deutschland, Italien und Frankr. u. a. Goethe, Fichte, Schleiermacher, A. W. Schlegel, E. T. A. Hoffmann und Madame de Staël kennen; 1829 Dichterkrönung in Lund. Verarbeitete in seinen Gedichten, Epen (u. a. „Die Götter des Nordens", 1819), Erzählungen sowie in seinen Dramen, die stilist. und formal zunächst von der dt. Romantik, ab 1806 aber vom dt. und frz. klass. Drama bestimmt sind und ab 1820 biedermeierl. Züge tragen, bes. altnord. Stoffe.

Oelde [ˈœldə], Stadt 10 km nö. von Beckum, NRW, 95 m ü. d. M., 27 000 E. Maschinenbau, Emaillierwerke, Möbel- und Nahrungsmittelind. - Anfang des 18. Jh. zur Stadt erhoben. - Im Ortsteil **Stromberg** hochgot. Wallfahrtskirche zum Hl. Kreuz (1344 geweiht).

Oelfken, Tami [ˈœl...], eigtl. Marie Wilhelmine O., Pseud. Gina Teelen, * Blumenthal (= Bremen) 25. Juni 1888, † München 7. April 1957, dt. Schriftstellerin. - Schloß sich dem Worpsweder Künstlerkreis an, wurde Mgl. des Spartakusbundes; Emigration 1933. Verfaßte Kinderbücher, Gedichte und Romane, u. a. „Tine" (1940, 1947 u. d. T. „Maddo Clüver"), „Der wilde Engel" (R., 1951).

Oels [øːls, œls] (poln. Oleśnica), Krst. 20 km nö. von Breslau, Polen▼, 170 m ü. d. M., 33 000 E. Schuh-, Baustoffind., Metallverarbeitung, Möbelfabrik, Mühlen. - Zuerst 1189 erwähnt; östl. der Burg wurde ab 1255 (Neumarkter Stadtrecht) die Stadt mit Gittergrundriß angelegt; wurde 1321 Residenz der Herzöge von Oels. - Breslauer Tor (15. Jh.); Renaissanceschloß (16. Jh.) mit runder Bastei des 14. Jh.; Schloßkirche (14. und 16. Jh.), Pfarrkirche (15. und 16. Jh.).

Oels (Öls) [øːls, œls], ehem. niederschles. Hzgt., 1312 als eigenes piast. Ft. eingerichtet; ab 1329 unter böhm. Lehnshoheit; 1495 an die Herzöge von Münsterberg aus dem Hause Podiebrad; 1647 von Haus *Württemberg-O.*, dieses 1792 von Haus *Braunschweig-O.* (so seit 1805) beerbt; fiel 1884 an Preußen.

Oelsnitz [ˈœlsnɪts], Krst. im Vogtland, Bez. Karl-Marx-Stadt, DDR, 410 m ü. d. M., 13 500 E. Textilind., Teppichweberei, Textilmaschinenbau, Brauerei und Baustoffind. -

Spätgot. Stadtkirche (nach 1519).
O., Landkr. im Bez. Karl-Marx-Stadt, DDR.

Oelßner, Fred ['œlsnər], * Leipzig 27. Febr. 1903, † Berlin (Ost) 7. Nov. 1977, dt. Politiker und Nationalökonom. - Ab 1920 Mgl. der KPD; emigrierte 1933; im 2. Weltkrieg Leiter der Deutschland-Abteilung des Moskauer Rundfunks; 1945 Leiter der Abteilung Agitprop des ZK der KPD; 1950–58 Mgl. des Politbüros der SED, galt als „Chefideologe" der SED; 1955–58 stellv. Vors. des Min.rats, als Gegner der Wirtschaftspolitik Ulbrichts 1958 aus den Führungsgremien der SED und der DDR ausgeschlossen; 1958–69 Direktor des Instituts für Wirtschaftswiss. der Dt. Akademie der Wissenschaften.

Oelze, Richard ['œltsə], * Magdeburg 29. Juni 1900, † Posteholz (= Aerzen, Landkr. Hameln-Pyrmont) 27. Mai 1980, dt. Maler. - Schöpfer visionärer Welten mit vegetabilen und anthropomorphen Elementen; entwickelte mit seiner Kunst eine eigenständige Form des Surrealismus.

Oenanthe [ø...; griech.], svw. ↑Steinschmätzer.

Oeno [engl. oʊ'ɛınoʊ] ↑Pitcairn.

Oerlikon-Bührle-Konzern ['œrliko:n], schweizer. Konzern der Investitionsgüterindustrie, geführt von der Oerlikon-Bührle Holding AG (gegr. 1973); gegr. 1906; Sitz Zürich. Haupttätigkeitsgebiete: Werkzeugmaschinenbau, Schweiß- und Vakuumtechnik, Rüstungsindustrie; seit 1977 gehört auch die Bally-Gruppe (Schuhproduktion) zum Konzern.

Oerlinghausen ['œr...], Stadt am N-Hang des Teutoburger Walds, NRW, 270 m ü. d. M., 14 800 E. Freilichtmuseum; graph. Gewerbe, Elektro- und Textilind., Segelflugplatz. - 1036 erstmals gen.; seit 1926 Stadt.

Oersted, Hans Christian ↑Ørsted, Hans Christian.

Oertel, Curt ['œrtəl], * Osterfeld (Thüringen) 10. Mai 1890, † Limburg a. d. Lahn 30. Dez. 1959, dt. Filmregisseur und -produzent. - Kameramann u. a. von G. W. Pabsts „Die freudlose Gasse" (1925); auch Theaterregisseur für F. Piscators Volksbühne. Drehte bed. Dokumentarfilme, u. a. „Michelangelo" (1940), „Der gehorsame Rebell" (1952 [über Luther]).

Oesterlen, Dieter ['ø:s...], * Heidenheim an der Brenz 5. April 1911, dt. Architekt. - Christuskirche in Bochum (1957–59), Wiederaufbau der got. Marktkirche in Hannover (1946–60), Histor. Museum in Hannover (1963–66).

Oesterreichische Nationalbank AG ['ø:s...], Zentralbank der Republik Österreich, Sitz Wien, gegr. 1922, 1938 Anschluß an die Dt. Reichsbank, seit 1945 wieder selbständig; ihre heutige Struktur beruht auf dem Nationalbankgesetz von 1955. - Die Bank hat den Geldumlauf zu regeln, für den Zahlungsausgleich mit dem Ausland Sorge zu tragen und dahin zu wirken, daß der Wert des Geldes in seiner Kaufkraft und im Verhältnis zu den wertbeständigen Auslandswährungen erhalten bleibt; im Rahmen ihrer Kreditpolitik hat sie für eine den wirtsch. Erfordernissen Rechnung tragende Verteilung der von ihr der Wirtschaft zur Verfügung zu stellenden Kredite zu sorgen. Zur Erfüllung dieser Aufgaben steht ihr das übl. Instrumentarium einer Zentralbank zur Verfügung. Als Notenbank hat sie das ausschließl. Recht auf Ausgabe von Banknoten. - An der Spitze steht der 14köpfige Generalrat; die Leitung des Geschäftsbetriebes erfolgt durch das Direktorium.

Oestreich ['ø:straɪç], Gerhard, * Zehden (Oder) 2. Mai 1910, † Kochel a. See 5. Febr. 1978, dt. Historiker. - Prof. für Mittlere und Neuere Geschichte in Berlin (1958–62), Hamburg (1962–66) und Marburg (seit 1966); Arbeiten v. a. zur Verfassungsgeschichte.

O., Paul, * Kolberg 30. März 1878, † Berlin 28. Febr. 1959, dt. Pädagoge. - Gründete 1919 den ↑Bund entschiedener Schulreformer, war Hg. von dessen Zeitschrift und Schriftenreihe. - *Werke:* Die elast. Einheitsschule (1921), Die Schule zur Volkskultur (1923), Selbstbiographie. Aus dem Leben eines polit. Pädagogen (1928).

Oestrich-Winkel ['œ...], hess. Stadt am rechten Ufer des Rheins, 11 000 E. Wirtschaftsfachhochschule; chem. Fabrik; Weinbau. - 1972 wurden Oestrich, Winkel und Mittelheim zur Stadt O.-W. vereinigt. - In Oestrich spätgot. Pfarrkirche Sankt Martin (Neubau 1508) mit roman. Turm (12. Jh.); Rathaus (1684); Rheinkran (1652 und 1744 erneuert). In Winkel kath. Pfarrkirche (1674–81 umgestaltet) mit roman. Turm; Rathaus (1686; umgebaut), ehem. Zehnthof (1591); Wohnturm (14. Jh.), Schloß (um 1680), Kavaliershaus (1711 erweitert) von Schloß Vollrads.

Oetker-Gruppe ['œtkər], dt. Unternehmensgruppe, gegr. 1891, Sitz Bielefeld; umfaßt außer Lebensmittel produzierende Unternehmen Brauereien, Sektkellereien, Banken, Versicherungen, Reedereien, Textil- und Handelsunternehmen.

Oettingen ['œ...], edelfreies, 987 erstmals beurkundetes Grafengeschlecht aus dem Riesgau, das vom 14. Jh. die größte weltl. Landesherrschaft in Ostschwaben aufbaute. Teilung in die Linien *O.-Wallerstein* und *O.-Spielberg* im 16. Jh.; 1806 mediatisiert, 1810 zw. Bayern und Württemberg geteilt.

Œuvre ['ø:vər, frz. œ:vr; frz., zu lat. *opera* „Arbeit"], Gesamtwerk eines Künstlers.

Oeynhausen, Bad ['ø:n...] ↑Bad Oeynhausen.

OEZ, Abk. für: osteuropäische Zeit.

O'Faoláin, Seán [engl. oʊ'fælən], * Dublin 22. Febr. 1900, ir. Schriftsteller. - O'F., der am Bürgerkrieg teilnahm und der kelt.

Ofen

Erneuerungsbewegung nahesteht, schrieb v. a. impressionist. Kurzgeschichten mit ir. Problematik, Essays, Reisebücher und Biographien; als dt. Auswahlbände liegen u. a. vor „Der erste Kuß" (1958), „Sünder und Sänger" (1960).

Ofen ↑Sternbilder (Übersicht).

Ofen [zu althochdt. ovan, eigtl. „Gefäß zum Kochen"] ↑Heizung (Einzelheizung).

Ofenfischchen (Thermobia domestica), bis 12 mm langes, schwarzgelb beschupptes Urinsekt (Fam. Fischchen) in den Mittelmeerländern, SW- und S-Asien, Australien und N-Amerika; wärmeliebendes, in kleinen Höhlungen lebendes Tier.

Ofengang, Bez. für das Absinken der Charge (Ofenfüllung) im Hochofen.

Ofenpaß ↑Alpenpässe (Übersicht).

Ofenplatten, im offenen Herdgußverfahren hergestellte rechteckige Eisenplatten, z. T. mit Reliefschmuck, die seit dem 15.Jh. zu Kastenöfen zusammengesetzt wurden.

off [engl. „weg, fort"], bei Film und Fernsehen Fachbez. für die Methode der Text-, Kommentar- oder allg. Tonpräsentation, bei der die Tonquelle nicht im Bild zu sehen ist (z. B. Reporter bei Fußballübertragung). Bei **on** dagegen ist die Tonquelle auch im Bild zu sehen (man sieht z. B. ein fahrendes Auto und hört das Motorengeräusch).

Offa, † 26. Juli 796, König von Mercia (ab 757). - Unter O. erfolgten der Wiederaufstieg Mercias zur Suprematie über die angelsächs. Kgr. südl. des Humber und die Ausdehnung des polit. Einflusses auf Northumbria. Die Grenze gegen Wales ließ O. vom Bristolkanal bis zum Dee durch einen Erdwall befestigen (**Offa's Dyke**; z. T. erhalten).

Offaly [engl. 'ɔfəlɪ], Gft. in M-Irland, 1998 km², 58300 E (1981), Verwaltungssitz Tullamore. O. hat Teil an der zentralir. Ebene, nur im SO erheben sich die Slieve Bloom bis über 500 m. Vorherrschend Grünlandwirtschaft. - Das (mehr Gebiet umfassende) ma. Ft. O. der O'Connors kam im 16.Jh. an die engl. Krone; wurde 1556 King's County.

Off-Beat ['ɔfbi:t; engl. „weg vom Schlag"], typ. rhythm. Merkmal des Jazz; O.-B. entsteht bei der Überlagerung eines durchlaufenden Grundrhythmus (Beat) durch melod.-rhythm. Akzentmuster, die in geringen zeitl. Verschiebungen gegen den Grundrhythmus gerichtet sind. Beim Hörer äußert sich die aus dem Gegeneinander von Beat und O.-B. entstehende rhythm. Konfliktbildung als ein psych. und körperl. erlebter Spannungszustand, den man auch ↑Swing nennt.

Offenbach, Jacques ['ɔfənbax, frz. ɔfɛnˈbak], urspüngl. Jacob O., * Köln 20. Juni 1819, † Paris 5. Okt. 1880, dt.-frz. Komponist. - Wurde 1850 Kapellmeister am Théâtre-Français, 1855 eröffnete er sein eigenes Theater, die Bouffes-Parisiens, das er bis 1862 leitete. 1873-75 übernahm er nochmals eine Theaterdirektion, unternahm 1876 eine Tournee durch Amerika und lebte ab 1877 wieder in Paris, v. a. mit der Komposition seiner Oper „Hoffmanns Erzählungen" (Uraufführung 1881) beschäftigt. O. ist neben F. Hervé einer der Begründer der modernen Operette. Seine Operetten, die durch geistreichen, sprühenden Witz und satir. Schärfe gekennzeichnet sind, kommentieren und parodieren die gesellschaftl. Erscheinungen der Belle Époque. In der musikal. Erfindungsgabe steht er den großen Opernkomponisten seiner Zeit nicht nach. V. a. seine Lieder, Tänze und Chansons haben bis heute an Popularität nichts eingebüßt. - *Weitere Werke:* Operetten, u. a. „Orpheus in der Unterwelt" (1858), „Die schöne Helena" (1864), „Blaubart" (1866), „Pariser Leben" (1866), „Perichole" (1868), „Die Banditen" (1869); kom. Oper „Die Kreolin" (1875).

Offenbach, Landkr. in Hessen.

Offenbach am Main, hess. Stadt, östl. an Frankfurt am Main anschließend, 98 m ü. d. M., 107200 E. Verwaltungssitz des Landkr. Offenbach; Hochschule für Gestaltung, private Fachhochschule für Betriebswirtschaft, Dt. Ledermuseum/Dt. Schuhmuseum, Klingspor-Museum; Zentralamt des Dt. Wetterdienstes, Bundesmonopolverwaltung für Branntwein; Lederind.; jährl. 2 Internat. Lederwarenmessen; wirtschaftl. größere Bed. hat der Maschinenbau; Herstellung von Haushaltsgeräten; Mainhafen. - 977 erstmals erwähnt; 1556-1816 Residenz der Grafen von Isenburg; gilt aber erst seit der 2. Hälfte des 18.Jh. als Stadt. - Das Renaissanceschloß wurde nach Zerstörungen im 2. Weltkrieg wieder hergestellt. Moderne Bauten sind u. a. das Zentralamt des dt. Wetterdienstes (1956/57) und das Rathaus (1968-71).

Offenbarung, allg. eine auf übernatürl. Weise erlangte Erkenntnis, im spezif. religiösen Sinn die Enthüllung transzendenter Wahrheiten, die vom Empfänger von O. geglaubt, da als nicht in Frage zu stellendes Wissen aufgefaßt werden. Sie kann durch Erzeugung ekstat. Zustände, durch Tempelschlaf und Orakel bewußt gesucht, aber auch unvorbereitet und unmittelbar erlebt werden. O. ist v. a. konstitutiv für die Entstehung neuer Religionen. Eine *mittelbare* O. erfolgt, wenn im Schöpfungswerk, in der Geschichte u. a. das Walten des göttl. Willens erblickt wird. *Unmittelbar* tritt die O. in der Theophanie zutage. Von dieser *äußeren* O. ist eine *innere* zu unterscheiden, die ohne äußere Einsprache erlebt wird. Innere O. ist v. a. die myst. Erleuchtung. Von der myst. O. ist die prophet. zu unterscheiden. Sie ist die mit einem Auftrag zur Verbreitung verbundene Rede, die der Unmittelbarkeit des prophet. Gottesumgangs entspringt. Diese O., die eth. Normen setzt, findet sich v. a. bei Zarathustra, Mohammed und den Propheten des A. T. Für das Chri-

stentums ist Christus selbst als Sohn Gottes die letzte und abschließende Offenbarung.
📖 *Sein als O. in Christentum und Hinduismus.* Hg. v. *A. Bsteh.* Mödling 1984. - Pfeiffer, H.: *O. u. O.wahrheit.* Trier 1982. - *O. im jüd. u. christl. Glaubensverständnis.* Hg. v. *J. J. Petuchowski u. a.* Freib. 1981.

Offenbarungseid, früher Bez. für die ↑eidesstattliche Versicherung.

Offenblütigkeit, svw. ↑Chasmogamie.

Offenburg, Krst. am Ausgang des Kinzigtals aus dem Schwarzwald, Bad.-Württ., 165-690 m ü. d. M., 50 100 E. Verwaltungssitz des Ortenaukreises; Fachhochschule (Maschinenbau, Nachrichtentechnik); chem., elektrotechn. Ind., Metallverarbeitung, graph. Großbetriebe, Reklame-, Textil-, Süßwaren- u. a. Ind.; Weinmarkt. - Um 1100 erstmals gen.; vermutl. zähring. Gründung bei der seit 1148 belegten Burg; 1235 von Friedrich II. zur Reichsstadt erhoben. - Barocke kath. Stadtpfarrkirche (1700-91), barockes Rathaus (1741).

Offenburger Versammlung, Zusammenkunft bad. Liberaler und Demokraten (12. Sept. 1847), die unter der Leitung von F. F. K. Hecker und G. von Struve u. a. die Aufhebung der Karlsbader Beschlüsse (1819), ein nat. Parlament und Unterstützung der Arbeit gegen das Kapital forderten.

offene Deponien ↑Müll.

offene Form, Begriff der Ästhetik, dann übertragen in die *Poetik* für literar. Werke, die keinen streng gesetzmäßigen Bau zeigen. An die Stelle der typisierenden, gehobenen, einheitl. Sprache und Bauweise der **geschlossenen Form** insbes. der klass. bzw. klassizist. Kunstepochen tritt die individualisierende, dem jeweiligen Sprecher angemessene Sprache, verwirklicht v. a. im dt. Drama des Sturm und Drang, bei Büchner und Wedekind durch Vielsträngigkeit der Handlung, Auftreten zahlr. Figuren, reihende Komposition mit szen. Blitzlichttechnik.
◆ Bez. für das Ergebnis relativ freier Kompositionsprinzipien der *Musik* nach 1957, z. B. wenn Teile gegeneinander austauschbar sind, Partien nicht genau festgelegt sind (improvisator. Freiräume), eine Aktionsform, nicht das Klangergebnis festgelegt ist oder aleator. Elemente (↑Aleatorik) einbezogen werden.

offene Gesellschaft, wiss. und polit.-prakt. Leitbild des Liberalismus, das für die zukünftige Gesellschaft (in der Theorie) keine bestimmte, geschichtsnotwendige Entwicklung erkennen kann und sich (in der polit. Praxis) gegen jede weltanschaul.-ideolog. systematisierte und einseitig begrenzte Aktion wendet.

offene Handelsgesellschaft, Abk. OHG, eine Gesellschaft, deren Zweck auf den Betrieb eines Handelsgewerbes unter gemeinschaftl. Firma gerichtet ist und deren Gesellschafter unmittelbar und unbeschränkt mit ihrem vollen Vermögen haften. Die OHG wird originär durch formlosen Gründungsvertrag von den Gesellschaftern errichtet. Nach außen entsteht sie durch Eintragung in das Handelsregister oder durch Aufnahme des Gewerbebetriebes. Die OHG ist wie die Gesellschaft des bürgerl. Rechts eine Gesamthandsgemeinschaft. Das Rechtsverhältnis der Gesellschafter untereinander richtet sich nach dem Gesellschaftsvertrag, in Ermangelung eines solchen nach dem Gesetz. Die Gesellschafter leisten Einlagen, die die Kapitalanteile am Gesellschaftsvermögen sind. Jeder Gesellschafter erhält seinem Anteil entsprechend eine Vorzugsdividende in Höhe von vier Prozent des Gewinns. Im Außenverhältnis hat jeder Gesellschafter Alleinvertretungsmacht; vertragl. kann jedoch Gesamtvertretung vereinbart werden. Die OHG kann unter ihrer Firma Rechte erwerben und Verbindlichkeiten eingehen, Eigentum und andere dingl. Rechte erwerben, vor Gericht klagen und verklagt werden. Scheidet ein Gesellschafter aus, so wächst der Anteil des Ausscheidenden den verbleibenden Gesellschaftern zu. Die OHG wird durch Zeitablauf, Gesellschafterbeschluß, Eröffnung des Konkurses über das Gesellschaftsvermögen oder das Vermögen eines Gesellschafters, Kündigung oder Tod eines Gesellschafters aufgelöst.

offene Menge, Teilmenge eines topolog. Raumes T, die mit jedem Punkt wenigstens eine Umgebung dieses Punktes enthält. Beispiele für o. M. sind im eindimensionalen Raum R^1 die Intervalle $]a, b[$ und $]a, \infty[$, im zweidimensionalen Raum R^2 die Menge der Punkte $P(x, y)$ mit $x^2 + y^2 < 1$.

offener Arrest ↑Arrest.

offener Biß ↑Kieferanomalien.

offener Blutkreislauf ↑Blutkreislauf.

offener Brief, heute meist in der Presse veröffentlichte Meinungsäußerung bzw. Stellungnahme in der Form des Briefes.

offenes Bein (Beingeschwür, Unterschenkelgeschwür, Ulcus cruris), Hautgeschwür am distalen Anteil des Unterschenkels, meist an der Innenseite gelegen. Bei 15 % der Erkrankungsfälle liegt eine arterielle Durchblutungsstörung zugrunde, bei über 80 % eine chron. venöse Stauung. Wegen der ursächl. troph. Störung hat das o. B. meist eine schlechte Heilungstendenz.

offenes Depot [de'po:] ↑Depot.

offenes Intervall ↑Intervall.

offene Städte, Bez. des Kriegsvölkerrechts für unverteidigte, von militär. Einrichtungen freie Städte, Dörfer, Wohnstätten oder Gebäude. Sie dürfen nach der Haager Landkriegsordnung weder angegriffen noch beschossen werden.

offene Sternhaufen, Sternansammlungen, die sich von den ↑Kugelhaufen durch die geringe Anzahl der Haufensterne und durch ihre Teilnahme an der Rotation des

47

offene Tuberkulose

Milchstraßensystems unterscheiden. Der Durchmesser beträgt etwa 4 pc (rd. 12 Lichtjahre). Die etwa 400 bekannten o. S. liegen meist in der Ebene des Milchstraßensystems.

offene Tuberkulose ↑Tuberkulose.

offene Tür, histor. völkerrechtl., meist vertragl. vereinbarter Grundsatz, nach dem allen beteiligten Staaten und deren Angehörigen Handel und wirtsch. Betätigung in einem Gebiet zu gleichen Bedingungen offenstanden; wurde v. a. in der europ. Kolonialpolitik gegen die Monopolisierung des Handels zw. Kolonien und Kolonialmächten angewandt.

Offenmarktpolitik ↑Geldpolitik.

offensiv [zu lat. offendere „angreifen"], angreifend (Ggs. defensiv); angriffslustig; **Offensive,** Angriff.

öffentliche Beglaubigung ↑Form.

öffentliche Bücherei (öffentl. Bibliothek), eine jedermann zugängl., gemeinnützige Bibliothek für die allg. Literatur- und Informationsversorgung. Sie stand früher auf Grund ihrer Entstehungsgeschichte (Volksbildungsbestrebungen) als „Volksbücherei" im Ggs. zur wiss. ↑Bibliothek; heute ist sie in der Konzeption eher von der institutsbezogenen Bibliothek (z. B. Hochschulbibliothek) unterschieden. Sie stellt alle Arten von bibliotheksgeeigneten Medien zur Verfügung, die die Orientierung, freie Meinungsbildung und Besinnung fördern, Bildung in jeder Form unterstützen, Information für alle Lebensbereiche bieten. Die einzelnen Büchereien setzen oft Schwerpunkte in ihrer Arbeit und ihren Sammlungen. Die eingesetzten Medien beschränken sich nicht mehr nur auf Bücher, Zeitschriften, Zeitungen und sonstige Druckschriften, sondern umfassen zunehmend auch audiovisuelle Materialien und Geräte (Musikbücherei, Mediothek), Kunstwerke (Artothek) und Spiele (Lusothek). Die ö. B. gliedern sich nach den zu versorgenden Gebieten in Gemeinde-, Kreis-, Stadt-, Landes- und Staatsbibliotheken (wenn auch letztere gewöhnl. nicht als ö. B. bezeichnet werden), und die entsprechenden Gebietskörperschaften sind die Hauptträger der ö. B., in erster Linie die Gemeinden und Städte. Die (städt.) Zentralbüchereien unterhalten oft Zweigstellen und setzen Fahrbüchereien ein. Nach dem „Bibliotheksplan" von 1973 sollen alle Bibliotheken in der BR Deutschland zu einem Netz kooperativ miteinander verbunden werden. Einige der Verbundmaßnahmen sind z. T. schon seit längerem verwirklicht, z. B. der auswärtige Leih- und Informationsverkehr. Bes. diskutiert werden z. Z. Möglichkeiten der Nach- und Selbstzensur für die Bibliotheksbestände sowie die Sicherung des Datenschutzes für die Bibliotheksbenutzer. - Sparmaßnahmen der öffentl. Haushalte führten in den letzten Jahren zu Einschränkungen im Erwerbungs- und Personalbereich.

öffentliche Fürsorge ↑Fürsorge.

öffentliche Güter, Güter, die nicht individuell mit Ausschluß anderer genutzt werden können, z. B. der militär. Verteidigungsapparat. Bei der Produktion der ö. G. erhebt sich u. a. die Frage, wer in welcher Weise an den entstehenden Kosten zu beteiligen ist. Da auch Nichtproduzenten bzw. Nichtkäufer in ihren Genuß kommen, kann das Problem der sog. *Trittbrettfahrer* entstehen.

öffentliche Hand, Bez. für die als Verwalter des öffentl. Vermögens, als Träger von Versorgungsunternehmen und als Unternehmer auftretende öffentl. Verwaltung.

öffentliche Klage, svw. ↑Anklage.

öffentliche Lasten, verwaltungsrechtl. Verpflichtung einer Zivilperson, im öffentl. Interesse bestimmte Leistungen zu erbringen. Zu den ö. L. im weiteren Sinne gehören z. B. die auf einem Grundstück liegenden Erschließungskosten. I. e. S. umfassen ö. L. dagegen nur die Verpflichtung zur Leistung nichtgeldl. Art, z. B. Streupflicht.

öffentliche Meinung, Gesamtheit der gegenüber Staat und Gesellschaft formulierten, prinzipiellen und aktuellen Ansichten der Bürger. In den modernen Flächenstaaten, die allen Einwohnern Mitbestimmungsrechte zubilligen, findet sie ihren kollektiven Ausdruck i. d. R. in Parteien, Verbänden, Bürgerinitiativen, durch Flugblätter, Broschüren, Plakate und kontinuierl. mit Hilfe von Zeitungen, Zeitschriften, Hörfunk, Fernsehen. Die „hergestellte Öffentlichkeit" der Medien steht jedoch im Verdacht, die Bürger zu manipulieren, die sie zu repräsentieren sucht bzw. vorgibt. Dies nachzuweisen ist u. a. deshalb schwierig, weil gegen die normative Qualität der ö. M. häufig die durch Meinungsforschung festgestellten Querschnitte privater Meinungen ausgespielt werden können. Deshalb wird anstelle der öffentl.-rechtl. und politikwiss.-histor. fundierten Vorstellung von *der ö. M.* zunehmend die Auffassung von *den Meinungen in der Öffentlichkeit* vertreten.

öffentliche Ordnung ↑öffentliche Sicherheit und Ordnung.

öffentlicher Dienst, Tätigkeit im Dienste einer Körperschaft, Anstalt oder Stiftung des öffentl. Rechts, insbes. des Bundes, eines Landes, einer Gemeinde oder eines Gemeindeverbandes. Nicht im ö. D. stehen die Bediensteten privatrechtl. organisierter Unternehmen der öffentl. Hand sowie der Bundespräsident, die Minister und Abgeordneten. Die Angehörigen des ö. D. gliedern sich in Beamte, Richter und Soldaten, die alle in einem öffentl.-rechtl. Dienst- und Treueverhältnis zu ihrem Dienstherrn stehen, sowie in Angestellte und Arbeiter des ö. D., die durch privatrechtl. Arbeitsvertrag angestellt werden. Die wechselseitige Angleichung des Rechts der Beamten, Angestellten und Arbeiter im ö. D. und die Schwierigkeit, hoheitl. und nichthoheitl. Aufgaben zu trennen, füh-

Öffentlichkeit

ten zu Überlegungen, ein einheitl. *Dienstrecht* für alle Gruppen im ö. D. zu schaffen. Die Diskussion darüber ist noch im Gang.

öffentlicher Glaube, die zugunsten eines Gutgläubigen wirkende, widerlegbare gesetzl. Vermutung der Richtigkeit des Inhalts bestimmter öffentl. Bücher (Handelsregister, Grundbuch, Güterrechtsregister, Schiffsregister) oder Urkunden (z. B. Erbschein).

öffentliche Schulen, im Ggs. zu Privatschulen alle allgemeinbildenden und berufl. Schulen, die von einer oder mehreren Gebietskörperschaften getragen werden, also von Staat, Gemeinden, Kreisen, Gemeindeverbänden, Schulverbänden. In NRW zählen zu den ö. S. auch die von Innungen, Handwerks-, Ind.- und Handelskammern und - auch in Nds. und Schl.-H. - die von den Landwirtschaftskammern getragenen Schulen (sog. Kammerschulen).

öffentliche Sicherheit und Ordnung, (sehr auslegungsfähiger) Grundbegriff des Polizeirechts. Die **öffentl. Sicherheit** umfaßt den Bestand des Staates, seine Einrichtungen und Symbole, das ungehinderte Funktionieren seiner Organe, die verfassungsmäßigen Rechtsnormen sowie Leben, Gesundheit, Freiheit, Ehre und Vermögen des einzelnen. Unter **öffentl. Ordnung** versteht man die Gesamtheit der gesellschaftl. Normen, die nach Auffassung einer überwiegenden Mehrheit zu den unerläßl. Voraussetzungen eines erträgl. und friedl. Zusammenlebens gehören. Die Abwehr von Gefährdungen oder die Beseitigung von Störungen der ö. S. u. O. ist Aufgabe der Polizei.

öffentliches Recht (lat. Jus publicum), derjenige Teil des Rechts, der nicht zum ↑ Privatrecht gehört. Nach welchen Kriterien ö. R. und Privatrecht abzugrenzen sind, ist streitig. Nach der heute nur noch selten vertretenen **Interessentheorie** gehören dem ö. R. diejenigen Rechtssätze an, die staatl., öffentl. Interessen verfolgen. Nach der **Subjektions-** oder **Subordinationstheorie** liegt ö. R. immer dann vor, wenn ein Träger öffentlicher Gewalt (Staat, Gemeinde u. a.) anderen Rechtsträgern, v. a. dem Bürger, kraft hoheitl. Gewalt im Überordnungsverhältnis gegenübertritt. Die **Subjekts-** oder **Zuordnungstheorie** rechnet dem ö. R. alle diejenigen Rechtsnormen zu, die notwendigerweise einen Träger öffentlicher Gewalt berechtigen oder verpflichten, während sich das Privatrecht an jedermann wendet.

Zum ö. R. zählen das Staats- und Verwaltungsrecht, das Gerichtsverfassungs- und Prozeßrecht der öffentl.-rechtl. Gerichtsbarkeiten sowie das Völker- und Europarecht.

öffentliche Unternehmen, Unternehmen, die sich ganz oder überwiegend in öffentl. Eigentum befinden (z. B. Bahn, Post).

Öffentlichkeit, Bez. für gesellschaftl. Kommunikations-, Informations- und Beteiligungsverhältnisse, die die Entstehung und die fortwährende Dynamik einer öffentl. Meinung mögl. machen. In einer Demokratie wichtiger Aktionsbereich der Vermittlung von staatl. Ordnungsmacht und kontrollierender wie ziel- und richtungsweisender polit. Willensbildung. Ö. als eigener, von der privaten wie staatl. Sphäre geschiedener Bereich ist erst als eine der wichtigsten Forderungen des revolutionären Bürgertums mit dessen Emanzipation im 17. und 18. Jh. entstanden. In der 2. Hälfte des 19. Jh. drangen auf Grund sozialer Konflikte neue Inhalte in die öffentl. Diskussion (Ansätze „proletar. Ö."). In der modernen organisierten Massendemokratie besteht heute die Tendenz zur Ausschaltung der Beteiligung breiter Bev.schichten an der Ö. durch Partei-, Verbands- bzw. Wirtschaftsfunktionäre (was u. a. zur Entstehung außerparlamentar. Opposition, von Bürgerinitiativen u. ä. führt). Z. T. sind polit. Prozesse und Meinungsbildung nicht mehr Ergebnis der Diskussionen polit. Ö., vielmehr muß zu bereits fertigen Entscheidungen eine demokrat. legitimierende Ö. mittels Propagandakampagnen erst hergestellt werden, wobei die Meinungsforschung eine wichtige Rolle spielt.

📖 *Habermas, J.: Strukturwandel der Ö. Neuwied* [15]*1984. - Mannheim, E.: Aufklärung u. öffentl. Meinung. Studien zur Soziologie der Ö. im 18. Jh. Stg. 1979. - Hölscher, L.: Ö. u. Geheimnis. Eine begriffsgeschichtl. Unters. zur Entstehung der Ö. in der frühen Neuzeit. Stg. 1979.*

♦ im *Recht* das seit der Aufklärung sich ausbreitende Prinzip, nach dem Gerichtsverhandlungen der Allgemeinheit zugängl. sein müssen (**Volksöffentlichkeit**). Im Ggs. dazu steht das Prinzip der **Parteiöffentlichkeit,** das nur den an einem Verfahren beteiligten Personen das Recht einräumt, an den Verhandlungen teilzunehmen. Das Prinzip der Ö. ist eng verknüpft mit dem Mündlichkeitsgrundsatz. Der Grundsatz der Ö. der Verhandlung ist aus rechtsstaatlichen Verfahren nicht wegzudenken und im dt. Recht durch Art. 6 Abs. 1 Menschenrechtskonvention geschützt. Der freie Zugang der Ö. gilt allerdings nicht in der freiwilligen Gerichtsbarkeit, sondern nur im streitigen Verfahren und nicht in jedem Stadium des Verfahrens. Er ist i. d. R. in der mündl. Hauptverhandlung sowie zur Urteilsverkündung, nicht aber zur Beratung und Abstimmung gewährleistet. Umfang der Ö. und Ausschlußgründe sind im Gerichtsverfassungsgesetz (GVG) und in den einzelnen Prozeßordnungen geregelt. Kraft Gesetzes ist die Ö. ausgeschlossen in Ehe-, Familien-, Kindschafts-, Entmündigungs- und Unterbringungssachen und in Jugendstrafverfahren. Im übrigen kann auf Antrag eines Prozeßbeteiligten oder aus eigenem pflichtgemäßen Ermessen das Gericht in jeder Verhandlung für die ganze Dauer oder teil-

Öffentlichkeitsarbeit

weise die Ö. ausschließen. Die Verkündung des Urteilstenors erfolgt in jedem Fall öffentl.; von der Verkündung der Urteilsgründe kann die Ö. aus den in § 172 GVG genannten Gründen ausgeschlossen werden. Rundfunk- und Fernseh- sowie Ton- und Filmaufnahmen zum Zwecke der öffentl. Vorführung oder Veröffentlichung ihres Inhalts sind unzulässig. Zulässig ist dagegen die indirekte Informierung der Ö. durch Gerichtsberichterstattung.
Auch im *östr.* und *schweizer. Recht* ist der Grundsatz der Ö. durch Art. 6 Abs. 1 Menschenrechtskonvention geschützt.

Öffentlichkeitsarbeit (engl. Public Relations, Abk. PR), Bez. für die Pflege der Beziehungen zw. einem Auftraggeber und einer für ihn wichtigen Öffentlichkeit. Ö. versucht, in der Öffentlichkeit ein Klima des Einverständnisses und Vertrauens zu schaffen, das dem Zweck von Unternehmen oder Organisationen förderl. ist, und wird außer von Unternehmen auch von Verbänden (Lobby), Behörden (Presse- und Ö.) und Parteien (Vertrauensarbeit) betrieben. Begriff und Methoden der Ö. sind nicht fest umrissen. Im Ggs. zur Werbung ist Ö. nicht unmittelbar am Verkauf von Gütern oder Dienstleistungen interessiert, setzt vielfach sogar außerhalb des ökonom. Bereichs an, z. B. durch Förderung kultureller, wiss. oder künstler. Interessen.
Der Begriff **Public Relations** stammt aus den USA, wo seit Beginn des 20. Jh. die Unternehmen versuchten, öffentl. Kritik mit neuen Methoden abzuwehren und die Öffentlichkeit und ihre Medien gegen wirtsch.- und sozialpolit. Reformvorstellungen einzunehmen.

öffentlich-rechtliche Anstalt ↑Anstalt des öffentlichen Rechts.

öffentlich-rechtliche Körperschaft ↑Körperschaften des öffentlichen Rechts.

Off-shore-Bohrung, Förderinsel im Forties-Ölfeld, rund 200 km nordöstlich von Aberdeen in der Nordsee

Offergeld, Rainer, * Genua 26. Dez. 1937, dt. Politiker (SPD). - Seit 1969 MdB; März bis Dez. 1972 parlamentar. Staatssekretär im Bundesministerium für Wirtschaft und Finanzen, 1975–78 im Bundesfinanzministerium; 1978–Okt. 1982 Bundesmin. für wirtsch. Zusammenarbeit.

offerieren [zu lat. offerre „entgegentragen"], anbieten; **Offerte,** Antrag, Angebot.

Offertorium [lat. „Opfer(stätte)"], in der kath. Meßfeier der dritte Gesang (zu Beginn der Gabenbereitung); in der Ostkirche vor 400, in Rom seit dem 5. Jh. bezeugt.

Office de Radiodiffusion-Télévision Française [frz. ɔˈfis dəradjɔdifyˈzjɔ̃ televiˈzjɔ̃ frãˈsɛːz], Abk. ORTF, bis 1974 staatl. frz. Rundfunkanstalt; wurde durch Gesetz vom 7. 8. 1974 in 7 unabhängige Anstalten des öffentl. Rechts aufgespalten, die am 1. Jan. 1975 ihre Arbeit aufnahmen.

Offizialat [lat.], neben dem Generalvikariat (Verwaltung) die zweite bischöfl. Behörde, zuständig für die Gerichtsbarkeit (z. B. kirchl. Vermögensrecht, Straf- und Eherecht); das O. wird vom **Offizial** geleitet und besteht außerdem aus *Synodalrichtern,* bischöfl. Anklagevertreter (*Promotor iustitiae*), Ehebandverteidiger (*Defensor vinculi*) und Notaren (*Notarii, Actuarii;* diese können auch Laien sein); Berufungsinstanz ist das zuständige erzbischöfl. Offizialat.

Offizialprinzip (Offizialmaxime) [lat.], Grundsatz des Strafprozeßrechts, wonach nur eine staatl. Behörde, in der BR Deutschland die Staatsanwaltschaft, ein Strafverfahren einleiten darf (↑Anklagemonopol); wird durch die ↑Antragsdelikte eingeschränkt.

offiziell [frz., zu lat. officialis „zum Dienst, zum Amt gehörig"], amtlich verbürgt, öffentlich; förmlich, feierlich.

Offizier [frz., zu mittellat. officiarius „Beamteter, Bediensteter" (zu lat. officium „Dienst, Pflicht")], Soldat mit Dienstgrad vom Leutnant aufwärts; in der Bundeswehr Laufbahngruppe mit den Dienstgradgruppen der Generale bzw. Admirale, der Stabsoffiziere, der Hauptleute, der Leutnants und der Offizieranwärter. Die Gesamtheit der O. der Streitkräfte eines Landes oder eines Teils davon (früher eines Regiments) bezeichnet man als **Offizierkorps. Offizier vom Dienst** (Abk. OvD) heißt der 24 Stunden für die Ordnung und Sicherheit eines festgelegten Bereiches (z. B. Kaserne) bestimmte verantwortl. O. (auch Unteroffizier mit Portepee).
♦ im *Schach* Sammelbez. für Dame, Turm, Läufer und Springer.

Offizieranwärter, Dienstgradgruppe innerhalb der Laufbahngruppe der Offiziere; Dienstgrade: v. a. unterste Mannschaftsdienstgrade bis zum Gefreiten mit Zusatz OA (= O.) oder ROA (= Reserve-O.); Fahnenjunker, Seekadett; Fähnrich (zur See); Oberfähnrich (zur See).

Offizierschulen, Lehreinrichtungen zur Ausbildung und Bildung der Offizieranwärter bzw. zur Weiterbildung von Offizieren im Rahmen ihres Ausbildungsganges; hierzu gehören in der Bundeswehr die Offizierschule des Heeres in Hannover (Abk. OSH; früher *Heeresoffizierschulen,* Abk. HOS), die Offizierschule der Luftwaffe in Fürstenfeldbruck (OSLw), die Marineschule Mürwik in Flensburg (Abk. MSM) und die Hochschulen der Bundeswehr in Hamburg und München (Abk. HSBw).

Offizierstellvertreter, im dt. Heer bis 1918 Unteroffizier, der in Offizierstellungen verwendet wurde; für Österreich ↑Dienstgradbezeichnungen (Übersicht).

Offizin [zu lat. officina „Werkstatt"], ältere Bez. für [größere] Buchdruckerei; Apotheke; **offizinell** (offizinal), in das amtl. Arzneibuch aufgenommen.

offiziös [lat.-frz.], halbamtlich.

Offizium [lat.] (Heiliges O., eigtl. Sacra Congregatio Sancti Officii, Sanctum Officium), bis 1965 Bez. für die päpstl. „Kongregation für die Glaubenslehre" (↑Kurienkongregationen).

◆ kirchenrechtl. Begriff: i. w. S. für die kath. Liturgie, i. e. S. für das ↑Stundengebet.

off limits ['ɔf 'lɪmɪts; engl., eigtl. „weg von den Grenzen"], Zutritt verboten!

Off-line-Betrieb [engl. 'ɔf laɪn], svw. indirekte Datenverarbeitung (↑On-line-Betrieb).

Öffnungsfehler ↑Abbildungsfehler.

Öffnungsverhältnis (relative Öffnung, Öffnungszahl), bei einer Linse oder einem Linsensystem der Quotient aus dem Durchmesser der Eintrittsöffnung (Blendenöffnung) und der (bildseitigen) Brennweite. Das Ö. bei größtmögl. Blendenöffnung wird als **Lichtstärke** bezeichnet (Angabe z. B. 1:1,8). Zur Charakterisierung photograph. Objektive wird der als **Blendenzahl** bezeichnete Kehrwert des Ö. angegeben.

Öffnungswinkel (Aperturwinkel), bei Linsen oder Linsensystemen der Winkel, den die opt. Achse mit einem durch den Rand der Eintritts- bzw. Austrittsöffnung (Blendenöffnung) gehenden Strahl eines axialsymmetr. Strahlenbüschels bildet.

Öffnungszahl ↑Öffnungsverhältnis.

Offsetdruck [engl./dt.] ↑Drucken.

Offsetpapier [engl./dt.], gut geleimtes, nicht faserndes Druckpapier, v. a. für den Offsetdruck.

Off-shore-Bohrung [engl. 'ɔf ʃɔː „von der Küste entfernt"], von festen oder schwimmenden Bohrinseln, Hubinseln oder von speziellen Bohrschiffen aus niedergebrachte Erdöl- und Erdgasbohrung in Küstengewässern bzw. im Schelfbereich. Schon um die Jh.wende wurde mit ersten Versuchen der Erdölbohrung von Holzplattformen aus begonnen; in den 1950er Jahren wurden O.-s.-B. bereits in größerem Umfang durchgeführt, z. B. an der Küste Kaliforniens, im Golf von Mexiko und im Kasp. Meer. In den letzten Jahren kamen Bohrinseln zunehmend auch in tieferen Meeresgebieten zum Einsatz, insbes. in der Nordsee. Dabei wurden von direkter Versorgung unabhängige Bohrinseln, sog. **Rigs,** mit eigener Energieversorgung, Meerwasserentsalzungsanlage, mit Wohnräumen, Werkstätten, Hubschrauberlandeplatz u. a. entwickelt; neue Technologien (Hubinseln, sog. „Jack-ups", und „Halbtaucher", [semi]-submersible Bohrinseln) ermöglichen Erdölbohrungen bis etwa 300 m Wassertiefe auch bei schwerer See; Spezialbohrschiffe können [Forschungs]bohrungen auch in größeren Wassertiefen durchführen.

O'Flaherty, Liam [engl. oʊˈflɛətɪ], * auf den Aran Islands 19. März 1897, † Dublin 7. Sept. 1984, ir. Schriftsteller. - Zunächst Seemann; kämpfte auf seiten der ir. Republikaner. Seine realist. Romane (u. a. „Die dunkle Seele", 1924; „Das schwarze Tal", 1937; 1965 u. d. T. „Hungersnot") und Kurzgeschichten (in dt. Auswahl: „Der Silbervogel", 1961; „Ein Topf voll Gold", 1971) schildern soziale und nat. Probleme Irlands.

OFM, Abk. für: Ordo Fratrum Minorum, ↑Franziskaner.

OFMCap, Abk. für: Ordo Fratrum Minorum Capuccinorum, ↑Kapuziner.

Ofoten [norweg. 'uːfuːtən], Geb. beiderseits des 75 km langen, bis 553 m tiefen Ofotfjords in Norwegen, umfaßt auch den SO-Teil der Insel Hinnøy, wichtigster Ort Narvik.

Ofterdingen, Heinrich von ↑Heinrich von Ofterdingen.

Ogaden, Geb. im äußersten O von Äthiopien, grenzt im N und SO an Somalia; Trokkensavanne, zum großen Teil von nomadisierenden Somal bewohnt, deshalb von Somalia beansprucht.

Ogata Kensan ↑Kensan, Ogata.

Ogata Korin ↑Korin, Ogata.

Ogbomosho [engl. ɔgbəˈmoʊʃoʊ], Stadt in SW-Nigeria, 432 000 E. Seminar für Medizin, Zahnmedizin, Landw. und Naturwiss.; Textilwerk.

Ogburn, William Fielding [engl. 'ɔgbən], * Butler (Ga.) 29. Juni 1886, † Tallahassee (Fla.) 27. April 1959, amerikan. Soziologe. - Prof. 1914–27 an der Columbia University, 1927–51 in Chicago; Berater der amerikan. Reg. 1935–43; bahnbrechende Arbeiten zur Theorie des sozialen Wandels, entwickelte die These vom ↑Cultural lag.

Oghamschrift (Ogamschrift) ['oːgam; nach dem Gott Ogma, der nach kelt. Tradition diese Schrift erfunden hat], Buchstabenschrift der ältesten ir. Sprachdenkmäler (4. bis 7. Jh.). Erhalten sind etwa 360 kurze, fast nur aus Personennamen bestehende Inschriften, meist auf Grab- oder Grenzsteinen. Die Schrift besteht aus 15 Konsonanten- und

Ogino

5 Vokalzeichen, später kamen 5 Zeichen für Diphthonge hinzu.

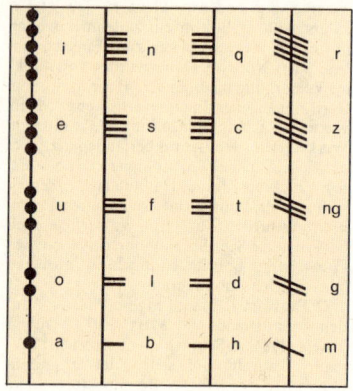

i	n	q	r
e	s	c	z
u	f	t	ng
o	l	d	g
a	b	h	m

Jedes Zeichen besteht aus ein bis fünf Kerben oder Strichen, die zu einer Mittellinie, meist der senkrechten Kante eines stehenden Steins, angeordnet sind. Konsonanten: rechts oder links der Linie oder sie schräg kreuzend; Vokale: die Linie rechtwinklig kreuzend oder Punkte auf der Linie. Das Schriftsystem ist aus dem „Auraicept na nÉces" (Leitfaden für Dichter), einem Traktat des 14. Jh., bekannt.

Ogino, Kiusako, * Tojohaschi im März 1882, † Jorii 1. Jan. 1975, jap. Gynäkologe. - Veröffentlichte 1923 in einer Untersuchung zur Familienplanung die von ihm (etwa zur gleichen Zeit wie von H. H. Knaus) gemachte Entdeckung des Befruchtungszeitpunkts innerhalb des weibl. Zyklus († Konzeptionsoptimum; † Empfängnisverhütung).

Ogiven [zu frz. ogive „Spitzbogen"] † Gletscher.

Oglethorpe, James Edward [engl. 'ouɡlθɔːp], * London 22. Dez. 1696, † Cranham Hall (Essex) 1. Juli 1785, brit. General (seit 1765) und Philanthrop. - Gründete 1732 in Amerika die Kolonie Georgia, um sozial Benachteiligten einen Neuanfang zu ermöglichen; verteidigte Georgia 1739-42 gegen die Spanier.

O'Gorman, Juan [span. o'ɡorman], * Coyoacán 6. Juli 1905, † Mexiko 18. Jan. 1982 (Selbstmord), mex. Architekt, Mosaizist und Maler. - Schuf das Bibliotheksgebäude der Univ. von Mexiko (1951-53; mit G. Saavedra und J. Martínez de Velasco) mit monumentalem Steinmosaik; Wandgemälde im Flughafen von Mexiko.

Ogowe, bedeutendster Fluß Gabuns, entspringt auf der Niederguineaschwelle in S-Kongo, mündet mit großem Delta in den Atlantik, 1 200 km lang, fischreich; bed. Wasserstraße; im Delta Erdöl- und Erdgasförderung.

Ogusen (Oghusen), Turkvolk, im 7./8. Jh.

herrschende Schicht im alttürk. Reich in Z-Asien; ab dem 8./9. Jh. im Steppengebiet um den Aralsee, wo im 10./11. Jh. das O.reich seinen größten Umfang erreichte. Die muslim. Teile der O. wurden als **Turkmenen** bez.; ihre sprachl. Besonderheiten sind noch heute charakterist. für die Turksprachen.

O'Hara [engl. oʊ'hɑːrə], Frank, * Baltimore 27. Juni 1926, † Fire Island (N. Y.) 25. Juli 1966, amerikan. Lyriker. - Einer der Mitbegründer der Beat-Lyrik („Lunch poems and andere Gedichte", 1964); von großem Einfluß auf die jüngere amerikan. Dichtergeneration; auch kunstkrit. Essays und Einakter.

O'H., John, * Pottsville (Pa.) 31. Jan. 1905, † Princeton 11. April 1970, amerikan. Schriftsteller. - Verf. naturalist., gesellschaftskrit., schockierender Romane über das oberflächl. Leben honoriger Mittel- und Großstädter seiner Zeit, u. a. „Treffpunkt in Samara" (1934), „Träume auf der Terrasse" (1958), „Die Lockwoods" (1965), „All die ungelebten Stunden" (hg. 1972); auch iron.-sarkast. Skizzen.

O'H., Maureen, * Dublin 17. Aug. 1921, amerikan. Schauspielerin ir. Herkunft. - Zunächst am Theater; 1939 von C. Laughton für den Film entdeckt („Der Glöckner von Notre Dame"), wo sie in zahlr. Charakterrollen ihr ir. Temperament zur Geltung brachte, v. a. in den Filmen „Rio Grande" (1950), „Der Sieger"/„Die Katze mit den roten Haaren" (1952), „Unser Mann in Havanna" (1959), „Big Jake" (1971).

Oheimb, Katharina von, geb. van Endert, * Neuss 2. Jan. 1879, † Düsseldorf 22. März 1962, dt. Politikerin. - Begr. 1919 den „Nationalverband dt. Frauen und Männer"; 1920-24 MdR (DVP); führte einen polit. bed. Salon; lehrte an der Dt. Hochschule für Politik; 1945-47 Vorstandsmitglied der LDPD; setzte sich für die Frauenemanzipation ein.

OHG, Abk. für: **o**ffene **H**andels**g**esellschaft († Handelsgesellschaft).

OH-Gruppe, svw. † Hydroxylgruppe.

O'Higgins, Bernardo [span. o'iɣins], * Chillán 20. Aug. 1776, † Lima 24. Okt. 1842, chilen. Politiker. - Schloß sich 1810 der chilen. Unabhängigkeitsbewegung an, die er ab 1813 führte; erreichte 1818 die Unabhängigkeit Chiles von Spanien; 1818-23 „director supremo".

Ohio [o'haɪo, engl. oʊ'haɪoʊ], Bundesstaat der USA, 106 765 km², 10,79 Mill. E (1982), Hauptstadt Columbus.
Landesnatur: Der größte Teil des Staatsgeb. ist durch mehrmalige Vergletscherungen geprägt. Im Grundmoränengebiet entstanden zahlr. Seen, die inzwischen verlandet sind und Moore gebildet haben. Die nördl. Begrenzung verläuft größtenteils im Eriesee. Der O des Bundesstaates gehört zu den Appalachian Plateaus. Das Klima ist feuchtkontinental; im W kommt es durch nach S vordringende polare Kaltluftmassen öfter zu Blizzards. -

O. liegt im Bereich der zentralen Hartholzwaldzone der USA mit Eiche, Esche, Ahorn, Walnuß, Hickory u. a. sowie Nadelbäumen. Urspr. war O. zu 95% von Wald bedeckt, große Waldareale (rd. 20% der Staatsfläche) blieben erhalten und bilden die Grundlage für die Holz- und Papierind. - Neben zahlr. Vogel- und Fischarten gibt es Rotwild, Opossum, Fuchs, Skunk und Murmeltier.
Bevölkerung, Wirtschaft, Verkehr: 1980 waren 10% der Bev. Schwarze, außerdem wurden 6000 Indianer und 20000 Asiaten gezählt. Größte Stadt ist Cleveland, gefolgt von Columbus, Cincinnati, Toledo, Akron und Dayton. Es bestehen 13 Univ. und 2 größere Univ.colleges. - Im W werden v. a. Mais, Weizen, Hafer, Sojabohnen sowie Gemüse aller Art angebaut, im O Futterfrüchte. Dort spielt die Milchwirtschaft eine große Rolle, außerdem werden Schlachtvieh, Schweine, Schafe und Geflügel gehalten. Wichtigste Bodenschätze sind Kohle (Anthrazit) im O, Erdöl (im NW) und Erdgas. Führend innerhalb der bed. Ind. sind die von den Rohstoffquellen und der guten Verkehrssituation profitierende Eisen- und Stahlind., die chem. Ind. sowie die Glas- und Steingutfabrikation. Wichtig sind weiterhin der Maschinen- und Fahrzeugbau (Automobilind.) und die Nahrungs- und Genußmittelind. - Straßen- und Eisenbahnnetz sind sehr dicht (190 435 km bzw. 11 336 km; 1983) und gut ausgelastet. 1985 gab es 791 ⚓. Wichtigste Häfen sind Cleveland, Toledo und Sandusky.
Geschichte: Das Gebiet des heutigen O. wurde von Kanada aus von Franzosen als ersten Europäern erkundet. 1763 fiel alles Land östl. des Mississippi an die brit. Krone, die es nach dem Unabhängigkeitskrieg 1783 an die USA abtreten mußte. Nach Vertreibung der Indianer und Schaffung des Northwest Territory (1787) nahm die weiße Bev. rasch zu. 1803 wurde O. als 17. Staat in die Union aufgenommen. Im Sezessionskrieg (1861–65) unterstützte O. mit seinem großen wirtsch. Potential die Nordstaaten.
📖 *Collins, R. W.: O.: the Buckeye state. Englewood Cliffs (N. J.)* ^{5}*1974.* - *Wright, A. J.: Economic geography of O. Columbus (Ohio)* ^{2}*1957.*

O., längster und bedeutendster linker Nebenfluß des Mississippi, USA, entsteht durch den Zusammenfluß von Monongahela River und Allegheny River in Pittsburgh (Pa.), mündet bei Cairo (Ill.), 1 579 km lang; wichtiger Verkehrsweg zw. dem Ind.gebiet um Pittsburgh und dem Mississippi.

Ohira, Masajoschi, * Mitojo (Schikoku) 12. März 1910, † Tokio 12. Juni 1980, jap. Politiker (Liberal-Demokrat. Partei [LDP]). - Mgl. des Unterhauses seit 1952; Außenmin. 1962–64; Handels- und Industriemin. 1968–71; Außenmin. 1972–74, Finanzmin. 1974–76, Min.präs. und Vors. der LDP 1978–80.

OHL, Abk. für: ↑Oberste Heeresleitung.
Öhlenschläger, Adam Gottlob ↑Oehlenschläger, Adam Gottlob.
Ohlin, Bertil [schwed. u'li:n], *Gråmanstorp (= Klippan) 23. April 1899, † Vålådalen (Verwaltungsgebiet Jämtland) 3. Aug. 1979, schwed. Nationalökonom und Politiker. - Prof. in Kopenhagen (1924–29) und Stockholm (1929–65); 1938–45 Mgl. des Reichstags (Liberale Volkspartei), 1944/45 Handelsminister, 1959–64 Präs. des Nord. Rates. Seine bedeutendsten Beiträge lieferte O. zur Außenhandelstheorie; erhielt 1977 den sog. Nobelpreis für Wirtschaftswissenschaften.

Ohm, Georg Simon, * Erlangen 16. März 1789, † München 6. Juli 1854, dt. Physiker. - Zunächst Lehrer; ab 1850 Prof. in München. O. entdeckte 1826 das nach ihm benannte Gesetz der Elektrizitätsleitung; weitere Arbeiten betrafen akust. Probleme und die Interferenz polarisierten Lichts.

Ohm [nach G. S. Ohm], Einheitenzeichen Ω, SI-Einheit des elektr. Widerstands. **Festlegung:** 1 Ohm (Ω) ist gleich dem elektr. Widerstand zwischen 2 Punkten eines fadenförmigen, homogenen und gleichmäßig temperierten metall. Leiters, durch den bei der elektr. Spannung 1 Volt (V) zw. den beiden Punkten ein zeitl. unveränderl. Strom der Stärke 1 Ampere (A) fließt. - Weitere gebräuchl. Einheiten: 1 Kiloohm (kΩ) = 1 000 Ω; 1 Megaohm (MΩ) = 1 000 000 Ω.

Ohmgebirge, Bergland im Unteren Eichsfeld (DDR), bis 481 m hoch.
Ohmmeter [nach G. S. Ohm], in Ohm geeichtes Meßinstrument für den elektr. Widerstand.
ohmscher Widerstand [nach G. S. Ohm] ↑Widerstand.
Ohmsches Gesetz, von G. S. Ohm 1826 aufgestelltes physikal. Gesetz: Bei konstanter Temperatur ist die elektr. Stromstärke I in einem [metall.] Leiter der zw. den Leiterenden herrschenden Spannung U proportional: $U = R \cdot I$. Die als Proportionalitätsfaktor eingehende physikal. Größe R wird als elektr. ↑Widerstand bezeichnet.
♦ (O. G. der Akustik, Ohm-Helmholtzsches Gesetz) von G. S. Ohm zuerst formulierte, von H. von Helmholtz begründete Gesetzmäßigkeit der physiolog. Akustik: „Das menschl. Ohr empfindet nur eine sinusförmige Schallschwingung der Luft als einfachen Ton. Jeden anderen period., aber nicht harmon. Schallvorgang zerlegt es in eine Reihe von sinusförmigen Schwingungen und empfindet die diesen entsprechende Reihe von Tönen getrennt".
ohmsche Verluste [nach G. S. Ohm], die elektr. Leistungen, die in einem Stromkreis infolge des ohmschen Widerstandes der Leiter bzw. Leitungen in Wärme umgesetzt werden.

ohne Gewähr, Klausel zum Schutz gegen Haftung, insbes. bei Kaufverträgen. Der Verkäufer bringt mit dieser Klausel zum Ausdruck, daß er nicht für die Qualität der Ware, den Liefertermin oder für sonstige vertragl. Abmachungen haftet.

Ohnmacht (Ohnmachtsanfall, Synkope), plötzl. Bewußtseinsverlust, v. a. infolge verminderter Gehirndurchblutung, u. U. mit Vorboten wie Schwindel, Schwarzsehen, auch Übelkeit; Vorkommen bei anlagebedingtem Blutdruckabfall im Stehen und als vagovasale Synkope („banale O."; ↑Kreislaufkollaps). - ↑Erste Hilfe (Übersicht).

Ohnsorg, Richard, *Hamburg 3. Mai 1876, †ebd. 10. Mai 1947, dt. Schauspieler und Bühnenleiter. - Gründete 1902 mit Laiendarstellern eine niederdt. Mundartbühne in Hamburg, die als „Richard-O.-Theater" durch zahlr., sprachl. dem Hochdt. angenäherte Fernsehübertragungen populär wurde.

Ohr (Auris), dem Hören dienendes Sinnesorgan (↑Gehörorgan) der Wirbeltiere, das bei den Säugetieren (einschließl. Mensch) aus einem äußeren O., einem Mittel-O. und einem Innen-O. (Labyrinth) besteht. Oft wird unter der Bez. O. auch nur das äußere O. (hauptsächl. die Ohrmuschel) verstanden.

Ohrblume (Otanthus), Gatt. der Korbblütler mit der einzigen Art **Otanthus maritimus** in den Küstengebieten des Mittelmeers und des Atlantiks; ausdauernde Strandpflanze mit am Grunde verholzenden Stengeln; Blätter fast ganzrandig, spatelförmig, stengelumfassend, wie die ganze Pflanze schneeweiß filzig behaart; Blütenköpfchen fast kugelig, in dichten Büscheln, gelb.

Ohŕe [tschech. 'ohrʒɛ] ↑Eger.

Ohrenbeuteldachs (Kaninchennasenbeutler, Macrotis, Thylacomys), Gatt. etwa 20–50 cm langer (einschließl. Schwanz bis 75 cm messender), überwiegend grauer Beuteldachse mit zwei Arten in Z- und S-Australien; mit stark verlängerter Schnauze und ungewöhnl. langen Stehohren.

Ohrengeier ↑Geier.

Ohrenkrankheiten, Erkrankungen der Ohrmuschel, des Gehörgangs, des Mittelohrs und des Innenohrs. Zu den **Erkrankungen der Ohrmuschel** gehören Mißbildungen, Verletzungsfolgen sowie Blutergüsse oder Knorpelhautentzündung und Tumoren. **Erkrankungen des Gehörgangs** sind ebenfalls Mißbildungen wie Verengerung oder Verschluß, sekundäre Verletzungen durch Fremdkörper oder Ohrenschmalz, Entzündungen wie Gehörgangsekzeme oder Furunkel. Die meisten O. sind **Erkrankungen des Mittelohrs**: Verletzungen des Trommelfells oder Felsenbeinbrüche, Tubenkatarrhe, Mittelohrentzündung, Entzündung der Schleimhäute des Warzenfortsatzes des Schläfenbeins und gutund bösartige Geschwülste. Zu den **Erkrankungen des Innenohrs** gehört die vom Mittelohr aus fortschreitende, von den Gehirnhäuten übergreifende oder auf dem Blutweg entstehende, seröse, eitrige oder blutige **Innenohrentzündung** (Labyrinthitis); mit Gleichgewichtsstörungen, Schwindel, Übelkeit, Erbrechen, Einschränkung oder Verlust des Hörvermögens. Außerdem die Ménière-Krankheit, die Folgen des akust. Traumas (Knall- und Explosionstrauma, chron. Lärmtrauma), die Altersschwerhörigkeit, die angeborene Schwerhörigkeit oder Taubheit und tox. Schädigungen des Innenohrs.

Ohrenmakis, svw. ↑Galagos.

Ohrenqualle (Aurelia aurita), farblose, durchscheinende Scheibenqualle, sehr häufig im Atlantik bzw. in der Nord- und Ostsee; Durchmesser des Schirms bis 40 cm; mit vier halbkreisförmigen, gelbl., rötl. oder violetten Gonaden, vier Mundarmen und zahlr. kurzen Randtentakeln.

Ohrenrobben ↑Robben.

Ohrensausen ↑Ohrgeräusche.

Ohrenschmalz (Ohrschmalz, Zerumen, Cerumen), im äußeren Gehörgang sich bildende klebrigweiche Mischung aus dem Talg von Haarbalgdrüsen, aus abgeschilfertem Epithel und aus dem gelbl. Sekret der Ohrenschmalzdrüsen in Verbindung mit eingedrungenem Schmutz; dient dem Schutz des Gehörgangs, v. a. gegen Austrocknung.

Ohrenspiegel (Otoskop), mit einer Lichtquelle versehenes, trichterförmiges opt. Instrument zur direkten Untersuchung des Gehörgangs und des Trommelfells.

Ohrentaucher ↑Lappentaucher.

Ohrenzwang (Ohrwurm), schmerzhafte Ohrentzündung (Otitis externa) des Hundes, hervorgerufen durch Milben oder durch Verletzung und Verschmutzung mit nachfolgender Infektion.

Ohreulen, Bez. für neun Arten der ↑Eulenvögel mit Federohren; z. B. Uhus, Sumpfohreule, Waldohreule.

Ohrfasanen ↑Fasanen.

Ohrgeräusche, akust. Phänomene, die [ohne äußere Ursache] krankhafterweise wahrgenommen werden. **Ohrensausen** und **Ohrenbrummen** treten bei Gehörgangsverschluß, Mittelohrerkrankungen, Otosklerose oder Ménière-Krankheit auf, **Ohrenklingeln,** Zischen und Pfeifen u. a. bei Innenohrerkrankungen, Erkrankungen der Hörnervs, Durchblutungsstörungen oder bei Vergiftungen; **pulsierende Ohrengeräusche** treten auf bei akuter Mittelohrentzündung und bei Bluthochdruck.

Ohrhöcker, svw. ↑Darwin-Ohrhöcker.

Ohrid (dt. Ochrid), jugoslaw. Stadt am O-Ufer des O.sees, 712 m ü. d. M., 26 500 E. Bedeutendste Stadt des westl. Makedoniens, orth. Bischofssitz; Nationalmuseum; alljährl. Festival „O. Sommer"; Handelszentrum. - Das antike **Lychnidos** erhielt 861 nach der Eroberung durch die Bulgaren den Namen

Ohrwürmer

O.; ab 886 Ausgangspunkt der Slawenmission; seit 980 Sitz des bulgar. Patriarchats; gehörte 1398–1912 zum Osman. Reich; fiel 1913 an Serbien. - Die Altstadt steht unter Denkmalschutz; Sveta-Sofija-Kirche (11. Jh.) mit Fresken; alte makedon. und türk. Häuser, Ruine der Imaret-Moschee; über O. die stattl. Reste der Burganlage.

Ohridsee (Ochridsee), zweitgrößter See S-Europas, in Jugoslawien und Albanien, 695 m ü. d. M., 30 km lang, bis 15 km breit, bis 286 m tief. Der O. ist sehr fischreich mit Überresten einer sonst ausgestorbenen Wasserfauna aus dem Tertiär.

Öhringen, Stadt auf der Hohenloher Ebene, Bad.-Württ., 237 m ü. d. M., 16 500 E. Obstzentrale; Metall-, Elektro-, Bekleidungsind. u. a. Betriebe. - An der Stelle des heutigen Ö. lagen 2 Limeskastelle; Ö. wird mit dem 1037 gegr. Chorherrenstift erstmals erwähnt, 1253 erstmals als Stadt. - Spätgot. Stadtpfarrkirche (15. Jh.); Rathaus (1504).

Ohrläppchen ↑ Ohrmuschel.

Ohrlappenpilze (Auriculariales), Ordnung der Phragmobasidiomycetes mit rd. 100 Arten; bekannt ist das ↑ Judasohr.

Ohrlöffel (Ohrlöffelstacheling, Auriscalpium vulgare), kleiner, auf Kiefernzapfen wachsender, filzig-zottiger, dunkelbrauner, ungenießbarer Stachelpilz mit 1–2 cm großem Hut und schlankem Stiel.

Ohrmarke, als Erkennungszeichen v. a. bei Zuchtrindern und -schafen durch die Ohrmuschel gezogene Metallmarke, in die Herdbuchzeichen und Herdbuchnummer eingestanzt sind.

Ohrmuschel (Auricula), äußerster Teil des Außenohr beim Menschen und bei Säugetieren; besteht, mit Ausnahme des aus Fettgewebe gebildeten **Ohrläppchens** (unteres Ende des Ohrs) aus Knorpel. Sie hat die Form eines flachen Trichters, der die auftreffenden Schallwellen sammelt und in den Gehörgang weiterleitet. Beim Menschen sind die Muskeln der O. weitgehend verkümmert.

Ohrpfropf (Ohrenschmalzpfropf, Cerumen obturans), durch verminderten Abfluß des Talgdrüsensekrets im Bereich des äußeren Gehörgangs angehäuftes Ohrenschmalz; durch Aufquellen (z. B. beim Baden) kommt es zur völligen Verstopfung des Gehörgangs mit Schalleitungsschwerhörigkeit und dumpfem Gefühl im Ohr.

Ohrschmuck, im Ohrläppchen (das für die Befestigung durchstochen wird), über der Ohrmuschel oder mit Klemmen befestigter, meist paarweise getragener Schmuck. Als ältesten Beispiele sind aus dem Neolithikum spitze Ohrpflöcke und Kupferdrahtringe belegt. Der O. aus der La-Tène-Zeit zeigte edle künstler. Qualität. Im Orient trugen beide Geschlechter O., in Ur trugen die Frauen sichelförmige Symbole des Mondgottes, in Babylon. Reich die Männer Marduksymbole (Lanzenspitze), den Stern Ischtars oder Scheiben (Sonnensymbole). In Ägypten trat O. erst seit der 18. Dyn. auf. In der minoischen und der myken. Kultur herrschte ringförmiger O. vor, bei den Griechen (Troja) halbmond- und scheibenförmiger O., woran oft Figürchen hängen. Die Römer durchbrachen die Scheiben mit Ornamenten. Zahlr. weitere Völker (z. B. Südrußlands) kannten prächtige Ohrschmuck. Im Abendland tauchte der O. erst vom 16. Jh. an häufiger auf. - Dem Volksglauben nach wehrt O. Unheil ab, schützt gegen Augenkrankheiten und verstärkt die Augenkraft. - Abb. S. 56.

Ohrspeicheldrüse (Parotis, Glandula parotis), große Speicheldrüse der Säugetiere (einschließl. Mensch), beiderseits zw. aufsteigendem Unterkieferteil und äußerem Gehörgang gelegen und im Wangenbereich der oberen Mahlzähne in die Mundhöhle mündend. Der von den O. abgesonderte Speichel ist dünnflüssig und dient zur Verdünnung des von anderen Drüsen produzierten schleimigen (muközen) Gleitspeichels. beim *Menschen* ist sie die größte Mundspeicheldrüse. Sie liegt vor und unter dem Außenohr. Ihre Mündung liegt auf der Wangeninnenseite gegenüber dem zweiten oberen Backenzahn. Mit dem Kaumuskel zus. ist die menschl. O. von einer derben Membran umhüllt, so daß sie bei jeder Kaumuskelbewegung massiert und zur Sekretion veranlaßt wird sowie bei einer Schwellung (z. B. bei Mumps) zieml. Schmerzen verursachen kann.

Ohrspeicheldrüsenentzündung (Parotitis), Entzündung der Ohrspeicheldrüse, am häufigsten als typ. Kinderkrankheit (Parotitis epidemica, ↑ Mumps). Die eitrige O. entsteht bei Sekretstau im Drüsenausführungsgang (z. B. durch einen Speichelstein) und Einwanderung von Bakterien; es kommt zu einer schmerzhaften Schwellung der Drüse mit Rötung und Überwärmung der Haut, gleichzeitig zu einer Rötung und Schwellung des Drüsenausführungsganges. Die Therapie der O. besteht in Antibiotikagabe, Entfernung eines möglicherweise vorhandenen Steins, bei eitriger Einschmelzung in einer operativen Öffnung von außen zur Ableitung des Eiters. Bei chron.-eitriger Entzündung muß die Speicheldrüse operativ entfernt werden.

Ohrwurm, Entzündung des äußeren Gehörgangs v. a. bei Hunden und Katzen; mit vermehrter Absonderung der Ohrenschmalzdrüse; verursacht u. a. durch Schmutzpartikel und Parasiten.

Ohrwürmer (Dermaptera), mit rd. 1 300 Arten weltweit verbreitete Ordnung etwa 0,5–5 cm lange Insekten; tier. und pflanzl. sich ernährende, nachtaktive, meist in Ritzen und Spalten lebende Tiere mit kauenden Mundwerkzeugen, sehr kleinen Vorderflügeln und zwei eingliedrigen, zu einer Zange umgestalteten Schwanzborsten (dienen zum Ergreifen

55

Ohrzikade

kleiner Gliederfüßer). Am bekanntesten ist die Gattung *Forficula* mit dem **Gemeinen Ohrwurm** (Forficula auricularia; 9–16 mm lang; vorwiegend braun gefärbt; kann an Kulturpflanzen schädl. werden).

Ohrzikade ↑Zwergzikaden.

Ohser, Erich, dt. Karikaturist, ↑Plauen, E. O.

Oiapoque, Rio [brasilian. 'rriu oja'pɔki] (frz. Oyapock), Zufluß zum Atlantik, bildet im ganzen Lauf die Grenze zw. Brasilien und Frz.-Guayana, entspringt in der Serra de Tumucumaque, mündet am Kap Orange, etwa 500 km lang.

Oidium [griech.], Bez. für die Nebenfruchtform der Echten Mehltaupilze.

Oil Islands [engl. 'ɔɪl 'aɪləndz] ↑Chagos Islands.

Oimjakon [russ. ajmɪ'kɔn], sowjet. Ort in NO-Sibirien, Jakut. ASSR, 800 m ü. d. M.; gilt als Kältepol der Nordhalbkugel; Temperaturminimum −70 °C.

Oinomaos ↑Pelops.

Oiratisch ↑mongolische Sprachen.

Oiron [frz. wa'rõ], frz. Ort östl. von Thouars, Dep. Deux-Sèvres, 1 300 E. Bed. Schloß mit einem Renaissanceflügel (um 1545); im 17. Jh. barock erweitert; Stiftskirche im Flamboyantstil (1538 geweiht) mit Renaissancedekoration.

Oiroten (Altaier), Volk im Autonomen Geb. Hochaltai, UdSSR; überwiegend Schafzüchter.

Oirotisch, svw. ↑Altaisch.

OIRT, Abk. für frz.: Organisation Internationale de Radiodiffusion et Télévision, ↑Internationale Rundfunk- und Fernsehorganisation.

Oise [frz. wa:z], Dep. in Frankreich.

O., rechter Nebenfluß der Seine, in Belgien und Frankr., entspringt auf der SW-Abdachung der Ardennen, mündet nw. von Paris, 302 km lang; größtenteils schiffbar.

Oisín ↑Ossian.

Oistrach, David, * Odessa 30. Sept. 1908, † Amsterdam 24. Okt. 1974, sowjet. Violinist. - Seit 1934 Lehrer am Moskauer Konservatorium; unternahm als Interpret v. a. klass. und zeitgenöss. Musik weltweite Konzertreisen.

O., Igor, * Odessa 27. April 1931, sowjet. Violinist. - Sohn und Schüler von David O.; internat. erfolgreicher Violinvirtuose, v. a. bed. Beethoven-Interpret.

Oita [jap. 'oːita, oːita], jap. Stadt auf Kiuschu, an der Beppubucht, 360 500 E. Verwaltungssitz der Präfektur O.; kath. Bischofssitz. Nach Eingemeindung der Hafenstadt Tsurasaki Entwicklung zur Ind.stadt.

o. J., Abk. für: ohne Jahr (in Druckwerken: keine Angabe des Erscheinungsjahres).

Ojaschio, kalte Meeresströmung im nördl. Pazifik entlang den O-Küsten der Kurilen sowie der jap. Inseln Hokkaido und

Ohrschmuck. Griechisch-ionisches Ohrgehänge (5,3 cm hoch) aus Kleinasien (4. Jh. v. Chr.). Pforzheim, Schmuckmuseum

Hondo, vereinigt sich hier mit dem Kuroschio.

Ojeda, Alonso de [span. ɔ'xeða] (A. de Hojeda), * Cuenca 1466/70, † Santo Domingo 1515 oder 1516, span. Konquistador. - 1493 Teilnehmer der 2. Fahrt des Kolumbus; entdeckte die ersten größeren Goldvorkommen bei Cibao. 1499 erkundete er mit J. de la Cosa und A. Vespucci die nw. Küstengebiete S-Amerikas.

Ojibwa [engl. oʊ'dʒɪbweɪ], Algonkin sprechender Indianerstamm in Kanada, am N-Ufer des Oberen und Huronsees.

Ojos del Salado [span. 'ɔxɔz ðɛl sa'laðo], mit 6 880 m zweithöchster Berg (Vulkan) der Anden, auf der chilen.-argentin. Grenze.

Ojukwu, Chukwuemeka Odumegwu, * Zungeru (North-Western State) 4. Nov. 1933, nigerian. General und Politiker. - 1963 Oberstleutnant; Militärgouverneur der Ostregion Nigerias 1966; proklamierte infolge zunehmender Sezessionstendenzen der Ostregion nach dem Massaker von Nordnigerianern an Ibos am 30. Mai 1967 die Ostregion zur Republik ↑Biafra, deren Staatsoberhaupt er wurde; lebt seit Jan. 1970 im Exil.

ok., O. K., Abk. für engl.: ↑okay.

Oka [russ. a'ka], größter rechter Nebenfluß der Wolga, entspringt auf der Mittelruss. Platte, mündet im Stadtgebiet von Gorki, 1 480 km lang, 1 200 km schiffbar.

Okklusion

Oka-Don-Ebene, flachgewellte Ebene östl. der Mittelruss. Platte, zw. der Oka im N und den Kalatscher Höhen im S, etwa 150–180 m ü. d. M.; eines der wichtigsten Landw.gebiete der UdSSR.

Okahandja, Distr.hauptort im mittleren Namibia, 1 342 m ü. d. M., 3 000 E. Zentrum eines Viehzuchtgebiets, Bahnstation. - 1850 als Missionsstation gegr.; noch im gleichen Jahr von den Herero verwüstet und erst 1870 neu errichtet; 1884 Hauptstadt des dt. Schutzgebietes.

Okajama, jap. Stadt auf Hondo, in der Küstenebene zw. der Harimasee und der Hiutschisee, 545 700 E. Verwaltungssitz der Präfektur O.; Univ. (gegr. 1949); Observatorium; Handels- und Kulturzentrum sowie bed. Ind.standort. - Schon seit dem MA Handelsplatz und Burganlage, erst Ende des 17. Jh. systemat. Aufbau als Burgstadt.

Okapi [afrikan.] ↑ Giraffen.

Okarina [italien. „Gänschen"], Gefäßflöte aus Ton oder Porzellan etwa in der Form eines Gänseeis, mit einem Schnabel zum Anblasen und 8–10 Grifflöchern; von sanftem, stumpfem Klang.

Okawango, Fluß in Afrika, entspringt im Hochland von Bié (Angola), im Oberlauf **Cubango** gen., bildet im Mittellauf die Grenze zw. Angola und Namibia, versiegt nach etwa 1 600 km langem Lauf mit großem Delta im *O.becken* (Wildreservat) in N-Botswana.

okay [o'ke; engl. oʊ'kεɪ; amerikan.], Abk. o. k., O. K.; richtig, in Ordnung.

Okeanos, nach dem Weltbild des griech. Mythos der die Erdscheibe umfließende Ringstrom, an dessen jenseitigem Ufer das Totenreich liegt. Personifiziert ist er, als Sohn des Uranos und der Gäa, einer der Titanen.

Okeechobee, Lake [engl. 'leɪk oʊkɪ-'tʃoʊbɪ], See in S-Florida, am N-Rand der Everglades, 1 813 km², bis 5 m tief. Über den **Okeechobee Waterway,** ein 250 km langes Wasserstraßensystem, hat der L. O. Verbindung mit dem Atlantik und dem Golf von Mexiko.

Okeghem, Johannes ↑ Ockeghem, Johannes.

O'Kelly, Sean Thomas [engl. oʊ'kεlɪ], ir. Seán Tomás Ó Ceallaigh, * Dublin 25. Aug. 1882, † ebd. 23. Nov. 1966, ir. Publizist und Politiker. - Mitbegr. (1905) und Sekretär (1908–10) der Sinn Féin; 1915–20 Generalsekretär der Gäl. Liga; 1916 Teilnahme am Osteraufstand in Dublin, bis 1917 in Haft; mit Unterbrechung 1918–45 Mgl. des ir. Parlaments, 1919–21 dessen erster Präs.; führendes Mgl. der Fianna Fáil; 1931–45 Stellvertreter des Min.präs. (zugleich 1932–39 Min. für Selbstverwaltung, 1939–45 für Finanzen und Erziehung); 1945–59 Staatspräsident.

Oken, Lorenz, eigtl. L. Ockenfuß, * Bohlsbach (heute zu Offenburg) 1. Aug. 1779, † Zürich 11. Aug. 1851, dt. Naturforscher und Philosoph. - Prof. in Jena, München und Zürich. O. war Gründer und Hg. der enzyklopäd. Zeitschrift „Isis" (1817–43), die neben biolog. und naturhistor. auch naturwiss.-spekulative Arbeiten enthielt. Als naturphilosoph. Hauptaufgabe sah er die systemat. Darlegung der Entwicklungsmomente der Welt in gegliederter Reihenfolge an. Schrieb u. a.: „Über das Universum als Fortsetzung des Sinnensystems" (1808), „Lehrbuch des Systems der Naturphilosophie" (3 Bde., 1809–11), „Allg. Naturgeschichte für alle Stände" (16 Bde., 1833–41).

Oker, linker Nebenfluß der Aller, entspringt im Oberharz, mündet nach 105 km langem Lauf zw. Gifhorn und Celle, im Oberlauf gestaut.

Okertalsperre ↑ Stauseen (Übersicht).

Okiinseln, jap. Inselgruppe vulkan. Ursprungs im Jap. Meer, vor der N-Küste S-Hondos, 348 km².

Okinawa, größte der zu Japan gehörenden ↑ Riukiuinseln, 110 km lang, bis 30 km breit, rund 1 Mill. E, Hauptstadt Naha. Der N wird von einem bis 498 m hohen Gebirge eingenommen; der S ist Hügel- und Plateauland; subtrop. Klima; im Sommer sind Taifune häufig; Anbau von Zuckerrohr, Süßkartoffeln, Bananen, Ananas.

Okkasion [lat.], Gelegenheit, Anlaß; *Gelegenheitskauf.*

Okkasionalismus (Occasionalismus) [lat.], Bez. für die philosoph. Theorie, nach der eine Wechselwirkung zw. Leib und Seele, die entsprechend der Kartes. Metaphysik nicht denkbar ist, durch die Annahme sog. „gelegentl. Ursachen" (lat. causae occasionales), d. h. eines direkten göttl. Eingriffs „bei Gelegenheit", erklärt wird.

Okklusion (Occlusio) [lat.], in der *Medizin* svw. Verschluß, geschlossene Stellung.
◆ in der *Meteorologie* die Vereinigung einer Kaltfront mit einer Warmfront. Da die Kalt-

Okklusion. Schema einer Warmfront- (a) und einer Kaltfrontokklusion (b)

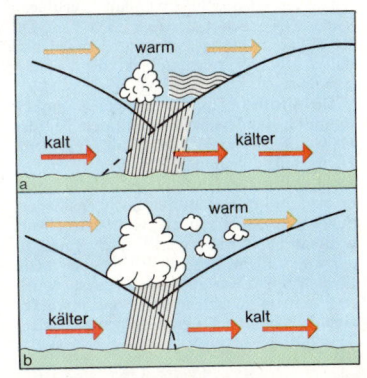

Okklusiv

front einer Zyklone (↑ Tiefdruckgebiet) schneller wandert als die vorausgehende Warmfront, wird der zw. beiden Fronten liegende Warmsektor immer mehr eingeschnürt, und schließl. die Warmluft vom Boden abgehoben. Ist die Kaltluft auf der Rückseite der O. wärmer als die auf der Vorderseite, so spricht man von einer *Warmfront-O.*, im umgekehrten Falle von einer *Kaltfrontokklusion*.

Okklusiv [lat.], svw. ↑ Verschlußlaut.

Okkultismus [zu lat. occultus „verborgen, geheim"], Sammelbez. für Lehren und Praktiken, die auf ↑ außersinnlicher Wahrnehmung beruhen bzw. Erscheinungen betreffen, die durch Naturgesetze nicht erklärbar sind. Zum O. zählen Wahrnehmungen des Hellsehens, Bewegung von Gegenständen ohne phys. Ursache (Psychokinese), das Phänomen des Schwebens (Levitation), die Entstehung neuer körperl. Gebilde (Materialisation) sowie alle durch Medien vermittelten parapsych. Erscheinungen. Der O. beruht zum einen auf dem Glauben an die Übermacht menschl. Seelenkräfte gegenüber den Naturgesetzen und an die Existenz von Geistern, zum andern nimmt er eine Beseeltheit der Natur an und rechnet schließl. mit der Möglichkeit einer Korrespondenz der menschl. Seele mit der beseelten Natur. Parapsycholog. Forschungen sowie die psychosomat. Medizin haben der abwertenden Beurteilung des O. durch das rationalist. Denken z. T. entgegengewirkt.

📖 *Stadelmann, H.: Das Okkulte.* Gießen ²1984. - *Eliade, M.: Das Okkulte u. die moderne Welt.* Salzburg 1978. - *Prokop, O./Wimmer, W.: Der moderne O.* Stg. 1976.

Okkupation [zu lat. occupatio „Besetzung"], im Völkerrecht die Begründung der ↑ Gebietshoheit eines oder mehrerer Staaten in einem bisher herrschaftslosen Land (*originäre O.*) oder in einem Territorium, das zum Staatsgebiet eines anderen Staates gehört (*derivative O.*); die O. kann durch friedl. oder krieger. Besetzung oder durch Waffenstillstandsvertrag erfolgen.

Okkupationstheorie, von der östr. Völkerrechtslehre überwiegend vertretene Theorie, wonach Österreich 1938 vom Dt. Reich [rechtswidrig] okkupiert worden und daher als Völkerrechtssubjekt nicht untergegangen sei.

Oklahoma [okla'ho:ma, engl. ouklə-'houmə], Bundesstaat im zentralen Teil der USA, 181 090 km², 3,298 Mill. E (1984), Hauptstadt Oklahoma City.

Landesnatur: Der Großteil des Staatsgeb. von O. liegt im Bereich des Zentralen Tieflandes; der SO gehört schon zur Golfküstenebene, während O. im äußersten W noch Anteil an den Great Plains hat. Im W herrschen feuchte Ebenen vor. O. liegt im Übergangsbereich von subtrop. feuchtem (Jahresniederschläge von 1 200 mm im O) zu kontinental trockenem (400 mm im W) Klima. - Im O des Staates herrscht Wald (vorwiegend Ahorn, Hickoryarten und Eiche) vor. Im trockenen W ist die Fläche weitgehend von Grasland bedeckt. - Neben vielen Vogelarten finden sich Rotwild, Elch, Kojote, Wolf und Präriehund.

Bevölkerung, Wirtschaft, Verkehr: Der Anteil der indian. Bev. (1988: 232 000 Indianer) an der Gesamtbev. ist verhältnismäßig groß, der der Schwarzen beträgt 6,8 %. In städt. Siedlungen - die größten Städte sind Oklahoma City und Tulsa - lebten 1980 67 % der E. Wichtigste Religionsgruppe sind die Southern Baptists mit 674 800 Mitgliedern. O. hat 10 Univ., die größte ist in Stillwater. - Wichtigster Wirtschaftszweig ist die Landw. mit dominierender Viehzucht; Hauptanbauprodukte sind Weizen, Baumwolle, Hirse und Erdnüsse. Wichtigste Bodenschätze sind Erdöl (v. a. im O des Staates gefördert) und Erdgas (v. a. im SW) sowie Edelgas (Helium); außerdem gibt es ausgedehnte Braunkohlereviere. Ein bed. Ind.zweig ist die Petrochemie; wichtig sind daneben die Fleischverarbeitung, die Holzverarbeitung, ferner Maschinenbau, Textilind. und das Druckereigewerbe. - Der Staat besitzt eine äußerst verkehrsgünstige Lage im Zentrum der USA. Das Eisenbahnnetz ist 6 694 km, das Highwaynetz 19 878 km lang. 1985 gab es in O. 327 ✈. Der Arkansas River ist bis Muskogee schiffbar.

Geschichte: 1541 waren die Spanier die ersten Europäer im Gebiet des heutigen O., das 1682 der frz. Kolonie Louisiane einverleibt wurde. Das Gebiet westl. des Mississippi gehörte zeitweilig zu Spanien (1762–1800), dann wieder zu Frankr., von dem es 1803 an die USA verkauft wurde. Östl. des 100. Längengrades erwarb ab 1825 die Bundesregierung das Indian Territory und siedelte zw. 1820/40 die Stämme der Choctaw, Creek, Cherokee, Chickasaw und Seminolen an (die sog. Fünf Zivilisierten Nationen). Da die Indianer im Sezessionskrieg (1861–65) z. T. für die Konföderierten Partei genommen hatten, wurde ihr Siedlungsgebiet geteilt und auf die östl. Hälfte beschränkt. 1890 schuf der Bundesregierung das Territorium O. Als die Ländereien in den Reservaten in den Privatbesitz einzelner Indianer überführt worden waren, verabschiedeten weiße Siedler und Indianer gemeinsam am 16. Sept. 1907 eine Verfassung, am 16. Nov. 1907 wurde O. als 46. Staat in die Union aufgenommen.

📖 *McReynolds, E. C., u. a.: O. The story of its past and present.* Norman (Okla.) Neuaufl. 1971.

Oklahoma City [engl. ouklə'houmə 'sɪtɪ], Hauptstadt des Bundesstaats Oklahoma, USA, am North Canadian River, 360 m ü. d. M., 443 600 E. Sitz eines kath. und eines anglikan. Bischofs; Univ. (gegr. 1904), Colleges; histor.-ethnolog. Museum. O. C. ist das bedeutendste Handels- und Ind.zentrum in

Ökologie

Oklahoma; wichtigster Zweig ist die Erdölind. - Entstand 1889; City seit 1890, wurde 1910 Hauptstadt des Bundesstaates Oklahoma. - State Capitol (20. Jh.).

öko..., Öko... (oeco..., Oeco...) [zu griech. oîkos „Haus"], Bestimmungswort von Zusammensetzungen mit der Bed. „Lebensraum, Haus, Wirtschafts...".

Ökologie [griech.], aus der Biologie hervorgegangene Wiss., die sich mit den Wechselbeziehungen zw. den Organismen und der unbelebten (*abiot. Faktoren* wie Klima, Boden) und der belebten Umwelt (*biot. Faktoren* [↑ biotisch]) befaßt. Sie untersucht ihre zeitl. Entfaltung, Krisen in ihrer Entwicklung und Mechanismen der Wiederherstellung von Gleichgewichten. Teilgebiete der Ö. sind **Autökologie** (untersucht die Umwelteinflüsse auf die Individuen einer Art), **Demökologie** (Populations-Ö.; befaßt sich mit den Umwelteinflüssen auf ganze Populationen einer bestimmten Tier- und Pflanzenwelt) und **Synökologie** (beschäftigt sich mit Wechselbeziehungen der Organismen einer Lebensgemeinschaft sowie zw. diesen und der Umwelt). - Die Ö. wird unterstützt von der Systemforschung, die die mathemat. Grundlagen für die Berechnung ihrer speziellen Ökosysteme liefert. Darüber hinaus benutzt die Ö. die Erkenntnisse jeder speziellen Grundlagenforschung, indem sie die gewonnenen Einzeldaten zu einem Gesamtverständnis verbindet und damit die Bedingungen und Möglichkeiten für stabile oder krit. Entwicklungen in der Zukunft aufzeigt. Die Ö. kann demnach Auskunft geben über die Belastbarkeit von Ökosystemen (z. B. Flüsse, Seen, Wälder, landw. Anbaugebiete). Sie kann die Folgen einseitiger Eingriffe (z. B. durch chem. Schädlingsbekämpfung) aufzeigen. Gegenüber den auf die Durchsetzung von Teilansprüchen angelegten Spezialwiss. leistet die Ö. auch einen ideellen Beitrag: Sie erzieht zu kooperativem Denken und zur Rücksichtnahme.

Die Ö. bedarf, wenn sie sich den komplexen Wechselbeziehungen zw. den Menschen, seiner techn. Welt und dem sie tragenden Ökosystem zuwendet, der Unterstützung zahlr. anderer Wiss.; hier wird die Ebene der einzelnen Fachdisziplinen endgültig verlassen. Die so erweiterte Ö. ist die **Humanökologie** (sie untersucht die Beziehungen Mensch-Umwelt), die nicht als neue Fachdisziplin, sondern als das Gegenteil jeder Spezialisierung verstanden werden muß, als der Versuch, die Umweltprobleme unter Einbeziehung aller mögl. Aspekte zu lösen.

Ein **Ökosystem** ist eine aus Lebensgemeinschaft (Biozönose) und deren Lebensraum (Biotop) bestehende natürl. ökolog. Einheit, die ein mehr oder weniger gleichbleibendes System bildet, das durch die Wechselwirkungen zw. Organismen und Umweltfaktoren gekennzeichnet ist. Ökosysteme sind offene Systeme, die von der Sonne einseitig Energie aufnehmen. Die natürl. Stoffkreisläufe in einem Ökosystem sind ausgeglichen, so daß sich ein dynam. Gleichgewicht, ein sog. Fließgleichgewicht, einstellt. Die Ökosystemforschung ist äußerst wichtig für den gesamten Natur- und Umweltschutz.

📖 *Stugren, B.: Grundll. der Allg. Ö. Stg.* ⁴*1986. - Tischler, W.: Einf. in die Ö. Stg.* ³*1984. - Rem-*

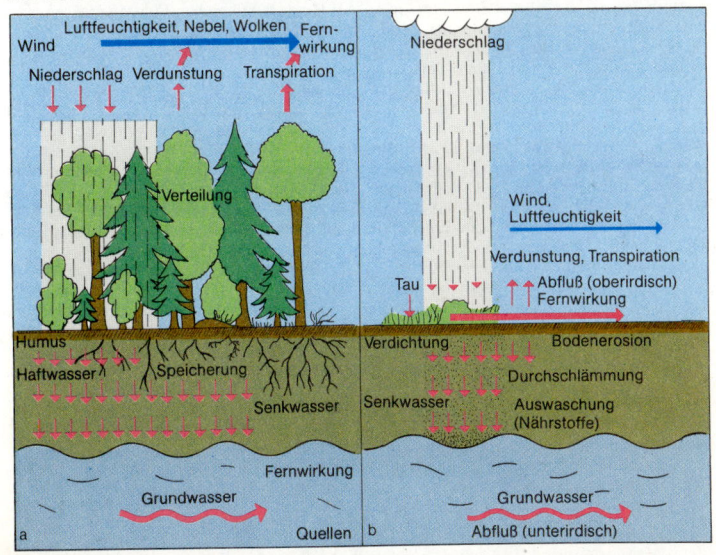

Ökologie. Wasserhaushalt im Wald (a) und Wasserkreislauf nach Entwaldung (b)

ökologische Nische

mert, H.: Ö. Ein Lehrb. Bln. u. a. ²*1980. - Kreeb, K. H.: Ö. u. menschl. Umwelt. Gesch. - Bed. - Zukunftsaspekte. Stg. 1979.*

ökologische Nische, die Gesamtheit der ausschlaggebenden Umweltfaktoren, die einer Pflanzen- oder Tierart (entsprechend ihren Lebensansprüchen) das Überleben in der betreffenden Umgebung ermöglichen.

ökologisches Gleichgewicht, langfristig unveränderbare Wechselwirkungen zw. den Gliedern einer Lebensgemeinschaft. Ein ö. G. ist dadurch gekennzeichnet, daß jede Veränderung im Ökosystem selbsttätig über eine Regelkreisbeziehung eine entsprechende Gegenveränderung auslöst, die den alten Zustand weitgehend wiederherstellt. So sind z. B. bei Wühlmäusen oder Hasen deutl. Populationswellen zu verzeichnen, die darauf zurückzuführen sind, daß beim Anwachsen der Population entweder die Nahrungsgrundlage verknappt oder die Freßfeinde und Parasiten ebenfalls zunehmen. Lebensgemeinschaften mit großem Artenreichtum haben ein stabiles, wenig störanfälliges ökol. Gleichgewicht.

Ökonom [griech.], veraltet für Gutsverwalter.

Ökonometrie [griech.], moderner Zweig der Wirtschaftswiss., der mit Hilfe mathemat.-statist. Methoden und anhand des wirtschaftsstatist. Beobachtungsmaterials die wirtschaftstheoret. Modelle und Hypothesen auf ihren Realitätsanspruch und Erklärungswert überprüft.

Ökonomie [griech.], Wirtschaftswissenschaft; Wirtschaftlichkeit.

Ökonomik [griech.] (lat. oeconomia; alteurop. Ö.), die Lehre von der Hausherrschaft (wirtschaftl. Herrenrechte des Hausherrn) als Wirtschaftsform. Voraristotel. in der Antike begründet, durch die röm. Kirche bis ins 16. Jh. (Luther) tradiert, bildete die Ö. gemeineurop. die Richtschnur ständ. vorkapitalist. Herrschafts-, Sozial- und Wirtschaftsordnung. Wie die Politik eth. und sozial gebunden, war die Wirtschaft vorkapitalist. beschränkt in Produktions- und Tauschvolumen, im Verständnis von Arbeit, Gewinnstrebung und der Forderung nach Bedürfnisbegrenzung. Da die Ö. auf der bäuerl.-adligen Lebensform basierte, die die Gewerbepolitik auf die städt. Zunftordnung übertrug, und da sie keine Lehransätze für Geldwesen, Handel, Warendisposition usw. enthielt, genügten seit den Struktureinbrüchen des 14./15. Jh. die Ordnungsmaximen dieser Ö. nicht mehr (↑ auch Merkantilismus).

ökonomisches Prinzip (Wirtschaftlichkeitsprinzip, Vernunftprinzip), das Streben, mit einer gegebenen Menge an Produktionsfaktoren den größtmögl. Güterertrag zu erwirtschaften oder für einen gegebenen Güterertrag die geringstmögl. Menge an Produktionsfaktoren einzusetzen.

Ökonomismus [griech.], Bez. für sozialwiss. Theorien und für eine polit.-prakt. Orientierung, wonach allein oder v. a. wirtsch. Kausalfaktoren die Entwicklung der Gesellschaft und den Aufbau gesellschaftl. Ordnungsverhältnisse und personaler Motivstrukturen bestimmen.

Okopenko, Andreas, * Košice 15. März 1930, östr. Schriftsteller. - Wählt für seine leicht satir., z. T. surrealist. Gedichte vorwiegend Themen aus dem Alltagsleben, u. a. „Grüner November" (1957), „Orte wechselnden Unbehagens" (1971); auch Nonsensverse („Warum sind die Latrinen so traurig?", 1969), Prosa („Warnung vor Ypsilon. Thrill-Geschichten", 1974) und Essays („Ortsbestimmung einer Einsamkeit", 1979; „Kindernazi", 1984).

Ökosystem ↑ Ökologie.

Ökotop [griech.], kleinste ökolog. Einheit einer Landschaft.

Ökotyp (Ökotypus), an die Bedingungen eines bestimmten Lebensraums (Biotops) angepaßte Sippe einer Pflanzen- oder Tierart *(ökolog. Rasse)*, die sich von anderen äußerl. oft nicht unterscheidet, beträchtl. dagegen in ihren physiolog. Eigenschaften und ökolog. Ansprüchen.

Oktaeder [griech.] (Achtflach, Achtflächner), ein von acht Dreiecken begrenzter Körper. Das von 8 gleichseitigen kongruenten Dreiecken begrenzte *regelmäßige* O. (meist kurz O. gen.) ist einer der fünf ↑ platonischen Körper.

Oktaedrite [...a-e...; griech.], größte Gruppe der Eisenmeteorite. In ihnen bildet Meteoreisen ein sehr verzweigtes Netzwerk von Lamellen aus Kaemacit, die auf angeschliffenen und leicht angeätzten Flächen die Widmannstättenschen Figuren ergeben.

Oktane ↑ Octane.

Oktant [lat.], ↑ Sternbilder (Übersicht).

Oktant [lat.], ein Kreissektor, dessen Flächeninhalt ⅛ der Kreisfläche einnimmt.
♦ durch drei paarweise aufeinander senkrecht stehende Koordinatenebenen (↑ Koordinaten) begrenzter Teil des Raumes; jedes kartes. Koordinatensystem unterteilt den Raum in acht Oktanten.
♦ naut. Winkelmeßgerät mit zwei Spiegeln und einem in Winkelgrade unterteilten Achtelkreis; Vorläufer des Sextanten.

Oktanzahl (Octanzahl), Abk. OZ, Kennzahl für die *Klopffestigkeit* von Vergaserkraftstoffen, d. h. für ihre Eigenschaft, im Verbrennungsraum (Zylinder) eines Ottomotors bis zu einem bestimmten Verdichtungsverhältnis ohne detonationsartige Selbstentzündung *(Klopfen)* zu verbrennen. Sie wird durch Vergleich mit der Klopffestigkeit von Bezugskraftstoffen in Prüfmotoren ermittelt. Dabei schreibt man dem sehr klopffesten Isooctan die OZ 100, dem sehr klopffreudigen n-Heptan die OZ 0 zu; ein Zahlenwert unter 100 gibt an, wieviel Vol.-% Isooctan sich

Oktoberrevolution

in einem Gemisch mit n-Heptan befinden. Beispiel: Hat ein Kraftstoff die OZ 96, so hat er dieselbe Klopffestigkeit wie ein Gemisch aus 96 Vol.-% Isooctan und 4 Vol.-% n-Heptan. Eine OZ über 100 gibt an, daß der Kraftstoff dieselbe Klopffestigkeit besitzt wie ein Gemisch aus Isooctan und Bleitetraäthyl. Als Prüfgeräte bei der Bestimmung der O. dienen der *CFR-Motor* (CFR, Abk. für engl.: Committee of Fuel Research) oder der *BASF-Prüfmotor*, ein Einzylindermotor, bei dem sich während des Betriebs das Verdichtungsverhältnis verändern läßt. Die durch das Klopfen verursachten Druckstöße werden in elektr. Impulse umgewandelt und am *Klopfmesser* angezeigt. Je nach den Prüfbedingungen (Umdrehungszahl, Verdichtung, Temperatur der Ansaugluft) ergeben sich verschiedene OZ. So läuft z. B. der Prüfmotor zur Bestimmung der **Motor-OZ** (Abk. **MOZ**) nach der sog. *F-2-Methode* mit 900 U/min und einer von der eingestellten Verdichtung abhängigen und automat. geregelten Vorzündung zw. 26° und 14° Kurbelwinkel vor dem oberen Totpunkt (OT), zur Bestimmung der **Research-OZ**, Abk. **ROZ**, jedoch mit 600 U/min und einer konstanten Vorzündung von 13° Kurbelwinkel vor dem OT (sog. *F-1-Methode*). Das Straßenklopfverhalten wird nach der *Modified Union Town Method* durch Messung im großen Gang aus dem rollenden Leerlauf bei Vollgas bestimmt. Diese **Straßen-OZ** (Abk. **SOZ**) liegt etwa bei der ROZ. Beide liegen im allg. höher als die MOZ. Die in der Praxis gebräuchlichste ROZ beträgt für Normalbenzin 90–92, für Superbenzin 98–99. Durch Zusatz von ↑Antiklopfmitteln kann die OZ noch gesteigert werden. - Für Dieselkraftstoffe gilt die ↑Cetanzahl.

Oktav [zu lat. octavus „der achte"] ↑Buchformat.
◆ in der *kath. Liturgie* die 8tägige Festwoche (seit 1969 nur noch bei den Hochfesten Weihnachten und Ostern).
◆ im *Fechtsport* Klingenhaltung bei Stoßwaffen: gerade Linie von Schulter bis Klingenspitze, die an den Bauchseite des Gegners vorbeizeigt, der Handrücken ist nach unten gerichtet.

Oktave [zu lat. octava (vox) „die achte (Stimme)"], das Intervall, das vom Grundton acht diaton. Stufen entfernt ist (griech. Diapason). In der Akustik Bez. für den Ton mit der doppelten Frequenz (bezogen auf einen Grundton), physikal. der erste Oberton. Die O. kann als reines, übermäßiges oder vermindertes Intervall auftreten. Die Darstellung des Tonsystems geht in der abendländ. Musik seit der griech. Antike von der O. aus. Töne im Oktavabstand sind in ihrer Tonqualität identisch und nur durch die Tonhöhe verschieden. Als Konsonanzen haben sie den größten Verschmelzungsgrad. Oktavverdoppelung rechnet nicht zur Mehrstimmigkeit; Oktavparallelen im mehrstimmigen Satz gelten als fehlerhaft.
O. heißt auch die Gesamtheit der in diesem Intervallbereich liegenden Töne. Der gesamte Tonraum wird in O., bezogen auf den Grundton C., gegliedert: Subkontra-O. (C_2-H_2), Kontra-O. (C_1-H_1), große O. (C–H), kleine O. (c–h), eingestrichene O. (c^1-h^1), zweigestrichene O. (c^2-h^2), dreigestrichene O. (c^3-h^3), viergestrichene O. (c^4-h^4).
◆ im Orgelbau ↑Prinzipal.
◆ in der *Verslehre* ↑Stanze.

Oktavia ↑Octavia.

Oktavian, Beiname des späteren Kaisers ↑Augustus.

Oktett [lat.-italien.], ein Musikstück für 8 Soloinstrumente, selten Singstimmen (jedoch nicht das Doppelquartett mit zweimal je 4 Stimmen), meist in gemischter Streicher-Bläser-Besetzung; auch Bez. für die Gruppe der Ausführenden.
◆ Gruppe von 8 Elektronen in der äußeren Elektronenschale eines Atoms bzw. Ions.

Oktetttheorie, ab 1916 von G. N. Lewis und J. Langmuir aufgestellte Theorie der Atom- und Ionenbindung, die besagt, daß Atome durch Bildung von Elektronenpaaren oder durch Abgabe bzw. Aufnahme von Elektronen in der äußeren Elektronenschale eine Oktettgruppierung (↑Edelgasschale) ausbilden.

Oktober, der 10. Monat des Jahres, mit 31 Tagen (eigtl. der 8., latein. octo, nach dem urspr. röm. Jahresanfang); der alte dt. Name ist *Weinmonat*. Im O. wird meist das Erntedankfest gefeiert; im O. liegen auch zahlr. Kirchweihtermine.

Oktoberdiplom, am 20. Okt. 1860 von Kaiser Franz Joseph I. verkündetes östr. Staatsgrundgesetz mit föderalist. Charakter; 1861 durch das ↑Februarpatent abgelöst.

Oktoberdraconiden, Meteorstrom, dessen Sternschnuppenfall um den 9. Oktober beobachtet wird.

Oktoberfest, seit 1811 alljährl. stattfindendes Volksfest in München von zweiwöchiger Dauer; endet am 1. Sonntag im Oktober.

Oktoberrevolution, polit.-soziale Umwälzung in Rußland, die durch die gewaltsame bolschewist. Machtübernahme in Petrograd (dem heutigen Leningrad) am 7. November 1917 (nach dem in Rußland damals gültigen julianischen Kalender 25. Okt., deshalb O.) eingeleitet wurde. Im Ggs. zur völlig spontanen bürgerl. ↑Februarrevolution 1917 wurde die O. von den Bolschewiki unter Führung des im April aus dem Schweizer Exil zurückgekehrten W. I. Lenin konspirativ und planmäßig vorbereitet, wobei sie auf eine starke revolutionäre Massenströmung bauten, die entstanden war, weil es dem in der Februarrevolution gebildeten neuen Machttträgern (Provisor. Reg. und Petrograder Sowjet) nicht gelang, die Forderungen der Bev. nach

Oktoberrevolution

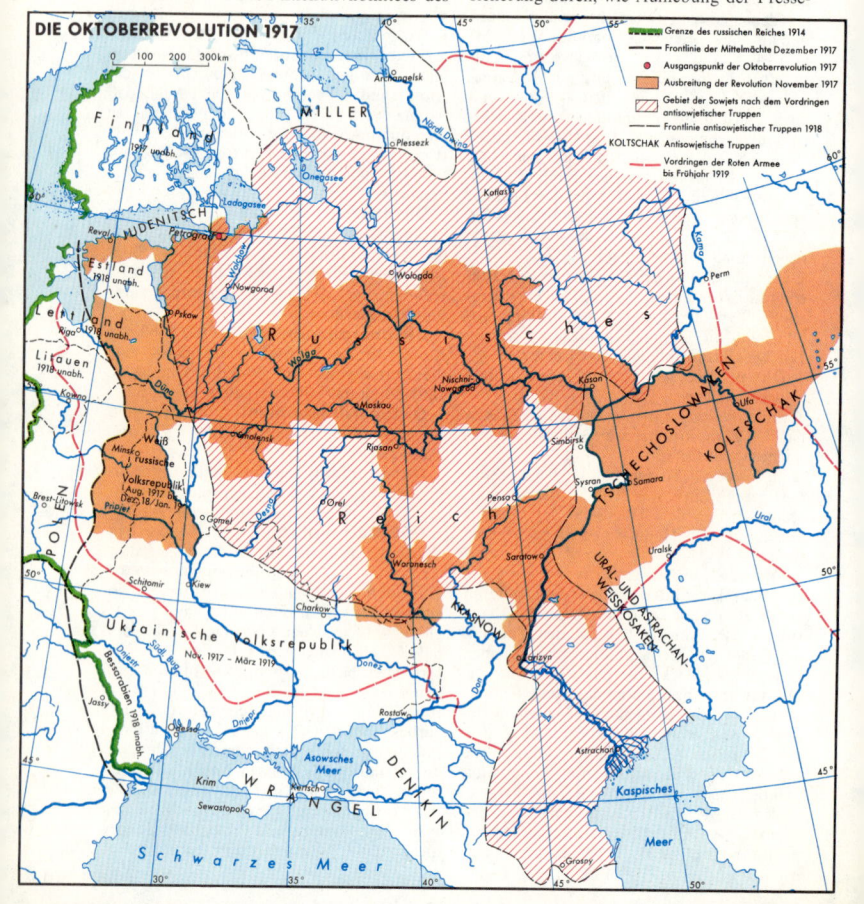

„Frieden, Land und Brot" zu erfüllen. Der Versuch des Min.präs. A. F. Kerenski, den Krieg gegen die Mittelmächte fortzusetzen, endete mit dem Zusammenbruch des Transport- und Versorgungswesens und der Desertion von 2 Mill. Soldaten; die Vertagung von Agrarreformen und von Wahlen zu einer verfassunggebenden Versammlung bewirkte ab Juli 1917 das sprunghafte Ansteigen von Bauernrevolten, verbunden mit gewaltsamer Inbesitznahme von Boden und Besitz; dies alles brachte Rußland ins polit. und wirtsch. Chaos. Angesichts des völligen Autoritätsverfalls der Provisor. Reg. beschloß am 10./23. Okt. das ZK der bolschewist. Partei auf Drängen Lenins, den gewaltsamen Umsturz am Eröffnungstag des 2. Allruss. Sowjetkongresses durchzuführen. L. Trotzki, der Organisator der Aufstandsaktion, ließ in seiner Eigenschaft als Vors. des kurz zuvor geschaffenen Militärrevolutionären Exekutivkomitees des Petrograder Sowjets am 24. Okt./6. Nov. alle strateg. wichtigen Punkte der Hauptstadt durch bolschewist. Truppen und bewaffnete Arbeitermilizen („Rote Garden") besetzen und am 25. Okt./7. Nov. das Winterpalais stürmen, in dem bis auf den rechtzeitig geflüchteten Min.präs. Kerenski die Mgl. der Provisor. Reg. verhaftet wurden. Am gleichen Tag bestätigte der 2. Allruss. Sowjetkongreß einen bolschewist. „Rat der Volkskommissare" unter Lenins Vorsitz als neue Reg., die tags darauf ihre ersten beiden für ihren Rückhalt bei Bauern und Soldaten entscheidenden Dekrete über die entschädigungslose Enteignung alles gutherrl. Landes und über sofortige Friedensbereitschaft erließ. Auf die Petrograder Aktionen (in Moskau siegten die Bolschewiki erst nach blutigen Kämpfen am 2./15. Nov.) führten ihre bolschewist. Träger eine Reihe repressiver Maßnahmen zur Machtabsicherung durch, wie Aufhebung der Pressefreiheit, Gründung der Staatssicherheitsorganisation „Tscheka" und gewaltsame Auflösung der verfassunggebenden Versammlung, in der die Bolschewiki nur über 175 der insges. 707 Sitze verfügten. Die aussichtslose militär. Lage erzwang den Abschluß des Verzichtfriedens von Brest-Litowsk (März 1918); im nachfolgenden Bürgerkrieg (Mai 1918 bis Ende 1920) behauptete sich die am 10. Juli 1918 gegr. Russ. Sozialist. Föderative Sowjetrepublik (RSFSR) mit Hilfe der von Trotzki organisierten „Roten Armee".

⎯ *Altrichter, H.: Staat und Revolution in Sowjetrußland 1917–1922/23. Darmst. 1981. - Die russ. Revolution 1917. Hg. v. R. Lorenz u. a. Mchn. 1981. - Carr, E. H.: Die Russ. Revolution. Dt. Übers. Stg. 1980.*

Oktobristen [lat.-russ.], bis Ende 1917 bestehende russ. Partei, die als „Verband des 17. Oktober" von der konstitutionell-monarchist. Minderheit des Semstwokongresses vom Nov. 1905 gegr. worden war. Die O. wollten eine Demokratisierung der Verfassung durch Reformpolitik erreichen und unterstützten die Reg. im Kampf gegen die Autonomiebestrebungen der Nationalitäten.

Oktode [griech.] (Achtpolröhre), Elektronenröhre mit acht Elektroden.

Oktoechos [griech.], moderne Bez. des Tonartensystems des byzantin. Kirchengesangs, das ähnl. wie die ↑ Kirchentonarten in vier authent. (herrschende) und vier plagale (seitl. abgeleitete Tonarten) unterteilt ist.

Oktogon (Oktagon) [griech.], svw. Achteck.

Oktopoden [griech.], svw. ↑ Kraken.

Oktopus [griech.], svw. Gemeiner Krake (↑ Kraken).

Oktostylos [griech.], antiker Tempeltypus mit je acht Säulen an den Schmalseiten.

oktroyieren [ɔktroa'jiːrən; frz.; zu vulgärlat. auctorizare „sich verbürgen, bestätigen"], 1. Vorrechte einräumen, verleihen; 2. aufdrängen, aufzwingen.

oktroyierte Verfassung [ɔktroa'jiːrtə]. Bez. für einseitig vom Staatsoberhaupt gegebene Verfassungen, v. a. für: 1. die am 5. Dez. 1848 von König Friedrich Wilhelm IV. von Preußen verkündete, bis 1918 im wesentl. gültige preuß. Verfassung. Sie sah ein Zweikammersystem vor, erklärte bestimmte Bürgerrechte (u. a. allg., doch nicht gleiches Wahlrecht) und machte die Kammern neben der Krone zum entscheidenden Faktor der Gesetzgebung. - 2. die am 4. März 1849 von Kaiser Franz Joseph I. gegen das Verfassungsprojekt des Reichstags von Kremsier sowie gegen die Frankfurter Nat.versammlung und ihre Reichsverfassung verkündete Verfassung für das Kaisertum Österreich: Diese sah u. a. einen direkt gewählten Reichstag vor und führte in beschränktem Umfang bürgerl. Grundrechte ein; durch Staatsstreich am 31. Dez. 1851 widerrufen.

Okudschawa, Bulat Schalwowitsch [russ. akud'ʒavɐ], *Moskau 9. Mai 1924, russ.-sowjet. Schriftsteller. - In der Sowjetunion v. a. populär als Verf. satir., unpathet. Gedichte und Chansons über Liebe, Gesellschaft und Krieg, die er zur Gitarre vorträgt (in dt. Auswahl u. a. „Der fröhl. Trommler", 1969); auch Erzählungen und histor.-biograph. Romane wie „Der arme Awrasimow" (1969), „Die Erlebnisse des Polizeiagenten Schipow bei der Verfolgung des Schriftstellers Tolstoj" (1971; deshalb 1972 aus der KPdSU ausgeschlossen), „Die Reise der Dilettanten" (1976), „Die Flucht" (1978).

Okular [zu lat. ocularis „zu den Augen gehörig"], bei einem opt. Gerät die dem Auge zugewandte Linse, durch die das vom ↑ Objektiv erzeugte reelle Zwischenbild wie durch eine Lupe betrachtet wird.

Okulation [zu lat. oculus „Auge"] (Augenveredelung), Veredelungsverfahren (z. B. an Rosen), wobei ein Stückchen Rinde mit der daraufsitzenden Knospe einer hochwertigen Sorte unter die mit einem T-Schnitt gelöste Rinde des Wildlings (Unterlage) geschoben wird.

Okuli (Oculi) [lat. „Augen"], Name des 3. Fastensonntags, ben. nach dem lat. Anfangswort des Introitus.

Okuliermücke [lat./dt.] (Okuliergallmücke, Thomasiniana oculiperda), etwa 2 mm lange, mit Ausnahme des braunen Hinterleibs schwarze Gallmücke in Europa; legt ihre Eier an Veredelungsstellen von Kernobstbäumen und Rosen ab, wo die bis 2,5 mm langen, roten Larven *(Okuliermaden)* durch Fraß an den Verwachsungsstellen der beiden Gewebe schädl. werden.

Okuma, Schigenobu, Marquis (seit 1916), *Saga 16. Febr. 1838, †Tokio 10. Jan. 1922, jap. Politiker. - Anhänger der kaisertreuen Partei in den Meidschireformen und Befürworter eines parlamentar. Systems; 1873–80

Okulation. Bei umgekehrtem Reis (a) wird das Auge (b, von vorn) von oben nach unten geschnitten; c T-Schnitt am Wildling, d Einsetzen des Auges, e mit Bast umwickelte Veredelungsstelle

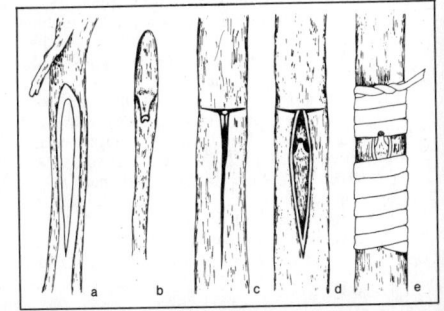

Okume

Finanzmin., 1882 Gründer der Fortschrittspartei (Kaischinto); 1888 und 1896/97 Außenmin.; Min.präs. 1898, 1914–16.

Okume [afrikan.-frz.] (Okoumé, Gabun), hellrotes bis rosagraues, zieml. grob strukturiertes, weiches Holz des bis 60 m hohen Balsambaumgewächses *Aucoumea klaineana;* Verwendung v. a. für Zigarrenkisten, Füllungen, Blind- und Innenfurniere.

Ökumene [zu griech. oikouménē (gḗ) „bewohnte (Erde)"], in der *Geographie* im Ggs. zur ↑Anökumene der von Menschen ständig bewohnte Siedlungsraum.

♦ in der *Theologie* Bez. für die Gesamtheit der christl. Kirchen.

ökumenische Bewegung, Einigungsbewegung christl. Kirchen im 20. Jh. Die kirchl. Zusammenarbeit orientiert sich an den frühchristl. ökumen. Konzilen; es besteht kein Konflikt zw. den verschiedenen Ansprüchen auf eigene Allgemeingültigkeit. Ausgangspunkt der ö. B. war das gemeinsame Handeln in der Mission, ihr Ziel ist die Einheit der Kirchen in der Verkündigung von Jesus Christus und im Dienst an der Welt. - Vorarbeiten im 19. Jh. durch Laienbünde wie den Christl. Verein Junger Männer und den Christl. Studentenweltbund waren erst erfolgreich, als institutionelle Kirchen zur Zusammenarbeit bereit waren. 1910 fand auf Betreiben des amerikan. methodist. Laien John R. Mott die Weltmissionskonferenz in Edinburgh statt, als deren Ergebnis 1921 der ↑Internationale Missionsrat gegründet wurde und deren Anstöße zur Vertiefung des Interkonfessionalismus zur Bewegung für Glauben und Kirchenverfassung (↑Faith and Order) führten, in der nun auch Lehre und Praxis der Kirchen gemeinsam neu formuliert wurden. Als dritter Zweig der ö. B. entstand aus dem Weltbund für Freundschaftsarbeit der Kirchen (1914–48) die kirchl. offizielle Bewegung für Prakt. Christentum (↑Life and Work). Hervorragende Persönlichkeiten der ö. B. dieser Zeit waren N. ↑Söderblom und F. ↑Siegmund-Schultze. „Faith and Order" und „Life and Work" beschlossen 1938 in Utrecht, sich zum ↑Ökumenischen Rat der Kirchen zusammenzuschließen, was erst 1948 mögl. wurde; er ist seither das tragende Instrument der ö. B. - Während die ö. B. bei der kath. Kirche zunächst auf deutl. Ablehnung und sogar Verurteilung stieß, besteht seit dem Pontifikat Johannes' XXIII. eine zunehmende Zusammenarbeit zw. Ökumen. Rat und Vatikan. Ausdruck der veränderten Haltung sind auf offizieller Ebene die Gemeinsame Arbeitsgruppe (1965), der Ausschuß für Gesellschaft, Entwicklung und Frieden (↑SODEPAX, seit 1968) und die Mitarbeit kath. Vertreter bei „Faith and Order". Ein stärker werdendes ökumen. Bewußtsein zeigt sich jedoch v. a. in der kirchl. Praxis, z. B. in den heute weit verbreiteten ökumen. Gottesdiensten und bes. in der seit 1970 auch kirchenrechtl. Möglichkeit einer **ökumenischen Trauung** bei Mischehen, wobei der Pfarrer der jeweils anderen Kirche an der Trauung mitwirkt oder beide Pfarrer gemeinsam die Trauung vornehmen. Die seit 1981 bestehende Ökumen. Kommission zw. ev. und kath. Kirche diskutiert auf amtl. Ebene theolog. Grundfragen, auch prakt. Fragen, wie ökumen. Gottesdienste, Mischehenseelsorge, Abendmahl.

📖 *Einheit vor uns.* Hg. von der Gemeinsamen röm.-kath./ev.-luth. Kommission. Paderborn 1985. - Kantzenbach, F. W.: *Einheitsbestrebungen im Wandel der Kirchengeschichte* Gütersloh 1980.

ökumenische Glaubensbekenntnisse, svw. ↑ökumenische Symbole.

Ökumenischer Patriarch, seit dem 6. Jh. Titel des orth. Patriarchen von Konstantinopel, der urspr. eine Gleichstellung mit Rom zum Ausdruck bringen sollte. Heute besitzt der Ö. P. innerhalb der autokephalen orth. Kirchen nur einen Ehrenprimat.

Ökumenischer Rat der Kirchen (Weltrat der Kirchen, engl. World Council of Churches), Abk. ÖRK, organisator. Instrument der ↑ökumenischen Bewegung mit Sitz in Genf. Auf der Basis der Bewegungen „Faith and Order" und „Life and Work" entstand 1937 der Plan und 1938 in Utrecht der erste Verfassungsentwurf des entstehenden ÖRK. An der konstituierenden Vollversammlung des ÖRK 1948 in Amsterdam nahmen 147 Kirchen aus 44 Ländern teil. Das Ziel ist die Überwindung der trennenden Ggs. der christl. Lehre, aber auch die der Nationalitäten und Rassen. Auf der 3. Vollversammlung in Neu-Delhi 1961 wurde der Zusammenschluß des ÖRK mit dem Internat. Missionsrat vollzogen. Mgl. kann jede autonome Kirche werden, wenn $2/3$ der Vollversammlung oder des Zentralausschusses zustimmen. Die Vollversammlung ist das oberste Gremium und tagt alle 6 Jahre. Zw. den Konferenzen werden die Aufgaben des ÖRK unter Leitung des Generalsekretariats in Genf von vier Abteilungen wahrgenommen: Abteilung für zwischenkirchl. Hilfe, für ökumen. Aktivität, Studienabteilung und Abteilung für Weltmission und Evangelisation.

ökumenisches Konzil, die Versammlung der Bischöfe der gesamten kath. Kirche, die Repräsentation der Universalkirche. Nach dem kanon. Recht wird das ö. K. vom Papst berufen.

ökumenische Symbole (ökumenische Glaubensbekenntnisse), zusammenfassende Bez. der drei altkirchl. Bekenntnisse: ↑Apostolisches Glaubensbekenntnis, Athanasian. Glaubensbekenntnis (↑Quicumque) und ↑Nizänokonstantinopolitanum.

ökumenische Trauung ↑ökumenische Bewegung.

Ökumenismus [griech.], seit dem 2. Va-

ÖKUMENISCHE KONZILE

Konzil	Zeit	Wichtigste Verhandlungsthemen
Nizäa	19. Juni bis 25. Aug. 325	Verurteilung des Arianismus; Termin des Osterfestes; Formulierung des ersten („Nizänischen") Glaubensbekenntnisses
Konstantinopel I	Mai bis 9. Juli 381	Wiederherstellung der Glaubenseinheit; Gottheit des Hl. Geistes
Ephesus	26. Juni bis Sept. 431	Gottesmutterschaft Marias; Überwindung von Nestorianismus und Pelagianismus
Chalkedon	8.–31. Okt. 451	Entscheidung gegen Monophysitismus: zwei Naturen in Christus („hypostatische Union")
Konstantinopel II	5. Mai bis 2. Juni 553	Verurteilung der „Drei Kapitel" der Nestorianer und der Lehren der Origenisten
Konstantinopel III („Trullanum I")	7. Nov. 680 bis 16. Sept. 681	Verurteilung des Monotheletismus; „Honoriusfrage"
Nizäa II	24. Sept. bis 23. Okt. 787	Sinn und Erlaubtheit der Bilderverehrung, Reformdekrete
Konstantinopel IV	5. Okt. 869 bis 28. Febr. 870	Beseitigung des „Photianischen Schismas"
Lateran I	18./19. März bis 6. April 1123	Bestätigung früherer Dekrete über den Gottesfrieden und des Wormser Konkordats
Lateran II	April 1139	Reformdekrete (im Sinne der gregorianischen Reform)
Lateran III	5.–19. (22.) März 1179	Vorschriften zur Papstwahl; Ausweitung des Kreuzzugsablasses
Lateran IV	11.–30. Nov. 1225	Lehre von der Transsubstantiation; Glaubensbekenntnis gegen Albigenser und Katharer; Vorschrift besonderer Kleidung für Juden
Lyon I	28. Juni bis 17. Juli 1245	Wirtschafts- und Verwaltungsreform des kirchlichen Besitzes; Absetzung Kaiser Friedrichs II.
Lyon II	7. Mai bis 17. Juli 1274	Union mit den Griechen; Kirchenreform; Konklaveordnung
Vienne	16. Okt. 1311 bis 6. Mai 1312	Aufhebung des Templerordens; Franziskanischer Armutsstreit; Freiheit der Kirche gegenüber weltlicher Gewalt
Konstanz	5. Nov. 1414 bis 22. April 1418	Verurteilung der Lehre Wyclifs; Todesurteil über J. Hus; Beilegung des Abendländischen Schismas: Resignation Gregors XII., Absetzung Johannes' XXIII. und Benedikts XIII., Wahl Martins V.; Konziliarismus
17. Basel-Ferrara-Florenz oder	23. Juli 1431 bis 25. April 1449	Entscheidungskampf zwischen Papsttum und Konziliarismus, Sieg des Papsttums; Union mit den Griechen, Armeniern, Jakobiten
17. Basel I und	23. Juli 1431 bis 7. Mai 1437	
18. Basel II (Ferrara-Florenz)	8. Jan. 1438 bis 25. April 1448	
18. (19.) Lateran V	3. Mai 1512 bis 16. März 1517	Lehre von der Individualität und Unsterblichkeit der Seele
19. (20.) Trient	13. Dez. 1545 bis 4. Dez. 1563	Lehre von Schrift und Tradition, Erbsünde, Rechtfertigung, Sakramente, Meßopfer, Heiligenverehrung; Reformdekrete (über Priesterausbildung, Domkapitel, Residenzpflicht der Bischöfe)
20. (21.) Vatikanum I	8. Dez. 1869 bis 20. Okt. 1870	Definition des Primats und der Unfehlbarkeit des Papstes
21. (22.) Vatikanum II	11. Okt. 1962 bis 8. Dez. 1965	liturgische Erneuerung; Offenbarung; Kirche in der Welt von heute; Kollegialität der Bischöfe; Religionsfreiheit; Ökumenismus; Kommunikationsmittel

tikan. Konzil in der kath. Kirche übl. Bez. für interkonfessionelle Einigungsbestrebungen (↑ ökumenische Bewegung), der die Anerkennung unterschiedl. christl. Konfessionen zugrunde liegt und deren Grundzüge am 21. Nov. 1964 im Dekret über den Ö. formuliert und veröffentlicht wurden. Ziel des Ö. ist eine „Wiedervereinigung" („reconciliatio") der Christen, nicht deren „Rückkehr" in die kath. Kirche. - Das eigtl. Problem des Ö. ist der in den einzelnen Konfessionen verschiedene Kirchenbegriff, dem der Anspruch der kath. Kirche, die alleinseligmachende zu sein (↑ auch extra ecclesiam nulla salus), ausschließend entgegensteht, noch verschärft durch den jurisdiktionellen und Lehrprimat des Papstes.

OKW, Abk. für: **O**ber**k**ommando der **W**ehrmacht.

Okwabaum (Treculia africana), Maulbeerbaumgewächs im trop. Afrika; 20–25 m hoher Waldbaum mit 30–40 cm langen, ganzrandigen Blättern; Fruchtstände mit 20–30 cm Durchmesser und 9 kg bis über 20 kg Gewicht. Die Samen dienen v. a. im trop. W-Afrika als Nahrungsmittel.

Okzident [zu lat. sol occidens „untergehende Sonne"], Westen, Abend; in übertragener Bed. svw. ↑ Abendland (Ggs. ↑ Orient).

okzipital [lat.], zum Hinterkopf gehörend, das Hinterhaupt betreffend.

Okziput [lat.], Hinterkopf, Hinterhaupt.

Okzitanisch, bereits im Latein des MA („occitanus"; frz. „Langue d'oc") auftretende Bez. für die provenzal. Mundarten S-Frankreichs nach der Bejahungspartikel oc („ja"). O. wurde von der Gruppe der Félibres wieder aufgegriffen, setzte sich aber nicht durch; erst neuerdings wird O. (frz. occitan) gegenüber dem eingebürgerten sprachwiss. Begriff „Provenzalisch" zur Bez. des Gesamtgebiets in den Vordergrund gerückt.

Öl ↑ Öle.

-ol [arab.], Suffix der chem. Nomenklatur, das das Vorhandensein einer Hydroxylgruppe in organ. Verbindungen anzeigt.

Ölabscheider (Ölfang) ↑ Kläranlage.

Ölabstreifring ↑ Kolben.

Olaf, aus dem Nord. übernommener männl. Vorname, eigtl. „Nachkomme des [göttl. verehrten] Urahns".

Olaf ['oːlaf, norweg. 'uːlaf], Name norweg. Herrscher:

O. I. Tryggvesson [norweg. 'tryɡvəsɔn], * um 964, ✕ bei Svolder (bei Rügen?) 1000, König (seit 995). - 994 in England getauft; unterwarf 995 Norwegen und begann dessen gewaltsame Christianisierung; gründete 997 Nidaros (↑ Drontheim).

O. II. Haraldsson, hl., gen. der Heilige, * um 995, ✕ Stiklestad (= Verdal, Nord-Trøndelag) 29. Juli 1030, König (1015–28). - Setzte das Bekehrungswerk O. I. fort; mußte 1028 vor dem dän. König Knut II., d. Gr., nach Rußland fliehen. Er fiel beim Versuch, sein Reich zurückzuerobern. Schutzpatron Norwegens (Tag: 29. Juli).

O. III. Haraldsson, gen. O. H. Kyrre [norweg. ˌçyrə „die Stille"], † in Norwegen 1093, König (seit 1067/69). - Regierte bis 1069 zus. mit seinem Bruder Magnus II. Haraldsson; erhielt wegen seiner friedvollen Regierung seinen Beinamen.

O. V., urspr. Alexander Eduard Christian Friedrich Prinz von Dänemark, * Appleton House (Norfolk) 2. Juli 1903, König (seit 1957). - Seit 1929 ∞ mit Prinzessin Märtha von Schweden (* 1901, † 1954); ging nach der dt. Besetzung Norwegens 1940 ins Exil und leitete von London aus mit seinem Vater Håkon VII. den norweg. Widerstand; kehrte 1945 nach Oslo zurück; 1955–57 Regent für seinen Vater.

Ólafsson, Stefán [isländ. 'ɔylafsɔn], * Kirkjubær um 1620, † Vallanes 29. Aug. 1688, isländ. Gelehrter und Dichter. - Ab 1649 Pfarrer; gilt als der bed. weltl. Barockdichter Islands; schrieb Satiren und Grotesken sowie subjektiv-persönl. Lyrik.

Olahus, Nikolaus, eigtl. N. Oláh, * Hermannstadt (Siebenbürgen) 10. Jan. 1493, † Preßburg 14. Jan. 1568, slowak. kath. Theologe. - 1544 Bischof von Agram, 1548 von Eger und seit 1553 Erzbischof von Gran. Er war der Initiator der Gegenreformation in Ungarn und betrieb die Durchführung der Trienter Reformbeschlüsse.

Öland, zweitgrößte schwed. Insel, in der Ostsee, durch den von einer 6 070 m langen Brücke überspannten Kalmarsund vom Festland getrennt, 135 km lang, bis 16 km breit, 24 000 E. Ö. besteht aus einem bis 57 m hohen, weitgehend verkarsteten Kalkplateau, das im W eine markante Schichtstufe bildet. Ihm ist im Zentrum und S ein bis 3 km breiter, fruchtbarer Küstenstreifen vorgelagert; im S Steppenvegetation. Einzige Stadt ist Borgholm. - Zeugen früher Besiedlung: bronzezeitl. Hügelgräber, Gräberfelder, Runensteine und Fluchtburgen. 1569–1801 war Ö. königl. Wildpark (Jagdrevier).

Ölbadfilter ↑ Luftfilter.

Ölbaum (Olivenbaum, Olea), Gatt. der Ölbaumgewächse mit rd. 20 Arten im trop. und mittleren Asien, in Afrika, im Mittelmeergebiet sowie in Australien und Neukaledonien; Bäume oder Sträucher mit kleinen, in Rispen angeordneten Blüten. Mehrere Arten liefern wertvolle Nutzhölzer. Die wichtigste Art als Kultur- und Nutzpflanze ist der **Echte Ölbaum** (Olea europaea), ein wahrscheinl. aus dem östl. Mittelmeergebiet stammender, gedrungener, mehr als 1 000 Jahre alt werdender, 10–16 m hoher Baum mit knorrigem, im Alter oft drehwüchsigem und dort Ausfaulen in skurrile Stelzen zerteiltem Stamm; Blätter weidenartig, ledrig, unterseits silbergrau; Blüten weiß, klein, in traubigen Ständen. -

Olden

Die Frucht des Ö. ist eine pflaumenähnl. Steinfrucht (**Olive**). Die grüne, rötl. oder schwarze Fruchthaut ist dünn, das grünlichweiße Fruchtfleisch sehr ölreich. Der harte Steinkern enthält meist nur einen ölreichen Samen. - Der Ö. wird heute in zahlr. Kulturvarietäten angebaut, v. a. in Spanien, S-Frankreich, Italien, in den Küstenbereichen Griechenlands und N-Afrikas sowie in den USA und in S-Amerika. Die für Speisezwecke verwendeten größeren, fruchtfleischreicheren und ölarmen *Speiseoliven* werden gepflückt, die kleineren *Ölöliven* mit dünnem, ölreichem Fruchtfleisch († Olivenöl) abgeschüttelt.
Geschichte: Der Ö. wird seit dem 3. Jt. v. Chr. im südl. Vorderasien angebaut. In Griechenland war der Ö. der Göttin Athena heilig. *Ölzweige* waren im allg. Zeichen des Sieges, bei Juden und Christen jedoch Zeichen des Friedens. - Das Öl der *Olive* wurde von den Phöniker, die auch den Ö. nach Tunis, Spanien und möglicherweise nach Sizilien brachten, zum Handelsartikel gemacht. - Abb. S. 68.

Ölbaumgewächse (Oleaceae), Pflanzenfam. mit rd. 600 Arten in den Tropen und den gemäßigten Gebieten, im pazif. Bereich fehlend; vorwiegend Holzpflanzen mit Blüten in meist rispigen oder traubigen Blütenständen. Die Früchte sind oft einsamige Kapseln, Nüsse, Beeren oder Steinfrüchte. In Deutschland sind nur die Gemeine Esche und der Gemeine Liguster heim.; viele Ö. werden als Zierpflanzen kultiviert, u. a. zahlr. Arten und Sorten des Flieders, der Forsythie, des Jasmins und der Duftblüte. Wichtigste Kulturpflanze ist der Ölbaum.

Ölberg, Höhenzug östl. von Jerusalem, jenseits des Kidron, 740 m hoch; am westl. Fuße †Gethsemane; auf dem nördl. Skopusberg die alte Hebräische Univ. Jerusalem; die mittlere Kuppe Dschabal At Tur gilt als Stätte der Himmelfahrt Christi (ehem. Himmelfahrtskapelle, mit angebl. Fußabdruck Christi; heute Moschee); russ. Kloster.

Ölberg, Großer †Großer Ölberg.

Ölbernhau, Stadt im östl. Erzgebirge, Bez. Karl-Marx-Stadt, DDR, 440–470 m ü. d. M., 12 200 E. Bed. holzverarbeitende Ind. - 1336 erstmals bezeugt; um 1800 Marktflecken; 1902 Stadterhebung. - Frühbarocke Stadtkirche. Im Stadtteil Grünthal befestigte Kupferhütte („Saigerhütte" (1493 und 1567), ehem. kurfürstl. Herrenhaus (1586).

Olbers, Wilhelm, * Arbergen (= Bremen) 11. Okt. 1758, † Bremen 2. März 1840, dt. Astronom. - Errichtete 1799 eine Privatsternwarte; entdeckte sechs Kometen und berechnete sechzehn Kometenbahnen.

Olbia, Ruinenstadt an der Mündung des Südl. Bug ins Schwarze Meer, Ukrain. SSR, UdSSR; gegr. von ion. Siedlern als Handelsplatz im frühen 6. Jh. v. Chr.; geriet im 2. Jh. v. Chr. unter skyth. Vorherrschaft; 50 v. Chr. von den Dakern zerstört; bestand noch bis ins 4. Jh. n. Chr. - Die ummauerte Stadt (33 ha Fläche) war in Unter- und Oberstadt geteilt; freigelegt die Agora und der hl. Bezirk (Temenos) u. a. mit monumentalem Freialtar.

O., italien. Hafenstadt in NO-Sardinien, 15 m ü. d. M., 31 700 E. Autofähre nach Civitavecchia. - Roman. Kirche (11. und 12. Jh.).

Olbracht, Ivan, eigtl. Kamil Zeman, * Semily (Ostböhm. Gebiet) 6. Jan. 1882, † Prag 30. Dez. 1952, tschech. Schriftsteller. - Sohn von A. Stašek; Redakteur und Publizist; nach 1945 Mgl. des ZK der KPČ und Abg.; schrieb zunächst psycholog. Romane (z. B. „Im dunkelsten Kerker", 1916), später mit sozialkrit. Tendenz, v. a. „Anna. Ein Mädchen vom Lande" (1928), „Der Räuber Nikola Schuhaj" (1933); auch Reportagen und Jugendbücher.

Ölbrenner, in Ölfeuerungsanlagen eingebauter Gebläsebrenner für Heizöl; besteht aus Ölpumpe, Düse zum Zerstäuben des Öls, Zündeinrichtung (Hochspannungstransformator und Zündkerze) und Gebläse für die Verbrennungsluft; Steuerung meist über Thermostat.

Olbreuse, Eleonore Desmier d' [frz. ɔl'brø:z], * Schloß Olbreuse (Deux-Sèvres) 16. Jan. 1639, † Celle 5. Febr. 1722, Hzgn. von Braunschweig-Lüneburg. - Geliebte Hzg. Georg Wilhelms; 1676 als rechtmäßige Gemahlin des Hzg. und als Hzgn. anerkannt. Stammmutter der brit. und hannoveran. Könige.

Olbrich, Joseph Maria, * Troppau (= Opava) 22. Dez. 1867, † Düsseldorf 8. Aug. 1908, östr. Architekt. - Schüler O. Wagners, begr. seinen Ruhm als Jugendstilkünstler durch das Ausstellungsgebäude (1897/98) der Wiener Sezession. 1899 nach Darmstadt berufen, wo ihm die Gesamtleitung für die Ausgestaltung der Mathildenhöhe übertragen wurde: Er selbst baute das „Ernst-Ludwig-Haus" (1900/01; heute Sitz der Dt. Akad. für Sprache und Dichtung), „Hochzeitsturm" (1907/08; Abb. Bd. 5, S. 83) sowie die Wohnhausgruppe Eckhaus, Blaues und Graues Haus (1904); funktionalist. ist sein Warenhaus Tietz in Düsseldorf (1907–09; heute Kaufhof).

Olbricht, Friedrich, * Leisnig 4. Okt. 1888, † Berlin 20. Juli 1944 (standrechtl. erschossen), dt. General. – Nahm als Divisionskommandeur am Polenfeldzug teil; seit März 1940 Chef des Allg. Heeresamtes im Oberkommando des Heeres; spielte eine zentrale Rolle bei der Vorbereitung und Durchführung des Umsturzversuchs vom 20. Juli 1944; nach dessen Scheitern exekutiert.

Olcott, Henry Steel [engl. 'ɔlkət], * Orange (N. J.) 2. Aug. 1832, † Adyar (Tamil Nadu, Indien) 17. Febr. 1907, amerikan. Theosoph. - Offizier, dann Journalist; gründete 1875 zus. mit H. P. Blavatsky die †Theosophische Gesellschaft, deren erster Präsident er war.

Olden, Balder, * Zwickau 26. März 1882, † Montevideo 24. Okt. 1949 (Selbstmord), dt.

Olden

Schriftsteller. - Auslandskorrespondent; emigrierte 1933. Schrieb Abenteuerromane, u. a. „Die verhexte Million" (1909), „Kilimandscharo" (1922), und Zeitkritisches: „Roman eines Nazi - Blood and tears" (1933), „Schriftsteller Goebbels" (1938).

O., Rudolf, * Stettin 14. Jan. 1885, † 17. Sept. 1940 (ertrunken), dt. Jurist und Schriftsteller. - Bruder von B. Olden; übernahm 1931 die Verteidigung C. von Ossietzkys in dessen Hochverratsprozeß. Emigrierte 1933 nach Prag, später nach Paris und Großbrit.; verfaßte im Exil Analysen zeitgenöss. dt. polit. Probleme.

Oldenbarnevelt (Oldenbarneveldt, Barnevelt), Johan van, * Amersfoort 14. Sept. 1547, † Den Haag 13. Mai 1619 (enthauptet), niederl. Staatsmann. - Liberal-aristokrat. Führer im Unabhängigkeitskampf; betrieb nach der Ermordung Wilhelms I. von Oranien (1584) die Ernennung des Prinzen Moritz von Oranien zum Statthalter von Holland und Seeland, mit dem er, seit 1586 Ratspensionär von Holland, sich die Gewalt teilte. 1609 schloß O. gegen den Willen des Statthalters einen zwölfjährigen Waffenstillstand mit den Spaniern; in den konfessionellen Streitigkeiten zw. ↑ Arminianern und Gomaristen (↑ Gomarus) stand er mit den Staaten Hollands auf der Seite der Arminianer, im Ggs. zum Statthalter, der O. verhaften und hinrichten ließ.

Oldenburg, europ. Dyn., auf Egilmar I. (um 1100) zurückgeführt. Mit Christian VIII. (1448/57 als Christian I. zum König von Dänemark, Norwegen und Schweden gewählt), der durch den Vertrag von Ripen (1460) die Erbnachfolge in Schleswig und Holstein antrat, begann die *dän. Hauptlinie* (bis 1863), während Christians Bruder Gerhard die *gräfl. Linie O.* weiterführte (1667 erloschen). Die mit der Dreiteilung der Hzgt. Schleswig und Holstein 1544 beginnende Nebenlinie *Gottorf* wurde zum Rivalen des Gesamthauses. Die dän. Hauptlinie schuf 1564/71 den königl. Herrschaftsanteil der Hzgt., im Hzgt. Sonderburg, eine Nebenlinie, deren Zweige nach dem Aussterben der dän. Hauptlinie mit dem Thronerwerb von Dänemark, Griechenland und Norwegen Bed. erlangten.

Oldenburg, Claes [engl. ˈouldənbəːg], * Stockholm 28. Jan. 1929, amerikan. Objektkünstler schwed. Herkunft. - Bed. Vertreter der Pop-art, verfremdet die Gegenstandswelt durch die Umkehrung der Materialien (hart zu weich, weich zu hart) und/oder durch ihre Überdimensionierung. Einer der Begründer der Land-art (1967, Graben im Central Park von New York). Präsentierte 1972 (Documenta 5) ein geruchsintensives „Maus Museum".

Oldenburg, dt. histor. Territorium, entstanden nach dem Ende des Stammes-Hzgt. Sachsen 1180 im Gebiet schwacher Reichsgewalt um das heutige Oldenburg (Oldenburg) aus einer locker gefügten Gesamtheit von Hoheitsrechten, Gerichtsbezirken, Grundherrschaften, Lehns- und Eigenbesitz; erweitert durch den größten Teil Stedingens (1234), Varel (1465), Neuenburg und Zetel (1435/36), nach Anerkennung der Reichsgewalt (1447/48) durch Erwerb des fries. Stedingens und Butjadingen (1513/23), 1575 erstmals der Herrschaft Jever. Als 1667 das Grafenhaus erlosch, regierte in O. die dän. Hauptlinie durch einen Statthalter, ab 1773 die jüngere Linie Gottorf. Das 1777 zum Hzgt. erhobene O. verdoppelte 1803 seinen Territorialbestand (Oldenburger Münsterland und Amt Wildeshausen). Nach napoleon. Annexion 1815 wiederhergestellt, wurde das Großhzgt. (seit 1815/29) in 3 Landesteilen - neben O. die (seit 1773 bzw. 1814 oldenburg.) Ft. Lübeck und Birkenfeld - regiert. Wurde 1918 dt. Freistaat mit demokrat. Verfassung, 1946 Teil des Landes Niedersachsen.

Oldenburg, svw. Geheimrat Oldenburg (↑ Äpfel, Übersicht).

Oldenburger Warmblutpferd (Oldenburger), unter Einkreuzung verschiedener Vollblutlinien gezüchtete Varietät tief und breit gebauter, 160-165 cm schulterhoher Dt. Reitpferde; Allzweckpferd mit Reitpferdeigenschaft; durchweg Braune und Rappen.

Oldenburg in Holstein, Stadt auf der Halbinsel Wagrien, Schl.-H., 4 m ü.d.M., 9 700 E. Kunststoffverarbeitung. - 1235 Stadtrechtsverleihung. - Nördl. des Marktplatzes

Ölbaum. Fruchtender (oben links) und blühender Zweig des Echten Ölbaums; rechts unten eine längs aufgeschnittene Steinfrucht (Olive), die den Steinkern freilegt

sind Reste einer slaw. Wehranlage erhalten; roman. Backsteinbasilika (12.Jh.) mit got. Chor, barock umgestaltet.

Oldenburg (Oldenburg), Hauptstadt des Reg.-Bez. Weser-Ems, Nds., in verkehrsgünstiger Lage an Hunte und Küstenkanal, 7 m ü.d.M., 138 400 E. Verwaltungssitz des Landkr. O. (O.); Synodalsitz der Ev.-luth. Kirche in Oldenburg; Univ., Fachhochschule, Niedersächs. Staatsarchiv, Landesbibliothek; mehrere Museen und Kunstgalerien; Staatstheater u. a. Bühnen, botan. Garten; Bundeswehrstandort. Bed. als Verwaltungs- und Handelsstadt für ein weites Umland; Motorenwerk, Fleischwarenfabrik, Glasfabriken, Schiffswerft, Elektro-, Bekleidungs- und metallverarbeitende Ind., Druckereien und Verlage; Hafen am Küstenkanal. - 1108 erstmals erwähnt; bildete sich um die gleichnamige Burg, erhielt 1345 Stadtrecht; seit der Mitte des 12.Jh. Mittelpunkt der Gft. Oldenburg. Burg, Alt- und Neustadt waren seit dem 14.Jh. von Mauerring und Wassergraben umgeben. Ab 1777 (-1918) Residenz der Herzöge bzw. Großherzöge von Oldenburg; bis 1946 Hauptstadt des Landes Oldenburg. - Das Renaissanceschloß (1604 ff.; heute Landesmuseum) wurde im 18. und 19.Jh. erweitert; klassizist.-neugot. Lambertikirche (1797 und 1887), fürstl. Mausoleum (1786).

O. (O.), Landkr. in Niedersachsen.

Oldendorp, Johannes, * Hamburg um 1488, † Marburg 3. Juni 1567, deutscher Rechtsphilosoph. - Professor u. a. in Greifswald, Rostock, Frankfurt/Oder, Köln und Marburg; trat als Stadtsyndikus in Rostock (1526-34) und Lübeck (1534-36, unter J. Wullenwever) für die Durchsetzung der Reformation in den norddt. Städten ein. Einer der führenden Vertreter des frühen luth. Naturrechtsdenkens.

Oldesloe, Bad [...loː] ↑ Bad Oldesloe.

Oldie [ˈoʊldiː; zu engl. old „alt"], Bez. für einen fast schon vergessenen, jedoch plötzlich wieder aktuellen Schlager; umgangssprachl. auch Bez. für einen Angehörigen der älteren Generation.

Öldiffusionspumpe ↑ Vakuumtechnik.

Öldotter ↑ Leindotter.

Oldowan, prähistor. Kultur, ↑ Olduwaischlucht.

Oldowayschlucht ↑ Olduwaischlucht.

Old Shatterhand [engl. ˈoʊld ˈʃætəˌhænd „Alte Schmetterhand"], eine der Hauptfiguren der Reiseerzählungen K. Mays, die im Wilden Westen spielen. Mit pädagog. Absicht als Identifikationsfigur („Edelmensch") gezeichnet, vereinigt O. S. eine Fülle eth. Normen (Armut, Christlichkeit, Nächstenliebe, Keuschheit, Selbstdisziplin) und geistige wie körperl. Überlegenheit.

Oldtimer [engl. ˈoʊldtaɪmə, eigtl. „aus alter Zeit"], Bez. für histor. Kraftfahrzeuge.

Olduwaischlucht [nach dem afrikan. Pflanzennamen Olduwaj] (Oldowayschlucht, engl. Olduvai Gorge), über 35 km langes Schluchtsystem am SO-Rand der Serengeti, Tansania. An den durch die Schlucht aufgeschlossenen, bis zu 100 m mächtigen alt- und mittelpleistozänen Ablagerungen zahlr. Funde tier. und menschl. Überreste (Zinjanthropus, Homo habilis, Homo erectus) sowie von Stein- und Knochenwerkzeugen. Die Fundstellen der ältesten (bis fast 2 Mill. Jahre) Funde wurden namengebend für die ostafrikan. Kultur des sog. **Oldowan,** aus dem kreisförmige, wohl zu Behausungen gehörende Steinsetzungen erhalten geblieben sind (älteste bekannte Belege menschl. Architektur). - Ende 1974 wurden bei **Laetolil** (40 km südl. der O.) mehr als 3,5 Mill. Jahre alte Funde vermutl. der Gattung Homo gemacht.

Old Vic Theatre [engl. ˈoʊld ˈvɪk ˈθɪətə „altes Vic(toria) Theater"], Londoner Theater; 1818 gegr., Bühne für Boulevardstücke, seit 1880 Volkshochschulzentrum, 1914 von Lilian Baylis (* 1874, † 1937) übernommen, ab 1931 ausschließl. als Schauspielbühne für Klassikeraufführungen. 1963-76 (bis zur Sitzverlegung) National Theatre, 1963-73 unter der Leitung von Sir L. Olivier, der ab 1937 zum Ensemble des O. V. T. gehört hatte.

Öle [zu griech.-lat. oleum (mit gleicher Bed.)], Sammelbez. für bei Raumtemperatur flüssige, wasserunlösl. viskose organ. Verbindungen, z. B. die fetten Ö., die in ihrem Aufbau den ↑ Fetten entsprechen (hierzu gehören auch die ↑ trocknenden Öle), die ↑ Mineralöle und die chem. sehr uneinheitl. ↑ ätherischen Öle. In vielen Religionen sind **heilige Öle** sakramentale Mittel der Weihe und Kraftübertragung, der Dämonenabwehr und der Entsühnung. Deshalb werden häufig Götterbilder und Kultobjekte gesalbt (↑ Salbung, ↑ auch Krankensalbung).

Oleander [lat.-italien.] (Nerium:), Gatt. der Hundsgiftgewächse mit 3 Arten im Mittelmeergebiet bis zum subtrop. O-Asien; aufrechte, kahle Sträucher mit schmalen, ledrigen Blättern und großen Blüten in traubigen Blütenständen. - Die bekannteste Art ist der **Echte Oleander** (*Rosenlorbeer,* Nerium oleander), ein 3-6 m hoher Strauch oder kleiner Baum mit 10-15 cm langen, gegen- oder quirlständigen Blättern und rosafarbenen Blüten (Kulturformen bis 8 cm breit, auch rot, weiß, gelb, gestreift oder gefüllt). Die verschiedenen giftigen Formen der O. werden in S-Europa als Freilandzierpflanzen, in M-Europa als Kübelpflanzen kultiviert.

Olearius, Adam, eigtl. A. Ölschläger, * Aschersleben wahrscheinl. 9. Sept. 1599, ≈ 12. Sept. 1599, † Schloß Gottorf (= Schleswig) 22. Febr. 1671, dt. Schriftsteller. - 1651 Mgl. der Fruchtbringenden Gesellschaft; mit der kulturgeschichtl. wertvollen Darstellung seiner Reisen nach Rußland (1633-35) und Persien (1635-39) („Offt begehrte Beschrei-

Oleaster

bung der Newen Oriental. Reise", 1647) gilt O. als Begründer der wiss. Reisebeschreibung; auch bed. Übersetzungen.

Oleaster [griech.-lat.], Wildform (vielleicht auch verwilderte Kulturform) des Ölbaums; im gesamten Mittelmeergebiet, v. a. in der Macchie, verbreitet; meist sparriger Strauch oder kleiner Baum mit bis 4 cm langen, kleinen Blättern und rundl., ölarmen, kleinen Früchten.

Oleate [griech.-lat.] ↑ Ölsäure.

Olefine [Kw.], svw. ↑ Alkene.

Oleg ['oːlɛk, russ. a'ljɛk], † 912, altruss. Fürst. - Herrschte seit 879 in Nowgorod, seit 880/882 auch im Kiewer Reich. Legte durch Vereinigung der Warägerherrschaften und Unterwerfung der benachbarten slaw. Stämme den Grund für das Reich der Rurikiden.

Olein [griech.-lat.], durch Verseifung ölsäurehaltiger Fette gewonnenes Produkt; Verwendung zur Seifenherstellung.

Oleinsäure, svw. ↑ Ölsäure.

Olenjok [russ. alɪ'njɔk], Fluß in Sibirien, entspringt im Mittelsibir. Bergland, mündet in die O.bucht der Laptewsee, 2 292 km lang.

Oléron [frz. ɔle'rõ], Insel vor der frz. W-Küste bei Rochefort, durch eine 2 862 m lange Brücke mit dem Festland bei Marennes verbunden; Salzgärten, Austernzucht, Fremdenverkehr. - Im der Antike **Uliarus** gen., von kelt. Venetern bewohnt. - Die im 12. Jh. zusammengestellte private Seerechtssammlung **(Rôles d'Oléron)** war als Gewohnheitsrecht bis ins 17. Jh. die Grundlage des abendländ. Seerechts.

Olescha, Juri Karlowitsch [russ. a'ljɛʃɐ], Pseud. Subilo [russ. „Meißel"], * Jelisawetgrad (= Kirowograd) 3. März 1899, † Moskau 10. Mai 1960, russ.-sowjet. Schriftsteller. - Schrieb zunächst satir. Feuilletons, dann den märchenhaften Roman „Die drei Dickwänste" (1924). Umstritten war der Roman „Neid" (1927), in dem sich die Vertreter einer neuen „Industriewelt" und der anscheinend überflüssigen Welt der Gefühle gegenüberstehen. Verfaßte auch Schauspiele.

Oleśnica [poln. ɔlɛɕ'nitsa] ↑ Oels.

Oleum ['oːle-ʊm; griech.-lat.], in gereinigtem Zustand farblose, sonst (durch Verkohlung organ. Verunreinigungen) dunkelbraune, ölige Flüssigkeit, die beim Lösen von Schwefeltrioxid in konzentrierter Schwefelsäure entsteht. Das entweichende Schwefeltrioxid bildet mit dem atmosphär. Wasser Schwefelsäurenebel (rauchende Schwefelsäure). O. wird als Oxidations-, Trocken- und Sulfonierungsmittel verwendet.

◆ in der *Medizin* und *Pharmazie* Bez. für eine ölartige Substanz tier. oder pflanzl. Herkunft mit verschiedenen pharmakolog. Eigenschaften; Abk. auf Rezepten: Ol.; z. B. *Ol. Jecoris* (Lebertran).

Oleylalkohol [griech./arab.], $C_8H_{17}-CH=CH-(CH_2)_7-CH_2OH$, ungesättigter, einwertiger, wasserunlösl. Alkohol, der v. a. im Walrat und Wollfett vorkommt und bei der Herstellung von Waschmitteln und Kosmetika Verwendung findet.

olfaktorische Organe [lat./griech.], svw. ↑ Geruchsorgane.

Ölfallen (Erdölfallen) ↑ Erdöl.

Ölfarben, pigmenthaltige, flüssige Anstrichstoffe, die als Bindemittel trocknende Öle (z. B. Leinöl) z. T. mit Zusatz von Standöl enthalten. Das Trocknen wird durch Zugabe von ↑ Sikkativen beschleunigt. Unter Zusatz von Harzen, Bienenwachs und äther. Ölen entstehen die bes. pastösen Ö. für die *Ölmalerei.*

Ölfrüchte ↑ Ölpflanzen.

Olga, aus dem Russ. übernommener weibl. Vorname, der auf ↑ Helga zurückgeht.

Olga, hl., * um 890, † Kiew 969, altruss. Fürstin. - Gemahlin des Großfürsten Igor von Kiew; regierte nach dessen Tod 945–961 (?) für ihren minderjährigen Sohn Swjatoslaw; der Versuch, nach ihrer Taufe (955) das Kiewer Reich zu christianisieren, scheiterte infolge mangelnder Unterstützung durch Byzanz.

Ölgas, durch therm. Zersetzung von Mineralölen oder Fetten gewonnenes, aus gasförmigen und niedrigsiedenden Kohlenwasserstoffen bestehendes Produkt, früher für Beleuchtungszwecke verwendet.

Olgierd [poln. 'ɔlgjɛrt] (Algirdas, Algyrdas), Großfürst von Litauen (1345–77). - Führte die expansive Ostpolitik seines Vaters Gedymin fort und eroberte seit 1357 die sewer. Ft. an Desna und Oka, 1362 auch Wolynien, Podolien und Kiew.

Ölhaut, mit Öl imprägniertes Baumwoll-, Leinen- oder Seidengewebe, v. a. für wasserdichte Überzüge und Kleidungsstücke.

Ölheizung, Zentral- oder Einzelheizung, bei der die Verbrennungswärme von [leichtem] Heizöl (Heizwert bis 42 MJ/kg ≈ 10 000 kcal/kg) zur Wärmeerzeugung genutzt wird. - ↑ auch Heizung.

Ölhorizont (Ölträger), Erdöl führende geolog. Schicht, Ölspeichergestein.

Olibanum [arab.-mittellat.], svw. ↑ Weihrauch.

Olifant [altfrz. „Elefant, Elfenbein"], Jagd- oder Signalhorn aus einem Elefantenzahn; Schnitzereien in byzantin. oder islam. beeinflußtem Stil; Herkunft wahrscheinl. S-Italien. In der Karlssage das Hifthorn Rolands.

olig..., Olig... ↑ oligo..., Oligo...

Oligarchie [zu griech. oligarchía „Herrschaft der wenigen"], die Herrschaft einer kleinen Gruppe (z. B. von Cliquen oder Fam.), die ihre Macht aus eigennützigen Interessen in der polit. Arena ausübt. Staatstheorie als Verfallsform der Aristokratie beschrieben. Im heutigen Sprachgebrauch werden bestehende Herrschaftsformen als oligarchisch kritisiert, wenn trotz formaldemokrat. Herrschaftslegi-

Olivenöl

timation und Gleichberechtigung die tatsächl. Entscheidungen von eng begrenzten Gruppen gefällt werden.

oligo..., Oligo..., olig..., Olig... [griech.], Bestimmungswort von Zusammensetzungen mit der Bed. „wenig, gering".

Oligoklas [griech.] ↑ Feldspäte.

Oligomere [griech.], organ. Stoffe, deren Moleküle aus der Reaktion weniger Monomerenmoleküle entstanden sind; die Abgrenzung der O. gegen die ↑ Polymere ist willkürlich.

Oligophrenie [griech.], zusammenfassende Bez. für verschiedene Formen und Grade von ererbtem, angeborenem oder frühzeitig (bes. perinatal) erworbenem Intelligenzmangel (Geistesschwäche, „Schwachsinn") mit Beeinträchtigung des Antriebs und der Gefühls- und Willenssphäre. Die drei nur unscharf abgrenzbaren Schweregrade der O. sind Idiotie, Imbezillität (Schwachsinn mittleren Grades; Intelligenzquotient liegt zw. 25 und 50) und Debilität, die fließend in Dummheit und Beschränktheit übergeht. Ursachen der O. sind u. a. Erkrankungen und Schädigungen der Leibesfrucht, Geburtstraumen, frühkindl. Gehirnschädigung in Folge einer hochgradigen Hämolyse und Leberschädigung sowie Erbschäden (u. a. Mongolismus).

Oligopol [griech.], ↑ Marktform, bei der auf der Angebots- oder auf der Nachfrageseite eines Marktes jeweils nur wenige Anbieter bzw. Nachfrager miteinander in Konkurrenz stehen. Ein O. auf der Nachfrageseite wird auch als **Oligopson** bezeichnet.

Oligosaccharide [...zaxaˈriːdə] ↑ Kohlenhydrate.

Oligosaprobionten (Oligosaprobien), Bez. für Organismen, die in Wasser leben, das eine geringe Menge faulender Substanzen enthält. - ↑ auch Katharobionten, ↑ Saprobionten.

oligotroph, nährstoff- und humusarm; gesagt von Gewässern und Böden, die nur eine relativ geringe Produktivität aufweisen. - Ggs. ↑ eutroph.

Oligozän [griech.], mittlere Abteilung des Tertiärs (↑ Geologie, Formationstabelle).

olim [lat.], einst, ehemals; **zu Olims Zeiten**, scherzhaft für: vor undenkl. Zeiten.

Olimbos, Berg auf Zypern, ↑ Olympus.

Olinda, brasilian. Stadt 16 km nördl. von Recife, 266 000 E. Kath. Erzbischofssitz; Zukker-, Zigarrenfabrik; Seehafen, Badeort. - 1535 gegr.; entwickelte sich zum Zentrum der portugies. Kolonien in NO-Brasilien; 1629 von den Holländern völlig zerstört; bis 1825 rechtl. die Hauptstadt des Kapitanats Pernambuco. - Bed. Kirchen, u. a. São Bento (um 1746–63), Karmeliterkirche (17. Jh.), Nossa Senhora das Neves (1715–55), São João (um 1660).

Oliphant, Marcus Laurence Elwin [engl. ˈɔlifənt], * Adelaide 8. Okt. 1901, austral. Physiker. - Prof. in Birmingham und Canberra; wies die für thermonukleare Prozesse grundlegenden Deuteriumreaktionen nach und trug zur Entwicklung des Synchrotronprinzips und des Radars bei.

Olisippo, antiker Name von ↑ Lissabon.

Oliv [griech.-lat.], ein zu den ungesättigten Farben zählendes bräunl. Gelbgrün. Als **Olivgrün** bezeichnet man ein grünlicheres O. oder auch ein trübes Grüngelb.

Oliva, ehem. Zisterzienserabtei in Danzig, gegr. um 1178, 1224 von den Pruzzen zerstört; erlebte in der Deutschordenszeit (1309 bis 1466) einen neuen Aufstieg; 1831 säkularisiert. Die langgestreckte Backsteinkirche (13. und 14. Jh.) hat eine bed. Ausstattung: ehem. Hochaltar (1604–06, Renaissance), barocker Hochaltar (1688), Chorgestühl (1604), Orgel (um 1763). - Im **Frieden von Oliva** (3. Mai 1660) zw. Schweden einerseits und Polen mit seinen verbündeten Brandenburg und Österreich andererseits mußte Polen den schwed. Besitz in Livland und Estland sowie die Souveränität des brandenburg. Kurfürsten im Hzgt. Preußen anerkennen. Der Friede beendete die schwed. Expansion.

Olive [griech.-lat.], Frucht des Echten ↑ Ölbaums.

◆ gewelltes Glasrohrstück zur Verbindung zweier Schläuche.

Oliveira, Alberto de [brasilian. oliˈvejra], * Palmital (Bundesstaat Rio de Janeiro) 28. April 1857 (1859?), † Niterói 19. Jan. 1937, brasilian. Lyriker. - Prof. für portugies. Literatur in Rio de Janeiro; begann mit romant. Gedichten, wandte sich dann dem parnass. Formkult zu; pantheist. Naturverehrung.

O., Francisco Xavier de [portugies. oliˈvɐjrɐ], genannt Cavaleiro de O., * Lissabon 21. Mai 1702, † Hackney (= London) 18. Okt. 1783, portugies. Schriftsteller. - Ab 1734 in diplomat. Diensten in Wien, flüchtete 1740 in die Niederlande und 1744 nach England, wo er zur anglikan. Kirche übertrat; als Gegner der Inquisition 1761 in Portugal in effigie (Scheinhinrichtung) verbrannt. Einer der hervorragendsten Anhänger der Aufklärung in der portugies. Literatur des 18. Jahrhunderts.

Oliveira Martins, Joaquim Pedro de [portugies. oliˈvɐjrɐ mɐrˈtĩʃ], * Lissabon 30. April 1845, † ebd. 24. Aug. 1894, portugies. Historiker und Schriftsteller. - Autodidakt; progressist.-demokrat. Abg. und nach 1890 Min.; einer der bedeutendsten portugies. Historiker des 19. Jh., schrieb u. a. eine „História de Portugal" (1879).

Oliveira Salazar, António de [portugies. oliˈvɐjrɐ sɐlɐˈzar] ↑ Salazar, António de Oliveira.

Olivenbaum, svw. ↑ Ölbaum.

Olivenöl, aus den Früchten des Echten Ölbaums gewonnenes, gelbes bis grünlichgelbes, fettes Öl, das zu etwa 80 % aus Glyceriden der Ölsäure besteht. Durch Zerreiben und

Olivenschnecken

leichtes Pressen wird das sog. *Jungfernöl* (feinstes Speiseöl), durch weiteres Pressen das *Provenceöl* (Speiseöl zweiter Güte) und aus dem Preßkuchen und dem Samen das *Baumöl* gewonnen, das zu Seife verarbeitet wird.

Olivenschnecken (Olividae), Fam. überwiegend trop. Meeresschnecken (Unterordnung Schmalzüngler) mit rd. 300 Arten, v. a. auf Sandgrund; Gehäuse bis über 10 cm lang, meist schlank bis tonnenförmig, glatt; ernähren sich räuberisch von anderen Weichtieren.

Oliver, männl. Vorname (nach ↑Olivier, dem Paladin Karls d. Gr.).

Oliver, Joe [engl. ˈɔlɪvə], genannt King O., eigtl. Joseph O., * bei New Orleans 11. Mai 1885, † Savannah (Ga.) 8. April 1938, amerikan. Jazzmusiker (Kornettist, Komponist). - Seine in Chicago gegründete „Creole Jazz Band" war eine der einflußreichsten Formationen des New-Orleans-Jazz; als Kornettist übte er einen nachhaltigen Einfluß u. a. auf L. Armstrong aus.

Olivetti & Cie. SpA, Ing. C., italien. Unternehmen der Elektrotechnik und Büromaschinenind., gegr. 1908, Sitz Ivrea.

Olivgrün ↑Oliv.

Olivier [frz. ɔliˈvje], legendärer Paladin Karls d. Gr.; verkörpert im altfrz. „Rolandslied" Besonnenheit und Mäßigung.

Olivier, Ferdinand [frz. ɔliˈvje], * Dessau 1. April 1785, † München 11. Febr. 1841, dt. Maler, Zeichner und Graphiker. - Lernte in Dresden C. D. Friedrich kennen. 1807–10 in Paris; 1811 begegnete er in Wien J. A. Koch, unter dessen Einfluß er histor.-romant. Landschaften schuf; bed. sind v. a. seine Salzburger Landschaften (Lithographienzyklus von 1817 sowie Gemälde).

glied des ↑Old Vic Theatre, dessen Direktor (als National Theatre) er 1963–73 war; 1962–65 Direktor der Festspiele in Chichester. Seine bed. Regietätigkeit setzte Mitte der 40er Jahre ein. Die Spannweite seiner schauspieler. Darstellungskraft umfaßt klass. und moderne, kom. und trag. Rollen. Weltberühmt wurde O. als Darsteller Shakespearescher Figuren, z. B. als Richard III. (1955 auch im Film), Hamlet (1948 auch im Film), Macbeth, Lear. - † 11. Juli 1989.

Olivin [griech.-lat.] (Peridot), meist oliv- bis flaschengrünes, seltener gelbl., braunes, rotbraunes, graues oder farbloses Mineral mit der chem. Zusammensetzung $(Mg,Fe)_2SiO_4$, das in orthorhomb., prismat. bis dicktafeligen Kristallen auftritt; Mohshärte 6,5 bis 7,0, Dichte ca. 3,3 g/cm^3. Der O. kommt v. a. in bas. magmat. oder metamorphen Gesteinen sowie in Meteoriten vor. Dem O. in ihren morpholog. und physikal. Eigenschaften ähnelnde Silicatminerale, der Elemente Magnesium, Eisen, Mangan, Zink, Blei und Calcium werden als **Olivine** zusammengefaßt.

Ölkäfer (Pflasterkäfer, Blasenkäfer, Maiwürmer, Meloidae), mit über 2 500 Arten weltweit verbreitete Fam. bis 5 cm langer, vorwiegend dunkelbrauner bis schwarzer, meist pflanzenfressender Käfer, davon 16 Arten in Deutschland. - In M-Europa ist am bekanntesten die Gatt. *Meloe* (Ö. im engeren Sinne), deren Arten (wegen des vor der Eiablage wurmförmig verlängerten ♀ Hinterleibs) als **Ölwurm** oder **Maiwurm** bezeichnet werden (♀♀ laufen oft im Mai auf grasigen Hängen), und die zur Gatt. Lytta gehörende, 12–21 mm lange, metall. grüne bis grünlichblaue **Span. Fliege** (Lytta vesicatoria).

Ölklassifizierung ↑SAE-Klassen.

Sir Laurence Olivier als Richard III. (1955)

Erich Ollenhauer (1960)

O., Sir (seit 1947) Laurence [engl. ˈɔlɪvɪə], Baron of Brighton (seit 1970), * Dorking (Surrey) 22. Mai 1907, brit. Schauspieler und Regisseur. - ∞ mit V. Leigh 1940–60 und seit 1961 mit J. Plowright. Seit 1937 Ensemblemit-

Ölkohle, kohleartiger Belag, der sich bei der Verbrennung von Kraftstoffen, die minderwertige Schmieröle enthalten, im Verbrennungsraum von Motoren absetzt.

Ölkörper, svw. ↑Elaiosom.

Olmeken

Ölkuchen (Preßkuchen), harte, platten- oder brockenförmige Rückstände der Ölgewinnung aus ölhaltigen Samen (z. B. Lein, Soja, Erdnuß, Sesam); Kraftfuttermittel v. a. für Rindvieh.

Olkusz [poln. 'ɔlkuʃ], poln. Stadt auf der Krakau-Tschenstochauer Höhe, 370 m ü. d. M., 26000 E. Verhüttung und Verarbeitung von NE-Metallen. - Erhielt vor 1299 Stadtrecht. - Sankt-Andreas-Kirche (14. Jh.; später umgestaltet).

Ollántay [span. o'jantai̯] ↑ Apu Ollántay.

Ollantaytambo [span. ojantai̯'tambo], voreurop. Siedlung im südl. Z-Peru, 50 km nw. von Cuzco, am Zusammenfluß von Río Urubamba und Río Patacancha; ab etwa 1460 als **Tampu** im typ. Spät-Inka-Baustil errichtet, teilweise nicht vollendet; westl. des Río Patacancha Ruinen einer Bergfestung, von Tempeln, Palästen u. a.; Skulpturen im Fels; östl. des Río Patacancha eine Siedlung mit rechtwinklig sich kreuzenden Straßen. Die Häuser, z. T. noch bewohnt, sind die ältesten noch benutzten Wohnbauten Südamerikas. - In O. wurden nach histor. Überlieferung die Eingeweide der Inkaherrscher aufbewahrt.

Öllein ↑ Flachs.

Ölleitung ↑ Pipeline.

Ollenhauer, Erich, * Magdeburg 27. März 1901, † Bonn 14. Dez. 1963, dt. Politiker (SPD). - Trat 1916 in die Sozialist. Arbeiterjugend ein, deren Vors. ab 1928; seit 1933 Mgl. des Parteivorstands bzw. des Exilvorstands der SPD (Prag, Paris, London); kehrte 1946 nach Deutschland zurück, wurde stellv. Parteivors. der SPD in den Westzonen; 1949 MdB und stellv. Fraktionsvors.; Partei- und Oppositionsführer nach dem Tode K. Schumachers (1952). Trat für die Umwandlung der SPD in eine Volkspartei durch die Annahme des Godesberger Programms (1959) ein; 1951 Vizepräs., 1963 Präs. der Sozialist. Internationale.

Ollivier, Émile [frz. ɔli'vje], * Marseille 2. Juli 1825, † Saint-Gervais-les-Bains (Haute-Savoie) 20. Aug. 1913, frz. Politiker. - Rechtsanwalt; seit 1857 republikan. Abg.; forderte, seit 1869 Haupt der Liberalen, eine parlamentar. Reg.form; bildete am 2. Jan. 1870 eine neue Reg., in der er das Justiz- und das Kultusressort übernahm. Für den Ausbruch des Dt.-Frz. Krieges 1870 trägt O. auf Grund seiner extrem nationalist. Politik die Mitverantwortung. Rücktritt am 9. Aug. 1870.

Ölmadie [...i-ɛ] ↑ Madie.

Ölmalerei, die Maltechnik, bei der die Bindung der Pigmente durch Öl (Nuß-, Mohn- oder Leinöl) geschieht, das die Farbteilchen mit einer transparenten Schicht umgibt, die ihnen auch noch nach dem Trocknen Leuchtkraft und Tiefe verleiht. Ölfarben lassen sich lasierend und pastos auftragen, ohne ineinander zu verlaufen; beim Trocknen entstehen Risse (Krakelüren) und die Farben vergilben. Bildträger sind Holz und Leinwand, auch Metall, vor dem Farbauftrag erfolgt eine Grundierung (↑ Malgrund). Ö. verdankt ihr Entstehen nicht einer (von Vasari irrtüml. den Brüdern van Eyck zugeschriebenen) Erfindung; sie wurde in langer Werkstatttradition entsprechend einem seit dem 13. Jh. zunehmenden künstler. Verlangen nach maler.-illusionist. Wirkungen entwickelt. Bereits Giotto suchte durch nachträgl. Ölfirnis Glanz und Leuchten der Farbe zu erzielen. Die Brüder van Eyck verwendeten Temperafarben zw. Harz- und Leinöllasuren, wobei Tempera die feinsten Details, Lasuren den vereinheitlichenden Gesamtton ermöglichten. An die Stelle einer vielteiligen Bildbeschichtung (noch Tizian spricht von 30–40 Lasuren) tritt dann im allg. eine Zweiteilung in Unter- und Ausmalung, von denen letztere seit dem 17. Jh. in reinen Ölfarben geschieht: Der auf der Palette gemischte Farbton gibt Kolorit und Modellierung in einem Arbeitsgang. Zugleich gewinnt die individuelle „Handschrift" des Pinselstriches an Bedeutung. Zum Schutz wird das fertige Bild mit Firnis abgedichtet. Im 19. Jh. zahlr. Experimente, z. B. mit Asphalt (der später zerstörende Wirkung zeigte). Heute vielfach Verwendung von Kunstharzdispersionen.

Olme (Proteidae), Fam. langgestreckter Schwanzlurche mit sechs Arten in Süßgewässern Europas und N-Amerikas; nie an Land gehende, zeitlebens im Larvenzustand verbleibende und in diesem Zustand auch geschlechtsreif werdende Tiere mit kleinen Extremitäten; Atmung über Lungen oder äußere Kiemen; Augenlider fehlend. - Zu den O. gehört u. a. der etwa 20–25 cm lange **Grottenolm** (Proteus anguinus); in unterird. Gewässern Jugoslawiens; Körper hell fleischfarben, aalartig langgestreckt; Schwanz seitl. abgeflacht und unten mit Hautsaum; Gliedmaßen mit drei Fingern und zwei Zehen.

Olmedo, José Joaquín [span. ɔl'meðo], * Guayaquil 20. März 1780, † ebd. 19. Febr. 1847, ecuadorian. Dichter. - Teilnehmer der Unabhängigkeitskriege, Mitarbeiter Bolívars; langjähriger Europaaufenthalt als Abg. und Diplomat. Erster bed. Dichter seines Landes (v. a. klassizist. Oden).

Olmeken, Indianerstamm zur Zeit der span. Eroberung im Küstentiefland des heutigen mex. Staates Tabasco. Wahrscheinl. gehören sie zur Popoluca-Sprachfamilie; sie sind sehr bald nach der Eroberung ausgestorben. Dieser histor. Name wurde im 1940 (fälschl.) auf die Schöpfer einer frühen Kultur an der südl. Golfküste Mexikos übertragen; Blütezeit 1200–400 v. Chr., Kerngebiet im Tiefland von S-Veracruz und Tabasco, Hauptort zunächst San Lorenzo, später La Venta. Typ. für die sog. „olmek. Kultur" ist der später

Ölmühle

Olmeken. Kolossalkopf (zwischen 1100 und 600 v. Chr.; Fundort: San Lorenzo). Jalapa Enríquez, Museo de Antropología

weit verbreitete Zentralplatz mit Tempelpyramiden und Plattformen; Anfänge von Kalender und Schrift; Steinbearbeitung: Monumentale Menschenköpfe (bis 4 m hoch, „baby faces"), bed. Kleinkunst in importierter Jade u. a. Gesteinen. Seit 800 Errichtung von Handelsniederlassungen in Z- und W-Mexiko, Oaxaca, Guatemala und El Salvador, vielleicht auch in Costa Rica. Durch sie starke Beeinflussungen anderer Kulturen und Verbreitung des „olmek." Stiles (Horizontstil) in ganz Mittelamerika. Ab 400 v. Chr. allmähl. Vergehen der Kultur ohne erkennbare Ursachen.

Bernal, I.: The Olmec world. Engl. Übers. Berkeley (Calif.) 1969.

Ölmühle, Bez. für einen Betrieb, in dem aus Ölsaaten in großem Umfang Fette und Öle v. a. für Ernährungszwecke oder für den techn. Gebrauch gewonnen werden.

Olmütz (tschech. Olomouc), Stadt westl. des Niederen Gesenkes, ČSSR, 211 m ü. d. M., 106 100 E. Sitz einer Bez.verw., kath. Erzbischofssitz; Univ. (gegr. 1569, Neugründung 1947), PH, Museum, Gemäldegalerie, Staatsarchiv; internat. Gartenbauausstellung, Biennale der tschechoslowak. Bildhauerkunst. O. bildet mit **Prostějov** (51 000 E; Bekleidungsind.) und **Přerov** (51 000 E; Schwer-, chem., pharmazeut. Ind., Feinmechanik) den wirtsch.

Mittelpunkt des mittleren Mähren. - Entstand um die im 11. Jh. erbaute Burg; seit 1063 Bistum, 1777 zum Erzbistum erhoben; im 12. Jh. Sitz przemyslid. Teilfürsten, seit 1233 königl. Stadt; kam 1310 mit Mähren, als dessen Hauptstadt es neben Brünn bis 1640 galt, an die Luxemburger, 1490 an die Jagellonen, 1526 an die Habsburger; im 18. Jh. neben Brünn Tagungsort der mähr. Stände. - Der Wenzelsdom (12., 13. und 16. Jh.) wurde im 19. Jh. neugot. erneuert; spätgot. Mauritiuskirche mit Barockorgel (1740-45 von M. Engler); Barockkirchen Sankt Michael und Maria Schnee; Rathaus (1378 als Kauf- und Stapelhof erbaut) mit astronom. Uhr (15. Jh.); spätgot. Rathauserkerkapelle und Renaissanceloggia (1564); ehem. Adelspaläste und Bürgerhäuser aus Renaissance und Barock; zahlr. Barockbrunnen.

Olmützer Punktation, am 29. Nov. 1850 in Olmütz von Preußen und Österreich geschlossener Vertrag, in dem Preußen darauf verzichtete, die dt. Einheit unter preuß. Führung zu verwirklichen. Unter russ. Druck und angesichts seiner eigenen militär. Unterlegenheit verzichtete Preußen auf seinen Widerstand gegen die preuß. Sicherheitsinteressen berührende Bundesintervention in Kurhessen, erklärte sich zu gemeinsamem Vorgehen mit Österreich in der schleswig-holstein. Frage bereit und leitete seine Rückkehr in die Frankfurter Bundesversammlung ein. Die O. P. stellte die östr. Machtposition im Dt. Bund scheinbar wieder her und brachte Preußen einen Prestigeverlust, verschärfte dadurch aber den Ggs. zw. beiden dt. Führungsmächten, dessen Beilegung sie dienen sollte.

Ölofen ↑ Heizung.

Ölöten, svw. ↑ Dsungaren.

Ölpalme (Elaeis), Gatt. der Palmen mit acht Arten in trop. W-Afrika und in S-Amerika; mit dickem, aufrechtem Stamm, breitfiederförmigen, endständigen Blättern und dicken, am Rand bewehrten Blattstielen. Die wirtschaftl. wichtigste Art ist die **Afrikan. Ölpalme** (Elaeis guineensis), eine in den Tropen kultivierte, 15-30 m hohe Palme mit säulenförmigem Stamm von 60-80 cm Durchmesser und auffallender Ringelung. Die Blattkrone besteht aus 20-25 Wedeln mit Längen von 3-7 m. Die ovalen Fruchtstände tragen pro Fruchtstand etwa 800-2 000 pflaumengroße Einzelsteinfrüchte mit fleischigem Mesokarp und hartem Samen. Aus dem Mesokarp wird Palmfett, aus den Samen Palmkernfett gewonnen. Die Fasern der Stammbasis und des Blattstiels sowie die Blätter und Blattstiele werden vielseitig verwendet.

Ölpapier, durchscheinendes, mit Öl imprägniertes Papier; als Paus- oder Packpapier sowie als Isolierstoff in der Elektrotechnik verwendet.

Olpe, Krst. im westl. Sauerland, an der Bigge und am Biggestausee, NRW, 300–600 m ü. d. M., 22 200 E. U. a. Kleineisenind., Gießereien, Herstellung von Drahtseilen. - 1120 erstmals erwähnt; erhielt 1311 Stadtrecht. - Barocke Kreuzkapelle (1737), barocke Rochuskapelle (1667–76).
O., Kreis in Nordrhein-Westfalen.
Olperer, mit 3476 m höchster Gipfel der Zillertaler Alpen, Österreich.
Ölpest, die Verschmutzung von Uferregionen, v. a. der Meeresküsten, samt der dortigen Flora und Fauna durch Rohöl (z. B. aus Tankerhavarien, Off-shore-Bohrungen) oder Ölrückstände (z. B. aus dem Bilgenwasser der Schiffe), die in Fladen oder großen Feldern auf dem Wasser schwimmen. Das ausgelaufene Öl beeinträchtigt den Gasaustausch sowie andere Lebensfunktionen des Biotops Wasser erheblich. Innerhalb von 1–2 Wochen verfliegen die leichteren Bestandteile des Öls, die schwer flüchtigen Komponenten verbinden sich mit dem Meerwasser zu einer zähen, braunen Brühe, die nach einigen Wochen entweder auf den Meeresgrund absinkt, als Teerklumpen an die Strände treibt oder sich in den großen Wirbelströmungen sammelt. Augenfälligste Folge ist das massenhafte Verenden von Wasservögeln durch Verkleben des Gefieders. - Auf den freien Meer schwimmende Ölfelder werden erst in einigen Wochen bis Monaten durch Bakterien und Hefepilze weitgehend abgebaut. Chem. Verfahren, das Öl durch Dispersionsmittel zum Absinken zu bringen, sind sehr umstritten, da sie, bes. in flachen Küstengewässern, möglicherweise die Organismen des Meeresbodens vergiften. Die Bekämpfung der Ö. erfolgt daher v. a. durch Eingrenzen und Abschöpfen bzw. Abpumpen der Ölschicht. - Zur biolog. Bekämpfung sind erste Ansätze durch die Züchtung eines Bakterienstammes (Pseudomonaden) gemacht worden. Die durch genet. Manipulation entstandenen Bakterien können das in einem Nährmedium enthaltene Rohöl etwa zu 60 % abbauen.

Ölpflanzen, Kulturpflanzen, deren Samen oder Früchte fette Öle liefern, die der menschl. und tier. Ernährung dienen und für medizin. und techn. Zwecke verwendet werden. Zu den **Ölsaaten** gehören z. B. die Samen von Erdnuß, Öllein, Ölkürbis, Raps, Rizinus, Soja, Senf, Mohn, Lein, Rübsen und Sonnenblume. Zu den **Ölfrüchten** gehören die Früchte des Echten Ölbaums, der Ölpalme und der Kokospalme.

Ölrettich ↑Rettich.
Öls [ø:ls, œls], ehem. Hzgt., ↑Oels.
Ölsaaten ↑Ölpflanzen.
Ölsande, Sande und Sandsteine mit hohem Bitumengehalt.
Ölsäure (Oleinsäure), $C_{17}H_{33}COOH$ (cis-n-Octadecen-(9)-säure), einfach ungesättigte Fettsäure; farb- und geruchlose, wasser-

Ölpest. Durch Verkleben des Gefieders verendeter Wasservogel an der bretonischen Küste (1978)

unlösl. Flüssigkeit, die durch Hydrierung in feste ↑Stearinsäure überführt werden kann. Ö. ist als Glycerid Bestandteil zahlr. tier. und pflanzl. Fette und Öle und wird in Form von ↑Olein aus Olivenöl gewonnen. **Oleate** sind die Ester und Salze der Ö.; Natrium- und Kaliumoleat sind Bestandteile von Seifen.

Ölschiefer, aus Faulschlamm entstandene, dunkle tonige Gesteine mit hohem Bitumengehalt.

Ölschläger, Adam, dt. Schriftsteller, ↑Olearius, Adam.

Ölschlägerei, veraltete Form der Ölgewinnung, bei der die Ölfrüchte zw. zwei Platten zerquetscht und ausgepreßt wurden.

Olson, Charles [engl. 'oʊlsən], * Worcester (Mass.) 27. Dez. 1910, † Gloucester (Mass.) 10. Jan. 1970, amerikan. Lyriker und Kritiker. - Spezialist für Maya-Inschriften; Mithg. der literar. Zeitschrift „Black Mountain Review", die avantgardist. Lyrik u. a. der Beat generation publizierte; lehnte für die lyr. Dichtung feste metr. Schemata ab und forderte eine u. a. von Atem- und Sprechrhythmus bestimmte dynam. Prosodie.

Olsson, Hagar [schwed. 'uːlsɔn], * Kustavi (Turku-Pori) 16. Sept. 1893, † Helsinki 21. Febr. 1978, schwedischsprachige finn. Schriftstellerin. - Erzählerin, Dramatikerin, Essayistin und Kritikerin; neben E. Södergran Vertreterin des Modernismus in Finnland, dem Expressionismus nahestehend.

Ölstein ↑Abziehstein.

Olszewski, Karol Stanisław [poln. ɔl'ʃɛfski], * Broniszów (Galizien) 29. Jan. 1846, † Krakau 25. März 1915, poln. Physikochemiker. - Prof. in Krakau. Gemeinsam mit Z. F. von Wroblewski gelang O. 1883 erstmals die Verflüssigung „permanenter" Gase in

größeren Mengen (Sauerstoff, Stickstoff).
Olsztyn [poln. 'ɔlʃtɨn] ↑Allenstein.
Olten, Hauptort des Bez. O. im schweizer. Kt. Solothurn, an der Aare, 396 m ü.d.M., 18 000 E. Histor. Museum, Kunstmuseum; Metallverarbeitung, Automobil-, Seifen-, chem. und Schuhind.; Verlage. - Ging aus einem spätröm. Kastell hervor; in der 1. Hälfte des 13. Jh. zur Stadt erhoben. - Christkath. Stadtkirche (erbaut 1805); ehem. Rathaus (1705); spätgot. Bürgerhäuser; die Holzbrükke wurde in ihrer jetzigen Gestalt 1803 erbaut.

Oltmanns, Friedrich, * Oberndorf (Landkr. Cuxhaven) 11. Juli 1860, † Freiburg im Breisgau 13. Dez. 1945, dt. Botaniker. - Prof. in Freiburg i. Br.; bed. Forschungen auf dem Gebiet der Algenkunde.

Oltos, att. Vasenmaler der Frühzeit des rotfigurigen Stils, tätig zw. 530 und 500. - Bemalte v. a. Schalen in noch ganz spätarchaischem, trocken-zierl. Zeichenstil und symmetr. Bildkomposition.

Ölträger, svw. ↑Ölhorizont.

Ölvergasung, Umwandlung von niedrig-, mittel- oder auch höhersiedenden Erdölfraktionen oder von Erdgas in v. a. aus Wasserstoff, Kohlenmonoxid und niedermolekularen Kohlenwasserstoffen bestehende Gasgemische, die als Heizgas oder Synthesegas verwendet werden. Die im Erdöl und Erdgas enthaltenen Kohlenwasserstoffe werden entweder mit Hilfe eines Katalysators mit Wasserdampf umgesetzt oder partiell (durch zur vollständigen Verbrennung ungenügende Sauerstoffzufuhr) oxidiert.

Ölwanne, Bez. für den unteren Gehäuseteil von Verbrennungsmotoren zum Auffangen des Schmieröls.

Ölweide (Elaeagnus), Gatt. der Ölweidengewächse mit rd. 40 Arten in Asien, S-Europa und N-Amerika; sommer- oder immergrüne Sträucher, selten Bäume, mit einfachen, silbrig, auch rotbraun behaarten Blättern, röhrig-glockigen Blüten, oft dornigen Zweigen und steinfruchtartigen Nußfrüchten. - Als Zierstäucher bekannt sind die **Schmalblättrige Ölweide** (Elaeagnus angustifolia) und die **Silber-Ölweide** (Elaeagnus commutata).

Ölwurm ↑Ölkäfer.

Olymp, Gebirgsstock in O-Thessalien, an der Grenze nach Makedonien, mit 2 917 m die höchste Erhebung Griechenlands. - In der Antike galt der O. als Sitz der Götter.

Olympia [o'lympia], Ruinenstätte und kleine Ortschaft mit archäolog. Museum in der Peloponnes, am Alpheios, Griechenland. Die Stätte von O. war seit der Bronzezeit besiedelt und diente seit der myken. Epoche als Kultort; zu Ehren des olymp. Zeus wurden hier die ↑Olympischen Spiele abgehalten. Der Kult wurde 394 durch Kaiser Theodosius I. verboten, das Heiligtum selbst, im 6. Jh. durch Erdbeben zerstört, versandete. Ausgrabungen seit 1875: Festplatz mit Zeustempel (etwa 470–456), der größte dor. Tempel der Peloponnes mit gut erhaltenen marmornen Skulpturen und Reliefs (jetzt im Museum), erbaut von Libon von Elis. Im Innern stand einst die Goldelfenbeinstatue des thronenden Zeus (Höhe 12 m) von Phidias. Nördl. liegen u. a. Philippeion (ehem. mit Bildnisstatuen der königl. Familie aus Gold und Elfenbein, von Leochares), der dor. Heratempel (um 600 v. Chr.; der Hermes des Praxiteles jetzt im Museum) und das Pelopion (4. Jh. v. Chr.; dem Heros Pelops galt ein alter Kult), 12 Schatzhäuser (6./5. Jh.), Tempel der Göttermutter (Metroion, um 400 v. Chr.). Den östl. Abschluß des hl. Bezirks (Altis) bildet die dor. "Echohalle" (Länge 98 m, 4. Jh. v. Chr.). Außerhalb des hl. Bezirks liegen u. a. im NO das Stadion, im W und S Trainingsstätten (Gymnasion und Palästra, 3. Jh. v. Chr.); Bäder (z. T. 5. Jh. v. Chr.), Gästehäuser (Leonidaion, 4. Jh. v. Chr.).

⌕ *Herrmann, H.-V.: O.: Heiligtum u. Wettkampfstätte. Mchn. 1972. - Mallwitz, A.: O. u. seine Bauten. Mchn. 1972. - Drees, L.: O. Götter, Künstler u. Athleten. Stg. u. a. 1967.*

O. [engl. ou'lɪmpɪə], Hauptort des Bundesstaats Washington, USA, Hafen am S-Ende des Puget Sound, 27 400 E. College, Staatsbibliothek. - Gegr. 1850. Hauptstadt des Territoriums Washington seit 1853 (1859 Town), des Bundesstaates seit 1889; 1890 City.

Olympiade [griech.], im antiken Griechenland Bez. für den Zeitraum von 4 Jahren, der mit dem Jahr der Spiele in Olympia begann. Grundlage der Ära ist die Namensliste der Sieger (Olympioniken), die Hippias von Elis um 400 v. Chr. erstmals zusammenstellte, sie wurde dann weitergeführt und reicht von 776/775 bis 221/222. - Bereits in der Antike wurde O. dann auch Bez. für die Olymp. Spiele selbst.

Olympische Klassen (1980).
1 Finn-Dingi, 2 Viersiebziger,
3 Flying Dutchman, 4 Star,
5 Soling, 6 Katamaran Tornado
seitlich (a) und von vorn (b)
gesehen

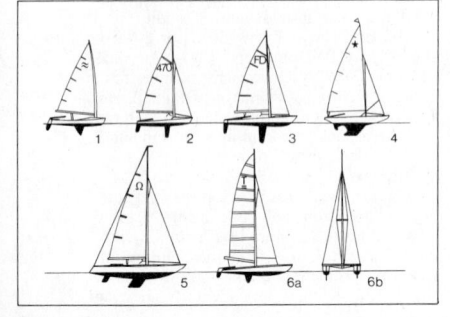

Olympische Spiele

Olympiajolle (O-Jolle), ein für die Olymp. Spiele 1936 entworfenes Ein-Mann-Segelboot (Einhandjolle) von 5 m Länge mit einer Segelfläche von 11 m². Als olymp. Klasse 1956 vom Finn-Dingi abgelöst.

Olympias, * 375, † Pydna 316, makedon. Königin. - Molosserprinzessin, seit 357 ∞ mit Philipp II., Mutter Alexanders d. Gr. Durch eine weitere Heirat Philipps 337 vorübergehend nach Epirus vertrieben; übte nach dessen Ermordung (336), an der sie wohl Anteil hatte, blutige Rache. Ab 318 Vormund ihres Enkels, Alexanders IV.; wurde eine der dämon. Herrscherinnen der Weltgeschichte, 316 auf Veranlassung Kassanders ermordet.

Olympic Mountains [engl. oʊˈlɪmpɪk ˈmaʊntɪnz], Gebirge der Coast Ranges, im W des Bundesstaats Washington, USA, im stark vergletscherten **Mount Olympus** 2428 m hoch.

Olympeion [griech.], im alten Griechenland Tempel des olymp. Zeus.

Olympier [...iər; griech.], nach dem in der griech. Mythologie als Sitz der Götter geltenden Olymp Beiname der griech. Götter; übertragen gebraucht für überragende Persönlichkeiten.

Olympio, Sylvanus [frz. ɔlɛ̃ˈpjo], * Lomé 6. Sept. 1902, † ebd. 13. Jan. 1963 (ermordet), togoischer Politiker. - 1958 Premiermin. des frz. UN-Treuhandgebiets Togo und nach dessen Unabhängigkeit seit 1961 Staatspräs. (zugleich Vors. des Min.rats und Verteidigungsmin.); bei einem Militärputsch erschossen.

Olympionike [griech.], Sieger bei den Olymp. Spielen, heute Goldmedaillengewinner in einer olymp. Disziplin; auch allg. für Teilnehmer an Olymp. Spielen.

olympische Fahne ↑ Olympische Spiele.

olympische Klassen (Olympia-Klassen), Sammelbez. für die Bootsklassen, in denen bei Olymp. Spielen gesegelt wird. 1984: Soling, Viersiebziger, Flying Dutchman, Finn-Dingi, Katamaran Tornado, Star und Windglider.

olympischer Dreikampf ↑ Gewichtheben.

olympischer Zweikampf ↑ Gewichtheben.

olympischer Zwölfkampf ↑ Zwölfkampf.

Olympische Spiele, im Abstand von 4 Jahren stattfindende Festspiele mit sportl. Wettkämpfen. Im **Altertum** aus myth. Anfängen entstanden und ab 776 v. Chr. bezeugt; wurden in Olympia zu Ehren des Zeus veranstaltet und hatten gesamtgriech. Bed. Während des Monats der O. S. herrschte generelle Waffenruhe, um die Spiele sowie die An- und Abreise der Teilnehmer und Zuschauer (nur freie Bürger griech. Staaten, keine Frauen) nicht zu behindern. An 5 Tagen wurden gymnast. Wettkämpfe (Wettlauf über mehrere Strecken, Wurf- und Sprungübungen, Faustkampf, Ringen, Pankration, Pentathlon [Mehrkämpfe]) sowie Pferde- und Wagenrennen ausgetragen. Die Sieger (Olympioniken) erhielten als Preis einen Kranz vom heiligen Ölbaum beim Zeustempel (später außerdem einen Palmzweig), in ihrer Heimat jedoch hohe Ehrungen (Geschenke, Steuerfreiheit, Pensionen). Abwechselnd vor und nach den O. S. wurden in Olympia *Heräen* veranstaltet, bei denen ausschließl. Mädchen Laufwettbewerbe austrugen. - Wurden die O. S. nach den Perserkriegen (448 v. Chr.) zum Symbol eines spezif. griech. Kultur- und Nationalbewußtseins, so dienten sie im Hellenismus v. a. als Schau-

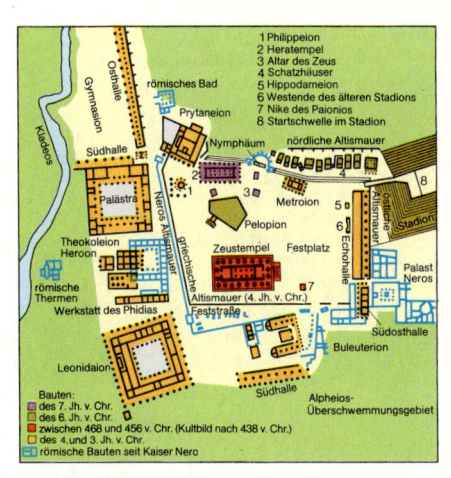

Olympia. Plan des Heiligtums

1 Philippeion
2 Heratempel
3 Altar des Zeus
4 Schatzhäuser
5 Hippodameion
6 Westende des älteren Stadions
7 Nike des Paionios
8 Startschwelle im Stadion

Bauten:
□ des 7. Jh. v. Chr.
□ des 6. Jh. v. Chr.
■ zwischen 468 und 456 v. Chr. (Kultbild nach 438 v. Chr.)
□ des 4. und 3. Jh. v. Chr.
□ römische Bauten seit Kaiser Nero

Olympia. Tempel der Hera

Olympische Spiele

Olympische Spiele

Sommerspiele

1.	Athen	1896
2.	Paris	1900
3.	Saint Louis	1904
4.	London	1908
5.	Stockholm	1912
6.	Berlin	1916[1]
7.	Antwerpen	1920
8.	Paris	1924
9.	Amsterdam	1928
10.	Los Angeles	1932
11.	Berlin	1936
12.	Helsinki, Tokio	1940[1]
13.	London	1944[1]
14.	London	1948
15.	Helsinki	1952
16.	Melbourne	1956
17.	Rom	1960
18.	Tokio	1964
19.	Mexiko	1968
20.	München	1972
21.	Montreal	1976
22.	Moskau	1980
23.	Los Angeles	1984
24.	Seoul	1988
25.	Barcelona	1992[2]

Winterspiele

1.	Chamonix-Mont-Blanc	1924
2.	Sankt Moritz	1928
3.	Lake Placid	1932
4.	Garmisch-Partenkirchen	1936
	Garmisch-Partenkirchen	1940[1]
	Cortina d'Ampezzo	1944[1]
5.	Sankt Moritz	1948
6.	Oslo	1952
7.	Cortina d'Ampezzo	1956
8.	Squaw Valley	1960
9.	Innsbruck	1964
10.	Grenoble	1968
11.	Sapporo	1972
12.	Innsbruck	1976
13.	Lake Placid	1980
14.	Sarajevo	1984
15.	Calgary	1988
16.	Albertville	1992[2]

[1] ausgefallen; [2] vorgesehen.

bühne für die Propaganda rivalisierender Monarchen; nach einem letzten Höhepunkt im 2. Jh. n. Chr. führte das polit. und wirtsch. Chaos des 3. Jh. zu ihrem Niedergang; letzter bekannter Olympionike war der Armenierkönig Varazdates (⚰ 374–378) im Faustkampf.
Die O. S. der **Neuzeit** wurden, am antiken Vorbild orientiert, 1894 von Pierre Baron de Coubertin ins Leben gerufen und erstmals 1896 in Athen ausgetragen; seit 1924 gibt es auch Olymp. Winterspiele. Nach einer krit. Anfangsphase (finanzielle und organisator. Schwierigkeiten, ein ungewöhnl. Wettkampfprogramm [u. a. Feuerlöschen, Fischen, Tauziehen], fehlende internat. Regelvereinbarungen, keine Teilnahmeberechtigung für Frauen [erst seit 1900 zugelassen]) entwickelten sich die O. S. zum bedeutendsten Sportereignis. Höchste Autorität der olymp. Bewegung und in allen Fragen der O. S. ist das Internat. Olymp. Komitee (IOC), das auch die O. S. an eine Stadt vergibt; vom IOC anerkannte unabhängige Nat. Olymp. Komitees (1987: 164) nehmen die Rechte für die einzelnen Länder wahr, insbes. das der Entsendung von Mannschaften zu den Spielen.
Die Durchführung der O. S. ist in den **olympischen Regeln** festgelegt: Es können keine Berufssportler teilnehmen; eine Altersbegrenzung der Teilnehmer gibt es nicht. Das vom IOC festzulegende Programm soll mind. 15 **olympische Sportarten** umfassen: Basketball, Bogenschießen, Boxen, Fechten, Fußball, Gewichtheben, Handball, Hockey, Judo, Kanu, Leichtathletik, moderner Fünfkampf, Radsport, Reiten, Ringen, Rudern, Schießen, Schwimmen mit Wasserspringen und Wasserball, Segeln, Tennis, Turnen, Volleyball. Im Programm der Winterspiele: Biathlon, Bobfahren, Eishockey, Eiskunstlauf und Eisschnellauf, Rodeln, alpiner und nord. Skilauf.
O. S. dauern seit 1988 jeweils 16 Tage im Sommer und Winter; die **olympische Fahne** (seit 1920) mit den **olympischen Ringen** ist im Stadion zu hissen; die im gleichen Abstand ineinanderlaufenden 5 Ringe haben die Farben blau, gelb, schwarz, grün und rot; sie sollen die durch den **Olympismus** (ideale Vorstellung vom gemeinsamen sportl. Spielen der weltbesten Sportler, unbeeinflußt von polit., sozialen, rass. und religiösen Unterschieden) geeinten 5 Kontinente symbolisieren, wobei keine Farbe einem bestimmten Kontinent zugeordnet ist. Das **olympische Feuer** wird im Rahmen der Eröffnungszeremonie in der Hauptwettkampfstätte entzündet, ein Sportler des Gastgeberlandes spricht das **olympische Gelöbnis**, ein für alle Teilnehmer gegebenes Versprechen, die Regeln zu achten und fair zu kämpfen. Die **olympischen Medaillen** für die 3 erfolgreichsten Sportler jeder Disziplin (Gold: 1. Platz, Silber: 2. Platz, Bronze: 3. Platz) werden von Mgl. des IOC überreicht. Zu Ehren des Siegers ertönt die Nationalhymne seines Landes, zu Ehren der Medaillengewinner werden die Nationalfahnen gehißt.
Krit. Stimmen sprechen den modernen O. S. den reinen sportl.-wertfreien Demonstrationswert ab; als Gründe werden u. a. angeführt: der Leistungszwang, dem die Athleten v. a. in der Vorbereitungsphase ausgesetzt sind, die [kostspielige] Selbstdarstellung des Gastgebers, die oft zu Lasten der eigenen Bev. geht, die unterschwellige Hoffnung, bei

Omaijaden

den bestehenden Systemauseinandersetzungen „wenigstens auf der Aschenbahn" siegreich zu sein, das Hineinwirken von polit. Gegensätzen und rassist. Auseinandersetzungen in die Spiele selbst (z. B. die Problematik geteilter Länder, die Minderheitenprobleme in einem Land, der Konflikt zw. den arab. Staaten und Israel, das Südafrika- und Rhodesienproblem); in diese Richtung zielt auch ein Boykott der O. S. als polit. Druckmittel: 1976 von mehreren afrikan. Staaten; 1980 wegen des Einmarsches der UdSSR in Afghanistan von zahlr. Staaten (darunter auch die BR Deutschland) unter Führung der USA praktiziert. Bis 1992 finden Sommer- und Winterspiele im gleichen Jahr statt, ab 1994 um zwei Jahre versetzt: 1994 Winter-, 1996 Sommerspiele.

💿 *Sport u. O. S. Hg. v. M. Blödorn. Rbk. 1984. - Bengtson, H.: Die O. S. in der Antike. Mchn.* [3]*1984. - Arnold, P. u. a.: O. S. Mchn. 1983. - Kamper, E.: Lex. der 14 000 Olympioniken. Graz* [2]*1983. - Mevert, F.: O. S. der Neuzeit. Niedernhausen 1983.*

olympische Staffel, Staffellauf für vier Läufer über 1 600 m, Reihenfolge 400 m, 200 m, 200 m, 800 m oder 800 m, 200 m, 200 m, 400 m (keine olymp. Disziplin).

Olympus (Olimbos), mit 1 953 m höchster Berg Zyperns, im Troodos.

Olynthos, antike Stadt auf der Chalkidike, am Toronaischen Golf, heute **Miriopithon.** Bis 379 führend im Chalkid. Bund, 382–379 durch Sparta belagert und erobert (**Olynthischer Krieg**), 348 durch Philipp II. von Makedonien zerstört.

Ölzeug, Bez. für die heute aus kunststoffbeschichteten Geweben bestehende Allwetterschutzkleidung (Jacken und Hosen); früher ölimprägnierte Hemden bzw. Mäntel.

Om [Sanskrit], hl. Silbe des Hinduismus und Buddhismus. Die bedeutungslose Silbe wird in den Brahmanas Grundlage myst. Spekulation, indem man in ihr ein Symbol für verschiedene Trinitäten sieht. Im Lamaismus findet sie bes. in der seit dem 8. Jh. bezeugten Formel **om mani padme hum,** deren Bed. umstritten ist; man kann sie entweder als „om, Juwel im Lotus (d. h. Buddha), hum" oder als „om, Manidpadma, hum" („om" und „hum" bedeutungslos), wenn die weibl. Energie des Bodhisattwa Awalokiteschwara (oder Padmapani) angeredet wird, verstehen.

Oma, Kap, nördlichster Punkt der jap. Insel Hondo.

Omagra [griech.], Gichterkrankung im Bereich eines oder beider Schultergelenke.

Omaha [engl. ˈoʊməhɔː], Stadt am Missouri, Nebraska, USA, 317 m ü. d. M., 313 900 E. Sitz eines kath. Erzbischofs und eines anglikan. Bischofs; zwei Univ. (gegr. 1878 bzw. 1908), Colleges. Nahrungsmittel-, Maschinen-, chem., Bekleidungsind., Verhüttung von Bleierzen; Viehhöfe; 5 Brücken über

Omaijaden
Damaskus

Muawija I.	661–680
Jasid I.	680–683
Muawija II.	683/684
Merwan I.	684/685
Abd Al Malik	685–705
Walid I.	705–715
Sulaiman	715–717
Omar II.	717–720
Jasid II.	720–724
Hischam Ibn Abd Al Malik	724–743
Walid II.	743/744
Jasid III.	744
Ibrahim	744/745
Merwan II.	745–750

Córdoba

Abd Ar Rahman I.	756–788
Hischam I.	788–796
Al Hakam I.	796–822
Abd Ar Rahman II.	822–852
Muhammad I.	852–886
Mundhir	886–888
Abd Allah	888–912
Abd Ar Rahman III.	912–961
Al Hakam II.	961–976
Hischam II.	976–1009; 1010–13
Muhammad II.	Febr.–Nov. 1009; Juni–Juli 1010
Sulaiman	Nov. 1009–Juni 1010; 1013–16
Abd Ar Rahman IV. (Interregnum)	1016–19
Abd Ar Rahman V.	1023/24
Muhammad III. (Interregnum)	1024/25
Hischam III.	1027–30

den Missouri; Flußhafen. - Entstand 1854 um eine 1825 errichtete Handelsstation; ben. nach dem Indianerstamm der Omaha. 1855–67 Hauptstadt des Territoriums Nebraska. - In dem südl. von O. gelegenen Luftwaffenstützpunkt Offutt ist das Strategic Air Command (SAC) stationiert.

Omaha [engl. ˈoʊməhɔː], Sioux sprechender Indianerstamm in der zentralen Prärie (NO-Nebraska, USA).

Omaijaden, Kalifendyn. in Damaskus 661–750, in Córdoba 756–1030; zu Lebzeiten Mohammeds eine der führenden Fam. Mekkas. Ihr Oberhaupt Abu Sufjan war urspr. ein entschiedener Gegner des Propheten (bis zu dessen Einzug in Mekka 630); sein Sohn Muawija I. ließ sich 661 als Kalif huldigen; ihm gelang es, das Kalifat zu einer erbl. Institution zu machen. Die O. erbauten in Syrien eine Reihe von z. T. noch erhaltenen Wüstenschlössern (z. B. Kusair Amra). Ihre Herrschaft über das vom Amur bis nach S-

Oman

Frankr. sich erstreckende Kalifenreich beschränkte sich im wesentl. auf die militär. Kontrolle, während die innere Verwaltung meist in den Händen nichtarab. Fachleute blieb. 749/50 durch die Abbasiden gestürzt; 756 führte die Linie der Merwaniden in Córdoba die Herrschaft der Dyn. fort.
📖 *Konzelmann, G.: Die großen Kalifen. Mchn. 1979. - Ende, W.: Arab. Nation u. islam. Gesch. Wsb. 1977.*

Oman

(amtl.: Saltanat Uman), Sultanat im O der Arab. Halbinsel, zw. 16° 30′ und 26° 30′ n. Br. sowie 53° und 60° ö. L. **Staatsgebiet:** Es grenzt im SW an die Demokrat. VR Jemen, im W (unmarkierte Grenze) an Saudi-Arabien, im NW an die Vereinigten Arab. Emirate, im NO an den Golf von Oman, im O an das Arab. Meer. **Fläche:** rd. 212 500 km². **Bevölkerung:** 1,13 Mill. E (1983), 5,3 E/km². **Hauptstadt:** Maskat. **Verwaltungsgliederung:** 41 Wilayats. **Amtssprache:** Arabisch. **Nationalfeiertag:** 18. Nov. **Währung:** Rial Omani (R. O.) = 1 000 Baizas (Bz.). **Internationale Mitgliedschaften:** UN, Arab. Liga. **Zeitzone:** Persische Zeit, d. i. MEZ + 2½ Stunden.

Landesnatur: O. umfaßt die O-Spitze der Arab. Halbinsel zw. dem Golf von O. und dem Arab. Meer mit vorgelagerten Inseln sowie als Exklave die äußerste Spitze der in die Straße von Hormos vorspringenden Halbinsel Ruus Al Dschibal. Vier Großräume lassen sich unterscheiden: Die Küstenebene Al Batina zw. Maskat und der nördl. Landesgrenze ist der wirtsch. Kernraum des Landes dank Grundwasserbrunnen und Bewässerung durch unterird. angelegte Kanäle. Aus ihr steigt steil das über 600 km lange Omangebirge auf, das über 3 000 m Höhe erreicht. Es dacht sich nach W ab zu den inneren Wüstengebieten des Landes, die im N eine Hochebene in rd. 500 m Höhe bilden, die wiederum nach W in die Sandwüste Rub Al Khali übergeht. Im äußersten S hat O. Anteil am aufgebogenen Rand der Arab. Tafel, die hier die bis 1 680 m hohen Karaberge bildet, denen eine bis 20 km breite Küstenebene vorgelagert ist.
Klima: Es herrscht randtrop. Klima. Das Binnenland ist heiß und trocken, die Küstengebiete schwül mit einer relativen Luftfeuchtigkeit um 75 %. Maskat zählt zu den heißesten Städten der Erde. Die Niederschläge fallen im äußersten S als Monsunregen von Mai-Sept., im übrigen Land im Winter.
Vegetation: Vorherrschend sind, abgesehen von Oasen, Büschelgräser und Dornsträucher in den Sand- und Kieswüsten. Nur auf den beregneten Flanken der Gebirge wachsen laubabwerfende, z. T. auch immergrüne Bäume und Sträucher.
Bevölkerung: Etwa 80 % sind Araber, etwa 5 % Sufari, daneben leben Mischlinge (eine Auswirkung des Sklavenhandels mit Afrika) und Minderheiten (Inder, Dschannaba [Nachkommen der alten südarab. Rasse]) im Staatsgebiet. Die Mehrheit sind Ibaditen, die ind. Kaufleute sind Hindu. Die seßhafte Bev. lebt meist in geschlossenen Oasensiedlungen. Die meisten Omani sind Analphabeten. Der 1970 an die Macht gekommene Sultan fördert jedoch das Schulwesen.
Wirtschaft: In den Oasen werden Datteln, Granatäpfel, Zitrusfrüchte und Tabak v. a. für den Export geerntet, für den Eigenbedarf werden Gerste, Hirse, Gemüse, Oliven und Baumwolle angebaut, doch muß Reis und Weizen zusätzl. eingeführt werden. Die Viehwirtschaft spielt eine geringere Rolle. Weihrauch wird von den Beduinen in den Karabergen gesammelt. Die Fischerei erfolgt im S v. a. auf Haie und Thunfische, im N auf Sardinen. An der Erdölförderung am S-Fuß des Omangebirges ist der Staat mit 60 % beteiligt. Sie ist die Haupteinnahmequelle des Landes.
Außenhandel: Ausgeführt werden Erdöl, Datteln, Fische, Tabak und Weihrauch, eingeführt Lebensmittel, Textilien, Gebrauchsgüter u. a. ⅔ der Erdölexporte gehen nach W-Europa, ⅓ nach Japan. Wichtigste Lieferländer sind Japan, Großbrit., die Vereinigten Arabischen Emirate, USA und die BR Deutschland.
Verkehr: Neben Karawanenwegen bestehen 3 222 km asphaltierte Straßen und 18 667 km Schotterpisten. Modern ausgebaute Häfen sind Matrah und Raisut. O. ist Teilhaber an der Gulf Air und verfügt über einen internat. ✈ nahe der Hauptstadt.
Geschichte: O. wurde um 630 islam., unterstand aber bis Ende des 7. Jh. der Herrschaft der Kalifen nur nominell. Im 9. Jh. wurde O. fakt. unabhängiges Imamat. Die Hafenstädte standen vom 13.–16. Jh. unter der Hoheit von Hormos. 1509 Eroberung durch die Portugiesen, die um 1650 aus O. vertrieben wurden und deren ostafrikan. Niederlassungen nördl. von Moçambique 1698 von den Omanis in Besitz genommen wurden. O. erwarb vor Persien einen Küstenstreifen um Bandar Abbas und Gwadar und festigte die Herrschaft über O-Afrika (1840 Residenz von Maskat nach Sansibar verlegt); 1856 Abtrennung Sansibars. Ende des 19. Jh. geriet O. völlig unter brit. Einfluß. 1970 stürzte der jetzige Sultan, Said Kabus Ibn Said Ibn Taimur, die Despotie seines ultrakonservativen Vaters und leitete die rapide Entwicklung seines Landes ein. Die Spannungen zw. O. und der Demokrat. VR Jemen wurden nach der Niederwerfung der Volksfront zur Befreiung Omans (PFLO) (u. a. mit Hilfe iran. Truppen) 1976 beigelegt. Ab Mitte 1979 wurde die PFLO erneut im südl. Landesteil (Sufar) aktiv. O. unterstützt die Politik der USA im Nahen Osten sowie den israel.-ägypt. Friedensvertrag

vom März 1979. Nach der Revolution in Iran wurde die militär. Zusammenarbeit zw. O., Saudi-Arabien und den USA zum Schutz der Straße von Hormos verstärkt. Im Sept. 1985 vereinbarten O. und die Sowjetunion die Aufnahme diplomat. Beziehungen. **Politisches System:** O. ist ein Sultanat unter der absoluten Herrschaft des Sultans, der zugleich Staatsoberhaupt und (seit 1972) Reg.-chef ist. Die Gesetzgebung erfolgt durch Verordnungen. Es gibt kein Parlament und keine polit. Parteien. *Verwaltungs*mäßig ist O. in 41 Wilayats gegliedert mit je einem vom Sultan ernannten Wali an der Spitze. Die *Rechts*prechung erfolgt nach islam. Recht. Die *Streitkräfte* umfassen rd. 21 500 Mann (Heer 16 500, Luftwaffe 2 000, Marine 3 000). 📖 *Peyton, W. D.: Oman before 1970. The end of an era.* London 1985. - *Wohlfahrt, E.: Die arab. Halbinsel.* Bln. u. a. 1980. - *Keiser, H.: Suche nach Sindbad. Das Weihrauchland O. u. die altsüdarab. Kulturen.* Freib. 1979. - *Hill, A./ Hill. D.: The Sultanate of O.* New York 1977.

Oman, Golf von, Teil des Ind. Ozeans, zw. dem Küstenabschnitt der Arab. Halbinsel am NO-Fuß des Omangebirges und der südiran. Küste.

Omangebirge, Randgebirge im O der Arab. Halbinsel, südl. und westl. des Golfes von Oman, bis über 3 000 m hoch.

Omar I. Ibn Al Chattab, * Mekka um 580, † Medina 3. Nov. 644 (ermordet), zweiter Kalif (seit 634). - Früher Anhänger des Propheten und bedeutendste Herrschergestalt des Frühislams, legte die Grundlagen für die militär. und zivile Verwaltung des Kalifenreiches, das sich unter seiner Herrschaft weit über die Grenzen Arabiens von Ägypten bis zum Kaukasus und nach Iran ausbreitete.

Omar II. Ibn Abd Al Asis, * Medina 682 oder 683, † Damaskus 9. Febr. 720, Kalif (seit 717). - Omajjade; seine auf Ausgleich mit den inneren Gegnern der Dyn. gerichtete Politik (u. a. Neuordnung des Steuersystems, das die zum Islam übergetretenen Nichtaraber benachteiligte), hatte keinen dauerhaften Erfolg.

Omar Chaijam [xaˈjaːm], * Naischabur 18. Mai 1048, † ebd. 4. Dez. 1131, pers. Mathematiker, Astronom und Dichter. - Einer der bedeutendsten Mathematiker des MA; er schuf in seiner „Algebra" eine systemat. Lehre quadrat. und kub. Gleichungen mit geometr. und algebraischen Lösungen. Die von ihm vorgeschlagene Kalenderreform hatte nur kurze Zeit Gültigkeit. Von O. C. sind wiss. Arbeiten in arab. Sprache, ferner pers. Übersetzungen des Avicenna erhalten; seine Vierzeiler („robaijat") in der meisterhaften engl. Übersetzung von E. Fitzgerald (1859) stecken voller Widersprüche; philosoph., hedonist., pessimist., skeptizist. und myst. Gedanken stehen nebeneinander.

Ombos, griech. Name zweier altägypt. Städte: 1. ↑ *Kaum Umbu;* 2. *O.,* 31 km nördl. von Luxor am W-Ufer des Nils, Kultort des Gottes Seth, wichtiger Fundplatz der ↑ Nakadakultur.

Ombré [õˈbreː; frz., zu lat. umbrare „Schatten geben"], Bez. für einen Stoff (Gewebe), bei dem entweder durch Farbwechsel der Webfäden *(Farb-O.)* oder durch Bindungswechsel *(Bindungs-O.)* allmähl. Farbübergänge bewirkt werden.

ombrogen [griech.], aus Regenwasser hervorgegangen.

ombrophil (ombriophil) [griech.], regenliebend; von Tieren und v. a. Pflanzen bzw. Pflanzengesellschaften gesagt, die bevorzugt in Gebieten mit längeren Regenzeiten und hoher Niederschlagsmenge leben (z. B. im trop. Regenwald). - Ggs. ombrophob.

Ombudsmann [schwed. ombudsman „Sachwalter, Treuhänder"], ein aus der schwed. Verfassungsentwicklung stammendes Amt (Behörde), das durch die Verfassung oder Gesetzgebung eines Staates bzw. Gliedstaates errichtet wird. Der O. ist i. d. R. eine von der Volksvertretung bestellte Vertrauensperson, die ohne unmittelbare Eingriffsmöglichkeit die Rechtsanwendung und den Rechtsschutz des einzelnen beaufsichtigen sowie die parlamentarische Kontrolle über bestimmte Verwaltungszweige verstärken soll. Das schwed. Vorbild des „Justitie-O." wurde von einigen Ländern übernommen. - In der BR Deutschland bestehen als dem O. vergleichbare Institutionen z. B. der Wehrbeauftragte, der Datenschutzbeauftragte und der Bürgerbeauftragte in Rheinland-Pfalz. Grundsätzlich hat sich der O.gedanke jedoch bisher nicht durchzusetzen vermocht.

In *Österreich* gibt es seit dem 1. 7. 1977 eine dem O. entsprechende Volksanwaltschaft, für die jede der 3 im Parlament vertretenen Parteien eine Vertrauensperson abstellt.

Omdurman, nw. Nachbarstadt von Khartum, erstreckt sich über 8 km am linken Ufer des Nils und des Weißen Nils (Brücken), Sudan, 526 300 E. Islam. Univ. (gegr. 1912), College für Frauen, Lehrerseminar, histor. Museum, Theater; Handelszentrum, Herstellung von Verbrauchsgütern; Kamelmarkt. - Nach der Zerstörung Khartums 1885 von Al Mahdi als seine Hauptstadt gegr. - Grabmal Al Mahdis. - Die Schlacht von O. am 2. Sept. 1898 brach die Macht der Mahdisten.

Omega [griech.], letzter (24.) Buchstabe des klass. griech. Alphabets mit dem Lautwert [ɔː]: Ω, ω.

Omegafettsäuren, hochungesättigte essentielle Fettsäuren vom Linol- bzw. Linolsäuretyp; bes. die **Omega-3-Fettsäuren** (die erste Doppelbindung befindet sich in Position 3, gerechnet vom Methylende des Moleküls) besitzen Schutzwirkung gegen Arteriosklerose, hohe Blutfettwerte, chron. Entzündungen.

Omegameson (ω-Meson), physikal. Zeichen ω, ungeladenes, instabiles Elementarteilchen aus der Gruppe der Mesonenresonanzen (↑Resonanz).

Omega-Minus-Teilchen (Omega-[Minus-]Hyperon, Ω⁻-Teilchen, Ω-Resonanz), physikal. Zeichen Ω⁻; schweres, negativ geladenes, instabiles Elementarteilchen aus der Gruppe der ↑Hyperonen.

Omega-Verfahren, weltweites Funknavigationssystem für Schiffahrt und Flugverkehr (seit 1975). Acht Sender strahlen in Frequenzbereich zw. 10 und 14 kHz (Längstwellenbereich). Durch Phasendifferenzmessung erfolgt mittels Spezialkarten die Bestimmung der Standlinien (Hyperbeln); Genauigkeit: etwa 1 Seemeile.

Omei Shan (Emei Shan [chin. ʌmɛiʃan]), Berg der westl. Gebirgsumrandung des Beckens von Szetschuan, China, 3 092 m hoch, mit 70 buddhist. Tempeln.

Omelett (Omelette) [frz.], gebackene Eierspeise aus verquirlten Eiern, Salz [und Milch]; oft mit Füllung.

Omen (Mrz. Omina) [lat.], Vorzeichen, das dem Menschen entweder ungesucht zuteil wird oder das der Mensch bewußt unter Anwendung einer Vorzeichenlehre erkundet. Als bevorzugte Omina gelten Träume, der Lauf der Gestirne, atmosphär. Ereignisse, Vogelflug und Eingeweide-, bes. Leberschau eines Opfertieres.

Ometepe, Isla de, Insel im Nicaraguasee, Nicaragua, 276 km²; besteht aus zwei durch eine Landbrücke verbundenen Vulkanen; der aktive Concepción erreicht 1 610 m, der erloschene Maderas 1 394 m. - Seit 1500 v. Chr. besiedelt; Siedlungen ohne Steinbauten in Seenähe. Bed. Alter-ego-Figuren (zw. 900/1400 zu datieren).

Omija, jap. Stadt auf Hondo, in der Kantoebene, 354 100 E. Pendlerwohngemeinde von Tokio. - Der Schintoschrein Hikawa soll 473 v. Chr. gegr. worden sein.

Omikron [griech.], 16. Buchstabe des urspr., 15. des klass. griech. Alphabets mit dem Lautwert [o]: O, o.

ominös [lat.-frz. (zu ↑Omen)], von schlechter Vorbedeutung, unheilvoll; zweifelhaft[er Herkunft], verdächtig, berüchtigt.

Omladina [serbokroat. „Jugend"], Name zweier nationalist.-sozialist. Organisationen: 1. Nachpreßgeorganisation eines 1848 in Preßburg gegr. student.-literar. Vereins; kämpfte nach der Annexionskrise 1908 für ein Großserbien; 2. in den 1890er Jahren in Prag gegr. Vereinigung; 1894 unterdrückt.

om mani padme hum ↑Om.

Ommatidien [griech.], die Einzelaugen des ↑Facettenauges.

Ommochrome [griech.], Gruppe tier. Farbstoffe, deren Synthese von der Aminosäure Tryptophan ausgeht und die in den Augen und der Haut von Krebsen und Insekten vorkommen. O. können gelb, orange, braun oder schwarz sein.

omnia mea mecum porto [lat.], „all meinen (Besitz) trage ich bei mir" (Ausspruch des ↑Bias von Priene).

Omnibus [frz., zu lat. omnibus „(Wagen) für alle"] (Kraftomnibus, Bus) ↑Kraftwagen.

Omnibusumfrage, Bez. der Umfrageforschung für eine Mehrthemenumfrage (↑auch Meinungsforschung).

omnipotent [lat.], allmächtig, alles vermögend; **Omnipotenz,** svw. ↑Allmacht.
◆ (totipotent) in der *Biologie:* zu jeder Differenzierung befähigt; v. a. von den noch kaum differenzierten Zellen der frühen Embryonalentwicklung gesagt.

Omnipräsenz [lat.], svw. Allgegenwart, insbes. von göttl. Wesen gesagt.

Omnium [lat.], im Radsport aus mehreren Bahnwettbewerben bestehender Wettkampf; Sieger ist derjenige Teilnehmer, der die meisten Punkte (auf Grund der Plazierung in den Einzelrennen) erreicht hat.

Omnivoren [lat.], svw. ↑Allesfresser.

Omnizid [lat.], Vernichtung allen menschl. Lebens.

Omo, Fluß in SW-Äthiopien, entspringt im Hochland Kafa, mündet am N-Ende des Turkanasees, etwa 800 km lang.

Omophagie [griech., zu ōmós „roh" und phageīn „essen"], v. a. in Mysterienkulten verbreitetes Verschlingen des rohen Fleisches von Opfertieren, um sich göttl. Kraft anzueignen.

Omophorion [zu griech. ōmophoreīn „auf den Schultern tragen"] ↑liturgische Gewänder.

Omorikafichte [serbokroat./dt.] ↑Fichte.

Omphalitis [griech.], svw. ↑Nabelentzündung.

omphalo..., Omphalo... [zu griech. omphalós „Nabel"], Bestimmungswort von Zusammensetzungen mit der Bed. „Nabel".

Omphalos [griech. „Nabel"], Aufwölbung in der Bodenmitte von Gefäßen, insbes. von Schalen (sog. *Omphalosschalen*).

Omrah (Umrah) [arab.], die „kleine Wallfahrt" nach Mekka, die anders als der Hadsch nicht an bestimmte Zeiten gebunden und nicht im Gesetz vorgeschrieben ist, so daß sie stärkere Züge einer individuellen Frömmigkeit trägt.

Omre, Arthur, eigtl. Ole A. Antonisen, * Horten 17. Dez. 1887, † Porsgrunn 16. Aug. 1967, norweg. Schriftsteller. - Seemann, dann Journalist u. a. in Amerika, Europa und Asien; ab 1932 wieder in Norwegen. Psychologisierende (u. a. von Hemingway beeinflußte) Novellen und Romane über die inneren Konflikte von Menschen mit Verbrechern; u. a. „Die Schmuggler" (1935).

Omri (Vulgata: Amri), König von Israel, herrschte im Nordreich etwa 882–871; Begründer der ersten Dyn. Israels.

Omsk, sowjet. Geb.hauptstadt an der

Mündung des Om in den Irtysch, RSFSR, 1,094 Mill. E. Univ. (gegr. 1974), 8 Hochschulen; Museen und Theater; Erdölraffinerie, Gummiind., Landmaschinenfabrik, Elektrogerätebau, Schiffsreparatur, Leder-, Textil- und Nahrungsmittelind.; Hafen am Irtysch, Bahnknotenpunkt, ✈. - 1716 als Festung am linken Ufer des Om gegr.; 1768 Bau einer stärkeren Festung am rechten Ufer; seit 1782 Stadt; ab 1839 Residenz und Verwaltungszentrum des Generalgouvernements Westsibirien; seit Eröffnung der Eisenbahnlinie (1894) wichtiges Handelszentrum und Umschlagplatz für Waren von und nach Sibirien.

Omurabucht, Meeresbucht an der NW-Küste der jap. Insel Kiuschu; wichtigstes Perlenzuchtgebiet.

Omuta, jap. Stadt auf Kiuschu, an der Ariakebucht, 163 000 E. Zentrum des *Miike-Kohlenreviers* (Abbau z. T. untermeerisch). - Seit dem 15. Jh. Kohlenförderung.

on [engl. „an, auf"] ↑off.

On ↑Heliopolis.

-on [griech.], Suffix der chem. Nomenklatur, das bei organ. Verbindungen das Vorhandensein einer Carbonylgruppe anzeigt.

Ona, 1974 ausgestorbener Indianerstamm im Innern Feuerlands.

Onager [griech.-lat. „Wildesel"], svw. Pers. ↑Halbesel.

Onan, Gestalt des A. T.; Sohn des Judas, der die Pflicht der Leviratsehe nicht ausreichend erfüllte, da er, „sooft er der Frau seines Bruders beiwohnte, den Samen zur Erde fallen ließ" (1. Mos. 38, 9); er wurde dafür von Gott mit vorzeitigem Tod bestraft. Der Begriff Onanie im Sinne von ↑Masturbation wird also zu Unrecht von O. abgeleitet.

Onanie [↑Onan], svw. ↑Masturbation.

Onassis, Aristoteles, * Smyrna (= İzmir) 15. Jan. 1906 (?), † Paris 15. März 1975, griech. Reeder. - Baute bis zum 2. Weltkrieg eine Flotte von 46 Frachtern und Tankern auf, die er den Alliierten lieh. Nach dem 2. Weltkrieg verstärkte er die Tankerflotte, gründete eine Luftfahrtgesellschaft und Banken sowie Spielbanken und Immobilienunternehmen.

Onchozerkose [griech.], durch Fadenwürmer der Gatt. Onchocerca, beim Menschen hauptsächl. durch den Befall mit Onchocerca volvulus (Knäuelfilarie), verursachte Erkrankung, v. a. in Afrika und M-Amerika. Die geschlechtsreifen Parasiten halten sich im Unterhautbindegewebe in der Nähe von Lymphbahnen auf und erzeugen dort bis zu taubeneigroße „Wurmknoten" an Kopf, Rumpf und Extremitäten, bes. an Stellen, wo die Haut dicht über dem Knochen liegt. Die wandernden Wurmlarven (Mikrofilarien) können chron. Hautveränderungen, allerg. Störungen und u. U. zur Blindheit führende Augenkomplikationen hervorrufen. Überträger sind Kriebelmücken v. a. in Flußniederungen. Die Behandlung besteht in der Aus-

Omega-Verfahren. Bedeckungskarte mit den Basislinien (kürzeste Wege zwischen zwei Stationen) der insgesamt acht Omega-Stationen. Zur genauen Bestimmung eines Ortes benötigt man mindestens drei Stationen. Deren aus ihren Hyperbelscharen gebildete Standlinien dürfen keinen zu spitzen Winkel bilden, da sonst im Scheitelbereich des Winkels die Ortsbestimmung ungenau wird

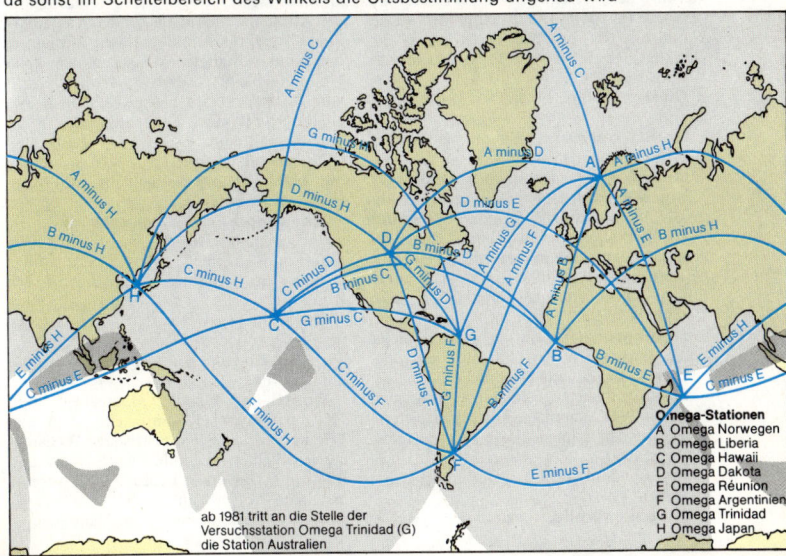

ab 1981 tritt an die Stelle der Versuchsstation Omega Trinidad (G) die Station Australien

Omega-Stationen
A Omega Norwegen
B Omega Liberia
C Omega Hawaii
D Omega Dakota
E Omega Réunion
F Omega Argentinien
G Omega Trinidad
H Omega Japan

Oncidium

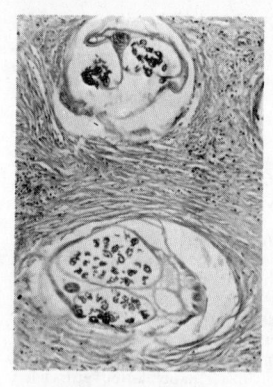

Onchozerkose. Wurmknoten mit Mikrofilarien im Unterhautbindegewebe

schneidung der Wurmknoten und in der Gabe von larvenschädigenden Wurmmitteln.

Oncidium [griech.], Gatt. epiphyt. Orchideen mit rd. 750 Arten; verbreitet von Florida bis Argentinien; mit seitl. Blütenstengeln und gelben bis braunen, oft schön gezeichneten Blüten; z. T. als Zierpflanzen.

Oncille [span.], svw. ↑ Ozelotkatze.

Oncken, Hermann, * Oldenburg (Oldenburg) 16. Nov. 1869, † Göttingen 28. Dez. 1945, dt. Historiker. - Prof. u. a. in Chicago, Heidelberg, München und Berlin; 1935 aus polit. Gründen zwangsemeritiert; bemühte sich im Anschluß an Ranke um eine Objektivierung der Geschichte; er verfaßte u. a. „Lassalle" (1904), „Die Rheinpolitik Kaiser Napoleons III. von 1863 bis 1870..." (1926), „Das Dt. Reich und die Vorgeschichte des Weltkrieges" (1933).

OND, Abk. für: ↑ Opera Nazionale Dopolavoro.

Ondit [õ'di:; frz. „man sagt"], Gerücht, Gerede.

Ondra, Anny, eigentl. Anna Ondráková, * Tarnów (Woiwodschaft Krakau) 15. Mai 1903, † Hollenstedt (Landkr. Harburg) 28. Febr. 1987, dt. Schauspielerin. - Seit 1933 ∞ mit M. Schmeling; in Deutschland eine der gefeiertsten Stars der 1930er Jahre, u. a. in den Filmen „Die Regimentstochter" (1933), „Der Unwiderstehliche" (1937).

ondulieren [frz., zu lat. undula „kleine Welle"], Haare mittels ↑ Brennschere oder Ondulierstab kräuseln oder wellen.

O'Neal, Ryan [engl. ou'ni:l], * Los Angeles 20. April 1941, amerikan. Filmschauspieler. - Spielte in den Filmen „Love Story" (1969), „Is' was, Doc" (1971), „Paper Moon" (1972), „Barry Lyndon" (1975), „Der ausgeflippte Professor" (1981).

Onegaschwelle, zusammenfassende Bez. für die Höhenzüge zw. den Waldaihöhen und der Niederung beiderseits der unteren Wodla am O-Ufer des Onegasees, UdSSR.

Onegasee, zweitgrößter See Europas, im NW der UdSSR, 248 km lang, bis 91,6 km breit, bis 120 m tief, 33 m ü. d. M.; Abfluß durch den Swir zum Ladogasee; Nov.–Mai zugefroren. Durch den O. führt der Wolga-Ostsee-Wasserweg.

Onegin, Sigrid, geb. Hoffmann, * Stockholm 1. Juni 1891, † Magliaso (Tessin) 16. Juni 1943, dt. Sängerin (Alt, Mezzosopran). - Sang als gefeierte Opernsängerin u. a. in Stuttgart, München, New York und Berlin, bei den Salzburger und Bayreuther Festspielen.

Oneida [engl. ou'naɪdə], einer der Stämme des Irokesenbundes, ↑ Irokesen.

O'Neill, Eugene [engl. ou'ni:l], * New York 16. Okt. 1888, † Kap Cod bei Boston 27. Nov. 1953, amerikan. Dramatiker. - Sohn eines Wanderschauspielers ir. Abstammung; trat nach verschiedenen Beschäftigungen (u. a. Goldgräber, Seemann, Schauspieler, Reporter) 1916 in Verbindung zu der Kleinbühne „Provincetown Players", später zur „Theatre Guild", für die er seine ersten Stücke - realist. Kurzdramen - schrieb. Expressionist. Stationendramen über Ausbeutung („Der haarige Affe", 1922) und Rassismus („Alle Kinder Gottes haben Flügel", 1924) folgten psychologisierende, myst.-pessimist. Familiendramen wie „Der Eismann kommt" (1946), „Ein Mond für die Beladenen" (1952), „Eines langen Tages Reise in die Nacht" (hg. 1956), „Fast ein Poet" (hg. 1957), „Alle Reichtümer der Welt" (hg. 1964). In seinem bedeutendsten Werk, der Dramentrilogie in 13 Akten „Trauer muß Elektra tragen" (1931) versetzte er den Atridenmythos in die Zeit des nordamerikan. Bürgerkrieges und gestaltete illusionslos die schuldverhafteten Menschen, dem keine Hoffnung bleibt. - *Weitere Werke:* Jenseits vom Horizont (1920), Der große Gott Brown (1926), Seltsames Zwischenspiel (1928), Hughie (hg. 1958).

One-man-Show [engl. 'wʌn 'mæn 'ʃou „ein Mann Schau"], Soloauftritt eines Musikers, Kabarettisten o. ä.

Onesimos, att. Vasenmaler des 5. Jh. v. Chr. - Bemalte etwa 495–475 für den Töpfer Euphronios Schalen; Meister des frühen strengen Stils, berücksichtigte bereits den Kontrapost.

Onestep [engl. 'wʌnstɛp], Gesellschaftstanz im $^2/_4$- oder $^6/_8$-Takt, der, Anfang des 20. Jh. aus Amerika kommend, in Europa populär wurde.

Onetti, Juan Carlos, * Montevideo 1. Juli 1909, uruguayischer Schriftsteller. Lebt seit 1975 in Madrid. - Schauplatz seiner W. Faulkner verpflichteten Erzählungen, Novellen und Romane („Das kurze Leben", 1950) ist eine imaginäre Provinzstadt „Santa María", an deren Einwohnern, gescheiterten Menschen, O.

Ontario

die Sinnlosigkeit der bürgerl. Gesellschaft kritisiert.

Ongwediva [engl. ɔŋgwɛɪˈdiːvaː], Hauptort von ↑ Ovamboland.

Onitsha [engl. ɔːnɪˈtʃɑː], nigerian. Stadt am linken Ufer des Niger, 220000 E. Sitz des anglikan. Erzbischofs der Kirchenprov. Westafrika und eines kath. Erzbischofs; Leprosorium; einer der größten Märkte Westafrikas; Brücke über den Niger, daher wichtiger Straßenknotenpunkt; Flußhafen (der Niger ist ab hier ganzjährig schiffbar).

Oniumverbindungen [zu Ammonium], Sammelbez. für anorgan. oder organ. Verbindungen, die ein durch Anlagerung von Protonen oder positiv geladenen Molekülgruppen an ein neutrales Zentralatom oder -molekül entstandenes, koordinativ gesättigtes Kation (sog. *Oniumion*) enthalten, z. B. die Ammoniumverbindungen mit dem Oniumion Ammonium $(NH_4)^+$. Koordinativ ungesättigte Kationen werden in der organ. Chemie als **Eniumverbindungen** bezeichnet, z. B. Verbindungen mit ↑ Carbeniumionen.

onko..., Onko... [zu griech. ónkos „groß an Umfang"], Bestimmungswort von Zusammensetzungen mit der Bed. „Geschwulst".

Onkogene, Bez. für ursprüngl. aus dem normalen Zellgenom stammende Gene, die in den normalen Zellen wichtige, vermutl. regulierende Funktionen haben und potentiell karzinogen sind.

Onkologie, Lehre von den Geschwülsten; Fachgebiet der Medizin.

onkotischer Druck [griech./dt.] (kolloidosmot. Druck), der osmot. Druck, der durch die in den Körperflüssigkeiten gelösten Eiweiße hervorgerufen wird.

On-line-Betrieb [engl. ˈɔnlaɪn], svw. direkte Datenverarbeitung. Die [Meß]daten einer Meßwerterfassungsanlage werden direkt und unmittelbar in die EDV-Anlage eingegeben, die wiederum den laufenden chem., physikal. oder techn. Prozeß, ähnl. einem Regelkreis, steuern kann (sog. *geschlossen prozeßgekoppelter Betrieb*); beim *offen prozeßgekoppelten Betrieb* entfällt dagegen die Regelung. Ein im On-line-Betrieb arbeitender Rechner wird als **Prozeßrechner** bezeichnet. Beim **Off-line-Betrieb** (*prozeßparalleler Betrieb*) werden die zu verarbeitenden Daten z. B. auf Lochstreifen, Magnetband o. ä. zwischengespeichert und bei Bedarf dem Rechner eingegeben (sog. *indirekte Datenverarbeitung*).

Önologie [griech.], Lehre von Wein, Weinbau und Kellerwirtschaft.

Onomasiologie [zu griech. ónoma „Name"], Bezeichnungslehre; sprachwiss. Forschungsrichtung, untersucht, wie bestimmte Sachen (Dinge, Wesen, Erscheinungen)/Begriffe sprachl. bezeichnet werden. Ausgehend von einem mehr oder weniger deutl. abgegrenzten Begriff oder einer Gruppe verwandter Begriffe werden die verschiedenartigen Bezeichnungsmöglichkeiten für ein bestimmtes Sprachgebiet gesammelt. Durch onomasiolog. Operationen können Paradigmata und Wortfelder erstellt werden, die die Erfahrung der Bedeutungsähnlichkeit von Sprachzeichen systematisieren und diese Bedeutungsähnlichkeit als (partielle) Synonymie abbilden, z. B. *Aufstand, Empörung, Aufruhr, Revolution*. Diese können in begriffl. oder onomasiolog. Wörterbüchern kodifiziert werden. - Gegenüber der ↑ Semasiologie, der Bedeutungslehre, ist die O. nicht eindeutig abzugrenzen; beide ergänzen einander bei der Untersuchung der Bedeutungsbeziehungen im Wortschatz.

Onomastik [griech.], svw. ↑ Namenforschung.

Onomatopöie (Onomatopoesie) [griech.] ↑ Lautmalerei.

Onomitschi, jap. Hafenstadt auf Hondo, an der Hiutschiesee, 102000 E. Fährhafen für den Verkehr nach Schikoku und den Inseln der Inlandsee.

Onon [russ. aˈnɔn], rechter Quellfluß der Schilka, entspringt im Kenteigebirge (Mongol. VR), nach 410 km im Gebiet der UdSSR, 1032 km lang.

Onondaga ↑ Irokesen.

Ononis [griech.], svw. ↑ Hauhechel.

Onopordum [griech.], svw. ↑ Eselsdistel.

Önorm [Kw. aus Österreichische **Norm**], dem dt. DIN entsprechende östr. Industrienorm.

Onsager, Lars, * Oslo 27. Nov. 1903, † Coral Gables 5. Okt. 1976, amerikan. Physiker norweg. Herkunft. - Prof. an der Yale University. Seine grundlegenden Arbeiten zur Thermodynamik irreversibler Prozesse machten u. a. die chem. Reaktionskinetik einer thermodynam. Behandlung zugänglich und führten ihn 1939 zur Aufstellung einer Theorie der Isotopentrennung. Nobelpreis für Chemie 1968.

Ontario [ɔnˈtaːrio, engl. ɔnˈtɛərioʊ], kanad. Prov. südl. der Hudsonbai, 1 068 630 km², (davon etwa 20 % Gewässer), 8,937 Mill. E (1984), Hauptstadt Toronto. **Landesnatur:** Der größte Teil von O. gehört zum Kanad. Schild mit zahllosen Seen, Sümpfen und Mooren. Höchste Erhebung ist der Mount Batchawana mit 700 m. Im N und NO hat O. Anteil am Hudsontiefland. Süd-O. bildet eine Halbinsel zw. Ontario-, Erie- und Huronsee. Das Klima ist kontinental, im S durch den Einfluß der Großen Seen milder als im subarkt. N der Prov. Es herrscht im S Laubwald vor, der nach N in Nadelwald übergeht. In den ausgedehnten Wäldern leben Schwarzbär, Elch und Ren; Seen und Flüsse sind fischreich.

Bevölkerung, Wirtschaft, Verkehr: Urspr. war das Geb. von O. von Huronen bewohnt, die aber von den Irokesen verdrängt wurden. Heute sind neben indian. Minderheiten rd.

Ontarioapfel

60% der Bev. brit., 10% frz. und 6% dt. Abstammung. Die Bev. konzentriert sich im stark industrialisierten und verstädterten S der Prov. Alle großen christl. Glaubensgemeinschaften sind vertreten. O. verfügt neben Colleges über 15 Univ. Beste Voraussetzungen für die Landw. bestehen im S. Angebaut werden Gemüse, Zuckerrüben, Tabak, Getreide, Reben sowie Futterpflanzen. In der Viehzucht überwiegen Rinder- und Geflügelhaltung. Der Waldreichtum ist Grundlage für zahlr. Sägewerke und Papierfabriken. Im Bereich des Kanad. Schildes finden sich Nickel-, Kupfer-, Eisen-, Silber- und Uranerzvorkommen sowie Gold. Führende Ind.zweige sind Eisen- und Stahlgewinnung, Maschinenbau, Kfz., chem., Nahrungs- und Genußmittelind. V. a. der Südteil der Prov. ist verkehrsmäßig gut erschlossen durch Eisenbahn (Streckennetz rd. 16 600 km Länge) und Straßen (Gesamtstraßennetz über 153 000 km), während im N das Flugzeug der wichtigste Verkehrsträger ist, abgesehen von der Stichbahn nach Moosonee (nahe der Hudsonbai). Wichtigste Häfen sind Toronto am Ontariosee und Thunder Bay am Oberen See (Endpunkt der Seeschiffahrt auf den Großen Seen; Weizen- und Erzverladung). Internat. ⚒ in Ottawa und bei Toronto.

Geschichte: Das Gebiet des heutigen O. wurde von den Franzosen erforscht (ab 1613); kam 1763 in brit. Besitz, 1774 der Prov. Quebec zugeschlagen; nach dem Nordamerikan. Unabhängigkeitskrieg Besiedlung durch die Einwanderung Tausender sog. Loyalisten. Die englischsprachigen Siedlungen erreichten 1791 für Oberkanada den Status einer selbständigen Prov.; 1840 wurden Ober- und Unterkanada zur Prov. Kanada vereinigt, die Selbstverwaltung erhielt. 1867 wurde die Prov. O. geschaffen, 1912 die N-Grenze von O. bis 60° n. Br. vorgeschoben.

📖 *Lander, J. B./Hecht, A.: Regional development in O.* Marburg 1980. - *O.* Hg. v. R. L. *Gentilcore,* Toronto 1972.

Ontarioapfel ↑Äpfel (Übersicht).

Ontariosee, der östlichste und kleinste der Großen Seen N-Amerikas, USA und Kanada, 310 km lang, 85 km breit, 75 m ü. d. M., bis 236 m tief. Zufluß aus dem Eriesee durch den Niagara River, dessen Fälle durch den Welland Canal umgangen werden; Abfluß durch den Sankt-Lorenz-Strom.

on the rocks [engl. 'ɔn ðə 'rɔks, eigtl. „auf Felsbrocken"], (bei Getränken:) mit Eiswürfeln.

onto..., Onto... [griech.], Bestimmungswort zum Zusammensetzungen mit der Bed. „Wesens..., Seins...".

Ontogenese, svw. ↑Ontogenie.

ontogenetisch, die Individualentwicklung (↑Entwicklung [in der Biologie]) betreffend.

Ontogenie [griech.] (Ontogenese, Individualentwicklung), die gesamte Entwicklung eines Individuums (↑Entwicklung [Biologie]), im Unterschied zur Stammesentwicklung.

Ontologie, Mitte des 17. Jh. entstandene Bez. für die Lehre von dem Wesen und den Eigenschaften des Seienden, die zu zeigen hat, was allen ↑Seienden als solchen gemeinsam ist. In der *neuscholast. Philosophie* ist die O. Vorstufe zur natürl. Theologie, der Lehre von der Gotteserkenntnis allein durch die Vernunft. Kernstück dieser O. ist die Lehre von den Transzendentalien, nach der ein jedes Seiende, „weil und insofern ihm Sein zukommt" wahr, gut und schön ist, wozu noch hinzugefügt wird, daß es als Seiendes auch ein „Ding" (lat. res), ein „sich Einiges" (lat. unum) und ein „Etwas" (lat. aliquid) sei. In Verbindung mit einer realist. Interpretation der Redeweise, daß ein Seiendes das, was es ist, dadurch ist, daß ihm Sein zukommt, führt die Transzendentalienlehre zur Lehre vom ↑Sein als dem Prinzip des Seienden und damit als dem Wahren, Guten und Schönen als solchen. Für scholast., philosoph.-theolog. Denken folgt daraus: da Gott als der Schöpfer alles Seienden gilt - seine Identität mit dem [absoluten] Sein. Den Übergang von der Rede der das Seiende zu der über das Sein und v. a. die Identifikation des Seins mit Gott hat v. a. Heidegger als illegitim abgelehnt, indem er auf die **ontologische Differenz** zw. Sein und Seiendem hinweis: Während das Seiende jeweils ein unterscheidbarer Gegenstand sei, entziehe sich das Sein unseren gegenstandsbezogenen Unterscheidungen und könne nur im Verzicht auf vergegenständlichendes, bestimmendes Denken „gesagt" werden. Der O. als ganzer wird dabei Kant vorgeworfen, sie verwechsle naiv und sprachunkritisch sprachl. Unterscheidungsleistungen mit realen Unterschieden.

📖 *Keil, G.: Grundr. der O.* Königstein im Taunus ²1984. - *Logic and ontology.* Hg. v. M. K. *Munitz.* New York 1973. - *Lotz, J. B.: Die Identität v. Geist u. Sein.* Rom 1972. - *Peursen, C. A. van: Wirklichkeit als Ereignis. Eine deikt. Übers.* Freib. u. Mchn. 1971.

ontologischer Gottesbeweis ↑Gottesbeweis.

Ontologismus [griech.], von V. Gioberti begr. philosoph. Lehre, daß sichere philosoph. Erkenntnis auf der Intuition des Seins durch die Vernunft basiere. Wegen pantheist. Tendenzen wurde der O. von der kath. Kirche verurteilt.

Onychophora [griech.], svw. ↑Stummelfüßer.

Onyx [griech.-lat., eigtl. „Kralle, (Finger)nagel" (wohl auf Grund eines Farbenvergleichs)], eine wie Achat aus unterschiedl. gefärbten (meist schwarzen und weißen) Lagen bestehende Varietät des Chalzedons, die als Schmuckstein verwendet wird.

♦ (O.marmor) Sammelbez. für hellfarbige

(gelbl., grünl.), transparente Kalksteine, die kunstgewerbl. verwendet werden.

Onyxgläser, farbige Gläser mit Äderung aus nicht symmetr. regelmäßig angeordneten Farbschichten (verschiedene Farbschmelzen ineinandergegossen).

Onza [span.], svw. ↑Jaguar.

oo..., Oo... [o-o; zu griech. ōón „Ei"], Bestimmungswort von Zusammensetzungen mit der Bed. „Ei".

Oogamie [o-o...; griech.], Art der geschlechtl. Fortpflanzung, bei der der weibl. Gamet eine unbewegl. Eizelle ist und der männl. Gamet ein bewegl. Spermium.

Oogenese [o-o...] (Eibildung, Eireifung), Entwicklung der Eizellen aus den Ureizellen (Oogonien) der Keimbahn bis zur Entstehung der reifen Eizellen. Während der O. treten drei charakterist. Perioden auf: 1. *Vermehrungsphase:* fortlaufende mitot. Teilungen der Ureizelle, die zum Wachstum der Eierstöcke (Ovarien) führen. Beim Menschen ist diese Periode mit der Geburt abgeschlossen; es sind dann in beiden Eierstöcken zus. rd. 400 000 Ureizellen vorhanden. 2. *Wachstumsphase:* Die Ureizellen wachsen zu wesentl. größeren Eizellen (Oozyten) erster Ordnung heran, wobei sie v. a. bei den Wirbeltieren (einschl. Mensch) noch von einer ein- bis mehrschichtigen Hülle (↑Eifollikel) umschlossen werden. 3. *Reifungsphase:* In dieser Periode erfolgt die Reduktion des Chromosomenbestandes der Oozyte erster Ordnung durch eine Meiose, woraus über die Entstehung einer Oozyte zweiter Ordnung eine große haploide reife Eizelle hervorgeht. Beim Menschen läuft die erste Reifeteilung zur Oozyte zweiter Ordnung während des Follikelsprunges (Ovulation) ab; die zweite Reifeteilung kommt erst nach Eindringen des Spermiums zustande.

Oogonium [o-o...; griech.], Ureizelle (↑Urgeschlechtszellen). - ↑auch Oogenese.
◆ weibl. Geschlechtsorgan der Lagerpflanzen.

Ooka, Schohei, * Tokio 6. März 1909, jap. Schriftsteller. - Als Soldat und dann als Gefangener der Amerikaner auf den Philippinen. Entwirft in seinen Romanen (u. a. „Nobi", 1951; dt. 1959 u. d. T. „Feuer im Grasland") in scharfer, psycholog. klar entwickelter Darstellung ein realist. Bild des Krieges. - † 25. Dez. 1988.

Oolith [o-o...; griech.] (Erbsenstein), aus verkitteten **Ooiden** (ei- oder kugelförmigen Mineralkörnern von meist unter 2 mm Durchmesser) gebildetes Gestein. Nach der mineralog. Zusammensetzung unterscheidet man: *Kalk-O.* aus Aragonit und/oder Calcit, *Eisen-O.* aus Eisenmineralen (meist Eisenhydroxid) und *Kiesel-O.* aus SiO_2. Die Bez. **Erbsenstein** (*Sprudelstein, Pisolith*) wird auch auf kugelförmige Carbonatabscheidungen aus warmen Quellen angewandt (*Karlsbader Sprudelstein*).

Oologie [o-o...] (Eierkunde), Teilgebiet der Ornithologie (Vogelkunde), das sich mit der Erforschung der Vogeleier befaßt.

Oophoron [griech.], svw. ↑Eierstock.

Oostende, amtl. Name von ↑Ostende.

Oosterschelde [niederl. oːstərˈsxɛldə], tief ins Land greifende Nordseebucht an der niederl. W-Küste, ehem. nördl. Mündungstrichter der Schelde, von einer 5 500 m langen Brücke überspannt. Mit der Fertigstellung eines durch 63 Fluttore verschließbaren Sturmflutsperrwerks wurde der Deltaplan 1986 vollendet.

Oozyte [o-o...; griech.] (Eimutterzelle), Bez. für zwei Vorstadien (O. erster und zweiter Ordnung) der reifen Eizelle im Verlauf der ↑Oogenese.

OP, Abk. für:
◆ Ordo Praedicatorum, ↑Dominikaner.
◆ Operationssaal.

op., Abk. für: ↑**Op**us (Musik).

opak [zu lat. opacus „schattig"], nicht durchsichtig, lichtundurchlässig.

Opal [griech.-lat.; zu Sanskrit upala „Stein"], amorphes, in traubigen, nierigen oder krustenförmigen Aggregaten vorkommende, glasige bis wächsern glänzende, milchigweiße oder verschieden gefärbte Substanz, die aus Kieselsäure mit sehr unterschiedl. Wassergehalt besteht ($SiO_2 \cdot nH_2O$); Mohshärte 5,5-6,5, Dichte 1,9-2,5 g/cm³. O. kann aus diesem metastabilen Zustand durch Diagenese in Chalzedon und schließl. in Quarz übergehen. Vorkommen biogen (Skelette von Kieselalgen = Diatomeen; Radiolarien, Kieselschwämmen u. a.) oder als Produkt thermaler Zersetzung von Silicaten, vielfach in jungvulkan. Ergußgesteinen, oder in Form von Sinterkrusten um heiße Quellen, als Konkretionen in Sedimenten und Sedimentgesteinen (z. B. Feuerstein) sowie in Kieselhölzern. Bekannte Varietäten der O. sind der bläulichgraue bis weißl., durch sein opalisierendes Farbenspiel ausgezeichnete Edelopal, der ebenfalls als Schmuckstein verwendete **Feueropal.**

Opalbatist ↑Glasbatist.

Opaleszenz [Sanskrit-griech.-lat.], das opalartige Schillern von trüben Medien, in denen Teilchen von der Größenordnung der Lichtwellenlänge suspendiert sind, infolge des Tyndall-Effektes.

Opaliński, Krzysztof [poln. ɔpaˈliɲski], * Sieraków (Woiwodschaft Posen) um 1609, † Włoszakowice um den 7. Dez. 1655, poln. Satiriker. - Schulreformer unter dem Einfluß von Comenius; Woiwode von Posen; lieferte 1655 den Schweden Großpolen durch Kapitulation aus. Verfaßte als erster Pole Blankverssatiren nach klass. lat. Vorbildern, bes. nach Juvenal (1650).

Opanke [serb.], auf dem Balkan beheimateter absatzloser Schuh, dessen Sohle rundherum hochgezogen ist.

Oparin, Alexandr Iwanowitsch [russ.

Op-art

Op-art. Victor de Vasarély,
Vonal-Ksz (1968). Privatbesitz

a'parin], * Uglitsch 4. März 1894, † 21. April 1980, † Moskau 21. April 1980, sowjetruss. Biochemiker. - Prof. in Moskau, ab 1946 Leiter des dortigen Inst. für Biochemie der Akad. der Wiss. der UdSSR; insbes. Untersuchungen über Enzymwirkungen in der lebenden Zelle; bed. Beiträge zur Frage der Entstehung des Lebens.

Op-art [engl. 'ɔp-a:t, gekürzt aus optical art „opt. Kunst"], zeitgenöss. Kunstform v. a. der 1960er Jahre, die konstruktivist. und Bauhaus-Arbeiten (J. Albers) voraussetzt. Kalkulierte Gesetzmäßigkeiten von Linien, Flächen und Farbkombinationen ergeben illusionist. Effekte. Hauptvertreter sind V. de Vasarély, J. Le Parc und weitere Mgl. der „Groupe de Recherche d'Art Visuel", J. R. Soto, J.-P. Yveral, B. Riley u. a.

Opatija (italien. Abbazia), jugoslaw. Ort

OPEC. Verteilung der OPEC-Erdölförderung

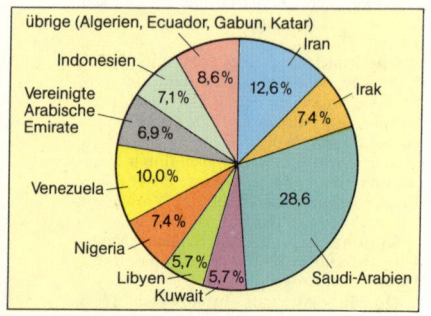

Land	%
übrige (Algerien, Ecuador, Gabun, Katar)	8,6
Iran	12,6
Irak	7,4
Saudi-Arabien	28,6
Kuwait	5,7
Libyen	5,7
Nigeria	7,4
Venezuela	10,0
Vereinigte Arabische Emirate	6,9
Indonesien	7,1

13 km westl. von Rijeka, 10 000 E. Seebad und heilklimat. Kurort; Inst. für Wellentherapie; Filmstudio, botan. Garten, Freilichtbühne. - Entstand um ein Benediktinerkloster; kam 1918 an Italien, 1947 an Jugoslawien.

Opatoschu, Joseph, eigtl. J. Opatofski, * Mława (Woiwodschaft Warschau) 1. Jan. 1887, † New York 7. Okt. 1954, jidd. Erzähler. - Lebte ab 1907 in den USA. Wurde mit pointierten Kurzgeschichten und naturalist. Schilderungen des poln. Judentums in großen histor. Romanen zu einem der hervorragendsten Vertreter des jidd. Schrifttums in den USA. - *Werke:* In pojlische Welder (R., 1921; dt. in 2 Tlen.: Der letzte Waldjude, 1928, und Der Aufstand, 1929), A tog in Regensburg (R., 1933).

Opava (dt. Troppau), Stadt am O-Rand des Niederen Gesenkes, ČSSR, 260 m ü. d. M., 62 200 E. Schles. Museum; O. gehört zum Ind.ballungsraum von Ostrau und stellt v. a. Bergwerksausrüstungen her. - Als Siedlung erstmals 1195 belegt; Stadtgründung (mit Magdeburger Recht) 1224, seitdem befestigt; nach 1742 (bis 1928) Hauptstadt von Östr.- (später Tschech.-)Schlesien. - Got. Propsteikirche Maria Himmelfahrt (14. Jh.), spätgot. Heilig-Geist-Kirche (15. Jh.); mehrere Barockpalais, u. a. Palais Blücher-Wahlstadt.

Opazität (Opacitas) [lat.], in der *Medizin* für: Trübung, undurchsichtige Beschaffenheit; *Opacitas corneae,* Hornhauttrübung; *Opacitas vitreae,* Linsentrübung.

OPEC, Abk. für engl.: Organization of the Petroleum Exporting Countries („Organisation der Erdöl exportierenden Länder"), gegr. 1960; Mgl.: Algerien, Ecuador, Gabun, Indonesien, Irak, Iran, Katar, Kuwait, Libyen, Nigeria, Saudi-Arabien, Venezuela und die Vereinigten Arab. Emirate; Sitz: Wien (seit 1965; vorher Genf).
Die OPEC war zunächst eine Schutzorganisation gegen die Ölkonzerne, die v. a. zur Stabilisierung der Erlöse der Mgl.länder beitragen sollte. Die Einnahmen der Förderstaaten ergaben sich aus den „Royalties", einem festen (Dollar-)Betrag pro Tonne Rohöl, und einer „Einkommensteuer" in Höhe von 50 % des ausgewiesenen Gewinns. Wurden bis dahin die gezahlten Royalties als Abschlagszahlung auf die Einkommensteuer verrechnet, so erreichte die OPEC, daß die Royalties nunmehr lediglich als Kosten bei der Ermittlung des Gewinns berücksichtigt werden durften. Die Abkehr von diesem System begann sich erst 1971 zu vollziehen. In dem Anfang 1971 zw. OPEC und Ölkonzernen abgeschlossenen Abkommen von Teheran wurde u. a. ein Inflationsausgleich von jährlich 2,5 % für die nächsten Jahre vereinbart. Das Bestreben der OPEC-Länder, die Erdölförderung, die nahezu ihre gesamten Exporterlöse ausmacht, unter eigene Kontrolle zu bekommen, führte zu Verstaatlichungen bzw. dem Erwerb von

Mehrheitsbeteiligungen an den Fördergesellschaften.

Zur autonomen Preisfestsetzung (ohne Verhandlungen mit den Ölkonzernen) ging die OPEC über, als die Ölkonzerne bei Verhandlungen in Wien im Okt. 1973 zögerten, die Forderungen nach höherem Inflationsausgleich und Anhebung der Listenpreise zu akzeptieren. Der von der OPEC einseitig festgesetzte Preis wurde Anfang 1974 nochmals verdoppelt.

Ein weiterer Preisschub fand 1979 statt, als die meisten OPEC-Staaten ihre Fördermengen einschränkten, um ihre Ölreserven zu strekken. Seither ist der OPEC-Anteil an der Weltförderung von 47,8 % (= 1 524 Mill. t) im Jahre 1979 auf 39,4 % (= 1 126 Mill. t) im Jahre 1981 zurückgegangen. Erstmals seit Anfang der 70er Jahre stiegen die Rohölpreise 1981 nicht mehr. Die rückläufige Nachfrage der Industriestaaten hatte einen Angebotsüberschuß verursacht, wodurch die OPEC-Mgl., um einen weiteren Preisverfall zu verhindern, mehrfach gezwungen wurden, die tägl. Fördermenge herabzusetzen. Probleme ergaben sich bei der Verteilung der Förderquoten auf die einzelnen Mgl.staaten. Nach zunächst gescheiterten Verhandlungen einigten sich die Mgl.staaten im März 1983 in London schließl. auf neue Förderquoten und eine Ölpreissenkung auf 29 $ je Faß. Um Marktanteile wiederzugewinnen, gab die OPEC Ende 1985 die Förderquotenregelung auf; als Folge kam es zu einem Angebotsüberschuß und dramatisch fallenden Ölpreisen (im Juli 1986 9 $ pro Faß). Bis Ende 1986 pendelte sich der Preis auf 13–15 $ ein, nachdem die OPEC wieder zu einer Fördermengenregelung zurückgekehrt war. Schwierigkeiten für die OPEC-Länder liegen v. a. darin, daß jede Änderung der Fördermenge oder des Preises direkte Auswirkungen auf die Staatshaushalte der Entwicklungsländer unter ihnen haben und andererseits Anfang 1987 die Vorräte der Abnehmerländer übergroß waren, so daß längere Sicht höhere Preise nicht durchsetzbar erscheinen.

Von der OPEC zu unterscheiden ist die 1968 gegr. **Organisation der arab. Erdöl exportierenden Staaten** (Abk. **OAPEC**), Sitz Kuwait, unter deren Regie mehrere Gemeinschaftsunternehmen gegr. wurden. Die Lieferbeschränkungen Ende 1973 (Israel.-Arab. Krieg) gingen auf Beschlüsse der OAPEC zurück.

📖 *Abu-Shokor, A.:* Gibt es eine gemeinsame OPEC-Front? Bochum 1981. - *Brönner, W., u. a.:* Ölkrise u. arab. Ölländer. Ffm. 1980. - *Shamleh, O.* Politik der OPEC. Bochum 1979.

Opel, Adam, * Rüsselsheim 9. Mai 1837, † ebd. 8. Sept. 1895, dt. Maschinenbauer und Unternehmer. - Gründete 1862 in Rüsselsheim eine Werkstatt zur Nähmaschinenfabrikation und nahm 1886 als erster dt. Fabrikant die Herstellung von Fahrrädern auf (bis 1937). 1898 wurde mit dem Bau von Kraftfahrzeugen begonnen; heutige Firma: Adam Opel AG (im Besitz der General Motors Corporation).

O., Georg von, * Ingelheim am Rhein 18. Mai 1912, † Falkenstein im Taunus (= Königstein im Taunus) 14. Aug. 1971, dt. Industrieller und Sportfunktionär. - Siebenfacher dt. Meister im Rudern; Präs. des Dt. Schützenbundes und der Dt. Olymp. Gesellschaft (1951–69); Mgl. des IOK (ab 1966) und des Vorstandes der Dt. Sporthilfe.

Open-air-Festival [engl. 'oʊpən 'ɛːə 'fɛstɪvəl „Freiluftfestival"], Bez. für eine im Freien stattfindende kulturelle Großveranstaltung (meist für Folklore, Popmusik o. ä.).

open end [engl. 'oʊpən 'ɛnd „offenes Ende"], Hinweis auf den zeitlich nicht festgelegten Endpunkt einer Veranstaltung.

Open field [engl. 'oʊpən 'fiːld], in Großbrit. die offene Flur, deren Parzellen nicht durch Hecken u. a. eingefaßt sind.

Open University [engl. 'oʊpən juːnɪ'vəːsɪtɪ] ↑ Fernuniversität.

Oper [italien., zu lat. opera „Werk"], musikal. Bühnengattung, bei der die Musik ihre vokalen und instrumentalen Ausdrucksmittel zur Mitgestaltung der dramat. Aktion, der Charaktere und der Dialoge nutzt und sich nicht auf das einlagenartige Auflockern (Sing-, Liederspiel, Bühnenmusik) oder das simultane Untermalen (Melodram) eines Sprechstücks beschränkt.

Anfänge der italien. Oper im 17. Jh. Die Verbindung von Musik und szen. Aktion findet sich bereits in der griech. Tragödie, den geistl. und weltl. Spielen des MA, den Intermedien, Tanzspielen, Masken- und Triumphzügen der Renaissance. Als unmittelbare Vorläufer der O. gelten die italien. Pastoralen mit Musikbegleitung von T. Tasso („Aminta", 1580) und die Madrigalkomödien (O. Vecchi, „L'Amfiparnaso", 1597). Die O. entstand um 1600 aus den Versuchen der Florentiner ↑Camerata, die in vermeintl. Nachahmung antiker Vertonungsprinzipien entwickelte ↑Monodie auf ausgearbeitete Dramenstoffe anzuwenden. Erste Beispiele waren die mytholog. Stücke „Dafne" von I. Peri (1598) und „Euridice" von Peri (1600) und G. Caccini (1602) auf Texte von O. Rinuccini. Das bei den Florentinern vorherrschende generalbaßbegleitete Rezitativ verzichtete im Dienste einer sprachnahen Textdeklamation auf freiere Melodie- und musikal. Formbildung und setzte nur vereinzelt dramat. und kantable Akzente. - Die unmittelbar nach den Florentiner entstandene, sich in einem Bereich zw. weltl. Oper und geistl. Oratorium bewegende, moral.-allegor. **römische Oper** (E. de' Cavalieri, „Rappresentazione di anima e di corpo", 1600; S. Landi, „Il Sant'Alessio", 1632) zeichnete sich durch raffinierte Ausstattungseffekte und die Auflockerung des Rezitativs durch Sologesänge und Chöre aus. C.

Oper

Monteverdi erhob im „Orfeo" (1607) die psycholog. Wortdeutung und die musikal. Bildhaftigkeit zu einem Stilprinzip. Formal ergab sich eine größere Vielfalt an reinen Instrumentalsätzen, eine Ausweitung des Orchesterapparats und eine ausgeprägte Szenenbildung. Monteverdis Spätwerke sind stoffl. und musikal. vom Stil der ersten öffentl. nichthöf. O., der **venezian. Oper** (gegr. 1637) geprägt. Hier traten die Vertiefung des melod. Ausdrucks im Singstil, die Aufnahme geschlossener Gesangsformen (Strophenlied, zwei- und dreiteilige Arie, Duett), die Ausweitung des Rezitativs zum Arioso und zum Accompagnato hinzu. Spätere Meister waren F. Cavalli, P. A. Ziani, P. A. Cesti, G. Legrenzi, C. Pallavicino und A. Stradella.

Frz., engl. und dt. Oper im 17. und 18. Jh.

Die Ausstrahlung der italien. O. auf den Pariser Hof führte in der 2. Hälfte des 17. Jh. zur Entwicklung der eigenständigen frz. Gattungen der **Comédie-ballet,** einer von J.-B. Lully und Molière gemeinsam geschaffenen Verbindung von Komödie, Musik und Tanz, und zur **Tragédie lyrique.** Diese erhielt in den Gemeinschaftsarbeiten Lullys und des Dichters P. Quinault („Cadmus et Hermione", 1673; „Armide", 1686) eine dem klass. frz. Drama nachgebildete Form (fünf Akte mit Prolog, alexandrin. Vers, Verzicht auf kom. Partien) und wies musikal. ein kunstvoll behandeltes, pathet.-deklamator. Rezitativ mit eingefügten Liedsätzen, eine Fülle von Chören und ballettbegleitenden Instrumentalstücken auf. Lullys Nachfolger A. Campra und A. C. Destouches („L'Europe galante", 1697) weiteten die urspr. als Einlagen der Tragédie lyrique bestimmten Tanz- und Gesangsauftritte zur Gattung des aus zwei bis drei Entrées (durch eine Rahmenidee verbundene Einzelhandlungen) bestehenden **Opéraballet** aus, die bei J.-P. Rameau („Les Indes galantes", 1735) ihren Höhepunkt fand. Rameaus Versuche, die Tragédie lyrique durch eine reichere musikal. Gestaltung weiterzubilden („Castor et Pollux", 1737), blieben ohne nachhaltigen Erfolg. Die Gunst des Publikums hatte sich inzwischen der jungen ↑ **Opera comique** zugewandt. An die ernste frz. und italien. Oper knüpfte C. W. Gluck an, der in seinen „Reformopern" („Orfeo und Euridice", 1762; „Alceste", 1767) auf dramat. Wahrheit und Erhabenheit des Gefühls zielte. Nach der Frz. Revolution kam die sog. **Revolutions- und Schreckensoper** mit ihren musikal. Schauergemälden und Rettungsthematik auf. Ihre Wirkung ist noch in Beethovens „Fidelio" (1805–14) spürbar. Die frühe **engl. Oper** fand ihre Meister in H. Purcell („Dido und Äneas", 1689) und G. F. Händel („Giulio Cesare", 1724; „Rodelinda", 1725; „Alcina", 1735). Ein bürgerl. Gegenstück zur pathet. Solo-O. italien. Abkunft bildete die ↑ Balladopera. - Die **dt. O.** geschichte setzte mit „Dafne" von H. Schütz (1627) ein. Zentrum einer bürgerl. O.pflege war zw. 1678 und 1738 die Hamburger O., deren wichtigste Komponisten J. S. Kusser und R. Keiser, Elemente der dt. Volksposse, der venezian. Arienoper und der frz. Tanz- und Choroper in ihren Werken vereinigten. Spätere Bemühungen um eine dt. Nationaloper (A. Schweitzer, I. Holzbauer) blieben ohne Nachhall.

Italien. Oper im 18. Jh.

Um die Wende zum 18. Jh. gab Venedig die Führung der italien. Oper an die *neapolitan. Schule* ab (F. Provenzale, A. Stradella, A. Scarlatti, N. Porpora, L. Vinci und G. B. Pergolesi). Unter dem Einfluß der Textdichter A. Zeno und P. Metastasio, die in ihrer zur Gattung der **Opera seria** (ernste O.) gehörenden Werken die heroischen Sujets, das intrigengesteuerte Handlungsschema und die typisierte Menschendarstellung der frz. Tragödie übernahmen, erstarrte die O. musikal. zur Abfolge von cembalo- oder orchesterbegleitetem Rezitativ als Handlungsträger und solist. Da-capo-Arie als seel. Selbstdarstellung. Aus den kom. Zwischenakteinlagen (Intermezzi) der ernsten Oper entstand die volkstüml. **Opera buffa** (kom. O.), die textl. der Tradition der Commedia dell'arte folgte. Musikal. zeichnete sie sich durch liedhafte Melodik, freie Formgebung, eine bewegl. Motivik und Rhythmik, Parlandopassagen in den Arien und eine Vorliebe für Ensemblebildungen an den Aktschlüssen (Finali) aus. Trotz der Versuche späterer Vertreter der neapolitan. Schule, u. a. J. A. Hasse, N. Jommelli, T. Traetta, G. Sarti, J. C. Bach, die Opera seria durch einen lebendigeren dramat. Ausdruck und eine verfeinerte Instrumentation zu erneuern, setzte sich die frischere Kunst der Opera buffa durch. Ihr widmeten sich G. B. Pergolesi („La serva padrona", 1733), N. Piccinni, G. Paisiello, D. Cimarosa und der Venezianer B. Galuppi. Die Opera buffa wurde auch Vorbild für das dt. ↑ *Singspiel.* – Mozart hat alle zu seiner Zeit lebendigen O.formen von der Opera seria („Idomeneo", 1781) über die Opera buffa („La finta giardiniera", 1775) bis hin zum dt. Singspiel („Entführung aus dem Serail", 1782) gepflegt, um in „Le nozze di Figaro" (1786), „Don Giovanni" (1787), „Così fan tutte" (1790) und in der „Zauberflöte" (1791) jegl. gattungsbedingte Typik mit individueller Charakteristik zu durchdringen und Tragik und Heiterkeit in einzigartiger Weise zu verschmelzen.

Oper im 19. und frühen 20. Jh.

Die dt. *romant. O.* (E. T. A. Hoffmanns „Undine", 1816; H. Marschners „Hans Heiling", 1833; R. Schumanns „Genoveva", 1850) krankte an einem Übergewicht des Lyrischen und Mangel an schlagkräftiger Dramatik. Einzig C. M. von Webers O. „Der Freischütz" (1821) und A. Lortzings „Undine" (1845) mit

ihrem volkstüml. innigen Ton und ihrer treffenden Naturschilderung vermochten sich durchzusetzen. Ähnl. erfolgreich war die **kom. Oper** des dt. Biedermeier, zu der Lortzings „Zar und Zimmermann" (1837), „Der Wildschütz" (1842), „Der Waffenschmied" (1846), O. Nicolais O. „Die lustigen Weiber von Windsor" (1849) und P. Cornelius' O. „Der Barbier von Bagdad" (1858) zu zählen sind. - In Frankr. bildete sich in der 1. Hälfte des 19. Jh. die Grand opéra heraus, die in G. Spontinis „Olimpie" (1819), D. F. E. Aubers „Die Stumme von Portici" (1828), G. A. Rossinis „Wilhelm Tell" (1829), G. Meyerbeers „Die Hugenotten" (1836) und H. Berlioz' O. „Die Trojaner" (1855–58) grandiose Bühneneffekte entfaltete. Die Auflockerung der Grand opéra mit Elementen der Opéra comique führte zum **Drame lyrique,** in dem sich lyr.-sentimentaler Ausdruck mit hochdramat. Wirkungen verband. Ihm gehören C. Gounods „Faust" (1859), G. Bizets „Carmen" (1875) und Werke von A. Thomas, J. Massenet und C. Saint-Saëns an. - Die italien. O. erlangte im 19. Jh. erneut Weltgeltung durch G. A. Rossini („Der Barbier von Sevilla", 1816), G. Donizetti („Lucia di Lammermoor", 1835) und V. Bellini („Norma", 1831). Ihre von der Opera buffa übernommene Technik der szenenartig gesteigerten Arie mit Rezitativeinschüben und die illustrierende Orchestersprache wurden in den Spätwerken G. Verdis („Aida", 1871; „Otello", 1887; „Falstaff", 1893) virtuos in den Dienst der dramat.-psycholog. Charakterisierung gestellt. - R. Wagners künstler. Entwicklung begann im Stil der Grand opéra („Rienzi", 1842) und der romant. O. („Fliegender Holländer", 1843; „Tannhäuser", 1845; „Lohengrin", 1850), um in den sog. **Musikdramen** „Tristan und Isolde" (1865), „Die Meistersinger von Nürnberg" (1868), „Der Ring des Nibelungen" (1876) und „Parsifal" (1882) die erstrebte Einheit von Wort und Ton zu verwirklichen. Charakterist. sind hier die Auflösung der Trennung von Rezitativ und geschlossener Gesangsform, die Leitmotivtechnik und das Einbeziehen der Singstimme in den harmon. höchst differenzierten orchestralen Satz. - In den slaw. Ländern bildeten sich im 19. Jh. eigene, das volkstüml. Melodiegut einschmelzende nationale O.bewegungen heraus. Wichtigste Vertreter der *russ. O.* sind M. J. Glinka, M. P. Mussorgski („Boris Godunow", 1874), A. P. Borodin, N. A. Rimski-Korsakow und P. I. Tschaikowski („Eugen Onegin", 1879; „Pique Dame", 1890). Eine *tschech. National-O.* schufen B. Smetana („Die verkaufte Braut", 1866), A. Dvořák („Rusalka", 1901) und L. Janáček („Jenufa", 1904).
Unter dem Eindruck Wagners standen viele dt. Komponisten an der Wende vom 19. zum 20. Jh. Sich vom Epigonentum zu lösen vermochten R. Strauss, F. Schreker („Der ferne Klang", 1912) und H. Pfitzner („Palestrina", 1917). Strauss entwickelte in „Salome" (1905) und „Elektra" (1909) Wagners expressiven Stil und sinfon. Technik fort und nahm in „Der Rosenkavalier" (1911), „Ariadne auf Naxos" (1912) und „Arabella" (1933) Traditionen der heiteren O. wieder auf. Anderen, z. T. gegen Wagner gerichteten Strömungen gehören die verist. O. von R. Leoncavallo („Bajazzo", 1892), P. Mascagni („Cavalleria rusticana", 1890) sowie G. Puccinis „La Bohème" (1896), „Tosca" (1900), „Madame Butterfly" (1904) an, ferner C. Debussys vom frz. Symbolismus beeinflußte, impressionist. O. „Pelléas et Mélisande" (1902). Etwa seit dem 1. Weltkrieg sieht sich die O. als künstler. Gattung in Frage gestellt. Die Bemühungen um eine Überwindung des für Jh. gültigen Konzepts der Vorherrschaft des Dramas, d. h. der optimalen Ausnutzung musikal. Mittel zum deutenden Ausdruck des Textes und der äußeren wie inneren Handlung werden in dem vielschichtigen Begriff des ↑**Musiktheaters** zusammengefaßt.

📖 *Pipers Enzyklop. des Musiktheaters. Hg. v. C. Dahlhaus u. a. Auf 8 Bde. berechnet. Bd. 1 Mchn. 1986. - O. u. O.text. Hg. v. Jens M. Fischer. Hdbg. 1985.- Gerhartz, L. K.: O. Aspekte einer Gattung. Laaber 1983. - Reclams O.führer. Stg.* [30]*1982. - Seeger, H.: O.-Lex. Wilhelmshaven* [2]*1981. - Renner, H.: Musiktheater unserer Zeit. Mchn. 1979. - Strohm, R.: Die italien. O. im 18. Jh. Wilhelmshaven 1979. - Kretzschmar, H.: Gesch. der O. Nachdr. Wsb. 1970.*

operabel [lat.-frz.], so beschaffen, daß operiert werden kann.

Opera buffa [italien. „kom. Oper"] ↑Oper.

Opéra comique [frz. ɔperakɔ'mik „kom. Oper"], frz. Form des Singspiels, ein auf die Pariser Vorstadtkomödien des 17. Jh. zurückgehendes Sprechstück mit liedhaften Musikeinlagen. Sie erhielt im 18. Jh. durch die Dichter C. S. Favart, M. J. Sedaine, J.-F. Marmontel und die Komponisten J.-J. Rousseau („Le devin du village", 1752), C. W. Gluck („Le cadi dupé", 1761; „La rencontre imprévue", 1764), A. E. M. Grétry ein hohes Niveau. Von der höf. Tragédie lyrique unterscheidet sie sich durch die kom., satir. oder rührenden Stoffe mit aktuellen Bezügen, die Aufteilung der Handlung in gesprochenen Dialog und Gesangsnummern und eine insgesamt bescheidenere kompositor. Ausarbeitung. F. A. Boieldieu („Die weiße Dame", 1825), D. F. E. Auber („Fra Diavolo", 1830) und A. C. Adam („Der Postillon von Lonjumeau", 1836) knüpften an ihre volkstüml., leichte Form wieder an. Um 1850 wurde die Gatt. von der Operette verdrängt.

Opera Nazionale Dopolavoro [italien. „nat. Werk nach der Arbeit"], Abk. OND, 1925 in Italien vom faschist. Regime begr. Freizeitorganisation mit (1939) 5 Mill.

Operatio

Mgl. in betriebl., berufl. und territorial gegliederten Sektionen; bildete das wichtigste Massenloyalität erzeugende Bindeglied im. Regime u. Bev.; 1945 umgewandelt in die Ente Nazionale Assistenza Lavoratori (ENAL).

Operatio (Operatio immanens) [lat.], Begriff der scholast. und frühneuzeitl. Philosophie für (intellektuelle) Handlung. - Die drei **Operationes mentis** („Verstandeshandlungen") sind Begriffsbildung, Urteilen und Schließen.

Operation [zu lat. operatio „das Arbeiten"], von einem Arzt durchgeführter Eingriff am lebenden Organismus, i. e. S. ein chirurg. Eingriff an Körperorganen oder -teilen des Menschen zu diagnost. und/oder therapeut. Zwecken. Strafrechtl. stellt jede O. eine Körperverletzung dar, die – mit Ausnahme bei unmittelbarer Lebensgefahr – nur mit Einwilligung des Patienten bzw. seines Erziehungsberechtigten erfolgen darf. Vor jeder O. sollte eine Aufklärung des Patienten über Sinn und Vorgehen sowie über mögl. Risiken und Komplikationen vom Arzt vorgenommen werden, soweit dies Zustand und Krankheitsbild des Patienten erlauben.

Je nach Art der Erkrankung werden sog. *asept. O.* (z. B. Eingriffe an primär unverletzten Organen) von den sog. *sept. O.* unterschieden (z. B. Spaltung eines Abszesses, Amputation eines gangränösen Beins, Wundversorgung bei eitrigen Verletzungen), die auch in räuml. und personell getrennten Operationssälen durchgeführt werden. Ziel einer O. ist es, Funktionen wiederherzustellen, gut- oder bösartige Neubildungen radikal oder palliativ zu entfernen oder durch Probefreilegung diagnost. zu erfassen, zerstörtes oder fehlendes Gewebe oder Körperteile zu ersetzen bzw. den Verlust plast. zu überdecken, Blutungen zu stillen und örtl.-entzündl. Prozesse im Körperinnern anzugehen. - Je nach Ausmaß und Verlauf einer O. entscheidet auch die mehr oder weniger intensive *postoperative Überwachung* und Betreuung über den Ausgang bzw. den Erfolg des Eingriffs.

♦ *militär.:* eine zeitl. und räuml. zusammenhängende Handlung von Streitkräften einer kriegführenden Seite zur Durchsetzung eines militär. Auftrags; Leitung durch die obere Führung *(operative Führung).*

♦ in der *Mathematik* Bez. für jeden Rechenvorgang, bei dem ein mathemat. Ausdruck unter Beachtung bestimmter mathemat. Gesetze umgeformt oder berechnet wird, z. B. die Addition und Subtraktion, die Multiplikation und Division, die Differentation und Integration.

♦ in der *Wissenschaftstheorie* Bez. für Verfahren, die nach standardisierten Anweisungen Meßkriterien bereitstellen, mit deren Anwendung der empir. Gehalt von wiss. Begriffen definiert werden kann.

Operationalisierung [lat.], Bez. für die Entwicklung von ↑ Operationen, auf Grund derer entscheidbar ist, ob der von einem Begriff bezeichnete Sachverhalt vorliegt oder nicht. Durch die O. wird der empir. Gehalt eines Begriffs innerhalb einer wiss. Theorie eindeutig festgelegt.

Operationalismus (Operationismus, Operativismus) [lat.], im Anschluß an P. W. Bridgman eingeführte Bez. für die methodolog. Auffassung, daß wiss. Begriffe nur dann einen empir. Gehalt besitzen und damit sinnvoll sind, wenn sie mit Hilfe bestimmter Operationen (z. B. physikal. Messungen) gewonnen und durch die Angabe dieser Operationen definiert werden.

Operations-research [engl. ɔpə'rɛɪʃənz rɪ'sɔːtʃ] (Operational research, Unternehmungsforschung, mathemat. Entscheidungsforschung, Ablauf- und Verfahrensforschung), Modellanalyse, Methodik der quantitativen Analyse, Formalisierung und Lösung von Entscheidungsproblemen mittels mathemat. Modelle. O.-r. umfaßt eine Vielzahl von Methoden und Modellen, die sich auf verschiedene mathemat. Kalküle stützen und auf sehr vielen Sachgebieten eingesetzt werden (z. B. in der Städte- und Verkehrsplanung, auf volkswirtschaftl. und militär. Sektor).

operativ [lat.], eine Operation betreffend, durch eine Operation bewirkt.

operative Führung ↑ Führung (militär.).

operative Logik, ein von P. Lorenzen entwickeltes Verfahren zur Begründung log. Schlußregeln, bei dem die log. Implikationen zw. Aussagen auf die Allgemeinzulässigkeit von Kalkülregeln (↑ Kalkül) zurückgeführt werden. - **Operativ logisch wahr** heißen Aussagen, wenn die zugehörige Ableitbarkeit oder Zulässigkeit für beliebige Kalküle, also allg. gilt.

Operator [lat., eigentlich „Arbeiter, Schöpfer"], in der *Mathematik* Bez. für eine Vorschrift, die jedem Element x einer beliebigen Menge A eindeutig ein Element y einer zweiten Menge B zuordnet. Ist B eine Teilmenge der reellen oder komplexen Zahlen, so spricht man von einem ↑ Funktional. Beispiele für O. sind die Differential- und Integraloperatoren.

♦ Mittel zur Durchführung *linguist.* oder *log.* Operationen, durch die die Ausdrücke regelhaft erzeugt oder umgeformt werden.

Operator [engl. 'ɔpəreɪtə; lat.] (Datentechniker), Maschinenbediener an elektron. Datenverarbeitungsanlagen.

Operatorenrechnung (Heaviside-Kalkül), ein insbes. zur Lösung von Differentialgleichungen verwendeter mathemat. Kalkül, in dem der Differentialoperator $D = d/dx$ wie eine multiplikative algebraische Größe behandelt wird.

Operette [lat.-italien., eigtl. „kleine Werke"], im 17. Jh. Bez. für kleine Oper, im 18. Jh. speziell für dt. Bearbeitungen italien. Opern

der Gatt. Opera buffa oder frz. Opéras comiques. Die O. im heutigen Sinne ist ein heiteres Bühnenstück mit gesprochenem Dialog, Gesang und Tanz. Sie wurzelt in den gen. Operngatt. und wurde als typ. großstädt.-populäre Musikform in Paris geschaffen von F. Hervé und J. Offenbach. Offenbach versah die O. („Orpheus in der Unterwelt", 1858; „Die schöne Helena", 1864) mit den gerade aktuellen Tänzen und den Formen der Oper (Ouvertüre, Arien, Ensembles, Chöre) und sicherte ihr dank einer leichten, dennoch geistvollen Musik und den Parodien auf die Gesellschaft des Zweiten Kaiserreichs einen Welterfolg. Vorbereitet durch die bodenständige Musikposse und die von J. Lanner und J. Strauß (Vater) geschürte Walzerbegeisterung entstand die *Wiener O.;* sie war weniger zeitkrit. und im gemütvollen Volkston gehalten und fand ihre Meister in F. von Suppé („Die schöne Galathee", 1865; „Leichte Kavallerie", 1866), J. Strauß (Sohn) („Die Fledermaus", 1874; „Der Zigeunerbaron", 1885; „Wiener Blut", 1899) und K. Millöcker („Der Bettelstudent", 1882), K. Zeller („Der Vogelhändler", 1891) und R. Heuberger („Der Opernball", 1898). Anfang des 20. Jh. entstand eine neue Art der Wiener O., bei der das „Wienerische" noch betont und oft mit fremdländ. Kolorit bereichert wurde. Sie ist vertreten durch F. Léhar („Die lustige Witwe", 1905; „Der Graf von Luxemburg", 1909; „Land des Lächelns", 1929), L. Fall („Der fidele Bauer", 1907), O. Straus („Ein Walzertraum", 1907), G. Jarno („Die Försterchristel", 1907), O. Nedbal („Polenblut", 1913) und H. Berté („Das Dreimäderlhaus", 1916). In der Tradition der Wiener O. stehen N. Dostal („Clivia", 1933), R. Stolz („Zwei Herzen im Dreivierteltakt", 1933) und E. Kálmán („Die Csárdásfürstin", 1915; „Gräfin Mariza", 1924). - Die mit P. Lincke („Frau Luna", 1899; „Berliner Luft", 1904) einsetzende *Berliner O.* steht der Revue nahe und ist weniger sentimental als die Wiener O.; zu ihr zählen W. Kollos „Wie einst im Mai" (1913), „Drei alte Schachteln" (1917), E. Künneckes „Der Vetter aus Dingsda" (1921), R. Benatzkys „Im weißen Rößl" (1930), F. Raymonds „Maske in Blau" (1937). Die Blütezeit der O. ging mit dem 2. Weltkrieg zu Ende. Erfolgreiche O. schrieben danach u. a. E. Nick („Das Halsband der Königin", 1948), P. Burkhard („Das Feuerwerk", 1948) und R. Stolz („Frühjahrsparade", 1964). Das Erbe der Gatt. hat das ↑Musical angetreten.
📖 *Zöchling, D.: O. Braunschweig 1985. - Reclams O.führer. Stg.* [17]*1982. - Klotz, V.: Bürgerl. Lachtheater. Komödie, Posse, Schwank, O. Mchn. 1979. - Grun, B.: Kulturgesch. der O. Mchn. 1961.*

Opernglas (Theaterglas) ↑Fernrohr.
Operon [Kw.], Einheit der Genregulation. Das O., ein bestimmter Abschnitt auf der DNS, setzt sich zus. aus einer *Kontrollregion,* einer Gengruppe *(Strukturgene),* deren Produkte (meist Enzyme) gemeinsam an einem biochem. Prozeß (z. B. der Verwertung eines Nahrungsstoffs) beteiligt sind, und einem *Terminator.*
Opfer [letztl. zu lat. operari „arbeiten, der Gottheit (durch Opfer) dienen"], *religionsgeschichtl.* neben dem Gebet eine der ältesten und wichtigsten Formen des Kults, der Vollzug einer Handlung, die der ganz oder teilweise vollzogenen Hingabe von Menschen, Tieren, Pflanzen oder ird. Gütern dient und damit einen Kontakt zu überird. Mächten, v. a. Gottheiten selbst herstellt. Das O. wurzelt in dem mag. Glauben an eine Kraftübertragung göttl., numinoser Kraft auf den Opfernden mittels des O. und der in der O.gabe geglaubten Kraft und geschieht nach dem Prinzip von Gabe und Gegengabe (↑do ut des), unabhängig von der jeweils konkret zugrundeliegenden Intention des Opfernden, die die einzelnen O. als Bitt-, Dank-, Weih-, Sühne-, Divinations-O. (mant. Erforschung des Willens der Gottheit) u. a. bestimmt. Die Formen des O. sind ähnl. vielgestaltig und reichen von der Darbringung von Sachen und Pflanzen über Tier-O. (oft als **Erstlingsopfer,** d. h. als Darbringung der ersten Früchte der Ernte oder Erstgeburt) und Blut-O. bis hin zum ↑Menschenopfer, das als Erstgeburts-, Kinder-, Jungfrauen- und Kriegsgefangenen-O. oder Selbst-O. (↑Devotion), Totenbegleit-O. (z. B. Witwenverbrennung) und Häuptlings-O. bekannt ist. Bei dem häufig vorkommenden **Brandopfer** soll im völligen Verzicht auf den Verzehr der O.gabe (meist geschlachteter Tiere) das hohe Maß der Huldigung zum Ausdruck gebracht werden. Mit zunehmender Vergeistigung und Verinnerlichung von Religion wurde das Menschen-O. durch Ersatz- oder Pars-prototo-O. (Finger-, Haar-O.) abgelöst. Typ. Beispiel eines Ersatz-O. ist die im A. T. (1. Mos. 22) geschilderte Opferung Isaaks. Für das Christentum ist der Kreuzestod Jesu das einmalige und endgültige O. zur Beseitigung der Sünden, das - nach kath. Glauben - in der Eucharistie stete kult. Vergegenwärtigung findet. Die höchste Form der Verinnerlichung erreicht das O. in der myst. Selbsthingabe, die sich im Gebet vollzieht. - Im *allg. Sprachgebrauch* bekannt ist die Bed. von Verzicht und Spende. auch die Bed. von Verzicht und Spende.
📖 *Rost, L.: Studien zum O. im Alten Israel. Stg. 1981. - Moll, H.: Die Lehre von der Eucharistie als O. Köln 1975. - Vorbichler, A.: Das O. auf den uns heute noch erreichbaren ältesten Stufen der Menschheitsgesch. Mödling 1956. - Bertholet, A.: Der Sinn des kult. O. Bln. 1942. - Stengel, P.: O.bräuche der Griechen. Nachdr. Stg. 1972.*

Opferbereitung (Offertorium), in der kath. Liturgie frühere Bez. für die „Gabenbereitung", die Bereitstellung von Brot und

Opfergang

Opfergang Wein zu Beginn der eigtl. Eucharistiefeier.

Opfergang, in den christl. Liturgien die Prozession mit den eucharist. Elementen Brot und Wein.

Opferstock, in den christl. Kirchen Behälter für Almosen.

Ophelia, weibl. Vorname griech. Ursprungs (zu griech. óphelos „Hilfe, Nutzen").

Ophikleide [griech.], ein zuerst 1817 gebautes Klappenhorn in Alt-, Baß- und Kontrabaßlage mit 8–12 Klappen; bes. die Baßlage (Stimmung: C, B und As) fand Eingang in Opern- und Militärorchester; in den 1840er Jahren von der ↑ Tuba verdrängt.

Ophioglossum [griech.], svw. ↑ Natternzunge.

Ophiolith [zu griech. óphis „Schlange" und líthos „Stein" (wegen des Gehalts an Serpentin)], zusammenfassende Bez. für bas. und ultrabas. frische und metamorphisierte Gesteine.

Ophiuchus [griech.] ↑ Sternbilder (Übersicht).

Ophrys [griech.], svw. ↑ Ragwurz.

Ophthalmika [griech.], Arzneimittel zur Behandlung von Augenkrankheiten.

ophthalmo..., Ophthalmo..., ophthalm..., Ophthalm... [zu griech. ophthalmós „Auge"], Bestimmungswort von Zusammensetzungen mit der Bed. „Auge".

Ophthalmologe [griech.], Facharzt für ↑ Augenheilkunde.

Ophthalmologie, svw. ↑ Augenheilkunde.

Ophthalmometer, opt. Meßinstrument zur Bestimmung der Krümmungsradien der Augenhornhaut.

Ophthalmoplegie [griech.], svw. ↑ Augenmuskellähmung.

Ophthalmoskop [griech.] (Augenspiegel), Instrument zur Untersuchung des Augenhintergrundes (beleuchteter Konkavspiegel mit zentraler Durchblicksöffnung).

Ophüls, Max ['ɔphyls] (Ophuls), eigtl. M. Oppenheimer, * Saarbrücken 6. Mai 1902, † Hamburg 26. März 1957, frz. Regisseur dt. Herkunft. - 1921–24 Theaterschauspieler und -regisseur. Als Filmregisseur ab 1930 in Berlin („Die verkaufte Braut", 1932; „Liebelei", 1932). Während seiner Emigration (ab 1933) drehte er in Frankr., 1941–49 in den USA, auch in Italien, Großbrit. und den Niederlanden, ab 1950 wieder in Frankr. V. a. mit seinen späteren Filmen wie „Der Reigen" (1950), „Madame de ..." (1953), „Lola Montez" (1955) wirkte er u. a. durch die spieler.-leichte Bildführung, die episod. Anordnung der Handlung, die barocke Komposition des Bildes stilbildend.

Opiate [griech.-lat.], Arzneimittel, die Opium oder Opiumalkaloide (bes. Morphin) enthalten.

Opinio communis [lat.], allgemeine Meinung.

Opinion-leader [engl. ə'pɪnjən 'liːdə], engl. Bez. für den ↑ Meinungsführer.

Opis, griech. Name der sumer. Stadt Akschak.

Opisthobranchia [griech.], svw. ↑ Hinterkiemer.

Opitz, Martin, * Bunzlau 23. Dez. 1597, † Danzig 20. Aug. 1639, dt. und neulatein. Dichter. - Einer der wichtigsten dt. Dichter und Poeten des Barock. Aus wohlhabender Familie; studierte 1618–19 in Frankfurt/Oder und Heidelberg; ab 1622 Lehrer in Weißenburg; wurde 1625 in Wien zum Dichter (Poeta laureatus) gekrönt, 1627 geadelt. Seit 1626 polit. Ratgeber und Gesandter des Burggrafen von Dohna, 1633–36 im Dienst der schles. Piastenherzöge; danach Diplomat des poln. Königs in Danzig. Seine literaturgeschichtl. und für die dt. Verslehre grundlegende Bed. gründet in der metr. Reform der Dichtung, die Wort- und Versakzent in Einklang bringt; O. forderte eine an der westeurop. Renaissance orientierte deutschsprachige Kunstdichtung („Aristarchus", 1617) und trug dazu bei, daß in Deutschland die literar. Kleinformen Sonett, Ode, Epigramm u. a. bekannt wurden. Verfaßte außer geistl. und weltl. (stilist. und formal vorbildl.) Lyrik, Lehrgedichten und Hirtendichtung auch Musterübersetzungen holländ., frz. und italien. Werke.

Weitere Werke: Zlatna oder von der Ruhe des Gemütes (1623), Buch von der dt. Poeterey (1624), Teutsche Poemata (1624), Trostgedichte in Widerwärtigkeit des Kriegs (1633).

⚏ *M. O.* Hg. v. B. *Becker-Cantarino. Amsterdam* 1982. - *Garber, K.: M. O.: Der Vater der dt. Dichtung. Stg.* 1976. - *Gellinek, J. L.: Die weltl. Lyrik des M. O. Bern u. Mchn.* 1973.

Opium [griech.-lat., zu griech. opós „(milchiger) Pflanzensaft"], der an der Luft zu einer plast. Masse getrockneten, durch Anritzen der unreifen Fruchtkapsel gewonnene Milchsaft des Schlafmohns. Roh-O. enthält 20–25 % Alkaloide (10–12 % Morphin, daneben Noskapin, Thebain, Kodein, Papaverin, Narcein); wegen seiner beruhigenden, schmerzstillenden Wirkung wird es, bes. in asiat. Ländern, als Rauschmittel mißbraucht, indem es geraucht, gegessen oder in Wasser gelöst auch injiziert wird. Die körperl. Auswirkungen einer O.sucht sind Appetitlosigkeit und Abmagerung bis zur völligen Entkräftung. Gereinigtes O. (mit unterschiedl. hohem Morphingehalt) wird als schmerzstillendes Arzneimittel verwendet. O.verschreibungen unterliegen dem Betäubungsmittelgesetz. Daneben dient O. der Gewinnung der O.alkaloide, v. a. von ↑ Morphin.

Geschichte: Die ersten sicheren Nachrichten über O.gewinnung stammen aus dem 7. Jh. v. Chr. Vermutl. wurde O. erstmals von ägypt. Ärzten als Arznei verwendet. Die Griechen kannten im 4. Jh. v. Chr. neben dem ausgepreßten „Mekonium" das durch Anritzen der

Oppenheimer

Kapsel gewonnene „Opos" (Saft). In röm. Zeit wurde O. zum wichtigsten Bestandteil des universellen „Gegengiftes" ↑ Theriak. Es blieb bis zur Entdeckung des Morphins eines der wichtigsten Arzneimittel.
Opiumkrieg, brit.-chin. Krieg 1840–42 (ausgelöst durch das chin. Opiumeinfuhrverbot), mit dem die Periode der Unterwerfung Chinas unter die v. a. wirtsch. Ansprüche westl. Mächte begann.
Opiumsucht, svw. Morphinsucht (↑ Morphin).
Opladen, seit 1975 Stadtteil von Leverkusen.
Opodeldok [Kw.], aus Seife, Alkohol, Kampfer und äther. Ölen hergestelltes Einreibemittel; wurde früher gegen Rheumatismus verwendet.
Opole ↑ Oppeln.
Opopanax [griech.], aus einem im westl. Mittelmeergebiet, Ägypten und Arabien heim. Doldenblütler gewonnenes Gummiharz, das u. a. für Parfümeriezwecke verwendet wird.
Oporinus, Johannes, eigtl. Johann Herbst[er], * Basel 25. Jan. 1507, † ebd. 6. Juli 1568, schweizer. Buchdrucker, Verleger und Gelehrter. - Famulus des Paracelsus, 1538–42 Prof. für Griech. an der Univ. Basel; 1541 Mitbegr. einer Druckerei (neben T. Platter u. a.), die er 1544–66 allein leitete. Hier erschienen 1542 der Koran in lat. Übers. und 1543 A. Vesalius' „De humani corporis fabrica" mit Holzschnittillustrationen von J. S. van Kalkar (anastat. Neudruck 1964).
Opossummäuse (Caenolestidae), Fam. spitzmausähnl. aussehender Beuteltiere mit sieben Arten von etwa 9–13 cm Körperlänge (einschl. Schwanz bis 27 cm messend) im westl. S-Amerika; mit dichtem, weichem Fell; Beutel fehlend.
Opossumratten, svw. ↑ Rattenkängurus.
Opossums [indian.-engl.] (Didelphis), Gatt. bis 45 cm langer (einschl. Schwanz bis 80 cm messender), überwiegend grauer und weißl. Beutelratten mit zwei Arten in N- und S-Amerika: **Nordamerikan. Opossum** (Didelphis marsupidis; auf Bäumen gut kletterndes Tier, dessen Fell zu Pelzwerk verarbeitet wird); **Südamerikan. Opossum** (Paraguayan. O., Didelphis paraguayensis; kleiner als die vorige Art; mit dunkler Kopfzeichnung).
Oppeln (poln. Opole), Stadt an der Oder, Polen', 150 m ü.d.M., 121 900 E. Kath. Bischofssitz; PH, Wirtschaftshochschule, Theater; Freilichtbühne; histor., Regionalmuseum; Zoo. Bed. Verkehrsknotenpunkt und wichtigster zentraler Ort des westl. Oberschlesien. Metallverarbeitende, Baustoffind., Möbelherstellung, Textil- und Nahrungsmittelind. - Um 1000 erstmals gen., urspr. slaw. Siedlung; ab 1202 Sitz der (piast.) Herzöge von O.; erhielt vor 1254 dt. Stadtrecht; kam 1327 unter böhm. Oberhoheit, 1532 an die Krone Böhmens, die O. mit dem gleichnamigen Hzgt. bis 1666 fast ununterbrochen verpfändete, entwickelte sich nach Erwerb durch das Haus Österreich 1532 zu einem Handelszentrum; kam 1740 zu Preußen; im 2. Weltkrieg stark zerstört. - Franziskanerkirche (13. Jh.; barockisiert), Kathedrale (13.–15. Jh.), Dominikanerkirche (14., 16. und 18. Jh.).
Oppenheim, Dennis, * Mason City (Wash.). 6. Sept. 1938, amerikan. Künstler. - Zunächst bed. Vertreter der Land-art, wandte sich dann der Body-art, später der Videokunst zu; seit den 80er Jahren schuf O. umfangreiche bewegl. Objekte (Apparaturen).
O., Hermann, * Warburg 1. Jan. 1858, † Berlin 22. Mai 1919, dt. Neurologe. - Gründete 1891 eine bald weltberühmte private Nervenklinik und wurde 1893 Prof. in Berlin; beschäftigte sich v. a. mit Muskelkrankheiten, multipler Sklerose, Rückenmarksschwindsucht und „traumat. Neurosen".
Oppenheim, Stadt am linken Ufer des Oberrheins, Rhld.-Pf., 95 m ü. d. M., 4 800 E. Landeslehr- und -versuchsanstalt für Wein- und Obstbau; Weinkellereien und Weinhandel. - 765 erstmals bezeugt, erhielt als Stützpunkt stauf. Herrschaft 1226 Stadtrecht (Reichsstadt bis 1398, formell bis 1648). - Katharinenkirche, deren hochgot. Langhaus eine prachtvoll gestaltete Schauseite zur Stadt hat. Burgruine Landskrone, z. T. erhaltene Stadtbefestigung (13., 15./16. Jh.).
Oppenheimer, Carl, * Berlin 21. Febr. 1874, † Den Haag 24. Dez. 1941, dt. Biochemiker. - Bruder von Franz O.; Prof. in Berlin, ab 1938 in Den Haag; arbeitete über Stoffwechsel und Energieumsatz sowie über Enzyme.
O., Franz, * Berlin 30. März 1864, † Los Angeles 30. Sept. 1943, dt. Soziologe und Nationalökonom. - Bruder von Carl O.; urspr. Arzt; wandte sich sozialen Fragen zu und entwickelte eine umfassende soziolog. Theorie des „dritten Weges" zw. marxist. Sozialismus und liberalem Kapitalismus *(Klassenmonopoltheorie)* mit Beseitigung des Großgrundeigentums und einer gerechten Bodenverteilung (Siedlungsgenossenschaften).
O., Robert, * New York 22. April 1904, † Princeton (N. J.). 18. Febr. 1967, amerikan. Physiker. - O. lehrte 1929–47 an der University of California in Berkeley und gleichzeitig am California Institute of Technology in Pasadena; anschließend leitete er (bis 1966) das Institute for Advanced Study in Princeton. Seine wiss. Arbeiten betrafen u. a. die relativist. Quantentheorie und die Kernphysik. Ab 1943 wurden unter seiner Leitung in Los Alamos im Rahmen des sog. „Manhattan Project" die ersten Atombomben gefertigt. Da sich O. später dem Bau der Wasserstoffbombe

95

Oppenordt

in den USA widersetzte, wurde Ende 1953 wegen angebl. kommunist. Gesinnung ein Untersuchungsverfahren gegen ihn eingeleitet, das mit den histor. Hearings vom 12. April bis 6. Mai 1954 endete. O. wurde von Präsident D. D. Eisenhower die Erlaubnis entzogen, weiterhin an geheimen Projekten mitzuarbeiten oder Einsicht in neue Entwicklungen zu nehmen. 1963 wurde er unter Präsident J. F. Kennedy rehabilitiert. Noch im selben Jahr erhielt er den Enrico-Fermi-Preis.

Oppenordt, Gilles Marie [frz. ɔpˈnɔːr], eigtl. G. M. Op den Oorth, * Paris 27. Juli 1672, † ebd. 13. März 1742, frz. Baumeister und Ornamentzeichner. - Einer der Schöpfer der Rokokoornamentik. Seine Bed. liegt in der Gestaltung architekton. Kleinformen (Portale, Altäre, Grabmäler, Brunnen, Obelisken u. a.), Innendekorationen (Türen, Wandfüllungen, Kamine, Spiegelumrahmungen) und von Gebrauchsgegenständen (Möbel, Uhren u. a.). Seine Stichwerke hatten Einfluß in ganz Europa.

Oppert, Julius (Jules), * Hamburg 9. Juli 1825, † Paris 20. (21.?) Aug. 1905, dt.-frz. Orientalist. - Ab 1869 Prof. für Assyriologie am Collège de France in Paris; einer der Begründer der Assyriologie und Entziffer der Keilschrift.

Oppidum (Mrz. Oppida) [lat.], urspr. lat. Bez. für altitalische Burgen und für stadtähnl. Siedlungen, dann (nach Cäsar) Bez. für große kelt. Stadtanlagen des 2. und 1. Jh. v. Chr. Von Frankr. bis zum Karpatenbecken verbreitet, ähneln sich die Oppida in Befestigung, Innenbebauung (stadtviertelähnl. Gliederung) und Funktion (Orte der Münzprägung und damit wohl Sitz der Zentralgewalt eines Stammes). Bed. Oppida waren z. B. Alesia, Gergovia, Magdalensberg.

Oppland, Verw.-Geb. in O-Norwegen, 25 313 km^2, 182 400 E (1984), Hauptstadt ist Lillehammer. O. liegt im Lee der westnorweg. Gebirge und hat verhältnismäßig kontinentales Klima. Die Besiedlung ist um den Mjøsensee und in den Tälern recht dicht; überwiegend Land- und Forstwirtschaft; Holz-, Möbel-, Bekleidungs-, Nahrungsmittel- und Glasind.; Fremdenverkehr, v. a. im Gudbrandsdal.

opponieren [lat.], 1. widersprechen, sich widersetzen; 2. gegenüberstellen; **Opponent,** Vertreter einer gegenteiligen Anschauung, Gegner in einem Streitgespräch.

opponiert, in der Biologie: gegenständig, gegenübergestellt; bezogen auf: 1. eine Blattstellung, bei der an einer Sprossachse ein Blatt einem anderen gegenübersteht (z. B. bei Lippenblütlern); 2. den Daumen, der den übrigen Fingern gegenübergestellt ist.

opportun [lat.], [zum jetzigen Zeitpunkt] vorteilhaft, angebracht; **Opportunität,** Zweckmäßigkeit in der gegenwärtigen Lage.

Opportunismus [lat.], allgemein Bez. für eine Haltung, die allein nach Zweckmäßigkeit (oft im Widerspruch zur eigenen Überzeugung bzw. zu eigenen Wert- und Zielvorstellungen) zur Durchsetzung eigener Interessen handeln läßt. - Im *kommunist. Sprachgebrauch* eine Form der Abweichung; eine bürgerl. ideolog. Strömung in der Arbeiterbewegung, die dazu benutzt wird, die Arbeiterbewegung zu spalten und Teile der Arbeiterklasse an das kapitalist. System zu binden. Während als *Links-O.* v. a. eine Überbetonung oder Verabsolutierung bewaffneten Kampfes bezeichnet wird, gilt umgekehrt als Kennzeichen von *Rechts-O.* das völlige Ausschließen dieser Kampfform zugunsten eines „parlamentar. Weges".

opportunistisch [lat.], allg. svw. den ↑ Opportunismus betreffend, dem Opportunismus gemäß handelnd.

Opportunitätsprinzip [lat.], *strafprozessuale* Maxime, nach der die Erhebung der Anklage in das Ermessen der Anklagebehörde gestellt ist. Das O. steht im Ggs. zum grundsätzl. geltenden ↑ Legalitätsprinzip. Es ist ein notwendiges Korrektiv des Anklagezwanges, v. a. bei Bagatellsachen, Staatsschutzdelikten, Auslandstaten oder gegenüber Opfern einer Nötigung oder Erpressung. Im *Verwaltungsrecht* stellt das O. die Entscheidung über das Eingreifen in das pflichtgemäße Ermessen der Behörde.

Opposition [zu lat. oppositio, eigtl. „das Entgegensetzen"], allg.: Gegenüberstellung; Widerstand, Widerspruch.
♦ im *polit.* Bereich allg. die Gruppen oder Meinungsträger, die der Reg. entgegentreten. O. setzt Gewährleistung von Meinungs-, Presse- und Vereinigungsfreiheit voraus. Im Parlamentarismus versteht man unter parlamentar. O. die nicht an der Reg. beteiligte(n) Partei(en) (meist die Minderheit), deren Funktion es ist, die Reg. in bes. Weise zu kritisieren und zu kontrollieren sowie eine Alternative zu deren Politik - in sachl. und/oder personeller Hinsicht - zu entwickeln sowie auf die Ablösung der Reg. durch Mißtrauensvotum oder Neuwahlen hinzuarbeiten. Wegen dieser für parlamentar. Reg.systeme grundlegenden Funktionen genießt die O. im Parlament bestimmte Minderheitenrechte, und ihr stehen bestimmte Kontrollinstrumente zur Verfügung. Der Machtwechsel zw. Mehrheit und Minderheit, Reg. und O., setzt ein Mindestmaß an Übereinstimmung über die Grundlagen des polit. Systems voraus; es gibt jedoch auch in parlamentar. Systemen eine Fundamental-O. - auf dem linken oder rechten Flügel des Parteienspektrums -, die das System prinzipiell in Frage stellt. Wo Tendenzen zur Angleichung der (entideologisierten) polit. Programme der Parteien, Tendenzen zum kompromißhaften Aushandeln von Entscheidungen zw. Reg. und O. in kleineren Führungsgremien und

Optik

Tendenzen zu großen Massen- und Volksparteien erkennbar sind, bildet sich „außerparlamentar." O. (z. B. Bürgerinitiativen).
☐ *Czerwick, E.: O.stheorien u. Außenpolitik.* **Königstein im Taunus 1981.** - *Grubmüller, M.: Die O. im polit. Prozeß.* **Mchn 1972.** - *Vogt, H.: Parlamentar. u. außerparlamentar. O.* **Opladen 1972.**

◆ in der traditionellen *Logik* die verschiedenen Gegensatzarten zw. den syllogist. Aussageformen.

◆ (Gegenschein) in der *Astronomie* eine Konstellation, in der, von der Erde aus gesehen, der Längenunterschied (Elongation) zw. Sonne und Gestirn 180° beträgt. Die O. beim Mond entspricht der Vollmondstellung.

◆ in der strukturalist. *Sprachwiss.* Bez. für die (paradigmat.) Beziehungen, „wie sie zwischen Einheiten gedacht werden, die in ein und demselben Kontext auftreten können und sich, zumindest in diesem Kontext, wechselseitig ausschließen" (A. Martinet). In dem Kontext *riß: Roß* oder *Hirt: Hort* stehen die Phoneme /ɪ/ : /ɔ/ in O., da sie allein die Bed. zweier Wörter differenzieren; auf Grund dieser O. ermittelt die Phonologie das Phonemsystem einer Sprache. Im Kontext *Das Essen ist gut: schlecht* stehen die Adjektive *gut: schlecht* in O.; die strukturelle Semantik faßt Wörter verwandter Bedeutung, die in O. zueinander stehen, zu Wortfeldern zusammen. Der O.begriff ist grundlegend für den europ. Strukturalismus, der die Sprache als ein System von Werten betrachtet, in dem es „nur Verschiedenheiten ohne positive Einzelglieder" gibt (F. de Saussure). Die Ermittlung der O. geschieht mit Hilfe der ↑Minimalpaaranalyse.

◆ (Oppositio) in der *Anatomie* die durch drehende Einwärtsbewegung erreichbare Gegenstellung des Daumens zu den anderen Fingern; diese Opponierbarkeit macht die Hand zur Greifhand.

Oppositionswort, svw. ↑Antonym.

OPraem, Abk. für: Candidus et Canonicus Ordo Praemonstratensis, ↑Prämonstratenser.

Opritschnina [russ. aˈpritʃninɐ], Bez. für die umfangreichen Ländereien im Gebiet von Moskau, die Zar Iwan IV. Wassiljewitsch 1565 den rechtmäßigen Besitzern entzog (durch Massenumsiedlungen, Morde) und den Angehörigen seiner aus Dienstadligen und ausländ. Abenteurern bestehenden Leibgarde (**Opritschniki**) übergab, die v. a. zur Vernichtung und Terrorisierung des Hochadels eingesetzt wurde. Die Bez. O. wird auch zur Kennzeichnung der inneren Politik Iwans IV. verwendet.

Opsonine [griech.], Stoffe im Blutserum, die eingedrungene Bakterien so verändern, daß die weißen Blutkörperchen sie aufnehmen (phagozytieren) können.

Optativ [zu lat. optare „wünschen"], Modus des Verbs, der einen Wunsch (*kupitiver O.*) oder die Möglichkeit eines Geschehens (*potentialer O.*) bezeichnet; im Griech. und in anderen indogerman. Sprachen als eigene Formenkategorie vorhanden; die funktionale Nähe zum Konjunktiv hat die Eliminierung des O. (etwa im Dt.) begünstigt.

Optik [zu griech. optikḗ (téchnē) „das Sehen betreffend(e Lehre)"], Lehre vom ↑Licht, d. h. von denjenigen elektromagnet. Wellen, die mit dem menschl. Auge wahrgenommen werden können, deren Wellenlänge also zw. 400 Nanometer ($= 4 \cdot 10^{-7}$ m) und 800 Nanometer ($= 8 \cdot 10^{-7}$ m) liegt. Das an diesen Wellenlängenbereich angrenzende unsichtbare *Infrarot* und *Ultraviolett* wird ebenfalls zur Optik gerechnet.

Die *physiolog. O.* untersucht die subjektiven Vorgänge beim Sehen. Die Gesamtheit aller sich bei der Entstehung und Ausbreitung des Lichtes abspielenden physikal. Vorgänge ist Untersuchungsgegenstand der *physikal. O.* Sie wird unterteilt in die *Strahlen-O.* (*geometr. O.*), die *Wellen-O.* und die *Quanten-O.* Die *Strahlen-O.* geht davon aus, daß sich das Licht *geradlinig* ausbreitet, daß also die Lichtstrahlen durch geometr. Strahlen dargestellt werden können und daß ihr Verlauf nach geometr. Grundgesetzen erfolgt. Mit Hilfe ihrer Methoden kann man die *Reflexions-* und *Brechungserscheinungen* bei der Lichtausbreitung deuten. Die *Wellen-O.* ermöglicht mit der Vorstellung von Licht als einer Wellenerscheinung die Erklärung von Beugung, Interferenz und Polarisation des Lichts. Die *Quanten-O.* deutet das Licht als einen Strom von kleinen Teilchen, den sog. Photonen oder Lichtquanten. Die moderne Physik behandelt die opt. Probleme mit den mathemat. Hilfsmitteln der *Quantentheorie der Wellenfelder* und beschreibt die unterschiedl. Vorstellungen von der Natur des Lichtes als einen *Dualismus* von Teilchen und Welle. Wellen- und Quanten-O. bestehen also nebeneinander. Bei der Behandlung der einzelnen Probleme ist dabei einmal der einen und einmal der anderen Vorstellung der Vorrang zu geben. Umgekehrt kann man nun auch einer Strahlung von schnellbewegten Masseteilchen einen Wellencharakter zuschreiben und sie nach wellenopt. Gesetzmäßigkeiten behandeln. Dies geschieht in der sogenannten *Elektronen-O.*, die zahlr. Analogien zur Lichtoptik aufweist.

Geschichte: Mit den Ansätzen der Antike (u. a. Euklids Katoptrik und die Dioptrik des Ptolemäus), den Arbeiten von Alhazen und der Auffindung der richtigen Brechungsgesetzes (W. Snellius 1621; R. Descartes 1629) war bis zum 17. Jh. die Grundlage der geometr. O. geschaffen. Ihre Anwendung führte zu Beginn des 17. Jh. zur Erfindung des Fernrohres (H. Lipperhey) und des Mikroskops (H. und Z. Janssen). Ab der Mitte des 17. Jh. entwik-

Optikus

kelten sich die verschiedenen Vorstellungen von der Natur des Lichtes, insbes. die Wellentheorie (F. M. Grimaldi und R. Hooke 1665, C. Huygens 1678) und die Korpuskulartheorie (I. Newton 1704). Die 2. Hälfte des 19. Jh. brachte die Erkenntnis der elektromagnet. Natur des Lichtes (J. C. Maxwell 1864) sowie eine erste atomist. Deutung opt. Erscheinungen mit Hilfe der Elektronentheorie (H. A. Lorentz 1892–95). - Die sich ab der Mitte des 19. Jh. entwickelnde Spektralanalyse (R. W. Bunsen und G. Kirchhoff 1859) führte zur Auffindung von Spektralserien, deren Begründung dann Aufgabe der Quantentheorie wurde. Diese nahm ihren Ausgang in der theoret. Ableitung der thermodynam. Gesetzmäßigkeiten der Wärmestrahlung (M. Planck 1900) und wurde durch die von A. Einstein (1905) zur Deutung des Photoeffekts aufgestellte Lichtquantenhypothese untermauert. Damit war gleichzeitig die Doppelnatur des Lichtes und die Gleichberechtigung der Korpuskularvorstellung insbes. in atomaren Bereichen aufgezeigt. In jüngster Zeit erhielt die O. insbes. durch die Entwicklung des Lasers neue Impulse.
 Schröder, G.: Techn. O. Grundll. u. Anwendungen. Würzburg ^{5}*1986. - Naumann, H./Schröder, G.: Bauelemente der O. Mchn.* ^{4}*1984. - Born, M.: O. Ein Lehrb. der elektromagnet. Lichttheorie. Bln. u. a.* ^{3}*1981 (2. Nachdr. 1985). - Haferkorn, H.: O. Physikal.-techn. Grundll. u. Anwendungen. Ffm. 1981. - Bergmann, L./Schaefer, C.: Lehrb. der Experimentalphysik. Bd. 3: O. Hg. v. H. Gobrecht. Bln. u. New York* ^{7}*1978.*
♦ Bez. für das abbildende opt. System eines opt. Gerätes (z. B. O. einer Kamera, O. eines Fernglases).

Optikus [griech.-lat.], Kurzbez. für Nervus opticus (Sehnerv; ↑ Gehirn).

optima fide [lat.], im besten Glauben.

optimal [lat.], sehr gut, bestmöglich.

Optimaten [zu lat. optimas „zu den Besten gehörig"], im antiken Rom, bes. z. Z. der untergehenden Republik der Teil der Senatsaristokratie, der sich zur Senatsherrschaft bekannte und sich damit als konservative, staatstragende Schicht verstand. Die von ihnen so gen. **Popularen** (zu lat. populus „Volk") waren der Teil der Nobilität, der seine tatsächl. oder scheinbaren volksfreundl. Ziele unter Umgehung des Senats allein mit Hilfe der zur Gesetzgebung befugten Komitien durchzusetzen versuchte. Führende Popularen waren u. a. die beiden Gracchen, G. Marius und J. Cäsar.

Optimierung [lat.] (Planungsrechnung, Programmierung), Teilgebiet der Mathematik, das sich mit der optimalen Festlegung von Größen, Eigenschaften, zeitl. Abläufen u. a. (bzw. der sie charakterisierenden Variablen) eines Systems unter gleichzeitiger Berücksichtigung von Nebenbedingungen befaßt. Dabei wird unter O. auch das Vorgehen zur Erreichung dieses Zieles sowie die optimale Festlegung selbst verstanden. Sie erfolgt durch Bestimmung des größten *(Maximierung)* oder kleinsten *(Minimierung)* Wertes einer von dem jeweiligen Systemvariablen abhängigen Funktion *(Ziel-* oder *Objektfunktion)* in einem bestimmten Bereich, wobei zu erfüllende Nebenbedingungen in Form von Gleichungen oder Ungleichungen für die Systemvariablen vorliegen. Man unterscheidet *lineare* O. (lineare Programmierung, Linearplanung) und *nichtlineare* O. (nichtlineare Programmierung), je nachdem, ob die in der Formulierung eines O.problems auftretende Zielfunktion und die Gleichungen bzw. Ungleichungen für die Nebenbedingungen linear oder nichtlinear in den Systemvariablen sind. Die O.aufgaben stammen vorwiegend aus der Betriebs- und Volkswirtschaftslehre, wo etwa der vorteilhafteste Ablauf eines industriellen oder wirtsch. Prozesses sowie v. a. die Maximierung der Produktion bzw. des Gewinns bei beschränkten Produktionsfaktoren (Maschinen, Arbeitskraft, Kapital) oder die Minimierung des Aufwandes bzw. der Kosten erreicht werden sollen. Der Begriff O. hat hier die Bedeutung von „bestmögl." Zielerreichung. Der große Aufschwung, den die O. in den letzten Jahren erfahren hat, beruht v. a. auf der Einsetzbarkeit von elektron. Datenverarbeitungsanlagen zur Behandlung von Problemen mit komplizierter Struktur (große Anzahl von Unbekannten und/oder Nebenbedingungen), bei denen viel Datenmaterial zu berücksichtigen ist.

Optimismus [lat.], im Ggs. bzw. Unterschied zu Pessimismus, Skeptizismus, Nihilismus die Grundhaltung, die durch eine positive, bejahende Beurteilung und Wertung von Welt (Kosmos), Leben, von Leistungen und Möglichkeiten des Menschen, von Kultur, Geschichte, Fortschritt, von Realisierbarkeit von Freiheit und Utopie bestimmt ist. Sie geht von der seinsmäßigen Gutheit der Welt aus *(kosmolog./metaphys. O.)* oder gründet sich auf die Annahme der Möglichkeit von Fortschritt *(eschatolog. Optimismus).*

Optimist [lat.], Bez. für ein Einmannsegelboot (insbes. für Jugendliche) aus Sperrholz oder Kunststoff; Länge 2,31 m, Breite 1,13 m, Gewicht 50 kg, Segelfläche 3,30 m^2.

Optimum [lat.] (Mrz. Optima), allg. svw. das Beste oder Bestmögliche, das Wirksamste; Bestwert; Höchstmaß; Bestfall.

Option [zu lat. optio „freie Wahl, Belieben"], die Anwartschaft auf den Erwerb eines Rechts durch eine einseitige Willenserklärung. - *Im Börsenwesen* ist bei **Kaufoption** das gegen Zahlung einer Prämie dem Käufer vom Verkäufer eingeräumte Recht, innerhalb einer vereinbarten Frist eine bestimmte Zahl von Wertpapieren zu einem vereinbarten Kurs zu erwerben, **Verkaufsoption** entsprechend das

optische Täuschungen

Recht, Wertpapiere zu liefern. - Im *Völkerrecht* bedeutet O. die staatsrechtl. Befugnis eines Individuums, durch einseitige Erklärung sich für eine Staatsangehörigkeit zu entscheiden. Sie ist v. a. von Bedeutung bei Gebietsabtretungen als Recht, zw. der bisherigen und der Staatsangehörigkeit des annektierenden Staates zu wählen, wobei freilich mit der Wahl der alten Staatsangehörigkeit meist die Notwendigkeit verbunden war, das Gebiet zu verlassen.

Optionsanleihen ↑ Industrieobligationen.

Optionsgeschäft, ein ↑ Termingeschäft des Börsenhandels; durch den Kauf der Option erwirbt der Käufer das Recht, jederzeit innerhalb der Optionsfrist vom Verkäufer Lieferung (bei Kaufoptionen) oder Abnahme (bei Verkaufsoptionen) einer bestimmten Anzahl von Wertpapieren zum Basiskurs (= am Abschlußtag vereinbarter Kurs) zu verlangen.

optisch, die Optik betreffend.

optische Achse, in der *geometr. Optik* die gerade Verbindungslinie der Krümmungsmittelpunkte sämtl. brechenden oder spiegelnden [Kugel]flächen eines zentrierten opt. Systems. Ein entlang der o. A. verlaufender Lichtstrahl geht ohne Ablenkung durch das opt. System hindurch.

◆ in der *Kristalloptik* die ausgezeichnete Richtung (Symmetriegerade) eines opt. anisotropen Kristalls, in der keine Doppelbrechung des Lichtes auftritt, in der sich also die beiden verschieden polarisierten Wellen mit gleicher Geschwindigkeit fortpflanzen.

optische Aktivität, Eigenschaft bestimmter Stoffe (z. B. chem. Verbindungen, die ein ↑ asymmetrisches Kohlenstoffatom besitzen), die Polarisationsebene des in sie eingestrahlten linear polarisierten Lichts zu drehen. Speziell in der organ. Chemie spielt die o. A. wegen der Häufigkeit von Substanzen mit asymmetr. Kohlenstoffatomen zur Stoffcharakterisierung eine große Rolle (↑ auch Antipoden).

optische Antipoden ↑ Isomerie, ↑ Antipoden.

optische Aufheller, zu den ↑ Leuchtstoffen zählende organ. Verbindungen, die ähnl. wie Farbstoffe auf die Fasern aufziehen und eine Aufhellung bewirken.

optische Fehler, svw. ↑ Abbildungsfehler.

optisches Gitter, svw. ↑ Beugungsgitter.

optisches Glas, zur Verarbeitung zu Linsen, Prismen u. a. hergestellte Glasarten mit bes. opt. Eigenschaften (blasen-, spannungs- und schlierenfrei, optimale Lichtdurchlässigkeit). Hauptgruppen: *Kronglas* (bleifrei) mit schwacher Brechung und geringer Dispersion und *Flintgläser* (bleihaltig), die starke Brechung und starke Dispersion zeigen.

optisches Modell, ein ↑ Kernmodell,

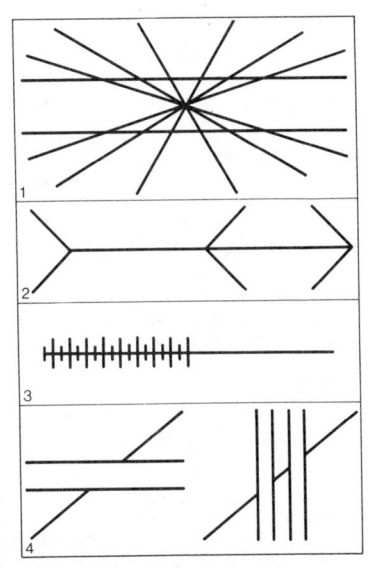

Optische Täuschungen. 1 Hering-Täuschung, 2 Müller-Lyer-Täuschung, 3 Oppel-Täuschung, 4 Poggendorff-Täuschung

das bes. für die Beschreibung der Streuung und Absorption von Neutronen durch mittelschwere und schwere Kerne geeignet ist.

optisches Pumpen, ein von A. Kastler entwickeltes Verfahren, bei dem durch Lichteinstrahlung in Materie in gleichartigen atomaren Systemen (z. B. Kristalle, Metalldämpfe) die Besetzungsdichte bestimmter Energiezustände von Atomelektronen gegenüber dem therm. Gleichgewicht erhöht wird (Besetzungsinversion). Die durch o. P. erreichbare Überbesetzung höherer Energieniveaus bildet die Grundlage von ↑ Laser und ↑ Maser.

optisches System, die Gesamtheit der bei einer opt. Abbildung wirksamen Elemente (Linsen, Spiegel, Prismen u. a.) einer opt. Anordnung, z. B. die Kombination von Objektiv und Okular eines Fernrohrs oder Mikroskops oder das Linsensystem eines photograph. Objektivs.

optische Täuschungen, den objektiven Gegebenheiten widersprechende Gesichtswahrnehmungen. Sie beruhen physiolog. auf der Bau- und Funktionsweise des menschl. Auges, psycholog. auf Fehldeutung bzw. Schätzfehler bei der Erfassung des Wahrgenommenen. Als weitere Ursachen können (bes. bei perspektiv. Täuschungen) Lernerfahrungen oder Größenkonstanz auftreten. Bekannte Beispiele für o. T. sind: **Hering-Täuschung,** bei der zwei Parallelen durch ein

99

optische Weglänge

Strahlengitter konkav gekrümmt erscheinen. Bei der **Müller-Lyer-Täuschung** wird eine mit nach außen weisenden Winkeln abgeteilte Strecke für größer gehalten als eine gleiche Strecke mit nach innen weisenden Winkeln. Eine Variation davon ist die **Oppel-Täuschung**, bei der eine unterteilte Strecke für länger gehalten wird als eine gleich lange nicht unterteilte Strecke. Die **Poggendorff-Täuschung** tritt ein, wenn z. B. ein oder zwei Streifen mit parallel verlaufenden Kanten von einer Linie im Winkel von weniger als 90° gekreuzt werden. Die schräge Linie wird dann als seitl. versetzt wahrgenommen.

optische Weglänge, das Produkt aus dem Brechungsindex n und der vom Licht in dem betreffenden Medium durchlaufenden Strecke l.

Optoelektronik [ɔpto-ɛ...; griech.], modernes Teilgebiet der Elektronik, das sich mit der Ausnutzung aller auf der Wechselwirkung von Licht und Festkörperelektronen beruhenden physikal. Effekte (v. a. Photoeffekte, elektro- und magnetoopt. Effekte sowie verschiedene Lumineszenzerscheinungen) befaßt; insbes. dient die O. in den sog. *optoelektron. Bauelementen* der Signalgewinnung, -übertragung, -verarbeitung und -speicherung; außerdem umfaßt die O. die direkte nichttherm. Erzeugung von Licht („kaltes Licht") durch in geeigneten Materialien fließende elektr. Ströme sowie die Direktumwandlung von Licht in elektr. Strom. Bauelemente der O. gewinnen Bed. für die Steuerungs-, Regelungs-, Datenverarbeitungs- und Nachrichtentechnik; mit ihnen lassen sich sehr schnell schaltende Relais, Logikelemente u. a. aufbauen. Beim **optoelektr. Lichtverstärker** wird durch das auf einen Photowiderstand (bzw. eine Photodiode) fallende Licht die Spannung an einer im gleichen Stromkreis befindl. Lumineszenzdiode erhöht, so daß sie [verstärkt] zum Leuchten angeregt wird. Entsprechend arbeiten **opto-elektr. Lichtwandler,** mit denen Infrarot-, Ultraviolett- oder Röntgenstrahlen in sichtbares Licht umgewandelt werden. Führt man in diesen Anordnungen Photo- und Lumineszenzdiode flächenhaft aus und unterteilt sie in viele einzelne Elemente, so können sie als Bildschirm eingesetzt werden.

📖 *Grau, G.:* Opt. Nachrichtentechnik. Bln. u. a. ²1985. - *Neufang, O.:* Grundll. der O. Aarau 1982. - *Winstel, G./Weyrich, C.:* O. Bln. u. a. 1980–86. 2 Bde.

Optophon [griech.], Gerät, das Licht in Lautänderungen umwandelt und es dadurch Blinden ermöglicht, die variierende Lichtintensität mit dem Ohr zu erkennen.

opulent [lat.], reichlich, üppig, mit großem Aufwand gestaltet.

Opuntie [...ti-ɛ] (Opuntia) [nach Opus, der Hauptstadt der opunt. Lokris], Kakteengatt. mit rd. 200 Arten in N- und S-Amerika, in andere Erdteile eingeschleppt; baum- oder strauchförmige Pflanzen mit flachgedrückten Sproßabschnitten, kleinen, walzen- bis pfriemförmigen, sehr bald abfallenden Blättern, filzigen ↑Areolen und kurzröhrigen, breit-trichterförmigen, gelben oder roten Blüten. Die Früchte einiger Arten sind eßbar. O. sind bei uns Kalthauspflanzen, einige sind auch für das Freiland geeignet. Eine bekannte Art ist der **Feigenkaktus** (Opuntia ficus-indica) im trop. Amerika; mit feigengroßen, roten, eßbaren Früchten.

Opus [ˈɔpʊs, ˈoːpʊs; lat.], Abk. (in der Musik) op., das künstler., bes. das musikal. oder literar. Werk; für musikal. Werke seit dem 15. Jh. gebraucht, seit Beginn des 17. Jh. (in Verbindung mit einer Zahl) zur Kennzeichnung der chronolog. Reihenfolge der Werke eines Komponisten.

Opus Dei [lat. „Werk Gottes"] (eigtl. Societas Sacerdotalis Sanctae Crucis et Opus Dei), internat. Vereinigung von kath. Christen; das O. D. will ein konsequent christl. Leben unter Menschen aller Berufe und sozialen Schichten verwirklichen. 1928 von J. Escrivá de Balaguer y Albas (* 1902, † 1975) gegr. (weibl. Zweig seit 1930); 1950 päpstl. approbiert. Durch ihre ausgeprägte Pflichtethik und Disziplin gelang es vielen Mitgliedern des O. D., v. a. in Spanien, wichtige öffentl. Positionen zu bekleiden, was häufig den Vorwurf des autoritären Konservatismus begründete. Das O. D. leitet korporativ Universitäten, Landw.- und Frauenfachschulen, Studentenheime, kulturelle Zentren. Leitungsorgane sind Generalrat und Generalpräsident. 1982 wurde das O. D. zu einer „Personalprälatur" erhoben, wodurch die Priester des O. D. (etwa 2% aller Mgl.) aus der Obedienz des jeweiligen Ortsbischofs entlassen wurden.

Oradea (dt. Großwardein), rumän. Stadt an der Schnellen Körös, nahe der ungar. Grenze, 201 300 E. Verwaltungssitz des Verw.-Geb. Bihor; ev.-ref. Bischofssitz; päd-

Optoelektronik. Schema einer sechsstufigen optoelektronischen Lichtwandlerröhre

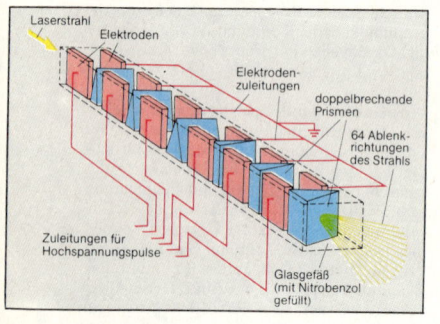

Oran

agog. Inst., rumän. und ungar. Staatstheater, Marionettentheater, Orchester; Museen, Bibliothek. Werkzeugmaschinenbau, chem. und pharmazeut. Ind., Möbelfabrik u. a. Betriebe. Verkehrsknotenpunkt. – Entstand aus einer dak. Siedlung; 1114 im Zusammenhang mit der Errichtung einer Festung erstmals erwähnt; 1241 von den Tataren zerstört; Eroberung durch die Osmanen 1660; kam 1698 unter östr. Herrschaft. – Röm.-kath. Kathedrale (1752–80), der größte Barockbau in Rumänien; orth. Mondkirche (1784–1830); ehem. bischöfl. Palast (1762 ff.; Palast der 365 Fenster) und Burg (11.–13. und 15.–18. Jh.).

Oradour-sur-Glane [frz. ɔradursyr-'glan], frz. Ort nw. von Limoges, Dep. Haute-Vienne, 1 900 E. Am 10. Juni 1944 von SS-Verbänden zur Vergeltung von Partisanentätigkeit eingeäschert; alle Einwohner wurden dabei getötet. Die Ruinen blieben als Mahnmal erhalten, der Ort wurde in der Nähe neu aufgebaut.

ora et labora! [lat.], bete und arbeite! (alte christl., v. a. mönch. Maxime).

Orakel [zu lat. oraculum, eigtl. „Sprechstätte"], Weissagung, Aussage über Zukünftiges, räuml. Entferntes, über den gebotenen Vollzug bestimmter Handlungen, über rechtl. Entscheidungen und herrscherl. Ansprüche, ferner auch Bez. des Ortes, an dem diese Wahrsagungen erteilt werden. In fast allen Kulturen und Religionen haben O. eine beträchtl. Rolle gespielt. Man unterscheidet zw. einer kult. O.gebung, die durch Medien und Priester erfolgt, und einer direkten O.erteilung durch charismat. veranlagte Personen. Berühmte O.stätten waren das kanaanäische Kadesch und v. a. Delphi mit der Pythia, deren Äußerungen von Priestern gedeutet wurden.

Orakelblume, volkstüml. Bez. für verschiedene Arten der Wucherblume.

oral [lat.], in der *Medizin:* 1. durch den Mund (zu verabreichen, bes. von Medikamenten); 2. zum Mund gehörend, den Mund betreffend (Anatomie).

Oral [lat.], Laut, der im Ggs. zum ↑Nasal ausschließl. im Mundraum artikuliert wird.

orale Phase (orale Stufe), nach der psychoanalyt. Lehre die der analen Phase (↑Analerotik) vorausgehende erste Stufe der Libidoentwicklung während des ersten Lebensjahrs. Die o. P. ist nach S. Freud durch die Mundregion als erogene Zone, durch den Lustgewinn aus Lutschen und Saugen und durch den Beziehungsmodus des Einverleibens gekennzeichnet.

Oralerotik, Wahrnehmungen von Empfindungen und Ausübung von Handlungen erot.-sexueller Natur über die Mundzone (Kuß, Fellatio, Cunnilingus).

Oran [frz. ɔ'rã] (amtl. Ouahran), alger. Dep.hauptstadt an der Bucht von O., 663 500 E. Kath. Bischofssitz; Univ. (gegr.

Orange. Römisches Theater (1. Jh. n. Chr.)

1965), TH, Museum, Theater; Nahrungsmittel- und Textilind., Düngemittel-, Schuhfabrik, Herstellung von Betoneisen, Glas, landw. Geräten; wichtiger Hafen; Eisenbahnlinien ins Hinterland, ✈. - 902 von andalus. Händlern gegr., wuchs rasch zu einem bed. Handelshafen; gehörte seit 1437 zum Sultanat von Tlemcen; 1509–1792 span., bis auf die Jahre osman. Zugehörigkeit 1708–32; 1792 erneut unter osman. Oberhoheit (Sitz eines osman. Beis); 1830 von Frankr. erobert, später Errichtung des Flottenstützpunkts Mers-el-Kebir nw. der Stadt. – Am 3. Juli 1940 vernichteten brit. Einheiten einen Teil der frz. Flotte vor Mers-el-Kebir. Bei der Landung der Alliierten leisteten die dem Vichy-Regime unterstehenden frz. Truppen im Nov. 1942 heftigen Widerstand.

Orang-Utans

Orang Abung

Orang Abung, Volk der Primitivmalaien im Innern S-Sumatras, Indonesien.

Orang Asli, zusammenfassende Bez. für die ältesten Bev.schichten der Halbinsel Malakka: die negrit. Semang, die weddiden Senoi und die primitivmalai. Jakun.

Orange [frz. ɔ'rãːʒ], frz. Stadt im unteren Rhonetal, Dep. Vaucluse, 26 500 E. Museum; Marktzentrum eines bed. Gemüsebaugebietes, mit Zucker- und Konservenfabriken, Schuh- und Textilind., Glasfaserfabrik; Fremdenverkehr. - Das antike **Arausio** ist eine kelt. Gründung, war vom Stamm der Kavaren besiedelt; wurde 121 v. Chr. röm.; unter Augustus als **Colonia Firma Julia Secundanorum Arausio** eine der bedeutendsten Städte der röm. Prov. Gallia Narbonensis; vom 3. Jh. an (bis 1790) Bischofssitz; Zerstörungen während der Völkerwanderung; erhielt 1282 Stadtrecht; 1365 Gründung einer Univ. (1792 aufgelöst). - Röm. Theater (1. Jh. n. Chr., heute Freilichtbühne); Reste des sog. Gymnasions mit einem Podiumtempel (2. Jh. n. Chr.), sog. Triumphbogen (vermutl. zw. 21 und 27 n. Chr.). - Abb. S. 101.

Orange [o'rãːʒə; pers.-frz.] (Apfelsine, Chinaapfel), kugelige bis eiförmige, hellorange bis dunkelrote Frucht der ↑ Orangenpflanze; mit glatter, ablösbarer Schale und süßsäuerl., aromat. Fruchtfleisch. O. werden als Frischobst gegessen und zu Marmeladen und Fruchtsäften verarbeitet. Aus den Fruchtschalen junger Früchte, Blüten und Blättern werden äther. Öle gewonnen. - ↑ auch Blutorange, ↑ Navelorange.

Orange [o'rãːʒə; pers.-frz.], Bez. für jede vom Gesichtssinn vermittelte Farbempfindung, die durch Licht einer Wellenlänge ne. etwa 590 Nanometer *(O.gelb)* und etwa 615 Nanometer *(O.rot)* oder durch additive Farbmischung aus Rot und Gelb hervorgerufen wird.

Orange, Kap [brasilian. o'rẽʒi], nördlichstes Kap Brasiliens, an der Grenze zu Frz.-Guayana; Leuchtturm.

Orangeade [orã'ʒaːdə; pers.-frz.], reines Orangensaftgetränk (meist mit Kohlensäure versetzt).

Orangeat [orã'ʒaːt; pers.-frz.], kleingeschnittene, kandierte Orangenschalen.

Orangebuch [o'rãːʒə] ↑ Farbbücher.

Orangefilter [o'rãːʒə] ↑ Filter (Photographie).

Orangemen [engl. 'ɔrɪndʒmən], Bez. für die Mgl. der 1795 gegr. *Orange Society* (nach William of Orange), einer antikath. Ordensverbindung, die die brit.-prot. Herrschaft über Irland stützte. Die jährl. Umzüge der O. in Nordirland am 12. Juli werden von den Katholiken als Provokation empfunden.

Orangenpflanze [o'rãːʒən] (Apfelsinenpflanze, Citrus sinensis), Zitruspflanzenart in den Tropen und Subtropen sowie im Mittelmeergebiet; immergrüne Sträucher oder kleine Bäume mit oft bedornten Zweigen, längl.-eiförmigen, ledrigen Blättern, deren Blattstiele schwach geflügelt sind, und weißen, stark duftenden Blüten; Frucht eine längl. bis kugelige Beere (↑ Orange). - Von der O. sind über 100 Varietäten bekannt. Ausgedehnte Kulturen finden sich in den USA, Spanien, Italien und Israel.

Orangenrenette [o'rãːʒən], svw. Cox' Orange (↑ Äpfel, Übersicht).

Orange Pekoe [engl. 'ɔrɪndʒ 'piːkoʊ], ind. Teesorte, z. T. mit weißl.-grauen und goldbraun verfärbten Blattspitzen.

Orangerie [orãʒə'riː; pers.-frz.], Gewächshaus zum Überwintern von Orangenbäumen u. a. exot. Pflanzen. Kam in M-Europa im 16. Jh. auf. Während des 18. Jh. entwikkelte sich der bis dahin reine Zweckbau zu einem festen Bauwerk, das in die Gesamtanlage barocker Schlösser einbezogen wurde, vielfach den Abschluß des Gartens gegenüber der Hauptseite des Schlosses bildete und häufig in einem überhöhten Mittelteil den Festsaal barg.

Orange River Project [engl. 'ɔrɪndʒ 'rɪvə 'prɔdʒɛkt] (Oranje[fluß]projekt), umfangreiches Wasserstau- und -verteilungssystem in der Republik Südafrika, umfaßt zwei Staudämme im Oranje: den Hendrik-Verwoerd-Damm bei Norvalspont und den P.-K.-le-Roux-Damm nö. von Petrusville, außerdem den Welbedacht-Damm im Caledon, den Oranje-Fisch-Tunnel und das Kanalsystem vom Great Fish River zum Sundays River mit Tunnel unter dem Bosberg, mehrere Fernwasserleitungen nach größeren Städten und mehrere Wasserkraftwerke.

Orang Laut [malai. „Meermensch"], zusammenfassende Bez. für eine Reihe primitivmalai. Volksgruppen (mit weddidem Einschlag) an den Küsten SO-Asiens, die, ohne festen Wohnsitz, in Wohnbooten hausen und von Fischerei und Sammelwirtschaft leben.

Orang-Utan [malai. „Waldmensch"] (Pongo pygmaeus), Menschenaffe in den Regenwäldern Borneos und Sumatras; Körperlänge etwa 1,25–1,5 m; Beine kurz, Arme sehr lang (bis etwa 2,25 m spannend); Gewicht der ♂♂ bis 100 kg; ♀♀ deutl. kleiner und nur rd. 40 kg schwer; Fell sehr lang und dicht, rötl. bis dunkel- oder hellbraun; Gesicht fast unbehaart, alte ♂♂ mit Bart, starken Backenwülsten und mächtigem Kehlsack (letzterer auch bei ♀♀, jedoch schwächer entwickelt). - Der O.-U. ist der einzige echte Baumbewohner unter den Menschenaffen (typ. Schwingkletterer). Am Boden bewegt er sich relativ unsicher (z. T. auch aufrecht gehend) fort. Der O.-U. ist wenig geselliger Pflanzenfresser. - Nach einer Tragzeit von etwa acht Monaten wird ein hilfloses Junges geboren, das bis zu vier Jahren gesäugt und erst mit etwa zehn Jahren geschlechtsreif wird. - Der O.-U. steht dem Menschen in seinen psych. Fähigkeiten ferner als der Schimpanse. Die Bestände des O.-U. sind durch früheren intensiven Fang und durch Abholzen der Regenwälder stark zurückgegangen und bedroht; durch gesetzl. Schutz hat sich die Lage etwas gebessert. Der O.-U. wird in vielen zoolog. Gärten heute erfolgreich gezüchtet; er wird höchstens 30 Jahre alt. - Abb. S. 101.

Oranien [...niən] (frz. Orange), ehem. Ft. in S-Frankr.; wurde zur Zeit Karls d. Gr. Gft.; von Kaiser Friedrich I. zum unabhängigen Ft. erhoben; fiel 1530 an René von Nassau-Dillenburg (* 1519, † 1544), nach dessen Tod an Renés Vetter Wilhelm (Wilhelm I. von Oranien, Statthalter in den Niederlanden). Nach Erlöschen dieser Linie 1702 entstand aus den Erbansprüchen der Fürsten von Nassau-Diez und Nassau-Siegen, des Königs von Preußen und des Fürsten von Conti der **Oran. Erbfolgestreit**. Im Frieden von Utrecht (1713) wurde O. dem Fürsten von Conti als Lehns-Ft. der frz. Krone zugesprochen. Gehört seit 1793 zum Dep. Vaucluse.

Oranienburg [...niən], Krst. am W-Rand der Havelniederung, Bez. Potsdam, DDR, 36 m ü. d. M., 28 500 E. Chem. Ind., Kaltwalzwerk, Holz-, metallverarbeitende und Nahrungsmittelind.; Auspendler nach Berlin (Ost). - Urspr. **Bötzow**, entstand 1217 um die gegen 1200 errichtete gleichnamige Burg; 1652 in O. umbenannt, nachdem die Kurfürstin Luise Henriette, geb. Prinzessin von Oranien-Nassau, dort ein Schloß (1651, später erweitert) hatte erbauen lassen. - 1933 entstand in O. eines der ersten nat.-soz. KZ (bis 1935), in dem zahlr. Antifaschisten ermordet wurden. 1936 wurde nördl. von O. das KZ ↑Sachsenhausen errichtet.

O., Landkr. im Bez. Potsdam, DDR.

Oranien-Hausorden [...niən], niederl. ↑Orden (Übersicht).

Oranien-Nassau [...niən], Name des regierenden Königshauses der Niederlande. Graf Wilhelm von Nassau-Dillenburg († Wilhelm I., Statthalter in den Niederlanden) erhielt von seinem Vetter René (* 1519, † 1544) das Ft. Oranien zus. mit dem altnassauischniederl. Besitz übertragen. Als die direkte Linie O.-N. mit Wilhelm III. 1702 ausstarb, wurde sie von Johann Wilhelm Friso (* 1687, † 1711) beerbt, nachdem sich Preußen einen Teil des Erbes gesichert hatte und Oranien an Frankr. verlorengegangen war. Johann Wilhelm Frisos Sohn Wilhelm IV. (* 1711, † 1751) wurde 1747 Erbstatthalter aller niederl. Prov., sein Enkel 1815 als Wilhelm I. König der Niederlande. Mit dessen Enkel Wilhelm III. erlosch 1890 die Linie im Mannesstamm. Ihm folgte seine Tochter Wilhelmina auf den Thron, die Mutter der späteren Königin Juliana, deren Tochter Beatrix schließl. 1980 die Nachfolge antrat.

Oranje, Fluß in S-Afrika, entspringt in N-Lesotho, mündet als Grenzfluß zw. der Republik Südafrika und Namibia in den Atlantik, 1 860 km lang.

Oranje-Fisch-Tunnel, mit 82,8 km längster Tunnel der Erde, in der Republik Südafrika, Teil des ↑Orange River Project.

Oranjefreistaat, Prov. der Republik Südafrika zw. Vaal und Oranje, 127 993 km², 1,38 Mill. E (1985), mit dem Autonomstaat Qwaqwa; ein ehem. Teilgebiet des O. (Taba Nchu) gehört heute zu Bophutatswana. Hauptstadt Bloemfontein. Der O. ist weitgehend eine Hochebene (etwa 1 300 m ü. d. M.), im NO gebirgig (bis über 2 000 m); Schaf- und Rinderzucht, nach NO zunehmend intensiver Ackerbau. Von größter Bed. sind Diamanten- und Goldgewinnung. - V. a. 1835–38 beim „Großen Treck" der Buren besiedelt, 1842 als O. gegr., 1848 von Großbrit. annektiert, 1854 selbständig; nach dem Burenkrieg brit. Kolonie (1902), 1910 zur Südafrikanischen Union. - ↑auch Südafrika.

Oranjestad, Hauptort der Insel Aruba, 16 500 E. Univ. (gegr. 1970); Erdölraffinerie.

Orant [mittellat.] (Zwerglöwenmaul, Chaenorrhinum), Gatt. der Rachenblütler mit rd. 20 Arten, verbreitet vom Mittelmeergebiet bis NW-Indien; in Deutschland nur die Art **Kleiner Orant** (Chaenorrhinum minus): unscheinbare Pflanze mit kleinen, lilafarbenen Blüten; auf Äckern und Ödland.
◆ svw. ↑Dorant.

Oranten [zu lat. orantes „die Betenden"], männl. oder weibl. stehende Gestalten in antiker Gebetshaltung mit erhobenen Armen. Tritt in verschiedenen Kulturen auf, u. a. auf ägypt. Grabstelen, auf röm. Sarkophagen, auch Münzen, und in der Kunst des frühchristl. Bestattungswesens. Kann Dank- oder Bittgebet oder Erlösungserwartung bedeuten.

Oraon, überwiegend weddider Volksstamm auf dem Chota Nagpur Plateau, Indien. Ihre Sprache (Oraon, auch Kurukh) gehört zu den drawid. Sprachen; Feldbau und Viehhaltung.

Ora pro nobis! [lat. „bitte für uns!"], in der kath. Kirche formelhafte Kurzbitte, an Maria und die Heiligen gerichtet; meist in Litaneien.

Oration [zu lat. oratio „Rede, Gebet"], in der kath. Liturgie das [gesprochene oder gesungene] Amtsgebet des Priesters, v. a. das formal strenge Abschlußgebet nach allg. Gebeten und Gesängen. In Graduale und Antiphonale erscheinen die O. unter den modellartigen Weisen des Sprechgesangs.

Oratio obliqua [lat.], svw. ↑indirekte Rede.

Oratio recta [lat.], svw. ↑direkte Rede.

Oratorianer, Abk. Or, Mgl. einer kath. Weltpriestergemeinschaft, die im 16. Jh. in Rom durch den hl. Filippo Neri mit dem Ziel gegründet wurde, Priester zum gemeinsamen, religiösen Leben und intensiven Seelsorgetätigkeit zu führen. Nach dem ersten Ver-

Oratorium

Andrea Orcagna, Die Armen erflehen den Tod. Ausschnitt aus dem Fresko „Triumph des Todes" (zwischen 1350 und 1360). Florenz, Museo dell'Opera di Santa Croce

sammlungsort (einem röm. Oratorium) nannten sich die Priester O.; jede Niederlassung wird danach **Oratorium** genannt. Die O. legen keine bindenden Gelübde ab und unterstehen dem jeweiligen Diözesanbischof.

Oratorium [zu lat. orare „reden, bitten, beten"], urspr. allg. Bez. für ein kleines Gotteshaus der frühen MA, später Hauskapelle, Betsaal in Klöstern, Schlössern, Spitälern usw.

◆ als *musikal. Gatt.* die Vertonung eines auf mehrere Sänger verteilten, meist geistl. Textes für eine nichtszen. Aufführung im außerkirchl. Rahmen. Das O. entstand im 17. Jh. in Italien und wurde ben. nach dem urspr. Aufführungsort und Aufführungsanlaß, den in Betsälen abgehaltenen Andachtsübungen der röm. Bruderschaft des hl. Filippo Neri. Es entwickelten sich zunächst zwei Arten, das volkssprachl. italien. und das lat. Oratorium. Vorbilder des lat. O. waren die bis ins MA zurückreichende dialog. Behandlung liturg. Texte und die allegor. Darstellung christl. Tugenden in der frühen Oper. Ab etwa 1640 schuf G. Carissimi die gültige Form, bei der ein Erzähler Träger der Handlung ist und vom Chor dramat. wirkungsvoll begleitet wird; die Handlung beruht in der Regel auf bibl. Texten.

Vorläufer des italien. O. waren geistl. Lauden- und Madrigalwerke mit Erzähler; dieser Oratorientyp schloß sich formal der Oper an. Vertreter waren im 17. Jh. L. Rossi, G. B. Vitali, G. Legrenzi und G. B. Bononcini. An der Wende zum 18. Jh. verwendeten die Komponisten der neapolitan. Schule (A. Scarlatti, N. Porpora, L. Vinci, L. Leo) im O. die gleichen Soloarien- und Rezitativformen wie in ihrer Oper. Ihr Schaffen strahlte aus nach Wien (J. J. Fux, A. Caldara) und Dresden (J. A. Hasse). In der neapolitan. Tradition steht auch G. F. Händel, der das O. nach England brachte („Esther", 1720, 1732; „Messias", 1742). Die Entwicklung des italien. O. fand ihren Abschluß in der 2. Hälfte des 18. Jh. in Werken von B. Galuppi, N. Piccinni, G. Paisiello, D. Cimarosa und A. Salieri.

Im prot. Norddeutschland entstand im 18. Jh. ein deutschsprachiges O., das an das italien. O., an die dt. ↑Passion und die Historia anknüpfte. Wichtige Komponisten waren R. Keiser, J. Mattheson, G. P. Telemann und C. P. E. Bach. J. S. Bachs „Weihnachtsoratorium" (1734) besteht aus sechs Kirchenkantaten, in die Berichte aus dem Evangelium aufgenommen wurden. - In J. Haydns Oratorien „Die Schöpfung" (1798) und „Die Jahreszeiten" (1801) gelangte die Entwicklung der Gatt. an einen Höhepunkt. Herausragend nach 1800 waren die Werke von F. Mendelssohn Bartholdy („Paulus", 1836; „Elias", 1846), H. Berlioz („Die Kindheit Christi", 1854) und F. Liszt („Die Legende von der hl. Elisabeth", 1862; „Christus", 1867).

Auch die Musik des 20. Jh. verzeichnet eine

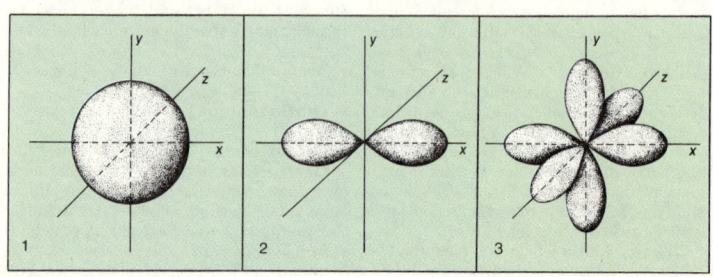

Orbitale eines s-Elektrons (1), eines p-Elektrons (2) und dreier p-Elektronen (3)

Vielzahl weltl. oder geistl. Oratorien; genannt seien I. Strawinskis „Oedipus rex" (1927), A. Honeggers „Johanna auf dem Scheiterhaufen" (1935), E. Křeneks „Spiritus intelligentiae, sanctus" (1965) und K. Pendereckis „Dies irae" (1967).
📖 *Reclams Chormusik- u. Oratoriumsführer. Stg.* ⁴*1984. - Geck, M.: Dt. Oratorien 1800–1840. Verz. der Quellen u. Aufführungen. Wilhelmshaven 1972. - Massenkeil, G.: Das O. Köln 1970.*

Orb, Bad ↑Bad Orb.

Orbe [frz. ɔrb], Hauptort des Bez. O. im schweizer. Kt. Waadt, an der unteren Orbe, 480 m ü. d. M., 4 000 E. Stadtmuseum, Marionettenmuseum; Nahrungsmittelind. und Apparatebau. - Das röm. **Urba** lag 2 km nördl. der heutigen Stadt (Ausgrabungen beim Weiler Boscéaz: Landhäuser mit gut erhaltenen Mosaiken [heute in Schutzhäusern] aus dem 3. Jh.). Im 10. Jh. eine der Residenzen von Hochburgund; vermutl. durch die Herren von Montfaucon zur Stadt erhoben. - Die spätgot. Kirche wurde im 17. Jh. fünfschiffig erweitert; Altes Spital (1778), Rathaus (1786).

Orbis terrarum [lat.], Erdkreis, die bewohnte Erde.

Orbit [zu lat. orbita „Wagenspur, Kreisbahn"], Umlaufbahn eines Satelliten oder eines anderen Körpers (insbes. eines Raumflugsystems) um einen Himmelskörper (z. B. die Erde).

Orbital [lat.], Bez. für den quantenmechan. Zustand bzw. für das (nicht scharf begrenzte) Aufenthaltsgebiet eines Elektrons in der Elektronenhülle eines Atoms (*Atomorbital*) oder Moleküls (*Molekülorbital*). Während sich nach dem Bohrschen ↑Atommodell die Elektronen auf bestimmten Bahnen (Orbits) um die Atomkerne bewegen sollten, können sie sich nach der Quantenmechanik mit einer von Ort zu Ort verschiedenen Wahrscheinlichkeit an jeder beliebigen Stelle der Elektronenhülle befinden. Denkt man sich die begrenzenden Flächen der Raumbereiche gezeichnet, in denen ein Elektron mit mindestens 95%iger Wahrscheinlichkeit angetroffen wird, so erhält man die O. als räuml. Gebilde, deren Formen von den Quantenzahlen des Elektrons abhängen.

Orbitalstation, sw. Raumstation.

Orbiter [lat.-engl.], Bez. für den Teil eines Raumflugsystems, der in eine Umlaufbahn gebracht wird.

Orcagna, Andrea [italien. or'kaɲɲa], eigtl. A. di Cione Arcangelo, * Florenz frühestens 1308, † ebd. nach dem 25. Aug. 1368, italien. Maler, Bildhauer und Baumeister. - Ausgebildet durch seinen Bruder Nardo di Cione; schuf für Florentiner Kirchen Fresken (v. a. in Santa Croce, „Triumph des Todes", zw. 1350/60; Fragmente in der Opera) und Altarbilder (Polyptychon „Christus mit Maria und Heiligen", sog. „Pala Strozzi", 1357; Florenz, Santa Maria Novella) und als Bildhauer 1359 das plast. empfundene große Marmortabernakel in Or San Michele. Seine an Giotto orientierte Malweise ist durch kräftige Umrisse, große Formen und leuchtende Farbigkeit gekennzeichnet.

Orcein [ɔrtse'iːn; Kw.], aus ↑Orseille durch Extraktion mit Alkohol gewonnenes rotbraunes Oxazinfarbstoffgemisch, das zum Anfärben mikroskop. Präparate verwendet wird.

Orchester [ɔr'kɛstər; zu griech. ↑Orchestra], im 17. und 18. Jh. Bez. für den Raum vor der Bühne sowie das dort versammelte Instrumentalensemble. Eine exakte Definition des Begriffs, die allen O.formen in der europ. und in der außereurop. Musik gerecht würde, ist kaum möglich. In der europ. Musik wird unter O. zumeist ein Instrumentalensemble verstanden, das Instrumentengruppen, teils auch chor. besetzt, zusammenfaßt und von einem Dirigenten geleitet wird. Das O. erlangte erstmals im 16. Jh. Bed., d. h. mit dem Aufkommen selbständiger Instrumentalmusik. Das frühbarocke O. wird von zahlr. Generalbaßinstrumenten, von Violen und verschiedenen Blasinstrumenten (z. B. Flöten, Hörner, Zinken und Trompeten) bestimmt, die alle frei nach den jeweiligen Gegebenheiten eingesetzt wurden. Im Spätbarock setzten sich gleichbleibende und geregelte Besetzungen durch. Das „klass. O." Haydns und Mozarts umfaßt neben dem chor. besetzten Streichquintett im Normalfall je zwei Flöten, Oboen, Fagotte und Hörner. Dazu treten in einigen Werken Klarinetten, Trompeten, Posaunen und Pauken. Bis zum Ende des 19. Jh. wird die Besetzungsstärke durch Vervielfachung der Bläser sowie durch Einführung neuer Instrumente mehr als verdoppelt. Höhepunkte differenzierter Anwendung aller O.mittel bilden die Werke von R. Strauss und G. Mahler. Im 20. Jh. zeigt sich als Reaktion hierauf die Tendenz zu kammermusikal. Besetzungen (A. Schönberg, 1. Kammersinfonie op. 9, 1906) und zu immer wieder neuartiger, also nicht normierter Klangzusammenstellung. - Neben dem Sinfonie-O. seit der Mitte des 18. Jh. ist das Kammer-O. mit seiner kleinen Besetzung zu unterscheiden, im 19. Jh. auch das Blas-O. im Bereich der Marschund Militärmusik, im 20. Jh. ferner die großen und kleinen Unterhaltungs-O. sowie das Jazz-O. (↑Big Band), die alle jeweils eigene Entwicklungen in Besetzung und Klangstil durchlaufen. - Abb. S. 106.
📖 *Baumann, H./Schaub, H.: Die Instrumente im Sinfonie-O. Bern 1981. - Kulenkampf, H.-W.: Musiker im O. Ffm. u. a. 1980. - Borris, S.: Die großen O. Hamb. u. Düss. 1969. - Paumgartner, B.: Das instrumentale Ensemble v. der Antike bis zur Gegenwart. Zürich 1966.*

Orchestra [ɔr'çɛstra; griech. „Tanzplatz"], urspr. der kult. Tanzplatz vor dem

Orchestration

Tempel des Dionysos. Der Übergang von der chor. zur dramat. Aufführung bedingte zunächst die Verlegung des Altars von der Mitte an den Rand der O., später die Trennung der O. von Tempel und Altar. In klass. Zeit war die O. die zw. Bühnenhaus (Skene) und Zuschauertribüne gelegene ovale Spielfläche, die ihre Funktion infolge der zunehmenden Bedeutungslosigkeit des Chores dann an das Proskenion abgab und in der Folgezeit für Sitzplätze der Honoratioren und als Platz für die Instrumentalisten diente.

Orchestration (Orchestrierung) [ɔrkɛs...; griech.], 1. svw. ↑Instrumentation; 2. Ausarbeitung eines Klavier-, Gesangs- oder Kammermusikwerkes für Orchester.

Orchestrion [ɔr'çɛs...; griech.], Bez. für größere ↑mechanische Musikinstrumente, teilweise mit Orgel-, Klavier- und Geigenwerk, die in Dresden und im bad. Schwarzwald (Vöhrenbach) bis etwa 1920 gebaut wurden und heute noch auf Jahrmärkten u. a. zu sehen und zu hören sind.

Orchideen [ɔrçi...; frz., zu griech. órchis „Hoden, (übertragen:) Pflanze mit hodenförmigen Wurzelknollen"] (Orchidaceae), eine der größten Pflanzenfam. mit rd. 20 000 Arten in mehr als 600 Gatt., v. a. in den Tropen und Subtropen der Alten und Neuen Welt; einkeimblättrige, ausdauernde Kräuter von verschiedener Gestalt, in den Tropen meist als Epiphyten, in M-Europa oft als Saprophyten lebend; Blätter längl., oft fleischig oder ledrig; Blüten einzeln oder in ährigen oder traubigen Blütenständen, oft prächtig gefärbt und kompliziert gebaut, z. T. duftend. - Die Anzucht der O. erfolgt durch die sehr kleinen Samen ohne Nährgewebe (eine Fruchtkapsel enthält mehrere Millionen Samen). Die endospermlosen Embryonen sind nur dann entwicklungsfähig, wenn sie von den in der Mutterpflanze lebenden Mykorrhizapilzen durchwuchert werden. Die Weiterentwicklung erfolgt in O.häusern. - Bekannte Gatt. sind: ↑Cattleya, ↑Frauenschuh, ↑Knabenkraut, ↑Ragwurz und ↑Vanille. - Die einheim. O.arten (Erdorchideen) stehen unter Naturschutz. **Geschichte:** O. (im Volksmund und im Aberglauben „Knabenkräuter") galten wegen der hodenförmigen Gestalt ihrer Knollen und der Ähnlichkeit des Duftes einiger Arten mit sexuellen Gerüchen seit alters als Aphrodisiakum. - In den 1830er Jahren gab es O. in Privatgärten in Hamburg und Dresden. 1851 wurden im Garten des Grafen von Thun rd. 500 trop. Arten gezüchtet. Die Zahl der bis heute gezüchteten O.arten, Spielarten und

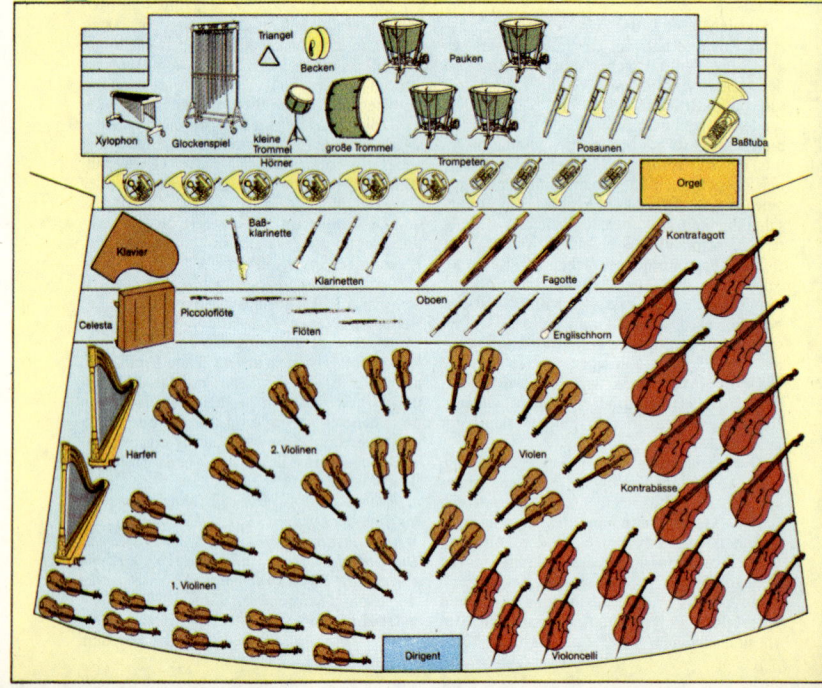

Orchester.
Sitzordnung des Orchesters der Mailänder Scala bei Sinfoniekonzerten

Kreuzungen wird auf mehrere Tausend geschätzt.
📖 *Bechtel, H., u.a.: O.-Atlas*. Stg. ²1985. - *Rysy, W.: O. Mchn. u.a.* ³1985. - *Kohlhaupt, P.: Mittel- u. Südeurop. O.* Bozen 1981.

Orchilla [ɔr'tʃɪla; arab.-katalan.], svw. ↑Orseille.

Orchilla, Kap [ɔr'tʃɪla] ↑Hierro.

Orchis ['ɔrçɪs; griech.], svw. ↑Hoden.

Orchis ['ɔrçɪs; griech.] ↑Knabenkraut.

Orchitis [ɔrç...; griech.], svw. ↑Hodenentzündung.

Orchomenos [ɔrç...], vorgeschichtl. und antike Siedlung in Böotien am Kopaissee bei Skripu nö. von Lewadia. Der bereits bei Homer anklingenden Bed. der Bewohner in myken. Zeit entspricht das Kuppelgrab („Schatzhaus des Minyas"; wohl 14. Jh. v. Chr.). - In den Perserkriegen auf seiten Persiens; 363 Zerstörung durch Theben, Ausrottung der Bev.; nach einer 2. Zerstörung (335 v. Chr.) nochmals Aufstieg zur führenden Stadt des Böot. Bundes; in röm. Zeit verödet; zahlr. weitere ausgegrabene antike Baureste.

Orchon, rechter Nebenfluß der Selenga, Mongol. VR, entspringt im Changaigebirge, mündet bei Suhe Bator, 1 124 km lang, im Unterlauf schiffbar.

Orchoninschriften, Inschriften mit runenähnl. Zeichen in alttürk. Sprache aus der ersten Hälfte des 8. Jh. aus dem Gebiet des Flusses Orchon in der N-Mongolei, dem damaligen Zentrum eines türk. Reiches; nach Entdeckung der langen Texte (z. T. über 70 Zeilen) vom Orchon 1889 entzifferte V. Thomsen die Schrift, die von einem aram. Alphabet abgeleitet und durch Zusatzzeichen dem Türk. angepaßt ist. Bes. die größeren Grabinschriften sind als älteste Eigenzeugnisse türk. Geschichte wertvoll.

Ordal [altengl., eigtl. „das Ausgeteilte"] ↑Gottesurteil.

Orden [lat. (zu ↑Ordo)], nach kath. Kirchenrecht klösterl. Gemeinschaften; die Mgl. eines O. legen die drei Gelübde des Gehorsams, der Armut und der Keuschheit ab und leben unter einem gemeinsamen Oberen und nach einer gemeinsamen Lebensordnung (Regel, Konstitution). Nach ihrem Mgl. unterscheidet man männl. und weibl. O., Priester- und Laien-O.; nach der Tätigkeit kontemplative, aktive oder gemischte O., bei denen innerklösterl. Kontemplation mit äußerer Tätigkeit verbunden ist. Nach der geschichtl. Entwicklung und der traditionellen Lebensform sind zu unterscheiden: Mönchs-, Kanoniker-, Bettel-O., Regularkleriker, Kongregationen, i. w. S. auch die ↑Säkularinstitute der neueren Zeit. Die Anfänge der O. liegen im Asketentum der alten Kirche.
◆ in den Kirchen der Reformation seit dem 19. Jh. entstandene religiöse Gemeinschaften, die in Lebensweise und Aufgabenstellung den kath. Säkularinstituten vergleichbar sind. Sie versuchen, den christl. Apostolat in der Welt zu verwirklichen.
◆ seit den 1770er Jahren entstandene geheime student. Verbindungen. Sie bildeten straff geführte innere Ringe innerhalb der Landsmannschaften, von denen sie aber bald heftig bekämpft wurden. Verfolgt (Reichstagsbeschluß von 1793), verfielen sie nach 1800.
◆ i. w. S. Vereinigungen, deren Mgl. mit bestimmten Zielen bzw. Aufgaben nach festgesetzten Regeln leben. Im Verlauf der Jh. wurde der Begriff O. von der Gemeinschaft auf das Abzeichen dieser Gruppe übertragen. Weltl. O. entstanden als geistl. Ritterorden (Templerorden, Johanniterorden [Malteser], Dt. Orden) im hohen MA. Seit dem 14. Jh. etwa entwickelten sich vorwiegend auf nat. Grundlage O., die an einen Souverän als Großmeister (Ordensherr) gebunden und fast stets zahlenmäßig beschränkt waren (sog. Hoforden), so z. B. der Hosenbandorden in England 1348, der O. vom Goldenen Vlies in Burgund 1429. Neben diesen - stets einklassigen - O. entstanden im 17./18. Jh. militär. Verdienst- u. Tapferkeitsorden wie der O. des hl. Ludwig in Frankr. 1693, der preuß. O. Pour le Mérite 1740. Die Frz. Revolution wirkte entscheidend auf die Schaffung der im Gefolge zunehmend auch in anderen Ländern gestifteten) Verdienstorden, wie z. B. die Ehrenlegion in Frankr. 1802. Neben diesen O. gab bzw. gibt es *Hausorden* (für Verdienste um das regierende Haus), Damenorden, O. für Verdienste auf den Gebieten von Kunst und Wiss. u.a. - Fast alle Staaten der Welt verleihen O., Ausnahmen bilden u. a. die Schweiz und Israel. Das Dt. Reich hatte bis 1918 keine eigenen O. (es gab nur die O. der dt. Bundesstaaten), auch die Weimarer Republik verlieh keine O.; in der NS-Zeit wurden der Dt. Adlerorden und der Dt. Nationalorden für Kunst und Wiss. gestiftet. — **Ehrenzeichen** und **Medaillen** (auch Erinnerungskreuze bzw. -medaillen) - oft volkstüml. als O. bezeichnet - gelten nicht als Orden. Im übrigen können O. in Republiken auch „Ehrenzeichen" gen. werden, so z. B. in Österreich und in den USA. O. und andere Auszeichnungen werden in der Neuzeit meist durch Gesetze oder Verordnungen geschaffen und erhalten Statuten und Verleihungsbedingungen. In einzelnen Fällen bestanden bzw. bestehen materielle und ideelle Vorteile von O.verleihungen wie z. B. Nobilitierungen, Ehrensold, Freifahrten. Annahme- und Trageerlaubnis ausländ. O. werden in allen Staaten der Erde bes. geregelt. Die Bearbeitung aller O.geschäfte erfolgt durch eine O.kanzlei, die z. B. die Verleihungsurkunden ausstellt und gegebenenfalls die Rückgabe verliehener O. regelt. - O. werden in Klassen eingeteilt. Sie hatten, den gesellschaftl. Verhältnissen entsprechend, urspr. nur eine Klasse, später gab es oft 3, seit Anfang 19. Jh. die 5 Klassen, die zur internat. Norm

Ordensbänder

wurden (zu denen gegebenenfalls weitere Klassen hinzutreten konnten): 1. Großkreuz; 2. Großoffizier bzw. Großkomtur (Komtur 1. Klasse); 3. Komtur bzw. Kommandeur; 4. Offizier; 5. Ritter. Getragen werden O. an der etwa 10 cm breiten Schärpe mit Bruststern für die oberste Klasse, am schmalen Bande für die unterste Klasse. Zusätzl. zu O.zeichen, O.stern und O.band können zu den Insignien des O. gehören: eine Kette und eine bes. O.tracht (O.ornat). Unterschieden wird das Tragen von O. im Original (große O.dekoration) und das Tragen von O. in verkleinerter Form (kleine O.dekoration). In verschiedenen Ländern des Ostblocks können O. einer Person auch mehrfach verliehen werden.

Bundesrechtl. ist das O.wesen geregelt durch das Gesetz über Titel, O. und Ehrenzeichen vom 26. 7. 1957. Es verleiht dem Bundespräs. die Befugnis, für bes. Verdienste um die BR Deutschland durch Erlaß O. und Ehrenzeichen zu stiften und zu verleihen oder andere hierzu zu ermächtigen. Als O. des Bundes besteht der Verdienstorden der BR Deutschland; genehmigt ist der O. Pour le Mérite für Wiss. und Künste. Ehrenzeichen auf Bundesebene sind z. B. das Ehrenzeichen des DRK und das Dt. Sportabzeichen. Die Bundesländer haben gleichartige Befugnisse, nur wenige besitzen eigene Verdienstorden, i. d. R. aber eigene Ehrenzeichen. - Die Führung von vor 1933 gestifteten O. und Ehrenzeichen ist generell zugelassen; von 1933 bis Anfang des 2. Weltkriegs verliehene oder gestiftete O. und Ehrenzeichen mit NS-Emblemen dürfen nur nach Entfernung der NS-Embleme geführt werden. Aus der Zeit von Sept. 1939 bis zum 8. Mai 1945 dürfen ledigl. die für Verdienste im 2. Weltkrieg (einschl. der Waffen- und Verwundetenabzeichen) verliehenen O. und Ehrenzeichen nach Entfernung der NS-Embleme geführt werden; das Tragen sonstiger NS-Auszeichnungen ist verboten.

In *Österreich* steht die Schaffung von Ehrenzeichen (O.) für Verdienste um die Republik Österreich und für Verdienste auf Sachgebieten, die in der Vollziehung Bundessache sind, der Bundesgesetzgebung, auf Landesebene entsprechend der Landesgesetzgebung zu. Die *Schweiz* verleiht keine O. und Ehrenzeichen. Nach Art. 12 BV dürfen die Mgl. der Bundesbehörden, die eidgenöss. Zivil- oder Militärbeamten und die eidgenöss. Repräsentanten sowie die Mgl. kantonaler Reg. und gesetzgebender Behörden von auswärtigen Reg. keine O. annehmen; um in die gen. Ämter und Funktionen gewählt werden zu können, muß der Besitzer eines O. diesen zuvor zurückgeben. Im schweizer. Heer dürfen O. nicht getragen werden, die Annahme solcher Auszeichnungen ist allen Angehörigen des schweizer. Heeres untersagt.

📖 *Krantz, H. U./Ottinger, J.: O. u. Ehrenzeichen der BR Deutschland. Herford* ^{2}*1977.* - *Klenau, A. Gf.: Europ. O.kat. Mchn. 1975.* - *Procházka, R. v.: Östr. O.hdb. Mchn. 1975.* - *Hieronymussen, P. O.: Hdb. europ. O. in Farben. Dt. Übers. Bln. 1966.*

Ordensbänder ↑ Eulenfalter.

Ordensburg, Bez. für 1. zu Klöstern umgewandelte Burgen (Klosterburgen), 2. die Burgen des Dt. Ordens v. a. in West- und Ostpreußen, 3. die Parteihochschulen der NSDAP, v. a. der SS, zur Heranbildung des Führernachwuchses in Crössinsee, Sonthofen und Vogelsang.

Ordensgeneral, der höchste Obere der zentralist. organisierten kath. Ordensgemeinschaften mit unterschiedl. offiziellen Bez. - In weibl. Orden: **Generaloberin.**

Ordenskaktus, svw. ↑ Stapelia.

Ordenskissen, svw. ↑ Weißmoos.

Ordensschulen, Schulen, die von kath. Ordens- oder ordensähnl. Gemeinschaften (z. B. Bruderschaften, Genossenschaften) getragen werden. O. sind v. a. in den roman. Ländern (höheres techn. und wirtsch. Bildungswesen), den USA (Elementarschulwesen) sowie in den meisten Entwicklungsländern verbreitet. In der BR Deutschland liegt der Schwerpunkt im Bereich der gymnasialen Bildung (Benediktiner und Jesuiten, Engl. Fräulein und Ursulinen). Kindergärten, Haupt- und Realschulen werden von verschiedenen Schwesternorden, auch Schulbrüdern, berufl. Schulen und Lehrwerkstätten bes. von Salesianern betreut.

Ordenstracht, die für jede Ordensgemeinschaft festgelegte einheitl. Kleidung. Vom Altertum her hat sie ihre Bestandteile behalten: lange Tunika, Gürtel, Kapuze, evtl. Skapulier (stolaartiger Überwurf). In jüngster Zeit wurden die O. (bes. der Frauen) vereinfacht.

ordentliche Gerichtsbarkeit (Justizgerichtsbarkeit), Gerichtsbarkeit der ordentl. Gerichte; diesem Gerichtszweig gehören an: der ↑ *Bundesgerichtshof*, die *Oberlandesgerichte* sowie die *Land-* und *Amtsgerichte*. Die o. G. umfaßt alle bürgerl. Rechtsstreitigkeiten und Strafsachen. Im einzelnen wird die o. G. unterteilt in: 1. die *streitige Gerichtsbarkeit;* diese umfaßt den Zivilprozeß einschl. des Verfahrens der Zwangsvollstreckung sowie das Konkurs- und Vergleichsverfahren und die den Zivilgerichten zugewiesenen öffentl.-rechtl. Streitigkeiten; 2. die ↑ *freiwillige Gerichtsbarkeit;* 3. die *Strafgerichtsbarkeit;* Gerichte der Strafgerichtsbarkeit sind die Amtsgerichte, die Landgerichte mit *kleinen* und *großen Strafkammern,* dem *Schwurgericht,* die Oberlandesgerichte mit *Strafsenaten,* der Bundesgerichtshof mit Strafsenaten; 4. die *Gerichtsbarkeit der bes. Abteilungen der o. G.,* z. B. *Landwirtschaftsgericht, Schiffahrtsgericht.* Die Gerichte der o. G. (wie auch der meisten anderen Gerichtsbarkeiten) sind durch einen Instanzenzug miteinander verknüpft. - Abb. S. 111.

ORDEN

(Auswahl von Orden und Ehrenzeichen europäischer Länder)

	Gründungsjahr
Belgien:	
Leopoldsorden (5)	1832
Kronenorden (5)	1897
Leopold-II.-Orden (5)	1900
Bulgarien:	
Georgi-Dimitrow-Orden (1)	1950
Orden der VR Bulgarien (3)	1947
Orden des 9. Sept. 1944 (3)	1945
Orden „Freiheit des Volkes 1941–1944" (2)	1945
BR Deutschland:	
Verdienstorden der BR Deutschland (3 bzw. 8 Stufen)	1951
(Bayer. Verdienstorden [1])	1957
(Niedersächs. Verdienstorden [3])	1961
(Saarländ. Verdienstorden [1])	1974
Pour le mérite für Wiss. und Künste (1)	1842
Dänemark:	
Danebrogorden (4) [6]	1671
Elefantenorden (1)	1693
Dt. Demokrat. Republik:	
Karl-Marx-Orden (1)	1953
Vaterländ. Verdienstorden (3)	1954
Orden „Banner der Arbeit" (1)	1954
Orden „Stern der Völkerfreundschaft" (3)	1959
Finnland:	
Freiheitskreuz (5) [6]	1918
Finn. Weiße Rose (5)	1919
Finn. Löwe (5)	1942
Frankreich:	
Ehrenlegion (Légion d'honneur) (5)	1802
Nat. Verdienstorden (5)	1963
Palmes académiques (3)	1808
Griechenland:	
Erlöserorden (5)	1829
Phönixorden (5)	1926
Orden der Ehre (5)	1975
Großbritannien und Nordirland:	
Hosenbandorden (1)	1348
Distelorden (1)	1687
Bathorden (3)	1399
Sankt-Michael- und-Sankt-Georgs-Orden (3)	1818
Verdienstorden (1)	1902
Viktoriaorden (5)	1896
Ehrenritterorden (1)	1917
Orden des British Empire (5)	1917
Island:	
Isländ. Falkenorden (3) [4]	1921
Italien:	
Verdienstorden (5)	1951
Militärorden Italiens (5)	1815
Orden des Sterns der Italien. Solidarität (3)	1947
Jugoslawien:	
Orden des Jugoslaw. Großen Sterns (1)	1954

	Gründungsjahr
Luxemburg:	
Nassauischer Hausorden vom Goldenen Löwen (1)	1858
Adolfsorden (5) [8]	1858
Eichenkrone (5)	1841
Verdienstorden (5)	1961
Niederlande:	
Militär-Wilhelms-Orden (4)	1815
Zivilverdienstorden vom Niederl. Löwen (3)	1815
Orden von Oranien-Nassau (5)	1892
Oranien-Hausorden (5) [6]	1905
Norwegen:	
Sankt-Olafs-Orden (3) [5]	1847
Österreich:	
Ehrenzeichen für Verdienste um die Republik Österreich (5) [10]	1952
Östr. Ehrenzeichen für Wiss. und Kunst (1)	1955
Polen:	
Orden der Erbauer Volkspolens (1)	1949
Orden „Polonia Restituta" (5)	1921
Orden „Virtuti Militari" (5)	1792
Grunwaldkreuz (3)	1944
Portugal:	
Turm-und-Schwert-Orden (5) [6]	1459
Christusorden (5)	1317
Avis-Orden (5)	1147
Sant'iago-Orden (5) [6]	1290
Rumänien:	
Orden „Held der Sozialist. Republik Rumänien" (1)	1971
Orden „Sieg des Sozialismus"	
Orden „Stern der Sozialist. Republik Rumänien" (5)	1948
Orden „23. August" (5)	1959
Orden „Tudor Vladimirescu" (5)	1966
San Marino:	
Sankt-Marinus-Orden (5)	1859
Schweden:	
Seraphimenorden (1)	1748
Schwertorden (3) [5]	1748
Nordsternorden (3) [4]	1748
Sowjetunion:	
Leninorden (1)	1930
Siegesorden (1)	1943
Orden der Oktoberrevolution (1)	1967
Orden der Roten Fahne (1)	1918
Suwarow-Orden (3)	1942
Uschakow-Orden (2)	1944
Kutusow-Orden (3)	1942
Nachimow-Orden (2)	1944
Bogdan-Chmelnizki-Orden (3)	1943
Alexander-Newski-Orden (1)	1942
Orden des Vaterländ. Krieges (2)	1942
Ruhmesorden (3)	1943
Orden des Roten Sterns (1)	1930

ordentlicher Professor

ORDEN (Forts.)

Spanien:
Orden Karls III. (5)	1771
Orden Isabellas der Katholischen (5)	1815
Zivilverdienstorden (6)	1926
Alfons-X.-Orden (3) [5]	1939

Tschechoslowakei:
Klement-Gottwald-Orden (1)	1953
Orden des Weißen Löwen (3)	1922
Militärorden des Weißen Löwen (3) [5]	1945
Orden der Republik (1)	1951

Ungarn:
Verdienstorden der VR Ungarn (1)	1953
Orden des Banners der VR Ungarn (3)	1953

Vatikanstadt:
Christusorden (1)	1319
Goldener Sporn (1)	vor 1539
Gregoriusorden (3) [4]	1831
Piusorden (4) [5]	1847
Silvesterorden (3) [4]	1841/1905
Ritterorden vom Hl. Grabe zu Jerusalem (3)	1496

Bei der Jahreszahl unter „Gründungsjahr" handelt es sich um Erstgründungen; Wieder- bzw. Neugründungen, Reorganisationen bzw. Statutenänderungen sind nicht berücksichtigt.
Die Zahlen in runden Klammern geben die Klassen bzw. Grade an. Eine zusätzliche Zahl in eckigen Klammern berücksichtigt weitere Unterteilungen der Klassen bzw. Grade.

ordentlicher Professor ↑Professor.
ordentlicher Strahl ↑außerordentlicher Strahl.
Order [lat.-frz.], Bestellung, Auftrag.
Ordericus Vitalis, *Atcham bei Shrewsbury 16. Febr. 1075, †nach 1143, normann. Geschichtsschreiber. - Stellte in seiner im Kloster Saint-Évroul-en-Ouche (Normandie) um 1115–41 entstandenen 13bändigen „Historia ecclesiastica" die Geschichte dieses Klosters und das Geschehen im normann. Herrschaftsbereich (Normandie, England, S-Italien, Hl. Land) dar.
Orderklausel (Ordreklausel), Vermerk auf Wertpapieren, durch den der Berechtigte einen anderen als Berechtigten benennen kann (durch den Zusatz: „oder an Order").
Orderpapiere, ↑Wertpapiere, in denen der Aussteller das Versprechen gibt, entweder an die im Papier genannte Person oder an deren *Order,* d.h. an denjenigen zu leisten, der von den Benannten durch Indossament als Berechtigter bezeichnet wird.
Ordinalzahl [lat./dt.] (Ordnungszahl), in der *Mathematik* Bez. für eine ↑natürliche Zahl, die zur Kennzeichnung der Stelle verwendet wird, an der ein Element einer z.B. der Größe nach geordneten Menge steht (z.B. die Erste, die Neunte, das Zwölfte).
♦ ↑Numerale.
ordinär [lat.-frz.], alltäglich, gewöhnlich; gemein, gering, unfein.
Ordinariat [lat. (zu ↑Ordinarius)], in der *röm.-kath. Kirche* die vom Generalvikar geleitete zentrale Verwaltungsbehörde der Diözesankurie.
♦ Amt eines ordentl. Hochschulprofessors. - ↑auch Professor.
Ordinarium missae [ˈmɪsɛ; mittellat.], Bez. für 5 gleichbleibende Gesänge der Messe (Kyrie, Gloria, Credo, Sanctus, Agnus Dei).
Ordinarius [lat. „ordentlich"], (lat. iudex ordinarius) im *röm.-kath. Kirchenrecht* Bez. für den ordentl. Inhaber von Kirchengewalt im äußeren Bereich. Man unterscheidet *Ortsordinarien* (z.B. Papst, Diözesanbischof) und *Personalordinarien* (die höheren Oberen exemter klerikaler Ordensverbände).
♦ Inhaber eines ordentl. Lehrstuhls an wiss. Hochschulen. - ↑auch Professor.
Ordinate [zu lat. (linea) ordinata „geordnete (Linie)"], die zweite Koordinate eines Punktes, z.B. y im (x, y)-Koordinatensystem; die O. wird auf der *Ordinatenachse* (y-Achse) abgetragen.
Ordinatio imperii [...ri-i; lat.], die auf der Aachener Reichsversammlung im Juli 817 von Kaiser Ludwig I., dem Frommen, erlassene Reichsordnung, die den Kaisersöhnen Lothar (I.), Pippin (I.) und Ludwig ([II.], dem Deutschen) jeweils ein Teilgebiet des Reiches zuwies, im Unterschied aber zu den bis dahin übl. Reichsteilungen Lothar zum Mitkaiser erhob und ihn seinen mit dem Königstitel ausgestatteten Brüdern überordnete.
Ordination [lat.], im *röm.-kath. Kirchenrecht* Fachbez. für die Spendung des Sakraments der Weihe (lat. ordo), mit der in den drei Stufen von Diakonat, Presbyterat und Episkopat durch Handauflegung und Gebet von dazu befähigten Vollmachtsträgern (ordinierten Bischöfen) die zum führenden Leitungsdienst *(Amt)* in der Kirche notwendige bes. geistl. Vollmacht übertragen wird; die O. ist konstituierend für den Klerus. - Im *ev. Kirchenrecht* Bez. für die Berufung zum Predigtamt und zur Sakramentsverwaltung. Die O. geschieht heute regelmäßig durch Inhaber kirchl. Leitungs- und Aufsichtsämter im Gemeindegottesdienst mit anschließender Beurkundung.
♦ in der *Medizin:* 1. ärztl. Verschreibung oder Anordnung; 2. Sprechstunde, Praxisdienst des Arztes.
Ordnung, ontolog., kosmolog., theolog., polit.-sozialer und epistemolog. Begriff von

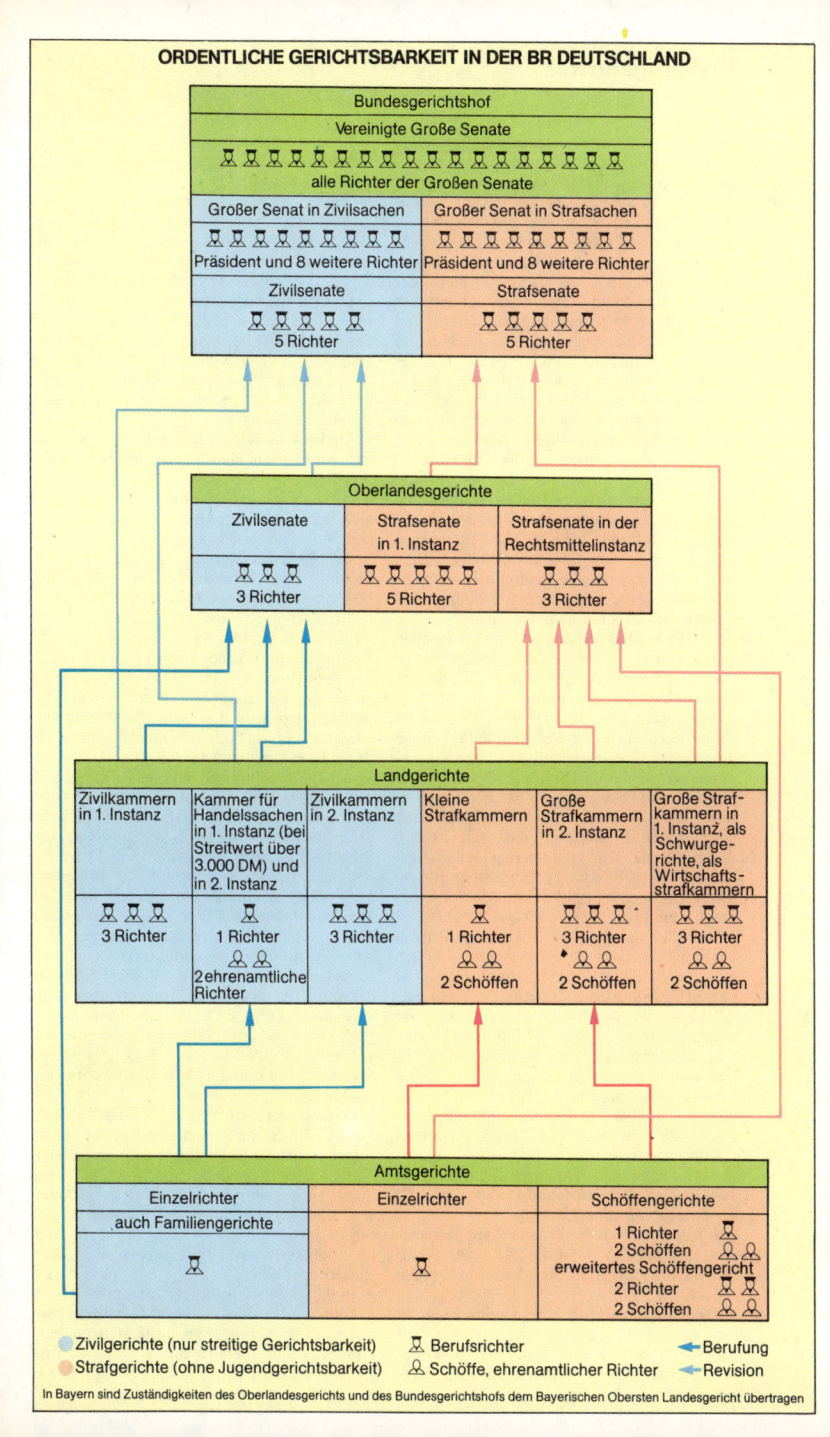

ORDENTLICHE GERICHTSBARKEIT IN DER BR DEUTSCHLAND

Bundesgerichtshof

Vereinigte Große Senate
alle Richter der Großen Senate

Großer Senat in Zivilsachen	Großer Senat in Strafsachen
Präsident und 8 weitere Richter	Präsident und 8 weitere Richter

Zivilsenate	Strafsenate
5 Richter	5 Richter

Oberlandesgerichte

Zivilsenate	Strafsenate in 1. Instanz	Strafsenate in der Rechtsmittelinstanz
3 Richter	5 Richter	3 Richter

Landgerichte

Zivilkammern in 1. Instanz	Kammer für Handelssachen in 1. Instanz (bei Streitwert über 3.000 DM) und in 2. Instanz	Zivilkammern in 2. Instanz	Kleine Strafkammern	Große Strafkammern in 2. Instanz	Große Strafkammern in 1. Instanz, als Schwurgerichte, als Wirtschaftsstrafkammern
3 Richter	1 Richter, 2 ehrenamtliche Richter	3 Richter	1 Richter, 2 Schöffen	3 Richter, 2 Schöffen	3 Richter, 2 Schöffen

Amtsgerichte

Einzelrichter auch Familiengerichte	Einzelrichter	Schöffengerichte
		1 Richter, 2 Schöffen; erweitertes Schöffengericht: 2 Richter, 2 Schöffen

- Zivilgerichte (nur streitige Gerichtsbarkeit)
- Strafgerichte (ohne Jugendgerichtsbarkeit)
- Berufsrichter
- Schöffe, ehrenamtlicher Richter
- ← Berufung
- ← Revision

In Bayern sind Zuständigkeiten des Oberlandesgerichts und des Bundesgerichtshofs dem Bayerischen Obersten Landesgericht übertragen

Ordnungsmittel

grundlegender Bedeutung. O. wird definiert als Konfiguration, Zusammenfügung einer Vielheit von Teilen, Elementen zu einem einheitl. Ganzen unter einem bestimmten O.prinzip bzw. „nach Regeln" (Kant), wobei jedem der Teile/Elemente ein bestimmter Stellenwert im O.gefüge zugeordnet ist (wird). O. kann als vorgegebene Seins-/Schöpfungs-O., aber auch als Ergebnis des Ordnens, der willentl. Einwirkung verstanden werden. - Im Christentum wird mit dem Höhepunkt im MA bei Thomas von Aquin ein umfassendes O.denken entwickelt. In der Neuzeit im Zuge der Aufklärung sowie des Strebens nach Autonomie und Emanzipation entsteht nicht nur eine Kritik der vorgegebenen, heteronomen (kirchl., polit., gesellschaftl., ökonom.) O.-, Wert-, Normensysteme, sondern O. wird zunehmend als Leistung des erkennenden und gemäß seinem Willen in Freiheit handelnden Subjekts selbst erkannt. Das führt zur Erweiterung des (individuellen) Freiheitsraumes. Dabei kommt es zur Konfrontation von O. und Freiheit, wobei je nach Position mehr oder weniger die wechselseitige Abhängigkeit von O. und Freiheit gesehen wird.
Im *polit.-sozialen Bereich* ist O. die von allen Beteiligten als legitim betrachtete bzw. durch Herrschaft geregelte Struktur der Beziehungen in einer sozialen Einheit (Gruppe, Verband, Gesellschaft, Staat). Die Prinzipien der O. beruhen entweder auf dem Glauben an ihre natürl. Notwendigkeit bzw. ihre Zweckmäßigkeit zur Verwirklichung bestimmter Interessen und Ziele, oder sie ist das Ergebnis unreflektierter Tradition. Willkürl. und nach wechselnden Prinzipien (meist mit Macht) durchgesetzte O. ist zu unterscheiden von gesetzter, in Regelbindung und Recht zum Ausdruck kommender (und damit kontrollierbarer) Ordnung.
In der *Religionsgeschichte* wird das Prinzip einer umfassenden, sowohl kosm. als auch eth. und rituellen O. häufig durch numinose O.begriffe zum Ausdruck gebracht. Beim Zerfall ganzheitl. Weltbilder werden numinose O.begriffe meist unter Fortfall ihrer kosm. und rituellen Bed. auf eth. und rechtl. Qualifikationen eingeschränkt. - Die *theolog. Ethik* unterscheidet zw. einer vorgegebenen Schöpfungs-O. und den in Gesellschaft und Staat geschichtl. entwickelten O., die jedoch Gottes Gebot unterstehen.

📖 *Information u. O.* Hg. v. G. Schaefer. *Köln 1984.* - Zintl, R.: *Individualist. Theorien u. O. der Gesellschaft. Bln. 1983.*

◆ (Ordo) in der *Biologie* eine systemat. Einheit; faßt näher verwandte Tier- oder Pflanzenfam. bzw. Überfam. oder Unterordnungen zusammen.

Ordnungsmittel, im Unterschied zu Kriminalstrafen gerichtl. Maßnahmen zur Aufrechterhaltung der Ordnung und der Durchführung von Verfahren, mittels derer bei Personen bestimmte Handlungen, Duldungen oder Unterlassungen erzwungen werden sollen oder Ungehorsam und Ungebühr geahndet werden (i. e. S. werden O. *Beugemittel* genannt). O. sind das *Ordnungsgeld* - vielfach ersatzweise - die *Ordnungshaft* (auch Beugehaft). Sie werden in zahlreichen Verfahrens- und Nebengesetzen angedroht (ZPO, StPO, GVG, Reichsversicherungsordnung).

Ordnungsruf, Ordnungsmaßnahme des Präs. des Dt. Bundestages gemäß §§ 40–43 der Geschäftsordnung gegen einen namentl. gen. Abg. wegen Verletzung der Ordnung (meist wegen Formalbeleidigungen oder grober polit. Attacken); dreimaliger O. führt zum Entzug des Wortes.

Ordnungswidrigkeiten, rechtswidrige und vorwerfbare Handlungen, die gegen Vorschriften eines Gesetzes verstoßen, die die Ahndung mit einer Geldbuße zuläßt. O. wird als sog. Verwaltungsunrecht kein krimineller Gehalt beigemessen, weshalb sie nicht mit Strafe geahndet werden. O. sind in zahlr. bundes- bzw. landesrechtl. Einzelgesetzen (Steuerrecht, Straßenverkehrsrecht und Baurecht) normiert. Nach dem Gesetz über O. (OWiG) i. d. F. vom 19. 2. 1987 ist für die Verfolgung und Ahndung von O. grundsätzl. die Verwaltungsbehörde (Ordnungsbehörde) zuständig. Diese entscheidet nach dem Opportunitätsprinzip, d. h. nach pflichtgemäßem Ermessen, ob das öffentl. Interesse die Ahndung einer Ordnungswidrigkeit erfordert. In Bagatellfällen kann sie ein Verwarnungsgeld von 5 bis 75 DM erheben. In anderen Fällen wird die Ordnungswidrigkeit durch ein Bußgeld, das in der Regel zw. 5 und 1 000 DM (höhere Bußgelddrohungen sind nicht selten) liegt und in einem Bußgeldbescheid festgesetzt wird, geahndet. Gegen den Bescheid kann innerhalb einer Woche nach Zustellung Einspruch erhoben werden, über den das Amtsgericht durch Beschluß oder Urteil entscheidet. Als Rechtsmittel ist die Rechtsbeschwerde zum Oberlandesgericht gegeben. Der rechtskräftige Bußgeldbescheid wird nach den Verwaltungsvollstreckungsgesetzen vollstreckt. Ein rechtskräftig als O. geahndeter Rechtsverstoß kann nicht als Straftat ein zweites Mal geahndet werden.

Ordnungszahl, Abk. OZ, die Zahl Z, die ein Element im Periodensystem der chem. Elemente bei der Einordnung nach steigender Atommasse bzw. nach zunehmender Frequenz einer bestimmten Linie des charakterist. Röntgenspektrums als Nummer erhält. Sie ist ident. mit der Anzahl der Protonen im Atomkern bzw. der Elektronen in der Elektronenhülle.

◆ in der *Grammatik* svw. ↑ Numerale.

Ordo (Mrz. Ordines) [lat. „Reihe, Ordnung, Rang, Stand"], im antiken Rom bes. im gesellschaftl. Bereich Bez. für die Zugehörigkeit zu einem bestimmten Stand, z. B. O.

senatorius (Senatorenstand), O. equester (Ritterstand).

Ordoliberalismus ↑ Neoliberalismus.

Ordo missae ['misɛ; lat. „Ordnung der Messe"], in der kath. Kirche die gleichbleibenden Teile der Messe (Gebete und Gesänge; Beschreibung des rituellen Verlaufs); erstmals zusammengestellt im 14. Jh. und seit 1570 *(Missale Romanum)* verpflichtend. 1969 führte die Liturgiereform zu einem erneuerten Ordo missae.

Ordóñez, Bartolomé [span. ɔr'ðoɲeθ], *Burgos um 1480, † Carrara zw. 5. und 10. Dez. 1520, span. Bildhauer. - Seit um 1515 in Barcelona; 1517 in Neapel nachweisbar. Schuf, beeinflußt von der italien. Hochrenaissance, Chorgestühl und westl. Chorwand der Kathedrale von Barcelona und Grabmal Philipps des Schönen von Österreich und Johanna der Wahnsinnigen in der Kathedrale von Granada.

Ordonnanz [lat.-frz.], veraltet svw. Verfügung, Befehl.

◆ (frz. ordonnance) in Frankr. seit dem 12. Jh. Bez. für königl. Erlasse mit Gesetzeskraft, die allg. Gegenstände des öffentl. Rechts betrafen (Ggs. Edikt); nach 1814 nur noch Ausführungsbestimmung zu Gesetzen.

◆ früher Bez. für einen zur Überbringung von Befehlen abgeordneten Soldaten; in der Bundeswehr für einen zu bes. dienstl. Zwecken abgeordneten Soldaten (Kasino-, Küchen-, Gefechts-O.). **Ordonnanzoffizier** heißt in der Bundeswehr der Bearbeiter von dienstl.-persönl. Angelegenheiten bei Bataillons- und Brigadekommandeuren und Leitern militär. Dienststellen in entsprechendem Rang.

Ordosplateau [...plato:], Hochplateau in China, in der Autonomen Region Innere Mongolei, im O und N vom Hwangho begrenzt, im W durch Hwangho bzw. Holanschan von der Wüste Ala Shan getrennt; im S bzw. SO begrenzen Bergketten, über die die Chin. Mauer verläuft, das O. gegen die Lößgebiete des nördl. Schensi; durchschnittl. 1 100–1 200 m, vereinzelt 2 000 m hoch.

Ordovizium [nach dem kelt. Volksstamm der Ordovices], zweitälteste Formation des Paläozoikums.

Ord River [engl. 'ɔːd 'rɪvə], period. fließender Fluß im NO von Westaustralien, entspringt im Kimberleyplateau, fließt zum Joseph-Bonaparte-Golf (Ind. Ozean), rd. 500 km lang; zweimal gestaut.

Ordschonikidse, Grigori Konstantinowitsch [russ. ardʒɛni'kidzɛ], gen. Sergo, * Gorescha (Gouv. Kutaissi) 24. Okt. 1886, † Moskau 18. Febr. 1937, sowjet. Politiker. - Seit 1903 Bolschewik; 1917 einer der Organisatoren des bewaffneten Aufstandes in Petrograd; nach Okt. 1917 Außerordentl. Kommissar für die Ukraine und Südrußland; betrieb ab 1921 als Beauftragter Stalins eine brutale Nationalitätenpolitik; ab 1926 Vors. der Zentralen Kontrollkommission, 1930 Mgl. des Politbüros der KPdSU, 1932 Volkskommissar für Schwerindustrie.

Ordschonikidse [russ. ardʒɛni'kidzɛ], Hauptstadt der ASSR der Nordosseten innerhalb der RSFSR, am N-Abfall des Großen Kaukasus, 300 000 E. Univ. (gegr. 1969), Hochschule für Metallurgie, landw. und medizin. Hochschule, Museen und Theater; Planetarium; Zinkelektrolysewerk, Maschinenbau, elektrotechn., chem., Glas-, Nahrungsmittel- u. a. Ind. - 1784 gegründet; bis 1931 Wladikawkas.

Öre [skand.] (Mrz. Öre; dän., norweg. Øre; isländ. Aurar, Mrz. Eyrir), urspr. skand. Gewicht, seit 1522 (zuerst schwed.) Silbermünze, seit 1624 Kupfermünze; in der Skand. Münzunion war die Ö. = $^1/_{100}$ Krone, ebenso wie gegenwärtig in Dänemark, Schweden, Norwegen und Island.

Oreaden ↑ Nymphen.

Örebro (schwed. œːrəˈbruː], Hauptstadt des Verw.-Geb. Ö. in M-Schweden, am W-Ufer des Hjälmarsees, 117 500 E. Zweiguniv. der Univ. Uppsala (gegr. 1967), Hochschule für Sozialarbeit und öffentl. Verwaltung, Sporthochschule; wichtige Großhandelsstadt, Metall- und Lederverarbeitung, Nahrungsmittelind. - Entstand um eine Burg des 13. Jh.; Stadtrecht 1446 erstmals belegt; Stätte wichtiger Reichstage. - Nikolaikirche (13. Jh.); Renaissanceschloß (1620); neugot. Rathaus (1862).

Oregon ['oːreɡɔn, engl. 'ɒrɪɡən], Bundesstaat im NW der USA, 251 180 km², 2,66 Mill. E (1983), Hauptstadt Salem.

Landesnatur: O. gehört ganz zum westl. Gebirgsrahmen der Kordilleren. Parallel zur Küste verlaufen von N nach S die Coast Ranges; weiter östl. durchzieht die Cascade Range (im Mount Hood bis zu 3425 m hoch) das Land in N-S-Richtung. Zwischengeschaltet ist das Willamette Valley. Weiter im O schließen sich die High Plains (1 200–1 500 m hoch) an mit der abflußlosen Great Sandy Desert. Der S von O. gehört zur Subtropenzone. Im Küstenbereich kommt es häufig zu Nebelbildungen. Der größte Teil jedoch gehört zur kühlgemäßigten Klimazone mit hohen Niederschlägen an den W-Seiten der Küstengebirge (2 200 mm im Jahr) und sehr niedrigen im Bereich der High Plains (250–370 mm im Jahr). Die Vegetation spiegelt die klimat. Verhältnisse wider. An der Küste wachsen Sitkafichten, an den O-Hängen der Coast Range, im Willamette Valley und auf der W-Seite der Cascade Range Douglasien, am O-Abhang der Cascade Range Gelbkiefern. In den High Plains herrschen Kurzgrasfluren und Zwergstrauchsteppen vor. Im südl. O. treten vermehrt Laubbäume auf.

Bevölkerung, Wirtschaft, Verkehr: 1850 zählte O. nur 12 000 E, 1900 waren es schon

Oregon Trail

414 000. 1980 gab es 37 100 Schwarze, 27 300 Indianer und 34 800 Asiaten. Mehr als 60 % der Bev. leben im Willamette Valley mit dem Zentrum Portland; der Anteil der städt. Bev. beläuft sich auf 68 %. O. besitzt 6 Univ.; wichtigste Religionsgemeinschaft ist die röm.-kath. Kirche. - Bedeutendster Wirtschaftszweig ist die Holzwirtschaft. Die Holzind. beschäftigt mehr als 45 % aller Ind.beschäftigten. Hauptanbauprodukte der Landw. sind Weizen, Kartoffeln, Futterpflanzen, Obst (v. a. Beeren) und Gemüse. In der Viehwirtschaft dominiert die Fleischproduktion, v. a. im trockenen O des Staates (1983 gab es 1,7 Mill. Rinder und 500 000 Schafe). Die Nahrungsmittelind. ist der zweitwichtigste Ind.-zweig, daneben gibt es Erdölraffinerien, Gummi- und Kunststoffproduktion, Textilind., Maschinenbau und eine gut ausgebaute elektron. Industrie. Wichtigste Bergbauprodukte sind Titan, Zirkonium und Vanadium. Der Fremdenverkehr ist drittwichtigster Wirtschaftszweig. - O. verfügte 1982 über ein Straßennetz von rd. 68 000 km Länge und 1980 über ein Eisenbahnnetz von 70 848 km. Wichtigster Hafen an der Pazifikküste ist Portland. 1982 gab es 326 ⚓.

Geschichte: Expeditionen unter J. Cook (1778) und G. Vancouver (1792) erforschten die Küste für Großbrit.; mit der amerikan. Expedition 1804–06 wurden die späteren amerikan. Ansprüche auf das gesamte Gebiet gerechtfertigt. Ab 1842 Einwanderung tausender amerikan. Siedler v. a. über den Oregon Trail. Nachdem Spanien (1819) und Rußland (1824/25) auf ihre Ansprüche verzichtet hatten, war das Gebiet mehrfach Verhandlungsgegenstand zw. Großbrit. und den USA, denen es ab 1818 gemeinsam gehörte. Die amerikan. Reg. konnte 1846 die Grenzziehung entlang dem 49. Breitengrad durchsetzen. 1848 wurde das Territorium O. geschaffen, das die heutigen Staaten O., Washington, Idaho und Teile von Montana umfaßte und 1853 auf seine heutige Größe reduziert wurde; 1859 als 33. Staat in die Union aufgenommen.
📖 *Dicken, S. N./Dicken, E. F.: O. divided. A regional geography. Portland (Oreg.) 1982. - Dodds, G. B.: O. New York 1977.*

Oregon Trail [engl. 'ɔrɪɡən 'trɛɪl], histor. Pionierweg im W der USA, etwa 3 200 km lang, zw. Independence am Missouri und der Mündung des Columbia River in den Pazifik.

Oregonzeder, svw. ↑ Douglasie.

Oreja Aguirre, Marcelino [span. o'rɛxa a'ɣirre], * Madrid 13. Febr. 1935, span. Politiker. - Trat 1958 in den diplomat. Dienst ein; wurde 1974 Staatssekretär im Informationsministerium, 1975 im Außenministerium; 1976–80 Außenmin.; 1977 vom König zum Senator ernannt.

Orel [russ. ar'jɔl], sowjet. Geb.hauptstadt in der RSFSR, an der Oka, 325 000 E. PH, mehrere Museen, Gemäldegalerie; 2 Theater; Maschinenbau, Stahlwalzwerk, Uhrenfabrik, Textil-, Bekleidungs-, Schuh-, Baustoff-, Nahrungsmittel- u. a. Ind. - O. wurde 1564 als militär. Stützpunkt gegen Tatarenüberfälle gegr.; 1611 durch das poln. Heer zerstört. 1719 wurde O. Hauptstadt der Prov. O. und 1779 Hauptstadt des Gouv. O.; es entwickelte sich im 18. und 19. Jh. zum bed. Handelszentrum und zu einer bald wichtigen Ind.stadt mit Tuchfabriken, Gießereien. - Im 2. Weltkrieg mehrmals umkämpft und stark zerstört.

Orell Füssli Verlag ['oːrɛl] ↑ Verlage (Übersicht).

Orelli, Johann Kaspar von, * Zürich 13. Febr. 1787, † ebd. 6. Jan. 1849, schweizer. klass. Philologe. - 1807–14 ref. Prediger in Bergamo, ab 1833 Prof. in Zürich; Vorkämpfer einer liberalen Hochschulpolitik.

oremus! [lat.], lasset uns beten! (liturg. Gebetsaufforderung in der kath. Kirche).

Orenburg ['oːrənbʊrk, russ. arɪm'burk], sowjet. Geb.hauptstadt in der RSFSR, am Fluß Ural, 114 m ü. d. M., 513 000 E. 4 Hochschulen, Museen, Theater; Maschinenbau, Gummi-, Leder-, Textil-, Bekleidungs- und bed. Nahrungsmittelind. - 1735 als Stadt und Festung im Bezirk des heutigen Orsk gegr., 1748 an den Ort eines Kosakenstädtchens verlegt; 1744 Zentrum eines Gouvernements (später Generalgouvernement), 1748–55 Zentrum des Orenburger Kosakenheeres; häufiger Verbannungsort; 1863 Schleifung der Festung; nach der Oktoberrevolution Zentrum der Weißen (Orenburger Kosaken); 1919 endgültig sowjet.; 1920–24 Hauptstadt der damaligen Kirgis. ASSR.

Orendel, mittelfränk. Spielmannsepos aus der 2. Hälfte des 12. Jh. (etwa 3 900 Verse), das in einem einheim. Märchenstoff die Legende vom Heiligen Rock (der von einem Wal, den der Trierer Königssohn O. bei der Brautfahrt ins Heilige Land fängt, verschlungen wurde) und antiken Romanmotiven verschmolzen ist. Überliefert in einer Handschrift des 15. Jh. (1870 verbrannt) und zwei Drucken von 1512.

Orense, span. Stadt in Galicien, am Miño, 140 m ü. d. M., 96 100 E. Verwaltungssitz der Prov. O.; kath. Bischofssitz; Museum; wichtiger Verkehrsknotenpunkt und Marktort. - Nach Mineralvorkommen von den Römern **Aquae Urentes** und im MA nach dem Goldsand des Miño **Auriense** gen.; seit 561 als Bischofssitz belegt; bei der arab. Invasion 716 zerstört, durch König Alfons III. von Asturien wiedererrichtet. - Roman.-got. Kathedrale (12. und 13. Jh.), spätroman. Kirche La Trinidad (13. Jh.), roman.-got. Bischofspalast (12. Jh.); Miñobrücke (1230; erneuert).

Oreos ↑ Histiaia.

Oresme, Nikolaus von [frz. ɔ'rɛm] ↑ Nikolaus von Oresme.

Orestes, Gestalt der griech. Mythologie. Sohn des Agamemnon und der Klytämnestra,

Organisation

Bruder von Elektra und Iphigenie. Nach der Ermordung Agamemnons durch Klytämnestra und deren Geliebten Ägisthus läßt Elektra den Bruder zu Agamemnons Schwager bringen, wo er an der Seite von dessen Sohn **Pylades** aufwächst, mit dem ihn eine sprichwörtl. gewordene Freundschaft verbindet. Acht Jahre später kehrt O. nach Mykene zurück, um im Auftrag Apollons die Rache zu vollziehen. Die Erinnyen hetzen den Muttermörder, bis er durch die entscheidende Stimme Athenas freigesprochen wird. O. tritt die väterl. Herrschaft an, ehelicht des Menelaos Tochter Hermione und vermählt Pylades mit Elektra. - Antike literar. Gestaltung u. a. von Aischylos, Sophokles, Euripides. Neubearbeitungen u. a. durch E. O'Neill, J. Giraudoux, G. Hauptmann, J.-P. Sartre und J. Anouilh.

Öresund ↑ Sund.

ORF, Abk. für: ↑ Österreichischer Rundfunk.

Orfe [griech.-lat.], svw. ↑ Aland (ein Fisch).

Orff, Carl, * München 10. Juli 1895, † ebd. 29. März 1982, dt. Komponist. - Nach Tätigkeit an den Münchner Kammerspielen (1915-17), in Mannheim und in Darmstadt (1918) ließ er sich 1919 in München nieder. Durch die Beschäftigung mit alter Musik, v. a. mit Monteverdi, entstanden Neufassungen in dt. Sprache von „L'Orfeo" (1925), „Il ballo delle ingrate" (1925), „Lamento d'Arianna" (1925-40; 1958 zusammengefaßt zu „Lamenti. Trittico teatrale"). 1924 gründete er mit D. Günther die Günther-Schule für Gymnastik, Musik und Tanz in München. Hier entstand die erste Konzeption des heute weltweit verbreiteten „Schulwerks", einer elementaren Musiklehre, für die er neue Schlaginstrumente entwickelte. 1950-60 war er Prof. für Komposition an der Münchner Musikhochschule, seit 1961 leitet er das von ihm gegr. O.-Institut am Mozarteum in Salzburg. - In den „Carmina Burana" (1937) fand O. zu musikal. Prinzipien, die er auch in den nachfolgenden Kompositionen benutzte und ausbaute. Er strebte eine Einheit von Musik, Sprache und Bewegung und damit insgesamt eine Erneuerung des Musiktheaters an. Seine urwüchsige Musik lebt primär vom Rhythmus und ist durch das Aufgreifen einfacher Materialien in Melodie, Rhythmus und Harmonik bestimmt, die nicht entwickelt, sondern zu größeren Klangräumen aneinandergereiht und übereinandergeschichtet werden. Seine Bühnenstoffe entnimmt O. der Welt des Märchens, der bayr. Komödie, dem Mysterienspiel und der griech. und lat. Dichtung.

Weitere Werke: Catulli Carmina (1943), Trionfo di Afrodite (1953; zus. mit den Carmina Burana 1953 zusammengefaßt zu Trionfi. Trittico teatrale), Der Mond (1939), Die Kluge (1943), Die Bernauerin (1947), Antigonae (1949), Astutuli (1953), Comoedia de Christi resurrectione (1956), Oedipus der Tyrann (1959), Ludus de nato Infante mirificus (1960), Prometheus (1968), De temporum fine comoedia-Vigilia (1973). - O.-Schulwerk (mit G. Keetmann, 1930-35, Neufassung 1950-54).

Organ [zu griech. órganon, eigtl. „Werkzeug"], allg. Mittel zur Aufnahme oder Weitergabe von Wahrnehmungen.

◆ (Organon, Organum) bei Vielzellern, die durch ihre spezif. Funktion und entsprechende Morphologie und zellige Feinstruktur charakterisierten und abgrenzbaren Körperteile wie Muskel, Lunge, Niere, Auge u. a. Die O. bauen sich aus einer Vielzahl von Zellen auf, wobei es zur Bildung von Geweben kommt. - *Vegetative* O. stehen im Dienste der Ernährung, Ausscheidung und Fortpflanzung. *Animal.* O. bilden die Sinnes-O. und das Bewegungs- und Nervensystem. - Auch bei pflanzl. Organismen spricht man in diesem Sinne von O., z. B. Wurzeln, Sproß, Blätter, Blüte.

◆ im *Recht* Bez. für diejenigen natürl. Personen, durch die eine jurist. Person handelt; bei [rechtsfähigen] Vereinen der Vorstand (bei der AG auch der Aufsichtsrat und die Hauptversammlung).

◆ Zeitung oder Zeitschrift einer polit.-sozialen oder wirtsch. Organisation bzw. eines Vereins.

Organbank, Einrichtung, die der Aufbewahrung und Abgabe von Organen für Transplantationen dient. Die **Eurotransplant-Zentrale** in Leiden (Niederlande) koordiniert und übermittelt die Transplantationsdaten von Spender und Empfänger.

Organdy [...di; frz.-engl.] ↑ Glasbatist.

Organellen [griech.], Strukturen in Einzellern, die in ihrer Funktion Organen bei Vielzellern entsprechen; z. B. Augenfleck.

Organhaftung, Haftung aller jurist. Personen, auch der des öffentl. Rechts, für ihre Organe. Die Haftung umfaßt alle zum Schadenersatz verpflichtenden Handlungen, das Organ in Ausübung der ihm zustehenden Verrichtungen zum Nachteil Dritter begeht.

Organisation [griech.-lat.-frz.], Bez. für 1. das Organisieren, 2. das Zusammenschließen (und den Zusammenschluß) von Menschen zur Durchsetzung bestimmter Ziele, 3. (v. a. sozialwiss.) für zielgerichtete Ordnung bzw. Regelung von Aufgaben (Funktionen) und Tätigkeiten (Arbeitsvorgängen) in Sozialgebilden (Betrieben, Behörden, Verbänden, Parteien, Kirchen, Streitkräften u. a.) in der Weise, daß alle Elemente der O. (Aufgaben, Tätigkeiten) und die daraus gebildeten O.einheiten (Stellen, Abteilungen, Arbeitsprozesse) in das Gefüge des Sozialgebildes eingegliedert sind. O. kann dabei sowohl die Tätigkeit des so gearteten Regelns (die An- und Einordnung) als auch die Ordnung selbst als Ergebnis dieser Tätigkeit sein. Der formale Ausdruck der geschaffenen Ordnung ist eine bestimmte, zweckmäßige und integrative Struktur. Jede

115

Organisation Consul

O. ist in Aufbau und Ablauf ihrer Kooperationsstrukturen eine Mischung von langfristig geplanten, kurzfristig geregelten (Disposition), im Einzelfall geregelten (Improvisation) und ungeplanten Beziehungen. In der O. ist festgelegt, was jeder in welcher Situation wie zu tun hat, wer wem zu befehlen oder zu gehorchen hat, wer über was durch wen zu informieren ist bzw. Informationen entgegenzunehmen hat sowie wer in welcher Hinsicht wie zu behandeln ist. O. weisen damit Funktions-, Autoritäts-, Rang-, Kommunikations- und Informationsstrukturen auf. Die tatsächl. O.verhältnisse unterscheiden sich von den geplanten Verhältnissen dadurch, daß Einflüsse der „Umwelt" die O. mitbestimmen oder daß die Mgl. der O. selbst in und mit der O. ihre privaten Interessen realisieren bzw. auf die geplanten Strukturen reagieren.

♦ in der *Biologie* Bauplan eines Organismus, Ausbildung und Anordnung seiner Organe (bzw. Organellen bei Einzellern).

♦ in der *Medizin* selbsttätige Umwandlung von abgestorbenen Körpergeweben, Thromben u. ä. in gefäßhaltiges Bindegewebe durch Gefäß- und Gewebseinsprossung.

Organisation Consul, rechtsradikale Geheimorganisation, Ende 1920 von H. Ehrhardt nach der Auflösung seines Freikorps „Brigade Ehrhardt" im Anschluß an den Kapp-Putsch gegr.; kämpfte gegen parlamentar. Demokratie, SPD und Judentum; einige ihrer Mgl. waren an der Ermordung von Erzberger und Rathenau sowie am Attentat auf Scheidemann beteiligt; ihre bis zu 5 000 Mgl. traten bei der Auflösung der O. C. im wesentl. dem von Ehrhardt Ende 1923 gegr. „Bund Wiking" (bis 1928) bei.

Organisation de l'Armée Secrète [frz. ɔrganiza'sjõ dlar'me sə'krɛt] ↑OAS.

Organisation der Amerikanischen Staaten ↑Organization of American States.

Organisation der Zentralamerikanischen Staaten ↑Organización de Estados Centroamericanos.

Organisation für Afrikanische Einheit ↑Organization of African Unity.

Organisation für europäische wirtschaftliche Zusammenarbeit ↑OEEC.

Organisation für wirtschaftliche Zusammenarbeit und Entwicklung ↑OECD.

Organisation Gehlen ↑Gehlen, Reinhard.

Organisationsklausel, svw. ↑Absperrklausel.

Organisationssoziologie, Forschungszweig der Soziologie; analysiert die Struktur der sozialen Beziehungen zw. Menschen im Binnenbereich und in den Außenbeziehungen von Organisationen und erforscht insbes. die Zusammenhänge zw. Äußerem und innerer Aufbaustruktur, zw. Herrschaftsstruktur und Leistungsfähigkeit einer Organisation sowie dem Organisationsziel und dem Einzelinteresse der Mitglieder.

organisch, ein Organ oder den Organismus betreffend, der belebten Natur angehörend; mit etwas eine Einheit bildend.

♦ zur organischen ↑Chemie gehörend.

organische Chemie ↑Chemie.

organische Gläser, Bez. für die glasklaren, unzerbrechl., thermoplast. Werkstoffe v. a. auf der Basis von Polymethacrylsäureestern; für Verglasungen im Fahrzeugbau, für Uhrengläser, Linsen u. a. verwendet.

organische Halbleiter, organ. Verbindungen, deren Halbleitereigenschaften auf einem System konjugierter Doppelbindungen beruhen, d. h. frei im Molekül bewegl. Elektronen (↑Pielektronen, ↑Mesomerie) besitzen; z. B. polycycl. aromat. Verbindungen.

organische Krankheiten, somatisch verankerte (d. h. nachweisl. mit einer körperl. Veränderung und nur mit einer Funktionsstörung einhergehende) Krankheiten.

Organismus [griech.], svw. ↑Lebewesen.

♦ Bez. für das Gesamtsystem der Organe des lebenden Körpers (vielzelliger Lebewesen), das sich aus verschiedenen, der Entwicklung, Erhaltung und Vermehrung des Lebens dienenden funktionellen Einheiten aufbaut.

♦ in der *Philosophie* spielt der Begriff des O. (des Organischen) in der Natur-, aber auch in der Geschichtsphilosophie eine wichtige Rolle. In der Naturphilosophie G. Brunos werden die verschiedenen Sonnensysteme nicht mechanist., sondern als O. erkannt und einander zugeordnet. In der Geschichtsphilosophie Herders werden die Geschichtsprozesse in Analogie zum Wachstum des O. als organ. Entfaltungen der Humanität begriffen; Natur und Geschichte sind der gleichen organ. Harmonie unterworfen.

Organismustheorie, Bez. für sozialwiss.-theoret. Ansätze und Grundauffassungen über die Aufbau- und Funktionsprinzipien von Gesellschaft und Staat, die ihren Gegenstand als organ. aufgebautes System gliedhafter Teile eines Ganzen betrachten. Dabei werden häufig Begriffe und theoret. Vorstellungen aus der Biologie übernommen. Gesellschaftl. Glieder interessieren in erster Linie im Hinblick auf ihren Zweck zur Erhaltung und Förderung des Ganzen. Soziale und polit. Konflikte und Interessengegensätze werden als krankhafte Zustände betrachtet. Hauptrepräsentanten der heute nur noch selten vertretenen O. waren H. Spencer, A. Schäffle, O. Spann, R. Worms.

Organización de Estados Centroamericanos [span. ɔrɣanisa'sjon ðe es'taðos sentroameri'kanos], Abk. ODECA, Organisation der Zentralamerikan. Staaten, gegr. 1951 in San Salvador; soll die polit., wirtsch., militär. und kulturelle Integration der zentralamerikan. Staaten (Costa Rica, Guatemala,

Honduras, Nicaragua und El Salvador) erreichen. Die wirtsch. Integrationsbemühungen führten 1960 zur Schaffung des Mercado Común Centroamericano.

Organization for Economic Cooperation and Development [engl. ɔːɡənaɪˈzeɪʃən fə iːkəˈnɔmɪk koʊɒpəˈreɪʃən ənd dɪˈvɛləpmənt] ↑OECD.

Organization for European Economic Cooperation [engl. ɔːɡənaɪˈzeɪʃən fə jʊərəˈpiːən iːkəˈnɔmɪk koʊɒpəˈreɪʃən] ↑OEEC.

Organization of African Unity [engl. ɔːɡənaɪˈzeɪʃən əvˈæfrɪkən ˈjuːnɪtɪ], Abk. OAU, Organisation für Afrikan. Einheit (Abk. OAE), 1963 von allen unabhängigen afrikan. Staaten (außer der Republik Südafrika) gegr. Zusammenschluß mit Sitz in Addis Abeba. Gab sich ein vages Programm der Selbsthilfe sowie der „Blockfreiheit" und verfolgt das Ziel, die Entkolonisation in Afrika zu fördern und die Herrschaft weißer Minderheiten zu beseitigen. Höchstes Organ der OAU ist die jährl. Versammlung der Staats- und Reg.chefs. Gegenüber der Republik Südafrika verfolgt die OAU einen Konfrontationskurs.

Organization of American States [engl. ɔːɡənaɪˈzeɪʃən əv əˈmɛrɪkən ˈsteɪts] (Organisation der Amerikan. Staaten), Abk. OAS, Sitz Washington. *Mgl.:* alle unabhängigen amerikan. Staaten (außer Belize und Kuba, das 1962 ausgeschlossen wurde, inzwischen jedoch Beobachterstatus erhalten hat; Kanada hat seit 1972 Beobachterstatus); am 30. April 1948 gegründet auf der Konferenz von Bogotá (die Gründungsakte auch als Bogotácharta bezeichnet). *Ziele:* Bekräftigung der Prinzipien der interamerikan. Solidarität, der Gleichberechtigung und der Nichteinmischung, Schlichtung aller Streitigkeiten zw. den amerikan. Staaten, gemeinsame Abwehr aller Angriffe auf eines der Mgl.länder, Zusammenarbeit im wirtsch., sozialen und kulturellen Bereich. *Institutionen:* (i. d. R. jährl.) Vollversammlung auf Außenmin.ebene (seit 1967; anstelle der Interamerikan. Konferenz), Konsultativversammlung der Außenmin.; ständiger Rat der Botschafter mit Interamerikan. Wirtschafts- und Sozialrat, Juristenrat, Kulturrat; Panamerikan. Union mit ständigem, auf 10 Jahre gewählten Generalsekretär zur Koordinierung und Förderung der Zusammenarbeit.

Organization of the Arab Petroleum Exporting Countries [engl. ɔːɡənaɪˈzeɪʃən əv ði ˈærəb pɪˈtrooljəm ɪksˈpɔːtɪŋ ˈkʌntrɪz], Abk. OAPEC († OPEC).

Organization of the Petroleum Exporting Countries [engl. ɔːɡənaɪˈzeɪʃən əv ðə pɪˈtrooljəm ɪksˈpɔːtɪŋ ˈkʌntrɪz] ↑OPEC.

Organneurose (Somatoneurose, vegetative Neurose), funktionelle Organstörung durch Fixierung einer Neurose auf bestimmte Organe. Als O. werden bes. diejenigen Erkrankungen (des Magens, Darms, der Haut oder der Gelenke) bezeichnet, die der Gruppe der psychosomat. Erkrankungen zugerechnet werden.

Organochlorsilane [Kw.], chlorhaltige organ. Siliciumverbindungen der allg. Formel $R_n SiCl_{4-n}$ (n = 1 ... 4, R organ. Reste); Ausgangsstoffe für die Siliconherstellung.

organogen [griech.], am Aufbau organ. Substanz beteiligt, von organ. Substanz herrührend.

organoid [griech.], organähnlich; bezogen auf die Beschaffenheit v. a. von Gewebsneubildungen und ihrer Ähnlichkeit mit bestimmten Gewebsarten.

organoleptische Prüfung [griech./dt.], Qualitätsprüfung von Lebensmitteln, bei der die Lebensmittel nach einem gesetzl. vorgeschriebenen Bewertungsschema hinsichtl. Geschmack, Geruch, Farbe, Aussehen, Formerhaltung und Konsistenz beurteilt werden.

Organologie [griech.] (Organlehre), Teilgebiet der Morphologie, das sich mit dem Bau und der Funktion von Organen befaßt.

Organometallverbindungen [griech./dt.], svw. ↑metallorganische Verbindungen.

Organon [griech.], nach Aristoteles Bez. für die log. Hilfsmittel der Argumentationstechnik und des systemat. Aufbaus der Wissenschaften.

♦ in der *Anatomie* svw. ↑Organ.

Organonmodell, von K. Bühler ausgearbeitetes Modell von beliebigen Sprechereignissen, in dem die auf Platon zurückgehende Auffassung systematisiert wird, die Sprache sei ein „Organon" („Werkzeug"), um einander etwas mitzuteilen. Das konkrete

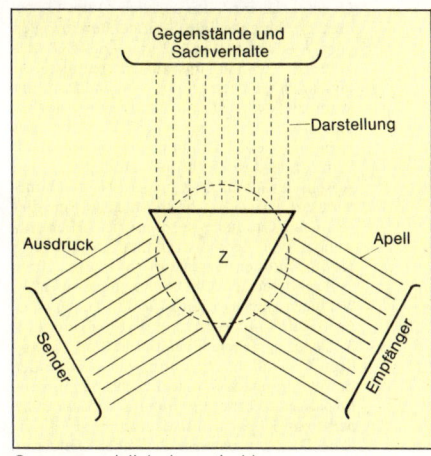

Organonmodell (schematisch)

Schallphänomen des Sprechens (Kreis) ist auf dreierlei Weise ein Zeichen (Z), steht in drei

Organschaft

semant. Relationen (Linienscharen) und hat drei Funktionen: 1. es ist Symbol kraft seiner Zuordnung zu Gegenständen und Sachverhalten (Darstellungsfunktion); 2. es ist Anzeichen bezügl. des Sprechers (Senders), dessen Innerlichkeit es ausdrückt (Ausdrucksfunktion); 3. es ist Signal an den Hörer (Empfänger), dessen äußeres und inneres Verhalten es steuert (Appellfunktion). Die Bed. des O. liegt in der Einbeziehung der Ausdrucks- und der Appellfunktion, die in älteren Theorien vernachlässigt wurden, neuerdings aber insbes. in der Sprechakttheorie zunehmend Interesse finden.

Organschaft, Verbindung einer jurist. Person, insbes. einer Kapitalgesellschaft (Obergesellschaft), mit einem anderen, ebenfalls rechtl. selbständigen Unternehmen (Organgesellschaft), wobei letzteres bei wirtsch. Betrachtung als unselbständig in seiner Betätigung erscheint. Dies hat zur Folge, daß steuerl. beide Unternehmen teilweise als Einheit angesehen werden.

Organschwund, svw. ↑ Atrophie.

Organtransplantation ↑ Transplantation.

Organum [lat., zu griech. órganon „Werkzeug, Hilfsmittel"], 1. im MA Bez. für Musikinstrumente sowie für das menschl. Stimmorgan; 2. ein Kompositions- und Gattungsbegriff, der die Entstehung der abendländ. Mehrstimmigkeit (bis etwa 1200) kennzeichnet. Das O. erscheint in Traktaten seit dem späten 9. Jh. als Anweisung zur improvisierten Erfindung einer zweiten Stimme (*vox organalis*) zu einem gegebenen Cantus firmus (*vox principalis*). Es werden zwei Arten des O. beschrieben: 1. das parallele Quint-O., bei dem die hinzugefügte Stimme stets im gleichen Abstand verläuft; 2. das Quart-O., das aus dem Einklang bis zu den parallel verlaufenden Quarten geführt wird und zum Einklang zurückkehrt und damit den Keim gegliederter Mehrstimmigkeit darstellt. Als komponierte Zweistimmigkeit trat das O. seit dem Ende des 11. Jh. auf. Höhepunkt und Abschluß sind die Organa der ↑ Notre-Dame-Schule in Paris über die solist. Teile von Alleluja- und Graduale-Responsorien. Hier entstanden (von Leoninus) erstmals ausgedehnte Kompositionen, gegliedert in rhythm. freie Teile mit reichen Oberstimmenmelismen zu wenigen langen Cantus-firmus-Tönen (O.- oder Haltetonpartien) und rhythm. geregeltere Teile, in denen Oberstimme und Cantus firmus (syllab. oder melismat. textiert) in der Bewegung einander angeglichen sind (Discantuspartien). Perotinus Magnus verkürzte die melismat. O.partien und ersetzte sie durch neue Discantuspartien. V. a. aber weitete er die Zweistimmigkeit zur Drei- und Vierstimmigkeit aus (Organa tripla und Organa quadrupla). Am Ausgang der Notre-Dame-Epoche wurden zunehmend Discantuspartien in den Oberstimmen mit neuem (metr.) Text versehen; so entstand die ↑ Motette.

♦ anatom. Bez. für ↑ Organ.

Organza [italien.], zartes, chiffonähnl., aber steifes Gewebe in Leinwand- oder Atlasbindung, das urspr. aus Naturseide hergestellt wurde; heute erhält man ähnl. Gewebe auch aus Chemiefasern.

Orgasmus [zu griech. orgãn „von Saft und Kraft strotzen, schwellen"], Höhepunkt (**Klimax**) der sexuellen Erregung mit dem anschließenden Gefühl einer sehr angenehmen Entspannung. Die sexuelle Reaktion kann man in vier Phasen, den sog. **sexuellen Reaktionszyklus**, einteilen. Die erste oder **Erregungsphase** kann durch phys. und/oder psych. sexuell-erot. Reize hervorgerufen werden. Trifft der ausgeübte Reiz auf einen empfangsbereiten Partner, dann geht die Erregungsphase in die **Plateauphase** über. In ihr summieren sich die sexuellen Spannungen bis zu jener Höhe, auf der die **Orgasmusphase** ablaufen kann. Sie läuft unwillkürl. ab und ist meist auf wenige Sekunden beschränkt. In der darauffolgenden **Rückbildungsphase** klingt die sexuelle Erregung ab. Bei beiden Geschlechtern bestehen allerdings grundsätzl. Unterschiede hinsichtl. Intensität und Dauer der Reaktionsabläufe. So steigt die Erregungsphase beim Mann relativ steiler an als bei der Frau, auch klingt seine Erregung rascher ab. Nach dem O. (der beim Mann mit der ↑ Ejakulation gekoppelt ist) ist der Mann eine gewisse Zeit für erneute Erregungen weitgehend unempfindl. (Refraktärzeit). Bei der Frau können mehrere Erregungsphasen nacheinander ablaufen. Außerdem dauert auch die Rückbildungsphase bei ihr länger als beim Mann. Viele Frauen befinden sich nach dem O. für längere Zeit in einem Zustand, der demjenigen der Plateauphase entspricht. Werden sie in diesem Stadium wieder wirksam stimuliert, so können sie sehr schnell wieder zum O. gelangen.

Der O. der Frau ist im wesentl. gekennzeichnet durch mehrere rhythm. Kontraktionen der Scheiden- und Gebärmuttermuskulatur. Die rhythm. Kontraktionen des Samenleiters, der Samenblase, der Schwellkörper und des Beckenbodens sowie das Ausspritzen des Spermas bedingen beim Mann das Gefühl des Orgasmus.

⌑ *Masters, W. H./Johnson, V. E.: Die sexuelle Reaktion.* Dt. Übers. Rbk. 1984. - *Heimann, J., u. a.: Gelöst im O. Entwicklung des sexuellen Selbst-Bewußtseins f. Frauen.* Dt. Übers. Ffm. 1978. - *Fisher, S.: O. - sexuelle Reaktionsfähigkeit der Frau.* Dt. Übers. Stg. 1976. - *Sigusch, V.: Exzitation u. O. bei der Frau.* Stg. 1970. - *Reich, W.: Die Funktion des O.* Dt. Übers. Köln u. Bln. 1969.

Orgel [zu althochdt. orgela (von griech. órganon, eigtl. „Werkzeug")], zur Gruppe der Aerophone gehörendes Tasteninstrument,

Orgel

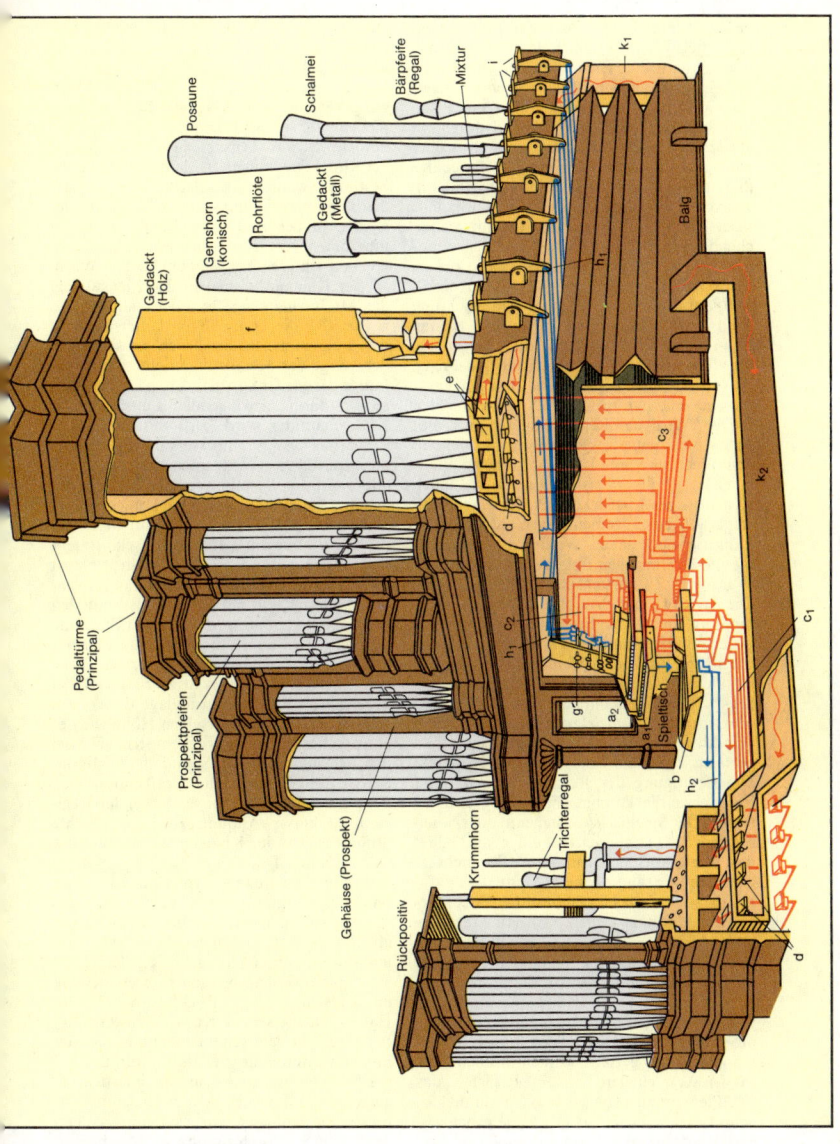

Orgel mit Tonkanzellenlade. a_1 I. Manual (geht zum Rückpositiv), a_2 II. Manual (geht zum Oberwerk), b Pedal, c_1 Traktur zum Rückpositiv, c_2 Traktur zum Oberwerk, c_3 Traktur zum Pedal, d Ventile zu den Tonkanzellen, e aufgeschnittene Tonkanzellen, f aufgeschnittene und gedackte Lippenpfeife, g Registerknöpfe, h_1 Registratur zum Hauptwerk und zum Pedal, h_2 Registratur zum Rückpositiv, i Schleifen der Schleifladen, k_1 Windzuführung zum Hauptwerk und zum Pedal, k_2 Windzuführung zum Rückpositiv

Orgel

dessen Klang durch Labial- und Lingualpfeifen mittels Wind von gleichbleibendem Druck erzeugt wird. Die Steuerung des Windes zu den einzelnen Pfeifen erfolgt von einem Spieltisch aus über Manualklaviaturen, das Pedal und Registerzüge. Der **Wind** wird durch ein elektr. betriebenes Gebläse erzeugt; früher wurde er mit Hilfe keilförmiger Blasebälge (Schöpfbälge) von einem Balgtreter (Kalkant) geliefert. Der Wind wird durch Windkanäle in den Magazinbalg geleitet, der für ausreichende Windmenge zu sorgen und den Winddruck konstant zu halten hat, von dort zu den **Windladen**, rechteckigen, flachen Holzkästen, auf denen die Pfeifen in Längsrichtung nach Registern geordnet stehen. Der Kasten ist in Kanzellen aufgeteilt; diese liegen bei der *Tonkanzellenlade* (auch *Schleiflade* gen.), die für alle Pfeifen einer Taste eine gemeinsame Kanzelle hat, in Querrichtung unter den Pfeifen. Wird der Registerzug betätigt, gibt eine Schleife (eine bewegl. Leiste mit Löchern) den Weg zur Pfeife frei. Die andere Windladenart ist die *Registerkanzellenlade* (auch *Kegellade* gen.), bei der alle Pfeifen eines Registers auf einer gemeinsamen Kanzelle in Längsrichtung stehen. Werden die Kegelventile dieser Kanzellen freigegeben, strömt der Wind über Zuführungskanäle in die Pfeifen. Die **Traktur** (Zugvorrichtung) stellt die Verbindung her zw. den Spiel- oder Tonventilen in der Windlade und den Tasten der Klaviaturen im Spieltisch: durch feine Holzleisten (Abstrakten) sowie Winkel und Wellen *(mechan. Traktur)*, durch Kontaktleisten, Kabel und Elektromagnete *(elektr. Traktur)*, durch Winddruck in Röhren („Röhrenpneumatik"; *pneumat. Traktur*, um die Jh.wende verbreitet). Die Betätigung der Registerschleifen (oder Registerventile) kann mechan. oder elektr. erfolgen. Der **Spieltisch** (freistehend) oder Spielschrank (ins O.untergehäuse eingebaut) bildet das Regierwerk. Er enthält i. d. R. mehrere übereinander angeordnete Manualklaviaturen (Manuale), das Pedal (mit den Füßen gespielt) u. die Registerzüge. Mit Hilfe mechan. oder elektr. Schaltungen (Koppeln) können einzelne Klaviaturen miteinander gekoppelt werden. In Spieltischen von O. mit nichtmechan. Registratur sind als sog. freie Kombinationen beliebige Registerzusammenstellungen programmierbar, die beim Spiel durch Knopfdruck abgerufen werden können. Das **Pfeifenwerk** gliedert sich in Register, das sind Pfeifenreihen von i. d. R. beim Manual 56, beim Pedal 30 Pfeifen, die durch je gleichartigen Klangcharakter der Einzelpfeifen eine Einheit bilden und als Ganzes ein- und ausgeschaltet werden können. Klangcharakter und Lautstärke der Register sind abhängig von Material, Bauform und Abmessung (Mensur) der Pfeifen. Als Material finden v. a. verschiedene Holzarten, O.metall und Kupfer Verwendung. In der Bauform werden zunächst grob unterschieden **Labialpfeifen** (**Lippenpfeifen**; die Luftsäule im Pfeifenkörper wird durch den aus der Kernspalte am Labium austretenden Luftstrom in Schwingung versetzt) und **Lingualpfeifen** (**Zungenpfeifen**, auch **Rohrwerke** gen., bei denen eine im Luftstrom vibrierende Metallzunge Schwingungserzeuger ist und die Tonhöhe bestimmt, während der Becher oder Aufsatz den Ton verstärkt und seinen Klangcharakter formt). In beiden Pfeifen-„Familien" treten innerhalb ihrer Grundform viele Veränderungen und Umgestaltungen auf, die dem Wechsel der Klangfarbe dienen. Die Mensur legt die Maßverhältnisse fest. Bei Labialpfeifen richtet sich die Tonhöhe (im Unterschied zu den Lingualpfeifen, bei denen sie sich nach der Länge der Metallzunge richtet) nach der Länge des Pfeifenkörpers, d. h. nach der Länge der darin schwingenden Luftsäule. Der Klangcharakter wird bestimmt durch das Verhältnis des Durchmessers des Pfeifenkörpers zur Länge (Weitenmensur: eng, mittel oder weit), durch die Bauweise (offen, gedeckt, zylindr., kon.), ferner durch die Labienmensur (schmales oder breites Labium) und die Aufschnitthöhe am Labium (Aufschnittmensur). Der **Registername** (z. B. Holzprinzipal 8-Fuß) weist (gelegentl.) teils auf das verwendete Material, teils auf Bauform, teils auf den Klangcharakter hin; die real erklingende Tonhöhe wird durch die beigefügte Fußtonzahl (z. B. 8-, 4-, 2 $^2/_3$-Fuß usw.; auch geschrieben 8', 4', 2 $^2/_3$' usw.) ausgedrückt. Dabei bezeichnet 8-Fuß die Normallage, d. h., dieses Register erklingt auf derselben Höhe wie der entsprechende Ton auf einem Klavier. Bei den Registern Kornett, Sesquialtera, Mixtur, Scharf, Zimbel klingen mehrere Teiltonreihen zusammen. In den teiltonverstärkenden Registern (Oktav-, Aliquotregister, gemischte Stimmen) liegt der Klangfarbenreichtum der O. begründet. Der Gesamtbestand an Registern einer O. wird in verschiedene, zur Abhebung der klangl. Ausprägung meist von eigenen Gehäusen umschlossene **Teilwerke** gegliedert, die eigtl. in sich geschlossene O. sind und jeweils von einer zugehörigen Klaviatur aus gepielt werden, ben. nach ihrer Stellung im Gesamtaufbau: Rückpositiv, Brust-, Haupt-, Ober-, Seiten-, Kron-, Fernwerk; das Pedalwerk bezieht seine Benennung von der Spielweise mittels der Pedalklaviatur. Die Register des Schwellwerks sind in einen Kasten eingebaut und an der Vorderseite durch Jalousien verschlossen, die sich mittels eines Tritts vom Spieltisch aus öffnen und schließen lassen und eine stufenlose Lautstärkeregelung ermöglichen. Die Außenansicht der O. läßt gewöhnl. Rückschlüsse auf den inneren Aufbau zu. Als vorderste Pfeifenreihe jedes Teilwerks steht meist das tiefste Prinzipalregister in der Außenfront der Schauseite der O. (Prospekt).

Orgelkorallen

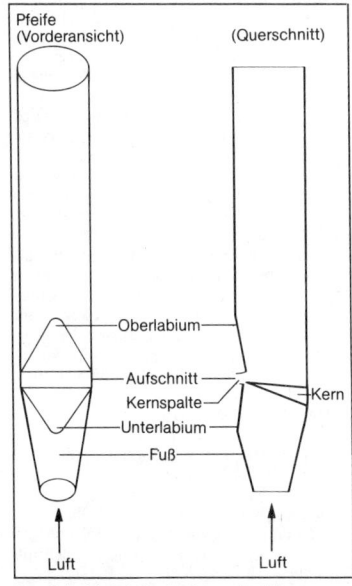

Orgel. Labialpfeife (schematisch) — Labels: Pfeife (Vorderansicht), (Querschnitt), Oberlabium, Aufschnitt, Kernspalte, Kern, Unterlabium, Fuß, Luft, Luft

Orgel. Lingualpfeife (schematisch) — Labels: Aufsatz, Stimmkrücke, Kopf, Kehle, Zunge, Luft

der Übergang auf Bälge aus Tierhaut. 757 brachten Gesandte des byzantin. Kaisers Konstantin V. Kopronymos eine O. als Geschenk an den Hof Pippins III., 811 kam als Geschenk von Byzanz eine O. an den Hof Karls d. Gr. Bald danach fand die O. Eingang in die Kirche (um 950 wird von einer eindrucksvollen O. in Winchester berichtet); sie gehörte fortan zur Ausstattung großer Kirchen. Das 14. und 15. Jh. brachte wichtige Neuerungen: u. a. die Einführung der heute noch gebräuchl. schmalen O.tasten, die Scheidung der Gesamtheit der zu einem Ton gehörenden Pfeifen in Register, die Aufteilung in Teilwerke. Neben der Großform entwickelten sich die Kleinformen Portativ, Positiv und Regal. Im 17. und 18. Jh. erreichte die O.-baukunst die Hochblüte an vielseitigen Klangmöglichkeiten. Im 19. Jh. drohte durch die Nachahmung des Orchesterklangs Verfall, dem im 20. Jh. die O.bewegung entgegentrat durch Rückbesinnung auf die alten Bauprinzipien.

Wichtige Verteter des **Orgelbaus** waren in N-Deutschland H. Scherer, G. Fritzsche und A. Schnitger, in M-Deutschland E. Compenius, A. und G. Silbermann sowie Z. Hildebrandt, in S-Deutschland J. Gabler, K. J. Riepp und J. N. Holzhay; führend im 19. Jh. waren W. Sauer, F. Ladegast, E. F. Walcker und G. F. Steinmeyer, deren Firmen z. T. noch bestehen. Bed. ausländ. O.bauer waren H. und N. Niehoff, G. G. Antegnati, R. und F. H. Clicquot, A. und F. Thierry, A. Cavaillé-Coll und J. Marcussen.

Sonnaillon, B.: Die O. Mchn. 1985. - Forer, A.: Orgeln in Österreich. Wien ²1983. - Brenninger, G.: Orgeln in Altbayern. Mchn. ²1982. - Kraus, E.: Orgeln u. O.musik Regensburg ³1982. - Lottermoser, W.: Die O. u. ihre physikal. Grundlage. Ffm. 1982. - Müller, Werner: G. Silbermann. Leipzig 1982. - Vogel, H.: Kleine O.kunde. Wilhelmshaven 1981. - Williams, P.: A new history of the organ: from the Greecs to the present day. Bloomington (Ind.) 1980. - Klotz, H.: Das Buch v. der O. Kassel. ⁹1979. - Anderson, P. G.: Organ building and design. Oxford ²1976. - Hardmeyer, W.: O.baukunst in der Schweiz. Zürich ³1975. - Fock, G.: Arp Schnittger u. seine Schule. Kassel 1974. - Jakob, F.: Die O. Bern u. Stg. ³1974. - Fischer, Hermann/Wohnhaas, T.: Südd. Orgeln aus der Zeit vor 1900. Ffm. 1973. - Klais, H. G.: Überlegungen zur O.disposition. Ffm. 1973. - Reuter, R.: Bibliogr. der O. Basel u.a. 1973. - Die niederländ. O.kunst vom 16. bis zum 18. Jh. Hg. v. F. Peters u. M. A. Vente. Dt. Übers. Antwerpen 1971. - Reuter, R.: Orgeln in Westfalen. Kassel 1968. - Quoika, R.: Das Positiv in Gesch. u. Gegenwart. Kassel 1957. - Dähnert, U.: Die Orgeln Gottfried Silbermanns in Mitteldeutschland. Lpz. 1953. Nachdr. Amsterdam 1971.

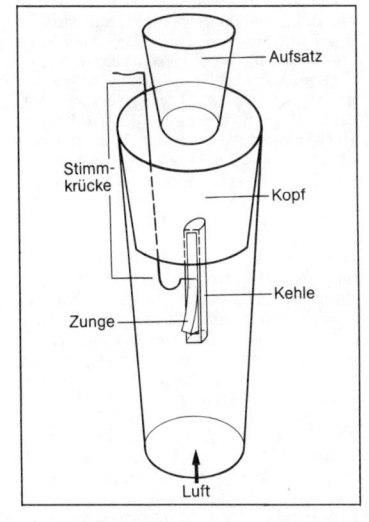

Geschichte: Bereits im 3. Jh. v. Chr. gab es ein orgelähnl. Instrument, die ↑Hydraulis, (seine Erfindung wird Ktesibios aus Alexandria zugeschrieben), bei dem der Winddruck durch Wasser reguliert wurde. Später folgte

Orgelkaktus ↑Säulenkaktus.
Orgelkorallen (Tubiporidae), Fam. ko-

Orgelmusik

loniebildender Lederkorallen im Ind. und Pazif. Ozean; die bis über kopfgroßen Kolonien bestehen aus orgelpfeifenähnl., nebeneinanderstehenden, bis 20 cm langen, roten Kalkröhren, in deren oberstem Abschnitt je ein grüner Polyp sitzt.

Orgelmusik, für die Ausführung auf dem Pfeifenklavier (Orgel, Portativ, Positiv, Regal) gespielte bzw. bestimmte Musik. Überlieferung erst seit dem 14. Jh.; gehört bis Ende des 16. Jh. zum Komplex der für die verschiedenen Tasteninstrumente bestimmten Klaviermusik („Buxheimer Orgelbuch", 1460–70; A. Schlick, P. Hofhaimer, H. Kotter, H. Buchner) und läßt sich in 3 Gattungen gliedern: 1. freies Präludieren (Praeambulum); 2. Übertragungen (Intavolierungen) von Vokalmusik; 3. Choralbearbeitungen. Seit etwa 1600 bildet sich satztechn. eine gegenüber sonstiger Klaviermusik differenzierte O. heraus, zugleich entwickeln sich nat. Ausprägungen der liturg. O., die im 17. Jh. eine Hochblüte erreicht. Die italien. Organisten (A. und G. Gabrieli, C. Merulo, G. Frescobaldi, L. Rossi) nutzen ihre spiel-, satz- und klangtechn. Möglichkeiten ihrer einmanualigen Orgeln aus und entwickeln selbständige Formen instrumentalen Charakters in Toccata, Ricercar, Canzona, Capriccio und Versett. Die süddt. und östr. O. steht unter italien. Einfluß; Zentren in Wien (J. J. Froberger), Prag und Augsburg. Die frz. Organisten (J. Titelouze, G. G. Nivers, N. de Grigny, F. Couperin, L.-N. Clérambault) entfalten in Orgelmessen, Hymnen- und Magnifikatbearbeitungen sowie in frei komponierten „Offertoires" Klang- und Farbenpracht in vielfältigen Registerkombinationen. Im mitteldt. Raum (J. Krieger, J. Pachelbel) werden Kirchenliedbearbeitung, Variation und Fughette bevorzugt. Die Organisten in den norddt. Hansestädten (H. Scheidemann, F. Tunder, D. Buxtehude, V. Lübeck, N. Bruhns) erzielen durch das Spiel auf mehreren Manualen und Pedal Klangwechsel zw. den ausgeprägten Teilwerken der Orgel und entwickeln neue Formen der O.: Orgelchoral, Choralfantasie, die frei komponierte Orgeltoccata. Alle diese Gattungen und Formen erfahren geniale Synthese und höchste Ausprägung im Orgelwerk J. S. Bachs. Erst nach 1830 erwacht das Interesse an O. erneut mit vereinzelten, an Bach orientierten Kompositionen von F. Mendelssohn Bartholdy, R. Schumann, J. Brahms und virtuosen Werken von F. Liszt. In Frankr. entfaltet sich ein sinfon. Orgelstil mit C. Franck, F. A. Guilmant und C.-M. Widor, im 20. Jh. fortgeführt durch L. Vierne und M. Dupré; O. Messiaen ist mit seiner farbenprächtigen Behandlung des Instruments die überragende Komponistengestalt. In Deutschland gibt M. Reger mit seinen von Bachscher Polyphonie und Wagnerschen Harmonik beeinflußten Orgelwerken der O. neue Impulse, in deren Gefolge verstärkt liturg. gebundene O. geschaffen wird, bis in den 1960er Jahren die musikalische Avantgarde (v. a. G. Ligeti) spezifische Klangfarbenqualitäten der O. neu entdeckt.

📖 *Ernst, K.: Der Beitrag O. Messiaens zur O. des 20. Jh. Freib. 1980. - Lukas, V.: Reclams O.führer. Stg.* [4]*1979. - Klotz, H.: Über die Orgelkunst der Gotik, der Renaissance u. des Barock. Kassel* [2]*1975. - Apel, W.: Gesch. der Orgel- u. Klaviermusik bis 1700. Kassel u.a. 1967.*

Orgelpunkt, lang ausgehaltener oder ständig wiederholter Ton, meist in der Baßstimme, über dem sich die übrigen Stimmen zwischen dem tonartl. gebundenen Ausgangs- und Schlußklang harmon. frei bewegen und auch in entfernte Tonarten ausweichen können; als Mittel der Steigerung am Anfang eines Werkes oder am Ende vor der Schlußkadenz gebraucht.

Orgeltabulatur ↑ Tabulatur.

Orgesch ↑ Escherich, Georg.

Orgetorix, † 60 v. Chr., kelt. Adliger aus dem Stamm der Helvetier. - Strebte 61 v. Chr. nach der Alleinherrschaft und betrieb die Auswanderung seines Volkes nach Gallien. Sein Tod 60 und die Niederlage der Helvetier gegen Cäsar 58 v. Chr. bei Bibracte ließen das Vorhaben scheitern.

orgiastisch [griech.], schwärmerisch, schwelgerisch, zügellos.

Orgie [...i-ɛ; griech.], im antiken Griechenland urspr. geheimer r. T. ekstat. Gottesdienst, v. a. im Dionysoskult. Heute wird der Begriff für Feste mit [sexuellen] Ausschweifungen und für wüste Gelage gebraucht.

Orient [zu lat. oriens „aufgehende (Sonne), Morgen(gegend), Osten"] (veraltet: Morgenland), i. e. S. der Raum der vorderasiat. Hochkulturen (Alter Orient) und die islam. Länder im Nahen Osten und in N-Afrika (im Ggs. zum Okzident bzw. Abendland), i. w. S. auch der Mittlere Osten und der Ferne Osten. - Der O. im engeren Sinn stellt eine geograph. und seit den ältesten Zeiten eine kulturelle und geschichtl. Einheit dar. Naturlandschaftl. ist er durch Wüstenregionen charakterisiert, die von Flußoasen (Nil, Euphrat, Tigris) unterbrochen werden. Im Alten O. wurden die Grundlagen der Zivilisation geschaffen (städt. Siedlungen seit dem 9./8. Jt. v. Chr., Staatengründungen, Bewässerungskulturen, Entwicklung von Schrift und Alphabet, Anfänge vieler Wiss.). Die geistige Produktivität des O. blieb auch während des kulturellen Aufstiegs des Abendlands erhalten: Entwicklung von Judentum, Christentum, Islam u. a. religiösen Lehren. Der Antagonismus zw. O. und Okzident entwickelte sich schon in der Antike zw. der oriental.-griech. Osthälfte sowie der röm.-lat. Westhälfte des Röm. Reiches und vertiefte sich durch den Ggs. von Islam und Christentum im MA. Der O. vermittelte dem W das in arab. Spra-

che bewahrte und vielfach weitergebildete Erbe der Antike auf medizin., philosoph. und naturwiss. Gebiet. Später prägte das Vordringen der Osmanen (Einbeziehung SO-Europas in ihren Machtbereich und damit in den O.) das O.bild Europas. Der Niedergang des Osman. Reiches seit dem 18. Jh. und der durch ihn ausgelöste Interessenkonflikt zw. den europ. Großmächten (**orientalische Frage**) hatte die Kolonialisierung ehem. Randgebiete des Osman. Reiches durch europ. Mächte im 19. und 20. Jh. zur Folge. Seit dem 2. Weltkrieg ist der O. wieder in rascher Entwicklung begriffen, bei der v. a. die arab. Staaten in den Vordergrund drängen.
O. u. Okzident im Spiegel der Kunst. Festschr. H. G. Franz. Graz 1986. - Dietrich, A.: Islam u. Abendland. Gött. 1964. - Braune, W.: Der islam O. zw. Vergangenheit u. Zukunft. Bern u. Mchn. 1960.

Orientalide [lat.], europide Mischrasse (Verbindungsglied zw. Mediterraniden und Indiden), v. a. auf der Arab. Halbinsel, in Mesopotamien und N-Afrika verbreitet; mittelhoher und graziler Wuchs, langer Kopf, schmales, ovales Gesicht, große, leicht gebogene Nase, fast mandelförmige Lidspalte, dunkelbraune Augen, schwarzes, lockiges Haar und hellbraune Haut.

Orientalis [lat.], svw. ↑orientalische Region.

orientalisch [lat.], den Orient betreffend, östlich.

orientalische Kirchen (Ostkirchen), Sammelbez. für alle christl. Kirchen, die nach der endgültigen Teilung des Röm. Reiches (395) zu dessen Osthälfte gehörten bzw. dort entstanden sind oder von dort aus durch Mission außerhalb der Reichsgrenzen gegründet wurden. Die o. K. bestanden urspr. aus fünf Kirchengruppen: *innerhalb des Reiches* aus den Patriarchaten von Konstantinopel, Alexandria und Antiochia, *außerhalb des Reiches* aus der pers. und der armen. Kirche. Die [noch heute] in den Liturgien der o. K. gebräuchl. **orientalischen Riten** entsprechen diesen fünf urspr. Kirchen: der *byzantin.,* der *alexandrin.* (kopt. und äthiop.), der *antiochen.* (westsyr.), der *chaldäische* (ostsyr.) und der *armen.* Ritus. - Im Zusammenhang mit den christolog. Streitigkeiten des 5.–7. Jh. kam es zu den ersten dauerhaften Loslösungen von der Gesamtkirche; z. B. wurde die pers. Kirche nestorian. und die äthiop., die alexandrin. und antiochen. Kirche wurden - wenigstens teilweise - monophysit. (**orientalische Nationalkirchen**). Seit dem Morgenländ. Schisma (1054) sind die aus der byzantin. Kirche hervorgegangenen Ostkirchen (**orthodoxe Kirchen**) von der röm. Kirche getrennt. Sie folgen fast ausnahmslos dem byzantin. Ritus. Theolog. berufen sie sich auf die Beschlüsse der Konzile von Nizäa (325), Ephesus (431) und Chalkedon (451), womit sie sich gegenüber Arianern, Nestorianern und Monophysiten als „orth." („rechtgläubig") wissen. Es gibt mehrere voneinander unabhängige und selbständige († Autokephalie) orth. Kirchen, die sich jedoch in Bekenntnis und Liturgie verbunden fühlen. Nach der Lehre der orth. Kirchen ist das höchste Leitungsorgan der Gesamtkirche das ökumen. Konzil, das zum letzten Mal 787 (2. Konzil von ↑ Nizäa) stattgefunden habe; z. Z. trifft man Vorbereitungen für eine gesamtorth. Synode. Erlösung und „Verklärung" von Mensch und Kosmos, der Aufstieg des Menschen zum Lichte Gottes, die lobpreisende Verherrlichung des Werkes Christi in der kult. Vergegenwärtigung durch die Liturgie sind Schwerpunkte von Theologie und Spiritualität. - Nach dem endgültigen Bruch zw. Rom und Konstantinopel hat Rom immer wieder versucht, mit den o. K. zu einer *Union* zu kommen. Bedingung für Rom war die Anerkennung des Lehr- und Jurisdiktionsprimates des Papstes und der kath. Glaubens- und Sittenlehre seitens der o. K., dafür sollte der eigene Ritus gewahrt werden. Rom gelang u. a. eine Union mit Teilen der ostsyr. Kirche (Chaldäer), der westsyr. Kirche, der Kopten, Armenier, mit den Ruthenen (Ukrainern) im poln.-lit. Staat, mit den Rumänen Siebenbürgens (**Ostkirchen** i. e. S. oder *kath. bzw. unierte Ostkirchen*). Das 2. Vatikan. Konzil hat Unionen als Weg zur Einheit der Kirchen abgelehnt und dafür das ökumen. Gespräch befürwortet. - Übersicht S. 124 f.
Benoit, A., u. a.: Alte Kirchen u. Ostkirche. Mainz [4] *1983. - Kallis, A.: Orthodoxie. Was ist das? Mainz* [2] *1982. - Müller, Caspar: Gesch. der oriental. Nationalkirchen. Gött. 1981.*

Orientalischer Amberbaum ↑Amberbaum.

orientalische Region (ind. Region, Orientalis, tiergeograph. Region; umfaßt die südl. und sö. Teil der Paläarktis: Vorder- und Hinterindien, Ceylon, das Chines. S-China, Taiwan, die Großen Sundainseln und die Philippinen; vielfach endem. Tiergruppen sind z. B. Spitzhörnchen, Gespenstmakis, Gibbons, Pelzflatterer und Bambusbären unter den Säugetieren; an Kriechtieren u. a. Großkopfschildkröten, Gaviale.

orientalische Riten ↑orientalische Kirchen.

Orientalische Schabe, svw. ↑Küchenschabe.

Orientalistik [lat.], Wiss. von den Sprachen, Literaturen, Kulturen, Kunst und der Geschichte der Völker des Orients. Entsprechend der Vielfalt der zum Orient zu rechnenden Völker umfaßt die O. eine große Anzahl von Teilgebieten, u. a. Ägyptologie, Assyriologie, Hethitologie, Semitistik, Hebraistik, Arabistik, Islamkunde, Iranistik, Indologie, Turkologie, Sinologie.

Orientation [lat.] ↑Ostung.

Orientbeule (Aleppobeule, Bagdadbeule,

ORIENTALISCHE KIRCHEN

Kirche	Epar-chien°	Gläubige (geschätzt)	Sitz
A alexandrinischer Ritus			
* Kopt.-orth. Patriarchat von Alexandria (monophysit.)	28	6 Mill.	Kairo
* Orth. Patriarchat von Äthiopien	14	9 Mill.	Addis Abeba
Kath. kopt. Patriarchat von Alexandria	4	80 000	Kairo
Kath. äthiop. Metropolie von Addis Abeba	2	75 000	Addis Abeba
B antiochenischer Ritus			
* Syr.-orth. Patriarchat von Antiochia (jakobit.)	11	150 000	Damaskus
* Syr.-orth. Kirche des Ostens (Malabar-Kirche)	7	1 Mill.	Kottayam (Indien)
* Apostol.-kath. Kirche des Ostens (Assyr. oder nestorian. Kirche)	4	200 000	San Francisco (früher Seleukia-Ktesiphon)
* Syr. Mar-Thoma-Kirche von Malabar (Thomaschristen)	5	300 000	Tiruvalla (Indien)
Kath.-syr. Patriarchat von Antiochia	10	80 000	Beirut
Patriarchat der Maroniten	13	550 000	Dimane (Libanon)
Kath. Metropolie von Trivandrum für die Syro-Malankaresen	2	130 000	Trivandrum (Indien)
C byzantinischer Ritus			
* Okumen. Patriarchat von Konstantinopel	29	2,8 Mill.	Istanbul
* Orth. autokephale Kirche von Griechenland	82	8 Mill.	Athen
* Orth. Kirche von Zypern	4	420 000	Nikosia
* Griech.-orth. Patriarchat von Alexandria	13	80 000	Alexandria
* Griech.-orth. Patriarchat von Antiochia	19	560 000	Damaskus
* Griech.-orth. Patriarchat von Jerusalem	2	75 000	Jerusalem
* Orth. Kirche Georgiens	15	750 000	Tiflis
* Russ.-orth. Patriarchat von Moskau	80	50 Mill.	Moskau
* Russ. Orth. Griech.-kath. Kirche von Amerika	3	890 000	New York
Russ.-orth. Kirche außerhalb Rußlands	4	500 000	New York
Ukrain.-orth. Auslandskirche	4	700 000	Bala-Cynwyd (Pa.)
* Orth. Erzbistum Finnland	2	75 000	Kuopio
* Orth. Kirche von Polen	5	500 000	Warschau
* Orth. Kirche in der Tschechoslowakei	5	200 000	Prag
* Orth. Kirche in Ungarn	1	40 000	Budapest
Orth. Kirche von Makedonien	6	600 000	Skopje
* Orth. Patriarchat von Serbien	26	8 Mill.	Belgrad
* Orth. Patriarchat von Rumänien	20	13 Mill.	Bukarest
* Orth. Patriarchat von Bulgarien	14	6 Mill.	Sofia
Alban.-orth. Kirche von Amerika	1	7 000	Boston (Mass.)
+ Weißruss. Katholiken des byzantin. Ritus		5 000	London
Bulgar. Katholiken des byzantin. Ritus	1	7 000	Sofia
Griech. Katholiken des byzantin. Ritus	2	3 000	Athen
Italo-alban. Katholiken des byzantin. Ritus	3	70 000	Rom
Katholiken des byzantin. Ritus in Jugoslawien	1	56 000	Križevci
Patriarchat der kath. Melkiten von Antiochia	12	398 000	Damaskus
Rumän. Katholiken des byzantin. Ritus	5	1,5 Mill.	1948 aufgelöst
+ Russ. Katholiken des byzantin. Ritus		3 000	Rom
Ruthen. Katholiken des byzantin. Ritus	3	290 000	Pittsburgh (Pa.)
Slowak. Katholiken des byzantin. Ritus	1	300 000	Prešov
Ukrain.-kath. Großbistum von Lemberg (Lwiw)	14	4,7 Mill.	Rom
Ungar. Katholiken des byzantin. Ritus	2	250 000	Nyiregyháza
D chaldäischer Ritus			
Kath. chaldäisches Patriarchat von Babylon	16	190 000	Bagdad
Kath. Malabaresen	13	1,8 Mill.	Ernakulam und Changanacherry

Origenes

ORIENTALISCHE KIRCHEN (Forts.)

Kirche	Eparchien°	Gläubige (geschätzt)	Sitz
armenischer Ritus			
Armen.-apostol. Kirche („Gregorian." Kirche)			
* 1. Katholikat Etschmiadsin	26	3,1 Mill.	Etschmiadsin (UdSSR)
* 2. Katholikat von Kilikien	4	900 000	Anthelias (Libanon)
* 3. Patriarchat von Jerusalem	1	6 400	Jerusalem
* 4. Patriarchat von Konstantinopel	1	60 000	Istanbul
Patriarchat der kath. Armenier von Kilikien	8	97 000	Beirut

* = Mitglied im Weltrat der Kirchen
+ = vom Apostol. Stuhl verwaltet
° = Metropolien, Erzbistümer, Bistümer, Exarchate

▨ = alexandrinische Liturgiefamilie
▨ = antiochenische Liturgiefamilie
▨ = oriental. Nationalkirchen (vorchalkedonische Kirchen)
▨ = mit Rom unierte Kirchen (kath. Ostkirchen)
▨ = orthodoxe Kirchen

Delhibeule, Hautleishmaniose), durch Phlebotomusmücken von Tieren auf den Menschen übertragene Hautkrankheit mit Knoten- und Geschwürbildung.

Orientbuche ↑ Buche.

Orientdreibund ↑ Mittelmeerabkommen.

Oriente (Santiago de Cuba), Prov. in Kuba, 6 343 km², 919 200 E (1982), Hauptstadt Santiago de Cuba. An die weitgehend bewaldete Sierra Maestra im S schließen sich nach O hin waldreiche Gebirge an, in denen Eisenerze abgebaut werden. Anbau von Kaffee, Kakao, Mais, Knollenfrüchten, Orangen und Zuckerrohr im Valle Central.

orientieren [lat.-frz., urspr. „die Himmelsrichtung nach der im Osten (im „Orient") aufgehenden Sonne bestimmen"], 1. (sich o.) eine Richtung suchen, sich zurechtfinden; 2. informieren, unterrichten; 3. nach etwas ausrichten (eine Sache oder die eigene Meinung); 4. nach der Himmelsrichtung einstellen.

Orientierung [lat.-frz. (zu ↑ orientieren)], v. a. auf verschiedene Reize aus der Umwelt, aber auch auf Gedächtnisleistungen bzw. Lernvorgängen beruhende, meist zu gerichteten Bewegungen führende Reaktionen bei Tieren und bei Pflanzen. Bei allg., noch nicht gerichtet verlaufenden Bewegungen spricht man von ↑ Kinese, bei gerichteter, aktiver Ortsbewegung von ↑ Taxien, bei festsitzenden Lebewesen (wie bei den Pflanzen) von ↑ Tropismen. - Höchste O.leistungen beruhen auf einsichtigen Handlungen (v. a. beim Menschen, aber auch bei einigen hochstehenden Säugetieren).

◆ bei Sakralbauten ↑ Ostung.

Orientierungslauf, sportl. Wettkampf, bei dem bestimmte auf einer Karte angegebene Punkte von den Teilnehmern in der kürzestmögl. Zeit erreicht werden müssen.

Orientierungsstufe (Förderstufe, Beobachtungsstufe), Organisationsform des 5. und 6. Schuljahres, deren Einführung seit 1964 (Hamburger Schulabkommen) freigestellt ist. Die Entscheidung, ob Hauptschule, Realschule oder Gymnasium besucht werden, fällt erst nach dem 6. Schuljahr. Erhofft wird eine gut begründete Entscheidung über den weiteren Schulbesuch, bes. auch bei sog. Spätentwicklern, und eine Ermutigung zum weiterführenden Schulbesuch.

Orientkärpflinge (Aphanius), Gatt. etwa 5–8 cm langer Eierlegender Zahnkarpfen mit zahlr. Arten in Binnengewässern SW-Asiens, des Mittelmeergebiets und W-Europas; ♀♀ meist unscheinbar gefärbt, ♂♂ etwas kleiner, häufig kontrastreich gezeichnet; z. T. Aquarienfische.

Orientteppiche, handgeknüpfte Teppiche aus Vorder-, Mittel- und Zentralasien. Der älteste Knüpfteppich (um 500 v. Chr.) wurde in einem der vereisten Pasyrykkurgane gefunden. Seinen künstler. Höhepunkt erreichte das Teppichknüpfen in Persien im 15. und 16. Jh.; auch heute noch werden vorzügl. Exemplare geknüpft. Unerreicht bleiben die Pflanzenfarben (bis Mitte 19. Jh.). O. werden seit dem 14. Jh. in Europa gehandelt. O. waren schon immer sehr wertvoll. - ↑ auch Übersicht S. 126, ↑ Teppich.

Oriflamme [altfrz. „Goldflamme" (von mittellat. aurea flamma)], zweizackiges Kriegsbanner der frz. Könige vom Anfang des 11. Jh. bis 1415.

Origami [jap.], die in Japan beliebte Kunst des Papierfaltens (kleine Puppen, Vögel, Blumen usw.).

Origanum [griech.], svw. ↑ Dost.

Origenes, gen. Adamantios, * wahrscheinl. Alexandria 185/186, † wahrscheinl. Tyros 253/254, griech. Kirchenschriftsteller. - Sohn des christl. Lehrers Leonides, der 202 als Märtyrer starb; Lehrer und Leiter der

Origenes

ORIENTTEPPICHE (Auswahl an Knüpfteppichen)

Anatolische Teppiche:

Anatol (Sammelbez. für anatol. Teppiche); Bergama; Bursa (Brussa); Gördes (Ghiordes); Jürük; Konia; Kula; Ladik; Melas; Mucur (Mudjur); Siebenbürger Teppiche (aus Konia, Melas, Smyrna u. a. Orten); Smyrna; Uşak (Medaillon-, Stern-, Vogelkopf-Uşak, Holbein-, Lotto-Teppiche).

Allg. Charakteristika:
starke Farbkontraste (Rot, Blau, Gelb); geometr. Musterungen; Säulenmotive (= Moschee; Ladik), Gebetsnischen (Melas u. a.), Kartuschen in der Hauptbordüre (Siebenbürger Teppiche). Kurvige Muster nur beim höf. Teppich (Bursa); mittelhohe bis hohe (warme) Schur (Bergama).

Kaukasische Teppiche:

Akstafa; Baku; Dagestan; Derbent; Gendsche; Karabagh; Karagaschli; Kasak; Kuba (Kabistan); Lenkoran (Sonderform des Talisch); Lesgistan (Lesghi); Schirwan; Seichur; Sumak; Talisch; Tschetsche.

Allg. Charakteristika:
leuchtende, kontrastreiche Farbgebung; zunehmend geometr. Musterung, bes. Sternornamente, Polygone, Fabeltiere; im 17. Jh. Drachenteppiche, im 18. und 19. Jh. Streuornamente (Vögel, Haustiere, menschl. Figuren). zw. geometr. Ornamenten, z. T. ausgeprägtes Mittelornament (Kasak); hoher (warmer) bis mittelhoher Flor.

Persische Teppiche:

Ardabil (Ardebil); Bachtiari; Bidschar; Chorasan; Fareghan; Ghom; Hamadan; Heris; Isfahan; Kaschgai; Kerman (Kirman); Keschan (Kaschan); Meschhed; Mir; sog. Polenteppiche (1580–1620; für europ. Besteller); Saraband (aus Fareghan); Sarugh; Schiras; Senne; Täbris; Teheran; Wiss.

Allg. Charakteristika:
harmon., reich abgestufte Farbgebung; pflanzl., fein geschwungene Ornamentik (Senneknoten): Blütenranken-, Vasen-, Jagd-, Tierteppiche u. a. Neben unendl. Rapport Teppiche mit zentralem Medaillon (Sarugh, Chorasan, Heris); fein geknüpft und niedrig geschoren v. a. die zentralpers. Teppiche (Isfahan, Fareghan, Senne, Teheran).

Turkmenische Teppiche:

Afghan (Sammelbez. für Teppiche aus Afghanistan); Belutsch; Buchara (Bochara; Sammelbez. für. turkmen. Teppiche); Beschir; Ersari; Herat; Jamud; Kasilayak; Pendeh; Tekke; Saryk. Kaschgar, Khotan, Yarkand (aus O-Turkestan bzw. Chin. Turkestan; Sammelbez.: Samarkand).

Allg. Charakteristika:
sparsame Farbpalette (Rottöne), zunehmende Geometrisierung, Achteckornamente („Gül"), Wolkenband, Tannenmotiv (Jamud), Hatschlyteppiche (mit dünnen Balken [Kreuz] gevierteilte Felder); nur der Kaschgar kennt florale Gebilde.

Auch in China, Ägypten (Mamelukkenteppiche), Spanien (16./17. Jh.), Tibet, Indien (seit dem 16. Jh.: Lahore, Agra) bed. alte Teppichkunst.

---

alexandrin. Schule. Er unterrichtete Philosophie, Theologie und Bibelauslegung und war gleichzeitig Schüler des Neuplatonikers Ammonios Sakkas. O. lebte streng asket. und wurde u. a. deshalb zum Vorbild und Wegbereiter des Mönchtums; sein wörtl. Verständnis der Bibel ließ ihn sich (gemäß Matth. 19, 12) selbst kastrieren. Deshalb exkommuniziert und verbannt; darauf Gründung einer eigenen Schule in Caesarea. Während der Verfolgung unter Kaiser Decius starb O. an den Folgen von Folterungen. - Das Ziel des O. war der Ausbau der griech. ebenbürtigen christl. Wiss. und Literatur. Sein für die Bibelwiss. bedeutendstes Werk ist die in 30jähriger Arbeit angefertigte *Hexapla* („die Sechsfache"), eine Nebeneinanderstellung des hebr. Urtextes des A. T. und 5 griech. Übersetzungen zur Gewinnung eines genauen Bibeltextes. Sein Werk „De principiis" (220/230), das erste theolog. Lehrsystem, zeigt in vier Büchern seine dogmat. Auffassungen: Der Logos ist vom Vater gezeugt und hat selbst den Hl. Geist geschaffen († Subordinatianismus). Die geistigen Wesen fielen von Gott ab, und Gott bannte sie zur Strafe in materiel-

le Leiber, von denen sie der menschgewordene Logos erlöst. Von großer theologiegeschichtl. Bed. ist die Lehre des O. vom dreifachen Schriftsinn: Wie der Mensch aus Körper („soma"), Seele („psyche") und Geist („pneuma") besteht, so gibt es einen buchstäbl. (somat.), moral. (psych.) und myst.-allegor. (pneumat.) Sinn der Schrift. - Viele Gedanken des O. sind bereits früh in der Kirche auf starken Widerstand gestoßen und führten bis ins 9. Jh. immer wieder zu heftigen theolog. Auseinandersetzungen (**origenistische Streitigkeiten**) und zur offiziellen Verurteilung der im Anschluß an ihn entwickelten Lehrmeinungen (**Origenismus**). Dennoch galt O. bereits zu seinen Lebzeiten als der bedeutendste griech. Theologe, dessen Einfluß sich auch in der Folgezeit kaum jemand entziehen konnte.
 Lies, L.: Wort u. Eucharistie bei O. Innsb. ²1982. - Berner, U.: O. Darmst. 1981. - Schär, M.: Das Nachleben des O. im Zeitalter des Humanismus. Basel 1979. - Kettler, F. H.: Der urspr. Sinn der Dogmatik des O. Bln. 1966. - Weber, Karl-Otto: O. der Neuplatoniker. Versuch einer Interpretation. Mchn. 1962.

original [lat.], (originell) ursprünglich, echt; urschriftlich.
♦ im *Lebensmittelrecht* Bez. für diejenigen Lebensmittelerzeugnisse, die nach bestimmten Rezepten oder bestimmten Orten ben. und auch entsprechend hergestellt werden. Sie dürfen nicht mit der Bez. „nach Art ..." versehen werden.

Original [lat.], ursprüngliches, echtes Exemplar; vom Urheber (Künstler) stammende Fassung oder Form eines literar. oder künstler. Werkes, im Unterschied zur Kopie, Nachbildung, Zweitfassung, Umarbeitung, Fälschung; [rechtswirksame] Urschrift; Urtext, ursprünglicher fremdsprachiger Text, aus dem übersetzt worden ist.
♦ eigentüml., durch bes. Eigenart[en] auffallender Mensch.

Originalgraphik (Originaldruckgraphik), druckgraph. Blätter, die vom Künstler selbst entworfen wurden, deren Druckstöcke oder -platten er persönl. hergestellt, die Abzüge eigenhändig angefertigt (Handabzug, -druck) oder - bes. bei den modernen Techniken - für deren techn. Herstellung er Anweisungen gegeben oder sie überwacht hat und die von ihm eigenhändig signiert und (meist) auch numeriert (Angabe über Gesamtauflage und Seriennummer) wurden.

Originalität [lat.], Ursprünglichkeit, Echtheit; Eigentümlichkeit.

Originalpackung, Abk. OP, vom Hersteller abgepackte (hinsichtl. Stückzahl und Dosis festgelegte) und mit einer Deklaration versehene Verkaufsmenge eines Arzneimittels.

originär [lat.], ursprünglich.
originell [lat.-frz.], 1. eigenartig, einzigartig, urwüchsig; 2. svw. original.

Orihuela [span. oriˈu̯ela], südostspan. Stadt am Segura, 22 m ü. d. M., 48 000 E. Kath. Bischofssitz, Priesterseminar. Markt- und Verarbeitungsort für landw. Erzeugnisse. - In röm. Zeit als **Orcelis**, unter den Westgoten (507–711) als **Aurariola** belegt; 713 von den Mauren erobert, 1264 von König Jakob I. von Aragonien endgültig zurückgewonnen. - Got. Kathedrale (14./15. Jh.) mit Renaissanceportal; barocke Klosterkirche Santo Domingo (1654–59). In beherrschender Lage das z. T. maur. Kastell.

Orija, zur östl. Gruppe der indoar. Sprachen gehörende, mit dem Bengali und der assamesischen Sprache eng verwandte offizielle Sprache des ind. Bundesstaats Orissa, mit etwa 20 Mill. Sprechern und einer eigenen Schrift.

Orinoco, Llanos del [span. ˈʎanɔs ðel oriˈnoko] ↑ Llanos.

Orinoko, Strom im nördl. S-Amerika, entspringt im S des Berglands von Guayana (Venezuela), das er im W umfließt, mündet mit einem Delta südl. von Trinidad in den Atlantik, 2140 km lang; drittgrößtes Stromgebiet S-Amerikas. Der O. hat 194 Nebenflüsse. Durch die Bifurkation mit dem Río Casiquiare verliert er 25 % seines Wassers an den Rio Negro. Am N-Ufer des Unterlaufs große Ölsandvorkommen. - 1498 entdeckte Kolumbus die Mündung des O.; 1531 erstmals von Europäern befahren; 1724 Entdeckung der Bifurkation; 1800 wiss. Untersuchungen A. von Humboldts am O.; 1951 Lokalisierung der Quelle.

Orion, in der griech. Mythologie ein schöner böot. Jäger von riesenhafter Gestalt, Sohn des Poseidon. Von Eos zum Geliebten auserkoren, wird er im Auftrag der neid. Götter von Artemis getötet.

Orion [nach der Gestalt der griech. Mythologie], Abk. Ori, bekanntes, charakterist. Sternbild der Äquatorzone; im Winter am Abendhimmel sichtbar. Die drei Gürtelsterne werden *Jakobsstab* genannt; eine darunter angeordnete Sterngruppe heißt das *Schwertgehänge* mit dem großen, mit bloßem Auge sichtbaren *Orionnebel*. Weitere helle Sterne sind Beteigeuze, Bellatrix sowie Rigel. - ↑ auch Sternbilder (Übersicht). - Abb. S. 128

Orissa, Bundesstaat in O-Indien, 155 782 km², 26,4 Mill. E (1981), Hauptstadt Bhubaneswar.

Landesnatur: Drei Großregionen lassen sich unterscheiden: 1. das Küstentiefland, das im mittleren Teil durch das Delta des Mahanadi stark ins Meer vorgeschoben ist; 2. die bis 1 200 m Höhe ansteigenden Ostghats; 3. der sich anschließende Dekhan, der wie die Ostghats durch Flüsse stark zertalt und z. T. schwer zugängl. ist. O. erhält durch den Sommermonsun Regen. Niederschläge von rd. 1 500 mm. In großen Teilen des Berglandes ist die natürl. Vegetation (laubabwerfender,

Oristano

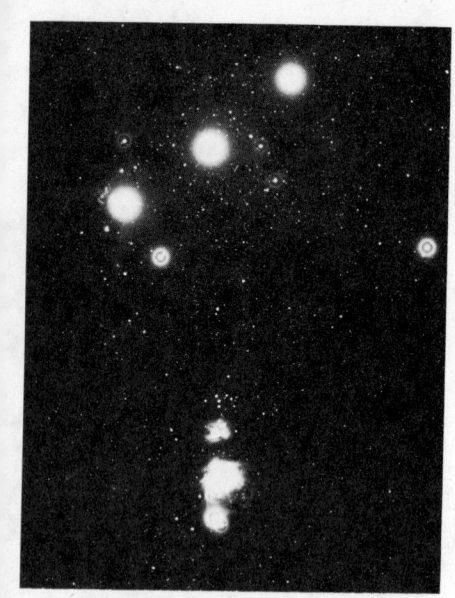

Orion. Südlicher Teil des Sternbildes mit den drei Gürtelsternen ζ, ε und δ Orionis und dem „Schwertgehänge", dessen mittlerer Stern das Leuchten des mit bloßem Auge sichtbaren Orionnebels (M 42) hervorruft

trockener Monsunwald) erhalten.
Bevölkerung, Wirtschaft, Verkehr: O. ist ein fast reiner Hindustaat, in dem Orija gesprochen wird. Die Landw. ist der führende Erwerbszweig, Reis ist das wichtigste Anbauprodukt; an der Küste Fischfang. Kohlenvorräte, Eisenerz- und Manganerzlager dienen v. a. der Versorgung des Stahlwerks in Rourkela; außerdem Bauxitvorkommen. Wichtigste Ind.zweige sind Zement-, Glas-, Papier-, Zukker- und Textilind. sowie das im äußersten N gelegene Großstahlwerk von Rourkela und eine Aluminiumhütte am Hirakud-Kraftwerk. Die Verkehrserschließung des Staates ist nur im Küstentiefland gut (Eisenbahn- und Straßenverbindungen, Flughafen).
Geschichte: Das Großreich Aschokas im 3. Jh. v. Chr. erstreckte sich bis O.; Ende des 16. Jh. kam O. unter muslim. Herrschaft, Anfang des 18. Jh. mit Bengalen und Bihar verbunden; geriet 1751 in die Hand der Marathen; kam 1803 in brit. Besitz und wurde der Prov. Bengalen angegliedert. 1912–36 bestand die vereinigte Prov. Bihar und O., 1936 wurde O. als eigene Prov. von Bihar getrennt. 1947/48 wurden dem heutigen Bundesstaat 24 Fürstenstaaten angeschlossen.

Oristano, italien. Stadt in W-Sardinien, 9 m ü. d. M., 31 000 E. Verwaltungssitz der Prov. O.; kath. Bischofssitz; archäolog. Museum; Markt für Getreide, Gemüse und Wein; Fischfang. - Um 1070 gegr.; seit 1296 Bischofssitz. - Roman. Dom (12. Jh.; im Innern barock).

Ørjasæter, Tore [norweg. 'œrjase:tər], * Nordberg (Ottadal) 8. März 1886, † Lillehammer 29. Febr. 1968, norweg. Schriftsteller. - Vermittler zw. lyr. Traditionalismus und Modernismus. Beschrieb in seinen Gedichten die Spannung zw. Heimatliebe und Sehnsucht nach der Ferne und ihre Lösung im Religiösen; auch Dramen und Erzählungen.

Orjen, weithin verkarstetes Gebirge der südl. Dinariden, über das die Grenze der jugoslaw. Republiken Bosnien und Herzegowina und Montenegro verläuft, bis 1 895 m hoch.

Orkan [indian.-span.-niederl. (zu ↑ Hurrikan)], Wind mit Geschwindigkeiten über 32,7 m/s bzw. 118 km/h (ab Windstärke 12).

Orkney [engl. 'ɔ:knɪ], schott. Verwaltungsgebiet.

Orkneyinseln [engl. 'ɔ:knɪ], Inselgruppe vor der N-Küste Schottlands, Verwaltungsgebiet Orkney, 975 km², 19 100 E (1983), Verwaltungssitz Kirkwall (auf **Mainland,** der Hauptinsel der O.). Über 70 (davon 24 bewohnt) stark gegliederte, prakt. baumlose Inseln mit buchtenreichen, stellenweise von Kliffen gebildeten Küsten. Ozean. Klima. Haupterwerbsquellen sind Fischerei, Rindermast, Milchwirtschaft, Geflügel-, Wollschaf- und Schweinehaltung; Anbau von Hafer, Kartoffeln und Futterhackfrüchten; Whiskybrennerei und Seealgenverarbeitung. - Seit dem 6. Jh. von kelt. Mönchen christianisiert; im 8. und 9. Jh. von den Wikingern geplündert und besetzt; 875 norweg., 1472 schottisch.

Orkus, in der röm. Religion das Totenreich in der Unterwelt und der Unterweltsherrscher.

Orlando, italien. Form des männl. Vornamens Roland.

Orlando, Neffe Karls d. Gr., ↑ Roland.

Orlando, Vittorio Emanuele, * Palermo 19. Mai 1860, † Rom 1. Dez. 1952, italien. Jurist und Politiker. - Führender Verfassungsrechtler seiner Zeit; 1885–1931 Prof. in Modena, Messina, Palermo und Rom; 1897–1925 liberaler Abg., Anhänger Giolittis; 1903–05 Erziehungs-, 1907–09 und 1914–16 Justiz-, 1916/17 Innenmin.; Okt. 1917–Juni 1919 Min.präs.; unterstützte anfangs den Faschismus, stand aber ab 1925 in Opposition; wirkte als Berater König Viktor Emanuels III. beim Staatsstreich vom Juli 1943 mit; Präs. der Konstituante 1946; 1948 Senator auf Lebenszeit.

Orlando di Lasso ↑ Lasso, Orlando di.

Orlean [frz., nach dem frz. Namen des span. Entdeckers F. de Orellana, * um 1511, † um 1549] (An[n]atto, Terra Orellana, Terra Orleana), rotgelber, ungiftiger Naturfarbstoff

Orléans

aus der Samenschale des Orleanbaumes; enthält v. a. Karotinoide. O. dient zum Färben von Lebensmitteln, Salben und Seifen; früher als Textilfarbstoff und von Indianern zur Körperbemalung verwendet.

Orléanais [frz. ɔrlea'nɛ], histor. Prov. in Frankr., umfaßte die heutigen Dep. Loiret, Loiret-Cher, Eure-et-Loir und Teile den Dep. Yonne, Nièvre, Cher sowie einen Teil des westl. Vorortbereichs von Paris. - Königl. Domäne seit Hugo Capet, wurde ab 1344 Apanage der Herzöge von Orléans.

Orleanbaum (Orleanstrauch, An[n]attostrauch, Achote, Bixa orellana), einzige Art der Orleanbaumgewächse; kleiner Baum oder Strauch, aus dem trop. Amerika stammend; rosafarbene Blüten in endständigen Rispen; die Frucht ist eine langbestachelte Kapsel mit zahlr. Samen, die mit schalenartig zusammenfließenden roten Papillen besetzt sind. - Der O., seines Farbstoffs († Orlean) wegen über die gesamten Tropen verbreitet (vielfach verwildert), wird in mehreren Formen kultiviert.

Orleanisten [frz.], die Anhänger des Hauses Orléans.

Orléans [frz. ɔrle'ã], seit 1344 Herzogstitel von Seitenlinien der frz. Königshäuser Valois und Bourbon. 1407 spaltete sich das *ältere Haus O.* in die *herzogl. Linie O.* und die *gräfl. Linie Angoulême*, die mit Ludwig XII. bzw. Franz I. auf den frz. Thron gelangten. 1660 wurde dem Bruder Ludwigs XIV. als Philippe I mit O. belehnt. Er begr. das *jüngere Haus O.*, die wichtigste Seitenlinie (seit 1883 als Haus Frankreich) des Hauses Bourbon. Mit Louis Philippe gelangte 1830 ein Angehöriger dieser Linie auf den frz. Thron.
Bed. Vertreter:

O., Gaston, Hzg. von (seit 1626), Graf von Eu, Hzg. von Anjou, * Fontainebleau 25. April 1608, † Blois 2. Febr. 1660. - 3. Sohn Heinrichs IV.; als Führer des Hochadels Gegner Richelieus und (während der Fronde) Mazarins, nahm an zahlr. Verschwörungen teil; 1652 verbannt.

O., Louis II, Hzg. von † Ludwig XII., König von Frankreich.

O., Louis Charles Philippe d' † Nemours, Louis Charles Philippe d'Orléans, Hzg. von.

O., Louis Philippe II Joseph, Hzg. von (seit 1785), Hzg. von Montpensier (1747–52) und Chartres (1752–85), gen. Philippe Égalité, * Saint-Cloud 13. April 1747, † Paris 6. Nov. 1793, Revolutionär. - Reichster Grundbesitzer Frankr.; schloß sich in den Generalständen von 1789 dem Dritten Stand an. Er förderte die Entwicklung der Frz. Revolution u. a. in der Hoffnung, an die Stelle Ludwigs XVI. zu treten; 1790 Mgl. der Jakobiner und der Bergpartei im Nationalkonvent; stimmte 1793 für den Tod des Königs, wurde aber durch die Flucht seines Sohnes, des späteren Louis Philippe, kompromittiert; Anfang April 1793 verhaftet und später guillotiniert.

O., Louis Philippe III, Hzg. von † Louis Philippe, König der Franzosen.

O., Philippe I, Hzg. von (seit 1660), * Saint-Germain-en-Laye 21. Sept. 1640, † Saint-Cloud 9. Juni 1701. - Einziger Bruder Ludwigs XIV.; bewährte sich als Truppenführer im Devolutionskrieg und im Niederl.-Frz. Krieg; ∞ mit Henriette Anne von England (1661–70) und mit Elisabeth Charlotte von der Pfalz (seit 1671).

O., Philippe II, Hzg. von (seit 1701), gen. „der Regent", * Saint-Cloud 2. Aug. 1674, † Versailles 2. Dez. 1723, Regent (1715–23), Erster Minister (1723). - Sohn Philippes I von Orléans; sicherte sich mit Hilfe des Pariser Parlaments die uneingeschränkte Regentschaft für Ludwig XV., weshalb die Zeit bis 1723 „Régence" gen. wurde. Durch die Bildung von Ratskollegien suchte er den Adel in den polit. Entscheidungsprozeß einzubeziehen, stellte aber 1718 die Min.ämter wieder her. Sein Außenmin. G. Dubois vereitelte durch Annäherung an Großbrit. und Großreich die Versuche J. Alberonis in Spanien, den Frieden von Utrecht zu revidieren.

Orléans [frz. ɔrle'ã], frz. Stadt am Loirebogen, 102 700 E. Verwaltungssitz der Region Centre und des Dep. Loiret; kath. Bischofssitz; Univ. (gegr. 1962), biolog. Forschungsanstalt, archäolog. und histor. Museum des Orléanais, Kunstmuseum; Markt- und Handelszentrum für Beauce und Loiretal (Gemüse, Obst, Blumen); Nahrungsmittelind., Werkzeugherstellung, Landmaschinenbau, Kfz.-ind., Reifenfabrik, Textil-, chem., elektrotechn., pharmazeut. und feinmechan. Industrie.

Geschichte: Das kelt. **Cenabum** war Hauptstadt der Karnuten; gehörte in der Römerzeit zur Prov. Gallia Lugdunensis; war 52 v. Chr. Ausgangspunkt des von Vercingetorix geleiteten kelt. Aufstands gegen Cäsar; in der Spätantike **Aurelianorum Civitas** (oder **Aureliani**); wurde im 4. Jh. Bischofssitz, 498 fränk. und 511 Hauptstadt eines fränk. Unter-Kgr.; 848 wurde Karl der Kahle in O. gekrönt. Bevorzugte Residenz der Kapetinger bis im 11. Jh.; erhielt 1107 Stadtrecht. Die 1305/12 gegr. Univ. bestand bis 1792. Ab 1344 Mittelpunkt des Hzgt. O., das als Apanage an jüngere Söhne der frz. Herrscher vergeben wurde. Die Entsetzung der Stadt im Hundertjährigen Krieg durch die Jungfrau von O. (Jeanne d'Arc) brachte 1429 die Wende des Krieges zugunsten Frankreichs.

Bauten: Nach Beschädigungen im 2. Weltkrieg erhalten bzw. wiederaufgebaut u. a. die got. Kathedrale (1278 ff.) mit Resten der roman. Krypta und vorroman. Bauteilen; ehem. Rathaus (Renaissance mit spätgot. Formen, 1495–1513; jetzt Museum); das heutige Rathaus ist ebenfalls ein Renaissancebau (16. Jh.); Reste der Stadtmauer.

Orléans

Orléans, Île d' [frz. ildɔrle'ɑ̃], Insel im Sankt-Lorenz-Strom, unterhalb von Quebec, Kanada.

Orléansscher Krieg [frz. ɔrle'ɑ̃], svw. ↑Pfälzischer Erbfolgekrieg.

Orleanstrauch, svw. ↑Orleanbaum.

Orleans-Verfahren [ɔrle'ɑ̃:, 'ɔrleɑ̃; nach der frz. Stadt Orléans] ↑Essig.

Orley, Bernhard van [niederl. 'ɔrlɛi], *Brüssel (?) um 1488, †ebd. 6. Jan. 1542 (?), niederl. Maler. - Manierist. Übersteigerung des übernommenen italien. Formkanons (Romanismus) kennzeichnen seinen „Hiobsaltar" (1521; Brüssel, Musées Royaux des Beaux-Arts) und den „Weltgerichtsaltar der Almosenière" (1525; Antwerpen, Koninklijk Museum voor Schone Kunsten); auch Entwürfe für Glasgemälde und Teppiche; Porträts.

Orlice [tschech. 'ɔrlitsɛ] ↑Adler.

Orlik, Emil, *Prag 21. Juli 1870, †Berlin 28. Sept. 1932, dt. Graphiker und Maler. - Studierte seit 1888 in München, 1900/01 in Japan, lebte ab 1902 in Wien, ab 1905 in Berlin; bed. Jugendstilkünstler; neben seinen Zeichnungen und Gemälden übten v. a. seine Graphiken (Radierungen, Holzschnitte) einen großen Einfluß auf die Kunst seiner Zeit aus. Buchschmuck zu L. Hearns Japanbüchern („Kokoro" und „Lotus" 1906; „Izumo" 1907); auch Bühnenbilder.

Orlon ⓦ [Kw.], eine zu den Polyacrylnitrilfasern zählende Chemiefaser (↑Fasern).

Orlow, Alexei Grigorjewitsch Graf (seit 1762) [russ. ar'lɔf], *Ljublino (Gebiet Kalinin) 5. Okt. 1737, †Moskau 5. Jan. 1808, russ. Admiral. - War 1762 an der Ermordung Peters III. beteiligt und spielte eine wesentl. Rolle bei der Thronbesteigung Katharinas II., d. Gr.; siegte im Türkenkrieg (1768–74) über die osman. Flotte in der Bucht von Çeşme (1770).

Orlow [russ.], berühmter Diamant, ben. nach A. G. Graf Orlow, der ihn Katharina II. schenkte; seit 1772 an der Spitze des russ. Zepters, heute im Staatsschatz der UdSSR.

Orlowtraber [nach dem Züchter A. G. Graf Orlow], Rasse etwa 160 cm schulterhoher, eleganter Trabrennpferde; Farbvarianten: Braune, Schimmel, Rappen.

Orly [frz. ɔr'li], frz. Stadt im südl. Vorortbereich von Paris, Dep. Val-de-Marne, 23 800 E. Ziviluftfahrtschule, ✈.

Ormandy, Eugene [engl. 'ɔːməndɪ], eigtl. Jenő Blau-Ormándy, *Budapest 18. Nov. 1899, †Philadelphia 12. März 1985, amerikan. Dirigent ungar. Herkunft. - Seit 1921 in den USA, wo er 1936–80 Dirigent des Philadelphia Orchestra war; bed. Beethoven- und Strauss-Interpret.

Ormazd (Ormuzd) ↑Ahura Masda.

Ornament [zu lat. ornamentum „Ausrüstung, Zierde"], Verzierung eines Gegenstandes, meist geometr. Art, oft mit pflanzl., seltener tier. Motiven, in allen Kulturkreisen und Kunstgattungen anzutreffen. Neben der Funktion der Gliederung seines Trägers oder auch nur seiner Ausschmückung kommt dem O. häufig auch sinnbildl. Bed. zu.

Europäischer Bereich
Vorgeschichte: Seit der jüngeren Altsteinzeit treten geometr. O. (Zickzackbänder, Rauten, Wellenlinien) an Keramik auf, seit der Jungsteinzeit reiche Differenzierung: Spiral- und Mäander-O. in der Bandkeramik, Muster aus waage- und senkrechten Linien in der nw. Megalithkultur, Abdrücke von Schnüren in der schnurkeram. Kultur Mitteldeutschlands. Die bronzezeitl. Ornamentik zeigt in der kret.-myken. Kultur pflanzl. Gebilde (Ranken), später auch im german. Norden, wo sie aus geschwungenen Linien entwickelt werden.

Antike: Der geometr. Stil (Mäander) der frühgriech. Kunst wird Ende des 8. Jh. verdrängt. Die archaische Epoche hat eine Ornamentik voller Bewegung aus Lotosblüten, Palmetten, Voluten und Flechtband hervorgebracht. Durch zunehmende Naturalisierung kommt es in der klass. Kunst zur Ausbildung des Akanthus-O., das neben der Palmettenranke zum beherrschenden Dekorationselement der Antike und auch späterer Epochen wird. Das griech. O. (u. a. ↑Astragalus und ↑Kymation) ist Bestandteil der Architektur.

Mittelalter: Im N Europas entsteht während der Völkerwanderungszeit die german. Tierornamentik (↑germanische Kunst). Sie lebt in der insularen Buchmalerei weiter, deren Motive in der Hofschule Karls d. Gr. mit antiken verbunden werden. In der otton. Kunst kommen byzantin. Elemente hinzu. Seit der 2. Hälfte des 11. Jh. wird die Architektur wieder bed. Träger der O. (Akanthuskapitell). Die Gotik bildet das Knospenkapitell und das Blattkapitell sowie das Maßwerk aus. Am Ende der Entwicklung steht das verschlungene Ast- und Laubwerk der dt. Schnitzaltäre.

Neuzeit: In der Renaissance Rückgriff auf Formelemente der röm. Kaiserzeit. Die Wiederbelebung der Groteske durch Raffael in den Loggien des Vatikans hatte Wirkung auf die Dekorationen bis ins 19. Jahrhundert. Aus dem manierist. Florisstil geht zu Beginn des 17. Jh. das Knorpelwerk und der bereits barocke Ohrmuschelstil hervor. In der 2. Hälfte des 17. Jh. dominiert, von Italien ausgehend, die Akanthusranke, abgelöst vom zierl. Bandelwerk. Ab Mitte des 18. Jh. breitet sich die Rocaille aus. Die ideale Rokokoornamentik reagiert der Klassizismus mit antikisierenden Schmuckformen wie Lorbeerkranz, Girlande und Vase. Das weitere 19. Jh. bringt eine Wiederholung früherer Stilformen (Historismus), eine eigene Ornamentik entwickelt der Jugendstil.

Außereuropäischer Bereich
In der *ägypt. Kunst* sind Lotos und Papyrus bestimmend. Eine Verbindung zw. dem ägypt.

Lotos und der griech. Palmette bildet die Pflanzenornamentik Mesopotamiens. In der *islam. Kunst* überziehen stilisierte Pflanzenranken die Architektur in endloser Wiederholung (in Europa übernommen als Arabeske und Maureske). In Samarra findet sich berühmte Stuckornamentik (9. Jh.). Die Pflanzenornamentik der fatimid. Zeit lebt in normann. Bauwerken Siziliens und in der span. Omaijadenkunst (ehem. große Moschee von Córdoba) weiter. In Persien zeigt die Bujidenkunst (10. Jh.) eine höchste Verfeinerung des Dekors (Miniaturen); im Kuppelbau der seldschuk. Zeit erhält die Ornamentik eine raumbildende Funktion. Ein flächenfüllender Ornamentstil ist ebenso für den maur. Stil (Alhambra von Granada, 13./14. Jh.) charakterist. wie für die Safanidenkunst Persiens (Dekorationen der Freitagsmoschee in Isfahan, 16./17. Jh.). Der Reiz des flächig ausgebreiteten *chin. O.* besteht in der Spannung gerader und geschwungener Linien. Die *ind. Kunst* bietet dem O. reichen Raum. Ihre Bauten sind häufig von pflanzl. und tier. Motiven, aber auch von abstrakten Bau-O. bedeckt.
🕮 *Müller, Claus: Symmetrie u. O. Wsb. 1985.* - *Dotzler, G.: O. als Zeichen. Ffm. 1984.* - *Meyer, Franz S.: Hdb. der Ornamentik. Mchn. 1983.* - *Gombrich, E. H.: O. u. Kunst. Dt. Übers. Stg. 1982.* - *Humbert, C.: Ornamente. Mchn.* ³*1981.* - *Ott-Peerenboom, H./Wünsch, K.: Muster u. O. Mchn. 1978.*

ornamental [lat.], mit Ornamenten versehen; schmückend; dekorativ.

Ornamentglas ↑ Glas.

Ornamentik [lat.], Gesamtheit der Formen des Ornaments (innerhalb einer bestimmten Stilepoche oder bei einem einzelnen Kunstwerk).

Ornamentstich, vom 15. bis ins 19. Jh. übl. Ornamententwurf in Kupferstichtechnik. Bes. im 16., im späten 17. und im 18. Jh. hat der O. bed. Einfluß auf kunstgewerbl. Dekorationen gewonnen. Bed. Ornamentstecher waren u. a.: C. Floris, J. Bérain, G. M. Oppenordt, J. A. Meissonier, T. Chippendale.

Ornat [lat.], feierl. Amtstracht der Funktionsträger der christl. Kirchen.

Orne [frz. ɔrn], Dep. in Frankreich.

Ornithin [zu griech. órnis „Vogel, Huhn" (da zuerst in Hühnerexkrementen nachgewiesen)] (2,5-Diaminovaleriansäure), bas. Aminosäure, die nicht in Proteinen vorkommt, jedoch als Zwischenprodukt des Harnstoffzyklus auftritt. Bei Vögeln wird die beim Abbau aromat. Aminosäuren entstehende Benzoesäure durch O. in ungiftige Ornithursäure umgewandelt.

Ornithinzyklus, svw. ↑ Harnstoffzyklus.

Ornithologie [zu griech. órnis „Vogel"], Vogelkunde; Spezialgebiet der Zoologie, erforscht Bau, Lebensweise, Verhalten und Verwandtschaft der Vögel.

Ornithose [zu griech. órnis „Vogel"], zusammenfassende Bez. für die von Vögeln auf den Menschen übertragenen Infektionen durch Bakterien der Art Chlamydia psittaci; im allg. mit der ↑ Papageienkrankheit gleichzusetzen, wobei als Überträger aber auch Tauben, Enten, Gänse u. a. in Frage kommen. Die Infektion erfolgt durch Tröpfchen- und Staubinhalation von erkrankten oder gesunden erregertragenden Tieren. Die Inkubationszeit beträgt 7–14 Tage. Die O. beginnt mit uncharakterist. „grippalen" Symptomen. In mehr als der Hälfte aller Fälle verläuft die Infektion unauffällig; Behandlung mit bestimmten Antibiotika mögl. Verdachts-, Erkrankungs- und Todesfälle von O. bei Mensch und Tier sind meldepflichtig.

Örnsköldsvik [schwed. œːrnʃœldsˈviːk], schwed. Stadt an der Bottensee, 60 100 E. Eines der bedeutendsten schwed. Holzverarbeitungszentren mit drei Zellstoffabriken; Hafen. - 1842 gegr.; 1893 Stadt.

Oro, El [span. eˈloro], Prov. in S-Ecuador, am Golf von Guayaquil, 5 826 km², 337 800 E (1982), Hauptstadt Machala. El O. reicht von der Küstenebene bis in die Westkordillere.

Orobanche [griech.], svw. ↑ Sommerwurz.

Orogenese [zu griech. óros „Berg, Gebirge"] ↑ Gebirgsbildung.

Oromo, Volk in Äthiopien, ↑ Galla.

Orongo ↑ Ovamboland.

Orontes ↑ Asi nehri.

Orotava, La [span. la oroˈtaβa], Stadt auf Teneriffa, Spanien, 30 200 E. Handels- und Dienstleistungszentrum, Herstellung von Stickereien; Fremdenverkehr. Berühmter botan. Garten.

Orotsäure [griech./dt.] (2,4-Dihydroxypyrimidin-6-carbonsäure), als Zwischenprodukt bei der Biosynthese der Pyrimidinbasen Uracil und Zytosin auftretende Substanz, die synthet. hergestellt in der Leberschutztherapie, Diätetik und Tieraufzucht verwendet wird.

Oroya, La [span. la oˈroja], Stadt in den Anden, Z-Peru, 3 740 m ü. d. M., 33 000 E. Hüttenzentrum.

Oroyafieber [nach der peruan. Stadt La Oroya] (Carrión-Krankheit, Peruwarze, Verruga peruviana), bes. in S-Amerika auftretende, zu den Bartonellosen (↑ Bartonellen) gehörende Infektionskrankheit, u. a. mit Fieber, anäm. Erscheinungen, später mit Ausbildung warziger Hautknoten im Gesicht und an den Extremitäten.

Orozco, José Clemente [span. oˈrɔsko], * Ciudad Guzmán 23. Nov. 1883, † Mexiko 7. Sept. 1949, mex. Maler. - Neben D. Rivera und D. A. Siqueiros Begr. der mex. Malschule des 20. Jh., die Elemente präkolumb. Kunst verarbeitet. O. steigert in seinen monumentalen Wandbildern zeitgenöss. Themen ins Sinnbildhafte; u. a. „Die große Gesetzge-

Orpheus

bung" (1947–48; Guadalajara, Cámara de Diputados del Estado de Jalisco).

Orpheus, thrak. Sänger und Kitharaspieler der griech. Sage, zugleich myth. Begründer der nach ihm ↑Orphik ben. Geheimlehre und Stifter eines Mysterienkultes. Dem unwiderstehl. Zauber seines Gesanges, der O. Macht über die Geschöpfe der Natur verleiht, kann sich auch Hades nicht verschließen und gibt der Bitte des Sängers um Rückgabe seiner an einem Schlangenbiß gestorbenen Gemahlin Eurydike nach, jedoch unter der Bedingung, daß O. sich vor Erreichen der Oberwelt nicht nach Eurydike umsieht. Als er gegen dieses Gebot verstößt, entschwindet ihm die Geliebte auf immer. In der Trauer darüber zum Frauenverächter geworden, wird O. von thrak. Mänaden zerrissen. Haupt und Instrument des Sängers treiben über das Meer nach Lesbos, wo seither die Lyrik in hoher Blüte steht. - Zu den Hauptquellen späterer literar. Bearbeitungen zählen Vergils „Georgica" und Ovids „Metamorphosen".

Orphik [griech.], philosoph.-religiöse Bewegung in der griech. Antike und im Hellenismus, die sich auf hl. Schriften (sog. „orph. Dichtungen"), die angebl. von Orpheus stammten, berief. Die Lehre befaßte sich mit dem jenseitigen Geschick der Seele und mit eth. Forderungen, mit deren Erfüllung die Seligkeit im Jenseits und das Ende der Seelenwanderung erreicht werden sollte.

Orphismus [griech.], von R. Delaunay begr. Kunstrichtung zu Beginn des 20.Jh.; ausgehend vom kubist. Formfacettierung konzentriert sich der O. auf die Zerlegung des Lichteindrucks.

Orsat-Apparat, zur volumetr. Analyse von Abgasen verwendetes Gerät aus mehreren, mit jeweils verschiedenen Waschflüssigkeiten gefüllten Gefäßen, durch die eine bestimmte Menge des Gases nacheinander geleitet wird, wobei jeweils eine Komponente des Gases mit der Waschflüssigkeit reagiert.

Orseille [frz. ɔr'sɛj] (Orchilla), ein v. a. aus braunroten bis violetten Substanzen bestehender Naturfarbstoff, der aus Flechten gewonnen wird; im MA zum Färben von Wolle und Seide verwendet.

Orsini, röm. Adelsgeschlecht, als dessen Ahnherr Orso di Bobone (12. Jh.) gilt. Orsos Enkel Matteo Rosso O. († um 1246) begr. die Macht des Hauses O. als Hauptvertreter der Guelfen und damit als Gegner der Colonna. Als einziger Zweig der Fam. besteht heute noch die Linie *O.-Gravina* (Hzg. seit 1463, heute Fürsten).

Ørsted, Hans Christian [dän. 'œrsdɛð], * Rudkøbing 14. Aug. 1777, † Kopenhagen 9. März 1851, dän. Physiker und Chemiker. - Prof. in Kopenhagen; begründete 1820 mit seiner Entdeckung der magnet. Wirkung des Stroms die Lehre vom Elektromagnetismus. 1825 stellte Ø. erstmals geringe Mengen Aluminium rein.

Ort [eigtl. „Spitze, äußerstes Ende", dann: „Gegend, Platz"], svw. ↑geometrischer Ort.
♦ *bergmänn.:* Vortriebsstelle einer Strecke.
♦ im älteren dt. *Münzwesen* der Viertelwert einer größeren Einheit (z. B. Ortsgulden).

Ortasee, westlichster der italien. Alpenrandseen, 13,4 km lang, im Mittel nur 1,5 km breit, bis 143 m tief, 290 m ü. d. M.

Ortega Saavedra, Daniel [span. ɔr'teɣa saa'βeðra], * La Libertad (Dep. Chontales) 11. Nov. 1945, nicaraguan. Offizier und Politiker. - Als einer der Kommandanten der Sandinist. Befreiungsfront 1967–74 in Haft; 1979 führend am Sturz A. Somozas beteiligt, dann Mgl. der Junta; von Jan. 1985–April 1990 gewählter Staatspräsident.

Ortega y Gasset, José [span. ɔr'teɣa i ɣa'sɛt], *Madrid 9. Mai 1883, † ebd. 18. Okt. 1955, span. Kulturphilosoph und Essayist. - 1911–36 und 1949–53 Prof. für Literatur und Metaphysik in Madrid; 1923–30 Leiter einer Oppositionsgruppe republikan. Intellektueller (gegen Primo de Rivera); 1936–46 in der Emigration (u. a. in Frankr., Portugal, Argentinien). - In den Mittelpunkt seiner in brillanten Essays, aber unsystemat. vorgetragenen Philosophie stellt O. y G. das Leben (die „vitale Vernunft"), wobei er Anregungen von Hegel, Dilthey und Nietzsche [eklektizist.] aufgreift. Im individuellen Leben, das

Orpheus (rechts) mit Hermes und Eurydike (Mamorrelief; um Christi Geburt). Neapel, Museo Nazionale

Orthoepie

er zunächst biologist. verstand, sieht er die letzte und radikale Wirklichkeit, in der alles andere wurzelt. Entsprechend ist seine Erkenntnislehre ein Perspektivismus. d. h. die Welt kann immer nur von einem bes. Gesichtspunkt aus betrachtet und erkannt werden. Später, unter dem Eindruck des [v. a. frz.] Existentialismus, ersetzt O. y G. die „vitale Vernunft" durch die „histor. Vernunft", wodurch sein Zentralbegriff „Leben" zwar um eine soziale und kulturelle Dimension erweitert wird, jedoch ohne daß dadurch der Gesellschaft als solcher ein das Individuum tragender und kulturschaffender Eigenwert beigemessen würde („Der Aufstand der Massen", 1930). Der unaufhebbare Kontrast zw. den Individuen und zw. dem einzelnen und der Gesellschaft bleibt bestimmend („Der Mensch und die Leute", 1957). Lediglich die - aristokrat.-intellektuell verstandene - Elite hat nach O. y G. kulturschaffende Potenz, wodurch die „Seelenlosigkeit" der „subhumanen" Masse nur noch unterstrichen wird; denn alle kulturellen Tätigkeiten (Philosophie, Wiss., Mathematik u. a.) sind Schöpfungen aristokrat. Spielens. - *Weitere Werke:* Meditationen über Don Quijote (1914), Die Aufgabe unserer Zeit (1923), Das Wesen geschichtl. Krisen (1942), Geschichte als System (1942), Vom Menschen als utop. Wesen (1951), Eine Interpretation der Weltgeschichte ... (hg. 1960).
📖 *Ferrater Mora, J.: O. y G., an outline of his philosophy. New Haven (Conn.)* ²*1963. - Galen, B. Gräfin v.: Die Kultur- u. Gesellschaftsethik J. O. y Gassets. Hdbg.; Löwen 1959.*

Ortelius, Abraham, * Antwerpen 4. April 1527, † ebd. 28. Juni 1598, fläm. Kosmograph und Kartograph. - Urspr. Kaufmann; 1575 von König Philipp II. zum königl. Geographen ernannt. Nach einer Welt- (8 Blätter, 1564), Ägypten- (2 Blätter, 1565), Asien- (2 Blätter, 1567) und Spanienkarte (6 Blätter, 1570) veröffentlichte er 1570 sein Hauptwerk, „Theatrum orbis terrarum" (70 Karten).

Ortenau, Landschaft in der Vorbergzone des mittleren Schwarzwaldes und am Oberrhein, intensiv landw. genutzt (bes. Obst-, Wein- und Tabakbau). - Die alte Gaugrafschaft **Mortenau** löste sich in viele kleine Herrschaftsgebiete auf, von Rudolf von Habsburg nach dem Interregnum nur z. T. wieder zur Landvogtei O., einem Teil des späteren Vorderösterreich, zusammengefaßt; 1805 kam die O. an Baden.

Ortenaukreis, Landkr. in Bad.-Württ.

Ortese, Anna Maria, * Rom 1914, italien. Schriftstellerin. - Verf. neorealist., psycholog. vertiefter Erzählungen („Neapel, Stadt ohne Gnade", 1953) u. Romanen, die Wirklichkeitsschilderung mit Phantastischem verbinden.

ORTF [frz. oɛrte'ɛf], Abk. für frz.: ↑Office de Radiodiffusion-Télévision Française.

Orth, Johannes, * Wallmerod (Westerwaldkreis) 14. Jan. 1847, † Berlin 13. Jan. 1923, dt. Pathologe. - Prof. in Göttingen, danach (als Nachfolger R. Virchows) in Berlin; beschäftigte sich v. a. mit der Pathologie der Infektionskrankheiten (Tuberkulose).

orth..., Orth... ↑ortho..., Ortho...

Orthese [griech.] ↑Prothetik.

Orthit [zu griech. orthós „gerade, aufrecht" (wegen der häufig gestreckten Kristallform)] (Allanit), Mineral von brauner bis schwarzer, auch gelber Farbe und fettigem Glanz; stark pleochroitisch, monoklin. Chem. etwa Ca(Ce,Th) (Fe^{3+}, Mg, Fe^{2+}) Al$_2$[O|OH|SiO$_4$|Si$_2$O$_7$]. Mohshärte 5,5 bis 6; Dichte 3-4 g/cm^3. Enthält neben Cer auch andere Metalle der seltenen Erden. Radioaktiv infolge des Thoriumgehaltes.

ortho- [griech.], Abk. o-; in der Chemie Bez. für die Stellung zweier Substituenten am ersten und zweiten Kohlenstoffatom eines aromat. Ringes. - ↑ auch meta-, ↑ para-.

ortho..., Ortho..., orth..., Orth... [zu griech. orthós „aufrecht"], Bestimmungswort von Zusammensetzungen mit der Bed. „gerade, aufrecht; richtig, recht".

Orthoceras [griech.] (Geradhorn), ausgestorbene, vom Ordovizium bis zur Trias bekannte Gatt. meerbewohnender Kopffüßer; mit geradem, bis 2 m langem, kegelförmigem, gekammertem Gehäuse.

orthochromatische Emulsion ↑Sensibilisierung.

orthodox [zu griech. orthódoxos, eigtl. „von richtiger Meinung"], 1. svw. rechtgläubig, in Übereinstimmung mit der herrschenden [kirchl.] Lehrmeinung; 2. zu den orthodoxen Kirchen (↑orientalische Kirchen) gehörig.

orthodoxe Kirchen ↑orientalische Kirchen.

Orthodoxie [griech.] (prot. O.), zusammenfassende Bez. der nachreformator. Epoche in der ev. Theologie, die mit dem Augsburger Religionsfrieden 1555 einsetzt und um 1700 endet. Wichtige theolog. Voraussetzung war die Kanonisierung der Schriften Luthers und Calvins. Die theolog. Auseinandersetzungen sind eng verknüpft mit Entstehung und Geschichte vieler dt. und ausländ. Univ. Innerhalb der luth. O. kam es zu Streitigkeiten zw. den Anhängern Luthers und Melanchthons; Auseinandersetzungen um den Kryptokalvinismus führten zur Abtrennung der Deutschreformierten in Süddeutschland. Weite Verbreitung fand die luth. O. in Skandinavien. Bed. ist der Einfluß der O. auf das prot. Kirchenlied, der bis heute nachwirkt.

Orthodrome [zu griech. orthós „aufrecht" und drómos „Lauf"], die kürzeste Verbindungslinie zweier Punkte auf einer Kugeloberfläche; Teil eines Kreises, dessen Mittelpunkt mit dem Kugelmittelpunkt übereinstimmt (Großkreis).

Orthoepie (Orthoepik) [...o-e...; griech.],

Orthogenese

Lehre von der richtigen Aussprache der Wörter.
Orthogenese (Orthogenie), Hypothese, die besagt, daß die stammesgeschichtl. Entwicklung der Lebewesen durch zielgerichtete innere Faktoren vorbestimmt ist.
Orthognathie [griech.], gerade Kieferstellung mit normalem Scherenbiß (und normaler Gesichtsprofilbildung).
Orthogneis ↑ Gneis.
Orthogon, svw. Rechteck.
orthogonal [griech.], in der Geometrie svw. rechtwinklig zueinander, senkrecht aufeinander[stehend].
Orthographie, svw. ↑ Rechtschreibung.
Orthoklas [griech.] ↑ Feldspäte.
Orthopädie [zu griech. orthós „aufrecht" und paideía „Erziehung, Übung"], Lehre von der Erkennung und Behandlung der angeborenen oder erworbenen Fehler der Haltungs- und Bewegungsorgane; *Orthopäde*, Facharzt für Orthopädie.
Ortho-Para-Isomerie, durch unterschiedl. Ausrichtung der Spins der Atomkerne in zweiatomigen Molekülen bedingtes Auftreten von jeweils zwei Molekülformen mit unterschiedl. physikal. Eigenschaften; z. B. sind beim *Orthowasserstoff* (o-H_2) die Spins der Atomkerne gleichgerichtet, beim *Parawasserstoff* (p-H_2) einander entgegengesetzt gerichtet, wodurch beide Wasserstoffarten eine unterschiedl. spezif. Wärme und verschiedene Kernrotationsspektren besitzen.
Orthophyr [griech.], quarzfreies porphyr. Ergußgestein mit Einsprenglingen von Kalifeldspat und Hornblende.
Orthopnoe [griech.], Zustand höchster Atemnot, in dem nur bei aufgerichtetem Oberkörper genügend Atemluft in die Lunge gelangt.
Orthopol (Lotpunkt), Schnittpunkt der Lote, die von den auf einer Geraden *g* liegenden Punkten A', B', C' auf die Seiten *a*, *b*, *c* eines mit *g* in einer Ebene liegenden Dreiecks *ABC* gefällt werden, wobei die Punkte A', B', C' die durch senkrechte Parallelprojektion erhaltenen Bilder der Dreieckseckpunkte sind.
Orthoptera [griech.], svw. ↑ Geradflügler.
Orthoptik (Binokularschulung, Schielbehandlung), Behandlung des anomalen Binokularsehens durch Training der Augenmuskeln.
Orthosäuren, anorgan. Säuren, die in ihren Molekülen die größtmögliche Anzahl von Hydroxylgruppen enthalten und durch Abspaltung eines bzw. mehrerer Wassermoleküle in ↑ Metasäuren übergehen können.
Orthostaten [griech.], Quader, auch Platten, auf denen die eigtl. Wandquader des griech. Tempels aufliegen.
orthotrop [griech.], senkrecht (abwärts oder aufwärts) wachsend; bezogen auf die Wuchsrichtung pflanzl. Organe unter dem Einfluß der Erdschwerkraft.
Orthozentrum, der Schnittpunkt der Höhen eines Dreiecks.
Ortiz, Adalberto [span. ɔr'tis], * Esmeraldas 9. Febr. 1914, ecuadorian. Schriftsteller. - Zunächst Lehrer, dann Diplomat, Journalist. Schrieb als einer der ersten ecuadorian. Autoren Gedichte, die auf die Folklore der Schwarzen und Mulatten zurückgreifen.
O., Diego [span. ɔr'tiθ], * Toledo um 1525, † nach 1570, span. Komponist. - Als Hofmusiker des Herzogs von Alba zeitweilig in Neapel; sein „Tratado de glosas sobre cláusulas y otros géneros de puntos en la música de violones" (1553) gilt als wichtigste Quelle für die Aufführungspraxis des 16. Jahrhunderts.
Ortlergruppe, Gebirgsmassiv der Zentralalpen, in Südtirol, Italien, etwa 50 km lang und 40 km breit, im Ortler 3 899 m hoch.
örtliche Betäubung, svw. Lokalanästhesie (↑ Anästhesie).
Ortner, Eugen, * Glaishammer (= Nürnberg) 26. Nov. 1890, † Traunstein 19. März 1947, dt. Schriftsteller. - Schrieb bühnenwirksame soziale Dramen („Meier Helmbrecht", 1928), Volksstücke, kulturgeschichtl. und biograph. Romane (u. a. über B. Neumann, G. F. Händel, die Fugger) sowie Essays.
Ortnit, in der ersten Hälfte des 13. Jh. von einem ostfränk. Dichter abgefaßtes Epos (↑ Wolfdietrich).
Ortolan [italien., zu lat. hortulanus „zum Garten gehörend"] (Gartenammer, Emberiza hortulana), etwa buchfinkgroße Ammer in busch- und baumreichem Gelände Europas, SW-Asiens und der gemäßigten Region Asiens; ♂ mit olivfarbenem Kopf und Hals, gelber Kehle und gelbem Bartstreif; ♀ unscheinbarer gefärbt.
Ortoli, François-Xavier, * Ajaccio 16. Febr. 1925, frz. Politiker (UDR). - 1958–61 bei der EWG tätig; 1962–66 Kabinettsdirektor bei Premiermin. Pompidou; 1966/67 Generalkommissar für den frz. Wirtschaftsplan; 1967–72 wiederholt Min. (Ausrüstung und Wohnungsbau, Erziehung, Finanzen, industrielle und wiss. Entwicklung); 1973–76 Präs. der EG-Kommission; 1977–84 einer ihrer Vizepräs. und Kommissar für Wirtschafts- und Währungsfragen.
Orton, Joe [engl. ɔ:tn], eigtl. John Kingsley O., * Leicester 1. Jan. 1933, † London 9. Aug. 1967 (ermordet), engl. Dramatiker. - Themen seiner Stücke des schwarzen Humors sind Triebhaftigkeit, Perversion, Sadismus, Mord und Totenkult („Seid nett zu Mr. Sloane", 1964; „Beute", Uraufführung 1965; „Was der Butler sah", Uraufführung 1969).
Ortrud (Ortraud), alter dt. weibl. Vorname (zu althochdt. ort „Spitze [einer Waffe]" und -trud „Kraft").
Ortsbestimmung (geograph. Ortsstimmung), die Ermittlung des genauen Ortes

Ortstein

von Punkten auf der Erde durch Bestimmung ihrer geograph. Koordinaten mit Hilfe von Messungen bestimmter Gestirnspositionen. Die Bestimmung der geograph. Breite ist im Prinzip eine Messung der ihr gleichen Polhöhe. Die Bestimmung der geograph. Länge erfolgt durch Messung des Abstandes des Ortsmeridians vom Nullmeridian. Da beide Meridiane durch ihre Ortszeit bestimmt sind, ist die Längenbestimmung im Prinzip ein Zeitvergleich mit anschließender Umrechnung der Zeitdifferenz in Grad (1 h $\triangleq$ 15°). Die Ortszeit wird dabei z. B. aus Beobachtungen des Durchgangs von Gestirnen durch den Meridian ermittelt und mit der durch Funksignale erhältl. Weltzeit (= Ortszeit des Nullmeridians) verglichen.

Ortsgedächtnis, bei den meisten Wirbeltieren, v. a. den reviergebundenen, in geringem Maße auch noch beim Menschen vorhandene Fähigkeit, sich einzelne Orte und Stellen in der Umwelt zu merken und sie wieder aufzufinden, z. T. durch direktes, gezieltes Ansteuern (↑Mnemotaxis).

Ortskirche (Teilkirche), in der kath. Kirche seit dem 2. Vatikan. Konzil gebräuchl. Bez. für die Diözese als Repräsentantin der Universalkirche.

Ortsklassen, entsprechend dem Preisindex der Lebenshaltung und der Ortsgröße gebildete Gruppen der dt. Gemeinden (Einteilung in die Ortsklassen A und S). Die Zugehörigkeit ist für den Ortszuschlag bei der Besoldung der Beamten und Angestellten des öffentl. Dienstes von Bedeutung.

Ortskoordinaten (Lagekoordinaten), die zur eindeutigen Beschreibung der Lage eines Punktes erforderl. Koordinaten des dreidimensionalen Raumes.

Ortskurve, allg. der geometr. Ort der Endpunkte eines vom Nullpunkt eines Koordinatensystems aus abgetragenen, in Abhängigkeit von einem Parameter λ stetig veränderl. Vektors.

Ortsmeridian, der durch den Beobachtungsort gehende Längenkreis.

Ortsmißweisung (Kompaßmißweisung), svw. ↑Deklination.

Ortsname (Toponymikon, Siedlungsnamen), Name von menschl. Siedlungen (Dörfer, Städte usw.). Bei den Germanen waren anfangs nur Insassennamen (*Sigmaringen* „bei den Leuten des Sigmar") und Geländenamen (Stellenbezeichnungen; *Goslar* „Weideplatz an der Gose") in Gebrauch. Später bezeichneten die O. auch baul. Anlagen, z. B. Brücken (*Innsbruck* „Brücke über den Inn") oder Wehranlagen (*Kassel* „Kastell"). Im MA zeigte sich die polit.-soziale Ordnung auch in der O.gebung, bes. in dem Typ: Personenname des Grundherrn im Genitiv + Grundwort -weiler, -hausen, -dorf u. a., z. B. *Rappoltsweiler* („Dorf des Ratbold"). Die Christianisierung fand ihren Niederschlag in O. wie *St. Gallen, Benediktbeuern, Zell* (lat. cella „Klosterzelle"), *München* („bei den Mönchen"). Namen von stadtähnl. Siedlungen wurden bis ins 12. Jh. überwiegend mit -burg (seltener mit -berg) gebildet, dann drängten Bildungen auf -stat, -stet mit der Bedeutung „Stadt" vor. Die Ritterzeit zeigt sich in zahlr. Burgennamen auf -burg, -stein, -fels, -eck, die z. T. zu O. geworden sind. Die Neusiedlungen des 17. und 18. Jh. erhielten oft den Namen des ehemaligen Heimatortes der Siedler mit dem Vorsatz Neu- (*Neukölln*). An die Zeit des Absolutismus erinnern z. B. *Karlsruhe, Charlottenburg.* - Der Geltungsbereich eines O. konnte sich im Lauf der Zeit ändern, z. B. konnte ein O. zu einem Gebietsnamen (*Mecklenburg,* eigtl. „große Burg") oder zu einem Personennamen werden. Gingen Siedlungen unter, konnten u. U. die O. als Flurnamen weiterleben; im allg. waren die O. jedoch ziemlich konstant.

Im Dt. gibt es drei Arten von O.: *Einfache O.* sind z. B. *Aue* („nasse Wiese"), *Fürth* („Furt"), *Kassel* („Kastell, Wehranlage"). Die *zusammengesetzten O.* bestehen aus einem ortsbezeichnenden Grundwort (-dorf, -stadt, -heim usw.) und verschiedenartigen Bestimmungswörtern, z. B. Adjektiven zur näheren Erläuterung (*Hannover* „am hohen Ufer"), Substantiven (*Forchheim* zu althochdt. forha „Föhre, Kiefer"), Namen von Personen (*Braunschweig* „Dorf des Bruno") oder Stämmen (*Frankfurt* „Furt der Franken"). Die Suffixe *abgeleiteter O.* waren urspr. oft selbständige Wörter, so die althochdt. Wörter für Wasser, Fluß -aha (in *Fulda*) oder -manni u. a. (in *Dortmund*). Häufig im Dt. ist das eine Zugehörigkeit ausdrückende Suffix -ing (-ingen, -ungen), wie in *Freising, Göttingen.* Zur Unterscheidung von O. wurden seit jeher Zusätze verwendet wie Alt-, Frei-, seit dem Spät-MA Ober-, Groß-, Hohen- usw., in der Neuzeit z. B. Frankfurt *am Main,* oder Doppelnamen bei Stadtteilen (*Stuttgart-Degerloch).*

Die dt. O. entwickelten sich sprachl. im allg. entsprechend der Mundart des betreffenden Gebiets; häufig sind in ihnen Reliktformen erhalten, die wichtige sprachgeschichtl. Denkmäler darstellen.

📖 Zinsli, P.: O. Frauenfeld 1971. - Wagner, Kurt: Echte u. unechte O. Mainz; Wsb. 1967. - Sturmfels, W./Bischof, H.: Unsere O. Im Abc erklärt nach Herkunft u. Bed. Bonn u. a. ³1961.

Ortsraum, der gewöhnl. physikal. Raum, dessen Koordinaten die Ortskoordinaten sind und in dem alles beobachtbare physikal. Geschehen abläuft. Er wird in der Relativitätstheorie durch Hinzunahme der Zeit als weiterer Koordinate zur vierdimensionalen Raum-Zeit-Welt (Minkowski-Raum) erweitert.

Ortssatz, svw. ↑Lokalsatz.

Ortstein, der durch Eisen- und Humusanreicherung steinhart verfestigte und bräun-

135

Ortsvektor

lichschwarz gefärbte obere Teil des B-Horizonts (↑Bodenkunde), v. a. auf Sanden unter Heidevegetation.

Ortsvektor (Radiusvektor), Vektor eines n-dimensionalen euklid. Raumes, dessen Anfangspunkt der Nullpunkt des Koordinatensystems und dessen Endpunkt irgendein anderer Punkt ist.

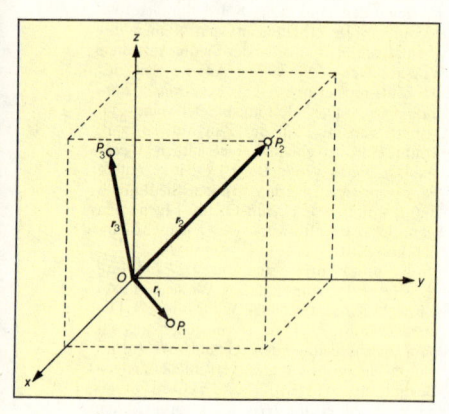

Ortsvektoren r_1, r_2, r_3 des dreidimensionalen Raumes mit den Endpunkten P_1, P_2, P_3 (für r_2 sind die Koordinaten eingezeichnet)

Ortszeit, die auf den Meridian (Längenkreis) des Beobachtungsortes bezogene, für alle Orte auf diesem Meridian gleiche Zeit. Sie weicht um die in Zeitmaß ausgedrückte geograph. Länge (15° ≙ 1 h) von der entsprechenden mittleren Greenwichzeit ab. Umgangssprachl. hat die O. auch die Bed. Zonenzeit (↑Zeitzone).

Ortszuschlag, Teil der ↑Besoldung im öffentl. Dienst; seine Höhe richtet sich nach der entsprechenden Tarifklasse (alle Besoldungsgruppen sind in fünf Tarifklassen zusammengefaßt), nach der Ortsklasse und dem Familienstand.

Ortung, die Gesamtheit der Meß- und Rechenvorgänge zur Bestimmung eines Standortes. I. w. S. versteht man unter O.: 1. die Ermittlung der Lage von Objekten durch Angabe ihrer [ebenen oder räuml.] Koordinaten, wobei die Objekte z. B. auch Lagerstätten, physikal. Erscheinungen und Vorgänge (Erdbebenzentren, Meteoriten u. a.) oder z. B. Fremdkörper im menschl. Organismus sein können; 2. die Ermittlung des Bewegungszustandes (Geschwindigkeit, Beschleunigung). Je nach der Art der meßtechn. Hilfsmittel unterscheidet man Sicht-, Schall-, Funk-, Astro- und Trägheitsortung. - ↑auch Funknavigation, ↑Peilung.

Oruro, Hauptstadt des bolivian. Dep. O., auf dem Altiplano, 3076 m ü. d. M., 132 200 E. Kath. Bischofssitz; TU, dt. Schule; Zentrum eines bed. Bergbaugebiets mit Blei- und Zinnschmelze; Bahnknotenpunkt, ✈. - 1595 von Spaniern zur Ausbeutung der Silbervorkommen angelegt.

O., Dep. in W-Bolivien, an der chilen. Grenze, 53 588 km², 385 100 E (1982), Hauptstadt Oruro. Das Dep. liegt im Altiplano.

Orvieto, italien. Stadt im südl. Umbrien, über dem Pagliatal, 315 m ü. d. M., 22 800 E. Kath. Bischofssitz; Museen, Priesterseminar; Zentrum des Weinbaus und -handels, Weinmesse. - Ende des 6. Jh. erstmals als Bischofssitz bezeugt (**Urbs vetus**); in langobard. Zeit (seit 606) Sitz eines Grafen, gehörte dann zur Mark-Gft. Tuszien und entwickelte sich im 12. Jh. zu einem Zentrum der Guelfen; 1354 in päpstl. Besitz, gehörte 1448/60-1860 fast ununterbrochen zum Kirchenstaat. - Roman.-got. Dom (1290-1319), Fassade mit Mosaiken und Skulpturen geschmückt. Der Palazzo del Popolo ist roman.-got., der Palazzo dei Papi gotisch. Berühmt ist auch der Pozzo di San Patrizio, eine Brunnenanlage der Renaissance (1528-37). Nahebei eine etrusk. Nekropole (4. Jh. v. Chr.).

Orwell, George [engl. 'ɔːwəl], eigtl. Eric Arthur Blair, * Motihari (Bihar) 25. Juni 1903, † London 21. Jan. 1950, engl. Schriftsteller. - Ab 1922 Beamter bei der brit. Polizeitruppe in Indien, von der er 1927 als Gegner imperialist. Methoden seinen Abschied nahm; lebte mehrere Jahre in Paris und London von Gelegenheitsarbeiten in Armut („Erledigt in Paris und London" [Autobiogr.], 1933), 1936 kämpfte er auf republikan. Seite im Span. Bürgerkrieg, über den er in „Mein Katalonien" (1938) berichtete. Danach in London Journalist. Kommunist, später Mgl. der Labour Party. Internat. bekannt wurde O. durch die gegen die Diktatur gerichtete Satire „Farm der Tiere" (1945) und den Roman „1984" (1949), in dem mit dem Schreckensbild eines totalitären Staates vor Entwicklungen gewarnt wird, die zur totalen Überwachung des Individuums und damit zur Ausschaltung von Individuen überhaupt führen.

Ory, Kid [engl. 'ɔːrɪ], eigtl. Edward O., * Laplace (La.) 25. Dez. 1889, † Honolulu 23. Jan. 1973, amerikan. Jazzmusiker (Posaunist). - Spielte ab 1911 in New Orleans mit eigenen Orchestern, wirkte ab 1923 in Chicago an bed. Schallplattenaufnahmen des New-Orleans-Jazz mit und trat ab 1942 erneut als einer der berühmtesten Posaunisten des New-Orleans-Jazz hervor.

Oryxantilope [griech.], svw. ↑Spießbock.
Oryza [griech.], svw. ↑Reis.

Orzeszkowa, Eliza [poln. ɔʒɛʃˈkɔva], geb. Pawłowska, * Milkowschtschisna bei Grodno 6. Juni 1841, † Grodno 18. Mai 1910, poln. Schriftstellerin. - Vertrat in realist. Ro-

Oschatz

manen, in denen sie u. a. die Welt der poln.-lit. Bauern („Die Hexe", 1885) und der jüd. Bevölkerung Polens („Eli Makower", 1874/75) darstellte, soziale und patriot. Ideen („An der Memel", 1887) sowie Forderungen nach Gleichberechtigung der Frau („Marta", 1873). Gilt auch als eine der bedeutendsten Vertreterinnen des poln. Positivismus.

Os, chem. Symbol für ↑Osmium.

Os [schwed.] (Mrz. Oser; ir. Esker), dammartiger Kiesrücken von wenigen 100 bis mehreren 1 000 m Länge und bis 30 m Höhe in Grundmoränenlandschaften.

Os (Mrz. Ora) [lat.], in der Anatomie svw. ↑Mund.

Os (Mrz. Ossa) [lat.], anatom. Bez. für Bein, Knochen; z. B. *Os frontale*, Stirnbein.

Osa, Península de, Halbinsel an der pazif. Küste von Costa Rica, den Golfo Dulce im W begrenzend.

OSA, Abk. für: Ordo Sancti Augustini, ↑Augustiner.

Osage [engl. 'oʊseɪdʒ], Sioux sprechender Indianerstamm in der zentralen und südl. Prärie, USA.

Osagedorn [engl. 'oʊseɪdʒ; nach den Osage] (Osageorange, Indianerorange, *Maclura pomifera*), bis 20 m hohes, dorniges Maulbeergewächs im südl. N-Amerika; mit kugeligen ♀ Blütenständen, aus denen sich je ein faustgroßer, orangefarbener, außen warzig gerunzelter eßbarer Fruchtstand entwickelt; in mitteleurop. Weinbaugebieten als winterharter Zierstrauch oder -baum in Kultur.

Osaka, jap. Hafenstadt auf Hondo, an der Mündung mehrerer Flüsse in die O.bucht, 2,65 Mill. E. Verwaltungssitz der Präfektur O.; kath. Erzbischofssitz; 5 Univ.; Bibliotheken, Museen; Goethe-Inst.; Gelände der Weltausstellung 1970 mit Kunstmuseum und Nationalmuseum für Völkerkunde; Münzstätte. Mittelpunkt des Ind.geb. Hanschin und nach Tokio das wichtigste Ind.- und Handelszentrum Japans; Eisen- und Stahlproduktion, Schiff- und Maschinenbau, chem., Papier-, Textil-, Elektro- und Elektronikindustrie sowie Nahrungsmittelind. und graph. Gewerbe; Hafen, Bahn- und Straßenknotenpunkt, Untergrundbahn.

Geschichte: In frühgeschichtl. Zeit als **Naniwa** mehrfach Sitz des Tenno. Beginn der neueren Stadtentwicklung um ein Ende des 15. Jh. entstandenes religiöses Zentrum der Dschodo-Schinschu; nach Belagerungen 1614 und 1615 durch Truppen der Tokugawa zerstört; ab 1619 unter direkter Verwaltung der Zentralreg. in Edo. Bis 1700 rascher Aufstieg, u. a. als Umschlagplatz für Reis und als Finanzzentrum; bis ins 18. Jh. neben Kioto ein Zentrum der jap. Stadtkultur. Ab 1871 selbständiger Stadtbezirk; schwere Zerstörungen in 2. Weltkrieg.

Bauten: In beherrschender Lage die O.burg (1931 Rekonstruktion in Stahlbeton; jetzt histor. Museum); Schitennodschi (gegr. 593; im urspr. Stil wiederhergestellter Tempel) mit steinernem Torii von 1294.

Osakabucht, Bucht der Inlandsee, an der S-Küste der jap. Insel Hondo.

Osawa, Seidschi (Ozawa, Seiji), * Hoten 1. Sept. 1935, jap. Dirigent. - 1965–70 Chefdirigent des Toronto Symphony Orchestra, 1970–76 des San Francisco Symphony Orchestra, seit 1973 des Boston Symphony Orchestra.

Osazone [Kw.], organ. Verbindungen, die durch Reaktion von Monosacchariden mit Phenylhydrazin im Überschuß entstehen. O. sind nur schwer wasserlösl. und haben charakterist. Schmelzpunkte; sie eignen sich daher zur Isolierung und Identifizierung von Zuckern.

OSB, Abk. für: Ordo Sancti Benedicti, ↑Benediktiner.

Osborn, Paul [engl. 'ɔzbən], * Evansville (Ind.) 4. Sept. 1901, amerikan. Dramatiker. - Verfaßte v. a. Gesellschaftskomödien und Drehbücher, u. a. „Familienleben" (Dr., 1931), „Der Tod im Apfelbaum" (Dr., 1938).

Osborne [engl. 'ɔzbən], John, * London 12. Dez. 1929, engl. Dramatiker. - Aus ärml. Verhältnissen; Journalist, Privatlehrer, Regieassistent und Schauspieler. Führender Vertreter der ↑Angry young men bes. durch seine Theaterstücke „Blick zurück im Zorn" (1957) und „Der Entertainer" (1957), in denen er mit Zynismus und beißendem Spott gegen die Gesellschaft und ihre Konventionen protestiert. Auch seine weiteren Werke, u. a. „Richter in eigener Sache" (Dr., 1965), „Ein Patriot für mich" (Dr., 1966), behandeln v. a. den Konflikt zw. Einzelgängern und dem konformist. Gesellschaft sowie die Isolation des Menschen. Autobiographie: „A better class of persons" (1981).

O., Thomas ↑Leeds, Thomas Osborne.

Osburger Hochwald ↑Hunsrück.

Oscar, volkstüml. Bez. für ↑Academy Award.

Oscela ↑Domodossola.

Osch, sowjet. Geb.hauptstadt im S der Kirgis. SSR, 870–1 110 m ü. d. M., 194 000 E. PH, Fakultät des polytechn. Hochschule von Frunse; Theater; Textil-, Seidenkombinat, Baumwollentkörnung, Nahrungsmittel- u. a. Ind.; Eisenbahnendpunkt. - Seit dem 9. Jh. bekannt; eine der ältesten mittelasiat. Städte, altes Zentrum der Seidenweberei. 1876 Rußland angeschlossen.

Oschatz, Krst. an der Döllnitz, Bez. Leipzig, DDR, 130 m ü. d. M., 19 100 E. Herstellung von Strickwaren, Waagen, Glasseidenerzeugnissen. - Erstmals 1246 als Stadt erwähnt. - Spätgot. Stadtkirche Sankt Ägidien, got. Kirche des ehem. Franziskanerklosters (1381–1428 und 15. Jh.); Renaissancerathaus (nach Brand 1842 wiederaufgebaut).

137

Oschatz

O., Landkr. im Bez. Leipzig, DDR.

Oschersleben, Landkr. im Bez. Magdeburg, DDR.

Oschersleben/Bode, Krst. am N-Hang des Bodetales, Bez. Magdeburg, DDR, 86 m ü. d. M., 17200 E. Verwaltungssitz des Landkr. Oschersleben; Bau von Landw.maschinen, Pumpenfabrik, Zucker-, Süßwaren- und Zigarrenherstellung. - Stadtrecht 1235 bezeugt. - Renaissancewohnbau (1545) einer ehem. Schloßanlage.

Oschima, Nagisa, * Kioto 31. März 1932, jap. Filmregisseur. - Setzte sich v. a. mit dem Nachkriegsjapan und seinen Konflikten mit der Tradition auseinander, u. a. in „Nacht und Nebel über Japan" (1960) über die Studentenunruhen; „Tod durch Erhängen" (1969), „Die Rückkehr der drei Trunkenbolde" (1968), „Tagebuch eines Shinjuku-Diebes" (1968), „Die Zeremonie" (1971) sind polit. Analysen über etablierte jap. Werte. Internat. Aufsehen erregten die Zeitbilder über Sexualität und Verbrechen „Im Reich der Sinne" (1976), „Im Reich der Leidenschaft" (1978), „Max, mon amour" (1985).

Osebergschiff nach der Ausgrabung (oben) und heutiger Zustand (unten; Oslo, Bygdøy)

Oschima, Hauptinsel der jap. Isuinseln, vor der Sagamibucht (Hondo); 237 km², bis 755 m hoch (Vulkan Mihava; Ausbruch 1986).

Öse, kleiner [Metall]ring, der bei Textilien, Lederwaren u. a. die Ränder eines Lochs gegen Einreißen sichert.

Oseberg [norweg. ˌuːsəbærg], am Oslofjord gelegene Fundstelle (Ausgrabung 1903) eines gut erhaltenen Bootgrabes aus der Mitte des 9. Jh. für eine vornehme Frau (vermutl. die Großmutter König Haralds I.) mit reichen Beigaben. Die mit Bandornamenten verzierten Holzarbeiten sind Meisterwerke der german. Kunst.

Osee, in der Vulgata Name des †Hosea.

Ösel, größte estn. Ostseeinsel, vor dem Rigaischen Meerbusen, 2714 km², Hauptort Kingisepp. - 1227 vom Schwertbrüderorden erobert, der dort ein Bistum einrichtete; wurde 1559 dän., 1645 schwed., 1721 russ.; im Okt. 1917 von dt. Truppen besetzt, ab 1918 zu Estland.

Osella (Mrz. Oselle) [venezian., zu osél (italien. uccello) „Vogel"], Silbermünze der Republik Venedig, geprägt 1521–1796; urspr. in Ablösung eines aus Wildvögeln bestehenden Neujahrsgeschenks der Dogen an die Mgl. des Großen Rates, doch auch als Kurantmünze wechselnden Wertes im Umlauf.

Oser †Os.

Osgood, William [engl. ˈɔzgʊd], * Boston 10. März 1864, † Belmont (Mass.) 22. Juli 1943, amerikan. Mathematiker. - Sein „Lehrbuch der Funktionentheorie" (1907–1932) gab die erste systemat. Zusammenfassung dieses Teilgebiets der Mathematik.

Oshawa [engl. ˈɔʃəwə], kanad. Stadt am N-Ufer des Ontariosees, 117500 E. Histor. Museum; bed. Standort der kanad. Automobilind. - Angelegt 1795 durch Loyalisten als **Skae's Corners,** 1842 in O. umbenannt; Town seit 1889, City seit 1924.

Oshkosh [engl. ˈɔʃkɔʃ], Stadt am Lake Winnebago, Wisconsin, USA, 230 m ü. d. M., 49700 E. Univ. (gegr. 1871); Zentrum eines Erholungsgebiets, Holzverarbeitung. - Entstand 1836 als **Athens** bei einer 1833 errichteten Handelsstation, seit 1840 heutiger Name.

Oshogbo [oʊˈʃoʊbboʊ, əˈʃɔgboʊ], Stadt in SW-Nigeria, 282000 E. Zentrum moderner nigerian. Kunst; Handelszentrum in einem Kakaoanbaugebiet.

Osiander, Andreas, eigtl. A. Hosemann, * Gunzenhausen 19. Dez. 1498, † Königsberg (Pr) 17. Okt. 1552, dt. luth. Theologe. - Ab 1522 als Pfarrer in Nürnberg wesentl. an der Einführung der Reformation beteiligt. Nahm u. a. am Marburger Religionsgespräch 1529 und am Augsburger Reichstag 1530 teil. Seit 1549 Prof. an der neuen Univ. Königsberg. Seine Theologie wurde v. a. durch seine Auffassung von der Rechtfertigung bekannt, die den langanhaltenden *Osiandr. Streit* auslöste.

Nach O. geschieht die Rechtfertigung durch die sündentilgende „Einwohnung Christi" im Wort und im Glauben; er wandte sich damit v. a. gegen die forens. Prägung der Rechtfertigungslehre durch Melanchthon.

Osijek (dt. Esseg), jugoslaw. Stadt 15 km oberhalb der Mündung der Drau in die Donau, 110 m ü. d. M., 104 200 E. Univ. (gegr. 1975), Hochschule für Landw.; 2 Theater, Gemäldegalerie, Museum. Handelsstadt, bed. Ind.; Drauhafen. - Die urspr. illyr.-kelt. Siedlung war im 2. Jh. n. Chr. röm. Kolonie ([**Colonia Aelia**] **Mursa**); im 4. Jh. von den Ostgoten zerstört; seit dem 6. Jh. slaw. besiedelt. 1196 als Handelsplatz erwähnt; 1526–1687 osmanisch.

Osimo, italien. Stadt in den Marken, 265 m ü. d. M., 26 200 E. Kath. Bischofssitz; landw. Markt. - Geht auf das röm. **Auximum** zurück. - Got. Dom (13. Jh.).

Osiris, ägypt. Gott, menschengestaltig mit ungegliedertem Körper wie eine Mumie, mit Krummstab und Geißel. Er trägt auch Züge eines Kulturheros, v. a. aber ist er der Gott der sterbenden und wiederauflebenden Vegetation. Nach dem Mythos wird er von seinem Bruder Seth ermordet. Seine Schwestergemahlin Isis belebt ihn und empfängt von ihm einen Sohn, ↑ Horus, der seinem ermordeten Vater, der trotz seiner Wiederbelebung durch Isis nur in der Erde weiterlebt, Recht verschafft. O. wurde der Totengott schlechthin. - Abb. Bd. 1, S. 150.

Oskar (Oscar), aus der Ossiandichtung von J. Macpherson übernommener männl. Vorname (vermutl. kult. Ursprungs).

Oskar, Name zweier Könige von Schweden und Norwegen:
O. I., * Paris 4. Juli 1799, † Stockholm 8. Juli 1859, König (seit 1844). - Sohn des frz. Marschalls J.-B. Bernadotte, des späteren schwed. Königs Karl XIV. Johann; setzte als König liberale Reformen durch; unterstützte in der schleswig-holstein. Frage Dänemark.
O. II., * Stockholm 21. Jan. 1829, † ebd. 8. Dez. 1907, König von Schweden (seit 1872) u. Norwegen (1872–1905). - 3. Sohn Oskars I.; trat außenpolit. für eine Annäherung an das Dt. Reich ein; konnte die Auflösung der Union zw. Schweden und Norwegen und damit seine Absetzung als norweg. König nicht verhindern (7. Juni 1905). Trat auch als Musiker, Schriftsteller und Übersetzer hervor.

Oskarshamn, schwed. Hafenstadt am Kalmarsund der Ostsee, 16 000 E. Heimatmuseum in einem Herrenhof von 1783, Seefahrtmuseum; Akkumulatorenfabrik, chem. und feinmechan. Ind.; Fährverkehr nach Öland und Gotland. An der Küste 20 km nnö. der Stadt, im Gem.teil *Simpvarp,* Kernkraftwerk. - Gehörte im 17. Jh. als **Döderhultsvik** den Städten Kalmar und Vimmerby; erhielt 1856 von König Oskar I. Stadtrecht und seinen heutigen Namen.

Osker (Opiker, lat. Osci), altitalisches Volk, das um die Mitte des 8. Jh. v. Chr. aus dem Bergland am oberen Sangro nach Kampanien abwanderte; im 6. Jh. von den Etruskern und im 5. Jh. von den Samniten, deren Sprache die Römer als Oskisch bezeichneten, überschichtet, wodurch die O. als ethn. Einheit zu bestehen aufhörten und das Volk der Kampaner entstand.

Oskisch, zur osk.-umbr. Gruppe der italischen Sprachen gehörende Sprache der Samniten aus Samnium, die im 5. Jh. v. Chr. in Kampanien das Land der Osker in Besitz nahmen; bezeugt durch etwa 250 Inschriften in griech., lat., etrusk. und (meist) einer eigenen Schrift (aus der etrusk. Schrift entwickelt) aus der Zeit vom 5./4. Jh. bis zum 1. Jh. n. Chr. Das O. hat sich gegenüber der lat. Sprache offenbar relativ lange gehalten (die jüngsten Texte stammen aus Pompeji kurz vor dessen Zerstörung 79 n. Chr.).

Ösling, Teil der Ardennen, im nördl. Luxemburg.

Oslo ['ɔslo, norweg. ‚uslu] (früher Christiania), Hauptstadt Norwegens, am inneren Ende des O.fjords, 447 400 E. Kulturelles Zentrum, Residenz des Königs, Sitz von Reg. und Parlament, des Bischofs der ev.-luth. Staatskirche und eines kath. Bischofs, der Norweg. Akad. der Wiss., des Norweg. Polarinst.; Univ. (gegr. 1811), Fakultät für Theologie, Veterinärhochschule, Sporthochschule, Architektenhochschule, Handelshochschule, Konservatorium, staatl. Kunstakad.; 4 Theater, Oper, Bibliotheken, Reichsarchiv; Museen, u. a. Nationalgalerie, Munch- und Vigelandmuseum, Museum für nord. Altertümer der Univ. sowie das Museumsgebiet Bygdøy; Goethe-Inst., Zentrum des norweg. Verlags- und Zeitungswesens. Handelszentrum; Elektrotechnik, graph. Gewerbe, Nahrungsmittelind., Schiffbau. Ausgangsort der in alle Landesteile ausstrahlenden Eisenbahnlinien und Straßen; U-Bahn; Hafen, Fähren nach Kopenhagen, Århus und Kiel; internat. ✈.
Geschichte: Das um 1048 an einem älteren Handelsplatz von König Harald III. Hardråde von Norwegen angelegte O. wurde zw. 1066/93 Bischofssitz (seit 1537 luth.; seit 1953 auch kath.); im 13. Jh. wurde Burg **Akershus** erbaut. Zw. 1286 und 1350 erlebte O. als Hauptstadt Norwegens seine erste Blüte. Nachdem die alte Stadt zw. Loelv und Akerselv 1567 und 1624 fast völlig niedergebrannt war, ließ König Christian IV. von Dänemark und Norwegen sie 1624 jenseits der Bucht Bjørvika als **Christiania (Kristiania;** Name bis 1924, dann wieder O.) wiederaufbauen. Seit 1905 (Lösung der Personalunion mit Schweden) ist O. die Hauptstadt Norwegens.
Bauten: Wahrzeichen der Stadt ist das Rathaus (1931–50); Domkirche (1697 geweiht); königl. Schloß (1825–48); Frognerpark mit Skulpturen von G. Vigeland.

Oslofjord

Oslo. Monolith und Figurengruppen im Frognerpark (1906 ff.) von Gustav Vigeland

📖 *O. u. Bergen. Hamb. 1981.* - Rasmussen, T. F.: *Metropolitan growth, commuting and urbanization in the O. area. Norweg. u. engl. Oslo 1966.*

Oslofjord, Fjord im südl. Norwegen, reicht vom Skagerrak etwa 100 km weit nach N, biegt bei Oslo nach SO ab.

Osman ['ɔsman, ɔs'maːn; türk. ɔs'mɑn], Name osman. Sultane, bekannt v. a.:

O. I. Ghasi, *1258, † Söğüt bei Bilecik (Türkei) 1326, Sultan (seit um 1300). - Begr. der Dyn. der Osmanen; folgte 1288 seinem Vater, Khan Ertogrul, als ogus. Stammesoberhaupt und Anführer der Ghasi; eroberte Bithynien und bezeichnete sich um 1300 als unabhängiger Fürst.

O. II., * Konstantinopel 15. Nov. 1603, † ebd. 20. Mai 1622 (ermordet), Sultan (seit 1618). - Kämpfte im poln. Türkenkrieg (1620/21); bei seinem Versuch, die Macht der Janitscharen zu brechen, wurde er von diesen beseitigt.

Osmanen (Ottomanen), von Osman I. Ghasi begr. Dyn., deren Sultane von etwa 1300 bis 1922 das nach ihr ben. *Osman. Reich* beherrschten. I. w. S. Bez. des Stammesverbandes und der herrschenden muslim. Oberschicht, die in ihrem Ursprung auf das Turkvolk der Ogusen zurückgehen; später auch Bez. der weiteren vom Sultan unterworfenen, muslim. gewordenen Bev.gruppen. - Osman I. Ghasi konnte sich in Bithynien ein selbständiges Ft. aufbauen. Die O. richteten bis 1683 ihr Expansionsstreben nach SO-Europa (1453 Eroberung Konstantinopels, von nun an Hauptstadt des Osman. Reiches) und erlangten im 17. Jh. die Vormachtstellung im islam. Orient (bis Ägypten und NW-Persien).

Osmanisches Reich ↑ Türkei (Geschichte).

Osman Nuri Pascha ['ɔsman, ɔs'maːn], * Tokat 1832, † Konstantinopel 14. April 1900, osman. Feldmarschall (seit 1876). - Erhielt wegen seiner standhaften Verteidigung der Festung Plewna (= Plewen) während des Russ.-Türk. Kriegs 1877/78 den Ehrentitel Ghasi; 1878 leitete er als Kriegsmin. (bis 1888, mit Unterbrechungen) eine Reorganisation der osman. Armee ein.

Osmanthus [griech.], svw. ↑ Duftblüte.

Osmium [zu griech. osmḗ „Geruch" (nach dem scharfen Geruch seines Tetroxids)], chem. Symbol Os; Übergangsmetall aus der VIII. Nebengruppe des Periodensystems der chem. Elemente, Ordnungszahl 76, mittlere Atommasse 190,2, Dichte 22,48 g/cm³,

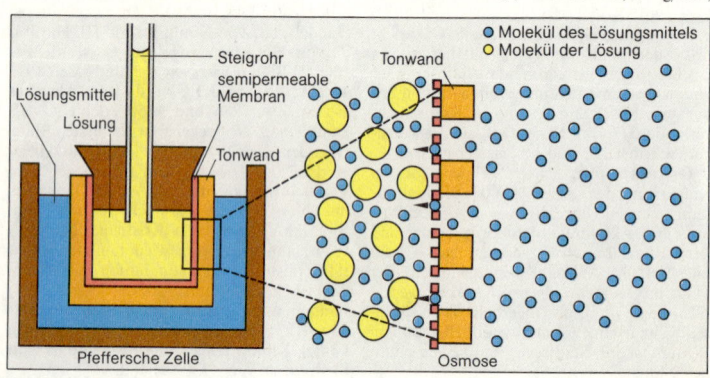

Osmose. Beispiel der Osmose in einer Pfefferschen Zelle

Osnabrück

Schmelzpunkt 3 045 ± 30 °C, Siedepunkt 5 027 ± 100 °C. Das bläulichweiße, sehr spröde, zu den Platinmetallen gehörende O. ist das schwerste chem. Element. Es liegt in seinen Verbindungen zwei- bis achtwertig vor; die beständigsten Verbindungen haben die Wertigkeitsstufen 6 und 8. Beim Erhitzen an der Luft (bei feingepulvertem O. schon bei Raumtemperatur) entsteht das kristalline, leicht flüchtige, giftige, durchdringend riechende O.tetroxid OsO_4. In der Häufigkeit der chem. Elemente steht O. an 72. Stelle und gehört daher zu den seltensten Elementen. In der Natur kommt es mit den anderen Platinmetallen und im Mineral Iridosmium vor. O. wird als Bestandteil sehr harter Legierungen, z. B. für Schreibfederspitzen verwendet. - O. wurde zusammen mit Iridium 1804 von S. Tennant entdeckt.

Osmolarität [griech./lat.], Maß für die osmot. wirksame Konzentration eines gelösten Stoffes, bezogen auf die Volumeneinheit (bei der *Osmolalität* auf die Masseneinheit) der Lösung.

Osmometer [griech.], Gerät zur Messung des osmot. Drucks sowie zur Darstellung der ↑ Osmose, wobei ein mit einer semipermeablen (halbdurchlässigen) Membran verschlossenes, mit einer Lösung gefülltes Gefäß in ein weiteres, mit reinem Lösungsmittel gefülltes Gefäß taucht. Durch Diffusion des Lösungsmittels in die Lösung steigt die Lösung in einem Steigrohr; die Steighöhe ist ein Maß für den osmot. Druck. Beim **Kompensationsosmometer** bewirkt ein Gegendruck auf die Lösung, daß kein Lösungsmittel eindiffundieren kann. Der osmot. Druck wird an der Durchbiegung der Membran oder durch die Verschiebung einer Luftblase gemessen. Die **Pferffersche Zelle** besteht aus einem zylindr. Tongefäß, dessen poröse Wände durch einen Niederschlag aus Kupferhexacyanoferrat(II) die Eigenschaft einer semipermeablen Membran besitzen.

Osmophoren [griech.], Duftstoffträger; Blütenteile, von denen Duftstoffe ausgehen.

Osmoregulation [griech./lat.] ↑ Osmose.

Osmorezeptoren [griech./lat.], Bez. für Rezeptoren, die auf Änderung des osmot. Drucks in Körperflüssigkeiten ansprechen; sie sind als Nervenkerne im Hypothalamus lokalisiert.

Osmose [zu griech. ōsmós „Stoß, Schub"], einseitig verlaufende Diffusion, die immer dann auftritt, wenn zwei gleichartige Lösungen unterschiedl. Konzentration durch eine semipermeable (halbdurchlässige) Membran getrennt sind. Durch diese Membran können nur die kleineren Moleküle des Lösungsmittels hindurch, nicht aber die größeren Moleküle bzw. Ionen des gelösten Stoffes. Dabei diffundieren mehr Moleküle in die stärker konzentrierte Lösung als umgekehrt. Die höher konzentrierte Lösung wird daher so lange verdünnt, bis gleich viele Lösungsmittelmoleküle in beide Richtungen diffundieren. Der dann auf der Seite der sich verdünnenden, weiterhin aber stärker konzentrierten Lösung herrschende hydrostat. Überdruck wird als **osmot. Druck** bezeichnet. Er ist umso höher, je größer die Konzentrationsunterschiede sind. Der osmot. Druck kann andererseits auch als derjenige Druck gedeutet werden, den die in der Lösung befindl. Moleküle bzw. Ionen auf die für sie undurchlässige Membran ausüben (ähnl. den Gasmolekülen, die auf eine feste Wand treffen). Für den osmot. Druck einer stark verdünnten (idealen) Lösung gilt die Zustandsgleichung idealer Gase, d. h. er ist gleich dem Gasdruck, der sich einstellen würde, wenn der gelöste Stoff als Gas bei gleicher Temperatur T das Volumen V der Lösung ausfüllen würde: π = nRT/V (R Gaskonstante, N/V Konzentration in Mol/l). Dieses sog. **Van't-Hoffsche Gesetz** besagt, daß äquimolare Lösungen verschiedener Nichtelektrolyte bei gleicher Temperatur denselben osmot. Druck haben (isoton. oder isoosmot. Lösungen). Bei weniger verdünnten Lösungen und Lösungen von Elektrolyten treten erhebl. Abweichungen von diesem Gesetz auf. - Da auch die Zellmembranen semipermeabel sind, entsteht ein osmot. Druck auch in lebenden Zellen. Die O. ist bes. für Pflanzenzellen wichtig. Sie bewirkt den Stofftransport, reguliert den Wasserhaushalt und erzeugt einen als ↑ Turgor bezeichneten Innendruck, der der Pflanze Form und Stabilität verleiht. In Pflanzenzellen herrschen osmot. Drucke von 10 bis 40 bar. Eine andere Erscheinung, die ebenfalls auf O. beruht, ist die ↑ Plasmolyse. - Bei Tieren wird die Konstanthaltung des osmot. Drucks in den Körperflüssigkeiten gegenüber dem Außenmilieu als **Osmoregulation** bezeichnet. Bei Landtieren dient die Osmoregulation der Verhinderung von Wasserverlusten. Für Konstanthaltung des osmot. Drucks und des Ionenmilieus ist hier die Niere ausschlaggebend. Menschl. und tier. Zellen halten einen osmot. Druck von etwa 7 bar aufrecht. - Die Umkehrung der O. ist die ↑ Hyperfiltration.
📖 *Gilles, R.: Mechanism of osmoregulation in animals.* New York 1979. - *Höfer, M.: Transport durch biolog. Membranen.* Weinheim 1977. - *Hammel, H. T., u. a. Osmosis ... Bln. u. a. 1976.*

Osmotherapie [griech.], therapeut. Verfahren zur günstigen Beeinflussung gewisser Krankheiten durch Erhöhung des osmot. Drucks des Blutes (durch Einspritzung hochkonzentrierter Salz- und Zuckerlösungen ins Blut).

osmotisch [griech.], durch Osmose hervorgerufen.

Osmunda, svw. ↑ Rispenfarn.

Osnabrück, Stadt an der Hase, zw. Teutoburger Wald und Wiehengebirge, Nds., 60–

Osnabrück

Adriaen van Ostade, Der Spielmann (1673). Den Haag, Mauritshuis

O., Landkr. in Niedersachsen.

O., Bistum, unter Karl d. Gr. (vor 803?) errichtet und der Kirchenprov. Köln eingegliedert. Erstreckte sich im Früh- und Hoch-MA von den Mooren links der Ems im W bis zur Hunte im O und in nordsüdl. Richtung von den Mooren sw. von Oldenburg (Oldenburg) bis in das Weserbergland hinein. 1252 verlor das Hochstift die weltl. Hoheit über den N der Diözese an Münster. Im Westfäl. Frieden (1648) wurde die abwechselnde Reg. durch einen kath. und einen prot. Bischof (dieser aus dem Hause Braunschweig-Lüneburg) festgelegt. 1803 fiel das Territorium an Hannover, das Bistum wurde aufgelöst; 1824 als exemtes Bistum neu umschrieben; seit 1929 Suffragan von Köln; flächenmäßig das größte dt. Bistum. - ↑ auch katholische Kirche (Übersicht).

Osning, mittlerer Teil des Teutoburger Waldes, bis 309 m hoch.

Osóbka-Morawski, Edward, * Końskie (Woiwodschaft Kielce) 5. Okt. 1909, poln. Politiker. - Als Mgl. und Funktionär der Poln. Sozialist. Partei (PPS) Mitbegr. und Vors. des Poln. Komitees der Nat. Befreiung; in der Provisor. Reg. (Jan.–Juni 1945) und in der Reg. der Nat. Einheit (Juni 1945–Febr. 1947) Min.präs., 1947–49 Innenmin.; mußte wegen seines hinhaltenden Widerstandes gegen die organisator. Vereinigung der PPS mit der Poln. Arbeiterpartei (PPR) im Juni 1947 den Parteivorsitz an J. Cyrankiewicz abgeben; 1949 aus der Vereinigten Poln. Arbeiterpartei (PZPR) ausgeschlossen; 1956 rehabilitiert, blieb aber ohne polit. Einfluß.

Osogovski Planini, bis 2252 m hohes Gebirgsmassiv in SO-Europa, dessen Kammlinie z. T. die Grenze zw. Jugoslawien und Bulgarien sowie die Wasserscheide zw. Vardar, Morava und Struma bildet.

Ösophagoskop [griech.] ↑ Endoskope.

Ösophagus [griech.], svw. ↑ Speiseröhre.

Osorno, chilen. Stadt im Kleinen Süden, 97 800 E. Kath. Bischofssitz; dt. Schule; Handelszentrum eines Agrargebiets. - Gegr. 1558; 1692 von Indianern zerstört, 1796 wiedererrichtet; ein Zentrum der Deutsch-Chilenen.

Ossa, Gebirge in O-Thessalien, zw. der ostthessal. Ebene und dem Ägäischen Meer, bis 1978 m hoch.

Ossa, Mount [engl. 'maʊnt 'ɔsə], mit 1617 m höchster Berg Tasmaniens.

Ossarium [lat., zu os „Knochen"], svw. ↑ Beinhaus.

Ossein [lat.] ↑ Knochen.

Osservatore Romano, L' [italien. „der röm. Beobachter"]. Tageszeitung des Vatikans, ↑ Zeitungen (Übersicht).

Osseten, Volk im mittleren Großen Kaukasus, UdSSR; 542 000 O. (1979). Die O. sind Ackerbauern, in den Bergen Viehzüchter. Ihre Sprache, **Ossetisch,** ist trotz starker Beeinflussung durch die südkaukas. Nachbarsprachen

120 m ü. d. M., 153 300 E. Verwaltungssitz des Landkr. O.; kath. Bischofssitz; Univ. (gegr. 1970), Fachhochschule O., Kath. Fachhochschule Norddeutschland, Verwaltungs- und Wirtschaftsakad.; mehrere Museen; Theater; Zoo. Eisenschaffende und -verarbeitende Ind., Apparatebau, Textil- und Papierind., chem. u. a. Ind., Hafen (Stichkanal zum Mittellandkanal), Verkehrsflugplatz Münster/O.

Geschichte: Entwickelte sich als Marktsiedlung um einen von Karl d. Gr. gegr. Bischofssitz; 1147 erstmals als Stadt bezeichnet. Anfang des 12. Jh. zus. mit dem Dom ummauert (Domburg). Im Laufe des Jh. wurden 3 Vorstädte (Butenberg, Haseleischaft und Johannisleischaft) in den Mauerring einbezogen. Im 12. Jh. konnte sich die Bürgerschaft weitgehend von der bischöfl. Herrschaft lösen und eine unabhängige Selbstverwaltung bilden. Seit 1246 Mgl. der Hanse. Behielt bis ins 17. Jh. die Stellung einer fast reichsunmittelbaren Stadt (gehörte ab 1802/03 zum Fürstbistum O.). 1643–48 neutralisierter Verhandlungsort zw. Kaiser und ev. Mächten über den Westfäl. Frieden.

Bauten: Der Dom ist eine Baugruppe des 11.–16. Jh. mit Vierungsturm (1218–77), NW-Turm und SW-Turm. Wiederaufgebaut wurde u. a. die got. Hallenkirche St. Johannis (ehem. Kollegiatskirche) in der Neustadt (1259–89) und die Marienkirche (Halle um 1320; Chor 15. Jh.; Turm 12. und 13. Jh., Haube 17./18. Jh.) mit Giebelschauseite zum städt. Markt, an dem auch das Rathaus (1487–1512) mit wiederaufgebautem Friedenssaal, die Stadtwaage (1532) und Kaufmannshäuser des 15. bis 19. Jh. liegen.

die archaischste unter den heute noch gesprochenen iranischen Sprachen (z. B. Erhaltung von 8 Kasus).

Ossiacher See, See in Kärnten, 501 m ü. d. M., 11 km lang, bis 1,5 km breit; bis 47 m tief.

Ossian [ˈɔsian, ɔsiˈaːn, engl. ˈɔsɪən] (ir. Oisín, schott.-gäl. Oisean), ir. mytholog. Held, eine der Hauptfiguren des südir. Sagenzyklus (nach ihm auch *Ossian. Zyklus*), von dem Prosafragmente des 9. und 10. Jh. sowie spätere Gedichte erhalten sind. In der schott.-gäl. Sage ist O. ein krieger. Held des 3. Jh., der im Alter erblindet und als Sänger und Dichter die Taten seines Vaters, des Königs der Kaledonier, verherrlicht. Berühmt wurde O. durch J. Macpherson, der eigene empfindsame Dichtungen als Übersetzungen gäl. Lieder des O. ausgab. Die danach in vielen europ. Ländern entstandene **ossianische Dichtung** ist durch düstere Natur- und Landschaftsschilderung gekennzeichnet.

Ossiculum (Mrz. Ossicula) [lat.], in der Anatomie svw. Knöchelchen; z. B. *Ossicula auditus*, Gehörknöchelchen.

Ossietzky, Carl von [ɔsˈjɛtski], * Hamburg 3. Okt. 1889, † Berlin 4. Mai 1938, dt. Publizist. - Urspr. linksliberal bürgerl. orientiert; entwickelte sich im 1. Weltkrieg zum überzeugten Pazifisten; 1919/20 Tätigkeit in der „Dt. Friedensgesellschaft", danach bis 1922 Redakteur an der „Berliner Volkszeitung", 1924–26 an der Zeitschrift „Das Tagebuch", dann bis 1933 Chefredakteur der Zeitschrift „Die Weltbühne"; als Mitverantwortlicher für einen die geheime Aufrüstung der Reichswehr enthüllenden Artikel 1931 wegen Verrates militär. Geheimnisse zu 18 Monaten Gefängnis verurteilt, 1932 amnestiert; nach dem Reichstagsbrand 1933 in Gestapo-Haft; erhielt 1935 den Friedensnobelpreis (für Hitler der Anlaß, ein Verbot der Annahme von Nobelpreisen durch Reichsdeutsche auszusprechen); starb an den Haftfolgen.

Ossiotr [russ.] ↑ Kaviar.

Ossip, russ. Form des männl. Vornamens Joseph.

Ossowski, Leonie, * Ober-Röhrsdorf (= Osowa Sień, Schlesien) 15. Aug. 1925, dt. Schriftstellerin. - Sozialpolit. engagierte Autorin (1971–74 ehrenamtl. Bewährungshelferin), die authent. Material mit erfundenen Handlungselementen verbindet, v. a. in dem Obdachlosenroman „Die große Flatter" (1977); „Weichselkirschen" (R., 1976), ein Bericht über die ehemaligen und jetzigen Bewohner ihres Geburtsorts, thematisiert das dt.-poln. Verhältnis; der Jugendroman „Stern ohne Himmel" (1958, überarbeitet 1978) behandelt die NS-Zeit. - *Weitere Werke:* Blumen für Margritte (E., 1978), Liebe ist kein Argument (R., 1981), Neben der Zärtlichkeit (R., 1984), ferner Drehbücher und Hörspiele.

Osswald, Albert, * Wieseck (= Gießen)

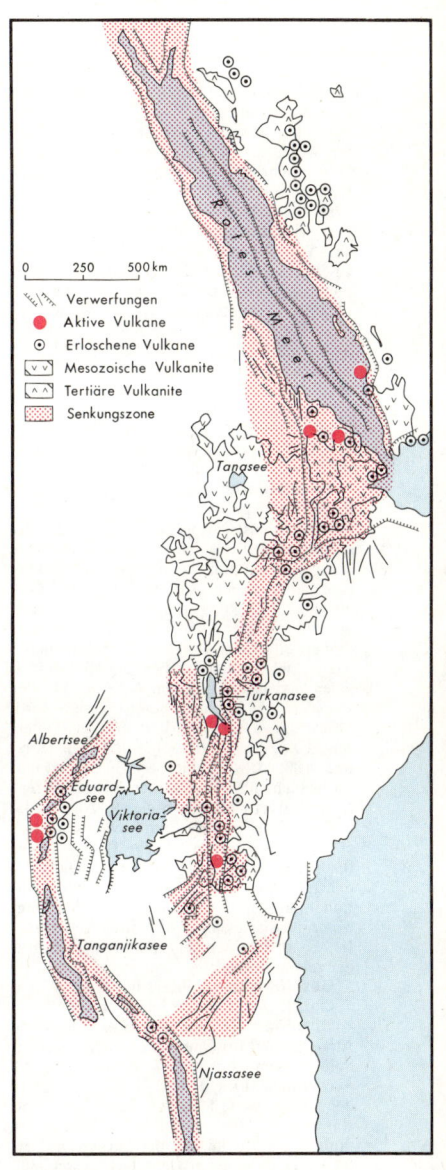

Ostafrikanisches Grabensystem mit der Verbreitung mesozoischer und tertiärer Vulkanite

16. Mai 1919, dt. Politiker (SPD). - Wurde 1949 Stadtverordneter, 1954 Bürgermeister,

Ostade

1957 Oberbürgermeister von Gießen; 1954–1978 MdL von Hessen; 1962–64 dort Wirtschafts-, 1964–69 Finanzmin., 1969–76 hess. Min.präsident; trat im Okt. 1976 zurück auf Grund zunehmender Vorwürfe unzulässiger Verquickung von Politik und Geschäft, insbes. wegen der Vernachlässigung seiner Aufsichtspflicht als Aufsichtsratsvors. der Hess. Landesbank.

Ostade, Adriaen van, ≈ Haarlem 10. Dez. 1610, ▭ ebd. 2. Mai 1685, niederl. Maler. - Wahrscheinl. Lehrling von F. Hals, wohl zus. mit A. Brouwer, dessen Einfluß die frühe Bauernmalerei von O. bestimmte; nach 1640 unter Rembrandts Einfluß. Nach 1650 werden seine Bilder farbiger; Federzeichnungen; Radierungen; Lehrer von Jan Steen. - Abb. S. 142.

Ostafrikanischer Graben, Hauptteil des Ostafrikan. Grabensystems in W-Kenia und Tansania, gut ausgeprägt nur im Abschnitt zw. Turkanasee und Lake Natron mit bis zu 600 m hohen, scharfen Abbrüchen und zahlr. Vulkanen.

Ostafrikanisches Grabensystem (engl. [Great] Rift Valley), Bruchsystem im O Afrikas, das sich bis nach Vorderasien erstreckt. Südlichster Teil ist der Njassagraben, dann Aufspaltung in den Zentralafrikan. (Tanganjikasee bis Albertsee) und den Ostafrikan. Graben (bis zum Turkanasee), dieser wird im schmalen Abessin. Graben fortgesetzt und erweitert sich dann zum Danakiltiefland, wo er sich in den Graben des Golfes von Aden und den des Roten Meeres teilt, der seinerseits im Jordangraben fortgesetzt wird. Gesamtlänge rd. 6 000 km, größter Unterschied zw. der Grabensohle und dem Horst über 4 800 m; von zahlr. Seen durchsetzt und im N auch von Meeresarmen erfüllt, im zentralen Teil von Vulkanen begleitet. - Abb. S. 143.

Ostaijen, Paul André van [niederl. ɔsˈtaːjə], * Antwerpen 22. Febr. 1896, † Anthée (Prov. Namur) 17. März 1928, fläm. Dichter. - Schrieb expressionist. Lyrik mit pazifist., national-fläm. und humanist. Grundhaltung; experimentierte dann mit Mitteln des Dada. In theoret. Schriften begründete er den Begriff der reinen Poesie.

Ostalbkreis, Landkr. in Baden-Württ.
Ostallgäu, Landkr. in Bayern.
Ostalpen, Teil der ↑ Alpen östl. der Linie Alpenrheintal bis Chur und weiter über den Splügen zum Comer See.

Ostanatolien, Bergland im äußersten O der Türkei; weite Plateaus, tiefe, enge Täler, starke Bodenerosion. Der S-Teil ist das am dünnsten besiedelte Geb. der Türkei. Die Bev. (meist Halbnomaden) lebt fast ausschließl. von der Schaf- und Ziegenzucht; lediglich um den Vansee, der im zentralen S liegt, sind durch künstl. Bewässerung Oasen mit Obst- und Gemüsegärten sowie Getreidefeldern entstanden. Im nördl. Teil Anbau von Wintergemüse und Getreide sowie bed. Rinderzucht und Schafweidewirtschaft. Die ostanatol. Schwarzmeerküste ist ein schmaler Küstenstreifen am N-Fuß des Pont. Gebirges; Anbau von Mais, Tee, Tabak und Zitrusfrüchten.

Ostanglien ↑ East Anglia.

Ostara, aus dem Namen einer altengl. Göttin *Eostra* und aus der althochdt. Bez. *ostara* für das Osterfest erschlossene, angebl. altgerman. Frühlingsgöttin, deren Verehrung bei den Germanen bis heute umstritten ist.

Ostasien, im W durch das wüsten- und steppenhafte Hochland Zentralasiens begrenzter Kulturraum im pazifiknahen Teil des asiat. Kontinents, der als festländ. Gebiete S-China, die Große Ebene und die Mandschurei sowie die Halbinsel Korea, ferner die vorgelagerten Kurilen, Sachalin, die jap. Inseln, Taiwan und weitere kleine Inseln umfaßt.

Ostaustralische Kordilleren [kɔrdɪlˈjeːrən], Gebirgssystem am O-Rand des austral. Kontinents, erstreckt sich über rd. 3 000 km von der Kap-York-Halbinsel im N bis zur S-Küste bei Melbourne und setzt sich auf der Insel Tasmanien fort. Im S, in den Austral. Alpen, bis 2 230 m hoch.

Ostaustralstrom, warme Meeresströmung im sw. Pazifik vor der O-Küste Australiens.

ostbaltische Rasse, svw. ↑ Osteuropide.

Ost-Bengalen, frühere Bez. für den östl. Teil Bengalens, der 1947 an Pakistan kam und den Landesteil O-Pakistan bildete, aus dem 1971 die VR Bangladesch hervorging.

Ostblockstaaten, im Zusammenhang mit dem Ost-West-Konflikt im Westen geprägtes Schlagwort für alle europ. und asiat. Staaten, die nach dem 2. Weltkrieg unter sowjet. Hegemonie gerieten, ihre Staats- und Gesellschaftsordnung nach sowjet. Vorbild umgestalteten oder in der internat. Politik den Kurs der sowjet. Führung vertraten. In diesem Sinne zählten zu den O.: ČSSR, DDR, Polen, Rumänien, Ungarn, Bulgarien, Jugoslawien, Albanien, Mongol. VR, VR China, Nord-Korea, Nord-Vietnam und Kuba. Die anfängl. monolith. erscheinende Einheit der O. wurde auf Grund polit., wirtsch. und ideolog. Interessengegensätze erschüttert und im Gefolge der Entstalinisierung, des sowjet.-chin. Konflikts und der Entspannungspolitik im Sinne eines Polyzentrismus der kommunist. Weltbewegung aufgelöst. Als O. i. e. S. werden heute nur noch die Mgl. des Warschauer Paktes bezeichnet, wobei Rumänien, das sich 1968 nicht an der Besetzung der ČSSR beteiligte, eine deutl. Sonderstellung einnimmt.

Ostchinesisches Meer, Randmeer des westl. Pazifiks südl. des Gelben Meeres, zw. dem chin. Festland und den Riukiuinseln sowie zw. der korean. Insel Cheju bzw. der jap. Insel Kiuschu im N und Taiwan im S.

Osterhofen

Ostealgie (Ostalgie, Osteodynie) [griech.], vom Knochen ausgehende Schmerzen.

Osteichthyes [ɔsteˈɪçtyɛs; griech.], svw. ↑Knochenfische.

Ostelbien, Bez. für die dt. Gebiete östl. der Elbe; **Ostelbier** nannte man früher die konservativen ostdt. Großgrundbesitzer.

Ostende (amtl. niederl. Oostende), belg. Hafenstadt und Seebad an der Nordsee, 4–19 m ü. d. M., 68 900 E. Museen; königl. Sommerresidenz; Kurbad, Jachthäfen. Bed. Fischerei, Fährhafen für den Verkehr über den Kanal; Eisenbahnendpunkt. Schiffswerften, Schiffsmotorenbau, Herstellung von Fischereigeräten u. a. - Wohl seit dem 4. Jh. bewohnt; erhielt 1267 Stadtrecht; 1372 und 1446 ummauert.

ostensibel [lat.], auffällig, zur Schau gestellt.

Ostenso, Martha [engl. ˈɔstənsoʊ, norweg. ɔsˈtɛnsu], * Haukeland Stasjon bei Bergen 17. Sept. 1900, † 24. Nov. 1963, amerikan. Schriftstellerin norweg. Herkunft. - Ihre realist. Romane schildern das Leben eingewanderter norweg. Bauern in den USA und Kanada, u. a. „Der Ruf der Wildgänse" (1925), „Das weiße Riff" (1934), „Schicksale am Fluß" (1943).

ostentativ [lat.], zur Schau gestellt, in herausfordernder, betonter Weise; **Ostentation,** das Zurschaustellen, das Großtun.

osteo..., Osteo... [zu griech. ostéon „Knochen"], Bestimmungswort von Zusammensetzungen mit der Bed. „Knochen".

osteogen, 1. svw. knochenbildend (von Gewebe gesagt); 2. vom Knochen ausgehend (z. B. von Krankheiten).

Osteoglossidae [griech.], svw. ↑Knochenzüngler.

Osteologie (Knochenlehre), Lehre vom Bau der Knochen; Teilgebiet der Anatomie.

Osteopathien [...paːˈtiɔn; griech.], svw. ↑Knochenkrankheiten.

Osteostraken (Osteostraci) [griech.], ausgestorbene, vom oberen Silur bis zum Oberdevon bekannte Klasse fischähnl. Wirbeltiere (Unterstamm Kieferlose); Kopf und Vorderkörper gepanzert; mit elektr. Organen im Kopfbereich, nahe beieinanderliegenden Augen auf der Oberseite des abgeplatteten Kopfes und zehn Paar Kiemenöffnungen; Schwanzflosse heterozerk, Brustflossen meist vorhanden und beschuppt; eine oder zwei Rückenflossen, keine Bauchflossen.

Oster, Hans, * Dresden 9. Aug. 1888, † KZ Flossenbürg 9. April 1945, dt. General. - Berufsoffizier; seit 1933 in der militär. Abwehr, wo er in enger Zusammenarbeit mit W. Canaris und L. Beck seit 1938 zu einer treibenden Kraft des militär. Widerstands wurde; ließ 1939/40 die niederl. und die norweg. Reg. über die Termine der dt. Invasion informieren; 1943 in die Führerreserve versetzt, 1944 aus dem Dienst entlassen; nach dem 20. Juli verhaftet, kurz vor Kriegsende gehängt.

Osterbotschaft 1917, auf Betreiben T. von Bethmann Hollwegs erfolgter Erlaß Kaiser Wilhelms II. vom 7. April 1917 (ergänzt durch Kabinettsorder vom 11. Juli 1917), durch den für die Zeit nach dem militär. Sieg die Reform des preuß. Dreiklassenwahlrechts und zusätzl. Verfassungsreformen angekündigt wurden.

Osterbotten ↑Pohjanmaa.

Osterburg, Landkr. im Bez. Magdeburg, DDR.

Osterburg/Altmark, Krst. an der Biese, Bez. Magdeburg, DDR, 25 m ü. d. M., 8 300 E. Verwaltungssitz des Landkr. Osterburg; Holz-, Nahrungsmittel- und opt. Ind. - Erhielt vor 1296 Stadtrecht. Die roman. Pfarrkirche Sankt Nikolai (12. Jh.) wurde im 13. Jh. zu einer spätgot. Hallenkirche umgebaut.

Osterburken, Stadt im Bauland, Bad.-Württ., 247 m ü. d. M., 4600 E. Bahnknotenpunkt. - Entstand nahe den Resten eines röm. Kastells (2. Jh. n. Chr.) am obergerman. Limes; um 1390 Stadtrechte. - Mauerfundamente des Kastells; Mithrasrelief (Karlsruhe, Bad. Landesmuseum).

Østerdal [norweg. ˈœstɑrdɑːl], östlichste der großen ostnorweg. Talschaften mit den breiten Tälern der Glåma oberhalb von Kongsvinger und des Trysilelv.

Østerdalälv ↑Dalälv.

Osterfeststreit, die Auseinandersetzungen über das Datum des Osterfestes in den christl. Kirchen des Altertums. Das Fest wurde gewöhnl. am Sonntag nach dem 14. ↑Nisan gefeiert, in manchen Gemeinden jedoch am 14. Nisan selbst (die Anhänger dieser Praxis wurden **Quartodezimaner** gen.). Der O., der Ende des 2. Jh. fast zur Kirchenspaltung führte, wurde erst auf dem Konzil von Nizäa 325 beigelegt.

Osterglocke ↑Narzisse.

Östergötland [schwed. ˈœstərjøːtland], histor. Prov. im östl. M-Schweden, zw. dem Vättersee und der Ostsee, Hauptstadt Linköping. Von der Eiszeit geprägte Landschaft mit zahlr. Seen; an der Küste breiter Schärenhof. Getreideanbau, etwas Milchviehhaltung. Die Ind. konzentriert sich v. a. in den Städten Norrköping, Linköping und Motala. - Die als **Ostrogothia** seit dem 11. Jh. belegte Landschaft seit dem 12. Jh. Teil des Kernraum Schwedens.

Osterhofen, Stadt in der Donauniederung, Bayern, 320 m ü. d. M., 9 900 E. Textilind., Glas-, Konservenfabrik, Holzbau; Fremdenverkehr. - Entstand als Marktsiedlung bei einem um 1000 gegr. gleichnamigen Kanonikerstift. Um 1378 wurde nw. dieser Siedlung ein neuer Markt O. mit städt. Rechten gegr. - Im Stadtteil Altenmarkt bed. barocke Klosterkirche, erbaut von J. M. Fischer, Innenausstattung von den Brüdern Asam.

Osterholz

Osterinsel. Steinkopf und -büste

Osterholz, Landkr. in Niedersachsen.
Osterholz-Scharmbeck, Krst. am O-Abfall der Wesermünder Geest zum Teufelsmoor, Nds., 4–40 m ü. d. M., 23 800 E. Verwaltungssitz des Landkr. Osterholz; Zigarrenfabrik, Automobilind., Metall- und Holzverarbeitung. - 1185 Gründung eines Benediktiner-Doppelklosters (roman. Klosterkirche), später Nonnenkloster, 1650 aufgehoben. 1927 Vereinigung von Osterholz und Scharmbeck, 1929 Stadterhebung.
Osterinsel, chilen. Insel im S-Pazifik, auf dem Ostpazif. Rücken, 180 km^2, 1 400 E (Einheimische, vom Festland stammende Chilenen). Vulkan. Ursprungs, bis rd. 700 m hoch mit hoher Kliffküste. Geringe klimat. Schwankungen; die Vegetation besteht im wesentl. aus einer Grasflur; die einheim. Tierwelt ist bis auf wenige Vogelarten vernichtet. Stützpunkt der chilen. Luftwaffe. - Der Name der Insel erinnert an die Entdeckung durch den Niederländer J. Roggeveen am Ostersonntag 1722. - Nach allg. Auffassung Anfang des 12. Jh. (vielleicht schon im 4. Jh.) durch Polynesier von den Marquesasinseln und Mangareva aus besiedelt (im Ggs. zur Ansicht von T. Heyerdahl). Die sich in der Folgezeit entwickelnde **Osterinselkultur** wird bezeugt durch ein hieroglyphenähnl. Schriftsystem (**Osterinselschrift;** Ursprung ungeklärt) und die gigant. Steinbüsten aus schwarzem Tuff, die als Göttersitze gedeutet werden. Die O.kultur erlosch um 1750, als zahlr. Kriege zu einer starken Abnahme der Bev. geführt hatten. Im 19. Jh. wurde die Einwohnerzahl durch Seuchen und Menschenraub weiter dezimiert. 1888 annektierte Chile die Insel.
📖 *Heyerdahl, T.: Die Kunst der O. Dt. Übers.* Mchn. u. a. 1975. - *Barthel, T. S.: Das achte Land: die Entdeckung u. Besiedlung der O.* Mchn. 1974.

Osterkaktus (Rhipsalidopsis gaertneri), in Brasilien beheimatete Kakteenart mit bis 5 cm langen, flachen, mehrkantigen Sproßgliedern (Phyllokladien) und endständigen, rosenroten, bis 5 cm breiten, trichterförmigen Blüten; blüht von März bis Mai.
Osterkerze, in der kath. Liturgie seit dem 4. Jh. eine große, geschmückte Kerze, Symbol der Auferstehung Christi, die zu Beginn der Osternachtfeier entzündet und im „Exsultet" feierl. gegrüßt wird. Die O. brennt bis Christi Himmelfahrt bei den Hauptgottesdiensten, oft auch während des ganzen Jahres bei Taufe und Requiem.
Osterlied, liturg. (lat.) Gesang bzw. (volkssprachl.) Gemeindelied zur Osterfeier. Am Anfang steht die lat. Sequenz „Victimae paschali laudes" (um 1040) des Wipo von Burgund. Die in ihr enthaltene Zeile „Surrexit Christus spes mea" regte das um etwa 100 Jahre jüngere erste dt. O. „Christ ist erstanden" an. Beliebtheit und Verbreitung der dt. O. werden bezeugt durch deren Aufnahme in die an sich lat. Liturgie schon in vorreformator. Zeit. Im 16. Jh. fanden sie Eingang in die prot. und kath. Gesangbücher.
Österling, Anders Johan, * Helsingborg 13. April 1884, † Stockholm 13. Dez. 1981, schwed. Lyriker. - 1941–64 Sekretär der Schwed. Akademie, 1947 Vors. des schwed. akadem. Nobelkomitees. Anfangs ästhetizist. und symbolist. Gedichte (Einfluß S. Georges); später realist. Schilderungen von Landschaft und Menschen seiner Heimat.
Osterluzei [zu griech. aristolochia unter lautl. Anlehnung an „Ostern"] (Pfeifenblume, Aristolochia), Gatt. der Osterluzeigewächse mit rd. 500 Arten in den gemäßigten und warmen Gebieten der ganzen Erde; mit ganzrandigen, wechselständigen Blättern und meist pfeifenförmigen, grünl. oder gelbl. Blüten. Die bekannteste Art ist die **Gemeine Osterluzei** (Aristolochia clematitis), eine typ. Mittelmeerpflanze, bei uns oft verwildert, mit hellgelben, gebüschelten Blüten.
Osterluzeigewächse (Aristolochiaceae), zweikeimblättrige Pflanzenfam. mit rd. 600 meist trop. Arten; Blüten meist pfeifenförmig, grünl., fahlgelbl. oder gescheckt; in M-Europa Haselwurz und Osterluzei.
Osterman, Andrei Iwanowitsch Graf (seit 1730) [russ. astir'man], eigtl. Heinrich Johann Friedrich Ostermann, * Bochum 9. Juni 1686, † Berjosowo (Gebiet Tjumen) 31. Mai 1747, russ. Staatsmann dt. Herkunft. - Seit 1703 in russ. Diensten; Mgl. des Obersten Geheimen Rats (1726–30). Als Berater (ab 1731) der Kaiserin Anna Iwanowna leitete O. die russ. Außenpolitik; 1741 von der Kaiserin Elisabeth Petrowna nach Sibirien verbannt.

Ostermarsch, insbes. Mitte der 1960er Jahre in der BR Deutschland zur Osterzeit durchgeführter, v. a. gegen Krieg und Atomrüstung gerichteter Demonstrationsmarsch.
Ostermonat, alter dt. Name für den April.
Ostern, ältestes Fest der christl. Kirchen, aus der christl. Umdeutung des jüd. Passahfestes hervorgegangen; wohl schon in der 1. Hälfte des 2. Jh. gefeiert, zunächst zur Erinnerung an den Tod Jesu, weniger zur Feier seiner Auferstehung. Im allg. wird der Name O. auf den Namen einer german. Frühlingsgöttin Ostara bezogen, deren Existenz aber in Frage gestellt wird. Letztl. ist das Wort zur german. Entsprechung von althochdt. ōstar „östlich" (d. h. in Richtung der aufgehenden Sonne, des [Morgen]lichts) zu stellen. - Durch Ausdehnung der vorbereitenden Fastens entstand die 40tägige Fastenzeit der Quadragesima. Der Anbruch des Ostermorgens mit Eucharistiefeier war der Anfang der „Pentekoste", der 50tägigen Freudenzeit. Bis zum Konzil von Nizäa (325) war der Ostertermin uneinheitl.; das Konzil von Nizäa bestimmte den ersten Sonntag nach dem ersten Vollmond nach Frühlingsbeginn zum Auferstehungsfest. Damit hatte man sich endgültig vom Einfluß des jüd. Festkalenders getrennt und O. eindeutig als Fest der Auferstehung charakterisiert.
Im Mittelpunkt der Liturgie der *kath. Kirche* steht die Feier der Osternacht (Karsamstag auf Ostersonntag) mit den folgenden liturg. Feiern: 1. Lichtfeier (Segnung des Osterfeuers, Entzünden der Osterkerze, Einzug der Osterkerze in die Kirche); 2. Wortgottesdienst mit sieben Lesungen (fünf aus dem A. T., zwei aus dem N. T.) mit Zwischengesängen; 3. Tauffeier mit Erneuerung des Taufversprechens; 4. Eucharistiefeier. - In den *Kirchen der Reformation* steht im Mittelpunkt der Osterfeier die Auslegung der Botschaft von der Auferstehung Jesu Christi. In den *orth. Kirchen* ist der Höhepunkt der Osterfeiern der Gottesdienst in der Osternacht, dem eine Prozession um die Kirche folgt.
Im Umkreis des Osterfestes entstanden zahlr. volkstüml. Bräuche, in denen häufig vorchristl. und mag. Motive weiterlebten, z. B. das in Norddeutschland übl. *Osterfeuer,* Gebäcke und Gebildbrote mit Fruchtbarkeitssymbolen oder in Form des Osterlamms oder des *Osterhasen* sind z. T. noch üblich. Zahlr. Spiele knüpfen sich an das *Osterei,* das zurückgeht auf die ma. Zinsei oder die Eiersponde zu O. sowie auf die Fastenpraxis der älteren Kirche, die den Genuß von Eiern nach Beendigung der Fastenzeit erst zu O. wieder gestattete; erstmals für Deutschland erwähnt im 13. Jahrhundert.

📖 *Bungert, A.: O. - Das Fest des Lebens. Aschaffenburg* 1985. - *Fischer, Karl M.: Das Ostergeschehen. Gött.* ²1980. - *Heim, W.: Osterbrauchtum. Frib.* 1979. - *O. Hg. v. A. Stock u. a. Köln* 1979. - *Bühler, W.: Geistige Hintergründe der Kalenderordnung. Stg.* ²1978. - *O. Hg. v. H. Nitschke. Gütersloh* 1978. - *Schille, G.: Osterglaube. Stg.* 1973. - *Huber, W.: Passa u. O. Bln,* 1969.

Osterode am Harz, Krst. am SW-Rand des Harzes, Nds., 230 m ü. d. M., 27 200 E. Elektro-, Metallind.; Fremdenverkehr. - Ersterwähnung 1136; wurde um 1200 Marktsiedlung; Stadtrechtsverleihung angebl. schon um 1220 (nachweisbar erst 1293). - Marktkirche mit Grabsteinen der Hzg. von Braunschweig-Grubenhagen. Fachwerkhäuser (16. und 17. Jh.); Kornhaus (18. Jh.); Reste der Stadtmauer. - Auf einem Bergvorsprung westl. der Söse die *Pipinsburg,* eine mehrfach ausgebaute vor- und frühgeschichtl. Befestigungsanlage; während des 6.–2. Jh. v. Chr. stark besiedelt, wahrscheinl. von einer kelt. Bev.; im 10./11. Jh. n. Chr. erneuter Ausbau, 1365 zerstört.
O. am H., Landkr. in Niedersachsen.
Osterode i. Ostpr. (poln. Ostróda,) Krst. in Ostpreußen, Polen▼, 110 m ü. d. M., 27 000 E. - Als Festung des Dt. Ordens gegr., erhielt um 1328 Stadtrecht, seit etwa 1340 Komturei. - Während des 2. Weltkrieges z. T. zerstört, u. a. die Deutschordensburg (14. Jh., 1788 nach Brand nicht wieder aufgebaut) sowie die ev. Stadtkirche (14. Jh.).

Österreich

(amtl.: Republik Österreich), Bundesstaat im südl. Mitteleuropa, zw. 46° 22′ und 49° 01′ n. Br. sowie 9° 32′ und 17° 10′ ö. L. **Staatsgebiet:** Es grenzt im N an die BR Deutschland, im NO an die ČSSR, im O an Ungarn, im S an Jugoslawien und Italien, im SW an die Schweiz und Liechtenstein. **Fläche:** 83 855 km². **Bevölkerung:** 7,56 Mill. E (1985), 90,1 E/km². **Hauptstadt:** Wien. **Verwaltungsgliederung:** 9 Bundesländer. **Amtssprachen:** Deutsch, in 8 Südkärntner Gem. auch Slowenisch. **Nationalfeiertag:** 26. Okt. **Währung:** Schilling (S) = 100 Groschen (Gr, g). **Internat. Mitgliedschaften:** UN, OECD, EFTA, Europarat, GATT, Freihandelsabkommen mit den EG. **Zeitzone:** MEZ (mit Sommerzeit).

Landesnatur: Ö. ist ein Alpen- und Donaustaat und erstreckt sich von W nach O zw. Bodensee und Neusiedler See über 525 km. In N-S-Richtung ist Ö. 265 km im O, an der schmalsten Stelle im W nur 40 km breit. Rd. 63 % des Landes liegen in den Ostalpen. Getrennt durch Längstalzüge, gliedern sich die östr. Alpen in 3 Großräume: Die Nordalpen mit zahlr. Alpenrandseen umfassen die voralpine Flyschzone, der zu u. a. Bregenzer Wald und Wienerwald gehören sowie die Nördl. Kalkalpen. Als zweite Einheit folgen die z. T. vergletscherten Zentralalpen, in de-

Österreich

nen die höchste Erhebung des Landes, der Großglockner (3 797 m ü. d. M.), liegt. Jenseits des südl. Längstalzugs, in dem u. a. der Wörther See liegt, erheben sich die Südalpen, zu denen u. a. die Karn. Alpen und Karawanken gehören. Nördl. der Alpen breitet sich bis zur Donau das Alpenvorland aus mit dem Hügelland des Innviertels und dem Hausruck. Nach NO erfolgt über das Tullner Becken der Übergang zum Karpatenvorland mit dem westl. Teil des Weinviertels. Im Mühl- und Waldviertel hat Ö. Anteil an der Böhm. Masse. Hier ist der Plöckenstein mit 1 378 m die höchste Erhebung. Im O liegt das Wiener Becken; in der Grazer Bucht hat Ö. noch Anteil am Pannon. Becken. Das Geb. um den Neusiedler See zählt zum Kleinen Ungar. Tiefland. 96 % des Landes entwässern zur Donau; Vorarlberg liegt im Einzugsbereich des Rheins, Teile des Mühl- und Waldviertels in dem der Elbe.

Klima: Ö. liegt im Übergangsgebiet von ozean. zu kontinentalem Klima. Die Niederschläge fallen v. a. im Sommer, sie nehmen von W nach O ab. Die kontinental beeinflußten östl. Teile des Landes haben heiße Sommer und relativ kühle Winter; hier fallen die Niederschläge v. a. im Frühsommer. Im südl. Kärnten machen sich bereits mediterrane Einflüsse bemerkbar. Außerdem stellt der Alpenraum ab 1 000 m aufwärts einen eigenen Klimatyp dar mit kurzen, kühlen Sommern und langen schneereichen Wintern. Im W liegt die Schneegrenze bei 3 000 m, im O bei 2 500 m.

Vegetation: Entsprechend dem Klima finden sich, soweit nicht durch Eingriffe des Menschen verändert oder vernichtet, geschlossene Waldflächen im Waldviertel, im Hausruck, in den Voralpen und Nördl. Kalkalpen, in den östl. Zentralalpen sowie den Südl. Kalkalpen. In den Nördl. und Südl. Kalkalpen wachsen Buchen-Tannen-Wälder, die im N in eine Latschenhöhenstufe übergehen. In den Zentralalpen werden die Fichtenwälder der Fußzone von Tannen-Fichten-Wäldern abgelöst, auf die Lärchen und Arven folgen, über der Waldgrenze in 1 500–2 200 m Höhe folgen subalpine Strauchstufe, Grasheiden und Polsterpflanzen. Im Alpenvorland wachsen urspr. Eichen-Buchen-Wälder, im Kleinen Ungar. Tiefland ist Steppenflora verbreitet.

Tierwelt: Es überwiegen mitteleurop. Arten mit Feldhase, Fasan und Rebhuhn, in den Wäldern Reh, Rothirsch und gelegentl. Wildschwein. In den Hochregionen der Alpen leben Gemse, Steinbock und Murmeltier. Im Kleinen Ungar. Tiefland ist die pont. Fauna mit Hamster, Ziesel und Trappe, am Neusiedler See Storch, Wildente und Reiher vertreten. Sandviper und Mauereidechse, Vertreter der mediterranen Fauna, sind in S-Kärnten zu finden. In den Gewässern gibt es Hechte, Äschen und Karpfen.

Bevölkerung: Rd. 98 % der überwiegend röm.-kath. Österreicher sind dt.sprachig. An Minderheiten leben Tschechen, Kroaten, Magyaren und Slowenen im Land. Die Bev. ist ungleich über das Land verteilt. Vorarlberg und Oberösterreich sowie der Ballungsraum Wien haben die größte Bev.dichte. Es besteht eine ausgeprägte Binnenwanderung von O nach W; bes. starkes Bev.wachstum haben die Städte Salzburg, Innsbruck, Dornbirn, Feldkirch und Bregenz. Schulpflicht besteht von 6–15 Jahren. Neben 26 Lehrerbildungsanstalten verfügt Ö. über 18 Hochschulen, darunter die Univ. in Wien, Graz, Innsbruck, Linz und Salzburg.

Wirtschaft: Rd. 44 % der Fläche werden landw. genutzt. Vorherrschend ist die Viehzucht und Milchwirtschaft, v. a. in den Alpen und im Alpenvorland. Ackerbau wird v. a. in den nö. Flach- und Hügelländern, in Niederösterreich und im Burgenland betrieben. An Spezialkulturen steht der Weinbau an 1. Stelle. Auf Grund des Waldreichtums spielt die Forstwirtschaft eine bed. Rolle. An Bodenschätzen verfügt Ö. über Braunkohle in Oberösterreich und in der Steiermark, Erdöl und Erdgas im Alpenvorland und v. a. im nördl. Wiener Becken, Eisen-, Blei-, Zink-, Kupfer- und Wolframerze im Alpenraum. Ö. ist der größte Magnesitproduzent der Erde. 71 % der benötigten Energie wird aus Wasserkraft gewonnen, die Inbetriebnahme des ersten in Ö. gebauten Kernkraftwerks wurde durch Volksentscheid (1978) verhindert. Wichtige Ind.standorte sind die Landeshauptstädte sowie die Wirtschafts- und Verkehrsachsen Mur–Mürz–Furche, Traisental und Ybbstal. Schwerpunkt der Eisen- und Stahlind. ist Linz. Metallverarbeitung findet sich v. a. im NO und O des Landes. Fahrzeugbau ist in Steyr konzentriert. Bed. Standort der Textil- und Bekleidungsind. ist der Raum Wien. Erdöl- und chem. Ind. findet sich in Schwechat, Linz, Sankt Pölten und Traiskirchen. Nahrungs- und Genußmittelind. ist in ganz Ö. verbreitet. Ein wichtiger Wirtschaftszweig ist der ganzjährige Fremdenverkehr.

Außenhandel: Ö. führt Ind.maschinen, Straßenfahrzeuge, Eisen und Stahl, elektr. Maschinen und Geräte, Metallwaren, Papier und Pappe, Holz und chem. Grundstoffe aus; eingeführt werden Maschinen, Apparate und Geräte, Kfz., Rohöl, Eisen und Stahl, Bekleidung u. a. Die wichtigsten Partner sind die EG-Länder (bei denen die BR Deutschland an 1. Stelle steht), die Schweiz, die UdSSR, Ungarn und die USA.

Verkehr: Ö. ist ein wichtiges Transitland, wobei heute die N–S-Verbindungen über die Alpenpässe wichtiger sind als der Verkehr von W nach O. Das Schienennetz ist 6 676 km lang, das Straßennetz 107 212 km, davon sind 1 109 km Autobahnen. Die mehrfach gestaute Donau ist die wichtigste Binnenwasserstra-

Österreich

ße. Wichtigste Häfen sind Linz, Wien und Krems an der Donau. Pipelines verbinden die Erdölfelder mit den Raffinerien in Schwechat, Linz und in der Steiermark sowie mit dem Erdölhafen Lobau (Wien), abgesehen von den Abzweigen der transalpinen Erdölleitung Triest–Ingolstadt und der von der UdSSR über die ČSSR nach Italien führenden Erdgasleitung Trans-Austria. Die nat. Fluggesellschaft Austrian Airlines bedient den In- und Auslandsverkehr. Der Flugverkehr konzentriert sich auf den internat. ✈ von Wien in Schwechat; weitere ✈ bestehen in Linz, Graz, Klagenfurt, Innsbruck und Salzburg.

Geschichte: Zur Vorgeschichte ↑Europa.

Römerzeit und Völkerwanderung (bis 6. Jh.): Der Raum des späteren Ö. wurde von der Errichtung der Prov. Noricum in der augusteischen Expansionsphase bis ins 5. Jh. durch die Römerherrschaft bestimmt. Die röm. Donauprov. reichten im W nach Rätien hinein und waren im N durch die Donau und im O durch Pannonien begrenzt. Die Reorganisation und Friedenssicherung der Donaugrenze seit Diokletian und Konstantin I. endete durch die Einbrüche der 2. Welle der Völkerwanderung, v. a. durch die Langobarden. Nach dem Abzug nach Italien (568) und dem Nachrücken von Awaren und Slawen in das bereits durch Landnahme der Bajuwaren besetzte Alpenvorland Rätiens und Noricums begann in der 2. Hälfte des 6. Jh. die Auseinandersetzung zw. german. und slaw. Herrschaft.

Die bayr. und babenberg. Herrschaft (6. Jh.–1246): Durch seine fränk. Orientierung nach 591 gelang es dem bayr. Hzg.geschlecht der Agilolfinger, die Selbständigkeit des bayr. Stammeshzgt. zu wahren. Sie erreichten eine territoriale Ausweitung v. a. gegenüber dem Langobardenreich bis südl. der Alpen. Im 7. Jh. wurde folgender Grenzsaum besetzt: vom östl. Pustertal nordwärts zum Kamm der Hohen Tauern, bei Radstadt über das Tal der Enns und der Traun bis zur Donau, mit breiter Mischsiedel- und Herrschaftszone bis zum Wienerwald. Mit der allmähl. Unterwerfung der karantan. Alpenslawen (Slowenen; ↑Kärnten) seit etwa 750, gewann das agilofing. Bayern eine Vormachtstellung im SO, die bis zum Tode Karl Martells auch in Unabhängigkeit gegenüber dem Fränk. Reich gehalten werden konnte und erst 787/788 durch Karl d. Gr. mit der Beseitigung des älteren bayr. Stammeshzgt. und seiner Eingliederung in das Fränk. Reich endete. Der weitere Landesausbau vollzog sich innerhalb der Organisation fränk. Marken nach der Niederwerfung der Awaren (bis 803) durch die Institution der karoling. Ostlandpräfekten, wobei das spätere Ö. gegenüber dem altbayr. Gebiet Anfänge von Selbständigkeit zeigte. – Keimzelle des späteren Ö. wurde die bayr. Ostmark, die 976 als Reichslehen bei bayr. Lehensabhängigkeit den Babenbergern verliehen wurde. Diesen gelang es seit Mitte des 11. Jh., eine von Bayern unabhängige Machtposition aufzubauen. Ihren Herrschaftsbereich dehnten sie durch Erwerb von Adelsherrschaften, Vogteirechten und Kirchenlehen, durch Rodung und Landesausbau im W gegen den bayr. und den passaui-

Österreich. Wirtschaftskarte

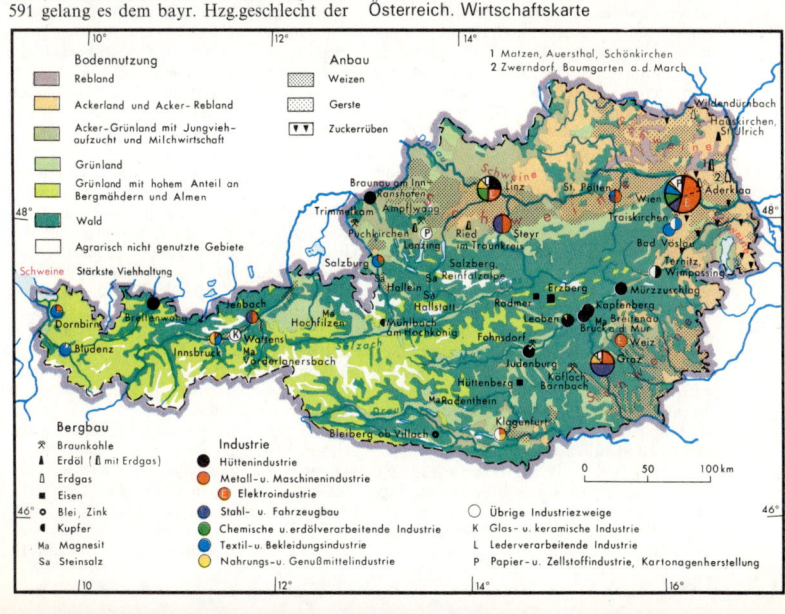

Österreich

schen Raum aus und setzten durch eigene Ministerialen und östr. Landesrecht ihre Landesherrschaft durch. Diesen Staatsbildungsprozeß begünstigte neben der polit. Zielstrebigkeit einer fast 3 Jh. dauernden dynast. Kontinuität v. a. der Wechsel der Babenberger von kaisertreuer zu päpstl.-gregorian. Haltung und zu schließl. entschiedener Parteinahme für den Kaiser(sohn) Heinrich (V.). Der welf.-stauf. Ggs. und die eigene Rivalität zu den Welfen schienen eine Vereinigung der Mark Ö. mit Bayern unter Markgraf Leopold IV. (⚭ 1136–41) anzubahnen, führten jedoch 1156 zur Verselbständigung der Mark als Hzgt. Ö. Während die Einordnung des Hzgt. in die stauf. Reichsherrschaft mißlang, wurde der Ausbau der babenberg. Landesherrschaft vollendet: durch Einziehung der Herrschaften bzw. Beerbung der meisten hochfreien Dyn., durch Errichtung landesfürstl. Vogtei über alle Landesklöster und Ablösung der Hoheitsrechte vom östr. Grundherrschaftsbesitz altbayr. Kirchen und Klöster, sowie durch Heiratspolitik (1192 Erwerb der Steiermark). Unter Leopold VI. († 1230) gelangte die Babenbergerherrschaft zur Höhe wirtsch. und polit. Macht; Friedrich II., der Streitbare, der 1232 noch Krain erwarb, konnte die beherrschende Stellung der Babenberger noch steigern, doch endete sie jäh mit seinem Tod 1246.

Beginn der habsburgischen Herrschaft (1246–1546): Nach dem Aussterben des babenberg. Mannesstammes zeichnete sich für Ö. ein Absinken zum Nebenland Böhmens, Ungarns oder Bayerns ab; die gesicherte weibl. Erbfolge verwies die Anwärter auf die Herrschaft darauf, ihre Ansprüche durch Heirat zu legalisieren. Gestützt auf östr. und bayr. Ministerialen, konnte sich der bereits mit den Babenbergern verschwägerte spätere König Ottokar II. von Böhmen (1251–76) eines von Böhmen bis zur Adria reichenden Herrschaftskomplexes bemächtigen u. ihn gegen Ungarn behaupten; durch seine erfolgreiche Innenpolitik wurde erstmals für Jh. zentrale Bed. Böhmens in der dt. Reichspolitik sichtbar. Nach dem Tod Ottokars (1278) belehnte König Rudolf I. von Habsburg seine Söhne 1282/83 mit Ö. und Steiermark bzw. Krain und führte durch habsburg.-przemyslid. Doppelheirat seine Dyn. auf den Weg zum Hausmachtkönigtum, woraus sich die mehr als 600jährige habsburg. Herrschaft in Ö. ergab. Die Habsburger schieden zwar mit Friedrich dem Schönen (⚭ 1314–30) für ein Jh. als Bewerber um die Reichskrone aus, aber sie begannen, sich mit der „Herrschaft zu Ö." zu identifizieren.

Rudolf IV. konnte durch Hausverträge mit seinen Brüdern 1364 eine bed. dynast. Ausgangsstellung gewinnen, doch gelang es nicht, durch die Festlegung einer jeweiligen habsb. Gesamtbelehnung wieder eine gemeinsame Reg. zu sichern. Die Aufteilungen 1379 und 1406/11 in 2 bzw. 3 Territorialverbände führte Ö. in eine Schwächeperiode. Dabei scheiterte die Leopoldin. Linie in ihrer nach S (Mailand) u. W (Schweiz) gerichteten Interessenpolitik, der Tiroler Zweig entfremdete sich der Gesamtdyn., während die Politik der Albertin. Linie 1347 durch die Beerbung der Luxemburger gekrönt wurde. Friedrich III. (⚭ 1440–93) konnte sich in der Wahl zum Röm. König behaupten, unterlag aber im Ringen um das luxemburg. Erbe den nat. Königen in Böhmen und Ungarn. Wegen der dynast. Ggs., der Macht der Stände in Ö. und ersten osman. Einfällen konnte Friedrich III. nur durch die Vorrangstellung seiner Hausmacht- vor der Reichspolitik zu einer für das Haus Ö. und die 1453 von ihm zum Erzhzgt. erhobenen östr. Erblande letztl. erfolgreichen Politik gelangen. Mit dem 1477 angefallenen burgund. Erbe wurde der erste Schritt auf eine europ. Großmachtstellung getan; 1491 konnte Maximilian I. die östr. Erblande unter einer Herrschaft vereinen. Das Haus Ö. erreichte durch Beerbung der span. Kronen durch Philipp I. (⚭ 1504/06) und Karl V. (* 1500, † 1558) eine hegemoniale Herrschaftsbasis.

Aufstieg zur Großmacht (1526/27–1740): Aus der „Türkennot" (erste Belagerung Wiens 1529) resultierte die Notwendigkeit, wegen der Abhängigkeit des Herrschers von der Unterstützung und dem polit. Handlungswillen der Stände und Nationen eine länderübergreifende funktionsfähige Staatsorganisation zu schaffen. Ferdinand I. folgte ständ. Forderungen, als er in Vorbildfunktion für die dt. Territorialstaaten kollegiale Zentralbehörden errichtete, mit denen die Habsburger die altöstr., böhm. und ungar. Länder übergreifend regieren. Diese Zentralbehörden blieben nach Abspaltung kaiserl. Reichsbehörden in ihrer Grundstruktur, ungeachtet ihrer Fortentwicklung in der östr. Zentralverwaltung, bis 1848 erhalten. Ständisch blieben mit ihren Amtsträgern an der Spitze die Reg. der einzelnen Kgr. und Länder; die Landstände, deren Rechtsprechung und Verwaltung an das Recht der einzelnen Länder gebunden war, bauten in dualist. Position ständ. bürokrat. Organisationen auf. Die Herrschaftsteilung der östr. Erblande war polit. und wirtsch. nachteilig, stand dem ständ. Willen entgegen und verschob die Gewichte in dem mit Konfessionsauseinandersetzungen verknüpften Kampf zw. Dyn. und Ständen einseitig zu Gunsten der Stände.

Die Ausbreitung der Reformation vollzog sich in Ö. - abgesehen von Tirol und Vorder-Ö. - v. a. im Herrschaftsbereich Kaiser Maximilians II. und in Inner-Ö. bis 1572/78. Die Abkehr von einer Politik der religiösen Zugeständnisse für „Türkenhilfe" begann mit den gegenreformator. Maßnahmen Ferdinands II.

ÖSTERREICH, STAATSOBERHÄUPTER

Die Markgf. der bayr. Ostmark bzw. von Ö. (976–1156), die Hzg. (1156–1453) und die regierenden Erzhg. (seit 1453) von Ö.; die Könige von Ungarn und Böhmen (seit 1526/27); die Röm. Kaiser (seit 1804 Kaiser von Ö.) und die Bundespräs. (seit 1919).

Babenberger

Luitpold I.	976– 994
Heinrich I.	994–1018
Adalbert der Siegreiche	1018–1055
Ernst	1055–1075
Luitpold II.	1075–1095
Leopold III., der Heilige	1095–1136
Leopold IV.	1136–1141
(Hzg. von Bayern 1139–1141)	
Heinrich II. Jasomirgott	1141–1177
(Hzg. von Bayern 1143–1156)	
Leopold V.	1177–1194
(Hzg. von Steiermark 1192–1194)	
Friedrich I.	1194–1198
Leopold VI., der Glorreiche	1198–1230
(Hzg. von Steiermark 1194–1230)	
Friedrich II., der Streitbare	1230–1246
(Hzg. von Steiermark 1230–1246)	
Hermann (Markgf. von Baden)	1247–1250
Ottokar II.	1251–1278
(König von Böhmen)	

Habsburger

Albrecht I.	1282/83–1308
(Hzg. von Steiermark; Röm. König seit 1298)	
Friedrich III., der Schöne	1308–1330
(Röm. König seit 1314)	
Albrecht II., der Lahme	1330–1358
Rudolf IV., der Stifter	1358–1365
Albrecht III. und Leopold III.	1365–1379

Albertinische Linie (Ober- und Nieder-Ö.)

Albrecht III.	1379–1395
Albrecht IV.	1395–1404
Albrecht V.	1404–1439
(Röm. König [A. II.] seit 1438)	
Ladislaus Posthumus	1439/52–1457
(König von Ungarn und Böhmen [L. V.] 1440/1453)	

Leopoldinische [steir.] Linie
(Inner-, Vorder-Ö. und Tirol)

Leopold III.	1379–1386
Wilhelm	1379–1406

jüngerer steirischer Zweig (Inner-Ö.)

Leopold IV.	1406–1411
Ernst der Eiserne	1411–1424
Friedrich V.	1424/35–1493
(Röm. König/Kaiser [F. III.] seit 1440/1452)	

älterer Tiroler Zweig (Vorder-Ö. und Tirol)

Friedrich IV.	1406–1439
Sigmund	1439–1490

Römische Kaiser

Maximilian I.	1493–1519
(Röm. König/Kaiser seit 1486/1508)	
Karl I.	1519–1521/22
(Röm. König/Kaiser [K. V.] seit 1519/30; König von Spanien seit 1516)	
Ferdinand I.	1521/22–1564
(Röm. König/Kaiser seit 1531/56; König von Ungarn und Böhmen seit 1526/27)	

Österreichische Hauptlinie
(Ö. unter und ob der Enns [„niederöstr. Lande"]; Könige von Böhmen und Ungarn und Röm. Kaiser)

Maximilian II.	1564–1576
Rudolf II.	1576–1612
Matthias	1612–1619

Steirische Linie (Inner-Ö.)

Karl II.	1564–1590
Ferdinand II.	1590/1619–1637
(Röm. Kaiser seit 1619)	

Tiroler Linie
(Vorder-Ö. und Tirol [„oberöstr. Länder"])

Ferdinand II.	1564–1595
Maximilian III.	1602–1618
Leopold V.	1618/25–1632
Ferdinand Karl	1632/46–1662
Sigmund	1662–1665

Könige von Böhmen und Ungarn und Röm. Kaiser bzw. Kaiser von Ö.

Ferdinand III.	1637–1657
Leopold I.	1657–1705
Joseph I.	1705–1711
Karl VI.	1711–1740
Maria Theresia	1740–1780

Habsburg-Lothringer

Joseph II.	1780–1790
Leopold II.	1790–1792
Franz II. (I.)	1792–1835
(Röm. Kaiser 1792–1806; Kaiser von Ö. seit 1804)	
Ferdinand I.	1835–1848
Franz Joseph I.	1848–1916
Karl I.	1916–1918

Bundespräsidenten

Karl Seitz*	1919–1920
Michael Hainisch	1920–1928
Wilhelm Miklas	1928–1938
Karl Renner	1945–1950
Theodor Körner	1951–1957
Adolf Schärf	1957–1965
Franz Jonas	1965–1974
Rudolf Kirchschläger	1974–86
Kurt Waldheim	seit 1986

* Erster Präs. der konstituierenden Nat.versammlung.

Österreich

ab 1590/95; der 1. kaiserl. Türkenkrieg (1593–1606) war begleitet von der Erhebung prot. ungar. Magnaten, die 1606 für Österreich-Ungarn religiöse Zugeständnisse erkämpften. Bei der 1618 voll einsetzenden Gegenreformation formierte sich die vom prot. Adel geführte böhm. Konföderation in dem Willen, die böhm. und niederöstr. Länder zu einem antihabsburg. ständ. Bund zusammenzuschließen. Das Scheitern dieses Böhm. Aufstandes 1620 führte in den Dreißigjährigen Krieg. Ferdinand II. behauptete 1627/28 in den „Verneuerten Landesordnungen" für Böhmen und Mähren das Haus Ö. gegen ständ. Macht. Die schweren Eingriffe in Landesbrauch, ständ. Herkommen und Landrechte (u. a. Beseitigung des böhm. Wahlkönigtums, Vertreibung eines Viertels des Adels zugunsten eines neuböhm. kaisertreuen Adels) prägten eine Zäsur in der Geschichte der böhm. Länder.

Die Habsburger verlagerten nach 1648 durch die antikaiserl. Machtverschiebung im Hl. Röm. Reich, obgleich sie im Besitz der Reichskrone blieben, den Machtschwerpunkt und ihre Politik fast völlig vom Reich auf Ö. und ihre dynast. Interessen. Die gesamtöstr. Aristokratie wurde zum eigtl. Träger der Habsburgermonarchie, des Länderföderalismus und des werdenden östr. Staatsgedankens. Obwohl Ö. im Dreißigjährigen Krieg von schweren Schäden verschont blieb, waren soziale und ökonom. Strukturveränderungen eingetreten, zu deren Steuerung ökonom. Einsichten und staatl. Macht- und Finanzmittel fehlten. In der Landwirtsch. verursachte das Entstehen von Großgrundherrschaften v. a. in den böhm. Ländern eine Verschlechterung der grundherrl.-bäuerl. Verhältnisse (Steigerung der Fronen), die dynast. Teilungen seit 1564 behinderten den wirtsch. Austausch auch mit den böhm. und ungar. Ländern und verschärften die Konsequenzen der Verlagerung der europ. Handelswege zu den Nord- und Ostseehäfen. Zwar gab es Versuche zur Einleitung kameralist. Wirtschaftspolitik, Stärkung staatl. Finanzkraft und Errichtung zentraler Kommerzienbehörden, doch fehlten angesichts gewaltiger Kriegskosten bald die Investitionsmittel. Die Hofkammer stand ohne Verordnungsgewalt gegenüber den Militär- und Steuerverwaltungen der Landstände machtlos vor der wachsenden Staatsschuld. Angesichts der polit. und militär. Anstrengungen im O und W erfolgte in Wien 1699 eine Konzentration der Staatslenkung; für die Fragen der Außenpolitik und Kriegführung wurde die Geheime Konferenz geschaffen.

Kaiser Leopold I. stellte sich im Zweifrontenkrieg (ab 1672) dem Expansionsstreben Ludwigs XIV. und seit 1663 den die östr. Erblande und das Hl. Röm. Reich bedrohenden Osmanen. Die Auseinandersetzung mit Frankr. endete ungünstig für das Haus Ö., doch begr. die Türkenkriege (1663/64 und 1683–99) den Aufstieg des Herrschaftsbereichs der dt. Linie des Hauses Ö. im O zur europ. Großmachtstellung. Bis 1699 konnte der habsburg. Herrschaftskomplex mit der Wiedereroberung Ungarns (mit Siebenbürgen) und des größten Teils Slawoniens auf die O-Alpen-, Sudeten- und Karpatenländer erweitert werden. Im Span. Erbfolgekrieg (1701–13/14) gewann das Haus Ö. ledigl. die europ. span. Nebenländer, darunter die ertragreichen östr. Niederlande. Der Türkenkrieg 1714–18 brachte N-Serbien, N-Bosnien, die kleine Walachei und v. a. das Banat unter die habsburg. Herrschaft. In dem von der Londoner Quadrupelallianz 1718/20 entschiedenen Ländertausch erhielt Ö. Sizilien im Tausch gegen Sardinien und erreichte damit seine größte territoriale Ausdehnung. Die Politik Karls VI. zielte auf eine Dauersicherung dieses Bestandes an der östr. Monarchie; in ihr sollte auch die weibl. habsburg. Thronfolge mögl. sein, wie sie in der Pragmat. Sanktion festgelegt wurde, da das Aussterben der dt.-althabsburg. Linie des Hauses Ö. im Mannesstamm unmittelbar drohte.

Vom Absolutismus zum Vormärz (1740–1847): Karl VI. hatte nicht damit gerechnet, daß seine Tochter Maria Theresia auf Grund der Pragmat. Sanktion auf den Thron gelangen würde und auch nicht vorausgesehen, daß die internat. Garantie der Pragmat. Sanktion versagen würde. Die Behauptung Maria Theresias in den Schles. Kriegen und im Östr. Erbfolgekrieg gegen eine europ. ausgeweitete Koalition konnte den Verlust Schlesiens, der wirtsch. am besten entwickelten Prov., nicht verhindern. Doch stimulierten der Wiedergewinn der Reichskrone und die im Aachener Frieden bestätigte östr. Großmachtstellung den Willen zum Neubeginn. Als Ursache der Schwäche der Monarchie wurden die ständ. Eigen- und Länderinteressen erkannt. Ihre Überwindung verlangte nicht nur eine Verwaltungsreform, sondern eine grundlegende Staatsreform, die Maria Theresia durch einschneidende Eingriffe in die histor. Landesverfassungen und -rechte vollzog. Die Länder verloren ihr Recht auf eigene Verwaltung und die Stände ihr Mitspracherecht in der Wiener Zentrale. Die Geheime Konferenz wurde gestrichen, Verwaltung und Justiz durch eine Oberste Justizstelle getrennt und unter Vereinigung der Hofkammern der östr. und böhm. Erblande eine neue Zentralbehörde für die allg. polit., Finanz- und die Militärverwaltung geschaffen. Diese Institutionalisierung der gesamtstaatl. Verwaltung setzte sich auf Länderebene in allen landesfürstl. Behörden (seit 1763 Landesreg.) fort. Das ständ. Steuerbewilligungsrecht wurde in Zehnjahresbeschlüsse (Dezenalrezesse) umgewandelt; der östr. Adel wurde (nicht nur in Ermangelung eines prä-

Österreich

senten Beamtentums) zum Dienst für die Monarchie verpflichtet. Da die Theresian. Staatsreform nur für die böhm.-östr. Erblande galt, die östr. Niederlande und v. a. die ungar. Länder ihren ständestaatl. Charakter bewahrten, wurde der spätere östr.-ungar. Dualismus fixiert.

Kaiser Joseph II., seit 1765 Mitregent, erwarb 1772/75 Galizien und die Bukowina, im Bayr. Erbfolgekrieg das Innviertel, scheiterte aber mit dem Projekt eines Ländertausches. Seit 1780 Alleinherrscher, setzte er die wohlfahrtsstaatl. Ansätze Maria Theresias mit der Besiedlung S-Ungarns, Galiziens und der Bukowina, mit der Verbesserung des Grundschul-, des Gesundheits- und des Rechtswesens fort. Seine Reg. († Josephinismus) war einerseits durch das Toleranzpatent (1781), spektakuläre staatskirchl. Reformen und Zensurlockerung, andererseits aber durch den Aufbau eines Kontrollsystems moderner Polizei gekennzeichnet. Seine grundsätzl. gegen korporative und Einzelrechte gerichtete antiständ. und antiföderalistische Politik führten an die Grenze revolutionärer Erhebungen. So zielte z. B. das Steuer- und Urbarialpatent (1789) auf die Beseitigung der Steuerungleichheit zw. Ständen und Untertanen und mußte mit der radikalen Einschränkungen der Frondienste einen erhebl. Wirtschafts- und Machtfaktor der Grundherrschaften treffen. Ständ. Widerstand und Aufstände in den böhm. Ländern, in Ungarn und in den östr. Niederlanden führten dazu, daß ein Teil der Josephin. Reformen zurückgenommen werden mußte. Kaiser Leopold II. fand einen Kompromiß zw. der Theresian. Staatsreform und den Josephin. Reformen: Er annullierte die Verstaatlichung der Klerusausbildung, erneuerte einige der aufgehobenen Klöster, billigte den Ständen wieder Rechte bei der Steuererhebung zu, beließ aber die auf den zentralist. Einheitsstaat und allg. Untertanenverband ausgerichtete Bürokratie, das Polizeisystem und die Neuregelung des staatl. Unterrichtswesens. Jedoch bahnte sich schon 1794/95 in Ö. eine völlige Abwendung vom aufgeklärten Absolutismus an.

In der Auseinandersetzung mit dem revolutionären und Napoleon. Frankr. stand Ö. nach dem Ausscheren Preußens im Basler Frieden 1795 schließl. allein. Die Zerstörung des europ. Mächtegleichgewichts in den Koalitionskriegen und den Napoleon. Kriegen führte zu gravierenden Territorialverlusten und zur Auflösung des Hl. Röm. Reiches († deutsche Geschichte). Die antinapoleon. Errichtung des Kaisertums Ö. 1804 schloß ohne eigtl. Zäsur nur äußerl. die Staatsbildung von Ö. ab, während die staatsrechtl. Stellung aller Länder der Habsburgmonarchie durch die Pragmat. Sanktion bestimmt blieb. 1809 war für Ö. der Tiefpunkt im Kampf gegen Napoleon I. erreicht: Es verlor die östr. Niederlande, Vorder-Ö., Tirol, die Krain, Teile von Ober-Ö., Kärntens, Kroatiens und die Erwerbungen aus der 3. Poln. Teilung und mußte als Folge inflationist. Kriegsfinanzierung und der Friedenskontributionen 1811 den Staatsbankrott erklären.

Bis 1814 vermochte die Wiener Zentrale nicht, die wachsenden Schwierigkeiten zu bewältigen. Patriot. Tendenzen wie Volksbewaffnung, Aufgebote der dt. Erblande, Tiroler Freiheitskampf blieben ungenutzt; ebensowenig kam das antinapoleon. Kräftezentrum, das sich seit 1806 in Böhmen gebildet hatte, zum Tragen. Seit 1810 bzw. 1813 betrieb K. W. Graf Metternich die Rettung von Ö. als Großmacht, erst in Anlehnung an Napoleon I., dann im Kampf gegen ihn. Auf dem Wiener Kongreß wurde Ö. zur *Donaumonarchie*. Es wurde im Umfang von 1797 bzw. 1803/05 wiederhergestellt, verlagerte aber sein polit. Gewicht nach S und SO; mit dem Verzicht auf die östr. Niederlande, West-Galizien, Krakau und das althabsburg. Vorder-Ö. (Austausch des Breisgaus gegen das Salzburger Land) verlor es seine Stellung als zentraleurop. Macht. Die europ. Sicherheitspolitik Metternichs führte Ö. mit Preußen und Rußland als konservative Ostmächte, deren Führung Rußland übernahm, in die Isolation. Die durch 2 Kriegsjahrzehnte überdeckten sozialen Spannungen wurden nicht gelöst; eine bed. wirtsch. Entwicklung, die nur hinter W-Europa und später Preußen zurückblieb, und zunehmende wirtsch. und soziale Ggs. ließen Ö. auch in das Spannungsfeld des Vormärz geraten.

Der bedeutende östr. Aufschwung im gesamtindustriellen Bereich seit 1820 vollzog sich ungehindert von der durch dauerndes Staatsdefizit erlahmten bürokrat. Wirtschaftsdirektion. Seine Voraussetzung war der Einbruch in das Arbeitskräftemonopol der adligen Grundherren und Manufakturunternehmer. Freie Arbeitskräfte ermöglichten es bürgerl. Unternehmern, den Adel in die Landwirtsch. und Lebensmittelind. abzudrängen. Durch Bildung städt. Ind.zentren (neben Prag in Wien, mit 235 000 E [1796], 431 000 E [1848] größte dt.sprachige Stadt und wirtsch. Mittelpunkt in Ö.) kam es zu einer erhebl. Veränderung der Bev.struktur; einer wachsenden Ind.-arbeiterschicht stand eine großbürgerl. Unternehmerschicht gegenüber. Mit der steigenden Zahl Besitzloser trat das Problem des Pauperismus, dem die Reg. mit den Ansätzen einer Fabrikgesetzgebung zu begegnen suchte, in das allg. polit. und gesellschaftl. Bewußtsein. Wirtsch. industrielles Kernland der Donaumonarchie mit höchstem Steueraufkommen waren in den Randgebieten die böhm. Länder mit starkem Export, daneben Nieder-Ö., Wien und die Lombardei. V. a. die ungar. Länder hoben sich davon ab; hier traten neben die aus der wirtsch. Benachteiligung er-

Österreich

wachsenen sozialen Triebkräfte nat. Interessen. Der von nat. Bewegung noch freie dt. Kernraum von Ö. wurde neben Böhmen Zentrum des polit. emanzipatorischen Ringens nach bürgerl. Mitwirkung in dem nur von Armee, Bürokratie und Kirche gestützten Staat. Ungeachtet der vormärzlichen Zensur wurde Ö. von Mißtrauen gegen das polit. System erfaßt, das in verhärteter reaktionärer Politik seit 1830 auch die restl. ständ. Kompetenzen auszuschalten versuchte. Die Wiener Reg.zentrale ihrerseits war unfähig, die aus dem tiefgreifenden sozialen Wandel resultierenden polit. gesellschaftl. Konsequenzen zu bewältigen, sie hatte ledigl. Verwaltungs- und Kontrollfunktionen, regierte fakt. aber nicht mehr.

Von der Revolution zum Dt. Krieg (1848–66): Das Verlangen des Besitz- und Bildungsbürgertums, aber auch eines Teils des Adels nach Systemveränderungen, die Lage der Bauern und die Auswirkungen der Wirtschaftskrise seit den 1840er Jahren, v. a. auf die Arbeiter und die kleinbürgerl. Handwerker, förderten den Ausbruch der Märzrevolution. Sie verband sich mit dem Aufbegehren der in Galizien durch polit. Zugeständnisse, in Kroatien und der Lombardei mit polizeistaatl. Mitteln unterdrückten Nationalitäten und erschütterte nicht nur das Herrschafts- und Sozialgefüge, sondern auch die histor. gewachsene Existenz der Habsburgermonarchie.

Die Märzrevolution spielte sich v. a. in 4 Zentren ab: In Wien erzielte die vorwiegend von radikalen Studenten und von durch sie mobilisierten unorganisierten Arbeitern getragene Revolution seit dem 13. März 1848 rasche Erfolge: Abschaffung der Pressezensur, Formierung einer akadem. Legion, Einführung eines Min.rats (mit einem Min.präs.) als konstitutionelles Gegengewicht gegen die Krone. Der Verfassungsentwurf vom April 1848 sah ein Zweikammersystem, Gewaltentrennung, Garantie der Unverletzlichkeit der Nationalitäten vor und erfüllte damit wesentl. liberal-konstitutionelle Forderungen. In einer 2. Entwicklungsphase radikalisierte sich jedoch die Revolution in Wien; die Erhebung vom 15. Mai erzwang die Rücknahme der Aprilverfassung und die zensusfreie Wahl eines konstituierenden östr. Reichstags. - In Prag brach durch die am 11./13. März von tschech. Intellektuellen und von demokrat.-sozialrevolutionär gesinntem Kleinbürgertum ausgelöste Revolution sofort die nat. Frage auf. Die Revolutionäre forderten amtliche Zweisprachigkeit und parität. Ämterbesetzung und v. a. eine Sonderstellung der böhm. Länder. Mit der Bildung eines Prager Nat.ausschusses radikalisierte sich auch in Prag die Revolution. - In Lombardo-Venetien geriet der revolutionäre Aufbruch (seit 17. März) sofort in den Sog des Risorgimento. - In Ungarn begann die Revolution am 15. März und schon am 11. April mußte Wien die 31 Gesetzesartikel der ungar. Verfassung von 1848, die einen nur durch habsburg. Personalunion mit Ö. verbundenen magyar. Staat und ein parlamentar. System vorsah, anerkennen.

Der konstituierende Wiener Reichstag (seit 22. Juli 1848) stand damit vor 3 Hauptaufgaben: Realisierung der liberal-demokrat. konstitutionellen Forderungen, Vollendung derTheresian.-Josephin.Agrarreformen durch völlige Beseitigung der bäuerl. Untertänigkeitsverhältnisse einschließl. einer Grundentlastung, v. a. aber die Bewältigung der unmittelbar aufgebrochenen Nationalitätenfrage. Sie war nicht nur mit den Konzeptionen zur Lösung der dt. Frage, sondern auch mit den liberalen Zielen der Frankfurter Nat.versammlung nicht in Übereinstimmung zu bringen. Die Autonomiebestrebungen der einzelnen Kronländer beruhten auf histor. Staatsrechtsansprüchen und waren daher meist ständ. ausgerichtet. Damit erwies sich die Nationalitätenfrage als Hindernis für die Verwirklichung konstitutioneller Forderungen und begünstigte die konservativen, antirevolutionären Aktionen in Ö. Von hier aus erfolgte noch 1848 der reaktionäre Umschlag gegen die Märzrevolution. Bereits im Juni 1848 konnte Fürst Windischgrätz in Prag den Pfingstaufstand niederwerfen; der Sieg bei Custoza (23.–25. Juli) und der Waffenstillstand in Lombardo-Venetien waren weitere Erfolge der konservativen Kräfte. Zwar entwickelte sich in Wien aus dem Widerstand gegen eine östr. Intervention in Ungarn die „Oktoberrevolution" (6.–31. Oktober), doch war deren Niederschlagung durch Windischgrätz mit einem Affront gegen die Frankfurter Nat.versammlung (Erschießung R. Blums als Todesurteil gegen J. Fröbel) und gegen ihre Anhänger in Ö. verbunden.

Nach der Verlegung des Wiener Reichstags nach Kremsier, der Reg.neubildung durch Fürst Schwarzenberg und dem erzwungenen Thronwechsel zugunsten Kaiser Franz Josephs I. wurde zunächst nur verstärkter östr. Widerstand gegen die sich abzeichnende kleindt. Lösung der dt. Frage in der Paulskirche spürbar. Obwohl der Verfassungsentwurf des Reichstags von Kremsier eine mit allen Nationalitäten des Erblands verneinbare nationalist.-föderalist. Umstrukturierung von Ö. vorsah, zwang die Wiener Reg. am 4. März 1849 den Kremsierer Reichstag zur Annahme einer oktroyierten Verfassung und löste ihn am 17. März gewaltsam auf. Die mit fortschrittl. Elementen der Kremsierer Verfassung ausgestattete oktroyierte Verfassung sollte unter Zurückweisung aller staatsrechtl. Begehren der Nationalitäten und unter Auflösung der Frankfurter Idee für die Länder der Stephanskrone einen großöstr. Einheitsstaat schaffen. Das östr. Erstarken als konservative Großmacht ermöglichte es, seinen dt. Führungsanspruch

Österreich

zu erneuern, den Verzicht Preußens auf die kleindt. Lösung zu erzwingen und das großöstr. Gegenprojekt einer mitteleurop. Wirtschaftseinheit zu verfolgen. Der durch die Märzverfassung geschaffene Scheinkonstitutionalismus wurde unter dem Druck der östr. Hocharistokratie und der mehrreitl. konservativen Bürokratie durch den Staatsstreich von 1851 annulliert; v. a. mit der Errichtung eines Reichsrats, der Umwandlung des konstitutionellen Min.rats in ein bloßes Ausführungsorgan monarch. Willens und dem Verzicht auf einen Min.präs. wurde die absolute Krongewalt aufgerichtet (Neoabsolutismus).

Die östr. Außenpolitik 1853–60 trennte Ö. im Krimkrieg (1853/54–56) mit verhängnisvollen Folgen für die Balkanfrage von Rußland, im Sardin.-Frz.-Östr. Krieg (1859/60) auch von Frankr. Innenpolit. hatten die territorialen Verluste und eine verfehlte Handelspolitik eine Vertrauenskrise zur Folge. Der bedrohl. gewachsene Widerstand Ungarns gegen das neoabsolutist. System machte 1859 eine Verfassungsreform unumgänglich.

Ziel des ↑Oktoberdiploms (1860) war es, unter Wahrung der Vollgewalt der Krone durch dezentralisierende, den Kronländern zuzubilligende autonome Verwaltungsrechte die Macht der zentralist. Bürokratie zu schmälern, aber die Bildung eines Zentralparlaments zu umgehen und mit Hilfe konservativer Teile des Bürgertums die Führungsposition des ständ. Adels in den Kronländern zurückzugewinnen. Das Oktoberdiplom stieß jedoch insbes. in Ungarn auf Ablehnung, wo die Forderung nach der Wiederherstellung der vortheresian. staatsrechtl. Sonderstellung Ungarns laut wurde. Das nach dem Scheitern des Oktoberdiploms entworfene Februarpatent von 1861 kehrte zur zentralist. Reichsgewalt zurück, modifiziert durch eine nichtparlamentar. Konstitutionalisierung des Reichsrats und ein Verwaltungssystem abgestufter Autonomie. Die Realisierung des Februarpatents hing von der Beschickung des Reichsrats durch die Kronländer, v. a. durch Ungarn, nach den vorgesehenen Wahlen und von der Unterstützung der Reg.politik im Reichstag ab. Mit diesem Beginn des Verfassungslebens kam in Ö. eine über die bisherige Scheidung zw. Zentralisten und Föderalisten hinausgehende Bildung polit. Parteien in Gang.

Als Hauptbefürworter des Februarpatents formierte sich die dt.-liberale Verfassungspartei, sie war bereit, zugunsten der Durchsetzung eines vom dt. Bev.element dominierten östr. Einheitsstaat weitgehend auf weitere Konstitutionalisierung zu verzichten. Auch die Alttschechen billigten letztlich das Februarpatent, was allerdings 1863 zur Abspaltung der ↑Jungtschechen führte. Die Ungarn hingegen steigerten ihre ablehnende Haltung zur Obstruktionspolitik (Nichtbeschickung des Reichsrats, Forderung nach Wiederinkraftsetzung der Gesetze von 1848). Da die Wiener Reg. es nicht verstand, die antimagyar. Widerstände der mehrheitlich nichtmagyar. in Ungarn lebenden Nationalitäten (8 Mill. gegenüber 5 Mill. Magyaren) im In-

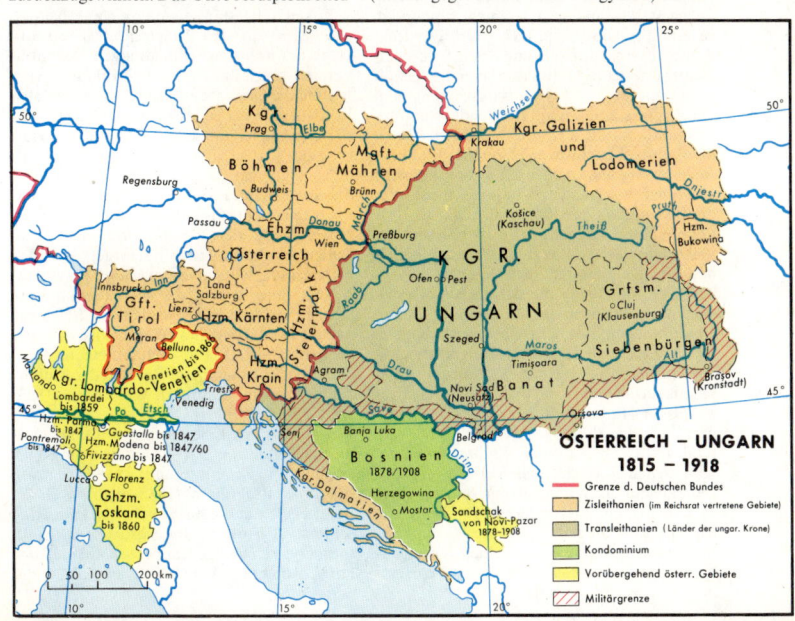

Österreich

teresse des östr. Gesamtstaats gegen das Unabhängigkeitsstreben der Magyaren zu mobilisieren, scheiterte ihre Durchhaltepolitik, zumal deren Bedingung, eine Steigerung der monarch. Macht durch eine erfolgreiche Politik im Dt. Bund und in Europa, nicht erfüllt war.
Die von Ö. nicht einkalkulierte Niederlage im dt. Krieg 1866, in den Ö. nicht nur außenpolit. weitgehend isoliert, sondern auch innenpolit. erheblich belastet eintrat, veränderte die polit. Gesamtsituation des Kaisertums. Die Gefährdung der östr. Großmachtstellung nach seiner Verdrängung aus dem Dt. Bund durch den sich bildenden preuß.-kleindt. Nat.staat und nach seinem Zurückweichen vor dem italien. Nat.staat (Aufgabe Venetiens) verlangte vorab den Ausgleich mit den von Ungarn geführten Ländern der Stephanskrone, ließ aber mit der Neugewichtung der Nationalitäten durch die eingetretene Isolierung der dt. „Kernnation" die strukturell grundlegend veränderte Nationalitätenfrage zum Reichsproblem der Habsburgermonarchie werden.

Österreich-Ungarn (1867–1918): Die Folgen der Umwandlung zur Doppelmonarchie Ö.-Ungarn 1867 durch den östr.-ungar. Ausgleich bestimmten die weitere innenpolit. Entwicklung der Donaumonarchie. Die 1867 garantierte gesamtpolit. Gleichberechtigung der Nationalitäten setzte v. a. die durch die Autonomiebewegungen komplizierte Lösung der Nationalitätenfrage voraus. In der zisleithan. Reichshälfte gelang dies von Anfang an nicht. Die dadurch bedingte innenpolit. Instabilität wurde bis 1879 nur überdeckt durch die Führungsleistung des östr. Liberalismus, durch die gut funktionierende Verwaltung, den bed. Wirtschaftsaufschwung und durch die stabilisierend wirkende Neutralitätspolitik im Dt.-Frz. Krieg 1870/71. Durch die Wahlrechtsreform 1873 (direkte Wahl des Reichsrats) gelang die Ausschaltung der meist föderalist. votierenden Landtage, nicht aber die Beendigung des Reichsratsboykotts. Der hohe Wahlzensus, der nur 6 % der Gesamtbevölkerung das Wahlrecht zuerkannte, erhielt bes. Gewicht, als mit dem Wiener Börsenkrach (9. Mai 1873) und der großen Depression das Vertrauen in die liberale Ära, in Gewerbe- und Handelsfreiheit verlorenging. Der vorausgegangene, von Bürgertum und Großgrundbesitz getragene stürm. Wirtschaftsaufschwung in Ö. hatte die soziale Frage in den Hintergrund gedrängt. Die Sorge um ihre Bewältigung förderte antiliberale Kräfte v. a. bei den vom Wahlrecht Ausgeschlossenen; die schwache Verankerung des Liberalismus im Wirtschaftsbürgertum führte zu seinem raschen Niedergang (1879 Rücktritt der Liberalen).
Innenpolit. geschlossener erschien demgegenüber Ungarn, bedingt durch das die Herrschaft des magyar. Adels, der „polit. Nation", sichernde Wahlgesetz und durch die scheinbare Bewältigung der Nationalitätenpolitik mit Hilfe des Nationalitätengesetzes von 1868. Aber es wurde nicht angewendet, und schon der kroat.-ungar. Ausgleich zeigte Ansätze der späteren, für die Gesamtmonarchie verhängnisvollen Nationalitätenpolitik (Magyarisierung). Die Parteienbildung richtete sich in Ungarn nach Anerkennung oder Ablehnung des östr.-ungar. dualist. Systems. Seit 1875 verfolgte die Liberale Partei unter K. Tisza einseitig und unter Verkennung der die Zukunft Ungarns bestimmenden sozialen, wirtsch. und nat. Probleme die staatsrechtl. „Weiterentwicklung" des östr.-ungar. Ausgleichs, den die oppositionelle radikale 48er-Unabhängigkeitspartei völlig ablehnte. So konnte sich durch doktrinär praktizierten Wirtschaftsliberalismus ohne eigtl. industriellen Aufschwung und Entwicklung eines entsprechenden Bürgertums auf Kosten des Mittel- und Kleinbesitzes und der nichtmagyar. Nationalitäten eine schwerwiegende Umschichtung zugunsten des Großgrundbesitzes vollziehen.

Ein erneuter innenpolit. Kurswechsel, der das Ende der liberalen Ära bedeutete, vollzog sich mit der Reg.übernahme durch den Vertrauensmann des Kaisers, E. Graf Taaffe (1879). Er stützte sich auf den „Eisernen Ring" der antiliberalen Reichsratsmehrheit des Liechtenstein- und des späteren Hohenwartklubs der Polen und Tschechen. Taaffe hatte deren Rückkehr in den Reichsrat durch erhebl. nat. Zugeständnisse erreicht, scheiterte aber 1890 an den Jungtschechen bei dt.-tschech. Ausgleichsverhandlungen. Die antiliberalen, gegen das Besitz- und Bildungsprivileg und die Gewerbefreiheit (1859) gerichteten Forderungen der entstehenden Massenparteien zeigten die seit 1873 veränderte Haltung zur Wirtschafts- und Sozialpolitik. Taaffe war überzeugt, den Nationalitätenstreit durch die Konzentration auf die sozialpolit. Probleme neutralisieren zu können: durch Novellierung der Gewerbeordnung (1883), Einleitung einer sozialen Fürsorgepolitik (Arbeiterschutz, Sozialversicherung) nach dt. Muster und durch die Veränderung der Mehrheiten und Interessenlage im Reichsrat nach Erweiterung des Wahlrechts auf den gewerbl. Mittelstand (Herabsetzung des Wahlzensus 1882); beim Versuch der Einführung eines allg. demokrat. Wahlrechts (1893) stürzte sein Kabinett.

Der Verfall des Liberalismus in Ö. ab 1879 war begleitet von nat. Radikalisierung und organisator. Zersplitterung, so daß es trotz des Linzer Programms (1882) nicht zur Gründung einer nat.-demokrat. Partei kam. Geschlossen für die gesamte östr. Reichshälfte formierte sich demgegenüber seit 1888/89 unter V. Adler die östr. Sozialdemokratie, die

Österreich

aber erst seit 1897 im Reichsrat vertreten war. Zunächst nur als Klassenpartei der dt. Mittelschichten und des Kleinbürgertums entstand mit sozialreformer. und antisemit. Tendenz durch K. Lueger die Christlichsoziale Partei. Diese Herausforderung von Krone, Armee und Bürokratie, der bisherigen Staatsführung, durch soziale und nat. Massenparteien und Interessenverbände markierte eine polit. Gesamtzäsur, von der die allein von der Krone bestimmte Außenpolitik scheinbar unberührt blieb. Die Eingliederung Ö.-Ungarns in das Bündnissystem Bismarcks (Zweibund 1879, Dreikaiserbund 1881, Dreibund 1882, Mittelmeerabkommen 1887) zur Aufrechterhaltung der östr. Großmachtstellung und zur Vermeidung einer Konfrontation mit Rußland in der Balkanfrage legte die Donaumonarchie bereits vor der sich anbahnenden europ. Mächteblockbildung fest.

Der Versuch K. F. Graf Badenis 1895, sowohl die drängende, die östr. Politik grundsätzl. beeinflussende Ausgleichserneuerung mit Ungarn als auch die inzwischen alle Lebensbereiche durchdringende Nationalitätenfrage zu bewältigen, führte 1897 zur den Gesamtstaat gefährdenden Verhärtung des Nationalitätenstreits, zum Regieren zunächst bis 1902 mit dem Notstandsparagraphen, zur fakt. Übernahme der Reg.gewalt durch die hohe Staatsbürokratie, was die Lösungsansätze in der Nationalitätenfrage und der Demokratisierung blockierte; die Negierung einer Integrationspolitik vergrößerte das soziale Gefälle zw. den Kronländern und verschärfte damit die Nationalitätenfrage und das Mißtrauen gegen die östr. Reichsführung, die sich v. a. in der hohen Staatsbürokratie als Hauptdesintegrationsfaktor erwies. Exklusiv, ohne Verankerung in der Gesamtstruktur der östr. Völker, ohne direkte Verbindung zu den die Innenpolitik beherrschenden Problemen, in ihrer Unterschätzung der Konfliktlage zu Ungarn u. mit der ohne Bezug zu den „Reichsproblemen" praktizierten Außenpolitik, konzentrierte sich in ihr jener die Donaumonarchie vor 1914 weitgehend beherrschende, auf innerer Stagnation, polit. Resignation und Immobilismus basierende Pessimismus, der wachsende Hoffnungen in den Thronfolger Franz Ferdinand setzen ließ.

In Ungarn setzte sich die Tendenz durch, keine Veränderung des Systems der dualist. Realunion zuungunsten Ungarns durch zusätzl. Ausgleiche zuzulassen, bes. seit dem Sturz K. Tiszas 1890. Druckmittel waren die Ausgleichserneuerungen, deren ständige Priorität seit der Badenikrise zu steigenden militär. und wirtsch. Forderungen genutzt wurde. Nach der Ablösung der 40jährigen liberalen Reichstagsmehrheit durch die Unabhängigkeitspartei 1905–10 verhinderte die Krone durch eine Intervention zwar eine ungar. Abkehr vom östr.-ungar. Ausgleich, scheiterte aber, als durch Übertragung der allg. Wahlrechts auf Ungarn die nationalist., adlig-großbürgerl. magyar. Führungsschicht abgelöst werden sollte. Die innenpolit. Stabilisierung nach 1910 durch die neuformierte liberale „Partei der nat. Arbeit" unter I. Graf Tisza brachte in Gegnerschaft zum Thronfolger Franz Ferdinand keine Eindämmung der desintegrierenden Politik Ungarns. Außenpolit. führte die Abkehr von der noch 1903 zu gemeinsamem Vorgehen mit Rußland in der makedon. Frage fähigen Status-quo-Politik auf dem Balkan in der Annexionskrise 1908/09 nicht nur zur Verschlechterung der östr.-russ. Beziehungen. Der nichtkonstitutionellen, die Innenpolitik rasch überlagernden, routinemäßig betriebenen Außenpolitik der Donaumonarchie mangelte es - im Ggs. zu den Intentionen Franz Ferdinands - an konstruktiver Beantwortung der offensiven russ. Balkanpolitik. Die östr. Reichsführung wies Präventivkriegsforderungen zurück, schritt im Aufruf zur Selbstbehauptung der Habsburgermonarchie nach dem Attentat von Sarajevo in der Julikrise 1914 aber doch zur Kriegsauslösung gegen Serbien (28. Juli) - ungeachtet mangelnder militär. Rüstung und unter Ausschaltung des östr. Reichsrats.

Im 1. Weltkrieg geriet Ö.-Ungarn trotz Bewährung der k. u. k. Armee in wachsende militär. Abhängigkeit vom Dt. Reich. Nur mit dt. Hilfe konnten 1915 Galizien zurückerobert, Serbien erst niedergeworfen, der Kriegsbeitritt Rumäniens (Aug. 1916) siegreich überstanden, mit eigenen Kräften nur die Front gegen Italien nach dessen Kriegsbeitritt 1915 gehalten, Montenegro und Albanien erobert werden. Kaiser Karl I., der 1916 die Nachfolge Kaiser Franz Josephs I. angetreten hatte, zeigte sich der Kriegs- und Krisensituation nicht gewachsen; so sicherte seine überstürzte Krönung und Bindung an die ungar. Verfassung nicht einmal die Lebensmittelversorgung aus Ungarn, von der die Gesamtmonarchie stark abhängig war. Weder die polit. Amnestie (2. Juli 1917) noch die Reg. des tschechenfreundl. Grafen Clam-Martinic führten zur innenpolit. Konsolidierung. Der vom Außenmin. Czernin verfolgte Verständigungsfriede mündete durch die Sixtus-Affäre in eine völlige militär. und außenpolit. Abhängigkeit vom Dt. Reich. Die Wiederberufung des Reichsrats erst zum 30. Mai 1917 konnte, auch infolge des Einflusses der russ. Februar- und Oktoberrevolution 1917, trotz militär. gesicherter Lage den raschen Autoritätsverfall der östr. Reichsführung nicht mehr eindämmen. Mit dem militär. Zusammenbruch ab Sept. 1918 begann der Zerfall der Habsburgermonarchie. Am 1. Okt., noch vor dem Völkermanifest Karls I., bestritten die slaw. Nationalitäten dem Reichsrat die Kompetenz in der Nationalitätenfrage.

157

Österreich

VERWALTUNGSGLIEDERUNG (Stand 1985)			
Bundesland	Fläche km²	Einwohner (in 1000)	Hauptstadt (* Verwaltungssitz)
Burgenland	3 965	268	Eisenstadt
Kärnten	9 534	540	Klagenfurt
Niederösterreich	19 172	1 424	Sankt Pölten (* Wien)
Oberösterreich	11 980	1 286	Linz
Salzburg	7 154	457	Salzburg
Steiermark	16 387	1 183	Graz
Tirol	12 647	602	Innsbruck
Vorarlberg	2 601	309	Bregenz
Wien	415	1 489	

Sie beriefen sich auf die bis Aug. 1918 von den Alliierten anerkannten Exilreg. (v. a. der tschech. und der poln.), denen es erst jetzt gelungen war, das alliierte Kriegsziel der Zerstörung der Donaumonarchie durchzusetzen. Am 31. Okt. 1918 trennte sich Ungarn von Ö.; in den Verträgen von Saint-Germain-en-Laye (1919) und Trianon (1920) wurde die Auflösung der Donaumonarchie bestätigt. Als Nachfolgestaaten konnten sich die Tschechoslowakei, Ö. und Ungarn konstituieren, Teile der ehem. Habsburgermonarchie kamen an Italien, Polen, Rumänien und Serbien.
Die Erste Republik (1918–1937): Eine provisor., aus den 1911 gewählten 210 dt. Reichsratsabg. für das gesamte geschlossene dt. Siedlungsgebiet Zisleithaniens gebildete Nat.versammlung (30. Okt. 1918) schuf auf der Basis der Dezemberverfassung von 1867 und in Übernahme der alten föderalist. Landesordnungen die Provisor. Verfassung (30. Okt.), bildete aus ihren Reihen eine Exekutive mit K. Renner als erstem Kanzler und proklamierte am 12. Nov. entsprechend ihrem ethn.-nat. Anspruch Deutsch-Ö. als demokrat. Republik und deren Anschluß an das Dt. Reich. Die im Febr. 1919 mit einer Mehrheit der SPÖ (72) vor der Christlichsozialen Partei (CP, 69) und den späteren Großdt. (26) gewählte konstituierende Nat.versammlung bestätigte die Staatsbildung vom 12. Nov. 1918, annullierte (3. April 1919) durch das Habsburgergesetz und das Adelsgesetz (Verbot des Adels) die monarch. Herrschafts- und Sozialstrukturen, schuf einen Staatsrechnungs- und einen Verfassungsgerichtshof und konnte den Anschluß Vorarlbergs an die Schweiz, insbes. aber die Errichtung einer Räterepublik in Ö. verhindern. Nach alliierter Einlösung der Territorialforderungen der ČSR und Italiens konnte sich östr. Widerstand nur in den Abstimmungsgebieten in S-Kärnten und in Dt.-Westungarn (Burgenland) behaupten; Ö. wurde in den Völkerbund aufgenommen, ein Anschluß an das Dt. Reich entsprechend dem Versailler Vertrag (Art. 80) verboten. Der dt. Reststaat der einstigen Donaumonarchie (territorial ⅛ der Gesamtmonarchie mit weniger als ⅟₇ der einstigen Gesamtbev.) erhielt durch den Sturz von der Großmacht zum Kleinstaat, durch die Zerreißung v. a. des Gesamtwirtschaftsraums und den völligen finanziellen Zusammenbruch grundlegend veränderte polit., wirtsch. und soziale Strukturen; durch die Bestimmung als Nachfolgestaat mit hohen Reparationsleistungen entstand eine fast aussichtslose polit. und gesamtwirtsch. Ausgangsposition. Die wirtsch. und sozialen Aufgaben mußten daher die Politik, ihre Bewältigung das Schicksal der 1. östr. Republik bestimmen.
Am 1. Okt. 1920 trat die auf der Basis der Provisor. Verfassung von 1918 ausgearbeitete demokrat. Verfassung für den östr. Bundesstaat in Kraft. Sie war als zentralist.-föderalist. Kompromiß konzipiert (Zweikammersystem [National- und Bundesrat], noch schwache Kompetenz des Bundespräs., Belassung der alten östr. Erblande als Bundesländer, Teilung von Legislative und Exekutive zw. Bund und Ländern) und ist, in der Modifizierung vom 7. Dez. 1929, 1945 wieder in Kraft gesetzt, auch die heutige Verfassung. Die Neuwahlen (17. Okt. 1920) veränderten durch den Sieg und die Koalition der bürgerl. Parteien die innenpolit. Situation nachhaltig. Aber der Christlichsozialen Partei (79 Nationalräte) fehlte infolge der Vielschichtigkeit ihrer Wählerinteressen die innere Geschlossenheit, die Großdt. Volkspartei (18 Sitze) erst gewann, als J. Schober 1930 sie mit der 1919 gegründeten kleinen Bauernpartei, dem „Landbund" (6 Sitze), zum „Nat. Wirtschaftsblock" (Schoberblock) verband. Diesem lockeren bürgerl. Block stand geschlossen als linke Partei die SPÖ gegenüber, da die Kommunist. Partei bis 1933 weder im Nationalrat noch im Wiener Gemeinderat einen Sitz erringen konnte. Die SPÖ (62 Sitze), durch Austromarxismus, antibolschewist. Haltung und Anschlußbestrebungen geprägt, war seit Nov. 1920 in die Opposition gedrängt und zur Realisierung v. a. ihrer Sozialpolitik auf das „rote Wien" beschränkt.
Den bürgerl. Reg.parteien mit ihren meist der k. u. k. Staatsbürokratie entstammenden Führern fiel die Anpassung an den Kleinstaat und seine wachsende wirtschaftl.-soziale Not-

Österreich

lage schwer. Die wirtsch. Sanierung konnte nur mit Hilfe der Siegermächte bzw. der vom Völkerbund vermittelten Kredite durchgeführt werden. Diese Kredite waren immer mit der Auflage des Anschlußverbots belegt, setzten das östr. Bekenntnis zum eigenen Staat voraus bzw. verlangten auch tiefgreifende innere Reformen (Verwaltungsreform). Doch rettete der Kredit der Siegermächte Ö. vor dem wirtsch. Zusammenbruch und ermöglichte eine Stabilisierung der Währung (Einführung der Schillingwährung, Verselbständigung der Notenbank). Aber keine der bürgerl. Reg. konnte bis 1932 dauerhafte Erfolge in der Wirtschaftspolitik erringen. Zwar verzeichnete die Landwirtsch. bis zur Weltwirtschaftskrise 1929 einen Aufstieg, aber die Ind. erreichte, angewiesen auf kurzfristige Auslandskredite, nur mäßigen Aufschwung (nur 80% der Vorkriegsproduktion, keinen Abbau der Arbeitslosigkeit [25%]). Der Außenhandel blieb selbst während der europ. Konjunktur 1924–29 defizitär. Wesentl. mitverursacht war diese Nichtbewältigung der wirtsch. Probleme durch die verfehlte Fortsetzung der k. u. k. Wirtschaftspolitik. In strenger Trennung zw. Privat- und Staatswirtschaft handelte die Reg. finanzpolit. vorrangig zugunsten der Währungsstabilisierung, wirtschaftspolit. nur restriktiv durch Zoll- und Notstandsmaßnahmen. Der 3. Reg. Schober (Sept. 1929 bis Sept. 1930) gelang zwar 1930 die Liquidierung aller Kriegsschulden und der alliierten Generalpfandrechte, nicht aber die Bildung der Dt.-Östr. Zollunion. So erlangte der Zusammenbruch der östr. Creditanstalt für Handel und Gewerbe, der größten Industriebank, Signalwirkung für die Nichtbewältigung der gesamtwirtschaftl. Aufgaben durch die bürgerl. Reg.parteien. Zäsuren in der Entwicklung der Krise der östr. Demokratie seit 1925 bildeten die blutigen Zusammenstöße (seit 15. Juli 1927) der nichtstaatl., bewaffneten Selbstschutzformationen der Parteien (zahlenmäßig stärker als das östr. Bundesheer), von denen der Republikan. Schutzbund der SPÖ bereits geschlossener als die in den einzelnen Bundesländern formierten, erst jetzt voll politisierten Heimwehren war. Erst das 3. Kabinett Schober reagierte mit einem Antiterrorgesetz und wollte die Lähmung des Parlamentarismus durch eine Verstärkung der Staatsautorität ausgleichen. Aber die Novellierung (7. Dez. 1929) der Oktoberverfassung 1920 (erhebl. Kompetenzvermehrung des nun für 6 Jahre direkt zu wählenden Bundespräs., nur geringe Kompetenzeinschränkung des Nat.rats) enttäuschte die inzwischen antimarxist. und autoritär-ständestaatl., nach italien.-faschist. Vorbild ausgerichteten Heimwehren, die entschlossen waren, ihre gesamtpolit. Ziele durchzusetzen. Mit dem Wahlsieg (April 1932) der bis dahin unbedeutenden, jedoch durch Großdt., steir.

Heimwehr und existenzbedrohte Mittelstandsschichten verstärkten, organisator. der dt. Parteileitung unterstellten östr. Nationalsozialisten bei Landtags- und Gemeindewahlen und mit der Reg.bildung durch E. Dollfuß (Mai 1932) führte die innenpolit. Labilität in Ö. zum Ende der Reg. bürgerl. Parteien und der Demokratie. Dollfuß nützte die im Zusammenhang mit einem kurzen Eisenbahnerstreik erfolgte vorübergehende Selbstausschaltung des Nat.rats (Rücktritt der 3 Präs.) am 4. März 1933, um mit Hilfe des in der Oktoberverfassung 1920 übernommenen kriegswirtsch. Ermächtigungsgesetzes von 1917 den Nat.rat als verfassungsmäßiges Organ auszuschalten und ein autoritäres Regime einzuführen. Die Absprache verfassungswidriger Politik mit Mussolini (Beseitigung des Parteienstaats in Ö. und Staatsneubau auf korporativer Grundlage) und die Gründung der Vaterländ. Front anstelle polit. Parteien verdeutlichen den antidemokrat. Umbruchwillen. Die von den Heimwehren ausgelösten Februarunruhen 1934 führten zur Ausschaltung der SPÖ und nach neuerl. Abstimmung mit Italien zugleich mit Inkraftsetzung des östr. Konkordats (1933) zum Erlaß der Maiverfassung 1934. Sie vollzog in Verbindung von autoritärem Katholizismus und Heimwehrfaschismus unter der Ideologie des Ständestaats (berufsstand. Staatsstruktur, Einparteiensystem) eine grundsätzl. Abkehr von demokrat. Prinzipien. 4 teils berufsständ. wählbare Vertretungskörperschaften (mit bloßer Rats- oder Beschlußkompetenz) konzentrierten die Macht bei der Reg. Die Maiverfassung fand nach Abdrängung der Parteien und Gewerkschaften in die Illegalität keinen Rückhalt in den breiten Massen. Der wegen der drohenden Haltung der Schutzmacht Italien gegenüber Hitler isolierte nat.soz. Putschversuch (25. Juli 1934) scheiterte, beendete aber trotz des Todes von Dollfuß nicht das autoritär-ständestaatl. Regime. Auch die Bemühungen, die Wirtschaftskrise zu bewältigen, blieben ohne Erfolg. Unter K. Schuschnigg als Nachfolger von Dollfuß entstanden weitere Voraussetzungen für den Untergang der 1. Republik. Seine Weigerung, zur Parteiendemokratie zurückzukehren, versperrte ihm, trotz Auflösung der Heimwehren, den Weg zum innenpolit. Ausgleich. Seine Politik der Stützung der östr. Unabhängigkeit durch das neuerl. Bündnis mit Italien als Schutzmacht (22. Aug. 1934) und durch die Bildung der Stresafront (April 1935) geriet mit der Annäherung Mussolini/Hitler seit dem Italien.-Äthiop. Krieg 1935/36 ins Wanken und zwang Schuschnigg zum dt.-östr. Abkommen vom 11. Juli 1936. Dieses Juliabkommen garantierte zwar die staatl. Integrität Ö. und sicherte die innenpolit. Nichteinmischung Deutschlands zu, verpflichtete aber Ö. zu an Deutschland orientierter Außenpolitik

159

Österreich

Ö. im Großdeutschen Reich (1938–1945): Schuschnigg blieb kein freier polit. Aktionsraum, als Hitler durch eine Interventionsdrohung die Berchtesgadener Zusammenkunft (12. Febr. 1938) erzwang; formaler Anlaß war die beiderseitige Nichterfüllung des Juliabkommens 1936, im eigentlichen ging es Hitler darum, die polit. Amnestie in Ö. in Gang zu setzen und mit A. Seyß-Inquart einen NS-Sicherheitsmin. ins östr. Kabinett zu bringen. Schuschnigg selbst gab mit der überstürzten, am 9. für den 13. März anberaumten unfreien Volksabstimmung Hitler den Anlaß, den „Anschluß von Ö. an das Dt. Reich" zu vollziehen. Er erfolgte ohne Einspruch seitens einer der europ. Mächte. Am 13. März wurden nach dem erzwungenen Rücktritt des östr. Bundespräs. W. Miklas verfassungsmäßig durch Seyß-Inquart in formaler Legalität (erneut mit dem östr. Ermächtigungsgesetz von 1917) die Anschlußgesetze in Kraft gesetzt, die am 10. April mit überwältigender Mehrheit ihre plebiszitäre Bestätigung fanden. Mit dem Ostmarkgesetz (14. April 1939) wurden die östr. Landesreg. und die Bundesländer aufgelöst und 7 Reichsgaue gebildet, die ab 1942 die Bez. Alpen- und Donaugaue führten. Die Einführung der dt. Verwaltungsorganisation und die Besetzung der Führungsstellen mit „Landfremden", die Verfolgung von Regimegegnern wie die schweren menschl. und materiellen Verluste nach Ausbruch des 2. Weltkriegs bewirkten die Abwendung der östr. Bev. vom Großdt. Reich.

Die Zweite Republik (seit 1945): 1943 beschlossen die Alliierten auf der Moskauer Konferenz, Ö. als eigenen Staat wiederherzustellen; in Jalta (Febr. 1945) wurde die Aufteilung des Landes in 4 Besatzungszonen vereinbart. Die 2. republikan. Staatsbildung erfolgte in dem ab Ende März (Wien 13. April) 1945 von sowjet. Truppen eroberten östl. Ö. durch Bildung einer Provisor. Staatsreg. unter K. Renner (durch SPÖ, KPÖ und die neugegr. Östr. Volkspartei). Anknüpfend an das Ende des Parlamentarismus in der 1. Republik Ö., erklärte sie am 27. April die Unabhängigkeit und die Wiederinkraftsetzung der 1929 novellierten Verfassung von 1920. Es wurde ausschlaggebend für die ungeteilte Erhaltung von Ö., daß es zur zunächst nur im sowjet. Machtbereich aktionsfähigen Provisor. Staatsreg. gelang, ihren Anspruch auf einheitl. Leitung der staatl. Legislative und Exekutive auch gegenüber den autonomen provisor. Landesreg. (Landeshauptmannschaften) durchzusetzen und die Bildung einer Gegenreg. in den westl. Besatzungszonen auszuschließen, so daß sie am 20. Okt. 1945 auch von den 3 westl. Besatzungsmächten anerkannt wurde. Der provisor. Übergangsstatus endete nach den ersten Nat.rats- und Landtagswahlen (25. Nov. 1945), bei denen die ÖVP (85 Sitze) die absolute Mehrheit errang (SPÖ 76, KPÖ 4 Sitze), mit dem Zusammentritt der Bundesversammlung und der Wahl Renners zum östr. Bundespräs. Der Alliierte Rat bzw. die einzelnen Militärreg. übten ihre höchste Gewalt nur über die östr. Bundesreg. aus. Es hatte weiterhin grundlegende Bed., daß die für das Schicksal der 1. Republik entscheidenden innen- und parteipolit. Fehler vermieden wurden. Die Ablehnung einer Bürgerblockpolitik zugunsten der großen Koalitionsbildung und der Beschluß des parteipolit. Proporzsystems auf Bundes-, Landes- und Gemeindeebene ermöglichten es, auf der Basis einer breiten und geschlossenen Reg.mehrheit Ende 1946 Verhandlungen zur Ablösung des Besatzungsstatus aufzunehmen.

Die durch das alliierte Kontrollabkommen (28. Juni 1946) erweiterte Kompetenz der östr. Reg. war nur teilweise realisierbar, ermöglichte aber den Beginn wirtsch. Wiederaufbaus. Ausschlaggebend war nach der Verstaatlichung der Montanindustrie, der 3 östr. Großbanken (Juni 1946) und der Energieversorgung (Mai 1947) v. a. die Marshallplanhilfe 1948–51 für Ö. in Höhe von 1,6 Mrd. Dollar. Innenpolit. erwies sich Ö. als rasch stabilisiert durch die verfassungsmäßige direkte Volkswahl des Bundespräs., durch das Ausscheiden der KPÖ aus dem Parlament (seit 1959) und durch den Aufbau der oppositionellen Freiheitl. Partei Ö. seit 1955. - Außenpolit. mißlang Ö. dagegen v. a. infolge des Einspruchs der brit. und amerikan. Reg. eine Regelung der Südtirolfrage durch Anwendung des nat. Selbstbestimmungsrechts, so daß erst 1969 eine Verständigung mit Italien erreicht wurde. Behindert durch den Ost-West-Konflikt, führten die Verhandlungen zur Beendigung des Besatzungsstatus erst am 15. Mai 1955 im Östr. Staatsvertrag zur Unabhängigkeit und (teilweise eingeschränkten) Souveränität unter Erneuerung des polit. und wirtschaftl. Anschlußverbots an Deutschland, bei freiwilliger Verpflichtung (26. Okt.) zu immerwährender Neutralität. Noch im selben Jahr wurde Ö. in die UN aufgenommen, 1960 erfolgte die Aufnahme in den Europarat, im gleichen Jahr der Beitritt zur Europ. Freihandelsassoziation.

Von 1970 bis 1983 wurde die Regierung allein von der SPÖ gestellt. In den Nat.ratswahlen 1971, 1975 und 1979 konnte die Partei ihren Vorsprung halten und 1979 gegenüber 1975 sogar noch ausbauen (SPÖ 95 Sitze [93 Sitze], 51,03%; ÖVP 77 Sitze [80 Sitze], 41,9%; FPÖ 11 Sitze [10 Sitze], 6,0%); bei den Wahlen vom April 1983 ging der Stimmenanteil der SPÖ auf 47,8% zurück (90 Sitze), die ÖVP erreichte 43,2% (81 Sitze), die FPÖ 4,97% (12 Sitze). Bundeskanzler war von 1970–1983 B. Kreisky; sein Nachfolger wurde in einer Koalitionsreg. aus SPÖ und FPÖ der bisherige Vizekanzler F. Sinowatz.

1975 trat ein neues Strafrecht in Kraft, das

Österreich

die in verschiedenen Gesetzen vorhandenen Strafbestimmungen in sich vereinigt. Innenpolitische Kontroversen gab es v. a. um die Heeresreform, die Verteidigungsminister Lütgendorf energ. vorantrieb. Nach einer Verfassungsänderung wurde 1974 der Zivildienst als Wehrpflichtersatz für Kriegsdienstverweigerer in der Verfassung verankert; 1975 wurde der Grundsatz der „umfassenden Landesverteidigung" in die Verfassung aufgenommen. Mit knapper Mehrheit lehnte das östr. Volk in einer Volksabstimmung 1978 den Bau von Kernkraftwerken ab (50,47% : 49,53%) und beharrte auf der Verwendung herkömmlicher Energieträger. Im Zusammenhang mit Vorwürfen gegen Vizekanzler und Finanzmin. H. Androsch, zunächst wegen dessen Tätigkeit in seiner Wirtschafts- und Steuerberatungskanzlei neben seiner Reg.tätigkeit bis 1979 und später wegen angebl. Verwicklung dieser Firma in den „AKH-Skandal" (um den Bau des Allg. Krankenhauses Wien), kam es am 20. Jan. 1981 mit dem Rücktritt von Androsch zu einer Reg.umbildung; neuer Vizekanzler wurde F. Sinowatz. Im Ggs. zu den meisten anderen westeurop. Staaten konnte Ö. auch in der allg. wirtsch. Krise seine Arbeitslosenzahl niedrig halten. Einen innenpolit. Einschnitt markierte die Wahl zum Nat.rat 1983. Die SPÖ verlor deutl. die absolute Mehrheit, die ÖVR erhöhte ihren Stimmenanteil leicht, während die FPÖ auf Grund des Wahlrechts ihre Mandatszahl erhöhen konnte. Bundeskanzler B. Kreisky trat zurück, neuer Bundeskanzler wurde F. Sinowatz an der Spitze eines Koalitionskabinetts aus SPÖ und FPÖ, das bis zum Rücktritt Bundeskanzler Sinowatz' im Ju-

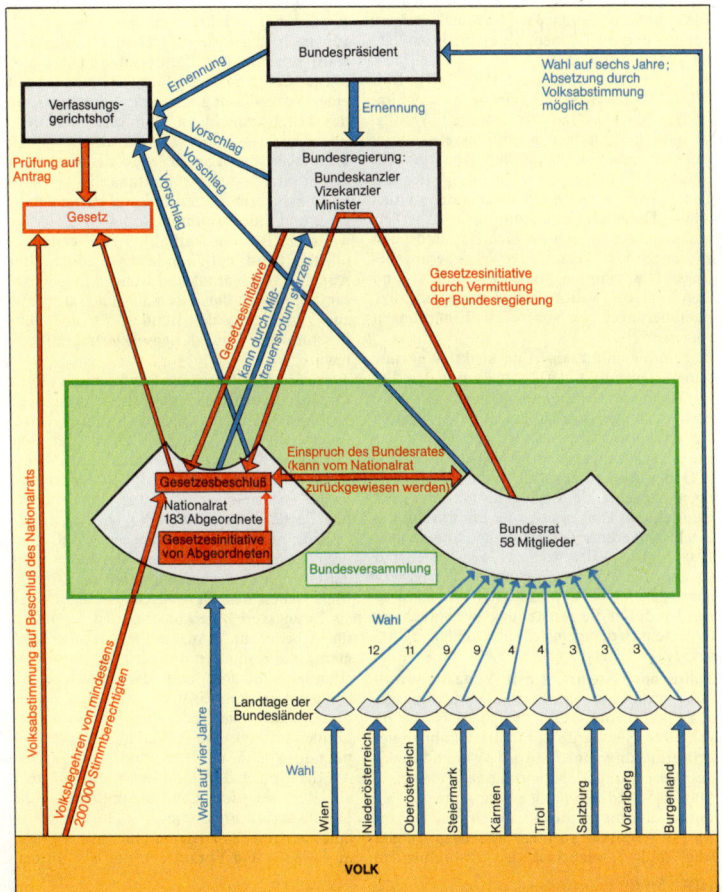

Österreich. Vereinfachende schematische Darstellung des politischen Systems

Österreich

ni 1986 mehrfach umgebildet werden mußte. Als innen- wie außenpolit. bedeutsam entpuppte sich die Wahl des neuen Bundespräsidenten. R. Kirchschläger, der im Mai 1980 mit fast 80% der Stimmen im Amt bestätigt worden war, konnte nicht mehr kandidieren. Als Bewerber um die Nachfolge traten der ehem. UN-Generalsekretär K. Waldheim, der ehem. Gesundheitsmin. K. Steyrer (SPÖ) u. F. Blau-Meissner (Grüne) auf. Begleitet war der Wahlkampf von heftigen Diskussionen im In- und Ausland über den Kriegseinsatz K. Waldheims in der dt. Wehrmacht auf dem Balkan. Waldheim, der Einzelheiten immer nur bruchstückhaft zugab, gewann die Stichwahl am 8. Juni 1986. Bundeskanzler Sinowatz trat daraufhin zurück und beauftragte Finanzmin. F. Vranitzky mit der Reg.bildung. Für Nov. 1986 schrieb Vranitzky Neuwahlen zum Nat.-rat aus, bei denen die SPÖ deutl. Verluste erlitt. Eigtl. Gewinner der Wahl wurden die FPÖ, die ihre Mandatszahl nochmals steigern konnte, und die Grünen, die erstmals im Nat.-rat vertreten sind (SPÖ 43,3%, 80 Sitze [1983: 90]; ÖVP 41,9%, 76 Sitze [1983: 81]; FPÖ 9,7%, 18 Sitze [1983: 12]; Grüne 4,6%, 9 Sitze [1983: –]). Am 14. Jan. 1987 konnte F. Vranitzky nach langwierigen Koalitionsverhandlungen ein Kabinett der großen Koalition aus SPÖ und ÖVP vorstellen, das infolge der sog. Lucona-Affäre mehrfach umgebildet werden mußte. Dabei geht es um die vorsätzliche Versenkung eines Schrottfrachters und den anschließenden Versuch des Versicherungsbetrugs. U. a. wurden Innenmin. Blecha und dem Vors. des Nationalrats, L. Gratz, massive Behinderungen der strafrechtl. Ermittlungen vorgeworfen.

Außenpolit. müht sich Ö. um strikte Wahrung seiner Neutralität. 1972 wurde mit den EG ein Handelsvertrag abgeschlossen, seit 1977 besteht völliger Freihandel mit den Staaten der EG; außerdem schloß sich Ö. an das Europ. Währungssystem (EWS) an. 1989 stellte Ö. den Aufnahmeantrag in die EG. Zu heftigen Auseinandersetzungen mit der BR Deutschland kam es über die Einführung des Nachtfahrverbots für Lkw zur Jahreswende 1989/90. Die Differenzen zw. Jugoslawien und Ö. über die Volksgruppenpolitik v. a. gegenüber der slowen. Minderheit in Kärnten wurden durch die Aufstellung zweisprachiger Ortstafeln in den gemischt besiedelten Gebieten seit 1977 beigelegt.

Politisches System: Die östr. Verfassungsordnung beruht auf dem Bundes-Verfassungsgesetz (B-VG) vom 1. Okt. 1920, in der Fassung von 1929. Sie wurde durch die Unabhängigkeitserklärung vom 27. April 1945 und durch das Verfassungs-Überleitungsgesetz vom 1. Mai 1945 wieder in Kraft gesetzt. Eine Verfassungsänderung kann nur durch den Nat.rat bei Anwesenheit von mindestens 50% der Abg. und $^{2}/_{3}$-Mehrheit der abstimmenden Abg. durchgeführt werden. Eine Änderung der Grundprinzipien, zu denen in jedem Fall das demokrat., das rechtsstaatl. und das bundesstaatl. Prinzip gehören, kann nur durch Volksabstimmung erfolgen.

Staatsoberhaupt ist der vom Volk direkt für 6 Jahre gewählte Bundespräs. (seit 1986 K. Waldheim). Er ernennt und entläßt die Reg. und kann den Nat.rat auflösen (nur einmal aus demselben Anlaß). Die *Exekutive* liegt bei der Reg., die aus dem Bundeskanzler, dem Vizekanzler (bis 1966 ohne eigenes Ressort), den Min. und Staatssekretären besteht. Zwar kennt die östr. Verfassung nicht das Kanzlerprinzip wie z. B. in der BR Deutschland, doch hat der Bundeskanzler eine Vorrangstellung in der Reg. Die *Legislative* besteht aus dem direkt vom Volk gewählten Nat.rat und dem die Länderinteressen wahrenden Bundesrat. Vom Vertrauen des Nat.rats ist die Bundesreg. abhängig. Die 183 Abg. des Nat.rats werden auf 4 Jahre von den über 19jährigen nach den Grundsätzen der Verhältniswahl gewählt; der Bundesrat erneuert sich teilweise nach den Landtagswahlen bzw. nach einer Volkszählung, die eine Neufestsetzung der Mitgliederzahl im Bundesrat erfordert. Die Abg. des Bundesrats werden von den Landtagen der Länder ebenfalls nach den Grundsätzen der Verhältniswahl gewählt. Das bevölkerungsreichste Land entsendet 12 Abg. und jedes weitere Land so viele Abg., wie seine Bev. im Verhältnis zum erstangeführten Land hat, mindestens jedoch drei Abg. Die von Nat.rat und Bundesrat gemeinsam gebildete *Bundesversammlung* tritt nur zur Vereidigung des Bundespräs. und zum Beschluß über eine Kriegserklärung zusammen.

Parteien und Verbände sind durch hohe Organisationsdichte gekennzeichnet. Die wichtigsten Parteien sind die Sozialist. Partei Österreichs (SPÖ) mit rd. 720000 Mgl., seit 1970 an der Regierung beteiligt; die Östr. Volkspartei (ÖVP), rd. 900000 Mgl.; die Freiheitl. Partei Österreichs (FPÖ) und die Kommunist. Partei Österreichs (KPÖ) haben geringere Bed.; rd. 40% der Wähler sind Mgl. einer polit. Partei. Zu den größten Verbänden zählt der Östr. Gewerkschaftsbund mit rd. 1,6 Mill. Mgl. Neben den Gewerkschaften haben die als Zwangsverbände konstruierten Kammern für Arbeiter und Angestellte (Arbeiterkammern), die Kammern der gewerbl. Wirtschaft (Handelskammern) und die Landwirtsch.-kammern größten Einfluß.

Verwaltung: Die föderalist. Struktur des Landes bedingt eine Aufteilung der Verwaltung des Staates auf Bund und die 9 Länder. An der Spitze der Landesverwaltung steht als Reg.chef der Landeshauptmann. Die Landtage sind Einkammerparlamente; die in ihnen vertretenen Parteien sind - mit Ausnahme in Wien und Vorarlberg - im allg. an den

österreichische Kunst

Landesreg. zu beteiligen. Die östr. Gemeinden sind nach dem Prinzip der Einheitsgemeinde organisiert. Eine Ausnahme ist Wien, das gleichzeitig Bundesland, Bezirk und Gemeinde ist; der Wiener Bürgermeister ist gleichzeitig Landeshauptmann, der Wiener Gemeinderat auch Landtag.
Grundlage des östr. *Rechtswesens* ist das Bundes-Verfassungsgesetz, auf dem die übrigen Bundesgesetze und Verordnungen aufbauen. Die Gerichtsbarkeit ist gegliedert in eine ordentl. und außerordentl. Gerichtsbarkeit. Die ordentl. Gerichte gliedern sich in Bezirks-, Kreis- und Landesgerichte, Oberlandesgerichte und den Obersten Gerichtshof; die außerordentl. Gerichtsbarkeit wird vom Verfassungsgerichtshof und vom Verwaltungsgerichtshof wahrgenommen.
Zur *Landesverteidigung* verfügt Ö. über das Bundesheer, von dessen 54 700 Mann 4 700 Mann der Luftwaffe angehören. Es besteht Wehrpflicht von 6 Monaten mit anschließenden Wehrübungen für die Dauer von 12 Jahren.

Landeskunde Ö. Hg. v. A. Leidlmair. Mchn. 1983. - Kerekes, L.: Von St. Germaine bis Genf. Ö. u. seine Nachbarn 1918–1922. Dt. Übers. Köln u.a. 1982. - Knoll, R./Mayer, Anton: Östr. Konsensdemokratie in Theorie u. Praxis. Köln u.a. 1982. - Gibbon, D./Smart, P.: Ö. Dt. Übers. Mchn. u. Zürich 1980. - Der geolog. Aufbau Österreichs. Hg. v. der Geolog. Bundesanstalt. Bln. u.a. 1980. - Görlich, E.J.: Grundzüge der Gesch. der Habsburgermonarchie u. Österreichs. Darmst. 1980. - Imago Austriae. Hg. v. O. Schulmeister u. C. Allmeyer-Beck. Wien 1979. - Rübelt, L.: Ö. zw. den Kriegen. Wien 1979. - Zöllner, E.: Gesch. Österreichs. Von den Anfängen bis zur Gegenwart. Mchn. ⁶1979. - Dörflinger, J., u.a.: Description Austriae. Ö. u. seine Nachbarn im Kartenbild v. der Spätantike bis ins 19.Jh. Wien 1978. - Klenner, F.: Eine Renaissance Mitteleuropas. Die Nationwerdung Österreichs. Wien u.a. 1978. - Tollmann, A.: Geologie v. Ö. Wien 1977–79. 2 Bde. - Das polit. System Österreichs. Hg. v. Heinz Fischer, Wien 1974. - Scheithauer, E., u.a.: Gesch. Österreichs in Stichworten. Wien 1971-76. 4 Tle.

Österreich, Haus (lat. Domus Austriae, italien. Casa d'Austria), 1306 erstmals nachweisbare, seit dem 15.Jh. gültige Bez. des Gesamtherrschaftsbereichs und der Gesamtfm. der Habsburger. Mit Kaiser Friedrich III., der Heiratspolitik Maximilians I., der Entstehung einer span. und einer dt. Linie durch die Enkel - die Kaiser Karl V. und Ferdinand I. - und der Erwerb der Länder der Stephans- und der Wenzelskrone (1526) gelang der Aufstieg des H.Ö. zur Großmacht. Der Zusammenhalt dieses Machtkomplexes beruhte seit den Hausverträgen 1521/22 auf dem polit. Bund, der aus kontinuierl. dynast. Verbindungen, entsprechenden Erbrechten und der span.-burgund. Erziehung der Erzhzg. erwachsen war. Stabilisierend traten die gemeinsame Politik und Interessenlage hinzu. Der Niedergang des H.Ö. nach den Einbrüchen 1648 und 1659 war bedingt durch die europ. Regelung der Span. Erbfolgefrage und durch den Span. Erbfolgekrieg nach dem Aussterben des span. Zweiges. Die Formierung einer gesamtstaatl. Realunion durch die Pragmat. Sanktion von 1713 und ihre im Östr. Erbfolgekrieg erzwungene europ. Anerkennung war noch die Basis, auf der 1804 das Kaisertum Österreich begr. wurde. Erst im 19.Jh., durch die nachrevolutionäre Staatstheorie, verlor die Bez. H.Ö. ihre geschichtl. Bedeutung.

Österreich-Este ↑Este.
Österreichische Akademie der Wissenschaften ↑Akademien (Übersicht).
Österreichische Bundesbahnen, Abk. ÖBB, staatl. östr. Eisenbahngesellschaft, hervorgegangen aus der 1842 gegr. Generaldirektion der Staatseisenbahnen, Sitz Wien. - 1896 wurde ein selbständiges Eisenbahnministerium errichtet; 1923 schuf der Staat die (nach den Änderungen in der Zeit der NS-Herrschaft) 1969 wieder eingeführte Organisationsstruktur; danach bildet die ÖBB einen selbständigen Wirtschaftskörper, dem die Betriebsverwaltung obliegt, während Aufsichts- und Hoheitsfunktionen vom Staat wahrgenommen werden.

österreichische Gewerkschaften ↑Gewerkschaften (Übersicht), ↑Österreichischer Gewerkschaftsbund.

österreichische Kunst, bis zur Errichtung des Kaisertums Österreich 1804 bzw. der Auflösung des Hl. Röm. Reiches 1806 bildet die Kunst in den östr. Erbländern, abgesehen von wenigen lokalen Besonderheiten, mit der dt. Kunst eine Einheit. Auch der „östr. Barock" ist im Grunde ein Reichsstil, d.h. ein Repräsentationsstil der habsburg. Kaiser, der mit seiner Synthese von italien. Hochbarock und frz. Klassik (J. B. Fischer von Erlach, J. L. von Hildebrandt) für die gesamte dt. Baukunst vorbildl. wurde.

19. Jahrhundert: In der Mitte des 19.Jh. vollzieht L. C. von Förster mit der Ringstraßenplanung den Schritt zu einem repräsentativen historisierenden Stil (Neurenaissance), während J. H. Frhr. von Ferstel (Votivkirche in Wien, 1856–76) und F. Frhr. von Schmidt (Rathaus in Wien, 1872–83) den Anschluß an die von England ausgehende Neugotik vollziehen. Neuromanik und Neurenaissance finden sich in den Werken von G. Semper (Burgtheater in Wien, 1874–88; mit C. Frhr. von Hasenauer). Als Bildhauer sind u.a. L. von Schwanthaler und K. von Zumbusch tätig. Stärker ins Gewicht fällt die östr. Malerei des 19.Jh. mit dem Klassizisten J. A. Koch, dem Nazarener J. Ritter von Führich und dem Romantiker M. von Schwind. Der bedeutendste Maler des Wiener Biedermeier ist

163

österreichische Literatur

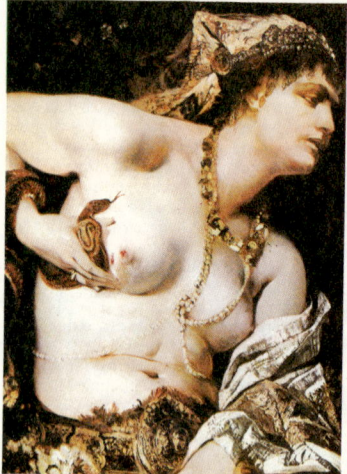

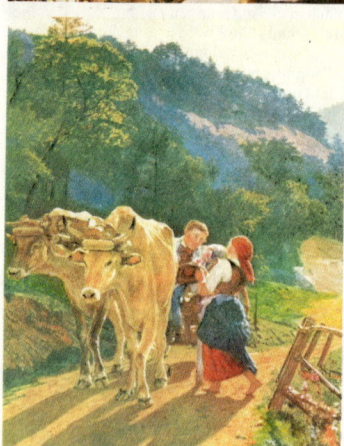

Österreichische Kunst. Links (von oben): Hans Makart, Sterbende Kleopatra (undatiert). Privatbesitz; Ferdinand Georg Waldmüller, Ochsengespann (Ausschnitt; 1864). Wien, Historisches Museum; rechts (von oben): Oskar Kokoschka, Die Windsbraut (1914). Basel, Öffentliche Kunstsammlung; Wolfgang Hutter, Die Bäume des Orakels (1969). Privatbesitz; Friedensreich Hundertwasser, Sie haben Bethäuser und benutzen sie nicht (1964). Hamburg, Kunsthalle

F. G. Waldmüller. Für Mode, Wohnkultur und Kunstgewerbe wird seit 1870 der neubarocke Stil der Malerei H. Makarts vorbildlich. Vom frz. Impressionismus angeregt, vertritt C. Schuch die Spätromantik.

20. Jahrhundert: Bed. Architekten des Wiener Jugendstils und der Sezession sind O. Wagner, J. M. Olbrich und J. Hoffmann. Den Aufbruch in die moderne funktionalist. Architektur markieren die Bauten von A. Loos und Leopold Bauer. Die expressionist. Architektur vertreten K. Ehn mit dem Karl-Marx-Hof (Wien, 1927–30) und C. Holzmeister, der auch nach dem 2. Weltkrieg baute. Nach dem

österreichische Literatur

Krieg machen sich R. Rainer, H. Hollein, G. Peichl u. a. einen Namen. Unter den Malern der Wiener Sezession und des Wiener Jugendstils sind bed. Namen: G. Klimt und E. Schiele. Mit O. Kokoschka öffnet sich die östr. Malerei der modernen europ. Malerei. A. Kubin nimmt einen hervorragenden Platz als Zeichner ein. Nach 1945 gruppierte man sich um A. P. Gütersloh, H. Boeckl und J. Dobrowski. Zur Wiener Schule des phantast. Realismus zählen seit den 60er Jahren E. Bauer, E. Fuchs, W. Hutter und A. Lehmden sowie R. Hausner. Wie sie wurzelt A. Rainer im Surrealismus, während das Werk von F. Hundertwasser die zeitgenöss. abstrakte östr. Malerei repräsentiert. Den abstrakten Expressionismus vertreten J. Mikl, W. Hollegha und M. Prachensky. Auf dem Gebiet der modernen Plastik haben die Werke von A. Hrdlicka, F. Wotruba, J. Avramides und R. Hoflehner internat. Anerkennung gefunden. Die Welt des Wahnsinns fasziniert die Maler P. Pongratz und F. Ringel, im Umkreis der Pop-art wurden C. L. Attersee und C. Stenvert bekannt.

📖 *Sotriffer, K.: Im Schnittpunkt der Welten. 1000 Jahre Kunst in Österreich. Wien 1985. - Blaukopf, K.: Kultur von unten. Wien 1983. - Brucher, G.: Barockarchitektur in Österreich. Mchn. 1983.*

österreichische Literatur, die Existenz eine eigenständigen, sich in wesentl. Punkten von der übrigen deutschsprachigen Literatur unterscheidenden ö. L. und die jeweilige Definition ihrer Besonderheit ist umstritten: Während für viele dt. Germanisten dt. Literatur „alles in dt. Sprache Geschriebene" umfaßt, wird von östr. Wissenschaftlern die „Eigenständigkeit" der ö. L. betont; ihr Beginn wird ebenfalls kontrovers diskutiert. Allg. ist die Tatsache, daß Selbstreflexion und krit. Besinnung auf eine eigenständige Entwicklung im 18. Jh. unter Kaiserin Maria Theresia einsetzte, als die Auseinandersetzungen zw. Preußen und Österreich immer härter wurden. Im Unterschied zur dt. Literaturgeschichte gibt es jedoch in der östr. Literaturgeschichtsschreibung keine Epochenbezeichnungen wie „Sturm und Drang", „Klassik" oder „Romantik", ebensowenig existierte in Österreich eine polit. Literatur des Vormärz oder eine ausgeprägte naturalist. oder expressionist. Bewegung. Dennoch sind die Entwicklungen der ö. L. und der übrigen deutschsprachigen Literatur im 19. und 20. Jh. in vielfacher Weise aufeinander bezogen und voneinander abhängig.

Zw. 1740 und 1800 (Zeitalter des Josephinismus) wurde die literar. Aufklärung von Publizisten (v. a. J. Sonnenfels) und Dichtern betrieben; z. B. behandelte A. Blumauer (*1755, †1798) in seinem Gedicht „Äneis" (erschienen 1783) mit beißendem Spott den Ursprung der röm. Kirche und ihre Auseinandersetzung mit dem Kaisertum, der Dramatiker P. Hafner schrieb volksnahe Mundartpossen. Bald nach 1800 wurden durch F. Raimund, F. Grillparzer, J. N. Nestroy, N. Lenau, A. Stifter Werke geschaffen, die sich zum großen Teil in charakterist. Weise von den gleichzeitigen literar. Bewegungen und Tendenzen im übrigen deutschsprachigen Raum unterschieden, sowohl in der Stoffauswahl (östr. Geschichte, Volkssagen und -märchen, aktuelles tagespolit. Geschehen), der Gattung (Tradition des Wiener Volksstückes) als auch in der spezif. Bildlichkeit der Sprache (barocke Schauspielmetaphorik). Die zweite Hälfte des 19. Jh. war v. a. bestimmt von der Erzählerin M. von Ebner-Eschenbach, dem Erzähler und Lyriker F. von Saar und dem Volksschriftsteller L. Anzengruber. Die Vielzahl der Begriffe für die literar. Entwicklung der 1860er bis 1880er Jahre (Symbolismus, Neuromantik, Wiener Expressionismus, Dekadenz) spiegelt die Vielfalt ihrer Vertreter und deren Selbstverständnis und Zielsetzungen wider. Auch den Kreis des sog. „Jungen Wien" mit A. Schnitzler, R. Beer-Hofmann, H. von Hofmannsthal und dem Theoretiker der Gruppe, H. Bahr, verband kein eigtl. Programm; gemeinsam war lediglich das Wissen um das nun hoch hinausgeschobene, unabwendbare Ende des Habsburgerreiches und ein gleichzeitiges Interesse an dem „Inneren" des Menschen. Der gesellschafts- und sprachkrit. Impuls von K. Kraus wirkte stark auf Autoren wie T. Däubler, T. Haecker. Eine weitere Gruppe innerhalb dieser Generation bildeten die deutschsprachigen Schriftsteller Prags: M. Brod, E. Weiß, F. Werfel, R. M. Rilke und F. Kafka, dem ebenfalls aus Böhmen stammende „Malerschriftsteller" A. Kubin nahesteht. Ebenfalls noch zur Generation der vor 1900 Geborenen gehören die großen Romanciers R. Musil, H. Broch, A. P. Gütersloh, J. Roth und H. von Doderer; gemeinsam ist ihnen der Verzicht auf eine ideolog. dezidierte Aussage, trotz des direkten Bezuges auf die unmittelbare histor. Vergangenheit. Formale Gemeinsamkeiten hatten die Lyriker G. Trakl, P. Celan und I. Bachmann, bes. in der Tendenz zur Abbreviatur, zu immer stärkerer Verknappung der Sprache. Viele der genannten Schriftsteller emigrierten vor oder während der Zeit des Nationalsozialismus in Österreich, u. a. auch F. Bruckner, E. Canetti, E. Fried, J. Lind, R. Neumann, A. Polgar, A. Roda Roda, M. Sperber, H. Spiel, F. Torberg, B. Viertel, E. Waldinger, H. Weigel, S. Zweig; einige wurden zum Selbstmord getrieben, wie E. Friedell, oder im KZ umgebracht wie J. Soyfer oder der Lyrikerin A. J. Koenig (*1887, †1942). Nach 1945 bildeten sich 3 Autorenzentren: In Wien durch I. Bachmann, I. Aichinger, die „Wiener Gruppe" aus F. Achleitner, H. C. Artmann, K. Bayer, G. Rühm, O. Wiener, die mit sprachexperimentellen

165

österreichische Musik

Versuchen, konkreten Gedichten und der Verwendung eines stilisierten Dialekts als Mittel der Verfremdung arbeiteten (ähnl. auch F. Mayröcker und E. Jandl); in Graz das ↑ Forum Stadtpark, aus dem u. a. P. Handke, H. Eisendle (* 1939), B. Frischmuth, G. F. Jonke (* 1946), A. Kolleritsch (* 1931), W. Bauer (* 1941) sowie R. P. Gruber (* 1947), A. P. Schmidt und P. Turrini hervorgingen; in Salzburg v. a. G. Amanshausen (* 1928), A. Brandstetter (* 1938), P. Rosei, J. Schutting, F. Innerhofer. Keinem Zentrum zuzurechnen ist T. Bernhard. Die Werke dieser Autoren lassen Haltungen und Interessen erkennen, die für die Gesamtentwicklung der ö. L. als charakterist. angesehen werden könnten: der weitgehende Verzicht auf ein direktes polit. Engagement bzw. auf aktuelle Wirksamkeit; die Wahl des „inneren", privaten Bezirks als bevorzugten Bereich des eigentl. Geschehens; ein besonderes Verhältnis zur Sprache, zu ihrem Material sowie zu ihrer Funktion als Kommunikationsträger, das sich als Sprachakribie, Sprachmagie oder Sprachskepsis ausdrücken kann und häufig direkt thematisiert wird; sozialkrit. Engagement nicht durch Schildern von Schicksalen, sondern durch realist. Erzählen von Beispielen, wird bes. bei E. Jelinek und B. Schwaiger deutlich.

⌨ *Adel, K.: Aufbruch u. Tradition. Einf. in die ö. L. seit 1945. Wien 1982. - Vogelsang, H.: Österr. Dramatik des 20. Jh. Wien ²1981. - Die ö. L. Hg. v. H. Zeman. Graz 1979–82. 3 Bde.*

österreichische Musik, die Ausbildung einer spezif. ö. M. ist seit dem 17. Jh., mit dem Aufstieg Österreichs zur europ. Großmacht, anzusetzen. Seit dieser Zeit bis in die jüngste Gegenwart ist für sie die Verschmelzung von Einflüssen aus Italien, dem dt. Bereich oder anderen Ländern der Habsburger charakteristisch. Wohl war in der Regierungszeit Leopolds I., der selbst als Komponist hervortrat, Wien eines der Zentren italien. Musik, doch bildete sich ein eigener wiener. Stil heraus, als dessen bedeutendste Vertreter in der 1. Hälfte des 18. Jh. J. J. Fux und A. Caldara zu nennen sind. Neben ihnen als Repräsentanten der großen höf. Formen (Oper, Oratorium, Messe) traten die jüngeren Vertreter der ↑ Wiener Schule hervor. Damit und mit dem entscheidenden Einfluß Wiens auf die frühe Mannheimer Schule wurden die wichtigsten Grundlagen für die ↑ Wiener Klassik gegeben. Für Vorklassik und Klassik in Österreich sind z. T. volkstüml. Liedhaftigkeit (Ländler) und leichte Verständlichkeit kennzeichnend. Auf dieser Linie liegt der östr. Beitrag zur Geschichte des Singspiels (Wiener „National-Singspiel", ab 1778) und der auf ihm gründenden Operette, gleicherweise auch der Siegeszug des Wiener Walzers. In eigener Weise trug Österreich von F. Schubert bis zu G. Mahler zur Geschichte des Kunstliedes bei. Die Rolle von Wien als einem Zentrum musikal. Schaffens bis zum Beginn des 20. Jh. belegen die Namen von A. Bruckner, J. Brahms, H. Wolf und G. Mahler. Entscheidenden Einfluß auf die Musik der Gegenwart gewann schließl. die 2. Wiener Schule mit A. Schönberg und seinem Schülerkreis wie auch der eigenwillige J. M. Hauer. Mit dem z. T. polit. begründeten Weggang bed. Komponisten aus Österreich wurden traditionsgebundene Tendenzen wieder stärker.

⌨ *Tschulik N.: Musiktheater in Österreich. Wien 1984. - Musikgesch. Österreichs. Hg. v. R. Flotzinger u. G. Gruber. Graz 1976–78. 2 Bde. - Tittel, E.: Östr. Kirchenmusik. Wien 1961.*

Österreichische Post- und Telegraphenverwaltung (Östr. Post- und Telegraphenanstalt, Östr. Post), nicht einheitl. verwendete Bez. für die rechtl. unselbstständige Bundesmonopolanstalt, die die Einrichtungen verwaltet, durch die der Bund die Angelegenheiten des Postwesens in Österreich besorgt. An der Spitze steht die Generaldirektion für die Post- und Telegraphenverwaltung; ihr untergeordnet sind Post- und Telegraphendirektionen. - Das Österreichische Postsparkassenamt ist nicht Teil der Postorganisation.

Geschichte: Das auf Kaiser Maximilian I. zurückgehende Postwesen in Österreich wurde 1722 in staatl. Regie genommen. 1748 wurden Erblichkeitsprivilegien für Postämter und -stationen eingeführt (diese Einrichtung bestand zum Teil bis ins 20. Jh.). 1849 wurde die Post dem Ministerium für Handel, Gewerbe und öffentl. Bauten unterstellt.

Österreichischer Alpen-Klub, Abk. ÖAK, ↑ Alpenvereine.

Österreichischer Alpenverein, Abk. ÖAV, ↑ Alpenvereine.

Österreichischer Bundesjugendring, 1953 gegr. Dachorganisation von heute 18 demokrat. Jugendorganisationen zum Zwecke gemeinsamer Bewältigung anstehender Aufgaben für die östr. Jugend; veröffentlicht Forderungen im Interesse der Jugend und begutachtet insbes. Gesetzesvorlagen, von denen junge Menschen betroffen werden.

Österreichischer Erbfolgekrieg, nach dem Tode Kaiser Karls VI. ausgebrochener europ. Krieg (1740–48), ausgelöst durch den Angriff Preußens auf Schlesien. Frankr. unterstützte Preußen mit dem Ziel der Aufteilung Österreichs und erreichte durch eine Koalition mit Kursachsen und den wittelsbach. Kurfürsten von Bayern, Köln und der Pfalz 1742 die Wahl des bayr. Kurfürsten als Karl VII. zum Röm. Kaiser gegen Maria Theresias Gemahl Franz (I.) Stephan. Der Kriegseintritt Großbrit., Sardiniens und der Generalstaaten 1742/43 auf seiten des bis dahin isolierten Österreich führte zur Beendigung des 1. Schles. Krieges, doch weitete sich der Kriegsschauplatz von Bayern, Böhmen und Mähren nach Oberitalien, ins

österreichisches Recht

Elsaß und in die östr. Niederlande aus. Die 2. Phase des Ö. E. entwickelte sich mit dem Ausscheiden Bayerns im Frieden von Füssen und der Kaiserwahl Franz' I. Stephan (1745) zuungunsten Preußens, doch behauptete Friedrich II. Schlesien im Frieden von Dresden (Dez. 1745). Mit der frz. Offensive in Oberitalien und in den Niederlanden verlagerte sich der Konflikt: Frankr. und Großbrit. traten als Hauptgegner hervor, unterstützt von Spanien einerseits und Österreich, Sardinien und den Generalstaaten andererseits. Der **Aachener Friede** (1748) bestätigte die Großmachtstellung Österreichs (und die Pragmat. Sanktion) und unterstrich damit die polit. Niederlage Frankreichs.

Österreichischer Gewerkschaftsbund, Abk. ÖGB, am 30. April 1945 gegr., in 15 Fachgewerkschaften gegliederter gewerkschaftl. Spitzenverband, Sitz Wien. Der ÖGB umfaßt als Einheitsgewerkschaft Arbeiter, Angestellte und Beamte. Oberstes *Organ* ist der alle 4 Jahre stattfindende **Bundeskongreß,** an dem Delegierte aller 15 Fachgewerkschaften je nach Mgl.stärke teilnehmen. Der Bundeskongreß wählt das **ÖGB-Präsidium** und die **Kontrollkommission.** Höchstes Gremium zw. den Kongressen ist der in regelmäßigen Abständen tagende **Bundesvorstand,** in dem alle 15 Fachgewerkschaften und alle Fraktionen vertreten sind. Der ÖGB ist überparteil., jedoch bestehen innerhalb des ÖGB polit. Fraktionen: die *Fraktion sozialist. Gewerkschafter,* die *Fraktion christl. Gewerkschafter,* die *Fraktion kommunist. Gewerkschafter* und einige Splitterfraktionen. Zuständig für Tarifabschlüsse sind allein die Fachgewerkschaften. Der ÖGB, der die Tarifpolitik der Fachgewerkschaften koordiniert, nimmt an dem System der *Wirtschaftspartnerschaft* teil, das in der „Parität. Kommission für Löhne und Preise" seinen Ausdruck findet und Streiks weitgehend vermeidet. - Präs. des ÖGB ist seit 1987 F. Verzetnitsch. - Wichtigstes *Publikationsorgan* des ÖGB ist sein monatl. erscheinendes Zentralorgan „Solidarität"; daneben gibt jede der einzelnen Fachgewerkschaften ein eigenes zentrales Publikationsorgan heraus.

Österreichischer Reichskreis ↑Reichskreise.

Österreichischer Rundfunk (früher Ö. R. GmbH.), Abk. ORF, östr. Rundfunkanstalt mit Sitz in Wien; 1957 vom Bund und von den Bundesländern durch Gesellschaftsvertrag gegr.; durch das Rundfunkgesetz von 1966 reorganisiert, durch Bundesgesetz vom 10. 7. 1974 unabhängige Anstalt des öffentl. Rechts. Der ORF, dem der Betrieb des Hörfunks und des Fernsehens (3 Hörfunk- und 2 Fernsehprogramme für das Inland und ein Auslandsdienst) obliegt, wird durch Gebühren (fernmelderechtl. Rundfunkgebühr und rundfunkrechtl. festgesetztes Programmentgelt) und durch die Einnahmen aus Werbesendungen finanziert. Organe: Kuratorium, Generalintendant, Hörer- und Sehervertretung, Prüfungskommission.

Österreichischer Staatsvertrag, am 15. Mai 1955 in Wien zw. Österreich und den 4 Besatzungsmächten (USA, Großbrit., UdSSR, Frankr.) abgeschlossener Vertrag, der Österreich als freien, unabhängigen und demokrat. Staat wiederherstellte; führte zum Abzug der Besatzungstruppen bis zum 24. Okt. 1955 und am 26. Okt. 1955 zur freiwilligen Erklärung der dauernden militär. Neutralität Österreichs; enthält u. a. Bestimmungen über den Schutz der Menschenrechte, die Garantie einer demokrat. Reg., der Minderheitenrechte von Slowenen und Kroaten, Bestimmungen über die Auflösung aller NS-Organisationen, Verbot des wirtsch. und polit. Anschlusses an Deutschland, befristete wirtsch. Verpflichtungen gegenüber der UdSSR anstelle von Reparationen.

Österreichischer Touristenklub, Abk. ÖTK, ↑Alpenvereine.

österreichische Schule (Grazer Schule), psycholog. Richtung, die Ende des 19. Jh. von F. Brentano begründet wurde und als deren Hauptvertreter C. von Ehrenfels und A. Meinong gelten. Die ö. S. datiert seit 1894, dem Jahr der Gründung des ersten östr. psycholog. Laboratoriums durch Meinong in Graz. - Die ö. S. betont die Möglichkeit der Erfahrung von ↑Gestaltqualitäten. Diese entstehen ihrer Lehre nach nicht nur durch bloßes Widerspiegeln der Reizgegebenheiten, sondern durch eigenes Agieren des Psychischen. Im Unterschied zur ↑Gestaltpsychologie jedoch, nach deren Auffassung die einzelnen Wahrnehmungselemente völlig zur Gestalt werden, nimmt die ö. S. an, daß neben den Elementen der Gestaltwahrnehmung („fundierende Inhalte") unabhängig und gleichberechtigt die Gestaltqualitäten („fundierte Inhalte") auftreten.

österreichisches Recht, das auf den Territorien der Babenberger und Habsburger im Alpen- und Donauraum aus vornehml. deutschrechtl. Wurzeln hervorgegangene, durch Einflüsse aus dem italien. und slaw. Kulturraum geprägte, ab dem Zeitalter der Aufklärung strukturell vom dt. Recht unterscheidbare und seit der Gründung der Republik Österreich im Jahre 1918 (ausgenommen die Zeit von 1938 bis 1945) auf deren Gebiet geltende Recht.
Zu Beginn des MA wurde v. a. das german. Recht der Bajuwaren, Alemannen und Langobarden angewandt. Im Verlaufe des 9. bis 12. Jh. wurde das überlieferte Gewohnheitsrecht der einzelnen Stämme als „Landbrauch" maßgebend. Dieses Gewohnheitsrecht wurde zur Bewahrung der Rechtssicherheit aufgezeichnet, so u. a. im *Östr. Landrecht* von 1237 und im *Landrecht (Landlauf) von Steyr* in

Österreichisches Staatsarchiv

der Mitte des 14. Jh.; das Recht des Bürgerstandes wurde in den Stadtrechten niedergelegt (z. B. *Wiener Stadtrecht* von 1198). Eine allg. Quelle des Landrechts war der *Schwabenspiegel* aus dem Jahre 1275. Zu Beginn der Neuzeit erlangte unter dem Einfluß der Reichsidee und des Humanismus das geschriebene und gesatzte Recht immer größere Bedeutung. Das unter dem Einfluß oberitalien. Rechts entstandene gemeine dt. Strafrecht führte zur Erlassung der *Peinl. Halsgerichtsordnung Karls V.* († Carolina) von 1532, die subsidiär auch für das Gebiet des heutigen Österreich galt.
Auf strafrechtl. Gebiet wurde seit dem 17. Jh. der Versuch unternommen, partiell die Rechtseinheit zu verwirklichen. Unter der Reg. Maria Theresias wurde für die östr. Territorien durch die *Constitutio Criminalis Theresiana* von 1768 ein einheitl. Strafrecht geschaffen. Unter Joseph II. wurde den Ideen der Aufklärung durch das *Allg. Gesetzbuch über Verbrechen und derselben Bestrafung* von 1787 und die *Allg. Criminal-Gerichtsordnung* von 1788 (Abschaffung der Todesstrafe) Rechnung getragen. Erst nach der dauernden Beseitigung des Absolutismus im Jahre 1860 wurde durch die *Strafprozeßordnung* von 1873 der Inquisitionsprozeß endgültig durch den Anklageprozeß verdrängt. Auf dem Gebiet des materiellen Strafrechts wurde der bisherige Rechtsbestand im *Strafgesetz* von 1852 neu gefaßt. Im 20. Jh. wurde das Strafgesetz 1945 wiederverlautbart, zum 1. Jan. 1975 durch ein den geänderten gesellschaftl. Wertvorstellungen und den modernen wiss. Erkenntnissen weitgehend angepaßtes *Strafgesetzbuch* ersetzt.
Im Bereich des materiellen Privatrechts wurde erst unter Franz II. (I.) die Kodifikationsarbeit abgeschlossen. Das Ergebnis war das *Allg. Bürgerl. Gesetzbuch* (ABGB) von 1812, das in wesentl. Teilen auch heute gilt. Im 20. Jh. wurden Arbeits-, Ehe- und Mietenrecht außerhalb dieses Gesetzbuches neu geregelt.
Auf dem Gebiet des zivilen Verfahrensrechts wurde unter Joseph II. die Rechtseinheit durch die *Allg. Gerichtsordnung* von 1781 erreicht. Die dann im 19. Jh. erlassenen, vom Geiste des Liberalismus getragenen gerichtl. Verfahrensgesetze stehen im wesentl. auch derzeit noch in Geltung.
Auf dem Gebiet des Verfassungsrechts mündeten zahlr. Versuche einer Verfassungsänderung schließl. in die sog. *Dezemberverfassung* von 1867 ein, die Österreich in eine konstitutionelle Monarchie liberaler Prägung umwandelte. Durch das 1920 unter Mitarbeit des Rechtsgelehrten H. Kelsen geschaffene *Bundes-Verfassungsgesetz* (B-VG) wurde Österreich ein Bundesstaat. Dieses Gesetz, das von rechtsstaatl. und demokrat. Grundsätzen getragen wird, ist mit kleinen Änderungen Verfassungsrecht. Basis der Republik Österreich.
📖 *Bydlinski, F.: Östr. Gesetze. Losebl. Wien;*

168

Mchn. 1982. - Baltl, H.: Östr. Rechtsgesch. Graz-Webling ⁴*1979.*

Österreichisches Staatsarchiv, Gesamtinstitution der Archive der östr. Zentralbehörden in Wien; besteht seit 1945 als Nachfolger des „Reichsarchivs Wien", das 1938 erstmals die großen Wiener Archive vereinigte. Der Generaldirektion unterstehen 5 Abteilungen: Haus-, Hof- und Staatsarchiv (1749 von Kaiserin Maria Theresia begr., bes. bed. für die dt. und östr.[-ungar.] Geschichte); Allg. Verwaltungsarchiv; Finanz- und Hofkammerarchiv; Kriegsarchiv; Verkehrsarchiv.

Österreichische Volkspartei, Abk. ÖVP, östr. christl.-demokrat. Sammelpartei; 1945 in Wien (im wesentl. in personeller Kontinuität mit der Christlichsozialen Partei) gegr.; Anhängerschaft (1981: rd. 900 000 Mgl.) v. a. in Landw., Gewerbe, bei Angestellten und Beamten, in geringerem Umfang auch in der Arbeiterschaft; betonte 1945 programmat. die Prinzipien der östr. Eigenständigkeit, des Föderalismus und der Wirtschaftslenkung durch Berufsverbände und Gewerkschaften, später (1972) die Profile einer entideologisierten Partei der „fortschrittl. Mitte"; erreichte bei den Nationalratswahlen Stimmenanteile zw. 49,8 % (1945) und 41,9 % (1986) und folgende Mandatszahlen: 1945: 85, 1949: 77, 1953: 74, 1956: 82, 1959: 79, 1962: 81, 1966: 85, 1970: 78, 1971: 80, 1975: 80, 1979: 77, 1983: 81, 1986: 76; stellte bis 1970 den Bundeskanzler, bis 1947 in Koalition mit SPÖ und KPÖ, bis 1966 mit der SPÖ, ab 1966 in der Alleinreg.; stand 1970-87 auf Bundesebene in der Opposition; besteht organisator. aus 3 Bünden mit Gliederungen auf Landes-, Bezirks- und Ortsebene: Östr. Arbeiter- und Angestelltenbund (ÖAAB), Östr. Bauernbund (ÖBB), Östr. Wirtschaftsbund (ÖWB); angeschlossen sind die Junge ÖVP und die Östr. Frauenbewegung; wird von einem Obmann geleitet (1945: L. Kunschak, 1945–52: L. Figl, 1952–60: J. Raab, 1960–63: A. Gorbach, 1963–70: J. Klaus, 1970/71: H. Withalm, 1971–75: K. Schleinzer, 1975–79: J. Taus, 1979–89: A. Mock, seit 1989 J. Riegler).

österreichisch-ungarischer Ausgleich ↑ Ausgleich.

Österreich-Ungarn (amtl. 1867–1918: Östr.-Ungar. Monarchie, mit 676 615 km² (1914) und (nach letzter Volkszählung 1910) 51,39 Mill. E nach Rußland territorial zweitgrößte europ. Großmacht. Staatsrechtl. war Ö.-U. eine Realunion mit einem verfassungsrechtl. allen Kronländern gemeinsamen erbl. Herrscher und eine *Doppelmonarchie* zweier gleichberechtigter Reichshälften, der östr. (Zisleithanien [27,963 Mill. E]) und der ungar. (Transleithanien [23,427 Mill. E]). - Nach dem östr.-ungar. ↑ Ausgleich 1867 erfolgte die Gesamtreg. der Donaumonarchie ohne Gesamtverfassung in den als gemeinsam bestimmten Angelegenheiten durch kaiserl. und königl. Ministerien, den Gemeinsamen Ministerrat bzw. Delegationen. In den übrigen innenpolit. Angelegenheiten handelten beide Reichshälften in abgestufter Selbständigkeit: durch eigene kaiserl.-königl. bzw. königl.-ungar. Reg. und eigene Zweikammer-Volksvertretungen. - ↑auch Österreich, Geschichte.

Osterspiel, ältester und für die Entwicklungsgeschichte des geistl. Spiels bedeutendster Typus des ma. Dramas, der das österl. Heilsgeschehen in dramat. Gestaltung vorführt. Entwickelte sich aus dem Ostertropus, einem lat. Wechselgesang zw. den Engeln und den 3 Marien, der am Ostermorgen in den Kirchen vorgetragen wurde, zur Osterfeier, bei der der Text des Tropus zur Grundlage einer dramat. Gestaltung gemacht wurde; hinzu kamen Texterweiterungen (der Wettlauf der Apostel Petrus und Johannes zum Grabe, das Erscheinen des Auferstandenen vor Maria Magdalena, die Verhandlungen der 3 Frauen mit dem Salbenhändler, die Bestellung der Grabeswächter durch Pilatus und die Juden, Christi Höllenfahrt), wodurch der liturg. Rahmen bereits gesprengt und der Übergang von der kirchl. Liturgie zum dramat. O. markiert wurde. - Zum ersten Mal vermutl. von St. Galler Mönch Tuotilo um 900 gestaltet und urspr. von Klerikern, später von Bürgern aufgeführt; dt. O. sind seit dem 13. Jh. zahlr. überliefert.

Östersund, Hauptstadt des schwed. Verw.-Geb. Jämtland, am Storsjö, 56 300 E. Zentraler Ort Jämtlands; Archiv, 3 Museen; Garnison; Eisenbahnwerkstatt, Telephonbau, Nahrungsmittel- und Holzind.; Fremdenverkehr. - Die Stadt Ö. entstand 1786.

Osterwasser, 1. in der Osternacht geschöpftes Wasser; nach dem Volksglauben besitzt es bes. Kraft; Es verdirbt nicht und schützt Mensch und Tier vor Krankheit; 2. in der Osternacht geweihtes Wasser.

Osterzyklus ↑Zeitrechnung.

Osteuropa, allg. Bez. für die Länder im O Europas, also für Polen und die europ. Teil der Sowjetunion. Nach geograph. Gesichtspunkten wird Polen jedoch zu Mitteleuropa gerechnet.

osteuropäische Zeit, Abk. OEZ, die Zonenzeit des 30. Längengrades östl. von Greenwich; entspricht MEZ + 1 Stunde.

Osteuropide (ostbalt. Rasse), europide Menschenrasse in O-Europa (hauptsächl. Großrußland, Weißrußland und Mittelpolen); mittelgroßer, gedrungener Körperbau, kurzer Kopf, breites Gesicht, niedriges Kinn, leicht vorgeschobene Wangenbeine, schmale Lidspalte, graue bis grünl. Augen, fahlrötl. Haut und aschblondes bis aschgraues Haar.

Ostfalen, neben Angrivariern und Westfalen ein Teilstamm der Sachsen, dessen Ursprung ungeklärt ist; wahrscheinl. ging ein Teil der Cherusker in den O. auf. Die O. waren zw. Weser, Lüneburger Heide, Elbe und Harz ansässig.

Ostfälisch, niederdt. Mundart, ↑deutsche Mundarten.

Ostfeste, ältere zusammenfassende Bez. für Afrika, Asien, Australien und Europa, im Ggs. zur **Westfeste,** dem Doppelkontinent Amerika.

Ostfildern, Stadt sö. an Stuttgart und sw. an Esslingen am Neckar anschließend, Bad.-Württ., 360–420 m ü. d. M., 28 200 E. Maschinenbau, Elektro-, Verpackungsind., Strumpffabrik, graph. Gewerbe. - 1975 aus mehreren Gem. gebildet; Stadt seit 1976. - In **Nellingen** ev. Pfarrkirche mit roman. Turm (nach 1120) und spätbarockem Schiff (1777). In **Scharnhausen** klassizist. Schloß (1784 ff.).

Ostflandern (niederl. Oost-Vlaanderen, frz. Flandre Orientale), Prov. in W-Belgien, Teil der histor. Landschaft Flandern, 2 982 km², 1,33 Mill. E (1985), Verwaltungssitz Gent. Etwa 75 % der Prov. werden von ebenen eingenommen, die im N bis ins Polderland der Scheldemündung hineinreichen. Im S schließt die Prov. Teile des z. T. stark zertalten flandr. Hügellandes ein und geht allmähl. in das Lößlehmplateau des Hennegaus über. O. ist weitgehend von der Landw. geprägt. Die Textilind. hat ihr Zentrum in Gent; Stahl-, Erdöl-, chem. und Autoind. finden sich in der Ind.zone am Gent-Terneuzen-Kanal.

Ostflevoland, Polder im IJsselmeer, Niederlande, 540 km², zw. 1 und 5 m u. d. M.; Trockenlegung 1950-57. Bildet mit Südflevoland die neue Prov. Flevoland.

Østfold [norweg. ˌœstfɔl], Verw.-Geb. in SO-Norwegen, zw. dem Oslofjord (im W) und der schwed. Grenze, 4 180 km², 235 000 E (1984), Hauptstadt Moss.

Ostfränkisch, oberdt. Mundart, ↑deutsche Mundarten.

Ostfränkisches Reich ↑Fränkisches Reich.

Ostfriesische Inseln, Inselkette im Wattenmeer der Nordsee zw. den Mündungen von Ems und Jade, Nds. (Wangerooge, Spiekeroog, Langeoog, Baltrum, Norderney, Juist und Borkum). Durch fortgesetzte Wasserströmungen und Windeinwirkungen verändern die O. I. ständig ihre Gestalt in W-O-Richtung. Im Lee u. auf der dem Festland zugekehrten Seite kommt es zu Anlandungen, an den W-Spitzen müssen die meisten Inseln durch Strandbauten und Deiche geschützt werden. Bed. Fremdenverkehrsgebiete mit Fähr- und Flugverbindungen.

Ostfriesland, Geb. zw. Dollart und Jadebusen sowie die Ostfries. Inseln, Nds. Das zentrale O. wird aus einer waldarmen Geestplatte aufgebaut, deren Höhe unter 20 m ü. d. M. bleibt. Im S schließt sich das Hunte-Leda-Urstromtal an mit Niederungsmooren, die erst in der Neuzeit kultiviert wurden

Ostgermanen

(Fehnkolonien, Moor- und Marschhufendörfer). Im N legt sich um die Geest ein bis über 10 km breiter Marschengürtel (eingedeicht, Neulandgewinnung in Poldern). Milchviehhaltung, Anbau von Weizen und Hülsenfrüchten, an der Küste Fischerei; Erdgasvorkommen.

Geschichte: O., bereits zur Steinzeit besiedelt, nannte man schon im 9. Jh. das Gebiet zw. Zuidersee und Unterweser. Nach dem Zerfall des Karolingerreiches bildeten sich in O. mehrere selbständige Bauernrepubliken, sog. Länder (u. a. Brockmerland, Harlinger Land), die sich im 12. (?) Jh. in einer Art Landfriedensbund zusammenschlossen. Als der Verband verfiel (nach 1327), grenzten sich die nunmehr unter die Herrschaft von Häuptlingen tretenden Gebiete scharf gegeneinander ab. Die dominierenden Häuptlingsgeschlechter waren in der 1. Hälfte des 15. Jh. die tom Brok und die Ukena. U. Cirksena (die Cirksena wurden 1465 Reichsgrafen und O., 1654/62 Reichsfürsten) gelang es, die Häuptlingsfehden zu beenden und O. unter seiner Herrschaft zu vereinigen. Hauptstadt wurde Emden, 1561 Aurich. Die Zeit von 1570 bis 1744 war geprägt von ständigen Auseinandersetzungen zw. den (luth.) Landesherren und den Landständen unter Führung der von den Generalstaaten gestützten (ref.) Stadt Emden. 1744 nahm Preußen O. in Besitz, verlor es aber 1807 an Napoleon I., der es dem Kgr. Holland, 1810 Frankr. einverleibte. 1815 wurde O. Teil des Kgr. Hannover.

📖 *Deeters, W.: Kleine Gesch. Ostfrieslands.* Leer 1985. - *Krawitz, R.: O.* Köln 1982. - *O.* Hg. v. *G. Möhlmann.* Essen ³1975. - *Schmidt, Heinrich: Polit. Gesch. Ostfrieslands.* Leer 1975.

Ostgermanen, im 3./2. Jh. entstandene german. Stammesgruppe mit den Völkerschaften u. a. der Rugier, Vandalen, Burgunder, Goten, Gepiden, Heruler, zunächst auch der Langobarden.

Ostghats, Gebirge in Indien, O-Rand des Dekhan gegen die vorgelagerte Küste des Golfes von Bengalen. Die O. sind in einzelne Berggruppen (bis über 1 500 m hoch) aufgelöst, die bis zur S-Spitze Indiens ziehen und hier mit den Westghats zusammentreffen. Der winterl. NO-Monsun bringt nur strichweise Niederschläge, die ledigl. einen trockenen Monsunwald zulassen.

Ost-Ghaur-Kanal †Jarmuk.

Ostgoten (Ostrogoten, Greutungen), Bez. für einen Teil des ostgerman. Volkes der Goten, der sich ab 269 n. Chr. unter dem Königsgeschlecht der Amaler von den Westgoten trennte. Um 275–280 bildete sich in der Ukraine ein Vielvölkerstaat unter der Herrschaft der O., der unter Ermanarich († nach 370) seine größte Ausdehnung über fast das ganze europ. Rußland erreichte, jedoch 375 den Hunnen unterlag, worauf sich die O. an den Dnjestr und von hier bis in die Nähe der Donau zurückzogen. Ein Teil überschritt mit anderen german. Stämmen 405 unter Radagais († 406) die Donau. 454 lösten sich die O. von der hunn. Vorherrschaft, erhielten als Verbündete Kaiser Markians Wohnsitze in Pannonien und traten zum arian. Christentum über. 489 fielen sie unter Theoderich d. Gr. auf Veranlassung des oström. Kaisers Zenon in Italien ein, wo nach dem Sieg über Odoaker 493–553 das rechtl. zum Röm. Reich gehörige O.reich bestand (einschl. Sizilien, Dalmatien, der Alpenländer und Slawonien). Die v. a. in N- und M-Italien siedelnden O. stellten den Kriegerstand und waren von den Römern rechtl. und religiös abgesondert. Unter den Königen Witigis (536–539), Hildebad (539/540), Erarich (540/541; ein Rugier), Totila (541–552) und Teja (552/553) unterlag das Reich den byzantin. Feldherren Belisar und Narses.

Ostgrönlandstrom, aus dem Nordpolarmeer kommende, kalte Meeresströmung vor der O-Küste Grönlands.

Osthilfe, Bez. für die seit 1926 von der preuß. Reg. und der Reichsreg. getroffenen kreditpolit. Maßnahmen zugunsten der durch die Errichtung des Poln. Korridors in Schwierigkeiten geratenen ostpreuß. Landw. (**Ostpreußenhilfe**). Die Umschuldungs- und Entschuldungsmaßnahmen wurden vom Kabinett Brüning - mit umstrittenen Siedlungsplänen gekoppelt - auch auf Ostelbien und Ostbayern ausgedehnt, ab Juni 1933 (bis 1937) von der nat.-soz. Reg. auf das gesamte Reichsgebiet. Sie führten zu keinem dauerhaften Erfolg, da die staatl. Mittel vor der dt.nat. beherrschten Landw.kammern vielfach nicht nach der betriebswirtschaftl. Lage der Güter vergeben wurden.

Ostholstein, Landkr. in Schleswig-Holstein.

Ostholsteinisches Hügelland, Teil des Balt. Höhenrückens zw. der Kieler Förde und der Lübecker Bucht, bis 168 m hoch. Im Zentrum liegt die Holstein. Schweiz.

Osthorn (Osthorn Afrikas), verbreitete Bez. für die Somalihalbinsel.

Ostia, Ende des 4. Jh. v. Chr. als Kastell an der Tibermündung gegr. Hafenstadt Roms (heute Stadtteil O. Antica), als älteste Bürgerkolonie galt; nach Versandung der Flußmündung neue Hafenanlage (3 km weiter nördl.) unter Claudius, Nero und Trajan; Überreste: u. a. Theater, Tempel, Wohnbauten, Magazine, Thermen, Mithräen.

Ostinato [italien., eigtl. „hartnäckig"], ständig wiederholte, kurzgliedrige melod., rhythm. oder harmon. Formel meist in der tiefsten Stimme. Ostinate Techniken wurden seit dem 13. Jh. verwendet, z. B. als Wiederholung melod.-rhythm. Figuren auf derselben Tonstufe. Später treten dann wechselnde Rhythmisierung und Wiederholung auf verschiedenen Tonstufen auf. Eine bes. Form

Ostpreußen

des O. ist der **Basso ostinato,** die fortgesetzte Wiederkehr eines Themas (z. B. der absteigende [chromat.] Quartgang) oder eines Harmoniemodells.

Ostindische Kompanie (engl. East India Company [E. I. C.]), 1599 gegr. Handelskompanie, die 1600 das Privileg auf das Monopol im Ostindienhandel (1609 „auf immer" erneuert) erhielt. Die O. K. baute ihren Handel mit dem ind. Festland, mit Persien und China aus und wurde (seit der 2. Hälfte des 17. Jh. mit souveränen Rechten ausgestattet) zum Organisator von Britisch-Indien.

ostische Rasse, svw. ↑alpine Rasse.

Ostitis [zu griech. ostéon „Knochen"], svw. Knochenentzündung (↑ Knochenkrankheiten).

Ostium [lat.] (Mrz. Ostien), in der Anatomie Bez. für die Einmündungsstelle an einem Hohlorgan bzw. Körperhohlraum; z. B. *O. aortae:* Öffnung der linken Herzkammer in die Aorta.

Ostjaken ↑Chanten.

Ostjuden ↑Ost- und Westjuden.

Ostkap (engl. East Cape), Kap an der NO-Spitze der Nordinsel Neuseelands.

Ostkarpaten ↑Karpaten.

Ostkette, Gebirgszug im O der Halbinsel Kamtschatka, etwa 600 km lang, bis 2 485 m hoch; viele Bergformen.

Ostkirchen ↑orientalische Kirchen.

Ostkirchenkonferenz, seit 1962 in der DDR als „Konferenz der ev. Kirchenleitungen in der DDR (O.)" in regelmäßigen Arbeitsbesprechungen ihrer leitenden Amtsträger zusammentretendes Gremium mit der Zielsetzung, die in der BR Deutschland und der DDR gemeinsamen Anliegen der ev. Christen gegenüber der Öffentlichkeit vorzubringen.

Ostkordillere [...dil,jɛːrɐ], östl. Gebirgszüge der Anden in Südamerika, bis 6 882 m hoch.

Ostkvark, Meerenge im Bottn. Meerbusen zw. der schwed. Insel Holmö und den der finn. Insel Replot vorgelagerten Schären.

Östlicher Sajan, Gebirge im südl. Mittelsibirien, UdSSR, erstreckt sich, etwa 1 000 km lang, vom linken Jenisseiufer westl. von Krasnojarsk bis zum Tal des Irkut, im Munku-Sardyk 3 491 m hoch.

Östliches Karolinenbecken, Meeresbecken im nw. Pazifik, südl. der Ostkarolinen, bis 6 920 m tief, durch die Aurepikschwelle vom bis 5 311 m tiefen **Westlichen Karolinenbecken** getrennt.

Östliches Marianenbecken, Meeresbecken im nw. Pazifik, östl. der Marianen, bis 6 771 m tief.

östliche Sudansprachen [zuˈdaːn, ˈzuːdan], Untergruppe der Schari-Nil-Sprachen innerhalb des Nilosaharanischen; dazu gehören u. a. das Nubische und die nilot. Sprachen; die ö. S. werden vom Niltal bis zu den Nubabergen im W, Eritrea im O und Kenia/Tansania im S gesprochen.

Ostmark, (bayr. O.) 960/965 im ehem. agilolfing. Ostland bzw. in der 907 durch die Magyaren vernichteten karoling.-bayr. Ostlandpräfektur errichtete otton. Grenzmark zw. Enns/Erla, Voralpen, Wienerwald (991) mit einem schmalen Streifen nördl. der Donau; abhängig von Bayern, 976 den Babenbergern als Markgrafen verliehen; 1039/40 bis zur Thaya und March, um 1043 bis zur Leitha ausgeweitet; ab 996 als „regio Ostarrichi", ab 1130/35 als „marchio Austriae" bezeichnet; 1156 in das Hzgt. Österreich umgewandelt.

♦ (sächs. O.) 965 durch Teilung der Elbmark Geros entstanden; gegen die Slawen (Sorben) errichtet; erstreckte sich von der unteren Saale ostwärts bis Oder und Bober, die Lausitz einbeziehend; kam 1136 an die Wettiner.

♦ in der Sprache des Nationalsozialismus bis zum sog. Anschluß 1938 bevorzugt gebrauchte Bez. für Österreich.

Ostmarkenpolitik, Bez. für die nach der Reichsgründung 1871 einsetzende preuß. Politik der Germanisierung (Deutsch als alleinige Unterrichts-, Geschäfts- und Amtssprache, Abschaffung des poln. Sprachunterrichts, Ansiedlung dt. Siedler) der im Rahmen der Poln. Teilungen Preußen einverleibten ehem. poln. Gebiete, insbes. der Prov. Westpreußen und Posen.

Ostmitteldeutsch, Gruppe mitteldt. Mundarten, ↑deutsche Mundarten.

Ostmitteleuropa, nach dem 1. Weltkrieg entstandener polit.-geograph. Begriff; umschließt i. e. S. Rumänien, einen Teil der Nachfolgestaaten der Habsburgermonarchie und die nach der Oktoberrevolution auf dem Gebiet des früheren Russ. Reiches gebildeten Staaten (Polen, die balt. Staaten, ČSR, Ungarn), i. w. S. auch Finnland, Weißrußland, die Ukraine, Jugoslawien, Bulgarien und Griechenland als „Grenzvölker des Abendlandes" (O. Halecki).

Ostniederdeutsch, Gruppe niederdt. Mundarten, ↑deutsche Mundarten.

Ost-Pakistan, ehem. Landesteil von Pakistan, 1971 zur VR Bangladesch erklärt.

Ostpazifischer Rücken, untermeer. Schwelle im sö. Pazifik, bis 1 929 m u. d. M. aufragend; dem O. R. sitzt die Osterinsel auf.

Ostpolitik, Bez. für die Politik der BR Deutschland gegenüber den Staaten des Warschauer Pakts (↑Bundesrepublik Deutschland, Geschichte).

Ostpreußen, ehem. Prov. des Dt. Reiches in den Grenzen von 1937, umfaßte 36 996 km² mit 2,488 Mill. E, Hauptstadt war Königsberg (Pr). Verwaltungsmäßig war O. aufgeteilt in die Reg.-Bez. Königsberg, Gumbinnen, Allenstein und Westpreußen.

Geschichte: Das Gebiet des späteren O. wurde erst im Neolithikum (etwa ab 3000 v. Chr.)

ostpreußische Tracht

von Jägern und Fischern besiedelt. Im 2. und 3. Jh. n. Chr. bewohnten die Goten O.; nach ihrem Abzug rückten die balt. Preußen nach, deren Name (im 10. Jh. erstmals als *Pruzzen* erwähnt) auf ihr Siedlungsgebiet übertragen wurde. Bereits seit der Bronzezeit wurde in O. der in allen mittelmeer. und zentralasiat. Hochkulturen für Schmuck und als Medizin sehr geschätzte Bernstein als Handelsobjekt genutzt. Die ersten Christianisierungsversuche scheiterten. Um 1225 wandte sich Hzg. Konrad I. von Masowien um Hilfe gegen die Pruzzen an den Dt. Orden, dem er das Culmer Land schenkte. Hochmeister Hermann von Salza ließ sich von Kaiser Friedrich II. dieses und alle weiteren, noch zu erobernden pruzz. Gebiete 1226 als unabhängigen Ordensstaat garantieren. 1231 begann der Orden mit der Eroberung des Landes der Pruzzen, 1283 waren die militär. Aktionen gegen die Pruzzen beendet. Zur endgültigen Sicherung der eroberten Gebiete rief der Orden dt. Siedler ins Land. Die Niederlage gegen Polen in der Schlacht von Tannenberg (15. Juli 1410) brach die Macht des Ordens. Im 2. Thorner Frieden (1466) wurde der Ordensstaat auf den östl. Teil Preußens ohne das Ermland reduziert, er mußte die poln. Oberhoheit anerkennen. Kriege und Kontributionen hatten das Land zudem wirtsch., den Orden finanziell ruiniert. In der Folge wandelte sich der Ordensstaat zu einem Territorialstaat um: Der 1511 zum Hochmeister gewählte Albrecht (von Brandenburg-Ansbach) machte 1525 aus dem Ordensstaat das erbl. Hzgt. Preußen. Den Erben von Albrechts geisteskrankem Sohn Albrecht Friedrich (*1533, †1618), den brandenburg. Kurfürsten, stellte sich das Problem, Preußen in den brandenburg. Staat zu integrieren. Seine Lösung gelang Friedrich Wilhelm, dem Großen Kurfürsten: Im Frieden von Oliva (1660) erreichte er die Anerkennung der Souveränität Preußens; bis 1672 setzte er seine Landesherrschaft gegen die preuß. Stände gewaltsam durch. Da Preußen der einzige voll souveräne, also auch nicht der Reichsgewalt unterstehende Besitz der Kurfürsten von Brandenburg war, ging sein Name auf den Gesamtstaat über, als Kurfürst Friedrich III. sich 1701 selbst zum König *in* Preußen krönte. Das Kgr. Preußen annektierte bei der 1. Poln. Teilung (1772) den 1466 an Polen abgetretenen westl. Teil des Deutschordensstaates (außer der erst durch die 2. Poln. Teilung 1793 erworbenen Städten Danzig und Thorn), nun Westpreußen gen., während sich für das bisherige königlich preuß. Gebiet (einschl. des 1772 hinzugekommenen Ermlandes, aber ohne Marienwerder) der Name O. einbürgerte. 1815–29, 1878–1919/20 und 1939–45 waren O. und Westpreußen getrennte Prov. Preußens. Der 1. Weltkrieg brachte O. durch die russ. Invasion schwere Schäden. Die durch den Versailler Vertrag festgelegten Gebietsabtretungen des Dt. Reiches (Poln. Korridor) schnitten O. vom übrigen Reichsgebiet ab. Das Memelland wurde an die Alliierten abgetreten (1923 von Litauen besetzt und annektiert). Der ostpreuß. Kreis Soldau kam an Polen, Danzig wurde Freie Stadt. Vom 2. Weltkrieg blieb O. bis zum Aug. 1944 weitgehend verschont, war jedoch am 25. April 1945 vollständig von sowjet. Truppen erobert. Durch das Potsdamer Abkommen (2. Aug. 1945) wurde der nördl. O. unter sowjet. und das südl. unter poln. Verwaltung gestellt. - ↑auch deutsche Ostgebiete, ↑Deutschland (völkerrechtl. Stellung nach dem 2. Weltkrieg).

📖 *Hdb. der histor. Stätten. Ost- u. Westpreußen. Hg. v. E. Weise. Stg.* ²*1981.* - *Schumacher, B.: Gesch. Ost- u. Westpreußens. Würzburg* ⁶*1977.* - *Histor.-Geograph. Atlas des Preußenlandes. Hg. v. H. Mortensen u. a. Wsb. 1968ff. Bis 1986: 11 Lfgg.*

ostpreußische Tracht ↑Volkstrachten.

Ostpunkt, der Punkt des Horizonts, an dem die Sonne am Tag der Tagundnachtgleiche (Frühlings- bzw. Herbstanfang) aufgeht; auch der Schnittpunkt des Horizonts mit dem Himmelsäquator. Der Gegenpunkt wird **Westpunkt** genannt.

Ostradiol [Kw.] ↑Östrogene.

Ostrakismos [griech.] ↑Ostrazismus.

Ostrakoden [griech.], svw. ↑Muschelkrebse.

Ostrakon [griech.] (Mrz. Ostraka) ↑Ostrazismus.

Ostrau (tschech. Ostrava), Hauptstadt des Nordmähr. Geb., ČSSR, an der oberen Oder, 217 m ü. d. M., 327800 E. Hochschule für Bergbau; Stadttheater; Zoo; Mittelpunkt der größten Schwerind.region in der ČSSR; charakterist. für das Stadtbild sind die Fördertürme und Abraumhalden mehrerer in der Innenstadt gelegener Kohlengruben; die Hüttenwerke liefern 75% der tschechoslowak. Roheisen- und Stahlproduktion. - 1267 gegr.; war befestigte Stadt der Olmützer Bischöfe. Die Kohlevorkommen im benachbarten Schlesisch-Ostrau (1767 entdeckt) begünstigten die Entwicklung im 19. Jh. zur bed. Ind.-stadt. - Ältestes Bauwerk der Stadt ist die got. Wenzelskirche (13. Jh.); ehem. Rathaus (17. Jh.) mit Museum.

Ostrazismus [griech.] (Ostrakismos, Scherbengericht), antike Form der Volksabstimmung mittels Tonscherben (Ostrakon [Mrz. Ostraka]) über eine zehnjährige Verbannung von Bürgern ohne Verlust von Vermögen und Ehrenrechten im Fall gefährdeter polit. Ordnung; nachweisbar v. a. in Athen.

Östriol [Kw.] ↑Östrogene.

Ostróda [poln. ɔsˈtruda] ↑Osterode i. Ostpr.

Östrogene [griech., zu oĩstros „Leidenschaft"] (östrogene Hormone, Follikelhor-

Östron [griech.] ↑ Östrogene.
Ostroróg, Jan [poln. ɔsˈtrɔruk], * um 1436, † 1501, poln. Schriftsteller. - Woiwode von Posen; erster poln. polit. Schriftsteller; setzte sich für polit. Reformen, u. a. für die Trennung von Staat und Kirche, ein.
Ostrov (dt. Schlackenwerth), Stadt 10 km nö. von Karlsbad, ČSSR, 400 m ü. d. M., 19 600 E. Maschinenbau. - Geht auf eine planmäßig angelegte hochma. dt. Neugründung zurück; erhielt 1387 Stadtrecht. - Spätroman. Friedhofskirche (vor 1250); barockes ehem. Schloß (1693–96).
Ostrowski [russ. asˈtrɔfskij], Alexandr Nikolajewitsch, * Moskau 12. April 1823, † Schtschelykowo (Geb. Kostroma) 14. Juni 1886, russ. Dramatiker. - Gilt als einer der bedeutendsten russ. Dramatiker. Seine gesellschaftskrit. Stücke, deren Stärke v. a. in der Charakterisierung der Personen und der Darstellung des Milieus liegt, schildern v. a. die Welt der Kaufleute, Kleinbürger und Beamten und des Theaters, u. a. „Das Gewitter" (Dr., 1860), „Tolles Geld" (Kom., 1870), „Der Wald" (Dr., 1871), „Wölfe und Schafe" (Kom., 1875).
O., Nikolai Alexejewitsch, * Wilija (Geb. Rowno) 29. Sept. 1904, † Moskau 22. Dez. 1936, russ.-sowjet. Schriftsteller. - Seit 1924 völlig gelähmt und seit 1928 erblindet; vom Krankenbett aus diktierte er „Wie der Stahl gehärtet wurde" (1932–34), einen [autobiograph.] Entwicklungs- und Erziehungsroman im Sinne des sozialist. Realismus; der Roman „Die Sturmgeborenen" (1936) blieb unvollendet.
Östrus [griech.], svw. ↑ Brunst.
Ostsee, Nebenmeer der Nordsee, mit dieser durch Skagerrak, Kattegat, Kleinen Belt, Großen Belt und Sund verbunden; 390 000 km², mittlere Tiefe 55 m, im Landsortief bis 459 m tief. Die O. im weiteren Sinn umfaßt die Beltsee, den Rigaischen und den Finn. sowie den Bottn. Meerbusen. Das untermeer. Relief der O. ist im wesentl. durch das pleistozäne Inlandeis geformt worden, das bei seinen Vorstößen Moränenwälle aufschob, so daß eine Folge von Becken und Schwellen entstand. Anstehendes Gestein tritt u. a. im Bereich der Ålandinseln zutage. Die O. ist relativ reich an Inseln: im W die großen Inseln der Beltsee, Fünen, Lolland und Seeland (Dänemark) sowie Fehmarn (BR Deutschland), Rügen (DDR), ferner Bornholm (Dänemark), Öland und Gotland (Schweden), Ösel und Dagö (UdSSR) sowie zahlr. Schären entlang den Küsten Schwedens und Finnlands einschließl. der finn. Ålandinseln. Sie ist ein geolog. sehr junges Meer; zu ihrer Entwicklung ↑ Holozän (Übersicht). Im langjährigen Mittel fließen der O. 479 km³ Wasser pro Jahr durch festländ. Abfluß, 737 km³/Jahr durch Einstrom salzreichen Nordseewassers und 183 km³/Jahr durch Niederschlag zu. Das Ge-

---

Östriol

Östron

Östradiol

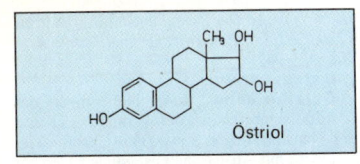

mone), zu den Steroidhormonen gehörende weibl. Geschlechtshormone, die im Eifollikel, Gelbkörper, der Plazenta sowie in geringem Umfang (auch beim Mann) in der Nebennierenrinde gebildet werden. Ö. bewirken die Ausbildung der sekundären weibl. Geschlechtsmerkmale und sind in der ersten Hälfte des Menstruationszyklus für den Aufbau der Gebärmutterschleimhaut (Proliferationsphase) verantwortl. Die Biosynthese der Ö. geht vom Testosteron aus. Die natürl. vorkommenden Ö. sind das **Östriol** (Östratrien-3,16,17-triol), das **Östron** (Östratrien-3-ol-17-on), das 1929 als erstes Geschlechtshormon isoliert wurde, sowie das physiolog. wirksamste Ö., das **Östradiol** (Östratrien-3,17-diol). Die natürl. (früher aus dem Harn trächtiger Stuten, heute teilsynthet. aus anderen Steroiden gewonnenen) Ö. und ihre Derivate werden medizin. bei Östrogenmangelerscheinungen (v. a. während der Wechseljahre) und in der Tumortherapie verwendet und sind zus. mit den ↑ Gestagenen wichtige Bestandteile von Ovulationshemmern (↑ Empfängnisverhütung).
📖 *Clark, J. K./Peck, E. J.: Female sex steroids.* Bln. u. a. 1979. - *Kley, H. K.: Ö. im Plasma des Mannes.* Mchn. u. Wien 1975. - *Ageing and estrogens: Workshop Conference, Genf 1972.* Hg. v. *P. A. van Keep* u. *C. Lauritzen.* Basel u. a. 1973. - *Diczfalusy, E./Lauritzen, C.: Ö. beim Menschen.* Bln. u. a. 1961.
Ostrogoten ↑ Ostgoten.
Ostrołęka [poln. ɔstrɔˈuɛŋka], poln. Stadt am Narew, 100 m ü. d. M., 41 800 E. Hauptstadt des Verw.-Geb. O.; Zellstoff- und Papierfabrik, Nahrungsmittelind. - 1373 Stadt.
Oströmisches Reich ↑ Byzantinisches Reich.

Ostseegarnele

samtvolumen wird konstant gehalten durch einen ebenso großen Wasserverlust durch Verdunstung und Ausstrom durch die Meeresstraßen. Durch den Ausstrom leichteren Wassers in der Oberschicht und den Einstrom schwereren salzreichen Wassers in der Unterschicht wird in der Beltsee ein Zweischichtensystem gebildet. Der Salzgehalt der Oberschicht liegt zw. 10 und 20‰, in der Unterschicht zw. 26 und 32‰. Die beiden Schichten sind durch einen scharf ausgeprägten Salzgehaltsprung in etwa 20 m Tiefe getrennt. Im inneren Finn. und Bottn. Meerbusen sinkt der Salzgehalt beider Schichten unter 5‰ ab. Die das ganze Jahr hindurch in der ganzen O. vorhandene Salzgehaltssprungschicht ist für die chem. und biolog. Verhältnisse von grundlegender Bedeutung. Die Erneuerung des bodennahen Wassers erfolgt nur durch Zustrom aus der Nordsee. In der Unterschicht der tieferen Becken kann gelegentl. Sauerstoffarmut oder sogar Sauerstofflosigkeit auftreten. Zum Sauerstoffschwund trägt auch die steigende Verschmutzung bei. 1974 unterzeichneten die 7 Anrainerstaaten eine Konvention zum Schutz der maritimen Umwelt der O.gebiete. - Die sommerl. Temperaturverteilung ist durch eine Sprungschicht in 15–25 m Tiefe gekennzeichnet. Der Temperatursprung liegt in der westl. und südl. O. bei 10 °C, in der mittleren O. und im Finn. Meerbusen bei 12–14 °C, in der Beltsee kann die Oberschicht bis zum Boden reichen. Die Temperatur der Unterschicht beträgt zw. 1 und 6 °C. Die mittlere Temperatur der Oberschicht im Aug. fällt von 18 °C an den Küsten Polens und der UdSSR auf unter 15 °C an der schwed. Küste und auf um 13 °C im Bottn. Meerbusen ab. Sie liegt in der Beltsee bei 17 °C. Kurzfristige Wasserschwankungen werden durch die sehr geringen Gezeiten sowie Wind- und Luftdruckschwankungen hervorgerufen. Durch Landhebung im N sinkt der mittlere Wasserstand dort um fast 1 m im Jh., bis zur S-Küste nimmt er auf verschwindend geringe Werte ab. Die gesamte Bottenwiek (nördl. Teil der Bottensee) sowie die Küstengewässer der Bottensee, das Innere des Finn. und des Rigaischen Meerbusens sowie das Kurische und das Frische Haff sind regelmäßig jeden Winter mit Eis bedeckt. Gefischt werden in der O. v. a. Sprotten, Heringe, Dorsch, Aal und Lachs. Probebohrungen auf Erdöl im Off-shore-Bereich vor der schleswigholstein. Küste verliefen erfolgreich. Neben zahlr. Fährverbindungen zw. den einzelnen Anrainerländern hat v. a. der Schiffsverkehr von und zu den wichtigen Seehäfen große Bedeutung.

📖 Hupfer, P.: Die O. Lpz. ³1981. - Meereskunde der O. Hg. v. L. Magaard u. G. Rheinheimer. Bln u. a. 1974. - Stadt u. Land in der Gesch. des O.raums. Hg. v. K. Friedland. Lübeck 1973. - Arndt, E. A.: Tiere der O. Wittenberg 1964. - Hofmeister, A.: Der Kampf um die O. vom 9. bis 12. Jh. Hg. v. Roderich Schmidt. Lübeck u. Hamb. ³1960.

Ostseegarnele ↑Garnelen.

Ostsibirische See, Nebenmeer des Nordpolarmeeres zw. der Wrangelinsel und den Neusibir. Inseln, 936 000 km², größte Tiefe 155 m; mit Ausnahme küstennaher Gebiete ganzjährig eisbedeckt.

Ostslawen ↑Slawen.

Ostthrakien [...i-ɛn], der europ. Teil der Türkei, umfaßt das Becken des Ergene nehri, die sich nördl. anschließenden Istranca dağlari sowie im S die Ganos daği (bis 945 m hoch) und die sw. anschließende Halbinsel Gelibolu.

Ost-Turkestan, Bez. für den sw. Teil der chin. Autonomen Region Sinkiang.

Ost- und Westjuden, Bez. für zwei verschiedene Gruppen des europ. Judentums. Die Gruppierung trat erst Mitte des 18. Jh. ins Bewußtsein, als sich zeigte, daß die Juden W-Europas („Westjuden") das Gedankengut der Aufklärung stärker assimilierten († auch Haskala) als die Juden in O- und SO-Europa („Ostjuden"), die sich stärker der jüd. Tradition verpflichtet fühlten. So verlor die Unterscheidung zw. O.- und W. den Charakter einer Herkunftsbez. und wurde mehr und mehr zu einer ideolog.-wertenden Differenzierung. Annäherungen von O.- und W. ergaben sich - abgesehen von Einzelbemühungen - erst im Zusammenhang mit der Vertreibung vieler Ostjuden während und nach dem 2. Weltkrieg, mit der zionist. Bewegung und der Besiedlung Palästinas sowie durch die gemeinsame Bedrohung seitens des Antisemitismus, der die Ggs. nahezu völlig verschwinden ließ. - Im Unterschied hierzu ist die Differenzierung der Juden Europas in *Aschkenasim* und *Sephardim* eine Differenzierung nach Herkunft (ohne Wertung) geblieben und auch nicht mit jener in O.- und W. zu identifizieren.

Ostung (Orientation, Orientierung), Bez. für die religiös motivierte (Altar im O: Hinwendung zu Christus als dem „Licht der Welt") W-O-Richtung der Hauptachse sakraler Bauten; auch Bez. für die Blickrichtung nach O bei kult. Handlungen.

Ostwald, Hans, * Berlin 31. Juli 1873, † ebd. 8. Febr. 1940, dt. Schriftsteller. - Urspr. wandernder Handwerker; schilderte in Romanen und Novellen das Leben der Dirnen, Landstreicher und Gauner, deren Sprache er in einem Wörterbuch veröffentlichte („Rinnsteinsprache", 1906); schrieb eine „Kultur- und Sittengeschichte Berlins" (1910). Hg. von Anthologien „Lieder aus dem Rinnstein" (1903–08).

O., Wilhelm, * Riga 2. Sept. 1853, † Großbothen 4. April 1932, dt. Chemiker und Philosoph. - 1881–87 Prof. in Riga, danach bis 1906 in Leipzig. Er beschäftigte sich mit der Leitfähigkeit von Elektrolyten (zus. mit S. A. Arrhenius) und der Katalyse und entwickelte ein

Verfahren zur Herstellung von Salpetersäure. Für seine Arbeiten über die Katalyse, die Bedingungen des chem. Gleichgewichts und die Geschwindigkeit chem. Reaktionen erhielt er 1909 den Nobelpreis für Chemie. Darüber hinaus beschäftigte sich O. mit Problemen der Farblehre und naturphilosoph. Fragen. Ausgehend von seinen physikal.-chem. Erkenntnissen entwickelte er einen *energet. Monismus* (auch *Energetismus*, ↑ Energetik), nach dem die Energie einzige Grundlage allen Geschehens ist, materielle Prozesse deren Erscheinungsformen und geistige Vorgänge nur Transformationen einer Energieart in eine andere sind. Ab 1911 war O. Vors. des Monistenbundes. 1889 begründete er die Schriftenreihe „Ostwalds Klassiker".

O., Wolfgang, * Riga 27. Mai 1883, † Dresden 22. Nov. 1943, dt. Chemiker. - Sohn von Wilhelm O.; ab 1915 Prof. in Leipzig. Durch seine Arbeiten über den kolloiden Zustand der Materie ist O. einer der Begründer der Kolloidchemie.

Ostwald-Verfahren [nach Wilhelm Ostwald] ↑ Salpetersäure.

Ost-West-Handel, der Außenhandel zw. den europ. und asiat. Staatshandelsländern einerseits und den westl. Industrie- und Entwicklungsländern andererseits. Seine Besonderheit besteht darin, daß der Handelspartner auf östl. Seite eine staatl. Stelle ist, die das Außenhandelsmonopol inne hat, und wegen der Einbindung des Außenhandels in den Wirtschaftsplan der Staatshandelsländer eine geringe Flexibilität besteht. Außerdem wird von den östl. Handelspartnern zur Einsparung von Devisen häufig Wert auf die Vereinbarung von *Kompensationsgeschäften* gelegt, bei denen Importe direkt durch Exporte, also ohne Berührung der Devisenbilanz finanziert werden. V. a. ab Mitte der 1960er Jahre wuchs das Volumen des O.-W. H. überdurchschnittlich, jedoch ist seine Bed. für die westl. Länder nach wie vor weit geringer als für die östl. Länder. - Nicht zum O.-W.-H. gehört der ↑innerdeutsche Handel.

Ost-West-Konflikt, Bez. für die Gegensätze, die nach dem 2. Weltkrieg unter den Siegermächten aufbrachen und zu einer globalen weltpolit. Polarisierung in ein westl. Lager unter der Führung der USA und ein östl. Lager unter der Leitung der UdSSR führten (↑auch kalter Krieg); Höhepunkte: Eingliederung der ČSR in das sowjet. Herrschaftssystem 1947/48, Berliner Blockade 1948/49, Koreakrieg 1950–53, Berlinkrise 1958–62, Vietnamkrieg, Kubakrise 1962. Atomares Patt, Entspannungspolitik, sowjet.-chin. Konflikt und das Aufkommen der Dritten Welt veränderten den O.-W.-K., ohne daß die machtpolit. Interessengegensätze zw. den USA und der UdSSR in ein System kollektiver Sicherheit eingebunden worden wären. In der Folge des Einmarsches von Truppen der UdSSR in Afghanistan Ende Dez. 1979 und der Reaktion der USA darauf verschärfte sich das Ost-West-Verhältnis erneut, entspannte sich aber seit 1985, v. a. nach dem sowjet. Abzug aus Afghanistan 1989, im Zuge des KSZE-Prozesses.

Ostzone, nach 1945 häufig gebrauchte Bez. zunächst für die sowjet. Besatzungszone Deutschlands, heute - ähnl. wie „Zone" - oft noch abwertend für die DDR.

Osu, Jasudschiro, * Tokio 12. Dez. 1903, † ebd. 12. Dez. 1963, jap. Filmregisseur. - Vertrat in seinen Filmen, die inhaltl. (Aufbrechen familiärer und gesellschaftl. Traditionen) und formal (starre Kamera, lange Einstellungen) nicht an westl. Sehgewohnheiten angepaßt sind, den Stil des jap. Traditionalismus, u. a. „Geschichte vom treibenden Schilf" (1934, Remake 1959 u. d. T. „Abschied in der Dämmerung"), „Die Reise nach Tokio" (1953), „Ein Herbstabend" (1962).

Osumihalbinsel, Halbinsel an der S-Küste von Kiuschu, Japan.

Osumiinseln, die nördlichste Gruppe der zu Japan gehörenden Riukiuinseln, 980 km², umfaßt die Hauptinseln **Jaku** (rd. 500 km², bis 1935 m ü. d. M.) und **Tanega** (447 km², bis 207 m ü. d. M., mit dem jap. Weltraumzentrum) sowie fünf kleinere Inseln.

Oswald, männl. Vorname, altsächs. Nebenform von Ansgar (zu german. ans- „Gott" und althochdt. waltan „herrschen, walten").

Oswald, hl. * um 604, ⚔ Maserfeld (beim heutigen Oswestry, Shropshire [?] 5. Aug. 642, König von Northumbrien. - Übernahm 634 die Herrschaft in Northumbrien und betrieb nach seiner Taufe im Kloster Hy intensiv die Christianisierung seines Landes; fiel 642 im Kampf gegen den König von Mercia. - In England früh verehrt; im MA kam der O.kult nach Deutschland. - U. d. T. **Sankt Oswald** ist in 4 verschiedenen Fassungen ein spielmänn. Epos überliefert, das vermutl. von einem Geistlichen um 1170 in der Gegend von Aachen verfaßt wurde. Die wenigen Züge der urspr. Legende vom hl. O. werden einer z. T. stark märchenhafte Züge aufweisenden Brautwerbungsgeschichte beigeordnet.

Oswald von Wolkenstein, * Schloß Schöneck im Pustertal (?) um 1377, † Meran 2. Aug. 1445, spätmittelhochdt. Liederdichter und -komponist. - Entstammte dem Zweig der Tiroler Adelsfamilie der Vilanders, die sich nach Burg Wolkenstein im Grödnertal nannte; abenteuerl. Wanderleben; Pilgerfahrt nach Palästina; seit 1415 diplomat. Missionen im Dienste König Sigismunds; 1421–23 war O. in der Haft Friedrichs IV. von Österreich. Letzter deutschsprachiger Minnesänger, dessen etwa 130 autobiograph. geprägte Minne- und Zechlieder sowie verschiedene Liebesgedichte nach Umfang und Bed. zu den wichtigsten literar. Werken zw. MA und Renaissance zählen. Liedertexte und Melodien (in ein- und

Oświecim

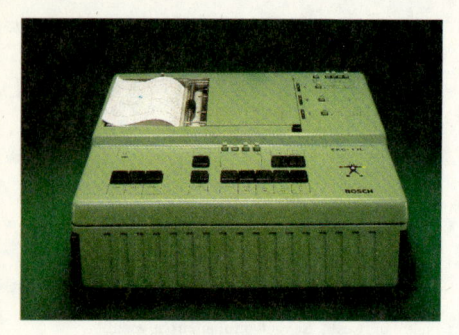

Oszillograph. Dreikanaloszillograph für Elektrokardiogramme

mehrstimmiger Fassung) sind in 3 Sammelhandschriften erhalten.

Oświęcim [poln ɔɕˈfjɛntɕim] ↑Auschwitz.

Oszillation [lat.], allg. svw. ↑Schwingung.

◆ in der *Geologie* Bez. für 1. Schwankungen des Meeresspiegels, 2. Vorstöße und Rückschmelzbewegungen von Gletscherzungen, 3. die abwechselnde Hebung und Senkung von Krustenteilen der Erde.

Oszillationstheorie ↑Gebirgsbildung.

Oszillator [lat.], (Schwinger) ein physikal. System (z. B. Massenpunkt, Pendelkörper, punktförmige elektr. Ladung, Hertzscher Dipol u. ä.), das Schwingungen um eine Gleichgewichts- oder Ruhelage ausführt. Wird der Schwingungszustand durch die Angabe des zeitl. Verlaufs nur einer einzigen physikal. Größe beschrieben (z. B. bei einem mathemat. ↑Pendel durch die Entfernung des schwingenden Massenpunktes von seiner Ruhelage), so liegt ein *linearer O.* vor. Führt der O. harmon. Schwingungen aus (das ist der Fall, wenn die rücktreibende Kraft der Auslenkung aus der Ruhelage proportional ist), dann bezeichnet man ihn als *harmonischen O.*, anderenfalls spricht man von einem *anharmonischen O.* - ↑auch Schwingung.

◆ elektron. Schaltung zur Erzeugung elektr. Schwingungen bzw. Wellen. Der O. enthält mindestens einen Schwingkreis und ein Schaltelement (Elektronenröhre oder Transistor), das die elektr. Schwingungen der Elektronen im O. anfacht bzw. steuert.

Oszillatorenstärke (f-Wert), in der Theorie der Atomspektren ein Maß für die Intensität einer Spektrallinie.

Oszillatoria [lat.], svw. ↑Schwingalge.

Oszillograph [lat./griech.] (Lichtstrahl-, Schleifenoszillograph), elektr. Gerät zur Sichtbarmachung und, im Ggs. zum ↑Oszilloskop, zur Aufzeichnung des Verlaufs sich zeitl. ändernder Vorgänge. Ein kleiner Spiegel, der auf einer in einem Magnetfeld befindl.

Oszillograph. Schematische Darstellung mit Strahlengang
(1 Lichtquelle, 2 Kondensor, 3 Spaltblende, 4 Einstellspiegel, 5 Drehblende,
6 Schleife mit Spiegel, 7 Linsenprisma, 8 Mattscheibe, 9 Schlitzblende,
10 Objektiv, 11 Verschlußblende mit Verschlußmagnet,
12 lichtempfindliches Papier)

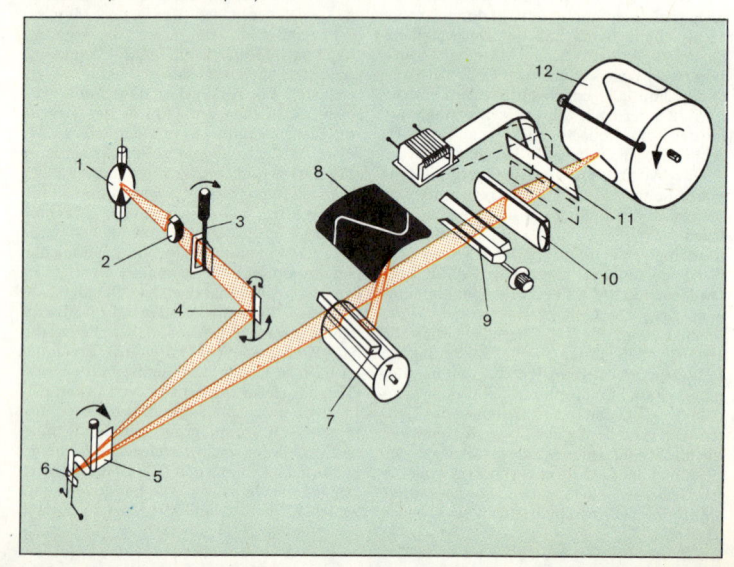

Drahtschleife oder Spule angebracht ist, wird durch einen der Meßgröße proportionalen Strom aus seiner Ruhelage ausgelenkt. Mit Hilfe eines opt. Systems wird durch einen Lichtstrahl diese Drehbewegung zur Beobachtung auf eine Mattscheibe und zur Registrierung auf einen mit konstanter Geschwindigkeit bewegten Photopapierstreifen abgebildet. - ↑ auch Oszilloskop.

Oszillographie [lat./griech.], graph. Darstellung der Pulsschwingungen, die in den peripheren Gefäßen (an Armen und Beinen) beim Durchtritt der Pulswellen entstehen.

Oszilloskop [lat./griech.] (Kathodenstrahl- bzw. Elektronenstrahloszilloskop, umgangssprachl. auch Oszillograph), elektron. Gerät zur Sichtbarmachung sich zeitl. ändernder Spannungen. Der Leuchtfleck einer ↑ Elektronenstrahlröhre wird in vertikaler (Y-) Richtung proportional zur Eingangsspannung ausgelenkt. Ein Zeitablenkteil erzeugt eine Sägezahnspannung, die den Leuchtfleck in horizontaler (X-) Richtung auslenkt, so daß zusammen mit der Y-Auslenkung der zeitl. Verlauf der Eingangsspannung auf dem Leuchtschirm aufgezeichnet wird. Ein bei period. Vorgängen für den Beobachter stehendes Bild erhält man durch Synchronisationseinrichtungen, die die Sägezahn-Repetitionsfrequenz in fester Beziehung zur Frequenz des Eingangssignals halten bzw. durch *Triggerung*, bei der bei der Sägezahnimpuls immer an der gleichen Stelle des Eingangssignals ausgelöst wird. Zur Darstellung mehrerer zeitabhängiger Vorgänge benutzt man **Mehrstrahloszilloskope** mit mehreren Strahlsystemen oder **Mehrkanaloszilloskope**, bei denen ein elektron. Umschalter die einzelnen Ablenkspannungen nacheinander den Ablenkplatten eines Systems zuführt. Zur Darstellung einmaliger Vorgänge verwendet man **Speicheroszilloskope** mit Sichtspeicherröhren.

ot..., Ot... ↑ oto..., Oto...

Otalgie [griech.] (Otodynie, Otagra), Ohrenschmerz.

O tempora, o mores [lat.], o Zeiten, o Sitten (Zitat aus Ciceros Reden gegen Verres und Catilina).

Otero Silva, Miguel [span. 'silβa], * Barcelona (Anzoátegui) 26. Okt. 1908, † Caracas 28. Aug. 1985, venezolan. Schriftsteller. - Nahm 1928 am Aufstand gegen J. V. Gómez teil; lebte mehrere Jahre im Exil; veröffentlichte neben Gedichten Romane, die die polit. und sozioökonom. Verhältnisse Venezuelas in symbolhafter Verdichtung darstellen, z. B. „Fieber" (1939).

Otfrid (Otfried) **von Weißenburg,** althochdt. Dichter des 9. Jh. - Mönch und Lehrer im elsäss. Kloster Weißenburg. Verfaßte in vierhebigen Reimpaarversen eine nach den 5 Sinnen in 5 Bücher eingeteilte Evangelienharmonie (vollendet zw. 863 und 871). Das Werk bildet ein geistes- und literaturge-

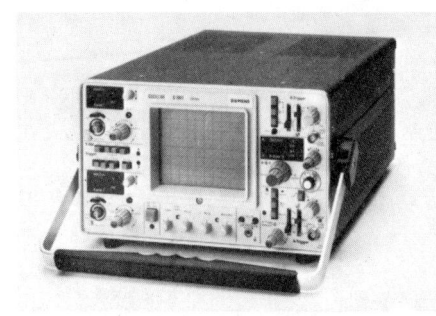

Oszilloskop

schichtl. kennzeichnendes Gegenstück zu dem etwa eine Generation älteren altsächs. „Heliand".

Otfried (Otfrid), alter dt. männl. Vorname (zu german. auða „Besitz, Reichtum" u. althochdt. fridu „Friede").

Othello, Held der Tragödie „O., der Mohr von Venedig" von W. Shakespeare; ein Feldherr in venezian. Diensten, der aus Eifersucht seine Gattin Desdemona erdrosselt und sich später selbst tötet.

Othman (Othman Ibn Affan), * Mekka um 574, † Medina 17. Juni 656 (ermordet), dritter Kalif (seit 644). - Schwiegersohn des Propheten Mohammed; aus der Sippe der Omaijaden; veranlaßte die abschließende Redaktion des Koran. Seine Ermordung führte zum ersten innerislam. Bürgerkrieg.

Otho, Marcus Salvius, * Ferentinum (= Ferentino, Prov. Frosinone) 28. April 32, † Rom 16. April 69, röm. Kaiser (69). - ∞ mit Propäa Sabina, die sein Freund Nero zu seiner Geliebten (62 Gattin) machte; Statthalter der Prov. Lusitania (58–68); an der Ermordung Galbas führend beteiligt; beging nach seiner Niederlage gegen Vitellius Selbstmord.

Oti, Fluß in W-Afrika, entspringt als **Pendjari** in NW-Benin, bildet z. T. die Grenze Benin/Burkina Faso, durchfließt N-Togo, O- und SO-Ghana, mündet in den Voltasee, einen etwa 100 km langen Arm dieses Stausees bildend; über 400 km lang; Fischfang.

Otiater (Otologe) [griech.], Ohrenarzt, Facharzt auf dem Gebiet der Ohrenheilkunde (↑ Hals-Nasen-Ohren-Heilkunde).

Otitis [griech.], Entzündung des Ohrs oder seiner Teile; *O. externa:* Entzündung des äußeren Gehörgangs; *O. media,* svw. Mittelohrentzündung.

Otium [lat.], Muße, Beschaulichkeit.

Otjiwarongo [ɔtʃiva'rɔŋgo], Stadt am W-Fuß der Waterberge, Namibia, 1 460 m ü. d. M., 8 000 E. Hauptstadt des Distr. O.; Zentrum eines Agrargebietes; Viehauktionen.

Otmar (Ottmar), alter dt. männl. Vorname

Otmar

(zu german. auða „Besitz, Reichtum" und althochdt. -mar „groß, berühmt").

Otmar (Othmar, Audemar, Audomar), hl., * um 689, † Insel Werd bei Stein am Rhein, alemann. Mönch. - Ab 719 Abt der Mönchsgemeinschaft am Grab des hl. Gallus; eigtl. Begründer des Klosters Sankt Gallen, dem er die Benediktregel gab.

oto..., Oto..., ot..., Ot... [zu griech. oũs (Genitiv: otós) „Ohr"], Bestimmungswort von Zusammensetzungen mit der Bed. „Ohr".

Otologie, svw. Ohrenheilkunde († Hals-Nasen-Ohren-Heilkunde).

Otomang, Gruppe von Indianersprachen in M-Amerika; zu ihnen gehören u. a. die Untergruppen Otomí, Pame, Mixtekisch und Sapotek.

Otomí, zentralmex. Indianerstamm; Lebensgrundlage bilden Feldbau, Viehhaltung und Handwerk, kommerzialisierte Herstellung von Baumbastpapier.

O'Toole, Peter [engl. oʊˈtuːl], * im Gebiet Connemara 2. Aug. 1932, ir. Schauspieler. - Bed. Shakespeare-, auch Brechtdarsteller, insbes. als Shylock im „Kaufmann von Venedig" oder als Hamlet (z. B. 1963 in der Eröffnungsvorstellung des National Theatre, London); zahlr. Filme, u. a. „Becket" (1963), „Unternehmen Rosebud" (1975), „Masada" (1980).

Otosklerose (Mittelohrverhärtung), erbl. Erkrankung der knöchernen Innenohrkapsel mit atyp. Umbau des sie umgebenden Knochens. Manchmal erstreckt sich der Verhärtungs- und Verknöcherungsvorgang auch auf die Aufhängevorrichtung des Steigbügels im ovalen Fenster. Die nun knöcherne Befestigung des sonst schwingungsfähigen Steigbügels führt zu einer Schallüberleitungsstörung vom Mittel- zum Innenohr. Später kann es zu Rückbildungsvorgängen an den Sinneszellen des Innenohrs und den Nervenfasern der Hörnerven kommen. Die Krankheit beginnt zw. dem 20. und 40. Lebensjahr und äußert sich in Ohrensausen und zunehmender Schwerhörigkeit. Durch eine Operation wird versucht, die Steigbügelplatte durch das eröffnete Trommelfell wieder bewegl. zu machen.

Otranto, italien. Hafenstadt in Apulien, 15 m ü. d. M., 4900 E. Kath. Erzbischofssitz; Fischerei, Fremdenverkehr. - Das ehem. griech. **Hydrus** war in röm. Zeit als **Hydruntum** wichtiger Hafenplatz; seit Mitte des 6. Jh. ein Handelszentrum des byzantin. Teils von Italien; fiel 1068 an die Normannen, 1464 an König Ferdinand I. von Neapel (1480 von den Osmanen erobert). - Die roman. Kathedrale wurde barock umgestaltet (1674–1764), erhalten der roman. Mosaikfußboden (1163–66), antike Säulen und eine fünfschiffige Hallenkrypta (12. Jahrhundert).

Otranto, Straße von, Meeresstraße zw. Italien und Albanien, 75 km breit, bis 1 100 m tief.

Otsu, jap. Stadt auf Hondo, am S-Ende des Biwasees, 215 300 E. Verwaltungssitz der Präfektur Schiga. Kunstfaser-, Textilind., Herstellung von Elektro- und Meßgeräten. - 667–672 Sitz des Tenno; seit dem 9. Jh. wirtsch. Aufschwung als Hafen Kiotos am Biwasee; auch bed. Handelsstadt.

Ott, Arnold, * Vevey 5. Dez. 1840, † Luzern 30. Sept. 1910, schweizer. Dramatiker. - Arzt; schrieb „Gedichte" (1902) und für Festspiele schwungvoll-pathet. Historiendramen, u. a. das Volksschauspiel „Karl der Kühne und die Eidgenossen" (1897). Auch Theaterkritiker und Essayist.

ottava [italien.], Abk. für: † all'ottava. - † auch coll'ottava.

Ottaviani, Alfredo, * Rom 29. Okt. 1890, † ebd. 3. Aug. 1979, italien. Kardinal (seit 1953). - Prof. für Zivil- und Kirchenrecht an der Lateran-Univ.; 1959 Sekretär des Hl. Offiziums; nach dessen Neuorganisation als Kongregation für die Glaubenslehre war O. 1965–68 deren Propräfekt; vor dem 2. Vatikan. Konzil Präsident der Theolog. Vorbereitungskommission; auf dem Konzil führender Sprecher der konservativen Richtung.

Ottavio Farnese, * 9. Okt. 1524, † 18. Sept. 1586, Hzg. von Parma (seit 1550) und Piacenza (seit 1556). - Trotz des Widerstandes Karls V. sicherte sich O. mit frz. und päpstl. Hilfe Parma (1550); durch die Vermittlung seiner Frau Margarete von Parma söhnte er sich mit Philipp II. von Spanien aus und erhielt im Vertrag von Gent 1556 das von Karl V. besetzte Piacenza zurück.

Ottawa, Hauptstadt von Kanada, in der Prov. Ontario, am rechten Ufer des Ottawa River, in den hier der Rideau River mündet, 303 100 E, Metropolitan Area 562 800 E. Sitz der Bundesreg., eines kath. Erzbischofs und eines anglikan. Bischofs; Münze; 2 Univ. (gegr. 1848 bzw. 1942), Sitz des Nat. Forschungsrates, der Atombehörde u. a. wiss. Inst. sowie nat. Gesellschaften und Spitzenorganisationen; Nationalbibliothek, Archive; Sternwarte, mehrere Museen, National Arts Center (mit Oper, Theater, Konzertsaal; 1969 eröffnet); botan. Garten; Konsumgüterind., graph. Gewerbe; Verkehrsknotenpunkt am Trans-Canada Highway, in zehn Richtungen ausstrahlende Bahnstrecken, internat. ✈. - Entstand 1827 mit zwei 1823 angelegten Dörfern als Kern und hieß **Bytown**; ab 1847 Town, 1854 als O. City; entwickelte sich zu einem bed. Holzhandels- und Holzverarbeitungszentrum; wurde 1858 Prov.hauptstadt und 1867, nach Gründung des Dominion of Canada, Bundeshauptstadt.

Ottawa, Indianerstamm an der Georgian Bay des Huronsees, Kanada.

Ottawa River [engl. ˈɔtəwə ˈrɪvə], linker Nebenfluß des Sankt-Lorenz-Stroms, Kanada, entspringt in den Laurentian Mountains, durchfließt mehrere Seen, mündet bei Montreal, 1271 km lang. Über den 203 km langen **Rideau Canal** zw. Ottawa und Kingston besteht eine schiffbare Verbindung mit dem Ontariosee; zahlr. Wasserkraftwerke.

Otte, Selbstbez. des Verf. eines mittelhochdt., vorhöf. Epos über das Leben des oström. Kaisers Eraclius (Herkaleios), das Anfang des 13. Jh. im mitteldt. Sprachgebiet verfaßt wurde.

Otte, Hans, * Plauen 3. Dez. 1926, dt. Komponist und Pianist. - 1959-84 Leiter der Musikabteilung von Radio Bremen. Sucht neue Zusammenhänge zwischen Musik, Sprache, Geste, Bild, Licht und techn. Medien; komponierte u. a. „nolimetangere" (Musiktheater, 1965), „schrift" für vier Chorgruppen, Lichtbilder, Lautsprecher und einen Organisten (1975).

Otten, Heinrich, * Freiburg im Breisgau 27. Dez. 1913, dt. Hethitologe. - Seit 1959 Prof. in Marburg; maßgebende Arbeiten zur Hethitologie, zahlr. Editionen hethit. Texte.

O., Karl, * Oberkrüchten (= Niederkrüchten, Kreis Viersen) 29. Juli 1889, † Muralto (Tessin) 20. März 1963, dt. Schriftsteller. - Pazifist; emigrierte 1933 über Spanien nach Großbrit.; ab 1944 erblindet; lebte zuletzt in der Schweiz. Begann als revolutionär engagierter expressionist. Lyriker und Erzähler, wandte sich später gedankl., formstrenger Lyrik zu; auch Dramatiker und Hg. von Anthologien expressionist. Dichtung. Im Exil setzte er sich krit. mit dem Faschismus auseinander.

Ottensteiner Stausee ↑Stauseen (Übersicht)

Otter [zu althochdt. ottar, eigtl. „Wassertier"] (Wassermarder, Lutrinae), mit Ausnahme von Australien, Neuseeland, Madagaskar und den Polargebieten weltweit verbreitete Unterfam. etwa 0,5-1,5 m langer (einschließl. des rundl. oder abgeplatteten Schwanzes bis 2,2 m messender) Marder mit 19 dem Wasserleben angepaßten Arten; Kopf breit, Augen relativ klein; Ohren verschließbar; Beine kurz, mit Schwimmhäuten; Fell sehr dicht, wasserundurchlässig. - O. ernähren sich von Wassertieren. Ihre Bestände sind vielerorts stark reduziert, teilweise weitgehend ausgerottet, teils (wegen ihres sehr wertvollen Pelzes; ↑Otterpelz) durch Bejagung, teils durch Lebensraumzerstörung und Gewässerverschmutzung. - Zu den O. gehören u. a. die 10 Arten umfassende Gatt. **Fischotter** (Lutra) mit der über fast ganz Eurasien verbreiteten Art *Lutra lutra;* bis 85 cm lang, Schwanz etwa 35-55 cm lang, oft mit weißer Kehle und einigen kleinen, weißen Flecken am Kopf; bewohnt meist einen selbstgegrabenen Bau mit unter dem Wasserspiegel liegendem Eingang an Uferböschungen; in Deutschland sehr selten, steht unter Naturschutz. In Süß- und Brackgewässern S-Asiens lebt der rd. 60 cm (mit Schwanz bis 90 cm) lange **Zwergotter** (Amblonyx cinerea); Körper dunkelbraun bis braungrau mit hellerer Unterseite. 1-1,5 m lang ist der in S-Amerika vorkommende **Riesenotter** (Pteronura brasiliensis); Schwanz etwa 70 cm lang; Fell oberseits dunkelbraun, unterseits heller, an Kehle und Brust mit weißl. Fleckung. Der **Glattotter** (Lutra perspicillata) ist bis etwa 1,2 m lang und hat einen deutl. abgeflachten, dreikantigen Schwanz; in SW- bis SO-Asien; Fell schwarzbraun bis sandfarben, Unterseite etwas heller, Kehle weißl. bis gelblich. In den Küstengewässern des N-Pazifiks kommt der rotbraune bis schwarze **Meerotter** (See-O., Kalan, Enhydra lutris) vor; bis 1,3 m lang, mit flossenförmigen Hinterbeinen.

Ottern, svw. ↑Vipern.

Otterndorf, Stadt 14 km sö. von Cuxhaven, Nds., 4 m ü. d. M., 6300 E. Verwaltungssitz der Samtgemeinde Hadeln (9400 E). Zentraler Ort für das agrar. Umland; Kleiderfabrik, Nahrungsmittelind. - Erste Erwähnung 1261, Stadtrechtsverleihung 1400. - Die Sankt-Severi-Kirche (13. Jh.) erhielt 1739/40 ein barockes Langhaus. Alte Lateinschule (1614); Torhaus (1641) des ehem. Wasserschlosses. Kranichhaus (1696; jetzt Heimatmuseum).

Otterpelz (Otter), der sehr dichte Pelz (in verschiedenen Brauntönungen) aus dem Fell des Fischotters. O.felle mit kräftiger Unterwolle werden auch als *Seal-O.* (Fell nach Entfernen der Grannenhaare schwarz gefärbt) gehandelt.

Otterspitzmäuse (Potamogalidae), Fam. etwa 15-35 cm langer (einschließl. Schwanz bis 65 cm messender), oberseits brauner, unterseits hellerer Säugetiere (Ordnung Insektenfresser) mit drei Arten in und an Süßgewässern W- und Z-Afrikas; flinkschwimmende und tauchende, sich vorwiegend von Krebsen und Fischen ernährende Tiere mit langem (vorn otterähnl. abgerundetem) Kopf, kleinen Augen und Ohrmuscheln sowie mit kurzem und weichem Fell.

Otterzivette (Mampalon, Cynogale bennetti), gedrungene, etwa 70-80 cm lange (einschließl. Schwanz bis 95 cm messende), vorwiegend braune Schleichkatze, v. a. an und

Fischotter. Lutra lutra

Ottheinrich

in Gewässern N-Vietnams, der Halbinsel Malakka und der Großen Sundainseln; ausgezeichnet schwimmendes und tauchendes, sich von Fischen, Weichtieren und Früchten ernährendes Raubtier.

Ottheinrich, eigtl. Otto Heinrich, *Amberg 10. April 1502, †Heidelberg 12. Febr. 1559, Pfalzgraf bei Rhein (seit 1505), Kurfürst von der Pfalz (seit 1556). - Erhielt durch den Tod seines Onkels Friedrich II. 1556 die Kurpfalz, deren Nachfolge er 1557 zugunsten der Linie Pfalz-Simmern ordnete. Er reformierte die Univ. Heidelberg im prot.-humanist. Geist, gründete die Palatina und ließ 1556–59 das Heidelberger Schloß um den Ottheinrichsbau erweitern.

Ottilia †Odilia, hl.

Ottilie, weibl. Vorname (zu Odilie, einer latinisierten Form von althochdt. Odila).

Ottmar, männl. Vorname, †Otmar.

Ottmarsheim, frz. Gem. am Rheinseitenkanal, Dep. Haut-Rhin, 2 000 E. Rheinhafen Mülhausen-Ottmarsheim. - Roman. Kirche, ein oktogonaler Zentralbau mit zweigeschossigen Umgängen (1049 geweiht).

Otto, alter dt. männl. Vorname, Kurzform von Namen, die mit Ot- (zu german. auđa „Besitz, Reichtum") gebildet sind.

Otto, Name von Herrschern:

Hl. Röm. Reich:

O. I., der Große, *23. Nov. 912, †Memleben (Landkr. Nebra) 7. Mai 973, dt. König (seit 936), Kaiser (seit 962). - Durch seinen Vater Heinrich I. designiert, am 7. Aug. 936 in Aachen zum König erhoben. Die ersten Reg.jahre waren bestimmt durch Auseinandersetzungen mit den Hzg. (Eberhard von Franken, Giselbert von Lothringen, bayr. Luitpoldinger) und mit den Familienangehörigen (Halbbruder Thankmar, Bruder Heinrich). Nach Überwindung der Krise 938/939 enge Bindung der Hzgt. an die regierende Fam.: 944 erhielt den Salier Konrad der Rote (⚔ 955), seit 947 sein Schwiegersohn, Lothringen, 948 der Bruder Heinrich Bayern, 949 der Sohn Ludolf Schwaben; Sachsen und Franken blieben in unmittelbarer Verfügungsgewalt des Königs. Die Rivalität zw. Karolingern und Robertinern/Kapetingern im Westfrankenreich verschaffte O. hier eine schiedsrichterl. Stellung, der burgund. König erkannte seine Lehnshoheit an, die O-Grenze des Reiches wurde abgesichert durch Markenorganisation und Gründung neuer Bistümer für Slawen- und Skandinavienmission (968 Erzbistum Magdeburg). Auf seinem durch ein Hilfeersuchen Adelheids, der Witwe König Lothars II. von Italien, veranlaßten 1. Italienzug (951/952) erwarb O. die Herrschaft über das Regnum Italiae (unter der Verwaltung Berengars II.) und heiratete in 2. Ehe Adelheid. Der von Konrad dem Roten und den Luitpoldingern unterstützte Aufstand seines Sohnes Liudolf (953/54) und Ungarneinfälle stürzten das Reich noch einmal in eine schwere Krise, doch mußten sich die Empörer unterwerfen und verloren ihre Hzgt. (954), die Ungarn wurden am 10. Aug. 955 auf dem Lechfeld entscheidend geschlagen. Als Folge des Scheiterns der Familienpolitik machte O. nun die Reichskirche zur Stütze der königl. Herrschaft (otton.-sal. †Reichskirchensystem). Ein Hilfeersuchen Papst Johannes' XII. gegen Berengar II. war der Anlaß zum 2. Italienzug (961–965), auf dem O. am 2. Febr. 962 die Kaiserkrone empfing (Bindung der Kaiserwürde an das dt. Regnum, Orientierung der Reichspolitik nach Italien). Auf seinem 3. Italienzug (966–972) bezog O. die langobard. Hzgt. S-Italiens in seinen Herrschaftsbereich ein. Mit der Ehe (972) seines Sohnes und Mitkaisers (seit 967) Otto II. mit der byzantin. Prinzessin Theophanu erreichte O. die Anerkennung seines Kaisertums durch Byzanz.

  Hiller, H.: O. der Große u. seine Zeit. Mchn. 1980. - *O. der Große.* Hg. v. H. Zimmermann. Darmst. 1976. - *Beumann, H./Büttner, H.:* Das Kaisertum Ottos des Großen. Konstanz 1963.

O. II., *Ende 955, †Rom 7. Dez. 983, dt. König (seit 961), Kaiser (seit 967). - Sohn Ottos I., schon im Königtum erhoben am 25. Dez. 967 zum Mitkaiser gekrönt; seit 14. April 972 ∞ mit Theophanu. Nach des Vaters Tod Auseinandersetzungen mit seinem Vetter Heinrich II. von Bayern [und Kärnten] 976 abgesetzt), den Luitpoldingern und den Reginaren in Niederlothringen. Der Versuch des frz. Königs Lothar, Lothringen Frankr. einzugliedern, wurde vereitelt (Feldzug vor Paris 978, Friedensschluß 980). Auf seinem im Okt. 980 begonnenen Italienzug sicherte O. die Stellung des Papsttums gegen den stadtröm. Adel (Crescentier). Sein Vorstoß nach S-Italien endete in einer vernichtenden Niederlage beim Kap Colonne (sö. von Crotone, Prov. Catanzaro) gegen die Araber (13. Juli 982). 983 zerstörte der Aufstand der Dänen und Slawen fast das ganze Aufbauwerk seines Vaters östl. von Saale und Elbe.

O. III., *im Juli 980, †Paternò 24. Jan. 1002, dt. König (seit 983), Kaiser (seit 996). - Sohn Ottos II.; im Mai 983 in Verona zum König gewählt, gekrönt Weihnachten 983 in Aachen; stand unter der Vormundschaft seiner Mutter Theophanu (bis 991) und später Großmutter Adelheid (bis 994). Wichtigster Ratgeber war Erzbischof Willigis von Mainz, der den Anspruch des abgesetzten Hzg. Heinrich II. von Bayern auf die Vormundschaft abwehrte. Der 1. Italienzug von O. (996/997) stand im Zeichen der innerröm. Auseinandersetzungen, in denen die Familie der Crescentier ihre Macht gefestigt hatte. Nach dem Tode Papst Johannes' XV. ernannte O. einen Verwandten, den Hofkapellan Brun zum Papst (Gregor V.), der ihn am 21. Mai 996 zum Kaiser krönte. Der Widerstand des röm.

180

Otto

Adels führte zur Erhebung eines Gegenpapstes (Johannes XVI.). O. setzte sich auf seinem 2. Italienzug (begonnen Dez. 997) schnell durch und erhob nach dem Tode Gregors V. seinen Lehrer Gerbert von Aurillac zum Papst (999; Silvester II.). In engem Einvernehmen mit dem Papst versuchte er, seine Konzeption der Erneuerung des Röm. Reiches (Renovatio imperii) zu verwirklichen. Von Rom aus sollte das Reich regiert werden, an das auch die im O entstandenen Staaten der Piasten (Polen) und Arpaden (Ungarn) unter Stärkung ihrer Stellung enger gebunden werden sollten. So erfolgte 1000 die Erhebung Gnesens zum Erzbistum und 1001 die Errichtung des Erzbistums Gran (Esztergom). Ein Aufstand der Römer 1001 zwang den Kaiser zum Verlassen der Stadt; mit der Erhebung des Markgrafen Arduin (von Ivrea) zum König brach die dt. Herrschaft in Italien zusammen.

📖 Labande, E. R.: „Mirabilia mundi"; essai sur la personnalité d'Otton III. In: Cahiers de Civilisation Médiévale 6 (1963).

O. IV. von Braunschweig, * Argentan (?) 1175/76 oder 1182, † Harzburg (= Bad Harzburg) 19. Mai 1218, Röm. König (seit 1198), Kaiser (seit 1209). - Sohn Heinrichs des Löwen; von seinem Onkel, dem engl. König Richard I. Löwenherz, 1196 mit der Gft. Poitou und dem Hzgt. Aquitanien belehnt, nach der Thronerhebung Philipps von Schwaben am 9. Juni 1198 von einer Gruppe antistauf. gesinnter Fürsten in Köln zum [Gegen]könig gewählt. Papst Innozenz III. bannte den Stauferanhang nach dem Verzicht der Welfen auf jede eigenmächtige Italienpolitik (8. Juni 1201), doch setzte sich O. erst nach Philipps Ermordung durch (Neuwahl 11. Nov. 1208, Kaiserkrönung 4. Okt. 1209). Sein Vorstoß in das dem Papst unterstehende Kgr. Sizilien aber führte zu seinem Bann (18. Nov. 1210) und zur Erhebung Friedrichs II., dem O. 1214 bei Bouvines unterlag.

Bayern:

O. von Northeim, † 11. Jan. 1083, Herzog (1061-70). - Aus sächs. Hochadel; 1061 zum Hzg. von Bayern erhoben; von Heinrich IV. 1070 unter der Anklage des Hochverrats abgesetzt. O. gehörte zu den Führern des Sächs. Fürstenaufstandes (1070-75) und war wesentl. an der Erhebung Rudolfs von Rheinfelden zum Gegenkönig (1077) beteiligt.

O. I. von Wittelsbach, * um 1120, † Pfullendorf 11. Juli 1183, Pfalzgraf (1155-80), Herzog (seit 1180). - Einer der wichtigsten Ratgeber und Helfer Friedrich Barbarossas; nach dem Sturz Heinrichs des Löwen 1180 wurde er vom Kaiser mit dem verkleinerten und machtpolit. eingeschränkten Hzgt. Bayern belehnt und schuf nach anfängl. Schwierigkeiten die Grundlagen für eine herzogl. Territorialpolitik.

O. I., * München 27. April 1848, † ebd. 11. Okt. 1916, König (1886-1913). - Seit 1872 geistig umnachtet; folgte seinem Bruder Ludwig II. auf den Thron. Die Regentschaft für ihn führten sein Onkel Luitpold (bis 1912) und sein Vetter Ludwig (ab 1913 als Ludwig III. König).

Braunschweig-Lüneburg:

O. I., das Kind, * Lüneburg 1204, † ebd. 9. Juni 1252, Herzog (seit 1235). - Neffe Kaiser Ottos IV.; folgte seinem Vater Wilhelm von Lüneburg 1213 in Lüneburg, erbte 1227 Braunschweig; erhielt 1235 für seine Lande die Herzogwürde; Stammvater der Herzöge von Braunschweig-Lüneburg.

Griechenland:

O. I., * Salzburg 1. Juni 1815, † Bamberg 26. Juli 1867, König (1832-62). - Sohn Ludwigs I. von Bayern; 1832 mit Zustimmung der griech. Nationalversammlung von den Großmächten zum griech. König bestimmt. Bayr. Beamte führten für den minderjährigen König ein zentralist.-bürokrat. Prinzipien ein absolutist. Regime. 1844 mußte O. eine für die Praxis unwirksame Verfassung gewähren; 1862 durch eine Militärrevolte zum Verlassen des Landes gezwungen.

Pfalz:

O. Heinrich, Kurfürst von der Pfalz, † Ottheinrich.

Otto (eigtl. O. Waalkes), * Emden 22. Jan. 1948, dt. Komiker. - Verdiente sich seit etwa 1970 zunächst als Entertainer sein Studium; da seine Zwischensagen beim Publikum besser ankamen als seine Lieder zur Gitarre, fing er bald an zu „blödeln"; zahlr. Tourneen, Fernsehauftritte, Schallplattenaufnahmen.

Otto von Bamberg, hl., * 1060 (1062?), † Bamberg 30. Juni 1139, Bischof von Bamberg. - Kanzler Kaiser Heinrichs IV. in Speyer, ab 1102 Bischof in Bamberg; setzte sich ab 1121 für die Versöhnung zw. Kaiser Heinrich V. und Papst Kalixt II. ein. Führte auf zwei Missionsreisen (1124/25 und 1128) das Christentum endgültig in Pommern ein.

Otto von Botenlauben, Graf von Henneberg, * wahrscheinl. um 1177, † zw. Juli 1244 und dem 7. Febr. 1245, mittelhochdt. Minnesänger. - 1197 im kaiserl. Gefolge in Sizilien bezeugt, im selben Jahr Teilnahme am Kreuzzug nach Palästina; gehört mit einstrophigen Liedern in der Form des frühen Minnesangs, 3 Tageliedern, einem Wechsel und einem Leich zum höf. Minnesang.

Otto von Freising, * um 1111/1114, † Kloster Morimond (Haute-Marne) 22. Sept. 1158, dt. Geschichtsschreiber. - Sohn des östr. Markgrafen Leopold III., des Heiligen; trat 1132/33 in das Zisterzienserkloster Morimond ein (um 1137 Abt); 1138 Bischof von Freising; Teilnahme am 2. Kreuzzug 1147. Seine „Chronik oder Geschichte der zwei Reiche" (8 Bücher, 1143-46, seinem Neffen Friedrich I. Barbarossa gewidmet) deutet in augustin. Sicht die Geschichte als das Ringen zw. dem Gottesstaat (Civitas Dei), der vor seiner

Otto

Vollendung im Jenseits auf Erden als Civitas permixta, gemischt aus Guten und Bösen, erscheint, und dem durch Gewalt und Unglauben geprägten Weltstaat (Civitas terrena). Die pessimist. Grundstimmung wird in den „Gesta Friderici imperatoris" überwunden (2 Bücher, bis 1156 reichend, 1157 abgefaßt, Fortsetzung bis 1160 von Rahewin [† um 1170/77]).

Otto, Berthold, * Bienowitz bei Liegnitz 6. Aug. 1859, † Berlin 29. Juni 1933, dt. Reformpädagoge. - Erstrebte eine organ. Volksbildung, führte an seiner „Hauslehrerschule" den Gesamtunterricht für Schüler verschiedener Altersstufen ein; das Unterrichtsgespräch richtete sich nach der Initiative der Schüler und sollte in ihrer Sprache (Altersmundart) geführt werden. Schrieb u. a. „Die Reformation der Schule" (1912), „Volksorgan. Denken" (1924–26).

O., Frei, * Siegmar (= Karl-Marx-Stadt) 31. Mai 1925, dt. Ingenieur und Architekt. - Pionier auf dem Gebiet der Hängedachkonstruktion. Der Dt. Pavillon für die Weltausstellung in Montreal (1966/67; mit R. Gutbrod) bestand aus einem zeltartigen Stahlnetz mit an 8 Masten verankerter durchsichtiger Dachhaut. Beratend wirkte O. bei den Überdachungsaufgaben für die Olymp. Spiele 1972 in München mit. Er errichtete mit R. Gutbrod bei Mekka ein Kongreßzentrum (1970). Als Gitterschalenkonstruktion wurde die Multihalle in Mannheim errichtet (1975; mit C. Mutschler). 1979 wurde die Vogelvoliere im Tierpark Hellabrunn, München, und das Sportzentrum in Dschidda (mit Partnern) errichtet.

O., Nikolaus, * Holzhausen a.d. Haide (Rhein-Lahn-Kreis) 14. Juni 1832, † Köln 26. Jan. 1891, dt. Ingenieur. - O. entwickelte ab 1862 den von É. Lenoir erfundenen Gasmotor weiter und baute die erste nach dem Viertaktverfahren arbeitende [Gas-]Verbrennungskraftmaschine († Ottomotor).

O., Rudolf, * Peine 25. Sept. 1869, † Marburg 6. März 1937, dt. ev. Theologe und Religionswissenschaftler. - 1914 Prof. in Breslau, ab 1917 in Marburg; sah sein Hauptanliegen darin, Wesen und Wahrheit der Religion wiss. zu erfassen. Als objektive Größe beschrieb er in seinem weltberühmt gewordenen Werk über „Das Heilige" (1917) den Begriff heilig, der im Kreaturgefühl des Menschen erfahren werde. O. stellte das Heilige oder Numinose als unableitbare Größe heraus und widerlegte die evolutionist. Theorien des Animismus. Der Zusammenarbeit der Religionen in eth. Fragen sollte der von ihm 1921 gegr. „Religiöse Menschheitsbund" dienen. O. war der Initiator der 1929 eröffneten „Religionskundl. Sammlung" der Univ. Marburg.

O., Teo, * Remscheid 4. Febr. 1904, † Frankfurt am Main 9. Juni 1968, dt. Bühnenbildner. - 1928–33 Ausstattungschef des Preuß. Staatstheaters in Berlin, dann v. a. am Züricher Schauspielhaus. Nach dem Krieg arbeitete er u. a. mit den Regisseuren B. Viertel, F. Kortner, G. Gründgens, K. Stroux, G. Rennert, G. R. Sellner, H. von Karajan, P. Brooks; ausgeprägter Sinn für den Ablauf von Handlung und Szene im Raum.

Ottobeuren, Marktgemeinde im Alpenvorland, Bayern, 660–720 m ü. d. M., 7200 E. Holz- und eisenverarbeitende Ind., Fleischwarenfabriken, Brauereien; Milchwirtschaft; Kneippkurort. - Die Siedlung wurde bei der Gründung des Benediktinerklosters O. erstmals erwähnt (764); der zum Besitz des Klosters gehörende Ort erhielt im 11. Jh. Marktrecht. - Barocke Abteikirche (1748 ff.) von J. M. Fischer; Stukkierung von J. M. Feuchtmayer, Gewölbefresken von J. Zeiller, Chororgeln von K. J. Riepp (1754–66); barocke Klostergebäude (1711–25). - Abb. Bd. 7, S. 103.

Otto Hahn, Name des ersten dt. Schiffes mit Kernenergieantrieb (im Dienst 1968–79).

Otto-Hahn-Preis der Stadt Frankfurt am Main, seit 1970 alle zwei Jahre verliehene Auszeichnung für bes. Verdienste um die friedl. Nutzung der Kernenergie.

Otto-Hahn-Preis für Chemie und Physik, wiss. Auszeichnung, die seit 1955 vom dt. Zentralausschuß für Chemie und der Dt. Physikal. Gesellschaft verliehen wird.

Ottokar, alter dt. männl. Vorname, entstellt aus Odowakar (Odoaker; zu german. auđa „Besitz, Reichtum" und althochdt. wakar „wachsam, munter").

Ottokar (Přemysl O., Přemysl Otakar ['pʃɛmysəl, tschech. 'prʃɛmisl]), Name zweier Könige von Böhmen:

O. I., * um 1155, † 15. Dez. 1230, König (seit 1198). - 1197 von Kaiser Heinrich VI. mit Böhmen belehnt; wechselte im stauf.-welf. Thronstreit wiederholt die Partei und erreichte auf diese Weise 1198 die Anerkennung des Erbkönigtums für sein Land; 1203 durch Papst Innozenz III., 1212 durch Kaiser Friedrich II. bestätigt.

O. II., gen. der eiserne oder goldene König, * 1233, † bei Dürnkrut 26. Aug. 1278, König (seit 1253). - Seine Erhebung zum Mitherrscher durch die Mehrheit des Adels (1247) scheiterte am Widerstand des Vaters Wenzel I. Auf Grund seiner Heirat mit Margarete, einer Schwester des letzten Babenbergers, nahm O. 1251 Österreich in Besitz, hinzu kamen 1260 die Steiermark, 1269 Kärnten und Krain. Doch sein Versuch, als mächtigster Reichs- und Kurfürst auch die dt. Krone zu erringen, wurde ebenso vereitelt wie sein Griff nach der ungar. Krone 1272. Rudolf von Habsburg, dem er 1273 die Huldigung verweigerte, zwang O. 1276, Österreich, die Steiermark und Kärnten abzutreten. Sein Versuch, die Gebiete zurückzugewinnen, führte zu seinem Tod auf dem Marchfeld bei

ottonische Kunst

Dürnkrut. In Böhmen und Mähren hinterließ O. jedoch ein gefestigtes Königtum, dessen Macht v.a. auf der verstärkten wirtsch. Erschließung (Ansiedlung dt. Bergleute und Bauern), auf der Unterstützung durch die Städte (Ausbau ihrer Stellung gegenüber dem Adel) und auf der Zentralisierung der Verwaltung nach sizilian. Vorbild beruhte.

Ottokar von Steiermark, eigtl. Ottacher ouz der Geul, irrtüml. O. von Horneck gen., * in der Steiermark um 1265, † zwischen 1319 und 1321, steir. Geschichtsschreiber. - Ministeriale Graf Ottos II. von Liechtenstein; schrieb neben einer verlorengegangenen Kaiserchronik eine Reimchronik in etwa 100 000 Versen, in der er die Geschichte der östr. Länder 1246–1309 und die des Hl. Röm. Reiches ab 1250 erzählt.

Ottokraftstoff [nach N. Otto], Bez. für Vergaserkraftstoffe für den Betrieb von Ottomotoren.

Ottomane [türk.-frz.], Sitz- und Liegemöbel, von Diwan unterschieden durch feste Armstützen (Rollen).

Ottomanen ↑Osmanen.

Ottomotor [nach N. Otto], im Vier- oder Zweitaktverfahren arbeitender Kolbenmotor.

Der O. ist gekennzeichnet durch Verbrennung eines im Brennraum durch einen Kompressionstakt verdichteten homogenen Luft-Kraftstoff-Gemisches. Die Verbrennung wird im Ggs. zum Dieselmotor durch Fremdzündung (Zündkerze) eingeleitet. Die Lastregelung erfolgt durch Änderung der Gemischmenge, nicht durch Änderung des Mischungsverhältnisses. Je nach Art der Gemischaufbereitung unterscheidet man Vergaser-, Einspritz- und Gas-O. (die gasförmige Kraftstoffe verarbeiten).

📖 *Grohe, H.: Otto- u. Dieselmotoren. Würzburg* ⁷*1985.*

Ottonen ↑Liudolfinger.

ottonische Kunst, Kunst im Zeitalter der Ottonen (↑Liudolfinger; um 950–1024). Im Ggs. zur vorausgehenden karoling. Kunst befreit sich die o. K. weitgehend von der spätantiken Tradition und steht damit am Beginn einer eigtl. dt. Kunst. Die künstler. Schwerpunkte liegen im kaiserl. Stammland Sachsen (Magdeburg). Weitere Zentren: Köln, Essen-Werden, Fulda, Regensburg, Reichenau, Trier und Hildesheim (↑bernwardinische Kunst).

In der *Baukunst* entsteht ein für die dt. Kunst bis zur Gotik verbindl. Kirchentypus: die kreuzförmige, dreischiffige Basilika mit zwei Querschiffen, zwei Vierungen, zwei Chören und Stützenwechsel im Langhaus (Hildesheim, Sankt Michael) und Doppelturmfassade des Westbaus (Essen, Münster; Maas-

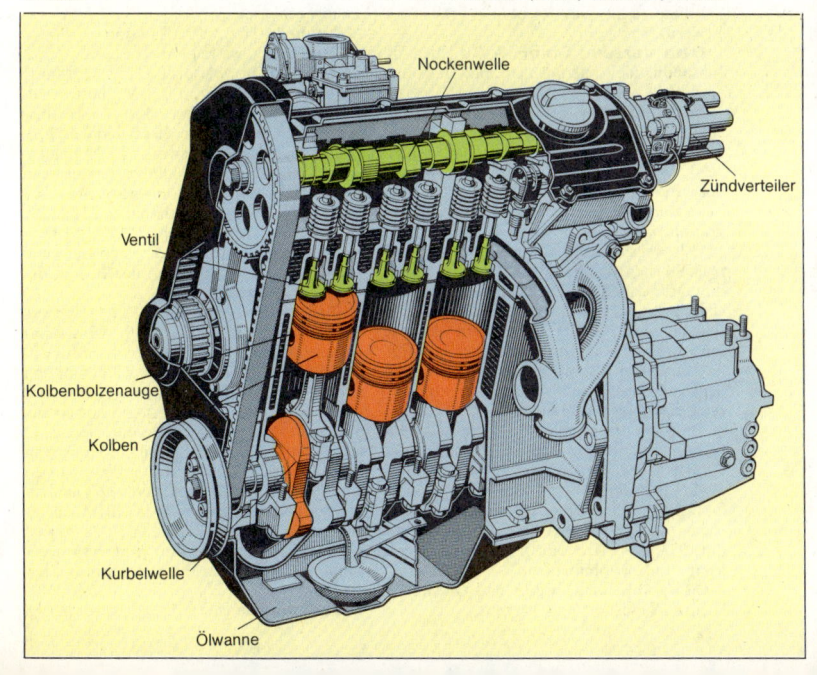

Ottomotor. Teilschematische Darstellung eines Vierzylinder-Viertakt-Otto-Vergasermotors mit gerade hängenden Ventilen

ottonische Linie

tricht, Servatiuskirche). Unter byzantin. Einfluß (Kaiserin Theophanu) entsteht die Emporenkirche (Gernrode, ehem. Kanonissenstiftskirche). Charakterist. sind ungegliederte Wandflächen, die mit Wandmalereien bedeckt waren (Fragmente in Sankt Georg, Oberzell auf der Reichenau), und flache Holzdecken. - Flächigkeit, kolorist. Zartheit und außerordentl. Lebendigkeit kennzeichnen die *Goldschmiedekunst;* außerdem entstanden Bronzetüren und die ersten selbständigen Kultbilder (Gerokreuz im Kölner Dom). - Wichtigstes Zeugnis otton. *Malerei* ist die *Buchmalerei,* die in ihrer Vergeistigung und Monumentalität wesentl. von der Aussagekraft der Gebärde und dem Verzicht auf Ornamentalisierung bestimmt ist (Reichenau, Echternach, Regensburg, Köln, Trier und Hildesheim).
Grodecki, L., u. a.: Die Zeit der Ottonen u. Salier. Dt. Übers. Mchn. 1973. - *Jantzen, H.: O. K. Rbk. 1963.*

ottonische Linie ↑ Nassau.

Otto-Peters, Luise (Louise), geb. Otto, *Meißen 26. März 1819, † Leipzig 13. März 1895, dt. Schriftstellerin und Journalistin. - Bürgerl. Vorkämpferin der Frauenemanzipation; propagierte in Gedichten („Lieder eines dt. Mädchens", 1847) und Romanen („Ludwig der Kellner, 1843; „Schloß und Fabrik", 1846) die demokrat. und sozialen Forderungen der Revolution von 1848; 1865 Mitbegr. des Allg. Dt. Frauenvereins; auch sozialpolit. Schriften (u. a. „Das Recht der Frauen auf Erwerb", 1866).

Otto Versand GmbH & Co., bed. dt. Versandhandelsunternehmen, Sitz Hamburg, gegr. 1949.

Ottwald, Ernst, eigtl. Ernst Gottwalt Nicolas, *Zippnow bei Deutsch Krone 13. Nov. 1901, † vermutl. in einem Lager bei Archangelsk 24. Aug. 1943, dt. Schriftsteller. - Mgl. der KPD; verfaßte 1932 mit Brecht das Drehbuch zum Film „Kuhle Wampe"; 1933 Emigration nach Prag, 1934 in die UdSSR, wo er 1936 wegen angebl. Spionage verhaftet und nach Sibirien deportiert wurde. - *Werke:* Ruhe und Ordnung (R., 1929), Denn sie wissen was sie tun (R., 1931), Deutschland erwache! - Geschichte des NS (1932), Kaliforn. Ballade (Hsp., 1931; als Drama Uraufführung 1970).

Ottweiler, Stadt an der oberen Blies, Saarland, 246 m ü. d. M., 15 900 E. Eisengießerei, Grubenausbau, Kleiderfabrik. - Entstand vermutl. in Anlehnung an das um 870 gegr. Chorherrenstift und spätere Kloster Neumünster (1552 säkularisiert). 1393 zuerst, 1444 als Stadt erwähnt. 1763-94 Porzellanmanufaktur. - Ev. Pfarrkirche (15. Jh. und 18. Jh.), ehem. fürstl. Witwenpalais (um 1760; erweitert 1933, heute Kreishaus); Renaissance- und frühbarocke Wohnbauten.

ÖTV, Abk. für: Gewerkschaft Öffentliche Dienste, Transport und Verkehr.

Otway, Thomas [engl. 'ɔtweɪ], *Trotton (Sussex) 3. März 1652, □ London 16. April 1685, engl. Dramatiker. - Gilt in der Nachfolge Shakespeares mit seinen bühnenwirksam gebauten Blankverstragödien, die meist durch Konflikte zw. Liebe und Ehre bestimmt sind, als einer der bedeutendsten Dramatiker seiner Zeit.

Ötztaler Alpen, Teil der Zentralalpen, zw. Oberinntal und Vintschgau, in der Wildspitze 3 774 m hoch. Über den Hauptkamm verläuft die Grenze zw. Österreich und Italien.

Ouabain [uaba'i:n; afrikan.-frz.] ↑ Strophantine.

Ouagadougou [vaga'du:gu], Hauptstadt der Rep. Burkina Faso, im Zentrum des Landes, 308 m ü. d. M., 375 000 E. Verwaltungssitz des Dep. Centre, kath. Erzbischofssitz; Institut français d'Afrique noire mit ethnolog. Museum, frz. Station zur Satellitenortung; Universität (seit 1974), Verarbeitung landw. Erzeugnisse; Teppichknüpferei, Bronzeguß; Endpunkt der Eisenbahnlinie von Abidjan; internat. ✈. - Wurde Mitte des 15. Jh. Hauptstadt des gleichnamigen Reiches der Mossi, das auch nach der frz. Besetzung (5. Sept. 1896) bestehen blieb; 1918-32 und seit 1947 Hauptstadt der frz. Kolonie bzw. der Republik Obervolta.

Ouahigouya [frz. waigu'ja], Stadt im NW von Burkina Faso, 337 m ü. d. M., 36 600 E. Hauptstadt des Dep. Nord; kath. Bischofssitz; Lehrerseminar; Mittelpunkt eines Landw.gebiets.

Ouahran [frz. wa'ran] ↑ Oran.

Ouara [frz. wa'ra] ↑ Abéché.

Ouargla [frz. war'gla], Oasenstadt im N der alger. Sahara, 128 m ü. d. M.; besteht aus 5 Siedlungen: Ksar (ältester Teil), Centre (moderne Stadt, seit 1927 angelegt) und den Siedlungen dreier seßhaft gewordener Nomadenstämme, 77 000 E. Augenklinik; Handels- und Verkehrszentrum; Oasenwirtschaft, ✈. - Gehörte im 16. Jh. zum Sultanat von Tlemcen, 1854 von frz. Truppen erobert; 1956-62 rapides Wachstum als Versorgungszentrum (und Wohnort) zur Erschließung der Erdölfelder von Hassi-Messaoud.

Oud, Jacobus Johannes Pieter [niederl. ɔyt], *Purmerend 9. Febr. 1890, † Wassenaar 5. April 1963, niederl. Architekt. - Mitbegr. der ↑Stijl-Gruppe. Die ganz auf Baufunktion und kub. Formen ausgerichtete Architektur weist als Schmuck ledigl. farbige Flächen auf, die als strukturelle Elemente integriert sind; u. a. Arbeiterwohnsiedlungen in Hoek van Holland (1924-27), in Rotterdam-Spangen und Rotterdam-Kiefhoek (1925-27) und in Stuttgart-Weißenhof (1927). Das BIM-(später Shell-)Gebäude in Den Haag (1938-42) ist das bekannteste Beispiel für seine vorübergehende Absage an den Funktionalismus („Betonrokoko").

Oudenaarde [niederl. 'ɔydənaːrdə], belg.

Ouessant

Ottonische Kunst. Oben links: Innenraum von Sankt Michael (1010–33). Hildesheim; rechts (von oben): Reichskreuz (Anfang des 11. Jh.). Wien, Kunsthistorisches Museum; Verkündigung an die Hirten (zwischen 1007 und 1012). Miniatur des Perikopenbuchs Heinrichs II. München, Bayerische Staatsbibliothek

Stadt an der Schelde, 9–84 m ü. d. M., 27 000 E. Museen; Wohnstadt (Pendler nach Brüssel); Textil-, Nahrungsmittel-, Baustoffind. – Entstand seit 1060 in Anlehnung an die Anfang des 11. Jh. errichtete und strateg. wichtige Burg der Grafen von Flandern; erhielt 1189 Stadtrecht. Bei O. besiegten im Span. Erbfolgekrieg die verbündeten Engländer und Österreicher unter dem Herzog von Marlborough und dem Prinzen Eugen am 11. Juli 1708 die Franzosen. – Frühgot. Kirche Onze-Lieve-Vrouw van Pamele (1234–43); got. Kirche Sint Walburga (13. Jh., v. a. 1414–1624); spätgot. Rathaus (1526–37); roman. Tuchhalle (13. Jahrhundert).

Oudry, Jean-Baptiste [frz. u'dri], * Paris 17. März 1686, † Beauvais 30. April 1755, frz. Maler. – Einzigartig ist O. v. a. als Tiermaler, v. a. Jagdstücke (u. a. „Die Jagden Ludwigs XV.", 1733–44, Zyklus von neun Gemälden, Schloß Fontainebleau); auch Stilleben, Porträts, Landschaften, Illustrationen, Gobelinentwürfe.

Oudtshoorn [afrikaans 'oṳtsho:rən], Stadt in der Kleinen Karru, Republik Südafrika, 306 m ü. d. M., 27 000 E. Kath. Bischofssitz; Lehrerseminar, Nahrungsmittel-, Möbel-, Schuh- und Tabakind.; Bahn- und Straßenknotenpunkt, ✈. Im Distr. O. Straußenzucht. – Gegr. 1847.

Oued [frz. wɛd], frz. Form von arab. Wadi (Fluß).

Ouessant [frz. wɛ'sã], frz. Felseninsel vor der breton. W-Küste; ornitholog. Station.

Ouezzane

Ouezzane [frz. wɛˈzan], marokkan. Stadt im sw. Rifatlas, 40 500 E; Teppichherstellung; islam. Wallfahrtsort.

Ouham [frz. uˈam], linker Nebenfluß des Schari, entspringt nw. von Bouar (Zentralafrikanische Republik), mündet nw. von Sarh (Tschad), etwa 680 km lang. Der O. wird auch als Hauptquellfluß des Schari angesehen.

Ouida [engl. ˈwiːdə], eigtl. Marie Louise de la Ramée, *Bury Saint Edmunds 1. Jan. 1839, † Viareggio 25. Jan. 1908, engl. Schriftstellerin. - Lebte seit 1874 in Italien; schrieb über 40 Gesellschaftsromane (gegen die Prüderie der viktorian. Gesellschaft).

Ouidah [frz. wiˈda], Stadt in Benin, am N-Ufer einer Lagune, 30 000 E. Kath.-theolog. Seminar; Museum; Handelsplatz; Lagunenfischerei; Bahnstation. Zentrum zahlr. Fetischverehrer mit vielen Tempeln und Klöstern. - Gegr. um 1500, 1580 portugies. Handelsniederlassung; 1669 Bau je eines frz., portugies., engl. und dän. Forts; wichtigster Sklavenhandelsplatz am Golf von Benin; 1727 von Dahome, 1892 von Frankr. erobert.

Oujda [frz. uʒˈda], marokkan. Prov.-hauptstadt in den Ausläufern des Tellatlas, nahe der alger. Grenze, 260 100 E. Univ. (gegr. 1978); Molkerei. Zementfabrik; ⚒. - Gegr. Ende des 10. Jh.

Oulu [finn. ˈɔulu] (schwed. Uleåborg), Hafenstadt in N-Finnland, 94 900 E. Hauptstadt des Verw.-Geb. O.; Handels- und Kulturzentrum, luth. Bischofssitz; Univ. (gegr. 1958), histor.-ethnolog. Museum; Holzind., Salpetergewinnung, Düngemittelfabrik; Bahnknotenpunkt, Hafen Mitte Dez. - Mitte Mai durch Eis blockiert. - Seit dem MA bed. Handelsplatz, 1610 Stadt-, 1765 Stapelrecht. - Dom (1830–32 von J. L. Engel).

Oum-er-Rbia, Oued [frz. wɛdumɛrˈbja], ständig wasserführender, längster Fluß Marokkos, entspringt im Mittleren Atlas, mündet bei Azemmour in den Atlantik, 550 km lang; mehrfach gestaut.

Ounce [engl. aʊns; zu lat. uncia „das Zwölftel"], Einheitenzeichen oz, in Großbrit. und in den USA gebräuchl. Massen- und Gewichtseinheit. Man unterscheidet die allg. verwendete *Avoirdupois ounce*, Zeichen oz avdp (↑Avoirdupois-System), die v. a. für Arzneimittel übl. *Apothecaries ounce*, Zeichen oz ap, und die für Edelmetalle und Edelsteine gebräuchl. *Troy ounce*, Zeichen oz tr. Als Hohlmaß wird die *Fluid ounce*, Zeichen fl oz, verwendet; in Großbrit. gilt: 1 fl oz = 1/160 gallon = 28,4131 cm^3, in den USA: 1 fl oz = 1/128 gallon = 29,573 707 cm^3.

Ouro Prêto [brasilian. ˈoru ˈpretu], brasilian. Stadt 70 km sö. von Belo Horizonte, 1 061 m ü. d. M., 24 000 E; Univ. (gegr. 1969), landw. Forschungsinst.; Eisenerzverhüttung, Aluminiumhütte, Textilind.; Bahnstation. - 1700 als Goldsuchersiedlung gegr. (**Vila Rica**), im 18. Jh. Zentrum der Goldgewinnung in Minas Gerais, Hauptstadt des Staates bis 1897. - Die Stadt mit ihren unverändert erhaltenen Straßenzügen aus dem 18. Jh. steht unter Denkmalschutz (Zentrum der brasilian. Barockarchitektur), Bauten des bed. brasilian. Baumeisters und Bildhauers A. F. ↑Lisboa.

Ourthe [frz. urt], rechter Nebenfluß der Maas, entspringt (2 Quellflüsse) auf dem Hochplateau der Ardennen, mündet in Lüttich, 166 km lang.

Ouse [engl. uːz], Fluß in NO-England, entspringt (2 Quellflüsse) in den Pennines, bildet mit dem Trent den Humber, einschließl. der Quellflüsse 225 km lang; schiffbar.

Outbord [engl. ˈaʊtbɔːd], engl. Bez. für Außenbordmotor.

Outcast [engl. ˈaʊtkɑːst], engl. Bez. für Ausgestoßener; urspr. der außerhalb des Kastensystems stehende Inder.

Outgroup [engl. ˈaʊtgruːp] ↑Ingroup.

Outokumpu [finn. ˈɔuto...], Bergbauort im östl. Finnland, 10 000 E. Kupferkiesvorkommen.

Output [engl. ˈaʊtpʊt „Ausstoß"], Begriff der *Produktionstheorie*, der den mengenmäßigen Ertrag bezeichnet, der im Fertigungsprozeß durch die Kombination von Produktionsfaktoren entsteht. - Ggs. ↑Input.
♦ in *Naturwissenschaft* und *Technik* die Wirkung eines Systems auf die Umgebung.
♦ in der *Elektronik* Bez. für den Ausgang bzw. für die Ausgangsleistung eines Geräts.

Outsider [engl. ˈaʊtsaɪdə] ↑Außenseiter.

Ouvéa [frz. uveˈa], Hauptinsel der Îles Wallis, im südl. Pazifik, ↑Wallis et Futuna.

Ouvertüre [uvɛr...; frz., zu lat. apertura „Eröffnung"], instrumentales Einleitungsstück zu Bühnenwerken (Oper, Schauspiel, Ballett) und größeren Vokalkompositionen (Oratorium, Kantate), ferner im Barock gelegentl. der erste Satz von Suiten (Ouvertürensuite). Daneben gibt es seit dem 19. Jh. die selbständige Konzertouvertüre. - Einleitungen zu Bühnenwerken gab es unter verschiedenen Bez. (Toccata, Sonata, Sinfonia) schon im 16. Jh.; doch erst um 1640 wurde in Frankr. erstmals der Begriff O. für das Vorspiel zu einem Ballett verwendet. In der 2. Hälfte des 17. Jh. erhielt die sog. frz. Ouvertüre ihre feste Form; langsamer, gravität. erster Teil, schneller Mittelteil, dem wiederum ein langsamer, oft mit dem ersten themat. verwandter Teil folgen kann. Ende des 17. Jh. entwickelte sich daneben die italien. O.form der neapolitan. Opernsinfonia, bes. durch A. Scarlatti, mit der Satzfolge Schnell-Langsam-Schnell, die eine wichtige Keimzelle der ↑Sinfonie bildet. In der gleichen Zeit entstand - losgelöst von Oper und Ballett - die O.suite, eine instrumentale Tanzfolge mit O., die in der 1. Hälfte des 18. Jh. in Deutschland bes. verbreitet war. In der 2. Hälfte des 18. Jh. wandelte sich die O. sowohl formal, indem sie in ihrem schnellen Teil (dem eine langsame Einleitung vorausgehen konnte) die ↑Sonatensatzform übernahm, als auch inhaltl., indem sie sich (seit C. W. Glucks Oper „Alceste", 1767) auf die kommende Handlung bezog. Von großer Wirkung in dieser Hinsicht sind die Verbindungen zw. O. und dramat. Höhepunkten der Oper durch gleiche einprägsame Motive in W. A. Mozarts „Don Giovanni" (1787) und „Die Zauberflöte" (1791). Diese Entwicklung wurde von L. van Beethoven („Leonoren"-O. Nr. 3, 1806) u. C. M. von Weber („Der Freischütz", 1821) konsequent weitergeführt. Starke individuelle Formprägungen zeigen Beethovens Schauspiel-O. zu „Coriolan" (1807) und „Egmont" (1810). An diese Werke knüpften romant. Komponisten mit selbständigen, inhaltl. bestimmten Konzert-O. an (F. Mendelssohn Bartholdy, H. Berlioz), die ihrerseits den Boden bereiteten für die einsätzige ↑sinfonische Dichtung. Daneben steht die „reine" Konzert-O., die auf programmat. Vorlagen verzichtet (C. M. von Weber, J. Brahms). Im Bereich der kom. Oper entwickelte sich die Potpourri-O., die die eingängigsten Melodien der Oper ledigl. aneinanderreiht. Erneuert und verwandelt wurde die O. durch R. Wagner, der die Einleitungen zu seinen Musikdramen ↑Vorspiel nannte, die auf die Grundstimmung des Dramas vorbereiten sollten. Im Ggs. hierzu zeigt sich seit dem Ende des 19.Jh. eine Tendenz, die O. auf wenige Takte zusammenzudrängen, die die Öffnung des Vorhangs begleiten (G. Verdi, „Otello", 1887, und „Falstaff", 1893; G. Puccini, „Tosca", 1900; R. Strauss, „Salome", 1905). ⌨ *Steinbeck, S.: Die O. in der Zeit v. Beethoven bis Wagner: Probleme u. Lösungen.* Mchn. *1973.* - *Botstiber, H.: Gesch. der O. u. der freien Orchesterform.* Lpz. *1913. Nachdr.* Wsb. *1969.*

Ouwater, Albert van [niederl. 'ɔywa:tər], * Oudewater (?) um 1400, † Haarlem nach 1467, niederl. Maler. - In Haarlem tätig ab etwa 1440; einziges gesichertes Werk ist „Die Auferweckung des Lazarus" (zw. 1450/60; Berlin-Dahlem), es weist auf J. van Eyck zurück und zeigt eine entwickelte Raumbehandlung und Kompositionskunst; Lehrer von Geertgen tot Sint Jans.

ov..., Ov... ↑ovo..., Ovo...

Ova [türk.], Bez. für die weiten, flachen, oft abflußlosen Becken des inneranatol. Hochlandes.

oval [lat.], eirund, länglichrund.

Oval [lat.] (Eilinie), eine geschlossene ebene Kurve mit einer in jedem Kurvenpunkt positiven, höchstens abschnittsweise konstanten Krümmung und mindestens vier Scheitelpunkten (z. B. Ellipse).

ovales Fenster (Vorhoffenster), ovale Öffnung zw. der Paukenhöhle und dem Vorhof des Innenohrs.

Ovambo, Bantustamm, ↑Ambo.

Ovamboland, Wohngebiet der Ambo im N von Namibia, zw. der Etoschapfanne und der Grenze gegen Angola, 53 000 km², 345 000 E in sieben Stämmen; Hauptort *Ongwediva.* Flaches Savannenhochland (etwa 1 100 m ü. d. M.) mit grasigen Flußniederungen; Lebensgrundlage bilden Viehhaltung und Hirseanbau, außerdem Möbelfabriken, Stahlwarenfabrik, Nahrungsmittelind., Korbflechterei, Gerberei und Kfz.-Werkstätten. In **Ongwediva** Schulzentrum mit höherer Schule, Gewerbeschule und Lehrerakad. sowie ein tiermedizin. Zentrum, in **Orongo** Landw.-schule; in **Oshakati** staatl. Krankenhaus u. das Studio von Radio Ovambo. - Erhielt 1968 Legislativ- und Exekutivrat, wurde 1973 ein sich selbst regierendes Territorium.

Ovar [lat.], svw. ↑Eierstock.

Ovarialkarzinom [lat./griech.], svw. Eierstockkrebs (↑Eierstockerkrankungen).

Ovarialtumoren [lat.], svw. Eierstockgeschwülste (↑Eierstockerkrankungen).

Ovariotexie [lat.], Methode zur Empfängnisverhütung auf Zeit: Die Eierstöcke werden operativ in Kunststoffsäckchen verlagert und in eine aus dem Mutterband gebildete Tasche eingenäht.

Ovarium [lat.], svw. ↑Eierstock.
◆ svw. ↑Fruchtknoten.

Ovation [lat., zu *ovare* „jubeln"], begeisterter Beifall.

OvD, Abk. für: Offizier vom Dienst, ↑Offizier.

Overall [engl. 'ouvərɔ:l; eigtl. „der Überalles"], durchgehend geschnittener, bequemer Anzug (v. a. Berufskleidung).

Overath ['o:vəra:t], Gem. im Bergischen Land, NRW, 92 m ü. d. M., 22 800 E. Bau von Elektro- und Präzisionsgeräten, Kunststoffverarbeitung, Wohnwagenbau. - Roman. Pfarrkirche Sankt Walburga mit spätgot. Wandmalereien (um 1500). In O.-Marialinden spätgot. Hallenkirche (16. Jh.; 1897 erweitert).

Overbeck ['o:vər...], Christian Adolf, * Lübeck 21. Aug. 1755, † ebd. 9. März 1821, dt. Dichter. - Freund von Friedrich O.; 1800 Senator, ab 1814 Bürgermeister von Lübeck. Schrieb volkstüml., von J. P. A. Schulz und W. A. Mozart vertonte Liedtexte (z. B. „Komm lieber Mai und mache").

O., Franz Camille, * Petersburg 16. Nov. 1837, † Basel 26. Juni 1905, dt. ev. Theologe. - Seit 1870 Prof. für N. T. und ältere Kirchengeschichte in Basel; sein wiss. Interesse richtete sich v. a. auf den Übergang vom Urchristentum zur frühen Kirche. Mit seiner Erkenntnis der Bed. sowohl der Formen der urchristl. Literatur als auch der Eschatologie war O. wegweisend für die Theologie des 20. Jh.; mit der Entstehung kirchl. Institutionen war für O. die Absurdität eines geschichtl. Christentums erwiesen.

O., Friedrich, * Lübeck 3. Juli 1789, † Rom 12. Nov. 1869, dt. Maler. - Sohn von Christian Adolf O.; gründete in Wien 1809 mit F. Pforr

over dressed

Friedrich Overbeck, Italia und Germania (1811–28). München, Bayerische Staatsgemäldesammlungen

u. a. den „Lukasbund" (↑ Nazarener); schuf von den Fresken (1816/17) in der Casa Bartholdy den „Verkauf von Joseph" und „Die sieben mageren Jahre" und in der Villa Massimo das Tassozimmer (1817–27). Für seinen Stil wurde die Hinwendung zu Perugino und Raffael maßgeblich. Auch Gemälde („Italia und Germania", 1811–28; München, Bayer. Staatsgemäldesammlungen); Bildnisse.

overdressed [engl. 'oʊvədrɛsd], zu feierlich gekleidet (z. B. bei einer Festlichkeit).

Overdrive [engl. 'oʊvədraɪv], [zuschaltbares] Ergänzungsgetriebe (meist für den direkten, d. h. 4. Gang) in Kfz, das im oberen Geschwindigkeitsbereich die Herabsetzung der Motordrehzahl um etwa 10 % ermöglicht.

Overdubbing [engl. oʊvə'dʌbɪŋ], Verfahren in der Studio-Aufnahme, bei dem die einzelnen Stimmen eines Stücks nacheinander auf getrennten Spuren aufgenommen werden; umgangssprachl. oft svw. ↑ Playback.

Overheadprojektor ['oʊvəhɛːd, engl. „über Kopf"], svw. Tageslichtprojektor (↑ Projektionsapparate).

Overijssel [niederl. oːvər'ɛjsəl], niederl. Prov. zw. dem IJsselmeer im W und der niederl.-dt. Grenze im O, 3 420 km² (davon 81 km² Binnenwasserflächen), 998 800 E (1986), Verwaltungssitz Zwolle. Der größte Teil der Prov. wird von Ebenen eingenommen, die von 2 Moränenzügen (79 bzw. 85 m hoch) unterbrochen werden. Auf den Marschenböden wird fast ausschließl. Weidewirtschaft betrieben, auf den Sandböden im O dominieren gemischtwirtsch. Betriebe mit Getreide- und Kartoffelanbau und Viehzucht; im N Ind.kartoffelanbau. Einen der wichtigsten Wirtschaftszweige stellt die Textilind. von Twente dar; daneben elektrotechn., metallverarbeitende, chem., lederverarbeitende, Holz-, Nahrungs- und Genußmittelindustrie.

Geschichte: Erstmals Mitte des 15. Jh. erwähnt als Bez. für den südl. Teil des Oberstifts Utrecht, die histor. Ämter (Länder) Twente, Salland und Vollenhove. Ende des 8. Jh. dem Karolingerreich eingefügt, von Utrecht aus christianisiert; gehörte seit dem 11. Jh. zum weltl. Territorium der Bischöfe von Utrecht; kam 1527/28 unter habsburg. Herrschaft; 1591–97 durch Moritz von Oranien erobert.

Overkill [engl. 'oʊvəkɪl], Bez. für eine Situation im internat. Rüstungswettlauf, in der die mögl. Kontrahenten ein Mehrfaches derjenigen Menge an Waffen (insbes. Atomwaffen) besitzen, die nötig sind, um den Gegner zu vernichten.

Øverland, Arnulf [norweg. ˌøːvərlan], * Kristiansund 27. April 1889, † Oslo 25. März 1968, norweg. Schriftsteller. – Wandte sich unter dem Eindruck des 1. Weltkrieges dem Sozialismus zu. Während der dt. Besatzung mitbestimmend im Widerstandskampf; 1941–45 im KZ; bekämpfte mit seiner polit. engagierten Lyrik Faschismus, Kirche und das heuchler. Bürgertum. Verfaßte während der Besatzungszeit patriot. Kampflieder.

Overstatement [engl. 'oʊvəsteɪtmənt], Übertreibung, übertreibende Feststellung.

ovi..., Ovi... ↑ ovo..., Ovo...

Ovid (Publius Ovidius Naso), * Sulmo (= Sulmona) 20. März 43 v. Chr., † Tomis (= Konstanza) 17 oder 18 n. Chr., röm. Dichter. – Sohn eines wohlhabenden Ritters; gilt als letzter großer röm. Elegiker, der in seinen Werken bes. die vornehme stadtröm. Gesellschaft darstellte und deutete; 8. n. Chr. wurde O. von Augustus (aus nicht bekannten Gründen) in das entlegene Tomis (an der W-Küste des Schwarzen Meeres) verbannt; im Ggs. zu Cicero und Seneca d. J. durfte er trotz seiner Bitten nicht zurückkehren. Seine Stoffe und Motive entnahm O. dem griech. Mythos und der eigenen Erlebniswelt; in den Liebeselegien „Amores" (entstanden ab 20 v. Chr.) tritt nicht mehr – wie bei Properz oder Tibull – ein in Leidenschaft verstrickter, oft unglückl., sondern ein witziger, genießender, triumphierender Liebhaber auf; psycholog. Studien sind die „Heroides" (entstanden um 10 v. Chr.), Liebesbriefe myth. Frauengestalten. Die „Metamorphosen" (entstanden um 2–8 n. Chr.) stellen in 15 Büchern etwa 250 an- und ineinandergefügte Mythen dar, die sich, durch das Verwandlungsmotiv zusammengehalten, von der Weltentstehung bis zur Vergöttlichung Cäsars erstrecken. In der Verbannung schrieb O. über sein eigenes Schicksal, v. a. in den Klageliedern „Tristia" (entstanden 8–12 n. Chr.) und den „Epistulae ex Ponto" (Briefe vom Schwarzen Meer; entstanden 13–16 n. Chr.).

📖 *Eggers, T.: Die Darstellung von Naturgottheiten bei O. und früheren Dichtern.* Paderborn

1984. - Eller, K. H.: *O. u. der Mythos der Verwandlung.* Ffm. 1982. - Weber, M.: *Die mythologg. Erzählung in Ovids Liebeskunst.* Ffm. 1982. - O. Hg. v. E. Zinn/M. Albrecht. Darmst. ²*1982.*

Ovidukt [lat.], svw. ↑Eileiter.
Oviedo [span. o'βjeðo], span. Stadt in Asturien, 232 m ü. d. M., 190 100 E. Verwaltungssitz der Prov. O.; kath. Erzbischofssitz; Univ. (gegr. 1608), Bergakad., Priesterseminar; archäolog. Museum, Theater. Zentrum des astur. Ind.gebiets mit Stahlwerk, Waffenu. Zweiradfabrikation, chem. Ind. - 761 gegr., war bis 910 Hauptstadt des Kgr. Asturien; wurde zw. 808/812 Bischofssitz; 1521 durch eine Feuersbrunst zerstört, von König Karl I. von Spanien wieder aufgebaut; bei der Belagerung im Span. Bürgerkrieg (1936/37) schwer beschädigt. - Got. Kathedrale (1388–1528; im 17. Jh. umgebaut) mit 80 m hohem Turm. Kirchen Santa María de Naranco (eigtl. Königshalle, vor 848) und San Miguel de Lillo (9. Jh.).
Oviedo y Valdés, Gonzalo Fernández de [span. o'βjeðo i βal'des], * Madrid 1478, † Santo Domingo (?) 26. Juni 1557, span. Geschichtsschreiber. - Erstmals 1514 in Amerika; 1532 zum offiziellen Historiographen für Amerika ernannt. Seine „Historia general y natural de las Indias" (20 Bde., 1535–37) gilt als wichtige Quelle für die Konsolidierungsphase der span. Kolonialherrschaft.
Oviparie [lat.], Form der geschlechtl. Fortpflanzung; Ablage von einzelligen, unentwickelten Eiern. Die Befruchtung der Eier erfolgt entweder außerhalb des mütterl. Körpers (viele Fische, Lurche) oder während der Eiablage (Insekten, Spinnen). - ↑Ovoviviparie, ↑Viviparie.
Ovis [lat.], svw. ↑Schafe.
Ovizide [lat.] ↑Schädlingsbekämpfungsmittel.
ovo..., Ovo..., ovi..., Ovi..., ov..., Ov... [zu lat. ovum „Ei"], Bestimmungswort von Zusammensetzungen mit der Bed. „Ei-[er]...".
Ovoflavin ↑Riboflavin.
Ovoviviparie, Form der geschlechtl. Fortpflanzung, bei der (im Unterschied zur ↑Oviparie und ↑Viviparie) Eier mit voll entwickelten, unmittelbar nach der Ablage aus den Eihüllen schlüpfenden Embryonen hervorgebracht werden (z. B. manche Insekten, Lurche und Reptilien).
ÖVP, Abk. für: ↑Österreichische Volkspartei.
Ovulation [lat.] (Follikelsprung, Eisprung), das bei den Säugetieren im ♀ Geschlecht zur Zeit der Brunst, beim Menschen rd. 14 Tage nach Einsetzen der letzten Menstruation erfolgende Freiwerden der reifen Eizelle aus einem ↑Eifollikel des Eierstocks (beim Menschen, auch bei den höheren Affen, alle vier Wochen). Dabei wird die mit der Follikelflüssigkeit ausgeschwemmte Eizelle von der Eileitertube aufgefangen. Die O. wird durch eine Veränderung der Mengenverhältnisse der Hypophysenvorderlappenhormone FSH und LH im Blut durch Ansteigen des LH-Anteils ausgelöst.
Ovulationshemmer, Arzneimittel (auf hormonaler Basis) zur Unterdrückung der Reifung eines befruchtungsfähigen Eies bei der Frau; z. Zt. sicherste Methode der medikamentösen, steuerbaren ↑Empfängnisverhütung.
Ovulum [lat.], svw. ↑Samenanlage.
Ovum [lat.] ↑Ei.
Owen [engl. 'oʊɪn], David Anthony Llewellyn, * Plymouth 2. Juli 1938, brit. Politiker. - Arzt; seit 1966 Unterhausabg. für die Labour Party; 1970–72 Sprecher der Opposition für Verteidigungsfragen; 1976/77 Staatsmin. im Außenministerium; 1977–79 Außenminister; 1981 Mitbegr. der SDP.
O., Robert, * Newtown (= Newtown and Llanllwchaiarn, Gft. Powys) 14. Mai 1771, † ebd. 17. Nov. 1858, brit. Unternehmer und Sozialreformer. - 1790 Leiter einer Baumwollspinnerei in Manchester, 1800 bis 1829 Mitbesitzer und Leiter der Baumwollspinnerei von New Lanark in Schottland, wo er eine Mustersiedlung für die Fabrikarbeiter errichtete, den Arbeitstag auf $10^{1}/_{2}$ Stunden begrenzte und die Arbeit von Kindern unter zehn Jahren verbot. Mit der Einrichtung von Läden, in denen die Waren fast zum Selbstkostenpreis an die Arbeiter verkauft wurden, beeinflußte O. die späteren Konsumvereine. Der Erfolg ermutigte O., Vorstellungen über eine umfassende Gesellschaftsreform auf der Basis von Gemeinschaftssiedlungen mit gleichem Anteil aller am Ertrag der Produktionsstätten zu entwickeln, die er in seiner 1825 erworbenen Siedlung „New Harmony" (Indiana, USA) zu verwirklichen suchte. Das Projekt scheiterte jedoch an Gruppenegoismen, polit. und religiösen Differenzen. - *Werke:* Eine neue Auffassung der Gesellschaft (1813/14), The book of the new moral world (1836–44).
O., Wilfred Edward Salter, * Oswestry (Salop) 18. März 1893, ✕ bei Landrecies (Nord) 4. Nov. 1918, engl. Lyriker. - Wandte sich in seiner von der Romantik, bes. von Keats beeinflußten Lyrik gegen die Sinnlosigkeit des modernen Krieges.
Owen ['aʊən], Stadt am Albtrauf, Bad.-Württ., 399 m ü. d. M., 2900 E. Baumwollweberei, Spindelfabrik, elektron. Ind.; Obstbrennerei. - 1112 gegr.; Burg der Herzöge von Teck (um 1150); wurde im 14. Jh. Residenz der Herzöge von Teck. - Ruinen der Burg Teck.
Owendo, Ort an der N-Küste des Gabunästuars, sö. von Libreville, Gabun; Sitz der Forstwirtschaftsbehörde; Tierzuchtstation, Furnierwerk; Holzexporthafen.
Owenfälle [engl. 'oʊɪn], Wasserfallstrek-

ke des Victorianil, bei Jinja, Uganda; Fallhöhe 10 m, Wasserführung 650 m³/s; seit 1954 durch den **Owen Falls Dam** (830 m lang, 26 m hoch) überbaut (Elektrizitätsgewinnung).

Owens, Jesse [engl. 'ouɪnz], eigtl. James Cliveland O., * Danville (Ala.) 12. Sept. 1913, † Tucson (Ariz.) 31. März 1980, amerikan. Leichtathlet. - Hielt in mehreren Disziplinen den Weltrekord (Kurzstrecken, Hürden, Weitsprung); war vierfacher Goldmedaillengewinner bei den Olymp. Spielen 1936 (über 100 m, 200 m, Weitsprung, 4 × 100-m-Staffel).

Owen-Stanley-Gebirge [engl. 'ouɪn-'stænlɪ], Gebirgszug auf der sö. Halbinsel Neuguineas, bis 4 073 m hoch.

Owlglaß, Dr. ['aʊlgla:s], eigtl. Hans Erich Blaich, * Leutkirch 19. Jan. 1873, † Fürstenfeldbruck 29. Okt. 1945, dt. Schriftsteller. - Lungenfacharzt; Mitarbeiter und (1919-24 und 1933-35) Schriftleiter des „Simplicissimus"; schrieb satir. Erzählungen und heiternachdenkl. Lyrik.

Owrag (Mrz. Owragi) [russ.], durch Bodenerosion geschaffene, steile Erosionsschlucht in den aus Löß aufgebauten Talwänden der südruss. Steppengebiete.

Oxalate [griech.] ↑ Oxalsäure.

Oxalessigsäure [griech./dt.] (Ketobernsteinsäure), v. a. in der Enolform HOOC−C(OH)=CH−COOH vorliegende organ. Säure, die als Zwischenprodukt des ↑ Zitronensäurezyklus Bed. hat.

Oxalis [griech.], svw. ↑ Sauerklee.

Oxalsäure [griech./dt.] (Kleesäure, Äthandisäure), HOOC−COOH, die einfachste Dicarbonsäure; farblose, kristalline, gut wasserlösl. Substanz, die v. a. in der analyt. Chemie Verwendung findet. O. kommt häufig in Pflanzen (v. a. Sauerkleearten) vor. **Oxalate** sind die Salze und Ester der Oxalsäure.

Oxazine [griech.], sechsgliedrige, heterocycl. Verbindungen mit einem Sauerstoff- und einem Stickstoffatom im Ring. Das 1,4-Oxazin ist Bestandteil des tricycl., farblosen, kristallinen Phenoxazins (Dibenzo-1,4-oxazin), das Grundbaustein der als Textilfarbstoffe verwendeten Phenoxazinfarbstoffe ist.

Oxelösund [schwed. uksəlø'sʊnd], schwed. Hafenstadt an der Ostsee, 90 km svw. von Stockholm, 14 000 E. Elektrostahlwerk, Walzwerk; Schwefelsäurefabrik, Erzhafen. - Entstand 1876 als Verschiffungshafen; erhielt 1950 Stadtrecht.

Oxenstierna [schwed. ‚uksənʃæ:rna], schwed. Adelsgeschlecht, urspr. in Småland ansässig; seit 1645 Grafen. Bed. Vertreter: **O.,** Axel Gustavsson Graf (seit 1645), * Gut Fånö (= Enköping) 6. Juli 1583, † Stockholm 7. Sept. 1654, Staatsmann. - 1609 Mgl. des Reichsrats und 1611 des Regentschaftsrats für Gustav II. Adolf, der ihn 1612 zum Reichskanzler ernannte. Er handelte die Friedensschlüsse mit Dänemark (1613) und Rußland (1617) aus und schloß, seit 1626 Gouverneur von Preußen, 1629 den Waffenstillstand von Altmark mit Polen, der Schweden Livland ließ und die schwed. Intervention in Deutschland ermöglichte. Nach dem Sieg bei Breitenfeld 1631 schwed. Bevollmächtigter am Rhein, 1632-36 Leiter der Regentschaft für Königin Christine. 1633 gelang ihm der Abschluß des Heilbronner Bundes; nach der Niederlage von Nördlingen (1634) koalierte er, vom Prager Frieden ausgeschlossen, mit Frankreich. Den Krieg mit Dänemark (1643-45) beendete er 1645 mit dem Frieden von Brömsebro. - Innere Reformen: Gerichtsordnung (1614), Neufassung der Adelsprivilegien, Reichstagsordnung (1617), Einführung einer zentralen Kammerverwaltung (1618), Kanzlei- und Ritterhausordnung (1626), Heeresreform (ab 1617).

Oxer [engl., zu ox „Ochse"], beim Springreiten Hindernis (Hochweitsprung) von veränderl. Höhe und Breite; zw. zwei [Birken]-ricks befindet sich ein natürl. Hindernis (Busch oder Hecke).

Oxford [engl. 'ɔksfəd], Herbert Henry, Earl of O. and Asquith, ↑ Asquith, Herbert Henry, Earl of O. and Asquith.

O., Robert Harley, Earl of (seit 1711), * London 5. Dez. 1661, † ebd. 21. Mai 1724, brit. Staatsmann. - 1701-05 Sprecher des Unterhauses, 1704-08 Staatssekretär; 1710 Schatzkanzler; ab 1711 Premiermin.; in seine Amtszeit fällt der Abschluß des Friedens von Utrecht. 1714 abgesetzt, von Georg I. wegen Hochverrats angeklagt, 1717 freigesprochen. Seine umfangreiche Handschriftensammlung bildet die „Harleian collection" im British Museum.

Oxford [engl. 'ɔksfəd], engl. Stadt an der Mündung des Cherwell in die Themse, 98 500 E. Verwaltungssitz der Gft. O.; anglikan. Bischofssitz; Univ.stadt (Oxford University, seit dem 12. Jh. bezeugt, heute 29 Colleges, von denen das 1249 gestiftete University College das älteste, das 1532 gegr. Christ Church College das größte ist); Kunst-, Pilotenschule, Observatorium, zahlr. Forschungsinstit., Museen, Bibliotheken, Theater; botan. Garten. Auto-, Elektroind., Schwermaschinen-, Landmaschinen- und Bootsbau, Druckereien und Verlage, Nahrungsmittelind. - 912 erstmals erwähnt. Im MA ein Handelszentrum am Oberlauf der Themse. Die Entwicklung der Stadt wurde von der Univ. bestimmt. - Normann.-roman. Kathedrale (11./12. Jh.; zugleich Kapelle des Christ Church College, das im 16. Jh. erbaut wurde), Divinity School (1480), Merton College mit got. Kapelle (1276), New College (14. Jh.), Magdalen College (15. Jh.), All Souls' College (Fassade 15. Jh.), Sheldonian Theatre (17. Jh., von C. Wren); Radcliffe Camera (18. Jh., von J. Gibbs).

Oxford, Schule von, von R. Grosseteste gegr. Schule von Philosophen und Theologen des 13./14. Jh., die sich insbes. auch mit naturwiss.-mathemat. Problemen befaßte und wissenschaftstheoret. v. a. durch Fortentwicklung method. Ansätze des Aristoteles zu einer empir. Methodologie beitrug und durch Einführung mathemat., quantifizierender Methoden und physikal. Experimente die traditionelle spekulative Naturphilosophie in Richtung auf eine Naturwiss. ansatzweise überwand.

Oxfordbewegung (Oxford Movement), in Oxford entstandene, in ihrer organisierten Form auf J. H. Newman zurückgehende Erneuerungsbewegung innerhalb der Kirche von England im 19. Jh., Teil der hochkirchl. Bewegung, Höhepunkt des Anglokatholizismus, gegen den zeitgenöss. Liberalismus und den staatl. Säkularismus gerichtet. In ihren Flugschriften (**Tracts for the Times**) empfahlen ihre Vertreter eine Neubelebung des altkirchl. Verständnisses von Kirche, Amt, Sakrament und Liturgie. 1841 verfaßte J. H. Newman einen Traktat, in dem er die ↑ Neununddreißig Artikel in einem nahezu ausschließl. kath. Sinn interpretierte.

Oxfordgruppenbewegung, eine von F. N. D. Buchman 1921 gegr. religiöse Bewegung, aus der 1938 die ↑ Moralische Aufrüstung hervorging.

Oxford philosophy [engl. ˈɔksfəd frˈlɔsəfɪ], Bez. für die späte Entwicklungsphase der analyt. Philosophie, in der durch linguist. Analysen der Umgangssprache eine begriffl. Absicherung des Fundaments für den Aufbau der Wiss. gesucht wird.

Oxfordshire [engl. ˈɔksfədʃɪə], Gft. in S-England.

Oxidanzien [griech.-lat.], svw. Oxidationsmittel (↑ Oxidation).

Oxidation (Oxydation) [griech.-lat.-frz.], i. e. S. die Reaktion chem. Verbindungen mit Sauerstoff (z. B. beim Verbrennen); i. w. S. auch die Abspaltung von Wasserstoff aus chem. Verbindungen. Elektronentheoret. gedeutet ist die O. ein Vorgang, bei dem chem. Elemente oder Verbindungen Elektronen abgeben, die von einer anderen Substanz (dem Oxidationsmittel, das damit reduziert wird) aufgenommen werden. O.vorgänge sind die häufigsten chem. Reaktionen.

Oxidationsstufe, svw. ↑ Oxidationszahl.
Oxidationstheorie ↑ Phlogistontheorie.
Oxidationswasser, das im Verlauf der aeroben Zellatmung (↑ Atmung) gebildete Wasser (etwa 350 ml/Tag beim Menschen), das bei wüstenbewohnenden Tieren, z. B. beim Taschenspringer, den gesamten Wasserbedarf decken kann.

Oxidationszahl (Oxidationsstufe), in der Chemie Bez. für die Zahl der positiven oder negativen Ladungen, die ein Atom in einer Verbindung formal hat, wenn man davon ausgeht, daß die Verbindung nur aus Ionen besteht. Die Summe aller O. ergibt bei neutralen Molekülen Null und entspricht bei Ionen der jeweiligen Ladung. Die O. hat bei der Aufstellung von Redoxgleichungen prakt. Bedeutung.

Oxidationszone, in der Lagerstättenkunde Bez. für die Verwitterungszone (Hut) von Erzlagerstätten.

oxidative Phosphorylierung [griech.] ↑ Atmungskette.

Oxide [zu griech. oxýs „scharf, sauer"], die Verbindungen chem. Elemente (mit Ausnahme der leichten Edelgase) mit Sauerstoff, wobei Sauerstoff den elektronegativen Anteil bildet. Nur bei den Sauerstoffverbindungen des Fluors ist Sauerstoff der elektropositive Reaktionspartner. Viele Elemente, v. a. Übergangsmetalle, bilden je nach Oxidationsstufe verschiedene Oxide. Je unedler ein Metall ist, desto beständiger sind seine Oxide. Die O. werden nach ihrem Reaktionsverhalten gegenüber Wasser klassifiziert. Man unterscheidet *säurebildende O.* (v. a. die O. der Nichtmetalle, z. B. Kohlendioxid und die O. von Metallen mit hoher Oxidationsstufe, z. B. Mangan[VII]-oxid), *basenbildende O.* (v. a. die O. der Alkali- und Erdalkalimetalle), *amphotere O.* (O. von Metallen und Halbmetallen der III. bis V. Hauptgruppe des Periodensystems sowie von Übergangsmetallen) sowie *indifferente O.* (z. B. das Kohlenmonoxid). Als *organ. O.* können die ↑ Epoxide angesehen werden.

oxidieren, sich mit Sauerstoff verbinden, verbrennen, in eine höhere Oxidationsstufe übergehen.

Oxidimetrie [griech.], alle Verfahren der analyt. Chemie, denen Oxidations- und Reduktionsvorgänge (Redoxreaktionen) zugrundeliegen, z. B. die Manganometrie.

Oxidkathode (Wehnelt-Kathode), mit dem Oxid eines Erdalkalimetalls beschichtete Glühkathode einer Elektronenröhre.

Oxusschatz. Skythischer Greif (7./6. Jh.). London, British Museum

Oxidkeramik

Oxidkeramik ↑ Keramik.
Oxidoreduktasen [griech./lat.] ↑ Enzyme.
Oxime [Kw.], organ. Verbindungen mit der allg. Formel RR'C = NOH (R und R' Alkyl- oder Arylreste bzw. Wasserstoff), die unter Abspaltung von Wasser aus Aldehyden (Aldoxime) oder Ketonen (Ketoxime) und Hydroxylamin entstehen. Da O. meist gut kristallisieren und sich leicht spalten lassen, werden sie zur Isolierung und Reinigung von Aldehyden und Ketonen verwendet.
Oxo- [griech.], Bestimmungswort der chem. Nomenklatur, das bei organ. Verbindungen (ebenso wie Keto-) das Vorliegen einer ↑ Carbonylgruppe, bei komplexen anorgan. Verbindungen das Vorhandensein von an ein Zentralatom gebundenen Sauerstoffatomen anzeigt.
Oxo-Cyclo-Tautomerie ↑ Tautomerie.
Oxogruppe, svw. ↑ Carbonylgruppe.
Oxoniumverbindungen (Oxoniumsalze) [griech./dt.], salzartige ↑ Oniumverbindungen, die als Kationen *Oxoniumionen* (Hydroniumionen $[H_3O]^+$) oder von ihnen durch Substitution mit Alkylresten abgeleiteten *Mono-, Di-* und *Trialkyloxoniumionen* enthalten; die Trialkyl-O. werden als starke Alkylierungsmittel verwendet.
Oxosynthese (Hydroformylierung), die Umsetzung von Alkenen mit Kohlenmonoxid und Wasserstoff (Synthesegas) zu Aldehyden bei Temperaturen von 100 bis 180 °C und Drücken zw. 200 und 450 bar unter Einwirkung von Kobalt-, Rhodium- oder Rutheniumkatalysatoren. Die O. ist das wichtigste großtechn. Verfahren zur Herstellung von Aldehyden und (durch anschließendes Hydrieren) Alkoholen.
Oxusschatz, ein 1877 am Amu-Darja (im Altertum **Oxus**) gemachter Schatzfund, jetzt im British Museum, London. Der O. enthält etwa 175 med., achämenid., skyth. und griech. Schmuck- und Kunstgegenstände. - Abb. S. 191.
Oxy..., veraltete Bez. für die ↑ Hydroxylgruppe.
Oxychlorierung [griech.], Verfahren zur Herstellung von Chlorkohlenwasserstoffen durch Chlorieren von Alkenen mit Chlorwasserstoff in Gegenwart von Sauerstoff. Die O. hat techn. Bed. für die Herstellung des Dichloräthans (Ausgangssubstanz von Vinylchlorid).
Oxyd... ↑ Oxid...
Oxydation ↑ Oxidation.
Oxydule [griech.], früher gebräuchl. Bez. für Sauerstoffverbindungen chem. Elemente, in denen das Element eine niedrige Oxidationszahl besitzt, d. h. mit nur wenig Sauerstoff verbunden ist, z. B. Stickoxydul, N_2O.
Oxymoron [griech. „scharfsinnige Dummheit"], rhetor. Figur; Verbindung zweier sich scheinbar ausschließender Begriffe, z. B. *bittersüß, kalte Glut;* kennzeichnend v. a. für manierist. Stilhaltungen in Mystik, Barock und Expressionismus.
Oxyrhynchos (lat. Oxyrhynchus), altägypt. Stadt am W-Ufer des Josefkanals, 11 km nw. von Bani Masar; bed. Funde von Papyri in griech., lat. und kopt. Sprache: Urkunden, literar. und historiograph. Texte.
Oxytozin (Oxytocin, Ocytocin) [griech.] ↑ Hormone (Übersicht).
Oxytropis [griech.], svw. ↑ Spitzkiel (Pflanzengatt.).
Oxyuren [griech.], svw. ↑ Pfriemenschwänze.
Oxyuriasis [griech.] (Madenwurmkrankheit, Enterobiasis), Befall des menschl. Darms mit dem ↑ Madenwurm.
Oyapock [frz. ɔja'pɔk] ↑ Oiapoque, Rio.
Oyo [engl. ɔː'jɔː], Stadt in SW-Nigeria, 152 000 E. Sitz einer Bez.verwaltung und des Alafin (des Oba [König] der Yoruba von Oya); Textilind.; bed. Kunsthandwerk.
oz, Einheitenzeichen für ↑ Ounce.
Özal, Turgut [türk. œ'zal], * Malatya 13. Okt. 1927, türk. Politiker. 1967-71 und 1979/80 Chef der Staatl. Planungsorganisation; 1971-73 bei der Weltbank in New York; 1980-82 Vizeministerpräsident; 1983 Gründer und Vors. der rechtsliberalen Mutterlandspartei (Anavatan Partisi); 1983-89 Ministerpräsident; seither Staatspräsident.
Ozalidverfahren ⓦ [Kw.], svw. ↑ Diazotype.
Ozanam, Antoine Frédéric [frz. ɔza'nam], * Mailand 23. April 1813, † Marseille 8. Sept. 1853, frz. Literarhistoriker. - 1841-52 Prof. an der Sorbonne; bekämpfte mit Lacordaire die kath. Restauration; förderte, v. a. als Begründer der kath. Vinzenzkonferenzen (1833), die kath.-soziale Laienapostolatsbewegung.
Ozark Plateau [engl. 'ouzɑːk 'plætou], Bergland im nordamerikan. Zentralen Tiefland, im südl. Missouri und nördl. Arkansas, mit Ausläufern nach Oklahoma und Illinois. Das O. P. ist eine Schichtstufenlandschaft in 300-500 m Höhe, maximal 823 m hoch. Große Teile sind bewaldet (Eiche, Hickory, Kiefer); Abbau von Blei- (mit Kobalt), Zink-, Eisenerzen und Baryt; Fremdenverkehr.
Ozawa, Seiji ↑ Osawa, Seidschi.
Ózd [ungar. oːzd], ungar. Stadt am N-Rand des Bükkgebirges, 48 000 E; Hüttenkombinat und Braunkohlenbergbau.
Ozean [griech.-lat.], Teil des ↑ Weltmeers: ↑ Atlantischer Ozean, ↑ Indischer Ozean, ↑ Pazifischer Ozean.
Ozeanbodenausdehnung (Ozeanbodenzergleitung, engl. ocean-floor spreading), grundlegender Begriff der Theorie der ↑ Plattentektonik. Durch Zufuhr von Magma in den Zentralgräben der mittelozean. Schwellen weitet sich dort der Ozeanboden symmetr. zu beiden Seiten aus, im Mittel 1-6 cm/Jahr.

Ozeanien

Ozeanien, die Inseln und Inselgruppen des Pazifiks zw. Amerika, den Philippinen und Australien bzw. zw. Nördl. und Südl. Wendekreis; Neuseeland zählt nur i. w. S. dazu; die Inseln, die zus. eine Landfläche von über 1 Mill. km^2 ergeben, sind über ein Meeresgebiet von etwa 70 Mill. km^2 verstreut. Nach der ethn. Zugehörigkeit der Bev. unterteilt man O. in Melanesien mit Neuguinea, dem Bismarckarchipel, den Salomoninseln, Neukaledonien, den Loyaltyinseln, den Santa-Cruz-Inseln, den Neuen Hebriden und den Fidschiinseln, in Mikronesien mit den Karolinen, Marianen, Marshallinseln, Gilbertinseln und Nauru sowie in Polynesien mit den Samoa-, Tonga-, Tokelau-, Phönix-, Ellice-, Cookinseln, den Line Islands, den Inseln Frz.-Polynesiens, den Îles Wallis und Îles de Horn, den Hawaii-Inseln und der Osterinsel.

Vorgeschichte und Entdeckungsgeschichte: Am frühesten besiedelt wurde die Inselwelt Melanesiens. Es lassen sich wenigstens 3 Einwanderungsphasen unterscheiden: 1. Altsteinzeitl. Jäger und Sammler kamen vor mehr als 10 000 Jahren über damals noch bestehende Landbrücken; 2. vor etwa 5 000 Jahren wanderten neolith. Bodenbauer, Träger der sog. Walzenbeilkultur über See ein; 3. Anfang des 1. Jt. v. Chr. Einwanderung von (im Ggs. zu allen vorangegangenen) hellhäutigen Menschen. Über die Inseln Mikronesiens wanderten v. a. zw. 500 v. Chr. und 300 n. Chr. hellhäutige Menschen ein, die sich von dort aus bis ins 15. Jh. über die ostpazif. Inselgebiete weiter ausbreiteten. Diese Ausbreitung der Polynesier war im wesentlichen im 15. Jh. abgeschlossen. Gegenüber den Bewohnern Polynesiens zeigen diejenigen Mikronesiens stärker mongolide Züge.

Nach Entdeckung und Inbesitznahme des Pazifiks für Spanien durch Vasco Núñez de Balboa 1513 entdeckte F. de Magalhães bei seiner Weltumsegelung (1519–21) Marianen und Philippinen. 1526 fand der Portugiese J. de Meneses († 1531) die N-Küste Neuguineas, 1567 entdeckte A. de Mendaña de Neira (*1541, †1595) die Salomoninseln, 1606 P. Fernández de Quirós (*um 1565, †1615) u. a. die Neuen Hebriden. Auf der Suche nach dem sagenhaften S-Kontinent („Terra australis") entdeckte 1615/16 der Niederländer J. Le Maire (*1585, †1616) einen Teil der Tongainseln, Neuirland und Neubritannien; 1642 segelte A. J. Tasman von Batavia (= Jakarta) aus u. a. nach Tasmanien und Neuseeland. 1722 fand der niederl. Admiral J. Roggeveen

	STAATLICHE GLIEDERUNG			
Staaten	km^2	E in 1000 (Schätzung 1983)	E/km^2	Hauptstadt
Fidschi	18 272	670	36,7	Suva
Kiribati	861	61	70,8	Bairiki
Nauru	21	8	381,0	Yaren
Neuseeland	269 063	3 230	12,0	Wellington
Papua-Neuguinea	462 840	3 190	6,9	Port Moresby
Salomoninseln	29 785	259	8,7	Honiara
Tonga	747	101	135,2	Nukualofa
Tuvalu	26	8	307,7	Funafuti
Vanuatu	14 763	124	8,4	Vila
Westsamoa	2 835	161	56,8	Apia
auf Ozeanien greifen über				
Chile mit der Osterinsel	180	2	11,1	–
Indonesien mit Irian Jaya	421 981	1 250	3,0'	Jayapura
USA mit Hawaii	16 705	1 023	61,2	Honolulu
abhängige Gebiete				
von Frankreich				
Französisch Polynesien	4 000	166	41,5	Papeete
Neukaledonien	19 103	145	7,6	Nouméa
Wallis et Futuna	255	12	47,1	Mata Utu
von Neuseeland				
Cookinseln	237	18	75,9	Avarua
Niue	263	3	11,4	Alofi
Tokelauinseln	10	2	200,0	–
von USA				
Amerikan. Samoa	197	34	172,6	Pago Pago
Guam	520	111	213,5	Agana
Marianen	479	19	39,7	Saipan
Pazifische Inseln	1 378	126	91,4	

ozeanische Kunst

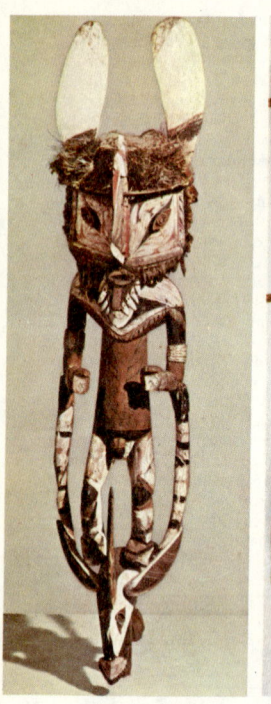

Ozeanische Kunst. Links: Holzskulptur aus Lonan (Neuirland), Budapest, Museum für Völkerkunde; rechts: Tafeln zur Ausschmückung der Männerhäuser bei den Abelam (Neuguinea). Basel, Museum für Völkerkunde

(* 1659, † 1729) neben anderen Inseln die Osterinsel, 1767 S. Wallis Tahiti und andere Gesellschaftsinseln, P. Carteret erneut die Salomoninseln. Der Franzose L. A. Comte de Bougainville besuchte 1768 Tahiti, die Neuen Hebriden, den Louisiadearchipel und die nördl. Salomoninseln. Im Rahmen seiner 3 großen Reisen (1768–71; 1772–75; 1776–79) umsegelte J. Cook Neuseeland, fand die austral. O-Küste und erforschte die meisten Inselgruppen (1778 entdeckte er Hawaii). Weitere Forschungsreisen, v. a. niederl., brit., russ. und frz. Forscher, folgten im 19. und 20. Jh., wobei in den letzten Jahrzehnten zunehmend der Meeresboden untersucht wurde.
Kolb, A.: Die pazif. Welt. Bln. 1981. – Ziehr, W.: Hölle im Paradies. Entdeckung u. Untergang der Südsee-Kulturen. Düss. 1980. – Man in the Pacific Islands: essays on geographical change in the Pacific Islands. Hg. v. G. Ward. London 1972. – The Pacific basin: a history of its geographical exploration. Hg. v. H. R. Friis. New York 1967.

ozeanische Kunst, zusammenfassende Bez. für die Kunst der Melanesier, Polynesier, Maori und Mikronesier. Die reich differenzierte Südseekunst läßt sich sehr grob unterscheiden in die figürl., unnaturalist. und expressive Kunst Melanesiens und die geometr. Ornamentik Polynesiens. Die *melanes.* Holzschnitzerei (Figuren, Masken) zentriert sich in Neuguinea am Sentanisee und an der Humboldt Bay, im Sepikgebiet, ferner am Huongolf (Tamistil) und an der Astrolabe Bay, daneben gibt es sie auch auf Neubritannien und Neuirland und den Neuen Hebriden. Die Zentren der *polynes.* Kunst liegen auf den Tonga- und Samoainseln sowie auf den Cookinseln. V. a. werden Gerät (Zeremonialruder, Kopfbänke) und Rindenstoffe mit eingeschnittenen geometr. Mustern verziert bzw. bedruckt. Die Kunst der Maori auf Neuseeland zeigt eine Ornamentik mit geschwungenen Linien. Die polynes. figürl. Plastik findet sich v. a. auf Neuseeland, den Cookinseln, Hawaii und den Marquesasinseln, auf denen auch Terrassenbauten aus Korallenkalk († Marae) erhalten sind. Eine Sonderstellung nimmt die Kunst der ↑Osterinsel ein.

📖 Brake, B./Simmons, D.: Art of the Pacific. New York 1981. - Kaufmann, C.: O. K. Ausstellungs-Kat. Basel 1980. - Guiart, J.: Ozeanien. Dt. Übers. Mchn. 1963.

ozeanisches Klima, svw. ↑ Seeklima.

ozeanische Sprachen, nicht klar abgegrenzte und nicht allg. anerkannte Sammelbez. für die Sprachen auf der Inselwelt vorwiegend der südl. Erdhalbkugel. I. e. S. gehören dazu die polynes. und die melanes. Sprachen, i. w. S. rechnet man auch die indones. und die Papuasprachen dazu, gelegentl. sogar die austral. Sprachen und die Sprachen der Tasmanier.

Ozeanographie [griech.-lat./griech.] (Meereskunde), die Wiss. vom Meere; sie beschäftigt sich i. e. S. mit den physikal. und chem., i. w. S. mit biolog., geolog. und geophysikal. Erscheinungen und Vorgängen im Weltmeer, d. h. sie erforscht die Eigenschaften des Meerwassers und der in ihm gelösten und schwebenden Stoffe, die dem Meer zur Verfügung stehende Energie (Meeresströmungen, Meereswellen, Gezeiten) sowie den Meeresboden, seine Formen, Ablagerungen und nutzbaren Bodenschätze (Manganknollen, Erzschlämme) sowie die Lebewesen, die das Meereswasser und den -boden bevölkern (Ertragssteigerung der Seefischerei, Nutzbarmachung neuer Nahrungsquellen, z. B. Krill). Ein Schwerpunkt der modernen internat. O. ist die Erforschung der Wechselbeziehung zw. Wasser- und Lufthülle der Erde, die für das Klima entscheidend ist, ein weiterer die Erkundung der mittelozean. Rücken, deren Ergebnisse in einer neuen Theorie zur Entstehung der Kontinente und Meere zusammengefaßt wurden (↑ Plattentektonik). Weitere prakt. Aufgaben sind der Schutz von Küsten, Seefahrt und der maritimen Umwelt, kartograph. Aufnahmen der Seegebiete, Bekämpfung der Meeresverschmutzung. Die ozeanograph. Forschung wird heute von den marinen Geowissenschaften im koordinierten Einsatz von Forschungsschiffen, Flugzeugen, Satelliten und verankerten Meßbojen betrieben, meist in internat. Zusammenarbeit.

📖 Dietrich, G., u. a.: Allg. Meereskunde. Eine Einf. in die O. Bln. ³1975. - Schlee, S.: Die Erforschung der Weltmeere: eine Gesch. ozeanograph. Unternehmungen. Oldenburg (Oldenburg) 1974. - Atlas zur O. Hg. v. G. Dietrich u. J. Ulrich. Mannheim u. a. 1968.

Ozellen [lat.], svw. ↑ Punktaugen.

Ozelot [aztek.-frz.] (Pardelkatze, Leopardus pardalis), bes. in Wäldern und Buschlandschaften der südl. USA bis S-Amerika (mit Ausnahme des S) lebende Kleinkatze; Körper 65–100 cm lang, Schwanz etwa 30–45 cm lang; Beine stämmig; Grundfärbung sandgelb bis ockerfarben (Unterseite weißl.), mit schwarzbrauner bis schwarzer (innen häufig hellerer) Fleckenzeichnung (teilweise bänderartig zusammenfließend) und kennzeichnendem schwarzem Streifen vom hinteren Augenwinkel bis zum untersten Ohrrand; nachtaktiv, frißt v. a. kleinere Säugetiere und Vögel. Nach einer Tragezeit von rd. 70 Tagen werden zwei bis vier Junge geboren. Durch rücksichtslose Bejagung wegen seines sehr begehrten Fells (wird deshalb heute in Zuchtfarmen gehalten) im Bestand bedroht.

Ozelotkatze (Tigerkatze, Oncille, Tigrillo, Leopardus tigrinus), etwa 40–55 cm lange (einschl. Schwanz bis 95 cm messende), schlanke Kleinkatze in Wäldern des trop. S- und M-Amerika; Grundfärbung gelb, mit meist reich gefleckten, schwärzl. Ringflecken; Augen seitl. am schlanken Kopf stehend. - Die O. wird wegen ihres Fells bejagt; Bestände bedroht.

Ozenfant, Amédée [frz. ozã'fã], * Saint-Quentin 15. April 1886, † Cannes 4. Mai 1966, frz. Maler und Kunstschriftsteller. - Unterstützte 1915–17 mit der Zeitschrift „L'Élan" die Kubisten und gründete dann mit C.-É. Jeanneret (Le Corbusier) den ↑ Purismus; lebte 1935–38 in London, 1939–55 in New York; malte v. a. Stilleben, später auch große figürl. und kosm. Kompositionen.

Ozim, Igor [slowen. ɔ'zim], * Ljubljana 9. Mai 1931, jugoslaw. Violinist. - Schüler u. a. von M. Rostal, lehrt seit 1964 an der Kölner Musikhochschule; bekannter Interpret v. a. zeitgenöss. Musik.

Ozokerit [griech.], svw. ↑ Erdwachs.

Ozon [griech., eigtl. „das Duftende"], aus dreiatomigen Molekülen (O_3) bestehende Form des Sauerstoffs, bei höherer Konzentration tiefblaues Gas (Siedepunkt $-111,0\,°C$, Schmelzpunkt $-192,7\,°C$) mit durchdringendem Geruch, das sich unter Einwirkung von atomarem Sauerstoff auf molekularen Sauerstoff bildet, aber leicht wieder gemäß $O_3 \rightleftharpoons O_2 + O$ und $2O \rightarrow O_2$ zerfällt. Durch das Auftreten atomaren Sauerstoffs ist O. eines der stärksten Oxidationsmittel und in höheren Konzentrationen stark giftig. O. wird als Oxidations- und Bleichmittel sowie bei der Wasseraufbereitung anstelle von Chlor als Desinfektionsmittel verwendet. - O. bildet sich überall dort, wo durch Energiezufuhr (u. a. bei der Einwirkung energiereicher Strahlung oder bei elektr. Entladungen) Sauerstoffatome aus Sauerstoffmolekülen freigesetzt werden, die dann mit weiteren Sauerstoffmolekülen reagieren. Im unteren Teil der Stratosphäre, in einer Höhe von etwa 12–40 km, der sog. **Ozonschicht** (O.gürtel), bildet sich O. aus molekularem Sauerstoff unter dem Einfluß der kurzwelligen UV-Strahlung der Sonne. Es zerfällt zwar durch Absorption von UV-Strahlung sofort wieder, doch lagert sich der dabei freiwerdende atomare Sauerstoff erneut an molekularen Sauerstoff an, so daß in der O.schicht der Atmosphäre ein Gleichgewicht zw. Auf- und Abbau von O. besteht. Diese O.schicht ist äußerst wichtig, weil sie

Ozonlücke

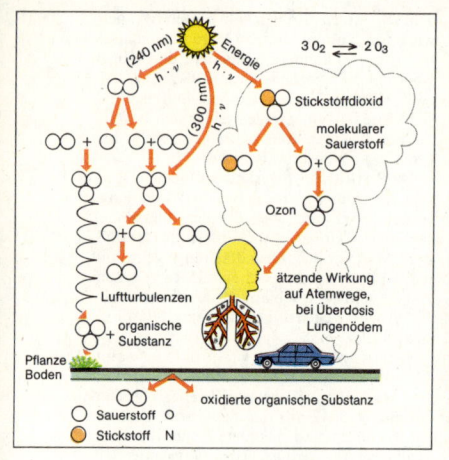

Ozon. Entstehung und Abbau von Ozon und seine Wirkung auf den Organismus

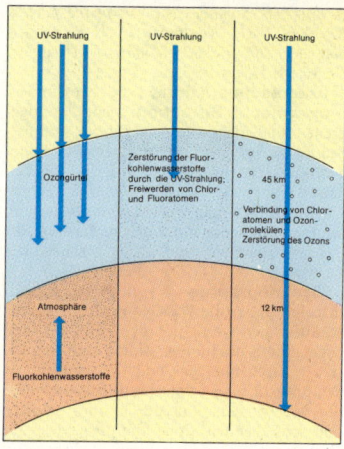

Ozon. Die Wirkung von Fluorkohlenwasserstoffen aus Spraydosen auf die Ozonschicht

den größten Teil der UV-Strahlung zurückhält. Nur ein kleiner Teil dieser Strahlung durchdringt sie und trifft auf die Erdoberfläche auf. In geringen Mengen ist diese Strahlung lebensnotwendig (der menschl. Körper benötigt sie zur Herstellung des Vitamins D), in größeren Mengen jedoch ruft sie Schädigungen (Sonnenbrand, Hautkrebs) hervor. Wesentl. erhöhte O.konzentrationen können v. a. über Gebieten mit starker Abgasentwicklung auftreten, wo O. aus Stick- u. Schwefeloxiden unter der Einwirkung des Sonnenlichts entsteht. O. führt in diesen Mengen zu gesundheitl. Schädigungen bei Mensch, Tier (v. a. Reizung der Schleimhäute) und Pflanzen (Bleichflecken), ferner zu Schäden an organ. Substanzen wie u. a. an Textilien, Leder, Anstrichen.

Steigendes Interesse gewinnt in den letzten Jahren die Frage, ob die O.schicht durch chem. oder physikal. Einwirkung von der Erde aus nachteilig beeinflußt wird. Es wurde festgestellt, daß die vorher als umweltneutral geltenden Fluorkohlenwasserstoffe, die als Treibgase für Spraydosen verwendet werden, zu einer Schädigung der O.schicht führen können. Die Fluorkohlenwasserstoffe steigen näml. nach ihrer Freisetzung langsam in die Atmosphäre auf. Auf Grund ihrer chem. Stabilität bleiben sie dabei erhalten. Wenn sie die O.schicht erreicht haben, werden sie dort durch die UV-Strahlung zerstört. Dadurch werden Chloratome freigesetzt, die auf katalyt. Weg die O.schicht zerstören. Ein besonderes Problem ergibt sich aus der zeitl. Verzögerung zw. Freisetzung der Fluorkohlenwasserstoffe und der meßbaren Zerstörung der O.schicht. Die Fluorkohlenwasserstoffe steigen nur sehr langsam auf. Ein Warten auf meßbare Effekte (etwa eine erhöhte UV-Strahlung auf der Erde) könnte jedoch katastrophale Folgen haben, da zu befürchten ist, daß zu diesem Zeitpunkt eine Zerstörung durch die bis dahin freigesetzten Fluorkohlenwasserstoffe nicht mehr aufgehalten werden kann. Wenn es gelänge, heute die Freisetzung von Fluorkohlenwasserstoffen völlig zu unterbinden, würde die Zerstörung von O. noch bis 1990 ansteigen und erst dann wieder im Laufe von Jahrzehnten langsam absinken. Ungeklärt ist bis jetzt die Ursache des sich anscheinend vergrößernden sog. Ozonlochs über der Antarktis.

Einer Schädigung der O.schicht kommt v. a. wegen der biolog. Auswirkungen (Erhöhung der Mutationsraten, Zunahme von Hautkrebserkrankungen) große biolog. u. medizin. Bed. zu; daneben ist möglicherweise auch mit einer Beeinflussung des Klimas zu rechnen. Durch Anwendungsbeschränkungen bzw. -verbote und Entwicklung von Ersatzstoffen wird versucht, dieser negativen Beeinflussung der O.schicht der Erde entgegenzuwirken.

📖 *Global environmental resources. The ozone problem.* Hg. v. H. Siebert. Bern u. Ffm. 1982.

Ozonlücke, Bereich des Spektrums (Wellenlänge zw. 180 und 200 nm), in dem keine Absorption der ultravioletten Sonnenstrahlung durch Ozon auftritt.

Ozonschicht ↑Ozon.

Ozontherapie, therapeut. Anwendung eines Ozon-Sauerstoff-Gemisches, u. a. zur Behandlung bei Durchblutungsstörungen und Sauerstoffmangelzuständen.

P, 16. Buchstabe des dt. Alphabets (im lat. der 15.), im Griech. π (Pi), im Nordwestsemit. (Phönik.) ⁊ (Pē). Der Buchstabe bezeichnet den bilabialen Verschlußlaut [p]. Das semit. und griech. Zeichen haben den Zahlwert 80.

P, Abk.:
◆ für **P**ublius, **P**roconsul, **P**opulus („Volk"), **P**ontifex („Priester"), **P**apa („Papst") und **P**ater (in lat. Texten, z. T. auch in röm. Inschriften).
◆ für **P**arentalgeneration (Elterngeneration).

P, chem. Symbol für ↑Phosphor.

P, Vorsatzzeichen für ↑Peta... (10^{15}).

p, Abk. für italien.: ↑piano.

p, Kurzzeichen:
◆ (Einheitenzeichen) für die Krafteinheit ↑Pond.
◆ (physikal. Symbol) für das ↑Proton.
◆ (Formelzeichen) für den Druck.
◆ (Formelzeichen) für den Impuls.
◆ (Vorsatzzeichen) für ↑Piko (10^{-12}).

p., Abk.:
◆ für lat. **p**agina („Seite").
◆ für lat. **p**inxit („[er, sie] hat gemalt").

p-, Abk. für: ↑para-.

Pa, chem. Symbol für ↑Protactinium.

Pa, Einheitenzeichen für ↑Pascal.

p. a., Abk. für: ↑per annum bzw. pro anno.

Päan (Paian) [griech. „Helfer, Heiler, Retter"], altgriech. Hymne, insbes. chor. Bitt-, Dank- oder Sühne-, Schlacht- und Siegeslied.

Paarerzeugung (Paarbildung), mikrophysikal. Elementarprozeß, bei dem die Energie eines Gammaquants in die Massen eines Teilchen-Antiteilchen-Paares umgewandelt wird. Die *Elektronen-P.* liefert den größten Beitrag zur Schwächung der Gammastrahlung beim Durchgang durch Materie. Der zur P. inverse Prozeß ist die ↑Paarvernichtung. Beide Prozesse beweisen quantitativ nachprüfbar die Einsteinsche Masse-Energie-Äquivalenz.

Paarformel, v. a. in ma. Rechtstexten gebrauchte, formelhafte Wendung aus zwei oder mehreren Wörtern, meist als Stab- oder Endreim, z. B. „Hals und Hand", „Haut und Haar".

Paarhufer (Paarzeher, Artiodactyla), seit dem frühen Eozän bekannte, heute mit knapp 200 Arten weltweit verbreitete Ordnung etwa 0,4–4 m langer Säugetiere; meist gruppen- oder herdenweise lebende, zu Lauftieren spezialisierte Pflanzenfresser, bei denen (mit Ausnahme der Flußpferde) die dritte und vierte Zehe der Vorder- und Hinterextremitäten verstärkt sind; die Endglieder dieser Zehen sind mit einer hufartigen Hornmasse (Klaue) umgeben, die dem Auftreten auf dem Boden dienen (Zehenspitzengänger). Man unterscheidet drei Unterordnungen: ↑Nichtwiederkäuer, ↑Schwielensohler und ↑Wiederkäuer. - ↑auch Unpaarhufer. - Abb. S. 198.

Paarl [afrikaans 'pɛːrəl], Stadt in der sw. Kapprovinz, Republik Südafrika, 123 m ü. d. M., 49 000 E. Lehrerseminar, Hugenottenmuseum; größte Weinkellerei Südafrikas; Obsthandel, Konserven- und Marmeladeherstellung, Tabakverarbeitung; außerdem Glas- und Kunststoffwarenind., Textilfabriken, Sägewerke. - 1690 von Hugenotten gegründet.

Paarlaufen, im Eiskunstlaufen und Rollkunstlaufen Wettbewerb für eine Dame und einen Herrn.

Paarreim ↑Reim.

Paar und Unpaar, svw. ↑Gerade und Ungerade.

Paarung, das zeitweise oder dauernde Zusammenleben zweier tier. Geschlechtspartner.
◆ die Vereinigung tier. Geschlechtspartner bei der sexuellen Fortpflanzung (↑Kopulation).

Paarungslehre ↑Lehre.

Paarungsverhalten, bestimmtes, bei der geschlechtl. Fortpflanzung kennzeichnendes Verhalten tier. Organismen, das dem Zustandekommen der Paarung und der Erzeugung von Nachkommen dient. Es wird hormonell und nervös gesteuert. Viele seiner Komponenten sind artspezifisch. - ↑auch Balz, ↑Brunst.

Paarvernichtung (Paarzerstrahlung, Annihilation), zur ↑Paarerzeugung inverser Prozeß, bei dem ein Teilchen-Antiteilchen-Paar zerstrahlt, d. h. unter Aussendung von Photonen oder Mesonen verschwindet. Das bekannteste Beispiel der P. ist die im Jahre 1934 von O. Klemperer entdeckte Zerstrahlung eines Elektron-Positron-Paares.

Paarzeher, svw. ↑Paarhufer.

Paarzerstrahlung, svw. ↑Paarvernichtung.

Paasikivi, Juho Kusti, *Tampere 27. Nov. 1870, †Helsinki 14. Dez. 1956, finn. Diplomat und Politiker. - Mai-Nov. 1918 1. Min.präs. des unabhängigen Finnland, 1920 als Delegationschef bei den finn.-sowjetruss. Friedensverhandlungen in Dorpat; 1936–39 Gesandter in Stockholm; unterzeichnete (seit Ende 1939 Min. ohne Geschäftsbereich) im März 1940 den Friedensvertrag mit der UdSSR; handelte 1944 die Waffenstillstandsbedingungen mit der UdSSR aus; Nov. 1944 – März 1946 erneut Min.präs.; 1946 zum Staatspräs. gewählt (1950 Wiederwahl für 6 Jahre).

Paasio, Kustaa Rafael, * Uskela (Verw.-Geb. Turku-Pori) 6. Juni 1903, † Turku 17. März 1980, finn. Journalist und Politiker. - 1942–66 Chefredakteur der Zeitung „Turun Päivälahti"; seit 1948 Reichstagsabg. der Sozialdemokrat. Partei, 1963–75 Parteivors.; Min.präs. 1966–68 und Febr. bis Juli 1972.

PAB † Aminobenzoesäuren.

Pabel, Hilmar, * Rawitsch bei Breslau 17. Okt. 1910, dt. Photograph. - Kriegsbildberichterstatter; äußerst verdienstvoll war seine nach dem 2. Weltkrieg im Auftrag des Dt. Roten Kreuzes unternommene Aktion, mit Hilfe von mehr als 2 000 Kinderporträts auseinandergerissene Familien wieder zusammenzuführen.

Pabianice [poln. pabja'nitsɛ], poln. Stadt 14 km sw. von Łódź, 180 m ü. d. M.; 72 200 E. Textilind., Maschinenbau, Elektroind., Holzverarbeitung. - 1297 Stadtrecht. - Pfarrkirche im Spätrenaissancestil (16. Jh.); Renaissanceschloß (1565–71; heute Museum).

Pablo [span. 'paβlo], span. Form des männl. Vornamens Paul.

Pabst, G[eorg] W[ilhelm], * Raudnitz an der Elbe (= Roudnice nad Labem) 27. Aug. 1885, † Wien 29. Mai 1967, östr. Filmregisseur und -produzent. - Erreichte mit dem Film „Die freudlose Gasse" (1925) eine objektive Darstellung menschl. Erniedrigung als Folge wirtsch. Not. Mit „Geheimnisse einer Seele" (1926) versuchte P. Methoden der Psychoanalyse bildhaft umzusetzen; die gesellschaftl. engagierten Filme „Die Büchse der Pandora" (1928) und „Das Tagebuch einer Verlorenen" (1929) trugen wesentl. zur internat. Anerkennung des dt. Stummfilms bei. 1932–40 drehte P. in Frankr. und in Hollywood vorwiegend Unterhaltungsfilme. Nach 1945 gründete P. eine eigene Produktionsfirma in Österreich, die u. a. die Filme „Der Prozeß" (1948) und „Der letzte Akt" (1955) herausbrachte.

Pacaicasaphase [span. pakaj'kasa], bisher früheste Zeugnisse menschl. Anwesenheit in Südamerika (21 000–14 000 v. Chr.), ben. nach dem Ort Pacaicasa, 11 km nördl. von Ayacucho, Peru.

Pacasmayo, Hafenort in NW-Peru, 15 500 E. - 25 km sö. der Stadt liegen im Valle de Cupisnique und in den nahen Cerros de Cupisnique die Fundorte von Keramik im sog. **Cupisnique-Stil** (um 1 000 v. Chr.) mit erstem Auftreten naturalist. anthropomorpher Gefäßformen und des steigbügelförmigen Ausgusses.

Pacassi, Nikolaus Franz Freiherr von (seit 1769), * Wiener Neustadt 5. März 1716, † Wien 11. Nov. 1790, östr. Baumeister. - 1748 Hofarchitekt in Wien; u. a. Umbau und Ausbau des Schlosses Schönbrunn (1744–49), Erweiterungsbauten der Hofburg (1767–73).

Pacatnamú, Ruinenstadt in NW-Peru,

Paarhufer. Schemadarstellungen der Hinterextremitäten (1) in der Seitenansicht und der Hand (2) in der Vorderansicht von Schwein (links) und Rind (rechts). E Elle, F Finger, Fb Fersenbein, Fw Fußwurzelknochen, Hw Handwurzelknochen, K Kniescheibe, Mf Mittelfußknochen, Mh Mittelhandknochen, O Oberschenkel, S Schienbein, Sp Sprunggelenk, Spe Speiche, W Wadenbein, Z Zehen

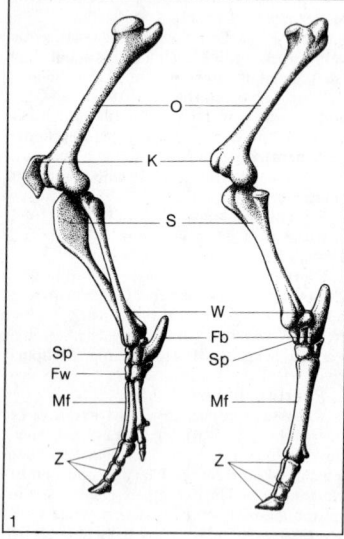

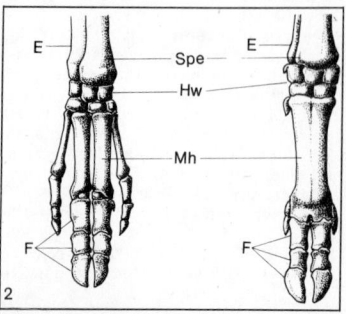

70 km sö. von Pacasmayo, an der Mündung des Río Jequetepeque in den Pazifik; von den Moche um 500 n.Chr. gegr.; bestand bis zur Eroberung durch die Spanier; Blütezeit unter den Chimú, die P. um 1300 eroberten; wahrscheinl. Pilgerzentrum für den Mondkult; 37 große und etwa 60 kleine Pyramiden.

Pacem in terris [lat. „Frieden auf Erden"], Enzyklika Papst Johannes' XXIII. vom 11. April 1963 über die kath. Lehre vom Frieden und über prakt. Möglichkeiten für einen Weltfrieden.

Pachacamac [span. patʃakaˈmak], Ruinenstadt an der peruan. Küste, 25 km sö. von Lima; um 200 n.Chr. als Kultzentrum gegr.; als Sitz eines mächtigen Orakels wichtiges Pilgerzentrum. Die heute sichtbaren Lehmziegelruinen stammen weitgehend aus der Inkazeit. Die Kultbauten waren u. a. der Sonne als Staatsgottheit gewidmet.

Pachacuti Inca Yupanqui [span. paˈtʃaˈkuti ˈiŋka juˈpaŋki], 9. Herrscher (1438–71) der traditionellen Inkaliste. - Eigentl. Begr. des Inkareiches; unterwarf das Hochland bis Quito, die Küste um Manta (Ecuador) und die peruan. Küste von der Grenze zu Ecuador bis etwa Lima.

Pacheco, María de [span. paˈtʃeko] ↑ Padilla, Juan.

Pachelbel, Johann, * Nürnberg 1. Sept. 1653, † ebd. 3. März 1706, dt. Komponist und Organist. - Wirkte als Organist in Wien (1673), Eisenach (1677), Erfurt (1678), Stuttgart (1690), Gotha (1692), ab 1695 an Sankt Sebald in Nürnberg. Seine weitverbreiteten Orgelwerke sind durch die Verschmelzung von süddt. (italien.) und mitteldt. kontrapunkt. Schreibweise charakterisiert und waren von großem Einfluß auf J. S. Bach.

Pacher, Michael, * vermutl. Bruneck um 1435, † Salzburg 1498, dt. Maler und Bildschnitzer. - Seit 1467 in Bruneck nachweisbar. Von der künstler. Tradition seiner Südtiroler Heimat ausgehend, schuf er bed. spätgot. Flügelaltäre, u. a. den 1481 vollendeten Hochaltar der Pfarrkirche von Sankt Wolfgang (Salzkammergut). Der Kirchenvateraltar aus dem Augustiner-Chorherren-Stift Neustift (1483 vollendet; München, Alte Pinakothek) ist sein einziges nur gemaltes Altarwerk. Der nur fragmentar. erhaltene Hochaltar der Franziskanerkirche in Salzburg (1495–98; Wien, Östr. Galerie - Museum ma. östr. Kunst) bereitet bereits den Stil der Donauschule vor. - Abb. S. 200.

Pa Chin (Ba Jin) [chin. badzɪn], eigtl. Li Fei-kan, * Tschengtu 1905 (1904?), chin. Schriftsteller. - Gestaltet in Romanen, Kurzgeschichten und Novellen bevorzugt die Auflösung des traditionellen Familienverbandes, u. a. „Das Haus des Mandarins" (R., 1933).

Pachomius, hl., * Sne (= Isna, Oberägypten) um 287 (292?), † Pbau bei Chenoboscium (Ägypten) 14. Mai 347, ägypt. Mönch. - Ab 308 Eremit; gründete um 320 in Tabennesi bei Dendera ein Kloster, dessen Regel lange Zeit verbindl. für das koinobit. Mönchtum war; verfaßte verschiedene asket.-geistl. Schriften.

Pachoras, Hauptstadt des nordnub. Kgr. Nobatia; ab 625 Bischofssitz, im 10. Jh. Sitz des monophysit. Metropoliten von Nubien. Ausgrabungen 1960–64 (bei dem inzwischen vom Nassersee überfluteten Dorf Faras) brachten die Ruinen der Kathedrale und anderer Kirchen mit sehr bed. Wandmalereien des 8. bis 12. Jh. zutage. Die Funde befinden sich in den Nationalmuseen von Khartum und Warschau.

Pacht [zu lat. pactum „Vertrag"], entgeltl. gegenseitiger Vertrag, durch den sich der Verpächter verpflichtet, dem Pächter den Gebrauch des verpachteten Gegenstandes und den Genuß der ↑ Früchte zu gewähren, der Pächter hingegen, den vereinbarten Pachtzins zu zahlen (§§ 581 ff. BGB). Auf die P. finden die meisten Vorschriften über die Miete, von der sie sich im wesentl. durch das Fruchtziehungsrecht unterscheidet, entsprechende Anwendung.

Pachtgebiete, im *Völkerrecht* Teile eines Staatsgebietes, die vertragl. einem anderen Staat auf begrenzte Zeit überlassen werden. P. bleiben unter der territorialen Souveränität des verpachtenden Staates, der dem Pächter ein Besetzungsrecht und die volle oder eine teilweise ↑ Gebietshoheit einräumt. P. haben vielfach den Charakter von Kolonien. Beispiel für ein P. ist die 1903 von den USA gepachtete Panamakanalzone, die nach dem Vertrag von 1979 bis zum Jahre 2000 in die volle Souveränität Panamas übergehen soll.

Pachuca de Soto [span. paˈtʃuka ðe ˈsoto], Hauptstadt des mex. Staates Hidalgo, am Río de las Avenidas, 2450 m ü. d. M., 135 200 E. Univ. (seit 1869), histor. Museum, Theater; Zentrum eines Bergbaugebiets; Textilind., Gießereien, Gerbereien. - Von den Spaniern um 1530 an der Stelle einer indian. Siedlung gegr.; Stadtrecht seit 1534. - Kirche San Francisco (1590ff.), Pfarrkirche La Asunción (17.Jh.), La Caja (1670 als Lagerhaus für den königl. Tribut erbaut), Casa Colorada (1785; heute Justizgebäude).

pachy..., Pachy... [zu griech. pachýs „dicht"], Bestimmungswort von Zusammensetzungen mit der Bed. „Verdickung".

Pachydermata [griech.], svw. ↑ Dickhäuter.

Pachypodium [griech.], Gatt. der Hundsgiftgewächse mit rd. 20 Arten in S-Afrika und auf Madagaskar; sukkulente Sträucher mit knollenförmigem Stamm und spiralig angeordneten Blättern. Die endständigen Blüten sind zieml. groß und gelb, weiß oder rosafarben. Einige säulenförmige Arten werden ↑ Madagaskarpalmen genannt.

199

Pachysandra

Pachysandra [griech.], Gatt. der Buchsgewächse mit 5 Arten in O-Asien und im östl. N-Amerika; in M-Europa werden P.arten als Bodengrüner angepflanzt.

Pachytän [griech.], drittes Stadium der ersten Prophase der ↑Meiose.

Pacific Standard Time [engl. pəˈsɪfɪk ˈstændəd ˈtaɪm], Zonenzeit in Kanada (westlich 120° w. L.), den USA (pazif. Küste) und im nw. Mexiko; entspricht MEZ −9 Stunden.

Michael Pacher, Der heilige Ambrosius. Rechter Innenflügel des Kirchenväteraltars aus dem Augustiner-Chorherren-Stift Neustift (1483 vollendet). München, Alte Pinakothek

Pacini [italien. paˈtʃiːni], Filippo, * Pistoia 25. Mai 1812, † Florenz (?) 9. Juli 1883, italien. Anatom. - Prof. in Florenz; entdeckte 1835 die - bereits 1717 von A. Vater gesehenen - ↑Vater-Pacini-Körperchen; weitere histolog. Untersuchungen u. a. über Veränderungen der Darmschleimhaut bei der Cholera (wobei er noch vor R. Koch Bakterien beschrieb).

P., Giovanni, * Catania 17. Febr. 1796, † Pescia 6. Dez. 1867, italien. Komponist. - Ab 1837 herzogl. Kapellmeister in Lucca; neben G. Donizetti und V. Bellini einer der erfolgreichsten italien. Opernkomponisten, u. a. „Saffo" (1840), „Medea di Corinto" (1843).

Pacino, Al[fred] [engl. pɛtˈʃino], * New York 25. April 1940, amerikan. Schauspieler. - 1969 Broadwaydebüt; sein temperamentvoll-aggressives, auch in ruhigen Szenen energ. Spiel in den Filmen „Der Pate" (1971/1974), „Serpico" (1973), „Hundstage" (1975), „Revolution" (1985) machte ihn weltberühmt.

Packard, Vance [engl. ˈpækɑːd, ˈpækəd], * Granville Summit (Pa.) 22. Mai 1914, amerikan. Publizist. - Urspr. Journalist und Kolumnist; veröffentlichte zahlr. populärsoziolog. Bücher, u. a. „Die geheimen Verführer" (1957), „Die unsichtbaren Schranken" (1959), „Die große Verschwendung" (1960), „Die sexuelle Verwirrung" (1968), „Die ruhelose Gesellschaft" (1972), „Die große Versuchung" (1977), „Our Endangered Children" (1983).

Packeis, zusammen- und übereinandergeschobene Eisschollen.

Packung, in der *Medizin* Umschlag mit kalten oder warmen, trockenen oder feuchten Tüchern oder mit einem breiförmigen Wärmeträger (z. B. Lehm). P. führen v. a. zu einer Durchblutungssteigerung der Haut. Sie werden u. a. bei rheumat. Erkrankungen, Hautkrankheiten und Stoffwechselleiden angewendet.

Packungsdichte (Bauelementendichte), in der Elektronik Bez. für die Anzahl der elektron. Bauelemente je cm^3 einer miniaturisierten Schaltung.

Pacta sunt servanda [lat. „Verträge sind einzuhalten"], Grundsatz der Vertragstreue des nachklass. röm. Rechts, durch den der Grundsatz der Unverbindlichkeit des ↑Pactum aufgegeben wurde. Unter dem Einfluß der ma. Kanonistik und des modernen Naturrechts gewann dieser Grundsatz v. a. für das Völkerrecht große Bedeutung.

Pactum (Mrz. Pacta; Pactio) [lat. „Vereinbarung"], im klass. röm. Recht im Ggs. zum formstrengen Vertrag (Contractus) die formlose, grundsätzl. nicht einklagbare Verabredung.

Pädagogik [zu griech. paidagōgikḗ (téchnē) „(Kunst) der Erziehung"], Sammelbez. für eine Reihe unterschiedl. wiss., philosoph. und konkret handlungsorientierter Disziplinen, deren gemeinsamer Gegenstand das soziale

Pädagogik

Handeln Erziehen ist. Als Wiss. von der Erziehung hat die P. auf krit. rationale Weise zu ermitteln, was Erziehung und Bildung besagen, um die Erziehungswirklichkeit möglichst umfassend darzustellen.
Neuere Klassifikationsversuche der Hauptrichtungen der P. (oder auch Erziehungswiss.) unterscheiden nach wissenschaftstheoret. Gesichtspunkten folgende Positionen: Die **normative Pädagogik** geht von einem außerhalb ihrer selbst begründeten eth., religiösen oder konventionellen Normensystem (Wertgefüge) aus oder erarbeitet selber Normen und Werte; sie vereinigt Erziehungspraxis, Erziehungslehre sowie Erziehungswiss. u. wendet weltanschaul. bedingte Erziehungsmaßnahmen an, die sie theoretisiert und zu einem System zusammenfaßt. Für die **geisteswissenschaftl.** oder **hermeneut. Pädagogik** ist unter der Voraussetzung der Geschichtlichkeit und damit Veränderbarkeit und Relativität allen pädagog. Denkens und Handelns ein zeitlos gültiges pädag. System nicht mehr denkbar. Um die aktuelle, geschichtl. gewordene Erziehungspraxis in Sinn, Struktur und Bedingtheit zu verstehen und das pädag. Handeln anleiten zu können, werden mittels histor.-hermeneut. Interpretation relevanter Texte die aus der Geschichte tradierten und in der Gegenwart nachwirkenden pädag. Ideen rekonstruiert, um durch die „reflexion engagée" (Flitner) der unmittelbaren Erziehungswirklichkeit Ziele und Normen pädagog. Handelns zu gewinnen. Die **erfahrungswissenschaftl.** oder **empir. Pädagogik** will mit Hilfe eines differenzierten Instrumentariums (Beobachtungen, Interviews, statist. Erhebungen, Experimente, Tests) intersubjektiv überprüfbare Erkenntnisse gewinnen, die Erziehungswirklichkeit beschreiben und erklären sowie hieraus Prognosen über pädag. Phänomene formulieren. Die in der Nachfolge der krit. Theorie der Frankfurter Schule entwickelte **krit. emanzipator. Pädagogik** weist durch ideologiekrit. Fragestellung die Verflochtenheit und Bestimmtheit pädag. Denkens und Handelns, pädag. Institutionen und der P. selbst in den jeweiligen gesellschaftspolit. und ökonom. Verhältnissen und daraus resultierenden Abhängigkeiten und Zwängen auf. Emanzipation, d. h. Freiheit und Selbstbestimmung des jungen Menschen stehen (ebenso wie bei der geisteswiss. P.) im Mittelpunkt, doch wird gezeigt, daß deren Trennung von pädagog. und gesellschaftl.-polit. Fragestellungen zur Ideologie, zum falschen Bewußtsein führt, so die wechselseitige Bedingtheit, die „Dialektik individueller und gesellschaftl. Emanzipation" (Klafki) außer acht gelassen wird (deshalb auch **dialekt. Pädagogik** gen.). Ansätze einer aus der Kritik an antiautoritären Erziehungskonzeptionen und an idealist. Begründungszusammenhängen bürgerl. Bildungsvorschläge hervorgegangenen, sich auf die Marxsche Gesellschaftsanalyse beziehenden **materialist. Pädagogik** in der BR Deutschland thematisieren mit der „Polit. Ökonomie des Ausbildungssektors" die ökonom.-polit. Bedingungen, durch die der institualisierte Bildungs- und Erziehungsprozeß seine „kapitalist." Ausrichtung erfährt; Form und Inhalt der Ausbildung werden ausschließl. als Ergebnis des Entwicklungsstandes der Produktivkräfte gedeutet (Erziehung und Bildung als „Integration in den gesellschaftl. Reproduktionsprozeß"; J. Gröll).
Die Vielfalt pädagog. Tätigkeit hat zu einer Differenzierung der pädagog. Praxis und zu zahlr. Sondergebieten der P. geführt. Pädagog. Lehr- und Forschungsgebiet ist die **Schulpädagogik** als Berufswiss. des Lehrers, die sich im Zusammenhang mit der Akademisierung der Lehrerbildung neben der allg. P. entwickelte. Ihr Gegenstand sind allg. Didaktik und Methodik (heute auch Unterrichtsforschung gen.), Gymnasialpädagogik, Rechts-, Verwaltungsform und Organisationsstruktur der Schule sowie deren Stellung in der Gesellschaft. **Berufs- und Wirtschaftspädagogik** dient (zus. mit der **Arbeitspädagogik**) in Theorie und Praxis der Vorbereitung auf eine berufl. Tätigkeit in der modernen Arbeits- und Wirtschaftswelt. **Sozialpädagogik** hat die außerfamiliäre und außerschul. Erziehung und Bildung zur Aufgabe. Ihr Ausgangspunkt ist heute der Ansatz, daß die traditionellen Erziehungsinstitutionen Familie und Schule nicht mehr ausreichen, um genügend Hilfestellungen für das Hineinwachsen in die differenzierte und mit ihren vielfältigen Institutionen und Normen unüberschaubar gewordene moderne Industriegesellschaft zu geben. Gesellschaftl. Widersprüche und Konflikte sollen jedoch durch die sozialpädagog. Arbeit nicht entschärft, verharmlost oder unterdrückt werden; vielmehr soll der Lernende die Widersprüchlichkeit, die Interessengebundenheit gesellschaftl. Wirklichkeit erkennen und dazu befähigt werden, seine eigenen Interessen durchzusetzen. Tätigkeitsfelder sind Vorschulerziehung, Vormundschaftswesen, außerschul. Jugendarbeit, Arbeit mit schwierigen Kindern und Heranwachsenden, Eltern- und Altenarbeit, Gemeindewesenarbeit, Resozialisierung und Rehabilitation. Vorschulerziehung i. w. S. ist die **Frühpädagogik**, Erziehung des Kindes von der Geburt an bis zum Schuleintritt. Sie beschäftigt sich v. a. mit Fragen der Fremdbetreuung (Tagesmutter) und der Adoption, der Unsicherheit der Eltern über Erziehungsziele und -methoden, dem Problem der berufstätigen Mutter eines Kleinkindes und sonstigen familienpolit. Maßnahmen. **Erwachsenenpädagogik** ist als Wiss. der Erwachsenenbildung eine Teildisziplin der Erziehungswiss.; ihre Aufgabe ist die Erarbeitung einer empir. fundierten Theorie des Lehrens und Lernens in der 2. Bildungs-

pädagogische Hochschulen

phase († auch Erwachsenenbildung). Die **Freizeitpädagogik** als erziehungswiss. Teildisziplin erforscht Grundlagen von Lernprozessen, in denen das Individuum in Auseinandersetzung mit seiner freien Zeit befähigt werden soll, „freier gegenüber Zwängen zu werden, sich eine größere Unabhängigkeit und individuelle Beweglichkeit (Mobilität) zu sichern, seine Wahl- und Entschlußmöglichkeiten in allen Lebensbereichen (Familie, Beruf, Gesellschaft, Politik, Kultur) wahrzunehmen und aktiv an der Gestaltung der Umwelt mitzubestimmen und mitzuwirken" (H. W. Opaschowski). **Sonderpädagogik** (auch **Heilpädagogik**) ist die Theorie und Praxis der Erziehung, Unterrichtung und Sozialhilfe bei Kindern, Jugendlichen und Erwachsenen, die als behindert angesehen werden und bes. Förderung zum Ausgleich dieser Behinderung bedürfen. Die Maßnahmen zielen auf eine planmäßige und lebenslang nachgehende Sorge durch Sondererziehung und -unterricht in Verbindung mit ärztl. und sozialen Hilfen zur nachhaltigen Besserung des körperl.-seel. Gesamtzustandes des behinderten Menschen sowie seines sozialen Verhaltens, um eine seinen Möglichkeiten entsprechende soziale Eingliederung zu bewirken.
Geschichte: Die für das Abendland früheste Form einer P. findet sich in der griech.-röm. Antike. Die Sophisten entwickelten eine Reihe von Lehrgegenständen, die von Isokrates und Platon als Propädeutik übernommen wurden und durch röm. Vermittlung in Gestalt der Artes liberales den Unterricht an der ma. Artistenfakultät bestimmt haben. Erste Ansätze einer selbständigen pädagog. Fachdisziplin begegnen im 17. und 18. Jh. in Form didakt.-method. Fragestellungen (v. a. J. A. Comenius). Während der Aufklärung (ab 1700) verlagerte sich der Schwerpunkt von der Unterrichtslehre zur eigtl. Erziehungsfrage (J. Locke, J.-J. Rousseau); unter deren Eindruck entstand in der 2. Hälfte des 18. Jh. im Philanthropismus eine wirksame pädagog. Reformbewegung, die für eine vernünftignatürl. Erziehung der Kinder eintraten (kindgeeignete Unterrichtsgestaltung nicht nur in geistigen Fächern, sondern auch in prakt. Arbeiten). Die klass.-idealist. Epoche entwickelte eine differenzierte Lehre von der allseitig und harmon. gebildeten Persönlichkeit, wobei der Mensch u. a. in der Begegnung mit der klass. griech. Kultur seine Individualität zu entwickeln hatte (insbes. bei J. H. Pestalozzi, J. G. Herder, Goethe und den Neuhumanisten W. von Humboldt). Die Ansätze Pestalozzis wurden für die Kleinkind- und Volksschulerziehung v. a. von A. Diesterweg, F. Fröbel und J. F. Herbart weitergeführt, der dazu dieser Zeit wirksamste System einer wiss.-method. begr. P. schuf (Herbartianismus). Dessen Konzeption, Ethik und Psychologie zu Grundwiss. der P. zu machen, hatte zu Beginn des 20. Jh. dazu geführt, daß sich die wiss. P. in eine spekulativ verfahrende normative P. (v. a. E. Kerschensteiner und E. Spranger) und eine psycholog. begr. experimentell oder deskriptiv (phänomenolog.) verfahrende empir. P. spaltete. Eine Ergänzung bildete die geisteswiss. (hermeneut.) P.; sie wurde entscheidend mitgetragen durch die sich von 1900 an in Deutschland und in anderen Ländern ausbreitende **Reformpädagogik** mit ihrer dreifachen Stoßrichtung als Arbeitsschulbewegung, Kunsterziehungsbewegung und als Pädagogik vom Kinde aus. Sie führte zur inneren und äußeren Schulreform, dem Aufbau eines Erwachsenenbildungswesens und zu Reformen in der Jugendpflege und in anderen sozialpädagog. Aufgabenbereichen. In Deutschland wurden diese Ansätze sowie jegliche pädagog. Forschung durch den NS zunichte gemacht. Nach 1945 gab es in der BR Deutschland neben der philosoph.-krit. Grundlagenforschung u. a. die Ansätze der dialekt.-reflexiven P. (T. Litt, W. Klafki) und der transzendentalkrit. P. (W. Fischer, J. Ruhloff); die phänomenolog. Richtung wurde u. a. von O. F. Bollnow weitergeführt; mit Beginn der 1960er Jahre gewann die empir. pädagog. Forschung Vorrang; ihr steht die 1972 begr. krit. emanzipator. P. (K. Mollenhauer, H. Blankertz, W. Klafki, K. Schaller) gegenüber, die jedoch heute zunehmend von normativen Strömungen verdrängt wird.

📖 *Brezinka, W.: Erziehung in einer wertunsicheren Gesellschaft. Mchn. 1985. - Natrop, P.: P. u. Philosophie. Paderborn ²1985. - Scheibe, W.: Die Reformpädagog. Bewegung 1900–1932. Weinheim ⁹1984. - Wörterb. der Erziehung. Hg. v. C. Wulf. Mchn. 1984. - Braun, W.: Einf. in die P. Bad Heilbrunn ³1983. - Gugel, G.: Erziehung u. Gewalt. Waldkirch 1983. - Khan, W.: Erziehung. Dt. Übers. Bln. ³1982. - Löwisch, D. J.: Einf. in die Erziehungsphilosophie. Darmst. 1982. - Petri, H./Liening, H.: Erziehung. Bochum 1981. - Weimer, H./Schöler, W.: Gesch. der P. Bln. ⁴1981. - Aspekte praxisbezogener P. Festschr. f. Karl Wolf. Hg. v. G. Schermaier u. a. Salzburg 1980. - Ritzel, W.: Philosophie u. P. im 20. Jh. Darmst. 1980. - Erziehungswiss. der Gegenwart. Prinzipien u. Perspektiven moderner P. Hg. v. K. Schaller. Bochum 1979. - Rössner, L.: Einf. in die analyt.-empir. Erziehungswiss. Freib. 1979.*

pädagogische Hochschulen (erziehungswiss. Hochschulen), Einrichtungen zur Ausbildung der Grund- und Hauptschullehrer (auch Realschullehrer) bis zur 1. Lehramtsprüfung. Die p. H. der BR Deutschland wurden als Nachfolgeeinrichtungen der seit 1926 entstandenen pädagog. Akad. der Weimarer Zeit geschaffen. Sie wollen ihrer Zielsetzung nach sowohl dem wiss. Denken verpflichtet als auch berufsbezogene Hochschule sein. Studienschwerpunkte bilden 1. die sog. Grundwiss. (allg. Pädagogik, Schulpädago-

Paderborn

gik, pädagog. Psychologie, pädagog. Soziologie, Politologie, Philosophie, z. T. auch Theologie); 2. die fachwiss. und fachdidakt. Behandlung der Schulfächer bzw. von Fächergruppen; 3. die pädagog. Praktika, die vorwiegend der Unterrichtserfahrung dienen. Die weitere Ausbildung erfolgt an den Grund-, Haupt- und Realschulen († auch Lehrer).

pädagogische Psychologie, Forschungsrichtung der angewandten Psychologie bzw. Pädagogik. In ihrem spezif. Arbeitsbereich bemüht sich die p. P., Gesetze und Bedingungen der Erziehungs- und Unterrichtsprozesse aufzudecken. Folgl. ist das zentrale Anliegen der p. P. die Erforschung des menschl. Lernens und seiner Ziele in und außerhalb schul. Institutionen. Forschungsaktivitäten, die auf die Bedingungen des menschl. Lernprozesses in Unterricht und Erziehung abzielen, werden unter den Aspekten 1. der Sozialisation (z. B. Eltern-Kind- bzw. Lehrer-Schüler-Interaktionen), 2. der Innovation (z. B. Vorschulförderungsprogramme, Curriculumentwicklung, Medienforschung) und 3. der Lernkontrolle (diagnost. Verfahren, neben normbezogenen Tests in neuerer Zeit auch lernzielorientierte Tests) aufgenommen.

pädagogische Soziologie, zentraler Bereich der modernen Bildungsforschung; untersucht die Abhängigkeit pädagog. und/oder allg. erzieher. und persönlichkeitsbildend wirkender Inhalte, Prozesse, Methoden und Institutionen von gesellschaftl. Umwelteinflüssen sowie die Auswirkungen und Ergebnisse pädagog.-erzieher. Handelns auf die Gesellschaft.

Padang, Hafenstadt an der SW-Küste Sumatras, Indonesien, 480 900 E. Verwaltungssitz der Prov. Westsumatra; kath. Bischofssitz; Univ. (gegr. 1956), landw. Forschungsinst., Handelszentrum der Küstenebene und des gebirgigen Hinterlandes. Der Hafen liegt 6 km südl.; Eisenbahnendpunkt, ✈.- Seit 1663/80 niederl. Handelsposten; 1781–84 und 1795–1819 britisch.

Padaung, Stamm der Karen in Birma; bekannt durch die Sitte, den Mädchen in früher Kindheit spiralförmigen Halsschmuck aus Gold oder Messing anzulegen, der mit zunehmendem Wachstum durch immer längere Spiralen ersetzt wird.

Paddel [engl.], zum Fortbewegen kleiner Wasserfahrzeuge (v. a. von Kanus oder P. booten) dienendes, mit beiden Händen frei (ohne Auflagerung) geführtes Gerät mit geradem oder schaufelförmigem Blatt an einem Ende (*Einblatt-P.;* mit Krückengriff beim *Stech-P.* [für Kanadier]) oder an beiden Enden (*Doppel[blatt]-P.* [für Kajaks]) eines längeren, griffstarken Schaftes.

Paddock [ˈpɛdɔk; engl.], Laufgarten (Auslauf; bes. für Pferde), der an den Einzelstall anschließt.

Paddy [ˈpɛdi; malai.-engl.], noch bespelztes Reiskorn.

Päderastie [griech.] (Knabenliebe), pädophile Sonderform der †Homosexualität als erot. bis genital-sexuelle Beziehung zw. einem erwachsenen, reifen Mann und einem Knaben im Entwicklungsstadium der Pubertät.

Paderborn, Krst. im sö. Teil der Westfäl. Bucht, NRW, 94–370 m ü. d. M., 109 800 E. Kath. Erzbischofssitz; Päpstl. Theolog. Fakultät, Gesamthochschule, Abteilung P. der Kath. Fachhochschule Nordrhein-Westfalen; Handels-, Versorgungs- und Verarbeitungszentrum, Maschinenbau, Metallverarbeitung, elektron., Kunststoffind., Stahlwerk; ✈.

Geschichte: Urspr. sächs. Siedlung; nach Eroberung durch Karl d. Gr. 777 Schauplatz mehrerer Reichstage sowie einer Reichssynode; um 806 Bischofssitz. 1239 erstmals als Stadt, Ende des 13. Jh. als Hansestadt bezeugt; ab 1525 mehrere Aufstände gegen den Bischof; im 16. Jh. zeitweilig überwiegend prot., 1601–04 gewaltsam rekatholisiert, 1802–07, endgültig 1813 an Preußen.

Bauten: Frühgot. Dom (v. a. 13. Jh. mit Teilen der Vorgängerbauten des 11. und 12. Jh.; barockisiert im 17. Jh.) mit roman. Krypta; byzantin.-roman. Bartholomäuskapelle (um 1017); roman. Abdinghofkirche (ehem. Klosterkirche; 11. und 12. Jh.), roman.-got. Busdorfkirche (11.–13. Jh.), Gaukirche (12. Jh. mit roman. Wandmalerei); frühbarockes Rathaus (1613–20); Fachwerkhäuser (16.–18. Jh.). Auf der N-Seite des Doms Rekonstruktion der

Paderborn.
Lageplan der karolingisch-ottonischen Kaiserpfalz

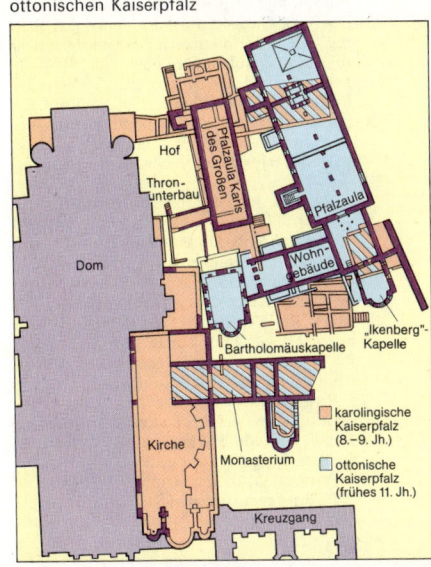

Paderborn

karoling.-otton. Kaiserpfalz; Reste der Stadtbefestigung; im Ortsteil Neuhausen ehem. Residenzschloß (14.–18. Jh.) der Fürstbischöfe.

P., Kreis in Nordrhein-Westfalen.

P., Erzbistum, ehem. Fürstbistum; um 806 zum Bistum erhoben und der Mainzer Kirchenprov. eingegliedert. Erwerb fast aller Grafenrechte in der Diözese durch Meinwerk (1009–36), den bedeutendsten Bischof von P. im MA. Nach der Niederlage der Kölner Erzbischöfe in der Schlacht bei Worringen (1288) Ausbau eines geschlossenen Territoriums zu beiden Seiten des Eggegebirges. Der Übergang zum Luthertum unter Bischof Erich von Braunschweig-Grubenhagen (1508–32) wurde unter Bischof Dietrich von Fürstenberg 1601–04 rückgängig gemacht. Seit seiner Aufhebung 1803 gehörte das Fürststift zu Preußen (1807–13 zum Kgr. Westfalen). - Das heutige Erzbistum P. wurde durch die Bulle „Pastoralis officii Nostri" vom 13. Aug. 1930 zur Metropole der mitteldt. Kirchenprovinz mit den Suffraganen Fulda und Hildesheim erhoben; das seit 1827 zu P. gehörende Kommissariat Magdeburg erhielt 1949 einen eigenen Generalvikar, der zugleich Weihbischof wurde (seit 1973 Apostol. Administratur); P. verlor 1958 einige Dekanate an das neugegr. Bistum Essen. - ↑ auch katholische Kirche (Übersicht).

Paderewski, Ignacy Jan, * Kuryłówka (Woiwodschaft Rzeszów) 18. Nov. 1860, † New York 29. Juni 1941, poln. Pianist, Komponist und Politiker. - Unternahm nach dem Studium der Musik in Warschau, Berlin und Wien (1878–86) als einer der bedeutendsten Klaviervirtuosen seiner Zeit Konzertreisen in Europa und in den USA. Trat als Vertreter des Poln. Nat.komitees, der damaligen Exilreg., 1917/18 erfolgreich für die Wiedererrichtung eines unabhängigen Polen ein. 1919 poln. Min.präs. und Außenmin., 1920/21 Vertreter Polens beim Völkerbund, 1940/41 Vors. des poln. Exilparlaments. Er komponierte u. a. eine Oper („Manru", 1901) und Klavierwerke.

Pädiatrie [griech.], svw. ↑ Kinderheilkunde.

Padilla, Juan de [span. paˈðiʎa], * Toledo 1490, † Villalar (Prov. Valladolid) 24. April 1521, span. Volksführer. - Stadtrat in Toledo; Führer der ↑ Comuneros in der Schlußphase des Aufstands 1520/21; bei Villalar besiegt und hingerichtet. Unter Leitung seiner Frau **María de Pacheco** († 1531) kämpfte Toledo noch fast ein Jahr weiter. Als „Söhne des P." bezeichnet sich der Geheimbund „Confederación de Caballeros Comuneros".

Padischah [pers. „Großherr"], pers. Fürstentitel, etwa dem dt. „Kaiser" entsprechend, wurde v. a. von Herrschern türk. Herkunft und den Mogulkaisern geführt.

Padma, Mündungsarm des ↑ Ganges.

Padmasambhawa [Sanskrit „der aus einem Lotus Geborene"] (tibet. Pad-ma ʼbyuṅ gnas), ind. Gründer des Lamaismus. - Um den Buddhismus gegen die einheim. Bon-Religion durchzusetzen, schuf P. im 8. Jh. eine synkretist., dem Tantrismus verpflichtete und mit mag. Praktiken durchsetzte Lehre und wirkte bei der Gründung des ersten Klosters Samye mit.

Pädophilie [griech.], erot. bzw. sexuelle Neigung zu Kindern oder Jugendlichen beiderlei Geschlechts.

Padouk [paˈdaʊk; birman.-engl.] (dauk), hellrotes bis dunkelbraunrotes, oft farbig gestreiftes, dauerhaftes, z. T. sehr hartes Edelholz von Arten des Flügelfruchtbaums in W-Afrika und Asien.

Padova, italien. Name von Padua.

Padovana [italien., nach der Stadt Padua] (Paduana, Padoana), seit etwa 1600 soviel wie ↑ Pavane. Von etwa 1550–1600 bezeichnet P. einen im Unterschied zur Pavane schnellen [Nach]tanz im Dreiertakt.

Padre [italien. und span., zu lat. pater „Vater"], Titel der [Ordens]priester in Italien und Spanien.

Padua, italien. Stadt 35 km westl. von Venedig, Venetien, 12 m ü. d. M., 229 200 E. Hauptstadt der Prov. P.; kath. Bischofssitz; Univ. (gegr. 1222), Kunstakad., botan. und literaturwiss. Inst., Observatorium, Museen, Gemäldegalerien, Bibliotheken, Archive; ältester europ. botan. Garten. Markt für landw. Produkte, mehrere Messen, Maschinen- und Kfz.bau, Nahrungsmittel- und Lederind.; Wallfahrten zum Grab des hl. Antonius.

Geschichte: Das antike Patavium, der Sage nach von dem Trojaner Antenor 1184 v. Chr. gegr., war eine Stadt der Veneter; erste histor. Erwähnung 301 v. Chr. bei Titus Livius, der hier 59 v. Chr. geboren wurde; seit 49 v. Chr. röm. Munizipium; Zerstörungen durch Langobarden (601) und Ungarn (9. Jh.); von Kaiser Otto I., d. Gr., zur Gft. erhoben; als Stadtrepublik 1164 wieder unabhängig; seit der Stauferzeit ein Zentrum von Wiss. und Kunst; gehörte 1405–1797 zu Venedig, danach zu Österreich, kam 1866 mit Venetien zu Italien.

Bauten: 1547 ff. wurde der Dom im Renaissancestil neu errichtet, roman. ist das Baptisterium (1260). Neben den Ruinen eines röm. Amphitheaters die ↑ Arenakapelle. Il Santo, Grabkirche des hl. Antonius (1232 ff.), ist eine Bettelordenskirche, bekrönt von sieben Kuppeln im venezian.-byzantin. Stil, Hochaltar von Donatello (später verändert). In der Eremitenkirche (1276 ff.) Freskenzyklus von Mantegna (1448–56, im 2. Weltkrieg stark beschädigt, restauriert). Palazzo della Ragione mit Loggien (12.–14. Jh.); vor dem Santo das Reiterstandbild des Gattamelata von Donatello (1447–53).

Paduana ↑ Padovana.

Padus, lat. Name des Po.

Paella [paˈɛlja; span., zu lat. patella „Schüssel"], Gericht aus Reis, verschiedene

Fleischarten, Meeresfrüchten, Gemüsen und Gewürzen.

Paenula [lat.], röm. Übergewand nordalpin. Herkunft; rund geschnitten, mit Ausschnitt für den Kopf versehen.

Paeonia [pɛˈoːnia; griech.], svw. ↑ Pfingstrose.

Paer, Ferdinando [italien. ˈpaːer], * Parma 1. Juni 1771, † Paris 3. Mai 1839, italien. Komponist. - Komponierte etwa 50 Opern (daneben Oratorien, Messen, Kantaten, Instrumentalwerke), in denen er verschiedene Stilrichtungen der Zeit aufgreift (Einflüsse u. a. von D. Cimarosa, Mozart und Beethoven), u. a. „I pretendenti burlati" (1793), „Camilla" (1799), „Leonora o l'amore coniugale" (1804, der Fidelio-Stoff).

Paesiello, Giovanni [italien. paeˈzjɛllo] ↑ Paisiello, Giovanni.

Paestum (Pästum) [ˈpɛstʊm, ˈpɛːstʊm], antike Ruinenstätte in Kampanien, Italien, 35 km sö. von Salerno. Das griech. **Poseidonia** wurde wohl in der 1. Hälfte des 7. Jh. v. Chr. (sicher vor 530) von Sybaris gegr.; nach Eroberung durch die Lukaner um 400 **Paistos** gen.; erhielt, von den Römern erobert, 273 als P. den Status einer Kolonie latin. Rechts; nach dem 2. Pun. Krieg Munizipium; Bistum um 600 n. Chr. (vielleicht schon seit dem 5. Jh.; bis heute Titularbistum); 871 von den Sarazenen erobert, im 11. Jh. von den Normannen zerstört; im 18. Jh. wurden die Ruinen wiederentdeckt, Ausgrabungen stießen auf neolith. und bronzezeitl. Siedlungsspuren. Der gut erhaltenen Stadtmauer (frühes 3. Jh. v. Chr.) von 4 500 m Länge mit 4 Toren und 28 Türmen waren ein Glacis von 6,50 m Breite und ein 20 m breiter und 7 m tiefer Wassergraben vorgelagert. Bed. sind 3 gut erhaltene dor. Tempel: im S 2 Heratempel, die sog. Basilika (6. Jh. v. Chr.) und der sog. Poseidontempel (5. Jh. v. Chr.), im N ein Athena-Minerva-Tempel (sog. Cerestempel; Ende des 6. Jh. v. Chr.); außerdem u. a. Freilegung des zentralen Forums mit Kapitolstempel (3.–1. Jh.) und öffentl. Gebäuden, der Wohnviertel sowie seit 1968 von Steinkistengräbern mit griech. (5. Jh. v. Chr.) und lukan. Malereien; bed. Museum. - Abb. S. 206.

📖 *Krauss, F.: P. - Die griech. Tempel.* Bln. ⁴*1978. - Krauss, F./Herbig, R.: Der korinth. dor. Tempel am Forum v. P.* Bln. *1939. Nachdr. 1978.*

Páez, José Antonio [span. ˈpaes], * bei Acarigua 13. Juni 1790, † New York 7. Mai 1873, venezolan. General und Politiker. - Indian. Herkunft; kämpfte zunächst auf span. Seite, ab 1814 auf Seite der Aufständischen unter S. Bolívar. 1830 erreichte er die Unabhängigkeit Venezuelas vom großkolumb. Staat; 1831–35 und 1839–43 Präs. der Republik; lebte nach zwei vergebl. Staatsstreichen (1848/49) in den USA; 1861 nochmals zum Präs. gewählt, 1863 endgültig vertrieben.

Pafos ↑ Ktima.

Pag, jugoslaw. Adriainsel vor der Küste Kroatiens, durch den Morlakenkanal vom Festland getrennt (Brücke), 60 km lang, 2–10 km breit, durch zahlr. Buchten in Halbinseln gegliedert; bis 348 m hoch; rd. 10 000 E.

Pagalu (früher Annobón), vulkan. Insel im Golf von Guinea, Äquatorialguinea, 17 km², bis 750 m hoch.

pagan [lat.], heidnisch.

Pagan, Dorf in Z-Birma, Prov. Mandalay, am linken Ufer des mittleren Irawadi, 170 km sw. von Mandalay, etwa 2 800 E. - Bedeutendste histor. Stätte in Birma, 847 gegr., ab 1044 als **Pukan** Hauptstadt des ersten birman. Reichs; 1287 durch die Mongolen zerstört. Über 800 Kultbauten aus mit einer Stuckschicht überzogenen Ziegelmauerwerk sind z. T. noch gut erhalten, u. a. die als Nationalheiligtum geltende Shwezigonpagode (zw. 1059 und 1110), die Shwehsandōpagode (um 1060), der 50 m hohe, um 1105 erbaute Nandatempel (Anandatempel), der über 71 m hohe Thatbyinnyutempel (um 1155) sowie der unvollendete Dhammayangyitempel (um 1160), der größte Tempel von P.; 1975 schwere Erdbebenschäden.

Paganini, Niccolò, * Genua 27. Okt. 1782, † Nizza 27. Mai 1840, italien. Violinist und Komponist. - Erlernte das Violinspiel hauptsächl. autodidakt., feierte als „Teufelsgeiger" Triumphe in ganz Europa und gilt als der größte Geiger aller Zeiten. Von seinen Werken blieben u. a. die Violinkonzerte in D-Dur und h-Moll, E-Dur, „24 Capricci per violino solo" (1820), Sonaten für Violine und Gitarre sowie Variationen lebendig.

Paganismus [mittellat.], svw. Heidentum; i. e. S. Bez. für heidn. Bestandteile im Christentum.

Page [pɛɪdʒ], „Hot Lips", eigtl. Oran Thaddeus P., * Dallas 27. Jan. 1908, † New York 5. Nov. 1954, amerikan. Jazzmusiker (Trompeter und Sänger). - Halbbruder von Walter P.; trat in 1930er Jahren v. a. in den Big Bands von B. Moten und Count Basie hervor; stilist. von L. Armstrong beeinflußt.

P., Robin, * London 1932, kanad. Maler und Objektkünstler. - Lebt seit 1970 in Deutschland. Seine Objekte und Bilder transponieren alltägl. Situationen in neue Sinn- und Erlebnisbereiche.

P., Walter, * Gallatin (Mo.) 9. Febr. 1900, † New York 20. Dez. 1957, amerikan. Jazzmusiker (Kontrabassist). - Halbbruder von „Hot Lips" P.; gehörte 1935–48 der Band Count Basies an, in der er - mit dem Gitarristen F. Green (* 1911) und dem Schlagzeuger Jo Jones - eine der berühmtesten Rhythmusgruppen des Swing bildete (sog. „All American Rhythm Section").

Page [frz. ˈpaːʒə], Edelknabe im Dienst einer Herrschaft. Im MA war der P.dienst die Vorbereitungsschule des Rittertums. Die

an vielen Höfen vorhandenen Pageninstitute (**Pagerie**; z. B. in München 1514–1918) gingen z. T. in Kadettenanstalten auf.
♦ im Hotel- und Gaststättengewerbe junger, uniformierter [Hotel]diener.

Pagel, Julius Leopold, *Pollnow bei Schlawe i. Pom. 29. Mai 1851, † Berlin 31. Jan. 1912, dt. Medizinhistoriker. - Arzt; ab 1898 auch Prof. in Berlin; veröffentlichte u. a. ein „Biograph. Lexikon hervorragender Ärzte des 19. Jh." (1901) und gab (mit M. Neuburger) das von T. Puschmann begründete „Handbuch der Geschichte der Medizin" (1902–05) heraus.

Pagenkopf [ˈpaːʒən], Bez. für eine Mitte der 20er Jahre aufgekommene kurze Damenfrisur, bei der das Haar waagrecht geschnitten ist (Stirn und Ohren sind bedeckt).

Paget-Krankheit [engl. ˈpædʒɪt, nach dem brit. Chirurgen und Pathologen Sir J. Paget, *1814, †1899] ↑Knochenkrankheiten.
♦ Krebsekzem der Brust und der Brustwarze bei Frauen.

Pagina [lat.], Abk. p., pag., Buchseite, Blattseite; **paginieren,** mit Seitenzahlen versehen.

Pagnol, Marcel [frz. paˈɲɔl], *Aubagne 28. Febr. 1895, † Paris 18. April 1974, frz. Schriftsteller, Filmautor und -regisseur. - Verf. humorvoll-satir. Dramen mit genauer Personen- und Milieuschilderung, bes. aus der Welt der Kleinbürger, in bewegten realist. Dialogen, u. a. „Das große ABC" (1928) über Amtsuntreue, Käuflichkeit und Amoral und die im Marseiller Hafenmilieu spielende Dramentrilogie („Marius", 1929; 1931 auch u. d. T. „Zum goldenen Anker"; „Fanny", 1931; „César", 1931), die auch verfilmt wurde. Seit 1933 inszenierte P. zahlr. Filme, wobei er v. a. Themen aus der Provence gestaltete („Die Frau des Bäckers", 1938); 1946 wurde P. Mgl. der Académie française.

Pagode [drawid.], aus dem ind. Stupa entwickelter quadrat. oder vieleckiger Stockwerkbau der buddhist. Kunst mit durch vorspringende Dächer oder vorkragende Gesimse betonten, sich nach oben verjüngenden Geschossen. Als Reliquienschrein und Symbol der übereinander getürmten kosm. Weltebenen unentbehrl. Bestandteil jeder Tempel- und Klosteranlage. Als älteste erhaltene chin. P. gilt die P. auf dem Sung-Shan (Berg osö. von Loyang; etwa 530); bes. berühmt ist die Große-Wildgans-P. (652; erweitert 701–705) in Sian und in Japan die P. des Horiudschi bei Nara (7. Jh.). Auch Sonderformen.

Pago Pago [engl. ˈpaːŋoʊ ˈpaːŋoʊ], Hauptstadt von Amerikan.-Samoa (↑Samoainseln), an der S-Küste der Insel Tutuila, 2500 E. Hafen, Flottenbasis; internat. ✈.

Pagus [lat.], älteste, ländl. Siedlungsform Italiens mit Einzelgehöften und Dörfern, in denen das Zentralheiligtum lag und die Gaugenossen („pagani") zur Erledigung der Selbstverwaltung zusammentraten.
♦ für das MA ↑Gau.

PAH, Abk. für ↑polycyclische aromatische Verbindungen.

Pahang, Gliedstaat Malaysias, im S der Halbinsel Malakka, 35 965 km², 770 600 E (1980), Hauptstadt Kuantan. P. erstreckt sich von der O-Küste bis in die bis 2 189 m hohen zentralen Gebirgsketten. Die am Fluß P. und an der Küste lebenden Malaien betreiben v. a. Selbstversorgungswirtschaft. Die Chinesen arbeiten auf Kautschukpflanzungen und im Bergbau (Zinn-, Eisenerz, Gold). Die wegen ihrer landw. Kulturen (Tee, Gemüse u. a.), Energiegewinnung und als Erholungsgebiet wichtigen Cameron Highlands sind durch eine Straße nur von der W-Küste aus erreichbar. Durch den kaum erschlossenen N führt die Bahnlinie nach Tumpat bei Kota Baharu. - Ab 1888 brit. Protektorat (ab 1895 in Föderation mit Perak, Selangor und Negri Sembilan), das 1948 Teil des Malaiischen Bundes und 1963 Teil Malaysias wurde.

Paestum. Cerestempel (Ende des 6. Jh. v. Chr.)

Paisley

Pahari, Bez. für mehrere, meist schriftlose indoar. Dialekte im Himalajagebiet von Kaschmir bis Nepal. Mitunter wird auch das Nepali zum P. gerechnet.

Pahlawi, Mohammad Resa ↑ Resa Pahlawi, Mohammad.

Pahr, Willibald, * Wien 5. Juni 1930, östr. Politiker. - Seit 1955 im Verfassungsdienst des Bundeskanzleramtes tätig; 1976–83 Bundesmin. für auswärtige Angelegenheiten.

Paian ↑ Päan.

Paideia [griech. „Erziehung"], im alten Griechenland ein Erziehungsprogramm, das v. a. die mus. (geistige), gymnast. (körperl.) und polit. Bildung umfaßte und dessen Bildungsziel die Vollkommenheit des Menschen an Leib und Seele (Kalokagathia) war.

Paignion ↑ Pägnium.

Päijänne [finn. ˈpæjjænnɛ], mittleres der drei großen südfinn. Seensysteme, erstreckt sich von Lahti in nördl. Richtung bis über Jyväskylä hinaus.

Paik, Nam June, * Seoul 20. Juli 1932, korean. Videokünstler. - Lebt in der BR Deutschland; Vertreter der Fluxusbewegung (↑ Fluxus), Mitbegründer der ↑ Videokunst. Er verbindet auf iron. Art westl. Medientechnologie mit der meditativen Philosophie seiner östl. Heimat. Mit Tonbändern, Videofilm und „Skulptur" (Monitore) entstanden „A tribut to John Cage" 1972/73; „TV-Garden", 1974; „Moon ist the oldest TV", 1976; „Großes Video-Environment", 1977.

Pailleron, Édouard [frz. pajˈrõ], * Paris 17. Sept. 1834, † ebd. 20. April 1899, frz. Schriftsteller. - Schrieb Vers- und Prosakomödien (oft Einakter), u. a. „Die Welt, in der man sich langweilt" (1881), eine Satire auf die sog. gebildete Gesellschaft; 1882 Mgl. der Académie française.

Pailletten [paˈjetən; lat.-frz.], glänzende Metallplättchen, die als Applikation auf [elegante] Kleider genäht werden.

Paine (Payne), Thomas [engl. pɛɪn], * Thetford (Norfolk, Großbrit.) 29. Jan. 1737, † New York 8. Juni 1809, brit.-amerikan. Publizist. - 1774 mit B. Franklins Unterstützung nach Amerika emigriert, propagierte der republikan. engagierte Autodidakt mit Flugschriften („Common sense", 10. Jan. 1776, mehr als $1/2$ Mill. Exemplare) die Unabhängigkeitsbestrebungen der Kolonien. Nach Europa zurückgekehrt, verteidigte P. in seinen „Rights of man" (1791) die Frz. Revolution. 1792 frz. Staatsbürger und Abg. für das Dep. Pas-de-Calais im Nationalkonvent; 1793 als Girondist verhaftet, 1794 nach Robespierres Sturz freigelassen; kehrte 1802 nach Amerika zurück; starb verarmt und vergessen.

Painlevé, Paul [frz. pɛ̃lˈve], * Paris 5. Dez. 1863, † ebd. 29. Okt. 1933, frz. Politiker und Mathematiker. - Prof. in Lille und Paris; Arbeiten zur Funktionentheorie, über algebraische Differentialgleichungen und zur analyt. Mechanik. Ab 1910 Abg. in der Deputiertenkammer (Republikaner); März–Nov. 1917 Kriegsmin., Sept.–Nov. 1917 gleichzeitig Min.präs.; bemühte sich um die Überwindung der Krise im Sommer 1917; April–Nov. 1925 erneut Min.präs.; Kriegsmin. 1925–29, Luftfahrtmin. 1930–33 (mit Unterbrechungen).

Painted Desert [engl. ˈpɛɪntɪd ˈdɛzət], Schichtstufen- und Tafellandschaft auf dem Colorado Plateau, am N-Ufer des Little Colorado River, USA, z. T. in Badlands aufgelöst; bed. Fossilienfunde.

Paionios, griech. Bildhauer des 5. Jh. v. Chr. aus Mende (Chalkidike). - Schuf um 420 die herabfliegende Nike (Marmor), die in Olympia auf 9 m hohem Pfeiler vor der Ostfront des Zeustempels stand (Olympia, Archäolog. Museum), Weihegeschenk der Messenier und Naupaktier für ihren Sieg über die Spartaner.

pair [pɛːr; frz. „gerade"], die geraden Zahlen beim Roulett betreffend.

Pair [pɛːr; frz., zu lat. par „gleich"], v. a. mit Gerichtsprivilegien verbundener frz. Ehrentitel, bis 1789 nur für Angehörige des Hochadels. Die **Pairie** entwickelte sich aus der Funktion der Kronvasallen als Urteilsfinder im Fürstengericht. Seit dem Ende des 12. Jh. gab es 6 bzw. 7 geistl. P. und zunächst 6 weltl. Pairs. Das Pariser Parlament fungierte als **Pairsgericht,** wobei die übrigen P. de France als Beisitzer geladen werden mußten. 1789 gab es 38 weltl. Pairien (seit 1506 mit dem Hzg.titel verbunden). In der Frz. Revolution abgeschafft, 1814 neu errichtet. Die vom König entweder auf Lebenszeit oder erbl. ernannten 200 P. bildeten die **Pairskammer,** die als oberster Staatsgerichtshof fungierte, jedoch kein selbständiges polit. Gewicht gewinnen konnte. Die Februarrevolution 1848 beseitigte die Pairskammer; 1851 trat an ihre Stelle der Senat.

Paisa (engl. Pice; dt. Pesa), Bez. für zahlr. Kupfermünzen ind. Staaten seit dem 16. Jh.

Paisiello (Paesiello), Giovanni, * Tarent 9. Mai 1740, † Neapel 5. Juni 1816, italien. Komponist. - Neben mehr als 100 Buffoopern (darunter „Il barbiere di Siviglia", 1782), deren realist. Charakteristik, gekonnte Orchesterbehandlung und Ensembles (Finali) von großer Bed. für Mozart (bes. „Figaro") waren, schrieb P. eine Fülle von Kirchenmusik (v. a. Messen) und Instrumentalwerke (Sinfonien, Klavierkonzerte, Streich- und Klavierquartette).

Paisley, Ian [engl. ˈpɛɪzlɪ], * Ballymena 6. April 1926, nordir. prot. Geistlicher und Politiker. - Wegen seines Kampfes gegen die Erweiterung der polit. Rechte der Katholiken einer der Mitverantwortlichen für die bürgerkriegsähnl. Entwicklung in Nordirland seit 1968/69; seit 1970 Mgl. des brit. Parlaments; seit 1979 Mgl. des Europ. Parlaments.

Paisley

Paisley [engl. 'peızlı], schott. Ind.stadt, 12 km westl. von Glasgow, Region Strathclyde, 84 800 E. Kath. Bischofssitz; techn. College; Museum, Kunstgalerie, Herstellung von Garnen, Kunstfasern, Teppichen, Decken; Schiff-, Maschinenbau, chem., Nahrungsmittel- u. a. Ind.; bei P. liegt der Glasgower ⚓. - Entstand um ein 1163 gegr. Kloster. - Abteikirche (14. und 15. Jh.); Rathaus (1882).

Paissi Chilendarski [bulgar. pa'isij xilɛn-'darski], *in der Eparchie Samokow 1722, † 1798 (?), bulgar. Mönch und Schriftsteller. - Verfaßte 1762 eine slawobulgar. Geschichte in bulgar.-kirchenslaw. Sprache, die den Beginn der neubulgar. Literatur bedeutet.

Paistos † Paestum.

Paitow Shan (Baitoushan; korean. Paektu San), mit 2744 m höchster Gipfel des Tschangpaischan im ostmandschur. Bergland, über den die Grenze zw. China und Nord-Korea verläuft; Vulkankegel mit Kratersee, in dem der Sungari seinen Ursprung hat.

Paiute [engl. par'ju:t], Gruppe von Shoshone sprechenden indian. Wildbeuterstämmen, v. a. in Nevada, USA.

Paiwan, altmalai. Volksstamm im Hochland S-Taiwans; die P. leben von Feldbau, Jagd und Fischerei.

Pajatén [span. paxa'ten], älterer Name der peruan. Ruinenstadt Abiseo.

Pak, Abk. für: **P**anzer**a**bwehr**k**anone.

Pakanbaru, indones. Stadt im Tiefland Z-Sumatras, 186 300 E. Verwaltungssitz der Prov. Riau; Univ. (gegr. 1962); Zentrum des wichtigsten indones. Erdölgebiets; Hafen, ⚓.

Pakas [indian.-span.] (Cuniculinae), Unterfam. großer, kräftiger Nagetiere (Überfam. Meerschweinchenartige) mit den Gatt. **Cuniculus** und **Stictomys**, die mit je einer Art vertreten sind: **Paka** (Cuniculus paca; M- und S-Amerika; Länge 70–80 cm; Schwanz stummelförmig; Fell grob, ohne Unterwolle, braun mit weißl. Fleckenlängsreihen und weißl. Unterseite) und **Bergpaka** (Stictomys taczanowskii); in Hochlagen Venezuelas, Kolumbiens und Ecuadors; der vorigen Art sehr ähnl., jedoch etwas kleiner, mit dichterem Fell).

Pakistan

(Islam. Republik P.), föderative Republik in Südasien, zw. 23°30′ und 36°45′ n. Br. sowie 60°55′ und 75°30′ ö. L. **Staatsgebiet:** Es grenzt im SW an Iran, im W, NW und N an Afghanistan und China, durch den Wakhan von der UdSSR getrennt, im O und SO an Indien, im S an das Arab. Meer. Die Zugehörigkeit von Jammu and Kashmir ist zw. P. und Indien umstritten. **Fläche:** 796 095 km² (ohne den von P. kontrollierten Teil von Kaschmir). **Bevölkerung:** 94,7 Mill. E (1985), 119 E/km². **Hauptstadt:** Islamabad. **Verwaltungsgliederung:** 4 Prov. sowie die Zentralreg. unmittelbar unterstehende Stammesgebiete und der Hauptstadtbez. **Amtssprache:** Urdu, in der Prov. Sind auch Sindhi; Umgangs-, Unterrichts- und Verwaltungssprachen sind außerdem Pandschabi, Belutschisch, Baruhi und Paschtu. **Staatsreligion:** Islam. **Nationalfeiertage:** 23. März und 27. Okt. **Währung:** Pakistan. Rupie (pR) = 100 Paisa (Ps). **Internat. Mitgliedschaften:** UN, Colombo-Plan, GATT. **Zeitzone:** MEZ + 4 Std.

Landesnatur: P. liegt im NW des ind. Subkontinents; fast die Hälfte des Landes besteht aus Gebirgen und Wüsten. Kernraum ist das Industiefland, das sich zw. Himalaja und Arab. Meer über rd. 1 400 km erstreckt. Seinen nördl. Teil bildet der westl. Pandschab; er wird von Salt Range und Potwar Plateau im NW abgeschlossen. Seinen südl. Teil nehmen Flußaufschüttungen des Indus ein, in dem der Strom seinen Lauf ständig verändert. Das Delta des Indus ist rd. 8 000 km² groß. Das Industiefland wird im N und W von Hochgebirgen umrahmt. Im N, im Geb. von Kaschmir, hat P. Anteil am Himalaja (Nanga Parbat 8 126 m ü. d. M.) und Karakorum (K2 8 611 m ü. d. M.). Die westl. Gebirgsumrahmung besteht im N aus schwer zugängl. Gebirgsland. Nördl. des Beckens von Peshawar, von dem aus die wichtige Verkehrsverbindung über den Khaiberpaß nach Afghanistan führt, hat P. Anteil am Hindukusch (Tirich Mir 7 708 m ü. d. M.). Im südl. anschließenden Belutschistan fächern sich die Gebirgsketten auf. Sulaiman Range (bis 3 441 m ü. d. M.) und Kirthar Range (bis 2 096 m ü. d. M.) bilden einen markanten Wall gegen das Industiefland. Im W wird ein abflußloses Becken mit dem Endsee Hamun i Mashkel und der Wüste Kharan von den Chagai Hills und der Siahan Range eingeschlossen. Im sö. Grenzgebiet gegen Indien hat Pakistan noch einen kleineren Anteil an der Wüste Thar.

Klima: Es herrscht Trockenklima mit heißen Sommern und kühlen Wintern. Die jährl. Niederschlagsmengen, die v. a. während des sommerl. SW-Monsuns, in den nördl. Landesteilen auch als Winterregen fallen, steigen von 100–200 mm in der Küstenregion auf etwa 900 mm im nördl. und nw. Gebirgsvorland an. Im Großteil des Industiefland liegen sie unter 250 mm, in Belutschistan unter 200 mm. In den Hochgebirgen sinken die winterl. Temperaturen unter 0 °C. Hohe Luftfeuchtigkeit herrscht nur an der Küste.

Vegetation: Mit Ausnahme der Gebirgswälder herrschen im überwiegenden Teil des Landes Steppen oder wüstenhafte Landschaften mit Dornsträuchern und Akaziengestrüpp vor.

Tierwelt: In den Hochgebirgen des N kommen Leopard, Bär, Steinbock und Wildschaf sowie der selten gewordene Schneeleopard

Pakistan

vor. In den Steppen leben noch Schakal, Fuchs, Wildkatze, Schlangen und Nagetiere, im Indusdelta Krokodile.

Bevölkerung: Das heutige Bev.bild wird geprägt durch die in Jahrtausenden erfolgenden Einwanderungswellen aus dem NW, sowie die der Araber im SO, so daß kein einheitl. Typ, sondern mehrere rass. Typen entstanden. Ethn. Minderheiten leben v.a. in den nw. und westl. Grenzgebieten (Pathanen, Belutschen). Über 97% sind Muslime, daneben gibt es kleinere Gruppen von Hindus, Christen, Parsen u.a. In den Prov. Sind und Punjab, d.h. in den Bewässerungsgebieten des Tieflands, leben rd. 80% der Gesamtbevölkerung. Eine 5jährige Schulpflicht wurde 1975 eingeführt. Noch ist die Analphabetenquote sehr hoch. Hochschulbildung erfolgt an Colleges und den 20 Univ. des Landes. Bes. Probleme sind die hohe Geburtenrate, die starke Abwanderung von Akademikern und Facharbeitern in die Erdölländer Vorderasiens sowie die in P. lebenden Bengalen, die nach Bangladesch zurückgeführt werden sollen und die aus Bangladesch nach P. strebenden Bihari.

Wirtschaft: Wichtigster Zweig ist die Landw.; an Grundnahrungsmitteln werden v.a. Weizen, Kichererbsen und Gerste angebaut, doch reichen die Ernten nicht für den Eigenbedarf aus. V.a. exportorientiert ist der Anbau von Baumwolle, Zuckerrohr, Reis, Sesam- und Leinsamen sowie Tabak. In Belutschistan und den nw. Grenzgebieten werden von den Nomaden Rinder, Schafe, Ziegen und Kamele gehalten. Wasserbüffel- und Geflügelhaltung v.a. im Tiefland. Der größte Teil des Holzeinschlags dient der Brennholzversorgung. Binnen- und Küstenfischerei sind zur Eiweißversorgung der Bev. wichtig, doch noch ungenügend. Die Hoheitsgewässer wurden 1973 von 12 auf 50 Seemeilen ausgedehnt. P. ist arm an Bodenschätzen, abgesehen von reichen Erdgasfeldern in Belutschistan und im Pandschab sowie kleineren Erdölvorkommen auf dem Potwar Plateau. Außerdem Abbau von Stein- und Braunkohle, Marmor, Gips, Steinsalz, Ocker. Uran-, Kupfer- u. Eisenerze sind nachgewiesen. Wichtig für die Energieversorgung ist die Anlage von Wasserkraftwerken in Verbindung mit den großen Bewässerungsstaudämmen im Indus und seinen Nebenflüssen. In Karatschi steht außerdem ein Kernkraftwerk. In der verarbeitenden Ind. herrschen Handwerks- und Kleinbetriebe vor, größere Werke nur bei Textil-, Schuh-, Metall-, chem. und Nahrungsmittelind.; Baumwollentkörnung und Baumwollhandel sind verstaatlicht.

Außenhandel: Ausgeführt werden Reis, Baumwolle, Garne und Baumwollgewebe, Teppiche, Leder u.a., eingeführt werden Weizen, Maschinen, Erdöl, Eisen und Stahl, Kunstdünger, Kfz. u.a. Wichtigste Partner sind die EG-Länder (bei denen die BR Deutschland an 1. Stelle steht), USA, Japan, Saudi-Arabien, Hongkong und die Vereinigten Arabischen Emirate.

Verkehr: Wichtigster Verkehrsträger ist die Eisenbahn. Das Streckennetz ist 8823 km lang. Von 97519 km Straßen sind 39372 km asphaltiert. Wichtigster Seehafen ist Karatschi. Die nat. Fluggesellschaft PIA bedient den In- und Auslandsdienst. Internat. ✈ Karatschi, Lahore, Rawalpindi, Queta.

Geschichte: Mit der Erklärung der brit. Reg. vom 3. Juni 1947 über die beabsichtigte Teilung Indiens zw. Hindus und Muslimen fiel die Entscheidung über die seit der P.resolution der Moslem-Liga von 1940 erhobene Forderung nach einem eigenen Muslimstaat in Indien. Am 15. Aug. 1947 entstand P. als neuer Staat und brit. Dominion (Hauptstadt Karatschi; seit 1960 Islamabad). Der Streit mit Indien um Kaschmir führte zum Ausbruch des 1. Kaschmirkonflikts (22. Dez. 1947), der mit der Aufteilung Kaschmirs zw. Indien und P. endete. Bis Ende der 1950er Jahre stagnierte die polit. und wirtsch. Entwicklung des Landes; außenpolit. galt es als zuverlässiger Partner der USA, innenpolit. war die Lage von ständigen Unruhen gekennzeichnet. Heftige Kontroversen begannen zw. West- und Ost-P., zum einen, weil Ost-P., durch seine Juteexporte Hauptdevisenbringer, von der Zentralreg. erhebl. benachteiligt wurde, zum anderen durch den (mißglückten) Versuch, das in Ost-P. nicht gesprochene Urdu als alleinige Nationalsprache einzuführen. Der Widerstand in Ost-P. führte 1954 zu blutigen Unruhen und bei den dortigen Prov.-wahlen zum Sieg der ostpakistan. Regionalpartei, der Awami-Liga, die für die Autono-

Pakistan. Übersichtskarte

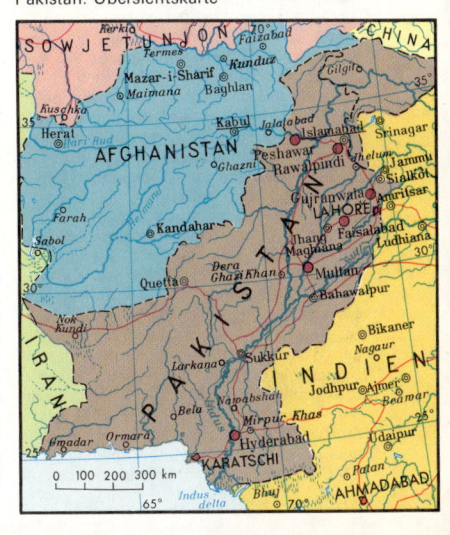

Pakistan

mie und Loslösung des ostpakistan. Landesteils von der westpakistan. Zentralverwaltung eintrat. Am 7. Okt. 1958 proklamierte Präs. Mirza das Kriegsrecht, setzte die Verfassung außer Kraft und berief General (später Feldmarschall) M. Ayub Khan zum Min.-präs., der am 27. Okt. 1958 auch Staatschef und Verteidigungsmin. wurde. Gestützt auf die Armee, begann Ayub Khan mit einer Reihe von Reformmaßnahmen (Landreform in West-P., Einführung einer sog. gelenkten Demokratie durch die „Basic Democracies"). Die 1962 verkündete 2. Verfassung stärkte die Stellung des Präs. und berücksichtigte mehr die Belange von Ost-P.; 1963 schlossen P. und die Volksrepublik China in Peking ein Abkommen über eine provisor. Grenzziehung; 1966 traf P. mit Indien das Abkommen von Taschkent, mit dem der ind.-pakistan. Krieg beendet wurde; 1967 erfolgte die Einstellung der Militärhilfe der USA. Der Druck der Opposition und die Forderung nach Wahlen und Wiederherstellung echter parlamentar. Einrichtungen führten zum Rücktritt Ayub Khans. Bei den ersten freien und direkten Wahlen zur Nat.versammlung 1970 erlitt die Moslem-Liga eine schwere Niederlage; die Pakistan People's Party (PPP) des ehem. Außenmin. Z. Ali-Khan Bhutto bekam die Mehrheit der Stimmen in West-P., während die auf Ost-P. beschränkte Awami-Liga Scheich Mujibur Rahmans hier fast alle Sitze (150 von 153) und damit die Mehrheit der Sitze des Gesamtstaats erreichte. Die Auseinandersetzungen um die Forderungen der Awami-Liga nach weitgehender Autonomie für Ost-P. kulminierten in schweren Unruhen in Ost-P., dem Einschreiten von Truppen der Zentralreg. in Ost-P. und dessen Unabhängigkeitserklärung († Bangladesch) am 26. März 1971. Im Dez. wurde Bhutto neuer Präs.; 1972 wurde von der Nat.versammlung eine neue Interimsverfassung verabschiedet (1973 endgültige Konstitution); 1972 verließ P. das Commonwealth. Die Reg. Bhutto verkündete bald eine Reihe von Reformmaßnahmen (Landreform, Erziehungspolitik, Nationalisierung der Schlüsselindustrien u. a.). Im Febr. 1974 wurde Bangladesch anerkannt (diplomat. Beziehungen seit Okt. 1975).
Die Lage in P. 1975–79 ist durch große Labilität gekennzeichnet. Nach dem wirtsch. besonders krit. Jahreszeitraum 1974/75, in dem die Bevölkerung mit 3% schneller wuchs als das Bruttoinlandsprodukt (2,6%) und den Überschwemmungen einerseits größere Nahrungsmittelimporte erzwangen, ein Absinken der Weltmarktpreise andererseits (v. a. für Baumwolle) die Rohstoffexportmöglichkeiten einschränkte, gelang es in den folgenden Jahren v. a. mit massiver Unterstützung islam. Staaten und westl. Ind.nationen (u. a. 1975 und 1976 jeweils 90 Mill. Kapitalhilfe der BR Deutschland), einen weiteren wirtsch. Abstieg zu verhindern. Innenpolit. war die Lage zunächst durch die Unruhen in Belutschistan gekennzeichnet, die Min.präs. Bhutto trotz Militäreinsatzes nicht unterbinden konnte. Da die PPP alle Nachwahlen zum Zentralparlament und zu den Prov.parlamenten gewann, befand sich die Opposition in einer hoffnungslosen Minderheit und boykottierte ab Febr. 1975 das Parlament. Durch eine Verfassungsänderung (Nov. 1975) und eine Grundgesetzerklärung (Juni 1976) wurden den Minderheiten größere Rechte garantiert; andererseits blieben wichtige Grundrechte außer Kraft. An den Wahlen zur Nat.versammlung und den Prov.parlamenten nahmen zwar 21 Parteien teil, doch fand der eigtl. Wahlkampf zw. der PPP und der im Jan. 1977 aus 9 Oppositionsparteien gebildeten Pakistan National Alliance (PNA) statt; die PPP gewann 171 von 210 Sitzen des Nat.parlaments. Die PNA akzeptierte dieses Ergebnis nicht, da die PPP die Wahl offensichtl. manipuliert hatte und beschloß, die Wahlen zu den Prov.parlamenten zu boykottieren, worauf dort die PPP 441 von 460 Sitzen erhielt. Daraufhin setzte eine Welle von Demonstrationen ein; alle namhaften Oppositionsführer wurden schließl. verhaftet. Im Juli übernahm das Militär unter General M. Ziaul Haq nach einem unblutig verlaufenen Putsch die Macht. Im Sept. 1977 wurde gegen den ehemaligen Reg.chef Bhutto Anklage wegen Anstiftung zum Mord erhoben. Er wurde zum Tode verurteilt und nach einem Revisionsverfahren trotz zahlr. Proteste im April 1979 hingerichtet. Im Sept. 1978 übernahm Ziaul Haq auch das Präsidentenamt.
Den sowjet. Einmarsch in das Nachbarland Afghanistan 1979 verurteilte P. scharf. Ende 1985 wurde das seit 1977 bestehende Kriegsrecht aufgehoben und die durch Ziaul Haq veränderte Verfassung von 1973 wieder eingeführt. Ebenso wurden wieder polit. Parteien zugelassen; die Opposition formierte sich im Movement for the Restoration of Democracy (MRD). Im Dez. 1985 vereinbarten Indien und P. als erste vertrauensbildende Maßnahme, daß keine der beiden Seiten militär. Schläge gegen Kernenergieanlagen des anderen führen werde. An der Grenze zu Afghanistan kam es auf Grund des afghan. Bürgerkrieges immer wieder zu Übergriffen des afghan. Militärs.
Ende Mai 1988 kündigte Staatspräs. Ziaul Haq freie Wahlen an und schließl. in einer Übergangsreg. im Juni das Amt des Min.präsidenten. Im Aug. 1988 wurde Ziaul Haq Opfer eines Attentats, der Präs. des Senats, Ghulam Ishaq Khan, übernahm das Amt des Staatspräs. und kündigte an, daß der Wahltermin im Nov. 1988 eingehalten werde. Die Wahlen konnte die Pakistan People's Party mit B. Bhutto als Kandidatin überlegen gewinnen. B. Bhutto wurde zur Min.präsidentin

gewählt; damit wird ein islam. Staat erstmals von einer Frau regiert. Der amtierende Staatspräs. Ghulam Ishaq Khan wurde am 12. Dez. 1988 für 5 Jahre im Amt bestätigt.
Politisches System: Die mehrfach ergänzte und geänderte Verfassung vom 14. Aug. 1973 wurde zum 30. Dez. 1985 wieder in Kraft gesetzt und löste die Übergangsverfassung vom 24. März 1981 ab. Die Änderungen der Verfassung von 1973 bewirkten v. a. eine Steigerung der Macht des Präsidenten. *Staatsoberhaupt* und oberster Inhaber der *Exekutivgewalt* ist der Präs.; er wird für 5 Jahre von beiden Häusern des Parlaments gewählt (seit 1985 Ziaul Haq) und muß Muslim sein. Die *Legislative* liegt beim Präs. und beiden Häusern des Parlaments. Die Nat.versammlung (207 Mgl., davon 20 weibl. und 10 Minderheiten repräsentierende Mgl.) wird für 5 Jahre, der Senat (87 Mgl.) für 6 Jahre gewählt. Alle zwei Jahre wird ein Drittel des Senats gewählt. Polit. *Parteien* sind seit der Wiedereinführung der Verfassung von 1973 unter strengen Auflagen zugelassen. Im Movement for the Restoration of Democracy haben sich die Oppositionsparteien zusammengeschlossen, deren wichtigste ist die von B. Bhutto geführte Pakistan People's Party. Die *Gewerkschaften* werden vom Dachverband Pakistan National Federation of Trade Unions repräsentiert. Zur *Verwaltung* ist P. in 4 Prov. gliedert mit eigenem Prov.-parlament und einem vom Staatspräs. ernannten Gouverneur. Außerdem gibt es zentral verwaltete Stammesgebiete sowie den Hauptstadtbezirk. Das *Rechtswesen* beruht auf überkommenem Common Law und brit. und ind. Kolonialgesetzen. Islam. Recht wird in den Shariat Benches der Gerichte angewandt. Die *Streitkräfte* haben eine Stärke von 480 000 Mann.

📖 *Sayeed, K. B.: Politics in P. New York 1980. - Ahrens, H./Zingel, W. P.: Interdepenzen zw. gesamtwirtschaftl. Wachstum u. regionaler Verteilung in P. Wsb. 1978. - Hureshy, K. U.: A geography of P. Karatschi 1977. - P. Das Land u. seine Menschen. Hg. v. M. Usman Malik u. A. Schimmel. Tüb. 1976. - Urff, W. v., u. a.: Die wirtschaftl. Situation Pakistans nach der Sezession Bangladeshs. Wsb. 1974. - Hussain, A.: Politics and people's representation in P. Karatschi 1972.*

Pakt [lat.], 1. im röm. Recht ↑Pactum; 2. im Völkerrecht Bez. für einen Vertrag, durch den sich Staaten gegenseitigen wirtsch. oder militär. Beistand zusichern. - ↑auch Bündnis.

PAL ↑Fernsehen (PAL-System).
♦ Abk. für: Panzerabwehrlenkwaffe.

pal..., Pal..., palä..., Palä... ↑paläo..., Paläo...

Pala, Stadt im SW der Republik Tschad, 11 000 E. Kath. Bischofssitz; Behörde der staatl. Baumwollgesellschaft; P. ist ein Zentrum des Baumwollanbaus.

Paläanthropinen (Paläanthropinae) [griech.], svw. ↑Altmenschen.

Paläanthropologie (Paläoanthropologie), die Wiss. von den fossilen Menschenartigen und Menschen als Teilgebiet der biolog. Anthropologie. In der P. wird anhand fossiler Knochenfunde die Entwicklung der Menschen im Verlaufe der Erdgeschichte untersucht.

Paläa Pafos, sö. von Ktima gelegene Ausgrabungsstätte auf Zypern. Die Funde aus der Nekropole reichen bis ins 15. Jh. zurück. **Paphos** war bis in die Spätantike ein berühmter Wallfahrtsort (paph. Aphrodite); ältester Tempel um 1200 v. Chr.; Skulpturenfragmente u. a. fanden sich in den von den Persern 498 v. Chr. errichteten Belagerungsrampe.

Paläarktis (paläarktische Region), tiergeograph. Region, Teil der ↑Holarktis, umfaßt das gesamte Eurasien und N-Afrika (bis etwa zur Hälfte der Sahara; schließt überwiegend gemäßigte bis kalte Klimagebiete ein. Die relative Artenarmut der P. ist teilweise durch die großen in O-W-Richtung verlaufenden Gebirgszüge bedingt, die die während und nach den Eiszeiten in N-S-Richtung ablaufenden Wanderungsbewegungen der Tiere behinderten.

Palacio Valdés, Armando [span. pa-'laθjo βal'des], * Entralgo (Asturien) 4. Okt. 1853, † Madrid 3. Febr. 1938, span. Schriftsteller. - Seine realist., vielfach biograph. Romane in der Tradition von Dickens schildern das Alltagsleben seiner Heimat.

Palacký, František [tschech. 'palatski:], * Hodslavice (Nordmähr. Gebiet) 14. Juni 1798, † Prag 26. Mai 1876, tschech. Historiker und Politiker. - 1839 böhm. Landeshistoriograph; lehnte 1848 die Teilnahme an der Frankfurter Nat.versammlung ab; vertrat die Interessen der Slawenpartei auf dem Reichstag von Kremsier. Nach dessen Auflösung kehrte er erst 1861 als Führer der Alttschechen im östr. Herrenhaus und im böhm. Landtag in die Tagespolitik zurück. In seinen Schriften (u. a. „Geschichte von Böhmen", 5 Bde., 1836-67, „Urkundl. Beiträge zur Geschichte des Hussitenkrieges", 1873) wertete P. die Hussitenzeit zur zentralen Epoche der tschech. Geschichte auf.

Palade, George Emil [engl. 'pɛlɛɪd], * Jassy 12. Nov. 1912, amerikan. Biochemiker rumän. Herkunft. - Prof. in Bukarest und New York. P. gelang mit dem Elektronenmikroskop die Aufklärung der Feinstruktur der ↑Mitochondrien und des ↑endoplasmatischen Retikulums; er entdeckte dabei die heute als ↑Ribosomen bezeichneten *P.-Körner*; erhielt 1974 zus. mit A. Claude und C. de Duve den Nobelpreis für Physiologie oder Medizin.

Paladin [frz., zu lat. palatinus „zum Palast gehörig"], in der Karlssage Mgl. des Kreises von 12 Helden am Hof Karls d. Gr.; später Bez. für einen getreuen Gefolgsmann.

Pala d'oro

Pala d'oro [italien.], goldene Altartafel in San Marco in Venedig, die Goldtreibarbeit umgreift 83 byzantin. Emailplatten mit Emailmedaillons in Zellenschmelz, mit Edelsteinen und Perlen besetzt. Von der 976 bestellten P. d'o. ist offensichtl. nichts erhalten, 3 Tafeln (unten, Mitte) stammen von 1105, 6 Festbilder vom Ende des 12. Jh.; heutige Form unter Verwendung verschiedenster Teile 1345.

Palagruppe, bis 3 191 m hoher Gebirgsstock in den Dolomiten, Italien.

Palais [pa'lɛ:; frz.] ↑Palast.

Palaisch, zu den anatol. Sprachen gehörende Sprache der Palaer, einem indogerman. Volk des 2. Jt. v. Chr. in NW-Anatolien; bekannt aus Keilschriften, die von Hethitern geschrieben und in Boğazkale gefunden worden sind; die Sprache, von der etwa 200 ganze Wörter bekannt sind, ist wohl bereits vor 1500 v. Chr. untergegangen.

Palamas, Gregorios, hl., * Konstantinopel 1296 (1297?), † Saloniki 14. Nov. 1359, byzantin. Theologe und myst. Schriftsteller. - Schuf die theolog. Grundlegung des ↑Hesychasmus. Seine Hauptthese: Gottes Wesen und Wirken sind real unterscheidbar; daher ist es auch mögl., das ungeschaffene göttl. Licht (↑Taborlicht) zu schauen. Sein Schüler, der Patriarch Philotheos Kokkinos, erhob ihn 1368 zum Kirchenlehrer und Heiligen der orth. Kirche.

P., Kostis, * Patras 13. Jan. 1859, † Athen 27. Febr. 1943, neugriech. Schriftsteller. - Führer der jungliterar. Richtung; glaubte an den unveränderten Fortbestand des Hellenentums und brachte in seinen Epen und seiner symbolist. Lyrik die Leiden und Hoffnungen seines Volkes zum Ausdruck.

Palana, sowjet. Ort und Verwaltungssitz des Nat. Kr. der Korjaken innerhalb des Geb. Kamtschatka, RSFSR, im N der Halbinsel Kamtschatka, 2 700 E. Heimatmuseum; Nahrungsmittelindustrie.

Palänegride (palänegride Rasse), menschl. Lokalrassentyp in der äquatorialen Waldzone Afrikas; mit untersetztem Körper, relativ langem Rumpf und kurzen Gliedmaßen, kurzem Kopf und sehr flacher Nase.

Palankin [Hindi-portugies.], ind. Tragsessel, Sänfte.

paläo..., Paläo..., palä..., Palä..., pal..., Pal... [zu griech. palaiós „alt"], Bestimmungswort von Zusammensetzungen mit der Bed. „alt, altertümlich, ur..., Ur...".

Paläobotanik (Paläophytologie, Phytopaläontologie), die Wiss. von der Pflanzenwelt der frühen erdgeschichtl. Perioden.

Paläoeuropa, in der Geologie Bez. für den durch die Kaledon. Faltungsära geprägten und an Ureuropa angegliederten Bereich N- und NW-Europas.

Paläogeophysik, die Wiss. von den geophysikal. Verhältnissen der Erde während der geolog. Vergangenheit.

Paläographie, die Lehre von der Entwicklung der Schrift. Ihre Aufgaben bestehen darin, alte Schriften richtig zu lehren, Ur-

Paläomagnetismus. Polwanderungskurve im Verlauf der Erdgeschichte nach paläomagnetischen Messungen für verschiedene Kontinente (pk Präkambrium, K Kambrium, O Ordovizium, S Silur, D Devon, C Karbon, P Perm, T Trias, J Jura, Kr Kreide, Tf frühes Tertiär, N Neogen, Pl Pleistozän)

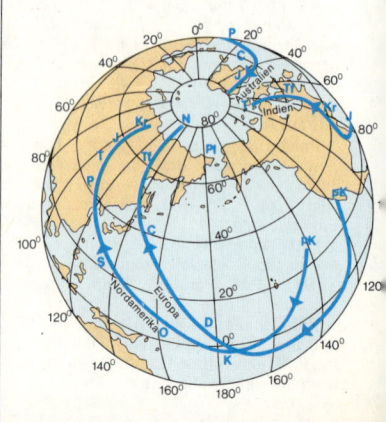

Pala d'oro (Ausschnitt)

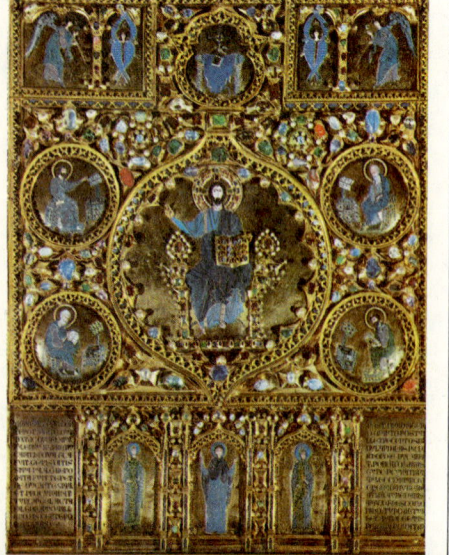

Paläophytikum

sprungsort und Alter einer Schrift zu bestimmen und durch mißverstandene Schrift entstandene Irrtümer zu beseitigen (Emendation). Im 19. Jh. wurde die P. zu einer selbständigen Disziplin im System der histor. Hilfswissenschaften.

Paläoindianer, Sammelbez. für die frühesten Bewohner Amerikas, bes. eiszeitl. Jägergruppen.

Paläoklimatologie, die Wiss. von den Klimaten der geolog. Vergangenheit. Klimazeugen sind Fossilien und Sedimente, z. B. beweisen Tillite und Gletscherschrammen auch für ältere Zeiten Vergletscherung; mächtige Eindampfungssedimente, wie die perm. und triass. Salz- und Gipslager, sowie Dünensande lassen auf trockenes, die in der tertiären Braunkohle gefundenen Fossilien auf subtrop.-warmes Klima schließen.

Paläolithikum [griech.] (Altsteinzeit, ältere Steinzeit), der ältere, 2–3 Mill. umfassende Abschnitt der Steinzeit (bis zum Beginn des Meso- bzw. Neolithikums vor etwa 10 000 Jahren). Zunächst in *Alt-* und *Jungpaläolithikum* gegliedert, wurde später ein jüngerer Abschnitt des Alt-P. als Mittelpaläolithikum abgetrennt, gelegentl. dem Alt-P. ein Früh-P. vorangestellt. Da die Periodisierung des P. zunächst in Frankr. entwickelt und verfeinert wurde, wird sie mit wachsender Entfernung von W-Europa immer problematischer. In Afrika südl. der Sahara, in S- und O-Asien sind deshalb andere Unterteilungen üblich. Erste Zeugnisse sind unbezweifelbar von Menschenhand gefertigte Werkzeuge aus Stein. In Fundschichten geolog. ungestörter Lage (z. B. Olduwaischlucht) ließ sich eine verhältnismäßig große Variabilität der Formen nachweisen, die im Laufe des Alt-P. - bei Verbesserung der Herstellungstechnik († Clactonien, † Levalloisien) - mehr und mehr zu standardisierten Formen entwickelt wurden (z. B. † Faustkeil, † Schaber, † Stichel, † Spitzen). Im Laufe des P. wurden die Kontinentalgebiete nach und nach bevölkert. Die aneignende Wirtschaftsform (Sammler und Jäger) wurde den Bedingungen der verschiedenen Klimazonen angepaßt. Auch geistig wurden im P. die Grundlagen für den immer rascher verlaufenden Geschichtsprozeß der letzten 10 000 Jahre gelegt (sorgsame Bestattungen seit dem Mittelpaläolithikum, Kunstwerke des Jung-P.). Die Erforschung des P. wird mehr und mehr zu einer Spezialdisziplin der Vor- bzw. Urgeschichtswiss. (prähistor. Archäologie). Das ergibt sich nicht nur aus der Notwendigkeit engerer Zusammenarbeit mit Geologen und Mineralogen, Paläontologen und Anthropologen u. a. Naturwissenschaftlern, nicht nur aus den bes. Fundbedingungen in Höhlen und aus geolog. Aufschlüssen oder aus der speziellen Methodik, die für Gliederung und Analyse der Steinartefakte entwickelt werden mußte, sondern v. a. aus der Notwendigkeit extrem großräumiger Betrachtungsweise, die i. d. R. stets mehr als einen Kontinent umfaßt.

Ⓠ *Müller-Karpe, H.: Hdb. der Vorgesch. Bd. 1: Altsteinzeit. Mchn.* ²*1977.* - *Coles, G. M./ Higgs, F. S.: The archaeology of early man. London. 1969.* - *Hdb. der Urgesch. Hg. v. K. J. Narr. Bd. 1: Ältere u. mittlere Steinzeit. Bern u. Mchn. 1966.*

Paläologen, eine der bedeutendsten griech. Großadelsfam. des MA, die die letzte Kaiserdyn. (gegr. von Michael VIII. [~ 1259–82], endend mit Konstantin XI. [~ 1449–53]) des Byzantin. Reiches bildete und Byzanz zum letzten Mal Geltung unter den Weltmächten verschaffte; die byzantin. Kunst erlebte während ihrer Herrschaft eine Wiedergeburt *(paläolog. Stil).*

Paläomagnetismus (fossiler Magnetismus), der vom Erdmagnetfeld in früheren erdgeschichtl. Epochen verursachte remanente Anteil des Gesteinsmagnetismus († Erdmagnetismus) in bestimmten Mineralen und Gesteinen. Seine Untersuchung ermöglicht die Bestimmung des erdmagnet. Hauptfeldes und seiner Richtung auch für geolog. weit zurückliegende Zeiträume (bis ins Präkambrium). Es ergaben sich dabei folgende Befunde: 1. Die Richtung des erdmagnet. Hauptfeldes hat sich in allen Epochen der Erdgeschichte (ausgenommen im Perm) immer wieder umgekehrt (in den letzten 4 Mill. Jahren jeweils etwa nach 1 Mill. Jahren). 2. Langsame Veränderungen des erdmagnet. Hauptfeldes deuten darauf hin, daß die magnet. Pole im Laufe der Erdgeschichte gewandert sind, und zwar (sieht man von den Feldumkehrungen ab) in stetiger Weise auf die heutige Lage zu. Das *erdmagnet. Verfahren* zur Altersbestimmung prähistor. Keramikfunde (insbes. Brennöfen aus Ton) beruht auf dem P.; das Erdmagnetfeld ist beim letztmaligen Abkühlen „eingefroren" (thermoremanente Magnetisierung).

Paläometabolie † Metamorphose.

Paläontologie [griech.], die Wiss. von den ausgestorbenen Lebewesen (Fossilien) und ihrer Entwicklung im Verlauf der Erdgeschichte. Die *allgemeine P.* behandelt grundlegende Fragen der Fossilisation, unter Einbeziehung von Relationen zw. Fossil und einbettendem Gestein. Die *spezielle P.* gliedert sich in † Paläobotanik und † Paläozoologie, zw. denen die *Mikro-P.* vermittelt, die sich mit kleinen tier. und pflanzl. Fossilien befaßt. - Die *angewandte P.* ist die Wiss. von den Leitfossilien als Hilfswiss. der Geologie. Ihre Aufgabe ist die Zeit- und Altersbestimmung von Gesteinen und Gesteinsbildungsvorgängen mit Hilfe von Fossilien (Biostratigraphie).

Paläophytikum [griech.], das Altertum in der erdgeschichtl. Entwicklung der Pflanzenwelt, charakterisiert durch das Vorherrschen der Farnpflanzen. Es beginnt etwa im

Paläosibirier

oberen Ordovizium mit dem ersten Auftreten der Nacktpflanzen und endet im mittleren Perm mit dem Zurücktreten der Sporenpflanzen gegenüber den aufkommenden Nacktsamern im Mesophytikum.

Paläosibirier, zusammenfassende Bez. für einige Völker NO-Sibiriens, die sprachl. eine Sonderstellung einnehmen († paläosibirische Sprachen).

paläosibirische Sprachen (paläoasiat. Sprachen), Sammelbez. für einige unter sich nicht verwandte und mit anderen Sprachen nicht zusammenhängende Sprachengruppen und Einzelsprachen in Sibirien. 1. *Ketisch (Jenissei-Ostjakisch)* am Mittellauf des Jenissei; dazu gehören die erloschenen Sprachen *Kottisch, Arinisch, Asanisch;* 2. *Jukagirisch (Odulisch)*, am Ober- und Mittellauf der Kolyma; 3. *tschuktschisch-korjakische Gruppe* mit folgenden Untergruppen: *Tschuktschisch (Luorawetlanisch)* in NO-Sibirien, Schriftsprache; *Korjakisch (Nymylanisch)* im N der Halbinsel Kamtschatka, 1931 für kurze Zeit Schriftsprache; *Kamtschadalisch (Itelmenisch)* auf der Halbinsel Kamtschatka; 4. *Giljakisch (Niwchisch;* Sprache der Niwchen) am Unterlauf des Amur und auf Sachalin; 5. *Ainu* (Sprache der † Ainu) auf Sachalin und in N-Japan; auch *Eskimoisch* und *Aleutisch* werden in der UdSSR als p. S. angesehen.

paläotropisches Florenreich (Paläotropis), Vegetationsgebiet der trop. und großer Teile der subtrop. Zonen der Alten Welt. Gliedert sich in: 1. *indoafrikan. Florenregion:* Afrika südl. der Sahara, Madagaskar und die Inseln des westl. Ind. Ozeans sowie Vorderindien. Die Vegetation besteht aus trop. Regenwäldern, Savannen, Dornstrauch- und Sukkulentensteppen und Halbwüsten; 2. *males. Florenregion* (Malesien): Ceylon, Hinterindien, Malaiischer Archipel, Neuseeland, Melanesien (einschl. Neuguinea) und Polynesien. Hier herrscht trop. Regenwald vor; in höheren Gebirgslagen folgen montaner Nebelwald, Zwergstrauchgürtel und alpine Matten; in Gebieten mit Wechsel von Regen- und Trockenzeit kommen Monsunwälder, an den Küsten Mangrove vor. Wichtigste Pflanzenfam. des p. F. sind die pantrop. Aronstabgewächse, die Maulbeerbaum-, Wolfsmilch-, Pfeffer-, Silberbaum-, Ingwergewächse und Palmen. Auf das p. F. beschränkt sind Flügelfrucht-, Kannenstrauch- und Schraubenbaumgewächse.

paläotropisches Tierreich (Paläotropis), tiergeograph. Region, bestehend aus der äthiop. Region (umfaßt Afrika südl. der Sahara und Madagaskar) und der † orientalischen Region.

Paläozän, svw. † Paleozän.

Paläozoikum [griech.], svw. Erdaltertum († Geologie, Formationstabelle).

Paläozoologie, Teilgebiet der Paläontologie, das sich vorwiegend mit der Morphologie fossiler Tiere und der Zeit ihres ersten Auftretens und ihres Aussterbens befaßt.

Palas [frz. (zu † Palatium)], Wohn- oder Saalbau einer ma. Burg.

Palasabaum (Lackbaum, Butea), Gatt. der Schmetterlingsblütler mit 7 Arten in Vorder- und Hinterindien; große Bäume oder hochkletternde Sträucher mit großen, goldgelben oder feuerroten Blüten in Ähren, Trauben oder Rispen. Aus der verletzten Rinde aller Arten fließt ein rubinroter Saft aus, der zu dunkelrotem Gummiharz erhärtet und als *Butea-Kino* (Palasa-Kino) in den Handel kommt.

Palast [frz. (zu † Palatium)], Herrschersitz des Altertums und der Antike, auch repräsentatives Stadthaus; seltener für Schloß der Neuzeit; v. a. in Italien *(Palazzo)* und Frankr. *(Palais)* auch öffentl. Gebäude, gelegentl. auch im deutschsprachigen Raum (Völkerbundspalast; Sportpalast),

Palästina, zunächst Bez. für das Geb. der Philister; doch erweiterte sich im griech.-lat. Sprachgebrauch die Bed. schließl. etwa auf das „Land Israel" bzw. „Hl. Land" der jüd.-christl. Tradition; etwa das Geb. der heutigen Staaten Israel und Jordanien (außer den Wüstengebieten im NO und SO). Maßgebend für diesen Sprachgebrauch wurde der röm. Prov.bez. Palaestina, die in den Sprachgebrauch des lat. MA überging. Eine kontinuierl. territoriale Begrenzung ist wegen des wechselhaften polit. und ethnograph. Schicksals dieses Gebietes kaum mögl. - Als Hl. Land blieb P. v. a. religiös-nat. Bezugspunkt für das Judentum. So ergab sich ein kontinuierl. Bemühen um jüd. Präsenz in P.; konkurrierend dazu erwuchs auf Grund der jeweiligen hl. Stätten auch ein christl. und ein islam. Anspruch auf P. (insbes. auf Jerusalem als „Hl. Stadt"), das so Ziel für Pilger dieser 3 Weltreligionen wurde.

Vorgeschichte: Die Fundstelle Tel Ubeidiya südl. des Sees von Genezareth gehört in die Anfänge der Faustkeilkultur, deren spätere Phasen ebenfalls im Jordangraben belegt sind. Fundschichten des Mittelpaläolithikums wurden v. a. in den Höhlen des Wadi Amud, am Berge Karmel und in der Wüste Judäa ausgegraben, die auch Schichten des Jungpaläolithikums enthielten. Von bes. Bed. ist die mesolith.-neolith. Kultur des Natufien, dessen Hauptverbreitungsgebiet P. war. Auch die präkeram. Schichten u. a. von Jericho zeigen, daß P. bis in die Mitte des 6. Jt. v. Chr. an der Herausbildung der neolith. Kulturen im Bereich des † Fruchtbaren Halbmondes teilhatte. Im wesentl. beginnen Gruppen des Chalkolithikums (z. B. Ghassulkultur, Beer-Sheva-Kultur) erst Mitte des 4. Jt. v. Chr. Seit dem 3. Jt. v. Chr. gehörte P. (dessen Kultur von da an bereits als bronzezeitl. bezeichnet wird) zur Zone zw. den Großreichen Vorderasiens und Ägyptens, zunächst stärker in die

Palästina

Machtsphäre Ägyptens einbezogen (zum Altertum ↑Philister, ↑Israel, ↑Juda).

Geschichte: Im polit. Großraum war P. in der Antike Teil des südsyr. Gebiets (pers. Satrapie „Jenseits des Euphrat"; hellenist. Syria bzw. Koilesyria; röm. Syria). Regional blieben alte, meist strukturmäßige Strukturen trotz aller ethn. Überlagerungen maßgebend: die philistäischen Küstenstädte im S, die phönik. im N, im Zentrum das Gebiet der Samaritaner, im Innern Galiläa und Judäa; am meisten zergliederte sich das Ostjordanland (von N nach S): Gaulanitis und Trachonitis, Galaditis (Gilead), westl. des alten Ammon über den Jordan nach W ausgreifend die Dekapolis, den Jordan entlang südwärts Peräa, das alte Moab, sw. davon das alte Edom, in dessen Gebiet später die Nabatäer eindrangen.

Etwa 445 v. Chr. wurde ein Teil Judas (Jerusalem und Umgebung) als eigene Unter-Prov. von der Satrapie „Jenseits des Euphrat" abgetrennt und als halbautonomer Tempelstaat mit der Thora als vom Perserkönig anerkanntem Gesetz konstituiert, wobei die Statthalterfunktion zuletzt auf den Hohenpriester überging. 301 fiel es an die Ptolemäer, 198/195 an die Seleukiden, deren forcierte Hellenisierungspolitik eine innere Polarisierung provozierte. Nachdem eine Reformpartei die alte Thora-Ordnung durch eine Polis-Verfassung abgelöst und das Amt des Hohenpriesters erkauft hatte, kam es zum Bürgerkrieg, in den Antiochos IV. Epiphanes (⌑ 175–164) eingriff. Dies und seine Plünderung des Jerusalemer Tempels löste 167 den Aufstand der Makkabäer aus, die nach wechselndem Kriegsglück wieder weite, inzwischen stark jüd. besiedelte und auch nichtjüd. Territorien unter Jerusalemer Kontrolle brachten. Als in schweren inneren Krisen die Dyn. der Makkabäer ihre polit. Macht einbüßte, griff Rom in den Konflikt ein, und Pompejus eroberte 63 Jerusalem. Nach einer Phase des Übergangs eroberte Herodes I., d. Gr. (⌑ 37–4 v. Chr.) zielstrebig das ihm von Rom zugesagte Kgr., weitete es im Lauf der Zeit geschickt (v. a. im NO) über die david. Grenzen aus und gab dem Land ein hellenist. Gepräge. Insbes. unter den röm. Prokuratoren (ab 6 n. Chr.) führte die direkte röm. Verwaltung Judäas zu wachsenden Ggs. zw. Juden und Nichtjuden und 66 zum 1. jüd.-röm. Krieg, der mit der Zerstörung Jerusalems sowie des 2. Tempels (70) und dem Fall der Festung Masada am Toten Meer endete (73/74). Eine selbständige, erweiterte Prov. Judäa wurde geschaffen. Nach einem zweiten blutigen Aufstand 132–135 unter Führung von Bar Kochba wurde der Prov.name in Syria Palaestina (unter Kaiser Diokletian geteilt) geändert. Der Aufstieg des Christentums im 4. Jh. und dessen Interesse am Hl. Land verschoben die Mehrheitsverhältnisse im Land, gefördert durch rechtl. Einschränkungen für die Juden (nach 425/426 Aufhebung des Patriarchats). Die arab. Eroberung (ab 634) versetzte auch die Christen in den Status einer begrenzt geduldeten Minderheit neben den Juden, die nun wieder mehr Fuß faßten. Ab 878 gehörte P. (mit Unterbrechungen) zu Ägypten. 1099 eroberten die Kreuzfahrer Jerusalem, was nicht zuletzt die jüd. Gemeinden hart traf. Erst mit dem Untergang des christl. Kgr. Jerusalem (1291) und unter der folgenden Mameluckenherrschaft besserte sich die Lage der Juden wieder. Unter der Toleranz und Dynamik des aufstrebenden osman. Reiches nach 1517 wuchs auch die jüd. Bev. in P. sprunghaft an. Anfang des 18. Jh. folgten neue Zuwanderungen aus osteurop.-chassid.,

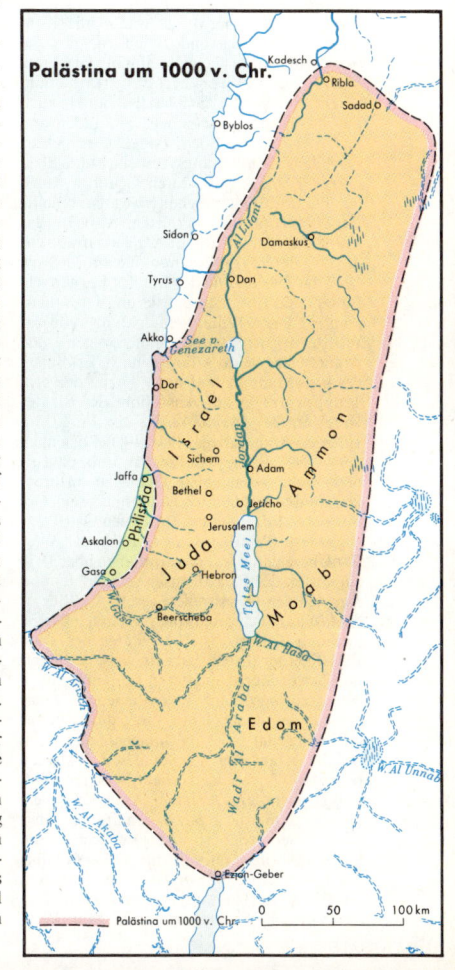

Palästinafrage

im 19. Jh. auch aus anderen orth. Kreisen. Zugleich erwachte ein neues christl. Interesse am Hl. Land. Ab 1882 begann die osteurop. jüd. P.siedlung, Vorläuferin des Zionismus, der mit seiner Forderung (seit 1897), eine „öffentl.-rechtl. gesicherte Heimstätte in P." für das jüd. Volk zu schaffen, ab 1905 eine größere Zuwanderung (v. a. aus O-Europa) verursachte.
Die Balfour-Deklaration von 1917 leitete nach der Eroberung des Landes durch die Briten 1917/18 eine verstärkte zionist. Aufbauphase ein, während der sich bereits Widerstand unter den arab. Palästinensern bemerkbar machte. Großbrit. erhielt 1920/22 das Völkerbundsmandat für P. und trennte vom Gesamtgebiet das O-Jordanland als eigenes Emirat Transjordanien ab. Die Mandatszeit war gekennzeichnet durch wachsende Konflikte zw. Arabern und Juden, die mit der Forderung nach einem unabhängigen arab. Staat P. 1936–39 in eine Art Bürgerkrieg mündeten, und bes. in den letzten Jahren auch durch Auseinandersetzungen zw. Juden und brit. Verwaltung († auch Israel, Geschichte). Nachdem Schlichtungsversuche und Teilungsvorschläge (z. B. durch Großbrit. 1937) am jüd.-arab. Ggs. gescheitert waren, brachte Großbrit. (mit der erklärten Absicht, das Mandat niederzulegen) die **Palästinafrage** vor die UN, deren Vollversammlung am 29. Nov. 1947 die Zweiteilung des Landes bei wirtsch. Einheit und Internationalisierung Jerusalems empfahl. Diese Teilungsempfehlung - von der Jewish Agency angenommen, von den Arabern abgelehnt - führte nach Erlöschen des brit. Mandats und nach Abzug der brit. Truppen aus P. zur Ausrufung des Staates Israel am 15. Mai 1948. In der Folge des 1. Israel.-Arab. Kriegs (1948/49) fiel das nach dem UN-Teilungsplan für den arab. palästinens. Staat vorgesehene Gebiet an mehrere kriegführende Mächte; Israel hatte sein Gebiet beträchtl. erweitert, Jordanien Ost-P. angegliedert (West-Jordanien, auch als West Bank bezeichnet, auf das Jordanien aber 1974 zugunsten der Palästinenser verzichtete) und Ägypten den Gasastreifen besetzt. Seither ist der fast nur noch geograph. verwendete Name P. durch die terrorist. Aktivitäten der arab. Palästinenser († auch palästinensische Befreiungsbewegungen) und deren Forderung nach einem eigenen, ganz P. umfassenden Staat anstelle des Staates Israel sowie durch Erwägungen bezügl. eines palästinens. Staates neben Israel auf dem Gebiet des z. Zt. israel. besetzten W-Jordanien erneut zu einem polit. Begriff geworden. Der Israel.-Arab. Krieg vertiefte nicht nur die Ggs. zw. den arab. Staaten und Israel, sondern steigerte auch die ungelöste Palästinafrage im O-W-Konflikt seit der Suezkrise 1956 und der Energieversorgungskrise 1973 zu weltpolit. Bedeutung. Der ägypt.-israel. Friedensvertrag vom März 1979, als Schritt auf dem Weg zur Lösung auch des Problems P. gedacht, erwies sich bislang in der Palästinafrage nicht als weiterführend, insbesondere nachdem die israel. Reg. ihre Siedlungspolitik im israel. besetzten West-Jordanien verstärkte und verschärft gegen verschiedene palästinensis. Bürgermeister in diesem Gebiet vorging. Zudem traten die Autonomieverhandlungen für West-Jordanien und den Gasastreifen zw. Israel, Ägypten und den USA (Jordanien und palästinensische Vertreter, nicht jedoch die PLO, waren zur Teilnahme an den Verhandlungen aufgerufen worden, beteiligten sich jedoch nicht) auf der Stelle, da Israel unter Autonomie svw. Selbstverwaltung verstand, während Ägypten Souveränität für die Palästinenser anstrebte, und schließl. die Knesset Ende Juli 1980 ein Gesetz verabschiedete, das Jerusalem zur Hauptstadt Israels erklärte.
Jordanien löste im Juli 1988 seine gesetzl. Bindungen zu den am W-Ufer des Jordans gelegenen Landesteilen und trat diese fakt. an die PLO ab, die im Nov. 1988 den unabhängigen Staat P. ausrief. Seit Dez. 1988 permanenter Palästinenseraufstand († Intifada) in den von Israel besetzten Gebieten.
📖 *Tuchmann, B.: Bibel u. Schwert. P. u. der Westen vom frühen MA bis zur Balfour-Declaration.* Dt. Übers. Ffm. 1983. - *Der P.-Konflikt.* Hg. v. R. Bernstein, Y. Hamdan, K. Schneider. Mindelheim 1983. - *Die P.-Frage 1917–1948.* Hg. von H. Mejcher u. A. Schölch. Paderborn 1981.

Palästinafrage, Bez. für die Probleme der territorialen und staatl. Organisation in † Palästina zw. Arabern (insbes. Ägypten, Jordanien, den Palästinensern) und Juden.

palästinensische Befreiungsbewegungen, Organisationen arab. Palästinenser, die das Ziel verfolgen, den Staat Israel zu beseitigen und einen arab., ganz Palästina umfassenden Staat zu errichten. Die Gründung des Staates Israel 1948 mit einer bis heute ungelösten Flüchtlingsfrage im Gefolge führte zur Bildung arab. Guerillagruppen (Fedajin), die ihre Rekrutierungsbasis in wesentl. in den Flüchtlingslagern der Nachbarstaaten Israels besitzen. Dachorganisation der p. B. ist seit 1964 die Palestine Liberation Organization (PLO), deren Vors. seit 1967 J. Arafat ist und deren Kern die 1959 gegr. Al Fatah bildet. Weitere Mgl.-Organisationen der PLO sind u. a. die Volksfront zur Befreiung Palästinas (gegr. 1967) und die Demokrat. Volksfront zur Befreiung Palästinas (gegr. 1969), die beide sozialrevolutionäre Zielsetzungen verfolgen. Seit 1965 zählen Anschläge und Überfälle auf israel. Boden, Flugzeugentführungen, terrorist. Überfälle und Geiselnahmen in der übrigen Welt zu den übl. Kampfmethoden. Im Libanon und (zeitweise) in Jordanien wurden die p. B. zu einem Staat im Staate, was in beiden Ländern zu krieger.

Auseinandersetzungen führte. 1974 erkannten alle arab. Staaten die PLO als einzige rechtmäßige Vertreterin des palästinens. Volkes an. 1975 erfolgte die Zulassung der PLO zum Sicherheitsrat der UN, 1976 die Aufnahme als Voll-Mgl. in die Arab. Liga. Die meisten Mgl. der Arab. Liga lehnten gemeinsam mit der PLO den ägypt.-israel. Friedensvertrag ab und beschlossen Ende März 1979 in Bagdad Sanktionen gegen Ägypten. Bei einem israel. Großangriff auf den Libanon seit dem 6. Juni 1982 (↑Israel) erlitten die PLO-Kämpfer eine schwere militär. Niederlage und wurden gezwungen, den Libanon bis zum 1. Sept. zu verlassen. Sie fanden in 8 arab. Ländern Aufnahme, neues vorläufiges Hauptquartier Arafats wurde Tunis.
W *Harkabi, Y.:* Das palästinens. Manifest u. seine Bed. Dt. Übers. Stg. 1980. - *Abu Ijad:* Heimat oder Tod. Der Freiheitskampf der Palästinenser. Düss. 1979.

Palästra [griech.], im antiken Griechenland Übungsplatz der Ringkämpfer, ein mit Sand bedecktes, rechteckiges, oft mit Säulenhallen umgebenes Feld.

pala̲tal [zu lat. palatum „Gaumen"], in der Phonetik von Lauten gesagt, die am vorderen Gaumen artikuliert werden; p. Konsonanten (z. B. [ɲ ʎ ç j]) werden auch als Gaumenlaute (Vordergaumenlaute) bezeichnet; p. Vokale (z. B. [i e ε y ø]) nennt man häufiger vordere (helle) Vokale.

Palatalisie̲rung [lat.], in der Phonetik Bez. für die Verwandlung eines nichtpalatalen Lautes in einen palatalen, z. B. [l]→[ʎ], [u]→[y].

Palati̲n (italien. Palatino, lat. Palatium), einer der Stadthügel Roms am Ostknie des Tiber, berühmt als die Stelle, wo die Stadt des Romulus und die Kaiserpaläste standen. Seine urspr. zwei Kuppen, Germalus und Palatium (51 m), wurden zu einem einheitl. Plateau erweitert, das den Gärten der Hochrenaissance seine charakterist. heutige Erscheinung erhielt. In die Zeit der Gründung Roms reichen Spuren von Ovalhütten, ins 6. Jh. v. Chr. Zisternen sowie tönerner Schmuck von Kultbauten. Bis ins späte 1. Jh. v. Chr. war der P. dank seiner hohen Lage und der Nähe zu Kapitol und Forum gesuchtes aristokrat. Wohnviertel. Das von Augustus gekaufte Haus des Hortensius wurde erweitert, u. a. um das prunkvolle Apolloheiligtum, die Keimzelle der Kaiserpaläste, die, immer wieder erweitert, rasch das gesamte Wohnviertel unter sich begruben. Noch im 6. Jh. galt der P. als offizielle kaiserl. Residenz. Vom 6. bis 15. Jh. liegt die Geschichte des P. völlig im Dunkeln. O- und S-Teil nahm eine Festung der Frangipani ein. Antiken- und Baumaterialsuche seit der Hochrenaissance förderten die Zerstörung der antiken Reste. Ausgrabungen erfolgten seit 1724, systematisch durch den italienischen Staat seit Anfang des 20. Jahrhunderts.

Palati̲n (Palatinus) [lat.] (Comes palatinus), svw. ↑Pfalzgraf.
♦ in Polen svw. ↑Woiwode.
♦ in Ungarn seit dem MA bis 1848/49 der Stellvertreter des Königs.

Palati̲na (Bibliotheca Palatina) [lat. „pfälz. Bibliothek"], ehem., um 1560 in Heidelberg eingerichtete Bibliothek der Pfalzgrafen mit mehr als 3 500 Handschriften und etwa 5 000 Drucken berühmteste Bibliothek Europas. Teile die 1622 an den Papst und 1797 z. T. nach Paris gelangten Bestände wurden an die Heidelberger Univ.bibliothek zurückerstattet, einiges (z. B. die Große Heidelberger Liederhandschrift) zurückerworben.

Pala̲tium [lat.], 1. in der röm. Kaiserzeit der kaiserl. Wohnsitz; 2. svw. ↑Pfalz.

palatoalveola̲r [lat.], in der Phonetik von Lauten gesagt, die zw. Alveolen und vorderem Gaumen artikuliert werden, z. B. der dorso-p. Reibelaut [ʃ].

Palatschi̲nke [ungar., letztl. zu lat. placenta „Kuchen"], östr. für dünnen, gefüllten Eierkuchen.

Palaugraben, Tiefseegraben im westl. Pazifik, östl. der Palauinseln, bis 8 138 m tief.

Palaui̲nseln, westlichste Inselgruppe der ↑Karolinen.

Pala̲ung, eine austroasiat. Sprache sprechender Volksstamm im Schanhochland NO-Birmas mit Brandrodungsfeldbau.

Pala̲ver [afrikan.-portugies.-engl., letztl. zu lat. parabola „Erzählung"], urspr. Bez. für eine religiöse oder gerichtl. Versammlung, dann übertragen auf die Bed. langes Gerede, ausgedehntes Gespräch.

Pala̲wan, mit 11 785 km² fünftgrößte Insel der Philippinen, zw. Mindoro im NO und Borneo im SW, wichtigste Stadt und Haupthafen Puerto Princesa. P. wird von einem bis 2 054 m hohen Gebirge durchzogen. Ein großer Teil der schmalen Küstenebenen wird von Sümpfen und Mangrovenwäldern bedeckt; Korallenriffe umgeben fast die gesamte Insel. Über 80% von P. sind waldbedeckt.

Palazzeschi, Aldo [italien. palat'tseski], eigtl. A. Giurlani, * Florenz 2. Febr. 1885, † Rom 17. Aug. 1974, italien. Schriftsteller. - Beginn mit Gedichten im Zeichen des Futuristen und Crepuscolari, später v. a. psycholog. fundierte, iron., z. T. auch phantast.-groteske Novellen und Romane, u. a. „Die Schwestern Materassi" (1934), „Die Brüder Cuccoli" (1948), „Ungleiche Freunde" (1971).

Pala̲zzo [italien.] ↑Palast.

Palazzo Chigi [italien. 'kiːdʒi] ↑Chigi.

Palazzolo Acreide [italien. aˈkrɛːide], italien. Stadt auf Sizilien, 35 km westl. von Syrakus, 10 000 E. Archäolog. Museum. - Bei P. A. liegen die Ruinen des antiken **Akrai,** 664 v. Chr. gegr. - Erhalten u. a. ein Theater aus späthellenist. Zeit; nahebei 12 Steinbildwerke der Göttin Kybele.

Palembang

Palembang, indones. Stadt im SO von Sumatra, am Musi, 787 200 E. Verwaltungssitz der Prov. Südsumatra; kath. Bischofssitz; Univ. (gegr. 1960), Handelsakademie; Museum. Zentrum eines bed. Erdölgebiets; ferner Schiff-, Maschinenbau, Eisengießereien, Ziegeleien, Düngemittelfabrik, Kautschukverarbeitung, Textil- und Nahrungsmittelind., Hafen, ⚓. – Seit 1617 Handelsposten der niederl. Vereinigten Ostind. Kompanie; 1812–14 und 1818–21 brit. besetzt. – Große Moschee (18. Jh.; Wallfahrtsziel).

Palencia [span. pa'lenθja], span. Stadt 45 km nnö. von Valladolid, 740 m ü. d. M., 74 100 E. Verwaltungssitz der Prov. P.; kath. Bischofssitz; Theater, archäolog. Museum. Jutespinnereien, Glockengießereien, Waffenfabriken und Stahlbau. – Geht auf das antike **Pallantia** zurück; zw. dem 5. und 8. Jh. von Westgoten und Arabern mehrfach zerstört. 1208 wurde in P. die erste Univ. Spaniens gegr. (1239 nach Salamanca verlegt). – Got. Kathedrale (1321 ff.) mit über westgot. Fundament des 7. Jh. errichteter roman. Krypta; got. Kirche San Pablo (13. und 15. Jh.) mit Renaissancefassade.

Palenque [span. pa'leŋke], Ruinenstätte der Mayakultur im N des mex. Staates Chiapas, am N-Fuß des Berglandes, von trop. Regenwald umschlossen. Bewohnt 300–830; Freilegung klass. ausgewogener Tempel und eines Palastkomplexes mit rechteckigem Turm. Bed. sind die figürl. Stuckreliefs und die Grabkammer des „Tempels der Inschriften".

Paléologue, Maurice [frz. paleɔ'lɔg], * Paris 13. Jan. 1859, † ebd. 23. Nov. 1944, frz. Diplomat und Schriftsteller. – 1907–12 Gesandter in Sofia, 1914–17 Botschafter in Petersburg; ab 1928 Mgl. der Académie française; schrieb u. a. „Am Zarenhofe während des Weltkrieges" (1922), „Cavour" (1926), „Alexander I." (1937).

Paleozän (Paläozän) [griech.], unterste Abteilung des Tertiärs († Geologie, Formationstabelle).

Palermo, Hauptstadt der italien. Insel und autonomen Region Sizilien sowie der Prov. P., an der N-Küste der Insel, 15 m ü. d. M., 716 100 E. Wirtschafts- und Verwaltungszentrum, größter Hafen und kultureller Mittelpunkt Siziliens; kath. Erzbischofssitz; Univ. (gegr. 1805), Lehrer-, Musik- und Kunstakad., Priesterseminar, Archive; Museen (archäolog., geolog., ethnolog.), Gemäldegalerien. – Der Naturhafen ist Grundlage bed. Handels- und Passagierverkehrs. Mustermesse Fiera del Mediterraneo, Gemüse- und Obstgroßmärkte; Nahrungsmittel-, Textil- und Baustoffind. sowie Werften, Fremdenverkehr; ⚓.

Geschichte: In der Antike **Panormos** (lat. **Panormus**); phönik. Gründung Ende des 7. Jh.; diente den Karthagern in ihren Kämpfen gegen Griechen und Römer als militär. Stützpunkt, 254 v. Chr. von den Römern erobert; Kaiser Augustus gründete hier 20 v. Chr. eine röm. Kolonie; 831 fiel P. an die Sarazenen, die es 948 zur Hauptstadt Siziliens machten; kam 1072 an die Normannen; seit 1194 in der Hand der Staufer, unter Kaiser Friedrich II. ein glanzvoller kultureller Mittelpunkt Europas. 1265/66 kam P. an das Haus Anjou, das die Stadt 1282 durch die Sizilian. Vesper verlor, danach an das Haus Aragonien, 1713 zu Savoyen, 1720–35 zu Österreich, fiel an die Bourbonen, aus deren Herrschaft 1860 durch Garibaldi befreit; kam 1861 an das Kgr. Italien.

Bauten: Der ehem. königl. Palast (Palazzo dei Normanni) ist auf Resten röm. und arab. Festungsanlagen angelegt, v. a. im 12. Jh. zum Palast umgebaut, in der bed. Cappella Palati-

Palermo. Hauptportal des normannischen Domes

na (1131–43) hölzerne, bemalte Stalaktitengewölbe und Mosaiken (12. und 14. Jh.); Dom 1170–85 mit got. Fassade, im klassizist. Innern Porphyrsarkophage, u.a. Rogers II., Heinrichs VI. und Friedrichs II. Charakterist. für P. sind die Kuppeln der normann. Kirchen, auch Stadtpaläste aus got. Zeit sowie ehem. Lustschlösser, u.a. La Zisa (1154–66, im 16. Jh. verändert).

Palestrina, Giovanni Pierluigi (Familienname) da (Prenestino, Palestina), *Palestrina (?) um 1525, † Rom 2. Febr. 1594, italien. Komponist. - 1544–51 Organist und Kapellmeister in Palestrina, anschließend Kapellmeister an der Cappella Giulia der Peterskirche in Rom. Bis 1560 Kapellmeister an der Lateranbasilika, 1561–66 an Santa Maria Maggiore; anschließend am Collegium Romanum (heute Gregoriana), das er bereits 1567 wegen einer Kapellmeisterstelle bei Kardinal Ippolito D'Este II. verließ. 1571 kehrte er an die Peterskirche zurück, wo er bis an sein Lebensende blieb. P. schrieb eine große Anzahl meist geistl. Werke, die zum größten Teil zw. 1554 und 1622 in Rom oder Venedig in mehreren Auflagen gedruckt wurden. Das Hauptgebiet seiner A-cappella-Kunst bilden die mehr als 100 sich über die ganze Schaffenszeit erstreckenden Messen, deren Themen entweder frei erfunden oder an eine Vorlage gebunden sind. Eine Gruppe fünfstimmiger, von Gregorian. Gesang oder Orgelspiel durchsetzter Messen schrieb er 1578/79 im Auftrag des Hzg. von Mantua; sie gelten wegen ihrer bes. kunstvollen, streng imitator. Struktur und der erstaunl. Phantasie des Komponisten als Höhepunkt seiner Kunst, mit der er als Erbe der niederl. Meister (wie J. Ockeghem, Josquin Desprez und A. Willaert) die italien. Vokalpolyphonie zu hoher Meisterschaft ausbildete. Charakteristika seines Stils sind der Verzicht auf zwei- und dreistimmige Kompositionen (im Ggs. zu O. di Lasso), die ruhige, lange, melismatisch belebte Melodik, der von der lat. Prosodie bestimmte Rhythmus, das Gleichgewicht zw. Melodik und Harmonik und das Maßvolle des musikal. Ausdrucks. Der *P.stil* wurde durch das Konzil von Trient als offizielles Vorbild der kath. Kirchenmusik anerkannt. Außer Messen sind sieben Bücher Motetten, je ein Buch Lamentationen, Hymnen und Magnifikats, 68 Offertorien, je zwei Bücher Litaneien, geistl. und weltl. Madrigale überliefert.
📖 *Fellerer, K. G.:* P.-Studien. Baden-Baden 1982. - *Roche, J.:* P. London 1971.

Palestrina, italien. Stadt in Latium, 40 km östl. von Rom, 465 m ü.d. M., 13 600 E. Kath. Bischofssitz; archäolog. Museum. Nahrungsmittelind.; Fremdenverkehr. - Geht auf das latin. bzw. röm. **Praeneste** zurück (90 v. Chr. Munizipium); im MA zw. den Päpsten und den Colonna umstritten (häufige Zerstörungen). 1572 wurde das Ft. P. als päpstl. Lehen gebildet. Kam 1870 an das Kgr. Italien. - Ruinen eines Terrassentempels der Fortuna Primigenia (2. oder 1. Jh. v. Chr.). Unter der Apsis des Doms (geweiht im 12. Jh.) sind Fundamentreste des Junotempels aus dem 3. Jh. v. Chr. erhalten. Über der Stadt die Kirche San Pietro (13. Jh.) und die Ruinen der 1482 erneuerten Burg.

Paletot ['palǝto; frz., zu mittelengl. paltok „Überrock"], Herrenmantel mit steigenden Revers, aufschlaglosen Ärmeln und innenliegenden Taschen mit Patten.

Palette [frz., eigtl. „kleine Schaufel" (zu lat. pala „Spaten")], mit Daumenloch versehenes Mischbrett für Farben.
◆ reiche, viele Möglichkeiten bietende Auswahl.
◆ Transportplattform, auf der Stückgüter zu einer Ladeeinheit zusammengestellt werden (palettierte Ladung); rationalisiert den Güterumschlag zw. verschiedenen Transportmitteln und ermöglicht den Einsatz von Gabelstaplern.

Palghat Gap [engl. 'gæp], bei der Stadt **Palghat** (111 200 E; Handels- und Umschlagplatz) in S-Indien gelegener Gebirgseinschnitt in die südl. Westghats, mit den wichtigsten Straßen- und Eisenbahnverbindung zw. der dichtbesiedelten Malabarküste und dem Dekhan, Paßhöhe bei etwa 350 m ü.d. M.

Palgrave, Francis Turner [engl. 'pɔːlgreɪv, 'pælgreɪv], *Great Yarmouth 28. Sept. 1824, † London 24. Okt. 1897, engl. Dichter und Kritiker. - 1885–95 Prof. für Poetik in Oxford. Schrieb lyr. Gedichte und literaturkrit. Arbeiten; seine Anthologie engl. Dichtung „The golden treasury of English songs and lyrics" (hg. 1861) gilt wegen der vorbildl. Auswahl als klass. Werk dieser Gattung.

Pali, älteste mittelindoar. Sprache († Prakrit), in der die buddhist. Sammlung hl. Texte (Sanskrit: Tripitaka, Pali:†Tipitaka) in Ceylon, Birma, Thailand und Kambodscha überliefert ist. Vom Sanskrit unterscheidet sich P. v. a. durch Vereinfachung der Flexion, durch Angleichung von Konsonanten im In- und Anlaut und Abfall von Konsonanten im Auslaut. P. wird im Alphabet des jeweiligen Landes geschrieben. Älteste Überlieferung in P. ist der Tipitaka. Daran schließen sich die aus dem Alt-Singhalesischen etwa im 5./6. Jh. übersetzten Kommentare („Atthakatha"), die meist dem aus S-Indien stammenden Bearbeiter Buddhaghosa (5. Jh.) zugeschrieben werden, und die Nebenkommentare, die im 12. Jh. in Ceylon entstanden, an. Zu den nichtkanon. Schriften gehört der „Milindapañha". Nur selten wurde P. für weltl. Literatur verwendet. Das wiss. Studium des P. begann in Europa 1828 durch E. Burnouf und C. Lassen. Seit 1881 gibt die *P. Text Society* P.texte und Übersetzungen heraus.

Päligner (lat. Paeligni), Stamm der Itali-

Pali-Kanon

ker im Abruzz. Apennin mit den Hauptorten Sulmo (= Sulmona) und Corfinium (= Corfinio); seit 343 v. Chr. mit Rom verbündet.

Pali-Kanon, die in Pali verfaßte Sammlung der kanon. Schriften des südl. Buddhismus; zum Inhalt ↑ Tipitaka.

Palilalie [griech.], krankhafte Wiederholung desselben Wortes oder Satzes (bei extrapyramidalen Erkrankungen).

palim..., Palim... ↑ palin..., Palin...

Palimé, Stadt in SW-Togo, ↑ Kpalimé.

Palimpsest [zu griech. palímpsēstos „wieder abgeschabt"], ein Schriftstück, von dem der urspr. Text abgewaschen oder abgeschabt (bei Pergamenthandschriften) wurde und das danach neu beschrieben worden ist. Die Mehrzahl der P. sind Stücke des 4.–7. Jh., die im 8./9. Jh. überschrieben wurden. Um überschriebene Texte wieder lesbar zu machen, wird seit 1920 eine mit ultraviolettem Licht arbeitende Methode angewandt.

palin..., Palin..., palim..., Palim... [griech.], Bestimmungswort von Zusammensetzungen mit der Bed. „zurück, wieder[um], erneut".

Palindrom [zu griech. palíndromos „rückläufig"], sinnvolle Folge von Buchstaben, Wörtern oder Versen, die rückwärts gelesen denselben oder einen anderen Sinn ergibt. Zu unterscheiden sind: *Wort-P.* (Anna, Reliefpfeiler); *Satz-P.* (Ein Neger mit Gazelle zagt im Regen nie); *Sinnspiel-P.,* bei denen die Umkehrung ein anderes, aber einen Bedeutungszusammenhang ermöglichendes Wort ergibt (Eva–Ave; Roma–Amor); *Vers-P.,* bei denen nach der Strophenmitte die einzelnen Teile des ersten Teils spiegelverkehrt wiederholt werden.

Palingenese, in der *Religionswiss.* svw. ↑ Seelenwanderung.

♦ (Palingenie) in der *Biologie* das Erscheinen von Merkmalen stammesgeschichtl. Vorfahren im Verlauf der Individualentwicklung.

♦ in der *Geologie* ↑ Gesteine.

Palinodie [griech.], eine vom selben Verf. stammende Gegendichtung zu einem eigenen Werk, in der die früheren Behauptungen mit denselben formalen Mitteln (Gleichheit des Metrums, Reims, Strophenbaus) widerrufen werden.

Palisa, Johann, * Troppau 6. Dez. 1848, † Wien 2. Mai 1925, östr. Astronom. - Entdeckte zahlr. Planetoiden; veröffentlichte ein Sternlexikon und gab mit M. Wolf photograph. Sternkarten heraus.

Palisaden [frz., zu lat. palus „Pfahl"] (Schanzpfähle), dicht nebeneinander eingegrabene, 3–4 m lange, oben zugespitzte Pfähle, dienten bei alten Befestigungen als Hindernisse (P.zaun).

Palisadenwürmer (Blutwürmer, Strongyloidea), Ordnung der Fadenwürmer; etwa 5–55 mm lange, schlank wurmförmige Endoparasiten in Wirbeltieren, v. a. Säugetieren (einschl. Mensch) und Vögeln, im Darm oder in der Luftröhre, Jugendstadien in Blutgefäßen; ritzen mit ihren Zähnchen oder Schneideplatten die Schleimhaut an und saugen Blut.

Palisander [indian.] ↑ Hölzer (Übersicht).

Palissy, Bernhard [frz. pali'si], * Saintes oder Agen um 1510, † Paris 1589 oder 1590, frz. Fayencekünstler. - Die Leuchtkraft seiner Emailfarben kumulierte im Reliefgrund, wo er sie ineinanderfließen ließ. Am begehrtesten seine Schüsseln mit farbigen Reliefs von Naturabgüssen.

Palitzsch, Peter [...ltʃ], * Deutmannsdorf bei Liegnitz 11. Sept. 1918, dt. Regisseur. - Seit 1950 Mitarbeiter bei B. Brechts Berliner Ensemble, Inszenierungen mit M. Wekwerth, seit 1957 in der BR Deutschland, häufig Dramen von Brecht. 1966–71 Schauspieldirektor in Stuttgart, 1972–80 Mgl. des Schauspieldirektoriums der Städt. Bühnen Frankfurt. Vertreter eines polit. engagierten Theaters.

Palkbucht [engl. pɔːk], Meeresbucht an der NW-Küste Ceylons, steht über die **Palkstraße,** die Ceylon von Indien trennt, mit dem Ind. Ozean in Verbindung.

Pall (Pallung) [niederdt.], 1. Sperriegel zum Verhindern unbeabsichtigten Rückwärtsdrehens von Winden oder Spills; 2. Holzbettung für ein Schiff auf der Helling oder im Dock; 3. hölzerne Sicherung der Ladung gegen Verrutschen und Übergehen.

Palla [lat.], Übergewand der verheirateten Römerin, ein rechteckiges Tuch, das beim Ausgehen umgelegt wurde.

Palladianismus, der auf A. ↑ Palladio zurückgehende klassizist. Stil in Italien, England und den Niederlanden sowie in der hugenott. Baukunst im 17. und 18. Jh.

Palladio, Andrea, eigtl. Andrea di Pietro, * Vicenza 30. Nov. 1508, † ebd. 19. Aug. 1580, italien. Baumeister und Theoretiker. - Geprägt von den Eindrücken der röm. Antike und Vitruvs theoret. Werken. Sein wichtigstes Architekturmotiv ist die durch 2 Geschosse gehende Kolossalordnung der Säulen. Aus ihr resultiert das klargegliederte, tekton. Prinzip der Arkadenreihen in ihrem antiken Monumentalanspruch und einer leichten, renaissancehaften Eleganz (Palazzo Valmarana, 1565 ff., in Vincenza). Weitere Palazzi in Vicenza: sog. Basilika, Palazzo Pubblico, 1549 ff., Palazzo Chiericati, 1551 ff.; manierist. Züge zeigt der Palazzo Thiene (1550 ff.). In seinen Villenbauten ordnet er um den symmetrischen Kernbau, der durch einen Portikus ausgezeichnet ist, Flügel für die Wirtschaftsgebäude, damit wird die barocke Schloßanlage vorbereitet. Während der Villa Barbaro in Maser (Prov. Treviso; um 1557–62) nur die Fassade des Mittelbaus mittels Portikusmotivs gestaltet ist, lagert er in der Villa Capra, sog. Rotonda

(1566/67 ff., vollendet 1591 von V. Scamozzi; Vicenza) jeder der 4 Frontseiten einen sechssäuligen Portikus vor. Tempelfronten an der Fassade und Säulenarkaden im Innenraum kennzeichnen die Kirchen in Venedig: San Giorgio Maggiore (1566–79) und Il Redentore (1577–92). Veröffentlichte u. a. „Quatro libri dell'architettura" (1570), Schriften, in denen er seine Architekturtheorie, die in der Folgezeit als klass. Kanon verbindl. befolgt wurde (Palladianismus), darlegte.

Palladium (Palladion) [griech.-lat.], altertüml. Kultbildtypus der stehenden Göttin Pallas Athena mit Schild und erhobener Lanze, insbes. das kleine Kultbild von Troja. Nach röm. Version hat Äneas das P. aus der untergehenden Stadt gerettet und nach Italien verbracht, wo es, im Vestatempel aufbewahrt, zu den Penaten Roms gehörte. - Übertragene Bed. Schutzbild, schützendes Heiligtum.

Palladium [griech., nach dem Planetoiden Pallas], chem. Symbol Pd; Übergangsmetall aus der VIII. Nebengruppe des Periodensystems der chem. Elemente, Ordnungszahl 46, mittlere Atommasse 106,4, Schmelzpunkt 1 552 °C, Siedepunkt 3 140 °C. P. ist ein silberweißes, zu den Platinmetallen gehörendes Edelmetall, das von verdünnten Mineralsäuren bei Zimmertemperatur kaum angegriffen wird. Die wichtigste Eigenschaft ist sein Lösungsvermögen für Wasserstoff. Je nach Zerteilungsgrad kann P. als sog. *Palladiumschwamm* oder *-mohr* das 850–1 200fache Volumen an Wasserstoff aufnehmen, wobei die Wasserstoffatome ihre Außenelektronen an das Elektronengas der Leitungselektronen des P. abgeben. Da sich der Wasserstoff bei 40–50 °C wieder aus dem Metallgitter herauslöst, dient die P.-Wasserstoff-Legierung der Herstellung von atomarem (naszierendem) Wasserstoff. In der Häufigkeit der chem. Elemente steht P. an 73. Stelle. Es kommt zus. mit Platin gediegen oder in Verbindungen in Gold-, Silber-, Nickel- und Kupfererzen vor. P. wird als Katalysator und zur Herstellung hochwertiger Legierungen (z. B. für Weißgold) verwendet.

Pallas, Peter Simon, * Berlin 22. Sept. 1741, † ebd. 8. Sept. 1811, dt. Arzt und Forschungsreisender. - Bereiste im Auftrag der Kaiserin Katharina II. 1768–74 das russ. Asien, 1793/94 S-Rußland und die Krim; Verfasser zahlr. wiss. Abhandlungen und einer der vielseitigsten Naturforscher seiner Zeit.

Pallas [nach der griech. Göttin Pallas Athene], ein 1802 entdeckter Planetoid.

Pallas Athena †Athena.

Pallasch [türk.-ungar.], etwa 1 m langer, gerader Korbdegen für Stoß und Hieb; histor. Waffe der europ. Reiterei, bes. der Kürassiere.

Pallat, Ludwig, * Wiesbaden 3. Dez. 1867, † Göttingen 22. Nov. 1946, dt. Reformpädagoge. - Seit 1899 im preuß. Kultusministerium, insbes. als Leiter des Inst. für Erziehung und Unterricht. P. reformierte Zeichen-, Handarbeits-, Werkunterricht und Kindergarten im Sinne der Kunsterziehungsbewegung.

Pallavicini [italien. pallaviˈtʃiːni] (Pallavicino), italien. Adelsgeschlecht, das sich im 12. Jh. in zwei Linien aufspaltete und im Genua und in der Lombardei (Parma, Piacenza und Cremona) Bed. erlangte.

Pallavicino [italien. pallaviˈtʃiːno] (Pallavicini), Carlo, * Salò (Prov. Brescia) um 1630, † Dresden 29. Jan. 1688, italien. Komponist. - War 1666–73 Kapellmeister am Dresdner Hof, 1674–85 in Venedig, danach wieder in Dresden. Einer der Hauptvertreter der venezian. Oper, u. a. „La Gerusalemme liberata" (1687).

P., Ferrante, * Piacenza 1616, † Avignon 5. März 1644, italien. Schriftsteller. - Verfaßte zw. 1635 und 1640 in Venedig zahlr. spanienfeindl. und obszöne Novellen und Romane mit bibl. und profaner Thematik. Ging 1640 nach Deutschland, trat zum Kalvinismus über; wieder in Venedig (1641), schrieb er unter dem Pseud. Sinifacio Spironcini 1641 v. a. Pamphlete gegen die Barberini, die P. hinrichten ließen.

Pallenberg, Max, * Wien 18. Dez. 1877, † Karlsbad 26. Juni 1934 (Flugzeugabsturz), östr. Schauspieler. - ∞ mit Fritzi Massary; nach seiner Entdeckung durch M. Reinhardt

Iacopo Palma, genannt Palma il Vecchio, Sacra Conversazione (Ausschnitt; undatiert). Neapel, Museo e Gallerie Nazionali di Capodimonte

Palliata

(1914) wurde P. zu einem der bekanntesten Charakterkomiker seiner Zeit, u. a. in der für ihn geschriebenen Titelrolle des „Unbestechlichen" von H. von Hofmannsthal (Uraufführung 1923 in Wien).

Palliata (Fabula palliata) [lat. „Komödie mit dem ↑Pallium"], bed. Gattung der röm. Komödie, schließt sich eng an Menander an; sie übernimmt auch Kostüme und Milieu der griech. Originalstücke; anstelle der Maske tragen die Schauspieler jedoch eine Perücke. Hauptvertreter sind Plautus und Terenz.

palliativ [lat.], krankheitsmildernd, die Beschwerden einer Krankheit lindernd, nicht die Ursache beseitigend (von Behandlungsweisen oder Medikamenten).

Pallium [lat.], bequemer Umhang der Römer, der seit der Kaiserzeit im Alltag allg. die Toga ersetzte. - In der *frühchristl. Kunst* die Bekleidung Jesu in der Darstellung als wahrer Lehrer.

♦ in der *kath. Kirche* eine päpstl. und erzbischöfl. Insignie, die über dem Meßgewand als handbreites, mit sechs schwarzen Kreuzen verziertes ringförmiges Band um die Schultern gelegt wird. Das P. wird aus der Wolle zweier Lämmer hergestellt, die der Papst am Fest der hl. Agnes (21. Jan.) segnet.

♦ svw. Großhirnrinde (↑Gehirn).

Pallotti, Vincenzo, hl., * Rom 21. April 1795, † ebd. 22. Jan. 1850, italien. Ordensstifter. - Priester und Seelsorger in Rom, wirkte als Anreger der Kath. Aktion und gründete 1835 eine Priester- und 1843 eine Schwesterngemeinschaft (↑Pallottiner).

Pallottiner (offiziell lat. Societas Apostolatus Catholici [Abk. SAC], Gesellschaft des kath. Apostolates), kath. Priestergemeinschaft (ohne Gelübde), 1835 von V. Pallotti in Rom gegr.; die P. sind auf allen Gebieten der Seelsorge und Mission tätig. - Von dt. P. ging das weltweite ↑Schönstatt-Werk aus. 1843 gründete V. Pallotti den weibl. Zweig der *Pallottinerinnen* mit karitativen, schul. und missionar. Aufgaben.

Palm, Johann Philipp, * Schorndorf 18. Nov. 1766, † Braunau am Inn 26. Aug. 1806, dt. Buchhändler. - Verlegte 1806 in Nürnberg die anonyme antifrz. Flugschrift „Deutschland in seiner tiefsten Erniedrigung". Ein napoleon. Kriegsgericht verurteilte ihn zum Tode (standrechtl. erschossen).

P., Siegfried, * Wuppertal 25. April 1927, dt. Violoncellist. - Hervorragender Interpret avantgardist. Musik; seit 1962 Prof. an der Kölner Musikhochschule, 1976–81 Generalintendant der Dt. Oper Berlin.

Palma, Iacopo, gen. P. il Vecchio („der Ältere"), eigtl. I. Negretti, * Serina (Prov. Bergamo) 1480, † Venedig 30. Juli 1528, italien. Maler. - Beeinflußt von Giorgione und Tizian, erreicht er in der kontemplativen Ruhe der Gestalten, der Harmonie großer Formen und der satten, leuchtenden Farbigkeit eine klass. abgeklärte Monumentalität. Ein typisch venezian. Schönheitsideal zeigen die „Drei Schwestern" (Dresden, Gemäldegalerie), „Violante" (Wien, Kunsthistor. Museum), „Zwei Nymphen" (Frankfurt am Main, Städel). - Abb. S. 221.

P., Ricardo, * Lima 7. Febr. 1833, † ebd. 6. Okt. 1919, peruan. Dichter. - Als Liberaler 1860 im chilen. Exil; zeitweilig in Europa; 1883 Direktor der peruan. Staatsbibliothek, 1887 Gründer der Peruan. Akademie. Veröffentlichte zw. 1872 und 1910 11 Folgen romant. gefärbter Erzählungen, Sagen und Episoden aus der Geschichte seines Landes (dt. Ausw. 1928); auch Dramen, lyr. Gedichte und Übersetzungen (V. Hugo, H. Heine, J. von Eichendorff).

Palma (P. de Mallorca), span. Hafenstadt an der SW-Küste der Insel Mallorca, 33 m ü. d. M., 304 400 E. Verwaltungssitz der Prov. Balearen; kath. Bischofssitz; Priester-, Lehrerseminar, Museen, Theater, botan. Garten. Handel mit Obst, Gemüse, Fleisch und Fisch; Kunstgewerbe; kleine Schiffswerften. Wichtigster Hafen der Balearen; ⚓; Fremdenverkehr. - 123/122 v. Chr. von Römern gegr.; fiel im 6. Jh. an Byzanz; im 8. Jh. von den Arabern erobert; 1113 von Pisa unterworfen, 1229 von Jakob I. von Aragonien erobert; teilte die Geschichte der ↑Balearen. - Kathedrale (13./14. Jh.; Fassade im 19. Jh. umgestaltet) in katalan. Gotik; got. Kirchen San Francisco (1281 ff.) und Santa Eulalia (13. und 14. Jh.). Got. ehem. Börse (15. Jh.; jetzt Museum), Almosenhaus (15. Jh.), zahlr. Paläis (16.–18. Jh.).

Palma, La, nordwestlichste der Kanar. Inseln, 42 km lang, bis 24 km breit, bis 2 423 m hoch. La P. ist eine Vulkankuppe mit einer steilwandigen Talweitung, im Zentrum mit aktiven Vulkanen. Internat. Großsternwarte (1985 eingeweiht.) An der Küste Bewässerungslandw.; außerdem Holznutzung und Fischerei. Hauptort ist **Santa Cruz de la Palma** an der W-Küste (15 000 E) mit Hafen und ⚓. - Zur Geschichte ↑Kanarische Inseln.

Palma de Mallorca [span. ma'ʎorka] ↑Palma.

Palmanova, italien. Stadt in Friaul-Jul.-Venetien, in der Isonzoebene, 26 m ü. d. M., 5 700 E. Handel mit landw. Erzeugnissen. - 1593 als Grenzfestung **Palma** von der Republik Venedig gegr. - Die noch vollständig erhaltene Festungsstadt, eines der bedeutendsten Beispiele der Idealstadt der Renaissance, ist seit 1960 Nationaldenkmal.

Palmarum [lat. „(Tag der) Palmen"], in den ev. Kirchen Name des ↑Palmsonntags.

Palmas, Kap, Kap am südl. Küstenabschnitt von Liberia, bildet die W-Grenze des Golfs von Guinea.

Palmas de Gran Canaria, Las, Stadt an der NO-Spitze der span. Kanareninsel Gran Canaria, 366 500 E. Verwaltungssitz der Prov. Las Palmas; kath. Bischofssitz; Fachschule für Ind.ingenieure; Museen; chem. Ind., Handelszentrum, Fremdenverkehr. ⚒. - Spätgot. Kathedrale (1781-1820 umgebaut) und spätgot. Palast (15. Jh.).

Palm Beach [engl. 'pɑːm 'biːtʃ], Stadt in S-Florida, USA, 9 700 E. Eines der bekanntesten Seebäder in Florida.

Palmblad, Vilhelm Fredrik, * Skönberga bei Söderköping (Östergötland) 16. Dez. 1788, † Uppsala 2. Sept. 1852, schwed. Schriftsteller. - 1835 Prof. für Griech. an der Univ. Uppsala. Schrieb romant. Novellen und histor. Romane, u. a. „Aurora Königsmark und ihre Verwandten" (1846-49).

Palme, Olof, * Stockholm 30. Jan. 1927, † ebd. 1. März 1986 (ermordet), schwed. Politiker. - Jurist; wurde 1958 Reichstagsabg., 1963-65 Min. für bes. Aufgaben, 1965-67 für Verkehr, 1967-69 für Erziehung und Kultur. 1969-76 als Nachfolger T. Erlanders, erneut seit Okt. 1982 Min.präs.; Vors. der Sozialdemokrat. Partei seit 1969.

Palmen [zu lat. palma, eigtl. „flache Hand" (nach der Ähnlichkeit des Palmenblatts mit einer gespreizten Hand)] (Palmae, Arecaceae), einkeimblättrige Pflanzenfam. mit rd. 3 400 Arten in über 230 Gatt., v. a. in den Tropen und Subtropen; holzige Bäume, Sträucher oder Lianen ohne sekundäres Dickenwachstum; Stämme bis 30 m hoch; Blätter gestielt, bei baumförmigen Arten in endständigem Schopf stehend, sonst wechselständig, mit meist geteilter, strahliger (bei Fächerpalmen) oder fiedernerviger (bei Fiederpalmen) Spreite; Blütenstände meist axillär und durch fleischige Ausbildung kolbenartig; kleine, meist getrenntgeschlechtige Blüten. Die Früchte sind Beeren oder Steinfrüchte mit großen, oft mit der Fruchtinnenwand verwachsenen Samen. - Zu den P. gehören wichtige Nutzpflanzen, u. a. Betelnuß-, Dattel-, Elfenbein-, Kokos-, Öl- und Sagopalme. Als Kübelpflanzen werden die Zwergpalme sowie einige Arten und Sorten der Dattelpalme verwendet.

Palmenflughund ↑ Flederhunde.

Palmenhörnchen (Funambulini), Gattungsgruppe der Hörnchen mit fast 50 knapp ratten- bis etwa mardergroßen Arten in Afrika und S-Asien; Körper meist oberseits grau bis braun, mit hellen Längsstreifen, unterseits weißl.; fressen Früchte von Palmen.

Palmenroller, svw. ↑ Musangs.

Palmer, Lilli, eigtl. L. Peiser, * Posen 24. Mai 1914, † Los Angeles 28. Jan. 1986, brit. Schauspielerin dt. Herkunft. - Nach iher Emigration (1933) zahlr. Film- und Theaterrollen in Großbrit., seit 1945 vorwiegend in den USA; differenzierte Frauendarstellerin, v. a. in „Frau Warrens Gewerbe" (1959), „Lotte in Weimar" (1975). Schrieb Erinnerungen „Dikke Lilli, gutes Kind" (1974), „Der rote Rabe" (1977) sowie „Umarmen hat seine Zeit" (R., 1979).

Palmerarchipel [engl. 'pɑːmə], vergletscherte Inselgruppe vor der W-Küste der Antarkt. Halbinsel. - 1897-99 von einer belg. Expedition erforscht, ben. nach dem Entdecker (1820), dem amerikan. Walfängerkapitän Nathaniel B. Palmer.

Palmer Peninsula [engl. 'pɑːmə pɪ'nɪnsjʊlə] ↑ Antarktische Halbinsel.

Palmerston, Henry John Temple, Viscount [engl. 'pɑːməstən], * Broadlands (Hampshire) 20. Okt. 1784, † Brocket Hall (Hertfordshire) 18. Okt. 1865, brit. Politiker. - Zunächst Tory, wohl ab 1830 Whig. 1809-28 Kriegsmin.; als Außenmin. (1830-34, 1835-41 und 1846-51) und Premiermin. (1855-58 und 1859-65) verfolgte er eine ausschließl. brit. Interessen dienende Außenpolitik. Hauptziel seiner Politik im Sinne eines Gleichgewichts der Mächte war die Erhaltung Österreichs als Großmacht und des Osman. Reiches (in der Orientkrise 1839/40 und im Krimkrieg 1853-56). 1864 setzte er sich vergebl. für Dänemark ein. Innenpolit. gab sich P. betont konservativ und unterstützte die Interessen der ländl. Aristokratie.

Palmerston North [engl. 'pɑːməstən 'nɔːθ], Stadt auf der Nordinsel Neuseelands, am Manawatu River, 95 500 E. Univ. (seit 1964), Lehrerbildungsanstalt; milchwirtsch. und medizin. Forschungsinst., Rugby-Museum; Zentrum eines bed. Landw.gebiets. - Erste europ. Siedlung um 1870; seit 1877 Borough, seit 1930 City.

Palmette [lat.-frz.], palmblattähnl. Ornament bes. der griech. Kunst, auch in der minoischen Kultur (2. Jh. v. Chr.) und im oriental. Bereich.
♦ Spalierobstbaum (↑ Spalier).

Palmfarn (Cycas), Gatt. der Palmfarngewächse mit rd. 15 Arten im trop. Asien, in Afrika, Australien und Polynesien; stammbildende Pflanzen mit großen, gestielten Blättern (Wedel), zweihäusigen Blüten und großen, endständigen Zapfen. Eine bekannte, oft als Zimmerpflanze gehaltene Art ist *Cycas revoluta* mit einer Rosette aus Blattwedeln.

Palmfarne (Cycadales), Klasse der Nacktsamer mit rd. 200 heute noch lebenden Arten; mit meist säulenartigem Stamm, einem Schopf schraubig angeordneter Fiederblätter und zweihäusigen, meist zapfenartigen Blütenständen. Einige Arten werden als dekorative Blattpflanzen in Tropenhäusern gehalten.

Palmfarngewächse (Cycadaceae), Fam. der Samenfarne mit neun heute noch rezenten Gatt. in den Tropen und Subtropen; mit einem meist holzigen, unverzweigten Stamm, an dessen Ende die gefiederten, farnartigen Laubblätter ansetzen. Die P. sind immer zweihäusig, die ♂ und ♀ Sporophylle bilden einen Zapfen, der am Ende der Achse oder an kurzen Seitenachsen steht. Eine bekannte Gatt. ist ↑ Palmfarn.

Palmfett (Palmöl), aus dem Fruchtfleisch

Palmgeier

von Früchten der Ölpalme gewonnenes Fett, das v. a. aus den Glyceriden der Ölsäure (etwa 48 %) und der Palmitinsäure (etwa 36 %) besteht; Schmelzpunkt 27–45 °C. Rohes P. enthält Karotine und ist deshalb orange- bis dunkelrot gefärbt.

Palmgeier ↑ Geier.

Palmgren, Selim, * Pori 16. Febr. 1878, † Helsinki 13. Dez. 1951, finn. Komponist und Pianist. - Komponierte seinerzeit beliebte Klavierwerke (u. a. fünf Klavierkonzerte), daneben eine Oper, Lieder, Chöre und Kantaten.

Palmherzen (Palmitos, Palmensprossen), das Mark von Dattel- oder Weinpalmen; wird als Gemüse oder Salat zubereitet.

Palmitate [lat.] ↑ Palmitinsäure.

Palmitinsäure [lat./dt.] (n-Hexadecansäure), $C_{15}H_{31}COOH$, gesättigte Fettsäure, die als Glycerid in zahlr. pflanzl. und tier. Fetten vorkommt und als Rohstoff zur Herstellung von Kerzen, Netz- und Schaummitteln verwendet wird. **Palmitate** sind die Salze und Ester der P.; Kalium- und Natriumpalmitat sind in Seifen enthalten.

Palmitos [lat.-span.], svw. ↑ Palmherzen.

Palmkätzchen, Blütenstand der Salweide.

Palmkernfett (Palmkernöl), aus den getrockneten Samenkernen der Ölpalme gewonnenes Fett, das v. a. aus den Glyceriden der Laurinsäure (52 %), der Ölsäure (16 %) und der Myristinsäure (15 %) besteht; Schmelzpunkt 24–29 °C. P. wird v. a. zur Herstellung von Margarine und Seife verwendet.

Palmkohl (Italien. Kohl), als Zierpflanze für Spätsommer und Herbst kultivierte Varietät des Gemüsekohls; bis 2 m hohe Pflanze mit bis über 40 cm langen, schmalen, dunkelgrünen, gekräuselten Blättern in endständigem Schopf.

♦ als Gemüse verwendete Vegetationsspitzen verschiedener Palmenarten.

Palmlilie (Dolchpflanze, Yucca), Gatt. der Agavengewächse mit 35 Arten im südl. N-Amerika und in M-Amerika; ausdauernde, stammlose oder stammbildende Pflanzen mit ledrigen oder derben, schopfig gehäuften Blättern und großen, weißen oder rahmfarbenen Einzelblüten in endständigen, rispigen Blütenständen. Mehrere Arten und Formen sind beliebte Zierpflanzen.

Palmnicken [palm'nıkən, 'palmnıkən] (russ. Jantarny), Ostseebad an der W-Küste des Samlandes, Ostpreußen, UdSSR▼, 1913–45 und wieder seit 1947 Bernsteinförderung.

Palmöl, svw. ↑ Palmfett.

Palmsonntag (lat. Dominica in palmis, seit der Kalenderreform von 1969 Dominica in palmis de passione Domini [P. vom Leiden des Herrn]; in den ev. Kirchen **Palmarum**), in den christl. Liturgien der Sonntag vor Ostern und Beginn der Karwoche. Der P. erhielt seinen Namen von der Palmenprozession, die erstmals im 4. Jh. für Jerusalem als Nachvollzug des Einzugs Jesu (Matth. 21, 1–11) bezeugt ist. Die der Prozession vorausgehende Palmenweihe, bezeugt seit dem 7. Jh., dürfte eine Verchristlichung älteren Frühlingsbrauchtums darstellen. Die geweihten Palmenzweige gelten als Schutzmittel. Bis heute werden sie in kath. Gegenden an das Stubenkreuz, über die Türschwelle und in die grünende Saat gesteckt.

Palmtang ↑ Laminaria.

Palmweide, svw. Salweide (↑ Weide).

Palmwein, alkohol. Getränk aus dem Saft verschiedener Palmenarten; ↑ auch Weinpalme.

Palmyra, Oasenstadt in Z-Syrien, 13 000 E. Verwaltungsmittelpunkt, Museum (Archäologie, Ethnologie); intensive Oasenkulturen, Herstellung von Wollteppichen und Lederwaren; Fremdenverkehr. - Wurde nach freiwilligem Anschluß an Rom (wohl 17 n. Chr.) 211 Colonia; Mitte des 3. Jh. kam es zu einer Staatsbildung unter einheim. Fürsten, 271–273 von Aurelian zerschlagen. Unter Diokletian wurde P. Legionslager; 634 Eroberung durch die Araber. - Ruinen (v. a. 1., 2. und 3. Jh.) zeugen von der Bed. der Stadt, die ihre Blüte in der röm. Kaiserzeit erlebte. Säulenstraße mit einer dreitorigen, triumphbogenartigen Toranlage, Baal-Schamin-Tempel, Theater. Außerhalb der Stadt Nekropolen, u. a. etwa 150 Grabtürme (bed. der fünfstöckige Jamblichos-Grabturm) und unterird. Grabkammern mit Skulpturenschmuck.

Palmyrapalme [portugies./dt.] ↑ Weinpalme.

Palni Hills [engl. 'pælnɪ 'hɪlz], Bergmassiv in S-Indien, Teil der Westghats, bis 2 517 m hoch.

Palo Alto [engl. 'pæloʊ 'æltoʊ], Stadt in Kalifornien, USA, nahe der San Francisco Bay, 55 000 E. Stanford University (gegr. 1885), National Academy of Education, Hoover Institution on War, Revolution and Peace; Elektronikindustrie. - Gegr. 1885 als Univ.stadt von Leland Stanford; 1894 Town, seit 1909 City.

Palolowurm [polynes./dt.] (Palolo, Pazif. P., Samoan. P., Eunice viridis), bis 40 cm langer, leuchtend grüner Ringelwurm (Gruppe Vielborster), v. a. an Korallenriffen Polynesiens. Alle Individuen einer Population stoßen im Okt. oder Nov. zur Fortpflanzung die hintere Körperhälfte ab, die an die Wasseroberfläche schwimmt und ihre Geschlechtsprodukte entleert.

Palomar, Mount [engl. 'maʊnt 'pæləmɑ:], Berg in S-Kalifornien, USA, nö. von San Diego, 1 871 m hoch. Auf dem M. P. befindet sich eines der leistungsstärksten astronom. Observatorien, ausgestattet mit einem 200-Zoll-Spiegelteleskop und einer 48-Zoll-Schmidt-Kamera.

Palomino [lat.-span.] ↑ Isabelle.
Palominorebe, v. a. im Gebiet von Jerez de la Frontera angebaute Rebsorte mit großen [blauen] Trauben, aus deren leicht herben Weinen rd. 90 % der Sherryweine bestehen.
palpabel [lat.], in der Medizin für: greifbar, tastbar (z. B. vom Puls); unter der Haut fühlbar (z. B. von Organen).
Palpation [lat.], Abtasten, Untersuchung von dicht unter der Körperoberfläche liegenden inneren Organen durch Betasten.
Palpebra [lat.], svw. ↑ Lid.
Palpen [lat.] (Taster, Palpi; Einzahl Palpus), v. a. dem Tasten dienende Anhänge am Kopf verschiedener Wirbelloser, oft in Mundnähe.
Palpenkäfer, svw. ↑ Zwergkäfer.
Palpenmotten, svw. ↑ Tastermotten.
Palstek (Pahlsteg) [niederdt.], Knoten, der eine Schlinge bildet, die sich nicht zusammenzieht.
PAL-System ↑ Fernsehen.
Palü, Piz, vergletscherter Gipfel der Berninagruppe an der Grenze zw. der Schweiz und Italien, 3 905 m hoch.
Palucca, Gret [pa'lŏka], * München 8. Jan. 1902, dt. Tänzerin und Tanzpädagogin griech. Abkunft. - Schülerin von M. Wigman, gründete 1925 die bis heute bestehende *P.-Schule* in Dresden; gehört neben M. Wigman und H. Kreutzberg zu den bedeutendsten Vertretern des modernen Ausdruckstanzes.
Paludan, Jacob, * Kopenhagen 7. Febr. 1896, † Birkerød bei Kopenhagen 26. Sept. 1975, dän. Schriftsteller. - Reiste 1920 nach Ecuador und in die USA; entwickelte sich zum scharfen Kritiker der Amerikanisierung des europ. Lebens. Sein R.-Zyklus „Jørgen Stein" (Bd. 1: „Gewitter von Süd", 1932; Bd. 2: „Unter dem Regenbogen", 1933) prangert Materialismus und Sittenlosigkeit in Dänemark während der Zeit zw. den Weltkriegen an. Auch Gedichte und Essays.
Paludan-Müller, Frederik [dän. 'pal'udan'møl'ər], * Kerteminde 7. Febr. 1809, † Kopenhagen 28. Dez. 1876, dän. Dichter. - Zw. Romantik und Realismus stehend, schuf er mit dem Epos „Adam Homo" (1841–48), einem der bedeutendsten Werke der dän. Literatur, oft als dän. „Faust" bezeichnet, ein iron. Zeitbild mit autobiograph. Zügen.
Palus Maeotis [mɛ...] ↑ Asowsches Meer.
Palynologie [griech.] (Pollenforschung), Arbeitsgebiet der Botanik, das sich mit pflanzl. Pollen und Sporen beschäftigt.
Pamban [engl. 'pæmbæn], langgestreckte ind. Insel in der Palkstraße, westl. Endpunkt der Adamsbrücke; durch eine Eisenbahnbrücke mit dem Festland verbunden.
Pamela [pa'me:la, pa'mɛla; engl. 'pæmɪlə], aus dem Engl. übernommener weibl. Vorname (Herkunft und Bed. unklar).
Pami ↑ Sonnendachse.
Pamir, Hochgebirge in Zentralasien, überwiegend zur UdSSR, im O zu China, der S zu Afghanistan gehörend. Höchster Berg ist mit 7 719 m der Kungur (China), höchster Berg auf dem Geb. der UdSSR der 7 483 m hohe Pik Kommunismus. Im P. treffen Kunlun, Karakorum, Himalaja und Hindukusch zusammen. Der P. gliedert sich im W in mehrere etwa 4 000–6 000 m hohe, meist

Pamir

Pamir

WSW–ONO streichende Ketten, die schroffe Hochgebirgsformen aufweisen und stark vergletschert sind. Im östl. P. überwiegen Hochflächen, die von 5000–6000 m hohen Bergmassiven umrahmt und von diesen um etwa 1000–1500 m überragt werden; hier herrschen ausgeglichenere Formen vor. Infolge der großen Trockenheit des rauhen Klimas liegt die Schneegrenze sehr hoch, im zentralen und östl. P. bei 5200 m ü. d. M.; wegen der großen Höhenlage sind ausgedehnte Geb. vergletschert. Verbreitet ist Strauchvegetation, im östl. P. fehlen Bäume vollständig.

Pamir, 1905 für eine Hamburger Reederei erbaute Viermastbark, zuletzt Segelschulschiff; ging 1957 rd. 600 Seemeilen sw. der Azoren in schwerem Sturm unter (von 86 Seeleuten nur 6 gerettet). - Abb. S. 225.

Pamirdialekte, Gruppe archaischer, sich stark voneinander unterscheidender ostiran. Sprachen in den Tälern des Pamir, v. a. am Pjandsch und an dessen Quell- und Nebenflüssen; etwa 70000–80000 Sprecher.

Pamirschaf (Katschgar, Marco-Polo-Schaf, Ovis ammon polii), große Unterart des Wildschafs im Hochland von Pamir; Färbung überwiegend graubraun, mit heller Unterseite; Hörner beim ♂ mächtig entwickelt, mit offenen, abstehenden Windungen.

Pampa [span.], baumlose Ebene in Südamerika, v. a. in Argentinien († Pampas).

Pampa, La, argentin. Prov. in den Pampas, 143 440 km², 208 300 E (1980), Hauptstadt Santa Rosa. Wirtsch. Grundlage ist die Landw., die im NO und O z. T. intensiv betrieben wird, während im Rest der Prov. wegen der Trockenheit nur Schafhaltung mögl. ist.

Pampan [lat.-span.] † Muränen.

Pampas (Pampa) [span.], argentin. Großlandschaft, die sich bis nach S-Uruguay hinein erstreckt, zw. Pampinen Sierren und Cuyo einerseits und Atlantik und uruguay. Hügel- und Stufenland andererseits; weitgehend eine nach W sanft ansteigende Ebene. Klima: liegen die P. im Übergangsgebiet vom feuchten zum trockenen Klima; der östl. Teil ist Grasland, in dem mit Eukalypten, Pappeln und Kiefern künstl. Waldinseln geschaffen werden, der westl. trägt regengrüne Dornstrauchvegetation, im N mit trop. regengrünem Trockenwald durchsetzt. Die P. sind das wirtsch. Kernland Argentiniens mit 60 % des Viehbestands und 90 % des Ackerlands.

Pampasfuchs † Füchse.

Pampasgras (Silbergras, Cortaderia selloana), zweihäusige Süßgrasart der Gatt. Cortaderia aus Argentinien; 2–3 m hohe Staude mit starken Horsten aus schmalen, etwa 1 m langen Blättern (in der Heimat bis 3 m); ♀ Pflanzen mit langen, schmalen, seidenglänzenden, silberweißen Blütenrispen an bis 3 m langen Halmen; beliebtes, häufig für Trockensträuße verwendetes Ziergras.

Pampashasen (Maras, Dolichotinae), Unterfam. hasenähnl. Meerschweinchen im zentralen und südl. S-Amerika; mit zieml. langen Ohren, langen, dünnen Beinen und stummelartigem Schwanz. Man unterscheidet zwei Arten: **Mara** (Großer Mara, Dolichotis patagonum), Länge etwa 70–75 cm; Färbung überwiegend braun bis graubraun; **Kleiner Mara** (Zwergmara, Pediolagus salinicola), etwa 45 cm lang.

Pampashirsch † Neuwelthirsche.

Pampashuhn † Steißhühner.

Pampelmuse [frz.-niederl., zu Tamil bambolmas (in gleicher Bed.)] (Citrus maxima), Zitrusart, deren Hauptanbaugebiete in Asien, im Mittelmeergebiet, im südl. N-Amerika und auf den Westind. Inseln liegen; kleiner Baum mit behaarten Sprossen, großen, längl.-eiförmigen Blättern, deren Blattstiele breit geflügelt sind, und sehr großen, rundl.-birnenförmigen, bis 6 kg schweren Früchten (*Riesenorangen, Pampelmusen*). Im Ggs. zur Orange ist die Wand der Fruchtsegmente zäh. Aus den Fruchtschalen wird äther. Öl gewonnen.

Pamphilos, alexandrin. Grammatiker der 2. Hälfte des 1. Jh. n. Chr. - Verf. umfangreicher Exzerptenliteratur, darunter eines 95 Bücher umfassenden (verlorenen) Glossars.

Pamphlet [engl.-frz.], Form publizist. Angriffsliteratur; Bez. nach dem im MA weitverbreiteten Liebesgedicht „Pamphilus de amore"; trägt seine meist auf Einzelereignisse des polit., gesellschaftl. oder literar. Lebens bezogene Polemik vorzugsweise persönl. attackierend, weniger sachbezogen argumentierend vor. Zunächst Einzelschrift geringen Umfangs (in England seit dem 14. Jh.), dann gedruckte Flugschrift, v. a. in den Niederlanden im 16. und 17. Jh. („pamfletten"; um 1760 in Deutschland bekannt. Im 19. Jh. bezeichnet frz. „pamphlétaire" einen engagierten publizist. Schriftsteller (H. de Rochefort, É. Zola), der seine P. weitgehend außerhalb der institutionalisierten Medien verbreitete; heute wird P. v. a. zur Kennzeichnung jeder für ungerecht oder unbegründet erachteten veröffentlichten essayist. Polemik benutzt.

Pamphylien, histor. Gebiet im W-Taurus und im südl. angrenzenden Küstenstreifen zw. Antalya und Kap Anamur, Türkei. Wohl ab 1000 v. Chr. griech. besiedelt; stand nacheinander unter lyd., pers., makedon., ptolemäischer, seleukid. sowie pergam. Herrschaft und wurde um 102 v. Chr. mit Kilikien röm.

Pampine Sierren, zusammenfassende Bez. für die langgestreckten, etwa N-S streichenden, oft inselartig isolierten Gebirgszüge in NW-Argentinien. Von O nach W nehmen die P. S. an Höhe zu, die Sierra de Famatina erreicht 6250 m Höhe. Zw. den einzelnen Gebirgszügen liegen abflußlose Becken.

Pamplona, span. Stadt im Pyrenäenvorland, 451 m ü. d. M., 183 100 E. Verw.sitz der Prov. Navarra; kath. Erzbischofssitz; Lehrer-, Priesterseminare, Museen. Marktzentrum; Automobilfabrik, Textil-, Nahrungsmittel-, Papier-, Leder-, chem. Ind., Tonwarenherstellung und Eisengießereien. - 75/74 v.Chr. von den Römern als **Pompaelo** gegr.; seit 905 Hauptstadt des Kgr. Navarra; im MA wichtige Festungsstadt (Überwachung der westl. Pyrenäenpässe); seit 1841 Hauptstadt der span. Prov. Navarra. - Got. Kathedrale (14.–16. Jh.; Fassade 18. Jh.) mit got. Kreuzgang, Rathaus (17. Jh.).

Pamukkale [türk., eigtl. „Baumwollschloß"], Naturdenkmal in Westanatolien, 20 km nnö. von Denizli: Kalksinterterrassen, die sich durch Ausscheidung von Kalk aus dem kalk- und kohlensäurereichen Wasser, das mit einer Temperatur von 35 °C oberhalb des Hangs austritt, gebildet haben.

Pan, arkad.-griech. Wald- und Herdengott, Sohn des Hermes und einer Nymphe, die ihn bocksgestaltig gebiert. Wie der mit ihm identifizierte Faunus ein ambivalentes Wesen, ein Fruchtbarkeit spendender Mehrer der Herden und des Wildes, Schutzgott der Hirten und Jäger, kann er aber auch den einsamen Wanderer oder das Vieh durch plötzl. Auftauchen in „panischen" Schrecken bringen. Aus der in Schilfrohr verwandelten Nymphe Syrinx (griech. „Rohr, Flöte") schnitzt P. die erste Hirtenflöte (Panflöte).

Pan, Berliner Kunst- und Literaturzeitschrift, die von einer 1895–1900 bestehenden Genossenschaft m.b.H. „Pan" getragen wurde. Hg. und Redakteure waren O. J. Bierbaum, J. Meier-Graefe, C. Flaischlen und R. Graul. Bes. Wert wurde auf Buchschmuck (Jugendstil) und ganzseitige Kunstblätter gelegt.

P., kulturelle und polit. Zeitschrift, 1910–15, Erscheinungsort Berlin. Zunächst hg. von W. Herzog und P. Cassirer, ab Jan. 1912 von P. Cassirer und W. Fred, ab April 1912 von A. Kerr, zunehmend mit eigenen Beiträgen.

PAN, Abk. für Peroxyacetylnitrat, eine durch Photooxidation aus Kohlenwasserstoffen und Stickoxiden (bes. Autoabgasen) entstehende tränenreizende Substanz; ursächl. beteiligt am photochem. Smog.

Pan [griech.], Gatt. der Menschenaffen mit den Arten Schimpanse und Bonobo.

Pan [poln.], 1. früher Bez. für den Besitzer eines kleinen Gutes; 2. poln. Anrede für Herr.

pan..., Pan..., panto..., Panto... [griech.], Bestimmungswort von Zusammensetzungen mit der Bed. „all, ganz, gesamt, völlig".

panafrikanische Bewegung, durch Afroamerikaner und Afrikaner um 1900 initiierte polit. und kulturelle Bewegung mit dem Ziel der Vereinigung von Afroamerikanern in den USA und Westindien und deren Emanzipation sowie der Einigung Schwarzafrikas. Mitbegr. und Zentralfigur

Pamukkale. Große Kalkterrasse

war W. E. B. Du Bois. Die 1944 in London gegr. Pan-African Federation veranstaltete 1945 in Manchester den 5. panafrikan. Kongreß, der die baldige nat. Unabhängigkeit des gesamten noch kolonialen Afrika forderte. Seit 1950 verlagerte sich der Schwerpunkt der p. B. in die einzelnen afrikan. Länder. Die All-African People's Conference (1958 Accra, 1960 Tunis, 1961 Kairo) trug zur Intensivierung des afrikan. Befreiungskampfes bei. 1961 Spaltung in die Brazzaville- und die Casablancastaaten; 1963 wurde durch die Gründung der OAU eine formale Einigung zw. beiden Gruppen erreicht.

Panaitios von Rhodos (latinisiert Panaetius), * um 185, † um 109, griech. Philosoph. - Um 144 in Rom Mgl. des Freundeskreises des jüngeren Scipio. 129–109 Schulhaupt der Stoa in Athen; Begründer der mittleren ↑ Stoa; verschaffte über den Scipionenkreis der Philosophie Einfluß und Verbreitung in Rom. Im einzelnen bezweifelte P. die Unsterblichkeit der Seele, behauptete die Ewigkeit der Welt und verließ in der Ethik den vorwiegend theoriegeprägten, praxisfernen Standpunkt zugunsten polit.-prakt. Ratschläge.

Panaitios-Maler [Name nach dem auf den Vasen gepriesenen Panaitios], att. Vasenmaler der rotfigurigen Stils des 5. Jh. - Tätig um 500–480 in den Töpferwerkstatt des Euphronios, steht mit seinen bewegungsreichen iron. Szenen noch in der spätarchaischen Tradition; v. a. Schalen.

Panaji [engl. 'pænædʒɪ], Hauptstadt des ind. Unionsterritoriums Goa, Daman and Diu, in Goa, am Arab. Meer, 43 100 E. Kath. Erzbischofssitz; ozeanograph. Inst., histor. Archiv von Goa, Colleges für Medizin und Pharmazie; Düngemittelind. - Ab 1759 Sitz des portugies. Vizekönigs in Indien; 1843–1961 Hauptstadt der portugies. Besitzungen. - Kathedrale (1562–1623), Kirche Bom Jesus (1594ff.) mit dem Grab und Schrein des hl. Franz Xaver.

Panajiotopulos, I[oannis] M. [neugriech. panajɔ'tɔpulɔs], * Ätolikon 23. Okt. 1901, neugriech. Schriftsteller. - Führender griech. Literaturkritiker. Seine Gedichte, Romane („Die Siebenschläfer", 1956), Erzählungen, Essays und Abhandlungen zeichnen sich durch formvollendete Gestaltung aus; schrieb eine neugriech. Literaturgeschichte. - † 17. April 1982.

Pan Am [engl. 'pænæm], Kurzbez. für die Pan American World Airways, Inc. († Luftverkehrsgesellschaften, Übersicht).

Panama (Ciudad de Panamá), Hauptstadt der Republik P. und der Prov. P., nahe der pazif. Einfahrt in den Panamakanal, 388 600 E. Wirtschafts- und Kulturzentrum des Landes; kath. Erzbischofssitz; 3 wiss. Akad.; 2 Univ. (gegr. 1935 bzw. 1965), Nationalarchiv, -museum, -bibliothek; Inst. für Tropen- und Präventivmedizin; Nationaltheater. Im Raum P. arbeiten über 40 % der Ind.betriebe des Landes mit fast 60 % der Beschäftigten, daher starke Zuwanderung und Entstehung von Slums. Einkaufszentrum für die Passagiere der den Kanal benutzenden Schiffe, Hafen; 27 km nö. internat. ⚓. - 1519 als Hafen gegr. Zwischenstation für die Goldtransporte von Peru nach Spanien; ab 1849 nach Bau der Bahnlinie (die heute bereits in Balboa endet) über die Landenge (Eröffnung 1855), erlebte P. einen neuen Aufschwung, der sich nach der Fertigstellung des Panamakanals (1914) noch erhebl. verstärkte; seit 1903 Hauptstadt der Republik Panama. - Bauten aus der Kolonialzeit, u. a. Kathedrale (1796 geweiht), Ruinen von Alt-Panama.

Panama

(amtl.: República de Panamá), Republik in Zentralamerika, zw. 7° 12′ und 9° 38′ n. Br. sowie 77° 09′ und 83° 03′ w. L. **Staatsgebiet:** Es grenzt im N an das Karib. Meer, im O an Kolumbien, im S an den Pazifik, im W an Costa Rica; wird durch die Panamakanalzone geteilt. **Fläche:** 77 082 km². **Bevölkerung:** 2,18 Mill. E (1985), 28,3 E/km². **Hauptstadt:** Panama. **Verwaltungsgliederung:** 9 Prov. und ein autonomes Indianerterritorium innerhalb der Prov. Colón. **Amtssprache:** Spanisch. **Nationalfeiertag:** 3. Nov. (Unabhängigkeitstag). **Währungen:** US-$ und Balboa (B/.) = 100 Centésimos (c, cts). **Internat. Mitgliedschaften:** UN, OAS, SELA. **Zeitzone:** Eastern Standard Time, d. i. MEZ − 6 Std.

Landesnatur: P. umfaßt den südöstlichsten Teil Zentralamerikas einschließ. einiger vorgelagerter Inseln. Ein 2 000–3 000 m hoher zentraler Gebirgszug, dem im N und S niedrige Faltenzüge und schwach geneigte Ebenen vorgelagert sind, teilt das westl. der Kanalzone gelegene Staatsgebiet in einen atlant. und einen pazif. geprägten Raum. Den W-Teil beherrscht der 3 475 m höhe Vulkan Chiriquí. Nach O hin wird das Gebirge niedriger; es entsendet Ausläufer nach S zu der Península de Soná und der Península de Azuero. Östl. der P.senke erstreckt sich der Bogen der Cordillera de San Blas (bis etwa 1 100 m hoch); weitere Bergzüge schließen Senken ein und begrenzen die weitgespannten zentralen Niederungen des Darién, die von mäandrierenden Tieflandströmen entwässert werden.
Klima: Die Temperaturen des trop. Klimas zeigen nur geringe Jahresschwankungen, nehmen aber mit der Höhe ab. Der karib. Bereich ist immerfeucht unter dem Einfluß der Passatwinde, der pazif. erhält nur in den Sommermonaten Niederschläge, abgesehen vom immerfeuchten SO (Darién).
Vegetation: Das Tiefland (Tierra caliente) des karib. Bereichs und der Darién ist von immerfeuchtem trop. Regenwald bedeckt. Im wechselfeuchten pazif. Raum finden sich regengrüne Feucht- und Trockenwälder sowie Feuchtsavannen. Oberhalb 600–700 m (Tierra templada) wächst regen- oder immergrüner Bergwald, der ab 2 500 m in Nebelwald übergeht.
Tierwelt: Zu erwähnen sind Ozelot, Gürteltier, Affen, Schlangen und Krokodile. Bes. reich sind Vögel und Fische vertreten.
Bevölkerung: Etwa 60 % der Gesamtbev. sind Mestizen, 20 % Neger und Mulatten, 10 % Weiße, 8 % Indianer, daneben asiat. Minderheiten. 93 % sind Katholiken, 6 % gehören prot. Kirchen an. Die Indianer - Cuna und Guaymí sind die größten Gruppen - haben zum großen Teil ihre alten Sitten und Sprachen bewahrt. Für einen Teil der Indianer wurden 1952 und 1957 gesetzl. garantierte Reservate geschaffen. Die von den Westind. Inseln eingewanderten Neger sind Protestanten und sprechen Englisch, die Nachkommen der nach P. verschleppten schwarzafrikan. Sklaven sind kath. und sprechen Spanisch. Die Bev. ist ungleich über das Land verteilt. Darién und der karib. Bereich sind sehr dünn besiedelt, dicht dagegen die Kanalzone und das Geb. um den Golf von Parita. Es besteht allg. Schulpflicht von 7–15 Jahren. P. verfügt über 2 Univ. in der Hauptstadt.
Wirtschaft: Die wichtigsten landw. Geb. liegen westl. der Kanalzone im pazif. Bereich, hier werden über 50 % der Fläche genutzt. Angebaut werden für den Inlandsbedarf Reis, Mais, Maniok, Bataten, Bohnen, Mehlbananen, Gemüse, Obst, Tabak. Für den Auslandsmarkt bestimmt sind v. a. Bananen, aber auch Kaffee, Kakao, Zuckerrohr, Tomaten, Ananas, Zitrusfrüchte, Kokosnüsse. Viehzucht wird v. a. in den Savannen und Höhengebieten der pazif. Prov. betrieben, in der

Panama

Nähe der großen Städte ist sie auf Milchwirtschaft spezialisiert. 1969–72 wurden über 250 Großbetriebe gegen Entschädigung enteignet und das Gelände an über 5 000 Bauern vergeben. Der größte Teil des Holzeinschlags wird für die Brennholzversorgung verwendet. P. beansprucht innerhalb von 200 Seemeilen vor seinen Küsten das alleinige Fischereirecht. Gefischt werden v. a. Garnelen, Langusten, Makrelen, Anchovis und Thunfisch. An Bodenschätzen sind Kupfererze nachgewiesen; abgebaut wird Kalk für die Zementind.; in Salinen wird Salz gewonnen. Größte Ind.werke sind die Erdölraffinerie bei Colón und zwei Zementfabriken. Wichtig ist die Nahrungs- und Getränkeind. Konsumwaren werden meist in Kleinbetrieben hergestellt. Dank der Freizone von Colón ist P. der größte Waren- und Kapitalumschlagsplatz von Lateinamerika; rd. 600 große ausländ. Firmen sind hier vertreten. Ein weiterer bed. Wirtschaftsfaktor ist der Fremdenverkehr.

Außenhandel: Ausgeführt werden Erdölprodukte, Bananen, Rohzucker, Garnelen und Fisch, Kaffee u. a., eingeführt Erdöl, Maschinen, Transportmittel, chem. und pharmazeut. Erzeugnisse, Nahrungsmittel, Textilfasern und -gewebe, Papier und Pappe. An erster Stelle der Handelspartner stehen die USA, mit Abstand gefolgt von Mexiko, Ecuador, Venezuela, den EG-Ländern, Saudi-Arabien, Japan u. a.

Verkehr: Die einzige von Küste zu Küste führende Eisenbahnstrecke (1855 erbaut) liegt in der Kanalzone. Das Straßennetz ist über 8 900 km lang. Wichtigste Strecken sind die Schnellstraße Panama–Colón und der Anteil von P. an der Carretera Interamericana, von der 550 km fertiggestellt sind (mit Betondecke und Brücke über den Panamakanal), die restl. 300 km bis zur kolumbian. Grenze sind in Bau. Die Küstenschiffahrt spielt für die Versorgung der karib. Küste und für den Darién eine Rolle. Die meisten Handelsschiffe unter panamaischer Flagge gehören ausländ. Reedereien, da P. zu den Ländern der sog. billigen Flaggen gehört. Wichtigste Häfen sind Cristobal und Balboa, Erdölhafen Puerto Pilón östl. von Colón. Vier Fluggesellschaften bedienen den In- und Auslandsverkehr; internat. ✈ 27 km nö. von der Hauptstadt.

Geschichte: Die ältesten Zeugnisse menschl. Anwesenheit sind um 10 000 v. Chr. zu datieren. Um 400 v. Chr. gab es seßhafte Gruppen mit Feldbau und einfacher, mechan. verzierter oder zweifarbiger Keramik. Um 300 n. Chr. traten im Gebiet etwa zw. dem Golf von Chiriquí und dem heutigen P.kanal vielfarbige Keramiken auf, die, mit anderen Kulturelementen von Chibcha sprechenden Gruppen aus Kolumbien eingeführt, Grundlage verschiedener regionaler Kulturentwicklungen wurden.

Nachdem seit 1501 die atlant. Küste P. von Europäern entdeckt worden war, entstand 1510 am Golf von Urabá die Siedlung Santa María la Antigua, die Kernpunkt der span. Unternehmungen wurde. Von hier brach V. Núñez de Balboa nach W auf und erreichte am 29. Sept. 1513 als erster Europäer den Pazif. Ozean, den er als „Südsee" für die span. Krone in Besitz nahm. Zw. 1516/20 wurden auf 3 Expeditionen die meisten Fürsten der Halbinseln Azuero und Veraguas unterjocht. 1538 wurde P. zur Audiencia erhoben mit einem Gebiet, das von Guatemala bis Chile reichte. Diese Einheit wurde 1545 aufgelöst. P. kam zur Audiencia de los Confines, wurde aber 1563 wieder selbständige Audiencia. 1739 wurde P. Teil des neuen Vize-Kgr. von Santa Fe (Neugranada). Am 28. Nov. 1821 erklärte sich P. für unabhängig von Spanien und für den Anschluß an Kolumbien.

Nach dem Anschluß an Großkolumbien genoß P. eine Zeitlang beträchtl. Selbständigkeit. Der Staat P. entstand am 3. Nov. 1903, weil die USA die volle polit. und militär. Kontrolle über den ↑Panamakanal haben wollten, der kolumbian. Senat einen diesbezüglichen Vertrag aber ablehnte, was die amerikan. Reg. bewog, die Prov. Panamá zum Abfall von Kolumbien zu veranlassen. P. verpachtete die Kanalzone „auf unbegrenzte Zeit" gegen einen jährl. Betrag von zunächst 250 000 $, erstmals fällig 10 Jahre nach Ratifizierung des Vertrages, und gegen einen einmaligen Betrag von 10 Mill. $, fällig sofort nach Ratifizierung des Vertrages. Nach jahrelanger Debatte entschied sich der Kongreß der USA 1906 für den Bau eines Schleusenkanals; im Aug. 1914 war der Kanal fertiggestellt. Die Verfassung von 1904 berechtigte die USA zur Intervention, die nach mehreren Aufständen in P. 1908, 1912 und 1918 auch erfolgte. Seit den 1930er Jahren machte sich eine nat. betonte Abwehrbewegung gegen den Einfluß der USA geltend, die v. a. die Unterstellung der P.kanalzone unter die Souveränität P. forderte. Nach einer ersten 1936 erreichten Revision des Vertrages von 1903 mit Erhöhung der jährl. Zahlung und Garantie einer (sehr eingeschränkten) Unabhängigkeit von P. wurden im Vertrag von 1954 (von den USA 1955 ratifiziert) die Erhöhung des Pachtzinses für die P.kanalzone und eine stärkere Beschränkung des USA auf ihre Grenzen erzielt. Mit der 1960 von den USA verfügten gemeinsamen Hissung der Flaggen P. und der USA wurde P. nominelle Souveränität anerkannt. Im April 1964 begannen neue, grundsätzl. Verhandlungen über den Status der P.kanalzone, die aber zu keinem neuen Vertrag führten. Ein 1967 mit der amerikan. Reg. geschlossener Vertrag wurde nicht ratifiziert. Eine 3. Kandidatur von A. Arias um die Präsidentschaft 1968 löste einen schweren Verfassungskonflikt aus; kurz nach seiner Wahl wurde er im Okt. von der Nat.garde

229

Panama

gestürzt. Eine Junta unter Führung von O. Torrijos Herrera (* 1929, † 1981) bemühte sich um Wirtschafts- und Sozialreformen. 1972 wurde D. B. Lakas Bahas (* 1925) Präs., Torrijos Herrera zum „Großen Führer der Revolution von P." erklärt. 1974 einigten sich die USA und P. in einem Grundsatzabkommen über einen neuen Kanalvertrag, der aber zunächst nicht zum Abschluß kam. Dem Vertragswerk zufolge, das dann aber doch Präs. J. Carter und Torrijos Herrera aushandelten und das im Sept. 1977 in Washington unterzeichnet wurde, sollen der P.kanal und die Kanalzone zum Jahr 2000 in die volle Souveränität der Republik P. übergehen. Die Verträge von 1903, 1936 und 1954 wurden aufgehoben. Bereits im April 1982 gingen die Hoheitsrechte in der Kanalzone auf P. über; der Gouverneur und die Kanalzonenreg. stellten ihre Tätigkeit ein. – Der Betrieb des Kanals selbst wird von einer als Behörde der USA fungierenden Kommission wahrgenommen, in die die USA 5 und P. 4 Mgl. entsenden. Bis 1999 übernehmen die USA und P. gemeinsam den militär. Schutz und die Verteidigung des Kanals. An den Erträgen aus dem Betrieb des Kanals wird P. beteiligt. Die USA und P. verpflichteten sich, die Neutralität des Kanals in Friedens- und Kriegszeiten zu achten, auch über das Jahr 2000 hinaus. Nachdem es schon seit längerer Zeit Überlegungen und Pläne über den Bau eines neuen Kanals in M-Amerika gegeben hatte, fanden im März 1980 in Japan Gespräche über den Bau eines 2., größeren Panamakanals statt; etwa die Hälfte der Schiffseinheiten der Welthandelsflotte können inzwischen auf Grund ihrer Größe den Kanal nicht mehr benutzen. Neben den USA (wegen ihrer Ost-West-Küstenverbindung) ist insbes. Japan an einem neuen Kanal interessiert, da er eine erhebl. Verkürzung des Seeweges zw. Japan und der O-Küste der USA bedeutet.

Zw. 1983 und 1988 erzwang die Nat.garde mehrfach einen Wechsel im Amt des Staatspräs. und erwies sich damit als immer stärkerer Machtfaktor im Land. Dem Oberbefehlshaber der Nat.garde, General Noriega, wurden seitens der USA im Juni 1987 Mordkomplotts, Drogenhandel und Wahlfälschung vorgeworfen. Nach Streiks und Demonstrationen, verbunden mit Repressionen der Nat.garde, wurde in P. der Ausnahmezustand verhängt. Die USA verhängten Wirtschaftssanktionen gegen P., die aber nur zu Lasten der Bev. gingen und ohne wesentl. Effekt blieben. Weihnachten 1989 intervenierten völkerrechtswidrig amerikan. Truppen in P., sie konnten Noriega nach 2 Wochen festnehmen, in die USA bringen und dort unter Anklage stellen.

Politisches System: Die Verfassung der Republik P. vom Okt. 1972 wurde durch die am 24. April 1983 in einem Referendum angenommene Verfassung ersetzt.

Staatsoberhaupt ist der Präs. (seit Dez. 1989 G. Endara), der ab 1984 für fünf Jahre gemeinsam mit dem Vizepräs. vom Volk direkt gewählt wird. Die *Exekutive* liegt beim Kabinett unter dem Vorsitz des Reg.chefs (dessen Funktion nimmt z. Z. der Präs. wahr). Bei der Reg. liegt das alleinige Initiativrecht für den Staatshaushalt. Die Ausgaben für die Gerichtsbarkeit und die Nationalgarde unterliegen nicht der Regierungskontrolle; das diesen Institutionen zustehende Geld wird von ihnen selbst verwaltet. Die *Legislative* liegt beim Einkammerparlament, dessen 70 Abgeordnete direkt für sechs Jahre gewählt werden. Dem

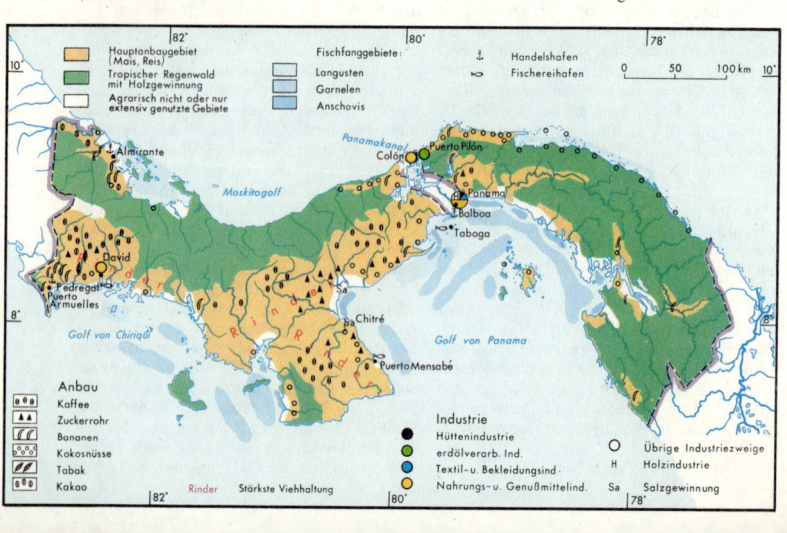

Panama. Wirtschaftskarte

Panamaskandal

Parlament obliegt die Kontrolle der Regierung, v. a. des Staatshaushalts. Seit Okt. 1978 sind wieder *Parteien* zugelassen. Reg.parteien sind die Partido Revolucionario Democrático, in der sich Marxisten, Christl. Demokraten und Geschäftsleute zusammengefunden haben, die Partido Liberal Nacional und die Partido Republicano. 1984 verloren eine Reihe Parteien ihren legalen Status, darunter auch die urspr. die Reg. unterstützende Frente Amplio Nacional und das 1979 gebildete Bündnis Frente Nacional Opositora (u. a. aus Movimiento Independiente Democrático, Partido Democrático Cristiano, Partido Democráta Socialista). Neben dem *Gewerkschafts*verband Confederación de Trabajadores de la República de Panamá mit 62 000 Mitgliedern existieren die Central Istmeña de Trabajadores und die Acción Sindical Panameña. Im Jahre 1981 wurde das Streikrecht gesetzlich verankert. *Streitkräfte:* Die Nationalgarde (11 000 Mann), die bisher ein unabhängiges Staatsorgan war, wurde mit der neuen Verfassung zwar der Reg. unterstellt, doch ist es der Reg. auch weiterhin nicht gestattet, in die Belange der Nationalgarde einzugreifen.

📖 *Ropp, S. C.: Panamanion politics.* New York 1982. - *Schubert, A.: P. Gesch. eines Landes u. eines Kanals.* Bln. 1978.

Panama (Panamagewebe) [nach der zentralamerikan. Stadt Panama], Bez. für Baumwoll-, Woll- oder Halbwollkleiderstoffe mit würfelartigem Aussehen in Panamabindungen, eine abgeleitete Leinwandbindung.

Panama, Golf von, weite Bucht des Pazifiks an der Küste Panamas, an der Einfahrt etwa 200 km breit, im O-Teil Inseln. Wichtigster Hafen ist Panama; außerdem zahlreiche Fischereihäfen.

Panamahut, aus den jungen getrockneten Blättern der Panamapalme geflochtener, leichter, breitrandiger Herrenhut.

panamaische Literatur ↑ mittelamerikanische Literatur.

Panamakanal, Kanal in Zentralamerika, in der P.zone, zw. Atlantik (Karib. Meer) und Pazifik, verläuft 81,6 km lang durch den Isthmus von Panama. Von N kommend führt die Baggerrinne auf Meeresniveau durch die Bucht von Limón bis zum Gatundamm, wo mit drei Schleusenkammern der Aufstieg zum künstl. gestauten Gatunsee erfolgt. Die gleichmäßige Wasserführung wird durch den Maddensee (Stausee mit Kraftwerk) gewährleistet. Der im Bereich der kontinentalen Wasserscheide (93 m) angelegte 13 km lange Gaillard Cut führt bis zur Schleuse von Pedro Miguel, die den Abstieg einleitet, der in der Doppelschleuse von Miraflores beendet wird. Im Rahmen des Ausbaus von 1962–71 wurden die Schleusen vergrößert und die Mindesttiefe und -breite des gesamten Kanals erweitert. Im Mittel benötigt ein Schiff zur Querung der Landenge 14–16 Std., davon 8 Std. für den eigtl. Schleusenkanal. Neben der wirtsch. Bed. des Kanals, die auf der Verkürzung des internat. Schiffahrtsweges beruht, steht für die USA der große strateg. und polit. Wert des Kanals im Vordergrund.

Geschichte: Nachdem das 1879 von F. M. Vicomte de Lesseps mit Hilfe einer frz. Gesellschaft begonnene Projekt eines schleusenlosen Kanals 1889 v. a. aus techn. Gründen gescheitert war, sicherten sich die USA 1901 durch den *Hay-Pauncefote-Vertrag* mit Großbrit. (der den *Clayton-Bulwer-Vertrag* von 1850 ersetzte, in dem beide Länder die Sicherheit und die Neutralität der Landenge von Panama mit dem geplanten Schiffskanal garantierten) das Alleinrecht auf den Bau eines mittelamerikan. Kanals; Anfang 1903 schlossen sie mit Kolumbien den sog. *Hay-Herrán-Vertrag,* der die USA ermächtigte, den P. innerhalb einer Kanalzone mit polit. Sonderstatus zu bauen, zu betreiben und zu schützen, ferner die Konzessionen und das Vermögen der frz. Kanalgesellschaft zu erwerben. Die Ablehnung des Vertragswerks durch den kolumbian. Senat bewog die amerikan. Reg., die Prov. Panamá zum Abfall von Kolumbien zu veranlassen. Mit der aus der Revolte hervorgegangenen, am 6. Nov. 1903 von den USA anerkannten Republik Panama schlossen die USA am 18. Nov. 1903 den *Hay-Varilla-Vertrag* ab, der den USA alle gewünschten Rechte zum Bau, Betrieb und Schutz des Kanals gewährte. Baubeginn 1906, Eröffnung am 15. Aug. 1914. - Karte S. 232.

📖 *Mack, C.: The land divided: a history of the Panama Canal and other isthmian canal projects.* New York Neuaufl. 1974.

Panamakanalzone, früher zum Hoheitsbereich der USA gehörendes Gebiet in Z-Amerika, ein je rd. 8 km breiter Streifen beiderseits des Panamakanals, einschl. der über diesen Bereich hinausgehenden Wasserflächen des Gatun- und Maddensees, aber ohne die in Kanalnähe gelegenen Stadtgebiete von Panama und Colón, 1 432 km[2] (einschl. der von den USA beanspruchten Dreimeilenzone vor beiden Küsten 1 676 km[2]), 31 600 E (1985), 22 E/km[2], Verwaltungssitz Balboa Heights. - Zur Geschichte ↑ Panama (Geschichte).

Panamapalme ↑ Kolbenpalme.

Panamarenko, *Antwerpen 5. Febr. 1940, belg. Objektkünstler. - P. baut scheinbar funktionalist., aber völlig unbrauchbare Flugmaschinen.

Panamaskandal, Bestechungsaffäre in Frankr. im Zusammenhang mit dem Bau des Panamakanals. Die 1879 gegr. frz. Kanalgesellschaft geriet 1888 in eine finanzielle Krise und mußte 1889 Konkurs anmelden. 1892/93 beschuldigten frz. Nationalisten eine Anzahl von Abg. der Nat.versammlung, wegen der Genehmigung der letzten Prämienanleihen mit Kanalaktien bestochen worden zu sein. Die Reg. É. Loubet mußte zurücktreten. Ein

Panamerican Highway

PANAMAKANAL
In panamaische Oberhoheit übergehende Gebiete
- nach Ratifikation des Vertrages
- am 31. 12. 1999

Zentralamerikas und Mexikos meist **Carretera Interamericana** gen. Der P. H. endet im S in Puerto Montt (Chile) und Ushuaia (Argentinien). Noch nicht fertiggestellt sind Teilstücke in Panama und Kolumbien. Im allg. Allwetterstraßen.

Pan American World Airways, Inc. [engl. 'pænə'mɛrɪkən 'wɜːld 'ɛəwɛɪz ɪnˈkɔːpəreɪtɪd], Kurzbez. Pan Am, ↑ Luftverkehrsgesellschaften (Übersicht).

panamerikanische Konferenzen, Bez. für die von den Vertretern der amerikan. Staaten abgehaltenen Zusammenkünfte mit dem Ziel polit. und wirtsch. interamerikan. Zusammenarbeit. 1889 fand in Washington auf Initiative der USA der 1. panamerikan. Kongreß statt, 1890 wurde die Internat. Union Amerikan. Republiken (später Panamerikan. Union) mit Büro in Washington gegr. Seit 1933 bemühte sich der amerikan. Präs. Roosevelt, die Führungsstellung der USA mit einer Politik der guten Nachbarschaft zu verbinden. Die Konferenz in Bogotá (1948) führte schließl. zur Gründung der ↑ Organization of American States (OAS). 1967 wurde in Buenos Aires die Revision der Charta der OAS beschlossen: Anstelle der bisherigen *interamerikan. Konferenz* wurde die Vollversammlung oberstes Organ, der Ständige Rat (Sitz Washington) wurde dadurch geschwächt. Bezeichnend für die weitere Entwicklung wurde der „Lateinamerikan. Konsens" von Viña del Mar (1969), der der Sonderkommission für Lateinamerikan. Koordination (CECLA, „Comisión Especial de Coordinación Latinoamericana") den Status einer permanenten Einrichtung gab; die USA gehören ihr nicht an.

Panamerikanische Spiele, seit 1951 alle vier Jahre ausgetragene Spiele der amerikan. Staaten mit olymp. Programm.

panarabische Bewegung, mit dem Panislamismus sich überschneidende polit. Sammlungsbewegung, die auf der Grundlage von Gemeinsamkeiten in Kultur, Sprache und Religion die supranationale Einigung aller arab. Staaten erstrebt und wesentl. als Reaktion auf den europ. Imperialismus entstand. Wichtiger Integrationsfaktor war bis zum israel.-ägypt. Friedensvertrag 1979 die Palästinafrage seit der Bildung Israels. Die p. B. führte u. a. zur Gründung der Arab. Liga 1945, zur Bildung eines Gemeinsamen Arab. Marktes 1964/65, zur Vereinbarung von (nicht zustande gekommenen oder wieder gelösten) Staatenunionen (z. B. VAR 1958–61, Arab. Föderation 1958; ↑ auch ägyptische Geschichte, ↑ Libyen [Geschichte]) und hatte erhebl. Bed. für die Formulierung einer einheitl. Erdölpolitik der OPEC-Staaten seit dem 4. Israel.-Arab. Krieg 1973.

Panaritium [lat.], svw. ↑ Fingervereiterung.

panaschieren [zu frz. panacher „bunt

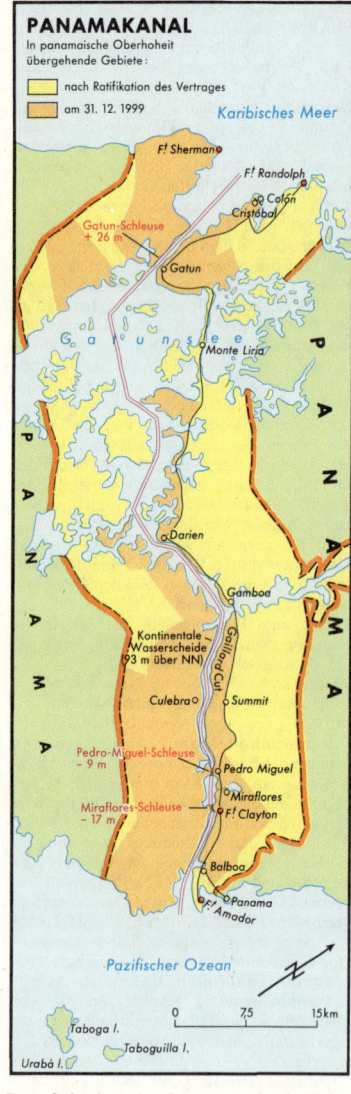

Prozeß, in dem u. a. Lesseps und sein Sohn verurteilt wurden, endete 1897 mit dem Freispruch aller Angeklagten.

Panamerican Highway [engl. 'pænə'mɛrɪkən 'haɪweɪ] (span. Carretera Panamericana), Straßensystem, das die festländ. Staaten Lateinamerikas sowohl untereinander als auch mit dem Straßennetz der USA und Kanadas verbindet. Der P. H. wird innerhalb

herausputzen" (eigtl. „mit einem Federbusch zieren")] ↑ Wahlen.

Panaschierung [frz.] (Weißbuntscheckung), weiße oder gelbe Fleckung oder Streifung von Blättern infolge Chlorophyllmangels (z. B. Ahorn, Efeu, Klee, verschiedene Zierpflanzen). - ↑ auch Buntblättrigkeit.

Panathenäen [griech.], in der griech. Antike das Hauptfest der Athener zu Ehren der Stadtgöttin Athena, das urspr. jährl. *(kleine P.)*, ab etwa 565 v. Chr. alle 4 Jahre *(große P.)* mit einer Prozession und Wettspielen gefeiert wurde.

Panay [span. pa'naį], eine der Visayaninseln u. sechstgrößte Insel der Philippinen, 11 515 km². Wichtigste Städte und Häfen sind Iloilo und Roxas. An Bodenschätzen finden sich Kupfer-, Chrom- und Manganerze. Es dominiert der Anbau von Zuckerrohr, Reis und Mais; Küstenfischerei.

Panazee [nach Panakea, der griech. Göttin der Genesung], Bez. für Allheil- und Wundermittel, bes. in der Alchimie und Iatrochemie.

Panbabylonismus, inzwischen widerlegte Hypothese der Assyriologie Anfang des 20. Jh., nach der alle sumer.-babylon. astrale Weltbild alle Kulturen und Religionen, v. a. das A. T., geprägt habe. Eine Folge des P. war der 1902 von F. ↑ Delitzsch ausgelöste „Babel-Bibel-Streit".

Pančevo [serbokroat. 'paːntʃɛvɔ], jugoslaw. Stadt in der Autonomen Prov. Wojwodina, kurz vor der Mündung der Temes in die Donau, 77 m ü. d. M., 70 300 E. Wirtsch. und kultureller Mittelpunkt des südl. Banats. Herstellung von Nahrungsmitteln, Flugzeugteilen, Glas und Glühbirnen, Chemiewerke, Erdölraffinerie; Hafen.- Im 11. Jh. erstmals erwähnt.

Panchen-Lama ['pantʃən] ↑ Pantschen Lama.

panchromatische Emulsion ↑ Sensibilisierung.

Pandämonium [griech.], im Ggs. zum Pantheon die Gesamtheit und der Versammlungsort aller bösen Geister.

Pandas (Katzenbären, Ailuridae), Fam. der Raubtiere im Himalajagebiet und in W-China; man unterscheidet zwei Arten: ↑ Kleiner Panda und ↑ Bambusbär.

Pandekten [griech.-lat.] ↑ Corpus Juris Civilis.

Pandektistik [griech.-lat.] ↑ Rechtsphilosophie.

Pandemie [griech.] ↑ Epidemie.

pandemisch, sich über mehrere Länder oder Landstriche ausbreitend (von Epidemien gesagt).

Pandero [span.], bask. Schellentrommel, die in der span. Volksmusik zur Begleitung von Tänzen gespielt wird.

Pandit, Vijaya Lakshmi, * Allahabad 18. Aug. 1900, ind. Diplomatin und Politikerin. -

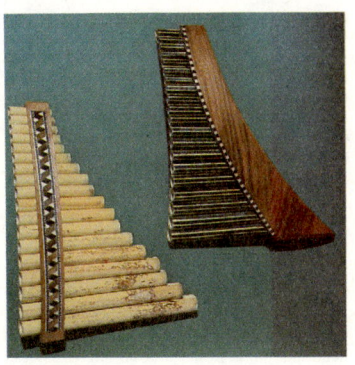

Panflöten

Tochter M. Nehrus; 1946–51 und 1963 ind. Chefdelegierte bei den UN; 1953/54 als erste Frau Präs. der UN-Vollversammlung; 1956–1961 Hochkommissar Indiens in London; 1964–68 Abg. im ind. Unterhaus.

Pandit [Sanskrit], [Ehren]titel brahman. Gelehrter und Philosophen.

Pando, Dep. in Bolivien, an der Grenze gegen Peru und Brasilien, 63 827 km², 42 600 E (1982), Hauptstadt Cobija. Umfaßt die Schwemmlandebene zw. Río Abuna und Río Madre de Dios.

Pandora, in der griech. Mythologie eine von Hephäst aus Erde geformte, von den Göttern mit allen Vorzügen ausgestattete Frau, die Zeus, der die Menschen für den Raub des Feuers durch Prometheus strafen will, mit einem alle Übel bergenden Tonkrug versieht und zu Prometheus' Bruder **Epimetheus** („der zu spät Bedenkende") bringen läßt. Von ihren Reizen geblendet, nimmt dieser sie auf, P. öffnet das Gefäß und verbreitet so die Übel und Krankheiten unter der Menschheit.

Pandora [griech.-italien.], im 16. und 17. Jh. v. a. als Generalbaßinstrument verwendete große ↑ Cister mit stark gebuchteten Zargen und fünf bis sieben Saitenchören; stammt wahrscheinl. aus England.

Pandschab [pan'dʒaːp, 'pandʒaːp; Sanskrit „Fünfstromland"], Landschaft im NW Vorderindiens, heute geteilt in die pakistan. Prov. Punjab und den gleichnamigen ind. Bundesstaat; Teile liegen außerdem im ind. Bundesstaat Haryana. Das P. nimmt den Raum südl. der Salt Range bzw. des Himalaja ein, den die 5 Flüsse Jhelum, Chenab, Ravi, Beas und Sutlej aufgeschüttet haben; W-O-Erstreckung rd. 550 km, N-S-Erstreckung rd. 720 km. Die Hochwasserbetten der Flüsse erreichen bis zu 50 km Breite. Durch die Anlage großer Stauwerke im Indus und seinen Nebenflüssen konnte die bewässerte Fläche vergrößert werden, so daß das P. heute zu den wichtigsten Agrargebieten Vorderindiens

zählt. Vorkommen von Salz, Erdgas und Erdöl sowie die Errichtung von Kraftwerken waren Grundlage für den Aufbau einer bed. chem. Ind. neben der traditionellen Textil- und Nahrungsmittelind.
Geschichte: Älteste Kulturlandschaft Indiens, deren Geschichte mit der Harappakultur (4. Jt. bis Anfang 2. Jt. v. Chr.) beginnt. 518 v. Chr. von Darius I. annektiert, 326 v. Chr. endete der Zug Alexanders d. Gr. im P.; noch im 1. Jh. v. Chr. bestanden griech. Königtümer, obwohl das Gebiet um 300 v. Chr. in das ind. Reich der Maurja einbezogen worden war. Ab 712 drangen die Muslime ein und brachten das P. 1206 unter ihre Kontrolle (Sultanat von Delhi). 1526 kam es zum Mogulreich, nach dessen Niedergang vorübergehend in afghan. Besitz und im letzten Drittel des 18. Jh. in Besitz der Sikhs. 1849 eroberten die Briten das P. und machten es zu einer Prov. Brit.-Indiens, die 1937 Autonomie erhielt. 1947 geteilt, der größere Teil mit der Hauptstadt Lahore fiel an Pakistan (Prov. Punjab), der kleinere Teil an Indien (ind. Bundesstaat Punjab).
📖 *Nijjar, B. S.: Punjab under the later Mughals. Columbia (Mo.) 1973. - Singh, K.: The partition of the Punjab. Hg. v. Ram Sharma. Columbia (Mo.) 1972. - Pfeffer, G.: Pariagruppen des P. Mchn. 1970.*

Pandschabi, zu den indoarischen Sprachen gehörende Sprache in N-Indien und Pakistan, offizielle Sprache des ind. Bundesstaates Punjab. P. wird von den Sikhs in Gurmukhischrift († indische Schriften) und von Muslimen in einer Variante der arab. Schrift geschrieben.

Pandura [griech.] † Tanbur.

Panduren [ungar.], im 17./18. Jh. Bez. für Soldaten der östr. Armee, die im Kleinkrieg in S-Ungarn eingesetzt waren; gehörten 1741–56 zum Freikorps des Franz Freiherrn von der Trenck, später Teil der regulären Armee.

Panduro, Leif [dän. pan'du:ro], * Kopenhagen 18. April 1923, † Liseleje, Asserbo og Melby (Amtskomune Frederiksborg) 16. Jan. 1977, dän. Schriftsteller. - Zahnarzt; stellt in seinen von der Psychoanalyse beeinflußten Romanen, u. a. „Echsentage" (1961), „Die verrückte Welt des Daniel Black" (1970), Theaterstücken und Hörspielen mittels skurril-bizarrer Handlungsführung den Widersinn des alltägl. Lebens bloß und beschreibt die „Normalität" abnormer Charaktere und Zustände.

Paneel [altfrz.-niederl.], das vertieft liegende Feld einer Holztäfelung; auch Bez. für die gesamte Holztäfelung.

Panegyrikus [griech. „zur (Fest)versammlung gehörig"], in der Antike feierl. lobendes Werk der Dichtung oder Redekunst, in dem bed. Taten, Institutionen und Persönlichkeiten gepriesen werden.

Panel [engl. pænl; eigtl. „Feld" (zu † Paneel)], in der empir. Sozialforschung Bez. für eine nach dem Stichprobenverfahren ausgewählte Personengruppe, die zu mindestens 2 Zeitpunkten hinsichtl. derselben Merkmale mit demselben Erhebungsinstrument (Beobachtung, Fragebogen, Interview) gemessen wird. **Paneluntersuchungen** dienen meist zur Feststellung von Meinungs- oder Einstellungsänderungen bzw. zur Analyse sozialen Wandels.

panem et circenses [lat. „Brot und Zirkusspiele"], nach Juvenal 10,81 das einzige, was das röm. Volk ersehne. Die röm. Kaiser mußten, wollten sie sich die Gunst des Volkes erhalten, diesem Anspruch Genüge tun.

Panentheismus [griech.], im Unterschied zum † Pantheismus die Lehre der Einheit von Gott und Welt (Natur) ohne die Identität beider.

Paneth, Friedrich Adolf, * Wien 31. Aug. 1887, † Mainz 17. Sept. 1958, östr. Chemiker. - Prof. in Berlin, Königsberg, London und Durham, ab 1953 Leiter des Max-Planck-Inst. für Chemie in Mainz. P. arbeitete u. a. über radioaktive Zerfallsreihen und Altersbestimmungen sowie über radioaktiv markierte Moleküle.

Paneuropa-Bewegung (Paneuropa-Union), 1923 von R. N. Graf Coudenhove-Kalergi[-Balli] gegr. Bewegung, die eine Vereinigung Europas v. a. gegen einen befürchteten neuen Krieg und eine Eroberung Europas durch die Sowjetunion anstrebte; Sitz des Zentralbüros Wien (bis 1938, dann Bern, ab 1941 New York); hatte Impulse auf die Schaffung der Europ. Bewegung, der sie sich, 1952 wiederbegr., assoziierte.

Panflöte [nach dem griech. Hirtengott Pan] (griech. Syrinx), Blasinstrument aus mehreren meist unten geschlossenen Röhren (im alten Griechenland drei bis 13) ohne Grifflöcher; der Spieler bläst i. d. R. gegen die obere Kante († Flöte), die meist glatt oder (z. B. im Fernen Osten) gekerbt ist. Die Röhren werden meist in einer Ebene geordnet, wobei sich die Reihenfolge häufig nach der Länge und damit der Tonhöhe richtet. Als Materialien begegnen Schilf (bes. häufig), Holz, Bambus, Metall, Stein und Ton. Die P. gehört zu den ältesten Instrumenten und war weltweit verbreitet. - Abb. S. 233.

Pangermanismus, in den 1860/70er Jahren auftauchendes, dem Begriff Panslawismus nachgebildetes Schlagwort, das zunächst primär ein allen Völkern german. Abstammung gemeinsames Stammes- oder Nat.bewußtsein bezeichnete, dann auch zur Bez. der Bestrebungen diente, alle Dt.sprachigen in einem Staat zusammenzufassen.

Pangoline [malai.], svw. † Schuppentiere.

pangrammatisch, Bez. für sprachl. Werke, die denen alle oder möglichst viele Wörter mit demselben Buchstaben beginnen;

als einer der ältesten Manierismen schon im 3. Jh. v. Chr. bekannt (Ennius).

Pangwe, Bantuvolk in N-Gabun, S-Kamerun und Äquatorialguinea, mit vielen Unterstämmen; leben von Feldbau auf Rodungsinseln, Jagd und Fischfang.

Panhandle [engl. 'pænhændl „Pfannenstiel"], Bez. für einen halbinselartigen, weit in fremdes Territorium hineinragenden Teil eines Staates, der z. T. auch von Gewässern umgeben sein kann.

Panhardstab [frz. pã'aːr; nach dem frz. Automobilkonstrukteur R. Panhard, *1841, †1908] †Fahrwerk.

paniberische Bewegung (Paniberismus), 1. i. w. S. Bez. für die Idee der Gemeinsamkeit aller Völker mit Bindung an die portugies. und span. Sprache und Kultur sowie für die sie tragenden Kräfte; äußeres Symbol: Begehung der †Fiesta de la Raza in den meisten Staaten der iber. Welt. - 2. I. e. S. bezeichnet p. B. die Bemühungen um kulturelle und polit. Zusammenarbeit zw. Spanien und Portugal.

Panicum [lat.], svw. †Hirse.

Panier [zu Banner], Feldzeichen, Fahne; Wahlspruch.

panieren [frz., zu lat. panis „Brot"], Fleisch- oder Fischstücke vor dem Braten in Paniermehl und Ei wälzen.

Panik [griech.-frz., nach dem Gott Pan in Bocksgestalt, der als Ursache für undeutbare Schrecken von Menschen und Tieren angesehen wurde], heftiger Schrecken und Angst, die ein Individuum oder eine Gruppe von Menschen oder Tieren in einer gefahrvollen oder vermeintl. gefährl. Situation unvermittelt befallen und die unkontrollierte Fluchtreaktionen auslösen.

Panin, russ. Adelsgeschlecht, Grafen seit 1767. Bed. Vertreter:
P., Nikita Iwanowitsch Graf, *Danzig 29. Sept. 1718, †Petersburg 11. April 1783, Staatsmann. - Einflußreicher Berater Katharinas II., d. Gr.; sein außenpolit. Ziel war eine Allianz zw. Rußland, Schweden, Dänemark, Preußen und Großbrit. zur Sicherung des europ. Gleichgewichts.
P., Pjotr Iwanowitsch Graf, *Wesowka (Geb. Kaluga) 1721, †Moskau 26. April 1789, General. - Bruder von Nikita Iwanowitsch Graf P.; hatte bed. Anteil an der Niederschlagung des Aufstandes J. I. Pugatschows (1774).

Panini, wohl aus NW-Indien stammender ind. Grammatiker des 6./5. Jh. - Faßte in den 3996 kurzen Regeln (Sutra) seiner „Aschtadhjaji" (Buch in acht Abschnitten) die Erkenntnisse seiner im einzelnen nicht genau bekannten Vorgänger zusammen und lehrte die Bildung des korrekten Sanskrits.

Panislamismus, Bez. für die polit. Bewegung des 19. Jh., die durch den Zusammenschluß aller islam. Völker unter einem Kalifen eine Erneuerung der islam. Welt anstrebte; entstand als Reaktion auf die wirtsch. und polit. Überlegenheit sowie auf die koloniale Expansion der europ. Großmächte und auf die Nationalitätenfrage im Osman. Reich. Nach dem Sturz Sultan Abd Al Hamids II., der sich des P. bediente, um die Unterstützung aller Muslime für seinen Führungsanspruch als Kalif zu erlangen, durch die Jungtürken und nach der Abschaffung des Kalifats 1924 verlor der P. gegenüber den nat. Strömungen in islam. Staaten seine polit. Bedeutung. In den 1930er Jahren lebte er erneut auf, wobei sein Ziel nur noch die Schaffung einer islam. Gesellschaftsordnung in unabhängigen Nationalstaaten war (z. B. in den arab. Ländern von der Muslimbruderschaft vertreten). Nach den Bemühungen Pakistans (dessen Gründung 1947 ein Ziel des P. war) um die Bildung eines Blocks islam. Staaten schaffen die verstärkten islam. Aktivitäten v. a. in Indonesien, Iran, der Türkei und einigen nicht arab. schwarzafrikan. Staaten neue Ansätze für eine Stärkung des panislam. Gedankens.

Panizza, Oskar, *Bad Kissingen 12. Nov. 1853, †Bayreuth 30. Sept. 1921, dt. Schriftsteller. - Griff in aggressiven und provozierenden Satiren die herrschenden staatl. und kirchl. Institutionen an. Sein Drama „Das Liebeskonzil" (1895) war der Anlaß zu einem Prozeß wegen Gotteslästerung, 1901 wurde er wegen Majestätsbeleidigung in der satir. Studie „Psichopatia criminalis" (1898) und in dem Gedichtband „Parisjana" (1900) angeklagt.

Panizzi, Sir (seit 1869) Anthony (Antonio), *Brescello bei Modena 16. Sept. 1797, †London 8. April 1879, brit. Literarhistoriker und Bibliothekar italien. Herkunft. - Kam 1823 als Flüchtling nach London, 1837 Bibliothekar, 1856–66 Oberbibliothekar am Brit. Museum; baute den Bestand aus, schuf vorzügl. Kataloge und eifrige Ausgaben italien. Klassiker und beeinflußte den vorbildl. Erweiterungsbau (Büchermagazine, Lesesaal) von 1857.

Panjang †Tanjungkarang.

Panjepferd [slaw./dt.], in O-Europa verbreiteter Typ 130–140 cm schulterhoher Landpferde; Fellfarbe mausgrau, falb und dunkelbraun, oft mit Aalstrich.

Pankhurst, Emmeline [engl. 'pæŋkhəːst], geb. Goulden, *Manchester 14. Juli 1858, †London 14. Juni 1928, brit. Frauenrechtlerin. - Mitbegr. der „Women's Social and Political Union" als überparteil. radikaler Organisation zur Errringung der Frauenwahlrechts (sog. Suffragetten); arbeitete mit Provokation und organisiertem Massenprotest und schreckte vor terrorist. Aktionen (Brandstiftung, Bombenanschläge) nicht zurück (mehrfach in Haft).

Pankok, Bernhard, *Münster 16. Mai 1872, †Baierbrunn (Isartal) 5. April 1943, dt. Kunsthandwerker, Maler, Graphiker und Architekt. - Tätig in München und seit 1902

Pankok

Bernhard Pankok, Vitrine (1899).
München, Historisches Stadtmuseum

in Stuttgart; Buchgraphik (u. a. in „Jugend" und „Pan"; Katalog des Dt. Reichs für die Pariser Weltausstellung 1900) und Innenausstattungen im Jugendstil für die Weltausstellungen in Paris 1900 (Erkerraum des dt. Pavillons, nicht erhalten) und Saint Louis 1904 (Musikzimmer, teilweise erhalten: Stuttgart, Württembergisches Landesmuseum). Nicht zerstört sein Jugendstilwohnhaus Haus Konrad Lange, Tübingen (1900/01); auch Porträts, Bühnenausstattungen (Stuttgart; Berliner Staatsoper).

P., Otto, * Mülheim a. d. Ruhr 6. Juni 1893, † Wesel 20. Okt. 1966, dt. Graphiker. - Holzschnittfolgen in expressionist. Formgebung: „Die Passion" (1936), „Jüd. Schicksal" (1947), „Zigeuner" (1947), „Begegnungen" (1956), „Die Räuber vom Liang schan Moor" (1960).

Pankow [...ko], Stadtbez. von Berlin (Ost).

Pankration [...tion; griech.], im antiken Griechenland geübter, aus Faust- und Ringkampf kombinierter [oft tödl.] Zweikampf (ab 648 v. Chr. olymp. Disziplin), bei dem der Gegner mit allen Mitteln kampfunfähig gemacht werden sollte.

pankratisches System [griech.], ein opt. System mit stetig veränderl. Brennweite und damit veränderl. Abbildungsmaßstab († photographische Objektive).

Pankratius (Pankraz), männl. Vorname (zu griech. Pankrátios, eigtl. „der alles Beherrschende").

Pankratius, hl., röm. Märtyrer. - Nach der Legende Martyrium unter Kaiser Valerian (207) oder Diokletian (304) in Rom; zählt zu den † Eisheiligen. - Fest: 12. Mai.

Pankrazlilie [griech./lat.] (Pancratium), Gatt. der Amaryllisgewächse mit rd. 20 Arten im Mittelmeergebiet, auf den Kanar. Inseln und im trop. O-Asien; Zwiebelpflanzen mit meist doldig angeordneten, weißen Blüten. Eine bekannte, bei uns als Zierpflanze im Weinbauklima winterharte Art ist **Pancratium illyricum** mit sechs bis zwölf Blüten.

Pankreas [griech.], svw. † Bauchspeicheldrüse.

Pankreatitis [griech.] (Bauchspeicheldrüsenentzündung), entzündl. Erkrankung der Bauchspeicheldrüse, meist infolge aufsteigender Infektion bei Gallensteinleiden oder Bauchspeichelsteinen. Die *chron.* P. geht oft mit uncharakterist. Beschwerden einher, die den Verdauungsstörungen bei stark fett- und eiweißhaltiger Nahrung gleichen. Die *akute* P. ist mit starken Schmerzen und Fieber verbunden.

Panlogismus, Allvernunftlehre, nach der in der Welt ein einheitl. vernünftiger (log.) Zusammenhang gesehen wird.

Panmunjom [korean. phanmundʒʌm], korean. Stadt an der Demarkationslinie zw. N- und S-Korea auf dem 37. Breitengrad. Der Waffenstillstand von P. (27. Juli 1953) beendete den Koreakrieg; 1976 wurde P. geteilt, seitdem darf das Militärpersonal den zum jeweils anderen Machtbereich gehörenden Stadtteil nicht mehr betreten.

Pannenberg, Wolfhart, * Stettin 2. Okt. 1928, dt. ev. Theologe. - Prof. in Mainz, seit 1967 in München. In seiner Theologie reflektiert P. v. a. die Frage nach der Offenbarungsqualität der Geschichte und die wissenschaftstheoret. Begründung theolog. Aussagen. - *Werke:* Offenbarung als Geschichte (1961), Wissenschaftstheorie und Theologie (1973), Die Bestimmung des Menschen (1977), Anthropologie in theolog. Perspektive (1983).

Pannette [pa'nɛt; frz.], glanzreich appretiertes Atlasgewebe; v. a. für Dekorationszwecke.

Pannonhalma [ungar. 'pɔnnonhɔlmɔ] (dt. Martinsberg), ungar. Ort 20 km sö. von Győr; Benediktiner-Erzabtei mit theolog. Hochschule und bed. Bibliothek. - Entwickelte sich bei der 996 gegr. Abtei Martinsberg, zeitweilig eines der bedeutendsten ungar. Kulturzentren; kurz vor 1600 von den Osmanen erobert; Anfang 18. Jh. und 1802 wiederhergestellt (1786 zunächst aufgehoben); 1945 wurden die Stiftsgüter enteignet. - Spätroman.-

frühgot. Stiftskirche (1224 geweiht; Krypta, Chor und Langhaus Mitte des 13. Jh.; Turmfassade 19. Jh.), Klostergebäude (13.–15. Jh. und 18./19. Jh.).

Pannonien (lat. Pannonia), nach den z. T. kelt. überschichteten illyr. Pannoniern ben. röm. Prov. zw. dem O-Rand der Alpen, der Donau und etwa der Save; 14–9 von den Römern unterworfen; bis zum Aufstand der illyr. Stämme (6–9 n. Chr.) zur Prov. Illyricum gehörend; im 2. Jh. verheert (Markomannenkriege), nach 400 von german. und hunn. Stämmen überflutet; 510 ostgot., 567 langobard., 568 awarisch.

pannonische Kultur, Sammelbez. für mehrere mittelbronzezeitl. Kulturgruppen an der mittleren Donau.

Pannonisches Becken, tekton. Becken im sö. Mitteleuropa, zw. den Dinariden im S, den Alpen im W, den Karpaten im N und dem Westsiebenbürg. Gebirge und Siebenbürg. Hochland (i. w. S. letzteres einschließend) im Osten.

Pannwitz, Rudolf, *Crossen/Oder 27. Mai 1881, †Astano bei Lugano 23. März 1969, dt. Schriftsteller, Kulturphilosoph und Pädagoge. – Themen seiner Kulturphilosophie und -kritik: Ziel der Kultur sei der in Überwindung seiner selbst sich und den Kosmos vollendende Mensch; nur in der Zentrierung der Kultur auf den Menschen könne der Abbau der Kulturwerte verhindert werden, und zwar unter bes. Berücksichtigung der Lehren von Buddha, Konfuzius, Laotse. Setzte sich publizist. für ein geeintes humanist. Abendland ein. – *Werke:* Die Krisis der europ. Kultur (1917), Logos, Eidos, Bios (1931), Der Nihilismus und die werdende Welt (1951), Der Aufbau der Natur (1961), Das Werk des Menschen (1969).

Panofsky [...ki], Erwin, *Hannover 30. März 1892, †Princeton (N. J.) 15. März 1968, dt.-amerikan. Kunsthistoriker. – Prof. in Hamburg, Princeton, seit 1963 in New York. Begründer und Hauptvertreter der Ikonologie. – *Werke:* ‚Idea', ein Beitrag zur Begriffsgeschichte der älteren Kunsttheorie (1924), Zum Problem der Beschreibung und Inhaltsdeutung von Werken der bildenden Kunst (1932), Studies in iconology (1939), Grabplastik (1964).

P., Wolfgang, *Berlin 24. April 1919, amerikan. Physiker. – Sohn von Erwin P.; Prof. in Berkeley und an der Stanford University. Seine Hauptarbeitsgebiete sind die Kern- und die Hochenergiephysik; 1950/51 gelang ihm und seinen Mitarbeitern der Nachweis des neutralen Pions und die Bestimmungen seiner Eigenschaften.

Panophthalmie [griech.], eitrige Entzündung des Augeninneren, die sich auf den ganzen Augapfel erstreckt.

Panoptikum [griech.-lat., eigtl. „Gesamtschau"], Sammlung von Sehenswürdigkeiten.

Panorama [griech.], allg. svw. Rundblick; v. a. im 19. Jh. illusionist. Schaubild in der Form eines perspektiv.-plast. wirkenden Rundbildes, das auf einen Rundhorizont gemalt ist.

Panoramakopf, Stativbefestigung für Kameras mit horizontaler und vertikaler Drehachse.

Panoramaobjektiv ↑photographische Objektive.

Panormos ↑Palermo.

Panowa, Wera Fjodorowna, *Rostow am Don 20. März 1905, †Leningrad 3. März 1973, russ.-sowjet. Schriftstellerin. – 1922–35 Zeitungskorrespondentin; stellte in ihren Romanen den sowjet. Alltag, Kriegserlebnisse und das Leben der Parteifunktionäre dar und betonte die menschl. Züge ihrer Romancharaktere, u. a. „Helles Ufer" (1949), „Verhängnisvolle Wege" (1953); auch Dramen, z. B. „Abschied von den hellen Nächten" (1961).

Panphobie, krankhafte Furcht vor allen Vorgängen in der Außenwelt.

Pansen [altfrz., zu lat. pantex „Wanst"], Teil des Wiederkäuermagens, der zus. mit dem Netzmagen (Haube) den Vormagen bildet, in dem die Nahrung vor dem Wiederkäuen durchgeknetet und durch Bakterien teilweise abgebaut wird (indem diese aus Kohlenhydraten Fettsäure bilden).

Panslawismus, Bez. für die Bestrebung nach einem polit. und kulturellen Zusammenschluß aller Slawen. Als Terminus zunächst für die slaw. Sprachverwandtschaft („allslawisch") eingeführt, bekam der P. bei den Westslawen in den 1830er Jahren polit. Stoßkraft und enthielt bereits in dieser Zeit auch Wünsche nach nat. Staatswerdung der slaw. Stämme. Gleichzeitig entwickelte in Rußland M. P. Pogodin Ideen über den Vorzug der slaw. vor den anderen Völkern und über eine russ. Hegemonie in der slaw. Welt. Rußlands Niederlage im Krimkrieg, seine Haltung zur Revolution von 1848/49, die Unterdrückung der poln. Aufstände 1830/31 bzw. 1863/64 begünstigten den Aufstieg des schon auf dem Prager Slawenkongreß 1848 in Erscheinung getretenen Austroslawismus. Der russ. P. wandelte sich immer mehr zum gegen Deutschland gerichteten **Panrussismus.** Diese polit. Richtung beherrschte noch den Prager Slawenkongreß 1908, doch wollte der dort formulierte **Neoslawismus** nicht mehr russ. Hegemonie, sondern Rußland und Österreich-Ungarn als Verbündete. Die bosn. Krise (1908) und die Balkankriege erwiesen aber die Haltlosigkeit der neoslaw. Ideen.
📖 *Geyer, D.:* Der russ. Imperialismus. Gött. 1977. – *Picht, U.:* M. P. Pogodin u. die slaw. Frage. Stg. 1969.

Pansophie [griech.], v. a. von J. A. Comenius („Pansophiae prodromus" [Der Vorbote der Allweisheit], 1639) geförderte religiös-[natur]philosoph. Bewegung des 16. bis

Pantaleon

18. Jh. Sie strebte eine Zusammenfassung allen Wissens von Gott und der Welt, aller Wiss. einschl. der Alchimie zu einer Universalwiss. an und versuchte, ein weltweites Gelehrten- und Friedensreich zu verwirklichen.

Pantaleon (Pantalon), vergrößertes ↑Hackbrett mit zwei Resonanzböden und beidseitigem Saitenbezug (Tonumfang bis 5½ Oktaven); auf der einen Seite mit Darm-, auf der anderen mit Metallsaiten bezogen, so daß beim Umdrehen der Klang gewechselt werden konnte; ben. nach dem Erfinder Pantaleon Hebenstreit (* 1667, † 1750).

Pantalica, Siedlung der späten Bronze- bis frühen Eisenzeit bei Sortino (34 km nw. von Syrakus) mit über 5000 Felskammergräbern; Funde grundlegend für die Chronologie des 12.–8. Jh. v. Chr. auf Sizilien.

Pantalons [italien.-frz.], Männerhosen des einfachen Volkes mit röhrenförmigen Beinen; gehörte in der Commedia dell'arte zur Bekleidung des **Pantalone**; auch in der Frz. Revolution von den Revolutionären getragen (↑Sansculotten).

Pantanal, Schwemmlandebene im sw. Brasilien, zw. dem oberen Paraguay und der westlichsten Landstufe des zentralbrasilian. Schichtstufenlandes, im allg. 90–110 m ü. d. M., über 100 000 km², z. T. vorzügl. Viehzuchtgebiet.

panta rhei [griech. „alles fließt"], fälschl. Heraklit zugeschriebene Formel für dessen dynam. Auffassung, daß das Seiende dauernden Veränderungen (von Entstehen und Vergehen) unterworfen sei.

Pantelleria, italien. Insel in der Straße von Sizilien, 83 km², bis 836 m hoch, Hauptort und Hafen ist P. an der NW-Küste (8 200 E; ⌘).

Pantheon in Rom. Innenansicht

Panter, Peter, Pseud. des dt. Schriftstellers K. ↑Tucholsky.

Pantheismus (Alleinheitslehre), Bez. für eine religiös-theolog., z. T. auch philosoph. Position, nach der Gott in allen Dingen der Welt existiert bzw. Gott und Weltall (bes. die belebte Welt) ident. sind. - Die Versuche, die verschiedenen Arten des P. systemat. zu gliedern und den P. vom **Theopantismus** (Gott ist alles), vom **Theiomonismus** (es existiert allein das Göttliche) und vom Panentheismus zu unterscheiden, können nicht als hinreichend angesehen werden, da man den P. nur teilweise als religiöse Form des Monismus ansehen kann.

Pantheon [griech.], im Polytheismus Bez. für die Gesamtheit der Götter einer Religion.
♦ Bez. für ein Heiligtum, das der Gesamtheit der Götter geweiht ist. Das P. wurde als Rundbau mit einer 43 m hohen Kuppel (Durchmesser 43 m) unter Hadrian zw. 118 und 128 anstelle des Vorgängerbaus von 25 v. Chr. (erneuert 80 n. Chr.) in Rom errichtet (ehem. Marsfeld).

Panthéon [frz. pɑ̃te'ɔ̃; griech.], Ehrentempel der Franzosen in Paris. Ursprüngl. als Kirche Sainte-Geneviève von J. G. Soufflot u. a. 1764–90 erbaut. Ab 1791 umgebaut zur Gedächtnis- und Begräbnisstätte nat. Persönlichkeiten.

Panther [griech.], svw. ↑Leopard.

Pantherpilz (Pantherwulstling, Amanita pantherina), giftiger Wulstling in Nadel- und Buchenwäldern. - ↑ auch Giftpilze (Übersicht).

Panthersprung nach Agadir ↑Marokkokrisen.

Pantikapaion (Panticapaeum) ↑Kertsch.

Pantinen [frz.-niederl.] ↑Pantoffeln.

panto..., Panto... ↑pan..., Pan...

Pantoffelblume (Calceolaria), Gatt. der Rachenblütler mit rd. 500 Arten, v. a. in S-Amerika; Kräuter, Halbsträucher oder Sträucher mit gegen- oder quirlständigen Blättern und zweilippigen, oft pantoffelähnl., sehr unterschiedl. gefärbten Blüten; zahlr. Arten als Zierpflanzen, bes. die Hybriden mit gelben, orangefarbenen, rotvioletten oder getigerten Blüten als Zimmerpflanzen.

Pantoffelkoralle (Calceola), Gatt. der Tetrakorallen im unteren bis mittleren Devon Eurasiens, im mittleren Devon auch in Afrika, Australien und Kalifornien; Kelch tief, dreikantig, pantoffel- bis halbkreisförmig, Deckel halbkreisförmig; Leitfossil des mittleren Devons der Eifel.

Pantoffeln [frz.], aus Sohle und Vorderkappe bestehende Fußbekleidung, die mit oder ohne Absatz gearbeitet sein kann. Die P. stammen aus dem Orient. In Europa im 15. Jh. mod. Männer-, seit dem 16. Jh. mod. Frauenschuh. Heute vornehml. Hausschuh, seit den 1960er Jahren als hochhackige **Pantolette** wieder mod. [Sommer]schuh. Als **Panti-**

nen bezeichnet man P. mit Holzsohle und Oberteil aus Stoff oder Leder.

Pantoffelschnecke (Große P., Gemeine P., Crepidula fornicata), bis 5 cm lange Vorderkiemerschnecke im N-Atlantik; Schale mützenartig flach.

Pantoffeltierchen (Paramecium, Paramaecium), Gatt. gestreckt-ovaler bis pantoffelförmiger Wimpertierchen mit mehreren weitgehend kosmopolit. Arten, v. a. in stark eutrophiertem Süßwasser; Studienobjekt in der Biologie ist die bis etwa 0,3 mm lange Art **Paramecium caudatum.**

Pantograph (Storchschnabel), Gerät zur maßstäbl. Vergrößerung oder Verkleinerung von Zeichnungen, Diagrammen, Plänen usw.

Pantokrator [griech. „Allherrscher"], in der griech. Übersetzung des A. T. Bez. Gottes zum Ausdruck seiner Universalität und Allmacht, im N. T. auf Christus übertragen, von den griech. Kirchenvätern apologet. gegen die Arianer verwendet.

Pantolette [Kw. aus Pantoffel und Sandalette] ↑ Pantoffeln.

Pantomime [zu griech. pantómimos „der alles Nachahmende"], Sonderform der darstellenden Kunst, bei der Handlung und/oder Charaktere ohne Gebrauch der Sprache ausschließl. durch Mimik (Mienenspiel, Gestik bzw. Gebärden sowie tänzer. Bewegung) ausgedrückt werden. Maske, Kostüm, sparsame Requisiten sowie musikal. Begleitung sind möglich. Die P. ist als selbständige Kunstform bereits 400 v. Chr. in Griechenland nachweisbar. Zu Chor- und Instrumentalbegleitung agierte - meist solist. - ein Schauspieler mit Maske. In Rom war die P. von etwa 20 v. Chr. bis 500 n. Chr. eine sehr beliebte Kunstgattung. Danach überlebte sie als Bestandteil besonders von Vorführungen der Fahrenden sowie von volkstüml. Theaterformen, wie des ma. Mysterienspiels, der Commedia dell'arte, von Vaudeville und altwiener. Volkskomödie. Ein zweiter Entwicklungsstrang ist die Verwendung von musikbegleiteter P. als Bestandteil des Renaissancetheaters (Trionfi, Intermedien). In England und Frankr. entwickelte sich eine eigenständige, oft sozialkrit. Form der P., meist mit Harlekin bzw. Pierrot im Mittelpunkt. Elemente der Harlekin-P. überlebten in Zirkus und Varieté, ferner im Stummfilm und Musikfilm. Die moderne, von É. Decroux und seinen Schülern (J.-L. Barrault, M. Marceau, S. Molcho) geprägte P. entwickelte eine Systematik der körperl. Ausdrucksmöglichkeiten und eine Technik des reinen Gebärdenspiels.

 Avital, S.: Mimenspiel. Die Kunst der Körpersprache. Dt. Übers. Bln. 1985. - *Gerber, A., u. a.:* Anatomie der P. Hamb. 1985. - *Müller, Werner:* P. Mchn. ²1981.

Pantopoda [griech.], svw. ↑ Asselspinnen.

Pantotheria [griech.], ausgestorbene, nur aus dem Jura und der mittleren Kreide

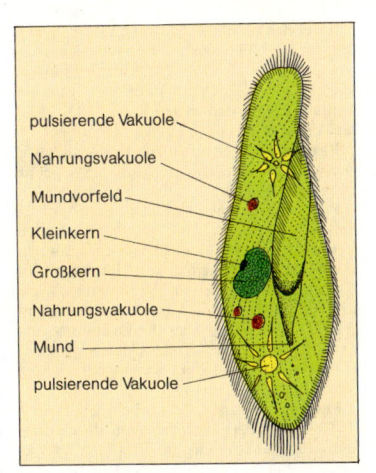

Pantoffeltierchen.
Paramecium caudatum

bekannte Ordnung maus- bis rattengroßer, insektenfressender Säugetiere. Bes. zwei in der Kreidezeit entstandene Gruppen können als Vorfahren der Säugetiere angesehen werden.

Pantry ['pɛntri, engl. 'pæntri, letztl. zu lat. panis „Brot"], kleiner Raum v. a. an Bord von Flugzeugen oder Schiffen zur Aufbewahrung und zum Anrichten der Bordverpflegung.

Pantscharatra [Sanskrit „zu fünf Nächten gehörig"], religiöses System des Wischnuismus, das v. a. in S-Indien seinen Höhepunkt im 7. bis 9.Jh. erreichte. Nach der evolutionist. Lehre des P. beruht die Welt auf einer sich in einer Reihe von Emanationen, Manifestationen und Herabkünften vollziehenden Schöpfung, die Wischnu aus sich entläßt. Im Kult genießen alle Kastenhindus gleiche Rechte.

Pantschatantra [Sanskrit „Buch in fünf Abschnitten"], altind., Wischnuscharma zugeschriebene Fabelsammlung in Sanskrit zur unterhaltenden [polit.] Erziehung junger Fürsten; umfaßt 5 Bücher mit je einer Rahmenerzählung um Sprüche und Fabeln, die auf ein polit. Thema bezogen sind. Das in mehr als 200 Versionen in über 60 Sprachen vorliegende P. gehört zu den verbreitetsten Werken der Weltliteratur. Zw. 300 und 500 in Indien entstanden; die ursprünglichste Version ist das **Tantrakhjajika.** Die erste Übertragung in eine europ. Sprache erfolgte im 11.Jh.; 1483 wurde die auf Veranlassung des württemberg. Grafen Eberhard im Barte angefertigte erste dt. Übersetzung von Antonius von Pforr gedruckt.

Pantschen Lama (Panchen Lama; tibet. mit vollständigem Titel Panchen rin-poche

Pänultima

[„Juwel der Gelehrten"]), neben dem †Dalai Lama der ranghöchste Hierarch des 1950 von China annektierten ehem. tibet. Priesterstaates; gilt als Inkarnation des Buddha Amitabha. - Für den letzten P. L. (* 1937, †28. Jan. 1989) gibt es noch keinen Nachfolger.

Pänultima [lat. „fast die letzte (Silbe)"], in der lat. Grammatik Bez. für die vorletzte Silbe eines Wortes.

Panyassis von Halikarnassos, griech. Epiker der 1. Hälfte des 5. Jh. v. Chr. - Onkel Herodots; fiel im Kampf gegen den Tyrannen Lygdamis. Von seinem Epos „Hērákleia" (14 Bücher, 8 000 Verse) sind nur einige Verse erhalten; wahrscheinl. Verf. der „Iōniká", eines geschichtl. Epos über die Gründung ion. Kolonien. Wurde mit Homer, Hesiod, Peisandros und Antimachos im Kanon der 5 klass. Epiker aufgeführt.

Panzer, Friedrich, * Asch bei Eger 4. Sept. 1870, † Heidelberg 18. März 1956, dt. Germanist. - Prof. in Freiburg im Breisgau, Frankfurt am Main, Köln und Heidelberg; Forschungsschwerpunkt seiner Arbeit waren Märchen, Sagen und höf. Epik (bes. das „Nibelungenlied").

Panzer [altfrz., zu lat. pantex „Wanst"], allg. Bez. für den Schutz gegen feindl. Waffeneinwirkung, †Panzerung. - †auch Rüstung.

♦ gepanzertes militär. Fahrzeug, dessen Aufbau, Bewaffnung und Ausstattung sowie Fahrleistung, Geschwindigkeit, Beweglichkeit u. a. dem jeweiligen Einsatzzweck entsprechen. Nach ihrem Gefechtsgewicht werden leichte (bis 20 t), mittlere und schwere (ab 40 t) P. unterschieden, nach ihren Hauptaufgaben schwer gepanzerte **Kampfpanzer** (mit bis zu 5 Mann Besatzung; früher als [**Panzer**]**kampfwagen** bezeichnet), meist Vollkettenfahrzeug mit einem in einem Drehturm eingebauten Schnellfeuergeschütz; schwer gepanzerte **Sturmpanzer** mit Steilfeuerwaffen zum Einsatz gegen Ziele in oder hinter Deckungen; **Jagdpanzer,** zum Einsatz gegen feindl. P. bestimmt; sehr beweg., leicht gepanzerte **Aufklärungspanzer** oder **Spähpanzer,** Voll- bzw. Halbkettenfahrzeuge oder Radfahrzeuge (**Panzerspähwagen**) mit Allradantrieb; leichte **Fla-Panzer** mit Maschinenkanonen und/oder Fla-Raketen zum Einsatz gegen feindl. Flugzeuge; leicht gepanzerte **Schützenpanzer** zur Durchführung des Kampfaufgaben der P.grenadiere, mit leichten Maschinenwaffen, Voll- bzw. Halbkettenfahrzeuge oder Radfahrzeuge (**Schützenpanzerwagen**) mit Allradantrieb; lufttransportfähige leichte **Luftlandepanzer** zur Unterstützung der Luftlandetruppen. Daneben gibt es zahlr. *Sonder-P.,* z. B. die *Berge-, Brückenlege-* und *Minenräum-P.* der P.pioniere.

P. müssen im ebenen Gelände allg. bewegl. sein, aber auch bei Geländesteigungen von 60 % manövrieren sowie kleinere senkrechte Hindernisse überwinden können; zudem wird „Watfähigkeit" zum Überwinden flacher Gewässer gefordert; **Schwimmpanzer** oder **Amphibienpanzer** können tiefere Gewässer durchqueren, z. T. erst nach Anbau bes. Schwimmkörper. Antrieb: Diesel- und Ottomotoren, neuerdings auch Mehrstoffmotoren. Lenkung durch vorübergehendes Stillsetzen der Laufkette auf einer Fahrzeugseite oder durch gesteuerte Änderung der Kettengeschwindigkeit. Um das Schießen aus dem fahrenden P. zu ermöglichen, werden bei neueren P. kreiselgesteuerte Stabilisiereinrichtungen eingebaut, die bei Bodenunebenheiten das Geschützrohr ständig in der erforderl. Erhöhung gegenüber dem Horizont halten. Beobachtungsgeräte für den Überblick über das Gefechtsfeld sind bei Tage Sehschlitze, Fernrohre, Periskope und Winkelspiegel, in der Dunkelheit Nachtsichtgeräte. Unter der Tarnbezeichnung „Tanks" wurden geländegängige P. mit Gleiskettenantrieb erstmals in der Sommeschlacht (1916) von den Briten eingesetzt. Im 2. Weltkrieg waren alle Landoffensiven durch den Einsatz von P.verbänden charakterisiert. - Abb. S. 242.

📖 *Senger u. Etterlin, F. M. v.: Die dt. P. 1926–1945.* Mchn. ⁴1973. - *Senger u. Etterlin, F. M. v.: Die Kampfpanzer v. 1916–1966.* Mchn. ²1971.

♦ in der *Zoologie* Bez. für ein bes. hartes, starres Ektoskelett, das bei manchen Tieren ausgebildet ist, v. a. bei zahlr. Käfern, den höheren Krebsen und bei Schildkröten.

Panzerabwehr, Gesamtheit der Maßnahmen zur Abwehr feindl. Panzer unter bes. Ausnutzung des Geländes und aller vorhandenen Panzerhindernisse (sog. Panzersperren), z. B. Minenfelder, Panzergräben, Panzerfallen, Höcker-, Baumsperren, Barrikaden u. a.); die P. obliegt v. a. den Panzerjägern und der Panzertruppe und erfolgt mit Hilfe von **Panzerabwehrlenkwaffen** (PAL; zur Bekämpfung feindl. Panzerfahrzeuge vom Boden, von Fahrzeugen oder Flugzeugen [v. a. Hubschraubern], eine eingesetzte Lenkflugkörper, insbes. *Panzerabwehrlenkraketen* mit Geschwindigkeiten bis zu 300 m/s und Schußweiten bis 4 km), **Panzerabwehrkanonen** (PAK; mit Radlafetten ausgestattete oder auf Selbstfahrlafette montierte Geschütze, Kaliber 40–150 mm), **Panzerfäusten** (auf dem Raketenprinzip beruhende rückstoßfreie Schulterwaffe mit nach hinten offenem Rohr zum Verfeuern von Hohlladungsgefechtsköpfen mit Kaliber 40–110 mm), **Panzerhandgranaten, Panzerminen** (†Mine), **Panzerabwehrrohren** (Kaliber 57–101 mm) und Brandflaschen.

Panzerartillerie, Geschütze auf gepanzerten Vollkettenfahrzeugen (v. a. Panzerhaubitzen) für die unmittelbare Feuerunterstützung der Kampftruppen.

Panzeraufklärer, Truppengattung der Kampftruppen; hat die Aufgabe, mit gepanzerten Fahrzeugen (Rad- und Kettenfahrzeugen) und Fernmeldeausrüstung weiträumige Aufklärung auf dem Boden durchzuführen.

Panzerechsen, svw. ↑ Krokodile.

Panzerfaust ↑ Panzerabwehr.

Panzerfische (Plakodermen, Placodermi), ausgestorbene, vom oberen Silur bis zum Perm bekannte Klasse der Fische, die z. T. oder völlig mit Knochenplatten gepanzert waren; Kiefer mit Zähnen oder Schneideplatten. Zu den P. gehören u. a. die Ordnung **Stegoselachier** (Stegoselachii), die äußerl. stark den Rochen ähnelten, deren Kopf und Vorderkörper jedoch durch Hautknochen gepanzert waren.

Panzerfregatte, gepanzerte Fregatte; in der dt. Marine in der 2. Hälfte des 18. Jh. Bez. für die Vorläufer des Linienschiffs, mit Schraubenantrieb und nur geringer Takelage; die Geschütze waren noch in einem geschlossenen Deck (Batteriedeck) untergebracht.

Panzerglas ↑ Sicherheitsglas.

Panzergrenadiere, Truppengattung der Kampftruppen; vornehml. gegen feindl. Infanterie eingesetzt, im Zusammenwirken mit Panzern bzw. als Unterstützung der Panzertruppe.

Panzergroppen (Agonidae), Fam. bis etwa 30 cm langer Knochenfische (Ordnung Panzerwangen) mit rd. 40 Arten in nördl. Meeren; Körper langgestreckt, kantig, von Knochenplatten bedeckt; Kopf breit, mit zahlr. häutigen Anhängen und großen Augen; Schwanzstiel dünn, auffallend verlängert. Die bekannteste Art ist der 12–20 cm lange **Steinpicker** (Agonus cataphractus) im NO-Atlantik.

Panzergürteltier ↑ Gürtelechsen.

Panzerhemd ↑ Rüstung.

Panzerherz ↑ Herzkrankheiten.

Panzerjäger, Truppengattung der Kampftruppen; bilden das Rückgrat der Panzerabwehr für die Infanterie; mit Kanonenjagdpanzern bzw. Raketenjagdpanzern ausgerüstet.

Panzerkampfwagen ↑ Panzer.

Panzerknurrhähne, svw. ↑ Knurrhähne.

Panzerkrebse (Reptantia), Unterordnung der Zehnfußkrebse mit rd. 6 500, meist kräftig gepanzerten, im allg. meer- oder süßwasserbewohnenden Arten; erstes Laufbeinpaar fast stets mit großen Scheren. - Zu den P. gehören u. a. Hummer, Flußkrebse, Langusten und Krabben.

Panzerkrokodil ↑ Krokodile.

Panzerlurche, svw. ↑ Labyrinthzähner.

Panzermine ↑ Mine.

Panzernashörner ↑ Nashörner.

Panzerplatten, für Panzerungen verwendete, bei Kriegsschiffen bis über 40 cm dicke Platten aus Panzerstahl, Chromnickelstahl oder Verbundstahl (Grundplatte aus zähem Schmiedstahl und aufgeschweißter Vorderseite aus Hartstahl).

Panzerschiff, früher Bez. für ein Kriegsschiff, bei dem zusätzl. Verstärkungen insbes. der Seitenwände das Eindringen von Geschossen verhindern bzw. Schutz gegen Geschoßwirkungen bieten sollten; ab Mitte des 19. Jh. Bez. für stählerne Dampfkriegsschiffe mit starken Deckpanzerungen, in gepanzerten Türmen oder Kasematten befindl. Geschützen sowie bis unter die Wasserlinie reichenden Seiten-(Gürtel-) Panzerungen (u. a. Linienschiffe, Dreadnoughts, Panzerkreuzer). Als P. bez. man ab 1930 die drei dt. 10 000-t-Schiffe „Deutschland", „Admiral Scheer" und „Admiral Graf Spee", die stärker und besser als die übl. schweren Kreuzer gepanzert waren, andererseits eine größere Geschwindigkeit als die stärker bewaffneten Schlachtschiffe hatten.

Panzerschrank ↑ Tresor.

Panzerspähwagen ↑ Panzer.

Panzersperren ↑ Panzerabwehr.

Panzerstahl (Granatenstahl, Panzerplattenstahl), hochvergüteter Stahl hoher Festigkeit und Zähigkeit für Panzerungen, Geschützrohre und Granaten.

Panzertruppe, Truppengattung der Kampftruppen; hat als eine Schwerpunktwaffe des Truppenführers v. a. die Aufgabe, gegen feindl. Panzerkräfte zu kämpfen; vorwiegend ausgerüstet mit Kampfpanzern, die meist auch Gewässer überwinden können; wirkt meist mit den Panzergrenadieren unmittelbar zusammen; bedarf in unübersichtl. Gelände, bei Nacht und bei schlechter Sicht in bes. Weise der Unterstützung durch Panzergrenadiere oder Jäger.

Panzerung (Panzer), aus Panzerplatten bestehende Verstärkungen, Bedeckungen u. a. von Fahrzeugen, Schiffen und Befestigungen zum Schutz insbes. gegen Geschosse.

Panzerwangen (Scorpaeniformes), Ordnung meist teilweise oder völlig mit Knochenplatten gepanzerter Knochenfische, v. a. in trop. und gemäßigten Meeren; meist Speisefische. - Zu den P. gehören u. a. Drachenköpfe, Knurrhähne, Lumpfische, Panzergroppen, Groppen und Ölfische.

Panzerwelse (Callichthyidae), sehr artenreiche Fam. etwa 4–25 cm langer Welse, v. a. in schlammigen Süßgewässern großer Teile S-Amerikas; mit zwei Längsreihen von Knochenplatten an jeder Körperseite und vier bis sechs Barteln; die Kiemenatmung wird durch zusätzl. über den Darm erfolgende Atmung unterstützt. Ein bekannter Warmwasseraquarienfisch ist der bis 6 cm lange **Gefleckte Panzerwels** (Corydoras paleatus): Körper gelblichweiß bis rötlichgrau mit zahlr. kleinen Tüpfeln; After- und Schwanzflosse dunkel punktiert.

Panzootie [griech.] ↑ Tierseuchen.

Paoli, Pasquale, * Morosaglia (Korsika) 26. April 1725, † London 5. Febr. 1807, kors. Freiheitskämpfer. - Kehrte 1755 aus Neapel nach Korsika zurück; führte als fakt. Diktator

Paolo Veneziano

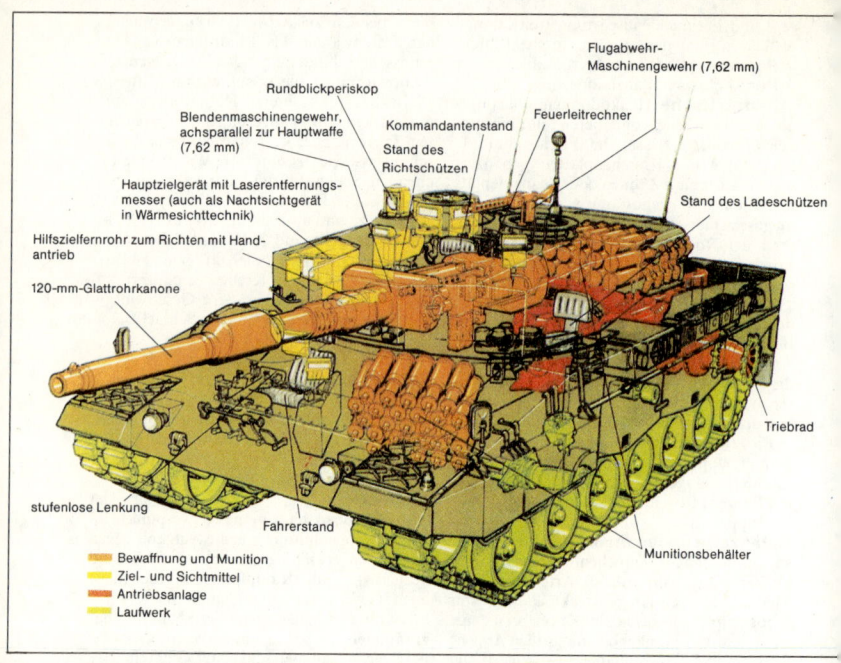

Labels on diagram:
- Rundblickperiskop
- Flugabwehr-Maschinengewehr (7,62 mm)
- Blendenmaschinengewehr, achsparallel zur Hauptwaffe (7,62 mm)
- Kommandantenstand
- Feuerleitrechner
- Stand des Richtschützen
- Hauptzielgerät mit Laserentfernungsmesser (auch als Nachtsichtgerät in Wärmesichttechnik)
- Stand des Ladeschützen
- Hilfszielfernrohr zum Richten mit Handantrieb
- 120-mm-Glattrohrkanone
- Triebrad
- stufenlose Lenkung
- Fahrerstand
- Munitionsbehälter

Legende:
- Bewaffnung und Munition
- Ziel- und Sichtmittel
- Antriebsanlage
- Laufwerk

Panzer. Phantomzeichnung des Kampfpanzers Leopard II

der Insel die Aufstände gegen Genua fort und betrieb eine zielstrebige Reformpolitik (u. a. Ausbau des Erziehungswesens). Nach dem Übergang der Insel an Frankr. (1768) unterlag er 1769 den frz. Truppen und ging nach Großbrit. ins Exil.

Paolo Veneziano, † vermutl. vor Sept. 1362, italien. Maler. - Nachweisbar in Venedig 1333–58. Begann unter Giottos Einfluß sich mit Problemen von Raum und Körper zu befassen, dabei stand ihm seine venezian. Neigung zu reichem, arabeskenhaftem Goldornament im Wege. U. a. zwei Vorsatztafeln der ↑ Pala d'oro in San Marco.

Paolo Veronese, italien. Maler, ↑ Veronese, Paolo.

Paolozzi, Eduardo, * Edinburgh 7. März 1924, brit. Bildhauer italien. Abstammung. - Entwickelte Mitte der 1950er Jahre eine eigenständige Frühform der Pop-art (rauhe Bronzeabgüsse von vergipsten Fundstücken); seit den 60er Jahren verwendet P. vorgefertigte glatte Aluminiumgußformen; auch Collagen, Zeichnungen und Druckgraphik.

Päonie [griech.], svw. ↑ Pfingstrose.

Paotow (Baotou) [chin. bɑutəu̯], chin. Stadt in der Autonomen Region Innere Mongolei, im Tal des mittleren Hwangho, 846 000 E. Alter Handelsplatz, nach 1958 Zentrum der Eisen- und Stahlindustrie.

PAP ↑ Nachrichtenagenturen (Übersicht).

Papa [mittellat. „Vater"], in der kath. Kirche lat. Bez. des Papstes.

Pápa [ungar. 'pɑ:pɔ], ungar. Stadt am Rand der Kleinen Ungar. Tiefebene, 32 000 E. Nahrungsmittel-, Textilind., Bau von Elektrogeräten. - Die Stadt entwickelte sich bei einer im 16. Jh. bed. Burg; bis in jüngste Zeit ein Zentrum des ungar. Kalvinismus. - Pfarrkirche Sankt Stephan der Märtyrer (18. Jh.) mit Deckenfresken von F. A. Maulpertsch (1782/83); ehem. Schloß der Familie Esterházy (18. Jh.).

Papadopulos, Jeorjios [neugr. papa-'ðopulɔs], * Eleochorion (Verw.-Geb. Arkadien) 5. Mai 1919, griech. Offizier und Politiker. - Führend an der Vorbereitung und Durchführung des Militärputsches vom 21. April 1967 beteiligt; Dez. 1967–Okt. 1973 Min.präs. und Verteidigungsmin., ab 1970 auch Außenmin.; ab Juni 1973 Staatspräs.; im Nov. 1973 gestürzt; im Okt. 1974 verhaftet, im Aug. 1975 in einem Hochverratsprozeß zum Tode verurteilt, zu lebenslanger Zuchthausstrafe begnadigt.

Papagallo [zu italien. pappagallo „Papagei"], auf erot. Abenteuer (v. a. bei Touristinnen) ausgehender südländ., bes. italien. Mann.

Papageien [arab.-frz.] (Psittacidae),

Fam. etwa 0,1–1 m langer Vögel mit mehr als 300 Arten, bes. in wärmeren Gebieten der Neuen und Alten Welt (Ausnahme: Europa); Körper häufig bunt befiedert; mit am Nasenbein bewegl., hakigem Oberschnabel, der (ebenso wie der Greiffuß) auch zum Klettern auf Bäumen dient; meist Höhlenbrüter, die ein bis zehn weiße Eier legen; Fütterung der Jungen (Nesthocker) mit im Kropf aufgeweichter und enzymat. aufbereiteter Nahrung. - Nach dem Verhalten und der Entwicklung des Gehirns gehören P. zu den höchstentwickelten Vögeln. Ihr Stimmorgan befähigt sie zu außerordentl. modulationsfähigen Lautäußerungen, die bei einigen Arten zum Nachsprechen von ganzen Sätzen führen können. - Zu den P. gehören u. a. Nestorpapageien, Kakadus, Loris, Unzertrennliche, ferner die *Echten P. (Psittacinae;* u. a. mit Aras, Sittichen, Amazonenpapageien) und dem rd. 40 cm langen **Graupapagei** (Jako, Psittacus erithacus) in den Regenwäldern Z- und W-Afrikas; Gefieder grau, Schwanz rot und kurz; Augenumgebung nackt und weißlichgrau; Schnabel schwarz; gilt als sprechbegabtester P. und kann über 100 Jahre alt werden. Ferner die Unterfam. **Zwergpapageien** (Specht-P., Micropsittinae) mit 6 bis 10 cm langen Arten in Wäldern Neuguineas und benachbarter Inseln; mit kurzem, steifem Schwanz, der (nach Art der Spechte) als Stütze beim Klettern benutzt wird. Der rabengroße, nachtaktive **Eulenpapagei** (Kakapo, Strigops habroptilis) kommt in den Gebirgswäldern Neuseelands vor; Gefieder (wie bei Eulen) sehr weich, schmutziggrün mit braunen und weißen Zeichnungen.

Geschichte: Das älteste bekannte P.bild stammt aus dem 5. Jh. v. Chr. Nachrichten über einen Vogel, der eine Zunge und Stimme wie Menschen besitze, gelangten erstmals von Indien nach Persien, wie der griech. Historiograph Ktesias berichtete. Sichere Nachrichten über P. brachte erst Nearchos nach Griechenland. Aus Mosaikdarstellungen geht hervor, daß P. später (3.-2. Jh. v. Chr.) an Höfen griech. Herrscher gehalten wurden. Plinius d. Ä. gab Indien als Heimat der P. an, deren Gestalt und Gefieder er beschrieb. Im Spät-MA wurden P. an vielen Fürstenhöfen gehalten. Eine P.haltung am päpstl. Hof läßt sich ohne Unterbrechung über Jh. verfolgen.

📖 *Pinter, H.: Hdb. der P.kunde. Stg. ²1982. - Enehjelm, C. af: P. Haltung - Zucht - Arten. Stg. ⁷1982.*

Papageienblatt (Alternanthera), Gatt. der Fuchsschwanzgewächse mit mehr als 150 Arten, v. a. im trop. und subtrop. Amerika; viele Arten werden wegen ihrer buntgescheckten Blüten als Zierpflanzen kultiviert.

Papageienkrankheit (Vogelkrankheit, Psittakose, Ornithose i.e. S.), gefährl., meldepflichtige, auch auf den Menschen übertragbare ↑Ornithose (Erreger: Chlamydia psittaci, ältere Bez. Miyagawanella psittaci). Die P. wurde zuerst bei Papageien beobachtet, sie kommt jedoch bei Vögeln aller Art vor. Die Übertragung auf den Menschen erfolgt durch Kontakt mit erkrankten und erregertragenden gesunden Vögeln. Die P. verläuft beim Menschen unter dem Bild einer schweren, mit grippeartiger Allgemeinerkrankung einhergehenden Bronchopneumonie.

Papageientaucher (Lund, Fratercula arctica), bis 35 cm langer Meeresvogel (Fam. Alken) auf Inseln und an Küsten des N-Atlantiks und des Nordpolarmeers; oberseits schwarz, unterseits weiß gefiedert; mit sehr hohem, seitl. zusammengedrücktem Schnabel, der (bes. zur Brutzeit) leuchtend blau-rot-gelb gefärbt ist.

Papageifische (Scaridae), Fam. der Barschartigen mit rd. 80 Arten, fast ausschließl. in trop. Meeren; Körper bis über 2 m lang, mit großen Schuppen bedeckt, auffallend bunt gefärbt; Kopf groß; Zähne mehr oder minder zu einer papageischnabelähnl. Platte verwachsen.

Papagos, Alexandros, * Athen 9. Dez. 1883, † ebd. 4. Okt. 1955, griech. Feldmarschall (seit 1949) als Monarchist und Anhänger I. Metaxas' Kriegsmin.; 1936 Generalstabschef, 1940/41 Oberbefehlshaber des Heeres (bis 1951) brachte in Epirus den italien. Angriff zum Scheitern; von den Deutschen gefangengenommen (KZ-Haft bis 1945); unterwarf 1949 im Griech. Bürgerkrieg die kommunist. Aufständischen in N-Griechenland; ab Nov. 1952 (bis zu seinem Tod) Min.präsident.

Papain [karib.-span.], Bez. für das im Milchsaft und in den Früchten (Kerngehäuse) des Melonenbaums vorkommende, aus zahlr. Proteinasen und Peptidasen bestehende Enzymgemisch; wird in Form des getrockneten Milchsafts gewonnen; verwendet P. in Fleischzartmachern und Enzympräparaten.

Papalismus [griech.-mittellat.], Bez. für die zentralist. Verfassung der kath. Kirche. - Ggs.: ↑Episkopalismus.

Papandreu [neugr. papan'ŏrɛu], Andreas, * auf Chios 5. Febr. 1919, griech. Nationalökonom und Politiker. - Sohn von Jeorjios P.; ging 1940 ins Exil in die USA (bis 1960); 1965 Min. für wirtsch. Koordination; nach dem Militärputsch 1967 zunächst verhaftet, dann wieder im Exil (Schweden und Kanada); 1974 Gründer und seitdem Führer der Panhellen. Sozialist. Bewegung; 1981-89 Ministerpräsident.

P., Jeorjios, * Kalensi bei Patras 13. Febr. 1888, † Athen 1. Nov. 1968, griech. Politiker. - 1923-33 mehrfach Min.; gründete 1933 (bis dahin Liberaler) die Demokrat. (ab 1935: Sozialdemokrat.) Partei; im 2. Weltkrieg in der Widerstandsbewegung tätig, 1942-44 in italien. Haft; April 1944-Jan. 1945 Min.präs. (bis Okt. 1944 in der Exilreg.), danach verschie-

Papaver

dentl. Min.; gründete 1961 die Zentrumsunion; 1963 und 1964/65 erneut Min.präs.; 1967 unter Hausarrest.

Pap̱aver [lat.], svw. ↑ Mohn.

Papaverin [lat.] (6,7-Dimethoxy-1-veratryl-isochinolin), im Opium enthaltenes Alkaloid, das als krampflösendes (z. B. als Antiasthmatikum) und herzkranzgefäßerweiterndes Mittel verwendet wird.

Papa̱yabaum [karib.-span./dt.] ↑ Melonenbaum.

Pape̱ete, Hauptstadt von Frz.-Polynesien, an der NW-Küste der Insel Tahiti, 78 800 E. Kath. Erzbischofssitz; Handelszentrum und wichtigster Hafen des Überseeterritoriums; Flottenstützpunkt; Konsumgüterind., Fremdenverkehr; internat. ♃.

Papel (Papula) [lat.], flaches, bis linsengroßes, erhabenes Hautknötchen, z. B. bei Syphilis.

Pa̱pen, Franz von, * Werl 29. Okt. 1879, † Obersasbach (= Sasbach bei Achern) 2. Mai 1969, dt. Politiker. - MdL in Preußen (1920–28 und 1930–32), stand als Monarchist auf dem rechten Flügel des Zentrums; regierte seit dem 1. Juni 1932 mit seinem „Kabinett der Barone" weitgehend unabhängig vom Parlament mit Hilfe der Präsidialvollmachten Hindenburgs, die er u. a. zur Wiederzulassung der von Brüning verbotenen SA/SS (16. Juni) und zum verfassungswidrigen Preußenputsch (20. Juli) nutzte. Mußte trotz zweimaliger Reichstagsauflösung (Juni und Sept. 1932) nach den Reichstagswahlen vom 5. Nov. 1932 zurücktreten (17. Nov.), nachdem er von Hindenburg vergebl. diktator. Vollmachten verlangt hatte. Beteiligte sich maßgebl. am Sturz seines Nachfolgers Schleicher und ebnete der Reg. Hitler den Weg, in der er am 30. Jan. 1933 das Amt des Vizekanzlers und (bis 7. April 1933) des Reichskommissars für Preußen übernahm; scheiterte aber völlig bei dem Versuch, Hitler in die Reg.verantwortung zu „zähmen". Erreichte den Abschluß des Reichskonkordats (Juli 1933), ehe er nach öffentl. Stellungnahme gegen den Totalitätsanspruch der NSDAP 1934 aus der Reg. ausschied. Bereitete als Gesandter bzw. Botschafter in Wien (1934/36–38) den Anschluß Österreichs an das Dt. Reich vor; 1938–44 Botschafter in Ankara, 1946 im Nürnberger Hauptkriegsverbrecherprozeß freigesprochen, 1949 von einer Spruchkammer zu 8 Jahren Arbeitslager verurteilt, die durch die vorherige Haft als verbüßt galten.

📖 *Rein, H.: F. v. P. im Zwielicht der Gesch.* Baden-Baden 1979. - *Bach, J.: F. v. P. in der Weimarer Republik.* Düss. 1977.

Pa̱penburg, Stadt im Emsland, Nds., 2–7 m ü. d. M., 28 500 E. Wirtschafts- und Versorgungszentrum des Umlands; Werften, Süßwarenind., Gardinen- und Spanplattenwerk, Torfverarbeitung, graph. Betriebe; Hafen. - An der Stelle der im Dreißigjährigen Krieg verfallenen bischöfl. Wasserburg wurde hier die älteste und größte dt. Fehnkolonie nach holländ. Vorbild angelegt. Durch Verbindung des Moorkanals mit der Ems (1639) und den Bau mehrerer Schleusen (1771) entwickelte sich P. bis 1850 zu einer wichtigen Seehafenstadt. Erhielt 1860 Stadtrecht.

Paperback [engl. ˈpeɪpəbæk, eigtl. „Papierrücken"], Bez. für eine auf Rolle gedruckte Broschur (hohe Auflage) mit Karton- oder Halbkartonumschlag, der am Rücken des Broschurblocks angeklebt ist. - ↑ auch Taschenbuch.

Paphlago̱nien, histor. Gebiet im mittleren N-Anatolien, zw. Filyos çayı und Kızılırmak, Türkei. Seit Mitte des 6. Jh. unter pers. Oberhoheit; wurde im 4. Jh. Keimzelle des Kgr. Pontus; wurde 64 bzw. 7/6 v. Chr. röm.; unter Diokletian Bildung der Prov. P., um 900 des byzantin. Themas P.; im 13. Jh. kam P. unter seldschuk. Herrschaft.

Papi̱er [lat., zu griech. pápyros „Papyrusstaude, (aus dem Mark der Papyrusstaude hergestellter) Beschreibstoff"], ein überwiegend aus Pflanzenfasern durch Verfilzen, Verleimen und Pressen hergestellter, blattartiger Werkstoff u. a. zum Beschreiben, Bedrucken und für Verpackungszwecke. **Rohstoffe** für die P.herstellung sind v. a. der durch chem. Aufschluß von Holz erhaltene Zellstoff und der durch Schleifen von Holz gewonnene Holzschliff, ferner Altpapier (zur Herstellung von sog. Umweltpapier) und Hadern (Textilabfälle, Lumpen); neuerdings wird *synthet. P.* aus Chemiefasern hergestellt. Neben den Faserrohstoffen sind v. a. die Füllstoffe, wie Kaolin, Bariumsulfat, Gips, Talkum, Calcium- und Magnesiumcarbonat, Titandioxid usw., wichtig, mit denen eine geschlossene Oberfläche erzielt und der Weißgrad verbessert wird. Durch Zugabe von Leimstoffen, meist Harzseifen, wird ein Eindringen und Durchschlagen von Druckfarben verhindert. Bei der **Stoffaufbereitung** werden die Faserrohstoffe (die sog. *Halbstoffe*) in Wasser suspendiert und dann in speziellen Mahlmaschinen (z. B. im sog. Holländer) zum sog. *Ganzstoff* gemahlen. Die P.eigenschaften hängen in hohem Maße von Intensität und Art der Mahlung ab; mit zunehmendem Mahlgrad der Faserrohstoffe nehmen im allg. z. B. Dichte und Reißfestigkeit zu, Porosität und Opazität (Undurchsichtigkeit) ab. Die Suspensionen der einzelnen Ganzstoffe werden in der sog. *Maschinenbütte* mit den Füll- und Zusatzstoffen zur P.masse (sog. *Ganzzeug*) gemischt. Die P.bildung erfolgt auf der **Papiermaschine**, einer aus zahlr. Einzelelementen zusammengesetzten Fertigungsstraße. Die P.masse gelangt auf ein durch kleine Walzen horizontal bewegtes Sieb (heute meist Gewebe aus Synthesefasern). Durch Schüttelbewegungen verfilzen die Fasern zu einer gleichmäßigen Schicht, während die Haupt-

Papierchromatographie

menge des Wassers durch das Sieb abfließt. Danach wird die P.bahn über mehrere filzbespannte Walzen (Gautschwalzen) geleitet und ausgepreßt und läuft dann über beheizte Trockenwalzen, wobei sich das P. verfestigt. Zuletzt wird die P.bahn über hochglanzpolierte Glättwalze geleitet und (als sog. *maschinenglattes P.*) aufgerollt. P.maschinen dieser Bauart, sog. **Langsiebmaschinen**, eignen sich für die Herstellung der meisten Papier- und Pappesorten. Bes. dünne P. (z. B. Seiden-P.) werden auf sog. *Selbstabnahmemaschinen* gefertigt, bei denen das P.blatt durch ein Obertuch vom Sieb abgenommen und über die Walzen geführt wird. Für die Herstellung v. a. von Pappen wurden sog. **Rundsiebmaschinen** konstruiert, die anstelle des langgestreckten Siebs bis zu sieben zylindr. Rundsiebe enthalten. Die sich auf einem dieser Siebzylinder bildende, von der Naßpreßwalze aufgenommene Stoffbahn wird in so vielen Lagen aufeinandergewickelt, bis die gewünschte Pappenstärke erreicht ist; die feuchte Pappe wird von der Walze abgenommen und durch Pressen entwässert; die anschließenden Prozesse sind die gleichen wie bei der normalen P.herstellung.

Die **Papierausrüstung** umfaßt z. B. das Umrollen, die Beseitigung von Abrißstellen, ferner je nach Qualität und P.sorte das Kreppen, das Satinieren (Glätten zw. starken Walzen in sog. Satinierkalander), die Oberflächenleimung, das Einarbeiten eines Wasserzeichens, das Prägen, Streichen (Herstellung sog. gestrichener, d. h. kunststoffbeschichteter P.), Beschichten, Kaschieren, Imprägnieren u. a. sowie die Oberflächenfärbung. Zuletzt werden die P. auf die P.formate zugeschnitten, sortiert und verpackt. Die Einteilung der **Papiersorten** wird nach mehreren Merkmalen vorgenommen. Nach der Zusammensetzung der *Faserrohstoffe* unterscheidet man z. B. **Hadernpapier, holzhaltiges und holzfreies Papier** usw.; nach dem *Flächengewicht* werden **Papier** (10 bis etwa 200 g/m²) und **Pappe** (über 200 g/m²) unterschieden (die Flächengewichte betragen z. B. bei **Zeitungspapier** rund 55 g/m², bei **Schreibpapier** 70 bis 80 g/m², bei **Druckpapier** 70 bis 100 g/m², bei **Packpapier** 140 bis 200 g/m²). **Leinenpapier** entsteht durch Aufprägen einer Leinenstruktur im sog. Gaufrierkalander. Neben dem maschinengefertigten P. werden noch handgeschöpfte P. (z. B. für Luxusbuchausgaben, Dokumente) hergestellt.

Geschichte: P. wurde nach chin. Überlieferung erstmals im Jahre 105 n. Chr. in China durch den kaiserl. Hofbeamten Ts'ai Lun hergestellt. Die Kunst der P.herstellung gelangte erst 1000 Jahre später über den Orient und Nordafrika in den europ. Kulturkreis. Die erste P.mühle in Deutschland wurde 1390 durch Ulman Stromer hier in Nürnberg errichtet. - Bis zur Mitte des 19. Jh. waren die Hadern (Lumpen) prakt. der einzige P.rohstoff.

In Holland kam gegen Ende des 17.Jh. die Zylindermahlmaschine auf, die als „Holländisch Geschirr" oder „Holländer" mit zahlr. Veränderungen noch heute verwendet wird. Die erste maschinelle Einrichtung zur P.herstellung wurde von dem Franzosen L. Robert (Patent 1799) entwickelt (sog. P.schüttelmaschine). Um 1830 wurden bereits P.maschinen gebaut, die 60 Zoll (152 cm) breites, geleimtes Papier lieferten. Typ. Werte für heutige Maschinen: 700 m/min (für Zeitungs-P.) und 1 000 m/min (für sanitäre P.), das entspricht rund 400 t P. in 24 Stunden.

📖 *Bayerl, G./Pichol, K.: P. Produkt aus Lumpen, Holz u. Wasser.* Rbk. 1986. - *Demmin, A.: P. u. Buch in ihrer geschichtl. Entwicklung.* Itzehoe 1985. - *Laufer, B.: Basiswissen Satz, Druck, P.* Düss. 1984. - *Schwieger, H. G.: P.-Praktikum.* Wsb. ²1975. - *Fiebig, B./Fiebig, E.: Wir machen P. selber.* Lollar 1974. - *Hdb. der P.- u. Pappenfabrikation.* Hg. v. J. Ständig. Walluf ²1971. 2 Bde.

Papierbirke (Betula papyrifera), bis 30 m hohe Birkenart N-Amerikas; Verwendung des Holzes für Kisten, Zündhölzer und Drechslerarbeiten, der Rinde für Kanus und der sich von der Rinde ablösenden, weißen Borke für Gerbzwecke.

Papierblume (Spreublume, Xeranthemum), Gatt. der Korbblütler mit 6 Arten im Mittelmeergebiet und in Vorderasien; einjährige, aufrechte Kräuter mit einzelnen langgestielten Blütenköpfchen mit mehrreihigen, [papierartig] trockenhäutigen Hüllblättern, die oft vermehrt auftreten, so daß die Blüten „gefüllt" erscheinen; die eigtl. Blüten sind unscheinbar.

Papierchromatographie, die Trennung von Stoffgemischen (z. B. Aminosäuren, Glykoside) an Filterpapier durch unterschiedl., durch zwei Lösungsmittelphasen bewirkte Verteilung der Substanzen. Das an die Zellulosefasern des Papiers gebundene Wasser bildet die stationäre Phase, ein nichtwäßriges Lösungsmittel (das sog. *Lauf-* oder *Elutionsmittel*, z. B. Butanol) die mobile Phase. Das Stoffgemisch wird wenige Zentimeter über der Laufmitteloberfläche auf einen Filterpapierstreifen (bei der *aufsteigenden P.*) oder (bei der *horizontalen P.*) auf die Mitte eines runden Filterpapiers aufgetragen. Hydrophile Komponenten des Stoffgemischs wandern, vom Wasser zurückgehalten, relativ langsam mit der bewegl. Phase, schwächer hydrophile Substanzen relativ schnell. Der Quotient aus der Laufstrecke der Substanz und der Laufstrecke der mobilen Phase, der R_f-Wert, ist unter gleichen Versuchsbedingungen (Papiersorte, Temperatur) eine für die Substanz charakterist. Konstante. Farblose Substanzen werden nach Trocknung des Filterpapiers durch Anfärben mit Sprühreagenzien oder durch Fluoreszenz im UV-Licht sichtbar gemacht.

Papierformate

Papierformate (Blattgrößen), nach DIN 476 festgelegte Abmessungen für Papierbogen. Grundformat ist die Bogengröße A 0 (Fläche 1 m^2, Seitenverhältnis 1:$\sqrt{2}$ = 1:1,41); durch Halbieren der jeweils längeren Seite und damit der Fläche entsteht das nächstkleinere Format (A 1, A 2 usw.). Für die Hauptreihe A ergeben sich folgende Abmessungen (in mm):

DIN A 0: 841/1189	DIN A 5: 148/210
DIN A 1: 594/841	DIN A 6: 105/148
DIN A 2: 420/594	DIN A 7: 74/105
DIN A 3: 297/420	DIN A 8: 52/74
DIN A 4: 210/297	DIN A 9: 37/52

DIN A 4 ist das Briefbogen-Normformat, DIN A 6 das Postkarten-Normformat (Postkartengröße). Daneben auch DIN B 0 (1 000/1 414 mm), DIN C 0 (917/1 297 mm) und DIN D 0 (771/1090 mm).

Papiergeld ↑ Geld, ↑ Zahlungsmittel.

Papiermaché [papjema'ʃeː; zu frz. papier mâché „zerfetztes Papier"] (Pappmaché), eine durch Aufweichen von Altpapier und unter Zugabe von Leim sowie Gips oder Ton erhaltene plast. Masse zur Herstellung geformter Gegenstände.

Papiermark, Bez. für die entwertete und ständig weiter absinkende Mark des Dt. Reiches in den Inflationsjahren 1919–23 im Ggs. zur nunmehr Goldmark gen. bisherigen Werteinheit; abgelöst durch Rentenmark und Reichsmark.

Papiermaulbeerbaum (Broussonetia papyrifera), Maulbeergewächs in China und Japan; bis 10 m hoher Strauch mit kugeligen ♀ Blütenständen und zylindr. ♂ Blütenständen (hängenden Kätzchen) sowie orangefarbenen Fruchtständen. Der Bast der Zweige dient zur Herstellung von ↑Tapa und gutem, dünnem, reibfestem Papier (**Kozo**), das zum Reinigen opt. Linsen verwendet wird.

Papiernautilus (Argonauta argo), in warmen Meeren vorkommender ↑ Krake.

Papierstaude, svw. ↑ Papyrusstaude.

Papierwährung, vorherrschende Form der ↑ Währung in der Gegenwart.

Papierwolf, Maschine zur Herstellung von Papierwolle und zur Aktenvernichtung (**Aktenwolf**).

Papilio [lat.], Gatt. der Tagschmetterlinge mit zahlr. Arten, bes. in den Tropen; in M-Europa nur der Schwalbenschwanz.

Papilionaceae [lat.], svw. ↑ Schmetterlingsblütler.

Papillargeschwulst [lat./dt.], svw. ↑ Papillom.

Papillarleisten [lat./dt.] (Dermoglyphae), svw. ↑ Hautleisten.

Papille (Papilla) [lat.], anatom. Bez. für kleine, rundl. bis kegelförmige Erhebung an oder in Organen; z. B. *Geschmacks-P.* auf der Zunge; *Papilla mammae,* svw. ↑ Brustwarze.

Papillom [lat.] (Blumenkohlgewächs, Papillargeschwulst, Zottengeschwulst), aus gefäßreichem Bindegewebe bestehende, von Epithelzellen überzogene gutartige Geschwulst der Haut oder Schleimhaut mit zerklüfteter, blumenkohlähnl. Oberfläche.

Papillon [papi'jõ:; lat.-frz., eigtl. „Schmetterling" (nach der Form der Ohren)] (Schmetterlingshündchen), 20 bis 25 cm schulterhoher Zwergspaniel aus Belgien; Fell mit langen, weichen, leicht gewellten Haaren; einfarbig (weiß bis braun) oder weiß mit farbigen Flecken.

Papin, Denis [frz. pa'pɛ̃], * Chitenay bei Blois 22. Aug. 1647, † zw. 1712 und 1714 (verschollen), frz. Naturforscher. - Erfand um 1680 den Dampfkochtopf mit Sicherheitsventil (**Papinscher Topf**), konstruierte eine Wasserhebemaschine und 1690 eine atmosphär. Dampfmaschine, mit der er 1707 ein Schaufelradboot antrieb.

Papini, Giovanni, Pseud. Gian Falco, * Florenz 9. Jan. 1881, † ebd. 8. Juli 1956, italien. Schriftsteller. - Gehörte 1908–12 zum Mitarbeiterkreis von „La Voce"; zeitweilig Futurist (1913 Gründung der programmat. Zeitschrift „Lacerba"); wandte sich 1919 dem Katholizismus zu; 1935 Prof. in Bologna, 1937 Direktor des italien. Renaissanceforschungszentrums, seit 1938 Hg. der Zeitschrift „Rinascita"; trat v. a. mit Essays, Biographien und autobiograph. Schriften hervor: „Ein fertiger Mensch" (autobiogr. R., 1912), „Lebensgeschichte Christi" (1921), „Dante" (1932), „Die zweite Geburt" (autobiogr. R., hg. 1958).

Papinianus, Aemilius, * um 150, † 212 n. Chr., röm. Jurist. - Seit 203 Prätorianerpräfekt; auf Befehl Caracallas hingerichtet; einer der bedeutendsten Rechtsgelehrten; schrieb 193–198 die „Quaestiones" (37 Bücher) und 198–211 die „Responsa" (19 Bücher).

Papinius, röm. Dichter, ↑ Statius, Publius Papinius.

Papio [mittellat.], svw. ↑ Paviane.

Papismus [mittellat.], abwertende Bez. für Hörigkeit gegenüber Papst und Kurie, daneben auch für den Katholizismus insgesamt; entsprechend nennt man die Katholiken **Papisten**.

Pappatacifieber [papa'taːtʃi; italien./dt.] (Hundsfieber, Dreitagefieber), durch die Sandmücke Phlebotomus papatasii übertragene, in den Tropen und in S-Europa auftretende fieberhafte Viruserkrankung mit grippeartigen Symptomen.

Pappatacimücken [papa'taːtʃi; italien./dt.], svw. ↑ Sandmücken.

Pappe ↑ Papier.

Pappel (Populus) [lat.], Gatt. der Weidengewächse mit rd. 40 rezenten, formenreichen Arten in Europa, Asien, N-Afrika und N-Amerika; sommergrüne, raschwüchsige, meist sehr hohe Bäume mit wechselständigen, meist eiförmigen bis lanzenförmigen Blättern

Päpstliche Familie

mit langem, oft seitl. zus.gedrücktem Stiel; zweihäusige Blüten in hängenden Kätzchen, die vor der Belaubung erscheinen. Die Früchte sind aufspringende Kapseln mit zahlr. kleinen, mit Haarschopf versehenen Samen. Von forstwirtschaftl. Bed. sind mehrere Arten bzw. Bastarde. Vielfach gepflanzt werden außerdem die einheim. Arten **Silberpappel** (Weiß-P., Populus alba; bis 30 m hoch, Blätter unterseits dicht filzig behaart) und Zitterpappel (↑Espe). Bekannt sind noch: **Schwarzpappel** (Populus nigra; mit schwärzl.-rissiger Borke), **Graupappel** (Populus canescens; eine Kreuzung zw. Silber-P. und Espe; Blätter unterseits graufilzig behaart) und **Pyramidenpappel** (Varietät der Schwarz-P.; oft als Alleebaum gepflanzt).

Pappelschwärmer (Laothoe populi), in Flußtälern, Auen und Parklandschaften Europas und N-Afrikas verbreiteter, 6–7 cm spannender Nachtfalter (Fam. Schwärmer) mit breiten, gezackten, grauen bis braunen Flügeln. Die gelbgrünen Raupen haben gelbe Schrägstreifen; sie fressen an Pappeln, Weiden und Espen.

Pappelspinner (Weidenspinner, Atlasspinner, Ringelfuß, Leucoma salicis), in N-Afrika und Eurasien verbreiteter, 3–5 cm spannender, seidenweißer Schmetterling (Fam. Trägspinner), der vom Juni bis August (bes. in der Abenddämmerung) fliegt; Raupen schwarzgrau mit weißen Rückenschildern und Nesselhaaren, können durch Blattfraß an Pappeln und Weiden schädl. werden.

Pappenheim, schwäb.-fränk. Adelsgeschlecht. Unter Kaiser Heinrich V. Reichsministerialen, erreichten mit Reichsmarschall Heinrich von Kalden-P. († nach 1214) einen Höhepunkt ihrer Geltung. 1806 wurde die Herrschaft P. im Altmühltal von Bayern mediatisiert. Bed. Vertreter:
P., Gottfried Heinrich Graf zu (seit 1628), * Pappenheim 29. Mai 1594, ✕ Leipzig 17. Nov. 1632, kaiserl. Reitergeneral (seit 1630). - Erhielt 1623 von Kaiser Ferdinand II. ein eigenes Kürassierregiment *(„Pappenheimer");* 1626 warf er den oberöstr. Bauernaufstand nieder, nahm am Niedersächs.-Dän. Krieg (1625–29) teil und erstürmte 1631 Magdeburg; in der Schlacht bei Lützen tödl. verwundet.

Pappenheim, Stadt an der Altmühl, Bay., 406 m ü. d. M., 4 200 E. - Entstand im 12. Jh. als Marktsiedlung um einen Königshof; Stadtrecht seit 1288. - Burgruine (12.–16. Jh.); roman.-got. Galluskirche (9.–15. Jh.); spätgot. sind die ev. Pfarrkirche und die Kirche des ehem. Augustiner-Eremiten-Klosters; Altes Schloß der Grafen P. (16. und 17. Jh.), Neues Schloß (1819/20).

Pappmaché [papmaˈʃeː; dt./frz.], svw. ↑Papiermaché.

Pappos von Alexandria (Pappus), griech. Mathematiker um 300 n. Chr. - Nachrichten über das Leben von P. fehlen. In seinem zum größten Teil erhaltenen Hauptwerk „Synagoge" (lat. „Collectio") werden die geometr. Kenntnisse seiner Zeit zusammengefaßt. Aus anderen Werken des P. sind nur Teile oder Fragmente erhalten, so aus Werken über Traumdeutung, über die Flüsse Afrikas, aus der Geographie und den Kommentaren zu den „Data" und den „Elementen" des Euklid sowie zur „Harmonik" und zum „Almagest" des Ptolemäus.

Pappussche Regeln [nach Pappos von Alexandria], svw. ↑Guldinsche Regeln.

Paprika [ungar., zu serb. papar „Pfeffer" (von lat. piper mit gleicher Bed.)] (Capsicum), Gatt. der Nachtschattengewächse mit rd. 30 Arten in M- und S-Amerika; formenreiche Kräuter, Halbsträucher oder Sträucher mit kleinen Blüten und leuchtend gefärbten, meist scharf schmeckenden, vielsamigen Beerenfrüchten. Die heute in N-Amerika und Europa angebauten Kultursorten stammen vermutl. sämtlich von der einjährigen Art *Capsicum annuum* ab. Sie sind mit weißen, gelben, roten oder violetten bis schwarzen, langen schmalen oder kurzen dicken Früchten *(P.schoten)* bekannt. Die an Vitamin C und P sowie an Karotin reichen Früchte werden vielseitig verwendet: unausgereift (großfrüchtige Sorten als *Gemüse-P.;* kleinfrüchtige Sorten als *Peperoni)* und ausgereift (zur Bereitung von Gewürzen).
◆ Sammelbez. für die vielfältigen *Gewürzprodukte* aus den Früchten der Arten *Capsicum annuum* und *Capsicum frutescens* (liefern Cayennepfeffer [Chili]). - ↑ auch Übersicht Gewürze und Gewürzkräuter.

Papst [zu mittelhochdt. babes(t) von lat. papa „Vater, Bischof" (letztl. zu griech. páppa, kindersprachl. Lallwort für „Vater")], Oberhaupt der kath. Kirche mit den *amtl. Titeln* „Bischof von Rom, Stellvertreter Jesu Christi, Nachfolger des Apostelfürsten, Oberhaupt der allg. Kirche, Patriarch des Abendlandes, Primas von Italien, Erzbischof und Metropolit der Kirchenprovinz Rom, Souverän des Staates der Vatikanstadt". *Anrede* „Heiligkeit", „Heiliger Vater"; Träger des Primats und der lehramtl. ↑ Unfehlbarkeit. Der Titel P., urspr. im Griech. für Äbte, Bischöfe und Patriarchen gebraucht, ist in Rom seit dem 4. Jh. belegt und durch den Bischof von Rom vorbehalten. - Als **Gegenpapst** wird derjenige bezeichnet, der eine Papstwahl annimmt, obwohl ein P. bereits nach kanon. Recht gewählt ist (oft nicht zu entscheiden). - Zur völkerrechtl. Stellung des P. ↑ Apostolischer Stuhl. - ↑ auch Papsttum.

Päpstin Johanna ↑ Johanna.

Päpstliche Familie, der aus Klerikern und Laien bestehende päpstl. Hofstaat. 1968 reformierte Papst Paul VI. die Struktur der P. F.: Angehörige der P. F. sind nur Funktionsträger; die Amtsdauer wurde für alle

247

PÄPSTE

Es gibt heute keine Papstliste, die verbindl. ist sowohl hinsichtl. der Regierungsdaten v. a. der frühen Päpste, als auch hinsichtl. der Frage, ob sie den Päpsten oder Gegenpäpsten oder auch keiner der beiden Kategorien zuzurechnen sind. Bes. Schwierigkeiten bestehen bei den Päpsten der diokletian. Verfolgung, den Pontifikaten des Jahres 530, den Wirren 1044–1046, bei der Doppelwahl 1130 v. a. bei den zwei bzw. drei Papstreihen des Abendländischen Schismas seit 1378. Aus diesem Grund ist auch die Numerierung der Päpste in den verschiedenen Papstlisten uneinheitlich. - Ungewisse oder umstrittene Daten sind mit Fragezeichen versehen. Gegenpäpste sind eingerückt; Ordnungszahlen sind eingeklammert, wenn die Zählung der als rechtmäßig geltenden Päpste die so gekennzeichneten nicht berücksichtige. Sterbejahre sind nicht angegeben, wenn sie mit dem letzten Regierungsjahr übereinstimmen oder unbekannt sind.

1. Petrus, hl.	† 64/67(?)	49. Gelasius I., hl.	492 – 496
2. Linus, hl.	67 – 76(?)	50. Anastasius II.	496 – 498
3. Anenkletos (Anaklet I.), hl.	79 – 90(?)	51. Symmachus, hl. Laurentius	498 – 514 498 – 506
4. Klemens I., hl.	92 – 101(?)	52. Hormisdas, hl.	514 – 523
5. Evaristus, hl.	99 – 107(?)	53. Johannes I., hl.	523 – 526
6. Alexander I., hl.	107 – 116(?)	54. Felix III. (IV.), hl.	526 – 530
7. Sixtus I. (Xystus I.), hl.	116 – 125(?)	55. Bonifatius II.	530 – 532
8. Telesphorus, hl.	125 – 136/38(?)	56. Dioskur	530
9. Hyginus, hl.	136/38 – 140/42(?)	57. Johannes II.	533 – 535
10. Pius I., hl.	140/42 – 154/55(?)	58. Agapet I., hl.	535 – 536
11. Anicetus, hl.	154/55 – 166(?)	59. Silverius, hl.	536 – 537
12. Soter, hl.	166 – 174(?)	60. Vigilius	537 – 555
13. Eleutherus, hl.	174 – 189(?)	61. Pelagius I.	556 – 561
14. Viktor I., hl.	189 – 198/99(?)	62. Johannes III.	561 – 574
15. Zephyrinus, hl.	199 – 217(?)	63. Benedikt I.	575 – 579
16. Kalixt I., hl. Hippolyt	217 – 222 217 – 235	64. Pelagius II. 65. Gregor I., hl. (* um 540)	579 – 590 590 – 604
17. Urban I., hl.	222 – 230	66. Sabinianus	604 – 606
18. Pontianus, hl.	230 – 235	67. Bonifatius III.	607
19. Anteros, hl.	235 – 236	68. Bonifatius IV., hl.	608 – 615
20. Fabianus, hl.	236 – 250	69. Deusdedit (Adeodatus I.), hl.	615 – 618
21. Cornelius, hl. Novatian	251 – 253 251 – 258(?)	70. Bonifatius V. 71. Honorius I.	619 – 625 625 – 638
22. Lucius I., hl.	253 – 254	72. Severinus	640
23. Stephan I., hl.	254 – 257	73. Johannes IV.	640 – 642
24. Sixtus II. (Xystus II.), hl.	257 – 258	74. Theodor I.	642 – 649
25. Dionysius, hl.	259/60 – 267/68(?)	75. Martin I., hl. († 655)	649 – 653
26. Felix I., hl.	268/69 – 273/74(?)	76. Eugen I., hl.	654 – 657
27. Eutychianus, hl.	274/75 – 282/83(?)	77. Vitalian, hl.	657 – 672
28. Cajus, hl.	282/83 – 295/96	78. Adeodatus II.	672 – 676
29. Marcellinus, hl.	295/96 – 304	79. Donus	676 – 678
30. Marcellus I., hl.	307 – 308(?)	80. Agatho, hl.	678 – 681
31. Eusebius, hl.	308/09/10	81. Leo II., hl.	682 – 683
32. Miltiades, hl.	310/11 – 314(?)	82. Benedikt II., hl.	684 – 685
33. Silvester I., hl.	314 – 335	83. Johannes V.	685 – 686
34. Markus, hl.	336	84. Konon	686 – 687
35. Julius I., hl.	337 – 352	Theodor Paschalis († 692?)	687 687
36. Liberius Felix (II.)	352 – 366 († 365) 355 – 358	85. Sergius I., hl. 86. Johannes VI.	687 – 701 701 – 705
37. Damasus I., hl. (* um 305) Ursinus	366 – 384 366 – 367	87. Johannes VII. 88. Sisinnius	705 – 707 708
38. Siricius, hl.	384 – 399	89. Konstantin I.	708 – 715
39. Anastasius I., hl.	399 – 402	90. Gregor II., hl. (* 669)	715 – 731
40. Innozenz I., hl.	402 – 417	91. Gregor III., hl.	731 – 741
41. Zosimus, hl.	417 – 419	92. Zacharias, hl.	741 – 752
42. Bonifatius I., hl. Eulalius	418 – 422 († 423) 418 – 419	(Stephan II.) 93. Stephan II. (III.)	752 752 – 757
43. Cölestin I., hl.	422 – 432	94. Paul I., hl.	757 – 767
44. Sixtus III. (Xystus III.), hl.	432 – 440	Konstantin II.	767 – 768
45. Leo I., hl.	440 – 461	(Philippus)	768
46. Hilarus, hl.	461 – 468	95. Stephan III. (IV.)	768 – 772
47. Simplicius, hl.	468 – 483	96. Hadrian I.	772 – 795
48. Felix II. (III.), hl.	483 – 492		

248

Päpste (Forts.)

97. Leo III., hl.	795–816	
98. Stephan IV. (V.)	816–817	
99. Paschalis I., hl.	817–824	
100. Eugen II.	824–827	
101. Valentin	827	
102. Gregor IV.	827–844	
Johannes	844	
103. Sergius II.	844–847	
104. Leo IV., hl.	847–855	
105. Benedikt III.	855–858	
Anastasius (III.	(† 879)	855
106. Nikolaus I.	(* um 800)	858–867
107. Hadrian II.	(* 792)	867–872
108. Johannes VIII.		872–882
109. Marinus I. (Martin II.)		882–884
110. Hadrian III., hl.		884–885
111. Stephan V. (VI.)		885–891
112. Formosus	(* um 816)	891–896
113. Bonifatius VI.		896
114. Stephan VI. (VII.)		896–897
115. Romanus		897
116. Theodor II.		897
117. Johannes IX.		898–900
118. Benedikt IV.		900–903
119. Leo V.		903
120. Christophorus		903–904
121. Sergius III.		904–911
122. Anastasius III.		911–913
123. Lando		913–914
124. Johannes X.		914–928
125. Leo VI.		928
126. Stephan VII. (VIII.)		928–931
127. Johannes XI.		931–935/36
128. Leo VII.		936–939
129. Stephan VIII. (IX.)		939–942
130. Marinus II. (Martin III.)		942–946
131. Agapet II.		946–955
132. Johannes XII.	(* 937)	955–964
133. Leo VIII.		963–965
134. Benedikt V.	(† 966)	964
135. Johannes XIII.		965–972
136. Benedikt VI.		973–974
137. Bonifatius VII.		974, 984–985
138. Benedikt VII.		974–983
139. Johannes XIV.		983–984
140. Johannes XV.		985–996
141. Gregor V.	(* 972)	996–999
Johannes XVI.		997–998
142. Silvester II.	(* 940/50)	999–1003
143. Johannes XVII.		1003
144. Johannes XVIII.		1003/04–1009
145. Sergius IV.		1009–1012
146. Benedikt VIII.		1012–1024
Gregor (VI.)		1012
147. Johannes XIX.		1024–1032
148. Benedikt IX.	(† 1055/56)	1032–1045
149. Silvester III.		1045–1046
150. Gregor VI.	(† 1047)	1045–1046
151. Klemens II.		1046–1047
152. Damasus II.		1048
153. Leo IX., hl.	(* 1002)	1049–1054
154. Viktor II.		1055–1057
155. Stephan IX. (X.)		1057–1058
156. Benedikt X.		1058–1059
157. Nikolaus II.		1059–1061
158. Alexander II.		1061–1073
Honorius (II.)		
(* 1009, † 1072?)		1061–1064
159. Gregor VII., hl.		1073–1085
Klemens (III.)		
(* um 1025, † 1100)		1080–1098
160. Viktor III., sel.	(* um 1027)	1086–1087
161. Urban II., sel.	(* um 1035)	1088–1099
162. Paschalis II.		1099–1118
Theoderich		1100–1102
Albert		1100
Silvester (IV.)		1105–1111
163. Gelasius II.		1118–1119
Gregor (VIII.)	(† 1137)	1118–1121
164. Kalixt II.		1119–1124
165. Honorius II.		1124–1130
Cölestin (II.)	(† vor 1127)	1124
166. Innozenz II.		1130–1143
167. Anaklet II.		1130–1138
Viktor (IV.)		1138
168. Cölestin II.		1143–1144
169. Lucius II.		1144–1145
170. Eugen III., sel.		1145–1153
171. Anastasius IV.		1153–1154
172. Hadrian IV.	(* 1110/20)	1154–1159
173. Alexander III.		1159–1181
Viktor (IV.)		1159–1164
Paschalis (III.)		1164–1168
Kalixt (III.)		1168–1178
Innozenz (III.)		1179–1180
174. Lucius III.		1181–1185
175. Urban III.		1185–1187
176. Gregor VIII.		1187
177. Klemens III.		1187–1191
178. Cölestin III.		1191–1198
179. Innozenz III.	(* 1160/61)	1198–1216
180. Honorius III.	(* um 1150)	1216–1227
181. Gregor IX.	(* um 1170)	1227–1241
182. Cölestin IV.		1241
183. Innozenz IV.	(* um 1195)	1243–1254
184. Alexander IV.		1254–1261
185. Urban IV.	(* um 1200)	1261–1264
186. Klemens IV.		1265–1268
187. Gregor X., sel.	(* 1210)	1271–1276
188. Innozenz V., sel.	(* 1225)	1276
189. Hadrian V.		1276
190. Johannes XXI.	(* 1210/20)	1276–1277
191. Nikolaus III.	(* 1210/20)	1277–1280
192. Martin IV.		1281–1285
193. Honorius IV.	(* um 1210)	1285–1287
194. Nikolaus IV.		1288–1292
195. Cölestin V., hl.	(* 1215, † 1296)	1294
196. Bonifatius VIII.	(* um 1235)	1294–1303
197. Benedikt XI., sel.	(* 1240)	1303–1304
198. Klemens V.		1305–1314
199. Johannes XXII.	(* 1244)	1316–1334
Nikolaus (V.)	(† 1333)	1328–1330
200. Benedikt XII.		1334–1342
201. Klemens VI.	(* um 1292)	1342–1352
202. Innozenz VI.		1352–1362
203. Urban V., sel.	(* um 1310)	1362–1370
204. Gregor XI.	(* 1329)	1370–1378
205. Urban VI.	(* um 1318)	1378–1389
Klemens VII.	(* 1342)	1378–1394
206. Bonifatius IX.	(* um 1350)	1389–1404
Benedikt XIII.	(† 1423)	1394–1417

päpstliche Hochschulen

Päpste (Forts.)

207.	Innozenz VII.	(*1336) 1404–1406
208.	Gregor XII.	(*1325, †1417) 1406–1415
209.	Alexander V.	(*1340) 1409–1410
210.	Johannes XXIII. (*um 1370, †1419)	1410–1415
211.	Martin V. (*1368)	1417–1431
	Klemens (VIII.) (*1380, †1446)	1423–1429
212.	Eugen IV.	(*1383) 1431–1447
	Felix V.	(*1383, †1451) 1439–1449
213.	Nikolaus V.	(*1397) 1447–1455
214.	Kalixt III.	(*1378) 1455–1458
215.	Pius II.	(*1405) 1458–1464
216.	Paul II.	(*1418) 1464–1471
217.	Sixtus IV.	(*1414) 1471–1484
218.	Innozenz VIII.	(*1432) 1484–1492
219.	Alexander VI.	(*1431[1432?]) 1492–1503
220.	Pius III.	(*1439) 1503
221.	Julius II.	(*1443) 1503–1513
222.	Leo X.	(*1475) 1513–1521
223.	Hadrian VI.	(*1459) 1522–1523
224.	Klemens VII.	(*1478) 1523–1534
225.	Paul III.	(*1468) 1534–1549
226.	Julius III.	(*1487) 1550–1555
227.	Marcellus II.	(*1501) 1555
228.	Paul IV.	(*1476) 1555–1559
229.	Pius IV.	(*1499) 1559–1565
230.	Pius V., hl.	(*1504) 1566–1572
231.	Gregor XIII.	(*1502) 1572–1585
232.	Sixtus V.	(*1521) 1585–1590
233.	Urban VII.	(*1521) 1590
234.	Gregor XIV.	(*1535) 1590–1591
235.	Innozenz IX.	(*1519) 1591
236.	Klemens VIII.	(*1536) 1592–1605
237.	Leo XI.	(*1535) 1605
238.	Paul V.	(*1552) 1605–1621
239.	Gregor XV.	(*1554) 1621–1623
240.	Urban VIII.	(*1568) 1623–1644
241.	Innozenz X.	(*1574) 1644–1655
242.	Alexander VII.	(*1599) 1655–1667
243.	Klemens IX.	(*1600) 1667–1669
244.	Klemens X.	(*1590) 1670–1676
245.	Innozenz XI., sel.	(*1611) 1676–1689
246.	Alexander VIII.	(*1610) 1689–1691
247.	Innozenz XII.	(*1615) 1691–1700
248.	Klemens XI.	(*1649) 1700–1721
249.	Innozenz XIII.	(*1655) 1721–1724
250.	Benedikt XIII.	(*1649) 1724–1730
251.	Klemens XII.	(*1652) 1730–1740
252.	Benedikt XIV.	(*1675) 1740–1758
253.	Klemens XIII.	(*1693) 1758–1769
254.	Klemens XIV.	(*1705) 1769–1774
255.	Pius VI.	(*1717) 1775–1799
256.	Pius VII.	(*1742) 1800–1823
257.	Leo XII.	(*1760) 1823–1829
258.	Pius VIII.	(*1761) 1829–1830
259.	Gregor XVI.	(*1765) 1831–1846
260.	Pius IX.	(*1792) 1846–1878
261.	Leo XIII.	(*1810) 1878–1903
262.	Pius X., hl.	(*1835) 1903–1914
263.	Benedikt XV.	(*1851) 1914–1922
264.	Pius XI.	(*1857) 1922–1939
265.	Pius XII.	(*1876) 1939–1958
266.	Johannes XXIII.	(*1881) 1958–1963
267.	Paul VI.	(*1897) 1963–1978
268.	Johannes Paul I.	(*1912) 26. Aug. 1978–28. Sept. 1978
269.	Johannes Paul II.	(*1920) seit 1978

Mgl. auf 5 Jahre begrenzt; die Erblichkeit der Ämter wurde abgeschafft; die P. F. untersteht der neu geschaffenen Präfektur des Apostol. Palastes.

päpstliche Hochschulen (päpstliche Universitäten, Atenei Romani, Athenäen), die 14 päpstl. Univ. und selbständigen wiss. Inst. oder Fakultäten in Rom, u. a. die ↑Gregoriana, die Pontificia Università Lateranense (gegr. 1773), die Pontificia Università di S. Tommaso d'Aquino (früher Angelicum; Päpstl. Universität Thomas von Aquin, gegr. 1580), das Pontificio Ateneo „Antonianum" (gegr. 1933).

Päpstliche Kapelle, der feierl. päpstl. Gottesdienst mit Teilnahme aller in Rom anwesenden Kardinäle und Bischöfe; i. e. S. alle zur Teilnahme an feierl. liturg. Handlungen des Papstes verpflichteten Geistlichen und Laien.

♦ (Cappella Musicale Pontificia) ↑Sixtinische Kapelle.

päpstlicher Legat, in der kath. Kirche päpstl. Gesandter.

päpstlicher Segen, svw. ↑Apostolischer Segen.

Päpstliches Haus, zusammenfassende Bez. für alle Geistlichen und Laien, die bei der feierl. päpstl. Liturgie oder beim Auftreten des Papstes als Souverän des Vatikans oder als Oberhaupt des Hl. Stuhls mitwirken.

Päpstliches Werk der Glaubensverbreitung, 1822 in Lyon gegr. Hilfswerk für die kath. Missionsarbeit; 1922 durch Verbindung mit dem Hl. Stuhl auf eine neue organisator. Grundlage gestellt; Präsidenten sind die beiden Sekretäre der Kurienkongregation für die Evangelisation der Völker.

Papstnamen, die Namen, die die Päpste mit Beginn ihres Pontifikats annehmen. In der alten Kirche und z. T. noch im MA wurden die Päpste nach ihrem früheren Rufnamen ben.; Grund für die Namensänderungen war die Vermeidung heidn. oder „barbar." klingender Namen. Seit Beginn des 11. Jh. wurde die Namensänderung zur Regel.

Papsttum, Amt und Institution des Oberhaupts der kath. Kirche, des Papstes, nach kath. Glaubenslehre von [exeget. umstrittener] Berufung auf Matth. 16, 16 ff. von Jesus Christus eingesetzt. Deshalb ist der Papst immer Nachfolger des Apostels Petrus als Bischof von Rom, dessen subsidiäre Vorrangstellung in Fragen der Lehre und Dis-

ziplin in den ersten Jh. allmähl. deutlicher hervortrat, obgleich in der alten Christenheit die höchste kirchl. Autorität beim ökumen. Konzil lag.
Alte Kirche: Ein Aufstieg des P. als Institution begann mit Cölestin I. (422–432) und erreichte einen ersten Höhepunkt mit Leo I. (440–461), unter dessen Einfluß dann Gelasius I. Ende des 5. Jh. die für die ma. Verhältnisbestimmung von päpstl.-geistl. und polit.-königl. Gewalt (zugunsten des P.) prägende ↑Zweigewaltenlehre formulierte. Nach dem Untergang des weström. Reiches (476) war die Taufe des Frankenkönigs Chlodwig (wohl 498) für die Entwicklung des Reichskirchensystems von entscheidender Bedeutung. Auf Grund dieser Vorbedingungen konnte Gregor I. in der 2. Hälfte des 6. Jh. die [fakt.] weltl. Macht des P. und die Entwicklung des Patrimonium Petri zum späteren ↑Kirchenstaat einleiten, die durch reiche Schenkungen seitens der Karolinger im 8. Jh. gefördert wurde, nachdem die angelsächs. Missionare des 7. und 8. Jh. die Bindung zw. P. und Franken noch vertieft hatten.
Mittelalter: Im *Früh-MA* vollzog sich dann der Ausbau der Papstdoktrin zur universalen Geltung des P. in der lat. Kirche. Dessen Schicksal im MA ist weithin bestimmt durch die (seit Kaiser Konstantin I.) problemat. enge Verbindung von Geistlichem und Weltlichem. Die seit 476 stets zunehmende Entfremdung zw. Rom und dem Ostreich - die Kaiserkrönung Karls d. Gr. (800) durch Leo III. hatte ein westl., mit Byzanz konkurrierendes Kaisertum geschaffen - vollendete sich im ↑Morgenländischen Schisma (1054), das durch Unionsversuche nicht mehr behoben werden konnte. - Nach einer Zeit der Abhängigkeit des P. vom röm. und mittelitalien. Adel (↑auch Saeculum obscurum) begannen auf dem Hintergrund kirchl. Reformbewegungen (kluniazens. und Gorzer Reform; ↑gregorianische Reform) mit den von Kaiser Heinrich III. designierten dt. Päpsten des 11. Jh. der unmittelbare Aufstieg des P. zur *geistl. Vormacht im Abendland*. Das Kardinalskollegium entwickelte sich jetzt rasch zu einer Körperschaft, die fortan dem Papst in der Reg. der Gesamtkirche zur Seite stand (in engem Zusammenhang damit die Entstehung der Kurie). Die (immer vorhandene) Gegensätzlichkeit der Auffassungen von königl. und päpstl. Gewalt führte unter Gregor VII. (1073–85) zum Konflikt mit Kaiser Heinrich IV. im ↑Investiturstreit. - Das verstärkte polit. Engagement des P. seit der gregorian. Reform barg auch schwere Gefahren: „Verweltlichung", Macht- und Geldgier, übertriebene Zentralisation. Im Vordergrund der zweiten großen Auseinandersetzung des P. mit dem Kaisertum, unter den Staufern, stand im 12. Jh. die kaiserl. Hoheit in Italien, dann der päpstl. Widerstand gegen die Vereinigung des Normannenerbes Sizilien mit dem stauf. Kaisertum. In der „geistl. Weltherrschaft" Innozenz' III. (1198–1216) erreichte das ma. P. den Höhepunkt seiner Macht, doch waren die folgenden Pontifikate überschattet von den grausamen Kriegen gegen Katharer und Waldenser, von problemat. Kreuzzügen, v. a. von der sich verschärfenden Auseinandersetzung mit Kaiser Friedrich II. bis zum Vernichtungskampf gegen alle Staufer. Der „Schutz" seitens der von den Päpsten nach Italien gerufenen Anjou endete letztl. in der weitgehenden Abhängigkeit des P. vom frz. Königtum: 1309–76 residierten die Päpste in Avignon *(Avignon. Exil).* Es erhob sich radikale, grundsätzl. Kritik am P. selbst und an der polit.-gesellschaftl. Ordnung („Defensor pacis" des Marsilius von Padua, J. Wyclif, J. Hus u. a.). Das „Exil" hatte das P. so geschwächt, daß es 1387 zum ↑Abendländischen Schisma kam. Die Krise wurde verschärft durch den ↑Konziliarismus (↑auch Konstanzer Konzil).
Neuzeit: Mitte des 15. Jh. (Nikolaus V.) begann die enge Verbindung das P. mit Humanismus und Renaissance, die bis ins 16. Jh. dauerte. Das schon lange drängende Problem der Kirchenreform blieb ungelöst, so daß im Pontifikat Leos X. (1513–21) mit dem öffentl. Hervortreten Luthers und der Reformation das Ende der universalen Geltung des P. anbrach. - Der Pontifikat Pauls III. (1534–49) leitete zögernd eine Wende ein. Durch aktive neue Orden (v. a. die Jesuiten) und durch das Konzil von Trient (1545–63) wurde das Wiedererstarken des Katholizismus eingeleitet. Im Zeitalter des fürstl. Absolutismus und der Aufklärung mußte ein zwar innerl. gefestigtes P. doch den weiteren Rückgang seines polit. und kirchl. Einflusses auch in kath. Staaten hinnehmen. Das P. zeigte sich zunächst keineswegs bereit, ma. Wunschbilder päpstl. Macht preiszugeben. Es kam zu härtesten Kämpfen mit dem Fürsten- und Staatsabsolutismus, mit dem Gedankengut der Aufklärung und mit der überall beanspruchten Staatskirchenhoheit (Gallikanismus, Episkopalismus, Josephinismus u. a.).
19. und 20. Jahrhundert: Im *19. Jh.* begnügte sich das P. im wesentl. damit, u. a. Liberalismus, Sozialismus, Pressefreiheit, Religions- und Gewissensfreiheit feindselig abzuwehren, ohne positive Wege aufzuzeigen. Dabei erwies sich der im Wiener Kongreß 1815 restaurierte Kirchenstaat als schwerste Belastung der universalen Aufgabe des P. Bei zerbrechendem Kirchenstaat sollte das 1. Vatikan. Konzil 1869/70 mit seiner Definition des ↑Primates des Papstes und der Universalepiskopats (↑auch Unfehlbarkeit) die päpstl. Autorität neu festigen. Seit Aufhebung des Kirchenstaats (20. Sept. 1870) konzentrierte sich das P. stärker auf die geistl. Aufgaben. Leo XIII. versuchte, bessere Beziehungen zur modernen

Papstwahl

Welt herzustellen (z. B. Aufgreifen der sozialen Frage in der Enzyklika „Rerum novarum", 1891). Reformabsichten bed. Theologen und kath. Laien führten jedoch bald zu neuen heftigen innerkirchl. Kämpfen, die unter Pius X. *Anfang des 20. Jh.* ihren Höhepunkt erreichten († auch Modernismus). Pius XI. (1922–29) bemühte sich um neue kirchl. Festigung der von Kriegen und Revolutionen erschütterten Länder (zahlr. Konkordate, 1933 mit der nat.-soz. Regierung). Die † Lateranverträge brachten 1929 den Frieden des Vatikans mit dem faschist. Italien. - Nach einer langen Periode zentralist.-papalist. Ausrichtung (bis Pius XII.) begann im folgenden kurzen, aber epochemachenden Pontifikat †Johannes' XXIII. ein neuer Aufbruch in der kath. Kirche, dessen Ausdruck v. a. das 2. Vatikan. Konzil wurde. Auch die Pontifikate seiner Nachfolger (Paul VI., Johannes Paul I., Johannes Paul II. [seit 1978]) stehen - trotz spürbarer Auseinandersetzungen - im Dienst dieses Programms.

⚌ *Laudage, J.: Priesterbild u. Reform-P. im 11. Jh.* Köln 1985. - *Päpste u. P. Hg. v. G. Denzler. Stg. 1971–84. 23 Bde.* - *Fuhrmann, H.: Von Petrus zu Johannes Paul II.* Mchn. ²*1984.* - *Granfield, P.: Das P.* Münster 1984. - *Schimmelpfennig, B.: Das P.* Darmst. *1984.* - *Fichtinger, C.: Lex. der Heiligen u. Päpste.* Mchn. *1983.* - *Das P. Hg. v. B. Moser.* Mchn. *1983.* - *Stadler, H.: Päpste u. Konzilien.* Düss. *1983.* - *Poupard, P.: Wozu ein Papst?* Dt. Übers. Paderborn 1982. - *Casaroli, A.: Der Hl. Stuhl u. die Völkergemeinschaft. Bln. 1981.* - *Zimmermann, H.: Das P. im MA.* Stg. u. a. *1981.* - *Kühner, H.: Das Imperium der Päpste.* Ffm. *1980.* - *Dienst an der Einheit? Hg. v. J. Ratzinger.* Düss. *1978.*

Papstwahl, Modus der Bestellung zum Papst. Der Papst wird von den dazu berechtigten Kardinälen im Konklave gewählt. Wahlberechtigt sind seit 1. Jan. 1971 alle Kardinäle, die das 80. Lebensjahr noch nicht vollendet haben. Wählbar ist jeder kath. Christ; seit 1389 sind jedoch nur Kardinäle gewählt worden.

Papua, Sammelbez. für die Melanesier Neuguineas und einiger benachbarter Inseln; auch eingeschränkt auf die Papuasprachen sprechenden Bevölkerungsgruppen. Anthropolog. gehören die P. zu den Melanesiern. Sie betreiben im Tiefland Brandrodungswanderfeldbau, im Hochland auch Gartenbau. Jagd und Fischfang spielen ebenfalls eine Rolle. Die meist streng isolierten Siedlungen bestehen an der Küste und im angrenzenden Hinterland aus Dörfern oder Weilern, im Hochland auch aus Einzelhöfen.

Papua-Neuguinea

[...gi'ne:a] (engl. Papua New Guinea; Pidgin Papua Niugini), Staat im westl. Pazifik, zw. 0° 43' und 11° 40' s. Br. sowie 141° und 156° ö. L. **Staatsgebiet:** Umfaßt den östl. Teil der Insel Neuguinea, auf der es an Irian Jaya (Indonesien) grenzt, den Bismarckarchipel, den Louisiadearchipel, die D'Entrecasteauxinseln sowie die nördl. Salomoninseln Buka und Bougainville. **Fläche:** 462 840 km². **Bevölkerung:** 3,33 Mill. E (1985), 7,2 E/km². **Hauptstadt:** Port Moresby. **Verwaltungsgliederung:** 20. Prov. **Amtssprache:** Englisch; Neumelanesisch (Pidgin) soll Nationalsprache werden. **Internat. Mitgliedschaften:** UN, Commonwealth; der EWG assoziiert. **Währung:** Kina (K) = 100 Toea (t). **Zeitzone:** Ostaustral. Zeit, d. i. MEZ + 9 Std.

Landesnatur: Etwa 25 % der Landfläche liegen über 1 000 m ü. d. M. Das Zentralgebirge, das die Insel Neuguinea von W nach O durchzieht, besitzt ausgedehnte Hochtäler. Es erreicht im Mount Wilhelm im Bismarckgebirge 4 508 m ü. d. M. In der sö. Inselspitze läuft das Zentralgebirge in ein Mittelgebirge aus; seine Fortsetzung findet es in den D'Entrecasteauxinseln und im Louisiadearchipel. Nach N und S bricht das Zentralgebirge meist steil ab. Im SW erstreckt sich ein ausgedehntes, bis 450 km breites, welliges bis hügeliges Tiefland, stellenweise von Sümpfen und Seen durchsetzt. Das nördl. Tiefland liegt zw. dem Zentralgebirge und einem Küstengebirge, dem eine schmale Küstenebene vorgelagert ist. Die meist vulkan. Hauptinseln der zu P.-N. gehörenden Inselflur sind gebirgig (auf Neubritannien werden 2 438 m, auf Bougainville 2 743 m Höhe erreicht) und besitzen nur schmale Küstentiefländer.

Klima: Es herrscht trop. Regenklima mit ganzjährig fallenden Niederschlägen. In den zentralen Gebirgsregionen fallen jährl. mehr als 6 000 mm, in den übrigen Landesteilen 2 000–3 000 mm Niederschlag. Die Schneegrenze liegt knapp über 4 000 m Höhe. Die Mitteltemperaturen liegen bei 27 °C. Die Luftfeuchtigkeit ist relativ hoch.

Vegetation: Rd. 70 % von P.-N. werden von immergrünen trop. Regenwäldern, z. T. nur noch in Form von Sekundärwäldern, bedeckt. In den Tieflandsgebieten Sumpfwälder, Grassümpfe und Savannen, an den Küsten Mangroven. Grasländer finden sich im Hochland und im NW.

Tierwelt: Sie ist eng mit der austral. verwandt. Auf Neuguinea kommen Baumkänguruh, Ameisenigel, Dingo, Lauben- und Paradiesvögel vor.

Bevölkerung: Neben den rd. 98 %, aber in zahlr. Völkerschaften zersplitterten Papua leben europ. und chin. Minderheiten in P.-N.; etwa 90 % der Bev., das z. T. noch auf neolith. Kulturstufe und außerhalb der Geldwirtschaft steht, leben im unwegsamen Bergland und in isolierten Siedlungen. Der Schulunterricht wurde bis in die 1950er Jahre aus-

Papyrus

schließl., heute noch zum größten Teil von Missionaren erteilt. Univ. (gegr. 1965) in der Hauptstadt, eine TU in Lae.
Wirtschaft: Ein Großteil der Bev. betreibt Landw. ausschließl. zur Selbstversorgung in der traditionellen Form des Wanderfeldbaus mit Brandrodung. Zusätzl. werden Früchte gesammelt und Sago gewonnen. Kautschuk wird auf Plantagen von Australiern und Chinesen gewonnen, Tee in Plantagen unter ind. Leitung, aber auch in Kleinpflanzungen von Einheimischen, die z. T. auch Kaffee, Kakao und Kokospalmen für den Export kultivieren. Traditionell ist die Schweinehaltung aus kult. und Prestigegründen. Die wichtigsten Produkte der Forstwirtschaft sind Rund-, Schnitt- und Sperrholz. Konzessionen zum Holzeinschlag werden an ausländ. Firmen vergeben. Fischfang wird nur an den Küsten betrieben. P.-N. verfügt über reiche Kupfer-, Silber- und Goldvorkommen auf Bougainville (Tagebau). Weitere Kupfererz- und Goldlagerstätten werden am Ok Tedi auf Neuguinea erschlossen. Die Ind. ist noch gering entwickelt.
Außenhandel: Ausgeführt werden Erze, Kaffee, Kakao, Ölkuchen, Holz u. a., eingeführt Maschinen, Apparate und Geräte, Kfz., Fleisch, Metallwaren, Nahrungsmittel, Eisen und Stahl, Arzneimittel u. a. Die wichtigsten Partner sind Australien und Japan, gefolgt von den EG-Ländern, bei denen die BR Deutschland an 1. Stelle steht.
Verkehr: Von den Häfen führen Stichstraßen ins Hinterland, von rd. 19 500 km Straßen sind über 6 200 km Allwetterstraßen. Wichtig ist die Küstenschiffahrt. Bedeutendste Seehäfen sind Port Moresby und Lae. 4 private Gesellschaften bedienen den Inlandsflugverkehr zu den 25 öffentl. und über 500 amtl. zugelassenen ✈, von denen die Hälfte von christl. Missionen unterhalten werden. Dem Auslandsverkehr dient die nat. Gesellschaft Air Niugini. Ein internat. ✈ besteht bei der Hauptstadt.
Geschichte: Der aus dem ehem. austral. Territorium Papua und dem Treuhandgebiet Neuguinea gebildete Staat wurde am 16. Sept. 1975 unabhängig. Premierminister wurde der Führer der Pangu Pati, M. Somare (*1936). Nachdem sich am 1. Sept. 1975 die zu P.-N. gehörende Insel Bougainville einseitig für unabhängig erklärt und kurze Zeit später die Zentralreg. unmittelbar die Verwaltung der Prov. übernommen hatte, wurden der seit Aug. 1976 North Solomons gen. Prov. erhebl. erweiterte Rechte der Provinzialverwaltung zugestanden. Im März 1980 wurde das Kabinett Somare durch konstruktives Mißtrauensvotum gestürzt. Neuer Premiermin. wurde Sir J. Chan (*1939), Führer der People's Progressive Party, der aber bereits im Aug. 1982 erneut von Somare abgelöst wurde. Im Nov. 1985 stürzte die Reg. Somare erneut und wurde durch eine konservative Fünfparteienkoalition unter Paias Wingti ersetzt, die in den Wahlen 1987 zwar bestätigt wurde, aber 1988 zerbrach. Neuer Min.präs. wurde Rabbie Namaliu.
Politisches System: Nach der Verfassung vom 15. Aug. 1975 ist P.-N. eine parlamentar. Monarchie innerhalb des brit. Commonwealth. Formelles *Staatsoberhaupt* ist die brit. Königin Elisabeth II., vertreten durch einen ernannten Generalgouverneur. An der Spitze der *Exekutive* steht der von der Parlamentsmehrheit gewählte Premiermin., der dem Generalgouverneur die Mgl. des Kabinetts zur Ernennung vorschlägt. Das Kabinett ist dem Parlament verantwortlich. Die *Legislative* liegt beim Einkammerparlament (House of Assembly); seine 109 Mgl. werden vom Volk für 5 Jahre gewählt. Die wichtigsten im Parlament vertretenen Parteien sind die 1967 gegr. Pangu Pati; die 1970 gegr. People's Progressive Party, die National Party, die United Party, die Melanesien Alliance. *Verwaltungs*mäßig ist P.-N. in 19 Prov. eingeteilt. Neben int. Common Law gilt ein stark zersplittertes Stammes*recht*. Die *Streitkräfte* umfassen rd. 3 200 Mann. - Karte S. 254.
📖 *Griffin, J.: P. New Guinea. New York 1980. - Siemers, G.: P.-N. Hamb. 1978. - P. New Guinea. Resource atlas. Hg. v. E. Ford. Brisbane 1975. - Encyclopaedia of Papua and New Guinea. Hg. v. P. Ryan. Melbourne 1972. 3 Bde.*

Papuasprachen, in der Sprachwiss. zusammenfassende Bez. für eine Gruppe von etwa 700 Sprachen, die im größten Teil der Insel Neuguinea von Papua, außerdem bei einigen benachbarten Inseln sowie im Zentrum und in Randgebieten des melanes. Raumes gesprochen werden. Der Begriff „P." besagt ledigl., daß es keine austrones. Sprachen sind. Trotz der sprachl. Zersplitterung und ihrer Verschiedenheit hat man in austral. und im indones. Teil Neuguineas einige größere genet. zusammengehörende Sprachgruppen feststellen können.

Papyrolin [griech.] (Papyrolinpapier, Gewebepapier, Gazepapier), zähes und festes Papier mit einer Textilgewebeschicht; wird u. a. zur Herstellung von (unzerreißbaren) Bilderbüchern, Landkarten und Ausweiskarten verwendet.

Papyrus (Mrz. Papyri; Papyros) [griech. „Papyrusstaude", „Schreibpapier", „Band, Tau"], Beschreibstoff des Altertums, der aus dem Mark der Stengel von P.stauden gewonnen wurde; er bestand aus dünnen, möglichst breit und lang geschnittenen Streifen des Marks, die rechtwinklig übereinandergelegt, gepreßt und gehämmert wurden, wobei der austretende stärkehaltige Pflanzensaft die Streifen (beim Trocknen) zu einem fast weißen, festen und elast. Gefüge verband, das in Ägypten zu Rollen zusammengeklebt wurde. Die Herstellung des P. wurde in Ägypten zu Beginn des 2. Jt.

Papyrusstaude

v. Chr. erfunden. Da die P.staude zunäcnt nur in Ägypten wuchs, bestand eine große Nachfrage im Ausland, doch war die (seit dem 11. Jh. v. Chr. belegte) Ausfuhr königl. Monopol. Als Schreibmaterial diente in Ägypten eine tuscheähnl. Schreibflüssigkeit (mit Ruß oder Ocker als Farbstoff), später in Griechenland sog. Sepiatinte aus dem Tintenbeutelsekret von Tintenfischen. - P. hat sich bes. in trockenem Klima erhalten (Funde z. B. in Oberägypten [u. a. in Oxyrhynchos, Nag Hammadi, Tebtynis, Al Faijum, Al Aschmunain], Palästina, S-Arabien; auch in Mesopotamien [z. B. Dura-Europos]), doch ist sein Gebrauch auch auf Kreta, in Griechenland und Rom nachweisbar (in Herculaneum wurden verkohlte Rollen gefunden).

P. diente im *alten Ägypten* als „Papier", z. B. für Akten, Briefe, wiss., religiöse und literar. Texte, auch mit Illustrationen. Im *alten Vorderasien* wurde P. (neben Leder, Ostraka, Diptychen) wichtig für aram. Texte. Die *griech.* u. *lat. P.* umfassen ebenfalls z. T. literar. Texte (von denen einige nur durch P. bekannt sind); die Urkunden betreffen neben dem privaten Bereich bes. das Rechtswesen, die Regional- und Landesverwaltung u. sind Zeugnisse für polit. und soziale Verhältnisse sowie für die [volks]sprachl. Entwicklung. Auch die Kenntnis der *Bibelüberlieferung,* bes. der frühen Textgeschichte des N. T., ist durch die P. auf eine neue Grundlage gestellt worden. P. in *arab. Sprache* finden sich von 643 n. Chr. bis ins 14. Jh.; sie umfassen großenteils Verwaltungs- und Wirtsch.urkunden, jedoch auch Texte aus sonst verlorenem arab. Schrifttum des 8. Jh. - Die **Papyrologie** (P.kunde), eine der klass. Philologie oder der Rechtsgeschichte zugeordnete histor. Hilfswiss., macht die P.texte zugängl., d. h. sie werden aufgerollt, konserviert, entziffert, datiert und ediert.

Papua-Neuguinea. Übersichtskarte

📖 *Repertorium der griech. christl. Papyri.* Hg. v. K. *Aland.* Bln. u. New York 1976. - *Galling, K.: Tafel, Buch u. Blatt. In: Near Eastern studies. Festschr. f. William Foxwell Albright.* Hg. v. H. *Goedicke.* Baltimore (Md.) 1971. - *Grohmann, A.: Einf. u. Chrestomathie zur Arab. P.kinde. Prag* 1955.

Papyrusstaude (Papierstaude, Cyperus papyrus), 1–3 m hohe, ausdauernde Art der Gatt. Zypergras im trop. Z-Afrika und im oberen Stromgebiet des Weißen Nil, urspr. in ausgedehnten Papyrussümpfen; Staude mit fleischigem Wurzelstock, aufrechten, dreieckigen Halmen, oben mit einem Schopf von Blättern und Blütenähren. - Die P. wurde seit dem Altertum häufig kultiviert (v. a. am unteren Nil) und zur Herstellung von Flößen, Booten, Matten, Seilen und v. a. von ↑ Papyrus verwendet. Heute werden die Stengel als Flechtmaterial gebraucht, neuerdings auch zur Papierherstellung.

Paquet, Alfons [frz. paˈkɛ], * Wiesbaden 26. Jan. 1881, † Frankfurt am Main 8. Febr. 1944 (bei einem Luftangriff), dt. Schriftsteller. - Autor zahlr. Reisebücher sowie von Erzählungen und Essays. Sein ep., lyr. und dramat. Schaffen zeigt Aufgeschlossenheit für soziale Probleme und sein Interesse an progressiven polit. Bewegungen, z. B. die Romane „Kamerad Fleming" (1911–26), „Fahnen" (1923) oder das Drama „Sturmflut" (Uraufführung 1926).

par..., Par... ↑para..., Para...

Para [ˈpaːra, türk. pɑˈrɑ], urspr. osman. bzw. türk. Kleinmünze vom 17. Jh. bis 1924: 1 P. = $1/40$ Piaster; heute noch in Jugoslawien: 1 P. = $1/100$ Dinar.

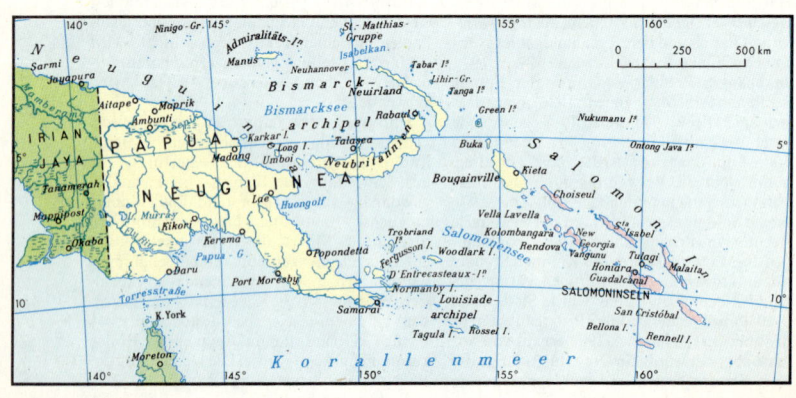

Pará, nordbrasilian. Bundesstaat, 1 248 042 km², 4,2 Mill. E (1985), Hauptstadt Belém. P. umfaßt den östl. Teil des von trop. Regenwald bedeckten Amazonasbeckens und reicht nach S auf die N-Abdachung des Brasilian. Berglandes, im N auf die S-Abdachung des Berglandes von Guayana. Die Bev. siedelt überwiegend entlang der Flüsse, an der neuen Durchgangsstraße (Transamazonica) und im NO. Wirtschaftsgrundlage sind Holz- und Sammelwirtschaft, Feldbau und Viehzucht, Goldgewinnung und Abbau von Eisenerz. Xingu- und Cochinana-Nationalpark (je 200 000 ha) zeigen urspr. Flora und Fauna des Amazonasgebiets.

para- [griech.], Abk. p-; in der chem. Nomenklatur Bez. für die Stellung zweier Substituenten am ersten und am vierten Kohlenstoffatom (1,4-Stellung) einer aromat. Verbindung. - ↑auch meta-, ↑ortho-.

para..., Para..., par..., Par... [griech.], Vorsilbe mit der Bed. „bei, neben, entlang; über – hinaus; gegen, abweichend".

Paraaminobenzoesäure, svw. p-Aminobenzoesäure (↑Aminobenzoesäure).

Parabase [zu griech. parábasis „Abschweifung"], in der att. Komödie eine aus Gesang und Rezitation gemischte [meist polit.-satir.] Chorpartie aus 7 Teilen.

Parabel [zu griech. parabolḗ, eigtl. „das Nebeneinanderwerfen"], *allg.* ein zur selbständigen Erzählung erweiterter Vergleich, der von nur einem Vergleichspunkt aus durch Analogie auf den gemeinten Sachverhalt zu übertragen ist; wird oft gleichbed. mit **Gleichnis** verwendet.

◆ in der *Mathematik* eine zu den Kegelschnitten gehörende Kurve, und zwar der geometr. Ort für alle Punkte P der Ebene, die von einem festen Punkt, dem *Brennpunkt F*, und einer festen Geraden, der *Leitlinie l*, jeweils denselben Abstand haben: $\overline{PF} = \overline{PL} = r$. Die durch den Brennpunkt F gehende Senkrechte zur Leitlinie l ist die *P.achse;* sie stellt die Symmetrieachse der P. dar. Der Abstand des Brennpunktes F von l, der *Parameter* $\overline{AF} = p$ der P., ist gleich der halben Länge der auf der P.achse senkrecht stehenden Sehne durch den Brennpunkt. Der Halbierungspunkt S der Strecke $\overline{AF}$ ist der *Scheitel* der Parabel. Die P. ist eine algebraische Kurve zweiter Ordnung; liegt der Scheitel im Koordinatenursprung eines kartes. Koordinatensystems, so lautet ihre Gleichung $y^2 = 2\,px$ *(Scheitelgleichung der Parabel).*

Parabellum ⓦ [Kw.] (Luger-Pistole), in vielen Varianten gebaute Selbstladepistole der Kaliber 7,65 und 9 mm mit Kniegelenkverschluß; galt als präziseste Armeepistole (Pistole 08).

Parabiose [griech.], das Zusammenleben zweier miteinander verwachsener Organismen (**Parabionten**). P. kann bei erwachsenen geschlechtsreifen Tieren den Normalzustand darstellen (z. B. beim ↑Doppeltier), sie kann auch eine Mißbildung sein (z. B. bei siames. Zwillingen).

parabolisch [griech.], 1. in der Art einer Parabel; gleichnishaft; 2. parabelförmig gekrümmt.

parabolische Geschwindigkeit, svw.

Papyrusrolle aus Kumran am Toten Meer. Jerusalem, Israel-Museum

↑Entweichgeschwindigkeit.

Paraboloid [griech.], eine Fläche zweiter Ordnung. Beim *ellipt. P.* (Gleichung in der Normalform $z = x^2/a^2 + y^2/b^2$) ergeben alle senkrecht zur z-Achse geführten Schnitte als Schnittfiguren Ellipsen. Der durch $a = b$ gekennzeichnete Sonderfall des ellipt. P. ist das *Rotations-P.*, eine Rotationsfläche, die durch Drehen einer Parabel um ihre z-Achse ent-

Parabel

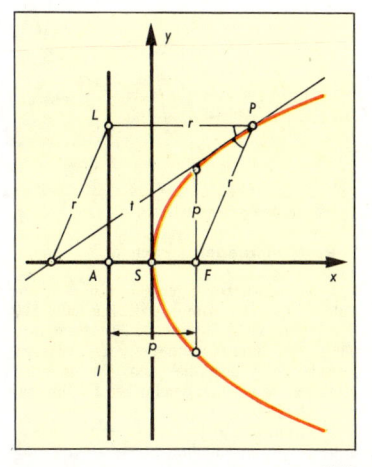

Parabolspiegel

steht; senkrecht zur Achse geführte Schnitte ergeben Kreise. Das Rotations-P. hat - als verspiegelte Fläche - die Eigenschaft, alle parallel zur Achse einfallenden Lichtstrahlen nach einmaliger Reflexion im Brennpunkt F zu sammeln; darauf beruht seine Verwendung als Sammelspiegel (**Parabolspiegel**) und - bei umgekehrtem Strahlenverlauf - als Scheinwerferspiegel. Beim *hyperbol. P.* (Normalform $z = x^2/a^2 - y^2/b^2$) ergeben alle senkrecht zur z-Achse geführten ebenen Schnitte als Schnittfiguren Hyperbeln.

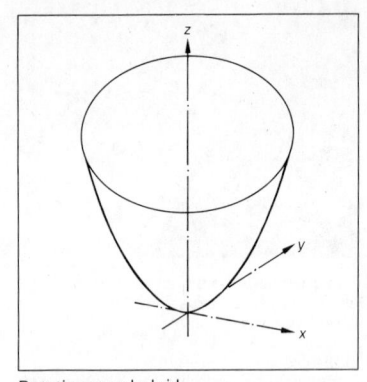

Rotationsparaboloid

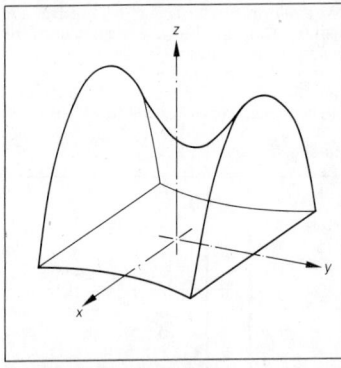

Hyperbolischer Paraboloid

Parabolspiegel [griech./dt.] ↑ Paraboloid.

Paracaskultur, nach der peruan. Peninsula Paracas ben. voreurop. Kultur (etwa 800 v. Chr. bis Anfang unserer Zeitrechnung) in Peru; charakterist. sind bes. dünnwandige, dunkle Tongefäße, die nach dem Brennen Einlagen mit leuchtenden Farben auf Harzbasis erhielten.

Paracelinseln [...'sɛl], Gruppe von Koralleninseln im Südchin. Meer, sö. von Hainan. Nur im Frühjahr und Herbst von Fischern aus Hainan aufgesucht; reiche Guanovorkommen.

Paracelsus, Philippus Aureolus Theophrastus, eigtl. Theophrastus Bombastus von (ab) Hohenheim, * Einsiedeln (Kt. Schwyz) 11. Nov. (?) 1493, † Salzburg 24. Sept. 1541, Arzt, Naturforscher und Philosoph schwäb. Abkunft. - 1524/25 Arzt in Salzburg, 1526/27 in Straßburg, 1527/28 Stadtarzt und Prof. in Basel. Danach führte er ein unruhiges Wanderleben als Arzt in zahlr. süddt. Städten. In seinen Veröffentlichungen bekämpfte er die Schulmedizin und strebte eine grundlegende Reform der Medizin an. Seine medizin. Werke galten v. a. der Syphilis und deren Therapie, den Berufskrankheiten der Berg- und Hüttenarbeiter, der Chirurgie und Wundbehandlung, den Heilquellen sowie einer allg. Lehre von den Krankheitsursachen. Seine chem. Versuche und seine in Hüttenwerken gewonnenen Erkenntnisse führten P. zu einem „chem." Verständnis des Organismus: Der „Archaeus", das dynam. Prinzip im Körper, regelt nach seiner Auffassung die normalen und krankhaften Lebensvorgänge auf chem. Wege. - Behandlungserfolge beruhten z. T. darauf, daß er die chem. Substanzen, meist metall. Verbindungen, im Sinne einer spezif. Therapie anstelle von Säfteableitungen und Pflanzenmischungen verwendete. P. sah den Menschen (Mikrokosmos) als Abbild des Makrokosmos. Verfaßte auch theolog., religionsphilosoph. und sozialpolit. Schriften. Seine Persönlichkeit und sein Werk sind bis heute umstritten. - Mit der Erforschung seines Wirkens und Werkes beschäftigt sich die *Internationale Paracelsus-Gesellschaft* in Salzburg.

📖 *Surya, G. W.:* P. richtig gesehen. Bietigheim ³1980. - *Wehr, G.:* P. Freib. 1979. - *Schipperges, H.:* P. Der Mensch im Licht der Natur. Stg. 1974. - *Zekert, O.:* P. Europäer im 16. Jh. Stg. u. a. 1968. - *Pagel, W.:* Das medizin. Weltbild des P. Wsb. 1962.

Parade [frz., zu lat. parare „sich rüsten"], *militär.* die Aufstellung (P.aufstellung) von Truppenverbänden und der anschließende Vorbeimarsch (P.marsch) an hohen Offizieren (z. B. nach Manövern) oder Politikern (z. B. an Nationalfeiertagen).

◆ im *Reit- und Rennsport* Anhalten *(ganze P.)* oder Versammeln *(halbe P.)* eines Pferdes oder Gespannes.

◆ im *Fechtsport* Bez. für das Abdecken der angegriffenen Blöße, entweder durch *Klingen-P.*, die die gegner. Klinge abdrängt, oder *Körper-P.* durch Zurück- oder Ausweichen nach der Seite oder nach unten.

◆ bei *Ballspielen* Abwehr durch den Torhüter.

◆ im *Schach* die Abwehr eines Angriffs.

Paradies [griech.-lat., zu awest. pairi-daēza „umfriedeter Garten"], religionsgeschichtl. weltweit verbreitete Vorstellung von einer urzeitl. Stätte der Ruhe, des Friedens und des

Glücks, deren Wiederherstellung in der Endzeit erwartet wird. Charakterist. für das P. sind ein Überfluß an Naturgaben und eine friedl. Tierwelt. Das P. war ferner der Wohnort des ersten Menschen, der in ihm in Freiheit von Sünde und Tod lebte, diesen paradies. Zustand aber meist durch Verstrickung in Sünde und Schuld verlor. Die Griechen kannten die Vorstellung vom ↑ Elysium; unter dem paradies. Garten Eden des A. T. ist wohl urspr. ein Garten in der Steppe verstanden worden. Der Islam hat diese Vorstellung übernommen und mit sehr realist. Bildern des ird. Lebens ausgestaltet.

◆ Vorhalle an frühchristl. Basiliken (gleichbedeutend mit ↑ Atrium); neben Galiläa oder Narthex auch Bez. der meist mehrschiffigen Vorhallen, die bei Kirchen mit W-Türmen zw. diesen lagen; Ort liturg. Prozessionen, an das P. war z. T. das Asylrecht gebunden.

Paradiesapfel ↑ Paradiesapfelbaum.

◆ (Adamsapfel, Esrog, Ethrog) Bez. für eine Varietät der Zitronatzitrone.

◆ (Paradeiser) landschaftl. Bez. (Österreich) für die Tomate.

Paradiesapfelbaum, Wildapfelform auf der Balkanhalbinsel, bis W-Asien; mit strauchiger Wuchsform. Die Apfelfrüchte (**Paradiesäpfel**) sind rundl., klein, etwa 1,5 cm dick.

Paradieselstern ↑ Paradiesvögel.

Paradiesfisch ↑ Makropoden.

Paradiesgärtlein, in der bildenden Kunst Darstellung von Maria mit dem Jesuskind und Heiligen in einem durch hohe Mauern umschlossenen Garten. Dieser *Hortus conclusus* symbolisiert die Sündenlosigkeit Marias.

Paradieskranich ↑ Kraniche.

Paradieslilie, svw. ↑ Trichterlilie.

Paradiesschnäpper ↑ Monarchen.

Paradiesspiel (Paradeisspiel), Spätform des geistl. Spiels. Thema: Erschaffung der ersten Menschen, Sündenfall, Vertreibung aus dem Paradies.

Paradiesvogel ↑ Sternbilder (Übersicht).

Paradiesvögel (Paradisaeidae), Fam. etwa staren- bis rabengroßer Singvögel mit rd. 40 Arten in trop. Regenwäldern Neuguineas, NO-Australiens und der Molukken; ♂♂ meist prächtig bunt befiedert, oft mit verlängerten Schmuckfedern, die bei der Balz durch Aufrichten und Abspreizen zur Schau gestellt werden; ♀♀ unscheinbar braun gefärbt, z. T. gesperbert. - Zu den P. gehören u. a.: **Königsparadiesvogel** (Cicnnurus regius), 16 cm lang, in den Urwäldern Neuguineas; ♂ oberseits samtrot, unterseits weiß mit grünem Halsring. Die Gatt. **Paradieselstern** (Astrapia) hat etwa elsterngroße Arten; mit aufrichtbarem Federkragen am Hals. Die ♂♂ der Gatt. **Strahlenparadiesvögel** (Korangas, Parotia) haben sechs stark verlängerte, fadenförmig dünne, am Ende zunehmend verbreitete Federstrahlen am Kopf. Der **Große Paradiesvogel** (Göttervogel, Paradisaea apoda) lebt auf Neuguinea und den Aruinseln; Körper bis 45 cm lang; Kopf und Oberrücken gelb, Kehle grün, Flügel und Brust braun bis bräunlichschwarz; Körperseitenfedern gelb, bei der Balz als riesiger Federbusch aufrichtbar.

Paradiesvogelblume ↑ Strelitzie.

Paradieswitwe ↑ Witwen (ein Vogel).

Paradigma [pa'radıgma; para'dıgma; griech.-lat. „Beispiel"], in der *Sprachwiss.* 1. ein Deklinations- oder Konjugationsmuster, zu dem analog auch andere Wörter derselben Klasse flektiert werden; 2. sprachl. Einheiten, die in paradigmat. Beziehung zueinander stehen, d. h. zw. denen in einem gegebenen Kontext zu wählen ist (z. B.: Er steht *hier, dort, oben, unten*) im Ggs. zu Einheiten, die zusammen vorkommen, die in syntagmat. Beziehung stehen und ein **Syntagma** bilden (z. B.: *Er steht dort*).

◆ in der antiken *Rhetorik*: eine als positiver oder negativer Beleg angeführte typ. Begebenheit.

paradox [griech.] ↑ Paradoxon.

Paradoxie [griech.], i. w. S. svw. ↑ Paradoxon; i. e. S. teils Bez. für die syntakt. im Unterschied zu den semant. ↑ Antinomien, teils auch synonym zu „Antinomie".

Paradoxon [griech. „das Unerwartete"], Bez. 1. für eine **paradoxe,** d. h. der allg. Meinung entgegenstehende Aussage oder für den von einer solchen Aussage dargestellten Sachverhalt *(Paradoxie);* 2. für eine paradoxe alog., unsinnige, widersprüchl. Behauptung, die aber bei genauerer gedankl. Analyse auf eine höhere Wahrheit hinweist; als solches dient das P. allg. als Mittel der Verfremdung, dem emphat. Nachdruck oder der absichtl. Verrätselung einer Aussage. Häufig in religiöser Sprache.

In der *Physik* Bez. für ein unerwartetes, den bekannten physikal. Gesetzen bei erster Betrachtung scheinbar - oder auch tatsächl. - widersprechendes Ergebnis eines Gedankenexperiments.

Paraffin [zu lat. parum „zu wenig" und affinis „verwandt mit etwas"], zu den aliphat. Verbindungen zählende Gemische aus höhermolekularen Kohlenwasserstoffen (etwa C_{16} bis C_{55}); farblose, salben- bis wachsartige Produkte, die aus den bei der Erdöldestillation anfallenden Rückständen und dem Bodensatz von Rohöltanks gewonnen werden. Nach Abtrennung des flüssigen *Paraffinöls* erhält man durch fraktionierte Kristallisation *Weich-P.* (Schmelzpunkt 30-45 °C), *Mittel-P.* (45-50 °C), *Hart-P.* (50-60 °C) und mikrokristallines *Mikro-P.* (60-90 °C). Gereinigtes P. wird zur Herstellung von Kerzen, Bohnerwachs, Polituren, Schuhcremes und zur Einbettung mikroskop. Präparate, *Paraffinöl* als Schmiermittel für Uhren und als Salbengrundlage verwendet.

Paraffine

Paraffine, svw. ↑Alkane.
Paraffinöl ↑Paraffin.
Paraformaldehyd ['fɔrm-aldehyd], durch Eindampfen von Formaldehydlösungen entstehendes, weißes, kristallines Polymerisationsprodukt des Formaldehyds; wichtige Handelsform von ↑Formaldehyd.

Paragenese, das gesetzmäßige Nebeneinandervorkommen von Mineralen in Gesteinen und Lagerstätten; bei gleichzeitiger Entstehung der Minerale *isogenetisch* genannt. Die P. ermöglicht Rückschlüsse auf Temperatur- und Druckverhältnisse während der Kristallisation.

Paragleiter [zu frz.-engl. parachute „Fallschirm"] (Flexwing), Gleitfluggerät mit flexiblen, deltaförmigen Tragflächen. Wurde erstmals 1922 von R. Pfalz erprobt und 1964 von F. M. Rogallo zum sog. **Rogallo-Flügel** weiterentwickelt (dreiholmiges Gestell mit sich beim Gleitflug zw. den Holmen aufwölbenden Stoffflächen); heute u. a. als Sportgerät zum „Drachenfliegen" verwendet.

Paragneis ↑Gneis.
Paragnosie [griech.], svw. ↑außersinnliche Wahrnehmung.
Paragramm [zu griech. parágramma „geschriebener Zusatz"], Fälschung durch Änderung von Buchstaben in einem Wort oder Namen, häufig als Wortspiel mit scherzhaftkom. Wirkung; berühmt als Verunstaltung des Namens von Kaiser Claudius Tiberius Nero in Caldius Biberius Mero („der vom Wein glühende Trunkenbold, Weinsäufer") bei Sueton.

Paragraph [zu griech. paragráphein „danebenschreiben"], Zeichen §, urspr. Bez. für jedes neben ein Wort oder einen Text gesetzte Zeichen; der P. war in der Antike insbes. Interpunktionszeichen, diente später auch zur Bez. eines Abschnittes in literar. Werken; in der Neuzeit v. a. übl. zur fortlaufenden Numerierung in Gesetzestexten.

Paragraphie, Form der Schreibstörung (↑Agraphie), bei der beim Schreiben Buchstaben, Silben oder Wörter vertauscht werden.

Paraguarí, Hauptstadt des Dep. P. in Paraguay, 5 700 F. Wirtsch. Zentrum eines Agrargebiets. - Gegr. 1775.
P., Dep. in S-Paraguay, 8 705 km², 202 000 E (1982), Hauptstadt P. Der NO liegt in der Cordillera de los Altos, der SW im Paraguay-Paraná-Tiefland.

Paraguay

['paragvaɪ, paragu'a:i] (amtl.: República del Paraguay), Republik in Südamerika, zw. 19° 14′ und 27° 36′ s. Br. sowie 54° 16′ und 62° 38′ w. L. **Staatsgebiet:** Binnenstaat in Brasilien im O, Bolivien im N und NW, Argentinien im W, S und SO. **Fläche:** 406 752 km². **Bevölkerung:** 3,8 Mill. E (1986), 9,3 E/km². **Hauptstadt:** Asunción. **Verwaltungsgliederung:** 19 Dep. und der Hauptstadtbez. **Amtssprache:** Spanisch, daneben Umgangssprache Guaraní. **Staatsreligion:** Röm.-kath. **Nationalfeiertag:** 14./15. Mai (Unabhängigkeitstag). **Währung:** Guaraní (G) = 100 Céntimos. **Internat. Mitgliedschaften:** UN, OAS, ALALC, Cuenca del Plata, SELA. **Zeitzone:** Atlantikzeit, d. i. MEZ −5 Std.

Landesnatur: P. ist überwiegend ein Flachland, das vom Fluß P. geteilt wird. Die Westregion umfaßt 61 % der Staatsfläche und einen Teil des Gran Chaco (im W 450 m, am Strom rd. 100 m ü. d. M.). Die Ostregion besteht aus einem nach O bis 700 m ü. d. M. ansteigenden, teilweise plateauartigen Bergland, das im N und S von Flachland begrenzt wird. Die Aue des Paraguay bildet dank ihrer erhebl. Breite einen eigenen, charakteristischen Naturraum.

Klima: Überwiegend subtrop., vom trop. N abgesehen. Die Sommer sind heiß, die Winter kühl. Die Niederschläge nehmen nach W ab, der Gran Chaco ist Trockengebiet mit Sommerregen.

Vegetation: In der besser beregneten östl. Region sind subtrop. Feuchtwälder, im NO auch Feuchtsavannen verbreitet, den S nehmen Grasfluren ein. Im O des Gran Chaco finden sich Quebrachobaumwälder. Nach W folgen laubabwerfende Trockenwälder und Grasfluren, im NW Trockensavannen.

Tierwelt: Die Campos und Wälder der O-Region sind Lebensraum von Brüll- und Kapuzineraffen, Hirschen, Wildschweinen, Tapiren sowie Papageien und Pfefferfressern. Der Jaguar ist weit verbreitet. In den Niederungen leben Sumpfhirsche, Fischottern und Kaimane. Ameisenbären, Gürteltiere, Schlangen und Schlangenstörche leben auch im W in der Trockensavanne.

Bevölkerung: Über 95 % der Gesamtbev. sind Mestizen, etwa 2,5 % Indianer, daneben leben europ. und asiat. Minderheiten in P.; rd. 90 % sind kath.; Hauptlebensraum ist die Ostregion, 75 % der E leben im Geb. der Hauptstadt. In der dünn besiedelten Westregion leben nur 4 % der Gesamtbev., u. a. Indianer und Mennoniten, meist dt. oder schweizer. Herkunft. Die allg. Schulpflicht in Städten vom 7.–14., auf dem Land vom 9.–14. Lebensjahr wird nicht überall befolgt. P. verfügt über eine staatl. und eine kath. Univ. in der Hauptstadt (gegr. 1890 bzw. 1960).

Wirtschaft: Wichtigster Zweig ist die Landw., bei der die Viehwirtschaft (v. a. Rinderzucht) führend ist. Anbau von Mais, Maniok, Bataten, Sojabohnen, Baumwolle, Erdnüssen u. a. v. a. in der Ostregion. Vorherrschend sind kleinbäuerl. Betriebe, die sich mit Unterstützung der kath. Kirche in Kooperativen zusammengeschlossen haben. Großbetriebe bewirtschaften 75 % der landw. Nutzfläche. Als Folge der Agrarreform wurden zw. 1963 und

Paraguay

69 auf rd. 1,2 Mill. ha Staatsländereien 24 000 Familien angesiedelt. Forstwirtsch. genutzt werden etwa 25 % der Waldfläche; auch Gewinnung von Tannin, Öl, äther. Ölen u. a. Nachgewiesene Eisen-, Mangan- und Kupfererze werden noch kaum ausgebeutet. In Zusammenarbeit mit Brasilien und Argentinien werden Wasserkraftwerke am Paraná gebaut. Die Ind. verarbeitet in erster Linie landw. Erzeugnisse und Holz. Daneben bestehen Glasfabriken, Textilind., eine Erdölraffinerie und ein Zementwerk.

Außenhandel: Ausgeführt werden Fleisch und Fleischwaren, Ölsaaten, Holz, Baumwolle, Ölkuchen, äther. Öle, Tabak, Rinderhäute u. a., eingeführt Maschinen, Apparate, Motoren, Kfz., mineral. Brennstoffe, Metallwaren, chem. und pharmazeut. Produkte, Weizen, Papier u. a. Die wichtigsten Partner sind Brasilien, die EG-Länder (bei denen die BR Deutschland an 2. Stelle steht), Argentinien, USA, Japan u. a.

Verkehr: Die Strecke der staatl. Eisenbahn ist 376 km lang, das Straßennetz rd. 13 000 km, davon 705 km Anteil an der Carretera Panamericana. Die Binnenschiffahrt auf Paraná und Paraguay dient v. a. dem Außenhandelsverkehr. Wichtigster Hafen ist Asunción. Freihafenrechte besitzt P. in Buenos Aires, Santos, Paranaguá und Antofagasta. Zwei staatl. Luftverkehrsgesellschaften bedienen den Inlands- und Südamerikaverkehr; internat. ✈ bei der Hauptstadt.

Geschichte: Die ältesten menschl. Zeugnisse (um 8000 v. Chr.) stammen vom Alto Paraná an der S-Grenze von Paraguay.

Kolonialgeschichte: 1536 gelangten Spanier, von der La-Plata-Mündung kommend, als erste Europäer in das heutige P. und gründeten 1537 die Festung Nuestra Señora Santa María de la Asunción, die heutige Hauptstadt. 1609 ließ der Statthalter H. Arias de Saavedra die Jesuiten am Alto Paraná unter den Guaraní Missionssiedlungen errichten. Im 17. Jh. und in der 1. Hälfte des 18. Jh. wurde die paraguayische Geschichte bestimmt durch die Missionstätigkeit der Jesuiten, die Angriffe der brasilian. Sklavenjäger und die Kämpfe mit den unbezwungenen Gran-Chaco-Stämmen. Als Spanien am 13. Jan. 1750 die Gebiete östl. des Uruguay an Portugal abtrat, widersetzten sich die Jesuiten beiden Mächten und verhinderten im „Guaraníkrieg" 1753 die Übertragung an Brasilien. 1776 wurde P. Teil des neugegr. Vizekgr. Río de la Plata. Am 14. Mai 1811 erklärte P. seine Unabhängigkeit.

Unabhängigkeit: Unter dem Diktator J. G. T. R. de Francia (1814–40) schloß P. sich völlig von der Außenwelt ab. Erst Präsident C. A. López (1844–62) öffnete sein Land ausländ., v. a. europ. Einfluß und Kapital und förderte die Einwanderung. Sein Sohn und Nachfolger (seit 1862) F. S. López setzte die Innenpolitik seines Vaters fort, griff aber, als Brasilien sich 1865 in innenpolit. Streitigkeiten Uruguays einmischte, unter dem Vorwand der Verteidigung der Integrität Uruguays Brasilien an, um für P. einen direkten Ausgang zum Meer zu schaffen. In einem bis 1870 dauernden Krieg wurde das Land völlig verwüstet; P. verlor wertvolle Teile seines Staatsgebietes an Argentinien und Brasilien, das Land blieb mehrere Jahre von Brasilien besetzt. Von der folgenden wirtsch. Stagnation erholte sich P. erst nach dem 1. Weltkrieg. 1932 kam es zu einem Streit mit Bolivien um das Gran-Chaco-Gebiet. Die großen Anstrengungen, die dieser Krieg erforderte, stürzten P. in eine neue polit. und wirtsch. Instabilität. 1954 übernahm das Militär unter General A. Stroessner die Macht; Stroessner wurde auch Staatspräs. Seine Reg. unterdrückte auf Jahre jegl. Unruhe und auch jegl. polit. Leben; er sah seine Hauptaufgabe zunächst darin, das Land wirtsch. zu fördern. 1967 erhielt P. eine neue Verfassung, nach der im Febr. 1968 Wahlen stattfanden, an denen sich auch Oppositionsparteien beteiligen konnten. Die Wiederwahl Stroessners 1978 und 1983 wurde durch den entsprechenden Beschluß einer vom Präs. einberufenen Verfassunggebenden Versammlung erreicht. Die innenpolit. Lage ist seit 1976 durch eine Verhaftungswelle gekennzeichnet, die sich v. a. gegen die Verfechter der Menschenrechte richtet. Außenpolit. hat sich P. eng an die USA und die Militärreg. in Argentinien und Brasilien angelehnt. Nach 34jähriger absoluter Alleinherrschaft wurde A. Stroessner im Febr. 1989 in einem Militärputsch gestürzt. Die Macht übernahm General A. Rodríguez, der für 1. Mai Präsidentschafts- und Parlamentswahlen ansetzte und Parteien wieder zuließ. Am 1. Mai 1989 wurde Rodríguez zum neuen Staatspräs. gewählt.

Politisches System: Nach der Verfassung vom 25. Aug. 1967 ist die Republik P. ein zentralist. regierter Staat mit präsidialdemokrat. Reg.-form. *Staatsoberhaupt* ist der für 5 Jahre direkt gewählte Staatspräs., der die ihm verantwortl. Min. ernennt und entläßt. Er ist Oberbefehlshaber der Armee, hat Gesetzesinitiative und ernennt neben den Mgl. des Staatsrates auch die Richter des obersten Gerichtshofes. Er übt gleichzeitig die *Exekutive* aus. Als *Legislative* fungiert der aus 2 Kammern bestehende Kongreß (Senat 36 Mgl., Deputierte 72 Mgl., jeweils für 5 Jahre nach dem Verhältniswahlrecht gewählt); es besteht Wahlpflicht. Stärkste *Partei* ist die Asociación Nacional Republicana (Nat. republikan. Vereinigung, ANR), Partido Colorado gen., der alle Arbeitnehmer in staatl. Institutionen automat. angehören (20 Senatoren, 40 Deputierte). Daneben existieren noch die linksorientierte Partido Liberal Radical und die Partido Liberal; die Kommunist. Partei ist verboten. Dachverband der rd. 120

Paraguay

*Gewerkschafts*organisationen mit rd. 20 000 Mgl. ist die von der Reg. kontrollierte Confederación Paraguaya de Trabajadores (CPT).
Verwaltung: Das Land ist in 19 Dep. mit ernannten Gouverneuren, den Hauptstadtdistrikt sowie weiter in Municipios eingeteilt. Das *Rechts*wesen kennt Friedensgerichte, Gerichte 1. Instanz, Appellationshöfe und Obersten Gerichtshof. Zur *Landesverteidigung* besitzt P. eine Armee von 16 000 Mann; es besteht allg. Wehrpflicht. Die paramilitär. Verbände sind zus. rd. 6 000 Mann stark.
📖 *Krier, H./Ponemunski, G.:* P. Ffm. ⁴1983. - *Krier, H.:* Tapferes P. Tüb. ⁴1982. - *Maybung-Lewis, D./Howe, J.:* The indian peoples of P. Cambridge (Mass.) 1980. - *Caraman, P.:* Ein verlorenes Paradies. Der Jesuitenstaat in P. Mchn. 1979. - *Pincus, J.:* The economy of P. New York 1968.

Paraguay ['paraguaɪ, paragu'a:i], rechter und größter Nebenfluß des Paraná, entspringt im Bergland von Mato Grosso (Brasilien), durchfließt den Pantanal, bildet die Grenze des Staates P. gegen Brasilien und Argentinien, mündet oberhalb von Corrientes, 2 200 km lang; Einzugsgebiet 1,15 Mill. km². Der P. ist ein größtenteils von Uferdämmen begleiteter, windungsreicher Tieflandsfluß; in der Hochwasserzeit weite Überschwemmungen. Wichtiger Schiffahrtsweg.

paraguayische Literatur, das einzige literar. interessante Werk der *Kolonialzeit* ist eine von Sagen und Legenden durchsetzte Chronik „La Argentina manuscrita" (entstanden um 1612). Erst mit dem - im übrigen Lateinamerika fast schon überwundenen - *Modernismo* kam es zu breiterer literar. Aktivität, v. a. auf dem Gebiet der Lyrik; die erzählende Prosa der Modernisten beherrschte der Costumbrismo (Sittenschilderung). Wegbereiter *avantgardist. Tendenzen* ist die Lyrikerin und Essayistin Josefina Pla (* 1909). G. Casaccia (* 1907, † 1980) verfaßte den ersten gesellschaftskrit. Roman; den „mag. Realismus" in der erzählenden Prosa vertritt v. a. A. Roa Bastos (* 1917). Die Lyrik der *1950er und 1960er Jahre* stand z. T. im Dienst des Protests gegen ein korruptes Gewaltregime, z. T. war sie Ausdruck einer existentialphilosoph. Ergründung des Daseins. Namhaftester jüngerer Autor ist der wie fast alle unabhängigen Schriftsteller Paraguays im Exil lebende L. Silva.
📖 *Pla, J.:* Literatura paraguaya en el siglo XX. Asunción ³1976.

Parahippus [griech.], ausgestorbene Gatt. altmiozäner nordamerikan. Pferdevorfahren von etwa 70 cm Schulterhöhe; dreizehig, mit noch ziemlich niedrigkronigem Gebiß.

Paraíba [brasilian. pa'raiba], Bundesstaat in NO-Brasilien, 56 372 km², 3,02 Mill. E (1985), Hauptstadt João Pessoa. P. liegt im Brasilian. Bergland, das im W des Staates von Inselbergen überragt wird und im O den zur Küstenebene abfallenden Planalto da Borborema umfaßt. Weit verbreitet ist die Caatinga-Vegetation; in der Küstenzone und der anschließenden Hügelzone trop. Regenwald. Die Hauptanbaugebiete (u. a. Sisalagaven) liegen im dichtbesiedelten Küstengebiet; im Binnenland Bewässerungsfeldbau; extensive Viehhaltung, Fischerei; Zement-, Textil-, Nahrungsmittel-, Leder- und eisenverarbeitende u. a. Industrie; Uranbergbau.

Paraíba, Rio [brasilian. 'rriu para'iba], Zufluß zum Atlantik in SO-Brasilien, entspringt nö. von São Paulo, mündet bei São João da Barra, 1 060 km lang.

Parainese ↑ Paränese.

Parakautschukbaum (Federharzbaum, Hevea brasiliensis), wirtsch. wichtigste Art der Gatt. Hevea in den Tropen; 15–30 m hoher Baum mit langgestielten, dreizähligen Blättern. Der als Ausgangsprodukt für den Kautschuk verwendete Milchsaft befindet sich v. a. in der Rinde. Der P. liefert während der Zapfzeit etwa 3–5 kg Kautschuk.

Parakinese, in der *Medizin* Störung der Muskelkoordination, die zu irregulären Bewegungsabläufen führt.
◆ in der *Biologie* Bez. für eine durch Umweltfaktoren hervorgerufene, nichterbl. phänotyp. Veränderung.

Paraklet [zu griech. paráklētos „Fürsprecher"], in den Abschiedsreden Jesu im Johannesevangelium Bez. einer endzeitl. Gestalt, mit der Jesus den hl. Geist ankündigt, der die Gemeinde nach Jesu Tod leiten und lehren wird. Der P. trägt messian. Züge und erscheint als Typ des „Vollenders".

Paraguay. Übersichtskarte

Parakou [frz. paraˈku], Stadt in Z-Benin, 23 000 E. Verwaltungssitz des Dep. Borgou, kath. Bischofssitz; Forschungsinst. für den Anbau trop. Früchte; Handelszentrum in einem Baumwollanbaugebiet; Endpunkt der Bahnlinie von Cotonou, dadurch wichtiger Umschlagplatz auch von und nach der Republik Niger; ✈.

Paralalie [griech.] ↑ Paraphasie.

Paralgesie [par-al...] (Paralgie) [griech.], Störung der Schmerzempfindung, bei der Schmerzreize als angenehm empfunden werden.

Paralinguistik, Zweig der Linguistik, der Erscheinungen untersucht, die das menschl. Sprachverhalten begleiten oder mit ihm verbunden sind, ohne i. e. S. „sprachlich" zu sein. Gegenstand der P. sind die **Parasprache** (Sprechintensität, Tonhöhe, Sprechtempo, Atmung, Sprechpausen, Artikulations- und Rhythmuskontrolle u. a.), die das Sprechen begleitende Mimik und Gestik sowie das gesamte menschl. kommunikative Verhalten, das im Zusammenhang mit Sprachäußerungen auftritt.

Paralipomena [griech. „Übergangenes, Ausgelassenes"], Bez. für Textvarianten, Fragmente, Ergänzungen, Nachträge usw., die bei der endgültigen Fassung eines literar. Werkes nicht berücksichtigt oder für die Veröffentlichung (zunächst) ausgeschieden wurden.

Paralipse [zu griech. paráleipsis „Unterlassung"] (Präteritio, Präterition), rhetor. Figur: Hervorhebung eines Themas oder Gegenstandes durch die nachdrückl. Erklärung, daß darauf aus bestimmten Gründen nicht näher eingegangen werden könne.

parallaktisch [griech.], die Parallaxe betreffend, auf ihr beruhend, durch sie bedingt.

parallaktische Bewegung ↑ Eigenbewegung.

parallaktische Verschiebung ↑ Parallaxe.

Parallaxe [zu griech. parállaxis, eigtl. „das Hin- und Herbewegen"], der Winkel zw. den Sehstrahlen von zwei Beobachtungsorten aus zum selben Objekt, beobachtbar als scheinbare Verschiebung des Objekts vor dem Hintergrund (**parallakt. Verschiebung**). Bei nahen Gegenständen ist eine parallakt. Verschiebung schon bei wechselweisem Sehen mit beiden Augen feststellbar (Daumensprung). Die durch den Augenabstand (= Basisstrecke) bedingte P. bewirkt räuml., stereoskop. Sehen. Parallaxenmessungen dienen in der Astronomie zur Entfernungsmessung; der Ausdruck P. wird darum auch für die Entfernung eines Gestirns gebraucht, und zwar v. a. dann, wenn diese im Winkelmaß angegeben wird (↑ Parsec). Zur Bestimmung von *Fixstern*-P. sind Basisstrecken auf der Erde zu klein. Die Winkelmessungen erfolgen hier im Abstand von einem halben Jahr von zwei sich bezügl. der Sonne gegenüberliegenden Punkten der Erdbahn aus und ergeben die sog. *jährl.* P. eines Himmelskörpers.

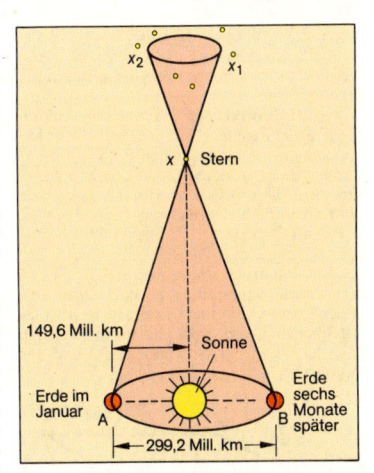

Parallaxe. Scheinbare Verschiebung von *x* gegenüber dem Hintergrund bei verschiedenen Stellungen A und B des Beobachters

Parallaxensekunde, svw. ↑ Parsec.

parallel [zu griech. parállēlos „nebeneinander"], gleichlaufend, in gleichem Abstand nebeneinander herlaufend; gesagt von zwei Geraden, die in einer Ebene liegen und [im Endlichen] keinen Punkt gemeinsam haben, sich also nicht schneiden. Entsprechend bezeichnet man Ebenen im Raum als p., wenn sie keine Geraden gemeinsam haben.

Parallelen [griech.], in der *Geometrie* svw. parallel zueinander verlaufende Geraden (↑ parallel).
♦ in der *Musik* Bez. für die auf- oder absteigende Bewegung zweier oder mehrerer Stimmen in gleichen Intervallen, d. h. mit gleichem Abstand. In volkstüml. Musik sind P. häufig, mit dem frühen ↑ Organum bilden sie sogar einen Ausgangspunkt für die entwickeltere Mehrstimmigkeit. Seit dem 14. Jh. wurden mit Rücksicht auf das Satzprinzip selbständig geführter Stimmen Quinten- und Oktavenparallelen untersagt. Seit dem 17. Jh. gelten

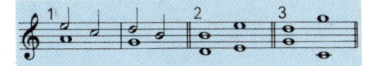

Parallelen. 1 Akzentparallelen; 2 verdeckte Parallelen; 3 Gegenparallelen

im strengen Satz Akzent-P. (1), verdeckte P. (2) und Gegen-P. (3) als fehlerhaft. In der

Parallelenaxiom

neueren Musik etwa seit dem ↑ Impressionismus gilt das P.verbot nicht mehr, teilweise werden P. sogar als bewußtes Stilmittel eingesetzt.

Parallelenaxiom, Axiom der euklid. Geometrie: Zu einer Geraden g gibt es durch einen nicht auf ihr gelegenen Punkt P in der durch g und P gelegten Ebene höchstens eine Gerade h, die g nicht schneidet. Diese Gerade wird als Parallele bezeichnet.

Parallelepiped [...'lel-epi...; griech.] (Parallelepipedon, Parallelflach, Spat), ein geometr. Körper, dessen Oberfläche von sechs Parallelogrammen gebildet wird, von denen je zwei kongruent sind und in parallelen Ebenen liegen. Spezielle Formen des P. sind der Quader (rechtwinkliges P.) und der Würfel.

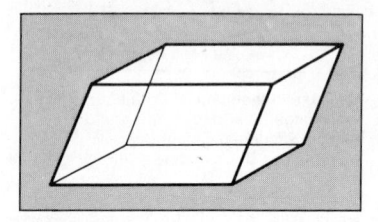

Parallelepiped

Parallelogramm

Parallelismus [griech.], als *rhetor. Figur* gleich oder sehr ähnl. gebaute, aufeinanderfolgende und sich in ihrem Sinn bestärkende Sätze oder Verse, v. a. in der hebr. Poesie (z. B. den Psalmen), auch als *P. membrorum* bezeichnet, in der griech. und lat. Rhetorik, in der mittelhochdt. Dichtung, in der Literatur der Renaissance, des Barock und der dt. Klassik sowie im Volkslied, in der Sakralsprache, in der Werbung.

♦ (psychophys. P.) Bez. für die Hypothese, daß zw. der (physiolog.) Tätigkeit des Gehirns und dem verstandesmäßigen (kognitiven) Geschehen eine Beziehung bestehe, die als parallel anzunehmen sei (ohne gegenseitiges Kausalverhältnis).

♦ (kultureller P.) in der *Völkerkunde* svw. ↑ Konvergenz.

Parallelkreis, svw. Breitenkreis (↑ Gradnetz).

Parallelogramm [griech.], ein Viereck, bei dem je zwei sich gegenüberliegende Seiten (Gegenseiten; $\overline{AB}$ und $\overline{CD}$ sowie $\overline{AD}$ und $\overline{BC}$) parallel und gleich lang sind. In einem P. sind die Gegenwinkel gleich groß ($\alpha = \gamma$, $\beta = \delta$), je zwei benachbarte Winkel ergänzen sich zu 180°. Die Diagonalen ($\overline{AC}$ und $\overline{BD}$) halbieren einander, das P. ist punktsymmetr. zum Diagonalenschnittpunkt (E). Für den Flächeninhalt F eines P. ergibt sich als das Produkt aus der Länge der Grundlinie (eine beliebige Seite, z. B. a) und der Höhe (Abstand h der Gegenseite der Grundlinie von ihr selbst), $F = a \cdot h$.

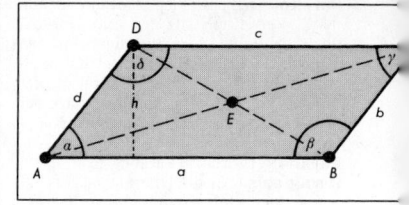

Parallelogramm der Kräfte ↑ Kräfteparallelogramm.

Parallelprojektion ↑ Projektion.

Parallelschaltung (Nebeneinanderschaltung), elektr. Schaltungsart, bei der sowohl die Eingangs- als auch die Ausgangsklemmen aller Schaltelemente (Stromquellen, Widerstände, Kondensatoren u. a.) untereinander verbunden sind, so daß mehrere Stromzweige entstehen (im Ggs. zur ↑ Hintereinanderschaltung). Während die Spannungen an den Schaltelementen (Anzahl n, innere Widerstände R_k; $k = 1, 2, \ldots, n$) gleich der Spannung U an den Klemmen der P. sind (↑ Kirchhoffsche Regeln), fließt durch die P. ein Gesamtstrom I, der gleich der Summe der Teilströme I_k durch die einzelnen Zweige ist: $I = I_1 + I_2 + \cdots + I_n$. Für den Gesamtwiderstand R der P. gilt daher:

$$\frac{1}{R} = \frac{1}{R_1} + \frac{1}{R_2} + \cdots + \frac{1}{R_n},$$

Bei der P. mehrerer Induktivitäten L_1, L_2, ..., L_n gilt für die Gesamtinduktivität L:

$$\frac{1}{L} = \frac{1}{L_1} + \frac{1}{L_2} + \cdots + \frac{1}{L_n},$$

während bei P. von mehreren Kapazitäten $C_1, C_2, \ldots, C_n$ die Gesamtkapazität C gleich der Summe der Einzelkapazitäten ist:

$$C = C_1 + C_2 + \cdots + C_n.$$

Parallelschwung, Schwung im Skilauf, bei dem die Skier parallel und geschlossen geführt werden.

Parallelverschiebung (Translation, Verschiebung), Bewegung einer geometr. Figur oder eines physikal. Körpers, bei der alle Punkte der Figur bzw. des Körpers auf parallelen Geraden in derselben Richtung um gleich lange Strecken verschoben werden.

Parallelwährung (Simultanwährung), im Ggs. zur Doppelwährung (↑ Bimetallismus) eine Metallwährung, in der zwei Metalle (meist Gold und Silber) gleichberechtigt nebeneinander stehen.

Paralogie [griech.], phrasenhaftes Vorbeireden an einer Sache aus Konzentrationsschwäche (z. B. bei organ. Gehirnschädigungen).

◆ (Paralogismus) svw. ↑Fehlschluß.

Paralyse [griech.], vollständige motor. Lähmung eines oder mehrerer Muskeln.
◆ (progressive Paralyse) fortschreitende Gehirnerweichung, chron. Entzündung und Atrophie vorwiegend der grauen Substanz des Gehirns als Spätfolge der Syphilis; führt zu ↑Demenz und körperl. Verfall.

paralysieren, lähmen, schwächen (z. B. einen Muskel); zu ↑Paralyse führen (z. B. von Drogen).

paralytisch [griech.], die ↑Paralyse betreffend; gelähmt.

paramagnetische Kernresonanz, svw. ↑Kerninduktion.

paramagnetische Resonanzspektroskopie (Elektronenresonanzspektroskopie), ein modernes Verfahren der Strukturchemie bzw. Hochfrequenzspektroskopie. Dient der Strukturaufklärung paramagnet. Stoffe sowie der Untersuchung u. a. von chem. Reaktionsmechanismen, freien Radikalen (Nachweis noch bei Konzentrationen von 10^{-15} Mol/l) und von Übergangsmetallionen.

Paramagnetismus, eine schwachmagnet. Eigenschaft (↑Magnetismus) bestimmter Stoffe *(Paramagnetika)*, die (im Ggs. zum Diamagnetismus) davon herrührt, daß sich die in diesen Substanzen vorhandenen, von den Elektronen der Atome oder Moleküle herrührenden bzw. mit dem Spin der Atomkerne verknüpften magnet. Momente (die sog. Elementarmomente) in Richtung eines äußeren Magnetfeldes einstellen. Typ. Paramagnetika sind z. B. Chrom, [flüssiger] Sauerstoff und Eisenchlorid.

Paramaribo, Hauptstadt von Surinam, am linken Ufer des Suriname, 25 km oberhalb seiner Mündung, 152 000 E. Kath. Bischofssitz; Univ. (gegr. 1968), landw. Forschungsinst., geolog. Landesamt, Kulturzentrum, Museum; Holzverarbeitung, Metallind., Zement-, Pappen-, Margarine-, Schuh-, Zigarettenfabrik, Textilind., Werft. Haupthafen des Landes; Straßen und Eisenbahn ins Hinterland; 50 km südl. internat. ✈. - Ehem. Indianerdorf, 1640 von Franzosen besiedelt, 1650 Hauptstadt der engl. Kolonie Surinam, 1816–1975 niederländisch.

Paramecium [griech.], svw. ↑Pantoffeltierchen.

Paramente [zu lat. parare „sich rüsten"], 1. die liturg. Gewänder und Insignien der christl. Amtsträger im Gottesdienst; 2. die Ausstattung des gottesdienstl. Raumes mit Tüchern.

Parameren [griech.], die beiden spiegelbildl. gleichen Hälften bilateral-symmetr. Lebewesen.

Parameter, in Funktionen und Gleichungen eine neben den eigtl. Variablen (z. B. den Ortskoordinaten) auftretende, entweder unbestimmt gelassene oder konstant gehaltene Hilfsvariable.

◆ (Gitter-P.) in der *Optik* svw. ↑Gitterkonstante.
◆ um 1950 aus der Mathematik übernommene Bez. für die einzelnen Dimensionen des musikal. Wahrnehmungsbereichs. Man unterscheidet primäre P. wie Tonhöhe, Lautstärke, Tondauer und Tonort und sekundäre P., die erst durch eine spezielle Komposition definiert werden, wie z. B. Artikulation, Klangdichte, Gruppencharakteristik, Tonumfang, Klangfarbe usw. In der ↑seriellen Musik werden die musikal. P. isoliert betrachtet und nach „Reihen" geordnet.

Parameterdarstellung, die mathemat. Beschreibung einer Kurve oder Fläche durch Angabe der Koordinaten der Kurven- bzw. Flächenpunkte als Funktionen einer oder mehrerer veränderl. Größen, der sog. *Parameter*, z. B. $x = x(t)$ oder $x = x(u, v)$ (Parameter t bzw. u, v). Die P. eines Kreises um den Nullpunkt mit dem Radius r lautet z. B. $x = r \cos \varphi$, $y = r \sin \varphi$ (Parameter ist hier der von der positiven x-Achse gezählte Winkel φ).

Parametritis, infektiöse Entzündung des Beckenbindegewebes (**Parametrium**).

paramilitärisch, halbmilitärisch, dem Militär ähnl.; p. Organisationen sind gekennzeichnet v. a. durch Uniform, evtl. Bewaffnung und straffe Organisationsform; bevorzugt bei innenpolit. Auseinandersetzungen eingesetzt (z. B. Bereitschaftspolizei, Nationalgarde in den USA).

Paramnesie, Form der Gedächtnisstörung, bei der der Patient glaubt, sich an Ereignisse zu erinnern, die überhaupt nicht stattfanden.

Páramo, lichte immergrüne Vegetationsformation in den trop. Hochgebirgen M- und S-Amerikas oberhalb der Waldgrenze, bestehend aus bis 1 m hohen Horstgräsern, Polsterpflanzen, stammbildenden Espeletien und Rosengewächsen.

Paramonga, Ruinenstätte in Peru, 180 km nw. von Lima; sicher seit 1400 n. Chr., wahrschein. schon seit dem 5. Jh. (Gräber) besiedelt; als Festung an der S-Grenze des Reiches der Chimú oder als Pilgerzentrum mit astronom. Beobachtungsanlage interpretiert.

Paramount Pictures Corporation [engl. 'pærəmaʊnt 'pɪktʃəz kɔːpəˈreɪʃən], eine der führenden amerikan. Filmgesellschaften. 1914 in New York von William W. Hodkinson (*1881, †1971) gegr. In ihr fusionierten die Famous Players Motion von A. Zukor und die J. L. Lasky Feature Motion Co. von J. L. Lasky. Kam 1966 zu Gulf + Western Industries.

Paramuschir, Insel der Nördl. Kurilen, UdSSR, 2 042 km^2; mehrere aktive Vulkane.

Paraná, Hauptstadt der argentin. Prov. Entre Ríos, am linken Ufer des Paraná, 63 m ü. d. M., 160 000 E. Kath. Erzbischofssitz, histor. sowie Prov.museum von Entre Ríos,

Paraná

Kunstmuseum. Verarbeitungs- und Handelszentrum v. a. für landw. Güter; Hafen. Eisenbahnendpunkt, ✈. - 1730 gegr.; 1853–62 Hauptstadt Argentiniens; hieß früher **Bajada de Santa Fe**.

P., Bundesstaat in S-Brasilien, zw. der Atlantikküste und dem Paraná, 199 554 km², 8,1 Mill. E (1985), Hauptstadt Curitiba. Umfaßt eine von der steil aufsteigenden Küstenrandstufe nach W abfallende stark zerschnittene Hochfläche, überragt von Schichtstufen. Abgesehen vom trop. Küstentiefland liegt P. im subtrop. Klimabereich. Im N und W halblaubabwerfender Wald; im Hochland Araukarienwald mit Grasfluren. Kaffeeanbau im N, sonst Anbau von Zuckerrohr, Mais, Baumwolle, Kartoffeln, Reis, Maniok, Bohnen, Weizen, Roggen und Obst; wichtige Schweinezucht. Abgebaut werden Kohle, Eisen- und Bleierz; Holzverarbeitung und -export, Mate- und Kaffeeaufbereitung, Nahrungsmittelind. - In den 1640er Jahren von den Portugiesen besetzt; seit 1853 brasilian. Prov., seit 1891 Bundesstaat.

P., zum Atlantik fließender Strom in Südamerika, entsteht aus dem Zusammenfluß von Rio Paranaíba und Rio Grande im südl. Brasilien, mündet in Argentinien mit einem großen Delta in den Río de la Plata; bis zur Mündung des Paraguay bei Corrientes auch **Alto Paraná** gen.; 3 700 km lang; 2,34 Mill. km² Einzugsbereich. Der untere Abschnitt des Alto P. bildet die Grenze gegen Paraguay. Der P. ist die wichtigste Verkehrsader Argentiniens, für Seeschiffe bis Santa Fe, 600 km stromauf, schiffbar; größter Hafen in Rosario.

Paranaguá, brasilian. Stadt an der Baía de P., 52 000 E. Kath. Bischofssitz; wichtigster Hafen S-Brasiliens, größter Kaffee-Exporthafen der Erde, Verarbeitung landw. Erzeugnisse, Holzverarbeitung, Eisenbahnendpunkt, ✈.

Paranaíba, Rio [brasilian. 'rriu parʌna'iba], rechter Quellfluß des Paraná, entspringt im östl. Z-Brasilien, etwa 800 km lang.

paranasal, neben der Nase bzw. Nasenhöhle liegend.

Parandowski, Jan, * Lemberg 11. Mai 1895, † Warschau 26. Sept. 1978, poln. Schriftsteller. - Seit 1933 Präs. des poln. PEN-Clubs; schrieb von der Antike angeregte Romane („Der olymp. Diskus", 1933; „Himmel in Flammen", 1936) und Erzählungen („Mittelmeersturm", 1949; „Die Sonnenuhr", 1953).

Paränese (Parainese) [griech.], Mahnrede oder Mahnschrift, ermahnender oder ermunternder Teil einer Predigt oder eines Briefes.

Parang [malai.] ↑ Haumesser.

Paranoia [griech.], Bez. für die aus inneren Ursachen erfolgende, schleichende Entwicklung eines dauernden Systems von Wahnvorstellungen. Typ. Ausprägung der P. sind der Eifersuchts- oder Liebeswahn *(P. erotica)*, der religiöse Wahn *(Dämonomanie)*, der *Querulantenwahn* u. a. Das plötzl. Auftreten eines Verfolgungswahns in Kombination mit ↑ Halluzinationen wird heute als paranoide ↑ Schizophrenie bezeichnet. Die meisten Formen der P. werden heute eher als sog. *sensitiv-paranoide Entwicklung* den neurot. Krankheitsbildern zugeordnet. - Behandlungsmöglichkeiten bestehen in einer das Ichwertgefühl stützenden Psychotherapie sowie in der medikamentösen Eindämmung übersteigerter Verhaltensweisen.

paranoid [griech.], der Paranoia ähnlich (z. B. von Formen der ↑ Schizophrenie, bei denen Wahnideen vorherrschen).

Paranomie [griech.], Gesetzwidrigkeit.

Paranthropus [griech.] ↑ Mensch.

Paranuß [nach dem brasilian. Bundesstaat bzw. Ausfuhrhafen Pará], dreikantige, ölreiche, gutschmeckende dick- und hartschalige Samen des ↑ Paranußbaums. Die verholzten Kapselfruchtschalen werden in den Anbaugebieten als Töpfe, Schüsseln und dgl. verwendet.

Paranußbaum (Bertholletia), Gatt. der Topffruchtbaumgewächse mit der einzigen Art **Bertholletia excelsa** im nördl. S-Amerika; über 30 m hohe Bäume mit dicken, holzigen Kapselfrüchten, die die Paranüsse enthalten.

Paraphasie, leichte Form der sensor. ↑ Aphasie, bei der es zur Vertauschung von Wörtern, Silben oder Lauten kommt. Bei der **Paralalie** kommt es zu Lautverwechslungen und -entstellungen.

Paraphe [frz., Nebenform von ↑ Paragraph], Namenszug, Namenszeichen, Namensstempel.

Paraphierung [frz.], die vorläufige, rechtl. noch nicht verbindl. Festlegung des Textes eines völkerrechtl. Vertrages und dessen Unterzeichnung mit dem Namenszug *(Paraphe)* der Staatenvertreter. - ↑ auch Ratifikation.

Paraphonie (Paraphonia) [griech. „Nebenklang"], in der spätantiken und byzantin. Musiklehre die „nebenklingenden" Intervalle Quinte und Quarte gegenüber den antiphonen (griech. „dagegentönend, [in der Oktave] entsprechend") Intervallen Oktave und Doppeloktave. **Paraphonistae** hießen seit dem 7./8. Jh. drei der sieben Sänger der röm. ↑ Schola cantorum.

♦ Veränderung des Stimmklanges (z. B. „Überschnappen" der Stimme beim Stimmbruch).

Paraphrase, in der *Sprachwiss.* 1. Umschreibung eines sprachl. Ausdrucks mit anderen sprachl. Mitteln (Worten). P. dienen in der ↑ Lexikographie zur Bedeutungsbeschreibung, z. B. *Schimmel: weißes Pferd;* 2. freie, nur sinngemäße Übertragung, Umsetzung in eine andere Sprache, im Ggs. zur ↑ Metaphrase.

Parasprache

◆ im 19. Jh. aufkommende virtuose Konzertphantasie, die bekannte Melodien frei bearbeitet und neu zusammenfügt.

Paraphysik, Teilgebiet der ↑Parapsychologie, das sich mit phys. Vorgängen (z. B. ↑Psychokinese) beschäftigt, die anscheinend mit Naturgesetzen nicht vereinbar sind.

Paraplasie [griech.], svw. ↑Mißbildung.

Paraplegie [griech.], doppelseitige Lähmung; auf beiden Körperseiten gleichmäßig auftretende Lähmung der Arme oder Beine.

Parapluie [para'ply:; frz.], veraltete Bez. für Regenschirm.

Parapodien (Einz. Parapodium) [griech.], an jedem Körpersegment paarweise vorhandene, nach vorn und hinten schwenkbare, lappenartige Stummelfüße bei vielborstigen Ringelwürmern (Polychäten).

Paraproteine, patholog., abnorm strukturierte Eiweißstoffe (Immunglobuline), die sich bei bestimmten Blutkrankheiten bilden.

Parapsychologie (Metapsychologie, Metapsychik), Lehre von den okkulten Erscheinungen (↑Psiphänomene), zu denen neben den sog. *mentalen* (↑außersinnliche Wahrnehmungen) die sog. *phys. paranormalen Phänomene* wie Tele- oder Psychokinese, Materialisation, Spuk, Levitation u. a. zählen. Die P. versucht, solche Phänomene method. und experimentell zu erfassen. Dies geschieht u. a. durch quantitative statist. Versuche und durch Sammlung von Einzelfällen, bei denen die Möglichkeit von physikal. Einflüssen, Zufällen, Täuschungen oder subjektiven Deutungen ausgeschlossen wird. – Welche Bed. parapsycholog. Phänomene für die Psychologie besitzen, ist bislang ungeklärt. Eindeutige experimentelle Beweise stehen noch aus.
Zum traditionellen Themenbereich der P. gehören religiöse Wunder, okkulte Überlieferungen, Hexerei und Magie. Die ersten Versuche, solche übernatürl. Phänomene mit neuen. Methoden exakt zu untersuchen, gehen auf das Gründungsjahr der amerikan. „Society for Psychical Research" (1882) zurück.

Paraquat, chem. Kurzbez. für das Herbizid 1,1'-Dimethyl-4,4'-bispyridinium-dichlorid, das zur Bekämpfung von Unkräutern weltweit bes. große Bed. erlangt hat; seine phytotox. Wirkung beruht auf einer Hemmung der Photosynthese. P. ist auch für den Menschen äußerst giftig.

Pararauschbrand, durch eine Clostridiumart hervorgerufenes, rauschbrandähnl. Gasödem.

Parasiten [zu griech. parásitos, eigtl. „Mitspeisender"] (Schmarotzer), Bakterien-, Pflanzen- oder Tierarten, die ihre Nahrung anderen Lebewesen entnehmen und sich vorübergehend oder dauernd an oder in deren Körper aufhalten. Man unterscheidet **fakultative Parasiten** (Gelegenheits-P.), die gewöhnl. von sich zersetzender Substanz leben, aber z. B. auch vom Darm aus oder von Wunden in lebendes Gewebe eindringen können (z. B. manche Fliegenmaden), und **obligate Parasiten**, die sich so an einen Wirt angepaßt haben, daß sie nur noch zus. mit diesem lebensfähig sind. Außerdem unterscheidet man ↑Ektoparasiten, die auf der Körperoberfläche des Wirts leben, und ↑Endoparasiten, die im Innern des Wirts leben. – In den allermeisten Fällen ist ein P. ganz spezif. an ein bestimmtes Wirtstier oder eine Wirtspflanze gebunden. Es gibt aber auch P., deren vollständige Entwicklung nur durch einen oder mehrere Wirtswechsel mögl. ist, z. B. bei den Bandwürmern. Die meisten P. zeigen auf Grund einer ähnl. Lebensweise ähnl. Anpassungserscheinungen, wie z. B. Rückbildung des Bewegungsapparates und der Sinnesorgane, Verlust der Pigmentierung, Rückbildung des Mundwerkzeuge und des Verdauungssystems (v. a. bei Darm- und Blut-P.). Die Erhaltung der Art wird (da durch den oft sehr komplizierten Entwicklungsgang hohe Verluste auftreten) durch eine große Eizahl (Spulwurm rd. 50 Mill.), durch vegetativ sich vermehrende Larvenstadien (Hundebandwurm) oder Zwittrigkeit (Bandwürmer) gesichert.
Bei Pflanzen unterteilt man die P. in Halb- und Voll-P. Die **Halbparasiten** (*Hemiparasiten*, Halbschmarotzer; z. B. Mistel, Augentrost, Klapperntopf, Wachtelweizen), haben voll ausgebildete grüne Blätter und sind zu eigener Photosynthese befähigt. Ihren Wasser- und Mineralstoffbedarf jedoch müssen sie mit Saugwurzeln aus dem Sproß- und Wurzelsystem von Wirtspflanzen decken. Die **Vollparasiten** (Vollschmarotzer, *Holo-P.*; z. B. Kleeseide, Sommer-, Schuppenwurz, Rafflesien) leben ↑heterotroph, d. h., sie haben kein Chlorophyll mehr und weisen meist einen vereinfachten Bau der Vegetationsorgane auf.
⌑ *Tischler, W.: Grundr. der Humanparasitologie. Stg.* ³*1982.* – *Mehlhorn H./Piekarski, G.: Grundr. der P.kunde. P. des Menschen u. der Nutztiere. Stg. 1981.* – *Scholtysek, E.: Fine structure of parasitic protozoa. Bln. u. a. 1979.* – *Frank, W.: Parasitologie. Stg. 1976.*

Parasitismus (Schmarotzertum), bes. Form der Wechselbeziehungen zw. Organismen, wobei der Parasit auf oder in einem Wirt lebt und sich auf dessen Kosten ernährt.

Parasol [frz.], veraltete Bez. für Sonnenschirm.

Parasolpilz (Großer Schirmling, Lepiota procera), bis 25 cm hoher Schirmling in Europa und N-Amerika; Stiel faserig, hohl, mit doppeltem Ring und knollenförmigem Fuß; Hut 10–20 cm im Durchmesser, anfangs dunkelbraun, später hellgrau, mit groben, braunen, konzentr. angeordneten Schuppen und deutl. Buckel über dem Stielansatz; Lamellen breit, weiß; jung guter Speisepilz; wächst von Mitte Juli bis Mitte September in lichten Wäldern und auf schattigen Wiesen.

Parasprache ↑Paralinguistik.

Parästhesie

Parästhesie [par-ɛːs...; griech.], Mißempfindung, anomale Körperempfindung (z. B. Kribbeln, Taub- oder Pelzigsein der Haut, Einschlafen der Glieder) bei teilweiser Schädigung (oder druckbedingter Blutleere) sensibler Nervenbahnen oder Nerven.

Parasympathikus (parasympath. System), Teil des vegetativen Nervensystems, Gegenspieler des ↑Sympathikus. Zum P. gehören vier vom Hirnstamm ausgehende Gehirnnerven (Augenmuskelnerv, Gesichtsnerv, Zungen-Schlund-Nerv, Eingeweidenerv), von denen der Eingeweidenerv der wichtigste ist, sowie Nerven des Rückenmarks der Kreuzbeinregion. Das Haupterregungsmittel des P. ist Acetylcholin. Der P. ruft die trophotropen Funktionen, die der Energieeinsparung, der Erholung und dem Aufbau des Körpers dienen, hervor. Er wirkt hemmend auf die Atmung, verlangsamt die Herztätigkeit, setzt den Blutdruck herab, regt die Peristaltik und Sekretion des Verdauungssystems an, fördert die Glykogensynthese in der Leber, steigert die Durchblutung der Geschlechtsorgane und innerviert den Ziliarmuskel des Auges und den ringförmigen Irismuskel, der die Pupille verengt.

parat [lat.], bereit, [gebrauchs]fertig.

Parataxe [griech.] (Nebenordnung), grammat. Bez. für die syntakt. Beiordnung von Satzgliedern oder Sätzen (mehrere Hauptsätze stehen nebeneinander), im Ggs. zur syntakt. Unterordnung (↑Hypotaxe).

Parataxie (Parataxis) [griech.], Unangepaßtheit des (v. a. sozialen) Verhaltens, insbes. der emotionalen Reaktionen in den zwischenmenschl. Beziehungen.

Parathion [griech.], Kurzbez. für die im Insektizid ↑E 605 enthaltene chem. Verbindung.

Parathormon [Kw.] (parathyreoideales Hormon, Parathyreoideahormon, PTH), Hormon der Nebenschilddrüse. Es hält den Blutcalciumspiegel konstant, indem es bei Bedarf Ca^{2+}-Ionen aus den Knochen mobilisiert.

Parathymie [griech.], Störung des Gefühlslebens; äußert sich in einem dem Erlebnis unangemessenen Gefühlszustand (z. B. Zorn statt Freude) oder -ausbruch (z. B. Lachen in Trauersituation).

Parathyreoidea [griech.], svw. ↑Nebenschilddrüse.

Parathyreoideahormon, svw. ↑Parathormon.

Paratonsillitis, svw. ↑Peritonsillitis.

Paratrachom, Bez. für eine trachomähnl., jedoch durch andere Erreger verursachte Augenkrankheit, die im Ggs. zum ↑Trachom keine Narben hinterläßt.

Paratuberkulose (John-Krankheit), meldepflichtige Darmerkrankung des Rindes (seltener bei Schaf und Ziege), hervorgerufen durch Mycobacterium paratuberculosis; mit heftigem Durchfall und Abmagerung.

Paratyphus, durch Salmonellen hervorgerufene, meldepflichtige Infektionskrankheit. Übertragung und Epidemiologie des P. sind ähnlich wie beim ↑Typhus. - Da ein Teil der Erkrankten zu Dauerausscheidern wird, sind wiederholte bakteriolog. Kontrollen (Urin- und Stuhluntersuchungen) erforderlich.

Paravent [para'vãː; italien.-frz.], veraltet für Wandschirm.

par avion [frz. para'vjõ „mit dem Flugzeug"], im Postwesen Vermerk auf Luftpostsendungen.

Parawasserstoff ↑Ortho-Para-Isomerie.

paraxiales Gebiet, svw. ↑achsennahes Gebiet.

Paray-le-Monial [frz. parɛlmɔ'njal], frz. Gem. am O-Rand des Zentralmassivs, Dep. Saône-et-Loire, 10 600 E. Wallfahrtsort; keram. und Textilind.; entstand um ein 973 gegr. Benediktinerkloster. - Die ehem. Klosterkirche ist ein bed. Bau der burgund. Romanik (1109 ff.); Renaissancerathaus (1525 ff.).

Parazoa [griech.], nach den Mesozoen niederste Abteilung der Vielzeller mit dem einzigen Stamm ↑Schwämme; von den übrigen Vielzellern durch das Fehlen echter Gewebe unterschieden; charakterist. ist der Besitz von Kragengeißelzellen.

Pärchenegel (Schistosoma), Gatt. bis etwa 2 cm langer, getrenntgeschlechtiger Saugwürmer, überwiegend in trop. Gebieten, bes. Afrikas und Asiens; ♂ abgeflacht, umfaßt das stielrunde ♀ hüllenartig; leben erwachsen im Venensystem, beim Menschen insbes. in den Verzweigungen der Pfortader. Das ♀ legt seine mit einem Stachel versehenen Eier v. a. in den Unterleibsvenen ab, von wo sie in die Harnblase durchbrechen. Die Eier entwickeln sich in stehenden Süßgewässern zu **Mirazidien,** die sich in Schnecken einbohren. Aus den dort entstehenden Sporozysten gehen **Gabelschwanzzerkarien** hervor, die die Schnecke verlassen und sich bei im Wasser watenden Menschen in die Haut einbohren können. Auch mit dem Trinkwasser sind Infektionen möglich. Die P. sind Erreger der ↑Bilharziose.

Parchim, Krst. an der Elde, Bez. Schwerin, DDR, 50 m ü. d. M., 23 300 E. Gasbeton-, Metallformwerk, Backwarenfabrik; Konservenind. - Entstand in der Nähe der gleichnamigen Burg; 1225/26 Stadtrecht. - Got. Backsteinhallenkirchen Sankt Georgen und Sankt Marien.

P., Landkr. im Bez. Schwerin, DDR.

Parcours [par'kur; frz., zu lat. percursus „das Durchlaufen"], abgesteckte Hindernisstrecke für Jagdspringen oder Jagdrennen (Pferdesport).

Pardelluchs ↑Luchse.

Pardelroller (Fleckenroller, Nandinia binotata), etwa 45–60 cm lange Schleichkatze im trop. Afrika; Schwanz etwa ebensolang, buschig behaart; Fell lang, dicht und weich, überwiegend braun, mit zahlr. kleinen, dunklen Flecken; Schwanz oberseits dunkel quergebändert; kurzbeinig; geschickter Kletterer; frißt Insekten, Vögel, kleine Säugetiere und Pflanzen.

par distance [frz. pardis'tã:s], aus der Ferne, mit Abstand.

Pardo Bazán, Emilia Gräfin von [span. 'parðo βa'θan], * La Coruña 15. Sept. 1851, † Madrid 12. Mai 1921, span. Schriftstellerin. - Seit 1916 Prof. an der Univ. Madrid; verfaßte naturalist. Romane („Das Gut Ulloa", 1886), Novellen, Reisebücher, Lyrik, literaturkrit. und biograph. Studien.

Pardon [par'dõ:; frz.], Verzeihung, Verschonung; als Ausruf „Entschuldigung!".

Pardubice [tschech. 'pardubitsɛ], Stadt am Oberlauf der Elbe, ČSSR, 218 m ü. d. M., 94 200 E. Hochschule für Chemie; Museum, Theater. Mittelpunkt eines Ind.gebiets mit bed. chem. Ind.; Binnenhafen. - Entstand im 13. Jh. in der Nähe einer Burg; erhielt 1340 Stadtrecht. - Renaissanceschloß (16. Jh.); urspr. got., im Renaissancestil um 1520 umgestaltete Kirche Sankt Bartholomäus; Reste der Stadtbefestigung; u. a. Grünes Tor (16. Jh.).

Pardun (Pardune) [niederl.], Absteifung von Masten seitl. nach hinten; Tau, meist aber Stahlseil.

Paré, Ambroise [frz. pa're], * Bourg-Hersent bei Laval um 1510, † Paris 20. Dez. 1590, frz. Chirurg. - Königl. Leib- und Militärarzt; verbesserte die Schußwundenbehandlung und Amputation.

Pareja Diezcanseco, Alfredo [span. pa'rɛxa ðjeskan'seko], * Guayaquil 12. Okt. 1908, ecuadorian. Schriftsteller. - Seine Romane behandeln v. a. die Randgruppen und sozialen Konflikte der städt. Gesellschaft sowie die polit. Entwicklung des Landes, u. a. „Baldomera, Dirne und Mutter" (1938), „Offiziere und Señoras" (1956), „La manticora" (1974).

Parekphorie [par-ɛk...], Bez. für eine Fehlerinnerung (↑ Ekphorie).

Parenchym [griech.], bei Tieren und beim Menschen das für ein relativ solides (keine größeren Hohlräume aufweisendes) Organ spezif. Gewebe; z. B. Leber-, Nieren-, Hodenparenchym.
◆ in der *Botanik* svw. ↑ Grundgewebe.

parental [lat.], den Eltern, der Elterngeneration zugehörig.
◆ von der Elternzelle stammend, von dieser unverändert (d. h. ohne Replikation bzw. Neusynthese) übernommen; von bestimmten Zellbestandteilen einer [Tochter]zelle gesagt.

Parentalgeneration, svw. Elterngeneration (↑ Filialgeneration).

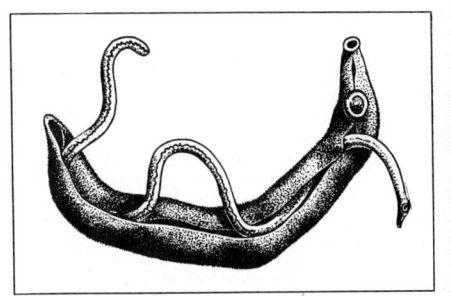

Pärchenegel. Schistosoma haematobium

Parentalien, im antiken Rom neuntägiges Totengedenken der Familie am Ende des Jahres (13.–21. Febr.).

Parentelsystem ↑ Erbfolge.

parenteral, unter Umgehung des Magen-Darm-Kanals zugeführt; bes. von Arzneimitteln und Nährlösungen gesagt, die injiziert werden.

Parenthese [griech.], grammat. selbständiger, mehr oder weniger umfangreicher Einschub in einen Satz, der dessen Zusammenhang unterbricht, ohne jedoch dessen syntakt. Ordnung zu verändern. Der Kenntlichmachung dienen Gedankenstriche, Klammern, Kommata beim geschriebenen Text, in der Rede kennzeichnet eine Pause den Einschub.

Parese [zu griech. páresis „Erschlaffung"], leichte, unvollständige Lähmung oder Schwäche eines Muskels, einer Muskelgruppe oder einer Extremität.

Pareto, Vilfredo, * Paris 15. Juli 1848, † Céligny bei Genf 19. Aug. 1923, italien. Nationalökonom und Soziologe. - Prof. in Lausanne (1893–1911), Mitbegr. der Lausanner Schule (↑ Grenznutzenschule). P. suchte durch Anwendung mathemat. Methoden eine exakte Wirtschafts- und Sozialtheorie zu schaffen; das Verhalten des ↑ Homo oeconomicus, das er als exemplarisch für soziales Handeln überhaupt betrachtete, erfaßte er in Modellen. Mit den dabei in die Gesellschaftstheorie eingeführten Begriffsbildungen wie System, Struktur, Interaktion nahm er spätere Entwicklungen voraus. Als Verfechter einer Lehre vom ewigen sinn- und wertfreien Kreislauf der Eliten war P. ein entschiedener Gegner der Demokratie und begrüßte den Aufstieg des Faschismus. - *Werke:* Cours d'économie politique (1896/97), Les systèmes socialistes (1902/03), Manuale di economia politica (1906), Trattato di sociologia generale (1916).

Paretti, Sandra, eigtl. Irmgard Schneeberger, * Regensburg 5. Febr. 1935, dt. Schriftstellerin. - Zunächst Journalistin; Verf. personen- und detailreicher histor. Romane wie

par excellence

„Die Pächter der Erde" (1973), „Der Winter, der ein Sommer war" (1976), „Das Zauberschiff" (1977), „Maria Canossa" (1979).
par excellence [frz. parɛksɛˈlãːs], vorzugsweise, schlechthin.
par force [frz. parˈfɔrs], mit Gewalt, heftig, unbedingt.
Parforcejagd [parˈfɔrs] ↑Jagdarten.
Parfüm (Parfum) [parˈfyːm, frz. parˈfœ̃ː; zu italien. perfumare „heftig dampfen" (von lat. fumus „Rauch")], Bez. für die aus natürl. oder synthet. Riechstoffen unter Zusatz von Haftmitteln (sog. Fixateuren) und Lösungsmitteln (meist reinem Äthanol = gewöhnl. Alkohol) hergestellten Duftkompositionen. Für die P.herstellung wählt man die Riechstoffe entweder so aus, daß Gerüche entstehen, die natürl. Vorbildern (z. B. Maiglöckchen-, Moschus-, Rosenblütengeruch usw.) gleichen, oder man stellt die Riechstoffe nach bestimmten Rezepturen so zus., daß sich sog. abstrakte oder Phantasiegerüche ergeben (Modeparfüm). Als *Fixateure*, die v. a. die Verdunstung der Riechstoffe herabsetzen, kommen Extrakte wohlriechender Harze (u. a. von Benzoeharz, Ladanum, Myrrhe und Olibanum) und anderer pflanzl. Produkte (z. B. Iriswurzel, Vetiverwurzel usw.) in Frage; daneben werden sog. tier. Fixateure wie Ambra, Bibergeil, Moschus und Zibet und bes. synthet. Produkte wie Exalton, Exaltolid, Muscon und Zibeton verwendet.
Geschichte: Sowohl in China als auch in Ägypten wurden duftende Kosmetika gefunden, die 4000 bis 5000 Jahre alt sind. Der Handel mit Duftstoffen ist für den Alten Orient nachgewiesen. Essenzen für P. gewann man u. a. aus Rosen, Balsam, Lilien und Lavendel. Der Handel konzentrierte sich im MA auf N-Italien (v. a. Florenz, Genua, Venedig); in der Renaissance wurde Italien auch in der Herstellung führend. Mit der höf. Mode seit Ludwig XIV. verbreitete sich der P.gebrauch in ganz Europa; v. a. im 17. und 18. Jh., als man Baden und Waschen für ungesund hielt, diente P. dazu, den Körpergeruch zu überdecken.
pari [lat.-italien.], in der Börsensprache: zum Nennwert.
Paria [Tamil „Trommler"], Name einer niedrigen Kaste in Tamil Nadu, in Unkenntnis des ind. Kastensystems auf alle kastenlosen Inder übertragen. Die P., auch „Unberührbare" gen., da ihr körperl. Kontakt Kastenhindus befleckt, leben als Außenseiter in der Gesellschaft der Hindus; gehen oft als unrein geltenden Berufen nach; sie werden v. a. auf Dörfern noch heute diskriminiert. - Von Max Weber in der *Soziologie* eingeführte Bez. für sozial verachtete, rechtlose, von sozialen Außenkontakten abgeschnittene bzw. auf berufl. unvermeidbare Kommunikation mit den herrschenden oder Normalbürgerschichten eingeschränkte Gesellschaftsgruppen.

Parícutin, Vulkan in der Cordillera Volcánica, Mexiko, 2774 m hoch; erster Ausbruch 1943; die Tätigkeit des Vulkans endete erst 1952.
parieren [lat.-italien.], unbedingt gehorchen.
parietal [...ri-e...; lat.], in der Biologie: 1. wandständig, zur Körperwand, zur Wand eines Organs oder Gefäßes gehörend, diese Wand betreffend; 2. zum Scheitelbein gehörend, scheitelbeinwärts.
Parietalauge [...ri-e...], svw. ↑Scheitelauge.
Parietale [...ri-e...; lat.], Kurzbez. für: Os parietale (Scheitelbein).
Parietalorgan [...ri-e...] ↑Pinealorgane.
Pariñas, Punta [span. paˈriɲas], Kap am Pazifik, in Peru, westlichster Punkt des südamerikan. Festlandes, Leuchtturm.
Parini, Giuseppe, * Bosisio (= Bosisio-Parini, Prov. Como) 22. oder 23. Mai 1729, † Mailand 15. Aug. 1799, italien. Dichter. - Bed. Vertreter des Klassizismus und der Aufklärung in Italien; verfaßte satir.-didakt. Gedichte, die das müßige und frivole Leben des Adels geißeln, sowie klassizist. Oden.
Paris, schöner trojan. Prinz der griech. Sage. Sohn des Priamos und der Hekabe, die ihn auf dem Berge Ida aussetzen läßt, wo er später als Hirte Aphrodite, Athena und Hera empfängt, um ihren von Eris heraufbeschworenen Streit zugunsten Aphrodites zu entscheiden. Ihr Versprechen, dem Jüngling die schönste Frau zu gewinnen, löst die Göttin, indem sie ihm bei der Entführung Helenas hilft, was zum Trojan. Krieg führt.
Paris [paˈriːs, frz. paˈri], Hauptstadt Frankreichs, beiderseits der im Stadtgebiet von 32 Brücken überspannten Seine und auf zwei Inseln, 2,19 Mill. E. Im Ballungsraum P. leben fast 10 Mill. Menschen; zu seiner Neuordnung wurden in 10–35 km Entfernung vom Zentrum neue städt. Zentren geschaffen. P. wird von einem Stadt- und einem Polizeipräfekten verwaltet und ist in 20 Arrondissements gegliedert, die im Uhrzeigersinn in Spiralform angeordnet sind. P. ist Sitz der Reg., der Nationalversammlung, des Senats und aller Ministerien, des Raumordnungskabinetts, der staatl. Raumordnungsbehörde, eines kath. Erzbischofs, ausländ. Botschaften, zahlr. internat. Organisationen (u. a. UNESCO und OECD). P. besitzt die älteste Univ. des Landes, die ↑Sorbonne, die 1968 in 13 selbständige Univ. aufgegliedert wurde, zahlr. Hochschulen und wiss. Institute. Berühmteste der 5 Akad. des Institut de France ist die ↑Académie française; über 300 Bibliotheken, mehr als 250 Dokumentationszentren, über 60 Theater (u. a. Oper, Théâtre de France), mehr als 80 Museen, u. a. der ↑Louvre, die Nationalmuseen für Moderne Kunst und für Technik, das Musée d'Orsay, das Musée de l'Homme. An der Stelle der abgerissenen

Markthallen wurde das Kulturzentrum Georges Pompidou 1977 eröffnet; botan. Garten, zoolog. Gärten, Grünanlagen (u. a. Bois de Boulogne, Bois de Vincennes, Jardin du Luxembourg) und Friedhöfe (u. a. Père-Lachaise). P. ist die Wirtschaftsmetropole des Landes mit Flugzeug-, Auto- und Elektroind., Herstellung von Präzisions- und Musikinstrumenten, Schmuck, Spielwaren, Kunsttischlerarbeiten; Mittelpunkt der frz. Filmind. und des Presse- und Verlagswesens, führendes europ. Modezentrum, tourist. Hauptanziehungspunkt Frankreichs; Tagungsort für nat. und internat. Kongresse (modernes Kongreßzentrum, 1974).

P. ist funktional deutl. gegliedert, wobei sich Grundzüge der ma. Differenzierung bis heute erhalten haben; z. B. haben sich Teile des 5. und 6. Arrondissements seit der Gründung der Klosterschulen zum Univ.viertel entwickelt mit zahlr. Buchverlagen (Quartier Latin). Eine bes. Konzentration religiöser, v. a. kath. Einrichtungen findet sich im Quartier Saint-Sulpice (6. Arrondissement). Typ. Beispiel einer Branchenkonzentration ist auch der der Bouquinisten. Sie belegen mit ihren Bücherständen das rechte Ufer der Seine vom Pont Louis-Philippe bis zum Pont des Arts, das linke vom Pont de Sully bis fast zum Pont de Solférino. Im 10. Arrondissement häufen sich Pelzgroßhändler und Kürschner. Zu den bevorzugten Wohngebieten gehört neben den westl. Arrondissements nördl. der Seine das 7. Arrondissement südl. des Flusses: der dortige Faubourg Saint-Germain ist, seit Katharina von Medici 1615 das Palais de Luxembourg erbauen ließ, beliebter Sitz des frz. Adels, später auch des Großbürgertums und der Diplomaten. Die äußeren Arrondissements (11.–20.) sind fast ausnahmslos Misch-

Paris. Blick über den Chor der
Kathedrale Notre-Dame de Paris auf die
Île Saint-Louis (links) und das 12. und
13. Arrondissement im Osten der Stadt

gebiete von Wohn- und Arbeitsstätten. An den Champs Elysées konzentrieren sich seit Beginn des 20. Jh. Bekleidungsfirmen, Parfümerien, Cafés, Autosalons, Film- und Exportagenturen, im 9. und v. a. 18. Arrondissement (Pigalle und Montmartre) Variétés, Revuen und Nachtlokale. Die neuen Markthallen in unmittelbarer Nähe des ✈ Orly sind eines der größten europ. Verteilungszentren für Obst, Gemüse, Molkereiprodukte, Geflügel, Fleisch, Fisch und Blumen. Wichtigstes innerstädt. Verkehrsmittel ist die U-Bahn (Métro). Die im Raum von P. an Seine, Marne und Oise gelegenen Hafenanlagen bilden den größten Binnenhafen des Landes. Mit dem ✈ Charles-de-Gaulle bei Roissy-en-France erhielt P. 1974 neben Orly und Le Bourget seinen dritten (inzwischen erhebl. erweiterten) ✈.

Geschichte: P., in vorröm. Zeit als kelt. Oppidum auf der Île de la Cité entstanden, erstmals 54 v. Chr. als **Lutetia** bei Cäsar erwähnt (52 v. Chr. endgültig röm. Eroberung), war der Hauptort der kelt. Parisier (auch Lutetia Parisiorum genannt), deren Name im 3./4. Jh. auf den Ort überging (**Parisia**). Die Siedlung war bis zur Merowingerzeit auf die Île de la Cité beschränkt, sie wurde 508 Hauptstadt des Merowingerreiches. Unter den Karolingern verlor P. seine Bed. und war nur noch Residenzort der Grafen von P., aus denen 987 die kapeting. Könige von Frankr. hervorgingen. Das dadurch erneut erlangte polit. Gewicht wurde durch die wirtsch. Bed., die sich v. a. auf den Handel stützte, ergänzt. Zur Hauptresidenz der frz. Könige wurde P. erst unter Philipp II. August (⚰ 1180–1223); die Stadt hatte damals rd. 100 000 E.

Schon zu dieser Zeit wies das rechte Seineufer eine Konzentration der Handelsstätten auf, die erste überdachte Markthalle wurde 1181 errichtet. Am westl. Rand der Stadt ließ Philipp II. August den †Louvre errichten, zugleich repräsentativer Sitz, Sperre des Flußwegs und des wichtigen Landweges in die Normandie. Im S der Stadt hatten sich an der Montagne

Paris

Sainte-Geneviève seit etwa 1150 in wachsender Zahl Schulen niedergelassen, die zur Keimzelle der Sorbonne wurden. Ludwig XIV. ließ 1660 die alten Mauern abtragen und auf ihnen den Ring der „Großen Boulevards" errichten, das Königshaus verlegte seinen Sitz nach Versailles. 1784–91 ließ Ludwig XVI. einen weiteren Mauerring errichten. Auch nach der Verlegung der königl. Residenz behielt P. wegen seiner Bev.zahl (1684: 425000 E) und seiner wirtsch. Bed. die polit. führende Rolle: Alle Revolutionen Frankreichs wurden in P. entschieden. Unter dem Konsulat und dem 1. Kaiserreich (1799–1814/15) wurden viele repräsentative Bauten begonnen. Eine erneute Umwallung, 1841–45 gebaut, 39 km lang, 94 Bastionen und 16 Forts enthaltend, machte P. zur damals größten Stadtfestung der Erde. 1859 erfolgte die Eingemeindung der 11 innerhalb dieser Umwallung gelegenen Vororte.

Bedeutendster Stadtbaumeister von P. war G. E. Baron Haussmann. Zu den wichtigsten Arbeiten seiner Zeit gehörten die Anlage von 10 Brücken, zahlr. großen Plätzen, Parkanlagen sowie eines Abwasserkanalnetzes von 570 km Länge. Weltausstellungen 1855, 1867, 1900 und 1937 bestätigten die führende Rolle der Stadt. Nach dem Zusammenbruch des 2. Kaiserreichs, der Einschließung und Beschießung ab 5. Jan. 1871) der Stadt durch dt. Truppen erhob sich die ↑ Kommune von P. gegen die konservative provisor. Reg. der Republik.

Nach dem 1. Weltkrieg wurden die militär. Anlagen beseitigt und das Glacisgelände eingemeindet. Bis nach dem 1. Weltkrieg stieg die Bev.zahl kontinuierl. an und erreichte in der Zählung von 1921 mit 2906000 E ihr Maximum.

Bauten: Kathedrale ↑ Notre-Dame de Paris; roman. Kirche Saint-Germain-des-Prés (11. Jh., im 17. Jh. gotisierend umgestaltet) mit frühgot. Chor (1163 geweiht; zweigeschossige hochgot. Sainte-Chapelle (ehem. Palastkapelle, 1248 geweiht) mit berühmten Glasfenstern des 13. Jh. in der Oberkapelle; got. Pfarrkirche Saint-Germain-l'Auxerrois (12.–16. Jh.); spätgot. Kirche Saint-Séverin (13. bis 16. Jh.), Anbau durch J. Hardouin-Mansart (1673); spätgot. Kirche Saint-Gervais-Saint-Protais (1494–1657) mit frühklass. Fassade (1616–21); hochklass. barocke Kirchen Val-de-Grâce (1645/46; Weihe 1710) und Saint-Sulpice (1646–1736, Fassade erst 1869 vollendet); der Invalidendom ist ein Zentralbau von J. Hardouin-Mansart (1680–1712), unter der Kuppel ist seit 1861 Napoleon I. beigesetzt. An der Madeleine wurde 1806–42 gebaut. Auf dem ↑ Montmartre steht die weiße Basilika Sacré-Cœur. Weitere berühmte Bauten sind: ↑ Louvre, ↑ Panthéon, ↑ Arc de Triomphe, Eiffelturm (nach G. ↑ Eiffel); zu den modernen Bauten gehören u. a. die Gebäude der Cité Universitaire (1921 ff.), das UNESCO-Haus (1955–58, erweitert 1965), das Centre d'Art et de Culture Georges-Pompidou von R. Liano und R. Rogers (1972–77) und das techn. Museum Le Vilette von A. Fainsilber (1980 bis 1986 ff.). P. hat viele berühmte Straßen und Anlagen: Champs-Élysées (seit 1828 ausgebaute Avenue), Quai d'Orsay; Place Vendôme (nach Plänen von J. Hardouin-Mansart 1699 ff.), Place de la Concorde (1755 ff.) mit Obelisk (von Luxor (13. Jh. v. Chr.), Place des Vosges (1605–12); Bois de Boulogne (engl. Park), Jardin des Tuileries (frz. Garten von A. Le Nôtre, 1664 ff.), Jardin du Luxembourg (jetzige Gestalt von J. F. T. Chalgrin), außerdem Brückenbauten (u. a. Pont-Neuf, geweiht 1607).

📖 *Bastié, P.: P. u. seine Umgebung. Kiel 1980. - Shaw, I./Searle, R.: P. P. Dt. Übers. Wien 1980. - Beutler, C.: P. u. Versailles. Hg. v. M. Wundram. Stg.* ²*1979. - Mayer, Fred/Wittkopp-Ménardeau, G.: P. Dt. Übers. Zürich u. Freib. 1975. - Campigneulle, B.: P. Architectures, sites et jardins. Paris 1973. - Beaujeu-Garnier, J.: Atlas et géographie de P. et de la région Île de France. Paris 1977. 2 Bde. - Historie de l'Île-de-France et de P. Hg. v. M. Mollat. Toulouse 1971. - Chevalier, L.: Les Parisiens. Paris 1967. - Lavedan, P.: Histoire de P. Paris* ²*1967. - Druon, M.: P. Die Geburt einer Stadt. Dt. Übers. Stg. 1966. - Stahl, F.: P., eine Stadt als Kunstwerk. Wien u. Mchn. 1966.*

Paris, svw. ↑ Einbeere.

Pariser Becken, geolog. Mulde im mittleren und nördl. Frankr. mit schüsselförmig gelagerten mesozoischen und tertiären Sedimenten, die auf den alten Massiven der Ardennen (im NO), der Vogesen (im O), des Zentralmassivs (im S) und des armorikan. Rumpfschollenlandes (im W) aufliegen und von diesen begrenzt werden. Die Wechsellagerung harter und weicher Sedimente führte zur Ausbildung eines nicht immer deutl. in Erscheinung tretenden Schichtstufenlandes.

Pariser Bluthochzeit, svw. ↑ Bartholomäusnacht.

Pariser Friede (Friede von Paris), Bez. für mehrere in Paris unterzeichnete Friedensverträge:

1. Vertrag zw. Großbrit. und Portugal einerseits sowie Frankr. und Spanien andererseits (10. Febr. 1763), beendete den Siebenjährigen Krieg: Frankr. trat u. a. seinen Teil von Neufrankr. an Großbrit. ab und erhielt von diesem die Inseln Saint-Pierre und Miquelon; Spanien trat Florida und den 1762 erworbenen Teil von Neufrankr. an Großbrit. ab.

2. Vertrag zw. Großbrit. und den USA (3. Sept. 1783), beendete den Nordamerikan. Unabhängigkeitskrieg: Anerkennung der 13 Vereinigten Staaten von Amerika durch Großbrit.

3. 2 Friedensverträge zw. den Partnern der Quadrupelallianz (von Chaumont) und

Parität

Frankr., beendeten die Befreiungskriege: Im 1. P. F. (30. Mai 1814) wurde Frankr. auf die Grenzen vom 1. Jan. 1792 beschränkt; der 2. P. F. (20. Nov. 1815) sicherte Frankr. nur die Grenzen des Jahres 1790 zu.
4. Vertrag zw. Osman. Reich, Großbrit., Frankr. und Sardinien einerseits und Rußland andererseits sowie den nicht am Krieg beteiligten Staaten Preußen und Österreich (30. März 1856) zur Beendigung des Krimkrieges: u. a. gemeinsame Garantie der Unabhängigkeit und des Gebietsbestandes des Osman. Reiches.
5. Vertrag zw. den USA und Spanien (10. Dez. 1898), beendete den Span.-Amerikan. Krieg: Abtretung von Kuba, Puerto Rico, Guam und (gegen Zahlung von 20 Mill. $) der Philippinen an die USA.
6. Die 5 Pariser *Vorortverträge* zw. der Entente und den Mittelmächten nach dem 1. Weltkrieg (1919/20): Versailler Vertrag, die Verträge von Saint-Germain-en-Laye, Neuilly-sur-Seine, Trianon und Sèvres.
7. 5 Friedensverträge der Alliierten mit Rumänien, Italien, Ungarn, Bulgarien und Finnland nach dem 2. Weltkrieg (10. Febr. 1947).

Pariser Gold (Franzgold), Kupferlegierung mit 20 % Gold; Verwendung als unechtes Blattgold.

Pariser Kommune ↑ Kommune.

Pariser Konferenzen, Bez. für verschiedene Konferenzen, die in Paris stattfanden:
1. Ententekonferenz (25.–29. Jan. 1921): über die Höhe der vom Dt. Reich zu leistenden Reparationen. - 2. Sachverständigenkonferenz (11. Febr.–7. Juni 1929): Aufhebung des Dawesplans u. Ersetzung durch den Youngplan. - 3. Konferenzen der alliierten Außenmin. (25. April–12. Juli 1946 und 23. Mai–20. Juni 1949): keine Einigung über die Behandlung der ehem. Kriegsgegner; in der dt. Frage weitere Verschärfung des Ggs. zw. UdSSR und Westmächten. - 4. Sechsmächtekonferenz (18. April 1951): Unterzeichnung des Vertrages über die Europ. Gemeinschaft für Kohle und Stahl. - 5. Internat. Vietnamkonferenz (26. Febr.–2. März 1973): Vereinbarung eines Waffenstillstandes im Vietnamkrieg.

Pariser Verträge 1954, ein Komplex von Verträgen, Abkommen und Verlautbarungen, die im Gefolge der Londoner Akte 1954 die internat. Stellung der BR Deutschland nach dem Scheitern der Europ. Verteidigungsgemeinschaft neu regelten (Unterzeichnung 23. Okt. 1954): 1. *Protokoll über die Beendigung des Besatzungsregimes in Deutschland*: paßte den ↑ Deutschlandvertrag den neuen Verhältnissen an. - 2. *Abkommen über das Saarstatut* (bilateral zw. Frankr. und der BR Deutschland ausgehandelt, aber nicht in Kraft getreten): sah zur diplomat. Vertretung des Saargebiets und zur Aufrechterhaltung dieses Statuts einen europ. Kommissar neben einer für alle übrigen Fragen zuständigen autonomen Saarreg. vor. - 3. Aus *8 Protokollen* bestehende Verträge *zur Gründung der Westeurop. Union*: Schaffung eines aus den Benelux-Staaten, der BR Deutschland, Frankr., Großbrit. und Italien bestehenden Verteidigungssystems, das die gescheiterte Europ. Verteidigungsgemeinschaft ersetzte und u. a. eine Voraussetzung für den Eintritt der BR Deutschland in die NATO schuf. - Die P. V. 1954 wurden am 29. Jan. 1955 vom Bundestag gegen die Stimmen der SPD und trotz beachtl. außerparlamentar. Opposition ratifiziert. Mit ihrem Inkrafttreten am 5. Mai 1955 erlangte die BR Deutschland ihre Souveränität, die allerdings erhebl. Einschränkungen unterworfen blieb (u. a. Sonderrechte der alliierten Truppen auf dem Boden der BR Deutschland und alliierte Vorbehalte in bezug auf Berlin, auf Deutschland als Ganzes, Wiedervereinigung und Friedensvertrag).

📖 Jäckel, E.: *Die dt. Frage 1952–1956. Notenwechsel u. Konferenzdokumente der vier Mächte.* Ffm. u. Bln. 1957.

Pariser Vorortverträge ↑ Pariser Friede.

Parisier (lat. Parisii), im Altertum kelt. Volksstamm an der mittleren Seine mit dem Hauptort Lutetia (= Paris); 52 v. Chr. von Cäsar unterworfen.

Paris ist eine Messe wert (frz. Paris vaut bien une messe), angebl. Ausspruch Heinrichs von Navarra vor seinem Übertritt zum Katholizismus (Voraussetzung für seine Krönung; ↑ Heinrich IV., König von Frankr.).

Paris-Match [frz. pari'matʃ] ↑ Nouveau Paris-Match.

Parität [lat.], allg. svw. Gleichheit, Gleichsetzung. - Ggs. Disparität (Ungleichheit).
◆ häufig vertretenes *gesellschaftspolit.* Ziel der Gleichstellung und Gleichbehandlung verschiedener Interessengruppen in allen gesellschaftl. Bereichen zur Erreichung von mehr gesellschaftl. Gerechtigkeit, z. B. [Einkommens]gleichheit in verschiedenen Wirtschaftszweigen oder [Sitz- bzw. Stimmen]gleichheit in einem Gremium (↑ auch Mitbestimmung).
◆ als Grundprinzip des dt. *Verfassungsrechts* seit dem Augsburger Religionsfrieden (1555) ein Rechtsbegriff zur verschiedl. Formen der Gleichbehandlung der religiösen Bekenntnisse. Histor. beruhte die überragende Bed. des P. ansatzes darauf, daß er trotz der konfessionellen Aufspaltung des Reiches dessen Einheit und den konfessionellen Frieden zu erhalten gestattete, wobei Verfassungsrecht und verfassungsrechtl. Begriffe trotz sich ausschließender konfessioneller Interpretation ihre theolog. Prägung behielten. Heute hat P. die Anwendung des Gleichheitssatzes auf das Verhältnis des Staates zu den Religionsgemeinschaften zum Inhalt. Paritätisch ist das

Paritätischer Wohlfahrtsverband

Verfassungsrecht insofern, als es allen Religionsgemeinschaften die gleiche Chance eröffnet, von unterschiedl. Rechten Gebrauch zu machen.
♦ in der *Wirtschaft* [Wert]gleichheit einer bestimmten Menge einer Wertgröße mit einer Einheit einer anderen Wertgröße, z. B. die P. einer Währung zu anderen Währungen.
♦ in der *Physik* Bez. für das Verhalten von bestimmten Funktionen der Ortskoordinaten bzw. von physikal. Größen gegenüber Raumspiegelungen am Koordinatenursprung (Vorzeichenwechsel aller Ortskoordinaten). Eine derartige Funktion bzw. Größe hat eine *positive* oder *gerade P.*, wenn sie bei Raumspiegelungen ihr Vorzeichen beibehält, sie hat eine *negative* oder *ungerade P.*, wenn sie dabei ihr Vorzeichen wechselt. Physikal. Größen gerader P. sind z. B. die Energie und das Potential einer Kraft; physikal. Größen negativer P. sind neben dem Ortsvektor v. a. die Geschwindigkeit, der Impuls, die Beschleunigung und die elektr. Dipolmoment.

Paritätischer Wohlfahrtsverband ↑ Deutscher Paritätischer Wohlfahrtsverband.

Park [engl. pɑːk], Robert E[zra], * Luzerne County (Pa.) 14. Febr. 1864, † Nashville (Tenn.) 5. Febr. 1944, amerikan. Soziologe. - 1914–33 Prof. in Chicago; Forschungen zur Stadtsoziologie unter bes. Berücksichtigung der sozialen Beziehungen zw. ethn. Gruppen und der Situation von Randgruppen.

P., Ruth, * Auckland (Neuseeland) 24. Aug. 1921, austral. Schriftstellerin. - ∞ mit dem Schriftsteller D'Arcy Niland; schreibt unterhaltende Romane, in denen sie das Leben der unteren Schichten Australiens realist., oft mit humorist. Effekten schildert.

Park [frz., zu mittellat. parricus „umzäunter Platz"], großräumige gärtnerische Anlage, die durch Verteilung von offenen Wiesenflächen und Zierpflanzenanlagen im Wechsel mit formbestimmenden Gehölzpflanzungen die Gestaltung einer idealisierten Landschaft zum Ziele hat. - ↑ auch Gartenkunst.

Parka [engl.-amerikan., zu eskimoisch parka „Pelz, Kleidungsstück aus Fell"], lange, gefütterte Popelinejacke, weit geschnitten, meist mit Schubtaschen, Gurt (im Tunnel); urspr. Uniformübermantel.

Parkbahn (Parkorbitalbahn), die Umlaufbahn eines [Erd]satelliten, von der aus eine Raumsonde gestartet wird.

Park Chung Hee, * im Bezirk Sonsan (Prov. Kyongsang-pukto) 30. Sept. 1917, † Seoul 26. Okt. 1979 (ermordet), südkorean. General und Politiker. - Als Kommandeur der Marineinfanterie einflußreichster Führer des Militärputsches, durch den 1961 das parlamentar. Reg.system in Süd-Korea beseitigt wurde; 1963 zum Staatspräs. berufen; 1967 wiedergewählt; erzwang 1972 mit einer Verfassungsänderung die Errichtung einer autoritären Herrschaftsordnung.

Parken [zu engl.-amerikan. to park mit gleicher Bed.], nach § 12 der Straßenverkehrsordnung parkt, wer sein Fahrzeug verläßt oder länger als drei Min. hält. P. ist grundsätzl. zulässig am rechten (in Einbahnstraßen auch linken) Fahrbahnrand oder Seitenstreifen öffentl. Straßen sowie auf Flächen, die durch bes. Verkehrszeichen (weißes P auf blauem Grund) gekennzeichnet sind. Sowohl durch allg. Regelungen als auch durch bes. Verbotszeichen ergeben sich aber zahlr. Einschränkungen.

Parker [engl. ˈpɑːkə], Charlie, eigtl. Charles Christopher P., gen. Bird oder Yardbird, * Kansas City (Kans.) 29. Aug. 1920, † New York 12. März 1955, amerikan. Jazzmusiker (Altsaxophonist, Komponist). - Zählt zu den wichtigsten Wegbereitern und Exponenten des ↑ Bebop. Seine Quintette, in denen u. a. D. Gillespie und M. Davis mitwirkten, wurden in den 1940er Jahren stilbildend für die gesamte Entwicklung des ↑ Modern Jazz. Als Saxophonist schuf P. eine eigenständige, blueshaft-expressive Spielweise.

P., Dorothy, geb. Rothschild, * West End (N. J.) 22. Aug. 1893, † New York 7. Juni 1967, amerikan. Schriftstellerin und Journalistin. - Schrieb Theater- und Literaturkritiken, Berichte aus dem Span. Bürgerkrieg, Filmdrehbücher, sarkast.-zyn. Kurzgeschichten und satir. Gedichte in pointierter, präziser Sprache; ihre Hauptthemen sind enttäuschte Liebe und der Konflikt zw. Ideal und Wirklichkeit.

P., Horatio, * Auburndale (= Newton, Mass.) 15. Sept. 1863, † Cedarhurst (N. Y.) 18. Dez. 1919, amerikan. Komponist. - Von seinen Kompositionen blieben v. a. seine Chorwerke, u. a. die Oratorien „Hora novissima" (1893) und „The legend of Saint Christopher" (1898) lebendig.

P., Matthew, * Norwich 6. Aug. 1504, † London 17. Mai 1575, engl. anglikan. Theologe. - Gehörte reformator. gesinnten Kreisen an; unter Maria I. Tudor hart bedrängt, erhob ihn Elisabeth I. zum Erzbischof von Canterbury; er entfaltete die (von Rom nicht anerkannte) apostol. Sukzession des anglikan. Klerus.

Parkes [engl. pɑːks], Alexander, * Birmingham 29. Dez. 1813, † London 29. Juni 1890, brit. Metallurg. - Inhaber zahlr. Patente auf dem Gebiet der Elektrometallurgie, u. a. für den Parkes-Prozeß; Erfinder des Zelluloids (Patent 1855).

P., Sir (seit 1877) Henry, * Stoneleigh (Warwickshire) 27. Mai 1815, † Sydney 27. April 1896, austral. Politiker brit. Herkunft. - Wanderte 1839 nach Australien aus; 1850 Gründer und Herausgeber (bis 1858) der radikalliberalen Zeitung „The Empire". 1872–75, 1878–82 und 1887–89 Premiermin. in Neusüdwales; Vorkämpfer einer bundesstaatl. Verfassung; wurde einer der Väter des Austral. Bundes.

Parkes-Prozeß (Parkes-Entsilberung) [engl. pɑːks; nach A. Parkes)] ↑Blei.

Parkett [frz., eigtl. „kleiner, abgegrenzter Raum" (zu ↑Park)], ein Fußbodenbelag aus Holz (meist Eiche, Buche oder Kiefer), der beim *Stab-P.* oder *Stabfußboden* aus massiven oder abgesperrten *P.stäben* (Länge 250–1 000 mm, Breite 45–80 mm, Dicke 18–23 mm), beim *Tafel-P.* aus fertig vorgearbeiteten *P.tafeln* (Kantenlänge 300–500 mm, Dicke etwa 28 mm) zusammengefügt ist oder aus Parkettdielen besteht; dabei sind alle Verlegeelemente durch Federn und Nute allseitig miteinander verbunden und entweder auf einem Blindboden verdeckt aufgenagelt oder auf [Zement]estrich aufgeklebt bzw. auf Gußasphalt verlegt. P.stäbe werden meist im Fischgrätenverband (Diagonalfußboden) oder parallel, auch in tafel-, schachbrett- und geflechtartigen Mustern verlegt.

◆ im *Theater:* im Parterre gelegener vorderer Teil des Zuschauerraumes.

◆ urspr. Bez. für den amtl. Markt der Pariser Börse, der im Börsensaal, dem *Parquet*, stattfand; heute Bez. für den offiziellen Börsenverkehr in amtl. zugelassenen Werten.

Parkett. Verschiedene Verlegemuster. Oben (von links): Läuferverband, Fischgrätenverband; unten (von links): in Würfelform verlegte Kurzstäbe, Flechtboden aus zwei Stäben mit andersfarbigen dazwischengelegten Würfeln

Parkettkäfer ↑Splintholzkäfer.

Parkhurst, Helen [engl. ˈpɑːkhəːst], * New Yale City 3. Jan. 1887, † New York 14. April 1959, amerikan. Pädagogin und Schulreformerin. - Lehrerin; entwickelte nach Aufenthalt in Rom bei M. Montessori (1914) eine Methode freitätiger Arbeit des einzelnen mit vorgeformten Materialien, den sog. ↑Daltonplan.

Parkinson, Cyril Northcote [engl. ˈpɑːkɪnsn], * York 30. Juli 1909, brit. Historiker und Publizist. - Professor in Singapur (1950–58); bekannt v. a. durch seine ironisierenden „Regeln" (die „P.schen Gesetze") über die eigendynam. Entwicklung bürokrat. Verwaltungen zu aufgeblähten Apparaten, die sich zunehmend selbst beschäftigen und an ihrer eigenen Kompliziertheit zusammenzubrechen in Gefahr stehen.

Parkinsonismus, Kurzbez. für die Erscheinungen des ↑Parkinson-Syndroms.

Parkinson-Krankheit [nach dem brit. Arzt J. Parkinson * 1755, † 1824] (erbl. Schüttellähmung, Paralysis agitans, idiopath. Parkinsonismus), erbl. bedingte Degeneration von Stammhirnbezirken mit den Anzeichen des ↑Parkinson-Syndroms. Zur sog. **Parkinson-Psyche** gehören bestimmte Störungen des Gefühlslebens (bes. Depressionen) und des Antriebs (verminderte Spontaneität, Apathie) sowie eine Verminderung der intellektuellen Leistungsfähigkeit. Die Erkrankung tritt gewöhnl. im 5. und 6. Lebensjahrzehnt, meist bei Männern, in Erscheinung und verläuft (u. U. nach halbseitigem Beginn) langsam fortschreitend. - Zur Behandlung kann u. a. ↑Dopa verwendet werden, das zur Anreicherung der krankhaft verminderten Transmittersubstanz Dopamin führt. Neurochirurg. kommt beim Versagen der konservativen Therapie eine Ausschaltung verschiedener Abschnitte des Zentralnervensystems in Frage, die v. a. die Überschußsymptome (Muskelsteifigkeit und -zittern) beseitigt.

Parkinsonsche Gesetze [engl. ˈpɑːkɪnsn] ↑Parkinson, Cyril Northcote.

Parkinson-Syndrom [nach dem brit. Arzt J. Parkinson, * 1755, † 1824] (Parkinsonismus, extrapyramidales Syndrom, amyostat. Symptomenkomplex), zusammenfassende Bez. für Krankheitsbilder verschiedener Ursache (z. B. nach epidem. Gehirnentzündung, Kohlenmonoxidvergiftung, Behandlung mit Neuroleptika, wahrscheinl. auch nach Verletzungen), bei denen eine Schädigung der Substantia nigra des Stammhirns im Vordergrund steht. Die Symptome sind u. a.: starke Verlangsamung der Willkür- und Ausdrucksbewegungen („Maskengesicht"), gebeugte Haltung, leise und monotone Sprache, Depressionen, Apathie und Verminderung des Antriebs.

Parkleuchte, beim Parken in der Dunkelheit innerhalb geschlossener Ortschaften für Pkw ohne Anhänger zulässige Beleuchtung, die auf der der Fahrbahn zugewandten Seite nach vorn weißes, nach hinten rotes Licht abstrahlt.

Parkman, Francis [engl. ˈpɑːkmən], * Boston 16. Sept. 1823, † Jamaica Plain (= Boston) 8. Nov. 1893, amerikan. Historiker. - Behandelte die frz. Kolonialisierung in Nordamerika (z. B. „Pioneers of France in the New World", 1865); bemühte sich um objektive Darstellung der Indianer in seinen lebendigen Reiseberichten.

Parkometer [Kw.], svw. ↑Parkuhr.

Parkscheibe, Scheibe mit Zifferblattnachbildung, bei der entweder gekoppelte Zeiger Beginn und Ende der erlaubten Parkzeit angeben oder an der durch Drehen des Zifferblattes der Parkbeginn eingestellt wird.

Parkstudium, seit Einführung des Numerus clausus Bez. für ein Studium, das vorläufig aufgenommen wird, bis für das eigtl. beabsichtigte Studium ein Platz frei wird. Durch das Hochschulrahmengesetz von 1976 wurde die P. durch die Veränderung der Zulassungsvoraussetzungen erschwert.

Parkuhr (Parkometer), Münzautomat mit Zeitanzeige, der nach Geldeinwurf eine begrenzte Parkzeit gewährt. Durch den Münzeinwurf wird ein Uhrwerk in Bewegung gesetzt, das nach Ablauf der zulässigen Parkzeit ein opt. Signal auslöst.

Parlament [engl., zu frz. parler „reden"], in demokrat. Verfassungsstaaten aus Wahlen hervorgegangenes oberstes Staatsorgan, dem ein verfassungsrechtl. garantierter selbständiger und maßgebender Einfluß auf die staatl. Willensbildung eingeräumt ist. Im P. soll das Staatsvolk durch gewählte Abg., die als Vertreter der ganzen Volkes gelten und darum an Aufträge und Weisungen ihrer direkten Wähler nicht gebunden sind, repräsentiert sein. *Zentrale Kompetenzen* des P. sind die Gesetzgebungskompetenz, die Haushaltsautonomie und die Kontrolle von Reg. und Verwaltung. Die Gesamtheit der Normen, die Funktion, Organisation und Verfahren des P. regeln, wird **Parlamentsrecht** genannt; dazu zählen die Verfassung, Verfassungsgewohnheitsrecht (↑auch Diskontinuität), einfache Gesetze, die Geschäftsordnung und der P. brauch, d. h. Gewohnheitsrecht auf der Rangstufe der Geschäftsordnung (z. B. Anrecht der stärksten Fraktion auf das Amt des Bundestagspräsidenten).

Parlamentsorgane: Zunehmende Bed. haben neben dem alle verbindl. Beschlüsse fassenden Plenum die P.ausschüsse, in denen die gesetzgeber. Detailarbeit geleistet wird, gewonnen; sie sind meist bestimmten Ministerien oder staatl. Aufgabenbereichen zugeordnet und werden von den ↑Fraktionen entsprechend ihrer jeweiligen Stärke besetzt. - ↑auch Parlamentarismus.

Geschichte: Bereits im 13. Jh. wurde der große Rat der engl. Könige als „Parliament" bezeichnet; erst Mitte des 19. Jh. wurde aus der histor. Bez. des brit. Repräsentativorgans eine generelle Bez. für alle repräsentativen, i. d. R. gewählten Körperschaften, während bis dahin die histor. Namen (Reichstag, Cortes, Landstände) verwendet wurden. *Dt. P.* gab es in Süddeutschland (seit 1815) und in Preußen (seit 1848); eine dt. Nationalrepräsentation verwirklichte sich erstmals in der Frankfurter Nat.versammlung (1848). Nachdem der *Reichstag* des Norddt. *Zollparlament* (1868) Vorstufen gebildet hatten, wurde mit dem auf dem allg., gleichen Wahlrecht beruhenden Reichstag des Dt. Reiches von 1871 ein nat. P. geschaffen, das allerdings auf Gesetzgebung und Budgetrecht beschränkt blieb. Erst die Parlamentarisierung der Reichsreg. 1918 und die Weimarer Reichsverfassung gaben ihm Einfluß auf Bildung und Sturz der Regierung.

⌂ *Die geschichtl. Grundll. der modernen Volksvertretung.* Bd. 1: *Allg. Fragen u. europ. Überblick.* Hg. v. H. Rausch. Darmst. 1980. - Schröder, M.: *Grundll. u. Anwendungsbereich des P.rechts.* Baden-Baden 1979. - Ruch, A.: *Das Berufs-P.* Basel 1976. - *Parliaments of the world.* Hg. v. der Inter-Parliamentary Union. Bln. u. New York 1976.

♦ in *Frankr.* die aus der ma. Curia regis hervorgegangenen Juristenkollegien, die seit Mitte des 13. Jh. in Paris einen ständigen Gerichtshof bildeten. Bis 1789 wurden insgesamt 14 dieser P. auch in anderen Städten eingerichtet; das Pariser P. entwickelte aus der Befugnis, königl. Erlasse rechtsgültig zu registrieren, ein Prüfungs- und Einspruchsrecht und wurde damit zum stärksten Gegner der Krone; 1790 wurde es aufgelöst. Im Lauf der Frz. Revolution entstand das P. als Volksvertretung (Nationalversammlung).

Parlamentär [frz.], nach Völkerrecht der von einer kriegführenden Partei zu Verhandlungen mit dem Feind Bevollmächtigte; er zeigt sich mit der weißen Fahne als Zeichen seiner Verhandlungsbereitschaft und genießt den Status der Unverletzlichkeit.

parlamentarische Anfrage, Auskunftsersuchen des Parlaments an die Reg.; in der BR Deutschland unterscheidet die Geschäftsordnung des Bundestages 1. **große Anfragen,** die schriftl. einzureichen, schriftl. zu begründen und von einer Anzahl von Abg., die einer Fraktionsstärke entspricht (z. Z. 26), zu unterzeichnen sind; 2. **kleine Anfragen,** die mit kurzer Begründung von Abg. in Fraktionsstärke schriftl. einzureichen sind; 3. kurze **mündl. Anfragen,** die jeder Abg. an die Bundesreg. richten kann. Die Beantwortung der *großen* und *kleinen* Anfragen erfolgt schriftl.; anschließend werden sie zur Debatte auf die Tagesordnung gesetzt. Die Beantwortung der *mündl.* Anfrage erfolgt mündl.; eine Beratung im Plenum findet nicht statt.

parlamentarische Monarchie ↑Monarchie.

Parlamentarischer Rat, zur Ausarbeitung einer Verfassung am 1. Sept. 1948 in Bonn zusammengetretene Versammlung, die aus 65 von den Landtagen der 11 westdt. Länder delegierten Mgl. bestand (CDU/CSU und SPD je 27, FDP 5, DP, KPD und Zen-

Parlamentarismus

trum je 2 Delegierte, 5 Vertreter Berlins mit beratendem Stimmrecht). Zum Präs. wurde K. Adenauer gewählt. Verabschiedete das Grundgesetz am 8. Mai 1949 gegen die Stimmen der DP, der KPD, des Zentrums und 6 Abg. der CSU.

parlamentarischer Staatssekretär, in der BR Deutschland 1967 eingeführtes und seit 1969 in jedem Bundesministerium vorhandenes Amt; der p.S. muß MdB sein, soll die polit. Führung des Ministeriums verstärken und den Min. entlasten; seit 1973 kann er auch die Amtsbez. „Staatsmin." erhalten (z. B. im Bundeskanzleramt und Auswärtigen Amt).

parlamentarisches Regierungssystem, Ausprägung des demokrat. Verfassungsstaates, gekennzeichnet durch eine enge, die Gewaltentrennung aufhebende Verbindung von Legislative und Exekutive. Die Reg., meist Mgl. des Parlaments, bedarf meist zur Amtsführung des Vertrauens des Parlaments und muß bei einem (konstruktiven) Mißtrauensvotum demissionieren. Der Reg.chef verfügt dagegen i. d. R. unter Einschaltung des Staatsoberhauptes über das Recht, das Parlament aufzulösen und Neuwahlen auszuschreiben. Typen: *Konventsregierung* (Reg. als Ausschuß des Parlaments mit Suprematie des letzteren), *Kabinettsystem* bzw. *Premiersystem* (Führungsrolle des Kabinetts bzw. des Premiers).

Parlamentarisierung [frz.-engl.], Prozeß der verfassungsrechtl. Schaffung der Abhängigkeit einer Reg. von einem Parlament.

Parlamentarismus [frz.-engl.], Bez. für jedes repräsentative polit. System, in dem ein aus Wahlen hervorgegangenes ↑ Parlament als Repräsentant der Nation oder des Volkes eine zentrale Stelle im polit. Prozeß innehat; auch Bez. für eine polit. Bewegung mit dem Ziel der Einsetzung eines Parlaments mit möglichst weitreichenden Befugnissen.

Als *polit. Bewegung* steht der P. im Zusammenhang mit der bürgerl. Emanzipationsbewegung von Absolutismus und Feudalismus, die über das Parlament - verstanden als Nationalrepräsentation - die Macht der vom Monarchen gebildeten Exekutive einzuschränken und letztlich zu übernehmen und damit mittelbar die Souveränität des Monarchen durch die Souveränität des Volkes (↑ Volkssouveränität) zu ersetzen versuchte. Als wichtigste theoret. Grundlage dieser Forderung galt das Rationalitätsprinzip der Aufklärung, indem man davon ausging, daß Gesetzesbeschlüsse parlamentar. Mehrheiten Ergebnis eines rationalen, öffentl. Diskussionsprozesses seien, der im freien Spiel der Argumente das Vernünftige und allg. Wohl hervorbringe. Dieses „Allgemeinwohl" war aber so lange mit den Interessen des Bürgertums identisch, solange durch Wahlrechtsbeschränkungen die unteren Schichten von der parlamentar. Vertretung ausgeschlossen und damit die Herrschaft eines in sich homogenen Bildungs- und Besitzbürgertums gesichert war. Erst mit der Verbindung von Demokratie und P. durch Einführung des allg. Wahlrechts und dem Eindringen sozialist. Arbeiterparteien in die Parlamente wurden diese zur Austragungsstätte von Interessen- und Klassenkonflikten. Obwohl die sozialist. Parteien den P. als Verschleierung der Herrschaft des Bürgertums attackierten, benutzten sie ihn doch bald als Instrument zur Durchsetzung ihrer Interessen.

Die unterschiedl. Entwicklung des P. in den einzelnen Staaten (z. T. auf Grund föderativer Komponenten zum ↑ Zweikammersystem), die verschiedenen Funktionen innerhalb des polit. Gesamtsystems lassen es nicht zu, von einem einheitl. parlamentar. System zu sprechen. Dennoch kann man von den von der parlamentar. Bewegung geforderten Rechten eines Parlaments als wichtigste die Gesetzgebungskompetenz, die Haushaltsautonomie sowie die Kontrollfunktion gegenüber Reg. und Verwaltung zusammenfassen. Die heutige Situation ist jedoch durch den Widerspruch zw. Anspruch und Wirklichkeit der Parlamente gekennzeichnet: Da Gesetzesvorlagen in allg. vom Expertenstab der jeweiligen Reg. ausgearbeitet werden, da v. a. Interessenverbände und die Führungsstäbe der die Reg. stützenden Parteien, nur beschränkt aber die parlamentar. Opposition Einfluß auf die Ausarbeitung der Gesetzesvorlagen nehmen können, da die meist mit gleichen Mehrheitsverhältnissen wie das Parlament versehenen Parlamentsausschüsse nur noch geringe Änderungen vornehmen und da die Beratungen im Parlamentsplenum meist nur deklamator. Charakter haben, ist die *Gesetzgebungskompetenz* des Parlaments erheblich eingeschränkt. Die *Haushaltsautonomie* ist dadurch reduziert, daß die Haushalte von Experten in den Ministerien ausgearbeitet werden und viele Ausgaben bereits gesetzl. festgelegt sind. Auch seine *Kontrollfunktion* gegenüber der Reg. hat das Parlament weitgehend dadurch verloren, daß eine Reg. meist von einer Parlamentsmehrheit (Koalition oder stärkste Partei) getragen wird, die kein Interesse daran hat, sich selbst durch Kritik an der von ihr getragenen Reg. zu gefährden. Kritiker des P. sprechen daher vom Funktionsverlust und von Entfremdung des Parlaments vom Volk, wohingegen dessen Verfechter darauf hinweisen, daß bei aller Kritik am P. in freiheitl.-pluralist. Gesellschaften ein höchstes repräsentatives Forum der Konfliktaustragung und der Reg.bestellung unverzichtbar sei, da diese Aufgaben vom Volk nicht direkt wahrgenommen werden könnten. Sie verweisen deshalb auf die Notwendigkeit einer **Parlamentsreform,** mit deren Hilfe Arbeitsformen und -instrumente des Parlaments verbessert werden

Parlamentsklub

sollen, um seine Stellung im polit. System zu festigen. Um Einfluß und Kontrollmöglichkeiten zu verbessern, soll unter Zuhilfenahme neuer techn. Mittel der Informationsvorsprung der Reg. abgebaut und die parlamentar. Arbeit so gestrafft werden, daß Zeit für die Diskussion und Mitwirkung bei den polit. Richtungsentscheidungen bleibt.

P. u. Demokratie im Europa des 19. Jh. Hg. v. H. D. Loock u. Hagen Schulze. Mchn. 1982. - P. Hg. v. K. Kluxen. Königstein im Taunus 1980. - Widder, H.: Parlamentar. Strukturen im polit. System. Bln. 1979. - Lammich, S.: Grundzüge des sozialist. P. Baden-Baden 1977. - Der moderne P. u. seine Grundll. in der ständ. Repräsentation. Hg. v. K. Bosl. Bln. 1977. - Wasser, H.: P.kritik vom Kaiserreich zur Bundesrepublik. Stg. 1974. - Beyme, K. v.: Die parlamentar. Regierungssysteme in Europa. Mchn. ²1973.

Parlamentsklub, östr. Bez. für eine Parlamentsfraktion, in der sich mind. 5 Abg. der gleichen wahlwerbenden Partei zusammengeschlossen haben.

Parlamentsrecht ↑ Parlament.

Parlando (Parlante) [italien. „sprechend"], eine das [natürl.] Sprechen nachahmende Art musikal. Vertonung, v. a. in der Opera buffa des 18. und 19. Jh.

Parler, verzweigte dt. Baumeister- und Bildhauerfamilie des 14. Jh.
Bed. Vertreter:

P., Heinrich, nachweisbar um die Mitte des 14. Jh. - Vater von Peter P.; seit 1351 Baumeister des Hallenchors der Heiligkreuzkirche in Schwäbisch Gmünd (erster spätgot. Kirchenbau in Deutschland).

P., Heinrich, gen. Heinrich von Gmünd, tätig im späten 14. Jh. - Vermutl. Sohn von Johann P.; schuf in Prag die Figur des hl. Wenzel im Dom (1373); vermutl. auch Schöpfer der beiden Tumbenfiguren Břetislavs I. und Spytihněvs (ebd., 1377); außerdem ist er vermutl. ident. mit einem in Brünn (1381–87) und Köln (Petersportal am Dom) tätigen Heinrich von Gmünd.

P., Johann, gen. Johann von Gmünd. - 1359 als Werkmeister des Freiburger Münsterchors erwähnt (Baubeginn 1354); er leitete nach 1356 auch den Wiederaufbau des Chors des Münsters von Basel. Wohl ident. mit dem 1372 genannten Werkmeister des Chors der Heiligkreuzkirche in Schwäbisch Gmünd.

P., Peter, * Schwäbisch Gmünd 1330, † Prag 13. Juli 1399. - Bedeutendster Künstler der Parlerfamilie. Er wurde 1353 von Kaiser Karl IV. nach Prag berufen, um den 1344 von Matthias von Arras begonnenen Dombau weiterzuführen. Der 1385 geweihte Chor zeigt neue Bauformen (erstes monumentales Netzgewölbe und frühestes Fischblasenmaß-

Peter Parler, Grabmal Ottokars I. (1377). Prag, Dom

Heinrich Parler, Der heilige Wenzel (1373). Prag, Dom

werk). Neuartig ist auch das umfassende bauplast. Programm, u. a. die 6 Grabmäler der Przemysliden (als eigenhändig gesichert das Grabmal Ottokars I., 1377), am Triforium 21 Bildnisbüsten (darunter Peter P. selbst). Die wuchtige Schwere und geschlossene Formgebung dieser Skulpturen wurde für die Parlerschule vorbildlich. Außerdem Karlsbrücke mit Altstädter Brückenturm in Prag (Baubeginn 1357) u. a.

Parma, italien. Stadt in der Emilia-Romagna, 52 m ü. d. M., 177 100 E. Hauptstadt der Prov. P.; kath. Bischofssitz (seit dem 4. Jh. belegt); Univ. (gegr. 1066), Musik- und Kunsthochschulen; Museen, Gemäldegalerie, Staatsarchiv. Textil-, Nahrungsmittel-, keram. Ind., Musikinstrumentenbau; Nahrungsmittelmesse; Fremdenverkehr.
Geschichte: Urspr. etrusk. Siedlung; 183 v. Chr. als röm. Bürgerkolonie gegr.; Verfall und Zerstörung im 1. Jh. v. Chr.; kam z. Z. Theoderichs d. Gr. und unter byzantin. Herrschaft (seit 553) zu neuer Blüte (damals **Chrysopolis** [„Goldstadt"]); verlor 1303 seine republikan. Verfassung; kam 1512 mit Piacenza an den Kirchenstaat, beide Städte wurden 1545 zum erbl. Hzgt. erhoben († Parma und Piacenza).
Bauten: Roman. Dom (1046 ff., im frühen 12. Jh. erneuert) mit Kuppelfresko Correggios (1526–30); roman. Baptisterium (1196 ff.). Aus der Renaissance stammen die Kirchen San Giovanni Evangelista und Madonna della Steccata. Bischöfl. Palast (13. Jh.) mit Sammlung der napoleon. Zeit. Palazzo della Pilotta (1583 ff., für die Farnese; 1954 wiederaufgebaut) mit dem Teatro Farnese (1618/19 von G. B. † Aleotti).

Parma und Piacenza [italien. pja'tʃɛntsa], ehem. italien. Hzgt.; 1545 vom Kirchenstaat abgetrennt und den Farnese als erbl. Hzgt. übertragen; kam 1731 an Spanien, 1735 im Tausch gegen Neapel an Österreich; 1748 wieder an einen Bourbonen, der zugleich das Hzgt. Guastalla erhielt. 1802 mußten die Hzgt. an Frankr. abgetreten werden; Guastalla wurde 1806 abgetrennt, P. u. P. bildete 1808 das Dep. Taro. 1815 wurden P. u. P. sowie Guastalla Napoleons I. Gemahlin Marie Louise zuerkannt; nach ihrem Tod (1847) fielen die Hzgt. an Bourbon-Parma; 1860 wurden sie dem Kgr. Italien eingegliedert.

Parmeggianino, il [italien. il parmedˑdʒaˈniːno] (il Parmigianino), eigtl. Girolamo Francesco Maria Mazzola, * Parma 11. Jan. 1503, † Casalmaggiore bei Parma 28. Aug. 1540, italien. Maler. - Einer der Begründer des Manierismus. Bezeichnend für seinen Stil ist die raffinierte perspektiv. Komposition, die Eleganz seiner schlanken, übermäßig gelängten Gestalten sowie eine kühle, gebrochene, gelegentl. emailhaft schimmernde Farbigkeit. - *Werke:* Selbstbildnis in einem Hohlspiegel (um 1523/24; Wien, Kunsthistor. Museum), Madonna mit Kind und die Heiligen Stephanus und Johannes der Täufer (vor 1530; Dresden, Gemäldegalerie), Madonna mit dem langen Hals (1534–40; Florenz, Uffizien). - Abb. S. 278.

Parmenides von Elea, * um 515, † um 445, griech. Philosoph. - Vorsokratiker; neben Zenon der wichtigste Vertreter der eleat. Philosophie. Seine in einem hexametr. Lehrgedicht „Perì phýseōs" (Über die Natur) überlieferte Philosophie ist geprägt von einem ontolog. Dualismus von Sein und Nichtsein, Sein und Werden: Es gibt nur ein Seiendes, und dieses ist erkennbar; Denken und Sein entsprechen einander, sind ident.; Nichtseiendes existiert nicht; es ist undenkbar; es gibt kein Entstehen und Vergehen, da beides die Existenz von Nichtseiendem voraussetzt; das Seiende ist daher ungeworden, unvergängl. und unveränderlich. Die schon in der Antike bed. Wirkung läßt sich bis in die neuere Ontologie und Metaphysik verfolgen.

Parmenion, * um 400, † Ekbatana (= Hamadan) im Herbst 330 (ermordet), Feldherr Philipps II. von Makedonien und Alexanders d. Gr. - P. hatte eine führende Rolle in den Kämpfen gegen Persien; wegen seiner Opposition gegen die Pläne Alexanders ließ ihn dieser beseitigen.

Parmesankäse, nach der italien. Stadt Parma ben. harter, würziger, halbfetter Käse; 25–30 % Fett i. T.; v. a. gerieben verwendet.

Parnaß, Gebirge im östl. Z-Griechenland, bis 2 457 m hoher Kalkstock mit ausgedehnten Karstflächen; Bauxitabbau. - In der griech. Mythologie dem Apollon geweiht; galt als Sitz der Musen.

Parnassia [griech., nach dem Parnaß], svw. † Herzblatt.

Parnassiens [frz. parna'sjɛ̃] (Parnasse, École parnassienne), frz. Dichterkreis in der 2. Hälfte des 19. Jh.; Name nach der Anthologie „Le parnasse contemporain" (1866, 1871, 1876), in der die Gedichte der Mgl. (u. a. C. M. Leconte de Lisle, J.-M. de Heredia, C. Mendès, L. Dierx) gesammelt wurden. Die P. propagierten Dichtungen von äußerster formaler Strenge, insbes. von vers- und reimtechn. Perfektion und objektiv-gegenstandsbezogener, unpersönl. Darstellung.

Parnell, Charles Stewart [engl. pɑːˈnɛl, pɑːnl], * Avondale (bei Wicklow) 17. Juni 1846, † Brighton 6. Okt. 1891, ir. Nationalist. - Als Vertreter der „Home Rule party" 1875 ins Unterhaus gewählt; bemühte sich konsequent, im Parlament die ir. Frage in Bewegung zu bringen; Leiter der Irish Land League (später „Irish National League") und (seit 1877) führender Organisator des ir. Nationalismus; unterstützte die Reg. Gladstone, die sich für die ir. Homerule einsetzte.

Parner, iran. Stamm, † Parther.

Parny, Évariste Désiré de Forges, Vicomte de [frz. parˈni], * Saint-Paul (Réunion) 6.

Parochie

Il Parmeggianino, Madonna mit dem langen Hals (1534–40). Florenz, Uffizien

Febr. 1753, † Paris 5. Dez. 1814, frz. Dichter. - Kreole, kam schon als Kind nach Frankr.; verfaßte anmutig-galante Liebesgedichte; bes. erfolgreich war sein freigeistiges ep. Gedicht „La guerre des dieux anciens et modernes" (1799). 1803 Mgl. der Académie française.

Parochie [griech.-mittellat.] ↑ Pfarrei.
Parochus, mittellat. Bez. für ↑ Pfarrer.
Parodie [zu griech. parōdía, eigtl. „Nebengesang"], literar. Werk, das in satir., krit. oder polem. Absicht ein anderes, als bekannt vorausgesetztes Werk unter Beibehaltung kennzeichnender Formmittel, aber mit gegenteiliger Intention nachahmt. Der durch das Auseinanderfallen von Form und Aussagespruch gewonnene Reiz des Kom. ist dabei um so wirkungsvoller, je höher die Fallhöhe vom Parodierten zur P. ist. Da die P. nicht allein Werke [der Weltliteratur], sondern auch Rezeptionshaltungen und Bildungskonventionen, für die ein Werk repräsentativ wurde, in die krit. Absicht einbezieht, ist sie nicht nur eine innerliterar. Form der Auseinandersetzung, sondern auch eine literar. Zeitkritik (z. B. im Humanismus die „Epistolae obscurorum virorum"). Durch ihren höheren Kunstanspruch, ihre formalen Übernahmen und ihre umfassendere krit. Intention unterscheidet sich die P. von der Travestie und der Literatursatire.

◆ in der *Musik* seit dem 15. Jh. gebrauchte Bez. für die Verwendung einer bestehenden Komposition in einem neuen Zusammenhang. Das P.verfahren konnte sich in der Veränderung von Stimmenzahl, Satzstruktur, Rhythmik, Melodik und Harmonik oder Umtextierung zeigen. Eine große Rolle spielte es bei J. S. Bach mit der Wiederaufnahme früherer Werke in Neukompositionen.

parodistisch [griech.], komisch-satirisch nachahmend, verspottend.
Parodontitis [griech.], vorwiegend im Bereich der Wurzelspitze oder im Bereich des Zahnfleischsaums lokalisierte bzw. von dort ausgehende Entzündung des Zahnhalteapparats (Parodontium); mit Ablagerung von Zahnstein, Bildung eitriger Zahnfleischtaschen und Lockerung der Zähne.
Parodontium (Paradentium) [griech.], zusammenfassende Bez. für den die Zahnwurzel und den Zahnhals umgebenden Befestigungsapparat der Zähne; bestehend aus knöcherner Alveole, Zahnwurzelhaut, Wurzelzement und Zahnfleischrand.
Parodontose [griech.] (Zahnbettschwund, Paradentose), nicht entzündl. Schwund des Zahnhalteapparates. Zahnfleisch und Kieferknochen werden langsam fortschreitend oder schubweise abgebaut, so daß der Zahn allmähl. aus seinem Zahnfach herauszuwachsen scheint. Trotz weitreichenden Zahnbettschwundes können die Zähne noch lange fest im Kiefer verankert sein. Bei fortgeschrittener Erkrankung treten schließl. Zahnlockerung, Zahnwanderung und Zahnverlust ein.

Parole [frz. „Wort, Spruch"] ↑ Losung.
Parole [frz. pa'rɔl] ↑ Langue.
Parole d'honneur [frz. parɔldɔ'nœːr], Ehrenwort.
Paroli [italien.-frz., zu lat. par „gleich"], eigtl. Verdoppelung des Einsatzes beim Kartenspiel; *P.* bieten, jemandem Widerstand entgegensetzen, mit doppelter Münze heimzahlen.
Paronomasie [griech.], rhetor. Figur: Wortspiel durch Zusammenstellen von Wörtern desselben Stammes (z. B. *wer sich auf den verläßt, der ist verlassen*).
Paronychie [griech.] ↑ Fingervereiterung.
Paropamisus ↑ Hindukusch.
par ordre [frz. pa'rɔrdr], auf Befehl.
Paros, griech. Insel der Kykladen westl. von Naxos, 194 km², bis 750 m ü. d. M., Hauptort mit gleichnam. P. an der W-Küste.
Geschichte: Schon im Neolithikum dicht bewohnt; seit etwa 1000 v. Chr. von Ioniern besiedelt; wirtsch. Blüte v. a. durch den **pari-**

schen Marmor, der in der ganzen griech. Welt Verwendung fand; nach den Perserkriegen Mgl. des Att.-Del. Seebundes, in hellenist. Zeit des Nesiotenbundes; wurde röm., dann byzantin.; gehörte vom 13.–15. Jh. nacheinander zum fränk. (lat.) Hzgt. von Naxos, dann von Achaia, schließl. zu Venedig; wurde 1537 osman., 1830 Glied des neuen griech. Staates.

Parotitis, svw. ↑Ohrspeicheldrüsenentzündung; *P. epidemica,* svw. ↑Mumps.

Parovarium, svw. ↑Nebeneierstock.

Paroxysmus [griech.], in der *Medizin:* Anfall; anfallsartiges Auftreten einer Krankheitserscheinung; anfallsartige starke Steigerung bestehender Beschwerden.

Paroxytonon, in der griech. Betonungslehre ein Wort, das einen Akut auf der vorletzten Silbe trägt.

Parqueterie [parketəˈriː; frz.], svw. Holzmosaik; ↑auch Intarsien.

Parr, Catherine [engl. pɑː] ↑Katharina, Königin von England.

P. (Bahr), Franciscus [par, paːr], * Haynau (Niederschlesien), † Stockholm 1580, dt. Baumeister. - Sohn, vielleicht auch Bruder von Jacob P.; errichtete als Hofbaumeister Herzog Ulrichs von Mecklenburg 1558–66 Süd- und Westflügel von Schloß Güstrow, ein bed. Bau der norddt. Renaissance. Seit 1572 Bauleitung des Schlosses von Uppsala, 1578 an der Domkirche in Uppsala tätig.

P., Jacob [par, paːr], † Brieg 15. Aug. 1575, dt. Baumeister. - Vater oder Bruder von Franciscus P.; baute das Piastenschloß in Brieg im Sinne der Renaissance um und erneuerte das Rathaus (1569).

Parramatta [engl. pærəˈmætə], austral. Stadt im W von Sydney, 132 000 E. Observatorium, Wollmuseum. - 1788 als **Rose Hill** gegr.; P. seit 1790; seit 1938 Stadt (City).

Parrhasios, aus Ephesus stammender griech. Maler des 5. Jh. v. Chr. - Einer der bedeutendsten griech. Maler, in der antiken Kunstliteratur geschätzt wie Apelles und Zeuxis. Er arbeitete etwa zw. 440 und 390 in Athen. Gerühmt werden u. a. seine Fähigkeit der Charakterschilderung und die plast. Wirkung der Bilder.

Parry [ˈpærɪ], Sir (seit 1898) Hubert, Baronet (seit 1903), * Bournemouth 27. Febr. 1848, † Rustington (Sussex) 7. Okt. 1918, engl. Komponist. - Verdient um die Bachpflege in Großbrit.; komponierte Orchester- (fünf Sinfonien) und Kammermusik und Vokalwerke, u. a. die Oratorien „Job" (1892) und „King Saul" (1894).

P., Sir (seit 1829) William Edward, * Bath 19. Dez. 1790, † Bad Ems 8. Juli 1855, brit. Admiral (seit 1852) und Polarforscher. - Suchte vergebl. die Nordwestpassage, erforschte auf mehreren Reisen die arkt. Inseln Nordamerikas; entdeckte nach ihm ben. Parry Islands.

Parry Islands [engl. ˈpærɪ ˈaɪləndz], Inselgruppe des Kanad.-Arkt. Archipels im Nordpolarmeer, nördl. von Viscount Melville Sound und McClure Strait.

Parry Peninsula [engl. ˈpærɪ pɪˈnɪnsjʊlə], in den Amundsengolf hineinragende Halbinsel des nordamerikan. Kontinents.

Parsec [Kw. aus **par**allax (**Par**allaxe) und **sec**ond (**Sek**unde)] (Parallaxensekunde, Parsek, Astron, Makron, Sternweite), Einheitenzeichen pc, astronom. Entfernungseinheit, die v. a. zur Angabe von Fixsternentfernungen verwendet wird; diejenige Entfernung, aus der der Erdbahnhalbmesser unter einem Winkel von 1 Bogensekunde erscheint: 1 pc = 206 264,8 AE = 3,26 Lichtjahre = $3,087 \cdot 10^{13}$ km. Häufig verwendete dezimale Vielfache sind das Kiloparsec (kpc) und das Megaparsec (Mpc).

Parseierspitze, mit 3 038 m höchster Berg der Nördl. Kalkalpen (Tirol).

Parsen [pers. „Perser"] ↑Parsismus.

Parseval, August von [...val], * Frankenthal (Pfalz) 5. Febr. 1861, † Berlin 22. Febr. 1942, dt. Ingenieur. - Prof. für Luftschiffahrt an der Berliner TH; konstruierte 1897 zus. mit H. Bartsch von Sigsfeld (* 1861, † 1902) den Drachenballon sowie 1906 das nach ihm ben. Luftschiff; schrieb u. a. „Motorballon und Flugmaschine" (1908).

Parsismus [pers.], nach ihrem Ursprungsland Persien ben., von ↑Zarathustra gestiftete Religion. Das ↑Awesta, die hl. Schrift des P., ist durch einen eth. orientierten Dualismus gekennzeichnet: Dem guten Gott Ahura Masda (nach ihm heißt der ältere P. auch **Mazdaismus**) steht der „böse Geist" Angra Manju (Ahriman) gegenüber. Ihm sind böse Prinzipien zugeordnet, während die ↑Amescha Spentas Qualitäten Ahura Masdas darstellen. Zarathustra trat mit Nachdruck für den Schutz des Rindes und den Stand der Viehzüchter ein, gegen die damals übl. orgiast. Kulte. - In der Sassanidenzeit (224–642) erlebte der P. eine Blütezeit. Man bezeichnet ihn in dieser Periode nach der gräzisierten Namensform seines Stifters als **Zoroastrismus**. Nach der islam. Eroberung Persiens (642) wanderten die meisten Parsen nach Indien aus. Sie vertreten heute prakt. einen Monotheismus. In der theolog. Entwicklung ist die Erwartung eines endzeitl. Retters (**Sauschjant**) hinzugetreten, der 3000 Jahre nach Zarathustra zum Jüngsten Gericht erscheinen wird. Die Parsen sind bekannt für ihren Wohlstand, ihre Weltaufgeschlossenheit und wegen ihrer sozialen Aktivitäten. Ihre Zahl ist im Abnehmen begriffen.

📖 Widengren, G.: *Die Religionen Irans.* Stg. 1965. - Duchesne-Guillemin, J.: *Symbolik des P. Dt. Übers. Stg. 1961.* - Hinz, W.: *Zarathustra.* Stg. 1961.

Parsons [engl. pɑːsnz], Sir Charles, * London 13. Juni 1854, † Kingston (Jamaika) 11. Febr. 1931, brit. Ingenieur. - Erfand 1884 die nach ihm ben. mehrstufige Überdruckdampfturbine und stattete 1897 das 40-t-Schiff „Turbinia" mit Turbinenantrieb aus.

P., Talcott, *Colorado Springs 13. Dez. 1902, † München 8. Mai 1979, amerikan. Soziologe. - Seit 1944 Prof. an der Harvard University; gilt als Begründer und Hauptvertreter der strukturell-funktionalen Theorie; entwickelte allg. Theorien des sozialen Handelns und des gesellschaftl. Systems, mit denen versucht wird, soziolog., psycholog. und anthropolog. Theorieansätze fruchtbar zu verbinden; einflußreiche Arbeiten auch zur sozialen Rolle, zur Theorie der Persönlichkeit und zur Sozialisation.

Pars pro toto [lat. „ein Teil für das Ganze"], rhetor. Bild, bei dem ein Teil einer Sache das Ganze bezeichnet (z. B. *Dach* für *Haus*).

Part [lat.-frz.] (italien. parte, frz. partie), Stimme, Stimmheft (vokal oder instrumental), Teil oder Satz eines Musikwerks. - ↑ auch colla parte.

Partei [frz., zu lat. pars „Teil, Anteil"], allg. Gruppe von Gleichgesinnten.

◆ (polit. P.) organisierter Zusammenschluß von Bürgern mit gemeinsamen sozialen Interessen und polit. Vorstellungen über die Gestaltung der staatl., gesellschaftl. und wirtsch. Ordnung mit dem Ziel der Übernahme, der Behauptung bzw. der Kontrolle der Herrschaft im Staat. Wichtigste Merkmale einer polit. P. sind eine permanente Organisation, die sie von anderen polit. Bewegungen (wie Bürgerinitiativen, freie Wählergemeinschaften) unterscheidet, das Streben nach Durchsetzung polit. Ziele, die in P.programmen oder Wahlplattformen definiert werden, sowie im Ggs. zu Interessenverbänden Bereitschaft und Wille zur Übernahme von Führungsfunktionen im Staatsapparat.

Geschichte und Typologie: Polit. P. i. w. S. gibt es bereits seit der Antike (lat. „pars" bezeichnet u. a. Gruppen, deren Mgl. sich zur Durchsetzung polit. Vorstellungen und Interessen zusammengeschlossen haben), das moderne P.wesen entwickelte sich jedoch erst mit der Durchsetzung des Parlamentarismus. Nach Bildung der brit. Fraktionen von Tories und Whigs im 18. Jh. entstanden P. in den USA und in Europa während des 19. Jh. im Gefolge der Amerikan. und der Frz. Revolution von 1776 bzw. 1789 als Produkt der gegen Feudalismus und monarch. Absolutismus gerichteten bürgerl. Emanzipationsbewegung. Zuerst herrschte (bei eingeschränktem Wahlrecht) der Typus der bürgerl. **Honoratioren-** oder **Repräsentations(Patronage-)Parteien** vor, die organisator. lediglich durch die Parlamentsfraktion (↑ Fraktion) bzw. durch period. konstituierte Wahlkomitees hervortraten und den Charakter reiner **Wählerparteien** hatten. Dieser Typus wurde seit dem letzten Drittel des 19. Jh. mit fortschreitender Erweiterung des Kreises der Wahlberechtigten durch **Massenparteien** zurückgedrängt, die bei Revision des Vereins- und Versammlungsrechts die Ausbildung bürokrat. P.organisationen auf kommunaler, regionaler und nat. Ebene einleiteten. Diese entwickelten sich nach dem 1. Weltkrieg zu demokrat. bzw. totalitären **Integrationsparteien**, die nicht allein einen großen Anteil ihrer Anhängerschaft als Mgl. mobilisierten (**Mitgliederparteien**), sondern deren private Lebensbereiche erhebl. (im Falle totalitärer P. vollständig) zu bestimmen suchten (**Weltanschauungsparteien**). Seit dem 2. Weltkrieg hat sich in den westl. Staaten eine starke Tendenz zur Herausbildung von **Volks-** oder sog. **Allerweltsparteien** abgezeichnet, die mit einer Minderung von sozialen Gegensätzen und einer deutl. Entideologisierung einherging. Solche Volks-P. suchen einerseits ihre v. a. sozial und weltanschaul. gebundene Stamm- und Traditionswählerschaft an sich zu fesseln, andererseits in das Wählerpotential konkurrierender P. einzubrechen. Sie sind deshalb zum internen, vorparlamentar. Ausgleich entgegengesetzter wirtsch. und sozialer Interessen gezwungen (**Interessenintegrationsparteien**). Begünstigt durch mehrheitsfördernde Wahlsysteme, haben sie Splitter-P. weitgehend aufgesogen oder diesen lediglich regionale bzw. kommunale Spielräume (**Rathausparteien**) überlassen.

Bereits im Vormärz bildeten sich, noch ohne organisator. Verfestigung, die wichtigsten parteipolit. Richtungen von *Konservatismus* (**Beharrungsparteien**), *Liberalismus* und *Sozialismus* (**Bewegungsparteien**) aus, die sich in und nach den europ. Revolutionen von 1848/49 endgültig als P. der *Rechten*, der *Mitte* bzw. des *Zentrums* und der *Linken* formierten. Die Industrialisierung führte im Zusammenhang mit der Entwicklung der Arbeiterbewegung zur Bildung proletar. Arbeiterparteien (**Klassenparteien**). In der Reaktion auf Siege republikan. Bewegungen wurden **monarchist. Parteien** mit dem Ziel monarchist. Restauration gegr.; soziale Deklassierung der unteren Mittelschicht und des Kleinbürgertums hatte die Bildung **militanter Interessenparteien** (z. B. Poujadismus) zur Folge oder bildete die Grundlage für faschist. Bewegungen. Aus religiös-konfessionellen Ggs. bzw. aus dem Widerspruch zw. modern-liberalem Staat und Kirche entstanden **Religions-** und **konfessionelle Parteien**. In multinat. Staaten kam es zur Formierung von polit. P. nach ethn., regionalen oder sprachl. Kriterien.

Organisation: Mit Ausnahme der P. in den USA, die eine förml. Mitgliedschaft nicht kennen (**offene Parteien**), sind P. heute geschlossene Verbände mit förml. Beitritt, regelmäßigen Aktivitäten, Mgl.beiträgen, oft auch P.steuer für Mandatsträger (**geschlossene Parteien**). Sie verpflichten ihre Mgl. entweder auf

Parteiengesetz

ein P.programm, in dem ihre polit. Grundsätze (oft von einer bestimmten Weltanschauung geprägt) festgelegt sind (**Programmpartei**), oder veröffentlichen ledigl. vor Wahlen kurz- oder mittelfristig durchzusetzende Wahlplattformen (**Plattformpartei**). Kleinste *[Basis]*-organisationsformen können *Komitees* (v. a. bei Honoratioren-P.), *Ortsvereine* (v. a. bei demokrat. Integrations-P.), *Zellen* (bei kommunist. P.) und *Milizen* (bei faschist. P.) sein. Die Basisorganisationen sind überregional (in der BR Deutschland meist in *Kreis-*, *Landes-* und *Bundesverband*) zusammengefaßt, deren wichtigstes Organ der *P.tag* ist und deren Geschäfte von einem *P.vorstand* geführt werden. Die Struktur der *P.organisation* ist jeweils in einer Satzung vorgeschrieben. Diese legt meist eine Willensbildung von unten nach oben fest. Wichtigstes Prinzip bei der Willensbildung aller P.gremien in demokrat. P. ist die *innerpartei.* Demokratie. Die *P.finanzierung* geschieht v. a. durch Mgl.beiträge (**Beitragsparteien**), Spenden der Mgl. (**Spendenparteien**), außerparteil. Spenden (v. a. von Interessenverbänden), öffentl. Mittel (v. a. Wahlkostenerstattung) und Einnahmen aus Vermögen. Je nach der Anzahl der in einem Staat aktiven und einflußreichen P. unterscheidet man zw. *Einparteien-*, *Zweiparteien-* und *Mehrparteiensystem.*
Die staatsrechtl. Stellung der P. ist in der *BR Deutschland* durch das GG geregelt; Art. 21 GG bestimmt in Verbindung mit dem ↑Parteiengesetz, daß die P. bei der „polit. Willensbildung des Volkes" mitwirken, ihre Gründung frei ist, ihre innere Ordnung demokrat. Grundsätzen entsprechen muß, eine evtl. Verfassungswidrigkeit nur das Bundesverfassungsgericht feststellen kann und über ihre Finanzierung gemäß dem P.gesetz unter staatl. Beteiligung bei den Wahlkampfkosten öffentl. Rechenschaft abgelegt werden muß. - Die Verfassung der *DDR* kennt zwar formal ein Mehrparteiensystem, jedoch ist durch die Nat. Front die tatsächl. Einparteienherrschaft der SED gesichert. - In der Verfassung *Österreichs* wurde die Stellung der P. und ihr Verhältnis zum Staat staatsrechtl. formell nicht geklärt; die *schweizer.* Verfassung nennt die P. nicht. In der Verfassungspraxis jedoch entspricht die Bedeutung der P. in Österreich und in der Schweiz in etwa der der P. in der BR Deutschland.

◆ im *Zivilprozeß* derjenige, der im eigenen Namen vom Gericht Rechtsschutz begehrt (Kläger) und gegen den Rechtsschutz begehrt wird (Beklagter). Zwar stehen sich immer zwei streitende Seiten gegenüber (Zweiparteiensystem, anders z. T. im Verfahren der freiwilligen Gerichtsbarkeit), es können aber auf einer Seite jeweils mehrere Personen als P. stehen (**Streitgenossenschaft**). Dritte können sich nur als Streithelfer auf der Seite einer P. beteiligen. Während des Prozesses können Beteiligte als P. hinzukommen oder ausscheiden (**Parteiänderung**). Die P. bestimmen Beginn und Ende des Prozesses und weitgehend seinen Ablauf (**Parteiherrschaft**). An die P. knüpfen zahlr. Vorschriften des Zivilprozeßrechts an, z. B. die Bestimmungen über die örtl. Zuständigkeit des Gerichts (Gerichtsstand), die Pflicht zur Tragung der Prozeßkosten, das Armenrecht, die Unterbrechung des Verfahrens, das Beweisverfahren und über die Wirkungen der Prozeßführung.

Partei der Arbeit der Schweiz (Abk. PdA), 1944 gegr. Nachfolgeorganisation der 1940 verbotenen Kommunist. Partei der Schweiz (KPS). Die PdA erlebte nach dem 2. Weltkrieg einen kurzen Aufschwung, der jedoch durch internat. Ereignisse (u. a. Ungarnaufstand) gestoppt wurde. Ihre Wählerbasis hat sie v. a. in der W-Schweiz.

Parteiengesetz, amtl. Kurzbez. für das Gesetz über die polit. Parteien vom 24. 7. 1967, zuletzt geändert am 22. 12. 1983. Das P. unterwirft als Ausführungsgesetz der Art. 21 GG die Parteien in der BR Deutschland einer rechtl. Normierung; es bestimmt, daß Parteien bei der Gewährung öffentl. Leistungen gleich behandelt werden und eine schriftl. Satzung und ein schriftl. Programm haben müssen. Die Parteienfinanzierung war mehrfach Gegenstand verfassungsgerichtl. Entscheidungen. Das Gesetz sieht vor, daß ein Vorsitzender oder Schatzmeister einer Partei nicht gleichzeitig eine vergleichbare Funktion in einer dieser Partei nahestehenden polit. Stiftung innehaben darf. Wahlkampfkosten (5,- DM je abgegebene Stimme) werden aus öffentl. Mitteln nur insoweit erstattet, als sie der Gesamteinnahmen der Partei im 2. Kalenderjahr nach der Erstattung der Kosten des Wahlkampfes sowie in den diesem Jahr vorangegangenen 3 Kalenderjahren nicht überschreiten. Der sog. *Chancenausgleich* besagt, daß Parteien, die nach dem endgültigen Wahlergebnis der letzten vor dem 31. 12. (Stichtag) liegenden Bundestagswahl mindestens 0,5% der im Wahlgebiet abgegebenen gültigen Zweitstimmen erreicht haben, jährlich einen Chancenausgleich erhalten.
Die Beträge werden vom Präsidium des Dt. Bundestages festgesetzt und jeweils bis zum 60. Kalendertag ausgezahlt. Eine Partei muß nach §23 über die Herkunft und über die Verwendung der Mittel öffentl. Rechenschaft ablegen. Eine Wahlkampfkostenerstattung bzw. die Zahlung des Chancenausgleiches findet nicht statt, solange kein ordnungsgemäßer Rechenschaftsbericht vorliegt. Nach §23a führen rechtswidrig erlangte Spenden oder Mittel zum Verlust des Anspruchs auf Wahlkampfkostenerstattung in der doppelten Höhe des rechtswidrig erlangten Spendenbetrages. Darüber hinaus sind die derart erlangten Spenden an das Präsidium des Dt. Bundestages abzuführen. In §24 ist geregelt, daß der Rechen-

Parteienprivileg

schaftsbericht außer über die Einnahmen auch über Ausgaben und das Vermögen Angaben zu machen hat. Spenden von über 20 000 DM sind namentlich und mit Anschrift zu benennen. Die Pflicht zur Führung von Büchern gilt auch für Ausgaben und Vermögen (§ 28).

Parteienprivileg ↑ Parteiverbot.

Parteiensoziologie, zentraler Forschungsbereich der polit. Soziologie, der sich mit der Stellung der polit. Parteien im Parlamentarismus und in der Demokratie befaßt.

Parteienstaat, in der Weimarer Republik verbreitete polem. Bez. für eine parlamentar. Demokratie mit einem Viel- oder Splitterparteiensystem, vielfach auch generell in krit. Sinne für ein parlamentar. System; heute im allg. zur wertneutralen Charakterisierung des ausschlaggebenden Rolle der Parteien in der parlamentar. Demokratie verwendet.

Parteifähigkeit, die Fähigkeit, in einem Rechtsstreit Partei zu sein; sie ist stets bei Rechtsfähigkeit gegeben.

Parteiherrschaft ↑ Partei.

Parteilichkeit, nach der Erkenntnistheorie des histor. Materialismus allg. Bez. für die unvermeidbare, i. d. R. *unbewußte* polit. Wirksamkeit jegl. wiss. Erkenntnis. Der Marxismus als Wiss. der Arbeiterklasse stellt sich *bewußt* parteil. in den Dienst des Fortschritts, d. h. der objektiv zur Herrschaft drängenden gesellschaftl. Kräfte.

Parteiöffentlichkeit, das Recht der Parteien, von allen Handlungen des Gerichts und des Gegners Kenntnis zu erhalten.

Parteipresse, Bez. für die parteiergreifende (parteil.) bzw. für die organisator. einer Partei verbundene Zeitungspresse (Mgl.zeitschriften bzw. ideolog.-theoret. Organe einer Partei werden i. d. R. nicht zur P. gezählt). Ihre Entwicklung in Deutschland geht auf den Vormärz und die Revolution von 1848 zurück. Im Verlauf des Kulturkampfes und als Auswirkung des Sozialistengesetzes bildeten Zentrum und Sozialdemokratie eine bes. weit verzweigte P. aus. Während der NS-Zeit gab es nach dem raschen Verbot der P. von KPD und SPD und kurzer Übergangszeit mit einigen bürgerl. Parteizeitungen nur die Parteiorgane der NSDAP. In der BR Deutschland hat sich nach Aufhebung des Lizenzzwangs 1949 die parteiunabhängige Presse durchgesetzt.

Parteiverbot, das mit der gerichtl. Feststellung, daß eine polit. Partei verfassungswidrig ist, verbundene Verbot dieser Partei. Verfassungswidrig sind Parteien, die nach ihren Zielen oder nach dem Verhalten ihrer Anhänger darauf ausgehen, die freiheitl. demokrat. Grundordnung zu beeinträchtigen oder zu beseitigen oder den Bestand der BR Deutschland zu gefährden (Art. 21 Abs. 2 Satz 1 GG). Im Unterschied zum Vereinsverbot kann das P. nur nach einem förml. Verfahren vom Bundesverfassungsgericht (BVG) ausgesprochen werden (sog. **Parteienprivileg**). Der Antrag auf Entscheidung kann nur vom Bundestag, vom Bundesrat oder von der Bundesregierung gestellt werden. Das BVG spricht das P. aus, indem es die Verfassungswidrigkeit feststellt. Die Vollstreckung des P. trifft der Bundesminister des Innern. Mit dem P. erlöschen die Mandate der Abgeordneten der verfassungswidrigen Partei. Bisher sind die „Sozialist. Reichspartei" und die „Kommunist. Partei Deutschlands" vom BVG für verfassungswidrig erklärt worden.

In *Österreich* und in der *Schweiz* besteht keine verfassungsrechtl. Regelung des Parteiverbots.

Parteivernehmung, der Zeugenvernehmung vergleichbares Beweismittel im Zivilprozeß, zu dem insbes. dann gegriffen wird, wenn andere Beweise nicht vorhanden sind oder nicht genügen.

Parterre [frz. par'tɛr, eigtl. „zu ebener Erde"], 1. Erdgeschoß; 2. im Theater die [zu ebener Erde liegenden] Zuschauerplätze hinter dem Parkett.

Parthenios, griech. Dichter des 1. Jh. v. Chr. aus Nizäa (= İznik). - Kam 73 als Kriegsgefangener nach Rom, wo er entscheidenden Anteil an der Ausbildung der Elegiendichtung hatte; später in Neapel, wo er Vergil unterrichtete.

Parthenium [griech.], Gatt. der Korbblütler mit 15 Arten in N- und M-Amerika; Kräuter oder Stauden mit wechselständigen, ganzrandigen oder fiederteiligen Blättern und rispenartigen Blütenständen. Eine bekannte Art ist der mex. **Guayulestrauch** (P. argentatum), der kautschukhaltigen Milchsaft führt.

Parthenocissus [griech.], svw. ↑ Jungfernrebe.

Parthenogenese [griech.], svw. Jungfernzeugung († Fortpflanzung).
◆ in der *Religionswiss.* svw. ↑ Jungfrauengeburt.

Parthenokarpie [griech.], svw. ↑ Jungfernfrüchtigkeit.

Parthenon, der dor. Marmortempel der Athena Parthenos auf der Akropolis von Athen, erbaut 447–432 unter Perikles durch die Architekten Iktinos und Kallikrates über dem unvollendeten Vorgängerbau. Der Bildhauer Phidias hatte die Oberaufsicht über den Bau sowie den reichen plast. Schmuck und schuf das Goldelfenbeinkultbild der Athena Parthenos (426 nach Konstantinopel verbracht). Die bes. schlanken Proportionen der (8 × 17) Säulen und das ungewöhnl. niedrige Gebälk halfen die Schwere der dor. Ordnung überwinden. Der Cella ist an Stirn- und Rückseite je eine 6säulige Halle vorgelagert. Der Bauschmuck (92 Metopen, die Giebelfelder, Relieffries um die Cella) stellt v. a. mytholog. Szenen dar (der Hauptteil - ↑ Elgin Marbles - heute in London). Der P., in byzantin. Zeit und unter den Franken Kirche, nach

1466 türk. Moschee, blieb im ganzen unbeschädigt, bis 1687 eine Kanonenkugel das türk. Pulvermagazin im P. zur Explosion brachte. Die Restaurierung des P. erfolgte seit 1834 (L. von Klenze; E. Beulé; N. Balanos, der 1922 die nördl. Säulenreihe wieder aufrichtete). Rekonstruktion des P. seit 1979 in der Basler Skulpturhalle.

Parthenopeische Republik [nach Parthenope, der alten Bez. für Neapel], Tochterrepublik des revolutionären Frankr.; durch die frz. Armee an Stelle des festländ. Teils des Kgr. Neapel proklamiert; bestand von Jan.–Juni 1799.

Parther (altpers. Partawa, lat. Parthi), iran. Stamm sö. des Kasp. Meeres (W-Chorasan), seit Kyros II. (⌂ 559–529) zum Perserreich gehörig (Einrichtung der Satrapie Parthien [altpers. Partawa]). In die seleukid. Prov. Parthien drangen um 247 v. Chr. von NO her die gleichfalls iran. (halb)nomad. *Parner* unter Arsakes I. ein, die sich nun nach dem eroberten Land P. nannten. Das **Partherreich** (Hauptstadt Nisa, später Ktesiphon) breitete sich unter der Dyn. der Arsakiden bis zum Ende des 2. Jh. v. Chr. rasch bis zum heutigen China und Indien im O, bis zum Euphratbogen im W aus, trug zum Untergang der Seleukiden bei und kam infolge der forcierten Expansion nach W 92 v. Chr. in Berührung mit Rom, dem die P. in einem der zahlr. späteren P.kriege bei Carrhae (Charran) 53 v. Chr. eine schmachvolle Niederlage beibrachten (weitere Kämpfe v. a. gegen Trajan, L. A. Verus, Septimius Severus, Caracalla). In dynast. Kämpfen aufgerieben, fiel das P.reich 224 in die Hand der †Sassaniden.

📖 *Ghirshman, R.: Iran, P. u. Sasaniden.* Dt. Übers. Mchn. 1964.

Parthisch, die nordwestiran. offizielle Amts- und Verkehrssprache der Arsakiden (†Parther), bekannt u. a. durch Inschriften, Tausende von Ostraka seit 1. Jh. v. Chr. aus Nisa, Münzlegenden sowie reiche manichäische Literatur (etwa 3.–9. Jh.) aus Zentralasien, wo das P. manichäische Kirchensprache war.

parthische Kunst, die Kunst der Parther, die etwa ab dem 1. Jh. v. Chr. mit spezif. Zügen zu fassen ist. Hauptfundstätten sind Nisa und Merw, Damghan, Chorhe (nahe Isfahan), Susa, Kuhe Chadsche (Sistan), Assur, Hatra, Ktesiphon und Dura-Europos. In der Baukunst setzt sich die Ziegelbauweise durch. Neue Bauformen sind die Trompenkuppel auf quadrat. Grundriß mit Ecktrompen und das vorn geöffnete Tonnengewölbe, der Bautyp des Iwan, der Rundbogen; das Blockkapitell zum Tragen der Arkadenbögen entwickelte sich aus dem ion. Volutenkapitell und dem persepolitan. Doppelstierkapitell. Zoroastr. Feuertempel mit Mithräen (†Mithras) gehören wie die synkretist. Kult- und Grabstätte der Dyn. von Kommagene auf

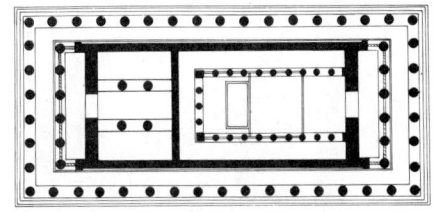

Parthenon. Grundriß (links: Westen)

dem Nemrut daği in den Einflußbereich der zerwanist. (†Zerwanismus) Religionsform. In der Plastik wurde die Frontaldarstellung des Menschen bevorzugt, Statuen der Fürsten zeigen sie in langen Hosen unter einem kniefreien, vorn offenen Mantel. Die Krone besteht aus Diademband und hoher Tiara. Auch Felsreliefs, Wandmalereien (Dura-Europos), Stuckarbeiten. - ↑Abb. S. 284, Bd. 6, S. 9.

partial, svw. ↑partiell.

Partialanalyse, Untersuchung einzelner Teilbereiche eines ökonom. Gesamtzusammenhanges, z. B. der Preisbildung nur eines einzigen Gutes in Abhängigkeit von alternativen Angebots- und Nachfragemengen im Ggs. zur ↑Totalanalyse des gesamten Preissystems.

Partialbruchzerlegung, Zerlegung einer echt gebrochenen rationalen Funktion

$$f(z) = \frac{g(z)}{h(z)} = \frac{a_0 + a_1 z + \cdots + a_m z^m}{b_0 + b_1 z + \cdots + b_n z^n}$$

($m < n$) einer Veränderlichen z in eine Summe von (höchstens n) „einfachen" Brüchen (**Partialbrüchen**), deren Nenner Primfaktoren bzw. -polynome sind. Die P. ist von bes. Bed. bei der Integration rationaler Funktionen. Solche Funktionen werden in Partialbrüche zerlegt, die man dann leicht integrieren kann.

Partialdruck (Teildruck), in einem Gemisch von Gasen oder Dämpfen der von einem der Bestandteile des Gemisches ausgeübte Druck. Bei idealen Gasen gilt das **Daltonsche Gesetz**: Der Gesamtdruck des Gasgemisches ist gleich der Summe der Partialdrücke.

Partialobjekt (Teilobjekt), psychoanalyt. Bez. für einen Teil (auch ein Attribut) einer Person, der anstelle der Gesamtperson (**Totalobjekt**) zum Ziel des Liebesstrebens (Sexualtriebs) geworden ist. Daran anknüpfend wird z. B. der Fetischismus als Fixierung des Sexualtriebs an ein P. interpretiert.

Partialtrieb, von S. Freud (1905) eingeführter psychoanalyt. Terminus, mit dem die einzelnen Elemente des (umfassend gedachten) Sexualtriebs bezeichnet werden. Ein P. steht hierbei im Zusammenhang mit einer jeweils beteiligten erogenen Zone (oraler, analer, genitaler P.) oder wird durch eine angestrebte Betätigung (Exhibitionismus, Voyeurismus, Sadismus, Masochismus u. a.) charak-

Parti Communiste Français

Parthische Kunst. Kopf der Bronzestatue eines parthischen Fürsten (2. Jh. v. Chr.). Schami

terisiert. Die P. treten nach Freud in der kindl. Sexualentwicklung zunächst nacheinander und weitgehend selbständig auf und organisieren sich erst sekundär (während der Pubertät) zu einer Einheit. Perversionen werden dabei als Mißlingen bzw. Auseinanderfallen dieser Organisation gedeutet.

Parti Communiste Français [frz. partikɔmynistfrãˈsɛ], Abk. PCF, die KP Frankr., ↑kommunistische Parteien.

Partie [lat.-frz. (↑Partei)], Abschnitt, Ausschnitt, Teil, Teil(waren)menge.
◆ vorteilhafte oder passende Heirat[smöglichkeit].
◆ in der *Musik*: 1. im 17./18. Jh. svw. ↑Suite (↑auch Partita). 2. frz. Bez. für ↑Part; 3. die Gesangsrolle z. B. in Oper und Operette.

partiell (partial) [lat.], teilweise; anteilig.
partielle Ableitung ↑Differentialrechnung.
partielle Furchung ↑Furchungsteilung.
partieller Differentialquotient, svw. partielle Ableitung (↑Differentialrechnung).

Partij van de Arbeid [niederl. parˈtɛi̯ vɑn də ˈɑrbɛi̯t], Abk. PvdA, 1946 gegr. niederl. Partei, entstand aus dem Zusammenschluß der früheren Sociaal-Democratische Arbeiderpartij mit einem Teil des Vrijzinnig-Democratische Bond, der Christen-Democratische Unie, der Christelijk-Historische Unie und der kath. Christofoorgroep; bekennt sich zum demokrat. Sozialismus und versteht sich als Volkspartei; nach 1969 trat zeitweilig die „Nieuw-Links"-Bewegung stärker in den Vordergrund, von der sich ein Teil als Demokratische Sozialisten '70 (DS '70) 1970 abspaltete; 1946-58, 1973-77 und Sept. 1981-Mai 1982 Reg.partei.

Partikel [lat.], svw. ↑Teilchen.
◆ in der *Grammatik* ein Wort, das in der Form nicht veränderbar (unflektierbar) ist; die P. sind eine der Wortarten, zu ihnen gehören Adverbien *(dort, dann)*, Konjunktionen *(und, weil)* und Präpositionen *(auf, in)*.

partikular (partikulär) [lat.], einen Teil, eine Minderheit betreffend; einzeln.

Partikularismus [lat.], im allg. abwertende Bez. für das Bestreben einer (territorial umgrenzten) Bev.gruppe, ihre wirtsch., soziokulturell und histor.-polit. bedingten Sonderinteressen zu wahren bzw. durchzusetzen und im Extremfall auch über die Mehrheitsinteressen einer übergeordneten staatl. Gemeinschaft zu stellen. Der Übergang zum Separatismus ist fließend, wie sich andererseits auch keine völlig klare Trennungslinie gegenüber dem Föderalismus ziehen läßt.

Partimen [lat.-provenzal. „Teilung"], provenzal. Streitgedicht, das meist von 2 Dichtern gemeinsam verfaßt ist.

Parti Populaire Français [frz. partipɔpylɛːrfrãˈsɛ], Abk. PPF, 1936 von J. Doriot gegr. frz. faschist. Partei; wesentl. Element in der frz. Kollaboration, ohne erhebl. Einfluß auf die dt. Besatzungspolitik zu gewinnen; im Aug. 1944 nach der Befreiung Frankr. verboten.

Parti Radical-Socialiste [frz. partiradikalsɔsjaˈlist], heutiger Name der Partei der Radikalsozialisten (↑Radikalsozialismus).

Parti Républicain [frz. partirepybliˈkɛ̃] ↑Fédération Nationale des Républicains Indépendants.

Parti Républicain Radical et Radical-Socialiste [frz. partirepybliˈkɛ̃ radikal eradikalsɔsjaˈlist], 1901 gegr. frz. linksliberale Partei, ↑Radikalsozialismus.

Partisane [frz.] (böhm. Ohrlöffel), spießförmige Stoßwaffe des 15.–18. Jh. mit breiter, schwertförmiger Hauptspitze und zwei geraden oder wenig gekrümmten Neben- oder Seitenspitzen.

Partisanen [lat.-italien.-frz., eigtl. „Parteigänger"], Personen, die sich außerhalb einer offiziellen militär. Organisation an einem bewaffneten Konflikt beteiligen. Ihre Einbeziehung in das Kriegsvölkerrecht ist bis heute nicht abgeschlossen. Die Haager Landkriegsordnung erstreckt den Begriff des Kombattanten außer auf Milizen und Freiwilligenkorps (**Freischärler**) nur auf die Teilnehmer einer sog. ↑Levée en masse. Für „illegale Kombattanten", die die formalen Anforderungen an den Kombattantenstatus (↑Kombattanten) nicht erfüllen, gelten nur humanitäre Mindeststandards (z. B. gerechtes und ordentl. Verfahren).

Parti Social Chrétien [frz. partisɔsjalkre'tjɛ̃], Abk. PSC, ↑Christelijke Volkspartij.

Parti Socialiste [frz. partisɔsja'list], Abk. PS, frz. sozialist. Partei, seit 1969 Name der ↑Section Française de l'Internationale Ouvrière (SFIO); 1971 Anschluß der Convention des Institutions Républicaines (CIR) unter Führung von F. Mitterrand, der den Vorsitz erlangte (1973 und 1975 wiedergewählt); bildete 1972 mit den Kommunisten die Union de la Gauche, im Nov. 1972 mit den linken Radikalsozialisten, die die Union de la Gauche unterstützten, das Wahlbündnis Union de la Gauche Socialiste et Démocrate (UGSD). Bei der Präsidentschaftswahl 1974 hatte Mitterrand als Kandidat der Union de la Gauche mit 49,2% der Stimmen knapp die Mehrheit verfehlt. Aus der Präsidentschaftswahl 1981 ging Mitterrand als Kandidat der PS als Sieger hervor. Bei den Wahlen zur Nationalversammlung im selben Jahr erreichte die PS eine starke absolute Mehrheit, verlor sie aber wieder im März 1986.

Partita [italien.], seit dem späten 16. Jh. in Italien und Deutschland Bez. für einen Variationssatz, wobei der Plural „Partite" den Variationszyklus bezeichnete; seit der 2. Hälfte des 17. Jh. wird die Bez. auch allgemein für ein Instrumentalstück oder für eine ↑Suite verwendet.

Partito Liberale Italiano, Abk. PLI, 1943 begr. italien. rechtsliberale Sammelpartei. - ↑liberale Parteien.

Partito Nazionale Fascista [italien. faʃ'ʃista], Abk. PNF, italien. faschist. Partei; entstand im Nov. 1921 aus der 1919 von B. Mussolini gegr. faschist. Bewegung (↑Faschismus).

Partito Popolare Italiano, Abk. PPI, 1919 gegr. italien. kath. Partei; an der 1. Reg. Mussolini 1922 beteiligt; spaltete sich 1923 an der Frage des Bündnisses mit dem Faschismus; 1924/25 an der antifaschist. Opposition der Aventinianer beteiligt, 1926 verboten.

Partito Repubblicano Italiano, Abk. PRI, auf Mazzini zurückgehende linksliberale italien. Partei. - ↑liberale Parteien.

Partitur [italien., zu lat. partiri „(ein)teilen"], die in allen Einzelheiten ausgearbeitete Aufzeichnung aller, auf jeweils eigenen Systemen notierten Stimmen eines Musikwerks, wobei diese so untereinandergesetzt werden, daß die rhythm.-metr. Verläufe der Stimmen im Takt in der graph. Disposition korrespondieren (durchgezogene Taktstriche von der obersten bis zur untersten Stimme). Seit dem 18. Jh. setzte sich von oben nach unten die folgende Gliederung in Instrumentengruppen durch (z. B. J. Brahms, 4. Sinfonie, 4. Satz): Holzbläser (Flöten, Oboen, Klarinetten, Fagotte), Blechbläser (Hörner, Trompeten, Posaunen), Schlagzeug, Streicher (Violinen, Viola, Violoncello, Kontrabaß). Bei Konzerten

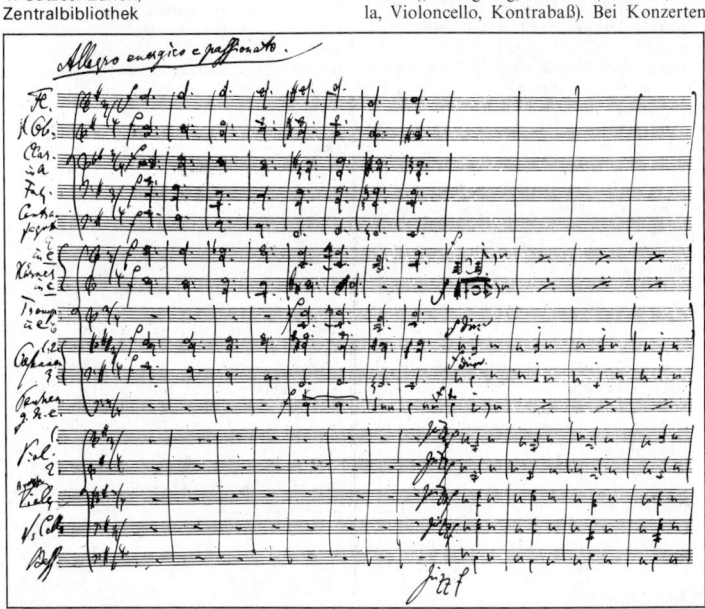

Partitur. Johannes Brahms, 4. Sinfonie e-Moll op. 98 (1884/85). Beginn des 4. Satzes. Zürich, Zentralbibliothek

Partizip

ist die Solostimme meist über der 1. Violine notiert. Als **Klavierpartituren** werden erweiterte Klavierauszüge bezeichnet, in denen der Orchesterpart im Klaviersatz zusammengefaßt ist und die Vokalstimmen in normaler P.ordnung wiedergegeben sind (z. B. bei Chor- und Bühnenwerken).

Partizip [lat., zu particeps „teilhabend" (an zwei Wortarten)] (Partizipium, Mittelwort), in der Sprachwiss. Bez. für eine Form des Verbs, die an den Eigenheiten von Verb (Vorhandensein der Rektion, des Genus und verschiedener Tempusformen) und Nomen (Deklinations- und Steigerungsfähigkeit wie beim Adjektiv) „teilhat" und dadurch eine Mittelstellung zw. diesen beiden Wortarten einnimmt („Mittelwort"). - Im Dt. unterscheidet man das 1. P. = P. Präsens, Mittelwort der Gegenwart (z. B. *erwachend*), und das 2. P. = P. Perfekt, Mittelwort der Vergangenheit (z. B. *erwacht*), die das Verbalgeschehen in seinem unbegrenzten Verlauf bzw. als vollzogen bezeichnen.

Partizipation [zu lat. participatio „Teilhabe"], in den *Sozialwiss.* allg. Bez. für die Beteiligung von Mgl. einer Organisation oder Gruppe an gemeinsamen Angelegenheiten oder für den Grad dieser Beteiligung.

Partizipialsatz [lat./dt.] (Partizipialgruppe, satzwertiges Partizip), Partizip, das durch Hinzutreten anderer, von ihm abhängender Glieder aus dem eigtl. Satz herausgelöst ist und dessen Wirkungsbereich sich aher deutl. von dem verbalen Wirkungsbereich des eigtl. Satzes abhebt, z. B. „Sie fuhren, *lachend und fröhl. Lieder singend,* in die Ferien".

partizipieren [lat.], Anteil haben, teilnehmen.

Partnachklamm, Engtalstrecke (Gefälle 60 m) der Partnach bei Garmisch-Partenkirchen, Bayern.

Partner [lat.-frz.-engl.], Teilhaber, Genosse; [Lebens]gefährte; Mitspieler.

Partnerschaft, (unter der Voraussetzung sozialer Verschiedenheit und Ungleichheit) soziales Prinzip für (vertrauensvolle) Zusammenarbeit zw. Individuen (z. B. zw. Mann und Frau, von Verkehrsteilnehmern) oder Organisationen mit unterschied. Zielsetzung, die ihre Ziele nur gemeinsam unter gegenseitiger Kompromißbereitschaft, bei Organisationen i. d. R. unter Einsatz entsprechender institutionalisierter Konflikt- und Kompromißregelung erreichen können (z. B. Betriebs-P., Sozial-P.). Der Begriff P. wird auch zur ideolog. Verschleierung tatsächl. Macht- und Abhängigkeitsverhältnisse verwendet, um beim unterlegenen „Partner" ein Wohlverhalten zu erreichen, das den Interessen des überlegenen „Partners" nützt.

Partos, Ödön [ungar. 'portoʃ], * Budapest 1. Okt. 1907, † Tel Aviv-Jaffa 6. Juli 1977, israel. Bratschist und Komponist. - Seit 1938 in Tel Aviv, bis 1956 Solobratschist des Israel Philharmonic Orchestra, seit 1951 Leiter der dortigen Musikakad.; komponierte u. a. ein Bratschen- und ein Violinkonzert (1949 bzw. 1958), Orchester- und Kammermusik sowie Vokalwerke.

partout [par'tuː; frz., eigtl. „überall"], durchaus, unbedingt, um jeden Preis.

Partsch, Joseph, * Schreiberhau 4. Juli 1851, † Bad Brambach 22. Juni 1925, dt. Geograph. - Prof. in Breslau und Leipzig. V. a. Arbeiten zur Glazialmorphologie, zur Länderkunde Mitteleuropas und Griechenlands sowie zur histor. Geographie.

Parts per million [engl. 'paːts pə 'mɪljən „Teile auf eine Million"], Abk. **ppm,** Bez. zur Angabe des Anteils einer Substanz in 1 000 000 Teilen der Grund- oder Gesamtsubstanz; z. B. entspricht 1 ppm entweder 1 mm^3 in 1 Liter oder 1 mg in 1 kg. Entsprechendes gilt für **Parts per hundred million,** Abk. **pphm,** bezügl. 100 Mill. Teilen und **Parts per billion,** Abk. **ppb,** bezügl. 1 Milliarde (engl. billion) Teilen.

Partus [lat.], svw. ↑Geburt.

Partwork ['paːtwəːk; engl.-amerikan., eigtl. „Teilwerk"], Bez. für ein Buch, das in einzelnen Lieferungen erscheint.

Party ['parti, engl. 'paːtɪ, zu lat.-frz. partie „Beteiligung"], aus dem Amerikan. übernommene Bez. für [privates] Fest.

Parusie [par-u...; zu griech. parousía „Anwesenheit"], Bez. für die auf die „Ankunft" eines endzeitl. Herrschers bzw. auf das „Kommen" des Reiches Gottes und der „Wiederkunft" Jesu Christi gerichtete Hoffnung der frühen nachöstl. christl. Gemeinden. Verbunden mit der Vorstellung der Auferweckung der Toten, der Erhöhung der noch lebenden Gläubigen und dem Jüngsten Gericht, verursachte das Ausbleiben der P. Enttäuschung und theolog. Probleme.

Parvenü [par-u...] (Emporkömmling, Neureicher), Bez. für eine Person, die mit legalen, aber gesellschaftl. dennoch mißbilligten Methoden zu Reichtum und gehobener Stellung gekommen ist, deren Verhaltens- und Umgangsformen jedoch nicht den kulturellen Standards der Oberschicht entspricht.

Paryla, Karl, * Wien 12. Aug. 1905, östr. Schauspieler und Regisseur. - Zunächst Schauspieler in Wien, Düsseldorf und Darmstadt; nach Emigration ab 1938 am Zürcher Schauspielhaus; leitete 1948–56 mit W. Heinz das polit. engagierte „Neue Theater in der Scala" in Wien; seit 1956 am Dt. Theater in Berlin (Ost). Arbeitete seit den 1960er Jahren vorwiegend in der BR Deutschland und in Österreich. Bed. Nestroy-Interpret.

Parzelle [frz., zu lat. particula „Teilchen"], kleinste besitzrechtl., katastermäßig erfaßte Einheit einer Gemarkung.

Parzellierung [lat.-frz.], Teilung eines aus einem oder mehreren Flurstücken bestehenden Grundstücks. Eine P. ist notwendig, wenn ein Grundstücksteil veräußert oder belastet wird; sie erfolgt auf Antrag, wenn der Eigentümer das Grundstück teilen will, ohne daß Veräußerung oder gesonderte Belastung beabsichtigt ist.

Parzen, röm. Schicksalsgöttinnen (urspr. Geburtsgöttinnen; zu lat. parere „gebären"), den griech. ↑Moiren gleichgesetzt und wie diese zu dritt: Nona, Decuma und Morta.

Parzival [...fal], Held der Artusliteratur und Hauptgestalt höf. Romane von Chrétien de Troyes („Perceval", um 1180, unvollendet) und Wolfram von Eschenbach („P.", um 1200–1210). P. lebt nach dem Tod seines Vaters Gahmuret mit der Mutter Herzeloyde in einer einsamen bäuerl. Waldsiedlung; bekommt später eine ritterl. Erziehung durch seinen Onkel Gurnemanz; wird in die Artusrunde aufgenommen und schließl. König der Gralsburg, nachdem er in verschiedenen Entwicklungsstufen und mit Hilfe des Einsiedlers Trevrizent die moral. Qualität zu diesem Amt erlangt hat. Wolfram überhöhte die traditionelle ritterl. Artuswelt durch die religiöse Welt des Grals (Sinnbild der Harmonie aus höf. Leben und göttl. Vorsehung); geistiger Mittelpunkt der Dichtung ist die Begegnung mit Trevrizent, der anstelle der alten, als Lehnsverhältnis verstandenen Gottesbeziehung ein auf Demut und gläubigem Vertrauen gegr. neues Gottesbild verkündet. Bedeutendste neuere Bearbeitung des Stoffes ist R. Wagners Bühnenweihfestspiel „Parsifal" (Uraufführung 1882).

Pas [pa; lat.-frz.], frz. Bez. für Schritt; **Pas de deux,** der Tanz zu zweit, die geschlossene Tanznummer für die Ballerina und den Ballerino.

Pasadena [engl. pæsə'di:nə], Stadt im nö. Vorortbereich von Los Angeles, Kalifornien, 118 600 E. Techn. Inst., Colleges; Kunstmuseum; Herstellung von Flugzeugteilen, elektron. Apparaten und Präzisionsgeräten; Zentrum der Weltraumforschung. - 1873 gegr., seit 1901 City.

pasadenisch ↑Faltungsphasen (Übersicht).

Pasardschik, bulgar. Stadt an der Maritza, 200 m ü. d. M., 77 800 E. Verwaltungssitz des Verw.-Geb. P.; Forschungsinst. für Holzverarbeitung; Museen, Mittelpunkt eines Ackerbaugebiets mit Nahrungsmittelind., Textil-, metallverarbeitende und Kautschukind. - 1485 gegr., entwickelte sich zu einer wichtigen Handelsstadt.

Pasargadae (Pasargadai), Ruinenstätte nö. von Schiras, nahe der Straße nach Isfahan, Iran; altpers. Residenzstadt, erbaut ab etwa 559 v. Chr. durch Kyros II., d. Gr.; Krönungsstätte der achämenid. Könige; nur z. T. ausgegraben; geringe Reste von Palastbauten, Heiligtümern, einer befestigten Terrasse; in einiger Entfernung das angebl. Grabmal Kyros' II.

Pasay, philippin. Stadt im S von Manila, 287 800 E. Museum; Pendlerwohngemeinde, bed. Tabakind., internat. ⚒ von Manila.

Pascal, frz. männl. Vorname (zu lat. paschalis „zu Ostern gehörend").

Pascal, Blaise, * Clermont-Ferrand 19. Juni 1623, † Paris 19. Aug. 1662, frz. Philosoph, Mathematiker und Physiker. - P. galt schon im jugendl. Alter als mathemat. Genie; er vollendete mit 16 Jahren eine Abhandlung über Kegelschnitte. Ab 1642 arbeitete er an der Konstruktion einer Rechenmaschine für Addition und Subtraktion. - 1646 Begegnung mit dem ↑ Jansenismus. Danach beschäftigten ihn religiöse und theolog. Probleme. Gleichwohl ließ er sich v. a. durch den Physiker P. Petit 1646/47 zu Untersuchungen des Vakuums im Anschluß an die berühmten Versuch E. Torricellis mit ausströmenden Flüssigkeiten anregen. P. entdeckte hierbei insbes. das Gesetz der kommunizierenden Röhren und die Verwendbarkeit des Barometers zur Höhenmessung. - Seine vielfältige, tiefe Kenntnis der menschl. Verhältnisse wurde sowohl auf die eingehende Lektüre Montaignes als auch auf die Erfahrung einer zunächst von Ärzten angeratenen Weltzugewandtheit (ab 1647) in ihrer vollen Ausprägung in der „mondänen Periode" 1652/53 zurückgeführt. Nach einem myst. Erweckungserlebnis 1654, das P. in dem sog. (für seine Biographie entscheidend wichtigen) ,Mémorial" festhielt, zog er sich häufig in das Kloster Port Royal zurück und wandte sich wieder stärker der Theorie und Praxis des Jansenismus zu. Dessen Hauptapologeten A. Arnauld kam P. 1656/57 mit einer Schrift gegen Angriffe der Kurie und der Jesuiten zu Hilfe. In ihr kritisierte er deren reine Gesetzesmoral. Diese Streitschrift („Provinzialbriefe über die Sittenlehre der Jesuiten") gilt als rhetor. Höhepunkt der zeitgenöss. Prosa. Die „Pensées...", eine Apologie des Christentums, an der P. seit 1654 arbeitete, blieben wegen zunehmender Krankheit unvollendet (als aphorist., dialog. Fragmente 1904 in bis heute maßgebender Ordnung hg.). Auf dem Gebiet der Mathematik befaßte sich P. mit der Indivisibelnmethode (↑ Indivisibeln) B. Cavalieris und bewies 1659 die Bogengleichheit der allg. Zykloide mit der Ellipse. - P. gilt als einer der ersten Wiss.kritiker. Er richtete sich gegen das kartes. Wiss.- und Weltverständnis und weist dabei als einer der ersten auf den rein *nominalen* Charakter der Definition hin. Ferner stelle eine von Evidenz zu Evidenz fortschreitende *deduktive* Methode das Problem einer nicht deduktiven Sicherung ihrer Grundlagen und Beweisprinzipien. Wenn ein unendl. Regreß vermieden werden solle und analyt. Wesenseinsichten nicht mögl. sind, sei ein method. nach axiomat.-deduktiven Theorien und Wesensanalysen verfahrender Verstand („raison") nur unter der Voraussetzung ein

Pascal

weiteren Erkenntnisquelle der Intuition, des „sentiment", der „volonté", v. a. der „logique du cœur" („Logik des Herzens"), funktionsfähig. Die dem Menschen über den „cœur" verfügbaren Orientierungen, auf die er angewiesen ist, beruhen auf göttl. Gnadenakten, so v. a. die Überbrückung der von P. als unendl. angesehenen Distanz zw. Gott und Mensch, der ein Wissen von Gott nur auf dem Weg der göttl. Eingebung über den „cœur" haben kann. Den spitzfindigen rationalen Deduktionen der Schultheologie stellte P. die unmittelbare religiöse Erfahrung, v. a. myst. Erlebnisse, als den angemessenen Weg der Gotteserkenntnis entgegen. - Wirkungsgeschichtl. reicht sein Einfluß über Kierkegaard, Nietzsche und die frz. Existentialisten bis in die Gegenwart.

📖 *Spoerri, T.: Der verborgenen P. Moers 1984. - Rich, A.: B. P. Frib. u. Hamb. 1979. - Kummer, I. E.: B. P. - Das Heil im Widerspruch. Bln. 1978.*

Pascal [nach B. Pascal], Einheitenzeichen Pa, SI-Einheit des †Drucks oder der mechan. Spannung. Festlegung: 1 Pascal ist gleich dem auf eine Fläche gleichmäßig wirkenden Druck, bei dem senkrecht auf die Fläche 1 m² die Kraft 1 Newton (N) ausgeübt wird: 1 Pa = 1 N/m². Das 100fache dieser Einheit, das Hektopascal (hPa), entspricht 1 Millibar (mbar).

PASCAL [nach B. Pascal], eine Programmiersprache, die umfangreiche Möglichkeiten für strukturiertes Programmieren bietet; PASCAL ist relativ leicht erlernbar, für viele Anwendungsbereiche geeignet und findet immer stärkere Verbreitung.

Pascalsches Dreieck [nach B. Pascal], die in Form eines gleichschenkligen Dreiecks angeordneten Binomialkoeffizienten

```
              1
            1   1
          1   2   1
        1   3   3   1
      1   4   6   4   1
    1   5  10  10   5   1
    .   .   .   .   .   .
```

Jede Zahl dieser Anordnung ist die Summe der unmittelbar rechts und links darüber stehenden Zahlen (z. B. 10 = 4 + 6 oder 5 = 4 + 1); in der n-ten Zeile stehen jeweils die Koeffizienten des Polynoms $(a+b)^{n-1}$ († binomischer Lehrsatz).

Pascarella, Cesare, * Rom 27. April 1858, † ebd. 8. Mai 1940, italien. Dichter. - Zunächst Maler; 1930 Mgl. der Italien. Akad.; einer der bedeutendsten italien. Dialektdichter, der in röm. Mundart v. a. Sonette verfaßte.

Pasch [frz.], Wurf mit gleicher Augenzahl auf mehreren Würfeln.
♦ beim Domino Spielstein mit Doppelzahl.

Pascha [türk. paşa „Exzellenz"] (italien.-span. Bassa), dem Namen nachgestellter, auf Lebenszeit verliehener Titel für hohe militär. (Generäle, Admirale) und zivile (z. B. Beamte im Rang eines Wesirs) Würdenträger im Osman. Reich; urspr. militär. Rang-Bez.; seit dem 19. Jh. auch an Zivilbeamte verliehen; 1934 in der Türkei, 1953 in Ägypten abgeschafft.

Pascha ['pasça], svw. †Passah.

Paschalis [pas'ça:lıs, pa'ʃa:lıs], männl. Vorname, †Pascal.

Paschalis II. [pas'ça:lıs, pa'ʃa:lıs], * Bieda di Galeata bei Ravenna, † Rom 21. Jan. 1118, vorher Rainer, Papst (seit 13./14. Aug. 1099). - P. erneuerte 1102 das Investiturverbot, den Bann über Kaiser Heinrich IV. und unterstützte den Aufstand Heinrichs V. gegen den Vater. Die radikale Lösung des Investiturproblems im Reich (Vertrag von Sutri 1111) erwies sich anläßl. der Kaiserkrönung Heinrichs V. als undurchführbar; darauf ließ Heinrich den Papst gefangensetzen, erzwang das Zugeständnis der Investitur und die Kaiserkrönung. Dennoch bahnte sich eine Lösung des Investiturstreites, die in England und Frankr. bereits erreicht war, auch im Reich an.

Paschen, Friedrich, * Schwerin 22. Jan. 1865, † Potsdam 25. Febr. 1947, dt. Physiker. - Prof. in Tübingen und Berlin. P. war einer der bedeutendsten Spektroskopiker, der wesentl. experimentelle Grundlagen der Quantentheorie schuf. Er wies u. a. die Gültigkeit der Balmer-Formel für die von ihm gefundenen infraroten Linien des Wasserstoffspektrums († Paschen-Serie) nach und bestätigte mit einer spektroskop. Bestimmung der Rydberg-Konstante das Bohrsche †Atommodell.

Paschen-Serie, die von F. Paschen 1908 entdeckte dritte Spektralserie des Wasserstoffs, die bei Übergängen der H-Atome von höheren Zuständen zum Niveau mit der Hauptquantenzahl $n = 3$ ausgesandt wird.

Paschtu (Afghanisch), ostiran. Sprache v. a. in SO-Afghanistan, NW-Pakistan und Belutschistan; Staatssprache in Afghanistan. Die in arab. Schrift (mit einigen Zusatzzeichen) geschriebene Sprache der †Paschtunen scheint urspr. weiter im N beheimatet gewesen zu sein.

Paschtunen (in Pakistan: Pathanen), staatstragendes Volk Afghanistans, z. T. aber im heutigen Pakistan lebend, sprechen Paschtu; meist sunnit. Muslime.

Paschtunistan, Bez. für das in der afghan. Außenpolitik immer wieder geforderte vereinigte Land aller Paschtunen, womit die Gültigkeit der 1893 erzwungenen Grenze zw. Afghanistan und Brit.-Indien bzw. heute Pakistan angefochten und der Anspruch Afghanistans auf die von Pathanen [= Paschtunen] bewohnten Gebiete Pakistans begr. wird.

Pascin, Jules [frz. pa'sɛ̃], eigtl. Julius Pincas, * Widin (Bulgarien) 31. März 1885, † Paris

20. Juni 1930 (Selbstmord), frz. Maler und Zeichner span.-bulgar. Abkunft. - P. lebte seit 1905 vornehml. in Paris. Melanchol., das Dekadente und Morbide der Halbwelt widerspiegelnde Frauenakte.

Pasco, Dep. in Z-Peru, in den Anden, 21 854 km^2, 213 100 E (1981), Hauptstadt Cerro de Pasco. Erstreckt sich von dem trockenkalten Andenhochland im W bis in die stark beregnete und dicht bewaldete O-Abdachung.

Pascoli, Giovanni, *San Mauro di Romagna (= San Mauro Pascoli) 31. Dez. 1855, † Bologna 6. April 1912, italien. Dichter. - 1897 Prof. für lat. Literatur in Messina, 1903 in Pisa, ab 1905 als Nachfolger G. Carduccis Prof. für italien. Literatur an der Universität Bologna. Gehört mit seinen schlichten, mit Alltags- und klangmalenden Wörtern durchsetzten Gedichten bes. über die Natur und die Welt des Kindes zu den bedeutendsten Vertretern der neueren italien. Lyrik.

Pas-de-Calais [frz. pɑdkaˈlɛ], Dep. in Frankr.

Pas de deux [ˈpɑ dəˈdø; frz.] ↑ Pas.

Pasdeloup, Jules Étienne [frz. pɑˈdlu], *Paris 15. Sept. 1819, † Fontainebleau 13. Aug. 1887, frz. Dirigent. - Veranstaltete seit 1851 Sinfoniekonzerte, die 1920 unter dem Namen "Concerts P." wieder aufgenommen wurden.

Paseo, span. Bez. für: Promenade, Spazierweg.

Pasewalk, Krst. im Tal der Uecker, Bez. Neubrandenburg, DDR, 25 m ü. d. M., 15 900 E. Nahrungsmittelind., Eisengießerei, Maschinen-, chem. und Baustoffind. - Erstmals Mitte des 11. Jh. bezeugt; um 1250 Magdeburger Recht. - Mauern, Tore und Türme der ma. Stadtbefestigung; Hallenkirchen sind Sankt Marien (14. Jh.) und Sankt Nikolai (13. und 16. Jh.).

P., Landkr. im Bez. Neubrandenburg, DDR.

Pashupatinath [paʃʊ...], hinduist. Wallfahrtsort im Tal von Katmandu, Nepal, an der Bagmati, 5 km östl. von Katmandu, eines der bedeutendsten Heiligtümer (dem Schiwa geweiht) des Hinduismus (Tempelanlage, vermutl. 5./6. Jh.); zweistöckige Pagode (17. Jh. erneuert) mit vergoldetem Dach.

Pašić, Nikola [serbokroat. ˌpaʃitɛ], *Zaječar 1. Jan. 1846, † Belgrad 10. Dez. 1926, serb. Politiker. - Gründer der Radikalen Volkspartei 1881; als Gegner von König Milan I. Obrenović 1883–89 im Exil. 1891/92 erstmals, 1904–18 fast ununterbrochen serb. Min.präs., vertrat in enger Anlehnung an Rußland großserb. Ziele; erreichte 1917 eine Einigung zw. der serb. Reg. und dem „Jugoslaw. Komitee" über die Errichtung des Kgr. der Serben, Kroaten und Slowenen, dessen Min.präs. 1919–26 mit kurzen Unterbrechungen.

Pasilingua [griech./lat.], von R. Steiner 1885 aufgestellte Welthilfssprache.

Pašman [serbokroat. ˈpaʃman], jugoslaw. Insel vor der kroat. Küste, von der Insel Ugljan seit 1883 durch einen Durchstichkanal getrennt, 21 km lang, 2–4,5 km breit, bis 274 m hoch; Hauptort ist der Hafenort P. (Fährverkehr). - Seit vorgeschichtl. Zeit ununterbrochen besiedelt.

Pasmore, Victor [engl. ˈpɑːsmɔː], *Chelsham (Surrey) 3. Dez. 1908, engl. Maler, Graphiker. - Nach 1948 konstruktivist. Kompositionen, zunehmende Integration von Objekten; seit den 60er Jahren große klare und pointierte Formen auf hellem Grund.

Paso [lat.-span., eigtl. „Schritt"], kurze, schwankhafte, realist.-heitere Dialogszene aus dem span. Volksleben in Prosa; von Lope de Rueda als Zwischenspiele und Nachspiele für dramat. Aufführungen geschaffen.

Paso doble [span. „Doppelschritt"], aus einem span. Paartanz hervorgegangener Gesellschaftstanz in lebhaftem $^2/_4$- oder $^3/_4$-Takt; nach 1945 Turniertanz.

PASOK, Abk. für: **Pa**nilliniko **So**sialistiko **Ki**nima („Panhellen. Sozialist. Bewegung"), griech. Partei; gegr. 1974 von A. Papandreu; vertritt einen demokrat. Sozialismus.

Pasolini, Pier Paolo, *Bologna 5. März 1922, † Rom-Ostia 1. Nov. 1975 (ermordet), italien. Schriftsteller und Filmregisseur. - Gilt als einer der provozierendsten und meistdiskutierten europ. Regisseure; seine Filme, in denen häufig christl., marxist. und psychoanalyt. Elemente zu metaphys. Parabeln vereinigt sind, spielen überwiegend in den Slums der italien. Städteperipherien oder in der Welt der archaischen Antike, u. a. „Accatone - wer nie sein Brot mit Tränen aß" (1961), „Mamma Roma" (1962), „Das erste Evangelium - Matthäus" (1964), „Große Vögel - kleine Vögel" (1966), „Edipo Re - Bett der Gewalt" (1967), „Teorema - Geometrie der Liebe" (1968), „Der Schweinestall" (1969). Verfaßte Lyrik, neorealist. Romane und Schauspiele.
Weitere Filme: „Decamerone" (1970), „Erot. Geschichten aus 1001 Nacht" (1974), „Die 120 Tage von Sodom" (1975).

Pasquill [italien.], anonyme oder pseudonyme, gegen eine bestimmte Persönlichkeit gerichtete Schmähschrift.

Pasquini, Bernardo, *Massa di Valdinievole (= Massa e Cozzile, Prov. Pistoia) 7. Dez. 1637, † Rom 21. Nov. 1710, italien. Komponist und Organist. - Organist verschiedener Kirchen in Rom und Kapellmeister des Fürsten G. Borghese; komponierte Opern, Oratorien, Kantaten und Werke für Tasteninstrumente.

Paß, ↑ Paßwesen.

◆ (Joch, Sattel) niedrigste Stelle eines Gebirgsübergangs zw. zwei Flußgebieten.

◆ Grundfigur des ↑ Maßwerks der got. Bauornamentik; v. a. Drei-, Vier- oder Vielpaß. Die Kreissegmente sind durch „Nasen" getrennt.

◆ [genaue] Ballabgabe (bes. im Fußball);

pass.

Doppel-P., [mehrmaliger] Ballwechsel zw. 2 Spielern der gleichen Mannschaft.
♦ (P.gang) ↑ Fortbewegung.
♦ ↑ Wechsel (Wildwechsel).
pass., Abk. für: ↑ passim.
passabel [lat.], annehmbar, erträglich.
Passacaglia [pasa'kalja; span.-italien.], im 17. Jh. zunächst in Italien überliefert als langsamer Hoftanz im ³/₄-Takt, Anfang des 17. Jh. erscheint die P. wie die ↑ Chaconne als Variationskomposition über einem meist viertaktigen, mehrfach wiederholten Baßmodell (u. a. bei J. Pachelbel, D. Buxtehude, J. S. Bach, G. F. Händel). Ende des 19. Jh. wurde sie u. a. von J. Brahms und M. Reger wieder aufgegriffen.
Passage [pa'saːʒə; frz.], allg. Durchfahrt, Durchgang, Überfahrt [mit Schiff oder Flugzeug].
♦ überdachte Ladenstraße.
♦ auf- oder absteigende schnelle Tonfolge in solist. Instrumental- oder Vokalmusik, sowohl als Tonleiter-P. wie als Akkordpassage.
♦ fortlaufender, zusammenhängender Teil einer Rede oder eines Textes.
♦ Übung der ↑ Hohen Schule.
Passagier [pasa'ʒiːr; italien.], [Schiffs]reisender; Flug-, Fahrgast.
Passagierschiff [pasa'ʒiːr], svw. ↑ Fahrgastschiff.
Passah [hebr. „Überschreitung"] (Pessach, Pascha), jüd. Fest, das am 14./15. Nisan (März/April) beginnt und in Israel sieben, in der Diaspora acht Tage dauert. Urspr. ein Erntefest, wird es zum Fest der Erinnerung an den Auszug Israels aus Ägypten (2. Mos. 12). Die kult. Form mit der Schlachtung des Opfertieres (**Passahlamm**) im Tempel endete mit der Zerstörung des 2. Tempels in Jerusalem 70 n. Chr.; danach wurde das Fest als häusl. Familiengottesdienst gefeiert, wobei man aus der **Passah-Haggada** (P.erzählung; Pessach-Haggada, Haggada von Pessach) liest. Das Fest trägt auch den Namen „Fest der ungesäuerten Brote" (↑ Matzen), deren Verzehr für die P.woche vorgeschrieben ist. - Das christl. Abendmahl geht auf das P.mahl zurück, auch das christl. Osterfest hängt histor. mit P. zusammen.
Passamezzo [italien.], seit dem 16. Jh. bekannter italien. Tanz in geradem Takt, der ↑ Pavane ähnl., von der er sich durch ein rascheres Zeitmaß unterscheidet.
Passant [frz.], (vorbeigehender) Fußgänger.
Passarge, Fluß in Ostpreußen, Polen▼, entspringt im Preuß. Höhenrücken, mündet ins Frische Haff, 120 km lang.
Passarge, Siegfried, * Königsberg (Pr) 26. Febr. 1867, † Bremen 26. Juli 1958, dt. Geograph. - Prof. in Breslau und Hamburg. Außer den auf seinen Reisen nach Afrika und Südamerika beruhenden Werken bed. Beiträge zur Geomorphologie und Landschaftskunde.

Passat, 1911 gebauter Handelssegler einer Hamburger Reederei (↑ P-Schiffe), später Segelschulschiff und Jugendherberge (fester Liegeplatz Travemünde); heute im Besitz der Hansestadt Lübeck, die die P. u. a. als Museumsschiff verwendet.
Passate [niederl.], sehr beständige Winde, die auf beiden Erdhalbkugeln das ganze Jahr hindurch von den Hochdruckgürteln der Subtropen zum Äquator gerichtet sind, infolge der Erdrotation jedoch abgelenkt werden und auf der Nordhalbkugel als **Nordostpassat**, auf der Südhalbkugel als **Südostpassat** wehen. Oberhalb der P.strömung wehen im gesamten Äquatorialgebiet Ostwinde, die auch als **Urpassat** bezeichnet werden.
Passau, Stadt an der Mündung von Inn und Ilz in die Donau, Bay., 290 m ü. d. M., 52 400 E. Verwaltungssitz des Landkr. P.; kath. Bischofssitz; Univ. (seit 1978), sozialpädagog. Fachakad.; Museen, u. a. röm. Kastell; Metallverarbeitung, Textil-, Elektro-, Baustoffind., Orgelbau u. a. Betriebe. Ausgangspunkt der Personenschiffahrt auf der Donau; Fremdenverkehr.
Geschichte: Auf dem Domhügel zw. Inn und Donau ist ein kelt. Oppidum nachgewiesen. Am südl. Innufer wurde wohl unter Domitian (81-96) ein Auxiliarkastell (**Castellum Boiodurum**, im heutigen Stadtteil Innstadt) angelegt, neben dem eine Zivilsiedlung entstand. Neben dem Lager der seit Mitte des 2. Jh. n. Chr. gegenüber von Boiodurum auf dem Domhügel stationierten Cohors IX Batavorum (daher der röm. Name **Batavis**) entwickelte sich ebenfalls eine Zivilsiedlung. Die früh-ma. Siedlung, im 7. Jh. bayr. (Agilolfinger) Herzogshof, im 8. Jh. karoling. Königshof, wurde 739 Bischofssitz, 1255 Stadtrecht. Unter Kaiser Otto III. (996-1002) kam die Stadt unter die Herrschaft des Bischofs (bis 1803), der 1217 Reichsfürst wurde. Noch im MA entstanden außerhalb der Altstadt der Neumarkt, die Innstadt und gegenüber der Altstadt am jenseitigen Donauufer die sog. Anger sowie die Ilzstadt.
Bauten: Hochbarocker Dom (1668-78, C. Lurago), in den der spätgot. Chor (1407-1530) einbezogen ist; Kanzel von 1722 ff., riesige Orgel (1928; mit 215 Registern), Sankt Severin, z. T. karoling. (9. Jh.) mit spätgot. Chor und Erweiterung (15. Jh.), Kloster Niedernburg mit Heiligkreuzkirche (urspr. roman. Bau, umgestaltet 15. Jh., 17. Jh., 1860 ff.), spätgot. ehem. Salvatorkirche (1479 ff.; Konzertsaal), große Pfarrkirche Sankt Nikola mit roman. Krypta (11. Jh.), barocke ehem. Jesuitenkirche Sankt Michael (1665-77), barocke Wallfahrts- und Kapuzinerklosterkirche Mariahilf (1624-27), Feste Oberhaus (im Kern 13. Jh., ergänzt und umgebaut 15.-17. Jh.; Museum), Feste Niederhaus (14. Jh.), Rathaus (Hauptbau 15. Jh., mit Barocksaal), barocke bischöfl. Residenz (frühes 18. Jh.), frühklassi-

Passion

zist. ehem. bischöfl. Sommerschloß Freudenhain (Ende des 18. Jh.).
P., Landkr. in Bayern.
P., Bistum und ehem. Hochstift. Von Bonifatius 739 bestätigtes Bistum (seit 798 Suffragan von Salzburg) zw. Isar und Enns; bis 1043 zur March und Leitha ausgedehnt. Seit 1193 begann der Ausbau des Hochstifts; 1217 wurde P. Fürstbistum. Nach der Erschütterung durch die Reformation festigten Wittelsbacher und Habsburger Hochstift und Diözese. 1803 wurde das Hochstift säkularisiert und fiel an Bayern. - Durch das bayr. Konkordat (1817) und die Zirkumskriptionsbulle „Dei ac Domini" (1821) wurde P. Suffragan des Erzbistums München und Freising. - ↑ auch katholische Kirche (Übersicht).
passe [pa:s; frz.], Gewinnmöglichkeit beim Roulett, im Ggs. zu ↑ manque die Zahlen 19–36 betreffend.
Passe, svw. ↑ Sattel.
passé [pa'se:; frz.], vergangen; abgetan, überholt.
Passé composé [frz. pasekõpo'ze] ↑ Passé simple.
Passeier, linkes Seitental des Etschtales in Südtirol, vom Timmelsjoch (2 483 m ü. d. M.) bis Meran reichend.
passen [zu frz. passer „(ein Spiel) vorüberlassen"], bei verschiedenen Kartenspielen (z. B. Skat) auf ein Spiel verzichten.
Passepartout [paspar'tu:; frz., eigtl. „paßt überall"], Papier- oder Kartonumrahmung für Graphiken, Zeichnungen u. ä.
◆ veraltet für: 1. (bes. schweiz.) Dauerkarte; 2. Hauptschlüssel.
Passepied [paspi'e:; frz.], wahrscheinl. aus der Bretagne stammender schneller Rundtanz im $^3/_4$- oder $^3/_8$-Takt; wurde vom 16. bis 18. Jh. als Hof- und Gesellschaftstanz getanzt und auch in die ↑ Suite übernommen.
Passer [frz.] (Paßgenauigkeit), die genaue Übereinanderliegen der einzelnen Formteile und Druckelemente, v. a. beim Mehrfarbendruck, das durch Anbringen von *Paßkreuzen* gesichert wird.
Passeroni, Gian Carlo, * Condamine bei Lantosque (Alpes-Maritimes) 8. März 1713, † Mailand 26. Dez. 1803, italien. Dichter. - Geistlicher; Verf. des von Rousseau und Manzoni geschätzten zeitsatir. Epos „Il Cicerone" (6 Bde., 1755–74; mit über 88 000 Versen eines der umfangreichsten Epen der Weltliteratur) sowie von Fabeln.
Passé simple [frz. pase'sɛ̃:pl „einfache Vergangenheit"], Tempus der Vergangenheit im Frz., das im Ggs. zum „imparfait" („Imperfekt"), u. zum „*passé composé*" („zusammengesetzte Vergangenheit") heute v. a. literar. gebraucht wird. Es ist schwierig, die Funktionen der 3 Tempora genau abzugrenzen: häufig wird diese grammat. Polymorphie nur noch stilist. genutzt.
Paßgang ↑ Fortbewegung.

passieren [frz.], durchreisen, überqueren; vorübergehen, durchgehen.
◆ durch ein Sieb rühren, durchseihen.
◆ sich ereignen, sich zutragen, geschehen.
Passiergewicht, das Mindestgewicht einer Münze; unterschreitet die Münze durch Abnutzung im Verkehr das P., so verliert sie die Kursfähigkeit (im Unterschied zum Remedium); als **Passierstein** das Gewichtsstück zur Kontrolle des Passiergewichtes.
Passiflora [lat.], svw. ↑ Passionsblume.
passim [lat.], Abk. pass., zur Kennzeichnung von Belegstellen in der [Sekundär]literatur, da und dort, häufig (v. a. in Fußnoten).
Passion [lat.-frz.], allg. svw. Leidenschaft, Neigung; Liebhaberei.
◆ das Leiden Jesu Christi von seiner Gefangennahme bis zur Kreuzigung (Mark. 14 f.; Matth. 26 f.; Luk. 22 f.; Joh. 18 f.). - ↑ auch Jesus Christus, ↑ Kreuzigung.
In der *Liturgie der Karwoche* wird die Leidensgeschichte Christi nach den vier Evangelisten feierl. vorgelesen bzw. gesungen. Frühe Beispiele für eine *musikal. Ausgestaltung* einzelner Textpartien gibt es schon aus dem 15. Jh. Im 16./17. Jh. bildete sich ein Typus mit geteilter Vortragsweise in einstimmiger Rezitation (Evangelist) und mehrstimmigem Choralsatz (übrige Partien) heraus, der wegen der kontrastierenden Stimmen- und Rollenzuweisung *responsoriale P.* oder *dramat. P.* genannt wird (z. B. von O. di Lasso, 1575–85; J. Walter, um 1530; H. Schütz, 1665/66). Ein zweiter Typus mit durchgängig mehrstimmiger, motett. Satzweise *(durchkomponierte P.)* begegnet bei J. a Burck (1568), L. Lechner (1594) und C. Demantius (1631). Durch die Übernahme des neuen Generalbaßstils entstand im 17. Jh. aus der responsorialen die *orator. P.,* bei der der Choralton entweder mit Basso continuo versehen (T. Selle, 1641–

Riesenpassionsblume

Passional

43) oder ganz aufgegeben wird zugunsten freier, mit Soloarien, Instrumentalsätzen oder Chören abwechselnder Rezitative (J. Theile, 1673). Anfang des 18. Jh. wurde in den P.dichtungen (z. B. B. H. Brockes, 1712) die wörtl. Bindung an den Bibeltext aufgegeben, was zu einer Verlagerung der P. in den außerliturg. Bereich des Oratoriums und zu einem Aufschwung dieser Gatt. im norddt. Raum führte (G. F. Händel, J. Mattheson, G. P. Telemann, R. Keiser). Höhepunkte bilden die beiden P. von J. S. Bach („Johannes-P.", 1724; „Matthäus-P.", 1729). Im 20. Jh. griffen Komponisten auf die alten Formen der responsorialen und motett. P. zurück (K. Thomas, 1927; H. Distler, 1933; E. Pepping, 1951; H. Schroeder, 1964/65). Bedeutsam aus jüngerer Zeit ist die „Lukaspassion" von K. Penderecki (1966). In der *bildenden Kunst* gibt es Darstellungen einzelner Passionsszenen schon in frühchristl. Zeit. Im MA werden häufig geschlossene P.zyklen dargestellt, sie werden in der Spätgotik zu einem der Hauptthemen in allen Gattungen.

Passional, um 1300 entstandenes, 110 000 Reimverse umfassendes Sammelwerk in 3 Büchern, von denen das 1. wunderbare Ereignisse aus dem Leben Jesu sowie Marienlegenden, das 2. Leben, Werk und Wunder der Apostel, Johannes des Täufers und eine Erzählung über den Erzengel Michael, das 3. Märtyrerbiographien nach der Ordnung des Kirchenkalenders enthält.

Passionar [lat.], svw. ↑ Legendar.

passionato, svw. ↑ appassionato.

passioniert [lat.-frz.], leidenschaftlich [für etwas begeistert].

Passionsblume (Passiflora), Gatt. der zweikeimblättrigen Pflanzenfam. **Passionsblumengewächse** (Passifloraceae; rd. 600 Arten in 12 Gatt.) mit über 400 Arten, fast alle im trop., wenige im subtrop. Amerika, einige im trop. Asien, Australien und Polynesien; kletternde Sträucher mit Sproßranken, die einfache oder gelappte bis gefingerte Blätter tragen. Die bunten, meist fünfzähligen Blüten haben auffallend ausgebildete Einzelteile: Die Blütenachse ist meist fleischig und napf-, glocken- oder röhrenförmig; die fünf Kelchblätter sind auf der Innenseite oft kronblattartig gefärbt; die fünf Kronblätter sind meist den Kelchblättern ähnl.; zw. den Kronblättern ist eine reich entwickelte, strahlenkranzartige Nebenkrone ausgebildet; der breite Blütengrund bildet einen einheitl. Nektarraum; die fünf Staubblätter und drei Griffel sitzen fast stets auf einer stielartigen Verlängerung. - Die einzelnen Teile der Blüte werden in Beziehung zur Passion Jesu gebracht (z. B. der Strahlenkranz für Dornenkrone). - Verschiedene Arten der P. werden wegen der saftigen, wohlschmeckenden Früchte (↑ Passionsfrüchte) kultiviert, andere als Zimmer- und Gartenpflanzen. - Abb. S. 291.

Passionsfrüchte (Grenadillen), Bez. für die Früchte verschiedener, in den Tropen und Subtropen (v. a. S-Amerika) angebauter Arten der Passionsblume; ovale, melonenartige, 5 bis 25 cm große, gelbgrüne bis rote oder blauschwarze Beerenfrüchte mit saftigem, gallertartigem Fruchtfleisch. Bekannt sind die v. a. zu Saft und Nektar verarbeiteten **Maracujàs**.

Passionsmystik ↑ Mystik.

Passionssäule, die Säule der Geißelung Christi, bekrönt von einem Hahn (Symbol der Reue und der Erlösungshoffnung); als Beifügung, v. a. zu Pieta und Schmerzensmann, auch selbständig (Niedersachsen, Westfalen).

Passionssonntag, in der kath. Kirche der 5. Sonntag der Fastenzeit (= erster P.; in ev. Kirchen: *Judika*) und der Palmsonntag (= zweiter P.; in den ev. Kirchen: *Palmarum*).

Passionsspiel (Passion), Leiden und Sterben Jesu Christi in dramat. Gestaltung; neben dem Osterspiel bedeutendster Typus des ma. geistl. Spiels; Blütezeit im 15. und 16. Jh. Die P. erstreckten sich oft über 2 oder 3 Tage, oft mit Tausenden von Mitwirkenden; organisiert wurden sie von den **Passionsbrüdern** (Passionsbruderschaften), deren tradierte Passionstexte, Spielbücher („Dirigierrollen"), Rechnungsbücher („Raitbücher"), Regieskizzen und Bühnenpläne literarhistor. Bed. haben. Es gab 3 dt.sprachige P.spielkreise, den *westmitteldt. (Frankfurter) Spielkreis* (13.–16. Jh.) in Frankfurt am Main, Alsfeld, Fritzlar und Heidelberg, den *Tiroler Spielkreis* (v. a. in Sterzing, Bozen, Hall, Brixen); in seinen Umkreis gehört das P. aus Augsburg, die Vorlage für den ältesten P.text aus Oberammergau (1634) bildete; *zum alemann. Spielkreis* gehören Villingen, Donaueschingen, Luzern, Straßburg und Colmar.

Passionswerkzeuge, svw. ↑ Leidenswerkzeuge.

Passionszeit, seit dem 9. Jh. gebräuchl. Bez. für den Abschnitt des Kirchenjahres, der dem Gedächtnis des Leidens Christi (seiner Passion) gewidmet ist, d. h. die Fastenzeit vom ersten Passionssonntag (in den ev. Kirchen: Sonntag Judika) bis einschl. Karfreitag.

passiv [lat.], untätig, teilnahmslos; still, duldend.

Passiv [lat.] (Leideform), Verhaltensrichtung des Verbs, der vom „leidenden" Subjekt aus gesehen wird, d. h. das Subjekt nicht als den Urheber einer Handlung oder eines Geschehens darstellt. - Ggs. ↑ Aktiv.

Passiva [lat.], Bez. für die auf der rechten Seite der ↑ Bilanz ausgewiesenen Bestandskonten.

passive Bestechung ↑ Bestechung.

passive Immunisierung ↑ Immunisierung.

passiver Widerstand, Mittel polit.-sozialer Auseinandersetzung, bei der unter Verzicht auf Gewaltakte (↑auch Gewaltlosigkeit) mit den Mitteln der Einstellung und Reduktion von Leistungen (Streik, Steuerstreik, Boykott, Dienst nach Vorschrift u. a.) oder der Verweigerung der Zusammenarbeit (Noncooperation) etwa mit einer Besatzungsmacht die eigene Position in einem bestehenden Gegensatzverhältnis durchgesetzt werden soll.

passives Wahlrecht ↑Wahlrecht.

Passivierung [lat.], die Bildung geschlossener Oxid- oder Salzschichten auf Metalloberflächen, wodurch das Metall korrosionsbeständiger wird. Bei einigen Metallen (z. B. Nickel) tritt die P. schon unter Einfluß der Luft ein, bei anderen Metallen (z. B. Aluminium) kann die natürl. Oxidschicht durch anod. Oxidation verstärkt werden.

◆ Einstellen eines Postens in die Passiva, wodurch die Passivseite der Bilanz verlängert wird.

Passivität [lat.], in der *Psychologie* das (weitgehende) Fehlen oder die nur geringe Frequenz beobachtbarer Aktivität; u. a. bedingt durch einen Mangel an psych. Antrieben bzw. geeigneter Motivation.

◆ im *Sport* mangelhafter Einsatz von Sportlern bei Kampfsportarten, z. B. beim Ringen; kann nach mehrmaliger Verwarnung zur Disqualifikation führen.

Paßkreuze ↑Passer.

Passos, John Dos ↑Dos Passos, John.

Passus [lat. „Schritt"], altröm. Längeneinheit; entsprach 1,48 m.

Passus [lat.], Textstelle, Abschnitt in einem Text.

Passuth, László [ungar. ˈpɔʃuːt], * Budapest 15. Juli 1900, † Balatonfüred 19. Juni 1979, ungar. Schriftsteller. - Schrieb neben Reisebeschreibungen und Lebensbildern v. a. histor. Romane, u. a. „Der Regengott weint über Mexiko" (1939), „Gastmahl für Imperia" (1962), „In Ravenna wurde Rom begraben" (1963), „Madrigal" (1968).

Paßwesen, die Gesamtheit der staatl. Maßnahmen, die sich mit der Erteilung und dem Entzug von Pässen sowie mit den Voraussetzungen des Grenzübertritts befassen. Für das P. hat der Bund die ausschließl. Gesetzgebungskompetenz, die Ausführung liegt in der Hauptsache bei den Ländern. Unter **Paß** versteht man ein für den Grenzübertritt erforderl. Ausweispapier, das auch als Nachweis der Staatsangehörigkeit und im Inland als Ausweis gilt (Personalausweis). Ausländer, die in das Geb. der BR Deutschland (einschl. Berlin [West]) einreisen, dieses Geb. verlassen oder sich dort aufhalten, sind verpflichtet, sich durch einen Paß über ihre Person auszuweisen. Dasselbe gilt für Deutsche, die dieses Geb. über eine Auslandsgrenze (einschl. der Grenzen zur DDR) verlassen oder betreten. Von diesem Paßzwang sind u. a. befreit Deutsche im Verkehr mit den europ. Staaten sowie mit den außereurop. Mitgliedsstaaten der OECD, wenn sie sich durch einen gültigen **Personalausweis** (vorgeschrieben für jede meldepflichtige Person in der BR Deutschland ab dem vollendeten 16. Lebensjahr) ausweisen, sowie Deutsche und Ausländer, die auf Grund zwischenstaatl. Vereinbarungen vom Paßzwang befreit sind. Dt. Pässe werden nur Deutschen im Sinne des Artikels 116 Abs. 1 GG ausgestellt. Zuständig für die Ausstellung sind die Paßbehörden der Länder sowie die dt. Auslandsvertretungen. Der Paß ist zu versagen, wenn Tatsachen die Annahme rechtfertigen, daß der Antragsteller als Inhaber eines Passes die innere oder die äußere Sicherheit der BR Deutschland oder eines dt. Landes gefährdet, der Paßbewerber sich einer Strafverfolgung oder Strafvollstreckung entziehen will, der Paßbewerber sich seinen steuerl. Verpflichtungen oder einer gesetzl. Unterhaltspflicht entziehen oder die Zoll- und Devisenvorschriften übertreten oder umgehen will, der Paßbewerber unbefugt in fremde Heeresdienste eintreten will, bei unverheirateten Minderjährigen nicht die Zustimmung des gesetzl. Vertreters zur Ausstellung des Passes beigebracht wird. Aus den gleichen Gründen kann ein Paß dem Inhaber entzogen werden. Ausländern, die sich nicht durch einen Paß oder Paßersatz ausweisen können, kann ein Fremdenpaß ausgestellt werden. Ab 1. April 1987 wurde in der BR Deutschland ein neuer, fälschungssicherer, maschinell lesbarer Personalausweis eingeführt, der ebenfalls maschi-

Pastellmalerei. Hans Holbein d. J., Bürgermeister Jakob Meyer zu Basel (Ausschnitt; 1525/26). Basel, Öffentliche Kunstsammlung

nell lesbare neue Reisepaß wurde ein Jahr später eingeführt. Gegen beide Dokumente erhoben die Datenschutzbeauftragten des Bundes und der Länder erhebl. Bedenken, da damit ein sog. Bewegungsprofil erstellt werden kann. Im Europapaß, der in den 12 Ländern der EG ausgegeben wird, ist ebenfalls eine bes. gestaltete fälschungssichere Seite vorgesehen.

Passy, Frédéric [frz. paˈsi], * Paris 20. Mai 1822, † Neuilly-sur-Seine 10. (12.?) Juni 1912, frz. Nationalökonom und Politiker. - Mitbegr. der Internat. Friedensliga (1867) und der Interparlamentar. Union (1888). 1881–89 liberaldemokrat. Abg.; kämpfte für Abrüstung und Schiedsgerichtsbarkeit; erhielt 1901 zus. mit H. Dunant den 1. Friedensnobelpreis.

Pastaza [span. pasˈtasa], Prov. in O-Ecuador, an der Grenze gegen Peru, 29 870 km², 31 800 E (1982), Hauptstadt Puyo. P. liegt im östl. Tiefland.

Paste [italien., zu griech. pástē „Mehlteig, Brei"], streichbare Masse, z. B. aus Fisch, Fleisch.
◆ (Pasta) teigartige, streichbare Masse zur Zubereitung von äußerl. anzuwendenden Arzneimitteln (aus Fetten und pulverisierten Heilstoffen bestehend).

Pastellfarben [zu italien. pastello, eigtl. „geformter Farbteig"], Farbstifte aus Gemischen von feingemahlenen Farbpigmenten mit Kaolin, Ton u. a.; mit geringen Mengen Bindemittel (z. B. Tragant) versetzt und in Stiftform gepreßt.

Pastellmalerei (Pastellzeichnung), die künstler. Anwendung von Pastellfarben auf oft gerauhtem und getöntem Papier. Durch Verreiben, Wischen und Übereinanderlegen der Farben wird die größtmögl. Annäherung an Wirkungen der Malerei möglich. Als kolorist. Element in der Handzeichnung wurde sie seit dem 16. Jh. in Italien (G. Reni, G. A. Boltraffio), Deutschland (H. Holbein d. J., L. Cranach d. Ä.) und Frankr. (J. Fouquet, J. und F. Clouet) meist nachträgl. und in dekorativer Absicht verwandt. Als Bildnismalerei wurde das Pastell seit dem Auftreten der Venezianerin R. Carriera 1720 in Paris zu einer europ. Modeerscheinung des Rokoko (J. É. Liotard, J.-B. S. Chardin, T. Gainsborough, A. Kauffmann, R. Mengs, A. von Menzel). Das späte 19. Jh. entdeckte sie wieder und erweiterte ihren Themenkreis um Landschaft, Genre und Stilleben (Impressionismus). Im 20. Jh. behielt es bei ihrer Verwendung sowohl maler. (A. Renoir, E. Degas) wie zeichner. Tendenzen Bedeutung (Munch, E. L. Kirchner, O. Redon, Picasso, R. S. Matta). - Abb. S. 293.

Pasternak, Boris Leonidowitsch, * Moskau 10. Febr. 1890, † Peredelkino bei Moskau 30. Mai 1960, russ.-sowjet. Dichter. - Von Rilke und Verhaeren, im lyr. Spätwerk von Puschkin, Lermontow und Tjuttschew beeinflußt. Seine im bewußten Ggs. zu Majakowski stehende, offiziell oft als unpolit. und antipropagandist. kritisierte, auf gesuchte Effekte weitgehend verzichtende Lyrik ist durch Sprachmusikalität und komplizierte Bildassoziation gekennzeichnet. Zwei seiner Hauptthemen, Liebe und Künstler. Existenz, behandelt auch der Bürgerkriegsroman „Doktor Schiwago" (italien. 1957, dt. 1958, russ. [in Paris] 1959), für den P. 1958 den Nobelpreis bekam, den er jedoch unter polit. Druck zurückwies. Auch autobiograph. Schriften („Über mich selbst", dt. 1959) sowie bed. Übersetzungen von Werken Shakespeares, Goethes, Kleists, Rilkes, Petőfis.

Pasterze ↑ Glocknergruppe.

Pastete [roman. (zu ↑ Paste)], feine Fleischzubereitung (Wurst-P.), den der Namen bestimmende Teil (Gänseleber, Wild, Fisch, Geflügel) muß 60–70 % der gesamten Masse ausmachen.
◆ warmes Fleischgericht in Blätter- oder Mürbeteighülle (Küchen-P.), u. a. Königin-P.; auch die (fertige) zweiteilige Blätterteighülle.

Pasteur, Louis [frz. pasˈtœːr], * Dole 27. Dez. 1822, † Villeneuve-l'Etang bei Paris 28. Sept. 1895, frz. Chemiker und Mikrobiologe. - Sohn eines Gerbers; wurde 1849 Dozent für Chemie in Straßburg, 1854 Dekan der Faculté des sciences in Lille, 1859 Leiter der Études scientifiques der École normale in Paris, 1863 Prof. der Geologie, Physik und Chemie an der Pariser École des Beaux-Arts, 1867 Prof. der Chemie an der Sorbonne, 1888 Direktor des Pasteur-Instituts. P. entdeckte an den Salzen der Weinsäure die opt. Isomerie und schuf die Grundlagen für die Stereochemie und Polarimetrie. Ab 1854 beschäftigte sich P. mit der alkohol. Gärung und entdeckte, daß sie stets von Mikroorganismen hervorgerufen wird und daß Erhitzen zur Abtötung von Mikroorganismen führt (Pasteurisieren). Auch bei Tierkrankheiten (der Fleckenkrankheit der Seidenraupen, dem Rindermilzbrand und der Geflügelcholera) sowie bei Sepsis und eitrigen Erkrankungen erkannte P. Mikroben als Ursache und entwickelte ab 1881 Impfstoffe gegen Geflügelcholera, Schweinerotlauf und Milzbrand. Aus dem Rückenmark tollwütiger Tiere gewann P. einen Impfstoff gegen Tollwut, den er 1885 erstmals erfolgreich erprobte.

Pasteurisieren [...tø...; nach L. Pasteur] ↑ Konservierung.

Pasti, Matteo di Andrea de', * Verona um 1420, † Rimini nach 15. Mai 1467, italien. Bildhauer und Medailleur. - Seit 1446 in Diensten von S. Malatesta in Rimini. Auf diesen wie auf Isotta degli Atti beziehen sich die meisten seiner Medaillen, mit denen er sich als der bedeutendste Nachfolger von Pisanello erweist. Bauleiter des Tempio Malatestiano in Rimini.

Pasticcio [pasˈtɪtʃo; italien. „Pastete, Mischmasch"] (frz. Pastiche), Zusammenstellung von Teilen aus Opern eines oder mehrerer Komponisten zu einem „neuen" Werk mit eigenem Titel und Libretto; auch Bez. für ein Bühnen- oder Instrumentalwerk, zu dem mehrere Komponisten Sätze lieferten.

Pastille [lat. († Paste)], Bez. für Pulver oder Pulvermischungen, die mit Flüssigkeiten (als Bindemittel) zu einem Teig verarbeitet, in Kugel- oder Pillenform abgeteilt und dann getrocknet werden.

Pastinak (Pastinaca) [lat.], Gatt. der Doldengewächse mit 14 Arten in Europa und W-Asien. In Deutschland kommt auf Fettwiesen und in Unkrautgesellschaften nur der formenreiche **Gemeine Pastinak** (Pastinake, Pasternak, Hammelmöhre, Pastinaca sativa) vor, teilweise auch kultiviert; zweijährige, 30–100 cm hohe Pflanzen mit dünner, harter (Wildsippe) bzw. dicker, zarter, fleischiger, nach Möhren duftender Wurzel, kantigem, gefurchtem Stengel und meist einfach gefiederten Blättern; die Dolden sind fünf- bis 20strahlig, mit goldgelben Einzelblüten.

Pasto, Hauptstadt des Dep. Nariño in Kolumbien, in einem Hochbecken der Anden, 2 500 m ü. d. M., 244 600 E. Kath. Bischofssitz; Univ. (seit 1904), Handels- und Verarbeitungszentrum eines Landw.gebiets; an der Carretera Panamericana. - Gegr. 1539.

Pastor, Ludwig, Freiherr von Campersfelden (seit 1916), * Aachen 31. Jan. 1854, † Innsbruck 30. Sept. 1928, dt.-östr. Historiker. - Ab 1886/87 Prof. in Innsbruck; 1920 östr. Gesandter beim Vatikan; vertrat in seiner monumentalen „Geschichte der Päpste seit dem Ausgang des MA (1477–1799)" (16 Bde., 1886–1933) einen formalist.-dogmat., nicht entwicklungshistor. Standpunkt.

Pastor [ˈpastɔr, pasˈtoːr; lat. „Hirt"], Bez. für kath. und ev. Pfarrer; auch Anrede.

pastoral [lat.], 1. seelsorger., feierl., würdig; abwertend auch: salbungsvoll; 2. idyllisch.

Pastoralassistent, kath. Kirche: Seelsorgeberuf für Diplomtheologen im Laienstand, eingeführt wegen Priestermangels, seit 1978 nach der 2. Dienstprüfung: **Pastoralreferenten.**

Pastoralbriefe, seit Beginn des 18. Jh. verwendete Sammelbez. für die mit Sicherheit nicht von Paulus verfaßten † Timotheusbriefe und den † Titusbrief.

Pastorale [lat.-italien.], eine vom Schäferspiel ausgehende Operngattung des 16., dann des 17. und 18. Jh., die bis ins 20. Jh. (R. Strauss, „Daphne", 1938) lebendig blieb. In der Instrumentalmusik findet sich Pastoralsätze mit charakterist. ⁶/₈-Takt und Imitation von Schalmeienmelodik bei Corelli, Bach, Händel. Dem Bereich der Programmmusik stehen Pastoralsinfonien der Zeit um 1800 nahe (u. a. Beethovens 6. Sinfonie F-Dur op. 68, 1808).

Patagonien

Pastoralsynode, seit dem Niederländ. Pastoralkonzil (1966) Bez. für die aus Bischöfen, Klerikern und Laien gebildete kath. Synode eines Landes; ihre Beschlüsse bedürfen vorerst noch der Zustimmung durch die Hierarchie des betreffenden Landes und durch den Hl. Stuhl.

Pastoraltheologie, im kath. Verständnis über den bloßen Sammelnamen für Homiletik, Katechetik, Liturgik, Religionspädagogik hinaus die Disziplin der Theologie, die die theolog. Grundsätze und Forderungen an Wesen und Gestalt der Kirche in der konkreten seelsorger. Wirklichkeit und Gegebenheit auch für die Zukunft wiss. entfaltet. - Im ev. Verständnis als Zweig der † praktischen Theologie die Lehre vom Hirtenamt des Pfarrers mit seinen Pflichten und Rechten.

Pastorelle (Pastourelle, Pastoreta) [lat.-roman. „Schäferlied, Hirtengedicht"], in der europ. Literatur des MA weitverbreitete lyr. Gedichtform in ep.-dramat. Darstellungsweise: ein Ritter versucht, eine ländl. Schönheit zu verführen.

Pastorenbirne † Birnen (Übersicht).

pastos [lat.-italien. († Paste)], dickflüssig, teigartig; in der Ölmalerei: dick aufgetragen (bis zu reliefartiger Wirkung).

pastös [lat. († Paste)], teigig-gedunsen, bleich und aufgeschwemmt (als Folge von Ödemen und leichter Blutarmut; von der Haut, bes. bei Nierenerkrankungen gesagt).

Pästum [ˈpɛstʊm, ˈpɛːstʊm] † Paestum.

Pasvikelv, Fluß in N-Skandinavien, fließt durch den Inarisee, bildet auf 112 km die Grenze zw. Norwegen und der UdSSR, mündet bei Kirkenes in den Varangerfjord; 144 km lang.

Pasyrykkurgane [russ. pɐziˈrik], Gruppe von Kurganen (Grabhügel) im Altai, 80 km südl. des Telezker Sees; Nekropole der Skythen aus dem 5.–3. Jh. v. Chr. Neben Metallgegenständen haben sich dank der Vereisung Schnitzereien, Pelze, Ledergegenstände und Teppiche (*Pasyrykteppiche*, um 500, achämenid. Arbeiten) erhalten.

Pat [engl. pæt], engl. Vorname, Kurzform von Patrick und Patricia.

Pataca, brasilian. Bez. für den span. Peso; vom 17. Jh. bis 1834 eigene brasilian. Silbermünze = 320 Reis; seit 1894 Bez. für die Währungseinheit in Macau, Abk. Pat., 1 Pat. = 100 Avos.

Patagon (span. Patacón) † Albertustaler.

Patagonien, der südlichste Teil Südamerikas (südl. des Río Colorado, umfaßt die zwei Großlandschaften West- und Ost-P. Der Feuerlandarchipel wird oft ebenfalls zu P. gezählt. West-P. ist weitgehend chilen. Staatsgebiet und etwa mit dem Großen Süden gleichzusetzen. Es umfaßt die von Regenwald bedeckte Patagon. Kordillere, den die Tafel- und Schichtstufenland von Ost-P. vorgelagert ist; es gehört zu Argentinien außer einem

Patagonier

kleinen Geb. an der Magalhãesstraße. Da Ost-P. im Regenschatten der Anden liegt, ist es Trockengebiet; nur niedrige Sträucher, Büschelgräser und im S Polsterpflanzen können wachsen. In den Tälern am Andenrand Buschwald, Kraut- und Sumpfwiesen. Die urspr. Tierwelt ist trotz der Eingriffe des Menschen noch artenreich, insbes. die Vogelwelt (Kondore, Strauße, Flamingos, Wildgänse, Möwen, sogar Sittiche und Kolibris). An der südl. Atlantikküste liegt das nördlichste Brutgebiet von Pinguinen. Robben sind an den Küsten verbreitet, an der Halbinsel Valdés leben See-Elefanten.
Die O-Küste wurde 1520 von F. de Magalhães entdeckt. Die Besiedlung setzte nach 1883 ein; eingeführt wurde Schafzucht, zunächst zur Erzeugung von Wolle, später auch von Fett und Fleisch. Gefrierfleischfabriken in den Hafenstädten exportieren direkt. Feldbau findet sich nur am Andenrand, auf Bewässerungsflächen in den Tälern und an der Küste. Neben Steinkohlenabbau in El Turbio bed. Erdöl- und Erdgasfelder.

Patagonier, Bez. für die heute weitgehend ausgestorbenen Indianer Ostpatagoniens.

Pataliputra ↑Patna.

Patan, Stadt unmittelbar südl. von Katmandu, Nepal, 79900 E. Nahrungsmittel-, holzverarbeitende Ind., Baumwollverarbeitung, Ziegeleien und Druckereien; in tibet. Flüchtlingslagern Teppichherstellung. - Als **Lalitpur** vermutl. 299 v.Chr. gegr. - Zahlr. buddhist. und hinduist. Tempel aus verschiedenen Epochen sowie 4 Stupas aus dem 3. Jh. v.Chr.

Patandschali, ind. Grammatiker um 150 v.Chr. - Verfaßte mit seinem „Mahabhaschja" (Großer Kommentar) die ältesten erhaltenen krit. Erläuterungen zu ↑Panini. Zahlr. Beispiele aus dem tägl. Leben machen den Kommentar zugleich zu einer bed. Quelle für die Kultur des alten Indien.

Pataria [italien.; nach dem Namen des Mailänder Trödelmarktes], radikale, religiössoziale Aufstandsbewegung in der Lombardei; dehnte sich von Mailand über andere oberital. Städte aus und richtete sich v.a. gegen aristokrat. Herrschaft und die adlige Reichskirche. In der 1. Phase (1057–59) blieb der Aufstand auf Mailand beschränkt, wo mit päpstl. Unterstützung Erzbischof Guido besiegt werden konnte. Die 2. Aufstandsphase (ab 1066/67) führte zur Abdankung Guidos 1070 († 1071) und zur Ausbreitung des Aufstands auf andere lombard. Städte und wurde nach blutigen Auseinandersetzungen (1075) Teil des allg. Streits zw. Kaiser und Papst.

Patas [afrikan.] ↑Husarenaffe.

Pätau-Syndrom [nach dem dt.-amerikan. Kinderarzt K. Pätau, 20. Jh.], Chromosomenanomalie (Trisomie), die mit Schwachsinn, Taubheit, Krampfanfällen und organ. Mißbildungen (Lippen-Kiefer-Spalte, abnorme Kleinheit der Augen) einhergeht.

Patavium ↑Padua.

Patchwork [engl. 'pætʃwəːk „Flickwerk"], Wandbehänge, Decken, Kleider, Taschen u. a., die aus Stoff- oder Lederflicken zusammengesetzt sind.

Pate [zu lat. pater „Vater"], Tauf- [oder Firm]zeuge in den christl. Kirchen. Urspr. ein Bürge und Beistand für den die christl. Taufe begehrenden Heiden; mit dem Aufkommen der Kindertaufe (nicht vor dem 3.Jh.) wurde der P. außerdem zum mündigen Vertreter des Täuflings bei der Taufhandlung. Zw. P. und Täufling besteht ↑geistliche Verwandtschaft. Die Reformation behielt ledigl. das Taufpatenamt unter Ausschluß der Eltern bei. Gegenwärtig ist der kirchl.-öffentl. Charakter des P.amtes weitgehend einer innerfamiliären Funktion gewichen.

Patella [lat.], svw. Kniescheibe (↑Kniegelenk).

Patellarsehnenreflex [lat./dt./lat.] (Kniesehnenreflex, Patellarreflex), reflektor. Streckbewegung des Unterschenkels, wenn bei entspannter Haltung des Beins im Schlag mit dem Reflexhammer gegen die Patellarsehne des vierköpfigen Schenkelstreckers geführt wird. Der P. fehlt z.B. bei Rückenmarksschwindsucht und Nervenentzündungen; übernormal ausgeprägt ist er bei Pyramidenbahnerkrankungen.

Patene [zu lat. patina „Schüssel, Pfanne"], liturg. Gerät bei Eucharistie und Abendmahl, ein flacher, z. T. reich verzierter metallener Teller für die Hostie bzw. die Hostien.

Patenier, Joachim [niederl. paːtəˈniːr] ↑Patinir, Joachim.

patent [studentensprachl. von ↑Patent], geschickt, praktisch, tüchtig.

Patent [mittellat., zu (littera) patens „(landesherrlicher) offener Brief"], bis ins 19.Jh. Urkunde zur Verleihung von Rechten an Personengruppen (z.B. *Toleranz-P.* zur Gewährung von Religionsfreiheit) oder (als Bestallungsurkunde) an Einzelpersonen (z.B. Offiziers-P., Kapitäns-P.); auch obrigkeitl. Bekanntmachung für die Allgemeinheit (z.B. Februarpatent).

◆ Schutzrecht für eine neue Erfindung, die eine gewerbl. Verwertung gestattet. Die P.fähigkeit setzt eine Reihe von Erfordernissen voraus, deren Vorhandensein in einem vom Patentamt durchzuführenden Prüfungsverfahren festgestellt wird. Voraussetzungen sind u.a. ein techn. Charakter der Erfindung, Ausführbarkeit, Wiederholbarkeit, Nützlichkeit und Vorliegen einer erfinder. Tätigkeit.

Patentanker ↑Ankereinrichtung.

Patentanwalt, freier Beruf mit den Zulassungsvoraussetzungen der entsprechenden techn. Befähigung und der erforderl. Rechtskenntnisse; die techn. Befähigung ist durch ein naturwiss. oder techn. Studium mit Abschluß zuzüglich mindestens 1 Jahr prakt. Tätigkeit nachzuweisen. Die erforderl. Rechtskenntnisse werden durch eine dreijährige Ausbildung im gewerbl. Rechtsschutz nachgewiesen.

Patentanwaltsgehilfe, Beruf mit zweieinhalbjähriger Ausbildung, oft gekoppelt mit der Ausbildung zum Rechtsanwaltsgehilfen.

Patentgerichtsbarkeit, im engeren Sinne die Rechtsprechung in Patentsachen durch das ↑Bundespatentgericht, im weiteren Sinne auch die Rechtsprechung in Patentstreitsachen durch die Spezialkammern bestimmter Landgerichte, gegen deren Entscheidung der übl. zivilprozessuale Rechtsweg offensteht.

Patentlog ↑Log.

Patentrecht, 1. im objektiven Sinn die Gesamtheit der Rechtsnormen, die die Rechtsverhältnisse an Patenten sowie das Verfahren in Patentsachen regeln, v. a. das Patentgesetz und das Sortenschutzgesetz; 2. im subjektiven Sinne das absolute Recht auf die Nutzung des Patents; es zählt zu den Immaterialgüterrechten. Das Patent entsteht nach der Anmeldung einer Erfindung beim Patentamt, in der BR Deutschland beim Deutschen Patentamt mit Sitz in München, durch Erteilung des Patents (**als Deutsches Bundespatent**) nach Abschluß des Prüfungsverfahrens. Der Antrag auf Erteilung eines Patents muß eine techn. Bezeichnung des Erfindungsgegenstands, eine Beschreibung der Erfindung, die einem Fachmann die Benutzung der Erfindung ermöglichen muß, sowie die Patentansprüche enthalten. Die Schutzdauer für ein Patent beträgt 18 Jahre. Das Patent ist vererblich und übertragbar. Nicht patentfähig sind u. a. wiss. Entdeckungen und Theorien, Spiele, Pflanzensorten, Computerprogramme, Züchtungsverfahren. Zu den Erfordernissen für die Anerkennung als ↑Patent gehört als weitere Gültigkeitsvoraussetzung auch die sog. Offenbarung, d. h., daß die Erfindung in der Patentschrift so deutlich und vollständig beschrieben werden muß, daß ein Fachmann sie ausführen kann.

Die wichtigsten Theorien für die Begründung des Patentsystems sind: 1. die sog. *Vertrags-* oder *Offenbarungstheorie,* nach der der Erfinder seine Erkenntnisse der Allgemeinheit zur Verfügung stellt und dafür ein zeitl. begrenztes Ausschließlichkeitsrecht erhält; 2. die *Naturrechts-* oder *Eigentumstheorie,* nach der dem Erfinder das *geistige Eigentum* an seiner Idee zusteht und das Patent die Anerkennung dieses Eigentums darstellt; 3. die *Belohnungstheorie,* die das Patent als belohnende Gegenleistung für einen der Gemeinschaft geleisteten nützl. Dienst ansieht.

Geschichte: Ab dem 14./15. Jh. wurden vereinzelt von Obrigkeiten Erfindern Privilegien

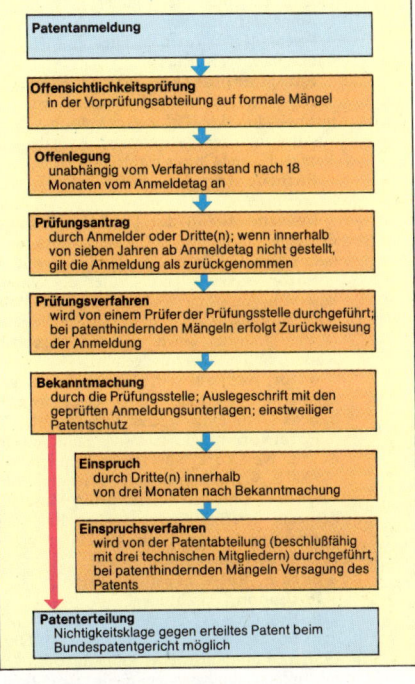

```
┌─────────────────────────────────────┐
│ Patentanmeldung                     │
└─────────────────────────────────────┘
                 ↓
┌─────────────────────────────────────┐
│ Offensichtlichkeitsprüfung          │
│ in der Vorprüfungsabteilung auf     │
│ formale Mängel                      │
└─────────────────────────────────────┘
                 ↓
┌─────────────────────────────────────┐
│ Offenlegung                         │
│ unabhängig vom Verfahrensstand nach │
│ 18 Monaten vom Anmeldetag an        │
└─────────────────────────────────────┘
                 ↓
┌─────────────────────────────────────┐
│ Prüfungsantrag                      │
│ durch Anmelder oder Dritte(n); wenn │
│ innerhalb von sieben Jahren ab      │
│ Anmeldetag nicht gestellt, gilt die │
│ Anmeldung als zurückgenommen        │
└─────────────────────────────────────┘
                 ↓
┌─────────────────────────────────────┐
│ Prüfungsverfahren                   │
│ wird von einem Prüfer der           │
│ Prüfungsstelle durchgeführt; bei    │
│ patenthindernden Mängeln erfolgt    │
│ Zurückweisung der Anmeldung         │
└─────────────────────────────────────┘
                 ↓
┌─────────────────────────────────────┐
│ Bekanntmachung                      │
│ durch die Prüfungsstelle;           │
│ Auslegeschrift mit den geprüften    │
│ Anmeldungsunterlagen; einstweiliger │
│ Patentschutz                        │
└─────────────────────────────────────┘
          ↓         
       ┌──────────────────────────────┐
       │ Einspruch                    │
       │ durch Dritte(n) innerhalb    │
       │ von drei Monaten nach        │
       │ Bekanntmachung               │
       └──────────────────────────────┘
                 ↓
       ┌──────────────────────────────┐
       │ Einspruchsverfahren          │
       │ wird von der Patentabteilung │
       │ (beschlußfähig mit drei      │
       │ technischen Mitgliedern)     │
       │ durchgeführt; bei            │
       │ patenthindernden Mängeln     │
       │ Versagung des Patents        │
       └──────────────────────────────┘
                 ↓
┌─────────────────────────────────────┐
│ Patenterteilung                     │
│ Nichtigkeitsklage gegen erteiltes   │
│ Patent beim Bundespatentgericht     │
│ möglich                             │
└─────────────────────────────────────┘
```

Patentrecht. Schematische Darstellung des Patenterteilungsverfahrens

verliehen, die eine zeitl. befristete, ausschließl. Nutzung garantierten; die Bez. als Patent erklärt sich aus der Form dieser Privilegienverleihung in offener Urkunde („litterae patentes"). Die erste gesetzl. Regelung war das Patentgesetz der Republik Venedig von 1474. 1624 beschränkte in England eine Parlamentsakte den Schutz auf höchstens 14 Jahre. Der Begriff des geistigen Eigentums wurde vom neuzeitl. Naturrecht entwickelt, wobei unter diesen Begriff neben literar. und künstler. Werken auch Erfindungen fallen. Ein erstes, diesen Prinzipien entsprechendes Schutzgesetz erließ Frankreich 1791. Im dt. Raum wurde das erste Patentgesetz 1877 erlassen.

📖 *Bernhardt, W./Krasser, R.:* Lehrb. des P. Mchn. [4]1986. - *Beetz, R., u. a.:* Europ. P. Köln [2]1979.

Pater, Walter Horatio [engl. 'pɛɪtə], * Shadwell (= London) 4. Aug. 1839, † Oxford 30. Juli 1894, engl. Schriftsteller und Kritiker. - Von Ruskin beeinflußt; bedeutendster theoret. Vertreter des Prinzips des L'art pour l'art; beschäftigte sich v. a. mit Platon, Hellenismus, der Renaissance, Winckelmann und

Pater

Goethe. Bedeutendster Schüler seines Ästhetizismus war O. Wilde.

Pater [lat. „Vater"], Titel und Anrede kath. Ordensgeistlicher.

Paterfamilias [lat. „Vater der Familie"], altröm. Bez. für den Hausvater, dem die uneingeschränkte Leitungsgewalt im Haus zustand und der die priesterl. Aufgabe der Verehrung der Götter wahrnahm.

Paternoster [lat. „unser Vater"], svw. ↑ Vaterunser.

Paternosteraufzug [nach den aneinandergereihten Perlen der Paternosterschnur (ältere Bez. für Rosenkranz)] ↑ Fördermittel.

Pater patriae [lat. „Vater des Vaterlandes"], von Senat, Ritterstand und Volk Kaiser Augustus am 5. Febr. 2 v. Chr. verliehener Ehrentitel; auch von den folgenden Kaisern (außer Tiberius) geführt.

pater, peccavi [lat. „Vater, ich habe gesündigt"], nach Luk. 15, 18 Gebetsformel, die das Geständnis eigener Schuld einleitet.

Paterson [engl. 'pætəsn], Stadt 60 km nw. von New York, New Jersey, 30 m ü. d. M., 138 000 E. Kath. Bischofssitz; Teile der kath. Seton Hall University, naturhistor. Museum. Zentrum der Textilind., daneben Bau von Flugzeugen, Lokomotiven, Maschinen u. a. - 1679 niederl. Ansiedlung.

path..., Path... ↑ patho..., Patho...

Pathanen ↑ Paschtunen.

Pathé, Charles [frz. pa'te:], * Chevry-Cossigny 26. Dez. 1863, † Monte Carlo 25. Dez. 1957, frz. Filmindustrieller. - Gründete ab 1896 zus. mit seinem Bruder *Émile P.* (* 1860, † 1937) geschaffenen Gesellschaft *Pathé Frères* als Begründer der frz. Filmindustrie.

pathétique [frz. pate'tik], musikal. Vortragsbez.: erhaben, feierlich.

pathetisch [zu griech. pathētikós „leidend, leidenschaftlich"], ausdrucksvoll, feierlich; übertrieben gefühlvoll.

Pathet Lao, Bez. für die von Kommunisten geführte „Vereinigte Volksfront" von Laos und deren Anhänger; entstand 1944 unter der nominellen Führung des Prinzen Suvannavong. Die Partisanenstreitkräfte des P. L. kämpften ab 1945 erfolgreich gegen die frz. Kolonialmacht; nach 1954 gelang ihnen bis zum Sommer 1973 die Eroberung von rd. $^3/_5$ des laot. Staatsgebietes. 1975 erlangte der P. L. die uneingeschränkte Kontrolle über ganz Laos und wurde alleinbestimmende polit. Kraft. - ↑ auch Laos, Geschichte.

patho..., Patho..., path..., Path... [zu griech. páthos „Schmerz"], Bestimmungswort von Zusammensetzungen mit der Bed. „Leiden, Krankheit".

pathogen, Krankheiten erregend oder verursachend, krankmachend; z. B. von Bakterien, chem. Stoffen. - Ggs. ↑ apathogen.

Pathogenese, Gesamtheit der an der Entstehung und Entwicklung einer Krankheit beteiligten Faktoren. - ↑ auch Ätiologie.

Pathognomie (Pathognomik, Pathognostik) [griech.], Lehre von den charakterist. Kennzeichen (Symptomen) einer Krankheit sowie von der Krankheitserkennung aus diesen Kennzeichen.

Pathologie, Wiss. und Lehre von den Krankheiten, insbes. ihrer Entstehung und den durch sie hervorgerufenen organ.-anatom. Veränderungen.

Pathos [griech. „Leid"], 1. in der „Poetik" des Aristoteles Hauptelement des Trag.; wesentl. Voraussetzung für die Katharsis; 2. in der neuzeitl. Ästhetik Stilform, die ein leidenschaftl. Darstellung ihrer Gegenstände mit dem Ausdruck hohen moral. und sittl. Anspruchs verbindet.

Patience [pasi'ãːs; lat.-frz. „Geduld"], Kartengeduldspiel mit zahlr. Varianten; meist werden die Blätter eines einfachen oder doppelten Kartenspiels so abgelegt, daß Sequenzen in einer bestimmten Reihenfolge entstehen. Bei P. für zwei Personen *(Streit-P.)* gilt derjenige Teilnehmer als Sieger, der seine Karten zuerst ablegt hat. Das Legen von P. wird auch als Orakel benutzt.

Patiens [...ti-ɛns; lat.], Ziel eines durch ein Verb ausgedrückten Verhaltens, z. B.: „Er baut *ein Haus*". - Ggs. ↑ Agens.

Patient [lat.], der in ärztl. Behandlung befindl. Kranke.

Patina [italien., eigtl. „Firnis, Glanzmittel für Felle"], graugrüne, aus bas. Carbonaten, Sulfaten und Chloriden bestehende Oberflächenschicht auf Kupfer und Kupferlegierungen, die sich durch Reaktion mit dem in der Luft enthaltenen Kohlen- und Schwefeldioxid, in Meernähe auch mit Kochsalz bildet. Eine P. läßt sich auch künstl. durch Auftragen konzentrierter Salzlösungen herstellen **(Patinieren).**

Patinir (Patinier, Patenier), Joachim, * Bouvignes-sur-Meuse bei Dinant zw. 1475/80, † Antwerpen 5. Okt. 1524, niederl. Maler und Zeichner. - Mit seinen phantast. „Weltlandschaften" Wegbereiter der reinen Landschaftsmalerei in den Niederlanden, u. a. „Taufe Christi" (Wien, Kunsthistor. Museum), „Ruhe auf der Flucht nach Ägypten" (Berlin-Dahlem, um 1520).

Patio [lat.-span.], Innenhof von Häusern, deren Wohnräume sich zum P. öffnen, v. a. in Spanien und Lateinamerika; auch in der modernen Wohnarchitektur.

Patisserie [lat.-frz.], schweizer. Bez. für feine Konditoreiwaren.

Patkai Hills [engl. 'paːtkaɪ 'hɪlz], Grenzgebirge zw. NO-Indien und N-Birma, bis 3 826 m hoch.

Patmos, von 2 Buchten stark gliederte griech. Insel des Dodekanes, 34 km^2, Hauptort *Chora*, überragt vom Johanneskloster (13., 15. und 17. Jh.).

Geschichte: Gehörte in der Antike zu Milet, diente in der röm. Kaiserzeit als Verban-

Patriarchat

nungsort; wurde berühmt als angebl. Aufenthaltsort des Evangelisten Johannes („Kloster der Apokalypse" mit Höhle, in der der Apostel seine Offenbarungen aufgezeichnet haben soll); 1088 wurde die Insel dem hl. Christodulos geschenkt, der auf P. ein Kloster gründete, das ein Zentrum der byzantin. Kultur wurde. Geriet 1537 unter osman. Herrschaft; ab 1912 Teil des neugriech. Staates.

Patna, Hauptstadt des ind. Bundesstaates Bihar, am Ganges, 52 m ü. d. M., 737 700 E. Kath. Bischofssitz; Univ. (gegr. 1917), Forschungsinst.; bed. oriental. Bibliothek. Textil-, metallverarbeitende, Leder-, Nahrungsmittel-, Möbel- und Glasind.; Flußhafen, ✈. - Nach buddhist. Tradition im 5. Jh. v. Chr. unter dem Namen **Pataliputra** gegr.; Hauptstadt des Maurjareiches (4.–2. Jh.), erste Hauptstadt des Guptareiches (4./5. Jh.); Hauptstadt der Pala-Dyn. (8.–12. Jh.) erlebte eine neue Blüte; wurde 1912 Hauptstadt des neu geschaffenen Prov. Bihar und Orissa. - Reste der kaiserl. Säulenhalle (76 × 76 m; vermutl. 3. Jh. v. Chr.) und einer Palisadenumwallung.

Patois [pato'a; frz., zu patte „Pfote"], frz. Bez. für die verschiedenen Sprechweisen in kleinen Gebieten oder Dörfern innerhalb desselben Dialektgebiets; die Bez. hat oft einen verächtl. Beiklang und bezieht das vermeintl. Grobe, Bäurische, Ungebildete mit ein. Seit dem 18. Jh. ist P. Bez. für jede Bauernmundart in Frankr. sowie die nichtfrz., die bask., breton. und die dt. Mundarten des Elsaß.

Patolitschew, Nikolai Semjonowitsch, * Solino (Gebiet Gorki) 23. Sept. 1908, sowjet. Politiker. - Seit 1937 in verschiedenen hohen polit. Ämtern, seit 1941 Mgl. des ZK der KPdSU; 1956–58 stellv. Außenmin., 1958–85 Außenhandelsminister.

Patras, griech. Stadt an der NW-Küste der Peloponnes, 142 200 E. Verwaltungssitz der Region Peloponnes und des Verw.-Geb. Achaia; orth. Bischofssitz; Univ. (gegr. 1964), archäolog. Museum. Wichtigster Hafen der Peloponnes. Konservenfabriken; Weinkeltereien, Textil- und Lederind., Metallverarbeitung und Papierind., bed. Handwerk. Fähren nach Brindisi (Italien), Korfu, Epirus und Piräus; ✈.
Geschichte: Das antike **Patrai** gehörte zu den Mitbegr. des Achäischen Bundes; als röm. Kolonie (**Colonia Augusta Aroe Patrensis**) durch Kaiser Augustus 14 v. Chr. neu gegr., wurde Sitz des Statthalters der Prov. Achaia sowie Haupthafen Griechenlands. Wurde im 13. Jh. fränk. Baronie; nach wechselnder venezian. und osman. Herrschaft 1828 dem neugriech. Staat eingegliedert.
Bauten: Röm. Odeon (2. Jh. v. Chr.), griech.-orth. Kirche Ajios Andreas (1836); in der Oberstadt fränk.-venezian. Burg.

Patria [lat.], Vaterland.

Patria potestas [lat. „väterl. Gewalt"], urspr. die Gesamtgewalt des Paterfamilias, später bes. die Gewalt über seine ehel. und adoptierten Kinder sowie deren legitime Abkömmlinge. Die P. p. enthielt urspr. das Recht über Leben und Tod des Hausangehörigen (in der Republik zur Strafgewalt abgeschwächt).

Patriarch [zu griech. patriárchēs „Sippenoberhaupt"], 1. im *A. T.* Bez. für die „Erzväter" des Volkes Israel, Abraham, Isaak und Jakob (auch dessen zwölf Söhne).
2. Im *frühen Christentum* bildeten sich mit dem Aufkommen der Einzelbischöfe Bischofssitze mit höherem Ansehen heraus, v. a. wegen des polit. Rangs der betreffenden Stadt und ihrer innerkirchl. Bed. So erhielten die Bischöfe von Rom, Alexandria, Antiochia, Konstantinopel und Jerusalem seit dem 5./6. Jh. den Titel „P.".
3. In den *Ostkirchen* sind die P. „Oberbischöfe" mit bestimmten jurisdiktionellen Hoheiten innerhalb ihrer **Patriarchate.** Heute stehen die P. an der Spitze der histor. Patriarchate oder der großen unabhängigen Nationalkirchen (von Rußland, Serbien, Bulgarien, Rumänien).
4. In der *kath. Kirche* ein Ehrentitel für den Papst („P. des Abendlandes"), die Bischöfe von Venedig (seit 1451) und Lissabon (1716), den Bischof des lat. Ritus von Jerusalem (1847), den Bischof von Goa (1886, P. von Ostindien); der Sitz des 1540 gegr. Patriarchats von Westindien ist seit 1963 vakant. - In den mit Rom unierten Ostkirchen ist der P. eine Mittelinstanz zw. Papst und Bischöfen; seine Jurisdiktionsgewalt erstreckt sich über alle Metropoliten und Bischöfe, über Klerus und Laien eines bestimmten Gebietes oder Ritus. Der P. wird von den Bischöfen des Patriarchats gewählt; die Gesetzgebung liegt bei der vom P. einberufenen Patriarchalsynode. Z. Z. gibt es Patriarchate für die armen., chaldäische, kopt., maronit. melkit. und [west]syr. Kirche.

Patriarchalbasilika, im kath. Kirchenrecht Titel der 5 Hauptkirchen in Rom: San Giovanni in Laterano, Santa Maria Maggiore, San Pietro in Vaticano, San Paolo und San Lorenzo sowie für 2 Basiliken in Assisi: San Francesco und Santa Maria degli Angeli. Die P. sind mit bes. Privilegien und mit Papstaltar und -thron (lat. patriarchium „Papstpalast") ausgestattet.

Patriarchalismus [griech.], Bez. für ein traditionelles, aus feudalen und agrar.-ländl. Lebensverhältnissen herrührendes, auch auf Staat und Wirtschaft zu übertragendes Herrschaftsverhältnis, in dem der jeweils Herrschende (z. B. Grundeigner, Fürst oder Unternehmer) wie ein Familienoberhaupt unbeschränkte Befehlsrechte, aber auch Fürsorgepflichten gegenüber seinen Untergebenen besitzt.

Patriarchat [griech.], in der kath. Kirche und den Ostkirchen ↑ Patriarch.

Patricia

◆ (Vaterherrschaft) Bez. für eine Gesellschaftsordnung, in der der Mann - v. a. in einer mehrere Generationen umfassenden Großfamilie - die oberste Entscheidungs- und Verfügungsgewalt über alle Familien-Mgl. besitzt.

Patricia [engl. pəˈtrɪʃə], engl. Form des weibl. Vornamens Patrizia.

Patricius [lat.], spätantiker Ehrentitel; seit Konstantin I., d. Gr., an höchste Würdenträger, bes. auch an german. Heerführer und Könige in röm. Dienst verliehen.

Patricius Romanorum [lat.], 754 von Papst Stephan II. an den fränk. König Pippin III., d. J., und seine Söhne verliehener Titel, der an den Titel des Exarchen von Ravenna als den Vertreter des byzantin. Kaisers anknüpfte; fiel seit Karl d. Gr. mit dem Kaisertitel zusammen. Im 10. Jh. kennzeichnete er den Stadtherrn Roms, aber auch, von Otto III. verliehen, den Stellvertreter des Kaisers. Die Salier knüpften an die stadtherrl. Würde an, leiteten daraus aber auch den entscheidenden Einfluß des Röm. Königs als P. R. auf die Erhebung des Papstes ab.

Patrick [engl. ˈpætrɪk], engl. männl. Vorname (ir. Form von Patrizius).

Patrick [engl. ˈpætrɪk], hl., lateinisiert Magonus Sucatus Patricius, eigtl. Sucat (Succat), * in S-Wales um 385 (?), † Saul (Saulpatrick?, Nordirland) zw. 457 und 464 (?), Missionar Irlands („Apostel Irlands"). - Mit 16 Jahren von Piraten nach Irland verschleppt und als Sklave verkauft; kam später nach Gallien und als Missionsbischof nach Irland, wo er durch umfangreiche Missionstätigkeit die iroschott. Kirche organisierte. Er starb als Bischof von Armagh (?). Seine Verehrung war im MA über weite Teile Europas verbreitet. Dargestellt als Bischof mit segnender Hand, mit einer Schlange oder einem Kleeblatt. - Fest: 17. März.

Patrickskreuz [engl. ˈpætrɪk], nach dem hl. Patrick ben., 1801 (neben dem schott. Andreaskreuz und dem engl. Georgskreuz) in den Union Jack aufgenommenes Symbol Irlands: rotes Andreaskreuz auf weißem Grund.

Patrilineage [pætriˈlɪnɪdʒ; lat.-engl.] ↑ Lineage.

patrilineal (patrilinear) [lat.], Abstammungsordnung nach der väterl. Linie.

Patrimonialgerichtsbarkeit [lat./dt.] (Gutsgerichtsbarkeit), Gerichtsbarkeit, die der Grundherr über seine Grundhörigen ausübte. Bei der Entstehung der neuzeitl. Territorialstaaten verblieb der P. ledigl. die Zuständigkeit für Polizeisachen; im Zuge der Bauernbefreiung des 19. Jh. in Deutschland endgültig aufgehoben.

Patrimonium [lat.], väterl. Erbgut; im Staatsrecht der röm. Kaiserzeit das Privatvermögen des Herrschers im Ggs. zum Staatsvermögen. Das P.prinzip diente im MA zur Rechtfertigung der an das Grundeigentum geknüpften Hoheitsrechte (z. B. Gerichtsbarkeit) und der in den Kleinstaaten gegen Ende des MA einsetzenden „Privatisierung" öffentl. Gewalt; der Fürst regierte patrimonial als Grundherr und oberster Eigentümer über „Land und Leute" (**Patrimonialstaat**).

Patrimonium Petri [lat.] ↑ Kirchenstaat.

Patriot [zu frz. patriote „Vaterlandsfreund" (von griech. patriótēs „aus demselben Geschlecht stammend")], Bez. für jemanden, der sich voll für sein Vaterland einsetzt und von ↑ Patriotismus erfüllt ist.

Patriotenliga ↑ Ligue des patriotes.

Patriotische Front, Abk. PF, Zusammenschluß der obw. Befreiungsorganisationen Zimbabwe African National Union (ZANU) und Zimbabwe African People's Union (ZAPU); gegr. im Okt. 1976 von J. Nkomo und R. G. Mugabe; bekämpfte polit. und militär. den Verfassungskompromiß von 1978/79 und erreichte mit dem Abschluß der Verfassungskonferenz Ende Dez. 1979 ihr Ziel. - ↑ auch Simbabwe (Geschichte).

Patriotismus, Vaterlands-, Heimatliebe; Verehrung und gefühlsmäßige Bindung an Werte, Traditionen und kulturhistor. Leistungen des eigenen Volkes bzw. der eigenen Nation; entstand in Europa seit dem 18. Jh. P. äußert sich u. a. in der Achtung von nat. Symbolen (Flaggen, Hymnen) und bes. Begehung von Nat.feiertagen. Die Wirkung des P. reicht von sozialer und polit. Integration in Notzeiten bis zur nat. Überheblichkeit (Chauvinismus, Nationalismus), die irrationale Freund-Feind-Verhältnisse züchten kann. Der demonstrativ zur Schau gestellte P. im Wilhelmin. Deutschland verflachte vielfach zur Phrase (*Hurra-Patriotismus*).

Patripassianer [lat.] ↑ Modalismus.

Patristik [zu lat. pater „Vater"] (Patrologie), wiss. Disziplin, die sich mit dem Studium der Kirchenväter befaßt (gelegentl. auch Bez. für die Zeit der Kirchenväter); entstanden aus dem Bedürfnis, bestimmte Lehren der Kirche unter Rückgriff auf die Tradition zu begründen, wurde P. als Begriff in der luth. Theologie des 17. Jh. geprägt zur Bez. einer „Theologie der Kirchenväter"; sie wird heute als Geschichte der *altchristl. Literaturen* aufgefaßt und betrieben. In ihrem Mittelpunkt steht heute die Erarbeitung und Edition der großen Textreihen, z. B. für die lat. Autoren das „Corpus Scriptorum Ecclesiasticorum Latinorum" (Abk. CSEL; 1866 ff.) der Wiener Akad., für die griech. Autoren die „Griech. Christl. Schriftsteller" (Abk. GCS; 1897 ff.) der Berliner Akad., für die oriental. Autoren das „Corpus Scriptorum Christianorum Orientalium" (Abk. CSCO, hg. von der kath. Univ. Löwen; 1903 ff.). Das „Corpus Christianorum" (Abk. CC, hg. von der Abtei Steenbrügge, Belgien; 1953 ff.) schickt sich an, nicht nur die unvollkommene Nachdruckausgabe von J.-P. †Migne zu verdrängen, sondern auch zum wiss. Kristallisationspunkt zu werden.

Patrize [lat., zu pater „Vater"], in Stahl geschnittener, erhabener Stempel einer Schrifttype. Mit der P. wird das negative Bild, die †Matrize, geprägt.

Patrizia, weibl. Vorname, weibl. Form von Patrizius.

Patrizier [lat., zu patres „Väter, Vorfahren, Senatoren"], 1. im antiken Rom die Nachkommen der in der Frühzeit der Republik mit der senator. Ratsfähigkeit ausgezeichneten Geschlechter- und Sippenhäupter (patres), die das **Patriziat** bildeten. Die P. waren der ausschlaggebende Faktor bei der Beseitigung des Königtums zu Beginn des 5. Jh. v. Chr., sie übernahmen die Staatsführung durch den patriz. Senat und die patriz. Konsuln und bildeten i. e. S. das röm. Staatsvolk. Gegen ihre ausschließl. Herrschaft stellten sich im Ständekampf die Plebejer, die bis 287 v. Chr. die polit. Gleichberechtigung erlangten und mit den P. zur Nobilität zusammenwuchsen.
2. In den europ. Städten des MA bis zur Auflösung der ständ. Ordnung die Angehörigen der Oberschicht des Bürgertums, die dem niederen Adel ebenbürtig war und polit. Vorrechte, v. a. Ratsfähigkeit, beanspruchte. Dieses **Patriziat** war aus Fernhändlern, Ministerialen des Stadtherren und zugezogenen Landadligen zusammengewachsen. Seine Herrschaft wurde in den Zunftkämpfen des 14. Jh. erschüttert, sein Wirkungsbereich auf Grund der Ausbildung fürstl. Territorialstaaten weiter eingeengt.

Patrizius (Patricius), männl. Vorname lat. Ursprungs, eigtl. „der Edle, der Patrizier".

Patrologie [griech.], 1. im kath. Bereich Bez. für †Patristik; 2. Bez. für Lehrbücher der Patristik.

Patron [lat., zu pater „Vater, Hausherr"], im *altröm.* Recht der durch ein gegenseitiges Treueverhältnis mit den Klienten verbundene Schutzherr.
◆ im *kath.* und *ev. Kirchenrecht* †Patronat.
◆ in der *kath.* Kirche Engel oder Heiliger, der als bes. Beschützer einer Kirche (*Kirchen-P.*), eines Standes oder einer Berufsgruppe, einer Stadt, Diözese oder eines Landes oder einer Person (*Namens-P.*) verehrt wird.

Patronage [frz. patrɔˈnaːʒ; lat.-frz.], nicht primär an Leistungen und Verdienst gebundenes, sondern von Begünstigung und Protektion geprägtes Förderungs- und Ausleseverfahren im gesellschaftl. und polit. Bereich.

Patronat [lat.] (Patronatsrecht), Rechtsbeziehung zw. kath. oder ev. Kirche und dem Stifter (*Patron*) einer Kirche oder eines Benefiziums bzw. dessen Rechtsnachfolger. Das wichtigste Recht besteht darin, der zuständigen kirchl. Autorität für die Besetzung des betreffenden Amtes einen verbindl. Vorschlag zu machen. Dieses Recht beruht auf dem ma. Eigenkirchenwesen und kann deshalb auch von Laien (Laienpatronat) wahrgenommen werden. Zu den Pflichten gehört die subsidiäre Baulast, auf die sich die Bed. des P. heute im allg. beschränkt. Die luth. Kirche modifizierte das kath. P. unter wirtsch. Druck durch eine Erweiterung der mit den Privilegien verbundenen Pflichten, v. a. hinsichtl. der subsidiären Verpflichtung zum Tragen der Baulast, häufig verbunden mit einer Stärkung des Präsentationsrechtes bei der Pfarrbesetzung und größerer Einflußnahme auf die Kirchenleitung.

Patrone [zu mittellat. patronus „Vaterform, Musterform"], in der *Textiltechnik* die Bindungsmusterzeichnung für ein Gewebe auf kariertem Papier (sog. *P.papier*).
◆ schußfertige †Munition, bei der Hülse, Treibladung und Geschoß miteinander verbunden werden.
◆ kleiner, in ein Gerät einsetzbarer Behälter (für Kleinbildfilm, Tinte u. a.).

Patronymikon [griech.], von dem Namen des Vaters oder eines anderen Vorfahren hergeleiteter Familienname, z. B. *Friedrichsen, Friedrichs* (aus Friedrichs Sohn), im Schott. *MacAdam* (Sohn des Adam), im Arab. *Ibn Saud* (Sohn des Saud) oder im Hebr. *Ben Gurion* (Sohn des Gurion). Seltener ist das †Metronymikon.

Patrouille [paˈtrʊljə; frz., eigtl. „Herumwaten im Schmutz"], meist aus mehreren Soldaten bestehender Trupp bzw. Gruppe zur Feind- bzw. Geländeaufklärung oder zur Si-

Pat und Patachon (1926)

cherung der eigenen Truppe: Späh-, Stoßtrupp, Gefechtsvorposten.

Patrozinium [lat.], in der röm. Gesellschaft aus dem Verhältnis des Großbauern zu seinen rechtsunfähigen Klienten entstandenes gegenseitiges Schutz- und Treueverhältnis.
◆ in der *kath. Kirche* die Schutzherrschaft eines Heiligen (Patron) über eine Kirche.

Patscherkofel, Berg im Tuxer Gebirge, sö. von Innsbruck, 2 247 m; Alpengarten.

Patt [frz.], Stellung im Schach, bei der die am Zug befindl. Partei mit keiner der auf dem Brett stehenden Figuren zu ziehen vermag. P.stellungen werden als unentschieden gewertet.
◆ auf den polit. Bereich übertragene Bez. für die Gleichheit der Kräfte von Reg. und Opposition *(parlamentar. P.)* oder von militär. Gegnern *(atomares P.).*

Pattensen, Stadt südl. von Hannover, Nds., 53 m ü. d. M., 13 400 E. Niedersächs. Hauptstaatsarchiv; Museum; Betonwarenherstellung, Möbelfabrik. - 1022 erstmals und um 1230 als Stadt genannt.

Pattern [engl. 'pætən „Muster" (zu ↑ Patrone)] (Mrz. Patterns), allg. svw. Muster, Struktur, Schema, Modell, Schablone, Konstellation. In den *Verhaltens-* und *Sozialwiss.* vielseitig verwendeter Begriff, z. B. für ein bestimmtes ritualisiertes oder institutionalisiertes Verhaltensmuster, eine soziale Grundstruktur, ein Denkmodell, eine gliederte Anordnung oder ein aus bestimmten, meist wiederkehrenden Elementen zusammengefügtes Ablaufschema (u. a. Verhaltensprogramme oder Testvorlagen).

Pattern painting [engl. 'pætən 'peɪntɪŋ = Mustermalerei], Richtung der zeitgenöss. Malerei mit Schwerpunkt in den USA um 1980, die großformatig-dekorative Ornamente zu farbenfrohen Kompositionen mit folklorist. Wirkung vereinigt. Vertreter: R. Kushner, Tina Girouard, Ned Smith, Miriam Shapiro, Joyce Kozloff, Brad Davis.

Pat und Patachon [...ʃɔn], dän. Komikerpaar (eigtl. Carl Schenström, * Kopenhagen 13. Nov. 1881, † ebd. 10. April 1942, und Harald Madsen, * Silkeborg 20. Nov. 1890, † Usserød [= Hørsholm] 13. Juli 1949). - In Europa durch zahlr. Filme als Vorläufer von „Dick und Doof" bekannt. - Abb. S. 301.

Pau [frz. po], frz. Stadt im Pyrenäenvorland, 210 m ü. d. M., 83 800 E. Verwaltungssitz des Dep. Pyrénées-Atlantiques; Univ. (gegr. 1969), Fallschirmspringerschule; Museum des Béarn, Schloß-, Bernadotte-, Kunstmuseum, Handelszentrum, heilklimat. Kurort; metallverarbeitende, Leder- und Textilind. - Entstand um eine Burg des Vizegrafen von Béarn; 1154 erstmals erwähnt; 1464 Stadtrecht; 1512 auch Hauptort des Kgr. Navarra. - Schloß (12.-16. Jh.) mit Bildteppichsammlung und Heinrich-IV.-Museum.

Pauer, Jiří [tschech. 'pau̯ɛr], * Libušín bei Kladno 22. Febr. 1919, tschech. Komponist. - Seit 1956 Leiter der Tschech. Philharmonie; komponierte Opern, Orchester- und Kammermusik, Konzerte, u. a. für Horn (1959), in denen Stilelemente der tschech. Tradition mit den Kompositionsmitteln der modernen Musik vereinigt sind.

Pauke (Kesselpauke), wichtigstes, zur Klasse der Membranophone gehörendes Schlaginstrument des Orchesters. Die P. besteht aus einem halbkugelförmigen oder (heute meist) parabol. Resonanzkörper aus Kupferblech und einer darübergespannten Membran („Fell") aus gegerbtem Kalbfell oder Kunststoff, die mit Schlegeln angeschlagen wird. Das Fell ist am Fellwickelreifen befestigt; über diesem befindet sich der Felldruckreifen, der mit Hilfe von 6-8 Spannschrauben verstellt werden kann und so das Fell spannt oder entspannt.
Bei der **Schraubenpauke** müssen die Schrauben einzeln mit der Hand gedreht werden. Die verschiedenen Arten der **Maschinenpauke** besitzen dagegen eine mechan. Einrichtung, durch die der Felldruckreifen an allen Ansatzpunkten gleichzeitig angegriffen wird; damit ist ein schnelles Umstimmen möglich. Maschinen-P. sind die **Drehpauke**, bei der der Kessel auf einer vertikalen Zentralspannschraube gedreht wird, und die **Kurbel-** oder **Hebelpauke,** deren zu einem zentralen Gewinde zusammengefaßte Stimmschrauben mit einer Kurbel oder einem Hebel gedreht werden. In großen Orchestern ist heute die **Pedalpauke** üblich, deren Stimmschrauben durch Pedaldruck bewegt werden.
Im Unterschied zur Trommel hat die P. eine feste Tonhöhe, die im Umfang von etwa einer Sexte verändert werden kann. Gebaut werden verschiedene Größen mit einem Felldurchmesser von 55 bis 80 cm. Gewöhnl. wird die P. paarweise (C- und G-Pauke) eingesetzt. Durch die Wahl verschiedener Schlegel (Kopf aus Holz oder mit Filz, Flanell oder Leder überzogen) und der Anschlagstelle auf dem Fell kann der Klang beeinflußt werden. Eine charakterist. Spielmanier ist der ↑ Wirbel. Die P. ist asiat.-oriental. Herkunft, und gewann seit dem 17. Jh. zunehmende Bed. für die europ. Orchestermusik.

Paukenbein (Tympanicum), das Trommelfell und (bei den Plazentatieren) den äußeren Gehörgang größtenteils umschließendes Knochenstück bei den Wirbeltieren. Bei den Säugetieren (einschließl. Mensch) bildet das P. als Teil des Schläfenbeins die seitl. und vordere Wand der Paukenhöhle (↑ auch Felsenbein).

Paukenhöhle, Hohlraumsystem des Mittelohrs mit den Gehörknöchelchen.

Paul, männl. Vorname lat. Ursprungs (zu paul(l)us „klein"); italien. Form Paolo, span. Pablo, russ. Pawel, ungar. Pál.

Paul, Name von Päpsten:
P. II., *Venedig 1418, † Rom 26. Juli 1471, vorher Pietro Barbo, Papst (seit 30. Aug. 1464). - 1440 Kardinal. Der Widerruf der Wahlkapitulation, in der u. a. ein allg. Konzil in Aussicht gestellt worden war, entfremdete P. den Kardinälen. P. bannte 1466 den böhm. König Georg, er begünstigte Matthias I. Corvinus in Ungarn, hielt aber auch mit Kaiser Friedrich III. gute Verbindung; er bestimmte, daß ab 1475 alle 25 Jahre ein † Heiliges Jahr gefeiert werde.
P. III., *Canino oder Rom 1468, † Rom 10. Nov. 1549, vorher Alessandro Farnese, Papst (seit 13. Okt. 1534). - Berief reformfreudige Männer ins Kardinalskollegium, bildete 1536 eine Reformkommission, förderte Ordensreformen (1540 Bestätigung des Jesuitenordens), organisierte die röm. Inquisition 1542 und eröffnete das Konzil von Trient 1545. P. förderte Wiss. und Kunst (Michelangelo).
P. IV., *Capriglio bei Neapel 1476, † Rom 18. Aug. 1559, vorher Gian Pietro Carafa, Papst (seit 23. Mai 1555). - 1524 Mitbegr. der Theatiner; ab 1542 an der Spitze der röm. Inquisition. Seine Politik führte zu einem übersteigerten Nepotismus.
P. V., *Rom 1552, † ebd. 28. Jan. 1621, vorher Camillo Borghese, Papst (seit 16. Mai 1605). - Strenger Kanonist, der an den Herrschaftsansprüchen des ma. Papsttums festzuhalten versuchte. Dies führte zu schweren polit. Konflikten mit Frankr. und England und v. a. mit der Republik Venedig 1605-07. P. förderte die Weltmission (v. a. in Indien, China, Kanada) sowie Wiss. und Künste (Vollendung der Peterskirche). Durch nepotist. Begünstigung begann der Aufstieg der † Borghese.
P. VI., *Concesio bei Brescia 26. Sept. 1897, † Castel Gandolfo 6. Aug. 1978, vorher Giovanni Battista Montini, Papst (seit 21. Juni 1963). - Enger Mitarbeiter Pius' XII.; 1954 Erzbischof von Mailand, 1958 Kardinal. Sein Pontifikat begann in Fortführung des Programms Johannes' XXIII., v. a. in Weiterführung und Abschluß des 2. Vatikan. Konzils. Zahlr. Reisen sollten dem Frieden und der Versöhnung in Kirche und Welt dienen: 1964 Reise nach Israel (Begegnung mit Patriarch Athenagoras von Konstantinopel) und nach Indien, 1965 in die USA (Rede vor den UN), 1969 nach Genf (Weltrat der Kirchen) u. a. Zu seinen wichtigsten Verlautbarungen über Glaube, christl. Sitte und kirchl. Disziplin zählen die Sozialenzyklika „Populorum progressio" (1967) und die - teilweise heftig diskutierten - Rundschreiben „Sacerdotalis caelibatus" (1967, über den priesterl. Zölibat) und „Humanae vitae" (1968, über Fragen der Ehe und Geburtenregelung). In der christl. Ökumene legte P. den Schwerpunkt auf Annäherung der orth. Kirchen. In den innerkirchl. Auseinandersetzungen zeigten sich deutl. Bestrebungen strafferer röm. Zentralisation und autoritativer Weisung.
📖 *Thomas, G., u. a.: Der Vatikan. Dt. Übers. Osnabrück 1984. - Helbling, H.: Politik der Päpste. Der Vatikan im Weltgeschehen 1958-1978. Bln. 1981. - Sandfuchs, W.: Paul VI. Würzburg 1878.*

Paul, Name von Herrschern:
Griechenland:
P. I., *Athen 14. Dez. 1901, † ebd. 6. März 1964, König (seit 1947). - Sohn König Konstantins I.; heiratete 1938 Prinzessin Friederike Luise von Braunschweig-Lüneburg; 1924-35 und 1941-46 im Exil; folgte am 1. April 1947 seinem Bruder Georg II. auf dem Thron.
Jugoslawien:
P. Karađorđević [serbokroat. kara‚dzoːrdzεvitɕ], *Petersburg 27. April 1893, † Neuilly-sur-Seine 14. Sept. 1976, Prinzregent. - Nach der Ermordung seines Vetters Alexander I. Karađorđević am 10. Okt. 1934 Regent für seinen Neffen Peter II. Ihm gelang 1939 der Ausgleich zw. Serben und Kroaten; lebte nach seinem Sturz am 27. März 1941 in Frankr.
Rußland:
P. I. (russ. Pawel I. Petrowitsch), *Petersburg 1. Okt. 1754, † ebd. 24. März 1801 (ermordet), Kaiser (seit 1796). - Sohn Peters III. und Katharinas II.; nahm an der 2. Koalition gegen Frankr. teil, schied aber nach nichtigen Differenzen mit Großbrit. 1799 aus und schloß sich Napoléon Bonaparte an. Im Innern verfeindete sich P. mit allen Schichten der Adelsgesellschaft durch Bruch mit den Adelsordnungen Katharinas II. (u. a. Verletzung der Steuerfreiheit, Zentralisierung und Reglementierung des Staatsapparats). Eine

Pedalpauke (1. Hälfte des 20. Jh.)

Paul

Bruno Paul, Vignette aus dem ersten Jahrgang der Zeitschrift „Simplicissimus" (1896/97)

Adelsverschwörung führte zu seiner Ermordung. Von Bed. war die Einführung der Primogenitur (1797).

Paul, Bruno, * Seifhennersdorf bei Zittau 19. Jan. 1874, † Berlin 17. Aug. 1968, dt. Architekt, Designer und Graphiker. - Zunächst Zeichner des Jugendstils (für den „Simplicissimus" und „Jugend"), gehörte P. 1897 zu den Mitbegr. der „Vereinigten Werkstätten für Kunst und Handwerk" in München. 1907–33 Direktor der Kunstgewerbeschule bzw. der „Vereinigten Staatsschulen für freie und angewandte Kunst" in Berlin. Designer schlichteleganter, materialgerechter Möbel.

P., Hermann, * Salbke (= Magdeburg) 7. Aug. 1846, † München 29. Dez. 1921, dt. Sprachwissenschaftler. - Prof. in Freiburg i. Br. und München; einer der führenden Junggrammatiker, der mit den „Prinzipien der Sprachgeschichte" (1880) die erste moderne systemat. Darlegung sprachwiss. Grundsätze schuf; bed. Forschungen zum Mittel- und Neuhochdt. und zum Verhältnis zw. Schriftsprache und Dialekt.

P., Jean, dt. Dichter, ↑ Jean Paul.

P., Wolfgang, * Lorenzkirch 10. Aug. 1913, dt. Physiker. - 1952–80 Direktor des Physikal. Instituts der Univ. Bonn. Für die Entwicklung von Ionenfallen zur Speicherung von Ionen, womit eine präzise Zeitmessung ermöglicht wurde, erhielt er 1989 den Nobelpreis für Physik (zus. mit H. G. Dehmelt und N. F. Ramsey).

Paul-Boncour, Joseph [frz. pɔlbõˈkuːr], * Saint-Aignan (Loir-et-Cher) 4. Aug. 1873, † Paris 28. März 1972, frz. Jurist und Politiker. - Rechtsanwalt; 1909–14 und 1919–31 Abg. (SFIO); verließ die SFIO (Wiedereintritt 1945) und gründete die Union Socialiste Républicaine; 1931–41 Senator; mehrmals Min., Dez. 1932–Jan. 1933 Min.präs.; unterzeichnete 1945 als frz. Delegierter die Charta der Vereinten Nationen.

Paul-Ehrlich-Institut (Bundesamt für Sera und Impfstoffe) ↑ Bundesämter (Übersicht).

Paul-Ehrlich- und Ludwig-Darmstaedter-Preis, mit bis 100 000 DM dotierte wiss. Auszeichnung, die in der BR Deutschland für hervorragende Verdienste auf den von Paul ↑ Ehrlich bearbeiteten Gebieten, insbes. der Chemotherapie, Blutforschung, Immunologie und Krebsforschung, verliehen wird. Preisträger u. a.: A. Butenandt (1953), E. B. Chain (1954), G. Domagk (1956), O. Warburg (1962), R. Dulbecco (1967), O. Westphal (1968), M. A. Epstein (1973), G. B. Mackaness, N. A. Mitchison, M. Simonsen (1975), G. Barski, B. Ephrussi (1976), T. O. Caspersson, J. B. Gurdon (1977), L. Groß, W. Schäfer (1978), A. Graffi, O. Mühlbock, W. P. Rowe (1979), T. Akiba, H. Umezawa (1980), S. Falkow, S. Mitsuhaschi (1981), N. K. Jerne (1982), P. C. Doherty, M. Potter, R. M. Zinkernagel (1983), P. Borst, G. Croß (1984), R. S. Nussenzweig, L. H. Miller (1985), A. L. Notkins (1986), J. F. Borel, H. O. McDevitt, F. Milgrom (1987), P. K. Vogt (1988), S. A. Aaronson, R. F. Doolittle, T. Graf (1989).

Paulhan, Jean [frz. poˈlã], * Nîmes 2. Dez. 1884, † Boissise-la-Bertrand (Seine-et-Marne) 9. Okt. 1968, frz. Schriftsteller. - 1925–40 Chefredakteur der „Nouvelle Revue Française" und ab 1953 der „Nouvelle Nouvelle Revue Française" (mit M. Arland); gründete (mit J. Decour) 1941 die damals im Untergrund erschienene Zeitschrift „Les Lettres françaises"; als Essayist, Literatur- und v. a. Sprachkritiker eine der einflußreichen Gestalten der frz. Literatur seiner Zeit; 1963 Mgl. der Académie française.

Pauli, Wolfgang, * Wien 25. April 1900, † Zürich 15. Dez. 1958, schweizer.-amerikan. Physiker östr. Herkunft. - 1926–28 Prof. in Hamburg, danach an der ETH in Zürich, 1940–46 auch Mitarbeiter am Institute for Advanced Study in Princeton (N. J.); seit 1946 amerikan. Staatsbürger. P. war einer der bedeutendsten theoret. Physiker des 20. Jh. und maßgebl. Mitbegr. der modernen Quantentheorie. 1924 formulierte er das Ausschließungsprinzip (↑ Pauli-Prinzip) und führte zur Deutung der Hyperfeinstruktur des Kernspin ein. Die neue, von W. Heisenberg u. a. entwickelte Quantenmechanik (Matrizenmechanik) wandte er noch 1925 erfolgreich auf das Wasserstoffatom an und verhalf ihr damit zum eigtl. Durchbruch. Es folgten 1928 mit P. Jordan, 1929/30 mit W. Heisenberg die ersten Arbeiten zur Quantenelektrodynamik. 1930 formulierte P. die Neutrinohypothese. Spätere Untersuchungen galten v. a. der Quantenfeldtheorie. Nobelpreis für Physik 1945.

Pauling, Linus [engl. 'pɔːlɪŋ], * Portland (Oreg.) 28. Febr. 1901, amerikan. Chemiker. - Prof. in Pasadena, San Diego, seit 1969 an der Stanford University. P. führte den Begriff der Elektronegativität ein und wurde durch die Anwendung der Quantenmechanik auf Probleme der chem. Bindung zu einem der Begründer der Quantenchemie. Er entdeckte mit Hilfe der Röntgenstrukturanalyse die α-Helix-Struktur vieler Proteine. Weiter arbeitete P. über die Eigenschaften von Hämoglobin, serolog. Reaktionen und die Bed. der Proteinstruktur für die Entwicklung der Arten. 1954 erhielt P. den Nobelpreis für Chemie und wurde 1963 als Gegner von Atomwaffenversuchen mit dem Friedensnobelpreis ausgezeichnet.

paulinisch, der Lehre des Apostels Paulus entsprechend.

Pauli-Prinzip (Pauli-Verbot, [Paulisches] Ausschließungsprinzip) [nach W. Pauli], grundlegendes Prinzip der Atomphysik: Ein System gleichartiger Teilchen mit halbzahligem Spin (Fermionen) geht niemals in einen Zustand über, in dem zwei dieser Teilchen am selben Ort und mit gleichem Spin angetroffen werden oder den gleichen Impuls und Spin haben. Während das P.-P. heute aus allg. Axiomen der Quantenfeldtheorie folgt, ist es bereits vor Aufstellung der Quantenmechanik von W. Pauli formuliert worden und besagte, daß in einem Atom zwei Elektronen niemals in allen Quantenzahlen übereinstimmen können.

Paulsen, Friedrich, * Langenhorn (Landkr. Nordfriesland) 16. Juli 1846, † Berlin 14. Aug. 1908, dt. Philosoph und Pädagoge. - Seit 1878 Prof. für Philosophie und Pädagogik in Berlin. Arbeitete v. a. über eth. und schulgeschichtl. Fragen; v. a. seine „Geschichte des gelehrten Unterrichts auf den dt. Schulen und Univ. ..." (1885) hat die histor. und systemat. Pädagogik bis heute beeinflußt.

Paulskirche, ehem. ev. Kirche in Frankfurt am Main; Tagungsort der Frankfurter Nationalversammlung; frühklassizist. Bau (1789–1833, 1949 wiederaufgebaut).

Paulus, hl., jüd. Name Saul, * Tarsus (Kilikien) Anfang des 1. Jh. (?), † Rom zw. 63 und 67 (?), christl. Apostel, Verfasser zahlr. neutestamentl. Schriften. - Als Quellen zur Rekonstruktion seines **Lebens** dienen v. a. die wirkl. von ihm verfaßten Briefe an die Gemeinden in Rom, Korinth, Galatien, Philippi, Thessalonike und an Philemon, die alle aus der Zeit zw. 50 und 56 stammen. Die Apostelgeschichte kann nur z. T. als Quelle angesehen werden, da sie stark von den Intentionen ihres Verfassers und den Vorstellungen der Gemeinden in der nachapostol. Zeit geprägt ist. - Genaue Lebensdaten sind von P. nicht erhalten. Er entstammte einer streng jüd. Familie,

Paulskirche (Ansicht von Westen)

erbte von seinem Vater das röm. Bürgerrecht und erlernte den Beruf des Zeltmachers. Ferner erhielt er eine Ausbildung als Pharisäer (wohl in Jerusalem), die auch seine Theologie beeinflußte. Andere Prägungen erhielt er durch den Hellenismus und durch das starke Interesse des hellenist. Judentums an der Heidenmission. Seine Beteiligung an Christenverfolgungen in Jerusalem, wie in Apg. 7 und 8 berichtet, muß ausgeschlossen werden. Um 30 ereignete sich in Damaskus die Bekehrung des P., die v. a. in der Veränderung seines Gesetzesverständnisses ihren Niederschlag gefunden hat. Der Bericht Apg. 9, 3–9 über den Bekehrungsvorgang muß als legendäre Epiphaniegeschichte angesehen werden. Die Bekehrung bedeutete für P. zugleich seine Berufung zum Apostel der Heiden. - Bis zum Apostelkonzil († Apostendekret) wirkte P. außer in der Gegend von Damaskus nur in Antiochia, wohin er von † Barnabas, der ihn dann auf seiner ersten Missionsreise begleitete, gerufen worden war. Diese *1. Reise* unternahm P. nach dem Apostelkonzil nach Zypern und Kleinasien. Die *2. Reise* führte über Syrien und Kilikien nach Lykaonien, dann über Phrygien, Galatien, Troas und Makedonien nach Thessalonike und Athen und von dort nach Korinth, wo sich P. von 49 bis 51 aufhielt. Die *3. Reise* führte ihn zunächst nach Galatien und Phrygien, dann nach Ephesus, wo er ungefähr 2 Jahre blieb. Danach reiste er erneut nach Korinth. Nach seiner Rückkehr nach Jerusalem führten jüd. Anfeindungen dort zu seiner Inhaftierung. Er wurde nach Rom überstellt, wo er vermutl. unter Nero den Märtyrertod fand. Die aus dem 1. Klemensbrief zu erschließende Missionsreise nach Spanien hat P. wohl nie angetreten.

Paulus

Theologie: Die Briefe des P. enthalten kein voll ausgebildetes theolog. System, vielmehr werden theolog. Grundanschauungen in der Auseinandersetzung mit verschiedenen Problemen der Gemeinden entfaltet. P. setzt ebensowenig wie die urchristl. Gemeinde die Botschaft Jesu vom kommenden Reich Gottes fort, sondern knüpft an die nachöster. Verkündigung des gekreuzigten und auferstandenen Herrn und seine Bed. für das Heil der Menschheit an. Die durch Tod und Auferstehung Christi eingetretene Wende der Heilsgeschichte zeigt sich v. a. darin, daß der jüd. Heilsweg, der in der Erfüllung des Gesetzes als der Verpflichtung gegenüber dem Bund mit Jahwe besteht, aufgehoben ist, die ↑Rechtfertigung ausschließl. aus dem Glauben erlangt werden kann. Das Gesetz zeigt dem Menschen die Sünde nicht als eine individuelle moral. Verfehlung, sondern als Grundstruktur menschl. Daseins gegenüber Gott (schon von Adam her); sie besteht im Ungehorsam gegenüber der Gnade Gottes, die den Glauben schenkt. Der Glaube kann somit auch nicht als Werk des Menschen aus sich selbst verstanden werden, sondern als Gabe und als Gehorsam gegenüber dem Willen Gottes. Der Mensch ist in allen seinen Aspekten („Geist", „Seele", „Leib") aufgerufen, das in Christus geschenkte neue Leben zu verwirklichen. In seinem Verhalten ist er jedoch nicht auf sich selbst gestellt, sondern ist Mgl. der Gemeinde des auferstandenen Herrn. Diese ist schon gegenwärtig der Leib Christi, wird aber gleichzeitig von der Hoffnung auf die endgültige Wiederkunft (Parusie) des Herrn geleitet und ist in dieser Spannung von „schon" und „noch nicht" Träger seines Geistes.
📖 *Lübking, H. M.: P. u. Israel im Römerbrief. Ffm. 1985. - Sanders, E. P.: P. u. das palästin. Judentum. Gött. 1985. - Biser, E., u.a.: P. Wegbereiter des Christentums. Mchn. 1984. - Bornkamm, G.: P. Stg. ⁵1983. - Blank, J.: P. Mchn. 1982.*

Paulus vom Kreuz, hl., eigtl. Paolo Francesco Danei, *Ovada (Prov. Alessandria) 3. Jan. 1694, † Rom 18. Okt. 1775, italien. kath. Ordensstifter. - Begründete 1720 die Kongregation der **Passionisten** (myst. Verehrung des Kreuzes Christi); als Prediger sehr erfolgreich. - Fest: 28. April.

Paulus von Samosata, *Samosata (= Samsat, Verw.-Geb. Adıyaman, Türkei) um 200, † nach 273, Bischof von Antiochia (seit um 260) und altkirchl. Theologe. - War gleichzeitig hoher Beamter des Königshofes von Palmyra. Von Synoden 264 und 268 wegen seiner Lebensführung und wegen Häresie angeklagt und als Bischof abgesetzt.

Paulus, Friedrich, *Breitenau 23. Sept. 1890, † Dresden 1. Febr. 1957, dt. Generalfeldmarschall (seit 1943). - 1940 Generalleutnant und Oberquartiermeister I im Generalstab des Heeres; erhielt im Jan. 1942 den Oberbefehl über die 6. Armee, mit der er bis Stalingrad vorstieß und dort im Nov. 1942 eingeschlossen wurde; ging schließl. auf eigene Verantwortung mit den Resten der 6. Armee in Kriegsgefangenschaft (bis 1953).

Paulusapokalypse, Name von zwei apokalypt. Schriften: 1. eine gnost. Schrift, die in Nag Hammadi gefunden wurde; 2. eine Schrift, die um 380 entstand und die Beschreibung einer Reise des Paulus ins Jenseits enthält.

Paulusbriefe, im N. T. von ↑Paulus verfaßte oder ihm zugeschriebene Briefe: Römerbrief, die beiden Korintherbriefe, Galaterbrief, Epheserbrief, Philipperbrief, Kolosserbrief, die beiden Thessalonicherbriefe, die beiden Timotheusbriefe, Titusbrief, Philemonbrief, Hebräerbrief. Davon ist mit Sicherheit jedoch nur ein Teil von Paulus selbst verfaßt: 1. Thess., Gal., 1. Kor., Phil., Philem., 2. Kor. und Röm. (in der Reihenfolge ihrer Abfassungszeit; zw. 50 und 56).

Paulus Diaconus, *in Friaul um 720, † Montecassino 799 (?), langobard. Geschichtsschreiber. - Nach 774 Eintritt in das Kloster Montecassino; 783-787 im Frankenreich; zählte zu den bedeutendsten Mgl. des Gelehrtenkreises um Karl d. Gr. Verfaßte u. a. die „Historia Langobardorum", in der er die Geschichte seines Volkes in universale Zusammenhänge einordnet, und eine Biographie Papst Gregors I., d. Gr.

Paulus-Gesellschaft (Internationale P.-G.), eine von dem kath. Pfarrer E. Kellner (*1917) 1955 gegr. Vereinigung von Theologen und Wissenschaftlern aller Fachrichtungen, die sich v. a. um das Gespräch zw. Glaube und Wiss. bemüht und um den wiss. Dialog zw. Christen und Marxisten auf der Basis eines Humanismus, der von beiden Seiten bejaht werden könnte. Sitz Salzburg.

Paulus Jovius ↑Giovio, Paolo.

Paulus Servita ↑Sarpi, Paolo.

Pauly, August [...li], *Benningen am Neckar 9. Mai 1796, † Stuttgart 2. Mai 1845, dt. klass. Philologe. - Begründer der seinen Namen tragenden „Realencyclopädie der class. Alterthumswissenschaft" (1837 ff.; zuletzt neu hg. von G. Wissowa u. a., 1894 ff.), des umfassendsten lexikal. Werkes über die Antike.

Paumann, Conrad, *Nürnberg zwischen 1410 und 1415, † München 24. Jan. 1473, dt. Organist. - Von Geburt an blind; war spätestens 1446 Organist an Sankt Sebald in Nürnberg und stand ab 1451 im Dienst der Herzöge von Bayern. Einer der geehrtesten Musiker seiner Zeit. Erhalten sind neben Liedbearbeitungen Kompositions- und Spielanleitungen für Organisten (überliefert im „Lochamer Liederbuch" und „Buxheimer Orgelbuch").

Paumespiel [po:m; frz., zu lat. palma „flache Hand" (weil urspr. ohne Schläger gespielt wurde)] (Jeu de paume), altes frz. Ballspiel, seit dem 15. Jh. mit tennisähnl. Schlägern gespielt. Das Gebäude des „Musée du Jeu de Paume" in Paris, in dem heute die Bilder der frz. Impressionisten ausgestellt sind, ließ Napoleon III. 1861 für das P. errichten.

Paumgartner, Bernhard, * Wien 14. Nov. 1887, † Salzburg 27. Juli 1971, östr. Dirigent, Musikforscher u. Komponist. - 1917–38 und 1945–53 Direktor, 1953–59 Präsident des Salzburger Mozarteums; Mitbegründer der Salzburger Festspiele; bed. Kenner Mozarts und der Barockmusik. Schrieb mehrere Musikerbiographien.

Pauperismus [zu lat. pauper „arm"], in den 1840er Jahren auftauchender Begriff, der die aus dem Abbruch des alten, auf Grundherrschaft und Zunftverfassung beruhenden Gesellschaftsgefüges entstehende vorindustrielle Massenarmut kennzeichnet.

Pauropoda [griech.], svw. ↑Wenigfüßer.

Pausanias, † Sparta 467 oder 466, spartan. Heerführer. - Aus dem Geschlecht der Agiaden; Oberbefehlshaber der Griechen bei Plataä 479 v. Chr., eroberte Zypern u. Byzantion (478); herrschte eigenmächtig in Byzantion bis 470; wegen seiner Selbstherrlichkeit verhaßt. 469 nach Sparta zurückgerufen, wurde P. wegen Landesverrats angeklagt; nach Flucht in einen Tempel dort eingemauert.

P., * in Kleinasien (?) um 110, † nach 180, griech. Schriftsteller. - Verf. einer Beschreibung Griechenlands in 10 Büchern (wohl nach 160), das einzige vollständig erhaltene Werk perieget. Literatur (↑Periegeten). Wichtiges Zeugnis u. a. für verlorene Kunstwerke (z. B. Beschreibung der Zeusstatue des Phidias in Olympia) und für Ansichten seiner Zeit.

Pauschaldelkredere, svw. ↑Pauschalwertberichtigung.

Pauschale [nlat. Bildung zu dt. Bauschsumme], Betrag, der zw. Vertragspartnern in bestimmter Höhe vereinbart und gezahlt wird zur Abgeltung eines Anspruchs, der nicht detailliert erhoben wird, z. B. Überstunden-P. (ohne Nachweis der tatsächl. geleisteten Mehrarbeitsstunden).

Pauschalwertberichtigung (Pauschaldelkredere), Berücksichtigung des Ausfallrisikos (↑Delkredere) für eine Vielzahl kleinerer Forderungen, bei denen eine genaue Feststellung des speziellen Risikos nicht zweckmäßig erscheint, auf Grund von Erfahrungssätzen der Vergangenheit.

Pause [lat.-roman., zu griech. paúein „beenden"], Unterbrechung einer (körperl. oder geistigen) Tätigkeit, um Ermüdung und damit Leistungsabfall zu vermeiden.

◆ in der *Taktmetrik* eine vom metr. Schema geforderte Takteinheit, die sprachl. nicht ausgefüllt ist (metr. Zeichen ∧).

◆ in der *Musik* das vorübergehende Aussetzen einzelner oder aller Stimmen in einer Komposition, angezeigt durch eigene, den ↑Noten u. T. angeglichene [und ebenfalls P. genanntes] Zeichen.

Pause, unter Verwendung von Pauspapier oder auf photochem. Wege hergestellte Kopie.

Pausewang, Gudrun, * Wichstadtl (= Mladkov, Ostböhm. Gebiet) 3. März 1928, dt. Schriftstellerin. - *Werke:* Plaza Fortuna (R., 1966), Die Entführung der Dona Agata (R., 1971), Karneval und Karfreitag (R., 1976), Und es bewegt sich doch (R., 1984), Pepe Amado (R., 1986).

Pauspapier, svw. ↑Kohlepapier.

◆ durchscheinendes (transparentes) Papier zum Nachzeichnen einer darunterliegenden Vorlage.

Paustowski, Konstantin Georgijewitsch, * Moskau 31. Mai 1892, † ebd. 14. Juli 1968, russ.-sowjet. Schriftsteller. - Im Bürgerkrieg auf seiten der Revolutionsarmee. Stellte anfangs in romant., zum Exot. neigenden Romanen und Erzählungen das Leben auf See und in Hafenstädten, später mit zunehmend realist. Stilmitteln auch aktuelle Probleme des sowjet. Lebens dar, u. a. „Segen der Wälder" (R., 1948). Auch Dramen, biograph. Künstlerromane und eine 6-bändige Autobiographie.

Pavane [italien.-frz., eigtl. „die aus Padua Stammende"], aus Italien stammender, langsamer Schreittanz im geraden Takt, meist einem schnelleren Tanz zu einem Paar zusammengestellt; hatte als Instrumentalform bei den engl. Virginalisten ihre höchste Blüte und war Anfang des 17. Jh. in Deutschland Einleitungssatz der Suite.

Pavarotti, Luciano, * Modena 12. Okt. 1935, italien. Sänger (Tenor). - Einer der gefragtesten Operntenöre der Gegenwart für Partien in Opern Donizettis und Verdis.

Pavelić, Ante [serbokroat. ˌpavɛlitɕ], * Bradina (Herzegowina) 14. Juli 1889, † Madrid 28. Dez. 1959, kroat. Politiker. - Emigrierte 1929 nach Italien; Gründer und Lenker der faschist. inspirierten, terrorist. kroat. Unabhängigkeitsbewegung Ustascha; rief 1941 mit it. und dt. militär. Unterstützung als Staatschef den „Unabhängigen Staat Kroatien" aus; 1945 wegen der Errichtung von KZ und Massenvernichtungen von Serben, Juden und Muslimen in Jugoslawien in Abwesenheit zum Tode verurteilt; flüchtete nach Argentinien, wo er die kroat. Emigration organisierte und 1949 eine Ustascha-Exilreg. bildete.

Pavese, Cesare, * Santo Stefano Belbo (Prov. Cuneo) 9. Sept. 1908, † Turin 27. Aug. 1950 (Selbstmord), italien. Schriftsteller. - 1935/36 als Antifaschist nach Kalabrien verbannt; seit 1943 Mgl. der KP. Einer der bedeutendsten Erzähler und Lyriker der neueren italien. Literatur. Schauplatz seiner [neo-realist.] [Kurz]romane und Erzählungen ist meist seine piemontes. Heimat, Thema meist

Pavia

das Versagen zwischenmenschl. Beziehungen und die Vereinsamung des Menschen, bes. in den Romanen „Der Genosse" (1947) und „Junger Mond" (1950). Von tiefem Pessimismus und Resignation geprägt ist sein Tagebuch der Jahre 1935–50 „Das Handwerk des Lebens" (hg. 1950).
Weitere Werke: Der schöne Sommer (R.-Trilogie, 1949), Andere Tage, andere Spiele (Episodenroman, entstanden 1932, hg. 1968).

Pavia, italien. Stadt in der Lombardei, 77 m ü. d. M., 83 100 E. Hauptstadt der Prov. P.; kath. Bischofssitz; Univ. (gegr. 1361), PH, Priesterseminar, Museen, Staatsarchiv; Herstellung von Näh- und Landmaschinen, Elektromotoren, Fernsehgeräten; Erdölraffinerie, petrochem. u. a. Werke; Kanalverbindung nach Mailand.
Geschichte: Röm. Gründung (**Ticinum**) aus dem 2. Jh. v. Chr., wurde vermutl. im 4. Jh. Bischofssitz; im 6. Jh. eine der Residenzen Theoderichs d. Gr.; fiel 572 an die Langobarden und wurde als **Papia** deren Hauptstadt; kam 774 an das Fränk. Reich; 1359 von Mailand unterworfen. 1361 ging aus der berühmten Rechtsschule von P. die Univ. hervor. Fiel 1859 an das Kgr. Sardinien. In der **Schlacht bei Pavia** am 24. Febr. 1525 wurde König Franz I. von Frankr. vom Heer Kaiser Karls V. geschlagen und gefangengenommen.
Bauten: Dom (1488 ff.; Kuppel und Fassade 19. Jh.), roman. Kirche San Pietro in Ciel d'Oro (1132 geweiht) mit Grab des hl. Augustinus; roman. Kirche San Michele (1117–55). Überdachte Brücke (1354) über den Tessin. - ↑ auch Certosa di Pavia.

Paviane [frz.-niederl.] (Papio), Gatt. zieml. großer kräftiger Affen (Fam. Meerkatzenartige) in Savannen und Steppen Afrikas und S-Arabiens; überwiegend Baumbewohner; Körperlänge etwa 50–115 cm; Kopf groß, mit stark verlängerter, kantiger, hundeähnl. Schnauze; ♂♂ deutl. größer und stärker als ♀♀, oft mit Mähne oder Bart; Eckzähne sehr lang, dolchartig spitz; Gesäßschwielen stark entwickelt, oft leuchtend rot. Etwa 60–75 cm lang ist der braun bis graubraun gefärbte **Mantelpavian** (Hamadryas, Papio hamadryas); Schwanz 40–60 cm lang; alte ♂♂ mit auffallender mantelartiger Mähne an Schultern, Brust und Kopfseiten. Die anderen 4 Arten sind Anubis-P., Sphinx-P., Tschakma und Gelber Babuin (↑ Babuine).

Pavie [nach dem niederl. Botaniker P. Pa(a)w, † 1617] ↑ Roßkastanie.

Pavillon [´pavıljõ, pavi´jõ; frz.; zu lat. papilio „Schmetterling", (übertragen:) „Zelt"], als freistehender Baukörper (Gartengebäude) meist einem Hauptbau (Schloß) zugeordnet. Als Bestandteil eines Schloßbaus (Eck- oder Mittel-P.) zeichnet er sich durch eine vom Hauptbau abgesetzte Dachform aus. Eingeschossige **Pavillonbauten** heute v. a. bei Ausstellungen und Schulen.

Mantelpavian

Pavo [lat.] ↑ Sternbilder (Übersicht).

Pawel [russ. ´pavıl, bulgar. ´pavɛl], russ. und bulgar. Form des männl. Vornamens Paul.

Pawlodar [russ. pɐvla´dar], sowjet. Geb.hauptstadt am Irtysch im NO der Kasach. SSR, 309 000 E. PH, Ind.hochschule, Theater; Aluminiumwerk, Traktorenfabrik, Schiffbau u. a. Ind.; Hafen. - Gegr. 1720, seit 1861 Stadt.

Pawlow, Iwan Petrowitsch, * Rjasan 14. Sept. 1849, † Leningrad 27. Febr. 1936, russ.-sowjet. Physiologe. - Prof. an der Militärärztl. Akad. in Petersburg. Sein Hauptinteresse galt der Physiologie der Verdauung, speziell der nervalen Steuerung der dabei beteiligten inneren Sekretion. Durch operative Durchtrennung der versorgenden Nerven bzw. durch Ausschaltung bestimmter Organe und Organteile und Anlegung von Fisteln gelangen ihm fraktionierte Untersuchungen der einzelnen Verdauungssekrete. Außerdem untersuchte P. den reflektor. Vorgang der Speichel- und Magensekretion. Die Beschäftigung auch mit der „höheren Nerventätigkeit" führte ihn zur Unterscheidung zw. ↑ unbedingtem Reflex und ↑ bedingtem Reflex. Dies wurde eine der Grundlagen der reflexolog. bzw. mechanist. orientierten Psychologie, speziell des frühen ↑ Behaviorismus. Erhielt 1904 den Nobelpreis für Medizin.

Pawlowa, Anna Pawlowna, eigtl. A. P. Matwejewa, * Petersburg 12. Febr. 1881, † Den Haag 23. Jan. 1931, russ. Tänzerin. - Wurde 1899 Mgl. des Marientheaters in Petersburg (1906 Primaballerina). 1905 kreierte sie Fokins „Sterbenden Schwan" (Musik von C. Saint-Saëns); ihre Berühmtheit beruhte auf ihrer Leichtigkeit und Grazie und der Intensität ihrer Gestaltungskraft.

Pawnee [engl. pɔ'ni:], Caddo sprechender indian. Stammesverband in der Prärie, am mittleren Platte River, USA.

Pax, bei den Römern Begriff und vergöttlichte Personifikation des „Friedens", der griech. Eirene entsprechend. Ihr Kult wurde von Augustus begründet.

Pax [lat. „Friede"] ↑ Friedenskuß.

Pax Augusta ↑ Badajoz.

Pax Britannica [lat. „brit. Friede"], zur Charakterisierung brit. Weltreichspolitik von brit. Politikern in Anlehnung an den Begriff Pax Romana geprägtes Schlagwort, das die friedl., auf wirtsch. Kooperation und Verbreitung der Selbstverwaltung gerichteten Intentionen der Außenpolitik Großbrit. zusammenfassen sollte.

Pax Christi [lat. „Friede Christi"], kath. internat. Friedensbewegung, die sich 1945 mit einem Aufruf zum „Gebetskreuzzug für den Frieden" durch 40 frz. Bischöfe formierte; seit 1951 in einem Internat. Sekretariat und nat. Sektionen organisiert. Schwerpunkt der heutigen Arbeit: Aktionen für die Völkerverständigung, Entwicklungshilfe u. a.

Pax Dei [lat. „Friede Gottes"] ↑ Gottesfriede.

Pax-Gesellschaft, Organisation progressiver poln. Katholiken, entstand 1947, gab sich 1952 ein Statut; setzt sich für den Aufbau eines sozialist. Polen ein und arbeitet eng mit der Poln. Vereinigten Arbeiterpartei zusammen; seit 1957 im Parlament (Sejm) vertreten; Vors. war bis zu seinem Tod 1979 B. Piasecki (* 1915), zugleich stellv. Vors. des Staatsrates und Chef des Verlags- und Wirtschaftsimperiums der P.-G.

Pax Romana [lat. „röm. Friede"], Bez. für das durch Rechtsnormen und eine eth. Grundhaltung wie durch Sicherheit für den einzelnen im Röm. Reich charakterisierte kaiserl. Friedensprogramm bes. im 1. Jh. n. Chr.; auch *Pax Augusta* genannt.

Payerne [frz. pa'jɛrn], Bez.hauptort im schweizer. Kt. Waadt, 17 km westl. von Freiburg, 452 m ü. d. M., 6 700 E. Tabakverarbeitung, Fleischwaren-, Asbestplattenfabrik. - Geht auf röm. Ursprung zurück; burgund. Residenzstadt; kam 1536 an Bern. - Roman., burgund. beeinflußte ehem. Stiftskirche.

Payne [engl. pɛɪn], John Howard, * New York 9. Juni 1791, † Tunis 9. April 1852, amerikan. Dramatiker. - 1805/06 Hg. einer der ersten amerikan. Theaterzeitschriften, des „Thespian Mirror"; Schauspieler; lebte, u. a. als Theaterleiter, 1813–32 in Europa. Schrieb (oft zus. mit W. Irving) Komödien, melodramat. Werke und Blankversträgödien.

P., Thomas ↑ Paine, Thomas.

Paysage intime [frz. pɛizaʒɛ̃'tim „intime Landschaft"], von der Schule von Barbizon bes. gepflegte Art der Landschaftsmalerei: von Stimmung erfüllte, unpathet. Landschaftsansicht, meist ein Ausschnitt.

Paysandú, Hauptstadt des uruguay. Dep. P., am Uruguay, 61 000 E. Theater, dt. Schule; bed. Ind.standort, Hafen. - Gegr. 1772.

Pays de la Loire [frz. pɛidla'lwa:r], Region in Frankr. beiderseits der unteren Loire, 32 082 km², 2,97 Mill. E (1984), Regionshauptstadt Nantes.

Pay-TV [engl. 'pɛɪti:vi:; Kw. aus engl. pay „bezahlen" und television „Fernsehen"], an das Kabelfernsehen gebundene Art des kommerziellen Fernsehens, bei dem sich der Zuschauer gegen Entgelt in ein bestimmtes Programm einschalten kann.

Paz, Octavio [span. pas], * Mixcoac (= Mexiko) 31. März 1914, mex. Schriftsteller. - 1943–68 im diplomat. Dienst, u. a. in Europa und Asien; einer der bedeutendsten mex. Lyriker (dt. Auswahl 1971 u. d. T. „Freiheit, die sich erfindet") und Essayisten der Gegenwart („Das Labyrinth der Einsamkeit", 1950; „One earth, four or five worlds", 1985). Erhielt 1984 den Friedenspreis des dt. Buchhandels.

P., La, Hauptstadt des mex. Staates Baja California Sur, im S der Halbinsel Niederkalifornien, 70 000 E. Hafen; Verschiffung von Baumwolle; Fremdenverkehr; internat. ⚓, Fährverkehr mit Mazatlán. - An der Stelle der heutigen Stadt bestand 1720–45 eine Missionsstation der Jesuiten; um 1800 wieder von Fischern und Kolonisten besetzt.

P., La, Reg.sitz Boliviens, Hauptstadt des Dep. La P., liegt in einem Talkessel am Rande des Altiplano, 3 600–3 750 m ü. d. M., 881 400 E. Kath. Univ. (gegr. 1966), Konservatorium, Kunsthochschule, volkskundl., archäolog., Kunstmuseum; Hauptind.standort, Haupthandelszentrum Boliviens. Internat. ⚓. - An der Stelle der in der 2. Hälfte des 13. Jh. von den Inka angelegten Siedlung Chuquiyapu („Großes Goldfeld"), die 1535 von den Spaniern erobert worden war, 1548 gegr. und **Ciudad de Nuestra Señora de la Paz** gen.; wurde 1782 Sitz einer Intendencia des Vize-Kgr. La Plata; seit 1827 offizieller Name **La Paz de Ayacucho** (zur Erinnerung an den Ort des entscheidenden Sieges über den span. -Vizekönig; seit 1898 Sitz der Reg. - Von der kolonialzeitl. Stadt ist wenig erhalten, u. a. Kathedrale (begonnen 1843) und die Kirchen San Francisco und Santo Domingo (beide 18. Jahrhundert).

P., La, Dep. in Bolivien, an der Grenze gegen Peru und Chile, 133 985 km², 1,9 Mill. E (1982), Hauptstadt La Paz.

Pazifide ↑ Indianide.

Paz Estenssoro, Víctor [span. 'pas esten'soro], * Tarija 2. Okt. 1907, bolivian. Politiker. - Mitbegr. 1940 der Movimiento Nacionalista Revolucionario (MNR); 1943/44 Finanzmin.; ging 1946 ins Exil nach Argentinien; Präs. ab 1952; verstaatlichte die Zinnbergwerke und führte eine Agrarreform durch; im Nov. 1964 durch Militärputsch ge-

Pazifik

stürzt, mußte ins Exil (nach Peru) gehen; kehrte 1971 zurück, im Jan. 1974 nach Paraguay ausgewiesen; nach erfolgloser Teilnahme an den Präsidentschaftswahlen 1979, 1980 und 1982 1985–89 Staatspräsident.

Pazifik ↑ Pazifischer Ozean.

Pazifisch-Antarktisches Becken, Meeresbecken im sö. Pazifik, zw. Feuerland, Antarktis und Südpazif. Rücken, bis 5 290 m tief.

Pazifische Inseln, Treuhandgebiet der USA im westl. Pazifik, umfaßt die Karolinen und Marshallinseln, insgesamt 2 124 Atolle und Inseln (davon etwa 80 bewohnt), 126 000 E.

Pazifischer Ozean (Pazifik, Großer Ozean, Stiller Ozean), größter Ozean der Erde, 166,24 Mill. km^2, mit Nebenmeeren 181,34 Mill. km^2, die mittlere Tiefe beträgt 4 188 m, die größte Tiefe wurde mit 10 924 m im Marianengraben gemessen. Seine Grenzen zum Atlant. Ozean bilden die Beringstraße im N und die Drakestraße zw. Kap Hoorn und Antarkt. Halbinsel im O; gegen den Ind. Ozean verläuft die Grenze zw. Antarktis und Tasmanien entlang dem Meridian 147° ö. L., dann westl. der Bass-Straße, von N-Australien zu den Kleinen Sundainseln und durch die Singapurstraße.

Der P. O. ist ein riesiges Tiefseebecken, das nur im N durch den Ostpazif. Rücken unterbrochen wird, der sich nach S im Südpazif. Rücken fortsetzt. Dieser Rücken gehört zum Typ der mittelozean. Schwellen mit der charakterist., oft über 1 000 m tiefen Zentralspalte. Der P. O. enthält mehr Inseln, Vulkane und untermeer. Berge als die beiden anderen Ozeane zusammen. An seinem Rand erstreckt sich ein nahezu zusammenhängender Gürtel von Tiefseegräben und Faltengebirgen, die mit Vulkan- und Erdbebenzonen zusammenfallen. Der Nord- und der zentrale Südpazifik sind mit Rotem Tiefseeton bedeckt, der östl. und westl. Südpazifik wegen geringerer Tiefe mit Globigerinenschlamm, die arkt. und antarkt. Bereiche mit Diatomeenschlamm. Die zonale Struktur des ozean. Klimas ist im P. O. wegen seiner Größe am besten ausgebildet. Zu beiden Seiten des trop. Gürtels befinden sich die Regionen der Passatwinde, die in der nördl. Hemisphäre beständig von NO, in der südl. von SO wehen. Polwärts erstrecken sich die Zonen vorherrschender Westwinde, im N bis zum Beringmeer, im S bis fast an den Rand der Antarktis.

Klima: Die Winterstürme mit schwerem Seegang zw. 40° und 50° sind gefürchtet. Unter dem Einfluß der klimat. Verhältnisse sind Salzgehalt und Temperatur an der Meeresoberfläche verschieden. In den Tropen wird durch den starken Regenfall eine Oberflächenschicht salzarmen Wassers erzeugt, die wegen der hohen Sonneneinstrahlung auch sehr warm ist. In den Subtropen übersteigt die Verdunstung den Regenfall, was zu einer Erhöhung des Salzgehalts führt. Im Bereich des gemäßigten Klimas führen zunehmender Niederschlag und abnehmende Verdunstung zu einer Abnahme des Salzgehalts. Die Wassertemperatur in den höheren Breiten ist starken Schwankungen zw. Sommer und Winter unterworfen. Im Beringmeer und im Ochotsk. Meer bildet sich Eis, das in bes. kalten Wintern mehr als die Hälfte dieser Meere bedecken kann. In den antarkt. Gewässern findet man sowohl riesige Eisberge als auch weite Treibeisgebiete.

Strömungen: Entlang der W-Seite bilden sich die westl. Strahlströme, die tiefreichend sind und mit großer Geschwindigkeit entlang den Kontinenten fließen. Der nordpazif. subtrop. antizyklonale Wirbel besteht aus dem Kiruschio (der entlang Taiwan und Japan nach N fließt), dem Nordpazif. Strom, dem Kaliforn. Strom und dem Nordäquatorialstrom. Ein entsprechender subtrop. antizyklonaler Wirbel befindet sich im Südpazifik. Zw. diesen beiden Wirbeln findet man den Äquatorialen Gegenstrom, der als ein relativ schmales Band von W nach O zw. 4° und 9° n. Br. quer über den ganzen P. O. fließt. Entlang dem Äquator und bes. ausgeprägt im östl. und mittleren P. O. gibt es aufsteigende Wasserbewegungen, die kühleres, nährstoffreicheres Wasser aus etwa 150 m Tiefe an die Oberfläche bringen. Es kommt aus dem Äquatorialen Unterstrom, der entlang dem Äquator unter dem Südäquatorialstrom diesem entgegengesetzt in 50–250 m Tiefe fließt. In diesen beiden Strömungen (Gegenstrom und Unterstrom) fließt etwa die Hälfte des Wassers, das von den Passaten nach W getrieben wird, wieder nach O zurück. Südl. des großen subtrop. antizyklonalen Wirbels der Südhalbkugel fließt der Antarkt. Zirkumpolarstrom; er ist die gewaltigste Meeresströmung der Erde und die einzige, die in einem geschlossenen Ring um die ganze Erde fließt. Im nördl. Nordpazifik ist der subpolare Alaskawirbel ausgebildet. Er bringt relativ warmes Wasser in den Golf von Alaska und trägt dazu bei, diesen im Winter eisfrei zu halten. Die von den Gezeiten bedingten Strömungen sind im offenen Ozean gering, an den Küsten der Inseln betragen die Hubhöhen der Tiden etwa 1 m, im Golf von Alaska mehrere Meter.

Der P. O. ist verhältnismäßig verkehrsarm. Hauptschiffahrtslinien verbinden Australien und Neuseeland sowie die südost- und ostasiat. Länder mit Amerika. Über den Panamakanal Verbindung mit dem Atlantik. Für Transporte vom Nahen Osten nach Ostasien ist die Malakkastraße eine wichtige Verbindung vom Ind. Ozean zum P. O. Die Fischerei im P. O. erbringt mehr als die Hälfte der Weltproduktion. Die größten Fangflotten mit Fischverarbeitungsschiffen unterhalten Japan und die UdSSR, die beide auch Walfang be-

Pazifismus

treiben. An Bodenschätzen kommen v. a. Manganknollen und Erdöl vor.

Entdeckung und Erforschung: Während die Besiedlung der pazif. Inseln schon vor mehr als 10000 Jahren von Asien aus begann, wurde der offene P. O. für die Europäer erst entdeckt, als Vasco Núñez de Balboa ihn 1513 nach Überquerung der Landenge von Panama erblickte; er nannte ihn Südsee. Fernão de Magalhães überquerte ihn 1519–21 auf seiner ersten Weltumsegelung. Erste kartograph. Expeditionen durch J. Cook 1768–71, 1772–75 und 1776–79. Von M. F. Maury (1853) ging die erste planmäßige Sammlung hydrograph.-meteorolog. Daten aus. Die *Tiefseeforschung* setzte erst 1874 mit den Expeditionen des brit. Forschungsschiffes „Challenger" und des dt. Forschungsschiffes „Gazelle" ein. Seither sind fast alle seefahrenden Nationen an der Erforschung des P. O. beteiligt. Die moderne Meeresforschung begann im P. O. um 1928 durch amerikan. und dän. Untersuchungen. 1960 tauchten zwei Amerikaner mit dem von J. Piccard entwickelten Tauchboot „Trieste" im Marianengraben bis in Tiefen von fast 11 000 m hinab. Ende der 1960er Jahre begannen Geologen und Geophysiker verschiedener Staaten mit kontinuierl. Untersuchungen des Meeresbodens und der Nutzbarmachung seiner Sedimente.

Höpker, W.: Aktionsfeld Pazifik. Politik, Wirtschaft, Strategie. Zürich 1979 - Pacific Ocean. Hg. v. V. S. Gorshkov. Elmsford (N.Y.) 1976. - Barkley, R. A.: Oceanographic atlas of the Pacific Ocean. Honolulu 1968. - The crust and upper mantle of the Pacific area. Hg. v. L. Knopoff u. a. Washington 1968. - Menard, H. W.: Marine geology ... New York 1964.

Pazifismus [zu lat. pax „Frieden"], 1. Grundhaltung, die bedingungslose Friedensbereitschaft fordert, jede Gewaltanwendung kompromißlos ablehnt und damit in letzter Konsequenz zur Kriegsdienstverweigerung führt; 2. Gesamtheit der seit dem 19. Jh. v. a.

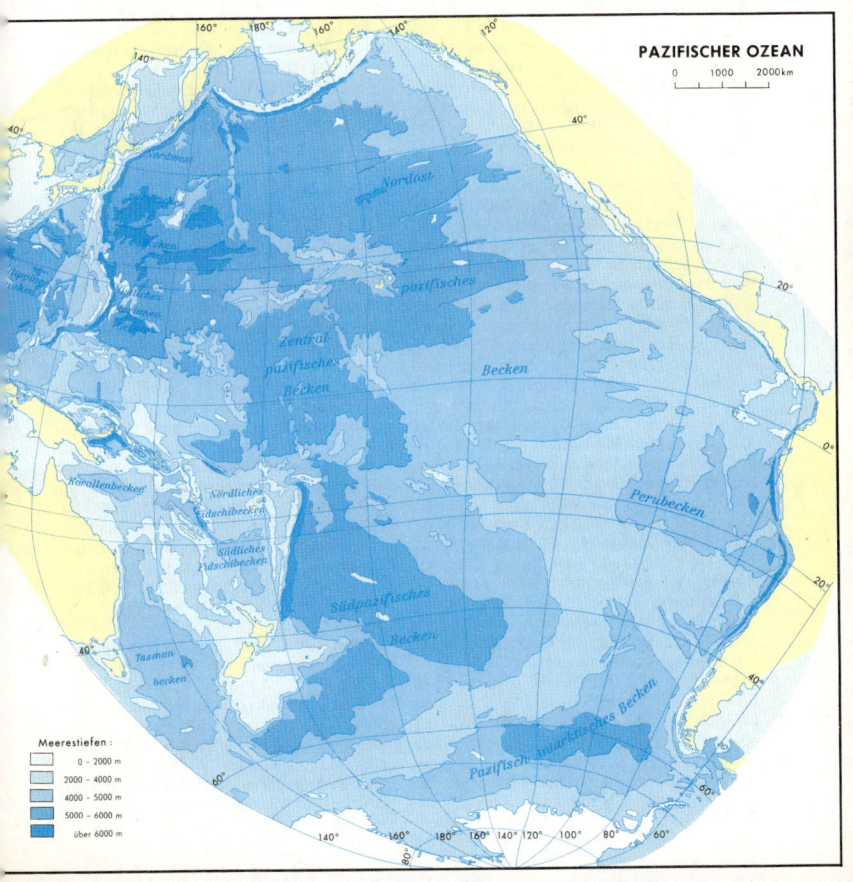

in Europa und in den USA entstandenen *Friedensbewegungen* (↑ Frieden), die programmat. die Ziele des P. verfechten. - P. tritt in verschiedenen Erscheinungsformen auf; man unterscheidet zw. einem **ethisch-religiösen Pazifismus**, der an das Gewissen des einzelnen appelliert, einem **sozialen und wirtschaftlichen Pazifismus**, der auf die Beseitigung sozioökonom. Kriegsursachen und damit i. d. R. auf umfassende gesellschaftl. Änderungen hin orientiert ist, einem **politischen Pazifismus**, der um die Beseitigung polit. Kriegsursachen bemüht ist, und einem **völkerrechtlichen Pazifismus**, der eine internat. Friedensordnung anstrebt. P., der jeden Krieg zur Lösung polit. Konflikte ablehnt, wird **radikaler Pazifismus** genannt. Geschichte: Der Begriff „pacifisme" ist in Frankr. seit den 1840er Jahren verbreitet, in Deutschland wurde der Begriff P. erst um 1900 gebräuchl.; er scheint im Rückgriff auf die lat. Fassung der Matth. 5,9 („beati pacifici" = selig die Friedensstifter) geprägt worden zu sein und knüpft damit an das Christentum als eine Wurzel des P. an: Mennoniten und Quäker gaben den Anstoß zur Gründung erster pazifist. Organisationen, der *Friedensgesellschaften* (↑ Frieden). Im 20. Jh. führten pazifist. Gedanken zur Gründung des Völkerbundes und der UN. Beide Institutionen jedoch insofern nicht radikal pazifist., als sie das Recht zur Selbstverteidigung ausdrückl. anerkennen und militär. Sanktionen als letztes Mittel zur Erhaltung oder Wiederherstellung des Friedens billigen. In den 1960er Jahren gaben in den USA die moral. Probleme des militär. Engagements in Vietnam und student. Protestbewegungen dem P. bed. Impulse, die ihm auch internat. eine neue Anhängerschaft einbrachten. Obwohl der P. die Bildung internat. Rechtsordnungen zur Verhütung, Eindämmung und Überwindung internat. Konflikte sowie die Anerkennung des Rechts auf Kriegsdienstverweigerung förderte, besteht immer die Gefahr der Schwächung der Verteidigungsgemeinschaft von Staaten (z. B. in Großbrit. und Frankr. in den 1930er Jahren) durch den P. und deren Ausnützung (z. B. durch die Gewaltpolitik Hitlers).
📖 *Matzenberger, S.: P. im Atomzeitalter.* Wien 1979. - *Coste, R.: Gewalt u. Frieden.* Dt. Übers. Trier 1970. - *Ebert, T.: Gewaltfreier Aufstand. Alternative zum Bürgerkrieg.* Freib. ²1969.

Pázmány, Péter [ungar. 'pa:zma:nj], * Nagyvárad (Großwardein = Oradea) 4. Okt. 1570, † Preßburg 19. März 1637, ungar. Kardinal. - Aus vornehmer kalvinist. Familie, konvertierte 1583 zum Katholizismus; 1597 Prof. für Philosophie, später für Theologie in Graz; von 1608 an in Ungarn der entschiedenste Vorkämpfer der kath. Restauration; 1616 Erzbischof von Esztergom und Primas von Ungarn, 1629 Kardinal. Gründete u. a. die Univ. in Nagyszombat (= Trnava), die spätere Budapester Universität. Mit seiner verständl., im Stil außerordentl. klaren rhetor. Prosa wurde er zum Förderer der ungar. Literatursprache.

Paznauntal, 30 km lange Talschaft der Trisanna in den westl. Zentralalpen, Tirol; Fremdenverkehrszentren sind Galtür (640 E) und Ischgl (1 000 E).

Paz Zamora, Jaime, * Cochabamba 15. April 1939, bolivian. Politiker. Gründete 1971 den Movimiento de la Izquierda Revolucionaria (MIR); 1974 inhaftiert, danach ins Exil geflüchtet; 1982–85 Vizepräsident Boliviens; seit Aug. 1989 Staatspräsident.

Pb, chem. Symbol für ↑ Blei (lat. Plumbum).
PBI, Abk. für engl.: protein bound iodine („eiweißgebundenes Jod"), Bez. für die im Blutplasma zirkulierenden (jodhaltigen) Schilddrüsenhormone; diagnostisch bed. für die Schilddrüsenfunktion.

PC, Abk. für: Personalcomputer (↑ Computer).

pc, Einheitenzeichen für ↑ Parsec.

p. c., Abk. für: pro centum (↑ Prozent).

PCB, Abk. für: polychlorierte Biphenyle; durch Chlorieren von ↑ Diphenyl hergestellte, chem. und therm. sehr stabile Substanzen, die als Kühlmittel und Hydraulikflüssigkeiten verwendet werden. PCB sind giftig und krebsauslösend; in der BR Deutschland seit 1984 nicht mehr produziert und verarbeitet.

PCM, Abk. für engl.: Pulscodemodulation (↑ Modulation).

Pd, chem. Symbol für ↑ Palladium.

PDS, Abk. für: Partei des Demokratischen Sozialismus, seit Febr. 1990 neuer Name der ↑ Sozialistischen Einheitspartei Deutschlands.

Peace Corps [engl. 'pi:s 'kɔ: „Friedenskorps"], 1961 von Präs. J. F. Kennedy ins Leben gerufene amerikan. Organisation freiwilliger Entwicklungshelfer; wurde zum Vorbild von Entwicklungsdiensten vieler Länder.

Peace River [engl. 'pi:s 'rɪvə], linker Nebenfluß des Slave River, entspringt in den Rocky Mountains, mündet nahe dem Athabascasee, 1920 km lang; Großkraftwerk.

Peace River Country [engl. 'pi:s 'rɪvə 'kʌntrɪ], bed. Agrargebiet im westl. Kanada am Mittellauf des Peace River. Angebaut werden Weizen, Gerste, Hafer, Klee und verschiedene Grasarten, Raps u. a. Ölpflanzen; Rinder- und Schweinehaltung; Holzwirtschaft; Erdöl- und Erdgasvorkommen um Fort Saint John. Zu den wichtigsten Siedlungen zählt Dawson Creek.

Peak [engl. pi:k], engl. svw. Bergspitze.
◆ Bez. für ein relativ spitzes Maximum einer Meßkurve.

Peak District [engl. 'pi:k 'dɪstrɪkt] ↑ Pennines.

Peale [engl. pi:l], amerikan. Malerfamilie, deren Haupt Charles Willson P. (* 1741, † 1827), ein anerkannter Porträtist, sich der Naturkunde widmete (Ausgrabungen und Museumsgründung). Bed.:

P., James, * Chestertown (Md.) 1749, † Philadelphia 24. Mai 1831. - Bruder von Charles Willson P., am besten seine klassizist. Frauenporträts nach 1800.

P., Raphaelle, * Annapolis (Md.) 17. Febr. 1774, † Philadelphia 5. März 1825. - Sohn von Charles Willson P.; malte Porträts und seit 1812 vorzügl. Stilleben.

Peano, Giuseppe, * Cuneo 27. Aug. 1858, † Turin 20. April 1932, italien. Mathematiker. - Prof. in Turin; bed. Beiträge zu den Grundlagen der Mathematik und zur mathemat. Logik. P. schuf u. a. das nach ihm ben. Axiomensystem und die ↑Interlingua, eine Welthilfssprache.

Peanosches Axiomensystem [nach G. Peano], Axiomensystem zur Festlegung der Menge N der ↑natürlichen Zahlen:

I. 1 ist eine natürliche Zahl.
II. Jede natürl. Zahl $n \in N$ hat einen bestimmten Nachfolger $n' \in N$ (mit $n' = n + 1$).
III. Es ist stets $n' \neq 1$.
IV. Aus $n' = m'$ folgt $n = m$.
V. Jede Menge M natürl. Zahlen, die die Zahl 1 und mit jeder Zahl m auch m' enthält, enthält alle natürl. Zahlen (d. h., sie ist mit N identisch). - ↑auch Zahl.

Peanut [engl. 'pi:nʌt], svw. ↑Erdnuß.

Peanuts [engl. 'pi:nʌts, eigtl. „Erdnüsse"], 1950 entstandene, psycholog. orientierte Comic-Serie des kaliforn. Laienpredigers, Farmers und Zeichners C. M. Schulz (* 1922). Hauptfiguren sind Kinder, die in einer Mischung von Kindlichkeit und Erwachsensein agieren: der ewige Versager *Charlie Brown*, die aggressiv-aufdringl. *Lucy* und ihr unangepaßter Bruder *Linus* (mit der Schmusedecke), Beethovenfan *Schroeder* sowie der philosophierende Beagle *Snoopy*.

Pea Ridge National Military Park [engl. 'pi: rɪdʒ 'næʃənəl 'mɪlɪtərɪ 'pɑ:k], 1960 eingerichtete, 1700 ha große nat. Gedenkstätte im nö. Arkansas, USA, 50 km nnw. von Fayetteville. In der Schlacht von Pea Ridge (7./8. März 1862) schufen die Truppen der Union gegen zahlenmäßig weit überlegene (etwa 2 : 3) Truppen der Konföderation eine der Voraussetzungen für das siegreiche Vordringen der Unionsarmee unter General Grant im Mississippital.

Pearl Harbor [engl. 'pəːl 'hɑːbə], Marinestützpunkt an der S-Küste der Insel Oahu, Hawaii, USA, nw. von Honolulu. - Am 7. Dez. 1941 überfielen von Flugzeugträgern gestartete Einheiten der jap. Luftwaffe ohne vorherige Kriegserklärung diesen bedeutendsten amerikan. Marinestützpunkt im Pazifik, versenkten oder beschädigten 8 Schlacht- und 11 weitere Kriegsschiffe, konnten aber das strateg. Ziel einer Ausschaltung der amerikan. Pazifikflotte nicht erreichen. Der Überfall führte zur vollen Unterstützung der auf militär. Intervention gegen die Achsenmächte gerichteten Politik F. D. Roosevelts durch die amerikan. Öffentlichkeit.

Pearl River [engl. 'pə:l 'rɪvə], Zufluß zum Golf von Mexiko, USA, entspringt nö. von Jackson, bildet im Unterlauf die Grenze zw. Mississippi und Louisiana, 789 km lang.

Pearlstein, Philip [engl. 'pə:lstaɪn], * Pittsburgh 24. Mai 1924, amerikan. Maler und Graphiker. - Seit 1955 als Maler tätig (Aktbilder). P. ist einer der Wegbereiter des Neuen Realismus in den USA.

Pears, Sir (seit 1977) Peter [engl. pɪəz, pɛəz], * Farnham (Surrey) 22. Juni 1910, † Aldeburgh (Suffolk) 3. April 1986, brit. Sänger (Tenor). - Erfolgreicher Opern-, Oratorien- und Liedersänger; wirkte in zahlr. Uraufführungen von Werken seines Freundes B. Britten mit (u. a. in „Peter Grimes").

Pearson, Lester Bowles [engl. pɪəsn], * Toronto 23. April 1897, † Ottawa 27. Dez. 1972, kanad. Historiker, Diplomat und Politiker. - Seit 1928 im diplomat. Dienst; 1948-68 liberaler Unterhaus-Abg., 1948-57 Außenmin.; maßgebl. an der Gründung der UN und später der NATO beteiligt; erhielt für seine Verdienste um die Beilegung der Sueskrise (1956) 1957 den Friedensnobelpreis; übernahm 1958 die Führung der Liberalen Partei; 1963-68 Premierminister.

Peary, Robert Edwin [engl. 'pɪərɪ], * Cresson (Pa.) 6. Mai 1856, † Washington 20. Febr. 1920, amerikan. Polarforscher. - Unternahm ab 1886 mehrere Expeditionen in die Arktis; entdeckte 1895 Pearyland und wies 1901 den Inselcharakter Grönlands nach; kam am 6. April 1909 in die unmittelbare Nähe des Nordpols. Der Anspruch F. A. Cooks, vor P. den Pol erreicht zu haben, ist umstritten.

Pearyland [engl. 'pɪərɪlænd], die nörd-

Pearl Harbor. Zerstörte Kriegsschiffe nach dem japanischen Luftangriff (Photo vom 7. Dezember 1941)

Pebble tools

Max Pechstein, Bildnis in Rot (1909). Privatbesitz

lichste Halbinsel von Grönland, mit der nördlichsten Landspitze der Erde, im O bis 1 950 m ü. d. M.; Kältewüste, daher größtenteils eisfrei. - 1895 von R. E. Peary entdeckt; 1947-50 von der dän. P.expedition erforscht.

Pebble tools [engl. 'pɛbl 'tu:lz] (Geröllgeräte, Werkzeuge, Knollengeräte), aus gerundeten Fluß- bzw. Strandgeröllen oder ähnl. Feuersteinknollen meist zu Choppern zugeschlagene Steinwerkzeuge.

Peć [serbokroat. pɛ:tɕ] (alban. Pejë; beides amtl.), jugoslaw. Stadt am W-Rand der Metohija, 505 m ü. d. M., 42 100 E. Serb.-orth. Patriarchat; bed. Kunstgewerbe; Marktort für das Umland. - 1202 erstmals erwähnt; 1463-1766 als **Ipek** unter osman. Herrschaft. - Oriental. Stadtbild (Moscheen); 1 km westl. befestigtes Patriarchenkloster mit 3 Kirchen (13. und 14. Jh.), die einen einheitl. architekton. Komplex bilden.

PeCe ⓦ [Kw.], Handelsbez. für mehrere aus [nachchloriertem] Polyvinylchlorid hergestellte Chemiefasern und Kunstborsten.

Pech [zu lat. pix „Pech"], zähflüssiger bis fester, brauner bis schwarzer Rückstand, der bei der Destillation von Erdöl und Teer anfällt und aus Gemischen von hochmolekularen cycl. Kohlenwasserstoffen und rußartigen Bestandteilen besteht; Schmelzpunkt zw. 40 und 85 °C. Verwendet werden die P. zur Herstellung von Teerpappen, Vergußmassen, als Bindemittel zur Brikettherstellung sowie als Klebemittel, als Rohstoffe für Anstriche und Isolierlacke. Durch Verkokung von P. wird aschearmer **Pechkoks** zur Herstellung von Elektroden und Carbiden gewonnen.

Pechblende ↑ Uranpecherz.

Pechel, Rudolf, * Güstrow 30. Okt. 1882, † Zweisimmen (Kt. Bern) 28. Dez. 1961, dt. Publizist. - 1919-42 Leiter der „Dt. Rundschau"; 1942-45 in den KZ Sachsenhausen und Ravensbrück; Hg. der wiedergegr. „Dt. Rundschau" ab 1946; schrieb u. a. „Zw. den Zeilen" (1948).

Pechkohle (Glanzbraunkohle), steinkohlenartig aussehende, glänzende Hartbraunkohle.

Pechnase, nach unten offener, erkertartiger Vorbau an ma. Burgen, durch den siedendes Pech auf Angreifer gegossen wurde.

Pechnelke (Viscaria), Gatt. der Nelkengewächse mit fünf Arten im Mittelmeergebiet, in der gemäßigten Zone Europas, in SW- und W-Asien; meist rasenbildende, ausdauernde Kräuter mit schmalen Blättern und roten oder weißen Blüten. In Deutschland kommt auf Magerrasen und Heiden nur die **Gemeine Pechnelke** (Viscaria vulgaris) vor: 15-60 cm hoch; unterhalb der Knoten klebrige Stengel; schmale Blätter und rote Blüten in lockeren Rispen.

Pechstein, Max, * Zwickau 31. Dez. 1881, † Berlin 29. Juni 1955, dt. Maler und Graphiker. - Seit 1900 in Dresden, besuchte hier zunächst die Kunstgewerbeschule und 1902-06 die Akad.; trat 1906 der Künstlervereinigung „Brücke" bei. Ab 1908 lebte er in Berlin; 1913/14 Reise im Pazif. Ozean. 1933-45 Malverbot; Vertreter des dt. Expressionismus. Figurenbilder, teilweise mit exot. Motiven von den Palauinseln, sowie Landschaften und Stilleben in einem spontanen, in großen Formen zusammenfassenden, flächigen Stil; die Farbgebung ist warm und kräftig. - *Werke:* In der Hängematte (1911; Essen, Museum Folkwang), Weibl. Akt im Zelt (1911; München, Bayer. Staatsgemäldesammlungen).

Pechstein, pechartig aussehendes vulkan. Glas.

Peck, Gregory, * La Jolla (Calif.) 5. April 1916, amerikan. Schauspieler. - Zunächst am Broadway; seit 1944 beim Film, wo er meist prinzipienfeste, ehrl.-wackere Typen verkörperte, u. a. in den Filmen „Schnee am Kilimandscharo" (1953), „Moby Dick" (1956), „Die Kanonen von Navarone" (1961), „Wer die Nachtigall stört" (1962), „Der Deserteur" (1971), „Das Omen" (1976), „McArthur - Held des Pazifik" (1977).

Peckinpah, Sam [engl. 'pɛkɪnpɑ:], * Fresno (Calif.) 21. Febr. 1925, † Los Angeles 28. Dez. 1984, amerikan. Drehbuchautor und Regisseur. - Ab 1950 zunächst am Theater; ab 1954 Drehbuchautor für Westernserien; seit 1960 Regisseur von Filmen, die durch ihre ästhet. Stilisierung von Gewalt internat. bekannt wurden, z. B. „Sacramento" (1962), „The wild bunch - Sie kannten kein Gesetz" (1969), „Getaway" (1972), „Pat Garrett & Billy the Kid" (1973), „Die Killer-Elite" (1975), „Convoy" (1978).

Pécs [ungar. pe:tʃ] (dt. Fünfkirchen), Stadt am S-Fuß des Mecsekgebirges, Ungarn, 173 000 E. Verwaltungssitz des Bez. Baranya; kath. Bischofssitz; Univ. (Erstgründung 1367), medizin. Hochschule, PH, Forschungsinst. der Ungar. Akad. der Wiss., Weinbauforschungsinst.; Museen. Bed. Ind.zentrum, das sich auf der Grundlage des Steinkohlen- und Uranerzbergbaus der Umgebung entwickelte; Kernkraftwerk; daneben Tabakverarbeitung, Nahrungs- und Genußmittelind., Orgelbau. **Geschichte:** Als **Sopianis** (Sopianae) bed. Straßenknotenpunkt der röm. Kaiserzeit, unter Diokletian Hauptstadt der Prov. Valeria; 4. bis Mitte des 6. Jh. und seit 1009 Bischofssitz; im 9. Jh. einer der Hauptorte des Großmähr. Reiches, erstmals als **Quinque Ecclesiae** („Fünfkirchen") bezeichnet; gehörte seit Bildung des Kgr. Ungarn zu diesem; im Hoch- und Spät-MA größte ungar. Stadt, von großer kultureller Bedeutung; 1541–1687 osman. Herrschaft mit Umprägung des Stadtbildes; 1681 Ansiedlung von Deutschen, 1780 Erhebung zur königl.-ungar. Freistadt. **Bauten:** Zahlr. röm. Gräber; roman. Dom (11./12. Jh.), mehrfach umgebaut, mit fünfschiffiger Krypta (11./12. Jh.); innerstädt. Pfarrkirche (ehem. Moschee, 1766/67 Umwandlung in eine Barockkirche), Grabkapelle des Idris Baba (1591); urspr. barocker bischöfl. Palast (erneuert 1838–52) mit Barbakane des 16. Jahrhunderts.

Pecten [lat.], svw. Pectenmuscheln († Kammmuscheln).

Pectus [lat.] † Brust.

Pedal [zu lat. pedalis „zum Fuß gehörig"], mit dem Fuß zu betätigende Vorrichtung, z. B. Brems-P. im Kfz., Seitensteuerungs-P. im Flugzeug, Tret-P. an der Tretkurbel des Fahrrads. Bei bestimmten Musikinstrumenten Bez. für die mit den Füßen zu spielende Klaviatur (im Ggs. zum † Manual), z. B. bei Orgel und Pedalklavier sowie die Fußhebel zur Tonbeeinflussung bei Tasteninstrumenten, z. B. bei Klavier, Harfe und Pauke.

Pedalklavier (Pedalflügel), besaitetes Tasteninstrument mit einer Pedalklaviatur, die eine eigene Besaitung besitzt; war v. a. im 18. Jh. als Übungsinstrument für Organisten verbreitet.

Pedalpauke † Pauke.

Pedant [italien.-frz.], Bez. für einen Menschen, der in übertriebener Weise genau vorgeht, d. h. **pedantisch** ist; **Pedanterie** i. e. S. Bez. für übersteigertes Ordnungsstreben, i. w. S. auch für übertriebene Genauigkeit oder unangemessenen Perfektionismus.

Peddigrohr [zu niederdt. paddik „Pflanzenmark"] (span. Rohr, Stuhlrohr, Rotang, Ratan, Rattan), Bez. für die bis 4 cm dicken Stengel bestimmter lianenartig kletternder Rotangpalmen; u. a. verwendet im Korbwarenind., für Spazier- und Rohrstöcke.

Peel

Pedell [zu mittellat. bedellus, eigtl. „Gerichtsdiener" (verwandt mit Büttel)], Hausmeister (einer Schule oder Hochschule).

Pedersen, Knut [norweg. 'pɛdərsən], norweg. Schriftsteller, † Hamsun, Knut.

Pedi, zu den Nord-Sotho († Sotho) zählender Bantustamm in Z-Transvaal, zum größten Teil Lohnarbeiter.

Pedicularis [lat.], svw. † Läusekraut.

Pedikulose [lat.] (Pediculosis, Läusebefall), durch Läuse hervorgerufene Beschwerden; *Pediculosis capitis:* Auftreten von Kopfläusen, kann zu Juckreiz, Infektion, Lymphknotenschwellung und Läuseekzem führen; *Pediculosis vestimentorum:* Auftreten von Kleiderläusen mit Juckreiz, Quaddeln und Hautverfärbung, u. U. verbunden mit Flecktyphusinfektion; *Pediculosis pubis:* Auftreten von Filzläusen, führt zu Juckreiz und fleckenförmig blaugrau verfärbten Hautstellen im Bereich der Schamhaare, u. U. auch in den Achselhöhlen und an Augenbrauen und Wimpern. - Zur Vermeidung von P. ist intensive Körperpflege und Sauberkeit (Desinfektion) erforderl. Für die Behandlung stehen verschiedene örtl. wirksame Mittel (Insektizide) zur Verfügung.

Pediküre [lat.-frz.] (Fußpflege), umfaßt Haut- und Nagelpflege sowie - modeabhängig - das Lackieren der Fußnägel.

Pedipalpen [lat.], zweites Extremitätenpaar der Spinnentiere, das für unterschiedl. Aufgaben abgewandelt ist. Bei Schwertschwänzen dienen die P. Laufbeine, bei Webspinnen Taster, bei Spinnenmännchen auch Begattungsorgan, bei Skorpionen große Scheren.

Pedizellarien [lat.], etwa 1 mm bis etwa 1 cm lange Greiforgane auf der Körperoberfläche von Seeigeln und Seesternen; dienen dem Beuteerwerb, der Verteidigung und der Reinhaltung der Körperoberfläche.

Pedologie [griech.], svw. † Bodenkunde.

Pedro ['pe:dro, span. 'peðro, portugies. 'peðru, brasilian. 'pedru], span., portugies. und brasilian. Form des männl. Vornamens Peter.

Pedro de Arbués [span. 'peðro ðe ar'βμes] (Peter von A.), hl., * Epila (Aragonien) um 1441, † Zaragoza 17. Sept. 1485, span. Inquisitor. - 1473 Magister in Bologna, 1474 Chorherr an der Kathedrale von Zaragoza, 1481 erster Inquisitor für Aragonien; wurde nach der Verhängung von drei Todesurteilen in der Kathedrale von Zaragoza erstochen.

Pedro Juan Caballero [span. 'peðro 'xμaŋ kaβa'jero], Hauptstadt des Dep. Amambay, Paraguay, auf dem Amambayplateau, 650 m ü. d. M., 21 000 E. Handelszentrum eines Agrargebiets, Grenzübergang nach Brasilien.

Peel, Sir Robert [engl. pi:l], * Bury 5. Febr. 1788, † London 2. Juli 1850, brit. Politiker. - 1809 als Tory Abg. im Unterhaus; setzte sich

315

Peel

als Innenmin. (1822–27 und 1828–30) für die Katholikenemanzipation ein (1828/29) und reorganisierte das Londoner Polizeiwesen; 1834/35 und 1841–46 Premiermin. Eigtl. Begründer der späteren Konservativen und Unionist. Partei (1834), führte 1846 ihre Spaltung und seinen Sturz herbei, als er die Abschaffung der Getreidezölle durchsetzte. - ↑ auch Anti-Corn-Law-League.

Peel, ehem. Hochmoorgebiet nö. von Eindhoven, Niederlande.

Peele, George [engl. pi:l], * London um 1556, † ebd. um 1596, engl. Dramatiker. - Unmittelbarer Vorläufer Shakespeares; seine in melodiösen Blankversen verfaßten Dramen zeigen losen Handlungsaufbau, z. B. das satir. Märchenspiel „The old wives' tale" (1595).

Peelsche Bankakte [engl. pi:l; nach Sir R. Peel] ↑ Bankakte.

Peene, Küstenfluß in Mecklenburg und Vorpommern, entspringt (3 Quellflüsse) auf der Mecklenburg. Seenplatte, fließt nach Austritt aus dem Kummerower See nach O, mündet unterhalb von Anklam, 112 km lang, in den gleichnamigen westl., 40 km langen Mündungsarm der Oder. Gegenüber der Insel Ruden mündet der P. bei Peenemünde in die Ostsee.

Peenemünde, Gem. im NW der Insel Usedom, Bez. Rostock, DDR, 626 E. Im 2. Weltkrieg Versuchsgelände für ferngelenkte Raketenwaffen.

Peep-show [engl. 'pi:pʃoʊ; zu engl. to peep „verstohlen gucken"], als sexuell stimulierend gedachte Form der Zurschaustellung nackter weibl. Körper, bei der eine Frau in einem Raum durch Gucklöcher von mehreren Männern gleichzeitig aus verschiedenen Einzelkabinen (meist zur Masturbation) betrachtet wird. Durch Einwurf von Geldmünzen wird für eine bestimmte Zeit das Guckloch geöffnet. Auch in Form von Einzelboxen, bei denen die Frau durch eine gläserne Wand von dem Besucher getrennt ist. 1976 erstmals in der BR Deutschland; inzwischen können gelegentlich auch Männer betrachtet werden.

Peer (Per), männl. Vorname, nord. Form von Peter.

Peer [engl. pɪə; zu lat. par „gleich"], Angehöriger des brit. Hochadels mit Recht auf Sitz und Stimme im Oberhaus. Die Peerswürde (**Peerage**) wurde seit Jakob I. durch königl. Patent als erbl. Würde des jeweils ältesten Sohnes verliehen. Die *weltl.* (temporal) *P.* werden unterschieden in P. of England (vor der Union mit Schottland 1707), P. of Great Britain (bis zur Union mit Irland 1801) und P. of the United Kingdom (seit 1801). *Geistl.* (spiritual) *P.* sind die Erzbischöfe von Canterbury und York sowie 24 Bischöfe. Die Reformgesetze von 1958 und 1963 gestatten auch Frauen die Peerswürde (**Peeress**). Die P. hatten bis 1948 Anspruch auf einen eigenen Gerichtsstand bei schweren Verbrechen.

Peer-group [engl. 'pɪəgruːp] (Gleichaltrigengruppe), jugendsoziolog. Begriff für Gruppen von etwa gleichaltrigen Kindern und Jugendlichen, die als erste wichtige außerfamiliäre Einflußgruppen ihren Mgl. die Ablösung von dem Übergang von der Kleinfam. zu größeren sozialen Einheiten erleichtern.

Peeters, Baron (seit 1971) Flor, * Tielen bei Turnhout 4. Juli 1903, belg. Organist und Komponist. - Organist an der Kathedrale von Mechelen, seit 1948 Prof. am Königl. Fläm. Konservatorium in Antwerpen (1952–68 dessen Direktor). P. komponierte v. a. Orgel- und Kirchenmusik.

Peganum [griech.], svw. ↑ Steppenraute.

Pegasus, in der griech. Mythologie das göttl. geflügelte Pferd des Bellerophon, von Poseidon mit Medusa gezeugt. Die Vorstellung von dem „Musenroß", das den Dichter himmelwärts trägt, entstand erst in der Neuzeit.

Pegasus [griech.] ↑ Sternbilder (Übersicht).

Pegel [niederdt., zu mittellat. pagella „Maßstab"], eine Vorrichtung zur Wasserstandsmessung, v. a. an Brücken, Schleusen und in Häfen. Die einfachste Ausführung ist der **Lattenpegel,** ein Stab aus Metall oder Holz mit Maßeinteilung. Eine andere Ausführung ist der **Schwimmpegel** *(P.uhr),* eine Meßanordnung, deren Zeiger von einem Schwimmer bewegt wird. Automat. Aufzeichnungen liefert der **Schreibpegel** (Limnigraph), eine spezielle Form des Schwimmer-P.
◆ Bez. für den Logarithmus des Verhältnisses zweier Größen der gleichen Größenart, z. B. zweier Leistungen (Leistungs-P.), zweier Spannungen (Spannungs-P.), zweier Schalldrücke (Schalldruck-P.) u. a., wobei im Nenner eine jeweils vereinbarte Bezugsgröße steht. Zur Kennzeichnung dienen gewöhnl. die Hinweiswörter Bel bzw. Dezibel (bei Verwendung des dekad. Logarithmus), Neper (bei Verwendung des natürl. Logarithmus) und Phon (speziell beim Lautstärkepegel).

Peggy [engl. 'pɛgɪ], engl. weibl. Vorname, Koseform von Margaret.

Pegmatit [griech.], aus einer an leichtflüchtigen Bestandteilen reichen, meist granit. Restschmelze des Magmas entstandenes grobkörniges Ganggestein. Die großen Feldspat- und Glimmerminerale lohnen vielfach den Abbau wie auch angereicherte Edelsteine und seltene Elemente (Niob, Tantal, Beryllium u. a.).

Pegnitz, Stadt auf der Fränk. Alb, Bay., 426 m ü. d. M., 13 300 E. Justizakad.; Armaturenbau, Textil-, Spielzeugind.; Erholungsort. - 1119 erstmals erwähnt; erhielt 1280 Markt- und seit 1355 Stadtrecht. - Sowohl die ev. als auch die kath. Pfarrkirche verfügen über barocke Altäre. Schloßberg mit Burgruine (v. a. 14. Jh.).

P., rechter Nebenfluß der Rednitz, entspringt auf der Fränk. Alb, Bay., verschwindet bei der Stadt P. und tritt kurz darauf in mehreren Karstquellen wieder zutage; vereinigt sich unterhalb von Fürth mit der Rednitz zur Regnitz, 85 km lang.

Pegnitzschäfer, Bez. für den ↑ Nürnberger Dichterkreis, der sich auch als „Pegnitzer Hirtengesellschaft" oder „Pegnes. Blumenorden" bezeichnete.

Pegu, birman. Stadt im Irawadidelta, 254 800 E. Verwaltungssitz der Prov. P.; Holz-, metallverarbeitende, Nahrungsmittel- und Textilind.; Eisenbahnknotenpunkt. - 573 als **Hamsawati** gegr.; bis 1541 Mittelpunkt des gleichnamigen Monreiches in Niederbirma. - Buddhist. Wallfahrtsziel mit zahlr. Pagoden (v. a. 15. Jh.), darunter die 99 m hohe Shwemawdawpagode; Kolossalstatue des liegenden Buddha.

Péguy, Charles Pierre [frz. pe'gi], * Orléans 7. Jan. 1873, ✕ Le Plessis-l'Évêque bei Villeroy (Seine-et-Marne) 5. Sept. 1914, frz. Schriftsteller. - Handwerkersohn; gründete 1898 eine Verlagsbuchhandlung, deren wichtigste Publikation die ↑ „Cahiers de la Quinzaine" waren. Anfangs Sozialist, entwickelte sich P. zum kompromißlosen Verfechter eines kath.-myst. Traditionalismus (1908 Rückkehr zum Katholizismus) und Nationalismus. Schrieb umfangreiche ep. Verdichtungen, die v. a. durch rhythm., litaneiartige Wiederholungen gekennzeichnet sind, Gedichte und zahlr. Prosaschriften.

Pehkiang (Beijiang) [chin. bɛjdzjaŋ] ↑ Perlfluß.

Pei, Ieoh Ming [engl. pɛɪ], * Kanton 26. April 1917, amerikan. Architekt chin. Herkunft. - Begann unter Einfluß von Mies van der Rohe; für öffentl. Aufgaben internat. gesuchter Architekt, bes. hervorzuheben der architekton. Lösung für den Ostflügel der National Gallery of Art (Washington; 1978), zwei Dreiecke (Ausstellungs- bzw. Studienzentrum) auf trapezförmigem Gesamtgrundriß. - *Weitere Werke:* J.-F.-Kennedy-Flughafen (New York; 1970), H.-F.-Johnson Museum of Art der Cornell Univ. (Ithaca [N. Y.]; 1973), J. F. Kennedy Bibliothek (Boston; 1979), Westflügel des Museum of Fine Arts (ebd.; 1980).

Peichl, Gustav [...çəl], * Wien 18. März 1928, östr. Architekt und Karikaturist. - Karikaturbände unter dem Pseudonym Ironimus; schuf als Architekt die ORF-Studioneubauten in Linz, Salzburg, Innsbruck und Dornbirn (1970-73) und Krankenheilanstalten.

Peierls, Sir (seit 1968) Rudolf Ernst, * Berlin 5. Juni 1907, brit. Physiker dt. Herkunft. - Prof. in Birmingham und Oxford; während des 2. Weltkriegs maßgebend an der Entwicklung der Atombombe beteiligt; Arbeiten zur theoret. Festkörperphysik und über den Aufbau der Materie.

Peies [hebr.], Schläfenhaare, die fromme Juden in Anknüpfung an 3. Mos. 19, 27 stehen zu lassen pflegen.

Peildeck, oberstes Deck eines Schiffes, meist Dach der Brücke, trägt häufig Signal- und Antennenanlagen.

Peilung, die Bestimmung einer Richtung bzw. eines Winkels bezügl. einer Bezugsrichtung; als sog. **Kompaßpeilung** auf Kompaßnord, als **Seitenpeilung** auf die Mittelschiffslinie bzw. Flugzeuglängsachse bezogen. Als **Kreuzpeilung** bezeichnet man die Standortbestimmung auf Grund mehrerer P. (Bestimmung des Schnittpunkts der ermittelten Peilstandlinien). Die P. kann auf opt. (Anvisieren eines Orientierungszeichens) oder funktechn. Weg erfolgen. Eine **Funkpeilung** zu Navigationszwecken z. B. bei Schiffen und Flugzeugen wird mittels Funkempfänger und richtungsempfindl. Antenne durchgeführt. Im Falle der **Eigenpeilung** wird die Richtung zu einem ungerichteten, ortsfesten Sender *(Funkfeuer)* bestimmt; bei der **Fremdpeilung** oder *Fremdortung* peilen mehrere Bodenstationen den ungerichteten Bordsender an und errechnen daraus dessen Standort, der über Funk mitgeteilt wird.

Peine, Krst. am Mittellandkanal, Nds., 67 m ü. d. M., 45 800 E. Heimatmuseum. Ind.-stadt im Eisenerzrevier Salzgitter/P., mit Eisenerzförderung, Hütten- und Walzwerk, Metallverarbeitung, Erdölraffinerie, Phospatherstellung, elektrotechn., Nahrungsmittel- u. a. Ind.; Hafen. - Die im Anschluß an die 10. Jh. erstmals erwähnte Wasserburg planmäßig angelegte Stadt war seit 1260 (bis 1802/03) im Besitz der Bischöfe von Hildesheim.

P., Landkr. in Niedersachsen.

Peinemann, Edith, * Mainz 3. März 1937, dt. Violinistin. - Seit 1978 Prof. in Frankfurt am Main; unternimmt als Interpretin klass., romant. und zeitgenöss. Violinwerke weltweite Konzertreisen; trat im Duo mit dem Pianisten J. Demus auf.

peinlich [eigtl. „schmerzlich, strafwürdig"], allg. unangenehm, beschämend; pedantisch genau, sorgfältig; in der *Rechtsterminologie* svw. das „Peinliche" (d. h. das Strafrecht) betreffend.

peinliche Befragung (peinliche Frage), in der Rechtsgeschichte 1. im Inquisitionsprozeß die Hauptvernehmung des Angeklagten; 2. die zum letztenmal wiederholte Frage an den Angeklagten, ob er sein Verbrechen gestehe; 3. svw. ↑ Folter.

Peinliche Gerichtsordnung (Kaiser Karls V.) ↑ Carolina.

Peiper, Tadeusz [poln. 'pɛjpɛr], * Krakau 3. Mai 1891, † Warschau 9. Nov. 1969, poln. Lyriker. - Erster und hervorragendster Theoretiker der poln. Avantgarde; seine gedankl. übersteigerte futurist. Lyrik ist konstruktivist. und schwer zugänglich.

Peiping [chin. bɛi̯pɪŋ] ↑Peking.
Peipussee, See an der Grenze zw. Estn. SSR und RSFSR, 3550 km², bis 14,6 m tief, 30 m ü. d. M.; durch eine 25 km lange Seeverengung mit dem **Pleskauer See** (710 km²) im S verbunden; Fischerei; Mitte Dez.–Anfang Mai zugefroren.
Peirce, Charles Sanders [engl. pə:s, pɪəs], * Cambridge (Mass.) 10. Sept. 1839, † Milford (Pa.) 19. April 1914, amerikan. Philosoph. - 1875–91 Physiker im Dienst der amerikan. Küstenvermessung, 1879–84 Dozent für Logik in Baltimore. Begründer des amerikan. Pragmatismus. Seine „pragmat. Maxime" fordert, daß die Bed. eines prädikativen Ausdrucks im prakt., aber auch moralphilosoph. Zusammenhang zu suchen sei, in dem die Gegenstände stehen, denen der Ausdruck zugesprochen wird. P.' Ziel war es, eine Lehre von der Realität zu begründen, die von den traditionellen erkenntnistheoret. Positionen unabhängig ist und die traditionelle Scheidung zw. theoret. und prakt. Philosophie hinter sich läßt. P. entwickelte unabhängig von G. Frege noch einmal die Quantorenlogik. Seine Kategorienlehre enthält reiches Material für die gegenwärtigen, an semiot. Prozessen orientierten Handlungstheorien.
Peirce-Funktion [engl. pə:s, pɪəs; nach C. S. Peirce] (Nicod-Funktion, Nicodsche Wahrheitsfunktion, NOR-Funktion, NOR-Verknüpfung), eine junktorenlog. Verknüpfung zweier Aussagen (bzw. log. Variablen) a und b, deren mit Hilfe des sog. Peirceschen Pfeils ↓ (auch ᴗ) in der Form $a \downarrow b$ (gesprochen: „weder a noch b") wiedergegebenes Ergebnis genau dann wahr ist, wenn a und b beide nicht zutreffen, d. h. es gilt $(\neg a) \wedge (\neg b)$. In elektron. Schaltungen von Datenverarbeitungsanlagen wird die P.-F. durch ein sog. *NOR-Schaltgled* (aus engl. *not–or* = nicht-oder) realisiert.
Peircesche Aussage [engl. pə:s, pɪəs; nach C. S. Peirce] (auch Peircesche Implikation, engl. Peirce's Law), die von C. S. Peirce entdeckte Aussageform $p \to q \to p \to p$ [in Worten: Unter der Hypothese „falls (wenn p so q) dann p" gilt die These p]. Sie ist in der effektiven Logik nicht gültig, wohl aber reicht sie wie das Tertium non datur aus, unter der Voraussetzung der effektiv log. Schlußregeln sämtl. Schlußregeln der klass. Logik herzustellen.
Peisandros, griech. Epiker des 7. oder 6. Jh. aus Kameiros auf Rhodos. – Dichtete das [nur fragmentar. erhaltene] erste Herakles-Epos.
Peischan (Beishan) [chin. bɛi̯ʃan]), Gebirge in China, bis 2583 m hoch, bildet den östl. Abschluß des Tarimbeckens.
Peisistratos (lat. Pisistratus), * um 600, † 528/527, athen. Tyrann. - Vater von Hippias und Hipparchos; gelangte u. a. gegen die Alkmäoniden endgültig wohl 539 nach 2 Verbannungen an die Macht. P. ließ die Verfassung Solons bestehen, verbesserte jedoch die durch dessen Reformen nicht genügend stabilisierten wirtsch.-sozialen (u. a. Zerschlagung des Großgrundbesitzes, Subvention für Kleinbauern) und polit. Verhältnisse. P. sicherte und vergrößerte Athens Einfluß u. a. am Bosporus, auf der Thrak. Chersones (= Halbinsel Gelibolu) und Delos; Förderer von Wiss. und Kunst.
Peißenberg, Marktgem. am O-Fuß des Hohen Peißenbergs, Bay., 585 m ü. d. M., 10600 E. Verwaltungssitz der Bayer. Hütten- und Salzwerke; elektrotechn. und feinmechan. Ind., Motorenbau, Kleiderfabrik, Brauerei. - Erstmals im 11. Jh. erwähnt, seit 1919 Markt mit städt. Verfassung. - Roman. Kapelle Sankt Georg (1497 nach O erweitert) mit spätgot. Wandmalerei; barocke Wallfahrtskirche Maria Aich (1732–34 erbaut von J. Schmuzer).
Peiting, Marktgem. 3 km sö. von Schongau, Bay., 718 m ü. d. M., 11000 E. Herstellung von Spanplatten, Apparaten, Photozubehör, Wachs- und Eisenwaren, Kunststoff. - Ausgrabungen: kelt. Gräberfeld (1500 v. Chr.), röm. Siedlung mit kelto-roman. Gräberplatz (200–400), Alemannensiedlung mit Reihengräberfeld (600–900); 1101 erstmals erwähnt, Mittelpunkt der welf. Stammgüter; seit 1438 Markt. - Barocke Wallfahrtskapelle Maria unter der Egg (17. und 18. Jh.).
Peitschenkaktus, svw. ↑Schlangenkaktus.
Peitschenmoos (Bazzania), Gatt. der Lebermoose mit nur wenigen Arten auf feuchten, kalkfreien Böden und auf morschem Holz; lockere Polster bildende Moose mit niederliegendem, zweiteiligem, beblättertem Thallus, unterseits langen, peitschenartigen Rhizoiden und schwarzbrauner Sporenkapsel. Die in M-Europa häufigste Art ist das **Dreilappige Peitschenmoos** (Bazzania trilobata), eine Charakterart der Fichtenwälder.
Peitschenwurm (Trichuris trichiura), 3–5 cm langer Fadenwurm mit peitschenartig verjüngtem Vorderkörper; parasitiert im Dick- und Blinddarm des Menschen und des Schweins, wo er sich in die Schleimhaut einbohrt; Schädigung des Wirts im allg. gering; ohne Wirtswechsel.
Pejë [alban. ˈpejə] ↑Peć.
Pejoration [zu lat. peiorare „schlechter machen"], Bez. für die Bedeutungsverschlechterung eines Wortes, für das Annehmen eines negativen Sinnes, z. B. *gemein* in der Bed. „alltäglich, gewöhnlich" und „niederträchtig".
pejorativ [lat.], abwertend, verschlechternd.
Pejorativum [lat.] (Deteriorativum), mit verkleinerndem oder abschwächendem Suffix gebildetes Wort mit abwertendem Sinn, z. B. *Jüngelchen, frömmeln.*
Pekach, König von Israel (735–732). -

Pekingoper

Schloß u. a. mit Damaskus ein Bündnis gegen Assyrien, bekriegte Juda, das dem Bündnis nicht beitrat. P. wurde von dem assyr. König Tiglatpileser III. besiegt; von seinem Nachfolger Hosea ermordet.

Pekannußbaum [indian./dt.] ↑ Hickorybaum.

Pekaris [karib.-frz.], svw. ↑ Nabelschweine.

Pekesche [poln.], mit Schnüren besetzter (poln.) Pelzüberrock; zur Festtracht der Chargen student. Korporationen (Wichs) gehörende Jacke.

Pekinese [nach der chin. Hauptstadt Peking] (Pekingese, Peking-Palasthund, Chin. Palasthund), aus China stammende Hunderasse; bis 25 cm schulterhoch, kurzbeinig, mit relativ großem Kopf, herzförmigen Hängeohren und über dem Rücken getragener Rute; seidenweiches, langes Haar, bes. üppig an Schwanz und Hals (Mähne oder Krause); in allen Farben, einfarbig, gestromt, mit Abzeichen oder Platten.

Peking (Beijing) [chin. bɛjdzɪŋ], Hauptstadt der VR China, an dem Gebirgsrand, der die Große Ebene im N abschließt, zw. den Flüssen Pehho und Yuntingho. Das Stadtgebiet (Groß-P.) hat eine Fläche von 17 100 km² u. 9,5 Mill. E. Sitz mehrerer wiss. Akad., der chin. Rundfunkverwaltung; zahlr. Hochschulen, u. a. die P.-Univ., die Tsinghua-Univ. (gegr. 1911), eine Nationalitätenuniv. und mehrere TU. Viele wiss. Inst. und Forschungsstätten, Sprachinst., Observatorium, Planetarium; botan. Garten, Zoo. Bed. Museen, u. a. Palastmuseum (ehem. Kaiserpalast), Lu-Hsün-Museum, histor. Museum, Museum der Volksbefreiungsarmee; Nationalbibliothek, Zentralbibliothek der Chin. Akad. der Wiss. Der industrielle Aufschwung setzte in den 1950er Jahren ein, v. a. Metallverarbeitung, Elektronik- und chem. Ind., Erdölraffinerie, petrochem. Werke, Papierfabrik. Ausgangspunkt mehrerer Eisenbahnlinien; Flußhafen Tungchow (nördl. Endpunkt des Kaiserkanals), internat. ✈. Den innerstädt. Verkehr bewältigen Trolley- und Autobusse sowie die U-Bahn.

Geschichte: P. („nördl. Hauptstadt") ist der Name für die Metropole Chinas 1421–1928 sowie seit 1. Okt. 1949 für die Hauptstadt der VR China. Anfänge der Besiedlung - abgesehen von den prähistor. Funden in der Nähe der Stadt (↑ Choukoutien) - reichen bis ins 12. Jh. v. Chr. zurück. 221 v. Chr. von der Ch'indynastie erobert, blieb bis zum 3. Jh. n. Chr. in chin. Hand, war dann für etwa 2. Jh. im Besitz nördl. Fremdvölker; 7.–10. Jh. Militärverwaltungsort an der nördl. Grenze; gelangte 937 in den Besitz der Kitan; während der Mongolenherrschaft (1280–1368) als **Taitu** (Daidu, „große Hauptstadt", mongol. **Khanbalik**; **Kambaluk** bei Marco Polo, der um 1275 die Stadt besuchte) Hauptstadt des mongol. Reiches in China; 1368–1420 hieß P. **Peiping** („befriedeter N"), dies war auch der amtl. Name 1928–49, als Nanking Hauptstadt war; ab 1928 bzw. 1933 unter wachsendem jap. Einfluß, 1937–45 von den Japanern besetzt; nach kurzer Herrschaft der Kuomintang am 31. Jan. 1949 von der Volksbefreiungsarmee eingenommen und zur Hauptstadt der VR China erklärt.

Stadtanlage und Bauten: Die *Innere Stadt* entstand im 12./13. Jh. als rechteckige Anlage *(Tatarenstadt)*. Inmitten dieser 6,4 × 4,8 km großen Anlage liegt die ehem. Kaiserstadt der Mandschu (2,6 × 2,8 km), in sie verschachtelt die Verbotene Stadt (der Kaiserpalast; 0,9 × 1,5 km; 1406 ff.). Am S-Rand der Verbotenen Stadt (auch *Rote Stadt*) verläuft heute die neue O–W-Achse P., eine Verkehrs- und Aufmarschstraße, hier liegt auch der von monumentalen Bauten (u. a. das Tor des himml. Friedens, 1651) umgebene weite Tienan-men-Platz (1860, 1900, 1949). Der Inneren Stadt schließt sich im S die 8 × 2,4 km große *Chinesenstadt* oder *Äußere Stadt* an, noch heute Sitz von Handel und Gewerbe. Außerhalb der alten Mauern sind zahlr. Vorstädte entstanden. Kern der Palastanlage sind 3 Zeremonienhallen, von denen die größte die „Halle der höchsten Harmonie" (1627, erneuert um 1700) ist. Vom nördl. des Kaiserpalastes gelegenen „Kohlenhügel" bietet sich ein prächtiger Rundblick über ganz Peking. In der Inneren Stadt befindet sich weiterhin der Pei-hai-Park mit See und Weißer Pagode (1651) und noch weiter westl. der „Tempel der Weißen Pagode" (gegr. im 11. Jh., 1457 erneuert), im N der Trommelturm von 1420, der Glockenturm von 1745 sowie der Lamatempel von 1745. Außerhalb der alten Mauern der Inneren Stadt liegen in den 4 Himmelsrichtungen der Sonnen-, Erde-, Mond- und im S (der Äußeren Stadt) der Himmelstempel, u. a. mit der sog. Halle der Jahresgebete (um gute Ernte; ein hoher hölzerner Rundbau von 1420, erneuert 1754 und 1892) auf dreistufigem Marmorsockel und dreistufigem blauen Dach. - Im NW der Stadt am Kunmingsee liegt der ehem. kaiserl. Sommerpalast (um 750?, 1860 zerstört; 1889 Wiederaufbau) sowie 30 km weit. Die Minggräber, die größten sind das Ch'eng Tsus (1403–25) und das Shen Tsungs (1573–1620). - Abb. S. 320.

⌑ *Weng, Wan-go/Boda, Yarug:* Das Palastmuseum in P. Mchn. 1982. - *Hürlimann, M.:* P. u. seine Gesch. Zürich 1976. - *Arlington, L. C./ Lewisohn, W.:* In search of old P. New York Neuaufl. 1967.

Pekinger Volkszeitung, häufige Bez. für Jen-min Jih-pao, chin. Zeitung, ↑ Zeitungen (Übersicht).

Pekingmensch ↑ Mensch.

Pekingoper, neben der Kuang-tung-Oper im S die im N sich im 19. Jh. ausprägende Form des chin. Theaters.

319

Pekkanen

Peking. Himmelstempel in der Äußeren Stadt (1420; zuletzt 1892 erneuert)

Pekkanen, Toivo, * Kotka 10. Sept. 1902, † Kopenhagen 30. Mai 1957, finn. Schriftsteller. - Fabrikarbeiter; 1955 Mgl. der Finn. Akad. Seine realist. Romane und Novellen schildern das Schicksal des Arbeiters in Hafen und Fabrik, z. B. „Menschen im Frühling" (E., 1935).

Pekoe [engl. ˈpiːkoʊ; chin.] ↑ Tee.

pektanginös [lat.], die ↑ Angina pectoris betreffend; der Angina pectoris ähnl., mit Brust- und Herzbeklemmung einhergehend.

Pektenmuscheln [lat./dt.] ↑ Kammuscheln.

Pektinase [griech.] (Pektindepolymerase), in Pflanzen vorkommendes Enzym, das die beim hydrolyt. Abbau der Pektine durch *Pektinesterase* gebildete Pektinsäure zu Galakturonsäure spaltet. Beide Enzyme zus. bewirken die Auflösung pflanzl. Gewebes in Einzelzellen durch Abbau der aus Pektinen bestehenden Mittellamelle, z. B. bei der Reifung von Früchten oder der Gewinnung von Flachs- und Hanffasern.

Pektine [zu griech. pēktós „fest, geronnen"], v. a. aus dem Methylester der hochmolekularen *Pektinsäure (Polygalakturonsäure)* bestehende Polysaccharide, die in wasserlösl. Form im Zellsaft von Pflanzen (v. a. in unreifen Früchten) vorkommen, in Form wasserunlösl. Calcium- oder Magnesiumsalze (als sog. *Protopektine*) den Hauptbestandteil der Mittellamelle von Pflanzenzellen (in geringerem Umfang auch der Primärwand der pflanzl. Zellwand) darstellen und den Zusammenhalt des Gewebes bewirken. P. werden aus Apfeltrester, Rübenschnitzeln und Schalen von Zitrusfrüchten gewonnen und als Gelierungsmittel und Emulgatoren in der Lebensmittel- und Kosmetik- sowie in der Klebstoffind. verwendet.

Pektinesterase [pɛkˈtiːn-ɛ...] ↑ Pektinase.

Pektinsäure ↑ Pektine.

pektoral [lat.], in der Anatomie für: die Brust betreffend, zur Brust gehörend.

Pektorale (Pectorale) [zu lat. pectus „Brust"], 1. in *Altertum* und *Antike* Brustschmuck; 2. in der kath. *Liturgie* das von geistl. Würdenträgern getragene meist goldene *Brustkreuz*.

Pektoralis [Kurzbez. für lat. Musculus pectoralis], anatom. Bez. für den großen bzw. kleinen Brustmuskel.

Pekuliarbewegung [lat. dt.], die (relative) Bewegung eines Sterns gegenüber einer Sterngruppe seiner Umgebung, z. B. die Bewegung der Sonne innerhalb der Gruppe der sonnennahen Sterne.

pekuniär [zu lat. pecunia „Geld"], das Geld betreffend, finanziell.

Péladan, Joséphin [frz. pelaˈdã], eigtl. Joseph P., * Lyon 28. März 1859, † Neuilly-sur-Seine 27. Jan. 1918, frz. Schriftsteller. - Jesuitenschüler; leitete als Großmeister eine von ihm 1888 gegr. Rosenkreuzerbewegung mit Tendenz gegen Judentum und Freimaurerei. Behandelte in der Romanserie „La décadence latine" (21 Bde., 1884–1925) die Frage nach der Zukunft der „lat. Rasse"; zahlr. religions- und kunsttheoret. Abhandlungen.

Pelagial [griech.] (pelag. Zone), in der *Ökologie* Bez. für das freie Wasser der Meere und Binnengewässer, von der Oberfläche bis zur größten Tiefe.

Pelagianismus, Bez. für die von ↑ Pelagius, Julian von Aeclanum († 454) u. a. gegen Augustinus vertretenen Anschauungen über Freiheit und Gnade, Erbsünde und Sünde: Der Mensch hat die sittl. Freiheit (lat. liberum arbitrium) zum Guten wie zum Bösen, die Sünde ist immer eine einzelne Tat, daher wird die Erbsünde abgelehnt; der Mensch kann, kraft der Gnade, durch eigene Bemühungen zum Heil gelangen. Nach der Verurteilung und Verbannung des Pelagius trat seit etwa 420 Julian von Aeclanum als Haupt des P. hervor. Das Konzil von Ephesus (431) verurteilte den P.; der Osten verharrte bei der Lehre von der Freiheit des menschl. Willens; im Abendland entzündete sich nach der Verurteilung des P. die Auseinandersetzung erneut im ↑ Semipelagianismus.

Pelagische Inseln, italien. Inselgruppe im Mittelmeer, südl. von Sizilien, Hauptinsel **Lampedusa** mit dem Hauptort und Hafen Lampedusa. Bed. Fischerei, Obst- und Weinbau; Konservenindustrie.

Pelagius I., † Rom 3. (4.?) März 561, Papst (seit 16. April 556). - Römer; wurde auf Befehl von Kaiser Justinian I. zum Papst erhoben. Seit P. mußte der gewählte Papst

Pelikane

vor der Weihe die kaiserl. Bestätigung einholen.

Pelagius, * in Britannien oder Irland vor 384, † nach 418 oder 422, engl. Mönch und Kirchenschriftsteller. - Ab 385 oder 400 als Asket und Laienmönch in Rom; gelangte 410 auf der Flucht vor Alarich nach Karthago und Palästina, wo es wegen seiner Lehren († Pelagianismus) zu Rivalitäten mit Hieronymus kam. Auf Betreiben Augustinus' verurteilten ihn die Synoden von Mileve (416) und Karthago (418). Papst Zosimus folgte dem Urteil, P. wurde von Kaiser Honorius verbannt.

Pelagonija (dt. Pelagonien), Beckenlandschaft in Makedonien (Jugoslawien, südl. Viertel in Griechenland), wichtiges Landw.gebiet mit Anbau von Mais und Weizen sowie Obst-, Wein- und v. a. Tabakbau; jugoslaw. Hauptorte Prilep und Bitola, griech. Hauptort Florina.

Pelamide [griech.] (Sarda sarda), bis etwa 70 cm langer Knochenfisch (Fam. Makrelen) im Atlantik (einschl. Nordsee, Mittelmeer und Schwarzes Meer); silberglänzend, Rücken metall. grünlich, mit meist 8–9 dunklen, schrägen Längsstreifen; Speisefisch.

Pelargonie [zu griech. pelargós „der Storch"] (Geranie, Pelargonium), Gatt. der Storchschnabelgewächse mit rd. 250 Arten, v. a. in Südafrika; strauchige, halbstrauchige oder auch sukkulente Pflanzen, deren meist unregelmäßige (zygomorphe) Blüten einen Sporn haben. Für den gärtnerischen Anbau wichtig sind u. a. die als Zimmerpflanzen verwendeten **Edel-Pelargonien** (Engl. P.; mit häufig mehr als 5 cm breiten roten, rosafarbenen oder weißen Blüten mit meist dunklen Flecken auf den Kronblättern) und die v. a. als Beet- und Balkonpflanzen dienenden **Efeupelargonien** (Pelargonium peltatum; mit duftenden rosenroten Blüten) sowie die aus einer Kreuzung hervorgegangenen **Zonalpelargonien** (Scharlach-P.; mit verschiedenfarbigen, auch gefüllten Blüten in einem Dolden; Blätter flaumig behaart, mit einem braunen Streifen).

Pelargoniumöl [griech./dt.] (Geraniumöl, Oleum Geranii), aus den Blättern mehrerer Pelargoniumarten gewonnenes farbloses bis grünl.-bräunl., nach Rosen duftendes äther. Öl, das in der Parfümind. als Rosenölersatz verwendet wird.

Pelasger, Name eines in vorgriech. Zeit vielleicht im östl. Thessalien (Pelasgiotis) beheimateten Stammes, später auf die ganze vorindogerm. Bev. Griechenlands und selbst Italiens übertragen.

Pelasgisch, eine aus Lehnwörtern und (v. a. geograph.) Namen rekonstruierte indogerman. Sprache, die im 2. Jt. v. Chr. von der vorgriech. Bevölkerung des Balkan-Ägäis-Raumes gesprochen worden sein soll. Das vorgriech. Sprachmaterial ist aber wahrscheinl. sehr heterogen und z. T. bestimmt nicht indogerman.; indogerman. Elemente können auch hethit.-luw. Herkunft sein.

Pelavicino (Pallavicini), Oberto [italien. pelavi'tʃi:no], * Piacenza 1197, † Gisalecchio bei Pontremoli 8. Mai 1269, italien. Ghibellinenführer. - Markgraf und Reichsvikar der Staufer Friedrich II. und Konrad IV.; beherrschte zeitweilig v. a. Pavia, Cremona und Piacenza, erhielt 1260 das Generalkapitanat von Mailand.

Pelayo [span. pe'lajo] (Pelagius), † Cangas de Onís (Prov. Oviedo) 18. Sept. 737 (?), König von Asturien (seit etwa 718). - Westgote (?); begr. das Kgr. Asturien und leitete mit seinem Sieg bei Covadonga (722) über die Mauren die Reconquista ein; dichter. von L. F. de Vega Carpio gewürdigt; altspan. Nationalheld.

Pelcl, František Martin [tschech. 'pɛlts[l]], * Rychnov nad Kněžnou (Ostböhm. Gebiet) 11. Nov. 1734, † Prag 24. Febr. 1801, tschech. Historiker und Literat. - Erhielt 1792 den 1. Lehrstuhl für tschech. Sprache und Literatur in Prag; kämpfte gegen die Verfälschung der tschech. Geschichte und Sprache; gilt als bed. Vertreter der tschech. nat. Wiedergeburt.

Pelé [brasilian. pe'lɛ], eigtl. Edson Arantes do Nascimento, * Três Corações 21. Okt. 1940, brasilian. Fußballspieler. - Wurde in 78 Länderspielen eingesetzt; gewann dreimal mit seiner Mannschaft die Weltmeisterschaft (1958, 1962 und 1970). Spielte 1973–77 in den USA.

Pelée, Montagne [frz. mõtaɲpə'le], aktiver Vulkan im NW der Insel Martinique, Kleine Antillen, 1 397 m hoch; verheerender Ausbruch 1902. Eine 1902 aus der Staukuppe herausgepreßte 300 m hohe Felsnadel wurde durch den Ausbruch von 1929 zerstört.

p-Elektron, ein Elektron, das sich in einem Energiezustand mit der Bahndrehimpulsquantenzahl $l = 1$ (sog. *p-Zustand*) befindet.

Peleng † Banggaiinseln.

Pelerine [zu frz. pèlerin „Pilger" (von lat. peregrinus „Fremdling")], urspr. Bez. für wetterfesten Schulterkragen des Pilgers, dann für halb- oder hüftlangen, ärmellosen Umhang, auch Bestandteil des Mantels (z. B. beim Havelock).

Peles Haar [nach der hawaiischen Vulkangöttin Pele], feine Fäden von vulkan. Glas, die beim Zerplatzen von Lavatropfen entstehen.

Peleus, Held der griech. Mythologie. Sohn des Äakus, Vater des Achilleus. Gewinnt die Hand der Nereide Thetis, nachdem er sie in einem Ringkampf bezwungen hat. Gegen den Wunsch des P. versucht Thetis, Achilleus unsterbl. zu machen.

Pelham [engl. 'pɛləm], im Reitsport Kandare mit bewegl. Trensenmundstück.

Pelikane (Pelecanidae) [griech.], seit dem Oberoligozän bekannte, heute mit sieben Ar-

Pelike

ten (Gatt. *Pelecanus*) verbreitete Fam. großer, rd. 1,3–1,8 m langer Vögel (Ordnung Ruderfüßer), die an bzw. auf Süß- und Meeresgewässern, bes. der Tropen und Subtropen, vorkommen; gesellige, ausgezeichnet fliegende und segelnde Tiere, die durch mächtigen Körper, lufthaltiges Unterhautgewebe, sehr langen Schnabel und dehnbaren Hautsack am Unterschnabel gekennzeichnet sind. - P. ernähren sich v. a. von Fischen; sie nisten meist in großen Kolonien. Bekannte Arten sind der weißl., etwa 1,8 m große, bis 3 m spannende **Krauskopfpelikan** (Pelecanus crispus); v. a. in SO-Europa (Donaudelta), Vorder- und Z-Asien; mit verlängerten, gekräuselten Kopf- und Halsfedern. Ebenfalls weißl., nur zur Brutzeit rosafarben ist der etwa 1,7 m große **Rosapelikan** (Pelecanus onocrotalus); v. a. in SO-Europa (Donaudelta), SW-Asien und S-Afrika. Oberseits dunkelbraun, unterseits weißl. ist der an amerikan. Meeresküsten lebende **Meerespelikan** (Brauner P., Pelecanus occidentalis); etwa 1,3 m groß, Stoßtaucher. **Geschichte:** Auf einem altägypt. Wandbild im Felsengrab des Haremheb in Theben sind erstmals P. (zus. mit Eierkörben) dargestellt. Wahrscheinl. über den griech. Physiologus kam es zu der Legende, daß P. ihre Jungen zunächst töten und nach drei Tagen mit dem eigenen Blut zu neuem Leben erwecken. In der alten Kirche symbolisierten deshalb entsprechende Pelikanbilder den Opfertod Christi. Für die Alchimisten verkörperte der Pelikan den Stein der Weisen.

Pelike [zu griech. pēlós „Ton, Lehm"], bauchiger Vasentyp der griech. Antike, mit Henkeln und breiter Standplatte und Öffnung.

Pelindaba, nat. Kernforschungszentrum Südafrikas; Forschungsreaktor SAFARI-1, in Betrieb seit 1969.

Pelion, waldreiches Gebirge auf der Magnes. Halbinsel (Griechenland), bis 1651 m hoch.

Pelješac [serbokroat. ‚pɛljɛʃats], langgestreckte Halbinsel an der jugoslaw. Küste südl. der Neretvamündung, bis 961 m hoch.

Pella, Giuseppe, * Valdengo bei Vercelli

Meerespelikan

18. April 1902, † Rom 31. Mai 1981, italien. Politiker (DC). - Finanz- und Wirtschaftsexperte der DC; seit 1946 Abg.; zw. 1947 und 1962 mehrfach Min. (1957/58 und 1959/60 Außenmin.); 1953/54 Min.präsident.

Pella, griech. Ort in Makedonien, am N-Rand einer Schwemmlandebene, 2300 E. - Hauptstadt Makedoniens (ab 413); Geburtsort Alexanders d. Gr.; 168 v. Chr. im 3. Makedon. Krieg zerstört. - Überreste einer planmäßig angelegten Stadt mit rechtwinkligem Straßennetz; herrschaftl. Häuser mit Fußbodenmosaiken aus hellenist. Zeit (die Mosaiken heute im neuen Museum von Pella).

P., antike Stadt in Palästina, 12 km sö. von Bet Shean (= Tabakat Fahl [Jordanien]); Gründung als Veteranensiedlung Alexanders d. Gr.; angebl. Zufluchtsort der Jerusalemer Christen im 1. jüd.-röm. Krieg (66–70 bzw. 66–73/74); wurde im 5./6. Jh. Bischofssitz. - Ausgrabungen 1958, 1967: u. a. Reste einer Kirche des 6. Jh., eines Amphitheaters, von Thermen.

Pellagra [griech.-italien.], durch den Mangel an Vitaminen der B-Gruppe, v. a. an Nikotinsäureamid (PP-Faktor), und an Folsäure, Tryptophan und Eiweiß ausgelöste Mangelkrankheit, die bes. in den Mittelmeerländern sowie im trop. Afrika, Asien und Amerika (durch überwiegende Mais- und Hirsenahrung) vorkommt. Symptome sind Müdigkeit, Schwäche, Versagen des Gedächtnisses, Schlafstörungen, schließl. Verdauungsstörungen, Dermatitis, Pigment- und Verhornungsstörungen der Haut, Neuritis, Ataxie u. a.

Pellegrini, Giovanni Antonio, * Venedig 29. April 1675, † ebd. 5. Nov. 1741, italien. Maler. - Ausgebildet in Venedig, Wien und Rom; Begründer der venezian. Rokokomalerei, in engl. Schlössern und an zahlr. europ. Höfen tätig. Seine im Krieg zerstörten Deckengemälde des Mannheimer Schlosses (1736/37) wurden in freier Nachgestaltung wiederhergestellt.

Pelletieren [engl.], Methode zum Stückigmachen. Pulverige bis feinkörnige Stoffe werden in angefeuchtetem Zustand zu kleinen kugelförmigen Stücken (sog. **Pellets**) geformt und meist durch Wärmebehandlung gehärtet. Das P. wurde zunächst v. a. bei der Verarbeitung von feinkörnigen Erzen angewandt; heute werden auch pulverförmige Kunststoffprodukte und wirkstoffhaltige Futtermischungen zu Pellets geformt.

Pellico, Silvio, * Saluzza 25. Juni 1789, † Turin 31. Jan. 1854, italien. Dichter. - 1818 Mithg. der Zeitschrift „Il Conciliatore", die die Einigung Italiens vorbereiten und die Romantik in Italien verbreiten sollte, jedoch von den Österreichern bald unterdrückt wurde; 1820 als Mgl. der Karbonari verhaftet, 1821 zum Tode, dann jedoch zu 15jähriger verschärfter Kerkerhaft verurteilt. Die Haft-

zeit (bis 1830) schildert er in „Meine Gefängnisse" (1832).
Pellikanus (Pellicanus), Konrad, eigtl. Conrad Kürs[ch]ner, * Rufach bei Colmar im Jan. 1478, † Zürich 6. April 1556, dt. Hebraist. - Franziskaner; 1523 Prof. für A. T. in Basel; ging 1525 zu Zwingli nach Zürich und schloß sich dort der Reformation an; Mitarbeiter an der „Zürcher Bibel".
Pellikula (Pellicula) [lat.], feste, formbeständige Zelle mancher Einzeller, v. a. der Wimpertierchen.
Pelliot, Paul [frz. pɛ'ljo], * Paris 28. Mai 1878, † ebd. 26. Okt. 1945, frz. Sinologe. - Prof. an der École Française d'Extrême-Orient in Hanoi, ab 1911 in Paris. Auf einer Expedition nach China (Ost-Turkestan) 1906–09 machte er v. a. in der Nähe von Tunhwang bed. Funde (Tausende von Handschriften in vielen z. T. vorher unbekannten Sprachen). Hg. und Autor zahlr. Textausgaben, -übersetzungen und -kommentare sowie grundlegender Arbeiten zur Geschichte und Kultur Mittel-, Ost- und Südostasiens.
Pellote [mex.-span.], svw. ↑ Peyotl.
Pelluzidität [lat.], Lichtdurchlässigkeit (von Mineralen).
Pellworm, Marscheninsel im Wattenmeer vor der nordfries. Küste, Schl.-H., 37 km², 1 200 E. Nordseebad. Solarkraftwerk. - Alte Kirche (12. Jh.) mit (angebl.) A.-Schnitger-Orgel, der W-Turm ist seit 1611 Ruine.
Pelmatozoen [griech.] (Gestielte Stachelhäuter, Pelmatozoa), seit dem Kambrium bekannter Unterstamm der Stachelhäuter mit der einzigen heute noch lebenden Klasse ↑ Haarsterne.
Pelopidas, ✕ Kynoskephalai 364 v. Chr., theban. Politiker. - Befreier Thebens von den Athenern (379); leitete als Böotarch (leitender Bundesbeamter) und Heerführer (Führer der Heiligen Schar bei Leuktra 371) die theban. Außenpolitik.
Peloponnes, griech. Halbinsel südl. der Landenge von Korinth, südlichster Teil der Balkanhalbinsel. Überwiegend stark gekammertes Gebirgsland; Schwemmland bildet im NW (Elis, Achaia) eine weite Küstenebene, füllt im S und O die inneren Teile der Becken Messeniens, Lakoniens und der Argolis. O- und S-Küste sind stark gegliedert in Halbinseln, die u. a. die Golfe von Messenien und Lakonien umschließen. Das Klima ist mediterran, im W niederschlagsreicher als im O. Die Fußzonen der Gebirge sind meist kahl oder von Macchie bedeckt. Das Hügelland von Elis ist dicht bewaldet, ebenso die höheren Lagen der Gebirge. Die Hauptorte der Verw.-Geb. und größeren Landschaften sind wichtige zentrale Orte für ihr Umland, deren Bed. z. T. durch Hafenfunktionen verstärkt wurde. Wichtigster Wirtschaftszweig ist die Landw. (Ackerbau, Weidewirtschaft). An Bodenschätzen werden Marmor, Braunkohle und Pyrit abgebaut. Der Fremdenverkehr konzentriert sich v. a. auf die Küste und auf histor. Stätten.
Geschichte: Mindestens seit dem Mittelpaläolithikum besiedelt. In myken. Zeit waren Mykene, Tiryns und Pylos die Hauptorte, in griech. Zeit bestimmten Argos, Korinth und Sparta die Geschicke der P. Ende des 6. Jh. bis ins 4. Jh. v. Chr. (zw. 370/362 zerfallen) konnte Sparta als militär. Führungsmacht alle Staaten der P. mit Ausnahme von Argos im **Peloponnesischen Bund** zusammenfassen, der sich auf gemeinsame Kriegführung nach gefaßtem Bundesbeschluß beschränkte. In hellenist. Zeit (280 v. Chr.) wurde der Achäische Bund zur Vormacht. Kam 146 v. Chr. zur röm. Prov. Macedonia (27 v. Chr. zu Achaia), wurde 395 Teil des Byzantin. Reiches. Während des 13. Jh. entstanden in der nun **Morea** gen. P. das fränk. Ft. Achaia, das byzantin. Despotat von Mistra, an den Küstenplätzen zahlr. venezian. Besitzungen, von denen einige der osman. Eroberung in der 1. Hälfte des 15. Jh. entgingen; zw. 1686 und 1715 waren erneut weite Teile der P. venezian.; wurde Zentrum von Aufständen gegen die osman. Herrschaft, deren letzter 1821 den griech. Unabhängigkeitskrieg auslöste.
Peloponnesischer Krieg, Auseinandersetzung Athens und des Att.-Del. Seebundes mit Sparta (431–404) und Höhepunkt des nach den Perserkriegen entstandenen Dualismus der beiden Großmächte. Der Krieg begann mit spartan. Einfällen in Attika (*Archidam. Krieg* [↑ Archidamos II.]), athen. Seekriegsstrategie und dem Ausbruch der Pest in Athen (430; 429 Tod des Perikles). Vorübergehende Überlegenheit Athens 425 wurde durch den Chalkidikezug des Spartaners Brasidas und durch den Tod des Atheners Kleon (422) zunichte gemacht. Der Friede des Nikias (421) wurde auf der Basis des Status quo geschlossen. Doch die athen. Unterstützung eines antispartan. Bündnisses, der athen. Überfall auf Melos (416) und der athen. Sizilienfeldzug (415–413) leiteten die 2. Phase (414–404; *Dekeleisch-Ion. Krieg*) ein. Die Flucht des Alkibiades nach Sparta, das athen. Scheitern vor Syrakus und die Besetzung Dekeleias durch Sparta (413) führten zu einem spartan.-pers. Hilfsvertrag (412). Weitere athen. Niederlagen hatten den vorübergehenden Zusammenbruch der demokrat. Verfassung in Athen zur Folge (411/410). Das neue Auftreten des Alkibiades zugunsten Athens (410–407) vermochte im Seekrieg keine Wende zu bringen (406 athen. Seesieg bei den Arginusen, 405 die Niederlage gegen Lysander bei Aigospotamoi, 404 Kapitulation Athens). Der Att.-Del. Seebund wurde aufgelöst und eine oligarch. Reg. (30 Tyrannen) in Athen eingesetzt.
📖 *Lotze, D.:* Lysander u. der P. K. Bln. 1964. -

Grundy, G. B.: *Thucydides and the history of his age.* London [1-2]1948. 2 Bde.

Pelops, Gestalt der griech. Mythologie. Sohn des Tantalus, Vater von Atreus und Thyestes. Tantalus setzt den bei ihm geladenen Göttern, um ihre Allwissenheit zu prüfen, das Fleisch seines Sohnes P. vor. Nur Demeter verzehrt ein Schulterstück, das von Hermes bei der Wiederbelebung durch Elfenbein ersetzt wird. - Als Jüngling zieht P. nach Pisa in Elis, um die Hand Hippodameias, der Tochter von König Oinomaos, zu gewinnen. Mit Hilfe eines Gespanns geflügelter Rosse gelingt es P., Hippodameia zu entführen. P. übernimmt die Herrschaft und wird der mächtigste König der Insel, die von ihm den Namen erhält (griech. Pelopónnēsos [„Insel des P."]).

Peloritanisches Gebirge, Gebirge an der NO-Spitze Siziliens, von der Straße von Messina bis nahe an den N-Fuß des Ätnas ansteigend, bis 1 374 m hoch.

Pelosol [griech./lat.], auf tonigen Gesteinen entwickelter Bodentyp der gemäßigten Breiten mit A-C-Profil.

Pelota [span., zu lat. pila „der Ball"], tennisähnl. Mannschaftsrückschlagspiel (bis zu 10 Spieler), bei dem auf eine an der Stirnseite des *Aufschlagfeldes* stehende Wand ein Ball so gegen die Mauer zu schlagen ist, daß er oberhalb eines Striches in 80 cm Höhe von der Wand ins *Spielfeld* springt; die gegner. Mannschaft versucht, den Ball aufzufangen und zurückzuschleudern, wobei der Ball abwechselnd gegen die Wand und ins Spielfeld zurückgeschlagen werden muß. Punktgewinn erfolgt, wenn es nicht gelingt, den Ball nach einmaligem Aufspringen gegen die Wand oder ins Spielfeld zu schlagen.

Pelotas, brasilian. Hafenstadt im S der Lagoa dos Patos, 260 200 E. Kath. Bischofssitz; Univ. (gegr. 1969); kath. Univ. (gegr. 1960), Handelszentrum, Fleischverarbeitung, Obst- und Gemüsekonservenfabrik, Mateaufbereitung, Lederind. u. a. Betriebe. Eisenbahnendpunkt, ⚓. - Gegr. 1780.

Pelotas, Rio [brasilian. 'rriu pe'lɔtas], Name des Oberlaufs des ↑ Uruguay.

Pelplin, Kleinstadt im Verw.Geb. (Woiwodschaft) Danzig, bei Preußisch Stargard. Bed. ehem. Zisterzienserkloster (gegr. 1276, aufgehoben 1823) mit langgestreckter Backsteinbasilika (um 1280–um 1350) mit reichen Stern- und Netzgewölben (Ende 13. und 15./16. Jh.). Reichhaltige Ausstattung. Seit 1824 Bischofskirche des Bistums Culm.

Peltasten [zu griech. péltē „kleiner Schild"], in der griech. Antike Bez. für Leichtbewaffnete; urspr. vorwiegend thrak. Krieger, bewaffnet mit Wurfspieß und leichtem Schild, später mit langen Stoßlanzen.

Peltier-Effekt [frz. pɛl'tje; nach dem frz. Physiker J. C. A. Peltier, *1785, †1845], ein thermoelektr. Effekt, der die Umkehrung des Seebeck-Effektes darstellt: An der Grenzfläche zweier Leiter A und B, durch die von A nach B ein elektr. Strom (Stromstärke I) fließt, wird in der Zeit t zusätzl. zur Jouleschen Wärme eine Wärmemenge $Q = P_{AB} \cdot I \cdot t$, die sog. **Peltier-Wärme,** entwickelt oder absorbiert. Darin ist $P_{AB} = -P_{BA}$ der **Peltier-Koeffizient,** der vom Material der beiden Leiter und von der Temperatur abhängt. Die hohen Peltier-Koeffizienten von bestimmten Halbleitern (z. B. Wismuttellurid) erlauben die techn. Ausnutzung des P.-E. im sog. **Peltier-Element,** das sowohl zur Kühlung *(Peltier-Kühlung)* als auch zur Erwärmung *(Peltier-Heizung)* verwendet werden kann. Werden mehrere Peltier-Elemente zusammengeschaltet, so erhält man eine **Peltier-Zelle,** die als Kühlelement für räuml. begrenzte Kühlzwecke oder als Wärmepumpe verwendbar ist.

Pelton-Turbine [engl. 'pɛltən; nach dem amerikan. Ingenieur L. A. Pelton, *1829, †1908] (Freistrahlturbine, Bechterturbine), Wasserturbine mit einem Laufrad *(Pelton-Rad)*, an dessen Umfang halbkugelförmige, becherartige Schaufeln mit einer Schneide in der Mitte angebracht sind. Der durch Düsen mit großer Geschwindigkeit ausströmende Wasserstrahl trifft tangential auf die Schaufeln, teilt sich hier in zwei Halbstrahlen und gibt dabei seine kinet. Energie an das Laufrad ab. Die P.-T. ist bes. für Wasserkraftwerke mit großen Fallhöhen geeignet. - Abb. S. 326.

Peluschke [slaw.], svw. ↑ Ackererbse.

Pelusium, histor. Ort in Ägypten, 6 km von der Küste der Bucht von Tina (Mittelmeer) entfernt, 35 km sö. von Port Said. Bed. als Osthafen Ägyptens (später versandet); mehrfach Austragungsort von Schlachten (u. a. 525 v. Chr. Sieg des pers. Königs Kambyses II.).

Peltier-Effekt (A und B Materialien verschiedener elektrischer Leitfähigkeit, Q_1 und Q_2 an den Kontaktstellen entwickelte bzw. absorbierte Wärmemengen, T_1 und T_2 sich an den Kontaktstellen K_1 und K_2 einstellende Temperaturen, T_0 Umgebungstemperatur)

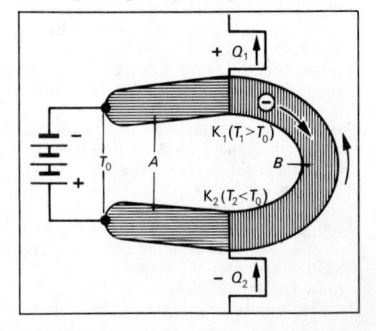

Pelztierzucht

Pelvis [lat.], in der Anatomie svw. ↑Becken.
Pelvouxgruppe [frz. pɛl'vu], zur Hochgebirgszone der frz. Westalpen zählendes, stark vergletschertes Gebirgsmassiv, bis 4103 m hoch.
Pelz [zu lat. pellis „Fell, Pelz, Haut"], Bez. für das dicht- und weichhaarige Fell bestimmter Tiere, z. B. des Bären.
◆ das aus dem Fell eines Tiers vom Kürschner durch bes. Zurichtung gewonnene Erzeugnis, das je nach Tierart, Eignung und Mode zu sog. *P.werk*, *P.ware*, *Rauchwerk*, *Rauchware* verarbeitet oder als Kleidungsfutter verwendet wird. Über den Wert entscheiden Haltbarkeit, Wärmedämmfähigkeit (abhängig von Anzahl und Feinheit der Haare), Schönheit und Mode. Pelzfelle aus Zuchten sind im allg. gleichmäßiger und fehlerloser als solche von Wildtieren. Den dichtesten P. liefert die Chinchilla, den haltbarsten P. solche Tiere, die abwechselnd im Wasser und auf dem Lande leben, z. B. Otter und Biber. P. und P.waren sind in Güteklassen eingeteilt. Provenienzen können (bei Nachweis), Färbung und Blendung müssen angegeben sein. Die *P.fellzurichtung* entspricht in einzelnen Arbeitsgängen der Lederherstellung. Entfleischen, Einsalzen und Gerben müssen zur Erhaltung des Haarvlieses vorsichtig vorgenommen werden. Das Gerben wird z. B. mit Ameisen-, Milch- oder Glykolsäure, mit Alaun und Formaldehyd oder Chromsalzen vorgenommen. Durch Fetten erhalten die Felle die erforderl. Weichheit. *Färben* wird zur Veredelung billiger P.sorten (Imitation) oder zur Vereinheitlichung von Edel-P., z. B. Persianern, vorgenommen. Zur Gewinnung einer reinen Weißfarbe werden die P.felle in opt. Aufhellern, zur Einfärbung in hellen Farben mit Bleichmitteln behandelt. Den Abschluß der Zurichtung bildet die sog. *Läuterung* (Reinigung von Farbstoff- und Fettresten).
📖 *Jury Fränkel's Rauchwaren-Hdb. Tier- u. Fellkunde.* Bearb. v. J. Kroll u. C. Franke. Murrhardt ⁵1976. - Backhaus, D.: *Brevier der P. Hdbg. u. Mchn.* 1958.
Pelzbienen (Wandbienen, Anthophora), mit rd. 800 Arten weltweit verbreitete Gatt. einzeln lebender, hummelähnl., pelzig behaarter Bienen, davon 13 (9–18 mm große) Arten in Deutschland; Hinterschienen der ♀♀ pelzig behaart.
Pelzerhaken ↑Neustadt in Holstein.
Pelzflatterer, svw. ↑Riesengleitflieger.
Pelzflohkäfer (Leptinidae), in Eurasien, N-Amerika und N-Afrika verbreitete Käferfam. mit zehn 2–3 mm großen, augenlosen, nur schwach pigmentierten, in Nestern von Nagetieren und teilweise auch in deren Haarkleid lebenden Arten, davon in M-Europa der **Mäusefloh** (Leptinus testaceus); Körper stark dorsiventral abgeplattet, keilförmig, mit kurzen Fühlern.

Pelzimitationen (Pelzstoffe, Fellimitationen), gewebte Nachahmungen von Tierfellen; das charakterist. Fellbild wird durch Färben, Bedrucken sowie durch mechan. Bearbeitung des Flors (z. B. Pressen, Prägen, Stauchen, Kräuseln usw.) erzielt.
Pelzkäfer, Bez. für zwei Arten etwa 3–5 mm langer, vorwiegend dunkelbrauner bis schwarzer Speckkäfer in Eurasien und N-Amerika, deren Larven durch Fraß (bes. an Pelzen, Wollstoffen, Teppichen) schädl. werden: **Gefleckter Pelzkäfer** (Gemeiner P., Attagenus pellio); mit einem weißen Punkt auf den Flügeldecken und drei weißen Flecken am Halsschild; Larven goldgelb, hinten mit langem Haarschopf, bis 12 mm lang; **Dunkler Pelzkäfer** (Attagenus piceus); Imagines ohne hellere Zeichnung.
Pelzrobben (Seebären, Arctocephalini), Gattungsgruppe etwa 1,5–2,5 m langer Ohrenrobben mit acht Arten in zwei Gatt. *(Arctocephalus* und *Callorhinus)* in Meeren v. a. der Südhalbkugel (zwei Arten ausgenommen, darunter die ↑Bärenrobbe); ♂♂ wesentl. größer und kräftiger als die ♀♀. In den Gewässern in S-Afrika lebt die **Kerguelen-Zwergpelzrobbe** (Arctocephalus pusillus). - Während der Fortpflanzungszeit leben P. sehr gesellig in großen Gruppen an Meeresküsten und auf Inseln. Im Ggs. zu den Seelöwen haben P. eine sehr dichte, weiche Unterwolle, sie wurden deswegen gejagt. Durch strengen Schutz bzw. Abschußbeschränkung beginnen die meisten Bestände sich langsam zu erholen.
Pelzschafe, Schafrassen, von denen die Felle der Lämmer zu Pelzwaren verarbeitet werden; v. a. das Karakulschaf (↑Persianer) sowie Fettsteißschafe (↑Indisch Lamm).
Pelztiere, Säugetiere, die ihres Pelze liefernden Fells wegen gezüchtet oder gejagt werden; weltweit mehr als 100 Tierarten, von denen einige von der Ausrottung bedroht und daher geschützt sind. Außer den Tieren der ↑Pelztierzucht gelten als Pelzlieferanten: Leopard, Jaguar, Nebelparder, Ozelot, Luchse, Zibetkatzen, Ozelotkatze und mehrere Kleinkatzen; Rotfuchs, Polarfuchs, Präriewolf, Graufüchse, Marderhund; Iltis, Marder, Hermelin, Kleines Wiesel, Fisch- und Seeotter; Baumhörnchen (Feh), Skunk, Bisamratte, Biber, Hamster, Murmeltier, Ziesel und Präriehund; Schneehase, Wildkaninchen; Känguruhs, Fuchskusu; Waschbär; Schaf, Rind, Ren; Pelzrobben, Hundsrobben, Seehunde, Mähnenrobben; Meerkatzen, Klippschliefer.
Pelztierzucht, als Betriebszweig landw. Kleinbetriebe, v. a. aber in Pelztierfarmen betriebene planmäßige Haltung und Zucht von Edelpelze liefernden ↑Pelztieren. Gezüchtet werden v. a. Amerikan. Nerz (↑Mink), Zobel, Silberfuchs, Blaufuchs; ferner Nutria (↑Biberratte) und Chinchilla. Auch die Zucht des Ozelots wurde inzwischen aufgenommen.

Pemba

Pẹmba, (früher Porto Amélia) Distr.-hauptstadt in Moçambique, am Ind. Ozean, 16 000 E. Kath. Bischofssitz, Handelszentrum, Salzgewinnung, Fischerei, Hafen.

P., Insel im Ind. Ozean vor der afrikan. Küste, 984 km² (zu Tansania); bed. Gewürznelkenkulturen.

Pembaur, Josef ['pɛmbaʊər], * Innsbruck 20. April 1875, † München 12. Okt. 1950, östr. Pianist. - Seit 1921 an der Akad. der Tonkunst in München; erfolgreicher Klaviervirtuose (v. a. Liszt-Interpret).

Pẹmmikan [indian.], getrocknetes und zerstoßenes sowie mit Fett und Beeren vermischtes Bisonfleisch bei nordamerikan. Indianern. Von den Einwanderern als Dauerproviant übernommen; übertragen auf Rindfleischextrakt.

Pẹmphigus [griech.], svw. ↑Blasenausschlag.

P. E. N. (PEN, PEN-Club) [pɛn; in Anlehnung an engl. pen („Schreibfeder")], Abk. für engl.: **p**oets („Lyriker"), **p**laywrights („Dramatiker"), **e**ssayists („Essayisten"), **e**ditors („Herausgeber"), **n**ovelists („Romanschriftsteller"); 1921 gegr. internat. Schriftstellervereinigung, die für weltweite Verbreitung aller Literatur, für ungehinderten Gedankenaustausch auch in Krisen- und Kriegszeiten eintritt; die Mgl. (durch Zuwahl aufgenommen) verpflichten sich zur Bekämpfung von Rassen-, Klassen- und Völkerhaß und zum aktiven Eintreten für Pressefreiheit und Meinungsvielfalt. 1979 gab es 81 Zentren mit über 8 000 Mgl. in 58 Staaten. Sitz der Internat. P. E. N. ist London. Das dt. Zentrum, 1933 ausgeschlossen (ab 1934 bestand in London ein durch dt. Emigranten gebildeter „PEN-Klub dt. Autoren"), wurde 1949 als „*Dt. P.E.N.-Zentrum*" neu gegr.; 1951 spaltete es sich in ein „*Dt. P.E.N.-Zentrum der Bundesrepublik*" (seit 1972 „*P.E.N.-Zentrum Bundesrepublik Deutschland*" mit Sitz in Darmstadt; Präs.: E. Kästner, D. Sternberger, H. Böll, H. Kesten, W. Jens, M. Gregor-Dellin, seit 1989 C. Amery) und ein „*Dt. P.E.N.-Zentrum Ost und West*" (seit 1967 „*P.E.N.-Zentrum Dt. Demokrat. Republik*". Sitz in Berlin [Ost]; Präs. H. Knobloch). Ein östr. PEN-Club wurde 1922 in Wien gegr.; seit 1973 gibt es einen „Gegen-PEN" junger Autoren, die „*Grazer Autorenversammlung*". Schweizer. PEN-Clubs befinden sich in Basel, Genf und Winterthur.
📖 *P.E.N. International.* Hg. v. G. E. *Hoffmann.* Mchn. 1986.

Präsidenten des Internat. P.E.N.

1921–1933	John Galsworthy (Großbrit.)
1933–1936	H. G. Wells (Großbrit.)
1936–1941	Jules Romains (Frankr.)
1941–1947	bestand ein Komitee aus: Hu Shih (China), Denis Seurat (Frankr.) H. G. Wells (Großbrit.), Thornton Wilder (USA)
1947–1949	Maurice Maeterlinck (Belgien)
1949–1952	Benedetto Croce (Italien)
1953–1956	Charles Morgan (Großbrit.)
1956–1959	André Chamson (Frankr.)
1959–1962	Alberto Moravia (Italien)
1962–1965	Victor E. van Vriesland (Niederlande)
1965–1969	Arthur Miller (USA)
1969–1971	Pierre Emmanuel (Frankr.)
1971–1974	Heinrich Böll (BR Deutschland)
1974–1976	Sir Victor Pritchett (Großbrit.)
1976–1979	Mario Vargas Llosa (Peru)
1979–1986	Per Wästberg (Schweden)
1986–1989	Francis King (Großbrit.)
1989	René Tavernier (Frankr.)
seit 1990	Per Wästberg (Schweden), Interimspräsident

Pelton-Turbine. Funktionsschema

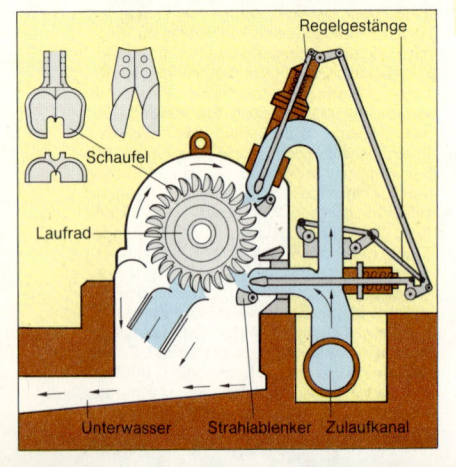

[Figure: Pelton-Turbine mit Beschriftungen: Regelgestänge, Schaufel, Laufrad, Unterwasser, Strahlablenker, Zulaufkanal]

Peñalara [span. peɲaˈlara], mit 2 430 m höchster Gipfel der Sierra de Guadarrama, Spanien.

Penalty [ˈpɛnəlti; engl. „Strafe" (zu lat. poena mit gleicher Bed.)], im Eishockey und Fußball (dt. Bez. Elfmeter) für ↑Strafstoß.

Penang ↑Pinang.

Penaten (lat. Di Penates), bei den Römern die nach Namen und Geschlecht unbestimmten, doch stets als Mehrzahl gedachten „Götter des [Haus]inneren", Einheit und Bestand der Familie gewährleistende Schutzgeister, die zus. mit den ↑Laren am häusl. Herd verehrt wurden. Im Tempel der Vesta war den Staats-P. ein Kult eingerichtet.

Pence [pɛns; engl.] ↑Penny.

Pencz, Georg [pɛnts], * um 1500, † Leipzig im Okt. 1550, dt. Maler und Kupferstecher. - 1525 mit H. Denck, B. und H. B. Beham als Sektierer der Stadt Nürnberg verwiesen. 1532 Stadtmaler von Nürnberg. Beeinflußt von Dürer, gestaltet einen neuen Bildnistypus, in dem er das Halbfigurenbild der Venezianer mit der florentin. Innenraumdarstellung verbindet („Jörg Herz", 1545; Karlsruhe, Staatl. Kunsthalle).

Pendant [pã'dã:; lat.-frz.], 1. ergänzendes Gegenstück, Entsprechung; 2. (veraltet:) Ohrgehänge.

Pendel [zu mittellat. pendulum „Schwinggewicht"], in *Physik* und *Technik* i. w. S. ein starrer Körper, der um eine nicht durch seinen Schwerpunkt verlaufende Achse oder einen nicht mit seinem Schwerpunkt zusammenfallenden Punkt drehbar ist und unter dem Einfluß einer Kraft (zumeist der Schwerkraft) um seine Ruhelage schwingen kann. Ein für theoret. Untersuchungen idealisiertes P. ist das *mathemat. P.* Es besteht aus einem Massenpunkt, der durch eine masselose starre Stange mit einem festen Aufhängepunkt verbunden ist und sich auf einer Kreisbahn bewegen kann. Annähernd realisierbar ist das mathemat. P. durch eine an einem dünnen Faden hängende kompakte Masse *(Faden-P.)*. Für die Schwingungsdauer T (Zeit für einen vollen Hin- und Hergang des Pendelkörpers) gilt unter der Voraussetzung kleiner Schwingungsausschläge die Beziehung: $T = 2\pi\sqrt{l/g}$ (l Pendellänge, g Erdbeschleunigung). Unabhängig von der Größe des Schwingungsausschlages ist die Schwingungsdauer des *Zykloiden-P.*, bei dem sich der schwingende Massenpunkt nicht auf einem Kreis, sondern auf einer Zykloide bewegt. Ein P. mit einer Schwingungsdauer von 2 s wird als *Sekunden-P.* bezeichnet. Beim *Feder-P.* schwingt ein an einer Schraubenfeder aufgehängter oder an einer Blattfeder befestigter Körper unter dem Einfluß der Rückstellkraft der Feder und der Erdanziehungskraft.

◆ im *Okkultismus* ↑ siderisches Pendel.

Pendelachse ↑ Fahrwerk.
Penderuhr ↑ Sternbilder (Übersicht).
Pendelverkehr, Betriebsart im Personen- und Gütertransport, bei dem das Beförderungsmittel auf der Hin- und Rückfahrt Personen bzw. Güter befördert (oft ohne festen Fahrplan).
Pendelversuch ↑ Foucaultscher Pendelversuch.
Pendelwanderung, die tägl. Hin- und Rückfahrt Berufstätiger *(Pendler)* zw. Wohnung und Arbeitsstätte; die P. schafft Probleme einerseits bei der Bewältigung des öffentl. und privaten Nahverkehrs, andererseits durch die Bildung sog. Schlafstädte und die Veröding der Innenstädte.
Pendentif [pãdã'ti:f; frz., zu lat. pendere „hängen"], Hängezwickel, eine sphär. Dreieckskonstruktion; ↑ auch Kuppel.
Penderecki, Krzysztof [poln. pɛndɛ'rɛtski], * Debica 23. Nov. 1933, poln. Komponist. - Ab 1958 Kompositionslehrer und ab 1972 Direktor der Musikhochschule in Krakau, 1966-68 Dozent in Essen. P. wurde bekannt mit den experimentellen Orchesterwerken „Emanationen" (1959), „Anaklasis" (1960), „Threnos" (1961) und „Fluorescences" (1962), in denen durch Cluster-, Glissando-, Vibrato- und Verfremdungseffekte die instrumentale Klangfarbenskala verbreitet und der Grenzbereich zw. Klang und Geräusch ausgeschritten wird. Die neuen Gestaltungsprinzipien führen im vokalen Werk (z. B. „Dimensionen der Zeit und der Stille", 1961) zur Zerlegung der Sprache in ihre phonet. Elemente. In der „Lukaspassion" (1966), dem Oratorium „Dies irae" (1967), der Oper „Die Teufel von Loudun" (1969), wie auch im Violinkonzert (1977), in der Oper „Paradise lost" (1978) und in „Lacrimosa" (1980) werden die Neuerungen in den Dienst traditioneller vokalinstrumentaler Großformen gestellt.

Pendjari [frz. pɛndʒa'ri], Oberlauf des ↑ Oti.
Pendler ↑ Pendelwanderung.
Pendschikent [russ. pɪndʒi'kjɛnt], sowjet. Stadt im Tal des Serawschan, Tadschik. SSR, 16 000 E. - Seit 1953 Stadt. Am SO-Rand des modernen P. die Ruinen des alten P., im 6.-8. Jh. ein bed. kulturelles Zentrum der Sogdiana, beim Einfall der Araber um 720 zerstört. Ausgrabungen seit 1947, aus dem 7. und 8. Jh.; bed. Wandmalereien mit Motiven des tägl. Lebens, der iran. Mythologie und religiöse Zeremonien, stilist. stark von der ind. Kunst beeinflußt.

Penelope, Gestalt der griech. Mythologie, Gemahlin des Odysseus, Mutter des Telemachos. Gegen Ende der 20jährigen Abwesenheit ihres (schließl. totgeglaubten) Gemahls sieht sich die treue P. einem immer zudringlicheren Werben zahlr. Freier ausgesetzt. Schließl. schickt sie sich in das Unver-

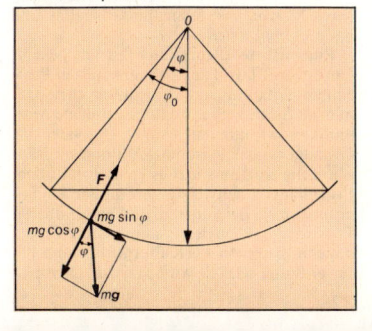

Pendel. Mathematisches Pendel mit Zerlegung der Schwerkraft mg in die Tangentialkomponente $mg \sin \varphi$ und die Radialkomponente $mg \cos \varphi$. Die Zwangskraft **F** kompensiert die Radialkomponente

meidliche und verheißt ihre Hand demjenigen, der den Bogen des Odysseus zu meistern verstehe. Dieser, unterdessen heimgekehrt, nimmt unerkannt an dem Wettkampf teil; als die Waffe in seine Hand kommt, tötet er die Freier und gibt sich P. zu erkennen.

Peneplain [ˈpeːnəplɛɪn, engl. ˈpiːnɪplɛɪn], svw. ↑ Fastebene.

penetrant [lat.-frz.], in störender Weise durchdringend; aufdringlich.

Penetranz [lat.], durchdringende Schärfe; Aufdringlichkeit, Hartnäckigkeit (eines Menschen).

♦ in der *Genetik* die Wahrscheinlichkeit (d. h. Häufigkeit), daß sich ein (dominantes oder homozygot vorhandenes rezessives) Gen im äußeren Erscheinungsbild einer bestimmten Individuengruppe ausprägt.

Penetration [lat.], Durchdringung, Durchsetzung, Eindringen eines Stoffes oder Körpers in einen anderen.

♦ im Sprachgebrauch der Frauenbewegung meist abwertend für: Eindringen des männl. Glieds in die Scheide.

Penghu ↑ Pescadoresinseln.

Pengö (ungar. pengő [ungar. ˈpɛŋgøː]), ungar. Währungseinheit (1925–46) zu 100 Fillér; abgelöst durch den Forint.

Pengpu (Bangbu) [chin. baŋbu], chin. Stadt am Hwaiho, 400 000 E. Handels- und Verarbeitungszentrum für landw. Erzeugnisse des Hwaihobeckens mit Nahrungs- und Genußmittel- und Konsumgüterind.

Penguin Books [engl. ˈpɛŋgwɪn ˈbʊks], (Taschen)bücher des ehem. brit. Verlags Penguin Books Limited, gegr. 1935/36, seit 1971 der Pearson Longman Ltd. bzw., in den USA, der Viking Penguin Inc. (seit 1975).

Penholder [ˈpɛnhoʊldə, engl., eigtl. „Federhalter"], Griffhaltung des Schlägers im ↑ Tischtennis.

penibel [lat.-frz.], sehr sorgfältig, kleinlich bedacht; unangenehm, peinlich. **Penibilität**, penibles Verhalten.

Peniche [portugies. pəˈniʃi], portugies. Hafenstadt 70 km nnw. von Lissabon, 13 000 E. Fischfang. - Seit 1609 Stadtrecht. - Befestigungsanlagen (16. und 17. Jh.); barocke Kirche São Pedro (1698).

Penicillinase [lat.], von Bakterien gebildetes Enzym, das Penicillin G spaltet und dadurch inaktiviert.

Penicilline (Penizilline) [zu lat. penicillum „Pinsel"], von den Schimmelpilzen Penicillium notatum und Penicillium chrysogenum als Stoffwechselprodukte gebildete Antibiotika sowie ihre halbsynthet. Derivate. Das Grundgerüst der P. ist die 6-Aminopenicillansäure, die bei dem wichtigsten natürl. P., dem **Penicillin G**, Phenylessigsäure an der Aminogruppe trägt. Bei anderen, oral anwendbaren P. wird die Phenylessigsäure durch Zusatz anderer Säuren in das Kulturmedium der Pilze verdrängt oder sie wird enzymat. abgespalten und durch andere Säuren ersetzt. Die natürl. P. sind Breitbandantibiotika gegen zahlr. grampositive und gramnegative Bakterien. P. sind nicht toxisch, verursachen aber häufig Allergien. Strukturformel des Penicillin:

Geschichte: A. Fleming entdeckte 1928 zufällig, daß eine Glasschale mit einer Staphylokokkenkultur von Schimmel befallen war und daß rings um die Schimmelkolonie die Kokken in scharfem Umkreis durch Auflösung zerstört worden waren, in weiterem Abstand jedoch unbehindert weiterwuchsen. Fleming schloß daraus, daß von der Schimmelkolonie eine wachstumshindernde („antibiotische") Substanz in die Umgebung diffundiert sein mußte. Er isolierte die Schimmelkolonie in Reinkultur und nannte die antibiot. Substanz Penicillin.

Penicillium [lat.], svw. ↑ Pinselschimmel.

Penilinctio [lat.], svw. ↑ Fellatio.

Peninsula [engl. pɪˈnɪnsjʊlə; lat.], engl. svw. Halbinsel.

Penis [lat. „Schwanz"] (Phallus, [männl.] Glied, Rute), männl. Begattungsorgan bei vielen Tieren und beim Menschen; dient der Samenübertragung in den Körper des weibl. oder zwittrigen Geschlechtspartners, manchmal (v. a. bei Bandwürmern) auch in den eigenen (zwittrigen) Körper.
Bereits bei den *Plattwürmern* kommen P.bildungen vor, entweder als stets vorhandener, zu einem rutenförmigen Organ nach außen drückbarer „echter P." oder (v. a. bei den Saug- und Bandwürmern) als das nur bei sexueller Erregung zu einem Schlauch *(Zirrus)* ausgestülpte, sonst eingestülpte Ende des Samengangs. - Bei den *Schnecken* kann der P. als Kopfanhang ausgebildet sein oder als Ausstülpung aus der Geschlechtsöffnung in Erscheinung treten, wobei er durch Einpumpen von Körperflüssigkeit eine beträchtl. Länge erreichen kann (bei der nur 15 cm langen Nacktschnecke Limax herdig bis 1 m). - Bei den *Insekten* sind die P.bildungen oft durch artspezif. Fortsätze und Anhänge hochkomplexe Organe (v. a. bei den Käfern). In seiner Grundausbildung ist hier der P. ein konisches, meist stark sklerotisiertes Rohr. Den meisten *niederen Wirbeltieren* fehlt ein echter Penis. Bei *Haifischen* wird seine Funktion von einer umgebildeten Bauchflosse übernommen, bei *Knochenfischen* mitunter von Teilen der Afterflosse. Bei den *Reptilien* und *Vögeln* können die Begattungsorgane verschiedener Herkunft sein: Echsen und Schlangen haben seitl. der Kloake eine paarige ausstülpbare Tasche mit je einem oft durch dorn-

Penis

artige Hautverknöcherungen stacheligen *Hemipenis*. Bei Schildkröten, Krokodilen und wenigen Vögeln (v. a. bei Steißhühnern, Entenvögeln) ist an der ventralen Kloakenwand ein unpaarer P. ausgebildet, der den morpholog. Vorläufer des Säuger-P. darstellt. Durch hohen Blut- bzw. Lymphdruck in einem paarigen Schwellkörper wird dieser P. erigiert und dabei beträchtl. vergrößert. Bei den ♂ *Säugetieren* (einschl. *Mensch*) entwikkelt sich der P. (wie auch die Klitoris) aus dem Geschlechtshöcker und den Geschlechtsfalten. Durch die Unterteilung der urspr. Kloake (nach Ausbildung des Damms) in After und Urogenitalsinus kommt die Geschlechtsöffnung und damit der P. bei den Plazentatieren ventral vom After zu liegen, wobei er in Ruhe meist mehr oder weniger weit in die Bauchwand eingesenkt ist *(P. appositus)*; seltener (am ausgeprägtesten beim Menschen) ist er als ein in Ruhe nach außen herabhängender P. entwickelt *(P. pendulus)*. Der bei den Säugern in Länge und Form sehr unterschiedl. P. wird von der Harn-Samen-Röhre durchzogen. Die diese umkleidenden Schwellkörper bewirken durch Blutfüllung die P.erektion. Zusätzl. kann noch ein in den P. eingelagerter *Penisknochen* ausgebildet sein (dient der permanenten Versteifung des Penis; z. B. beim Hund und bei Affen). Beim Menschen (wie auch bei anderen Säugern) können folgende P.teile unterschieden werden: Die den Schambeinen ansitzende *P.wurzel* und der mit einer dehnbaren Bindegewebshülle ausgestattete *P.schaft*; dieser setzt sich aus zwei miteinander verwachsenen *Rutenschwellkörpern* und dem unpaaren, die Harn-Samen-Röhre einschließenden *Harnröhrenschwellkörper* zus. Letzterer erweitert sich hinten, unter Bildung der P.wurzel, zur *Zwiebel (Bulbus penis)*; vorn, im Anschluß an die *Ringfurche*, ist die *Eichel (Glans penis)* ausgebildet, die die Enden der Rutenschwellkörper überdeckt. Die Eichel ist von einer zarten Hornschicht überzogen und an ihrem Rand mit Talgdrüsen besetzt, deren Sekret, vermischt mit abgeschilferten Epithelzellen, bei Unsauberkeit zum *Smegma* wird. Sie wird von einer bewegl., unterseits in Längsrichtung mit der Eichel über das *Vorhautbändchen* verbundenen Hautfalte, der *Vorhaut*, mehr oder weniger umhüllt. Die von einer starren Bindegewebskapsel umhüllten Rutenschwellkörper sind durchsetzt von feinen Blutlakunen (Kavernen) innerhalb eines Schwammwerks aus glatter Muskulatur. Die Kavernen entsprechen im Bau erweiterten Blutkapillaren. Eine Reizung der sensiblen Eichelendkörperchen oder psych. Einflüsse lösen über den Parasympathikus einen Reflex aus, der die zuführende Arterie des P. erweitert, so daß verstärkt Blut in die nach außen unnachgiebigen Schwellkörper einströmt. Dabei können arterielle Gefäße und Venen über arteriovenöse Anastomosen „kurzgeschlossen" werden. Außerdem erschlafft die glatte Muskulatur der Schwellkörper, während sich die Venen durch die blutdruckbedingten Straffungen innerhalb der Schwellkörperkapseln verengen: Der venöse Rückfluß wird gestaut; es kommt zu einer ↑Erektion. Bei voller Erektion hat der menschl. P. eine durchschnittl. Länge von 14 bis 16 cm; sein Umfang beträgt an der Wurzel etwa 10 cm, der Durchmesser etwa 4 cm. Besondere, mit dem P. in Verbindung stehende Drüsen sind die ↑Prostata und die ↑Cowper-Drüsen.

Penis des Menschen. 1 Schwellkörper und Anhangsdrüsen, 2 Querschnitt durch den Penisschaft

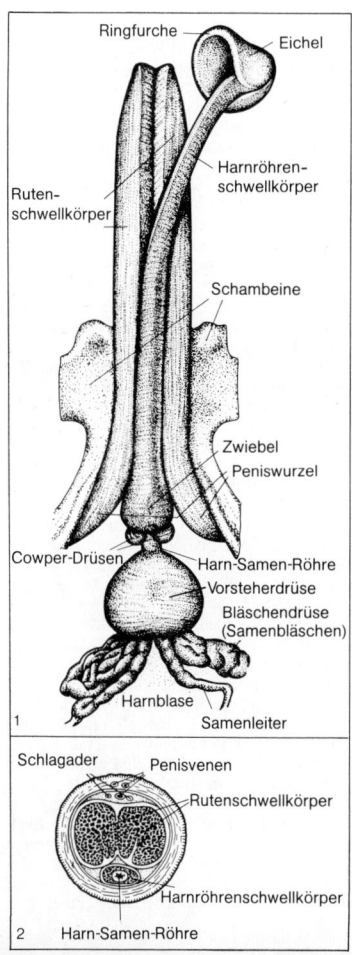

Penisfutteral

Penisfutteral, bei Naturvölkern im trop. Afrika, in Südamerika und Melanesien verbreitete, meist aus pflanzl. Material hergestellte Umhüllung des Penis.

Penki (Benxi) [chin. bənɕi], chin. Stadt am Taitzeho, 643 000 E. Nach Anschan wichtigster Standort der Eisen- und Stahlind. in der Mandschurei.

Penn, Arthur, * Philadelphia 27. Sept. 1922, amerikan. Regisseur. - Inszenierte zunächst am Broadway; seit 1958 Spielfilme: „Ein Mann wird gejagt" (1965) weist auf unkontrollierte Gewalt in der texan. Gesellschaft hin, „Bonnie and Clyde" (1967) ist der Versuch einer krit. Betrachtung amerikan. Geschichte und Ideale, „Alice's Restaurant" versteht sich als wehmütige Ballade auf das Scheitern einer Hippie-Kommune; der Western „Little Big Man" (1970) denunziert die sterile Verherrlichung des Frontiergeistes. Drehte auch „Target" (1985).

P., William, * London 14. Okt. 1644, † Ruscombe (Berkshire) 30. Juli 1718, engl. Quäker. - Schrieb im Gefängnis „Ohne Kreuz keine Krone" (1669), ein grundlegendes Werk zur Moraltheologie der Quäker, und später „The great case of liberty of conscience" (1670), eine Abhandlung über die Toleranz (insgesamt über 100 theolog. und polit. Schriften). Als Sohn des Admirals Sir William P. (* 1621, † 1670) ließ sich P. 1681 die Konzession für eine Kolonie in Amerika übertragen, in der eine Zufluchtsstätte für Verfolgte und ein tolerantes christl. Gemeinwesen schaffen wollte (Erwerb von West Jersey [1676], East Jersey [1681] und Delaware [1682]). Für die nach seinem Vater Pennsylvania gen. Kolonie, wo P. sich 1682–84 und 1699–1701 aufhielt, erließ er den „Frame of government" (1682, revidiert 1701), der neben dem Gouverneur (zuerst P. selbst) 2 von allen Freien zu wählende Häuser vorsah. Indianerfreundl. Politik wahrte Frieden mit den Ureinwohnern. P. entwarf 1696 den Plan einer Union der amerikan. Kolonien. Von seinen Mitarbeitern enttäuscht, wollte er 1712 sein „heiliges Experiment" an die Krone abtreten, erkrankte aber vor Vertragsabschluß schwer.

Penney, William George [engl. 'pɛnɪ], seit 1967 Baron of East Hendred, * Gibraltar 24. Juni 1909, brit. Physiker. - Als Direktor des brit. Forschungs- und Entwicklungszentrums für Kernwaffen in Aldermaston (1953–59) leitete P. die Entwicklung und Erprobung der ersten brit. Atombomen.

Pennies [engl. 'pɛnɪz] ↑ Penny.

Pennines [engl. 'pɛnaɪnz], Mittelgebirge in N-England, erstreckt sich über 240 km Länge mit einer Breite bis zu 50 km vom Trent im S bis zum Tyne im N. Die nördl. P. fallen gegen das Edental mit einer 50 km langen und 450–600 m hohen Bruchstufe ab; hier liegt mit 893 m der höchste Punkt. Der ebenfalls durch Brüche begrenzte mittlere Block erreicht 736 m ü. d. M. Der südl. Gebirgsabschnitt (**Peak District**) ist Nationalpark; bis 636 m hoch. Die P. sind eine Klimascheide gegenüber atlant. Einflüssen. Wegen des rauhen Klimas sind die höheren Lagen Rauhweiden für Schafe, Ackerbau nur in unteren Lagen.

Pennsilfaanisch, svw. ↑ Pennsylvaniadeutsch.

Pennsylvania [pɛnzɪl'vaːnɪa; engl. pɛnsɪl'veɪnjə], Bundesstaat im NO der USA, 117 412 km², 11,90 Mill. E (1984), Hauptstadt Harrisburg.

Landesnatur: Der größte Teil des Staates wird vom Allegheny Plateau air Appalachian Plateaus (bis 979 m hoch) eingenommen, das im O an das Große Appalachental angrenzt. Der SO von P. gehört zum Piedmont Plateau sowie zur Atlant. Küstenebene. Im NW grenzt P. an den Eriesee. P. liegt im feucht-kontinentalen Klimabereich mit Westwinden, warmen Sommern und kühlen Wintern bei Niederschlägen zw. 890 und 1 270 mm im Jahr. Etwa 50 % der Staatsfläche sind von Wald bedeckt, der größtenteils wieder aufgeforstet wurde. Laubbäume überwiegen, in höheren Lagen kommen v. a. Nadelbäume vor. - Größere Tierarten wurden weitgehend ausgerottet; häufig vertreten sind Fuchs, Wildkatze, Wiesel, stellenweise auch Rotwild.

Bevölkerung, Wirtschaft, Verkehr: Die Bev. stieg seit 1790 (434 000 E) sprunghaft an. Knapp 9 % der E sind Neger. Fast ⅔ der Bev. lebt in Städten, von denen die größten Philadelphia, Pittsburgh und Erie sind. Bes. im SO hat sich noch die Kultur der frühen Einwanderer erhalten. Unter den höheren Bildungseinrichtungen, die oft von Religionsgemeinschaften getragen werden, gibt es 15 Univ. - Trotz starker Industrialisierung ist die Landw. von großer Bed.; wichtige Anbauprodukte sind außer Heu, Weizen, Hafer, Mais, Gerste, Kartoffeln, Zigarrentabak und Champignons, v. a. im SO auch Obst und Gemüse. Bed. ist auch die Viehzucht mit überwiegender Milchwirtschaft. Der Bergbau spielt noch immer eine beherrschende Rolle. Im W werden Erdöl und Erdgas gefördert. In der Eisen- und Stahlind. ist P. in den USA führend. Außerdem von Bed. sind die Erdölraffinerien, Textil- und Bekleidungs-, chem., Maschinen-, Nahrungsmittel-, Holz- und Tabakind., daneben Druckereien und Verlage. - Das Eisenbahnnetz umfaßte 1983 10 080 km, das Straßennetz 183 675 km; 164 öffentl. ⌧ waren in Betrieb. Größter Seehafen ist Philadelphia, wichtige Binnenhäfen sind Pittsburgh am Ohio und Erie am Eriesee.

Geschichte: Entdeckung der Mündung des Delaware River 1609. Erste dauerhafte Siedlungen wurden von schwed. Einwanderern errichtet (Neugöteborg, gegr. 1643 [= Essington]; Upland [= Chester]); nach 1655 in die niederl. Kolonie Neuniederlande einbezogen,

die 1664 engl. wurde. Das heutige P. wurde 1681 W. Penn von der brit. Krone als Eigentümerkolonie überlassen; die von ihm 1682 erlassene Verfassung blieb bis 1776 in Kraft. Außer Quäkern wanderten v. a. schott.-ir. Gruppen und Deutsche ein (Mennoniten, Baptisten, Böhm. Brüder, Schwenckfelder, Amische, ab 1727 v. a. Pfälzer). Mit der Annahme einer eigenen Verfassung im Sept. 1776 wurde das Regime der Eigentümer beendet. Die Verfassung der USA verabschiedete P. am 12. Dez. 1787; Philadelphia war 1790–1800 Sitz der Bundesregierung. P. unterstützte im Sezessionskrieg den Norden. Eine der entscheidensten Schlachten dieses Krieges fand 1863 bei Gettysburg statt. Seine heutige gültige Verfassung verabschiedete P. im Jahre 1873.
📖 *Cochran, T. C.: P. New York 1978. - Klein, P. S./Hoogenboom, A.: A history of P. New York 1973. - Wellenreuther, H.: Glaube u. Politik in P. 1618–1776. Köln u. Wien 1971.*

Pennsylvaniadeutsch [pɛnzɪl'va:nia] (Pennsilfaanisch; engl. Pennsylvania Dutch), Bez. für den Dialekt der Nachkommen d. Einwanderer aus SW-Deutschland in SO-Pennsylvania und W-Maryland sowie in einigen Sprachinseln. P. ist ein Gemisch aus südwestdt. Mundarten, wobei offensichtl. das Pfälz. in der Lautung, das Pfälz.-Schwäb. im Wortschatz und das Fränk.-Bair. in der Satzmelodie vorherrscht; diese Sprache wurde im Laufe der Zeit stark vom amerikan. Englisch beeinflußt. Als Literatursprache wird das P. v. a. in volkstüml. Texten verwendet.

Pennsylvania Dutch [engl. pɛnsɪl-'veɪnjə 'dʌtʃ], irriger angloamerikan. Name für die urspr. in Pennsylvania (USA) ansässigen Deutschamerikaner (Dutch = Deutsche [v. a. im älteren Sprachgebrauch]), die ab 1683 als geschlossene Gruppen einwanderten. Kult- und Umgangssprache ist das sog. Pennsylvaniadeutsch, Schriftsprache ist Englisch. Die P. D. (heute rd. 750 000) bewahrten Bauweise, Sitten und Gebräuche.

Penny [engl.] (Mrz. bei Einzelstücken): Pennies, bei Mehrfachwerten: Pence; Mrz. von Vielfachstücken: Pences), der Pfennig des brit. Währungssystems bis 15. Febr. 1971: 1 P. (Abk. d) = $^1/_{12}$ Shilling = $^1/_{240}$ Pfund Sterling; seitdem 1 New P. (Abk. p) = $^1/_{100}$ Pfund.

Pennyweight [engl. 'pɛnɪweɪt], Einheitenzeichen dwt, dwtr, pwt; in Großbritannien und den USA verwendete Gewichts- bzw. Masseneinheit für Edelsteine und Edelmetalle: 1 dwt = $^{24}/_{7000}$ pound = 1,555174 g.

Pensa [russ. 'pjenzɐ], sowjet. Geb.hauptstadt im europ. Teil der RSFSR, 522 000 E. PH, polytechn., Bauingenieur-, landw. Hochschule (Fernstudium für Ökonomie), Gemäldegalerie; zwei Theater, Zirkus; botan. Garten; Herstellung von Fahrrädern, Mopeds, Textil-, Chemie-, Rechenmaschinen, Dieselmotoren u. a. - 1663 als militär. Stützpunkt im Transwolgagebiet gegr.; 1780–97 Verwaltungszentrum des Generalgouvernements, seit 1801 Gouvernementshauptstadt.

Pensacola [engl. pɛnsə'kʊlə], Hafenstadt in Florida, 60 600 E. Kork- und Holzverarbeitung, Papier- und chem. Ind.; Fremdenverkehr. - Entstand bei dem 1696 errichteten span. Fort San Carlos; 1763 Hauptstadt der brit. Kolonie West Florida; 1821 für kurze Zeit Hauptstadt von Florida, seit 1824 City.

Penschinabucht [russ. 'pjɛnʒinɐ] ↑Schelichowgolf.

Pensée [pãˈse:; zu frz. penser „denken"], svw. Gartenstiefmütterchen (↑Stiefmütterchen).

Pension [pãˈzjoːn; panˈzjoːn; frz., zu lat. pensio „das Abwägen, Zahlung"] ↑Ruhegehalt.
◆ Beherbergungsstätte, die als Teil der Gruppe Fremdenheime und P. zum Gaststätten- und Beherbergungsgewerbe gehört.

Pensionat [pã...; frz. (↑Pension)], private Bildungseinrichtung vorwiegend für Mädchen, die auch im P. wohnen.

Pensionierung [pã..., pan...], die Versetzung in den Ruhestand.

Pensionsgeschäft [pã..., pan...], Verpfändung eines Wechsels gegen Gewährung eines Darlehens; der Wechsel wird in einem Land mit niedrigem Zinsfuß (dem Pensionssatz) verpfändet („in Pension gegeben"); das Darlehen wird zinsbringend in einem Land mit hohem Zinsniveau angelegt; auch als befristete Überlassung von Wertpapieren mit der Verpflichtung zur Rücknahme zum gleichen Kurs zur Erzielung der über dem Habenzins liegenden Wertpapierzinsen.

Pensionskassen [pã..., pan...], Bez. für Lebensversicherungsgesellschaften, die ausschließl. die Pensionsversicherung betreiben. Man unterscheidet die von Unternehmen gegr. P., die nur den Arbeitnehmern der betreffenden Firmen offenstehen, und die selbständigen P., die sich ebenfalls auf bestimmten Personenkreis beschränken.

Pensionsrückstellungen [pã..., pan], Passivposten der Bilanz eines Unternehmens, durch den die durch Pensionsverpflichtungen entstehenden Ausgaben auf die Jahre verteilt werden, in denen sie zu Aufwand geworden sind.

Pensionssicherungsverein [pã..., pan...], nach dem Gesetz zur Verbesserung der betriebl. Altersversorgung vom 19. Dez. 1974 für den Fall fortbestehender Zahlungsunfähigkeit des Arbeitgebers begr. Trägerschaft zur Sicherung der betriebl. Altersversorgung bzw. unverfallbar gewordener Anwartschaften. Alle Arbeitgeber, die Leistungen der betriebl. Altersversorgung zugesagt haben (Unterstützungskasse, Direktversicherung) werden dem P. beitragspflichtig, wobei sich die Höhe nach dem Wert der im Kalenderjahr an-

Pensionsversicherung

gefallenen Ansprüche auf Leistungen aus dem P. und den damit verbundenen Kosten richtet. Die Zahl der Mgl. betrug 1985 34 622 Arbeitgeber mit 6 236 948 Rentnern und Anwärtern mit unverfallbaren Anwartschaften.

Pensionsversicherung [pã..., paŋ...], in Österreich für die Versicherungsfälle des Alters, der geminderten Arbeitsfähigkeit und des Todes bestimmte gesetzl. Versicherung; ihr unterliegen im wesentl. alle Arbeitnehmer (mit Ausnahme der öffentl.-rechtl. Bediensteten) sowie die Mehrzahl der selbständig Erwerbstätigen. Leistungen der P. sind die Alterspension, die Invaliditätspension bzw. (bei Angestellten) die Berufsunfähigkeitspension und die Hinterbliebenenpension (aus allen Pensionsversicherungen).

Pensum [lat., eigtl. „das (den Sklavinnen) für einen Tag Zugewiesene (an zu spinnender Wolle)" (von pendere „wiegen")], zugeteilte Aufgabe, Arbeit; in einem bestimmten Zeitraum zu bewältigender Lehrstoff.

penta..., Penta..., pent..., Pent... [griech.], Bestimmungswort von Zusammensetzungen mit der Bed. „fünf".

Pentaeder [griech.], Fünfflächner, von fünf ebenen Flächen begrenzter Körper.

Pentaerythrit [pɛnta-ɛ...; griech.], $C(CH_2OH)_4$; farbloser, kristalliner, süß schmeckender, vierwertiger Alkohol, der am fünften Kohlenstoffatom vier Methanolreste trägt und zur Herstellung von Alkydharzen und ↑Pentaerythrittetranitrat verwendet wird.

Pentaerythrittetranitrat [pɛnta-ɛ...] (Nitropenta), Abk. PETN, $C(CH_2-O-NO_2)_4$; weiße, wasserunlösl., als Sprengstoff (Detonationsgeschwindigkeit 8 400 m/s) verwendete Substanz; hat wie das in Alkohol gelöste Nitroglycerin koronargefäßerweiternde Wirkung.

Pentagon ['pɛntagɔn; engl. 'pɛntəgɔn], Bez. für das auf fünfeckigem Grundriß 1941/42 errichtete Gebäude des Verteidigungsministeriums der USA in Arlington (Va.), auch für das Verteidigungsministerium als Institution.

Pentagon [griech.], Fünfeck.

Pentagonprisma (Pentaprisma, Prandtl-Prisma), ein Umlenkprisma (Reflexionsprisma) mit konstanter Ablenkung dessen Hauptschnitt ein Fünfeck ist; seine Eintritts- und Austrittsflächen stehen senkrecht aufeinander. Wegen des großen Durchmessers des nutzbaren Strahlenbündels wird das P. häufig im opt. Instrumentenbau verwendet. Eine spezielle Ausführungsform als Dachkantprisma ist das **Pentadachkantprisma**, das an Spiegelreflexkameras die Senkrechtstellung des horizontalen Mattscheibenbildes und die Bildseitenvertauschung ermöglicht.

Pentagramm ↑Drudenfuß.

pentamer [griech.], fünfgliedrig, fünfteilig.

Pentameter, ein aus 5 metr. Einheiten bestehender Vers mit dem Schema:

$$-\smile\smile/-\smile\smile/-//-\smile\smile/-\smile\smile/-$$

Tritt fast immer in Verbindung mit dem Hexameter im sog. eleg. ↑Distichon auf.

Pentane [griech.], zu den Alkanen gehörende, flüssige Kohlenwasserstoffe mit der Summenformel C_5H_{12}, die im Erdöl vorkommen und Bestandteile von Benzin sind.

Pentangle [engl. 'pɛntændʒəl „Fünfeck"], brit. Rockmusikgruppe 1967–72; bestand aus 3 Folk- und 2 Jazzmusikern, die nur akust. (d. h. nicht elektron. verstärkte) Instrumente spielten.

Pentanol, svw. ↑Amylalkohol.

Pentapolis [griech. „Fünfstadt"], 1. in

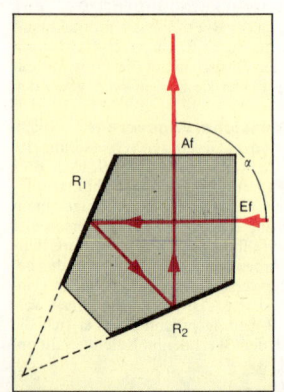

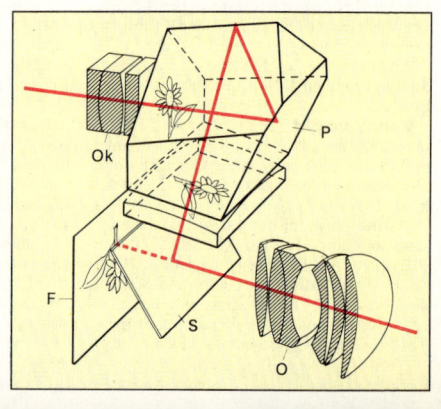

Pentagonprisma. Links: Hauptschnitt mit Eintritts- (Ef) und Austrittsfläche (Af) sowie den Reflexionsflächen (R_1 und R_2); der Ablenkwinkel α beträgt 90°; rechts: Pentadachkantprisma (P) in einer Spiegelreflexkamera mit Strahlengang (Ok Okular, Sp Spiegel, F Filmebene, O Objektiv)

der Antike ein Verband von 5 Städten, z. B. in Libyen (Cyrenaika), Palästina, Phrygien und an der W-Küste des Schwarzen Meeres; 2. im Früh-MA Bez. für das Gebiet um die 5 Städte Ancona, Ariminum (= Rimini), Pisaurum (= Pesaro), Sena Gallica (= Senigallia) und Julia Fanestris (= Fano).

Pentaprisma, svw. ↑Pentagonprisma.

Pentarchie [griech.], allg. Bez. für ein Fünfmächtesystem, v. a. für die von der Mitte des 18. Jh. bis zum 1. Weltkrieg bestehende Beherrschung Europas durch die 5 Großmächte Großbrit., Frankr., Österreich, Preußen bzw. Dt. Reich und Rußland. Die P. wurde als Gleichgewichtssystem angesehen.

Pentastomida [griech.], svw. ↑Zungenwürmer.

Pentateuch [griech., zu pénte „fünf" und teuchos „Behälter für Buchrollen"], griech. und in der Bibelwiss. übl. Bez. für die fünf Bücher Mose. Sie umfassen die Urgeschichte, die Vätergeschichten, den Auszug Israels aus Ägypten, die Landnahme und umfangreiche Gesetzestexte. Zur Einteilung des P. ↑Bibel. - Der P. wurde zu einem langen Weg mündl. und schriftl. Überlieferung zu seiner vorliegenden Gestalt zusammengestellt. Im allg. geht man seit dem 19. Jh. davon aus, daß dem P. vier Quellen zugrunde liegen: 1. der ↑Jahwist (Abk. J); 2. der ↑Elohist (Abk. E); einige Forscher gehen davon aus, daß J und E vor der schriftl. Fixierung auf eine gemeinsame Urquelle zurückgehen; 3. das Deuteronomium (Abk. D); es enthält eingebettet in die Form einer Rede des Moses vorwiegend Gesetzestexte. Sein Ursprung ist nicht völlig klar, vermutl. hat es bei der Reform des Josia eine wichtige Rolle gespielt; 4. die ↑Priesterschrift (Abk. P). - Die Annahme, daß das Josuabuch dem Gesamtwerk hinzuzurechnen sei (Hexateuch), ist in der Forschung umstritten.

Pentathlon [griech.], im antiken Griechenland Bez. für den Fünfkampf bei den Olymp. Spielen; Verbindung von Weitsprung, Wettlauf, Diskus-, Speerwurf und Ringen.

Pentatonik [griech.], Tonsystem aus fünf Tönen, v. a. dasjenige, dessen Tonleiter keine Halbtöne enthält (**anhemiton. Pentatonik**), also z. B. aus den Tönen c-d-e-g-a oder deren Transposition besteht. P. entstammt wahrscheinl. sehr alten Schichten der Musikübung und ist vielfach (so wohl auch im Abendland) als der Beginn ausgeprägter Tonordnungen anzusehen. Im deutschsprachigen Raum begegnet die P. am häufigsten im Kinderlied, hier neben zwei-, drei- und vierstufigen Melodiebildungen, die Elemente der P. enthalten und mindestens z. T. als vorpentaton. angesehen werden können. In jap. Musik ist neben der anhemiton. P. auch die **hemiton. Pentatonik** (Halbtöne enthaltende) bekannt (z. B. e-f-a-h-c).

Pentene [griech.], svw. ↑Amylene.

Pentere [griech.], Hauptschlachtschiff des Altertums, mit etwa 300 Ruderern in 5 Reihen besetzt.

Penthesilea, in der griech. Mythologie eine Königin der ↑Amazonen, Bundesgenossin der Trojaner, im Zweikampf von Achilleus getötet, der sich in die Sterbende verliebt. - H. von Kleist machte sie zur Hauptfigur eines Trauerspiels (Erstausgabe 1808).

Penthesilea-Maler, att. Vasenmaler des 5. Jh. - Tätig etwa 465–40; ben. nach der Schale mit dem Zweikampf zw. Achilleus und Penthesilea (München, Staatl. Antikensammlungen). An der Wende vom strengen zum klass. rotfigurigen Stil malte er meist großfigurige, oft die ganze Innenseite der Schalen füllende Sagenbilder von starkem Pathos.

Penthouse [engl. 'pεnthaυs; engl.-amerikan.], bungalowartige Wohnung auf dem Flachdach eines [Hoch]hauses.

Pentite [griech.], im Pflanzenreich vorkommende fünfwertige Alkohole (Zuckeralkohole; z. B. Adonit, Arabit), bei denen jede der fünf Hydroxylgruppen (−OH) an ein anderes Kohlenstoffatom gebunden ist; chem. Formel $CH_2OH-(CHOH)_3-CH_2OH$.

Pentland Firth [engl. 'pεntlənd 'fɔ:θ], Meeresstraße zw. der schott. Küste und den Orkneyinseln.

Pentland Hills [engl. 'pεntlənd 'hılz], Bergland am S-Rand der schott. Lowlands, erstreckt sich sw. von Edinburgh über 26 km lang, 6–10 km breit, bis 579 m hoch.

Pentlandit [nach dem ir. Forschungsreisenden J. B. Pentland, * 1797, † 1873] (Eisennickelkies, Nickelmagnetkies), meist in groben Körnern vorkommendes, rötlichgelbes bis gelbbraunes, metall. glänzendes Mineral, $(Fe,Ni)_9S_8$, Mohshärte 3,5–4, Dichte 4,6–5 g/cm³. P. findet sich v. a. als Begleitmineral von Magnetkies, der deshalb zu den wichtigsten Nickelerzen zählt; bed. Vorkommen bei Sudbury (Ontario).

Pentode [griech.] (Fünfpolröhre, Dreigitterröhre, Bremsgitterröhre), Elektronenröhre mit fünf Elektroden (Kennbuchstabe L), die zw. Steuergitter und Anode zwei weitere Gitter, ein Schirm- und ein Bremsgitter, enthält. Die P. wird vorwiegend als Verstärkerröhre für Vorverstärkerstufen mit großer Spannungsverstärkung verwendet.

Penton [griech.], Poly-3,3-bis(chlormethyl)-oxetan,
$H-[OCH_2-C(CH_2Cl)_2-CH_2]_n-OH$;
mechan. und chem. sehr beständiger Kunststoff, der v. a. zur Herstellung von Apparateteilen für chem. Anlagen dient.

Pentosane [griech.], aus ↑Pentosen aufgebaute Polysaccharide, die in Pflanzen als Gerüstsubstanzen (sog. Hemizellulosen) und Schleime vorkommen; dazu z. B. das *Xylan*.

Pentosen [griech.], $C_5H_{10}O_5$; farblose, leicht wasserlösl. Kristalle bildende Monosaccharide; die wichtigsten, am Aufbau der Nukleinsäuren beteiligten P. sind die ↑Ribose und die Desoxyribose.

Pentosephosphatzyklus (Warburg-Dickens-Horecker-Weg), bei Pflanzen und Tieren neben der Glykolyse und dem Zitronensäurezyklus ablaufender Stoffwechselweg zum Abbau der Glucose zu Kohlendioxid und Wasserstoff. Zwischenprodukte sind Pentosephosphate. Der P. dient nicht der Energiegewinnung, sondern der Bereitstellung von Wasserstoff in Form von NADPH·H$^+$, u. a. für die Fettsäuresynthese und von Pentosephosphaten für die Nukleinsäurensynthese. Bei grünen Pflanzen dient der P. auch der Bildung des für die Photosynthese wichtigen Kohlendioxidakzeptors *Ribulosediphosphat*.

Penuti, v. a. in Kalifornien, USA, verbreitete indian. Sprachfamilie; zu ihr gehören die Wintu, Wintun, Patwin, Maidu, Yokuts, Miwok und Costano. Gelegentl. werden mehrere andere Sprachfamilien, z. B. Uto-Aztekisch, mit dem P. zu einer Großgruppe zusammengefaßt.

Penzias, Arno (Arnold) Allen [engl. 'pɛnzɪəs], * München 26. April 1933, amerikan. Physiker dt. Herkunft. - P. befaßt sich u. a. mit der von der interstellaren Materie emittierten Mikrowellenstrahlung und der Isotopenzusammensetzung der interstellaren Materie. Er entdeckte mit R. W. Wilson bei Rauschpegelmessungen an einem Radioteleskop die kosm. Hintergrundstrahlung, wofür beide 1978 den Nobelpreis für Physik erhielten (zus. mit P. L. Kapiza).

Penzoldt, Ernst, * Erlangen 14. Juni 1892, † München 27. Jan. 1955, dt. Schriftsteller. - Verfaßte Romane, z. B. den modernen Schelmenroman „Die Powenzbande" (1930) aus dem Landstreicher- und Kleinstadtmilieu, in dem sich humanitäre Absichten mit anekdot. Ironie und Skepsis gegenüber spießbürgerl. Wirklichkeit verbinden, sowie Erzählungen, Novellen, Dramen und Essays.

Pep [engl.-amerikan., gekürzt aus lat.-engl. pepper „Pfeffer"], begeisternder Schwung, mitreißende Wirkung.

Peperoni [italien., zu lat. piper „Pfeffer"] ↑Paprika.

Pepi II. (Phiops II.), letzter König (um 2200 v. Chr.) der 6. ägypt. Dynastie. - Regierte nach antiker Überlieferung 94 Jahre; seine Reg.zeit endete in der durch innere Wirren gekennzeichneten 1. Zwischenzeit; Pyramide in Sakkara-Süd.

Pepita [span.], kleinkariertes Woll- oder Baumwollgewebe in Leinwand- oder Köperbindung; auch Bez. für das Muster selbst.

Peplos [griech.], ärmelloses Frauengewand der griech. Antike aus einem rechteckigen Tuch, das oben einen Umschlag erhielt und auf der Schulter zusammengehalten wurde; über dem Chiton, im 5. Jh. auch an dessen Stelle getragen.

Peplosphäre [griech.], svw. ↑Grundschicht.

Pepping, Ernst, * Duisburg 12. Sept. 1901, † Berlin 1. Febr. 1981, dt. Komponist. - 1934 Lehrer an der Kirchenmusikschule und ab 1953 an der Musikhochschule in Berlin. Sein durch polyphonen Stil bei erweiterter Tonalität und farbigem Klang charakterisiertes Werk umfaßt Orgelmusik, Vokalkompositionen, u. a. „Spandauer Chorbuch" (1934-39), „Passionsbericht des Matthäus" (1951), „Weihnachtsgeschichte des Lukas" (1959), Orchesterwerke und Kammermusik. Schrieb „Der polyphone Satz" (2 Bde., 1950-56).

Pepsin [zu griech. pépsis „Verdauung"], eine im Magensaft vorkommende Endopeptidase, die aus einer inaktiven Vorstufe, dem Pepsinogen, durch autokatalyt. Abspaltung eines Polypeptids entsteht. P. spaltet die Proteine der aufgenommenen Nahrung in Albumosen und Peptone, wobei sein Wirkungsoptimum im sauren Bereich (bei pH 1,5–2,5) liegt; es wird medizin. bei bestimmten Verdauungsstörungen angewandt.

Pepsinogen [griech.], die in der Magenschleimhaut gebildete inaktive Vorstufe des Pepsins.

Peptidantibiotika (Polypeptidantibiotika), aus Bakterien isolierte Antibiotika, die chem. zu den Polypeptiden gehören. Wegen ihrer Neuro- und Nephrotoxizität werden P. bisher nur bedingt (hauptsächl. lokal) angewendet.

Peptidasen [griech.], Enzyme, die Peptidbindungen bes. von niedermolekularen Eiweißstoffen hydrolyt. spalten. Man unterscheidet *Endo-P.* (Spaltung innerhalb des Moleküls) und *Exo-P.* (Spaltung von den Molekülenden her). Zu den P. gehören die Verdauungsenzyme Pepsin, Trypsin und Chymotrypsin.

Peptide [griech.], durch [Poly]kondensation von Aminosäuren, d. h. durch Reaktion der Aminogruppe einer Aminosäure mit der Carboxylgruppe einer anderen entstehende Verbindungen mit der charakterist. **Peptidbindung** – CO – NH –, die in der Natur weitverbreitet vorkommen. **Oligopeptide** (z. B. *Di-, Tri-, Tetra-P.* usw.) enthalten bis zu 10 Aminosäurereste, **Polypeptide** bis 100 und **Proteine** über 100. Oligo- und Poly-P. haben als Hormone, Antibiotika und Gifte (z. B. ↑Phalloidin) physiolog. Bedeutung. Chem. Strukturformel:

$$H_2N-CH(R_1)-CO-NH-CH(R_2)-CO-NH-CH(R_3)-COOH$$

1.   2.   3. Aminosäurerest

Peptisation [griech.], Wiederauflösung eines ausgeflockten Kolloids; bei lyophilen (leicht lösl.) Kolloiden durch Verdünnen oder

Temperaturerhöhung, bei lyophoben (schwer lösl.) Kolloiden durch gleichsinnige elektrostat. Aufladung der Teilchen oder Zusatz leicht adsorbierbarer Ionen.

peptisch [griech.], bes. in der Medizin für: zur Verdauung gehörend, die Verdauung fördernd.

Peptolide [griech.], natürl. oder synthet., aus amid- oder esterartig verbundenen Aminosäuren und Hydroxycarbonsäuren bestehende Verbindungen. Einige cycl. P. (**Cyclodepsipeptide**), die von Pilzen gebildet werden, sind antibiot. wirksam (z. B. in Wundpudern).

Peptone [griech.], durch künstl. enzymat. Spaltung von Proteinen bzw. proteinhaltigen Lebensmitteln (z. B. Kasein, Gelatine, Fleisch) hergestellte Eiweißspaltprodukte, die als Bakteriennährböden und diätet. Nahrungsmittel verwendet werden.

Pepusch, John Christopher (Johann Christoph), * Berlin 1667, † London 20. Juli 1752, engl. Komponist dt. Herkunft. - Ab 1698 in den Niederlanden, ab 1700 in London, schrieb die Musik für mehrere Maskenspiele und zu J. Gays Ballad-opera „The beggar's opera"; daneben komponierte er Motetten, Oden, Violinkonzerte und Kammermusik.

per [lat.], 1. mit, mittels, durch (z. B. per Bahn); 2. je, pro (z. B. per Kilo); bis zum, am (z. B. per 1. Januar).

Per, männl. Vorname, ↑ Peer.

Per- [lat.], Vorsilbe der chem. Nomenklatur; in der *anorgan. Chemie* bedeutet sie, daß das Zentralatom in den Molekülen einer Verbindung in der höchsten Oxidationsstufe vorliegt (z. B. ↑ Perchlorate). In der *organ. Chemie* kennzeichnet sie eine vollständig substituierte Verbindung oder die vollständig hydrierte Form einer ungesättigten Verbindung. Nicht nomenklaturgerecht auch anstelle von ↑ Peroxo- und ↑ Peroxy- verwendet.

per..., Per... [lat.], Vorsilbe mit der Bed. „durch, hindurch, über, völlig, ganz und gar".

per acclamationem [lat.], durch Zuruf (wählen).

Peragallo, Mario, * Rom 25. März 1910, italien. Komponist. - Schüler u. a. von A. Casella, wandte sich nach zwei verist. Opern („Ginevra degli Almieri", 1937; „Lo stendardo di San Giorgio", 1941) nach 1945 seriellen Techniken zu, u. a. Violinkonzert (1954), Oper „La gita in campagna" (1954), Klavier und Kammermusik, Lieder und Chorwerke.

Perak, Gliedstaat Malaysias, im W der Halbinsel Malakka, 21 005 km², 1,76 Mill. E (1980), Hauptstadt Ipoh, Residenz des Sultans ist Kuala Kangsar. Der Staat umfaßt das von der Malakkastraße nach N bis zur thailänd. Grenze reichende, von hohen Gebirgsketten eingerahmte Einzugsgebiet des P. (400 km lang); im Tal seines linken Nebenflusses Kinta das bedeutendste Zinnerzbergbaugebiet Malaysias; außerdem Abbau von Eisenerz, Ilmenit, Monazit, Zirkon und Gold. Wichtige landw. Erzeugnisse sind Kautschuk, Kokosnüsse und Reis; bed. Fischerei. - Seit 1818 Handelsverträge mit Großbrit., seit 1874 brit. Protektorat (seit 1895 in Föderation mit Selangor, Negri Sembilan und Pahang), das 1948 Teil des Malaiischen Bundes, 1963 Teil Malaysias wurde.

Peralta Barnuevo, Pedro de, * Lima 26. Nov. 1664, † ebd. 30. April 1743, peruan. Gelehrter und Dichter. - Prof. für Jura und Mathematik an der Universität in Lima; galt als einer der größten Gelehrten seiner Zeit; verfaßte eine Vielzahl umfangreicher Werke, z. B. über Theologie, Geschichte, Medizin, militär. und zivile Ingenieurkunst. Schrieb auch Epen sowie höf. Gelegenheitsdichtung und Theaterstücke.

per annum (pro anno) [lat.], Abk. p. a., veraltete Bez. für: je Jahr, jährl., aufs Jahr [gerechnet]; häufig in Verbindung mit der Angabe der Höhe des Jahreszinses.

per aspera ad astra [lat.], „über rauhe Wege zu den Sternen", durch Nacht zum Licht (wohl auf einen Vers Senecas d. J. zurückgehendes röm. Sprichwort).

Perast, unter Denkmalschutz stehende jugoslaw. Stadt an der Bucht von Kotor. 1 000 E. - P. erhielt 1367 eine Schiffswerft und im 16. Jh. eine Seefahrtschule. - Heute z. T. verfallene Spätrenaissancepaläste der Patrizier, Ruinen der venezian. Festung sowie mehrere Kirchen.

Per-Atum ↑ Pithom.

Perborate ↑ Borate.

Perche [frz. pɛrʃ], Hügel- und Bocagelandschaft in der Normandie, bis 301 m ü. d. M.

Perche [pɛrʃ; lat.-frz.], elast. Bambus[stange] der Artisten zur Darbietung von Balanceakten u. a.

Perche, Col de la [frz. kɔldəla'pɛrʃ], Paß in den Ostpyrenäen, über den die Straße Perpignan–Lérida führt, 1 577 m ü. d. M.

Percheron [frz. pɛrʃə'rõ; nach der frz. Landschaft Perche (Normandie)], verbreitete frz. Rasse schwerer, jedoch edler (bis 174 cm schulterhoher), ausdauernder und temperamentvoller Kaltblutpferde mit langgestrecktem, mächtigem Körper.

Perchlorate [...klo...], Salze der Chlorsäure(VII); ↑ Chlorsauerstoffsäuren); meist weiße, kristalline, giftige Substanzen, die sich beim Erhitzen unter Sauerstoffabgabe zersetzen und stark oxidierend wirken. *Ammonium-* und *Kaliumperchlorat* werden in der Feuerwerkerei verwendet.

Perchlorsäure ['klor...] ↑ Chlorsauerstoffsäuren.

Percht (Bercht, Berhta), myth. Gestalt im Volksglauben und Brauchtum Oberdeutschlands und der östr. Alpenländer; Anführerin einer Schar dämon. Wesen, die bes. in der Nacht vor dem Dreikönigsfest (Epiphanias; *P.nacht*), dem Totenheer vergleichbar, umherziehen. Ihrem ambivalenten Charakter entsprechend kennt der Volksglaube und Brauch häßl. und schöne P., die bei dem **Perchtenlauf** in der Zeit zw. Weihnachten und dem Dreikönigsfest heute noch in Umzügen und rituellen Tänzen auftreten.

Perchtoldsdorf, niederöstr. Marktgemeinde südl. an Wien grenzend, 250 m ü. d. M., 17 000 E. Herstellung von Weinessig, Likör, Wachswaren; Damenbekleidung; Kunsthornwerk; Weinbau. - Um 1130 erstmals erwähnt; nach Zerstörung durch die Osmanen 1683 erst allmähl. wiederaufgebaut. - Got. Pfarrkirche Sankt Augustin (14. und 15. Jh.), spätgot. Spitalkirche (um 1400) und spätgot. Karner (Martinskapelle, 1514). Ehem. herzogl. Burg (14.–16. Jh.; heute Kulturzentrum); spätgot. Rathaus (15. Jh.); Renaissance- und Barockhäuser, Pestsäule (1713), ma. Wehrmauern.

Percier, Charles [frz. pɛrˈsje], * Paris 22. Aug. 1764, † ebd. 5. Sept. 1838, frz. Baumeister und Entwurfszeichner. - Schüler von A. F. Peyre, in dessen Atelier er P. F. L. Fontaine kennenlernte; schuf mit diesem 1794–1814 in gemeinsamen Projekten den Stil des Empire.

Percussion [engl. pəˈkʌʃn; zu lat. percussio „das Schlagen"], Bez. für die Schlaginstrumente im Jazz und in der Popmusik. Zu unterscheiden sind das Schlagzeug (mit der Standardausrüstung große Trommel, kleine Trommel, Hi-Hat, Becken und Tomtoms) von den Schlaginstrumenten afrikan. und lateinamerikan. Herkunft (Claves, Maracas, Congas, Agogo usw.).

Percy [engl. ˈpəːsɪ], aus dem Engl. übernommener männl. Vorname, Kurzform von Perceval.

Percy, Thomas [engl. ˈpəːsɪ], * Bridgnorth (Shropshire) 13. April 1729, † Dromore (Nordirland) 30. Sept. 1811, engl. Schriftsteller. - Anglikan. Geistlicher, ab 1782 Bischof von Dromore; 1765 Hg. einer Sammlung von 45 altschott. und altengl. Balladen und Liedern (mit Hinzufügung einiger Renaissancegedichte und zeitgenöss. Kunstballaden), die die engl. und dt. Literatur, u. a. Scott, Herder, Goethe und Bürger beeinflußte.

per definitionem [lat.], erklärtermaßen.

perdendo (perdendosi) [italien.], musikal. Vortragsbez.: abnehmend, allmähl. schwächer werdend.

Perdikkas, Name mehrerer makedon. Könige: 1. **Perdikkas I.** (Mitte 7. Jh. v. Chr.), begr. die Argeadendyn. in Aigai, eroberte um 640 das makedon. Küstengebiet; 2. **Perdikkas II.** (etwa 450–413), vermochte durch kluge Ausnutzung der Ggs. im Peloponnes. Krieg seine Machtposition in Griechenland zu stärken; 3. **Perdikkas III.** (365–359) eroberte 364 Amphipolis, fiel aber nach der Integration obermakedon. Fürstentümer gegen die Illyrer.

Perdikkas, † 321 v. Chr., Feldherr Alexanders d. Gr. - Nach Alexanders Tod (323) als Chiliarch (im Perserreich etwa der erste Minister) Regent des asiat. Reiches und Verfechter der Reichseinheit; wurde auf einem Feldzug gegen Ptolemaios I. ermordet.

perdu [pɛrˈdyː; frz.], verloren, weg, auf und davon.

Père [frz. pɛːr; zu ↑Pater], frz. svw. Vater; als Anrede für Ordensgeistliche svw. Pater.

pereat! [lat.], er [sie, es] möge zugrunde gehen! nieder damit!

Pereda y Salgado, Antonio, * Valladolid 1608 (?), † Madrid 30. Jan. 1678, span. Maler. - Bed. Vertreter der span. Barockmalerei, der in seinem vielfältigen Werk Einflüsse aus den Niederlanden und aus Italien verarbeitete; u. a. „Entsetzung Genuas durch den Marqués de S. Cruz" (1634; Madrid, Prado).

Peredwischniki [russ. pɪrɪˈdvɪʒnɪkɪ „Wanderer"], 1870 in Petersburg gegr. antiakadem. Künstlervereinigung. Ihre Mgl., darunter I. N. Kramskoi, G. G. Mjassojedow, N. N. Ge und W. G. Perow, organisierten, von dem Sammler P. M. Tretjakow unterstützt, Wanderausstellungen und pflegten einen krit. Realismus (Genreszenen, Porträts, Landschaften). Später trat u. a. I. J. Repin bei.

Père Grégoire [frz. pɛrgreˈgwaːr] ↑Girard, Jean-Baptiste.

Peregrin (Peregrinus), männl. Vorname (zu lat. peregrinus „fremd, Fremdling").

Pereiopoden (Peräopoden) [peraɪo...; griech.], Bez. für die bei den Höheren Krebsen (Malacostraca) auf die drei Paar Kieferfüße folgenden fünf Brustfußpaare als die Schreitbzw. Schwimmbeine des mittleren Körperabschnitts. Im Anschluß an die P. folgen die Pleopoden.

Pereira, Nuno Álvares [portugies. pəˈreɪrɐ], * Sernache do Bom Jardim (Distrikt Castelo Branco) 24. Juni 1360, † Lissabon 1. April 1431, portugies. Feldherr und Nationalheiliger. - Befehlshaber beim Sieg von Aljubarrota (1385) und in Feldzügen gegen Kastilien und die Mauren. 1423 Laienbruder im Karmeliterorden; seither als Heiliger verehrt; 1918 Seligsprechung (Fest: 6. Nov.).

Pereira [span. peˈreɪra], Hauptstadt des Dep. Risaralda in Z-Kolumbien, 1 470 m ü. d. M., 390 200 E. Kath. Bischofssitz; TU; Handelszentrum eines Kaffeeanbaugebiets.

Pereira Teixeira de Vasconcelos, Joaquim [portugies. pəˈreɪrɐ tɐjˈʃɐjrɐ do vɐʃkõˈsɛluʃ], portugies. Schriftsteller, ↑Teixeira de Pascoaes.

Perejaslaw-Chmelnizki [russ. pɪrɪˈjaslɐfxmʲɪlʲˈnʲitskij], sowjet. Stadt in der Dnjeprniederung, Ukrain. SSR, 25 000 E. Obstkonserven-, Bekleidungsfabrik, Ziegelei. - Perejaslaw wird 907 erwähnt; 2. Hälfte des 11. Jh. bis 1. Hälfte des 13. Jh. Zentrum des Ft. Perejaslaw; 1239 Zerstörung durch die Tataren; in der 2. Hälfte des 16. Jh. eines der Zentren des ukrain. Kosakentums; Zentrum während der krieger. Auseinandersetzungen mit Polen im 17. Jh.

Père Joseph [frz. pɛrʒoˈzɛf] ↑Joseph, Père.

Perekop, Landenge von [russ. pɪrɪˈkɔp] ↑Krim.

perennierend [lat.], svw. ↑ausdauernd.

Peres, Shimon, urspr. S. Persky, * in Polen 15. Aug. 1923, israel. Politiker. - Kam 1934 nach Palästina, wurde 1947 Mgl. der Hagana und trat 1959 der Mapai bei; 1959–65 stellv. Verteidigungsmin.; 1965 Mitbegr. und Generalsekretär der Rafi-Partei; 1969/70 Min. für wirtsch. Entwicklung in den verwalteten Gebieten und für Einwanderungsfragen, 1970–74 für Verkehr und Post; 1974 Informationsmin., 1974–77 Verteidigungsmin., April–Juni 1977 amtierender Premiermin.; 1984–86 Premiermin., 1986–88 Außenmin.; seither Finanzminister.

Pereskie (Pereskia, Peireskia) [nach dem frz. Gelehrten N. C. F. de Peiresc, *1580, †1637], Gatt. der Kaktusgewächse mit rd. 20 Arten im trop. Amerika und in Westindien; meist strauchartige, verholzende und stark verzweigte Pflanzen. Die Früchte (Barbadosstachelbeeren) und die jungen Blätter der Art Pereskia aculeata sind eßbar.

Pereslawl-Salesski [russ. pɪrɪsˈlavljzaˈljɛsskij], sowjet. Stadt am N-Rand der Smolensk-Moskauer Höhen, RSFSR, 33 000 E. Filmfabrik, Baumwollspinnerei. - 1152 als Festung gegr.; 1174–1302 Hauptstadt des Ft. Perejaslawl; 1302 dem Moskauer Staat angegliedert; Anfang des 17. Jh. vorübergehend von Polen besetzt. - Verklärungskirche (1152–57), mehrere Klöster, u. a. Nikitakloster (16.–19. Jh.; Kathedrale 1561–64).

Peressutti, Enrico, italien. Architekt, ↑BPR.

Perestroika [russ. pɪrɪˈstrɔjka „Umbau"], polit. Schlagwort, das die polit. Zielsetzung der gegenwärtigen Sowjetführung zum Ausdruck bringt, durch Einführung grundlegender Änderungen, durch Umbau und Umbildung von Führungsgruppen und Institutionen v. a. im wirtschaftspolit. Bereich sowie durch personalpolit. Wechsel im Rahmen der von der KPdSU vorgegebenen Grundlinien beim Aufbau des Sozialismus Stil und Inhalt der Politik auf viele Ebenen zu ändern sowie durchschaubarer zu gestalten.

Péret, Benjamin [frz. peˈrɛ], * Rezé (Loire-Atlantique) 14. Juli 1899, † Paris 7. Sept. 1959, frz. Schriftsteller. - Mit A. Breton Begründer und produktivster Dichter des Surrealismus; kämpfte im Span. Bürgerkrieg auf republikan. Seite, 1941–45 im Exil in Mexiko. Schrieb antikonformist., provokative Dichtungen (u. a. gegen den Heldentod).

Perewal [russ. pɪrɪˈval „Gebirgspaß"], russ. Schriftstellerkreis (1923–32), dem u. a.

M. M. Prischwin (* 1873, † 1954), A. P. Platonow und A. K. Woronski, der Theoretiker der Gruppe, angehörten. Setzte sich mit der Betonung künstler. Unmittelbarkeit u. Aufrichtigkeit in Ggs. zur marxist. Richtung.

Perez, Jizchak Leib, * Zamość 18. Mai 1851, † Warschau 3. April 1915, jidd. Dichter. - Rechtsanwalt; schrieb in poln. und hebr., nach 1880 vorwiegend in jidd. Sprache. Mitbegründer der modernen jidd. Literatur. In seinen myst.-symbolist. Dramen, ostjüd. Stadterzählungen und Gedichten verwendet er traditionelle und moderne Themen, wobei er erstmals die Welt des Chassidismus als literar. Gegenstand behandelt.

Pérez, Antonio [span. ˈpereθ], * Madrid um 1540, † Paris 3. Nov. 1611, span. Staatsmann. - Seit 1568 Sekretär Philipps II.; nach dem Tod des Fürsten von Éboli 1573 Führer der albafeindl. Friedenspartei. Seine Verwicklung in die Ermordung des Sekretärs von Juan d'Austria, Juan de Escobedo, am 31. März 1578 führte zu seinem Sturz und seiner Verhaftung (1579); 1590 entkam er nach Aragonien und von dort aus über Frankr. nach England, wo er propagandist. gegen Philipp II. tätig war.

Pérez de Ayala, Ramón [span. ˈpereθ ðe aˈjala], * Oviedo 9. Aug. 1881, † Madrid 5. Aug. 1962, span. Schriftsteller. - Einer der bedeutendsten zeitgenöss. span. Romanciers; 1928 Mgl. der Span. Akademie; 1931–36 Botschafter in London, emigrierte 1936–54 nach Argentinien; Humor und Pessimismus verbinden sich in der psycholog. vertieften, auch satir. Darstellung seiner Romanfiguren, u. a. „A. M. D. G." (1910).

Pérez de Cuellar, Javier [span. ˈpereθ de ˈkuejar], * Lima 19. Jan. 1920, peruan. Jurist und Diplomat. - Wurde im Dez. 1981 zum Generalsekretär der UN gewählt (Amtsantritt 1. Jan. 1982).

Pérez de Guzmán, Alonso [span. ˈpereθ ðe ɣuðˈman], Hzg. von Medina-Sidonia, * Sanlúcar de Barrameda 10. Sept. 1550, † ebd. 1619, span. Admiral. - Ohne militär. Befähigung wider Willen 1588 zum Befehlshaber der Armada ernannt und durch Passivität mitschuldig an ihrem Untergang.

Pérez Esquivel, Adolfo [span. ˈperes eskiˈβel], * Buenos Aires 1931, argentin. Architekt und Bürgerrechtskämpfer. - Nach Studium von Architektur und Bildhauerei bis 1974 Prof. für Architektur in Buenos Aires; widmete sich in der Folgezeit der Koordination der Aktivitäten der verschiedenen Gruppen in Lateinamerika, die mit friedl. Mitteln für die Aufrechterhaltung bzw. Widerherstellung der Menschen- und Bürgerrechte kämpfen, im Rahmen der hierfür gegr. Organisation „Servicio Paz y Justicia"; 1977/78 in Haft; erhielt 1980 für seine Arbeit den Friedensnobelpreis.

Pérez Galdós, Benito [span. ˈpereθ

ɣal'dɔs], *in der Prov. Las Palmas 10. Mai 1843, † Madrid 4. Jan. 1920, span. Schriftsteller. - Abg. der Cortes; Vertreter des span. Liberalismus; 1897 Mgl. der Span. Akademie; bedeutendster span. Romanschriftsteller an der Wende vom 19. zum 20. Jh., der sich v. a. mit den polit., sozialen und ideolog. Problemen seines Landes auseinandersetzte, insbes. in der realist. Romanserie „Episodios nacionales" (1873–1912).

Pérez Jiménez, Marcos [span. 'peres xi'menes], *Michelena (Táchira) 25. April 1914, venezolan. Offizier und Politiker. - Ab 1945 Chef des Generalstabs, leitete 1948 den Militärputsch; Mgl. der Junta und Verteidigungsmin. 1948–52; sicherte sich Ende 1952 die provisor. Präsidentschaft; 1953 zum Präs. gewählt, regierte diktator., im Jan. 1958 gestürzt; 1963 von den USA an Venezuela ausgeliefert, 1963–68 in Haft; anschließend zeitweise in Madrid im Exil.

perfekt [zu lat. perfectus „vollendet"], vollendet, vollkommen; abgemacht, gültig.
◆ in der Mensuralnotation des MA die Dreiteiligkeit einer Mensureinheit († Mensur) gegenüber der als imperfekt geltenden Zweiteiligkeit. Als p. gilt dementsprechend der Dreiertakt: die den gesamten Takt ausfüllende Note hat eine dreifache Unterteilung.

Perfekt [lat. „vollendete (Zeit)"] (vollendete Gegenwart, 2. Vergangenheit), in der Sprachwiss. die Zeitform beim Verb, die, vom augenblickl. Standpunkt des Sprechers bzw. Schreibers aus betrachtet, ein vollendetes Geschehen bezeichnet; während etwa das Griech. und Lat. Formen von einem eigenen P.stamm besitzen, wird in vielen jüngeren indogerman. Sprachen (z. B. im Dt., Engl., Frz.) das P. durch Umschreibungen mittels Hilfsverben (im Dt. *sein, haben*) + Partizip (dt. *ich habe gelesen,* frz. *j'ai lu*) gebildet.

Perfektibilismus [lat.], svw. † Perfektionismus.

Perfektion [lat.], Vollendung, Vollkommenheit, vollendete Meisterschaft.

Perfektionismus [lat.], übertriebenes Streben nach Vervollkommnung.
◆ (Perfektibilismus) geschichtsphilosoph. Position und Richtung insbes. der frz. Aufklärung, nach der der Sinn der Geschichte sich in einer fortschreitenden eth. Vervollkommnung der Menschen bzw. der Menschheit verwirkliche (Vertreter u. a. A. de Condorcet, Leibniz, C. Wolff); im 19.Jh. Bez. für das naturwiss. orientierte Fortschrittsdenken u. a. Darwins.

perfektiv [lat.] (terminativ), Aktionsart des Verbs, die die zeitl. Begrenzung eines Geschehens ausdrückt; dabei wird unterschieden zwischen Verben, die den Beginn (ingressiv oder inchoativ, z. B. entbrennen) oder das Ende eines Geschehens (resultativ oder egressiv, z. B. verbrennen) angeben.

perfide [lat.], treulos, hinterlistig.

perfides Albion † Albion.

Perforation [lat.], allg. die Durchlöcherung (Durchbohrung, Durchbrechung) eines Stoffes, z. B. durch eine Reihe eng aufeinanderfolgender Löcher.
◆ Durchbruch eines Abszesses oder Geschwürs durch die Hautoberfläche bzw. in eine Körperhöhle.
◆ Verletzung der Wandung eines Hohlorgans, z. B. Durchstoßung der Gebärmutterwand bei einer Ausschabung.

Performance [engl. pə'fɔːməns; lat.], allg. svw. Handlung, Ausführung oder Erfüllung; in der *Psychologie* Bez. für die Leistung in Handlungstests (im Unterschied zur Leistung in verbalen Tests).
◆ Kunstvorstellung, Form der Aktionskunst der 1970er Jahre, bei der die künstler. Aussage im Ablauf einer bis in die Einzelheiten geplanten Handlungsfolge gemacht wird. Im Ggs. zu den Aktionen und Happenings der 60er Jahre wird bei den Darstellungen meist auf Einbeziehung des Publikums verzichtet, häufig werden die Inszenierungen ohne Zuschauer gemacht und mittels moderner Medien (Photofolgen, Film und Videotape) festgehalten und angeboten.

Performanz [lat.-engl.] † Kompetenz.

Perfusion [lat.], künstl. Durchströmung eines Körperkanals, Hohlorgans oder Gefäßes bzw. Gefäßgebiets, z. B. die künstl. Durchströmung der Blutgefäße einer zu transplantierenden Niere.

Perg, oberöstr. Bez.hauptstadt 25 km östl. von Linz, 250 m ü. d. M., 5 200 E. Zentraler Ort des Machlandes; Lack- und Farbenfabrik, Waffelherstellung. - Um 1050 als **Perga** erwähnt; 1356 erstmals als Markt bezeugt; Stadtgemeinde seit 1969. - Spätgot. Pfarrkirche (15./16. Jh.), spätbarocke Kalvarienbergkapelle (1754) mit Rokokoeinrichtung; Prangersäule (1583).

Pergamenisches Reich † Pergamon.

Pergament [zu mittellat. (charta) pergamena „Papier aus Pergamon"], bes. zubereitete Membran aus ungegerbter tier. Haut (v. a. von Rindern, Schafen, Ziegen und Eseln). Da P. haltbarer und zur Beschriftung besser geeignet ist als Papyrus, trat es im 4./5. Jh. n. Chr. als Schreibmaterial an dessen Stelle. Es wird noch für Urkunden, bibliophile Bucheinbände usw. verwendet.

Pergamentpapier (vegetabilisches Pergament), aus Rohpapier durch Behandlung mit Schwefelsäure oder Zinkchloridlösung hergestelltes, feinporiges und glasig durchscheinendes („pergamentähnl." aussehendes), naßfestes Papier; v. a. für Verpackungszwekke.

Pergamon, antike Stadt in W-Anatolien, z. T. an der Stelle des heutigen **Bergama.** P. lag auf steilem Bergkegel (33 m ü. d. M.) über der Kaikosebene (Tal des heutigen Bakır çayı); Hauptstadt des hellenist. **Pergamen.**

Reiches, das sich durch den Sieg Eumenes' I. (⚰ 263–241) über Antiochos I. 262 v. Chr. vom Seleukidenreich löste; den Königstitel nahm Attalos I. (⚰ 241–197) an. Die Stärke von P. beruhte u. a. auf dem frühen Anschluß an Rom. Die testamentar. Übergabe des Reiches an Rom durch Attalos III. (⚰ 138–133) führte 129 zur Einrichtung der röm. Prov. Asia. - Auf der Spitze des Berges Reste der hellenist. Akropolis: Paläste, Athenatempel (4. Jh. v. Chr.), die berühmte Bibliothek (200 000 Schriftrollen im 1. Jh. v. Chr.) u. a. Unterhalb der Terrasse mit dem Trajanstempel (2. Jh.) das in den westl. Felshang geschnittene griech. Theater mit dem Dionysostempel (2. Jh. v. Chr.); der Zeusaltar (↑Pergamonaltar) lag oberhalb des oberen Marktes. Eine Terrasse tiefer Demeterheiligtum und Gymnasion (3. bzw. 2. Jh. v. Chr.). Zw. innerer und äußerer Stadtmauer unterer Markt, Tor des Eumenes, Wohnbezirke. Im Tal des Selinus (= Bergama çayı) befanden sich ein großes Heiligtum wohl ägypt. Gottheiten, die sog. Rote Halle (vermutl. 2. Jh.), unter der der Selinus in einem Doppeltunnel fließt, und ein Amphitheater; im SW das berühmte Asklepieion (seit 4. Jh. v. Chr., Hauptblüte in Antonin. Zeit), zu dem eine hl. Straße führte.
📖 *Hopp, J.:* Unterss. zur Gesch. der letzten Attaliden. Mchn. 1977. - *Die Altertümer v. P.* Hg. im Auftrage des Dt. Archäolog. Inst. v. *E. Boehringer.* Bln. u. New York 1885 ff. Bis 1980 sind 15 Bde. erschienen.

Pergamonaltar, Zeus und Athena geweihter monumentaler Altar, auf dem Burgberg von Pergamon von Eumenes II. zw. 180 und 160 v. Chr. errichtet. Wiedererrichtet (nach Freilegung durch C. Humann 1878–86) im Berliner Pergamonmuseum (Museumsinsel): Über einem Stufenunterbau von 36,44 × 34,20 m ein hohes Podium, auf dem eine ion. Säulenhalle umläuft; eine fast 20 m breite Freitreppe führt zum Altarhof. Am Podium 120 m langer, z. T. fragmentar. Relieffries mit dem Kampf der olymp. Götter gegen die Giganten, im Altarhof ein kleinerer Fries mit der Geschichte des Telephos (myth. Stammvater der pergamen. Dynastie); beides sind Hauptwerke der hellenist. Plastik.

Pergamon Press [engl. 'pɔːgəmən 'prɛs] ↑ Verlage (Übersicht).

Pergaud, Louis [frz. pɛrˈgo], * Belmont (Doubs) 21. Jan. 1882, ✕ Marchéville-en-Woëvre bei Verdun 8. April 1915, frz. Schriftsteller. - Volksschullehrer; verfaßte v. a. Tiergeschichten („Mart und Margot", 1910, 1935 u. d. T. „Mart der Marder"); autobiograph. ist der [Kinder]roman „Der Krieg der Knöpfe" (1911).

Pergelisol [Kw.], svw. ↑Dauerfrostboden.

Pergola [italien., zu lat. pergula „Vor-, Anbau"], überrankter Pfeiler- oder Säulengang.

Pergolesi, Giovanni Battista, * Jesi (= Iesi) 4. Jan. 1710, ☐ Pozzuoli 17. März 1736, italien. Komponist. - Als Kapellmeister in Neapel und Rom tätig, einer der Hauptvertreter der neapolitan. Schule, genoß bereits im 18. Jh. europ. Ruf und war als Kirchenkomponist (u. a. berühmtes „Stabat mater" für Sopran und Alt mit Streichern und Orgel) ebenso bed. wie durch seine Triosonaten (mit dem „singenden Allegro") sowie bes. durch sein Intermezzo „La serva padrona" (Die Magd als Herrin, 1733).

perhorreszieren [lat.], mit Abscheu zurückweisen, entschieden ablehnen; einen polit. Gegner zum Buhmann machen.

peri..., Peri... [griech.], Bestimmungswort von Zusammensetzungen mit der Bed. „um – herum, umher, über – hinaus".

Peri, Iacopo, * Rom 20. Aug. 1561, † Florenz 12. Aug. 1633, italien. Komponist. - 1579–88 Organist in Florenz, 1591 Musikdirektor

Pergamonaltar. Berlin (Ost), Pergamonmuseum

Periadenitis

am Hof der Medici, Mgl. der Florentiner Camerata; komponierte u. a. die Opern „Dafne" (Text von O. Rinuccini, 1598, die erste Oper, größtenteils verloren) und „Euridice" (1600).
Periadenitis, Entzündung des eine Drüse umgebenden Gewebes.
Periadriatische Naht ↑Alpen.
Periakt [griech.], drehbares dreiseitiges Dekorationselement im antiken griech. Theater und in der Renaissance (Grundelement der Telaribühne).
Periander, Tyrann von Korinth im 7./6. Jh. - Sohn des Kypselos; verfolgte eine systemat. Kolonialpolitik (Gründung von Apökien mit polit. Abhängigkeit, Eroberung von Kerkyra und Epidauros) und eine maritime Machtpolitik; sorgte für innenpolit. und wirtsch. Stabilität (Erhaltung der kleinbäuerl. Landwirtsch., Einschränkung der Sklavenarbeit); einer der Sieben Weisen.
Perianth [griech.], svw. ↑Blütenhülle.
Periarthritis, Entzündung der Weichteile, Bänder und Sehnen in der Umgebung eines Gelenks.
Pericardium [griech.], svw. Herzbeutel (↑Herz).
Perichondrium [griech.], svw. Knorpelhaut (↑Knorpel).
Perichorese [griech.] ↑Trinität.
periculum in mora [lat.], Gefahr liegt im Verzug, d. h. im Zögern (Sprichwort nach Livius XXXVIII, 25, 12).
Periderm [griech.] ↑Kork.
Peridiniales [griech.], svw. ↑Dinoflagellaten.
Peridot [frz.], svw. ↑Olivin.
Peridotit [frz.], dunkles, meist grünl., ultrabas. Tiefengestein, das aus Olivin, Augit, Apatit und Erzen besteht.
Peridotitschicht ↑Erde (Aufbau).
Periegeten (Perihegeten) [...i-ε...; griech.], Bez. für die antiken Fremdenführer, später für die Verf. jener v. a. im Hellenismus gepflegten Literaturgattung der **Periegesis,** einer Beschreibung von Ländern, Städten und Sehenswürdigkeiten im Sinne räuml. Durchwanderns; bedeutendster Perieget war Pausanias.
Périer, Casimir Pierre [frz. pe'rje], * Grenoble 21. Okt. 1777, † Paris 16. Mai 1832, frz. Bankier und Politiker. - Seit 1817 Abg., wurde als konservativer Exponent der großbürgerl. Orleanisten 1831 Min.präs. und Innenmin.; konsolidierte die Julimonarchie nach außen.
perifokal, in der Umgebung eines Krankheitsherdes (liegend).
Perigäum [griech.] (Erdnähe) ↑Apsiden.
periglazial, die Umgebung von Inlandeis und Gletschern betreffend, mit charakterist. Frostböden und Bodenfließen (↑Solifluktion).
Perigon [griech.] ↑Blüte.
Périgord [frz. peri'gɔ:r], histor. Geb. im nö. Aquitan. Becken, Frankr., durch die Flüsse Dordogne, Vézère und Isle in einzelne bewaldete Plateaus (25-rd. 300 m ü. d. M.) gegliedert; Hauptorte sind Périgueux und Bergerac.
Geschichte: Eine der für die Vorgeschichte Europas wichtigsten Landschaften, zahlr. Höhlen und Abris (seit dem Mittelpaläolithikum) mit Malereien, Gravierungen und Plastiken, die zu den ältesten Europas zählen. Das P. ist ben. nach dem kelt. Stamm der Petrokorier. Die seit dem Merowingern bestehende Gft. P. war aquitan. Lehen, kam 1152 zum engl. Herrschaftsgebiet; kam im Hundertjährigen Krieg (1337-1453) schließl. an Frankr., 1607 an die frz. Krondomäne.
Périgordien [perigɔrdi'ɛ̃:; frz.], nach der fundreichen Landschaft Périgord ben. jungpaläolith. Kulturtradition in Frankr., Teil des Aurignacien i. w. S.
Perigord-Trüffel [frz. peri'gɔ:r] ↑Trüffel.
Perigramm, Darstellung statist. Größenverhältnisse durch Kreise oder Kreisausschnitte.
Perigraph, svw. ↑Diagraph.
Périgueux [frz. peri'gø], frz. Stadt in Aquitanien, 32 900 E. Verwaltungssitz des Dep. Dordogne; kath. Bischofssitz, Museum des Périgord, Militärmuseum. Metallverarbeitung, pharmazeut., Bekleidungs-, Holz-, Tabak- und Nahrungsmittelind., staatl. Briefmarkendruckerei. - Das kelt. **Vesuna** wurde im 3. Jh. nach den umwohnenden Petrokoriern ben.; seit Mitte des 4. Jh. Bischofssitz (1801-22 aufgehoben); seit dem 6. Jh. (endgültig seit 1006) Mittelpunkt der Gft. Périgord (bis 1607). - Von der galloröm. Stadt sind das Amphitheater, Teile der Ummauerung und die Cella eines Tempels erhalten. Die roman. Kathedrale Saint-Front (nach 1120-1170) ist eine bed. aquitan. Kuppelkirche, bei der Restaurierung 1852-1901 wurden die 5 Kuppeln stark verändert und zusätzl. Ziertürmchen angebracht; Kreuzgang der Abtei Saint-Front (12.-14. Jh., jetzt Lapidarium mit merowing. Sarkophagen), roman. Kirche Saint-Étienne (12. Jh.); zahlr. Wohnhäuser aus Romanik, Gotik und Renaissance; Reste der ma. Stadtbefestigung.
Perihegeten ↑Periegeten.
Perihel [zu ↑peri... und griech. hélios „Sonne"] (Sonnennähe) ↑Apsiden.
Periheldrehung, eine Drehung der Verbindungslinie der ↑Apsiden einer Planetenbahn; i. e. S., die durch die allg. Relativitätstheorie erklärte Drehung der bei den inneren Planeten. Bei Merkur erreicht die P. rund 43" in 100 Jahren.
Perikambium, svw. Perizykel (↑Wurzel).
Perikard [griech.], svw. Herzbeutel (↑Herz).
Perikarderguß ↑Herzkrankheiten.
perikardial, in der Anatomie und Medizin: zum Herzbeutel gehörend, ihn betreffend.
Perikarditis ↑Herzkrankheiten.

Perikarp [griech.], svw. ↑ Fruchtwand.
Periklas [griech.], kub., farbloses bis graugrünes, glasig glänzendes Mineral, MgO. Mohshärte 5,5; Dichte 3,56 g/cm³.
Perikles, *Athen um 500, †ebd. 429, athen. Staatsmann. - ∞ in 2. Ehe mit Aspasia; Gegner und 463 Ankläger Kimons; führte nach 461 das Werk des Ephialtes mit Maßnahmen für die untere Schicht des Volkes fort; leitete, ab 443 ständig Stratege, mit dem sog. Kalliasfrieden (449/448) die Ausgestaltung des Att.-Del. Seebundes zum att. Seereich ein und ließ Beiträge der Bundes-Mgl. zum Ausbau des seit 462/460 stark befestigten Athen (bes. der Akropolis) nutzen. Das **Perikleische Zeitalter** war eine Glanzzeit Athens und ein Höhepunkt klass. griech. Kultur (enge Kontakte des P. mit Sophokles, Phidias, Anaxagoras, Herodot, Hippodamos, Protagoras); doch erschütterte eine stetige Opposition seine Stellung (Prozesse gegen Phidias, Anaxagoras, Aspasia). P., der den Peloponnes. Krieg als Mittel neuer innerer Stärkung begrüßt haben soll, wurde 430 abgesetzt; er starb 429 an der Pest. Bedeutendster Redner seiner Zeit; leitete die athen. Demokratie in legaler Weise, verlieh ihr aber monarch. Charakter.

⚇ *Weber, Carl W.*: P. Mchn. 1985. - *Bayer, E./ Heideking, J.*: Die Chronologie des perikleischen Zeitalters. Darmst. 1975. - *Schachermeyr, F.*: Religionspolitik u. Religiosität bei P. Wien; Graz u.a. 1968.

Periklinalchimäre [griech.] ↑ Chimäre.
Perikope [griech., zu perikóptein „abschneiden"], Bez. bibl. Textabschnitte, die zur Lesung im Gottesdienst oder als Textgrundlage für die Predigt verwendet werden. In der kath. Kirche sind die P. in einer festen Ordnung, dem **Ordo lectionum missae**, zusammengestellt. Luther übernahm weitgehend die P.ordnung der kath. Kirche, während in den ref. Kirchen nur eine Lesung abgehalten wird und die Predigt auf freier Textwahl basiert.

Perilli, Achille, *Rom 28. Jan. 1927, italien. Maler. - Bekannt seine abstrakten Bildgeschichten, kinet. Lichtkunst und mobile Plastik (bes. für avantgardist. Theater).
Perilymphe ↑ Gehörorgan.
Perim, 13 km² große Vulkaninsel im Bab Al Mandab zw. Rotem Meer und Golf von Aden, Demokrat. VR Jemen. - 1799 und 1851-1967 unter brit. Herrschaft (Teil der Kronkolonie Aden); 1971 von der ägypt. Marine auf 99 Jahre gepachtet.

perinatal, den Zeitraum zw. der 28. Schwangerschaftswoche und dem 10. Lebenstag des Neugeborenen betreffend.
perinatale Medizin, Fachgebiet der Medizin; Teil der Geburtshilfe und der Kinderheilkunde. Aufgabe der p. M. ist es, körperl. und geistige Schäden an ungeborenen Kindern zu erkennen, ihre Ursachen zu erforschen und diese im Rahmen der vorbeugen-

den Gesundheitsfürsorge zu verhindern. In der BR Deutschland werden jährl. etwa 30 000 schwerbehinderte Kinder geboren. Es wird vermutet, daß ⁴/₅ aller schweren geistigen Behinderungen auf Schäden in der Schwangerschaft, d.h. also pränatal (z. B. durch Arzneimittel-, Alkohol-, Nikotinmißbrauch), und auf Schädigungen während oder nach der Geburt, also postnatal, beruhen. Durch die gesetzl. vorgeschriebene Schwangerenvorsorge ist eine Überwachung der Risikoschwangerschaften mögl. geworden. Mit neuen medizin. Diagnostiken (z. B. Fetoskopie) kann der Fetus schon im frühen zweiten Drittel der Schwangerschaft direkt betrachtet werden. Eine gleichzeitig entnommene Blutprobe ermöglicht eine vorgeburtl. Diagnose von Erbkrankheiten. Mit einer nun einsetzenden entsprechenden Therapie können bleibende Schäden verringert oder verhindert werden.

Perineum [griech.] ↑ Damm (Anatomie).
Perineuritis, Entzündung des die Nerven umgebenden Bindegewebes.
Periode [zu griech. períodos, eigtl. „das Herumgehen"], *allg.* durch bestimmte Ereignisse charakterisierter Zeitabschnitt, regelmäßig Wiederkehrendes, Zeitraum.
♦ in der *Metrik* eine aus mehreren Kola (↑ Kolon) bestehende Einheit, deren Ende in der antiken Dichtung durch eine Pause (Zeichen ‖) markiert ist.
♦ in der *Musik* Bez. für eine sinnvoll gegliederte, in sich geschlossene melod. Linie. Im 19. Jh. spezialisierte sich der Begriff auf ein achttaktiges Grundmodell, das symmetr. (4 + 4) in Vordersatz und Nachsatz gegliedert ist und in der Mitte eine halbschlußartige Zäsur aufweist.
♦ in der *Mathematik* ↑ periodische Dezimalzahl, ↑ periodische Funktion.
♦ in *Physik* und *Technik* Bez. für die Zeitdauer, nach der sich eine bestimmte Erscheinung sich wiederholt, insbes. svw. Schwingungsdauer.
♦ in der *Chemie* ↑ Periodensystem der chemischen Elemente.
♦ in der *Biologie* die monatl. Regelblutung der Frau (↑ Menstruation).

Perioden-Leuchtkraft-Beziehung (P-L-Beziehung), Perioden-Helligkeits-Beziehung), eine gesetzmäßige Beziehung zw. der Periode der Helligkeitsänderungen eines veränderl. Sterns und seiner Leuchtkraft bzw. absoluten Helligkeit. Auf der P.-L.-B. beruhen viele Entfernungsbestimmungen.

Periodensystem der chemischen Elemente, Abk. PSE, die systemat., tabellar. Anordnung aller chem. Elemente, die die Gesetzmäßigkeiten des atomaren Aufbaus und der physikal. und chem. Eigenschaften der Elemente widerspiegelt. In den waagrechten Zeilen des PSE, den **Perioden**, werden die Elemente nach steigender Elektronen- bzw. Ordnungszahl (OZ), in den senkrechten Spalten, den **Gruppen** oder Elementfamilien, nach

Periodensystem ...

ähnl. chem. und physikal. Eigenschaften eingeordnet. Die auf die beiden ersten Elemente Wasserstoff und Helium folgenden 16 Elemente Lithium bis Argon (OZ = 3 bis 18) lassen sich acht verschiedenen Gruppen, den **Hauptgruppen,** zuordnen. Die auf das Element Argon folgenden Elemente Kalium und Calcium schließen in ihren Eigenschaften wieder an die Elemente der ersten und zweiten Hauptgruppe an; die auf sie folgenden zehn Elemente Scandium bis Zink (OZ = 21 bis 30) weichen in ihren Eigenschaften jedoch von den Hauptgruppenelementen ab und werden acht **Nebengruppen** zugeordnet, wobei die drei einander ähnl. Elemente Eisen, Kobalt und Nickel in einer einzigen Nebengruppe zusammengefaßt werden. Die auf Zink folgenden Elemente Gallium (OZ = 31) bis Strontium (OZ = 38) gehören wieder zu den Hauptgruppen (die Nebengruppen sind als Gruppen Ib bis VIIIb gekennzeichnet). Die chem. sehr ähnl. Elemente Lanthan (OZ = 57) bis Lutetium (OZ = 71) werden unter der Bez. Lanthanoide sowie die radioaktiven Elemente Actinium bis Lawrencium (OZ = 89 bis 103) unter der Bez. Actinoide in gesonderten Reihen außerhalb des eigentl. Systems aufgeführt. Da alle Nebengruppenelemente Metalle sind, werden sie auch als **Übergangsmetalle** bezeichnet. Die Hauptgruppen tragen bes. Namen: Alkalimetalle, Erdalkalimetalle, Borgruppe, Kohlenstoffgruppe, Stickstoffgruppe, Chalkogene, Halogene und Edelgase.

Die Gesetzmäßigkeiten des PSE werden durch die Quantentheorie erklärt. Die Elektronen eines Atoms sind auf sog., als K-, L-, M-, N- usw. Schale bezeichneten Elektronenschalen verteilt (da sieben Elektronenschalen unterschieden werden, gibt es sieben Perioden), wobei der Zustand der Elektronen durch ihre den Elektronenschalen zugeordneten Hauptquantenzahlen ($n = 1, 2, 3 ...$) und

PERIODENSYSTEM DER

Periode	Schale	Reihe	Gruppe I b / a	Gruppe II a / b	Gruppe III b / a	Gruppe IV b / a	Gruppe V b / a
1	1 s	I	**1 H** Wasserstoff 1,0079 1				
2	2 p / 2 s	II	**3 Li** Lithium 6,94 1	**4 Be** Beryllium 9,01218 2	*1* **5 B** Bor 2 10,81	*2* **6 C** Kohlenstoff 12,011	*3* **7 N** Stickstoff 2 14,0067
3	3 p / 3 s	III	**11 Na** Natrium 22,98977 1	**12 Mg** Magnesium 24,305 2	*1* **13 Al** Aluminium 2 26,98154	*2* **14 Si** Silicium 28,0855	*3* **15 P** Phosphor 2 30,97376
4	3 d / 4 s	IV	**19 K** Kalium 39,0983 1	**20 Ca** Calcium 40,08 2	**21 Sc** Scandium *1* 44,9559 2	**22 Ti** Titan *2* 47,90 2	**23 V** Vanadium *3* 50,9415 2
4	4 p / 3 d / 4 s	V	**29 Cu** Kupfer *10* *1* 63,546	**30 Zn** Zink *10* 2 65,38	*1* **31 Ga** Gallium *10* 2 69,72	*2* **32 Ge** Germanium *10* 72,59	*3* **33 As** Arsen *10* 2 74,9216
5	4 d / 5 s	VI	**37 Rb** Rubidium 85,4678 *1*	**38 Sr** Strontium 87,62 2	**39 Y** Yttrium *1* 88,9059 2	**40 Zr** Zirkonium *2* 91,22 2	**41 Nb** Niob *4* 92,9064 *1*
5	5 p / 4 d / 5 s	VII	**47 Ag** Silber *10* *1* 107,868	**48 Cd** Cadmium *10* 2 112,41	*1* **49 In** Indium *10* 2 114,82	*2* **50 Sn** Zinn *10* 118,69	*3* **51 Sb** Antimon *10* 2 121,75
6	5 d / 6 s	VIII	**55 Cs** Cäsium 132,9054 *1*	**56 Ba** Barium 137,33 2	**57 La** *) Lanthan *1* 138,9055 2	**72 Hf** Hafnium *2* 178,49 2	**73 Ta** Tantal *3* 180,9479 2
6	6 p / 5 d / 6 s	IX	**79 Au** Gold *10* *1* 196,9665	**80 Hg** Quecksilber *10* 2 200,59	*1* **81 Tl** Thallium *10* 2 204,37	*2* **82 Pb** Blei *10* 207,2	*3* **83 Bi** Wismut *10* 2 208,9808
7	6 d / 7 s	X	**87 Fr** Francium (223) *1*	**88 Ra** Radium 226,0254 2	**89 Ac** **) Actinium *1* (227) 2	**104 Ku** Kurtschatovium (261)	**105 Ha** Hahnium (262)

*) Lanthanoide

| 5 d / 6 s / 4 f | **58 Ce** Cer 2 140,12 2 | **59 Pr** Praseodym 2 140,907 3 | **60 Nd** Neodym 2 144,24 4 | **61 Pm** Promethium 2 (145) 5 | **62 Sm** Samarium 2 150,4 6 | **63 Eu** Europium 2 151,96 7 | **64 Gd** Gadolinium *1* 157,25 2 |

**) Actinoide

| 6 d / 7 s / 5 f | **90 Th** Thorium 2 2 232,0381 2 | **91 Pa** Protactinium *1* 2 231,0359 2 | **92 U** Uran *1* 2 238,029 3 | **93 Np** Neptunium *1* 2 237,0482 4 | **94 Pu** Plutonium *1* 2 (244) 5 | **95 Am** Americium *1* 2 (243) 6 | **96 Cm** Curium *1* 2 (247) 7 |

Periodensystem ...

durch ihre den als s, p, d und f bezeichneten Unterschalen zugeordneten Nebenquantenzahlen ($l = 0, 1, 2, 3$) beschrieben wird. Die erste Periode umfaßt nur die Elemente Wasserstoff und Helium, da sie nur eine Elektronenschale (K-Schale) für maximal zwei Elektronen (1s-Zustand) besitzt. Beim Element Lithium beginnt eine neue Elektronenschale (L-Schale), auf der maximal acht Elektronen Platz finden (2s-Zustand mit zwei Elektronen und 2p-Zustand mit sechs Elektronen). In der M-Schale, die 18 Elektronen enthalten kann, werden nach Auffüllen der beiden 3s- und sechs 3p-Zustände nicht sofort die 3d-Zustände besetzt, sondern mit den Elementen Kalium und Calcium beginnt schon der Aufbau der N-Schale mit der Besetzung der 4s-Zustände. Erst danach wird die 3d-Unterschale, beginnend beim Element Scandium und endend mit Zink, aufgefüllt. Allg. sind die *Nebengruppenelemente* dadurch gekennzeichnet, daß erst nach dem Auffüllen der s- und p-Zustände der nächsthöheren Elektronenschale die d- und f-Zustände der vorhergehenden Schale besetzt werden. Weitere, auf dem Aufbau der äußeren Elektronenschale beruhende Gesetzmäßigkeiten lassen sich an den Hauptgruppenelementen erkennen. In den Hauptgruppen nimmt der *Metallcharakter* der Elemente von links nach rechts ab und von oben nach unten zu, d. h. in den Hauptgruppen stehen Elemente mit Metallcharakter (d. h. mit dem Bestreben, Elektronen abzugeben und positiv geladene Ionen zu bilden, um die energet. günstige Elektronenkonfiguration eines Edelgases zu erreichen) links unten, Elemente mit ausgeprägtem *Nichtmetallcharakter*, d. h. mit dem Bestreben negativ geladene Ionen zu bilden, um die Elektronenkonfiguration eines Edelgases zu erreichen, rechts oben. Als tabellar. Darstellung des PSE gibt es neben der sog. Kurzpe-

CHEMISCHEN ELEMENTE

Gruppe VI b / a	Gruppe VII b / a	Gruppe VIIIb (Gruppe VIII)			Gruppe VIIIa (Gruppe 0)	Anzahl
					2 He Helium 4,00260 2	2
8 O 4 Sauerstoff 5 2 15,9994	**9 F** 5 Fluor 2 18,998403				**10 Ne** Neon 6 20,179 2	8
16 S 4 Schwefel 5 2 32,06	**17 Cl** 5 Chlor 2 35,453				**18 Ar** Argon 6 39,948 2	8
24 Cr Chrom 5 51,996 1	**25 Mn** Mangan 5 54,9380 2	**26 Fe** Eisen 6 55,847 2	**27 Co** Kobalt 7 58,9332 2	**28 Ni** Nickel 8 58,71 2		18
4 **34 Se** 5 10 Selen 10 2 78,96	**35 Br** Brom 2 79,904				**36 Kr** Krypton 6 10 83,80 2	
42 Mo Molybdän 5 95,94 1	**43 Tc** Technetium 6 (97) 1	**44 Ru** Ruthenium 7 101,07 1	**45 Rh** Rhodium 8 102,9055 1	**46 Pd** Palladium 10 106,4		18
4 **52 Te** 5 10 Tellur 10 2 127,60	**53 J** Jod 2 126,9045				**54 Xe** Xenon 6 10 131,30 2	
74 W Wolfram 4 183,85 2	**75 Re** Rhenium 5 186,2 2	**76 Os** Osmium 6 190,2 2	**77 Ir** Iridium 7 192,22 2	**78 Pt** Platin 9 195,09 1		32
4 **84 Po** 5 10 Polonium 10 2 (209) 2	**85 At** Astat (210)				**86 Rn** Radon 6 10 (222) 2	
106 Element 106	**107** Element 107	**108** Element 108	**109** Element 109			

65 Tb Terbium 2 158,9254 9	**66 Dy** Dysprosium 2 162,50 10	**67 Ho** Holmium 2 164,930 11	**68 Er** Erbium 2 167,26 12	**69 Tm** Thulium 2 168,9342 13	**70 Yb** Ytterbium 2 173,04 14	**71 Lu** 1 Lutetium 2 174,967 14

97 Bk Berkelium 1 2 (247) 8	**98 Cf** Californium 1 2 (251) 9	**99 Es** Einsteinium 1 2 (254) 10	**100 Fm** Fermium 1 2 (257) 11	**101 Md** Mendelevium 1 2 (258) 12	**102 No** Nobelium 1 2 (259) 13	**103 Lr** Lawrencium 1 2 (260) 14

Periodenzahl

riodensystem, bei dem die chem. Elemente der Haupt- und Nebengruppen mit gleicher Gruppennummer in einer einzigen Spalte aufgeführt sind, weitere Darstellungsarten, v. a. das sog. **Langperiodensystem,** bei dem in den einzelnen Spalten nur Haupt- oder Nebengruppen stehen.
Bei den Elementen im PSE entspricht die vor dem Elementsymbol stehende Zahl der Atommasse (in runden Klammern: Massenzahl des langlebigsten unter allen bekannten Isotopen, d. h. desjenigen mit der größten Halbwertszeit); die kursiv gesetzten Zahlen neben den Elementen geben die Anzahl der Elektronen an, die in den angeführten Elektronenschalen vorhanden sind (die Anzahl der Elektronen in den nicht angeführten inneren Schalen entspricht der Elektronenkonfiguration des vorausgehenden Edelgases).
Geschichte: Erste Versuche, ein umfassendes System der chem. Elemente aufzustellen, stammen u. a. von A. E. B. de Chancourtois, J. A. R. Newlands und W. Odling; sie scheiterten jedoch, da zahlr. Elemente noch nicht entdeckt waren. 1869 schlugen D. I. Mendelejew und J. L. Meyer unabhängig voneinander umfassende Periodensysteme vor; das System Mendelejews, in dem Plätze für noch zu entdeckende Elemente freigehalten wurden, gilt mit wenigen Verbesserungen bis heute. Die Reihenfolge der Elemente wurde zunächst durch die steigende Atommasse festgelegt; durch das Auftreten von schweren Isotopen beim Element mit der kleineren Ordnungszahl bzw. von leichten Isotopen beim Element mit der höheren Ordnungszahl ergaben sich sog. „Inversionen". Heute ist die Reihenfolge der Elemente durch die auf dem Moseleyschen Gesetz († Moseley) beruhenden Ordnungszahlen gegeben.
Cooper, D. G.: Das Periodensystem der Elemente. Dt. Übers. Weinheim 2. Nachdr. 1983. - Christen, H. R.: Atommodelle, Periodensystem, chem. Bindung. Ffm.; Aarau ³1977. - Hardt, H.-D.: Die period. Eigenschaften der chem. Elemente. Stg. 1974.

Periodenzahl, in der Elektrotechnik Bez. für die Frequenz einer Wechselspannung.

Periodika [griech.], regelmäßig (u. a. wöchentl., monatl., vierteljährl.) unter demselben Titel erscheinende Veröffentlichungen, z. B. Zeitschriften, Jahrbücher.

periodische Augenentzündung (Mondblindheit), v. a. bei Pferden (hauptsächl. in feuchten Niederungen) period. auftretende Entzündung der Regenbogen- und Aderhaut des Auges; mit Lichtscheu, Lidschluß und Tränenfluß; führt meist zur Erblindung des erkrankten Auges.

periodische Dezimalzahl, eine Dezimalzahl mit unendl. vielen Stellen hinter dem Komma, bei der eine Ziffer oder Zifferngruppe (die sog. *Periode*) ständig wiederholt, z. B. 374 bei der p. D. 65,374374374... = 65,374. Eine p. D. stellt stets eine rationale Zahl dar.

periodische Enthaltsamkeit † Empfängnisverhütung.

periodische Funktion, eine Funktion $f(z)$, für die $f(z + p) = f(z)$ gilt. Den Zahlenwert $p \neq 0$ bezeichnet man als die *Periode* der Funktion $f(z)$. Für die trigonometr. Funktion sin z gilt z. B. sin $(z + 2\pi) = $ sin z, sie hat die Periode 2π.

periodisches Irresein † manisch-depressives Irresein.

periodisches System, svw. † Periodensystem der chemischen Elemente.

periodische Trunksucht, svw. † Dipsomanie.

Periodisierung [griech.], das Bemühen, den Gesamtverlauf der Geschichte in sinnvolle, in sich abgeschlossene Einheiten (Epochen) zu gliedern. Mit der Absicht, die Fülle der Ereignisse begreifbar zu machen, und der Überzeugung, die bestimmenden Kräfte und Vorgänge einer Epoche erfassen und das Verständnis geschichtl. Entwicklungen sowie des eigenen histor. Standortes fördern zu können, wird P. immer Deutung, Ergebnis einer Geschichtstheorie. Dies und die aller P. zugrunde liegende Voraussetzung, daß die Geschichte als Einheit und Ganzheit verfügbar sei, machen die histor. Bedingtheit eines jeden P.versuches aus. Das bis heute in der Geschichtswiss. gängige Dreiperiodenschema des Humanismus - Altertum, MA, Neuzeit - begreift die eigene Zeit als Wiedergeburt antiker Bildung, Wiss. und Kunst und hebt das dazwischen liegende, eben überwundene MA davon ab als Zeitalter der Dunkelheit und Barbarei. Frühe Versuche einer P. sind z. B. die Lehre von den 4 Weltreichen, die Lebensalterlehre (Ablauf der Staatsentwicklung entsprechend den menschl. Altersstufen), im Zeichen christl. Geschichtsbetrachtung die Weltalterlehre (entsprechend den 6 Schöpfungstagen), in der Moderne etwa die Kulturzyklentheorie und das marxist. Fünftypenschema.

Periodizität [griech.], in regelmäßigen Abständen (Perioden) erfolgende Wiederkehr eines Zustandes oder einer Erscheinung. Eine *zeitl. P.* liegt z. B. bei Schwingungen vor, eine *räuml. P.* in idealen Kristallgittern, eine *räuml.-zeitl. P.* in Wellen.

Periodontitis [griech.] (Wurzelhautentzündung), Entzündung der Zahnwurzelhaut.

Periodontium [griech.], svw. Zahnwurzelhaut († Zähne).

Periöken [zu griech. períoikos, eigtl. „Anwohner"], Bez. v. a. der polit. minderberechtigten, nicht in Sparta ansässigen lakedämon. Bevölkerungsteile.

perioral, in der Medizin für: um den Mund herum, in der Umgebung des Mundes gelegen.

Periost [griech.], svw. Knochenhaut († Knochen).

Periostitis, svw. ↑Knochenhautentzündung.

Periostrakum [griech.], hornartige Außenschicht der Schalen bzw. Gehäuse von Weichtieren und Armfüßern.

Peripatos, um 335 v. Chr. (?) gegr. Schule des Aristoteles, ben. nach einer Wandelhalle des vor den Toren Athens gelegenen Gymnasiums Lykeion, in der Aristoteles öffentl. Vorträge hielt; die Mgl. des P. heißen **Peripatetiker.** Der P. befaßte sich mit allen Gebieten der Physik, mit Individualethik und Staatstheorie, mit Geschichte der Philosophie, der Wiss. und der gesamten Kultur, mit Logik und Sprachphilosophie. Vom 3. Jh. n. Chr. an ist wenig über den P. bekannt; der Neuplatonismus absorbierte den P. und führte dessen Tradition teilweise fort.

Peripetie [zu griech. peripéteia „plötzl. Wendung"], Begriff aus der Tragödientheorie des Aristoteles („Poetik"); gehört zu den Strukturelementen der ↑Tragödie.

peripher [griech.], am Rande befindlich; nebensächlich.

peripheres Nervensystem, Bez. für die Gesamtheit der Anteile des Nervensystems, die als periphere Nerven und Ganglien sowohl mittels zuleitender (afferenter, sensor.) Nervenbahnen Erregung aus der Körperperipherie und den inneren Organen zum Zentralnervensystem übertragen als auch efferente (motor.) Bahnen Muskeln und Drüsen versorgen. Kennzeichnend für das p. N. sind Bündelung der Axone und Umhüllung dieser Bündel durch bindegewebige Scheiden, wodurch eine Gliederung in Nerven erreicht wird. Die peripheren Nerven treten durch Löcher (Foramina) in der Schädelbasis als Hirnnerven und zw. den Wirbelbögen als Spinalnerven nach außen.

Peripherie [zu griech. periphéreia, eigtl. „die Umdrehung"], die gekrümmte Begrenzungslinie einer geometr. Figur, speziell eines Kreises (*Kreisperipherie*).

Periphrase (lat. circumlocutio), rhetor. Stilmittel; Umschreibung einer Person, einer Sache oder eines Begriffs durch kennzeichnende Tätigkeiten, Eigenschaften oder Wirkungen, z. B. „der Allmächtige" für Gott.

Periplaneta [griech.] (Großschaben), weltweit verschleppte Gatt. der Schaben, von der zwei Arten v. a. in Gewächshäusern durch Fraß an Jungpflanzen schädl. werden können: die 23–36 mm lange, rotbraune **Amerikan. Schabe** (P. americana; mit rostgelber Binde am hinteren Halsschildrand) und die 23–30 mm lange, schwarzbraune **Austral. Schabe** (P. australasiae; mit gelber Randbinde rund um den Halsschild).

Peripleuritis (Parapleuritis), Entzündung des zw. Rippenfell und Brustwand liegenden Bindegewebes; auf die Brustwand übergehende Rippenfellentzündung.

Periskop [griech.] (Sehrohr), Bauform eines Fernrohrs; mittels Prismen und Spiegeln wird der Strahlengang parallel versetzt, so daß z. B. von einem auf Sehrohrtiefe getauchten U-Boot aus die abschnittweise Beobachtung des Raums über der Wasseroberfläche mögl. ist (beim *Rundblickperiskop* mittels drehbarem Ausblickkopf auch der Luftraum).

Perissodactyla [griech.], svw. ↑Unpaarhufer.

Peristaltik [griech.], das wellenförmige Sichzusammenziehen der glatten Muskulatur in den Wänden von Hohlorganen (z. B. Magen-Darm-Kanal, Harnleiter), wodurch deren Inhalt transportiert oder durchmischt wird.

Peristase [griech.], Bez. für die neben den Genen auf die Entwicklung des Organismus einwirkende Umwelt.

Peristom [griech.] (Peristomium, Mundfeld), die bes. ausgeprägte Umgebung des Mundes (z. B. bei Wimpertierchen, Seeigeln).

U-Boot-Periskop mit veränderlicher periskopischer Länge. Das mittlere Rohr mit dem Ausblickkopf kann einige Meter nach oben geschoben werden. Zur Horizontbeobachtung wird das gesamte Sehrohr mit dem Beobachter in bootsfesten Lagern gedreht

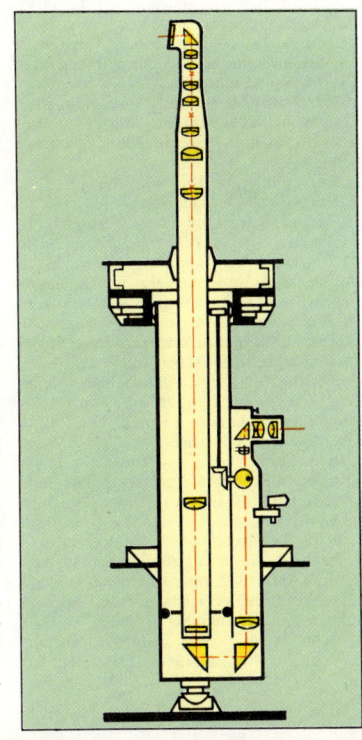

Peristyl

◆ i. d. R. von Zähnen gebildeter Mundbesatz an der Sporenkapsel von Laubmoosen.

Peristyl [griech.], Säulenhof oder -garten als Element repräsentativen Bauens im griech. und röm. Haus und Palast.

Perithecium (Perithezium) [griech.], krug- bis flaschenförmiger Fruchtkörper der Schlauchpilze.

Peritoneum [griech.], svw. ↑Bauchfell.

Peritonitis [griech.], svw. ↑Bauchfellentzündung.

Peritonsillarabszeß (Paratonsillarabszeß, peritonsillärer Abszeß), Abszeß in dem die Gaumenmandeln (Tonsillen) umgebenden lockeren Bindegewebe; mit Anschwellung der Umgebung, starken Schmerzen, Sprech- und Schluckbeschwerden, Kieferklemme und hohem Fieber.

Peritonsillitis (Paratonsillitis), Entzündung des die Gaumenmandeln umgebenden Bindegewebes, ausgehend von einer tonsillären Angina.

peritrich [griech.], mehrere einzelne Geißeln über die Zelloberfläche verteilt aufweisend (von Bakterien gesagt). Ist ein Geißelbüschel an einem Zellpol vorhanden, spricht man von **lophotrich**, ist nur eine Geißel vorhanden, von **monotrich**.

Peritricha [griech.], Ordnung fast stets mit einem Stiel festsitzender, oft Kolonien bildender Wimpertierchen; Vorderende zu einem scheibenförmigen Mundfeld erweitert, auf dem zwei linksgewundene Wimperreihen zum Zellmund führen.

Perityphlitis [griech.], Entzündung der Umgebung des Blinddarms und des Wurmfortsatzes (v. a. des Bauchfellüberzugs dieser Organe).

Perizykel [griech.] ↑Wurzel.

Perjodate ↑Jodsauerstoffsäuren.

Perjodsäure ↑Jodsauerstoffsäuren.

Perkeo, Klemens, Zwerg aus Tirol. - Um 1720 Hofnarr des Kurfürsten Karl Philipp von der Pfalz in Heidelberg; von J. V. von Scheffel wegen seines ungeheuren Weinkonsums besungen („Das war der Zwerg P."); Holzstandbild neben dem Großen Faß im Heidelberger Schloßkeller.

Perkin, Sir (seit 1906) William Henry [engl. 'pə:kın], * London 12. März 1838, † Sudbury (= London) 14. Juli 1907, brit. Chemiker und Industrieller. - Stellte 1856 den ersten künstl. Farbstoff (Mauvein) her, begründete eine Anilinfarbenfabrik und fand 1868 die **Perkin-Reaktion** zur Herstellung von ungesättigten organ. Säuren durch Kondensation von Aldehyden mit Säureanhydriden.

Perkins, Anthony [engl. 'pə:kınz], * New York 4. April 1932, amerikan. Schauspieler. - Darsteller nervöser, leicht neurot. Typen in Filmen wie „Lieben Sie Brahms?" (1960), „Psycho" (1960), „Die dritte Dimension" (1962), „Der Prozeß" (1962), „Der Engel mit der Mörderhand" (1967), „Das war Roy Bean" (1972), „Mord im Orientexpress" (1974), „Psycho II" (1980), „Psycho III" (1986).

Perkinviolett [engl. 'pə:kın; nach Sir W. H. Perkin], svw. ↑Mauvein.

Perkolation [zu lat. percolatio „das Durchseihen"], Verfahren zur Gewinnung von flüssigen Drogenextrakten, sog. *Perkolate*, bei dem die pulverisierten Drogenstoffe durch ein hindurchtropfendes Lösungsmittel ausgelaugt werden.

Perkonig, Josef Friedrich ['pɛrkoniḳ, pɛr'ko:nık], * Ferlach (Kärnten) 3. Aug. 1890, † Klagenfurt 8. Febr. 1959, östr. Schriftsteller. - Gestaltete in realist. Novellen und Romanen v. a. Probleme seiner kärntner. Heimat. Schrieb auch Dramen, Essays, Hörspiele und Filmdrehbücher.

Perkussion [zu lat. percussio „das Schlagen"], medizin. Untersuchungsmethode, bei der durch Abklopfen der Körperoberfläche aus dem erzeugten Schall (angeregte Eigenschwingungen der darunterliegenden Gewebe) auf die Beschaffenheit und Größe von Organen und Organteilen (bes. Lunge, Herz, auch Magenblase) geschlossen wird.

Perkussionsinstrumente, svw. ↑Schlaginstrumente.

Perkussionswaffen, Handfeuerwaffen mit Zündhütchenzündung.

perkutan [lat.], in der Medizin: durch die Haut hindurch; z. B. auf die Applikation von Salben bezogen.

Perla [lat.], Gatt. der Steinfliegen mit vier 15–28 mm großen einheim. Arten; dunkelbraun mit heller Fleckung und gelb mit schwarzen Ringen bzw. Flecken; v. a. an Mittelgebirgsbächen, in denen sich die bis 3 cm langen Larven innerhalb von drei Jahren entwickeln.

Perlarbeiten, weltweit verbreitete Schmuck- und Verzierungstechniken, entweder zu Ketten und Schnüren aufgereihte echte oder künstl. (farbige) Perlen (Halsschmuck u. a.) oder kunstvolle Gefüge aus Perlen (Deckchen, Halsbänder, Gürtel; im 19. Jh. auch maschinell hergestellte Gewebe) oder ↑Perlstickereien auf Stoff.

Perlaugen, svw. ↑Florfliegen.

Perlboote (Nautilus), Gatt. der Kopffüßer mit sechs heute noch lebenden Arten im Ind. und Pazif. Ozean; Gehäuse 10–27 cm groß, planspiralig aufgerollt, gekammert und von einem zentralen Körperfortsatz *(Sipho)* durchzogen, der der Gasabscheidung in die Kammern dient (die unterschiedl. Gasmenge erlaubt das Schweben in verschiedenen Wassertiefen). Das Tier sitzt vorn in der großen Wohnkammer. Der Kopf besitzt bis zu 90 in zwei Kreisen angeordnete Fangarme ohne Saugnäpfe. - Die P. sind nachtaktive, v. a. von Krebsen lebende Tiere. Die bekannteste Art ist das **Gemeine Perlboot** (Nautilus pompilius).

Perlen

Perle, v. a. in Franken angebaute Kreuzung der Rebsorten Gewürztraminer und Müller-Thurgau; liefert milde, blumige, aromat., unaufdringl. würzige Weine in allen Prädikatstufen.

Perleberg, Kreisstadt in der W-Prignitz, Bez. Schwerin, DDR, 35 m ü. d. M., 14 400 E. Chem., Holz-, Nahrungsmittelind., Ofenbau. - Entstand um die Mitte des 12. Jh. in Anlehnung an eine Burg, erhielt 1239 Salzwedeler Stadtrecht. - Spätgot. Pfarrkirche Sankt Jakob (14./15. Jh.).

P., Landkr. im Bez. Schwerin, DDR.

Perlen [lat.-roman.], meist erbsengroße kugelige bis birnenförmige, harte Gebilde aus ↑Perlmutter. P. sind krankhafte Erscheinungen bei vielen Schalenweichtieren, bes. bei der Flußperlmuschel und der Seeperlmuschel. Die Perlbildung geschieht durch zw. Schale und Mantel der Muschel eingelagerte, den Mantel einbuchtende Fremdkörper (z. B. Sandkörner), die zum Kern der P. werden. Durch ins Bindegewebe des Mantels verlagerte Epithelzellen werden dagegen kernlose P. gebildet. Die Fremdkörper werden vom schalenbildenden Mantelepithel umschlossen (*Perlsack*), das konzentr. Perlmutterschichten nach innen ausscheidet. **Naturperlen** werden v. a. aus Muscheln trop. und subtrop. Meere durch *P.fischer (P.taucher)* aus oft mehr als 20 m Tiefe gewonnen. P. wachsen nur sehr langsam; erbsengroße Perlbildungen dauern oft 10–15 Jahre. **Zuchtperlen** (*Kultur-P.*) entstehen durch künstl. Einbringen eines Perlkerns (jap. Zuchtverfahren nach Mikimoto). Die Ernte dieser P. kann schon nach vier bis 10 Jahren erfolgen.

Künstl. Perlen werden nach mehreren Verfahren hergestellt. *Antillen-P. (Perles des Indes)* bestehen aus pulverisierter und gepreßter Perlmuttermasse, *Bourgignon-P. (Pariser P., Wachs-P.)* aus hohlen Glasperlen, die innen oder außen mit Perlenessenz („Fischsilber"-P.) überzogen und mit Wachs ausgegossen sind. *Majorica-P.* enthalten meist Kerne aus Glas- oder Plastikkügelchen, *Alabaster-P.* Kerne aus Alabasterkügelchen, die ebenfalls mit Perlenessenz oder ähnl. Lacken beschichtet sind. P.imitationen werden heute z. T. auch aus Kunststoffen unter Zusatz perlmutterglänzender Pigmente hergestellt.

Geschichte: P.schmuck war in den meisten Hochkulturen von Mesopotamien bis nach Indien bekannt. Erst zur Römerzeit allerdings gewannen P. auch als Handelsware Bed. Umschlagplatz des röm. P.marktes war Alexandria. Zu Beginn des 15. Jh. hat auch im nördl. Europa die Verarbeitung der P. zu Ketten und Schmuckstücken zugenommen. - Im Aberglauben hält man P. für Tränen; Verliebte und Brautleute dürfen sich deshalb keine P. schenken.

 Desautels, P. E.: Edelsteine, P., Jade. Dt. Übers. Thun; Stg. 1973. - *Schlossmacher, K.:* Edelsteine u. P. Stg. ⁵1969.

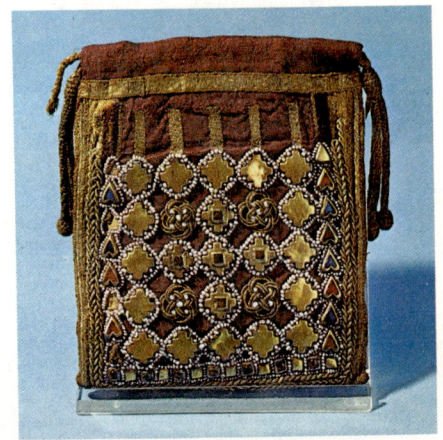

Perlstickerei auf einem byzantinischen Reliquienbeutel (11. Jh.). Nürnberg, Germanisches Nationalmuseum

Perlen (Entstehung). Ein zwischen Mantel und Schale geratener Fremdkörper (a) wird vom Mantelepithel umwuchert (b), wobei die ins Bindegewebe des Mantels verlagerten Epithelzellen einen Perlsack bilden, in dem der Fremdkörper schichtweise mit Perlmuttermasse überzogen wird (c)

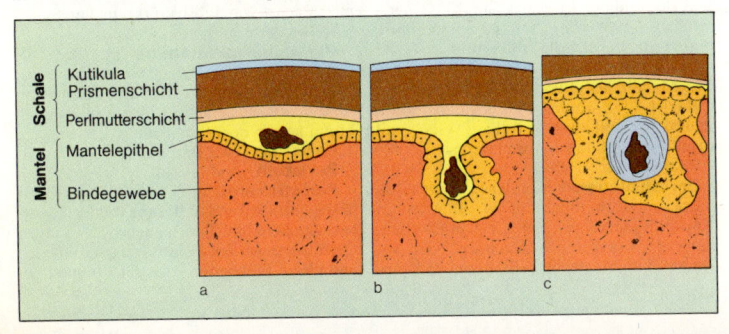

Perlfisch

Perlfisch (Frauenfisch, Graunerfling, Rutilus frisii meidingeri), bis etwa 70 cm langer, fast heringsförmiger Karpfenfisch in den Zuflüssen der oberen Donau und den zugehörigen Seen; mit Ausnahme des schwärzlichgrünen Rückens gelblich- bis silbrigweiß; ♂♂ mit knötchenförmigem „Laichausschlag".

Perlfluß (chin. Chukiang), gemeinsamer Mündungsarm zum Südchin. Meer der westl. von Kanton in S-China sich vereinigenden Flüsse ↑ Sikiang, **Pehkiang** und **Tungkiang**. Sie haben eine etwa 10 000 km² große Schwemmlandebene aufgeschüttet, die der Hauptsiedlungs- und Wirtschaftsraum der Prov. Kwangtung ist.

Perlgeschwulst, svw. ↑ Cholesteatom.

Perlgras (Melica), Gatt. der Süßgräser mit über 30 Arten in der gemäßigten Zone der Nord- und Südhalbkugel; mittelgroße, ausdauernde Gräser mit oft einseitswendigen Rispen mit hängenden Ährchen. In Deutschland kommen 5 Arten vor, davon verbreitet in Wäldern das **Nickende Perlgras** (Melica nutans) mit nickenden, zweiblütigen und das **Einblütige Perlgras** (Melica uniflora) mit aufrechten, einblütigen Ährchen.

Perlhirse, svw. Negerhirse (↑ Federgras).

Perlhühner (Numidinae), Unterfam. der Fasanenartigen; fast haushuhngroße, bodenbewohnende Hühnervögel mit 6 Arten in den Savannen und Regenwäldern Afrikas. Gefieder schwärzl. bis grau und meist weiß geperlt gezeichnet. Oberhals und Kopf sind nackt, letzterer häufig mit helmartiger Knochenauftreibung (auch mit Federschopf) und farbigen Hautfalten an den Mundwinkeln. Etwa 70 cm lang ist das **Geierperlhuhn** (Acryllium vulturinum); Halsgefieder aus stark verlängerten, schwarz-weiß-blau längsgestreiften Federn, Brust blau, Band schwarz, übriges Gefieder auf grauschwarzem Grund weiß getupft; ♂ und ♀ gleich gefärbt. - Liebhaberrassen haben weiß geperltes, indigoblaues, graublaues oder rahmweißes Gefieder.

Perlis, Gliedstaat Malaysias an der thailänd. Grenze, 795 km², 147 700 E (1980), Hauptstadt Kangar. Das durch Berg- und Hügelketten von Thailand getrennte Gebiet besteht im wesentl. aus dem durch den P. zur Andamanensee entwässerten Küstentiefland. Reisanbau, Fischerei, im N Zinnerzbergbau. - 1909 von Thailand an Großbrit. abgetreten, wurde brit. Protektorat; 1942–45 wieder von Thailand besetzt; schloß sich 1948 dem Malaiischen Bund, 1963 Malaysia an.

Perlit [lat.-roman.] (Perlstein), graublaues, wasserhaltiges vulkan. Glas mit kugelförmig-schaliger Absonderung.

Perlkaffee ↑ Kaffee.

Perlkörbchen (Perlpfötchen, Anaphalis), Gatt. der Korbblütler mit rd. 30 Arten in der nördl. gemäßigten Zone, v. a. in O-Asien; aufrechte Kräuter mit sitzenden oder am Stengel herablaufenden Blättern und unscheinbaren Blüten in kleinen Köpfchen, die von meist schneeweißen, strahlig-abstehenden Hüllblättern umgeben sind.

Perlleim ↑ Leime.

Perlman, Itzhak ['pɛrlman, engl. 'pə:lmən], * Tel Aviv 31. Aug. 1945, israel.-amerikan. Violinist. - Als Interpret klass. und romant. Violinliteratur gehört er zu den erfolgreichsten Violinisten der Gegenwart.

Perlmuschel ↑ Seeperlmuschel.

◆ ↑ Flußperlmuschel.

Perlmutter (Perlmutt) [zu mittelhochdt. perlin muoter, eigtl. „Perlmuschel"], das Material der bei Lichtauffall infolge Interferenz stark irisierenden Innenschicht (P.schicht) der Schalen von Weichtieren, bes. Muscheln; besteht aus planparallelen, durch Konchiolin verkitteten Aragonitplättchen. - Im *Kunsthandwerk* v. a. für Einlegearbeiten verwendet, bes. beliebt im 16.–18. Jh.

Perlmutterfalter, Gruppe der Edelfalter mit zwölf 3–6 cm spannenden Arten in Eurasien, N-Amerika und N-Afrika; Flügel rötlichgelb, mit fast gleichmäßig über die Oberfläche verstreuten kleinen, schwarzen Flecken; Hinterflügel mit perlmutterartig bis silbern schimmernden Feldern; in Deutschland u. a. **Großer Perlmutterfalter** (Mesoacidalis charlotta), **Kleiner Perlmutterfalter** (Issoria lathonia), **Moor-Perlmutterfalter** (Boloria alethea) und **Alpen-Perlmutterfalter** (Clossiana thore).

Perlon ® [Kw.], Handelsbez. für eine Polyamidfaser, die auf der Basis von ε-Caprolactam hergestellt wird. Perlonfasern sind sehr reiß- und scheuerfest und werden zur Herstellung von Textilien, daneben auch für techn. Zwecke verwendet.

Perlpfötchen, svw. ↑ Perlkörbchen.

Perlpilz (Fleischchampignon, Perlwulstling, Amanita rubescens), 8–15 cm hoher Wulstling mit 6–15 cm großem Hut, der meist rotbraun bis fleischfarben und hellgraue bis rötlichgraue, abwischbare Schuppen hat; Stiel mit großem, gestreiftem, nach unten hängendem Ring und wulstigem Fuß sowie bei Verletzung langsam rötl. anlaufendem Fleisch (im Ggs. zum Pantherpilz und zu anderen giftigen Wulstlingen!); riecht nach rohen Kartoffeln; gekocht (niemals roh!) guter Speisepilz; wächst von Juli bis Okt. in Laub- und Nadelwäldern.

Perlschnurphänomen, Bez. für eine Erscheinung bei totaler Sonnenfinsternis: Wegen des gebirgigen Mondrandes tritt an einzelnen Randstellen an dem abdeckenden Mond herum noch Sonnenlicht hervor.

Perlstab, svw. ↑ Astragalus.

Perlstein, svw. ↑ Perlit.

Perlstickerei, in der abendländ. Kunst (insbes. Sizilien) und in Byzanz gepflegte kostbare Stickerei mit Perlen; neben der großen Orientperle wurden kleine farbige Glasperlen und kleine Flußperlen (von der Flußperlmu-

Permutation

schel) verwendet, z. B. an königl. oder liturg. Gewändern. Seit Ende des MA auch auf der Kleidung der Vornehmen, auf Bucheinbänden, Beuteln. In einigen *afrikan. Kulturen* diente die P. als Überzug von Gegenständen (z. B. Schemel), Statuetten und Masken, heute z. B. noch verbreitet als Überzug von Kalebassen oder Pfeifen. - Abb. S. 347.

Perltang, svw. ↑ Knorpeltang.

Perlwand (Kristall-P.) ↑ Projektionswand.

Perlzwiebel (Schlangen[knob]lauch, Rocambole, Allium sativum var. ophioscorodon), durch Kultur weltweit verbreitete Varietät des Knoblauchs. - Die von der Hauptzwiebel gebildeten kleinen Nebenzwiebeln werden ebenso wie die erbsengroßen Brutzwiebeln des Blütenstandes in Essig eingelegt und vielseitig verwendet, u. a. auch für Mixed Pickles.

Perm [russ. pjermj], sowjet. Geb.hauptstadt an der Kama, RSFSR, 163 m ü. d. M., 1,0 Mill. E. Univ. (gegr. 1916), PH und 4 weitere Hochschulen; Museum; 4 Theater; bed. Ind.zentrum, Hafen, Bahnknotenpunkt, ✈. - 1781 Stadtrecht, seit 1796 Gouvernementshauptstadt; Mitte des 19. Jh. wichtiger Hafen an der Kama und bedeutendstes Handelszentrum des Uralgebietes.

Perm [nach dem ehem. russ. Gouv. Perm], jüngste Formation des Erdaltertums, in der älteren Literatur *Dyas* gen. - ↑ auch Geologie, Formationstabelle.

Permafrost [Kw. aus permanent und Frost], svw. ↑ Dauerfrostboden.

Permalloy ⓦ [engl. 'pɔ:mɔlɔɪ; Kw.], Bez. für Eisen-Nickel-Legierungen (36–81 % Ni) mit hoher magnet. Suszeptibilität; Verwendung in der Elektrotechnik (z. B. für Spulenkerne).

permanent [lat.], dauernd, ununterbrochen.

permanente Revolution ↑ Revolution.

permanenter Fluß ↑ Fluß.

Permanentfarbstoffe, svw. ↑ Permanentpigmente.

Permanentmagnet ↑ Magnet.

Permanentpigmente (Permanentfarbstoffe), Sammelbez. für bes. farbkräftige und lichtbeständige, anorgan. (z. B. Bariumsulfat) oder organ. (meist Farblacke von Azofarbstoffen) Pigmente zur Herstellung von Anstrich- und Druckfarben.

Permanenz [lat.], ununterbrochene Dauer, Beharrlichkeit; **in Permanenz:** ständig, ohne Unterbrechung.

Permeabilität [lat.], die Durchlässigkeit eines Materials, z. B. die Wasserdurchlässigkeit des Bodens, die Durchlässigkeit einer dünnen Trennwand (permeable oder semipermeable Membran) für bestimmte Stoffe. - ↑ auch Osmose.

◆ physikal. Größe, die den Zusammenhang zw. der magnet. Induktion B und der magnet. Feldstärke H vermittelt. Im Vakuum sind beide Größen durch die magnet. *Feldkonstante μ_0 (absolute P. des Vakuums)* miteinander verknüpft: $B = \mu_0 H$. Im materieerfüllten Raum gilt $B = \mu\mu_0 H$, wobei μ eine materialabhängige Konstante ist, die als *relative P.* bezeichnet wird.

Permeation [lat.], Bez. für das Hindurchdiffundieren eines gelösten Stoffes durch eine Membran oder eines Gases durch eine Materieschicht.

Permeke, Constant, * Antwerpen 31. Juli 1886, † Ostende 4. Jan. 1952, belg. Maler und Zeichner. - Expressionist. Landschaften, Seestücke, Hütteninterieurs, Akte und Figurenbilder, v. a. von Fischern und Bauern. Auch Zeichnungen sowie Großplastik.

Permission [lat.], Erlaubnis, Genehmigung.

Permokarbon, zusammenfassende Bez. für Perm und Karbon.

Permoser, Balthasar, ≈ Kammer (Gem. Traunstein) 13. Aug. 1651, † Dresden 20. Febr. 1732, dt. Bildhauer. - Nach Lehrzeit in Salzburg und Wien war P. 14 Jahre in Italien. 1689 berief ihn Kurfürst Johann Georg III. als Hofbildhauer nach Dresden; zahlr. Reisen. Seine auf große Wirkung angelegte Kunst ist geprägt von der Berninischule. Ab 1711 schuf er mit mehreren Gehilfen den Figurenschmuck des Dresdner Zwingers. Die Fülle an Skulpturen und dekorativen Elementen ordnet sich streng in die Bausubstanz ein, ist im einzelnen jedoch von bewegter, ausdrucksstarker Vitalität. 1718–21 schuf P. die Apotheose des Prinzen Eugen (Wien, Östr. Galerie-Barockmuseum), um 1724 die Holzfiguren der Kirchenväter Augustinus und Ambrosius (urspr. am Hochaltar der Dresdner Hofkirche; Bautzen, Stadtmuseum).

permutabel [lat.], austauschbar, vertauschbar.

Permutation [zu lat. permutatio „Vertauschung"], in der *Mathematik* eine Zusammenstellung aller n Elemente einer gegebenen Menge, bei der jedes der n Elemente genau einmal vorkommt. Die Anzahl aller mögl. P. von n Elementen ist $n!$ (↑ Fakultät).

◆ in der *Linguistik* die Umstellung oder Vertauschung von Wörtern oder Satzteilen, z. B. *Der Mann liest die Zeitung: Liest der Mann die Zeitung?* Die **Permutationsprobe** (Umstellprobe) wird verwendet als Test zur Ermittlung des Umfangs von Konstituenten (↑ Konstituentenanalyse); *die* und *Zeitung* z. B. bilden eine Konstituente, da sie nur zusammen permutiert werden können, nicht für sich allein.

◆ in polyphoner *Musik* der Austausch und die wechselseitige Kombination kontrapunkt. Elemente, die in verschiedenen Stimmen zugleich erklingen können. In der seriellen Musik bezeichnet P. das Vertauschen einzelner Elemente im Rahmen einer festen Ordnung, z. B. der Töne innerhalb einer gegebenen Reihe.

349

Permutationsfuge

Permutationsfuge, ↑ Fuge mit regelmäßiger Permutation, bei der die Kontrapunkte beibehalten werden und in gleicher Reihenfolge nach dem Thema wiederkehren.

Permutite ⓦ [lat.], Handelsbez. für Anionen- und Kationenaustauscher (↑ Ionenaustauscher) auf Kunstharzbasis.

Pernambuco, Bundesstaat in NO-Brasilien, 98 281 km², 6,78 Mill. E (1985), Hauptstadt Recife. Umfaßt im W der 60 km breiten, feucht-heißen Küstenzone ein niedriges Hügelland mit Resten von trop. Regenwald, das zum Brasilian. Bergland ansteigt; dieses nimmt den größten Teil von P. ein.
Geschichte: In P. liegen die ältesten portugies. Siedlungsgebiete Brasiliens. Ausgangspunkte der Erschließung, durch Einführung des Zukkerrohranbaus um 1550 entscheidend gefördert, waren Olinda und Recife. 1630–54 niederländisch.

Pernambukholz [nach dem brasilian. Bundesstaat Pernambuco] (Fernambukholz), das zuerst braungelbe, später nachdunkelnde und sich (bis dunkelrot und violettstreifig) verfärbende, feinstrukturierte, harte Holz des bis 8 m hoch werdenden *Pernambukbaums* (Caesalpinia echinata). - ↑ auch Hölzer (Übersicht).

Pernerstorfer, Engelbert, * Wien 17. April 1850, † ebd. 6. Jan. 1918, östr. Politiker. - 1881–83 Mgl. des Dt. nat. Vereins G. von Schönerers; 1885–97 und 1901–18 Mgl. des Reichsrates; ab 1896 Sozialdemokrat, wurde neben V. Adler einer der Parteiführer.

Pernik, bulgar. Stadt an der oberen Struma, 700 m ü. d. M., 94 900 E. Verwaltungssitz des Verw.-Geb. P.; Nationaltheater; Museum der Revolutionsbewegung; Kohlenbergbau, Hüttenkombinat.

Pernionen [lat.], svw. ↑ Frostbeulen.

perniziös [lat.], bösartig, gefährlich, verderblich.

perniziöse Anämie ↑ Anämie.

Pernod ⓦ [pɛrˈno; frz.], nach dem ersten Produzenten benannter fr. Aperitif auf Anisbasis mit 45 Vol.-% Alkoholgehalt; wird mit Wasser etwa 1:5 verdünnt und dabei milchig trüb.

Peromelie [griech.], angeborene stummelartige Verkürzung der Gliedmaßen.

Perón, Eva Duarte de, gen. Evita P., * Los Toldos (Prov. Buenos Aires) 7. Mai 1919, † Buenos Aires 26. Juli 1952, argentin. Politikerin. - Sängerin und Filmschauspielerin; lernte Juan Domingo P. 1944 kennen; organisierte im Okt. 1945 den Generalstreik, der ihm den Weg zur Präsidentschaft ebnete; widmete sich nach Heirat als „Presidenta" u. a. der Sozialarbeit und setzte sich erfolgreich für das Frauenwahlrecht ein.

P., Juan Domingo, * Lobos (Prov. Buenos Aires) 8. Okt. 1895, † Buenos Aires 1. Juli 1974, argentin. General und Politiker. - Am Sturz des Präs. R. S. Castillo 1943 maßgebl. beteiligt; wurde Kriegs-, bald darauf auch Arbeitsmin., 1944 außerdem Vizepräs.; entwickelte unter dem Einfluß seiner späteren Frau Eva Duarte und des faschist. Korporativismus ein umstrittenes Sozialprogramm (↑ Peronismus). Übernahm im Juni 1946 die Präsidentschaft; belastete durch seine mit diktator. Mitteln betriebene Politik (u. a. Nationalisierung der ausländ. Unternehmen, nationalist. Außenpolitik) die Staatsfinanzen stark und führte das Land in eine Krise; 1952 erneut gewählt, überstand einen Umsturzversuch im Juni 1955, sah sich aber im Sept. 1955 zum Rücktritt und zur Flucht ins Ausland gezwungen; lebte in Spanien, um von dort seine Rückkehr vorzubereiten; behielt durch seine zahlr. Anhänger Einfluß auf die argentin. Politik; im Sept. 1973 zum argentin. Präs. gewählt, konnte seine frühere Machtstellung nicht wiedererringen und nur mit Mühe die Einheit unter den Peronisten erhalten.

P., María Estela Martínez de, gen. Isabel P., * La Rioja 5. Febr. 1931, argentin. Politikerin. - Tänzerin; heiratete 1961 Juan Domingo P.; 1973/74 Vizepräsident, nach dem Tod ihres Mannes (1. Juli 1974) Präs.; konnte die großen wirtsch. und sozialen Schwierigkeiten nicht bewältigen; wurde nach einem fehlgeschlagenen Putsch der Luftwaffe im Dez. 1975 im März 1976 durch die Oberbefehlshaber der Teilstreitkräfte gestürzt.

Peronismus, polit.-soziale Bewegung in Argentinien, die sich um J. D. Perón bildete; wendet sich an die ärmeren Schichten, v. a. die städt. Arbeiter und die verarmte ländl. Bev. Ziele: Beseitigung der Herrschaft des Großgrundbesitzes, Hebung des Lebensniveaus der unteren Schichten durch umfassende Sozialgesetzgebung, größere wirtsch. Unabhängigkeit vom Ausland durch Beschleunigung der Industrialisierung, Verstaatlichung ausländ. Unternehmen; vertritt eine populist. und antiparlamentar. Ideologie des starken Staates und hebt die Stellung des Militärs hervor. - Die **Peronisten** sammelten sich in der 1945 gegr. Partido Laborista (Arbeiterpartei), nach Peróns Sturz (1955) verboten, 1962 wieder zugelassen und stärkste Partei; daneben behaupteten sich die Partido Justicialista, von der sich die Movimiento Revolucionario Peronista abspaltete. Die Einheit der verschiedenen Richtungen des P. zerfiel nach Peróns Tod (Juli 1974).

ⓦ *Knoblauch, R.: Der P. Diessenhofen 1980.*

Peronospora [griech.], Gatt. der Falschen Mehltaupilze mit der bekannten Art ↑ Blauschimmel.

peroral (per os), durch den Mund (eingenommen); bes. von Arzneimitteln gesagt.

Pérot-Fabry-Interferometer [frz. peroˈfaˈbri], svw. ↑ Fabry-Pérot-Interferometer.

Perotinus Magnus (frz. Pérotin), frz. Komponist der 1. Hälfte des 13. Jh. - Bedeutendster Komponist des 13. Jh., in der Nachfolge des ↑Leoninus Hauptmeister der ↑Notre-Dame-Schule in Paris; erweiterte die zweistimmigen Organa des „Magnus liber organi de gradali et antiphonario" von Leoninus zur Drei- und Vierstimmigkeit, verkürzte sie und komponierte neue Abschnitte hinzu, in denen alle Stimmen rhythm. festgelegt sind.

Perow, Wassili Grigorjewitsch [russ. pı'rɔf], *Tobolsk 2. oder 4. Jan. 1834, † Kusminki (Moskau) 10. Juni 1882, russ. Maler. - Mitbegr. der ↑Peredwischniki. Malte vornehml. Genreszenen mit stark sozialkrit. Zügen und Porträts der russ. Intelligenz (A. N. Ostrowski, 1871; Dostojewski, 1872; beide Moskau, Tretjakow-Galerie).

Peroxide, Verbindungen des als **Peroxogruppe** –O–O– vorliegenden Sauerstoffs mit Wasserstoff oder Metallen *(anorg. P.)* bzw. mit organ. Resten *(organ. P.)*. Techn. wichtige anorgan. P. sind neben dem ↑Wasserstoffperoxid einige Metallperoxide (z. B. Natriumperoxid), die leicht Sauerstoff abspalten und daher als Oxidations- und Bleichmittel verwendet werden. Organ. P. zerfallen bei der Zersetzung in Radikale der Form R–O· und werden v. a. als Katalysatoren für die radikal. Polymerisation verwendet.

Peroxo- [lat./griech.], Vorsilbe der chem. Nomenklatur, die das Vorliegen einer Peroxogruppe –O–O– in anorgan. chem. Verbindungen anzeigt. - ↑auch Peroxy-.

Peroxodischwefelsäure, HSO₃– O–O–SO₃H, eine durch anod. Oxidation von konzentrierter Schwefelsäure gewonnene starke Säure; sie bildet starke hygroskop. Kristalle; techn. bed. sind ihre Salze, die **Peroxodisulfate** (allg. Formel Me₂ᴵS₂O₈).

Peroxohydrate, Additionsverbindungen, die Wasserstoffperoxid angelagert enthalten (z. B. Natriumborat-peroxohydrat); bleichende Zusätze für Waschmittel.

Peroxy- [lat./griech.], Vorsilbe der chem. Nomenklatur, die das Vorliegen einer Peroxygruppe –OOH in Verbindungen anzeigt.

Peroxyacetylnitrat ↑PAN.

per pedes [lat.], zu Fuß; **per pedes apostolorum,** scherzhaft für: zu Fuß wie die Apostel.

Perpendicular style [engl. pə:pən'dıkjələ 'staıl], Spätstil der engl. Gotik (etwa 1350–1520, teilweise noch bis ins 17. Jh. nachweisbar); zahlr. Bauten v. a. in Oxford und Cambridge; ↑auch englische Kunst.

Perpendikel [zu lat. perpendiculum „Richtblei, Senkblei"], Uhrpendel (↑Uhr).
♦ im Schiffbau die auf der Konstruktionswasserlinie in ihrem Schnittpunkt mit dem Vorder- bzw. Hintersteven eines Schiffes errichtete Senkrechte; der Abstand beider P. gibt die Schiffslänge *(Länge zw. den P.)* an.

perpetuell [lat.-frz.], beständig, fortwährend; **perpetuieren,** etwas Dauer gewinnen lassen, sich festsetzen lassen.

Perpetuum mobile [lat. „das sich ständig Bewegende"], „ewig laufende" Maschine, die ohne Energiezufuhr Arbeit verrichten u. damit Energie „aus nichts" erzeugen soll. Ein solches *P. m. erster Art* kann aber nicht realisiert werden, da es gegen den Satz von der Erhaltung der Energie bzw. gegen den ersten Hauptsatz der Wärmelehre verstoßen würde, nach dem Energie weder erzeugt noch vernichtet werden kann. - Als *P. m. zweiter Art* wird eine hypothet., period. arbeitende Maschine bezeichnet, die ihrer Umgebung Wärme entzieht und diese vollständig in andere Energieformen umwandelt, ohne daß in den beteiligten Körpern außer dem Wärmetransport und der damit verbundenen Temperaturänderung noch andere bleibende Veränderungen vor sich gehen. Eine solche Maschine könnte z. B. (ohne den Energiesatz zu verletzen) den Weltmeeren fortlaufend einen Teil der Wärme entziehen, die die Sonne der Erde zustrahlt, und ihn in Arbeit umwandeln. Ein P. m. zweiter Art verstößt aber gegen die im zweiten Hauptsatz der Wärmelehre formulierte Erfahrung, daß Wärme (ohne Aufwendung von Arbeit) niemals von einem kälteren zu einem wärmeren Körper fließt.

Geschichte: Der Gedanke, ein P. m. zu konstruieren, tauchte im 13. Jh. im Abendland auf. V. de Honnecourt beschrieb um 1235 ein P. m auf mechan. Grundlage, P. de Maricourt 1269 in der „Epistula de magnete" ein solches auf magnet. Grundlage. In den folgen-

Perpetuum mobile. Zeichnung von Leonardo da Vinci (um 1495), mit der er die Unmöglichkeit eines Perpetuum mobile (Rad mit Klöppeln, im Uhrzeigersinn drehend) an Hand des Prinzips über das Gleichgewicht bei der Waage demonstriert

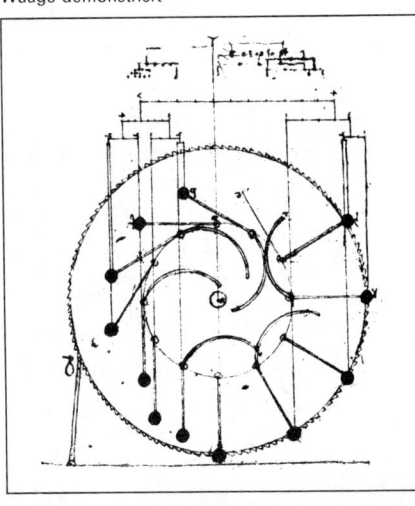

Perpignan

den Jh. wurden in Maschinenbüchern zahlr. weitere Vorschläge zur Konstruktion von Perpetua mobilia gemacht. Auch der Beschluß der Pariser Akad. von 1775, keine Vorschläge zur Prüfung mehr anzunehmen, da die physikal. Naturgesetze eine Verwirklichung nicht zulassen, verhinderte nicht, daß immer wieder neue Projekte entworfen wurden.

📖 *Michal, S.: Das Perpetuum Mobile gestern u. heute. Dt. Übers. Düss.* ²*1981.*

♦ in der *Musik* z. B. bei N. Paganini und F. Mendelssohn Bartholdy Bez. für ein Instrumentalstück, das von Anfang bis Ende in raschem Tempo und gleichmäßig kleinen Notenwerten (in der Oberstimme) verläuft.

Perpignan [frz. pɛrpiˈɲã], frz. Stadt am Têt, 37 m ü. d. M., 111 700 E. Mittelpunkt des Roussillon; Verwaltungssitz des Dep. Pyrénées-Orientales; kath. Bischofssitz; Univ. (gegr. 1970), Konservatorium; Kunst-, Numismatikmuseum; Markt für Wein, Obst, Gemüse und Blumen; metallverarbeitende, Textil-, Schuh-, Papier- und Nahrungsmittelind. - Vermutl. im 10. Jh. gegr.; erhielt 1197 Stadtrecht; 1276–1344 Hauptstadt des Kgr. Mallorca; fiel 1344 an Aragonien; 1349 Gründung einer Univ. (1792 aufgehoben). 1602 wurde das Bistum Elne nach P. verlegt (1801–22 aufgehoben). Mit dem Roussillon kam P. 1659 an Frankr. - Got. Kathedrale (14. und 15. Jh.) mit bed. Holzkruzifix; ehem. Schloß der Könige von Mallorca (13.–15. Jh.); Loge de Mer (ehem. Börse und Handelsgericht, 14. und 16. Jh.); Rathaus (13. Jh., 16. bis 17. Jh.). Reste der Stadtmauer (14. Jh.).

perplex [lat.-frz.], verwirrt, überrascht.

per procura [italien.], Abk. pp., ppa., die ↑Prokura bezeichnender, nach § 51 HGB vorgeschriebener Zusatz bei der Zeichnung (Namensunterschrift) von Schriftstücken des Geschäftsverkehrs durch Prokuristen.

Perrault [frz. pɛˈro], Charles, * Paris 12. Jan. 1628, † ebd. 16. Mai 1703, frz. Schriftsteller. - 1671 Mgl. der Académie française. Eröffnete 1687 mit seinem „Poème sur le siècle de Louis le grand" den Streit um antike und moderne Literatur († Querelle des Anciens et des Modernes). Bed. ist seine Märchensammlung „Feenmärchen für die Jugend" (1697).

P., Claude, * Paris 25. Sept. 1613, † ebd. 9. Okt. 1688, frz. Baumeister. - Bruder von Charles P.; nachdem der barocke Entwurf Berninis zurückgewiesen worden war, setzte P. in der Jury seinen eigenen klass.-strengen Plan für die Ostfassade des Louvre durch (ausgeführt 1667–78). Für die Entwicklung der frz. Architektur von weitreichenden Folgen ist die klassizist., an Palladio und an röm. Tempeln orientierte Kolonnade mit gepaarten Säulen. *Weitere Bauten:* Observatorium, Paris (1667 ff.), Schloß Sceaux (1673/74 ff.; erhalten die Orangerie und der Pavillon d'Aurore).

per rectum [lat.], durch den Mastdarm; die Applikation von Medikamenten (z. B. Zäpfchen) betreffend.

Perret, Auguste [frz. pɛˈrɛ], * Ixelles bei Brüssel 12. Febr. 1874, † Paris 4. März 1954, frz. Architekt. - Als Pionier des Stahlbetonbaus nahm P. maßgebl. Einfluß auf die moderne frz. Architektur. U. a. auf Le Corbusier. In seinem Frühwerk tritt die gerüstartige Konstruktionsform klar in Erscheinung, später neoklassizist. verkleidet (Paris: Notre-Dame-du-Raincy, 1922/23; Hochhaus in Amiens, 1947).

Perrier, François [frz. pɛˈrje], genannt le Bourguignon, * Salins 1590, † Paris im Juli 1650, frz. Maler. - Schuf zahlr. Wand- und Deckenmalereien in der Nachfolge Poussins (u. a. vor 1650 Deckenfresken für das ehem. Hôtel de la Vrillière, heute Banque de France, Paris); auch Gemälde und Radierungen.

Perrin [frz. pɛˈrɛ̃], Francis, * Paris 17. Aug. 1901, frz. Physiker. - Sohn von Jean-Baptiste P.; Prof. in Paris und New York; 1951–70 Hochkommissar der frz. Atomenergiekommission; wies in Zusammenarbeit mit F. Joliot-Curie (ab 1939) theoret. die Möglichkeit einer atomaren Kettenreaktion nach, berechnete deren Energieausbeute und krit. Daten.

P., Jean-Baptiste, * Lille 30. Sept. 1870, † New York 17. April 1942, frz. Physiker. - Prof. in Paris; 1940 Emigration in die USA. Wies 1895 die negative Ladung der Kathodenstrahlen nach und bestimmte 1906 die Avogadro-Konstante. Nobelpreis für Physik 1926.

P., Pierre, gen. Abbé P., * Lyon um 1620, † Paris 26. April 1675, frz. Dichter. - Mitbegr. der frz. Oper nach italien. Vorbild und Mitarbeiter R. Camberts; schrieb das Textbuch zur ersten Oper in frz. Sprache, „Pomone" (1671).

Perron [pɛˈrõ; frz.; eigtl. „großer Steinblock" (zu pierre „Stein")], svw. Bahnsteig, Plattform.

Perronneau, Jean-Baptiste [frz. pɛrɔˈno], * Paris 1715, † Amsterdam 20. Nov. 1782, der 19. Nov. 1783, frz. Maler. - P. gilt neben M. Qu. de La Tour, in dessen Schatten er stand, als der bedeutendste Pastellmaler des frz. Rokoko; v. a. Porträts: „Mademoiselle Huquier" (1747), „Der Maler J.-B. Oudry" (1753; beide Paris, Louvre); Selbstbildnis (Tours, Musée des Beaux-Arts).

Perrot, Jules [frz. pɛˈro], * Lyon 18. Aug. 1810, † Paramé (= Saint-Malo) 24. Aug. 1892, frz. Tänzer und Choreograph. - Hatte als Partner von M. Taglioni große Erfolge; wurde Ballettmeister und Partner von C. Grisi, für die er 1841 die Soli in „Giselle" choreographierte; P. gilt als einer der berühmtesten Tänzer des 19. Jh. und als einer der bedeutendsten Choreographen (u. a. „La Esmeralda", 1844) der Romantik.

Perry [engl. ˈpɛrɪ], Matthew Calbraith, * South Kingston (R. I.) 10. April 1794, † New York 4. März 1858, amerikan. Marineoffi-

zier. - Zeichnete sich im Brit.-Amerikan. u. im Mex. Krieg aus; erreichte im Vertrag von Kanagawa (31. März 1854) die Zulassung amerikan. Schiffe zu den jap. Häfen Schimoda (Präfektur Schisuoka) und Hakodate.
P., Ralph Barton, * Poultney (Vt.) 3. Juli 1876, † Cambridge (Mass.) 22. Jan. 1957, amerikan. Philosoph. - 1913-46 Prof. an der Harvard University, 1946-48 in Glasgow; einer der Hauptvertreter des [amerikan.] Neurealismus, den P. begründete, wobei seine Methodologie eine dem Behaviorismus und Russell ähnl. Konzeption aufweist.

Perse, Saint-John ↑Saint-John Perse.

per se [lat. „durch sich"], selbstverständlich.

Perseiden [griech.] (Laurentiusschwarm, Laurentiustränen), ein Meteorstrom, dessen Sternschnuppenfall in der ersten Augusthälfte auftritt; scheinbarer Radiant im Sternbild Perseus.

Persenning (Presenning) [frz.-niederl.], festes, dichtes und wasserabweisend ausgerüstetes Segeltuch in Leinwandbindung aus Flachs, Hanf, Baumwolle oder Synthesefasern; zum Abdecken von Ladeluken, Booten, Ladegütern u. a.

Persephone, bei den Griechen die Göttin der Unterwelt, Tochter des Zeus und der Demeter; von Hades geraubt, der sie zu seiner Gemahlin macht und nur für zwei Drittel des Jahres an die Oberwelt entläßt. Ihr Kommen und Gehen bedingt den Vegetationszyklus. Darin ähnelt ihre Funktion der ihrer Mutter Demeter. Deshalb gilt ihr der euphemist. Beiname **Kore** („Mädchen, Tochter"), der später vorherrschend wurde. - Die Römer nannten die Göttin *Proserpina.*

Persepolis (altpers. Parsa), Sommerresidenz der altpers. Achämeniden, heute Ruinenstätte Tacht e Dschamschid (Verw.-Geb. Fars, 60 km nö. Schiras, Iran); erbaut unter Darius I. ab etwa 518 v. Chr., fertiggestellt unter Artaxerxes I., durch Brand zerstört von Alexander d. Gr. (330 v. Chr.). P. diente der Neujahrszeremonien der Herrscher. Amerikan. Ausgrabungen 1931-39; auf der künstl., festungsähnl. Terrasse befanden sich die Repräsentativbauten (Audienzhalle [Apadana], Thronsaal [Hundertsäulensaal], Schatzhaus]. Erhalten sind zahlr. Reliefdarstellungen (u. a. Würdenträger, Gabenbringer, symbol. Tiere, Ahura-Masda-Symbole, achämenid. Könige) sowie Stier- und Vogelkapitelle und Keilschrifttexte in elam. Sprache. In den 1960er Jahren weitere Freilegungs- und Restaurierungsarbeiten. In den östl. an die Terrasse grenzenden Bergen liegen die Felsgräber der letzten Achämeniden.

Perser (Parsa, lat. Persae), Stammesgruppe der Iranier, siedelte zu Beginn des 1. Jt. v. Chr. in NW-Iran (Urmiasee, nw. des Sagrosgebirges), später im heutigen Verw.-Geb. Fars; auch Bez. für die Einwohner Irans.

Perserkatze, vermutl. aus Kleinasien stammende Rasse der Hauskatze; mit gedrungenem Körper, großem Rundkopf, mähnenartiger Halskrause, langem, seidigem, dichtem Haar (Langhaarkatze) und buschigem Schwanz; wird in den Farben Schwarz, Weiß, Blau, Rot oder Creme, ein- bis dreifarbig, auch gestromt und mit unterschiedl. Augenfarbe gezüchtet.

Perserkriege, griech.-pers. Auseinandersetzung (490-449/448), u. a. veranlaßt durch die Unterstützung des ion. Aufstands durch Athen und Eretria. 492 scheiterte ein pers. Flottenvorstoß unter Mardonios am Athos; im Sept. 490 endete die Flottenexpedition des Datis und des Artaphernes mit der Niederlage gegen Athener und Plataäer bei Marathon; ab 482 Flottenbaupolitik des Themistokles. Im Hochsommer 480 wurden die Griechen an den Thermopylen geschlagen, worauf sich die griech. Flotte bei Artemision zurückziehen mußte. Doch erzwang (nach Aufgabe Athens) Themistokles die siegreiche Seeschlacht im Sund von Salamis (Ende Sept. 480). Nach nochmaliger Zerstörung Athens wurde das pers. Landheer 479 bei Plataä, die pers. Flotte bei Mykale vernichtet. Athen und der Att.-Del. Seebund führten die P. bis zum Kalliasfrieden (449/448) weiter, der die Existenz der kleinasiat. Griechen sicherte.

📖 Meyer, Eduard: Gesch. des Altertums. Bd. 4, 1: Das Perserreich u. die Griechen bis zum Vorabend des Peloponnes. Krieges. Neuaufl. Essen 1985. - Ekschmitt, W.: Der Aufstieg Athens. Die Perser-Kriege. Mchn. 1978.

Perseus, Held der griech. Mythologie. Sohn des Zeus und der Danae. Von Polydektes, dem König der Kykladeninsel Seriphos

Persepolis. Plan der Residenz

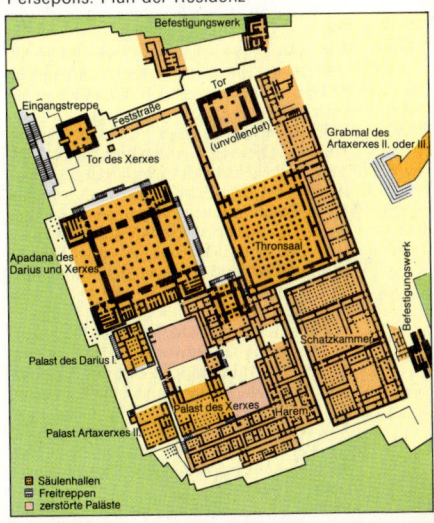

Perseus

aufgezogen; herangewachsen, wird er von Polydektes, der sich in Danae verliebt hat und ihn entfernen will, mit dem Auftrag ausgesandt, das Haupt der Gorgo Medusa zu erbeuten. Mit Hilfe von Athena und Hermes gelingt sein Vorhaben. Unterwegs gelingt es ihm, Andromeda, die Tochter des äthiop. Königs Kepheus, zu befreien und als Gemahlin heim nach Seriphos zu führen, wo er Polydektes mit Hilfe des Medusenhauptes versteinert. Er wird König von Tiryns, von wo aus er Mykene und Mideia gründet.

Perseus, *212, † Alba Fucens (Fuciner Becken) wohl 162, letzter König (seit 179) Makedoniens. - Illegitimer Sohn und Nachfolger Philipps V.; setzte dessen antiröm. Politik fort, wurde von Eumenes II. von Pergamon in Rom verklagt; im 3. Makedon. Krieg nach anfängl. Erfolgen besiegt (168) und im Triumphzug mitgeführt.

Perseus [griech.] ↑ Sternbilder (Übersicht).

Perseveranz [lat.], Beharrlichkeit.

Persianer [nach Persien], Handelsbez. für den Pelz aus dem schwarzen (auch grauen, bräunl. und weißen) Karakullammfell, dessen Deckhaar kleine, geschlossene Locken unterschiedl. Form bildet, die dem Pelz seine Eigenart verleihen.

Persien, Staat in Vorderasien, amtl. Name seit 1934 ↑ Iran.

Persiflage [...'fla:ʒə; frz., zu siffler „pfeifen"], Bez. für eine literar.-polem. Haltung oder Form, die - vielfach durch nachahmende Übertreibung bestimmter Stilmanieren - den betr. Gegenstand bzw. die Person lächerl. zu machen sucht; **persiflieren,** [auf geistreiche Art] verspotten.

Persilschein [nach dem Waschmittel Persil®, im Zusammenhang mit der Vorstellung des Rein- oder Weißwaschens], umgangssprachl., meist scherzhafte Bez. für ein Entlastungszeugnis; Bescheinigung, daß sich jemand nichts hat zu schulden kommen lassen. Urspr. von der Bescheinigung der Entnazifizierungsbehörden gesagt.

Persimone [indian.] (Virgin. Dattelpflaume, Diospyros virginiana), im östl. N-Amerika beheimatete und auch gelegentl. kultivierte Art der Gatt. Diospyros; bis 20 m hoher Baum mit meist ellipt., bis 12 cm langen, glänzenden, oberseits tiefgrünen Blättern. Die orangefarbenen, eßbaren Früchte *(Persimonen)* sind 2,5–3 cm breit, bei Kultursorten auch größer.

Persis ↑ Fars.

Persisch ↑ iranische Sprachen.

persische Geschichte, Persien war im Altertum die durchgängige Bez. des Perserreiches. Die Anfänge der Geschichte der Perser, die zu Beginn des 1. Jt. v. Chr. im heutigen NW-Iran siedelten, liegen im myth. Dunkel. Die Perser unterstanden im 7./6. Jh. v. Chr. der Oberhoheit der Meder, bis König Kyros II., d. Gr. (⚭ 559–529), aus der Dyn. der Achämeniden, 550/549 das Mederreich unterwarf und ein Weltreich aufbaute (547/546 Eroberung des Lyderreiches, 539 des neubabylon. Reiches). Kambyses II. (⚭ 529–522) eroberte 525 Ägypten, danach Libyen und Nubien. Darius I., d. Gr. (⚭ 522–486), schuf eine einheitl. Reichsverwaltung und setzte die expansionist. Politik fort (Thrakien, Makedonien, Sogdien, Indusgebiet); auch bed. kulturelle Leistungen (z. B. Palastbauten in Susa und Persepolis). Der Ion. Aufstand (500–494) löste Invasionen in Griechenland († Perserkriege) aus, die die pers. Ausdehnung nach W zum Stillstand brachten. Mit Xerxes' I. (⚭ 486–465) Tod setzte der Verfall des Reiches ein. Darius III. (⚭ 336–330) vermochte die Invasion Alexanders d. Gr. von Makedonien nicht aufzuhalten. Aus den Machtkämpfen der Diadochen nach Alexanders Tod 323 ging in vorderasiat. Raum des Reich der Seleukiden hervor, die nach 250 v. Chr. ihre Herrschaft u. a. an die von NO einfallenden Parther verloren. Ardaschir I. (⚭ 224–241) riß die Macht des zerfallenden Partherreiches an sich und begr. die angebl. von den Achämeniden abstammende Dyn. der Sassaniden, deren Reich zw. Euphrat und Indus einen Schutzwall gegen die zentralasiat. Nomadenstämme bildete. Zugleich war es der östl. Feind Roms, konnte aber u. a. unter Schapur I. (⚭ 241–272) die röm. Angriffe abwehren. Seit dem 5. Jh. wurde die Bedrohung durch innere Feinde und dann die Turkvölker immer stärker. Unter Chosrau I. (⚭ 531–578/579) erlebte das Land trotz andauernder Kämpfe gegen Byzanz eine neue Blüte, die unter Hormisdas IV. (⚭ 579–590) und Chosrau II. (⚭ 590–628) ihren Höhepunkt erreichte, doch Jasdgird III. (⚭ 633–651) unterlag den eindringenden Arabern 636/637 bei Kadisija (= Kadesia) am unteren Euphrat und 642 bei Nahawand (südl. von Hamadan). Im Zuge der arab. Eroberung wurde die zoroastr. Bev. Persiens muslim.; die Omaijaden unterstellten das Land arab. Statthaltern. Nach der Übernahme des Kalifats durch die Abbasiden (749/750) wurde Bagdad Hauptstadt. Im 9. Jh. kam es im Gefolge sozialreligiöser Aufstände zur Gründung einheim. Dyn., die die pers. Tradition und Kultur wiederbelebten: die Tahiriden (etwa 821–872), die Saffariden (866–um 900) und die Samaniden (etwa 874–999/1005). Seit 940/945 herrschten in Persien die Bujiden, daneben im O und N seit dem frühen 11. Jh. die Ghasnawiden, die beide im 11. Jh. von den Seldschuken verdrängt wurden. Die Mongolen besiegten bis 1258 unter der Führung des Dschingisiden Hulagu († 1265) ganz Persien sowie Bagdad. Nach dem Zerfall des Reiches der mongol. Ilkhane eroberte Ende des 14. Jh. der transoxan. Emir Timur-Leng (Tamerlan) Persien. In weiten

persische Geschichte

Teilen des W von Persien herrschten im 15. Jh. die Turkmenen, die durch die Safawiden (1502–1722) niedergeworfen wurden. Schah Abbas I., d. Gr. (⚰ 1587–1629), schuf eine pers. Großmacht (Militärorganisation, Eroberungen, Verlegung der Residenz nach Isfahan). Die in einem Schutzverhältnis stehenden Afghanen stürzten 1722 die Safawiden, wurden jedoch 1729 von dem Turkmenen Nadir Schah (⚰ 1729–47) vertrieben, der das Reich im O bis zum Indus erweiterte, aber keinen stabilen Staat hinterließ (1747 Abfall Afghanistans). Unter der Dyn. der Kadscharen (1794–1925) verlor Persien 1813/28 Georgien, Transkaukasien und einen Teil Armeniens an Rußland, das seit 1809 mit Großbrit. um Einfluß in Persien rang. Die Aufhebung einer gerade gewährten Verfassung durch Schah Mohammad Ali (⚰ 1907–09) löste eine Revolution aus, die zur Flucht des Schahs und zur Wiederherstellung der Verfassung führte. Im russ.-brit. Petersburger Vertrag (1907) wurde die Dreiteilung Persiens in eine nördl. Zone als russ., eine südl. Zone als brit. Interessensphäre und eine mittlere, neutrale Zone festgelegt. Während des 1. Weltkriegs wurde Persien trotz formeller Neutralität von türk., brit. und russ. Truppen besetzt. Nach dem Staatsstreich des pers. Kosakenkommandeurs und Kriegsmin. (1921) Resa Khan (1925 zum Schah ausgerufen) verzichtete die Sowjetunion vertragl. auf alle Rechte in

DIE PERSISCHEN DYNASTIEN MIT DEN BEDEUTENDSTEN HERRSCHERN

Achämeniden	etwa 700–330 v. Chr.
Kyros I.	640–600
Kyros II., d. Gr.	559–529
Kambyses II.	529–522
Darius I., d. Gr.	522–486
Xerxes I.	486–465
Artaxerxes I. Makrochair	464–425/24
Xerxes II.	425/24
Darius II.	423–404
Artaxerxes II. Mnemon	404–363
Artaxerxes III.	359–338
Arses	338–336
Darius III.	336–330
Seleukiden	321/312–64/63 v. Chr.
Seleukos I. Nikator	305–281
Antiochos I. Soter	281–261
Antiochos II. Theos	261–246
Seleukos II. Kallinikos	246–226
Antiochos III., d. Gr.	223–187
Seleukos IV., Philopator	187–175
Antiochos IV. Epiphanes	175–164
Antiochos V. Eupator	164–162
Demetrios I. Soter	162–150
Demetrios II. Nikator	145–139
Antiochos VII. Euergetes Sidetes	139/138–129
Demetrios II. Nikator	129–126
Seleukos V.	126–125
Antiochos VIII. Philometor	125–96
Seleukos VI.	96–95
Antiochos X. Epiphanes Philopator	95–83 (?)
Partherherrschaft	63–224 n. Chr.
Sassaniden	224–651
Ardaschir I.	224–241
Schapur I.	241–272
Narses	293–302
Hormisdas II.	302–309
Schapur II.	309–379
Ardaschir II.	379–383
Schapur III.	383–388
Firus	457–484
Kawat I.	488–496 u. 499–531
Chosrau I.	531–578/79
Hormisdas IV.	579–590
Chosrau II.	590–628
Jasdgird III.	633–651

Während der Zugehörigkeit zum Kalifenreich (651–1220/58 verschiedene Dyn., z. T. gleichzeitig:
Tahiriden
Saffariden
Samaniden
Bujiden
Ghasnawiden
Seldschuken
Chwarism-Schahs

Ilkhane	1220–1350
Hulagu	1258–1265
Khubilai	1260–1294
Gazan	1295–1304
Ilkhaniden	1340/41–1424
Timuriden	1410–1500
Safawiden	1500–1736
Esmail I.	1501–1524
Abbas I., d. Gr.	1587–1629
Safi II.	1629–1642
Abbas II.	1642–1666
Abbas III.	1732–1736
Afghanen	
Nadir Schah	1729–1747
Kadscharen	1794–1925
Aga Mohammad	1794–1797
Fatah Ali Schah	1797–1834
Mohammad	1834–1848
Naser Od Din	1848–1896
Mosaffar Od Din	1896–1907
Mohammad Ali	1907–1909
Ahmad Schah	1909–1925
Pahlawiden	1925–1979
Resa Khan Pahlawi	1925–1941
Mohammad Resa Pahlawi	1941–1979

persische Kunst

Persien, das seit 1934 Iran heißt. - ↑ auch Iran (Geschichte).

📖 *Brentjes, B.: Das alte Persien. Die iran. Welt vor Mohammed. Wien u. Mchn.; Lpz. ²1978. - Frye, R. N.: Persien. Dt. Übers. Essen Neuaufl. 1975. - Beitrr. zur Achämenidengesch. Hg. v. G. Walser. Wsb. 1972. - Herzfeld, E.: The Persian empire. Hg. v. G. Walser. Wsb. 1968. - Spuler, B.: Die Mongolen in Iran. Berlin ³1968.*

persische Kunst, im 19. Jh. war p. K. Bez. für einen Teilbereich der islam. Kunst, heute schließt der Begriff auch die altiran. Kunst bis zum Beginn der islam. Periode ein. Älteste Zeugnisse sind bemalte Gefäße des 4. Jt. aus dem iran. Hochland und SW-Iran. Sie weisen elegante Formen und stark stilisierte Tierbilder auf. Im 3. Jt. entstanden reliefierte Steingefäße, im 2./1. Jt. die kunstvollen Bronzen aus Luristan (W-Iran). Erste Monumentalbauten wurden im 2. Jt. in Elam errichtet (Akropolis von Susa auf einer Zitadelle von 3000; Zikkurat von Tschogha Sanbil, 1250 v. Chr.) In der **Achämenidenzeit** (etwa 700–330 v. Chr.) große Prachtentfaltung, bes. im Palastbau: Säulenhallen von Pasargadae, Persepolis, Susa. Wandreliefs schildern den König, sein Gefolge und die Delegationen der Reichsvölker, die königl. Herrschaft dokumentieren; bed. auch die Felsreliefs von Behistan und Naghsch e Rostam. Durch den zoroastr. Glauben sind kaum Grabbeigaben erhalten; aber in skyth. Gräbern in Südrußland fanden sich Goldschmiedearbeiten im pers. Stil und in Turkestan prunkvolles pers. Tafelgerät aus Edelmetall (Oxusschatz) mit Greifenhenkeln und Trinkhörnern in Tierkopfgestalt (Rhyta). Achämenid. Knüpfteppiche und andere Textilien überdauerten in vereisten sibir. Gräbern (↑ Pasyrykurgane). Nach der makedon. Eroberung und starker Hellenisierung brachte die **Sassanidenzeit** eine neue Blüte (224–651 n. Chr.). Es entstanden Paläste und Feuertempel mit großen Trompenkuppeln und tonnengewölbten Iwanhallen (Firusabad, Ktesiphon, Tacht e Solaiman); seit dem 6. Jh. mit reichem Stuckdekor. In Westturkestan erhielten sich auch Wandgemälde (Pendschikent). Felsreliefs schildern die Investitur des Königs, Aufmärsche und Siege. Tafelgerät aus Edelmetall zeigt in Treibarbeit Jagd- und Thronszenen. Neben dem übrigen Kunsthandwerk blühte v. a. die Seidenweberei. Überreste fanden sich mehrfach in europ. Reliquienbehältnissen. Mit der islam. **Kalifenzeit** (651–1258) kam die Moschee als Kultbau nach Persien. Das Verbot von goldenem Geschirr förderte die Kunst der glasierten Keramik (Naischaburware mit schwarzem Dekor auf weißem Grund, Lüsterkeramik des 12./13. Jh. von Kaschan und Rai). Unter der einheim. Dyn. der Samaniden und Seldschuken entstanden Mausoleen und Großbauten (Paläste, Moscheen, Medresen), für die neben

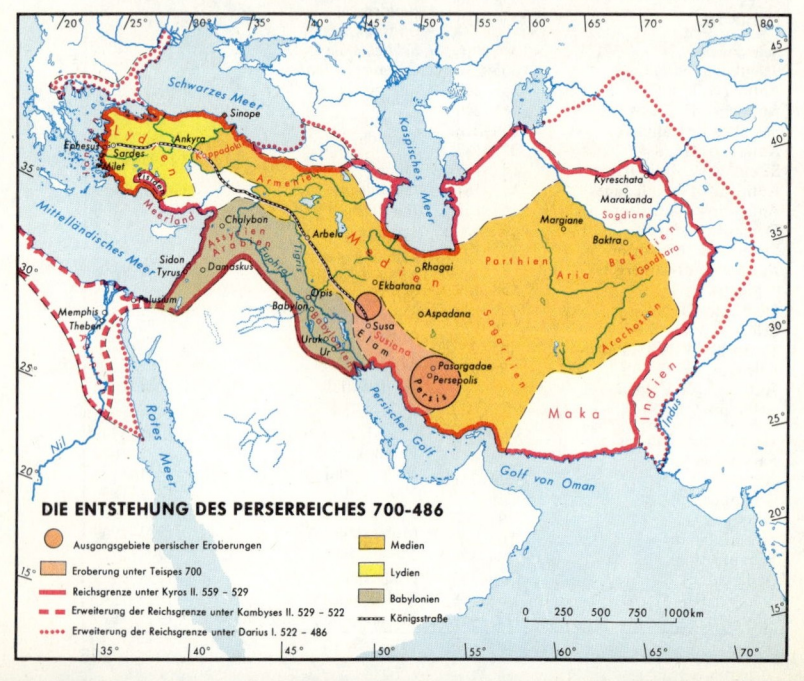

DIE ENTSTEHUNG DES PERSERREICHES 700–486

- Ausgangsgebiete persischer Eroberungen
- Eroberung unter Teispes 700
- Reichsgrenze unter Kyros II. 559–529
- Erweiterung der Reichsgrenze unter Kambyses II. 529–522
- Erweiterung der Reichsgrenze unter Darius I. 522–486
- Medien
- Lydien
- Babylonien
- Königsstraße

persische Musik

der zweischaligen Kuppel ein rechteckiger Hof mit vier Iwanhallen charakterist. ist. In der **Mongolenzeit** (1220–1350) bildeten sich nach anfängl. Zerstörungen neue Kunstzentren an den Fürstenhöfen (Herat, Soltanijje, Isfahan). Unter Timur-Leng und den **Timuriden** wurden v. a. im 15. Jh. in Samarkand das Gur-Emir-Mausoleum und große Medresen mit vollständiger Fayenceverkleidung (Registanplatz) errichtet. Neben der Tauschierkunst von Mossul blühte die timurid. Miniaturmalerei in Herat, Täbris und Schiras. Unter den **Safawiden** (1501–1722) herrschte rege Bautätigkeit in Isfahan (Lotfollah-Moschee und andere Bauten mit Fayenceverkleidung). Die Isfahanteppiche begründen den Ruhm des Perserteppichs. In die erste Hälfte des 16. Jh. fällt die Blüte der safawid. Buchmalerei. - Tafel S. 359.
[] *A survey of Persian art from prehistoric to the present.* Hg. v. A. U. Pope u. P. Ackerman. London ²1964–67. 14 Bde. - Godard, A.: *Kunst des Iran.* Dt. Übers. Bln. 1964.

persische Literatur, Vorläufer sind die altiran. Sakraltexte (Awesta) und altpers. Königsinschriften (Keilschriften) der Achämeniden teils histor.-chronist. Inhalts, teils Bauurkunden; die Zeugnisse dieser **altpersischen Literatur** (520–350) waren auf Felswänden, an Bauwerken, auf Gold-, Silber-, Ton- und Steintafeln, Gefäßen und Schalen, Siegeln und Gewichten angebracht.
Die **mittelpersische Literatur** ist nur zum kleinen Teil erhaltene Buchliteratur der Anhänger des Zoroastrismus aus sassanid. und nachsassanid. Zeit, unter der bes. die theolog. Enzyklopädien der zoroastr. Religion (z. B. „Denkart"; 9. Jh. n. Chr.) hervorragen.
Die Eroberung Irans durch die muslim. Araber im 7. Jh. führte zur Verdrängung des Mittelpers.; von einer eigenständigen **neupersischen Literatur** (in neupers. Sprache und arab. Schrift) ist seit dem 8. Jh. zu sprechen, die in der Folgezeit bes. von den Sassaniden und anderen ostiran. Dyn. gefördert wurde. Bedeutendste höf. Dichtung dieser Zeit war Ferdausis ep. Darstellung der Geschichte Irans „Schahnamah" (entstanden etwa 975–1010). - Hauptformen der *Poesie* waren die von Rudaki geschaffene Kasside, zunächst lobpreisenden oder eleg., teils auch spött. Inhalts (sie wurde von Anwari zum Höhepunkt geführt), und das Ghasel, das im 13. und 14. Jh. durch Sadi und Hafes als Liebesgedicht zur höchsten Ausformung gebracht wurde. Bedeutender Vertreter des myst. Lehrgedichts (Masnawi) ist Sanai, der erste pers. Mystiker; hervorragende Epiker waren Nesami und Dschami (*1414, †1492), der bedeutendste Dichter der Timuridenzeit. Nach dessen Tod kennzeichnete übertriebene Bildersprache und komplizierte Wortspiele den sog. „ind. Stil", der den literar. Stil in Persien bis ins 19. Jh. bestimmte.

V. a. seit dem 12. Jh. traten *Prosawerke* unterhaltenden, didakt. und myst. Charakters auf (Staatshandbücher und Fürstenspiegel, philosoph. und myst. Abhandlungen, Erbauungsliteratur, Fabelsammlungen). Das 13. Jh. leitete eine glanzvolle Periode pers. Geschichtsschreibung ein; es folgte eine reiche biograph. Literatur (Briefe und Formularsammlungen). Wie in der Poesie verbreitete sich auch unter den Prosaschriftstellern seit dem 14. Jh. eine Vorliebe für schwülstigen Stil; eine Änderung erfolgte erst im 19. Jh. durch aufklärer. Schriftsteller und den um 1900 einsetzenden Journalismus. Die moderne Kunstprosa ist ebenfalls durch europ. Einfluß gekennzeichnet; Kurzgeschichten verfaßten u. a. S. Hedajat (*1903, †1951) und Mohammad Ali Dschamalsade (*1894), der in seinen Novellen v. a. gesellschaftl. Mißstände kritisiert, und Bosorg Alavi (*1904), der wie Ali Daschti (*1895) und Sadegh Tschubat (*1916) stark beachtete sozialkrit. Romane verfaßte. Die islam. Revolution 1979 bewirkte die Konzentration auf politisch-islam. Themen (Hymnen, Liedtexte, Slogans).
[] *Aryanpur, M./Kashani, A. A.: History of Persian literature.* New York 1973.

persische Musik, früheste Darstellungen p. M. mit Harfenspielern, einer Langhalslaute, Rahmentrommeln und einem Chor von Sängerinnen begegnen auf Felsreliefs des 9.–7. Jh. v. Chr. Griech. Quellen bezeugen Götter- und Heldengesänge, Militär- und Hofmusik unter den Achämeniden. Erste schriftl. pers. und wiederum bildl. Zeugnisse gelten der Hofmusik unter den Sassaniden (224–642) mit einer Ständeordnung der Musiker, Musik als Erziehungsfach in den Fürstenspiegeln und zahlr. Fachausdrücken für Instrumente und melod. Formen. Vor und nach der Eroberung Persiens durch die Araber (7. Jh.) gingen von der pers. Hofmusik Anregungen auf die Musik der Araber aus, u. a. wohl die Einführung der „neutralen" Terz. Durch arab. Vermittlung gelangte die pers. Laute nach Europa, und in Bagdad wirkten Perser neben Arabern als Virtuosen und Musikschriftsteller, unter ihnen Avicenna und der „Zarlino des Ostens", Safijjoddin Al Urmawi (*um 1225, †1294), dessen Tonberechnungen (17stufige Oktave) und Skalengliederung für die pers.-arab. wie für die türk. Musik vorbildl. wurden. Unter Timur-Leng und seinen Nachfolgern führte in Samarkand und Herat die Schule Abdolghader (*um 1350, †1435) zum Höhepunkt der ma. pers. Hofmusik mit einer Nachblüte unter den Safawiden in Isfahan. Nach provinzieller Verflachung begann in der 2. Hälfte des 19. Jh. die Verwestlichung des Musiklebens, aber auch die Renaissancebewegung einer Gruppe Teheraner Musiker um Mirsa Abdollah (†1918). Sie schufen das neupers. Dastgah-System, das in modifizierter Form die Begriffsinhalte des älteren Maqam

persische Religion

und der ebenfalls älteren Form der Naube, einer vier- bis fünfsätzigen vokalen und instrumentalen Großform in sich vereinigt, so daß jeder der 10 heutigen Dastgahs sowohl tonale und metr. als auch formale Strukturen beinhaltet: Einleitenden Instrumentalsätzen folgt der mehrfach gegliederte vokale Hauptteil, den Abschluß bilden volkstüml. Lieder und tänzer. Instrumentalstücke. Hauptinstrumente sind heute der Lautentyp Tar, Trapezzither (Santur), Spießgeige (Kemantsche), Langhalslaute (Sitar), Rohrflöte (Naj) und Bechertrommel (Tonbak, Sarb).
 📖 *Zonis, E.:* Classical Persian music. Cambridge (Mass.) 1973.

persische Religion ↑ Parsismus.

Persischer Golf, Binnenmeer des Ind. Ozeans zw. Iran und der Arab. Halbinsel jenseits der Straße von Hormos, rd. 240 000 km^2, bis 170 m tief; schwülheißes Klima; bed. Erdölförderung, Fischerei, Perlenfischerei.

persische Teppiche (Perser) ↑ Orientteppiche (Übersicht).

persistent [lat.], anhaltend, hartnäckig.

Persius, Ludwig, *Potsdam 15. Febr. 1803, †ebd. 12. Juli 1845, dt. Baumeister. - Schüler von Schinkel, dessen Projekte er z. T. ausführte; nahm zahlr. Elemente der italien. Renaissance auf und besaß v. a. Sinn für maler. Gruppierungen; u. a. Röm. Bäder (1828-44) in Sanssouci; in Potsdam: Heilandskirche am Port (im Ortsteil Sacrow; 1841-43), Kuppel der Nikolaikirche (in Abänderung der urspr. Pläne Schinkels, 1842-50), Friedenskirche (1845-48).

Person, urspr. im Lat. („persona") die Maske eines Schauspielers, später sehr vieldeutiger Begriff: die Rolle, die jemand im Leben spielt, bzw. der Eindruck, den er macht, seine Eigenschaften, sein Ansehen und seine Würde. Die [rechtsfähige] P. unterschied sich von der „Sache" (lat. „res") dadurch, daß sie über sich selbst verfügen und ihr Handeln selbst bestimmen konnte. Seit Boethius (6. Jh.) galt P. als „unteilbare Substanz des vernünftigen Wesens". - Für die neuzeitl. Philosophie tritt die Frage der *Identität der P.* in den Vordergrund. So versteht Hume P. als das ident. Bewußtsein eines Subjekts als Folge von „Wahrnehmungsbündeln" (engl. „bundles of perception"); Kant macht geltend, daß sich das Subjekt (= P.) erst über die Ausbildung von Handlungsmöglichkeiten und deren Aktualisierung herstellt. Damit wird das Problem der Freiheit und Einheit bzw. der Identität einer P. systemat. zu einem handlungstheoret. Problem: Nicht die bloße Tatsache des (freien) handelnden Eingriffs in den Ablauf natürl. Prozesse konstituiert eine P., sondern die Freiheit auch von Fremdbestimmung. Bei der Konstituierung von P. fungieren Rollen als histor.-gesellschaftl. bereitgestellte personale Bestandteile; personale Identität geht verloren oder wird verfehlt, sofern jemand sein Handeln ledigl. als „Mittel" zu den von anderen gesetzten Zielen oder überhaupt nicht zielorientiert begreift **(Selbstentfremdung)**. Die Ausbildung personaler Identität geschieht in Konkurrenz zu der anderer. Sollen Identitätsansprüche nicht gegeneinander „durchgesetzt" werden, so gilt es für die „moral. P.", gemeinsame Identitäten so auszubilden, daß sie zus. mögl. sind. Nach Hegel kann sich dies nur im Rahmen bestimmter materialer, histor.-gesellschaftl. Institutionen, v. a. eines Rechtssystems, vollziehen. Dagegen unterwirft nach Marx die private Verfügung über die Produktionsmittel die rechtl. Institutionen bürgerl. Staaten ökonom. gesteuerter Fremdbestimmung und macht sie unfähig, institutioneller Ort der Verwirklichung nicht entfremdeten Lebens zu sein.

In der *Religionsgeschichte* vertreten sowohl die polytheist. als auch die prophet. monotheist. Religionen einen personalen Gottesbegriff, dem eine individuelle Auffassung des Menschen korrespondiert. Diese Korrelation ist Voraussetzung für eine Religiosität der Verehrung und Anbetung der Gottheit, der eine Jenseitsauffassung entspricht, die das zukünftige Heil in einer personalen Lebensgemeinschaft mit Gott erblickt.
 📖 *Aspekte der Personalisation.* Hg. v. N. A. Luyten. Freib. 1979. - *Auer, J.:* P. Ein Schlüssel zum christl. Mysterium. Regensburg 1979. - *Arnold, W.:* P., Charakter, Persönlichkeit. Gött. ^{3}1969. - *Minkus, P.:* Philosophy of the person. Oxford 1960.

◆ (Persona) in der *Psychologie* nach C. G. Jung die äußere Einstellung oder Haltung eines Menschen; im Unterschied zu seiner inneren Einstellung bzw. seinem Seelenbild (↑Anima).

◆ im *Recht* jeder Träger der Rechtsfähigkeit (↑juristische Person, ↑natürliche Person).

◆ in der *Sprachwiss.* grammat. Kategorie beim Verb und Pronomen, die durch Flexionsformen (beim Pronomen durch verschiedene Wortstämme) den Sprecher (sog. 1. P.) vom Angesprochenen (2. P.) und vom Besprochenen (3. P.) unterscheidet.

Persona grata [lat. „gern gesehener Mensch"], eine vom Empfangsstaat als diplomat. Vertreter erwünschte Person.

Persona ingrata (Persona non grata) [lat. „nicht gern gesehener Mensch"], ein Diplomat, gegen den der Empfangsstaat Einwendungen erhebt und damit die Aufnahme diplomat. Tätigkeit durch den Betroffenen oder deren Fortsetzung verhindert.

personal [lat.], die Person, den Einzelmenschen betreffend; von einer Einzelperson ausgehend.

Personalakte, Sammlung schriftl. Unterlagen über betriebl. bzw. dienstl. und persönl. Verhältnisse eines Arbeitnehmers oder Beamten. Nach Betriebsverfassungsgesetz bzw. Beamtenrechtsrahmengesetz be-

persische Kunst

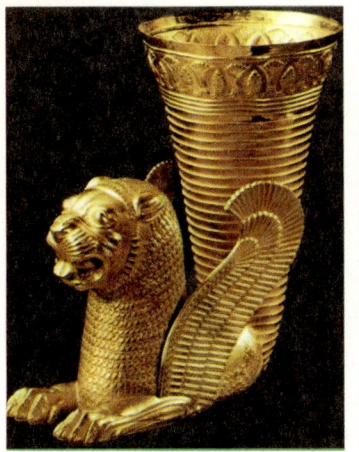

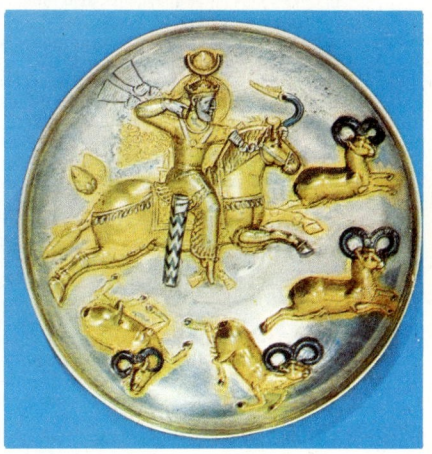

Persische Kunst. Links (von oben): Rhyton mit dem Vorderteil eines geflügelten Löwen aus Hamadan (5. Jh. v. Chr.). Teheran, Archäologisches Museum; Grabmal Kyros' II. Pasargadae; Chosrau II. Miniatur. Paris, Bibliothèque Nationale; rechts (von oben): Reliefdarstellung der Delegationen der Reichsvölker am Aufgang zum Apadana (6./5. Jh.). Persepolis; Innenseite einer Schale (4./5. Jh.). New York, Metropolitan Museum

Personalausweis

steht das Recht des Arbeitnehmers bzw. Beamten, Einsicht in seine P. zu nehmen und ihr gegebenenfalls Erklärungen beizufügen.
Personalausweis ↑Paßwesen.
Personalcomputer ↑Computer.
Personalgesellschaft, svw. ↑Personengesellschaft.
Personalhoheit, die Befugnis des Bundes, der Länder sowie der kommunalen Selbstverwaltungskörperschaften zu eigenverantwortl. Ausgestaltung des Personalwesens.
Personalismus [lat.], philosoph. Richtung, die - wohl als Reaktion auf naturwiss.-mechanist. Bestimmungen des Menschen und dessen [Selbst]entfremdung im Gefolge des techn.-industriellen Fortschritts - scharf zw. der ↑Person als handelndem Subjekt und dem Sein, seinen Objektivierungen bzw. den Dingen, Sachen unterscheidet. Dabei läßt sich eine am Individuum orientierte Konzeption, der *individualist. P.*, abgrenzen von einem *dialog. P.*, der die dialog. (sich v. a. in der Kommunikation manifestierende) Struktur der Person als Ich-Du-Relation zum Ausgangs- und Mittelpunkt seines Denkens nimmt. - Seine Höhepunkte erreichte der P. erst im 19./20. Jh. als individualist. P. unter starkem Einfluß einer an Kant anschließenden personalen Metaphysik eines spekulativen Theismus, der die Personalität Gottes und die des Menschen eng aufeinander bezieht. Den dialog. P. entwickeln, beeinflußt von Feuerbach, v. a. F. Ebner und M. Buber sowie die christl. Existenzphilosophie (z. B. G. Marcel).
Personalitätsprinzip [lat.], in der Rechtsgeschichte im Fränk. Reich der Grundsatz, wonach jeder Reichsangehörige - gleich, wo er sich befand - nach dem Recht des Stammes, dem er angehörte, lebte und zu beurteilen war. - Ggs. ↑Territorialitätsprinzip.
Personality-Show [engl. pəːsəˈnælɪtɪ 'ʃoʊ], Show, Unterhaltungssendung im Fernsehen, die von der Persönlichkeit nur eines Künstlers getragen wird und meist dessen Vielseitigkeit demonstrieren soll.
Personalplanung, Planung sämtl. Maßnahmen und Entwicklungen im Rahmen der Personalverwaltung. Die P. umfaßt v. a. die Planung von Personalbedarf, Stellenbesetzungen sowie Beförderungen und Ausbildung. Neue Dimensionen für die P. v. a. in Großunternehmen ergeben sich durch den Einsatz von EDV (z. B. beim *„Informationssystem Arbeitseinsatz und Arbeitsplatzplanung"* bei Daimler Benz), wobei durch systemat. Gegenüberstellung von Arbeitsplätzen mit den jeweiligen spezif. Anforderungen und Beschäftigten mit ihren jeweiligen spezif. Fähigkeiten der Personaleinsatz optimiert werden kann.
Personalpolitik, Gesamtheit der Entscheidungen, die auf die Personalorganisation als Teil der Betriebsorganisation einwirken.

Gegenstand der P. ist die Erarbeitung und Anwendung von Grundsätzen der Personalbeschaffung und -eingliederung sowie der Aus- und Weiterbildung, der Entlohnung, der Menschenführung und der Personalverwaltung (mithin auch der Schaffung und Erhaltung eines bestimmten Betriebsklimas).
Personalpronomen ↑Pronomen.
Personalrat ↑Personalvertretung.
Personalunion, im Staatsrecht eine Staatenverbindung, die im Ggs. zur ↑Realunion nur de facto durch die dynast. bedingte Gemeinsamkeit des Monarchen besteht und bereits durch die unterschiedl. Thronfolgeordnungen ihrer völker- und staatsrechtl. selbständigen Teile wieder gelöst wird; z. B. Großbrit. und Irland/Hannover (1714–1837).
Personalversammlung ↑Personalvertretung.
Personalvertretung, Sammelbez. für diejenigen Organe, die die Interessen der im öffentl. Dienst Beschäftigten (Beamte, Angestellte und Arbeiter einschl. der zu ihrer Berufsausbildung Beschäftigten) gegenüber den Dienststellenleitern vertreten. Rechtsgrundlagen sind das Bundespersonalvertretungsgesetz (BPersVG) vom 15. 3. 1974, das durch die Wahlordnung vom 23. 9. 1974 ergänzt wird, sowie die Personalvertretungsgesetze der Länder. Nach dem BPersVG sind die Personalvertretungen (z. B. *Personalrat, Jugendvertretung, Personalversammlung*) in den Verwaltungen des Bundes sowie der bundesunmittelbaren Körperschaften, Anstalten und Stiftungen des öffentl. Rechts sowie in den Bundesgerichten zu bilden. Der Schwerpunkt des BPersVG liegt beim **Personalrat,** der in jeder Dienststelle von den Bediensteten, die das 18. Lebensjahr vollendet haben, in geheimer und unmittelbarer Wahl nach den Grundsätzen der Verhältniswahl für 3 Jahre gewählt wird. Wählbar sind alle Wahlberechtigten, die seit 6 Monaten dem Geschäftsbereich ihrer obersten Dienstbehörde angehören. Werden Angehörige verschiedener Gruppen in einer Dienststelle beschäftigt, muß jede Gruppe entsprechend im Personalrat vertreten sein *(Gruppenprinzip).* Die Sitzungen des Personalrats sind nicht öffentlich, jedoch können Vertreter anderer Organe an den Sitzungen teilnehmen, auf denen sie betreffende Angelegenheiten erörtert werden. I. d. R. finden die Sitzungen des Personalrats während der Arbeitszeit statt; seine Mgl. können unter bestimmten Voraussetzungen von ihrer dienstl. Tätigkeit freigestellt werden und unterliegen einem bes. Kündigungsschutz. Die Aufgaben des Personalrats entsprechen denen des ↑Betriebsrats. Insbes. hat er einmal im Kalenderhalbjahr der Personalversammlung einen Tätigkeitsbericht zu erstatten.
Im *östr. Recht* gilt im wesentlichen Entsprechendes. In der *Schweiz* nehmen die Personalausschüsse die Aufgaben der P. wahr.